Baedeker

Allianz ⦿ Reiseführer

Türkei

W0085973

VERLAG KARL BAEDEKER

Hinweise zur Benutzung

Sternchen (Asterisken) als typographisches Mittel zur Hervorhebung bedeutender Bau- und Kunstwerke, Naturschönheiten und Aussichten, aber auch guter Unterkunfts- und Gaststätten hat Karl Baedeker im Jahre 1846 eingeführt; sie werden auch in diesem Reiseführer verwendet: Besonders Beachtenswertes ist durch * einen vorangestellten 'Baedeker-Stern', einzigartige Reiseziele sind durch ** zwei Sternchen gekennzeichnet.

Zur raschen Lokalisierung der Reiseziele von A bis Z auf der beigegebenen Reisekarte sind die entsprechenden Koordinaten der Kartennetzmaschen jeweils neben der Überschrift in Rotdruck hervorgehoben Ankara **H 3/4**.

Farbige Streifen an den rechten Seitenrändern erleichtern das Auffinden der Großkapitel des vorliegenden Reiseführers: Die Farbe Blau steht für die Einleitung (Natur, Kultur, Geschichte), die Farbe Rot für Reiseziele von A bis Z, und die Farbe Gelb markiert die praktischen Informationen. / Wenn aus der Fülle von Unterkunfts-, Gast- und Einkaufsstätten nur eine wohlüberlegte Auswahl getroffen ist, so sei damit gegen andere Häuser kein Vorurteil erweckt.

Da die Angaben eines solchen Reiseführers in der heute so schnellebigen Zeit fast ständig Veränderungen unterworfen sind, kann der Verlag weder Gewähr für die absolute Richtigkeit leisten noch die Haftung oder Verantwortung für eventuelle inhaltliche Fehler übernehmen. Auch lehrt die Erfahrung, daß sich Irrtümer kaum gänzlich vermeiden lassen.

Baedeker ist ständig bemüht, die Qualität seiner Reiseführer noch zu steigern und ihren Inhalt weiter zu vervollkommnen. Hierbei können ganz besonders die Erfahrungen und Urteile aus dem Benutzerkreis als wertvolle Hilfe gar nicht hoch genug eingeschätzt werden. Vor allem **Ihre Kritik, Berichtigungen und Verbesserungsvorschläge sind uns stets willkommen.** Sie helfen damit, die nächste Auflage noch aktueller zu gestalten. Bitte schreiben Sie in jedem Falle an die

Baedeker-Redaktion
Karl Baedeker GmbH
Zeppelinstr. 41
Postfach 31 62
D-73751 Ostfildern.
Telefax: (07 11) 4502-343, E-Mail: baedeker@mairs.de
http://www.baedeker.com

Der Verlag dankt Ihnen im voraus bestens für Ihre Mitteilungen. Jede Einsenderin und jeder Einsender nimmt an einer jeweils zum Jahresende unter Ausschluß des Rechtsweges stattfindenden Verlosung einer Städtekurzreise für zwei Personen nach London teil. Falls Sie gewonnen haben, werden Sie benachrichtigt. Ihre Zuschrift sollte also neben der Angabe des Buchtitels und der Auflage, auf welche Sie sich beziehen, auch Ihren Namen und Ihre Anschrift enthalten. Die Informationen werden selbstredend vertraulich behandelt und die persönlichen Daten nicht gespeichert.

◀ *Die Blaue Moschee in İstanbul mit ihren abgestuften Kuppeln und sechs schlanken Minaretten ist das wichtigste Gotteshaus der islamischen Welt.*

Vorwort

Dieser Reiseführer gehört zur neuen Baedeker-Generation. In Zusammenarbeit mit der Allianz Versicherungs-AG erscheinen bei Baedeker durchgehend farbig illustrierte Reiseführer in handlichem Format. Die Gestaltung entspricht den Gewohnheiten modernen Reisens: Nützliche Hinweise werden in der Randspalte neben den Beschreibungen herausgestellt. Diese Anordnung gestattet eine einfache und rasche Handhabung. Der vorliegende Band hat sowohl den europäischen als auch den gesamten asiatischen Teil der Türkei zum Thema. Dieses Mittlerland zwischen Europa und Asien ist durch seine landschaftliche und kulturelle Vielfalt ein höchst reizvolles Reiseziel. Der Reiseführer gliedert sich in drei Hauptteile: Im ersten Teil wird über die Türkei im allgemeinen, Landeskunde, geographische Gliederung, Klima, Pflanzen und Tiere, Bevölkerung, Religion, Staat und Verwaltung, Wirtschaft, Geschichte, berühmte Persönlichkeiten, Kunst und Kultur, Siedlungen und Städte und typisch islamische Bauten berichtet. Eine Sammlung von Literaturzitaten leitet über zum zweiten Teil, in dem die Reiseziele – Städte, Orte, Landschaften und Ausgra-

Das Schloß Anamur, die südlichste Spitze Kleinasiens, oder die bizarr geformte Tuffkegellandschaft Kappadokiens – kulturelle und landschaftliche Schönheiten der Türkei

bungsstätten – mit ihren Sehenswürdigkeiten beschrieben werden. Daran schließt ein dritter Teil mit reichhaltigen praktischen Informationen, die dem Besucher das Zurechtfinden vor Ort wesentlich erleichtern. Sowohl die Reiseziele als auch die Informationen sind in sich alphabetisch geordnet. Baedeker Allianz Reiseführer zeichnen sich durch Konzentration auf das Wesentliche sowie Benutzerfreundlichkeit aus. Sie enthalten eine Vielzahl eigens entwickelter Pläne und zahlreiche farbige Abbildungen.

Zu diesem Reiseführer gehört als integrierender Bestandteil eine ausführliche Reisekarte, auf der die im Text behandelten Reiseziele anhand der jeweils angegebenen Kartenkoordinaten zu lokalisieren sind. Wir wünschen Ihnen mit dem Baedeker Allianz Reiseführer viel Freude und einen erlebnisreichen Aufenthalt in der Türkei!

Baedeker

Verlag Karl Baedeker

Inhalt

Natur, Kultur Geschichte

Seite 8–113

Zahlen und Fakten 9
Allgemeines 9
Landeskunde 11
Geographische Gliederung 17
Klima 28 · Pflanzen und Tiere 35
Bevölkerung 38 · Religion 40
Staat und Verwaltung 45
Wirtschaft 48

Reiseziele von A bis Z

Seite 114–527

Routenvorschläge 115

Adana 141 · Adıyaman 144 ·
Afyon 148 · Ahlat 153 ·
Aksaray 156 · Akşehir 161 ·
Alanya 163 · Amasya 166 · Ani 172 ·
Ankara 178 · Antakya 191 ·
Antalya 195 · Aphrodisias 203 ·
Apoly ont-See 207 · Ararat 209 ·
Armenien 214 · Artvin 217 ·
Aydın 220 · Balıkesir 222 ·
Bandırma 224 · Beyşehir 227 ·
Bilecik 229 · Birecik 231 ·
Bitlis 234 · Bodrum 237 ·
Boğazkale 240 · Bolu 248 ·
Bosporus 251 · Burdur 256 ·
Bursa 258 · Çanakkale 264 ·
Çatalhüyük 268 · Çorum 269 ·
Divriği 272 · Diyarbakır 273 ·
Edirne 279 · Edremit Körfezi 283 ·
Eğridir 285 · Elazığ 288 ·
Ephesus 290 · Ereğli 300 ·
Erzincan 302 · Erzurum 304 ·
Eskişehir 309 · Fethiye 312 ·
Gaziantep 316 · Gordion 318 ·

Praktische Informationen von A bis Z

Seite 528–596

Anreise 529 · Ärztliche Hilfe 530 ·
Auskunft 531 · Autobus 535 ·
Autofähren 535 · Badestrände 536 ·
Camping und Caravaning 537 ·
Diplomatische und konsularische Vertretungen 538 · Einkäufe und
Souvenirs 539 · Eisenbahn 543 ·
Entfernungstabelle 544 · Elektrizität 546 ·

Register 597

Verzeichnis der Karten, Pläne und graphischen Darstellungen 604

Bildnachweis 606

Impressum 607

Geschichte 57
Chronologie 57 · Herrscherliste 64
Historische Landschaften 65

Berühmte Persönlichkeiten 80

Kultur- und kunstgeschichtlicher Abriß 93
Die großen Epochen im Überblick 93

Siedlungen und Städte 101
Typisch islamische Bauten 102

Die Türkei in Zitaten 104

Gümüşhane 320 · Hakkâri 322 ·
İskenderun 325 · İslahiye 327 ·
İstanbul 329 · İzmir 347 · İzmit 355 ·
İznik 356 · Kahramanmaraş 359 ·
Kappadokien 360 · Karaman 369 ·
Kars 372 · Kaş 375 ·
Kastamonu 380 · Kayseri 383 ·
Kırşehir 391 · Konya 392 ·
Kütahya 403 · Malatya 405 ·
Mardin 408 · Marmarameer 413 ·
Marmaris 415 · Menderes 418 ·

Midas Şehri 420 · Milas 422 ·
Milet 427 · Muş 433 · Nazilli 436 ·
Niğde 438 · Pamukkale 441 ·
Pergamon 447 · Priene 454 ·
Şanlıurfa 457 · Sardes 463 ·
Schwarzmeerküste 466 · Side 474 ·
Silifke 480 · Sivas 484 ·
Tarsus 488 · Tokat 490 ·
Trabzon 497 · Troia 500 ·
Tunceli 510 · Van 513 ·
Yozgat 524 · Zonguldak 525

Essen und Trinken 546 ·
Feiertage 551 · Flugverkehr 552 ·
Geld 554 · Geschäftszeiten 555 ·
Hotels 555 · Jugendunterkünfte 565 ·
Mietfahrzeuge 566 · Museen 567 ·
Nationalparks 567 · Notdienste 569 ·
Post, Telefon 570 · Reisedokumente 571 ·
Reisezeit 572 · Restaurants 573 ·

Rundfunk und Fernsehen 578 ·
Schiffsverkehr 578 · Sicherheit 579 ·
Sport 580 · Sprache 582 · Straßen-
verkehr 585 · Taxi 587 · Thermal-
bäder 588 · Trinkgeld 589 · Türkische
Bäder 589 · Umgangsregeln 589 ·
Veranstaltungen 591 · Wassersport 594 ·
Zeit 595 · Zollbestimmungen 595

Baedeker Specials

Islamische Glaubensregeln 42

Eine gewaltige Flut vernichtet
die sündigen Menschen 211

Vom Gordischen Knoten und
dem Fluch des Goldes 319

Frauen zu Sultans Zeiten
und heute 338

Lieber guter Nikolaus 377

Symbole für Glück und Pracht 540

Wirbelnd in die Ekstase 503

Zwischen Orient

Mit dem Slogan 'Willkommen bei Freunden' wirbt das türkische Fremdenverkehrsamt für das Mittlerland zwischen zwei Kontinenten, das seit über 4000 Jahren Heimat einiger großen Kulturen dieser Welt war. Heute ziehen neben einer Vielfalt kultureller Sehenswürdigkeiten malerische Hafenstädte, lebhafte Badeorte und abwechslungsreiche Küstenstreifen mit weiten Sandstränden den Besucher an. In den ausgedehnten, von hohen Gebirgszügen umschlossenen anatolischen Beckenlandschaften trifft man neben der modernen Landeshauptstadt Ankara sowohl geschäftige Handelszentren als auch unzählige verträumte Dörfer sowie etliche natürlich und

Alaça Hüyük

Das Sphinxtor aus der vorgeschichtlichen Zeit der Hethiter

künstlich geschaffene Seen. Zu den landschaftlichen Höhepunkten zählen die bizarre, durch Erosion entstandene Tuffkegellandschaft in Kappadokien mit ihren Höhlenbauten bei Göreme und unterirdischen Städten bei Kaimaklı und Derinkuyu oder das berühmte 'Baumwollschloß' Pamukkale mit seinen fächerartigen Kalksinterterrassen. Auf dem höchsten Berg der Türkei, dem ganz im Osten bis über 5000 m Seehöhe aufragenden Ararat (Ağrı Dağı), soll Noahs Arche am Ende der Sintflut gelandet sein.

Für Kulturbeflissene bietet die Türkei bedeutsame Zeugnisse einer bewegten Geschichte, die von wechselnden Fremdmächten geprägt war. Die frühgeschichtlichen Hethiter haben eindrucksvolle Reste ihrer einstigen Hauptstadt Hattuşaş im zentralanatolischen Boğazkale hinter-

Idyllische Badestrände

wie in der Bucht von Ölüdeniz gehören zu den Markenzeichen des Reiselandes Türkei

İstanbul

Eines der berühmtesten Bauwerke der Metropole am Bosporus ist die Hagia Sophia. Unter Konstantin dem Großen erstmals errichtet hat sie die wechselhaften Geschicke der Stadt überlebt

und Okzident

lassen; im Museum für Anatolische Kulturen von Ankara wird die umfassendste hethitische Sammlung überhaupt gezeigt. Über das legendäre Troia informiert der derzeit vor Ort tätige Archäologe, unter anderem mit einem Periodenschnittschaubild, das erstmals in einem Reiseführer veröffentlicht wird. Eine Vorstellung von den altgriechischen Niederlassungen im westlichen Kleinasien erhält man besonders gut in den Ausgrabungsstätten Pergamon, Priene oder Milet. Die am besten erhaltenen römischen Theater der Antike findet man in Ephesus, Aphrodisias und Aspendos. Für die großen Kulturepochen der Seld-

schuken und der Osmanen stehen die prächtigen Moscheen mit ihren schlanken Minaretten, die festungsartigen Karawansereien, üppig ausgestaltete Paläste, Derwischklöster in Konya, Koranschulen, Türben, Badehäuser und vieles typisch Türkisches mehr.

Das Ferienland Türkei bietet jedoch neben den beliebten Freizeit- und Sportangeboten in modernen Urlaubszentren – u.a. Segeln entlang der Süd- und Westküste – auch betriebsames Straßenleben in den großen Städten. So wird sich wohl kaum jemand den Einkaufsbummel durch einen türkischen Basar entgehen lassen. Weltstädtisches Flair bietet sowohl İstanbul, die alte Metropole am Bosporus, der zu einem Schiffsausflug einlädt, als auch die junge, fortschrittsbewußte Landeshauptstadt Ankara mit ihren großzügig angelegten Boulevards.

Pamukkale
Die Kalksinterterrassen soll man nicht betreten, sondern nur aus der Ferne bewundern

Kappadokien
Die bizarren Tuffpyramiden von Zelve sind durch Erosion entstanden

Ephesus
Von Archäologen wieder errichtet: die Schaufassade der Celsusbibliothek

Zahlen und Fakten

Als Halbinsel weit an den Westrand der asiatischen Landmasse vorgeschoben und mit dem Staatsgebiet noch auf europäisches Gebiet übergreifend kommt der Türkei durch ihre Lage zwischen verschiedenen Kultur- und Wirtschaftsräumen eine bedeutende Stellung als Mittlerland zu. Insbesondere die Meeresstraßenregion verleiht ihr eine einmalige Brückenstellung zwischen Europa und Asien mit weltgeschichtlichen Auswirkungen seit dem frühen Altertum und fortdauernder Bedeutung. Die Meeresstraßen verbinden quer dazu auch das östliche Mittelmeer (Ägäis) mit dem Schwarzen Meer und führten seit den Zeiten der altgriechischen Kolonisation zu folgenreichen Ausstrahlungen nach dem Nordosten, als deren wichtigste aus der späteren Entwicklung nur die Ausbreitung des Christentums nach Osteuropa von Byzanz hervorgehoben sei. Die Türkei ist zwar nach der natürlichen Gestaltung des Hauptteiles des Staatsgebietes eines der vorderasiatischen Hochländer; aber die durch die Brückenlage immer gegebene enge Berührung mit dem Abendland bewirkt, daß sie ihrer heutigen kulturellen Stellung nach ein europäisch bestimmtes Land ist. Das kommt auch politisch durch die Assoziierung mit der Europäischen Union (EU) und die Zugehörigkeit zur Nordatlantischen Allianz (NATO) zum Ausdruck.

Brücke zwischen Europa und Asien

Allgemeines

Die Republik Türkei ist ein großer Flächenstaat, der sich in Form eines breit in West-Ost-Richtung gestreckten Rechteckes vom südosteuropäischen Thrakien über das Marmaragebiet auf der kleinasiatischen Halbinsel und im vorderasiatischen Anatolien ausdehnt. Sie liegt mit ihren am weitesten vorgeschobenen Punkten zwischen 25° 40′ und 44° 48′ östlicher Länge sowie zwischen 35° 51′ und 42° 06′ nördlicher Breite.

Geographische Lage

Lagekarte

Über zwei Drittel des günstigen Grenzverlaufes sind Meeresküsten (Ägäisches Meer, östliches Mittelmeer und Schwarzes Meer): Gut 6000 km Küstenlinie (ohne die Ufer des ganz von türkischem Staatsgebiet umgebenen Marmarameeres) stehen 2753 km Festlandsgrenzen gegenüber.

Grenzen

◀ *Bizarre Tuffpyramiden bei Zelve in Kappadokien*

Allgemeines

Grenzen (Fortsetzung)

Die Grenzentwicklung beträgt, ausgedrückt im Verhältnis der Peripherie eines dem Territorium flächengleichen Kreises zur tatsächlichen Grenzlänge, etwa 1:2.

Nachbarländer

Die Türkei grenzt zu Lande im Westen an Griechenland, im Nordwesten an Bulgarien, im Nordosten an Georgien und Armenien, im Osten an Persien (Iran), im Südosten an den Irak und im östlichen Süden an Syrien.

Ausdehnung, Fläche und Gliederung

Die Gliederung des türkischen Staatsgebietes mit einer West-Ost-Erstreckung von über 1500 km und einer Nord-Süd-Ausdehnung von 500 bis 600 km sowie einer Landfläche von insgesamt 774815 km^2 in einen europäischen Teil (Avrupa Türkiyesi; Thrakien) mit 23764 km^2 und einen mehr als 30mal größeren, das Hauptgebiet umfassenden asiatischen Teil (Anatolien; vom griechischen 'Anatollé' = Aufgangsland) mit 751051 km^2 durch Dardanellenstraße, Marmarameer und Bosporus bedeutet keine Trennung, da sich hier beiderseits gleichartige und von gleicher Bevölkerung bewohnte Landschaften treffen. Von der zuvor genannten Festlandfläche entfallen im ganzen rund 11500 km^2 auf die vielen Binnenseen und Talsperren. – Zum Vergleich: Die Türkei ist gut doppelt so groß wie das geeinte Deutschland (356945 km^2).

Entwicklung vom Osmanischen Reich zur heutigen Republik Türkei

Gegenüber der riesigen Ausdehnung, die das Osmanische Reich nach seinem Hochstand im 16. und 17. Jahrhundert (mit einer maximalen Ausdehnung von über 5 Mio. km^2!) trotz seines Rückgangs auch noch zu Beginn des 20. Jahrhunderts (mit fast 3 Mio. km^2 unmittelbarer Besitzungen) hatte, brachten der Tripolitanische Krieg und die beiden Balkankriege neue Gebietsverluste, jedoch der Ausgang des Ersten Weltkrieges die einschneidendste Verkleinerung. Es waren nicht allein die weiten Räume der Syrisch-Arabischen Tafel auf die Dauer in Verlust geraten, sondern auch große Teile des heutigen türkischen Staatsgebietes abgetrennt: der ganze Nordosten an das damalige Armenien, der Südosten an das Mosulgebiet, westlich davon ein 50–100 km breiter Streifen an die französische Mandatsmacht in Syrien; an der Westküste Kleinasiens war Smyrna (İzmir) mit einem 100 km tiefen und 150 km breiten Hinterland ebenso wie auf europäischem Boden fast ganz Thrakien bis zu der nur 40 km vor İstanbul verlaufenden Çatalca-Linie an das hier in breiter Front bis an das Schwarze Meer reichende Griechenland abgetreten worden. Diese äußerste Beschränkung des Staatsraumes durch den Frieden von Sèvres (20. August 1920) fand indes den entschlossenen Widerstand der türkischen Nation unter Mustafa Kemal Paşa (Atatürk), dem die Rückgewinnung aller dieser Gebiete bis zum Frieden von Lausanne (24. Juli 1923) gelang, der einen geschlossenen natürlichen Lebensraum sicherte. Dieser wurde in der Folge durch das Hakkâri-Gebiet im äußersten Südosten (1926) und durch den wichtigen Sandschak Alexandrette, das Gebiet des Hatay (1939), vergrößert.

Der Staatsraum der heutigen Türkei stellt damit ein großes, geschlossenes Gebiet mit sehr günstiger Grenzentwicklung dar. Gegenüber der unzureichenden Beherrschung weiter randlicher Gebiete des Osmanischen Reiches bedeutet die räumliche Verkleinerung eine Zusammenfassung und Vereinheitlichung und vor allem die Wandlung eines einst völkerbeherrschenden Imperiums (Balkan, Syrisch-Arabische Tafel) zum Nationalstaat mit der Hauptstadt Ankara (seit 1923).

Bei der bedeutenden Flächengröße hatte die Türkei im Jahre 1995 über 61 Mio. ganz überwiegend muslimische Einwohner mit weitgehender nationaler Einheitlichkeit. Sie ist damit der bevölkerungsreichste aller vorderasiatischen, aber auch der südosteuropäischen Staaten. Mit den großen Unterschieden in der Naturausstattung der feuchten und warmen Randgebiete und des trockenen Inneren, der fruchtbaren, wenn auch engräumigen Tiefebenen an den Küsten, der weiten Hochlandflächen und den reich gegliederten Gebirgen, dazu mit guter Ausstattung an Bodenschätzen verfügt die Türkei über ein Staatsgebiet, das sich harmonisch ergänzen kann und auch künftig bedeutende weitere Entwicklungschancen hat.

Hochebene im Taurus

Landeskunde

Historische Hintergründe

Die osmanische Großmacht, die sich mit der Eroberung Konstantinopels 1453 anschickte, auf den Resten des zerbrochenen Byzantinischen Reiches mit der islamisch-orientalischen Kultur über die christlich-abendländische zu triumphieren, stand ein halbes Jahrtausend später selbst vor den Trümmern des eigenen Großreiches.

Osmanisches Großreich

Bereits unter den Sultanen Mahmut II., Abdulmecit und Abdulaziz zeichnete sich im Verlaufe des 19. Jahrhunderts ein Übergang ab von einem durch europäische Kolonialinteressen bedrohten und in Traditionen erstarrten Sultanat mit morbiden Machtstrukturen zu einem stabilen Staatswesen moderner Prägung.

Unter den sich wandelnden Rahmenbedingungen der Neuzeit und Vorbildern westlicher Industriestaaten versucht die Türkei seitdem, sich politisch, wirtschaftlich und sozial zu konsolidieren. Als sich im Oktober 1923 die Republik Türkei auf den Relikten des Osmanischen Reiches aufbaute, schaute es zurück auf eine wechselvolle Vergangenheit, deren belastendes Erbe es abzuschütteln galt, wollte man als fortschrittliches Land bei der modernen Staatenwelt Anerkennung finden.

Republikanische Türkei

Atatürk hatte diese Notwendigkeit klar erkannt und versucht, durch seine als 'Kemalismus' bekannt gewordenen Wirtschafts- und Sozialreformen den Grundstein für eine solche 'moderne Industrienation' zu legen. Aber bis in die Gegenwart deuten innen- und außenpolitische Probleme (Schelf- und Zypernkonflikt, Minderheitenfrage, Wirtschaftsmisere) auf die kulturelle Identitätskrise einer modernen Türkei nach dem Verlust bedeutender Reichsteile und nach drastischen Einschnitten in die orientalisch isolamische Tradition.

Naturräumliche Grundmuster

**Großraum
Anatolien**

Das von den teilweise über 3500 m hoch ansteigenden Schwarzmeer-
ketten im Norden und dem über 4000 m hohen Taurus im Süden und Südosten zangenartig umschlossene, wannenartige und um die 1000 m hoch
gelegene Zentrum Anatoliens ist der Kernraum zahlreicher Hochkulturen
und alter Besiedlung.
Die weiten, leicht gewellten Steppenhochflächen und ausgedehnten
Flachsenken dieses Großraumes bilden zusammen mit den ostthraki-
schen Getreidelandschaften die Hauptkornkammern des Landes und
machen es unabhängig von größeren Getreideimporten. Typisch für die
Gebirgsumrahmung ist der Reichtum an Mineral- und Thermalquellen
gepaart mit auffälligem Vulkanismus und heftigen Erdbeben entlang tekto-
nischer Schwächezonen. Ebenso kennzeichnend ist die enge Kammerung
und eine Zerstückelung des Landes in verkehrsbehindernde Gebirgsketten und Bergstöcke, in flachbödige Senken und Becken. Deshalb müssen
fast alle größeren Flüsse aus dem Hochland auf ihrem Weg zum Meer
diese Hindernisse in oft eindrucksvolle Engtalstrecken von Becken zu
Becken durchbrechen. Andere enden in einem der zahlreichen abflußlosen
flachen Seen des Landesinneren, aus denen eine Entwässerung nicht
selten über unterirdische Karstsysteme erfolgt.

Westanatolien

In den tiefen Senken des in Horste und Gräben zerlegten Berglandes
Westanatoliens und in der Vielzahl kleinerer intramontaner Becken ergeben sich Räume für intensive Gartenbaukulturen zur Versorgung der wachsenden Bevölkerung in immer mehr Großstädten mit frischem Gemüse
und Obst.

Ostanatolien

Im Osten verzahnen sich um das Großbecken des Van-Sees die Gebirgsbarrieren von Pontus und Taurus zu den wilden Gebirgsländern, gewaltigen Vulkanen und steppenartigen Basalthochflächen Kurdistans und
Altarmeniens. Hier liegt bislang noch der wirtschaftliche 'Hinterhof' des
Landes mit weiten Hochweiden für großflächige intensive Viehzucht und
mit noch unerschlossenen Lagerstätten nutzbarer Gesteine.

Küstenregionen

Die rund 600 km breite und 1500 km lange kleinasiatische Halbinsel hat
Anteil an vier Meeren mit insgesamt über 8000 km Küstenlinie: Mittelmeer,
Ägäisches Meer, Marmarameer, Schwarzes Meer. Die entsprechenden
Strände bieten ein enormes Potential für den Tourismus. Die fruchtbaren
Schwemmland-Küstenhöfe tragen (bislang) die hauptsächlichen Bewäs-
serungsgebiete mit agraren Intensivkulturen für Export, Binnenmarkt und
heimische Industrie, zu denen weite Partien des flachen Südostanatolien
durch die zahlreichen GAP-Stauwerke hinzutreten werden.

Gegensätze

Somit ist Anatolien in zahlreiche kleinere und größere einzelne Landschaften gegliedert, deren natürliche Ausstattung, ökonomische Möglichkeiten und Landschaftscharakter selbst bei engster Nachbarschaft sehr
gegensätzlich sein können; denn die Grundstrukturen des Reliefs beein-
flussen deutlich das Klima, begrenzen Anbaumöglichkeiten und bestimmen Vegetationsmuster.
So sind nur schmale Küstensäume im Süden, Westen und auch am
Schwarzmeer subtropisch geprägt, und der Gebirgsrahmen, der im Regelfall ohne breitere Übergänge steil emporsteigt und ohne den die Türkei
deutlich trockener wäre, begünstigt vor allem die Küstenstriche, weil er die
meisten Niederschläge abfängt.
Zentralanatolien und der meerferne Südosten sind dagegen auffällig som-
mertrocken: Während die jährlichen Niederschläge in Pontus und Taurus
auf teilweise über 2000 mm ansteigen und im Norden ein z.T. dichtes
Waldkleid aus Buchen, Eichen, Kiefern, Tannen, ausgedehnte Tee- und
Haselnußkulturen erlauben, erreichen sie im sommertrockenen, extrem
winterkalten und baumarmen Zentralanatolien um den Tuz Gölü (Salzsee)
und im heißen Südosten oft kaum 300 mm.

Binnengewässer

Neben kleineren gebirgsumschlossenen abflußlosen Becken im östlichen Bergland, in deren einem der Van-See (1646 m ü.d.M , 3738 km²) liegt, wie auch im Westlichen Taurus mit den hochgelegenen Seen (Burdur, 845 m ü.d.M., 202 km²; Eğridir, 916 m ü.d.M., 486 km²; Beyşehir, 1121 m ü.d.M., 650 km²; u.a.) stellt das ganze südwestliche Inneranatolien infolge seiner Niederschlagsarmut ein geschlossenes abflußloses Gebiet von rund 70 000 km² dar. Hier liegt der Tuz Gölü ('Salzsee') auf 925 m Meereshöhe mit 1397 km². Von den Süßwasserseen der Türkei sei nur der in der Fortsetzung des Golfes von İzmir gelegene Sapanca-See (40 m ü.d.M., 40 km²) erwähnt.

Im Rahmen des Südost-Anatolien-Projektes (GAP) entsteht seit den siebziger Jahren an Fırhat (Euphrat), Dicle (Tigris) und ihren Nebenflüssen ein gewaltiges Netzwerk von künstlichen Stauseen (allen voran dem Atatürk-Stausee mit einer Wasserfläche von über 800 km²) zur Landbewässerung und Energiegewinnung.

Nur ein Fluß greift durch den ganzen Taurus bis an das abflußlose Gebiet heran zurück: der durch die Kilikische Paßregion zur Ebene von Adana ziehende, in gewaltiger Schlucht eingeschnittene Çakit Çay. Große Flüsse ziehen durch die gut beregnete Nordanatolische Gebirgsschwelle zum Schwarzen Meer: Sakarya (824 km), Kızılırmak (der Halys des Altertums, 1182 km; zum Vergleich: Gesamtlänge der Elbe 1100 km), Yeşilırmak (468 km) mit Kelkit Çay (373 km) und Çoruh (376 km, davon 355 auf türkischem Gebiet). An der Ostseite fließt der im ganzen 920 km lange Aras auf 441 km durch türkisches Gebiet, gegen Süden der Dicle (Tigris, mit 452 km auf türkischem Boden, bei einer Gesamtlänge von 1900 km) und Fırat (Euphrat, 971 km von im ganzen 2800 km) zur Küste des östlichen Mittelmeeres der Ceyhan (509 km) und der Seyhan (560 km). Weit greift auch die Entwässerung vom Egegebiet zurück: der schlingenreiche Große Menderes (Mäander/Maiandros des Altertums, 529 km) sowie der Gediz (350 km). 281 km lang ist der Ergene, der größte Nebenfluß des Meriz (Maritza).

Besonders in den sommertrockenen Gebieten zeigt die Wasserführung der Flüsse große jahreszeitliche Schwankungen. Im Zusammenhang mit oft unerwartet starken Regengüssen im Sommer können selbst in den trockenen Innengebieten lokal große Überschwemmungen auftreten. Die erstaunlich große Wasserführung des östlich von Antalya zum Mittelmeer fließenden Manavgat erklärt sich durch unterirdischen Karstzufluß aus dem benachbarten abflußlosen Bereich im Taurus. Durch einen solchen werden auch andere Flüsse der Ebene von Antalya gespeist. Neben der Niederschlagsverteilung bewirkt auch die weite Verbreitung der karstungsfähigen Kalksteine besonders im Westlichen und Zentralen Taurus und im südöstlichen Taurusvorland sowie in einzelnen Gebieten im Nordwesten Trockenheit und Flußarmut.

Geologische Merkmale

Nach ihrem inneren Bau und den großen Zügen der Landformung ist die Türkei ein Glied des großen Kettengebirgsgürtels der Alten Welt. Nur im Südosten greift das Staatsgebiet mit einem breiten Streifen auf die Syrisch-Arabische Tafel über; doch machen sich auch in diesem Randgebiet noch Auswirkungen der jungen alpidischen Gebirgsbildung bemerkbar, so daß es zugleich als Vorland des Kettengebirgsgürtels erscheint. Auseinanderstreichende Randgebirge, die Hochländer oder große Becken umschließen, danach sich zu einem einheitlichen Bergland bündeln und dann wieder auseinandertreten, sind seine Kennzeichen. Die Annahme vom Vorhandensein einzelner alter Massen als 'Zwischengebirge' (im Sinne von L. Kober) oder auch als 'Geotumoren', um die sich die Randgebirge legen, erklärt am besten diese Anordnung im großen wie

Landeskunde

Geologische Merk-
male, Gesamttür-
kei (Fortsetzung)

auch den bogenartigen Verlauf der Randgebirge im einzelnen, in der Türkei also der Nordanatolischen Gebirgsschwelle auf der einen, des Taurischen Systems auf der anderen, der Südseite der Massen.

**Südwest-
anatolische
Masse**

Als eine solche tritt zunächst im Südwesten der Türkei die aus alten Graniten, Gneisen, kristallinen Schiefern, Phylliten und randlich vorwiegend aus Marmoren aufgebaute Südwestanatolische Masse (auch Lydisch-Karische Masse bzw. das als Geotumor aufgefaßte Menderesmassiv) auf. Ihr Bestehen bewirkt die nach Nordosten gerichtete Erstreckung des entlang der Südostseite der Masse weit in das Innere hineinreichenden Westlichen Taurus, während auf der Nordseite der Masse im allgemeinen in West-Ost-Richtung streichende Gebirgszüge südlich des Marmarameeres das Nordanatolische Randgebirge einleiten und an der Ostseite dieses alten Massivs im Wasserscheidengebiet der Zuflüsse zum Ägäischen Meer gegen das Innere Nord- und Südgebirge durch das stärker aufgelöste Westanatolische Gebirgsland miteinander in Verbindung stehen.

**Inner-
anatolische
Masse**

Östlich davon wird das Innere Hochland von der Inneranatolischen Masse eingenommen, welche die Zentrale Steppentafel (Lykaonische Masse) und das anschießende granitreiche alte Faltenland des Kızılırmak (Halysmasse, Kırşehirmassiv) umschließt. Wieder bauen alte, wohl paläozoische Gesteine, und zwar Gneise, kristalline Schiefer, Phyllite, Quarzite und Marmore, die durch eindringende Intrusionen von Granit und Syenit umgewandelt wurden, den Untergrund auf; dieser tritt allerdings nur in einzelne Bergmassiven orographisch in Erscheinung und ist sonst unter jüngeren Ablagerungen verhüllt (s. nachstehend). Die Inneranatolische Masse bedingt sowohl das Ausschwingen des Nordanatolischen Randgebirges zu seinem nördlichsten Verlauf hin, wie auch den großen nach Süden gekehrten Bogen des Zentralen Taurus im Süden. Ostwärts nähern sich die beiden Randgebirge einander so weit, daß Nordanatolische Gebirgsschwelle und Östlicher Taurus sich zu einem einzigen reich gegliederten Bergland zusammenschließen. Endlich bewirken die Ausläufer der Medischen Masse im äußersten Osten wieder ein Auseinanderstreichen der Randgebirge: des nördlichen nach Nordosten, des südlichen nach Südosten. Tertiärerfüllte Hochbecken, weite vulkanische Decken, hochragende Vulkanberge, darunter der Große Ararat, mit 5165 m ü. d. M. der höchste Berg des Landes, bestimmen hier die Landschaft. Im östlichen Taurusgebiet liegt das alte Bitlismassiv.

Nach ihrer Einfügung in das tektonische Gerüst des mediterranen Gebirgsbogens stellen die 'Tauriden' des Taurusgebirges die Fortsetzung der vom Dinarische Gebirge in Kroatien, Bosnien-Herzegowina und Montenegro herkommenden 'Dinariden' dar, die in bogenförmigem Verlauf über das westliche und südliche Griechenland und zuletzt über die griechischen Inseln Kos und Rhodos zum Westlichen Taurus heranstreichen, dann den Zentralen Taurus und mit einem Zweig auch Zypern durchziehen und eine Fortsetzung im Östlichen Taurus finden.

Auf der anderen Seite wird die Nordanatolische Gebirgsschwelle nördlich einer großen, durch eine Folge von Becken und Längstälern gekennzeichneten tektonischen Leitlinie, der Paphlagonischen Naht, von den 'Pontiden' als Fortsetzung der 'Balkaniden' durchzogen. Die im Zwischengebiet zwischen diesen Randgebirgen gelegenen alten Faltenzüge, die 'Anatoliden', stellen in einer nördlichen, unmittelbar an die Paphlagonische Naht reichenden Zone noch einen Teil der Nordanatolischen Gebirgsschwelle dar, während sie sich weiter im Süden als einzelne massige Aufragungen aus den Flächen des Inneranatolischen Hochlandes erheben.

**Inner-
anatolisches
Hochland**

Im Regenschatten der Randgebirge gelegen ist das Inneranatolische Hochland in seinem Hauptteil eine abflußlose Großlandschaft. Horizontal- bis flachgelagerte tertiäre Ablagerungen bauen die weiten Flächen auf. Es sind nachträglich in die heutige Höhenlage von 800–1200 m ü. d. M. gehobene alttertiäre Meeresablagerungen mit gelegentlichen Braunkohlenvorkommen sowie mit Gips- und Steinsalzablagerungen aus dem Oligo-

Durch Erosion entstandene Tuffkegellandschaft in Kappadokien

zän und jungtertiäre See- und Flußbildungen. Dazu gesellen sich flach-gelagerte vulkanische Tuffschichten. Aus diesen weiten Flächen ragen jungvulkanische Bergländer auf, so am Ostrand des abflußlosen Gebietes der Erciyas Dağı (3916 m ü. d. M.), westlich Niğde der Melendiz Dağı (2935 m ü. d. M.) und der Hasan Dağı (3253 m ü. d. M.), weiter südwestlich Karaca Dağı (1960 m ü. d. M.) und Kara Dağı (2271 m ü. d. M.) bei Karaman. Durch ihre schroffen Formen unterscheiden sie sich von den erwähnten Aufragungen des älteren Untergrundes, wie etwa des aus paläozoischen Gesteinen aufgebauten Elma Dağı (1855 m ü. d. M.) südöstlich von Ankara mit seinen flacheren Formen. Durch junge Senkungsvorgänge sind ande-rerseits weite flache Hohlformen, sog. Ovas, entstanden. In einigen dieser Senkungszonen liegen Salzseen, so der wichtigste, der Tuz Gölü. Die starke Abspülung durch Regengüsse nach langer sommerlicher Trocken-zeit schafft bei geeignetem Untergrund oft eine sehr charakteristische Fur-chung der Hänge und kann zur Ausbildung von Tuffkegeln führen (z. B. Göreme bei Ürgüp).

Das Nordanatolische Randgebirge (oft auch noch als Pontisches Gebirge bezeichnet) beginnt mit seinen ersten Ketten schon am südöstlichen Gestade des Marmarameeres; doch bildet es erst an der Mündung des Sakarya an einen geschlossenen Gebirgszug, und zwar zunächst bis zur Mündung des Kızıl Irmak einen flach nach Norden ausgreifenden Bogen. Altgefaltete paläozoische Kerne, dazu das wichtige produktive Karbon von Ereğli, einzelne Granitmassive und weit verbreitete Flyschgesteine bestim-men seinen Bau nördlich der Paphlagonischen Naht, die hier durch eine Beckenfolge führt. Reiche Zertalung durch Flüsse schafft ein oft bewegtes Bergrelief, das aber auch von hochgelegenen Flachlandschaften (geho-benen Abtragungsflächen) gekrönt wird. Die Höhen bleiben mäßig und erreichen nur in den Ilgaz-Bergen 2565 m Meereshöhe. Nach dem niedri-gen Flyschbergland im Hintergrund von Samsun erreicht die Nordanato-lische Gebirgsschwelle in ihrem östlichen, nach Süden ausschwingenden

Geologische
Merkmale,
Inneranatolisches
Hochland
(Fortsetzung)

Nord-
anatolisches
Randgebirge

Berglandschaft südlich von Beyşehir

Geologische Merkmale, Nordanatolisches Randgebirge (Fortsetzung)

Bogen bald Hochgebirgshöhen in dem aus jungvulkanischen Gesteinen unf Flysch, zum großen Teil aber aus Granit aufgebauten Ziganagebiet. Hier steigt die Kaçkarkette auf 3548 m ü. d. M. an. Die Schroffheit der Gipfel geht auf die nicht unbedeutende eiszeitliche Vergletscherung zurück. Dem Verlauf der Paphlagonischen Naht folgen auf weite Talstrecken hin der Kelkit Çay und der Çoruh.

Die im ganzen 1100 km lange Nordanatolische Horizontalverschiebung ist eine bedeutende Erdbebenlinie, bzw. eine kilometerbreite Zone von Störungen, an der bei den großen Erdbeben auch meterhohe Vertikal- und bis zu 4,3 m weite Horizontalverschiebungen, letztere zwischen 1939 und 1967 im ganzen 18 m, festgestellt wurden. Andere Erdbebenlinien sind die tektonischen Störungen in der westlichen Türkei und besonders auch in südöstlichen Taurusvorland.

Taurusgebirge

Das Taurusgebirge im Süden des zentralen Hochlandes zeigt in seinem westlichen Abschnitt die zuvor erwähnte Anpassung an die Südwestanatolische Masse. Mit südwestlich-nordöstlich gerichteter Erstreckung streichen die Gebirge westlich des Golfes von Antalya landeinwärts bis in die Gegend von Afyon – Karahisar. Die meist aus mesozoischen Kalken aufgebauten Gebirgsmassive erreichen im Ak Dağı in den Bey Dağları 3085 m Meereshöhe. Karstpoljen gliedern das Gebirgsland. Im Inneren liegt in der Grenzregion zum Bogen des Zentralen Taurus eine Region hochgelegener abflußloser Seen (Burdur-, Eğridir-, Beyşehirsee). Von ihrer Scharungsregion mit dem Westlichen Taurus ziehen die hier beginnenden Kalkketten des Zentralen Taurus zunächst gegen Südosten und erreichen in den einzelnen Gebirgsstöcken durchaus über 2500 m ü. d. M., so auch in dem vorgeschobenen hauptsächlich aus älteren Gesteinen aufgebauten Sultan Dağı (2581 m ü. d. M.), und steigen im Şeytan Dağı mit dem Üç Tepe auf 3036 m Meereshöhe. Östlich der weiten Ebene von Antalya bilden von Alanya bis Silifke gut zertalte paläozoische Küstenketten den Südsaum des Gebirges. Nach einer Gebirgserniedrigung des Zentralen Taurus zwischen Karaman und Silifke mit flachlagernden miozänen Schichten beginnt sein gegen Nordosten streichender Abschnitt mit dem Bolkar Dağı im weiteren Sinne. Der Hauptzug des Gebirges wird aus Paläozoikum und Kreideschichten aufgebaut. Drei bis vier Ketten streichen nebeneinander, laufen gegen Nordosten hin zusammen nund gewinnen an Höhe (Mededsiz im Bolkar Dağ: 3585 m ü. d. M.). In der Gruppe des Toros Dağ lebt noch der Name des Taurus fort. Östlich davon durchfließt der Çakit Çay das einzige, durch das ganze Gebirgssystem aus dem Inneren zur Küste führende Durchbruchstal. Von den weiteren Gebirgsgruppen ist der bereits süd-nördlich verlaufende Ala Dağı (Kilikischer Ala Dağı) der imposanteste mit 3700–3900 m hohen Gipfeln.

Mit dem Misis Dağı östlich der Ebene von Adana und dem Amanos Dağı jenseits des Golfes von İskenderun beginnen die landeinwärts, zunächst nach Nordosten hin streichenden Ketten des Östlichen Taurus, die man in einen Inneren (oft auch Antitaurus genannten) und Äußeren Osttaurus gliedern kann. Er erreicht vielfach über 3000 m ü. d. M., im östlichen Teil, dem schon zu den iranischen Randgebirgen überleitenden Gruppen des Sat Dağı und des Cilo Dağ, über 4000 m Meereshöhe.

Die höchsten Teile des Gebirges (Ala Dağ, Cilo Dağ) tragen noch heute eine Vergletscherung, alle höheren Gebirgsgruppen des gesamten Taurus und des östliche Pontischen Gebirges oft schön ausgebildete Formen der eiszeitlichen Vergletscherung. So erreichen die höheren Gebirgsgruppen durchaus alpinen Charakter. Besonders großartig entfaltet sind überdies vielfach in den Höhenregionen die Formen des Frostmutterbodens und andere Erscheinungen des Frostfließens (Solifluktion).

Landeskunde,
Geologische
Merkmale,
Taurusgebirge
(Fortsetzung)

Geographische Gliederung

Eine geographische Gliederung des türkischen Staatsgebietes in allseitiger Betrachtung des Zusammenwirkens der einzelnen Faktoren zur mehr oder minder einheitlichen Gestaltung der Landesnatur gestattet die Erfassung von sieben Großräumen:

Sieben
Großräume

- **Thrakien und Marmaragebiet**
- **Egegebiet**
- **Mittelmeerküste und Taurus**
- **Inneranatolien**
- **Schwarzmeerküste und Nordanatolisches Randgebirge**
- **Ostanatolisches Bergland**
- **Südostanatolien**

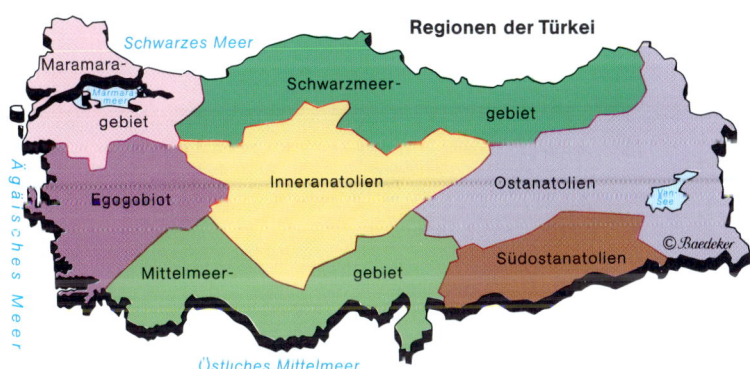

Regionen der Türkei

Thrakien und Marmaragebiet

Meerengenregion — Thrakien und das Marmaragebiet stellen eine größere Einheit dar, in der zwei Landschaften eigenen Gepräges durch Nachbarschaftslage und vielfältige Beziehungen zusammengefaßt werden: die Thrakische Steppentafel und das durch eine Kammerung von Höhen und Becken geprägte Gebiet im Süden des Marmarameeres.

Bosporus — Die Thrakische Tafel setzt sich über den Bosporus, einst eine vom Goldenen Horn her zum Schwarzen Meer hin von einem Fluß durchzogene Talung, ohne Änderung der Landesnatur in der Bithynischen Halbinsel (Halbinsel Kocaeli) fort. Durchzogen war einmal auch die im übrigen tektonisch angelegte Dardanellenstraße, und hier tritt der gebirgigwellige Charakter der südlichen Marmaralandschaft in der Halbinsel Gallipoli (Gelibolu) auf die Nordseite über.

Bithynische Halbinsel
Dardanellenstraße
Halbinsel Gallipoli

Marmarameer — Das Marmarameer selbst (280 × 76 km; 11 352 km^2) stellt in seinem in der nördlichen Hälfte gelegenen Hauptteil eine sich westöstlich erstreckende Einbruchszone mit bedeutenden Tiefen (weithin unter 1000 m, bis 1350 m größter Tiefe) dar, die das westlichste Glied einer für Nordanatolien wichtigen Folge von Einbruchsgräben und Beckenlandschaften von im ganzen 1000 km Länge (Paphlagonische Naht) darstellt. Aus dem nur seicht, auf weniger als 50 m untergetauchten nördlichen Flachseesaum ragen aus widerstandsfähigen Quarziten aufgebaute und darum von der Abtragung verschont gebliebene Inseln auf: die Prinzeninseln. In der den Südteil des Meeres einnehmenden Flachsee liegt u. a. die Insel Marmara. Als Musterbeispiel eines interkontinentalen Meeres ist das Marmarameer ganz innerhalb des türkischen Staatsraumes gelegen.

Prinzeninseln
Insel Marmara

THRAKIEN
Steppentafel — Thrakien bildet in seinem Hauptteil eine von breiten Tälern durchzogene Steppentafel von 100–200 m Höhe, die eine junggehobene Abtragungsebene über unverfestigten, jungtertiären Meeresablagerungen, vor allem miozänen Kalken, Mergeln und Tonen sowie von Sanden und Schottern, welche vom Istrancagebirge her durch die Flüsse gebracht wurden, darstellt. Im Nordosten wird die flache Tafel von dem in Fortsetzung der südlichen Wölbungszone des Balkangebirges gelegenen, im Kern aus paläozoischen Gesteinen bestehenden Istranca-Gebirge (bis 1031 m ü. d. M.) überhöht, das in die Waldregion aufragt. Ein junggefaltetes Bergland aus Flysch und Kalk erhebt sich im Genosmassiv im Südwesten der Tafel zwischen Tekirdağ und dem Golf von Saros bis auf etwa 945 m ü. d. M. und setzt sich mit geringeren Höhen auf der Gallipoli-Halbinsel fort, die auf der Seite der Dardanellenstraße einen breiten Saum von jungtertiären Ablagerungen hat. Strandterrassen in verschiedener Höhenlage (von 6–7 m bis maximal 110 m ü. d. M.) geben von Niveauveränderungen des Meeres Zeugnis. Ein letztes nacheiszeitliches (mit Änderungen des Wasserhaushaltes des Weltmeeres zusammenhängendes) Ansteigen des Meeresspiegels hat auch Flußmündungen zum Marmarameer in Limane (Strandseen) umgewandelt, die sich tief ins Land hinein erstrecken, so bei Büyük Çekmece und Küçük Çekmece westlich von İstanbul. Schon westlich vom Bosporus, sodann in der Halbinsel Kocaeli auf der asiatischen Seite schneidet die junggehobene Thrakisch-Bithynische Abtragungsebene altgefaltete paläozoische Gesteine (Silur, Devon) ab. Im östlichen Teil der Halbinsel Kocaeli ist die Tafel höher aufgewölbt, stärker zerteilt und vielfach bewaldet.

Istranca-Gebirge

Strandseen

Bei kontinentalem Temperaturgang und Jahresniederschlägen zwischen 40 und 60 cm, vornehmlich im Winterhalbjahr, ist die Thrakische Tafel eine durch 6000jährige menschliche Tätigkeit waldarm gewordene, vielleicht nur im Ergene-Gebiet von Natur aus waldfreie Acker- und Weidelandschaft, deren Agrarwirtschaft durch Zuckerrüben- und Sonnenblumenkulturen verbessert wurde.

Das mäßig dicht, im Istranca-Gebirge und an der Schwarzmeerküste wie auch im Inneren der Halbinsel Kocaeli nur sehr dünn besiedelte Gebiet hat verhältnismäßig viele, recht gleichmäßig verteilte Klein- und Mittelstädte. Außer der einmaligen Weltstadt İstanbul mit den verschiedenen Schichten ihrer großen Vergangenheit und bedeutenden Umgestaltung der Gegenwart und ihren weiten Ausstrahlungen auch auf der anatolischen Seite sei nur Edirne, das alte Adrianopel, der älteste Stützpunkt der Osmanen in Europa, mit großen Kunstdenkmälern, namentlich hervorgehoben.

Thrakien, Strandseen (Fortsetzung)
İstanbul

Edirne

Durch junge Hebungs- und Senkungsvorgänge gliedert sich das Gebiet südlich des Marmarameeres in meist westöstlich verlaufende Höhen und Senken: Der Golf von İzmit setzt sich als junges Senkungsland ostwärts zum Sapanca-See und von diesem weiter zum Becken von Adapazarı am unteren Sakarya fort. Südlich einer ersten Bergkette wird eine zweite Senkungsregion durch den Golf von Gemlik und in dessen Fortsetzung, den İznıksee, gebildet. Ein dritter Höhenzug, der weiter nach dem Westen hin als Küstengebirge mäßiger Höhe das Marmarameer begleitet, schließt die dritte Beckenzone nach Norden ab mit den Becken von Bursa, des Apolyontsees und des Manyassees.

Jenseits vom Marmarameer BITHYNIEN

In dem wieder südlich davon in größere Höhen aufragenden Bergland stellt der Uludağ (Mysischer Olymp oder Bithynischer Olymp) die größte Erhebung dar (2543 m ü. d. M.), in dessen Gipfelregion zwei kleine eiszeitliche Gletscher Karbildungen geschaffen haben. Unregelmäßiger ist weiter westlich in der Landschaft Troas die Reliefgliederung.

Uludağ

Das Marmaragebiet zeigt bereits die Klimagunst des mediterranen Bereichs. Den mit Kiefern- und Eichenwaldungen bzw. Eichenbusch bedeckten Bergzügen gegenüber sind die dazwischen gelegenen Becken reiche Fruchtlandschaften mit Oliven-, Feigen- und Obsthainen, Wein- und Tabakbau, mit Getreidefeldern, aber auch mit großen Weideflächen für Rinder und Schafe. In den Becken erreicht denn auch die Bevölkerungsdichte überdurchschnittliche Werte.

Von den Städten sei das gärtenreiche, sich in reizvoller Lage an den Hängen des Uludağ hinanziehende Bursa mit seinen Moscheen und Sultansgräbern genannt.

Bursa

In der historischen Landschaft Troas stellen die Reste des alten Troia mit seinen vor- und frühgeschichtlichen bis antiken Schichten das größte Kulturdenkmal dar.

TROAS
Troia

Egegebiet

Das Egegebiet reicht von der Küste des Ägäischen Meeres bis zu der in einzelne Bergzüge aufgelockerten Westanatolischen Gebirgsschwelle, der Wasserscheide zum trockenen Inneren, zurück. Auch hier gliedern westöstlich verlaufende Einbruchssenken das Land, zwischen denen die meist aus alten Gesteinen aufgebauten Bergzüge vielfach mit steilem Aufschwung zu beträchtlichen Höhen (1000–2000 m ü. d. M., im Boz Dağı auf 2157 m ü. d. M.) emporsteigen. In weit vorspringenden Halbinseln mit buchtenreichen Küsten und dann in den schon zu Griechenland gehörigen Inseln finden sie ihre Fortsetzung nach Westen. Große Flüsse (Gediz, Kleiner und Großer Menderes/Mäander) durchströmen die fruchtbaren Grabensenken. Feigenkulturen in größtem Ausmaß, Olivenpflanzungen, Weinbau (mit Rosinenbereitung), Baumwoll-, Getreide- und Tabakbau prägen das Bild der Kulturflächen.

Küstenraum der Ägäis

Das durch das milde Mittelmeerklima begünstigte Gebiet ist uralter Siedlungs- und Kulturraum mit vielen großartigen Resten aus der Antike (Pergamon, Ephesos, Priene, Milet, Didyma, Hierapolis, Aphrodisias u. v. a.). Das Gebiet umfaßt die antiken Landschaften Mysien, Ionien, Lydien und Karien. Heute bilden industrie- und gewerbereiche Mittelstädte die Zentren der Teillandschaften. Besondere Bedeutung hat İzmir, die große Hafen- und Industriestadt, die drittgrößte Stadt der Türkei.

MYSIEN, IONIEN, LYDIEN, KARIEN

İzmir

Geographische Gliederung

Egegebiet
(Fortsetzung)
Pamukkale
Eine großartige Naturerscheinung sind die Kalksinterterrassen von Pamukkale ('Baumwollschloß') beim alten Hierapolis (gegenüber von Denizli im Tal des Großen Menderes).

Mittelmeerküste und Taurus

Anatoliens Südküste
Die Südküste Anatoliens hat nach dem buchtenreichen westlichen Abschnitt, gegen den die hier fast nordsüdlich gerichteten Ketten des Westlichen Taurus ausstreichen, in weiterem Verlauf bis zum tief eingreifenden Golf von İskenderun nur zwei große, weitgespannte Buchten: die von Antalya und jene von Mersin.

Westlicher Taurus
Steil erhebt sich der Westliche Taurus mit seinen Kalkketten und Kalkklötzen in kurzer Entfernung auf 2000, ja über 3000 m ü. d. M. unmittelbar aus der Küste, weiter nördlich aus der großen Küstenebene von Antalya und zieht zum seenreichen Bergland gegen das Innere, wo dann der ebenfalls vorwiegend aus Kalken aufgebaute Bogen des Zentralen Taurus zunächst mit südostwärtiger Streichrichtung ansetzt, dann weiter gegen Osten, Nordosten und schließlich bis in eine nordnordöstliche Richtung umbiegt und dabei nach einer Zone geringerer Höhen zwischen Karaman und Silifke zu seinen höchsten Teilen, im Bolkar Dağı mit dem Mededsiz auf 3583 m und im Kilikischen Ala Dağı auf über 3800 m ü.d.M. ansteigt.

Zentraler Taurus

PAMPHYLIEN
Östlich von Alanya schaltet sich zwischen das Kalkgebirge des Zentralen Taurus und die Küste ein etwas niedrigeres, stark zertaltes waldiges Bergland aus paläozoischen kristallinen Schiefern ein, das steil zum Meere abbricht und nur an den Flußmündungen Raum für kleine Fruchtlandschaften (mit Reisanbau, Bananenpflanzungen, Erdnußfeldern und Gemüsekulturen in Gewächshäusern) läßt. Groß ist der Gegensatz zwischen der gut beregneten, zur Küste gerichteten Abdachung des Gebirges und der trok-

Abendstimmung am Golf von Antalya

kenen Innenseite. Auf einem bis 700 m, im Maximum bis 1000 m ü. d. M. Pamphylien
(Fortsetzung) reichenden unteren Vegetationsgürtel der Südabdachung, mit kälteempfindlichen Pflanzen, Oliven, Aleppokiefern (in der Unterart der Pinus brutia), folgt ein von Laubbäumen (Eichen, Platanen, Nußbäumen) durchsetzter Nadelwaldgürtel von Schwarzkiefern und schließlich eine oberste Region mit Kiefern, Zedern, Baumwacholdern unter der 2200–2400 m hohen Waldgrenze. Die höchsten Teile (Ala Dağ) ragen in die Schneeregion mit Gletscherflecken und Blockgletschern auf. Demgegenüber tritt an der Innenseite die Steppe bis unmittelbar an den Gebirgsfuß heran, und erst über der in 1200–1400 m ü. d. M. verlaufenden Trockengrenze des Waldes tritt von Natur aus ein Waldgürtel auf, der aber bis auf Reste vernichtet ist.

Im Hintergrund des Golfes von Antalya dehnt sich die große Küstenniederung aus, die im westlichen Teil von großen Travertinkalktafeln in zwei Küstenebene am
Golf von Antalya Stufen (200–250 m und 40–120 m ü. d. M.) eingenommen wird, während sich östlich davon große Flußebenen ausbreiten, die dank der Klimagunst wertvolles Kulturland darstellen mit Agrumen (vor allem im küstennahen westlichen Teil), Baumwollbau, Erdnußkulturen, Getreidebau. Im Winter ist es Weideland der Nomaden, die im Sommer in die Berge ziehen. Auf den weiten Travertinflächen des westlichen Teils sind große moderne Industriestandorte erwachsen (Textilien, Kautschuk, Chrom).
Die altbesiedelte Ebene von Antalya ist das Kerngebiet der antiken Landschaft Pamphylien mit eindrucksvollen Resten der Städte Perge, Aspendos und Side. Das westliche Bergland gehörte zu Karien, das nördliche zu KARIEN
ISAURIEN Isaurien. Die Stadt Antalya (früher Adalia), als Attaleia von Attalos II. von Pergamon im 2. Jh. v. Chr. gegründet, sowie Termessos und Phaselis in der Umgebung weisen noch beachtliche Reste aus der Antike auf.

An den Golf von Mersin schließt die große junge Aufschüttungsebene von KILIKIEN Adana an, die zusammen mit den niedrigen, sanft ansteigenden Platten aus neogenen Kalken und Hügelländern des Hinterlandes die dichtbesiedelte und fruchtbare Landschaft Çukurova bildet. Die Flüsse Seyhan (mit großem Stauwerk) und Ceyhan kommen aus dem gut bewässerten mittleren und östlichen Taurus. In enger, von der Route der Bagdadbahn in kühner Trasse benutzter Schlucht durchbricht der Çakit Çayı den Taurus. Dieser Durchgang gehört zur Kilikischen Paßregion. Der eigentliche Kilikische Paß, die Kilikische Pforte, stellt die kurze Schluchtstrecke eines Täl- Kilikische Pforte chens dar, das aus der Ebene von Adana zu dem 1200 m hohen Tekirpaß hinauf und von dort zum Çakit Çayı bei Pozantı oberhalb der großen Durchbruchstrecke führt. Hier treffen sich Bahn und Straße. Der von Eisenbahn und der großen Staatsstraße begleitete Oberlauf führt von hier in westlicher und nordwestlicher Richtung in das Innere, ein alter Karawanen- und Herdenweg über eine niedrige Paßhöhe nordwärts in eine große Ausraumtalung westlich von Ala Dağı und von da weiterhin in das Innere. So bildet Pozantı den eigentlichen Knoten der Kilikischen Paßregion.
In der Çukurova geben Agrumen- und Olivenpflanzungen, Wein- und Gar- Çukurova tenbau, Anbau der hier sehr früh reifenden und zum Versand kommenden Feldfrüchte wie Wassermelonen, Auberginen, Tomaten u. a. von der Gunst des Klimas Zeugnis. Im Winter wird Getreide (Weizen, Gerste, Hafer) angebaut; in dieser Zeit haben die Yürüken hier ihre winterlichen Weideplätze Vor allem ist die Çukurova aber das wichtigste Gebiet des Baumwollanbaus, der in Großbetrieben in der Ebene, jedoch z. T. mit kleineren bäuerlichen Feldern in der niedrigeren Platten- und Hügelregion bis gegen 500 m Seehöhe betrieben wird, zur Zeit der Ernte viele Saisonarbeiter heranzieht und die Grundlage für die schon in vielen Fabriken vertretene Baumwollindustrie gibt. In den Dörfern der Ebene herrscht das kubische Lehmziegelhaus mit flachen Dächern, denen die zur Nächtigung in der heißen Jahreszeit auf dem Dach errichteten Holzgestelle ein charakteristisches Gepräge geben.
Mersin mit seinem großen modernen Hafen, das alte Tarsus und Adana am Mersin, Tarsus,
Adana Seyhan sind die wichtigsten Städte. In der Antike gehörte das Gebiet zu Kilikien, an das im Westen Pisidien angrenzte.

Inneranatolien

Hochland
GALATIEN
KAPPADOKIEN

Mit recht scharfer Abgrenzung folgt nördlich vom mittleren Taurusbogen das Inneranatolische Hochland. Hier breitet sich das große abflußlose Trockengebiet aus, das den ganzen Südwesten einnimmt und ostwärts bis zum Erciyas Dağı reicht. Allmählicher ist der Übergang zur Nordanatolischen Gebirgsschwelle, wo auch durch die Flußsysteme des Sakarya und des Kızılırmak bereits eine Entwässerung zum Meere erfolgt. Weite ebene Flächen auf 800–1200 m Meereshöhe, über welche die schrofferen, aus vulkanischem Gestein (Laven und Tuffen) aufgebauten Gebirge oder die etwas ruhiger geformten alten Bergmassive inselartig aufsteigen, während andererseits weite Einmuldungen ('Ovas') mit sanften Gehängen in sie eingesenkt sind, bestimmen das Landschaftsbild.

Das gesamte Gebiet weist ausgeprägt kontinentalen Temperaturgang mit heißen Sommern und kalten Wintern auf. Im Regenschatten der Randgebirge steigen die Niederschläge nirgends über 400 mm, und bis zur Trockengrenze des Waldes auf 1000–1400 m ü. d. M. ist das ganze Innere von Natur aus waldfrei.

In den Senken treten Salzseen und Salzsümpfe auf: der Tuz Gölü und der

Die wichtigsten Gebirge und Gewässer in der Türkei

GEORGIEN

ARMENIEN

IRAN

IRAK

SYRIEN

Samsun, Ordu, Giresun, Rize, Artvin, Kura Çayı, Çıldır See, Kars, Amasya, Trabzon, Gümüşhane, Mescit Dağları, Coruh, Pontisches Gebirge, Yeşilirmak, Tokat, Erzincan, Erzurum, Aras, Aras Dağları, Ağrı, Ağrı Dağı Ararat 5137 m, Sivas, Firat, Kızılırmak, Munzur Dağları, Tunceli, Bingöl, Murat, Ala Dağları, Keban-Stausee, Muş, Van-See, Van, ...yseri, Seyhan, Flâzığ, Hazar Gölü, Südöstlicher Taurus, Bitlis, Malatya, Firat (Euphrat), Dicle (Tigris), Siirt, Hakkâri, Adıyaman, Diyarbakır, Kahramanmaraş, Atatürk-Stausee, Mardin, Aslantaş-Stausee, Şanlıurfa, Gaziantep, Antakya

---

Akşehir Gölü im Westen sowie der Sultan Sazlığı südlich vom Erciyas Dağı. Die Flächen sind weithin unter Ackerkultur genommen. Daneben stellt Kleintierzucht (Schafe, Ziegen, Angoraziegen) die andere Hauptnutzungsart dar. Allenthalben herrscht das kubische Lehmziegelhaus vor, im Umfeld der Vulkanberge auch das Steinhaus, jeweils mit flachem Dach.

Inneranatolien, Hochland (Fortsetzung)

Die Bereiche mit dichterer Besiedlung liegen an den Rändern. In den Randlagen finden sich auch die wichtigsten Reste der alten Kulturperioden: Boğazkale, das hethitische Hattusa, im Nordosten von Ankara, Alaçahüyük im Osten und Gordion im Westen aus der phrygischen Zeit; hier blühten in der Homerzeit u. a. die Städte Ancyra (Ankara), Caesarea (Kayseri), Tyana (bei Niğde) und Dorylaeum (Eskişehir) und sind Zeugen der byzantinischen Zeit (so in Ankara) sowie der Seldschukenherrschaft (Konya, Niğde, Kayseri). Auch heute befindet sich in dem begünstigten Randgebiet des Inneren ein Kranz großer Städte: Eskişehir, Konya, Niğde, Kayseri und namentlich das stark gewachsene Ankara, die Hauptstadt und zweitgrößte Stadt der Türkei.

Alte Siedlungsschwerpunkte in Randlagen

*Eskişehir, Konya, Niğde, Kayseri, **Ankara***

Rund 90 km südwestlich von Kayseri liegt im Bergland von Kappadokien das berühmte Tuffpyramiden- und Höhlengebiet von Göreme.

Göreme

Schwarzmeerküste und Nordanatolisches Randgebirge

Pontisches Küstengebirge

Von der Mündung des Sakarya im Westen bis zur türkisch-georgischen Grenze wird die Küste des Schwarzen Meeres von dem 1100 km langen und 150–200 km breiten Randgebirge, das aus einer Reihe meist küstenparalleler Gebirgsketten mit großen Längstälern und vor allem im Zuge der Paphlagonischen Naht eingesenkten Beckenlandschaft besteht, überragt. Von der niederschlagsreichen, zu allen Jahreszeiten gut, doch verstärkt im Herbst und Winter beregneten Küste nehmen die Niederschläge hinter der Küstenkette landwärts ab. An der Küste fallen im Westen 1000 mm, in höheren Lagen der Küstenkette 1500 mm; sie sinken im südostverlaufenden Abschnitt um Samsun auf unter 800 mm und erreichen im östlichen Teil, in der pontischen Landschaft, über 2000 mm im Jahresdurchschnitt. Die klimatische Gunst der Küstenlandschaft kommt im Pflanzenkleid zum Ausdruck, in dessen unterer Stufe frostempfindliche Gewächse auftreten, so der Ölbaum. Bis 1000 m ü.d.M. geht der artenreiche Laubwald mit dichtem Unterholz, besonders aus Rhododendren; darüber folgen winterharte Tannen- und Kiefernwälder. Landeinwärts ersetzen Kiefernwaldungen und Eichenbuschwald die Feuchtwälder der Küste, und schließlich ist Waldwuchs auf die noch besser beregneten Nordseiten der Höhen beschränkt.

Westlicher Abschnitt Zonguldak

Becken-landschaften

Der westliche Abschnitt des Randgebirges zwischen dem unteren Sakarya und dem Kızılırmak im Hintergrund der leicht nach Norden geschwungenen glatten Küste birgt bei Zonguldak große Steinkohlenlager. Schon mit der beckenartigen Talweitung des Sakarya bei Adapazarı beginnt die Folge der großen bergumschlossenen Becken: Düzce (100 m ü.d.M.), Bolu (700 m ü.d.M.), Reşadiye (900 m ü.d.M.) und Gerede (1300 m ü.d.M.) mit auffälliger Abstufung der Agrarwirtschaft nach der Höhenlage, von den Mais-, Tabak- und anderen Intensivkulturen in den tiefer gelegenen Becken bis zu dem von Gersten- und Weizenfeldern bzw. Weideland eingenommenen höchstgelegenen von Gerede. Weiter nach Norden verschoben ist das Becken von Kastamonu (700 m). Während die Küstenkette noch unter 2000 m ü.d.M. bleibt, erreicht das Ilgazmassiv südlich von Kastamonu 2565 m ü.d.M., der Karoğlu Tepe südöstlich von Bolu 2378 m Seehöhe.

Samsun

Im Mündungsgebiet des Kızılırmak und des Yeşilırmak breitet sich niedriges fruchtbares Land mit Tabakbau aus. Hier liegt Samsun, die bedeutendste Stadt der Schwarzmeerküste, mit einem wichtigen Exporthafen.

Östlicher Abschnitt Ziganagebiet

Das östlich folgende Ziganagebiet steigt mit seinen höheren Ketten auf über 3000 m ü.d.M. und erreicht in der Kaçkarkette 3937 m ü.d.M., mit stark ausgeprägter Zuschärfung der Formen durch die eiszeitliche wie auch die noch bestehende Vergletscherung, Hochgebirgsnatur. In der sehr dicht besiedelten Küstenregion werden hochwertige Kulturen gepflegt. Besondere Bedeutung hat der nicht nur für den eigenen Bedarf der Türkei ausreichende, sondern auch für den Export wichtige Teeanbau; im ganzen Gebiet der Schwarzmeerküste sind ferner Haselnußkulturen verbreitet.

Trabzon

Die bedeutendste Stadt der östlichen Schwarzmeerküste ist die Hafenstadt Trabzon, das alte Trapezunt.

Ostanatolisches Bergland

Hochland mit Vulkanbergen

Da die vom Östlichen Taurus herziehenden Ketten allmählich in die Südostrichtung umbiegen, auf der anderen Seite das Pontische Gebirge die Schwarzmeerküste gegen Nordosten begleitet, verbreitert sich das dazwischen gelegene Hochland; sein südlich der Kaçkarkette gelegener Nordteil wird von großen jungvulkanischen Decken mit Laven und Tuffen eingenommen. Aus diesem Hochland erheben sich einzelne hohe Vulkanberge in großer Zahl auf über 3000 m ü.d.M., als südlichster der Tendürük (3542 m ü.d.M.) nordöstlich vom Van-See.

An einer Kreuzungsstelle von Bruchlinien steigt der Große Ararat (Büyük Ağrı Dağı) auf 5165 m ü.d.M., der Kleine Ararat auf 3925 m ü.d.M. an. Im Untergrund der vulkanischen Decken setzt sich in dem nördlich des Aras gelegenen Gebiet das System der pontischen Ketten des Nordanatolischen Randgebirges fort, im Süden der Bau des Taurussystems, das südlich vom Van-See (1648 m ü.d.M.) das Hakkâri-Bergland bildet und im vergletscherten Cilo Dağı 4119 m ü.d.M. erreicht.

Ostanatolien ist das kontinentalste Gebiet der Türkei, mit starker sommerlicher Erhitzung, großer Winterkälte und geringen Niederschlägen, so daß in den Ebenen und Tälern Waldwuchs fehlt. Durch die Oberläufe des Fırat (Euphrat) mit dem Murat und des Dicle (Tigris) wird es gegen das südliche Taurusvorland entwässert; aus der Gegend des Hochbeckens von Erzurum (1950 m ü.d.M.) zieht der Aras (der Araxes des Altertums) in einer tektonischen Senke, dem Arasgraben, 160 km weit gegen Osten, biegt dann in die Richtung seines von links kommenden Zuflusses Arpa gegen Südosten hin ein und bildet die Grenze zu Armenien und Persien (Iran), ehe er durch iranisches Gebiet zum Kaspischen Meer fließt. Ackerbau und Weidewirtschaft sind die hauptsächlichen Erwerbszweige. Politisch gehörte der nordöstliche Teil des Gebietes mit der Festung Kars von 1878 bis 1923 zum Russischen Reich.

Margin notes: Ostanatolisches Bergland (Fortsetzung) · Ararat · Van-See · Erzurum · Arasgraben · Kars

Südostanatolien

An der Ostseite des Golfes von İskenderun streicht das Amanos-Gebirge gegen Nordnordosten landeinwärts zu den östlichen Taurusketten. Östlich davon findet die große Syrische Grabensenke mit ihrem letzten Ausläufer die Fortsetzung auf türkischem Gebiet und reicht bis zum Becken von Maraş (Kahramanmaraş). Ostwärts davon erstreckt sich auf eine Länge von 500 km und in einer Breite von 100–150 km das südöstliche Taurusvorland, das bereits die für die Syrische Tafel kennzeichnende flache Lagerung der Schichten aufweist. Aber als Ausläufer der Taurusfaltung treten auch sehr junge Faltenachsen auf, und junger Vulkanismus hat den 1919 m hohen Karaca Dağı geschaffen, der zugleich die Ausbruchsstelle für Lavadecken darstellt, die ostwärts bis Diyarbakır und gegen Südwesten bis zu den Kalktafeln des Tektek Dağı reichen. In den von hier weit nach Westen reichenden Kalktafeln und Kalkklötzen sind Karsterscheinungen ausgebildet. In die 500–700 m hohen Flachlandschaften Mesopotamiens sind die Flüsse Fırat (Euphrat) und Dicle (Tigris) eingeschnitten. Das Becken von Diyarbakır stellt eine junge Einbiegungszone dar, eine kleinere tektonische Senke jenes von Suruç.

In dem durch große Sommerhitze und Trockenheit gekennzeichneten Gebiet tritt Waldwuchs erst ab 800 m Seehöhe auf. Neben Schafhaltung ist Ackerbau (besonders Weizen) eine Haupterwerbsgrundlage des Gebietes, das aber vor allem wegen seiner Erdölvorkommen für die Türkei von großer Bedeutung ist. Das Regionalzentrum Diyarbakır ist mit der ostanatolischen Längsbahn von Sivas über Malatya verbunden. Entlang der Südgrenze zieht die Bagdadbahn ostwärts. Neben Diyarbakır sind Gaziantep, Şanlıurfa und ganz im Westen Antakya, das alte Antiochia, wichtige Zentren.

Als kulturgeschichtlich besonders wichtig seien hervorgehoben die Grabstätte des kommagenischen Königs Antiochos I. auf dem Nemrut Dağı bei Eski Kahta (im Altertum Arsameia am Nymphaios) sowie die schon im Alten Testament der Bibel vorkommende Stadt Harran und das uralte Karkamış, beide nahe der türkisch-syrischen Grenze.

Margin notes: Amanos-Gebirge · **Taurusvorland** · MESOPOTAMIEN Euphrat und Tigris · Diyarbakır · Nemrut Dağı Harran Karkamış

GAP · Südost-Anatolien-Projekt

Das Südost-Anatolien-Projekt GAP (*Güneydoğu Anadolu Projesi*) dient in der Hauptsache der Landbewässerung und der Energiegewinnung. Es gilt als das größte Investitionsprojekt der Türkei überhaupt und reicht mit

Margin note: Allgemeiner Überblick

Geographische Gliederung

Südost-Anatolien-Projekt GAP – Karakaya-Staudamm

GAP · Süd-Ost-Anatolien-Projekt (Fortsetzung)

74 000 km² Gesamtfläche von der türkisch-syrischen Grenze im Umfeld der Mittelläufe von Fırat Nehri (Euphrat) und Dicle Nehri (Tigris) bis in die nördlich, westlich und östlich anschließenden Gebirgsräume von Taurus und Hakkâri-Bergland, größere Teile der Provinzen Urfa (Şanlıurfa), Mardin, Diyarbakır, Şırnak, Batman und Siirt einschließend.

Dieses Mammutprojekt umfaßt Staudämme und Wasserkraftwerke an Euphrat, Tigris und mehreren anderen Flüssen, Bewässerungsanlagen, Landwirtschaftsprogramme sowie verschiedenste Infrastrukturmaßnahmen in den Bereichen Verkehr und Industrie, aber auch Erziehung und Gesundheit.

Die wichtigsten GAP-Einrichtungen sind die Bewässerungsanlagen und die Wasserkraftwerke, mit der Atatürk Barajı als größtem Stausee. Geplant wurde der Atatürk-Stausee vor allem zur Linderung der bisherigen Wasserknappheit in dieser Region und zur Intensivierung der Agrarökomie auf insgesamt 1 856 627 ha landwirtschaftlicher Nutzfläche unter Anwendung neuzeitlicher Methoden. Von dieser Fläche entfallen allein auf die Anlagen am unteren türkischen Euphrat 706 208 ha neues Bewässerungsland. Zum GAP gehören weitere 13 Bewässerungsvorhaben, drei davon am Euphrat und sieben am Tigris, zudem 22 Staudämme und 19 Wasserkraftwerke, die insgesamt 27 Mrd. kWh elektrischen Strom zusätzlich liefern sollen. Das entspricht der gesamten Elektrizitätszeugung der Türkei von 1981.

Situation im Nahen Osten

In der vorderasiatischen Region ist die Wasserversorgung und -aufteilung eine Überlebensfrage, mehr als das Fördern von Erdöl. Viele Länder sind hier vom Wasser der Flüsse Euphrat und Tigris abhängig und fürchten, daß ihnen die Türkei 'das Wasser abgräbt'. Die Türkei hat sich daher 1987 verpflichtet pro Sekunden 500 m³ Euphratwasser nach Syrien zu lassen.

Einzelprojekte

Atatürk-Staudamm (Wasserkraftwerk, Urfa-Tunnel)
Karakaya-Staudamm (Wasserkraftwerk)
Sınır-Fırat-Staudamm (Wasserkraftwerk)

Suruç-Bazıkı-Bewässerungsprojekt (drei Stauseen)
Adıyaman-Kahta-Projekt (vier Staudämme, fünf Wasserkraftwerke)
Adıyaman-Göksu-Araban-Bewässerungsprojekt (mehrere Staudämme)
Gaziantep-Projekt (drei Staudämmen)
Tigris-Kralkızı-Projekt (droi Staudämme, drei Wasserkraftwerke)
Batman-Projekt (Staudamm, Wasserkraftwerk)
Silvan-Projekt (zwei Staudämme, Wasserkraftwerk)
Garzan-Projekt (Staudämme, Wasserkraftwerk)
Ilısu-Staudamm (Wasserkraftwerk)
Cizre-Staudamm (Wasserkraftwerk)

GAP · Einzel-
projekte
(Fortsetzung)

Es ist geplant, das gegenwärtig regional bis zu 47% der Anbaufläche ausmachende Brachland gänzlich zu kultivieren. Dadurch soll die türkische Baumwollerzeugung (u. a. für den Export) mehr als verdoppelt, der Pistazienanbau verdreifacht und die Reisproduktion (für den Eigenbedarf) um über 85% gesteigert werden. Die neuen Bewässerungsflächen sind größer als alle bislang irrigierten landwirtschaftlichen Nutzflächen der Türkei.

Vorhaben

Projektiert wurde das GAP Anfang der siebziger Jahre. Die Investitionskosten betrugen bis 1995 rund 11 Mrd. US-Dollar. Die Gesamtkosten bis zur geplanten Fertigstellung im Jahre 2005 werden auf 34 Mrd. Dollar veranschlagt.

Bauzeit und
Kosten

Das Kernstück des Südost-Anatolien-Projektes ist der die Wasser des mittleren Euphrats (türkisch Fırat Nehri) zurückhaltene Atatürk-Stausee (Atatürk Barajı) östlich von Adıyaman. Der 1992 fertiggestellte Damm soll 52% des gesamten geplanten Bewässerungsgebietes irrigieren. Hierzu gehören folgende Einzelprojekte:
Atatürk-Staudamm und Kraftwerk, Urfa-Tunnel und Kraftwerk, Harran-Urca-Ova-Bewässerung, Mardin-Ceylanpınar-Bewässerung, Siverek-Hilvan-Bewässerung, Bozova-Bewässerung.

Atatürk Barajı
(Atatürk-Stauwerk)

Höhe des Staudammes	169 m
Breite der Staudammkrone	15 m
Länge der Staudammkrone	1614 m
Wasseroberfläche des Stausees	817 km²
Im See gestaute Wassermenge	48 470 Mio. m³
Maximales Fassungsvermögen des Stausees	84 500 Mio. m³
Bewässerte Landfläche	852 781 ha
Einzugsgebiet	92 338 km²
Generatorenleistung des Kraftwerkes (8×300 MW)	2400 MW
Jahresleistung des Kraftwerkes	8,9 Mrd. kWh
Länge des Tunnels	26,4 km
Wasserdurchlauf	328 m³/sec

Technische
Daten des
des Atatürk-
Stauwerkes

Urfa-Tunnel

Durch den doppelröhrigen Urfa-Tunnel, der 1994 eröffnet wurde, wird das Wasser für die Harran Ovası aus dem Atatürk-Stausee in die Senke zwischen Şanlıurfa (Urfa) und Harran geleitet.

Entlang dem **Euphrat** und seinen Nebenflüssen von Norden nach Süden:
Keban Barajı, Karakaya Barajı, Atatürk Barajı, Birecik Barajı, Karkamış Darajı, Düyük Çayı Barajı, Kâhta Barajı, Sırımtaş Barajı, Koçalı Barajı, Sürgü Barajı, Çataltepe Barajı, Besni Barajı, Çamgazi Barajı, Kayacık Barajı, Kemlin Barajı, Seve Barajı, Hacıhıdır Barajı, Siverek Barajı, Kale Barajı.

Weitere Groß-
stauseen und Tal-
sperren

Entlang dem **Tigris** und seinen Nebenflüssen von Norden nach Süden:
Hazar Gölü (Quellsee), Kralkızı Barajı, Dicle Barajı, Dipni Barajı, Devegeçidi Barajı, İlısu Barajı, Cizre Barajı, Silvan Barajı, Kayser Barajı, Batman Barajı, Ayşehatun Barajı, Kor Barajı, Garzan Barajı, Ceffan Barajı, Dilaver Barajı, Göksu Barajı.

Sonstige Stauseen: Kartalkaya, Harmancık, Çatboğazı, Tozluova, Aylan, Taşbaşan, Derik, Mardin.

Klima

Allgemeines

Klimagegensätze

Klimatisch ist die Türkei durch den Gegensatz zwischen Küstenregionen und Binnenland geprägt:

Küstenregionen

Die Westküste und die Südküste haben sommertrockenes und wintermildes Mittelmeerklima; die Nordküste hat ein auch im Sommer feuchtes (pontisches) Klima.

Binnenland

In dem durch Gebirgsketten von den Meeren abgeschirmten Binnenland herrscht kontinentales Klima, wobei das anatolische Hochland im Westen deutlich von der höher gelegenen feuchteren und kälteren östlichen Türkei unterschieden ist.

Südosten

Der Südosten des Landes, an den Oberläufen von Euphrat und Tigris, hat ein eigenes sommerheißes Klima.

Klimadiagramme
(Darstellung
s. S. 30/31)
Temperaturen und
Niederschläge

Die teilräumlichen Besonderheiten in der Türkei werden anhand von Klimadiagrammen ausgewählter Stationen erläutert, aus denen der Jahresgang der Temperaturen und der Niederschläge ersichtlich ist; die Buchstaben bezichnen die einzelnen Monate (von lionks nach rechts: J = Januar bis D = Dezember).

Die Temperaturen sind als orangerotes Band dargestellt. Die obere Grenze entspricht der durchschnittlichen höchsten Tagestemperatur, die untere der durchschnittlichen niedrigsten Nachttemperatur. Die jeweiligen Temperaturwerte sind an den roten randlichen Skalen abzulesen. Die Breites des Bandes ist ein Maß der täglichen Temperaturschwankungen, seine Wölbung weist die jährlichen Temperaturschwankungen aus. In manchen Jahren kann es zu Abweichungen von diesen Werten kommen, die umso unwahrscheinlicher und seltener sind, je größer sie ausfallen.

Die blauen Säulen zeigen die durchschnittlichen Niederschlagsmengen (in mm) pro Monat entsprechend der blauen Randskala.

Vergleichswerte

In das Klimadiagramm von Ankara wurden zusätzlich die Temperatur- und Niederschlagskurven für Kassel gestrichelt eingefügt. Im Vergleich mit den aus der Mitte Deutschlands gewohnten Klimaverhältnissen werden so die Besonderheiten der einzelnen Regionen deutlicher.

Klimafaktoren

Ausgehend von den dargestellten Klimadiagrammen ist es möglich, die Klimaverhältnisse auch für dazwischenliegende Räume abzuschätzen, wobei folgende Punkte hilfreich sein können:

- Lage an der Küste oder im Binnenland:
  An der Küste sind die täglichen und jährlichen Temperaturschwankungen wegen der ausgleichenden Wirkung des Meeres geringer als im Binnenland. Der Seewind bringt an heißen Sommertagen Kühlung; er wird nachts durch den zum Meer hin wehenden Landwind abgelöst.
- Gebirgsausrichtung zur jeweiligen Windrichtung:
  Auf der Luvseite eines Gebirges kommt es beim Aufsteigen und Abkühlen feuchter Luftmassen zur Wolkenbildung, im Extremfall zu Niederschlägen (Steigungsregen). Auf der Leeseite erwärmen sich die Luftmassen beim Abstieg wieder, und die Wolken lösen sich auf.
- Höhenlage:
  Mit steigender Höhe nehmen die Temperaturen ab, und zwar je nach Jahreszeit und Luftfeuchtigkeit um etwa 0,5°C bis fast 1°C.
  Die Niederschläge nehmen mit der Höhe zu, was selbst im trockenen Sommerhalbjahr an der Vegetation zu erkennen ist, etwa am Baumwuchs auf den aus der Steppe aufragenden Gebirgen.

**Jahresgang
der Witterung**

Der typische Witterungsablauf in der Türkei wird durch eine überwiegend nach Süden gerichtete großräumige Luftbewegung bestimmt.

Sommer

Im Sommerhalbjahr, voll ausgebildet etwa von Juni/Juli bis September, wehen nördliche Winde, 'angesaugt' von den erhitzten Landmassen der Sahara und Arabiens. An der türkischen Nordküste sind diese Winde auf

landig und führen zu Bewölkung und Steigungsregen. Auch Tiefdruckgebiete, die sich über dem Schwarzen Meer aufgefrischt haben, sorgen
selbst im Sommer für Niederschläge am Pontischen Gebirge. Inneranatolien, an dessen Leeseite, liegt dagegen im Regenschatten. An der Westküste und der Südküste fehlt die landeinwärts gerichtete Windkomponente
(abgesehen vom seichten und räumlich begrenzten Land-Seewind), so
daß hier im Sommer kaum Niederschläge auftreten.

Witterung, Sommer (Fortsetzung)

Im Winterhalbjahr steht die Türkei überwiegend unter dem Einfluß des starken und ausgedehnten Hochdruckraumes über Nordasien. Im Binnenland
ist es klirrend kalt, windstill und niederschlagsarm. Die typischen mediterranen Winterregen fallen jeweils gerade dann, wenn diese vorherrschende
Wetterlage durch Tiefdruckgebiete unterbrochen wird, die sich über den
die Türkei umgebenden Meeren bilden oder auffrischen. Im Gebirge fällt
dann Schnee. Bekannt ist das Zyperntief, das nach Osten wandernd auch
die südöstliche Türkei reichliche winterliche Niederschläge bringt.

Winter

Westküste (Ägäisküste)

Die türkische Westküste hat mediterranes Klima mit feuchten Wintern und
trockenen Sommern, wobei die Temperaturen jedoch insgesamt niedriger
liegen als an der Südküste. In den west-östlich verlaufenden Senken dringt
das Mittelmeerklima weit landeinwärts vor, während die dazwischenlie-
genden Gebirgsrücken kühler und feuchter sind. So hat beispielsweise
Bursa (100 m ü.d.M.) 730 mm Niederschlag, die Bergstation auf dem
nahen Uludağ (1920 m ü.d.M.) jedoch 1544 mm.

Mediterranes Klima

Nach Norden hin wird das Westküstenklima zunehmend feuchter. Im Marmaragebiet überschneiden sich mediterrane und pontische Klimaein-
flüsse. Die Schwarzmeerküste zu beiden Seiten des Bosporus wie auch
die Küsten des Marmarameeres sind winterlichen Kaltluftvorstößen vom
Balkan her ausgesetzt. In den west-östlich verlaufenden Bergzonen hat
bei sommerlichen Nordwinden jeweils die nach Norden exponierte Seite
('Haselnußseite') eher auch sommerliche Niederschläge, die nach Süden
exponierte Leeseite ('Olivenseite') weist dagegen eher Trockenheit auf. Die
Höhengrenze des für das mediterrane Klima kennzeichnenden Ölbaums
verläuft hier bei 100–200 m ü.d.M., während die im mittleren Ägäisraum
bei 400 m ü.d.M. liegt.

In İzmir schwanken die Lufttemperaturen im Januar zwischen 4°C nachts
und 13°C am Tage. Extreme Kaltlufteinbrüche können aber zu Frost bis
unter −5°C führen. Im Juli und August bewegen sich die Werte zwischen
20°C nachts und 33°C am Tage.

Klimastation İzmir (Meereshöhe)

Die durchschnittlichen Wassertemperaturen sinken bis Februar auf einen
Tiefstwert von 13°C. Im April steigen sie auf 15°C, im Mai auf 18°C; in den
Sommermonaten bleiben sie über 20°C (Juni 21°C, Juli 23°C, August
23°C, September 22°C, Oktober 20°C).
Die jährliche Sonnenscheindauer beträgt 2929 Stunden, von denen 113
Stunden auf den Dezember und 131 Stunden auf den Januar sowie je 380
Stunden auf die Sommermonate Juli und August entfallen.
Der Jahresniederschlag von 652 mm fällt an 60 Tagen, und zwar je an zehn
Tagen im Dezember und im Januar, je an vier Tagen im Mai und im Oktober,
je an zwei Tagen im Juni und im September sowie an weniger als einem Tag
jeweils im Juli und im August.
Die beständigen, oft böig auffrischenden sommerlichen Nordwinde über
der Ägäis sind als Etesien bekannt.

In İstanbul bleiben die sommerlichen Tageslufttemperaturen unter der
30°C-Marke, und die täglichen Schwankungen sind ganzjährig geringer
als in İzmir.

Klimastation İstanbul (40 m ü.d.M.)

Die Wassertemperaturen sind deutlich niedriger als weiter südlich. Von
Januar bis März sind es 8°C, im April 11°C, im Mai 15°C, im Juni 20°C, im
Juli 22°C, im August 23°C, im September 21°C und im Oktober 19°C.

Fortsetzung s. S. 32

Klima

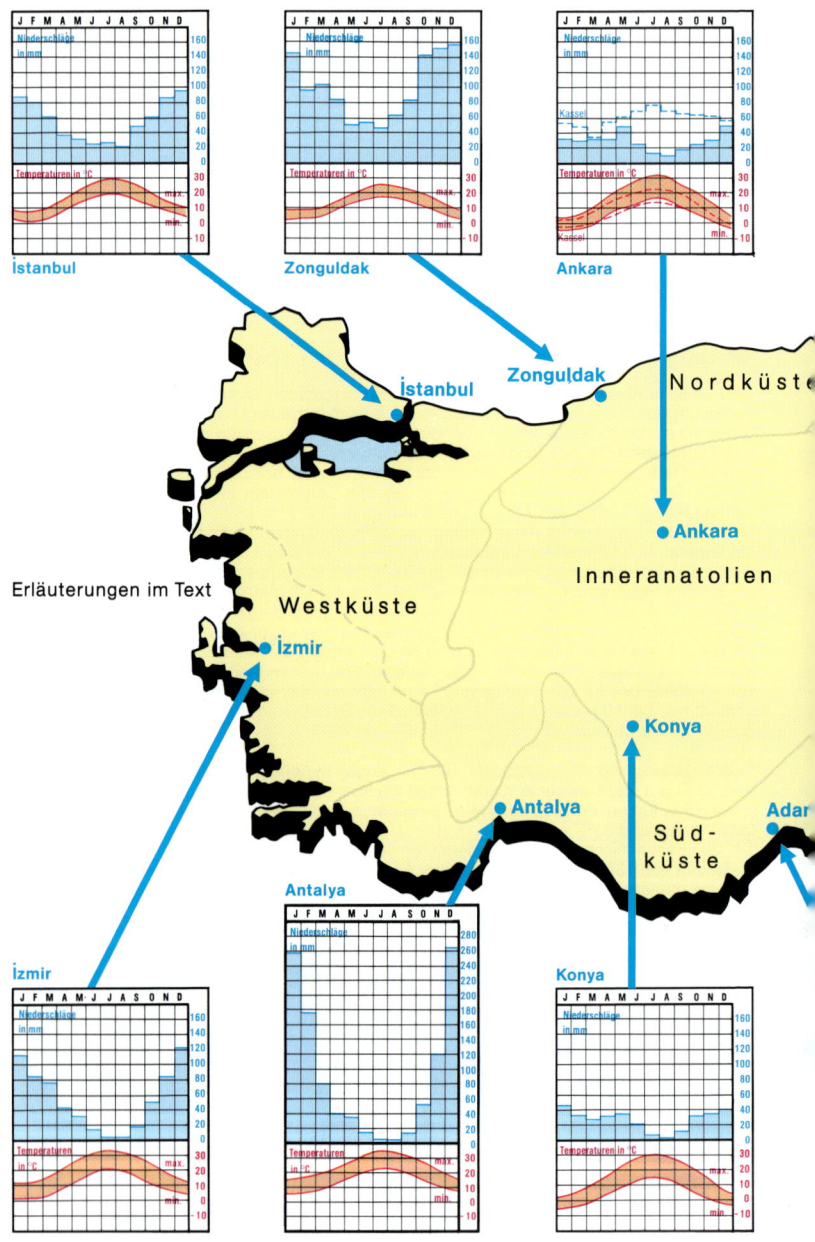

İstanbul

Zonguldak

Ankara

Zonguldak

Nordküste

İstanbul

Ankara

Inneranatolien

Erläuterungen im Text

Westküste

İzmir

Konya

Antalya

Süd-
küste

Adar

Antalya

Konya

İzmir

Samsun

Sivas

Erzurum

Samsun

Nordküste

● Erzurum

© Baedeker

● Sivas

Ostanatolien

● Van

Süd-
üste

Südosttürkei

Südosttürkei

●Şanlıurfa

**Zwölf
regionaltypische
Klimastationen**

Entwurf: Prof. Dr. Wolfgang Hassenpflug

Adana

Şanlıurfa

Van

Klima

Westküste, Klima-
station İstanbul
(Fortsetzung)
von S. 29)

Die Sonne scheint an 2480 Stunden im Jahr, davon an 70 Tagen im Dezember, an 80 Tagen Januar, an 364 Tagen im Juli und an 350 Tagen im August.
Die jährliche Niederschlagssumme beträgt 667 m.

Südküste (Mittelmeerküste)

Klimastationen Antalya (40 m ü. d. M.) und Adana (24 m ü. d. M.)

Mediterranes
Klima

Die türkische Südküste bis hinauf zur Wetterscheide des Taurusgebirges hat typisch mediterranes Klima mit heißen Sommern und feuchten Wintern. Die Klimagunst dieses Raumes ergibt sich aus der Gebirgsabschirmung gegen die kalten Nordwinde, der südlichen Lage und Exposition zur Sonne sowie der temperaturausgleichenden Wirkung eines Meeres, dessen Temperatur auch im Winter nicht unter 16 °C sinkt. Auch am Pflanzenbestand ist die Klimagunst zu erkennen: Der für das Mittelmeerklima typische Ölbaum wächst bis zu einer Meereshöhe von 700 m. Im engeren Bereich der Küstenebenen gibt es, ebenso wie an der südlichen Westküste bis Kuşadası, Zitruspflanzungen, die gegen Kälte besonders empfindlich sind. Nur alle 40 bis 100 Jahre ist hier mit einem winterlichen Kaltlufteinbruch und Abkühlung auf unter – 10 °C zu rechnen. Wenn Kaltluft die Randgebirge überströmt und als 'Poyraz' (vergleichbar der Bora in Dalmatien) in die Küstenniederungen 'fällt', kommt sie dort trotz reltiver Erwärmung beim Abstieg doch recht kalt an und kann hin und wieder einmal kurzzeitig zu Frost führen.

Temperaturen

Im Winter sinken auch die nächtlichen Lufttemperaturtiefstwerte dank der Meeresnähe nicht unter 5 °C; die Tageshöchstwerte liegen bei 15 °C. Im Juli und August schwanken die Temperaturen zwischen 22 °C in der Nacht und 34 °C am Tage. Tagsüber bringt der auflandige Seewind in Küstennähe eine angenehme Erfrischung, nachts weht der Landwind aufs Meer hinaus.
Die Wassertemperaturen steigen im Frühjahr langsamer als die Lufttemperaturen an (im April 17 °C, im Mai 20 °C, im Juni 23 °C). Im Juli betragen sie 25 °C, im August 27 °C, im September 26 °C, im November noch 20 °C, im Dezember dann 18 °C.
Die jährliche Sonnenscheindauer von 3120 Stunden in Antalya ist damit so lang wie jene in Şanlıurfa. Im Dezember scheint die Sonne dort 142 Stunden lang, im Januar 153 Stunden (in Kassel nur 28 bzw. 48 Stunden!) und im Juli 387 Stunden (in Kassel 203 Stunden). Entsprechend groß ist die potentielle Verdunstung von 1000 mm pro Jahr (ion Ankara nur 658 mm).

Niederschläge

Die Niederschläge fallen im wesentlichen während des Winterhalbjahres. Das oft genannte Zyperntief bringt sowohl der Küste als auch dem landeinwärts gelegenen Östlichen Taurus und dem bis nach Persien reichendnen 'fruchtbaren Halbmond' reichlich Niederschlag; Gebirgsteile, die sich den feuchten Luftmassen entgegenstellen, erhalten besonders viel. Der nordwest-südöstlich streichende Teil des Taurusgebirges, östlich von Antalya, empfängt sogar über 2000 mm Jahresniederschlag (das sind neben der östlichen Schwarzmeerküste die höchsten Werte in der Türkei). Die Zahl der Tage mit Niederschlägen ändert sich dabei kaum (Antalya 1057 mm pro Jahr an 57 Tagen, Adana 619 mm an 51 Tagen).
Immer wieder treten kurzzeitige Starkregen auf. An der Südküste, aber auch an der Nordküste und weniger häufig an der Westküste, ist etwa alle zehn Jahre mit Niederschlägen von über 100 mm pro Tag zu rechnen (Maximalwerte für Antalya 290 mm, für Rize 244 mm, für İzmir 231 mm) und zwar jeweils zur Jahreszeit mit den größten Niederschlägen.

Diagramme
der Klimastationen
auf den Seiten 30/31

Nordküste (Schwarzmeerküste)

Klimastationen Zonguldak (42 m ü. d. M.) und Samsun (40 m ü. d. M.)

Die türkische Nordküste am Schwarzen Meer hat im Unterschied zur Westküste und zur Südküste ein spezielles Klima, nämlich das pontische, welches insgesamt und insbesonder im Sommer feuchter ist und dessen Temperaturen deutlich ausgeglichener sind (schmales, gestrecktes Tempera-
turband in den Diagrammen).

Pontisches Klima

Im Winter schwanken die Lufttemperaturen zwischen 2–3°C nachts und
9–10°C am Tage, im Sommer zwischen 17–18°C nachts und 25–26°C am
Tage.
Die Wassertemperaturen des Schwarzen Meeres – gemessen in Trabzon
– haben im Februar und im März mit 8°C den niedrigsten Wert. Im März
betragen sie 9°C, im Mai 14°C, im Juni 20°C, im Juli und im August 24°C,
im September 22°C und im Oktober 19°C.

Temperaturen

Niederschläge fallen das ganze Jahr über mit einem Minimum im Juli/
August und einem anschließenden herbstlichen Maximum. Die auflandi-
gen nördlichen Winde bringen Bewölkung mit einer Obergrenze bei ca.
2000 m ü. d. M. und gelegentlich leichtem Regen. Ergiebige Niederschläge
kommen dagegen mit Tiefdruckwirbeln aus nordwestlicher Richtung. Deshalb erhalten die quer dazu verlaufenden Küstenabschnitte bei Zonguldak
und weiter östlich bei Trabzon mehr Niederschlag als der eher in Windrichtung gelegenen Küstenabschnitt bei Samsun. Der östliche Küstenbereich
empfängt mehr Niederschlag als der westliche, weil sich die Luftmassen
auf dem längeren Weg über das Schwarze Meer haben stärker erwärmen
und mit Feuchtigkeit anreichern können (in Zonguldak 1179 mm Niederschlag pro Jahr an 110 Tagen, in Samsun 739 mm an 92 Tagen, in Rize,
östlich von Trabzon, 2415 mm). Hier liegt die wolkenverhangene Kolchis
der Antike. Bei Kemalpaşa an der türkisch-georgischen Grenze fallen mit
jährlich 2652 mm die meisten Niederschläge in der Türkei.

Niederschläge

Inneranatolien

Klimastationen Ankara (900 m ü. d. M.) und Konya (1025 m ü. d. M.)

Bedingt durch die Höhenlage von 900 m bis über 1000 m ü. d. M. sowie die
Abschirmung durch das Pontische Gebirge und den Taurus hat das anato-
lische Hochland ein kontinentales Klima mit mäßig kalten und feuchten
Wintern sowie warmen und trockenen Sommern.

Kontinentales Klima

Die täglichen und die jährlichen Temperaturschwankungen sind bei Wol-
kenarmut und langer Sonnenscheindauer groß. In den Diagrammen sind
die Temperaturbänder entsprechend breit sowie stark gebogen. Von Dezember bis März liegen die nächtlichen Temperaturtiefstwerte unter dem
Gefrierpunkt, während die Tageshöchstwerte stets deutlich darüber bleiben.
An der Nordabdachung des Taurusgebirges östlich von Konya gibt es eine
schmale, im Winter vergleichsweise warme Zone, die durch Föhneinfluß
(wie an der Alpennordseite) zu erklären ist.
In den Becken und Tälern bilden sich im Winter häufig Inversionen aus, bei
denen bodennahe Kaltluft von wärmerer Luft überlagert ist. In der kalten
Luft können sich dann in Städten oder Industriegebieten Schadstoffe zu
Smog anreichern.

Temperaturen

Der Jahresniederschlag von 300 mm bis 500 mm (Ankara 344 mm, Konya
333 mm) fällt an 68 Tagen (Ankara) bzw. 50 Tagen (Konya) überwiegend im
Winterhalbjahr. Am Tuz Gölü und einigen anderen Punkten fallen sogar
weniger als 300 mm.

Niederschläge

Klima

Inneranatolien,
Niederschläge
(Fortsetzung)

Die geringen Schneefälle im Winter führen nur zu einer dünnen Schneedecke, die im häufigen Wechsel von Frost und Tauwetter immer wieder
verschwindet (Ankara 24 Tage mit Schneedecke, Konya 22 Tage mit
Schneedecke).
Das Niederschlagsmaximum wird im Frühjahr erreicht. In lokalen Hitzetiefs
bei schon erwärmtem Land und noch kühlem Meer sowie im Gefolge vonm
Kaltlufteinbrüchen kommt es dann zu kräftigen Gewitterschauern, die sich
immer wieder einmal zu Starkregen ausweiten können (Maximalwert für
Ankara: 69 mm pro Tag). Zu Dürre und folglich Getreidemißernten kann es
immer dann kommen, wenn in einem Jahr die Niederschläge in solchen
Starkregen konzentriert sind und nutzlos abfließen oder schon im März
aussetzen oder wesentlich unter dem Durchschnitt liegen.

Ostanatolien

Klimastationen Sivas (1185 m ü.d.M.), Erzurum (1951 m ü.d.M.) und Van (1732m ü.d.M.)

Unterschiedliche
Klimaverhältnisse

Je nach Höhenlage und Luvlage oder Leelage können die klimatischen
Verhältnisse kleinräumig recht unterschiedlich sein. Die Beckenlagen und
Tallagen sind trockener und wärmer, die Berglagen feuchter und kühler.
Die Klimadiagramme repräsentieren Beckenlagen.

Temperaturen

Die Temperaturverhältnisse sind stark höhenabhängig. In Erzurum liegen
von Dezember bis Februar selbst die Tageshöchstwerte unter dem Gefrierpunkt. Im gesamten Gebiet ist mit mehr als 130 Frosttagen im Jahr zu
rechnen.
Im Sommer erreichen die nächtlichen Tiefstwerte 10–13°C und die Tageshöchstwerte 26–28°C.

Niederschläge

In den Beckenlagen fallen im Durchschnitt nur 300–400 mm Niederschlag
pro Jahr (in Sivas 422 mm an 53 Tagen, in Erzurum 540 mm an 89 Tagen,
in Van 395 mm an 70 Tagen), in den Höhenlagen immerhin soviel, um Fırat
(Euphrat) und Dicle (Tigris) zu speisen (1000–2000 mm im Östlichen Taurus, 600–1000 mm im Inneren Taurus).
Die größten Niederschlagsmengen fallen im Frühjahr. Sivas hat im Mai
neun Niederschlagstage, Erzurum elf und Van 16 im April.
Die winterlichen Niederschläge fallen als Schnee. In Höhenlagen über
1500 m ü.d.M. kommt es häufig zu meterhohen Schneedecken, die den
Verkehr über die Pässe blockieren und immer wieder zu Lawinenunglük-
ken führen. Westlich einer gedachten Linie von Trabzon zum Van-See
bleibt die Schneedecke 30 bis 60 Tage, östlich davon über 60 Tage lang im
Jahr liegen.

Südosttürkei

Klimastation Şanlıurfa (540 m ü.d.M.)

Sommerheißes
Klima

Der Südosten der Türkei, südlich vom Östlichen Taurus, ist das heißeste
Gebiet des Landes. Die Sonne scheint hier 3214 Stunden im Jahr, davon
allein im Juli 408 Stunden, im Dezember immerhin noch 126 bzw. im
Januar 124 Stunden lang.

Temperaturen

Die Temperaturen nehmen von den südlichen Taurusflanken zum tiefer gelegenen, nach Arabien überleitenden Flachland zu und erreichen im türkisch-syrischen Grenzbereich die höchsten Werte der gesamten Türkei.
Die Tageshöchstwerte der Monate Juli und August übersteigen in Şanlıurfa
38°C, die nächtlichen Tiefstwerte betragen 23°C. Die höchsten gemesse-
nen Temperaturen von Juni bis September liegen über 40°C. Im Winter
bleiben selbst die nächtlichen Tiefstwerte über dem Gefrierpunkt, und die
Tageshöchstwerte unterschreiten nur im Januar knapp die 10°C-Grenze.

Im Gegensatz zu den Temperaturen nehmen die Niederschläge vom Tau-
rusrand in Richtung Syrien kontinuierlich ab. In Şanlıurfa fallen noch
461 mm Niederschlag im Jahr, an der türkisch-syrischen Grenze südwestlich davon werden 300 mm unterschritten. Entsprechend groß ist der
Bedarf an Irrigationswasser. Die potentielle Verdunstung erreicht hier
1100 mm im Jahr und ist damit zwei- bis dreimal größer als die Nieder-
schlagsmenge.
Im Durchschnitt gibt es nur 2,7 Tage mit Schneedecke im Jahr, davon 1,5
Tage im Januar.

Klima,
Südosttürkei,
Klimastation
Şanlıurfa
(Fortsetzung)
Niederschläge

Pflanzen und Tiere

Flora

Der herrschende Gegensatz zwischen trockenem Inneren und niederschlagsreichen Randgebieten drückt sich landschaftlich am deutlichsten
in der Vegetation aus. Nur in den Randgebieten ist von Natur aus Waldwuchs überall bis zur oberen, temperaturbestimmten Waldgrenze möglich.
Im Inneren wie auch im südöstlichen Vorland gibt es erst von einer gewissen Höhe an Wald, der hier auch eine untere, durch Trockenheit bestimmte Grenze findet. Die weiten Flächen des südwestlichen Inneren
Anatoliens, ebenso aber auch die höher gelegenen Becken- und Talräume
des östlichen Berglandes, sind von Natur aus waldfrei.

Pflanzenkleid

Die Trockengrenze liegt im südöstlichen Taurusvorland zwischen Euphrat
und Tigris bei 800 m ü.d.M.; im Inneren Anatoliens steigt sie vom Westen
nach dem Osten an, und zwar von 800–1000 m ü.d.M. rasch auf 1200 bis
1400 m ü.d.M. im Hauptteil von Inneranatolien und noch höher weiter gegen Osten bis auf 1800 m ü.d.M. am Van-See, ja auf 2100 m ü.d.M. im
östlichsten Bergland.

Trockengrenze

In derselben Richtung wie die Trockengrenze hebt sich auch die obere
Waldgrenze: von 2000–2200 m ü.d.M. in den westlichen Gebirgen bis auf
2600–2800 m ü.d.M. in den östlichsten Bergketten. Zum Unterschied von
den Randgebieten ist damit in Inneranatolien Waldwuchs nur in dem
Höhengürtel zwischen Trockengrenze und Waldgrenze möglich. Lediglich
entlang den Flüssen kommen an das Grundwasser gebundene Gehölz-
fluren vor. Schon von Natur aus ist damit Waldwuchs nur auf etwa zwei
Dritteln der Gesamtfläche möglich; etwa ein Viertel sind natürliche Steppen, der Rest alpines Gebiet und offene Wasserflächen. Durch Rodung
und Waldzerstörung, Umwandlung in Acker- und Weideland wurde der
Wald (samt Macchien und Buschland) insgesamt stark zurückgedrängt.

Waldgrenze

Ausmaß und jahreszeitliche Verteilung der Niederschläge sowie der Tem-
peraturrückgang mit zunehmender Höhe bestimmen die Ausbildung des
natürlichen Pflanzenkleides.
Der klimatische Gegensatz zwischen den türkischen Küstengebieten am
Schwarzen Meer und jenen am Mittelmeer drückt sich naturgemäß auch in
unterschiedlichen Vegetationsformen aus.

**Vegetations-
zonen**

Die Schwarzmeerregion weist ein fast mitteleuropäisches Gepräge auf.
Dort, wo trotz der intensiven Kultivierung der Küstengegend noch Wald-
reste vorhanden sind, wachsen Tannen, Fichten, Buchen, Eichen, Platanen, Ulmen, Linden, Eschen und Ahorn. Auffallend ist die weite Verbreitung
des Rhododendrons. An immergrünen Sträuchern treten Lorbeer und Erdbeerbaum auf.
Infolge des starken Bevölkerungsdruckes im Schwarzmeergebiet wird die
einst üppige ursprüngliche Vegetation zugunsten von Kulturflächen immer
mehr zurückgedrängt. Flächenmäßig die größte Bedeutung kommt bei
den Kulturpflanzen der Haselnuß und dem Mais zu. Mandarinen wachsen

Nordküste

Pflanzen und Tiere

Aleppokiefer

Schilfwald

Hibiskusblüten

Reifende Apfelsinen

in den etwas geschützteren Küstenzonen; Tee wird in der Gegend um Rize angebaut, Tabak im Raum Samsun. Vereinzelt gedeiht auch in dieser Region der Ölbaum, allerdings kaum in Höhen über 100 – 200 m über NN.

Flora,
Nordküste
(Fortsetzung)

Eine typische mediterrane Vegetation zeigt die Süd- und Westküste der Türkei. Das Landschaftsbild beherrscht hier die Macchia, ein immergrüner dichter Buschwald, der im wesentlichen aus Hartlaubgewächsen besteht. Man findet das gesamte für den Mittelmeerraum charakteristische Spektrum: v. a. die Kermeseiche mit ihren kleinen stacheligen und glänzenden Blättern, den Erdbeerbaum, den Johannisbrotbaum, die Baumheide und die Myrte. Unterbrochen wird die Macchia stellenweise von lichten Hochwäldern oder Anbauflächen. Zwar hat ein jahrhundertelanger Raubbau (Brandrodung) die Waldbestände bedenklich reduziert, doch sind im Vergleich zu anderen Mittelmeerländern an der türkischen Küste noch größere Landschaftsstriche bewaldet. Als Waldbaum dominiert die Brutische Kiefer, eine Variante der Aleppokiefer. Daneben sieht man häufiger die Pinie. Ihre großen runden Zapfen liefern eßbare Samen, die an Haselnüsse erinnern. Von den Kulturpflanzen kommt dem Ölbaum die herausragende Bedeutung zu. Er gedeiht an der Westküste bis in Höhen von etwa 400 m ü. d. M., an der Südküste bis in Höhen von 700 m ü. d. M., und an geschützten Stellen steigt die Grenze sogar bis auf 1000 m ü. d. M. an. In den fruchtbaren Ebenen dieser Region werden daneben mit und ohne künstliche Bewässerung Zitrusfrüchte, Wein, mediterranes Gemüse und in verstärktem Maße auch Baumwolle sowie Bananen angebaut. Wegen seiner geringen Kälteempfindlichkeit ist der Feigenbaum im gesamten ägäischen Raum verbreitet.

Süd- und
Westküste

Die Beckenlandschaften im Landesinneren der Türkei sind überwiegend von Steppe (urspr. Grassteppe) bedeckt, die sich infolge Überweidung ständig ausdehnt und weithin zu einer Halbwüste mit Wermutsträuchern, Dornpolstern, Disteln, Wolfsmilchgewächsen u. a. geworden ist.
Nur das innerste Ergene-Becken, das anatolische Hochland im Bereich Eskişehir – Konya – Nevşehir, einige Becken im Osten und das Fußgebiet des östlichen Taurus tragen natürlichen Steppenbewuchs aus Gräsern, Zwiebelgewächsen (Krokus u. a.) und Wermut. Im Frühling verwandelt sich die Steppe in eine blühende und grüne Landschaft, im Sommer wird sie dürr und öde.
Die Gebirgszüge im Landesinneren tragen noch teilweise Bergwald aus Schwarzkiefer, Tanne, Zeder und Eiche. Im Pontischen Gebirge herrscht Tannen-Buchen-Eichen-Mischwald mit eingestreuten Wacholderbeständen vor. Die alpine Region zeigt vielfach Dornpolstergesellschaften.

Anatolien

Fauna

Die Tierwelt der Türkei ist zwar artenreich, jedoch durch den Eingriff des Menschen allenthalben stark dezimiert. Hier begegnen sich Tierarten aus drei Kontinenten: Südlich vom Taurus trifft man Stachelschwein und Mungo, die der afrikanischen Fauna zuzurechnen sind. Aus den asiatischen Steppen eingewandert sind das heute nur mehr domestiziert anzutreffende Trampeltier, Springmaus, Wolf, Fuchs und Schakal. Im Gebirge leben noch Bär, Hirsch und Wildschwein, im Taurus gelegentlich auch der Leopard und andere Wildkatzen.
Im gesamten Küstensaum wurden die Tierbestände in den letzten Jahrzehnten erheblich ausgedünnt. Waldbrände und unkontrollierte Jagd auf jegliches Wild zu jeder Jahreszeit haben dazu geführt, daß man heute Hirsche und Rehe, Wildziegen und Wildschafe nur noch ganz vereinzelt trifft. Allein in den Wäldern der Schwarzmeerküstenregion kommen Hirsche und Rehe sowie kleinere Säugetiere noch häufiger vor.

Wildtiere

Die nach wie vor als genügsame Lasttiere geschätzten Esel und Maultiere sind in allen Teilen des Landes anzutreffen.

Esel

Bevölkerung

Pflanzen und Tiere, Fauna (Fortsetzung)
Schildkröten

Auffallend viele Schildkröten bevölkern die Süd- und Westküste der Türkei. Eines der letzten Nistgebiete der Unechten Karettschildkröte befindet sich im Dalyan-Delta östlich von Marmaris.

Landschildkröte

Vögel

In der Umgegend von İstanbul bemerkt der Reisende eine große Anzahl von Milanen. In Feuchtgebieten ist vielerorts der Weißstorch als Brutvogel verbreitet.

Meerestiere

Obwohl der Fischfang nicht selten mit Sprengstoff und Bodenschleppnetzen betrieben wird, überrascht in einigen Küstengewässern noch die Artenvielfalt und Menge an Fischen und anderen Meerestieren. So gibt es im östlichen Mittelmeer u. a. Delphine, Makrelen, Barsche, Muränen, nahezu alle Brassenarten, Krustentiere und als Besonderheit die dunkelroten Papageifische (Seepapageien), die als einzige Vertreter dieser in tropischen Meeren beheimateten Familie Zugang zum Mittelmeer gefunden haben.

Bevölkerung

Entwicklung

Die tragende Staatsnation der Türkei wurde in einer Jahrtausende langen, in der geschichtlichen Tradition 4000 Jahre zurückzuverfolgenden Entwicklung mit Völkerbewegungen, Überschichtungen und Assimilationen (Hethiter, Phryger, Perser, Makedonier, Griechen, keltische Galater, Römer, Araber sowie seldschukische und osmanische Türken) geprägt. Nach der Beschränkung des osmanischen Reichsgebietes auf den heutigen Staatsraum wurden die nationalen Einheitsbestrebungen noch verstärkt durch Pogrome an den Armeniern, Auswanderung und zwangsweise Aussiedlung der kleinasiatischen Griechen, denen nur bestimmte Aufenthaltsgebiete (İstanbul und die Ägäis-Inseln İmroz und Bozcaada) blieben. Ferner wurden das kurdische Siedlungsgebiet eingeschränkt und die Rücksiedlung von Muslimen (Muhacire) aus Bulgarien, Jugoslawien, Griechenland und Rumänien betrieben.

In erster Linie infolge des hohen Geburtenüberschusses hat sich die Bevölkerungzahl im letzten Jahrhundert fast verfünffacht, so von 13,6 Millionen im Jahre 1927 auf mehr als 65 Mio. im Jahr 2000. Mehr als 10% der Bevölkerung lebt im europäischen Teil der Türkei (Avrupa Türkiyesi). In den neunziger Jahren des letzten Jahrhunderts betrug das durchschnittliche Bevölkerungswachstum 1,8% pro Jahr; das ist eine der höchsten jährlichen Wachstumsraten der Welt. Wenn diese Entwicklung anhält, verschärfen sich die wirtschaftlichen und sozialen Probleme. Unter dem ideologischen Druck der wachsenden Reislamisierung bleibt die Geburtenregelung jedoch ein Tabu.

Feierabendbeschäftigung

Die Bevölkerungsdichte beträgt im gesamten Staatsgebiet 84 Einw./km². Den dichtbesiedelten Randgebieten, stehen die besonders im südwestlichen Trockengebiet und im östlichen Bergland dünner besiedelten Landschaften des Inneren gegenüber. Eine zunehmende Bevölkerungsdichte haben neben der Metropole İstanbul die östliche Schwarzmeerküste, die Küstenregion von Ereğli bis Zonguldak, die Tieflandzonen im Marmaraund im Egegebiet, ferner die Ebenen von Antalya, Adana und İskenderun.

Dichte

Die durchschnittliche Lebenserwartung wird mit 70 Jahren, die Analphabetenrate mit 18%, die Säuglingssterblichkeit mit 3,7% und die Arbeitslosenquote mit 6,6% angegeben (Erwerbstätigkeit ⟶ Wirtschaft).

Einige Merkzahlen

Der Anteil der städtischen Bevölkerung ist von 18,8% im Jahre 1927 auf 73% im Jahre 1998 angestiegen. Durch den starken Zustrom von Landbewohnern in Städte wie İstanbul und Ankara leben hier inzwischen etwa 40% der Bevölkerung in sogenannten Geçekondus, jene über Nacht hingestellten Anhäufungen ärmlicher Notbehausungen, die nicht immer über Strom, Wasserleitungen oder Abwasserkanäle verfügen.

Geçekondus

Von der Gesamtbevölkerung sind mehr als 70% Türken, mindestens 20% Kurden (offiziell als 'Bergtürken' bezeichnet) und schätzungsweise 2% Araber; ferner leben in der Türkei Minderheiten von Tscherkessen, Georgiern, Lasen, Armeniern, Abchasen, Tschetschenen, Yeziden, Ubychen, Griechen, Bulgaren, Albanern und Juden.

Nationalitäten

Das kurdische Volk, das auf 20 bis 30 Mio. Menschen geschätzt wird, ist nach Arabern, Türken und Persern das größte Volk im Nahen Osten. Immer schon waren sie von stärkeren Nachbarn unterjocht und nie besaßen sie einen eigenen Staat, obwohl sie seit Jahrhunderten ein zusammenhängendes Gebiet bewohnten. Die Kurden leben im gebirgigen 'Kurdistan', dem Grenzraum von südöstlicher Türkei (annähernd die Hälfte aller Kurden; Zentrum Diyarbakır), im Irak (ein Viertel), im Iran (ein Fünftel) sowie Syrien und Armenien. Sie bekennen sich zum Islam (meist sind sie Aleviten) und sprechen eine dem Persischen verwandte, indogermanische Sprache.

Kurden

Nach dem Ersten Weltkrieg teilten die europäischen Mächte die Länder des Nahen Ostens unter sich auf und sprachen den Kurden einen unabhängigen Staat zu. Da zwischenzeitlich im nordirakischen Kurdengebiet reiche Ölvorkommen entdeckt wurden, ratifizierte man den Vertrag jedoch nicht. Mit der Gründung der Republik Türkei 1923 betrachtete man die Probleme der Kurden als innere Angelegenheiten der jeweiligen Staaten.

Die Republik Türkei erkennt die Kurden nicht als nationale Minderheit an, sondern betrachtet sie als 'Bergtürken' ohne Sonderrechte. Durch das türkische Sprachengesetz von 1983 ist in der Öffentlichkeit sogar jegliche Äußerung in kurdischer Sprache verboten (1991 wurde das Verbot teilweise aufgehoben). Die rigorose Repression der kurdischen Eigenständigkeit hat zu einer Radikalisierung der Autonomiebestrebungen geführt. Die militante Arbeiterpartei Kurdistans (PKK) ist in der Türkei verboten; ihre Mitglieder und Sympathisanten werden von den türkischen Sicherheitsorganen gnadenlos verfolgt.

Staats- und Amtssprache ist das Türkische – 90% der Bevölkerung sprechen Türkisch als Mutter- oder Zweitsprache. Die Minderheiten haben ihre eigenen Umgangssprachen (15% sprechen Kurdisch, 2% Arabisch). Die Lateinschrift wurde im Türkischen erst 1928 eingeführt (zuvor meist arabische Schrift). Zu den Türksprachen, die mit dem Mongolesischen und Tungusischen den altaischen Sprachenbund bilden, werden auch die Sprachen Aserbaidschanisch, Turkmenisch, Usbekisch, Tatarisch, Kasachisch oder Kirgisisch gezählt. In der Hochsprache haben die arabischpersischen Einflüsse stark zugenommen. Typische Merkmale des Türkischen sind z.B. die vielfältige Ergänzung der Stammwörter durch Suffixe

Sprache

Sprache
(Fortsetzung)

(Endungen), die Stellung des Prädikats am Satzende (Attribute werden jedoch meist vorgestellt) oder die Vokalharmonie (ein Suffixvokal gleicht sich an den Vokal des Stammwortes an).

Bildungswesen

Auf der Basis der laizistischen Reformen Atatürks besteht in der Türkei grundsätzlich eine gesetzliche, unentgeltliche Schulpflicht für alle Sechsbis Vierzehnjährigen, doch bis 1996 galt die Schulpflicht nur für fünf Jahre Grundschule. Erst 1997 hat das türkische Parlament gegen den Widerstand der Islamisten die Reform des Schulgesetzes verabschiedet, die die Verlängerung der Schulpflicht von fünf auf acht Jahre vorsieht. Dadurch entzieht sie den religiösen Koranschulen alle Schüler unter 14 Jahren und bremst die zunehmende Islamisierung der Gesellschaft.
Im Aufbau begriffen ist das berufsbildende Schulwesen; hingegen bestehen höhere Schulen in ausreichendem Maße. Es gibt annähernd 30 Universitäten und Hochschulen im ganzen Lande. Besonderes Gewicht liegt auf der Lehrerausbildung.

Religion

Aleviten

Über 99% der Türken sind Muslime, ganz überwiegend Sunniten. Nur ca. 22% der Muslime bekennen sich zur schiitischen Richtung des Islams, der Glaubensgemeinschaft der Aleviten (auch Alawiten). Diese sog. "Ali-Verehrer" (Ali war der Schwiegersohn des Propheten Mohammed) kennen kein Alkoholverbot und sind auch sonst recht undogmatisch. Der Laizismus der Aleviten ist den erstarkenden Fundamentalisten ein Dorn im Auge. Bei einem Überfall auf eine Teestube in einem von Aleviten bewohnten Stadtviertel İstanbuls kam es 1995 zu blutigen Auseinandersetzungen.

Christen und
Juden

Geringe Minderheiten bilden Christen (Orthodoxe, Katholiken, Protestanten) und Juden, die im Osmanischen Reich als "Menschen des Buches" jahrhundertelang freie Religionsausübung genossen. Sowohl das Alte als auch das Neue Testament wird von den Moslems als Heilige Schrift angesehen. Neben Noah, Abraham, Moses u.a. gilt auch Jesus als ein Prophet, doch wird er nicht als Sohn Gottes anerkannt.

Islam

Entstehung

Der Islam ist die jüngste Weltreligion. Er wurde von Mohammed Ibn Abdallah, später Prophet Mohammed genannt, einem Kaufmann aus Mekka aus der Großfamilie der Koreischiten um 607 gepredigt. Seine weiten Reisen mit Handelskarawanen wie auch sein tiefes religiöses Interesse ermöglichten ihm die Kenntnis der Religionen seiner näheren und weiteren Umgebung. So enthält die von ihm entwickelte Lehre Gedanken des Judentums, des Christentums aber auch der Religionen Persiens und verschiedener arabischer Stämme. Es wurden von ihm besonders die monotheistischen Glaubenssätze aufgenommen und weiterentwickelt.

Monotheismus

Die zentrale Botschaft des Islam ist die Lehre von der Einheit und Einzigkeit Gottes (Allahs); er predigt also einen absoluten Monotheismus. Diesem einen, allmächtigen und allwissenden Schöpfergott Allah steht der Mensch in totaler Abhängigkeit und im Gefühl völliger Ohnmacht gegenüber. Sein Schicksal (Mektub, Kismet) liegt ganz in der Hand Allahs, ist von diesem vorbestimmt und vom Menschen selbst nicht zu ändern. In dieser Auffassung liegt der Fatalismus begründet, der in moslemischen Ländern zu finden ist und dort das Leben des Einzelnen wie auch des Staates (offiziell nicht in der Türkei, die seit Atatürk als laizistischer Staat definiert ist) bestimmt. Diese Glaubensauffassung wird bereits im Namen der Religion deutlich: 'Islam' bedeutet 'völlige Hingabe (Unterwerfung, Ergebung) an Gott' bzw. 'an Gottes Willen'.

Die zweite fundamentale Aussage des Islam ist die Lehre von der Vermittlung der Aussagen und Gesetze Gottes durch Propheten, denen sich Gott offenbart hat. Als Propheten betrachtet der Islam auch Gestalten aus dem Alten Testament (Abraham, Isaak, Moses) und dem Neuen Testament (Jesus, Johannes der Täufer). Mohammed wird in diese Reihe gestellt und als bisher letzter und zugleich wichtigster Prophet angesehen. Er predigte seine neue Glaubensauffassung etwa ab 607 in Mekka und geriet dadurch in Konflikt mit seinen Stammesangehörigen, die einen Polytheismus mit mehreren wichtigen Stadtgöttern kannten, so daß er schließlich im Jahre 622 fliehen mußte. Er floh von Mekka nach Yathrib, welches danach Medinet en Nebi (= Stadt des Propheten) oder kurz Medina genannt wurde. Das Jahr der Flucht Mohammeds von Mekka nach Medina, als 'Hedschra' bezeichnet, ist der Beginn des Islam und seiner Zeitrechnung, da mit der Siedlung Medina zum ersten Mal ein Gemeinwesen den Glauben des Propheten annahm und vertrat.

Islam
(Fortsetzung)
Propheten

Die heilige Schrift des Islam ist der Koran, der durch die Sunna ergänzt wird. Der Koran enthält die Offenbarungen Gottes an den Propheten Mohammed, wie sie diesem durch den Engel Gabriel als Wort Gottes geoffenbart wurden. Sein Text besteht aus 114 Abschnitten, den Suren. Diese sind nicht inhaltlich, sondern ihrer Länge nach angeordnet, so daß Suren mit Lobpreisungen Gottes mit denjenigen der Schilderungen der Hölle und des Paradieses oder Regeln und Geboten für das Verhalten im täglichen Leben unsystematisch miteinander abwechseln.
Obwohl in der Überlieferung berichtet wird, daß Mohammed die Offenbarungen seinen Schreibern diktiert habe, existierten beim Tode Mohammeds von diesen keine vollständigen Sammlungen. Sie wurden zunächst im wesentlichen mündlich überliefert. Erst unter dem dritten Kalifen Othman (Uthman; 644–656) wurde die bis heute geltende Fassung zusammengestellt. Diese ist in arabischer Sprache abgefaßt und gilt nur in dieser Form als absolut gültig und heilig, da die Offenbarung durch Gott in dieser Sprache erfolgte.

Koran

'Sunna' bedeutet im Arabischen 'gewohnte Handlungsweise', 'Brauch', 'der Weg, den man beschreitet'. Die Sunna des Islam ist somit eine umfangreiche Sammlung von Berichten über die Sunna des Propheten Mohammed, in der sein Lebensweg (z. T. auch der seiner Gefährten), seine Handlungsweisen und seine Aussprüche beschrieben werden, um im Leben eines Moslems als Richtschnur zu dienen. Auch die Sunna wurde zunächst nur mündlich überliefert und erst im 9. Jahrhundert schriftlich niedergelegt.

Sunna

Moslems, die den Koran und die Sunna anerkennen, nennen sich selbst Sunniten (Schiiten, s. nachstehend, erkennen die Sunna nicht an). Heute sind die allermeisten türkischen Muslime Sunniten.

Sunniten

Die Schiiten gehören der zweiten großen Glaubensrichtung des Islam an. Ihre Abspaltung beginnt mit Ali, dem Vetter und Schwiegersohn Mohammeds, der im Jahre 656 vierter Kalif (= Nachfolger Mohammeds) wurde. Sie wurde durch die Ermordung Alis (661) und die Flucht seiner Anhänger endgültig besiegelt. Ali verfügte, daß nur leibliche Verwandte des Propheten dessen Nachfolger sein können. Demzufolge erkannten er und damit auch die Schiiten (arabisch 'Schiat Ali' = Partei Alis) die drei ihm vorausgehenden Kalifen Abu Bakr (632–634), Omar († 644) und Othman († 656) nicht als Kalifen an, vielmehr sah er sich selbst als ersten rechtmäßigen Nachfolger des Propheten. Ebensowenig erkennen die Schiiten alle auf Ali folgenden, nicht mit ihm verwandten Kalifen an. Dasselbe gilt für die Sunna, die ja außer der Sunna Mohammeds auch die seiner Nachfolger enthält. Dagegen verehren die Schiiten die von Ali abstammenden ersten Führer, Imame genannt, und erwarten die Erlösung durch den 'Mahdi', den letzten Imam, der ein Reich endzeitlicher Gerechtigkeit in dieser Welt errichten soll. Dieser wird von den meisten heute lebenden Schiiten als zwölfter echter Nachfolger Mohammeds angesehen (Zwölfer-Schia), von

Schiiten

Fortsetzung
s. S. 44

Islamische Glaubensregeln

Aus dem Koran und der Sunna leiten sich die fünf allgemeinen Hauptgebote des Islam ab, die auch die fünf Pfeiler oder die **fünf Säulen des Islam** genannt werden: Glaubensbekenntnis *(Scha-hada)*, Gebet *(Salat)*, Almosengabe *(Sakat)*, Fasten *(Saum)* und Pilgerreise nach Mekka *(Hadsch)*.

Das Glaubensbekenntnis – **Schahada** – besteht aus der einzigen formelhaften Aussage: "Es gibt keinen Gott außer Allah, und Mohammed ist sein Prophet." Diese muß in arabischer Sprache erfolgen und wird vom gläubigen Moslem viele Male am Tag wiederholt. Sie wird den Gläubigen täglich fünfmal vom Balkon des Minaretts durch den Muezzin – früher persönlich, heute meist vom Tonband und per Lautsprecher – zugerufen. Sie ist 'Wiegenlied, Grabge-sang, Losungswort, Erkennungszeichen, Kriegsruf und Entzückensausruf' zugleich. Wer die *Schahada* vor muslimi-schen Zeugen ausspricht, ist damit zum Islam übergetreten.

Zur Vorbereitung auf das Gebet gehört die Reinigung von Gesicht, Mund, Händen und Füßen (für die rituelle Waschung findet sich im Moscheenhof stets ein Brunnen; falls kein Wasser zur Verfügung ist, kann die Reinigung auch symbolisch, etwa mit Sand, erfolgen), saubere Kleidung – Schuhe werden grundsätzlich ausgezogen – und ein sauberer Gebetsplatz, geschaffen durch das Auslegen eines Teppichs, einer Decke oder auch eines Kleidungsstücks, und die stumme Erklärung des Gläubi-gen, daß er ein Gebet verrichten will. Zum Gebet selbst wendet sich der Gläubige in Richtung der heiligen Stadt Mekka und nimmt nacheinander verschiedene, streng festgelegte Körperhaltungen ein:

1. Aufrecht stehend, die Hände in Schulterhöhe nach vorn geöffnet (mit den Daumen hinter den Ohrläppchen), spricht er: "Alláhu ákbar" (= "Gott ist groß").

Islamische Gebetshaltungen

© *Baedeker*

Das Pflichtgebet – **Salat** – muß der gläubige Moslem ebenfalls fünfmal täglich verrichten. Er wird dazu durch den Gebetsruf *(Adhan)* des Muezzin aufgerufen, und zwar bei Anbruch der Morgendämmerung, am Mittag (12.00 Uhr), am Nachmittag (15.00 Uhr), gleich nach Sonnenuntergang und zwei Stunden danach.

2. Weiterhin aufrecht stehend, mit herabhängenden Armen oder die rechte Hand etwa in Körpermitte über die linke gelegt, spricht er die Erste Koransure *(Fatikha)* und danach weitere Suren oder Verse.

3. Vorgebeugt, die Hände auf die Knie gestützt, spricht er Lobpreisungen Allahs.

4. Es folgen weitere Lobpreisungen in Prosternationshaltung, wobei die Stirn den Boden berührt.

5. Nach jedem zweiten und nach dem letzten Gebetsteil spricht er, am Boden kniend, das Glaubensbekenntnis mit auf dem Knie ausgestrecktem Zeigefinger der rechten Hand.

6. Zum Abschluß des Gebetes grüßt er, weiterhin kniend, über die rechte und die linke Schulter blickend, die Schutzengel beziehungsweise die anderen Mitbetenden.

Eine Moschee muß der Moslem nur zum Mittagsgebet am Freitag besuchen. In den Moscheen ist die Gebetsrichtung *(Kibla)* an einer besonderen Nische *(Mihrab)* zu erkennen; ansonsten bestimmt der Gläubige die Gebetsrichtung nach Mekka gemäß dem Sonnenstand selbst.

N.B.: Islamische Gebete schließen weder Bitten noch Wünsche ein.

Die Almosengabe – **Sakat** – ist neben dem Glaubensbekenntnis und dem Pflichtgebet das wichtigste Gebot des Islam. Mohammed selbst hat dieses bereits in Medina angeordnet und es in Form einer Almosensteuer eingeführt. Diese war ursprünglich die einzige Steuer der Moslems und für die ganze Gemeinschaft *(Umma)* gedacht, und zwar gemäß dem Inhalt der Koransure 9.60:

"Die Einkünfte des Staates (aus der Almosensteuer) sind bestimmt für die Armen und Bedürftigen;

für jene, die mit der Steuer beschäftigt sind (besonders Beamte, die sie eintreiben und einen bestimmten Teil davon erhielten, sowie die Kalifen, ihre Nachfolger, Verwandtschaft und Vertreter, die sie verwalteten);

für jene, die für die Sache des Islam gewonnen werden sollen;

für den Freikauf von Sklaven (muslimischen Glaubens);

für die Verschuldeten;

für den Heiligen Krieg (Glaubenskrieg des Islam);

für jene, die unterwegs sind (reisende Moslems, Pilger, Wallfahrer).

Dies ist Gottes Vorschrift! Gott ist wissend und weise!"

Als Almosensteuer waren 10% der Ernte, des Viehs und des Viehzuwachses sowie 2,5% der Ersparnisse, des Gold-, Silber- und Geldbesitzes, der Kaufmannswaren und des Geldverdienstes zu entrichten. In manchen Erdölstaaten der Arabischen Halbinsel und der Golfregion wird diese Steuer auch heute noch eingezogen. Türkische Muslime geben die *Sakat* jetzt, wie in etlichen islamischen Ländern, freiwillig direkt an die Armen ab.

Das einmonatige Fasten während des *Ramadan* – **Saum** –, dessen Grundidee Mohammed aus dem Judentum entliehen hat, wird durch die Zweite Sure des Korans verbindlich vorgeschrieben. Hierfür ist der neunte Monat des islamischen Kalenderjahres festgelegt, weil in diesem Monat der Engel Gabriel Mohammed erschienen sein soll. Das Fastengebot gilt in dieser Zeit allerdings nur tagsüber, d.h. zwischen Sonnenaufgang und Sonnenuntergang, also nicht bei nächtlicher Dunkelheit. Es bezieht sich nicht nur auf die Einnahme von Essen und Trinken, sondern auch auf das Rauchen und den Geschlechtsverkehr.

Vom Fastengebot ausgenommen sind Kinder – noch nicht beschnittene Knaben (bis ca. sieben Jahre) und Mädchen, die noch keine Regelblutungen haben –, Alte, Kranke, Schwangere, Reisende und Schwerstarbeiter.

Das Gebot der Pilgerfahrt nach Mekka – **Hadsch** – beruht auf altarabischen, vorislamischen Glaubensriten, die mit der Verehrung eines großen schwarzen Meteoriten *(Hadschar)* zusammenhängen, der sich im Zentrum des heiligen Schreins, der *Kaaba*, im Innenhof der Großen Moschee von Mekka in Saudi-Arabien befindet. Die Kaaba wird von den Moslems als ein von Abraham und Ismael errichtetes Heiligtum betrachtet. Für die Wallfahrt ist der zwölfte Monat des islamischen Jahres *(Dulhidscha)* vorgesehen. Jeder Moslem, der dazu finanziell und gesundheitlich in der Lage ist, sollte einmal in seinem Leben den *Hadsch* durchgeführt haben; danach darf er den begehrten Ehrentitel 'El Hadsch' tragen.

Religion

Islam, Schiiten
(Fortsetzung
von S. 41)

wenigen als siebter Nachfolger (Siebener-Schia; Ismaïliten). Die Imame werden als Heilige verehrt, wie überhaupt die Schiiten eine wesentlich mystischere Religionsauffassung besitzen als die Sunniten.

Scharia

Die Auslegungen der Sunna wurden gesammelt und bilden zusammen mit Koran und Sunna selbst die Scharia, das religiös begründete islamische Recht, das in dem säkulären Staat Türkei jedoch nicht für das öffentliche Recht und die offizielle Rechtsprechung gilt (siehe dazu "Prinzipien des Kemalismus S. 45).

Heiliger Krieg

Ferner gebietet der Islam die Verbreitung des Glaubens, die früher gewaltsam und offensiv betrieben und als Heiliger Krieg ('Dschihad') bezeichnet wurde. Dieser gilt heute nur noch als 'Pflicht bei der Verteidigung gegenüber einem andersgläubigen Feind'. Manche besonders aufgeklärte islamische Theologen legen die Aussage "dschihad gosabil Allah" sogar nur als "sich bemühen auf dem Wege zu Allah", also als Pflicht zur Bekämpfung der eigenen inneren Unzulänglichkeit aus.

Glaubens-
vorschriften

Neben den 'fünf Säulen des Islam' (s. *Baedeker Special* "Islamische Glaubensregeln", S. 42/43) sind weitere wichtige religiöse Vorschriften, die das private Leben des gläubigen Muslim bestimmen, das Verbot des Alkoholgenusses, des Verzehrs von Schweinefleisch, des Glücksspiels und des Geldverleihs gegen Zins sowie das Gebot, nur Fleisch von geschächteten Tieren und weder Blut noch Speisen, in denen Blut verarbeitet wurde, zu essen.

Verhältnis
zwischen
Frau und Mann

Schließlich regeln Koran und Sunna auch das Verhältnis zwischen den Geschlechtern. Der Koran sieht eine Gleichstellung der Geschlechter nicht vor. Nach der grundsätzlichen Einstellung des Koran (v. a. Suren 4 und 33) ist die Frau dem Mann untergeordnet. Er hat sie aber zu beschützen, zu ernähren und darf sie nicht schlecht behandeln.
Die Suren 4,4 und 4,25 bis 4,27 erlauben dem Mann vier Ehefrauen und daneben noch eine unbegrenzte Zahl von Konkubinen und Sklavinnen, solange seine rechtmäßigen Ehefrauen dabei weder materiell noch sexuell benachteiligt werden.
Schon aus materiellen Gründen (Brautpreis, Hochzeitsfeier u.a.) war für die meisten Moslems eine Ehe mit mehreren Ehefrauen ohnehin nicht möglich. In der modernen Türkei ist die Einehe zur Vorschrift geworden.

Rolle der Frau im
öffentlichen Leben

Abgesehen davon ist die Stellung der Frau unverändert fest im traditionellen Sozialgefüge verankert. So sind auch Bildungs- und Ausbildungspolitik der Türkei immer noch traditionslastig und nicht unbedingt frauenfreundlich.

Die Verschleierung der Frauen wird weiterhin durch den Koran (Sure 33,59) vorgeschrieben, obwohl es gerade in dieser Hinsicht durch voneinander abweichende Auslegungen verschiedener Schulen auch in der Türkei zu hitzigen Diskussionen gekommen ist und kommt.

Nachdem lange Zeit die westliche Frau in den Städten als Vorbild für junge Türkinnen galt, wollen viele Frauen nicht mehr einfach die westliche Welt nachahmen. Seit der Wiedererstarkung des Islamismus machen heute viele studierte, verschleierte Türkinnen Karriere bei Zeitschriften, im Fernsehen, in Krankenhäusern und in Unternehmen, die von der islamischen Mittelschicht geführt werden.

Islamische
Damenmode

Diesen Trend wußten auch die acht Karaduman-Brüder aus Südostanatolien zu nutzen. Sie gründeten den vielleicht weltgrößten Textilkonzern mit islamischer Damenmode, Tekbir Giyim. Nicht nur in die arabischen Länder, sondern auch nach Deutschland werden diese Kleider exportiert. Mit dem Verbot der Refah-Partei 1997 ging der Absatz islamischer Damenmode in der Türkei jedoch zurück.

Staat und Verwaltung

Gemäß ihrer Verfassung definiert sich die Türkei als 'nationale, demokratische, laizistische und soziale Republik'. Der offizielle Staatsname lautet 'Türkiye Cumhuriyeti' (Republik Türkei). Die Legislative wird ausgeübt von der Großen Nationalversammlung, bestehend aus der eigentlichen Nationalversammlung (Parlament: 450 nach dem Verhältniswahlrecht auf vier Jahre gewählte Abgeordnete) und dem Senat (150 direkt gewählte, 15 vom Staatsoberhaupt ernannte und mehrere Senatoren auf Lebenszeit). Staatsoberhaupt ist der Staatspräsident; er wird von der Großen Nationalversammlung für eine nur einmal mögliche Amtsperiode von sieben Jahren gewählt. Der Ministerrat (Kabinett: Ministerpräsident und Minister) bedarf des Vertrauensvotums der Großen Nationalversammlung.

Staatsform und Staatsorgane

Nach der neuen Staatsgründung (1923) wurde das türkische Rechtswesen gänzlich neu und streng laizistisch geordnet, das Strafrecht nach italienischem und das Privatrecht weitgehend nach schweizerischem Vorbild.

Rechtswesen

Die Türkei ist Mitglied der Vereinten Nationen (UN) und etlicher UN-Sonderorganisationen, der Weltgesundheitsorganisation (WHO), des Allgemeinen Zoll- und Handelsabkommens (GATT), des Internationalen Währungsfonds (IMF), der Organisation für wirtschaftliche Zusammenarbeit und Entwicklung (OECD) sowie der Nordatlantischen Allianz (NATO; seit 1952) und der Konferenz über Sicherheit und Zusammenarbeit in Europa (KSZE; seit 1990). Mit der Europäischen Union (EU) besteht ein Assoziierungsabkommen, das bereits 1963 mit der damaligen Europäischen Wirtschaftsgemeinschaft (EWG) geschlossen worden ist. Die Türkei zählt zu den EU-beitrittswilligen Staaten, erfüllt jedoch wichtige Beitrittskriterien nicht, wie wirtschaftliche und finanzpolitische Stabilität, Einhaltung der Menschenrechte und Kurdenpolitik. Trotzdem entschied das Europäische Parlament Ende 1999 mit knapper Mehrheit über die prinzipielle Kandidatur der Türkei. Seit 1996 gilt die Zollunion EU – Türkei, die zum Abbau von Handelsbeschränkungen und zur Gewährung von Finanzhilfen seitens der EU führte. In die 1985 zwischen der Türkei, Pakistan und dem Iran geschaffene Organisation für Wirtschaftliche Zusammenarbeit (ECO) sind 1992 auch Afghanistan und ehemalige Sowjetrepubliken aufgenommen worden. Im gleichen Jahr hat die Türkei eine Wirtschaftsgemeinschaft der Schwarzmeer-Anrainerländer initiiert (Sekretariatssitz in İstanbul).

Mitgliedschaften in internationalen Organisationen

Nach der Niederlage des Osmanischen Reiches im Ersten Weltkrieg wurde den Türken ihr heutiges Staatsgebiet zuerkannt. Bis dahin hatten sich die Türken, die über Jahrhunderte über ein riesiges, multikulturelles Reich verfügten, jedoch nie als Nation betrachtet. Erst Kemal Atatürk, der "Vater der Türken", legte mit der Gründung der Republik Türkei 1923 die Grundlagen für einen einheitlichen Staat. Den Namen Atatürk darf er übrigens per Gesetz als einziger Mensch der Erde tragen. Atatürks radikale Politik der Modernisierung nach westlichem Vorbild ist in der Verfassung von 1924 verankert. Die sechs Prinzipien des Kemalismus, die den Staat als höchste Instanz und Garant für Stabilität und Sicherheit sehen, sind bis in unsere Tage bestimmend: Nationalismus (Doktrin der nationalen Einheit; "Nur Türken leben in der Türkei"), Laizismus (Trennung von Staat und Religion), Modernisierung, Republikanismus, Populismus (Volkssouveränität) und Etatismus (staatliche Lenkung der Wirtschaft). Das Militär hat als Hüter des säkularen Staates in den letzten Jahrzehnten wiederholt in die Regierungsarbeit eingegriffen, sobald die Prinzipien des Kemalismus bedroht waren. So musste der ehemalige islamistische Ministerpräsident Necmettin Erbakan 1997 zurücktreten, und seine islamische Wohlfahrtspartei (Refah) wurde verboten. Drei Jahre später wurde er wegen Volksverhetzung zu einem Jahr Haft verurteilt, und jedwelche politische Tätigkeit wurde ihm untersagt.

Prinzipien des Kemalismus

Staat und Verwaltung

Internationales
Kfz-Kennzeichen

Übersichtskarte

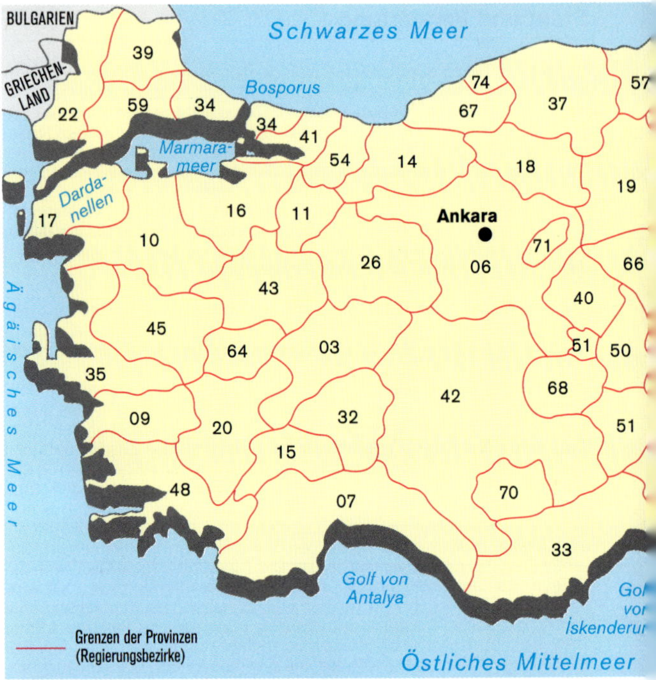

BULGARIEN

GRIECHEN-LAND

Schwarzes Meer

Bosporus

Marmara-meer

Dardanellen

Ägäisches Meer

Ankara

Golf von Antalya

Gol
vor
İskenderur

Östliches Mittelmeer

————— Grenzen der Provinzen
(Regierungsbezirke)

Verwaltungs-gliederung

Provinzen (Regierungsbezirke) der Türkei
(türkisch: Einzahl 'il' Mehrzahl 'iller'; bis 1921 'vilâyet')

01 Adana	14 Bolu	27 Gaziantep
02 Adiyaman	15 Burdur	28 Giresun
03 Afyonkarahisar	16 Bursa	29 Gümüşhane
04 Ağri	17 Çanakkale	30 Hakkâri
05 Amasya	18 Çankırı	31 Hatay (Antakya)
06 Ankara	19 Çorum	32 Isparta
07 Antalya	20 Denizli	33 İçel (Mersin)
08 Artvin	21 Diyarbakır	34 İstanbul
09 Aydın	22 Edirne	35 İzmir
10 Balıkesir	23 Elâziğ	36 Kars
11 Bilecik	24 Erzincan	37 Kastamonu
12 Bingöl	25 Erzurum	38 Kayseri
13 Bitlis	26 Eskişehir	39 Kırklareli

Das Grundgerüst der Verwaltungsgliederung des türkischen Staatsgebietes bilden die herkömmlich als Provinzen (früher türkisch 'vilayet', 'elayet'
bzw. 'sancak') bezeichneten Regierungsbezirke (türkisch 'il'). Ihre Zahl
betrug bis vor einigen Jahren 67, sie waren und sind namensalphabetisch
geordnet sowie durchnumeriert von 01 (= Adana) bis 67 (= Zonguldak),
was auch für die Zuordnung der heimischen Kfz-Kennzeichen galt und gilt.

Neuerdings sind zusätzlich sechs neue Regierungsbezirke geschaffen
worden: Aksaray (68), Bayburt (69), Karaman (70), Kırıkkale (71), Batman
(72) und Şırnak (73).

Nationalflagge

Republik Türkei
Türkiye Cumhuriyeti

GEORGIEN

08 75

53

61 36

52

28 29 69 25

60 24 76

58 62 12 49 04

44 23 13 65

46 21 72 56 30

02 47 73

63

27

31

©Baedeker

ARMENIEN

IRAN

Van-See

IRAK

SYRIEN

Übersichtskarte

Provinzen (Regierungsbezirke) der Türkei (Fortsetzung)

Verwaltungs-
gliederung
(Fortsetzung)

40 Kırşehir	52 Ordu	64 Uşak
41 Kocaeli (Izmit)	53 Rize	65 Van
42 Konya	54 Sakarya	66 Yozgat
43 Kütahya	(Adapazarı)	67 Zonguldak
44 Malatya	55 Samsun	68 Aksaray
45 Manisa	56 Siirt	69 Bayburt
46 Kahramanmaraş	57 Sinop	70 Karaman
(Maraş)	58 Sivas	71 Kırıkkale
47 Mardin	59 Tekirdağ	72 Batman
48 Muğla	60 Tokat	73 Şırnak
49 Muş	61 Trabzon	74 Bartın
50 Nevşehir	62 Tunceli	75 Ardahan
51 Niğde	63 Şanlıurfa (Urfa)	76 Iğdır

Die nunmehr 73 Provinzen gliedern sich ihrerseits in insgesamt 580 Land-
kreise (türkisch 'ilçe'; früher 'kaza') und jene wiederum in 880 Amtsbezirke
(türkisch 'bucak'; früher 'nahiye').

Für die Provinzhauptstädte bestehen besondere Entwicklungs- und För-
derpläne. Bezirks- und Kreiszentren sind sie für die Betreuung von über
35000 ländlichen Siedlungen zuständig.

Regionen der Türkei s. S. 17
Historische Landschaften s. S. 72/73

Ergänzende
Übersichtskarten

Wirtschaft

Situation und Tendenzen

Schwellenland Türkei

Volkswirtschaftlich gesehen ist die Türkei ein sogenanntes Schwellenland, also ein Entwicklungsland auf dem Wege zum Industriestaat.

Landflucht

Obwohl die Masse der Bevölkerung heute immer noch im ländlich geprägten Umfeld lebt und arbeitet, hat sich das Verhältnis der Beschäftigten in den einzelnen Wirtschaftssparten in den letzten 40 Jahren deutlich zugunsten von Industrie und Dienstleistungsgewerbe verändert und damit auch die generelle Lebensweise der Bevölkerung: Das Leben in der Stadt ist für das Gros der türkischen Landbevölkerung die vorrangige Zielvorstellung.

Bezeichnende Wirtschaftsdaten

Der sozioökonomische Hintergrund ist jedoch alarmierend: West-Ost-Gefälle, Zentrum-Peripherie-Gegensätze, hohe Arbeitslosenquoten, beunruhigende Inflationsraten (im Durchschnitt 70%!), beträchtliches Haushaltsdefizit (1999 belief es sich auf 14% des Bruttoinlandsproduktes) und negative Handelsbilanz (minus 14 Mrd. US-Dollar) charakterisieren die Problematik dieses Weges zur Industrienation. Die zwischen 1990 und 1998 durchschnittlich 4,2% hohen wirtschaftlichen Wachstumsraten verschleiern die ökonomische Krise des Landes. Trotz steigender Steuereinkünfte sammelten sich enorme Staatsschulden an: Waren es 1984 noch 16,5 Mrd. US-$, so betrugen sie 1999 bereits 104 Mrd. US-$. Das Bruttosozialprodukt lag 1998 mit 3160 US-$ pro Kopf der Bevölkerung mit weitem Abstand unter dem Portugals, und das Realeinkommen der Arbeitnehmer war im Schnitt mehr als die Hälfte niedriger als im Jahre 1978. Vom Bruttoinlandsprodukt entfallen heute auf den Dienstleistungsbereich 57%, auf den Industriesektor 25% und auf die Landwirtschaft 18%.

Bestrebungen und Maßnahmen zur Konsolidierung

Unter diesem Druck wirtschaftlicher Not weiter Bevölkerungskreise spekuliert die türkische Regierung und natürlich der einfache Mann auf der Straße auf die Vollmitgliedschaft in der Europäischen Union (EU). Mit Sonderabgaben, Einkommensteuerreform, Einführung der Mehrwertsteuer von 12–15% (1985), Bankreformgesetz (1983) und Liberalisierung der Geldgeschäfte versucht man, die Finanzmisere zu konsolidieren und einheimische Praktiken an die Finanzsysteme westlicher Industrienationen anzugleichen.

Erwerbstätigkeit

Von 23,8 Mio. Erwerbstätigen sind 45,8% in der Landwirtschaft (Ackerbau, Forstwirtschaft, Jagd und Fischfang; 1965 waren es noch 72%), 20,5% in der Industrie (1965 erst 7%) und 33,7% im Dienstleistungsbereich (davon 13 % im Handel und Gastgewerbe, 4% in Verkehr und Nachrichtenwesen und 2,3% in Banken und Versicherungen). Eine geringe Anzahl von Erwerbstätigen arbeiten im Bergbau und in Steinbrüchen, 4,5% sind im Baugewerbe tätig.

Arbeitslosigkeit

Im ländlichen Bereich ist die Arbeitslosenquote als Folge von wachsender Lebenserwartung, Senkung der Sterberate, Überbevölkerung und Technisierung überdurchschnittlich hoch. Daraus resultiert neben einer aufgeblähten, zumeist niederen Dienstleistungsgesellschaft eine auffällige Landflucht in die wirtschaftlich begünstigten Räume des Landes. Im Jahre 1999 betrug die offizielle Arbeitslosenquote 6,6%.

Arbeitsmigration

Über die Arbeitsmigration erhoffte man sich eine Entlastung des heimischen Arbeitsmarktes, in dem sich die Arbeitslosenzahl in den siebziger und achtziger Jahren des letzten Jahrhunderts fast verzehnfachte (inzwischen ist sie wieder rückläufig). Mehr als 2,5 Millionen Türken leben zur Zeit im Ausland, davon allein in der Bundesrepublik Deutschland 2,1 Millionen. Zu einer verstärkten Rückwanderung kam es durch die arbeitsplatzpolitische Zurückhaltung in den europäischen Zielländern seit Mitte der

Frauen bei der Getreideernte am Van-See

siebziger Jahre. Der Golfkrieg 1991 hat die alternative Migration türkischer Gastarbeiter in die arabischen Ölländer drastisch beschnitten.

Arbeitsmigration
(Fortsetzung)

Durch generell starkes Bevölkerungswachstum und in hohem Maße zusätzlich durch die Landflucht hat sich die Zahl städtischer Gemeinden seit den sechziger Jahren verdoppelt, und die Groß- und Millionenstädte, wie İstanbul, Ankara und İzmir, wachsen unter einer Flut ländlicher Zuwanderer, die sich zumeist in wild wachsenden Geçekondu-Vierteln ('geçekondu' = über Nacht gebautes Haus) am Stadtrand ansiedeln.
Dreiviertel der Bevölkerung lebt heute in Städten mit jährlichen Zuwachsraten von bis zu 7% (im Landesmittel etwa 2%). So herrscht trotz der Größe des Staatsgebietes für die auf mittlerweile über 65 Mio. angewachsene Bevölkerung in vielen Orten unerträgliche Enge (ca. 50000 Einw./km² etwa im İstanbuler Ortsteil Fatih; im Landesdurchschnitt ca. 84 Einw./km²). Etwa ein Drittel der Gesamtbevölkerung und über 40% der Städter drängen sich in den industriellen Ballungsräumen und wirtschaftlichen Gunsträumen des Westens und Südens sowie in und um die Landeshauptstadt Ankara.

Städtische
Ballungsräume

Landwirtschaft

Infolge der überwiegend gebirgigen Landesnatur ist die Türkei arm an intensiv nutzbaren bzw. an fruchtbaren Böden, und wegen der Höhe ist es oft zu kalt für einen ertragreichen Anbau. Trotz der Gefährdung durch Dürreperioden ist das Land aber in der Lage, die eigene Bevölkerung zu ernähren. Die türkischen Bauern erzielen neben landwirtschaftlicher Eigenversorgung zusätzliche Exportüberschüsse, und die Kultivierung exportorientierter Agrarprodukte (Baumwolle, Haselnüsse) wird vom Staat gezielt subventioniert. Die jährlichen Zuwachsraten liegen bei 3%, obwohl bislang nur etwa 30% des bewässerbaren Ackerlandes künstlich irrigiert

Allgemeines und
Bedeutung

Wirtschaft

Landwirtschaft,
Allgemeines
und Bedeutung
(Fortsetzung)

werden. In zunehmendem Maße kommen jedoch Importgüter auf den einheimischen Markt (infolge unzureichender Niederschläge Weizen).
Der Anteil der Agrarwirtschaft am Bruttoinlandsprodukt sank zwischen 1980 und 1993 von 23% auf 14%, und auch die Zahl der Erwerbstätigen in der Landwirtschaft ist in den vergangenen 20 Jahren um über 15% gesunken. Dennoch entfallen auf diesen Wirtschaftsbereich (offiziell) immer noch knapp die Hälfte der Beschäftigten.

Landwirtschaftliche Nutzfläche (LNF)

Im Jahre 1991 waren von der Gesamtfläche des Landes 24% als Ackerland, 25% als Forsten, 2,8% als Obst- und Gemüsefläche, 1,9% als Anbaufläche für Reben und Oliven, 6,7% als ungenutztes Brachland und die restliche Fläche als Wiesen und Weiden ausgewiesen.
Infolge der Besitzzersplitterung durch Realerbteilung ist die Zahl der Kleinbetriebe mit weniger als 2 ha Land sehr hoch (30%). Diese Bauern verfügen nur über insgesamt 4% der LNF und wirtschaften häufig unterhalb der Subsistenz. Sechs Prozent aller Landwirte, Großbauern mit jeweils mehr als 20 ha LNF, bewirtschaften dagegen 35% des Agrarlandes. Dieses Mißverhältnis im Agrarsektor geht betont langsam zurück.

Regionale Schwerpunkte

Das hochgelegene Innere der Türkei dient vornehmlich dem Ackerbau (Weizen, Gerste, Mais, Hülsenfrüchte) und der Viehzucht, in erster Linie der Weidewirtschaft (Schafe und Ziegen; Steppenweiden jedoch durch Kultivierungsmaßnahmen reduziert), im Norden und Nordosten verstärkt auch der Großviehhaltung. Bis in Höhen von 2000 m ü. d. M. stößt man vielerorts auf Weinbau.
Wurde bislang in den traditionellen Bewässerungsgebieten hochwertiger Garten-, Obst- und Getreidebau (Reis) betrieben, so hat die fortschreitende Technisierung speziell mit der Einführung der Motorpumpe die Kultivierung wichtiger Sonderkulturen für Export, Binnenmarkt und einheimische Industrie vorangetrieben und selbst an einst weniger geeigneten Standorten ermöglicht. Dazu zählt in erster Linie der Anbau von Frühgemüse in Gewächshäusern und unter Folien entlang der Küsten auch abseits der Küstenhöfe, die Bewässerung der Zuckerrübe auch außerhalb der Binnenbecken und großflächige Baumwollkulturen.
Vorwiegende Getreidelandregionen sind die reliefarmen Landstriche Thrakiens, wo ebenso wie im Westen Sonnenblumen dazutreten, und Inneranatoliens. Die Küstenrandlandschaften erlauben zudem infolge ihrer klimatischen Gunst die Pflege von Oliven,

Baumwolle

Feigen und Weintrauben (Sultaninen), Zitrusfrüchten, Bananen, Erd- und Haselnüssen, Mais und Tabak, ferner von Tee (Lasistan; nach ersten Versuchen 1892).
Der früher wichtige Anbau von Mohn (zur Opiumgewinnung) ist seit 1972 offiziell verboten.

Modernisierung und Überweidung

Die Nutzung traditioneller Agrargeräte (Hakenpflug, Dreschschlitten) ging deutlich zurück zugunsten von Traktoren, Dreschmaschinen und vor allem von Motorpumpen. Die Ausweitung des Agrarlandes (zwischen 1927 und 1991 von 4,4 Mio. ha auf das Fünffache) durch Motorisierung, neue Techniken und die Zunahme der Waldgebiete (zwischen 1960 und 1991 durch Aufforstung und Waldschutzmaßnahmen auf 20,2 Mio. ha verdoppelt) auf Kosten der Steppenweiden und Weiden führte zu starker Überweidung und zur Bodenerosion, weil die Viehzahl gleichzeitig drastisch aufgestockt wurde. Seit 1927 stieg die Zahl der Schafe und Ziegen von 19,7 auf 51,2 Mio. (1991), die der Rinder und Büffel von 7,5 auf 12 Mio. Tiere.

Der vielfach noch übliche Wechsel von Feldfruchtanbau und Schwarz-brache (Zweifelderwirtschaft), der Mangel an preiswertem künstlichen und der Entzug des natürlichen Düngers ('tezek' = getrockneter Kuhmist), den man infolge Holzmangels vielfach zu Heizzwecken verwenden muß, ist auch heute noch weit verbreitet. Während die mittleren Erträge von Weizen mit 2000 kg je ha auch heute noch vergleichsweise gering sind, hat der planmäßige Ausbau der Zuckerrübenproduktion von 3,4 Mio. t (1969) auf 14,8 Mio. t (1992) den Charakter der Landwirtschaft in weiten Teilen des Landes mit Hinwendung zur Fruchtwechselwirtschaft sichtbar verändert. Eine Ursache der oft noch wenig rationellen Landwirtschaft beruht auf der Vorherrschaft landwirtschaftlicher Klein- und Kleinstbetriebe: Etwa drei Viertel aller bäuerlichen Betriebe verfügen über nicht mehr als 7,5 ha LNF je Hof. Aber auch die Kleinbetriebe widmen sich mehr und mehr dem Anbau von Nutzpflanzen, mit denen sich große Gewinne erzielen lassen und die zumeist für den Export bestimmt sind. Der Staat hat hier immer wieder versucht, mit Subventionen steuernd einzugreifen.

Landwirtschaft, (Fortsetzung) Fruchtwechsel-wirtschaft und Nutzpflanzen

Zukunftsweisend ist das Südost-Anatolien-Projekt GAP (Güneydoğu Ana-dolu Projesi), durch das mit dem Bau von zahlreichen Staudämmen im Südosten des Landes (zumeist an Euphrat und Tigris) zusätzlich ca. 1,6 Mio. ha Agrarland bewässert werden sollen. Siehe dazu S. 25 – 27.

GAP · Südost-Anatolien-Projekt

Durch gezielte Forstwirtschaft, Einschränkung der Waldweide, Verbot wil-der Holzentnahme durch die Bauern und gezielte Aufklärung der Bevölke-rung konnten die Waldflächen der Türkei nicht nur oft aus einem degradier-ten Buschwald in nutzbaren Hochwald übergeführt werden, zwischen 1950 und 1988 haben sich die Waldflächen des Landes auf über 20 Mio. ha verdoppelt, obwohl oft jährlich bis zu 1,5% der Forsten (allein 1988 bei 1400 Waldbränden 18200 ha) vernichtet werden. Mehr als die Hälfte des Waldbestandes entfällt auf einen nur für Brennholz nutzbaren Buschwald. Zu den vorherrschenden Baumarten – Tannen und Buchen im Norden, ver-schiedene Kiefern (hauptsächlich Schwarzkiefern) und Wacholder im trok-kenen Inneren, Aleppokiefern, Platanen und anderen Laubbäumen, Tan-nen, Baumwacholder und Zedern im zentralen und westlichen Taurus, Eichen im Osten, Südosten und trockenen Binnenrand der Gebirge, Wallo-neneichen im Westen – gesellen sich Edelkastanien und hoch hinauffrei-chend Nußbäume. Die Bauern kultivieren vielfach Robinien und Eukalyp-ten, zumeist aber Pappelhaine in der Nähe der Dörfer (zur Gewinnung von Bauholz).

Wald

Bergbau

Dank eines hohen Anteiles an alten Gebirgen und tertiären Beckenfüllun-gen besitzt die Türkei beträchtliche Bodenschätze, deren Nutzung aber infolge schlechter Erschließung und mangelndem Know-how bisher noch gering geblieben ist. Die bereits seit vorgeschichtlicher Zeit gewonnenen Erze, so Kupfer und Blei, kommen in meist kleinen Lagerstätten in großer Mannigfaltigkeit vor. Besonders nach dem Zweiten Weltkrieg hat der Abbau dieser und anderer Bodenschätze eine gezielte staatliche Förde-rung erfahren, bei dem das 1934 gegründete Institut für Lagerstättenfor-schung (Maden Tetkik ve Arama Enstitüsü · MTA) und die Etibank, das größte auch für die Energieerzeugung wichtige Wirtschaftsunternehmen der Türkei, eine entscheidende Rolle spielten.
Neben zahlreichen Vorkommen von Schwefel, Blei, Wolfram, Nickel, Anti-mon, Kobalt, Zink, Quecksilber, Magnesit, Borazit, Bauxit, Asbest, Schmirgel und Meerschaum sind die Reserven von Eisenerz (1,3 Mrd. t), Kupfer (205 Mio. t), Mangan (3,5 Mio. t), Wolfram (10,5 Mio. t) und Chrom (26,1 Mio. t) bedeutend. Ausgedehnte Lagerstätten hochwertigen Eisen-erzes gibt es bei Divriği (in der Nähe von Sivas). Chromerze findet man in zahlreichen über das Land verteilten Lagerstätten. Hauptvorkommen von Kupfer liegen bei Ergani (Diyarbakır) und Murgul (Schwarzes Meer).

Bodenschätze

Bergbau,
Bodenschätze
(Fortsetzung)

Im 19. Jahrhundert wurde das Steinkohlevorkommen von Zonguldak am Schwarzen Meer entdeckt, das sich zum vorrangigen Bergbaurevier entwickelte , nachdem große Eisenerzlager in Ostanatolien (Divriği) erschlossen werden konnten. Neben den ergiebigen Braunkohlelagerstätten von Tuncdilek (bei Kütahya) entdeckten deutsche Geologen 1967 bei Elbistan (westlich von Malatya) neue große Braunkohlelager (ca. 1 Mrd. t).

Energiegewinnung

Energiequellen

Abgesehen von den Vorkommen an Braunkohle (7,5 Mrd. t) und Steinkohle (1,4 Mrd. t) bilden die Erdöllagerstätten vor allem um Batman und Kahta (30 Mio. t) mit einer jährlichen Produktion von 4 Mio. t (ca. 12% des türkischen Erdölbedarfs) und das Wasserkraftpotential die Hauptenergiereserven des Landes. In weiten Teilen des Landes werden reiche Erdgasvorkommen vermutet, deren Erschließung (etwa um Adıyaman) jedoch noch in den Anfängen steckt. Die reichen geothermischen Energiequellen (Heißwasserlager) der Türkei werden zu den größten auf der Erde gerechnet und dürften in Zukunft zu besonderer Geltung gelangen.

Erdölraffination

Die türkische Erdölwirtschaft verfügt gegenwärtig über vier Großraffinerien: im Erdölgebiet von Batman (Ramandağı), im Großhafen von Mersin (İçel), bei Aliağa (İzmir) und in İpraz (İzmit).

Wärmekraft

Die Gewinnung elektrischer Energie knüpft mit großen Kraftwerken an die Kohlevorkommen des Landes an. Zwar gewinnt die Hydroelektrizität in zunehmendem Maße an Bedeutung (etwa 30% der gesamten Energieerzeugung der Türkei), rund 10% der türkischen Kohleproduktion dienen aber gegenwärtig noch der Erzeugung elektrischer Energie.
Am Westrand des Steinkohlenrevieres von Zonguldak wurde 1948 des erste Kohlekraftwerk errichtet und Mitte der fünfziger Jahre erweitert. Weitere Standorte finden sich in Tunçbilek (Kütahya), Soma (İzmir), Manisa, İzmit, Silantar (İstanbul), Ankara und bei Elbistan.

Wasserkraft

Das größte Wasserkraftwerk der Türkei entsteht z. Z. am Fırat (Euphrat) im Zusammenhang mit dem Südost-Anatolien-Projekt GAP (installierte Leistung: 2400 MW aus acht Turbinen). Die Erzeugung von Energie durch Wasserkraft, bis 1950 nur durch zahlreiche kleinere, über das Land verstreute und meist nach 1926 errichteten Stationen erfolgt, ist heute in zunehmendem Maße abgelöst durch den Bau großer Anlagen, die zugleich auch der Bewässerung und dem Überschwemmungsschutz dienen. Den Anfang machte 1956 der Seyhan-Stausee bei Adana. Es folgten vor allem im Pontischen Gebirge und im Taurus Zug um Zug weitere Talsperren, deren Anzahl heute bereits die Zahl von 200 überschritten hat; 85 weitere Staudämme befinden sich in der Planungsphase. Dazu treten etwa 50 kleinere Generatorstationen an Flußläufen mit entsprechendem Gefälle. Das Großprojekt des GAP wird insgesamt jährlich mindestens 26 127 Mrd. kWh aus 19 hydroelektrischen Großanlagen liefern.

Energiekrise

Trotz US-Embargogesetz schließt die Türkei 1996 ein Handelsabkommen mit dem Iran ab und verärgert damit den NATO-Partner USA. Das Abkommen garantiert die Lieferung von Erdgas, Erdöl und Elektrizität für 22 Jahre, um die drohende Energiekrise zu verhindern.

Kernkraft

Ausschreibungen für ein Atomkraftwerk gab es bereits 1976 und 1983; Finanzierungsprobleme verhinderten damals diese Vorhaben. Wegen akuten Strommangels erwog die türkische Regierung den Bau eines Atomkraftwerks in Akkuyu bei Silifke, bei dessen Ausschreibung 2000 sich auch ein Tochterunternehmen von Siemens beteiligte. Nach dem massiven Widerstand der Bauern der Region und von Naturschutzverbänden, die das Gebiet als stark erdbebengefährdet einstuften, verzichtete die Regierung auf die Auftragsvergabe für das erste Kernkraftwerk der Türkei.

Salzgewinnung am Tuz Gölü

Industrieller Sektor

Nach ersten Anfängen einer Textil- und Nahrungsmittelindustrie ist seit den zwanziger Jahren des 20. Jahrhunderts, verstärkt seit 1950, der Aufbau einer modernen Großindustrie zu beobachten. Seit 1933 trat zunächst der Staat selbst als Geldgeber und Unternehmer auf. Damals wurde die Sümerbank gegründet, die nach der 1934 für den Bergbau und die Elektrizitätswirtschaft ins Leben gerufenen Etibank das seinerzeit zweitgrößte Wirtschaftsunternehmen der Türkei darstellte und auch heute noch vornehmlich die staatlichen Industriebetriebe der chemischen, Textil-, Eisen- und-Stahl- sowie der Bauindustrie verwaltet.

Industrie

In erster Linie gründet sich die türkische Industrie auf der Verarbeitung von im Lande vorkommenden landwirtschaftlichen und mineralischen Rohstoffen. So arbeitet die von Atatürk initiierte Zementindustrie bereits für den Export. Die Eisenerze von Divriği werden in Nachbarschaft des Kohlereviers bei Zonguldak in Karabük, Zonguldak und Ereğli verhüttet. Hier und an weiteren Standorten in Kırıkkale östlich von Ankara, in Yarımca (İzmit), Samsun, Elazığ sowie bei İskenderun konzentriert sich die türkische Schwerindustrie. Die übrigen Erze werden nur partiell in der Türkei selbst verhüttet und verarbeitet. Das gilt z. B. auch für Kupfer, das teilweise als Erz exportiert wird. Mineralische Rohstoffe bilden zudem eine Grundlage der chemischen Industrie.

Vor allem auf den stark gestiegenen Baumwollanbau zugeschnitten ist die Textilindustrie, die nach der Zahl der Beschäftigten unter den Industriezweigen der Türkei an zweiter Stelle hinter jenen zur Produktion von Nahrungs- und Genußmitteln steht und den Eigenbedarf im Lande, ebenso wie die Nahrungsmittelindustrie, weitgehend deckt. Mit dem steigenden Anbau von Zuckerrüben und der Anlage zahlreicher neuer Zuckerfabriken konnte sich die Türkei zum Selbstversorger aufschwingen.

Um die Industrie auf dem Weltmarkt konkurrenzfähig zu machen, wurde 1083 ein einschneidender Reformprozeß eingeleitet: Abbau von Subven-

Industrie
(Fortsetzung)

tionen, Aufhebung von Importbeschränkungen, freier Kapitalverkehr, Privatisierung von Staatsbetrieben. Die industrielle Entwicklung wurde und wird nicht allein durch eine problematische Kapitalsituation gehemmt, sondern auch durch die Schwierigkeiten, einen festen Facharbeiterstamm heranzuziehen, da besonders im Bergbau und in der Schwerindustrie eine Neigung zur Saisonarbeit oder zu turnusmäßigem Wechsel zwischen Werksarbeit und landwirtschaftlicher Tätigkeit im heimatlichen Dorf besteht. Der erwartete Erfolg für das anatolische 'Hinterland' ist bislang ausgeblieben, und die für die Türkei typischen Industrieballungen im Nordwesten, Westen, um Ankara und in der Çukurova sind kaum verändert. Hier konzentrieren sich fast drei Viertel der industriellen Wertschöpfung des Landes.

In diesem Zusammenhang ist auch die Förderung der Energiegewinnung im Investitionsprogramm der Türkei zu sehen: Die gewaltigen Stauwerkanlagen des Südost-Anatolien-Projektes (GAP) an Fırat (Euphrat) und Dicle (Tigris) sollen bis zur Jahrtausendwende jährlich 26 Mrd. kWh elektrischen Strom liefern; zudem will man bisher unerschlossene Kohlelager (Braunkohle) und Erdölreserven gezielt ausbeuten.

Gewerbe

Die nachgeordnete Stellung des produzierenden Gewerbes wurde erstmals unter Adnan Menderes in den fünfziger Jahren, dann vor allem nach 1980 unter Turgut Özal deutlich gestärkt und privates Unternehmertum gefördert, wobei der Güterverarbeitung ein Hauptanteil zukam.

Handwerk

In der Türkei lebt das Handwerk trotz der seit dem 19. Jh. wirksamen Konkurrenz ausländischer Massenprodukte deutlich fort. Bevorzugte Zweige sind das der Kupferschmiede, der Töpfer und des Teppichknüpfens, das allerdings zunehmend über Großknüpfereien in Form von Genossenschaften industriell betrieben wird und kaum noch Pflanzenfarben verwendet.

Außenhandel

Seit einigen Jahren subventioniert der Staat verstärkt türkische Exporteure, um die Türkei auf dem Weltmarkt konkurrenzfähig zu machen. Zum Export gelangen an erster Stelle Kleidung und andere Textilien (ca. 24%), gefolgt von Maschinen und Fahrzeugen (19%) sowie Agrarprodukte und Lebensmittel (17%). Der Außenhandel weist eine deutliche Negativbilanz auf: Der Wert der Einfuhren lag 1999 mit 40 Mrd. US-$ um knapp 14 Mrd. US-$ über denen der Ausfuhren. An dem seit langem defizitären Außenhandelsvolumen haben die EU-Länder (allen voran Deutschland) den Löwenanteil.

Eingeführt werden vorrangig Investitionsgüter, vor allem Maschinen und Fahrzeuge (38%), chemische Erzeugnisse (15%) und Brennstoffe (Mineralöle u. ä., 13%), gefolgt von Manufakturwaren und Rohstoffen.

Verkehr

Investitionen

Um die gesteckten Ziele der Wirtschaftsentwicklung realisierbar zu machen, fließt rund ein Drittel aller öffentlichen Investitionen in die Verbesserung des Verkehrssektors (Ausbau der Straßen auch im Osten, Modernisierung und Ausweitung des Eisenbahnwesens). Eine besondere Rolle spielt dabei der wachsende Ausländertourismus.

Eisenbahn

Die sehr weitmaschig geknüpften Eisenbahnlinien spielen im Personenverkehr noch kaum eine Rolle, wenngleich die begonnene Modernisierung der Trassenführung zwischen İstanbul und Ankara auf eine zukünftig andere Entwicklung hinweist. Für Massengüter, etwa im Bergbau, ist die Eisenbahn allerdings wichtig. Bereits in der zweiten Hälfte des 19. Jh.s wurden, basierend auf europäischen Interessen an Rohstofftransporten zu den Ägäishäfen, einige Eisenbahnstrecken in den westanatolischen Grabensenken angelegt. Gegen Ende des 19. Jh.s begann man mit dem Bau der wichtigen Eisenbahnfernlinie von Haydarpaşa (İstanbul) über Eskişehir, Kütahya, Afyon nach Konya in Inneranatolien, deren Fortsetzung durch die Kilikische Pforte im östlichen Mitteltaurus über die Çukurova bis Aleppo (Syrien) und Bagdad (Irak) ihr die Bezeichnung 'Bagdadbahn' einbrachte. Sie bildete den Grundstock für den folgenden Ausbau der Eisenbahnstrecken auf der gesamten kleinasiatischen Halbinsel bis zur Grenze nach Iran, Armenien und Georgien sowie zum Schwarzen Meer.

Verkehr, Eisenbahn (Fortsetzung)

Etwas engmaschiger ist das Eisenbahnnetz lediglich in Westanatolien, wo eine Nord-Süd-Bahn vom Marmarameer (Bandırma) bis zum Tal des Büyük Menderes (Mäander) die fruchtbaren Grabensenken verbindet und wo drei West-Ost-Strecken zur Bagdadbahn führen. Vom großen Knoten an der Bagdadbahn, Eskişehir, zieht die heute noch einzige bis an die Ostgrenze durchgehende Längsbahn über Ankara, die sich östlich Sivas bei Çetinkaya verzweigt zu einer Nordroute über Kars nach Georgien sowie einer weiteren über Malatya und den Van-See nach Persien (Iran). Ein dritter Zweig über Diyarbakır endet in Siirt. Das trockene Inneranatolien wird durch die Bagdadbahn im Westen und Süden sowie durch eine Ringstrecke nördlich und östlich umschlossen, die sich bei Ulukışla kurz vor den Kilikischen Pässen wieder vereinigen. Zwei wichtige Querstrecken führen von der großen Längsstrecke nordwärts zur Schwarzmeerküste: von Ankara in das Kohlerevier von Zonguldak und von Sivas nach Samsun. Das insgesamt 8430 km lange Eisenbahnstreckennetz untersteht seit 1947 ausschließlich staatlicher Verwaltung.

Die Verkehrserschließung Anatoliens beruht in erster Linie auf seinem stetig wachsenden Netz befestigter Straßen, durch die mittlerweile auch zahlreiche Dorfschaften verkehrsmäßig angebunden werden konnten. Der Hauptverkehr, vor allem die Personenbeförderung, aber auch große Teile des Gütertransportes, rollt auf einem in weiterem Ausbau befindlichen Netz inzwischen zumeist guter Fernstraßen.

Straßen

Das ursprünglich fast ausschließlich auf İstanbul ausgerichtete Straßennetz erfuhr seit 1950 einen bedeutenden, vielfach mit Verbreiterungen, Begradigungen und technischen Verbesserungen verbundenen Ausbau: von 18 335 km (1923) auf 392 400 km (1999). Davon haben 95 600 km eine feste Bitumendecke. Dazu kommen noch 1300 km Erdstraßen, die man nur bei trockener Witterung und weitere 1400 km sog. Traktorstraßen, die man mit gängigen Automobilen nicht befahren kann. Um die Verkehrsengpässe auf den Hauptverbindungsstrecken und in den südlichen Touristikregionen zu beseitigen, wurde in den letzten Jahren die Autobahn zwischen Edirne, İstanbul und Ankara fertiggestellt. Eine weitere Autobahnverbindung besteht zwischen Çeşme, İzmir und Aydın. Geplant ist eine autobahnliche Schnellstraße zwischen Antalya nach Alanya, deren erstes Teilstück bei Belek fertiggestellt wurde.

Die Zahl der Kraftfahrzeuge ist seit 1950 von 26 457 auf 2,25 Mio. angestiegen (davon ca. 55% Pkw, 20% Lkw und 7% Autobusse). Entsprechend angewachsen ist die Anzahl der Verkehrsunfälle von etwa 40 000 im Jahre 1981 auf nunmehr über 100 000. Im letzten Jahrzehnt gab es 80 000 Verkehrstote und über 1 Mio. Verletzte. Dennoch bleibt die Türkei mit ihrem Kraftfahrzeughestand, gemessen an der Größe des Raumes und der Bevölkerungszahl, noch weit unter dem europäischen Durchschnitt zurück.

Kraftfahrzeuge und Unfälle

Auch die für den zunehmenden Export und die Verbindungen über das Mittelmeer und das Schwarze Meer wichtige Schiffahrt hat ein deutliches Wachstum zu verzeichnen: Die Bruttotonnage der rund 3800 türkischen Wasserfahrzeuge stieg von 216 458 BRT (1923) auf heute 6 Mio. BRT.

Schiffahrt

Der innertürkische Flugverkehr wird im wesentlichen von dem staatlichen Luftfahrtunternehmen 'Türk Hava Yolları' (THY · Turkish Airlines) betrieben. Abgesehen von den Flugplätzen bei den meisten Provinzzentren bestehen große Flughäfen bei İstanbul (Yeşilköy), Ankara (Esenboğa), Adana und

Luftverkehr

İzmir (Adnan Menderes), die besondere Bedeutung für den internationalen Luftverkehr zwischen Europa und dem Mittleren Osten haben. In jüngerer Zeit hinzugekommen sind die Flughäfen von Dalaman (Muğla), Antalya und Bodrum zur Bedienung der wichtigen Fremdenverkehrsgebiete an der türkischen Südküste. Erst im Herbst 2000 wurde der neue Flughafen Sabiha International Airport auf der asiatischen Seite von İstanbul eröffnet. Der Atatürk Airport in Yeşilköy (europäische Seite) soll in Zukunft für Inlandflüge genutzt werden.

Tourismus

Besucher aus
dem Ausland

Die Zahl ausländischer Touristen ist in den 90er Jahren des letzten Jahrhunderts sprunghaft angestiegen und erreichte 1997 einen bis heute nicht überschrittenen Besucherrekord von 10 Mio. Gäste, davon 2,3 Mio. Deutsche. Einen vorübergehend spürbaren Rückgang verzeichnete der Tourismus durch die Auswirkungen des Golfkriegs (1991) und wiederholte Anschläge der kurdischen Arbeiterpartei PKK 1993 und 1994 in Touristenzentren. Die schwerste Krise erlebte die türkische Tourismuswirtschaft jedoch 1999 nach der spektakulären Verhaftung des PKK-Anführers Abdullah Öcalan mit einem Rückgang von etwa 30%. Damals drohte die PKK mit Bombenanschlägen in den Ferienorten der Südküste. Die schweren Erdbeben im Nordosten der Türkei verschärften die Rezession der türkischen Wirtschaft zusätzlich. Ein verstärktes Polizeiaufgebot, die Aussetzung des Todesurteils von Öcalan und eine große Werbekampagne im Ausland sorgten 2000 wieder für steigende Besucherzahlen (6,7 Mio., davon 15% aus Deutschland).

Die Bettenkapazität beträgt zur Zeit etwa 700000, bis zum Jahr 2005 soll sie auf mehr als 1 Mio. Betten ausgeweitet werden. Neben dem Badeurlaub und Kulturreisen sollen zunehmend auch Kuren in Thermalbädern und Langzeitaufenthalte im Winter gefördert werden, ferner Reisen an die Schwarzmeerküste, Reisen aus religiösen Motiven, Sportreisen (u.a. Golf) und die Blauen Reisen entlang der türkischen Riviera.

Innertürkischer
Fremdenverkehr

Man darf nicht übersehen, daß die Hauptmasse der Urlauber in der Türkei (zusätzlich) aus dem Lande selbst kommt. Das gilt sowohl für die traditionellen Sommerfrischen in den Bergregionen ('yayla') als auch inzwischen immer stärker für weite Küstenstriche des Schwarzen Meeres, der Ägäis und des Mittelmeeres ('plaj').

Umweltbelastung

Bedenklich ist in diesem Zusammenhang die auffällige Verbauung langer Küstenabschnitte und die zunehmende Umweltbelastung durch krasse Entsorgungsmängel bzw. fehlendes Problembewußtsein einheimischer Investoren.

Wintersport

Ein neuer Trend im türkischen Tourismus ist der verstärkte Ausbau von Wintersportzentren in den bevorzugten Bergregionen bei Bursa (Uludağ), Erzurum (Palandöken Dağları), Van (Sarıkamış), Antalya (Saklıkent) und Bolu (Kartalkaya).

Geschichte

Chronologie

Kleinasien ist bereits in der Steinzeit besiedelt. Die ersten Zeugnisse von geschlossenen Wohnsiedlungen stammen aus der Jungsteinzeit (4./3. Jt. v.Chr.); Fürsten residieren in kleinen, gut befestigten Zentren. Beeinflußt wird diese noch schriftlose Kultur von den Sumerern.
Vor- und Frühgeschichte

Die indogermanischen Hethiter dringen in mehreren Wellen nach Anatolien ein und können sich in der Folgezeit gegenüber der einheimischen Bevölkerung durchsetzen.
seit 2000 v.Chr.

Labarna – sein Name wird zum Titel der nachmaligen Hethiterkönige – gründet das sogenannte Alte Hethiterreich (Hatti-Reich). Unter seinen Nachfolgern wird das ursprüngliche Herrschaftsgebiet um die Hauptstadt Hattusa (Hattuşaş; ca. 200 km östlich vom heutigen Ankara) erheblich ausgedehnt.
ca. 1650 bis ca. 1460

Nach einer Periode der Schwäche glückt einer neuen Dynastie in Hattusa der Aufstieg: Es entsteht das Neue Hethiterreich, dessen bedeutendster Herrscher, Suppiluliuma I. (1380–1346), den Staat reorganisiert und die Grenzen des Reichs weit vorschiebt.
Mit dem ausgehenden 13. Jh. zerfällt die hethitische Macht allmählich. Das Ende bringt der Ansturm aus Thrakien einbrechender Heerscharen. Diesem 'Seevölker-Sturm' fällt auch Troia VI (das der in der Ilias beschriebenen Phase entspricht) zum Opfer.
ca. 1460 bis ca. 1200

Im Zuge der Großen oder Ägäischen Wanderung wird die Westküste Kleinasiens von den griechischen Stämmen der Ionier, Äolier und Dorer besiedelt. Die weitere Entwicklung der Griechenstädte in Kleinasien verläuft im wesentlichen parallel zu der des Mutterlandes, so haben sie auch entscheidenden Anteil an der griechischen Kolonisation (ab 700). Allein Milet, das sich zur politisch und kulturell führenden Stadt an der Westküste Kleinasiens entwickelt, gilt als die Mutterstadt für über 90 griechische Kolonien an den Küsten des Schwarzen Meeres.
ca. 1200 bis ca. 1000

Den indogermanischen Phrygern gelingt es, die kleineren politischen Machtgebilde in Zentralanatolien zu einem großen Reich (Hauptstadt Gordion) zusammenzufassen. Unter dem wegen seines legendären Goldreichtums bekannten König Midas unterliegt das Reich schließlich den vordringenden Kimmeriern.
ca. 800 bis ca. 680

Nach der Vertreibung der Kimmerier tritt das Reich der Lyder an die Stelle Phrygiens als Großmacht in Kleinasien. Auch die griechischen Städte an der Westküste unterstehen außer Milet der lydischen Herrschaft.
Die Lyder waren vermutlich die ersten, die für Zahlungen verwendete Metallstücke zu Münzen geprägt haben (7. Jh.)
ca. 680–546

Ein Präventivschlag des Lyderkönigs Kroisos gegen die Perser mißlingt. Das Lyderreich und bald auch Kleinasien mitsamt den griechischen Städten an der Westküste werden dem Perserreich einverleibt.
546

Der Aufstand der ionischen Städte an der Westküste Kleinasiens unter Führung der Milesier ist der Auftakt zu den Perserkriegen (bis 478). Nach langen Kämpfen schlagen die Perser die Erhebung nieder und zerstören Milet.
500–494

Geschichte

334–323	Das Gefüge des persischen Weltreiches hat sich allmählich gelockert, die Satrapen (Provinzstatthalter) und die unterworfenen Völker werden immer selbständiger. So kann Alexander d. Gr. Kleinasien in raschem Siegeszug unterwerfen.
323–281	Nach dem Tod Alexanders d. Gr. wird die kleinasiatische Halbinsel Streitobjekt in den Kämpfen der Diadochen (= Nachfolger).
281–263	Den Seleukiden gelingt es, nachdem sich keiner der Diadochen langfristig behaupten konnte, sich der Herrschaft über fast ganz Kleinasien zu bemächtigen. Die Küstenstädte im Südwesten und Süden fallen zwar zunächst auch an die Seleukiden, geraten dann aber unter ägyptischen Einfluß. Begünstigt durch eine lockere Verwaltung, kommt es im Laufe des 3. Jh.s zur Gründung mehrerer unabhängiger Fürstentümer (u. a. Pontos, Bithynien an der Nordküste Kleinasiens).
263–133	Im westlichen Teil Kleinasiens wird das Reich von Pergamon zu einer entscheidenden Macht. Im Kampf gegen die Seleukiden verbünden sich die Herrscher von Pergamon mit Rom. Der letzte König vermacht sein Reich testamentarisch den Römern.
129 v. Chr.	Die Römer erklären den Westteil Kleinasiens unter dem Namen 'Asia' zur römischen Provinz.
63 v. Chr.	Der römische Feldherr Pompeius nimmt eine Neuordnung Kleinasiens vor: Dem Kranz römischer Provinzen, der sich fast an der ganzen kleinasiatischen Küste entlangzieht, werden 'Klientelstaaten' vorgelagert. Unter der römischen Herrschaft erfährt der Westen Kleinasiens eine Zeit des kulturellen und wirtschaftlichen Aufschwungs.
seit 47 n. Chr.	Paulus beginnt mit der Christianisierung Kleinasiens.
um 250 n. Chr.	Das politische Schwergewicht verlagert sich in den folgenden Jahrzehnten zunehmend in den Nordwesten des Landes: Kaiser Diokletian (284–305) residiert nach der Verwaltungsteilung des Römischen Reiches in eine östliche und westliche Hälfte vornehmlich in Nikomedeia (heute İzmit).
330	Konstantin d. Gr. (324–337) macht Byzantium (Byzanz) nach Umbenennung in Konstantinopel (heute İstanbul) zur Reichshauptstadt.
394/395	Nach der Teilung des Römischen Reiches durch Theodosius d. Gr. wird Kleinasien Kernland des Oströmischen (Byzantinischen) Reiches. Die Staatsgrundlagen sind römisches Recht und Verwaltung, griechische Kultur und Sprache sowie der christliche Glaube.
1025	Beim Tode des Kaisers Basileios II. (976–1025) ist Byzanz auf dem Höhepunkt seiner Macht. Danach führen Zwistigkeiten zwischen der Beamten- und Militäraristokratie zu einer Abnahme der Steuer- und Wehrkraft von Byzanz.
1071	Eine entscheidende Niederlage wird dem byzantinischen Heer in der Schlacht von Mantzikert durch den türkischen Stamm der Rum-Seldschuken zugefügt. Sie bemächtigen sich nun großer Teile Zentralanatoliens und stoßen sogar bis zum Mittelmeer vor.
1203/1204	Zu einer Katastrophe für das Byzantinische Reich wird der Vierte Kreuzzug. Die Kreuzfahrer erobern Konstantinopel und errichten das Lateinische Kaiserreich, das Nordwestkleinasien umfaßt. Erst 1261 bringt Byzanz das Gebiet wieder unter seine Kontrolle.
1453	Seit dem Ende des 13. Jh.s entwickelt sich die Expansion der Osmanen zur entscheidenden außenpolitischen Bedrohung. Mit der Eroberung Kon-

stantinopels (29. Mai 1453) setzen sie der Herrschaft des Byzantinischen Reiches ein Ende. Konstantinopel wird in İstanbul umbenannt, das nun die Hauptstadt des Osmanischen Reiches und geistiger Mittelpunkt des Islam wird.

1453
(Fortsetzung)

Während der Regierungszeit Süleymans II. (des Prächtigen) befindet sich das Osmanenreich auf dem Höhepunkt seiner Macht. Zu dem Herrschaftsgebiet gehört nicht nur die gesamte kleinasiatische Halbinsel, sondern auch das Zweistromland um Euphrat und Tigris, Syrien, Ägypten und die Staaten Nordafrikas bis Marokko (1580). Im Norden liegen die Eckpfeiler der osmanischen Macht in Ungarn und Siebenbürgen (Vasallenstaat), auf weite Gebiete an der Nordküste des Schwarzen Meeres kann direkt oder indirekt Einfluß genommen werden. Im Osten reicht die Machtsphäre bis zum Kaspischen Meer.

1520–1566

Nach dem Fehlschlag der zweiten Belagerung Wiens (erste Belagerung 1529) leitet sich der endgültige Machtumschwung ein; große Teile des Osmanischen Reiches müssen in der Folgezeit aufgegeben werden. Parallel zum außenpolitischen Machtverlust zeichnet sich auch ein innerer Zerfall ab: Die Sultane verzichten immer mehr auf die tatsächliche Leitung der Regierungsgeschäfte und auf die aktive Teilnahme an Feldzügen, stattdessen werden die örtlichen Machthaber in den Provinzen zunehmend mächtiger.

1683

Das Osmanische Reich wird mehr und mehr von den westeuropäischen Großmächten abhängig, die ihm in steigendem Maße Schutz vor Rußland (Russisch-Türkische Kriege) bieten. Die politische Annäherung wirkt sich auch auf die innenpolitische Situation aus: Heeresreform unter Mitwirkung preußischer Offiziere und Reformen in der Verwaltung und Gesetzgebung; wachsender Einfluß der europäischen Kultur.

seit 1800

Der zwischen dem Osmanischen Reich, Großbritannien, Frankreich, Rußland, Österreich und Preußen geschlossene Dardanellenvertrag verbietet allen nichttürkischen Kriegsschiffen die Durchfahrt durch diese Meerenge.

1841

Im Pariser Frieden, der den Krimkrieg (1853–1856) beendet, erhält das Osmanische Reich seine Unabhängigkeit verbürgt. Gleichzeitig verstärkt sich jedoch die finanzielle Abhängigkeit von den westeuropäischen Mächten.

1856

Eine neue Verfassung (bereits ein Jahr später wieder außer Kraft gesetzt) sieht die Gleichstellung der Religionen und Nationen innerhalb des Osmanischen Reiches vor.

1876

Das Osmanische Reich muß die Vorherrschaft über Zypern an Großbritannien abtreten.

1878

Die 'Jungtürkische Bewegung', eine oppositionelle Gruppe, die sich gegen die Willkürherrschaft des Sultans und gegen ausländische Bevormundung richtet, erzwingt die Wiederherstellung der Verfassung von 1876.

1908

Das Osmanische Reich tritt an der Seite der Mittelmächte in den Ersten Weltkrieg ein und kann sich in der Anfangsphase erfolgreich behaupten: 1915/1916 wird eine alliierte Besetzung der Dardanellen verhindert. Erst das letzte Kriegsjahr bringt die entscheidende Niederlage und zwingt schließlich zur Kapitulation.
Der Waffenstillstand von Mudros (30. Oktober 1918) bedeutet praktisch das Ende des Osmanischen Reiches.

1914–1918

Mustafa Kemal Paşa (geb. 1881 in Saloniki · Selânik; gest. 1938 in İstanbul) gelingt es, den nationalen Widerstand gegen die alliierte Kontrolle weiter Teile des Landes zu organisieren.

1919

Geschichte

1920   Eine in Ankara zusammengetretene große Nationalversammlung erkennt die Regierung des Sultans nicht mehr an und setzt eine neue Regierung unter Mustafa Kemal Paşa ein.

1920–1922   Im Griechisch-Türkischen Krieg besetzen die Griechen schnell große Teile Westanatoliens, müssen dann jedoch den türkischen Truppen weichen. Die Evakuierung von Smyrna (türkisch İzmir; September 1922) beendet 3000 Jahre griechischer Besiedlung an der Westküste Kleinasiens.

1922   Am 1. November erklärt Mustafa Kemal Paşa die Abschaffung des Sultanates.

1923   Im Friedensvertrag von Lausanne (24. Juli) erkennen die Alliierten die Souveränität der Türkei an, die jedoch auf die nichttürkischen Teile des einstigen Osmanischen Reiches verzichten muß. Am 29. Oktober wird die Republik Türkei ausgerufen, deren erster Präsident Mustafa Kemal wird (1934 erhält er den Beinamen 'Atatürk' = Vater der Türken). Er kann in den folgenden Jahren ein umfassendes Reformwerk ('Kemalismus') durchsetzen: Ausschaltung des islamischen Rechts, Abschaffung der Vielehe, politische Gleichstellung der Frau, Einführung der lateinischen Schrift, moderne Arbeits- und Sozialgesetzgebung und vieles andere mehr.
Die Hauptstadt der Republik Türkei wird Ankara.

1938   İsmet İnönü tritt die Nachfolge des verstorbenen Staatspräsidenten Kemal Atatürk an. Während seiner Regierungszeit setzt eine stärkere Demokratisierung ein.

1939–1945   Im Zweiten Weltkrieg bleibt die Türkei zunächst neutral, nähert sich aber allmählich den Alliierten an und erklärt dem Deutschen Reich noch am 23. Februar 1945 den Krieg.

1947   Ein US-Hilfsabkommen (Waffenkredite) fördert den weiteren Anschluß der Türkei an das westliche Bündnissystem.

1950   Celal Bayar, der Führer der bei den Wahlen siegreichen Demokratischen Partei, wird neuer Staatspräsident, Adnan Menderes Ministerpräsident.

1952   Die Türkei tritt dem Nordatlantischen Verteidigungsbündnis (NATO) bei.

1960   Als Reaktion auf die von Menderes erlassenen antidemokratischen Maßnahmen (Einführung der Pressezensur u. a.) kommt es zu heftigen Studentenunruhen, die schließlich zu einer Militärrevolte unter General Cemal Gürsel führen. Gürsel übernimmt die Staats- und Regierungsführung. Bayar, Menderes und andere Politiker werden verhaftet und einige von ihnen hingerichtet.

     Zypern wird am 16. August von Großbritannien in die Unabhängigkeit entlassen. Da der türkisch-zypriotischen Minderheit lediglich in kultureller und religiöser Hinsicht Autonomierechte gewährt werden, kommt es in der Folge immer wieder zu bürgerkriegsähnlichen Kämpfen dieser Minderheit mit den griechischen Zyprioten.

1961   Verabschiedung einer neuen Verfassung, welche die Grundrechte des einzelnen garantiert und weitgehende Reformen im Erziehungs- und Sozialbereich vorsieht.

1965   Nach dem Sieg der Gerechtigkeitspartei bei den Parlamentswahlen wird Süleyman Demirel neuer Ministerpräsident.

1966   Am 28. März übernimmt Cevdet Sunay anstelle des schwerkranken Cemal Gürsel das Amt des Staatspräsidenten. Wachsende Radikalisierung des politischen Lebens.

Die Staatspräsidentenwahlen bringen eine Mehrheit für Admiral Faruh 1973
Korutürk. Aufhebung des Kriegsrechts von 1971. Am 30. Oktober wird die
erste Brücke über den Bosporus dem Verkehr übergeben.

Bei den Parlamentswahlen im Oktober erreicht die Republikanische Volks- 1974
partei die relative Mehrheit. Ihr Führer Bülent Ecevit bildet mit der isla-
misch-konservativen Nationalen Heilspartei eine Regierung.
Vom griechischen Militärregime unterstützt, unternimmt die Nationalgarde
auf Zypern einen Putsch gegen Präsident Makarios. Mit der Entsendung
türkischer Truppen durch Ministerpräsident Ecevit bricht der Putsch
zusammen; dennoch besetzen die türkischen Truppen den nördlichen Teil
der Insel (nach Waffenstillstandsverhandlungen 'Attila-Linie' als Grenze
zum südlichen Inselteil im August vereinbart). Wegen der Auseinandersetzungen um Zypern ist Ecevit im September zum Rücktritt gezwungen.

Die Regierungskrise wird durch die Bildung einer rechtsgerichteten Koali- 1975
tionsregierung unter Ministerpräsident Süleyman Demirel beendet.
Verhandlungen über den Ägäis-Festlandsockel zwischen Griechenland 1976
und Türkei in der schweizerischen Hauptstadt Bern.

Bülent Ecevit wird 1978 erneut Ministerpräsident (5. Januar), Evren neuer 1978
Chef des Generalstabes. Der Terror rechts- und linksextremistischer Gruppen nimmt zu (blutige Unruhen in Kahramanmaraş), die Regierung verhängt über zahlreiche Provinzen das Kriegsrecht.

Verlängerung des Kriegsrechtes wegen fortgesetzter Unruhen. Nachfolger 1979
des zurückgetretenen Ministerpräsidenten Ecevit wird Süleyman Demirel
(Oktober).
Papst Johannes Paul II. trifft als erstes Oberhaupt der römisch-katholischen Kirche zu einem offiziellen Besuch in der Türkei ein. Er besucht
Ankara, İstanbul und Ephesus (Selçuk); es kommt zu Gesprächen mit dem
orthodoxen Patriarchen von Konstantinopel über die Wiederannäherung
der seit 1054 getrennten Kirchen.

Erneute Terrorakte und Verlängerung des Kriegsrechtes (2300 Tote seit 1980
1979). Das Militär übernimmt am 12. September in einem unblutigen
Staatsstreich unter Generalstabsschef Evren die Macht. Das Parlament
wird aufgelöst und als oberstes Organ der Nationale Sicherheitsrat eingesetzt. An seine Spitze tritt General Evren. Eine neue Regierung wird unter
Ministerpräsident Bülent Ulüsü gebildet. Sie verhängt über die seinerzeit
67 Provinzen des Landes das Kriegsrecht, verbietet die Tätigkeit der Parteien und Gewerkschaften, schränkt die Pressefreiheit ein und läßt zahlreiche Politiker verhaften.
Amnesty International wirft der Militärjunta vor, daß sie im Kampf gegen
links- und rechtsgerichtete Terroraktionen Folterpraktiken in den Gefäng-
nissen zulasse. Kenan Evren wird Staatspräsident.
Am 16. Oktober erfolgt die Auflösung aller politischen Parteien. 1981

In einer Volksabstimmung stimmt die überwältigende Mehrheit der Türken 1982
einem neuen Verfassungsentwurf zu. Mit der Annahme des Entwurfes ist
die Wahl General Evrens für sieben Jahre zum Staatspräsidenten verbunden. Zwar garantiert die Verfassung die wichtigsten Grundrechte, doch
haben sich die Militärs einen großen Einfluß auf die Politik vorbehalten.

Unter bestimmten Voraussetzungen können vom 16. Mai an wieder poli- 1983
tische Parteien gegründet werden (neues Parteien- und Wahlgesetz).
Die Parlamentswahlen bringen der 'Mutterlandspartei' (ANAP) einen Wahl-
sieg, neuer Ministerpräsident wird der Technokrat Turgut Özal.
Am 15. November proklamiert das Parlament des türkischen Teils von
Zypern die dann nur von der Türkei anerkannte 'Unabhängige Türkische
Republik Nordzypern' ('Präsident' wird Rauf Raşit Denktaş), was der UN-
Sicherheitsrat jedoch nicht als rechtsgültig betrachtet.

1985	Zum beherrschenden Thema zwischen der Bundesrepublik Deutschland und der Türkei entwickelt sich die 'Freizügigkeitsfrage': Ein 1963 zwischen der Türkei und der Europäischen Wirtschaftsgemeinschaft (heute EU) geschlossenes Assoziierungsabkommen sieht vor, daß ab 1. Dezember 1986 Türken in allen EG-Ländern arbeiten dürfen.
1987	In der Auseinandersetzung mit Griechenland um die Nutzung der Ägäis ('Schelfkonflikt') verzichtet die Türkei vorerst auf die geplante Erdölprospektion in internationalen Gewässern des Festlandsockels im Bereich griechischer Inseln. Am 14. April beantragt die Republik Türkei offiziell ihre Aufnahme in die Europäische Gemeinschaft (EG) als dreizehntes Mitglied. Infolge einer umstrittenen Wahlrechtsänderung gewinnt die 'Mutterlandspartei' (ANAP) erneut die Parlamentswahlen; Özal bleibt Ministerpräsident.
1989	Ausweisung von über 200 000 Türken aus Bulgarien (Juli). Im Oktober werden Turgut Özal zum Staatspräsidenten und Yıldırım Akbulut zum Ministerpräsidenten gewählt. Die EG-Kommission lehnt Beitrittsverhandlungen mit der Türkei ab.
1990	Der Atatürk-Staudamm am Fırat (Euphrat) als Kernstück des Südost-Anatolien-Projekts (GAP) ist fertiggestellt (August). Das türkische Parlament erlaubt der Regierung Truppeneinsatz in der Golfkrise. Auf dem Pariser Sondergipfel der Konferenz über Sicherheit und Zusammenarbeit in Europa (KSZE) unterzeichnet die Türkei die 'Charta von Paris für ein neues Europa', in der sich die Staaten zur Demokratie und Rechtsstaatlichkeit sowie zur Achtung der Menschenrechte verpflichten.
1991	Die Türkei vertieft ihre Beziehungen zu den Nachfolgestaaten der ehemaligen Sowjetunion und zum Iran. Im Zusammenhang mit der Kurdenverfolgung im Irak während des Golfkrieges und danach fliehen über 200 000 Kurden in die Türkei. Aus den Parlamentswahlen am 20. Oktober geht die konservative 'Partei des Rechten Weges' (DYP) mit 27% der abgegebenen Stimmen als Sieger hervor. Neuer Chef einer Koalitionsregierung wird Süleyman Demirel.
1992	Am 2. Februar wird in İstanbul ein von Staatspräsident Özal initiiertes Abkommen zur wirtschaftlichen Zusammenarbeit der Schwarzmeeranliegerländer paraphiert und am 25. Juni von elf Staaten unterzeichnet. Nach unablässigen Überfällen kurdischer Kämpfer auf türkische Garnisonen und Polizeistationen greift die Luftwaffe verstärkt Kurdendörfer im türkisch-irakischen Grenzgebiet an. Ministerpräsident Demirel besucht Aserbaidschan und die zentralasiatischen Republiken der Gemeinschaft Unabhängiger Staaten (GUS). Nach der offiziellen Einweihung des Atatürk-Staudammes wird mit Syrien eine Regelung zur gemeinsamen Nutzung des Euphratwassers getroffen.
1993	Nach dem plötzlichen Tod des Staatspräsidenten Turgut Özal (17. April in Ankara) wird Süleyman Demirel zum Nachfolger für sieben Jahre gewählt. Mit der am 13. Juni zum neuen Vorsitzenden der 'Partei des Rechten Weges' (DYP) gewählten Wirtschaftswissenschaftlerin Tansu Çiller (geb. 1946) wird erstmals eine Frau Regierungschefin der Republik Türkei.
1994	Bei den Kommunalwahlen stellen die Fundamentalisten der islamistischen Wohlfahrtspartei in İstanbul und Ankara die Bürgermeister. Wiederholte Anschläge der kurdischen Arbeiterpartei PKK in Touristenzentren an der Südküste führen zum drastischen Rückgang der Besucherzahlen. Ein verstärktes Polizeiaufgebot sorgt für die Sicherheit der Gäste.
1995	Türkische Truppen rücken in den Nordirak vor, um Stützpunkte der PKK zu zerstören, ziehen sich jedoch nach einigen Wochen wieder zurück. Nachdem die amtierende Ministerpräsidentin Tansu Çiller die Vertrauens-

abstimmung verliert, kommt es zu vorgezogenen Parlamentswahlen. Sieger wird der erste islamistische Regierungschef der Türkei, Neçmettin Erbakan, mit seiner islamischen Wohlfahrtspartei (Refah Partısı).

1995
(Fortsetzung)

Seit Anfang des Jahres tritt die Zollunion zwischen der Türkei und der Europäischen Union in Kraft. Trotz US-Embargo trifft Erbakan Handelsabkommen mit dem Iran und dem Irak, versichert jedoch, den West-Kurs der Türkei nicht anzutasten.
Durch einen Verkehrsunfall im Westen der Türkei (Susurluk) wird die Verbindung von Staatsapparat, Politik und organisiertem Verbrechen enthüllt: der frühere Polizeichef von İstanbul, eine in Mafiakreisen bekannte Schönheitskönigin und ein international gesuchter Drogenhändler werden tot aus einem gepanzerten Auto geborgen. Ein Abgeordneter der Partei des Rechten Weges überlebt. Gegen Tansu Çiller werden Ermittlungen wegen Korruptionsverdacht eingeleitet.

1990

Weit über 200 Offiziere und Unteroffiziere müssen wegen Verbindungen zu islamistischen Gruppen den Dienst quittieren.
Die Schulpflicht wird von fünf auf acht Jahre verlängert, um den Zulauf zu den religiösen Bildungsstätten zu unterbinden. Kurz darauf wird Erbakan zum Rücktritt gezwungen, und die Refah-Partei wird verboten.
Die neue Regierung unter Mesut Yilmaz von der Mutterlandspartei (ANAP) verpflichtet sich gegen die Islamisten, gegen das organisierte Verbrechen und die kurdischen Separatisten vorzugehen.
Der türkische Schriftsteller Yaşar Kemal erhält den Friedenspreis des Deutschen Buchhandels in Frankfurt am Main.

1997

Ein 30jähriger Streit zwischen Umweltschützern und der Regierung geht mit dem geplanten Abriß von Hotels, Gaststätten und Läden an den Kalksinterterrassen von Pamukkale zu Ende.
Nach einem Mißtrauensvotum wegen Amtsmißbrauchs muß der Ministerpräsident Mesut Yilmaz zurücktreten. Der frühere Ministerpräsident Bülent Ecevit (Demokratische Linkspartei) bildet eine Übergangsregierung.

1998

Der seit November 1998 geflüchtete Führer der kurdischen Arbeiterpartei (PKK), Abdullah Öçalan, wird in Nairobi (Kenia) von einem türkischen Sonderkommando gefaßt. Ihm droht seither wegen Hochverrats die Todesstrafe, deren Vollstreckung jedoch auf Druck der Europäischen Union bislang ausgesetzt wurde. Bombendrohungen in den Ferienzentren führen zu einem abermaligen Einbruch der Besucherzahlen. Die PKK zieht nach 15jährigem bewaffnetem Kampf aus der Türkei ab.
Ein schweres Erdbeben der Stärke von 7,4 auf der Richterskala im Nordosten des Landes (Epizentrum in İzmit) fordert ca. 40000 Menschenleben.
Beim EU-Gipfeltreffen in Helsinki wird die Türkei zum erweiterten Kreis der EU-Beitrittskandidaten erklärt. Zur Bedingung werden die Abschaffung der Todesstrafe, Meinungsfreiheit und die Rechte der Kurden gemacht.
Ein Abkommen mit Georgien und Aserbaidschan über den Bau einer Ölpipeline vom Kaspischen Meer bis zum türkischen Mittelmeerhafen Ceyhan wird unterzeichnet. Wichtigster Geldgeber ist ein US-amerikanischer Ölkonzern.

1999

Bei Parlamentswahlen im Mai wird der Jurist Ahmet Necdet Sezer zum neuen türkischen Staatspräsidenten ernannt. Er verpflichtet sich, für die Einhaltung der Menschenrechte und die fortschreitende Demokratisierung nach westlichem Vorbild einzustehen.

2000

Herrscherliste

Byzantinische Kaiser

(Jahreszahlen = Regierungszeiten)

306– 337	Konstantin I.
337– 361	Constantius
361– 363	Julianus Apostata
363– 364	Jovianus
364– 378	Valens
378– 395	Theodosius der Große
395– 408	Arcadius
408– 450	Theodosius II.
450– 457	Marcianus
457– 474	Leo I.
474	Leo II.
474– 491	Zeno
491– 518	Anastasius I.
518– 527	Justinus I.
527– 565	Justinian I.
565– 578	Justinius II.
578– 582	Tiberius I. Konstantin
582– 602	Maurikios
602– 610	Phokas
610– 641	Heraklios I.
641	Konstantin II.
641	Herakleonas
641– 668	Konstantin III.
668– 685	Konstantin IV.
685– 695	Justinian II. (erste Amtsperiode)
695– 698	Leontinus
698– 705	Tiberius II. Aspimaros
705– 711	Justinian II. (zweite Amtsperiode)
711– 713	Philippikos Bardanes
713– 715	Anastasios II.
715– 717	Theodosius III.
717– 741	Leo III.
741– 775	Konstantin V.
775– 780	Leo IV.
780– 797	Konstantin VI.
797– 802	Irene
802– 811	Nikephoros I.
811– 813	Michael I.
813– 820	Leo V.
820– 829	Michael II.
829– 842	Theophilos
842– 867	Michael III.
867– 886	Basileios I.
886– 912	Leo VI.
912– 913	Alexander
913– 959	Konstantin VII. Porphyrogenetos (919–944 war Romanos I. Lakapenos Mitregent)
959– 963	Romanos II.
963– 969	Nikephoros II. Phokas
969– 976	Johannes I. Tsimiskes
976–1025	Basileios II.
1025–1028	Konstantin VIII.
1028–1034	Romanos III. Argyros
1034–1041	Michael IV.
1041–1042	Michael V.
1042	Theodora und Zoë
1042–1055	Konstantin IX.
1055–1056	Theodora (zweite Amtsperiode)
1056–1057	Michael VI.
1057–1059	Isaak I. Komnenos
1059–1067	Konstantin X. Dukas
1067	Eudokia Dukaina
1068–1071	Romanos IV. Diogenes
1071–1078	Michael VII. Dukas
1078–1081	Nikephoros III. Botaniates
1081–1118	Alexios I. Komnenos
1118–1143	Johannes II. Komnenos
1143–1180	Manuel I. Komnenos
1180–1183	Alexios II. Komnenos
1183–1185	Andronikos I. Komnenos
1185–1195	Isaak II. Angelos (erste Amtsperiode)
1195–1203	Alexios III. Angelos
1203–1204	Isaak II. Angelos (zweite Amtsperiode; Mitregent: Alexios IV. Angelos)
1204	Alexios V. Dukas
1204–1222	Theodor I. Laskaris (regierte in Nizäa)
1222–1254	Johannes III. Dukas Vatatzes (regierte in Nizäa)
1254–1258	Theodor II. Laskaris (regierte in Nizäa)
1258–1261	Johannes IV. Laskaris (regierte in Nizäa)
1261–1282	Michael VIII. Palaiologos
1282–1328	Andronikos II. Palaiologos
1328–1341	Andronikos III. Palaiologos
1341–1391	Johannes V. Palaiologos
1347–1354	Johannes VI. Kantakuzenos (Gegenkaiser)
1376–1379	Andronikos IV. Palaiologos
1390	Johannes VII. Palaiologos
1391–1425	Manuel II. Palaiologos
1425–1448	Johannes VIII. Palaiologos
1448–1453	Konstantin XI. Dragases

Lateinische Kaiser

1204–1205	Balduin I. von Flandern
1206–1216	Heinrich von Flandern
1217	Peter von Courtenay
1217–1219	Jolanthe
1221–1228	Robert von Courtenay
1228–1261	Balduin II. (1231–1237 Johannes von Brienne)

Osmanische Sultane

(Jahreszahlen = Regierungszeiten)

1290–1326	Osman I.		1623–1640	Murat IV.
1326–1359	Orchan		1640–1648	İbrahim (der Schreckliche)
1359–1389	Murat I.		1648–1687	Mehmet IV.
1389–1402	Beyazıt I.		1687–1691	Süleyman II.
1413–1421	Mehmet I.		1691–1695	Ahmet II.
1421–1451	Murat II.		1695–1703	Mustafa II.
1451–1481	Mehmet II.		1703–1730	Ahmet III.
	(Fâtih, der Eroberer)		1730–1754	Mahmut I.
1481–1512	Beyazıt II.		1754–1757	Osman III.
1512–1520	Selim I.		1757–1774	Mustafa III.
1520–1566	Süleyman I.		1774–1789	Abdülhamit I.
	(Kanuni, der Prächtige)		1789–1807	Selim III.
1566–1574	Selim II.		1807–1808	Mustafa IV.
1574–1595	Murat III.		1808–1839	Mahmut II.
1595–1603	Mehmet III.		1839–1861	Abdülmecit I.
1603–1617	Ahmet I.		1861–1876	Abdülaziz
1617–1618	Mustafa I.		1876	Murat V.
	(erste Amtsperiode)		1876–1909	Abdülhamit II.
1618–1622	Osman II.		1909–1918	Mehmet V.
1622–1623	Mustafa I.		1918–1922	Mehmet VI.
	(zweite Amtsperiode)		1922–1923	Abdülmecit II. (zuletzt Kalif)

Historische Landschaften von A bis Z   Übersichtskarte s. S. 72/73

Armenien → Reiseziele von A bis Z

Bithynien

Als Bithynien bezeichnete man in der Antike jenen Landschaftsteil des *Charakteristika* nordwestlichen Kleinasien, dessen West- und Nordgrenze Bosporus, Marmarameer und Schwarzes Meer, dessen südliche Begrenzungen die Uludağ südlich des Golfes von İzmit und die Höhen der Köroğlu Dağları bildeten und der im Osten etwa bis auf die Paßhöhen östlich von Bolu reichte. Die nordwestlichsten Partien zählen im Grunde teilweise noch zu Thrakien. Östlich und südlich davon bauen Schiefer und Kalke des Paläozoikums und der Kreide ein Berg- und Hügelland auf, das im Uludağ 2500 m ü.d.M. erreicht. Der Einfluß des niederschlagsreichen Schwarzmeerklimas begünstigt an den Nordhängen schöne Waldbestände mit Buche, Tanne, Kiefer, Eiche und Rhododendron, während die sonnigen Lagen hoch hinauf landwirtschaftlich genutzt werden. Verschiedene Teile dieser Landschaft wurden seit dem ausgehenden 19. Jh. durch politische Rücksiedler (sog. Muhacir) aus den verlorenen Provinzen des Osmanischen Reiches (häufig Balkan, Krim und Kaukasus) intensiviert. Die Region zählt mit zu den am dichtesten besiedelten Gebieten der Türkei. Zugleich sind die Senkenzonen Hauptdurchgangsachsen des Verkehrs zwischen İstanbul und Ankara, und die westlichen Teile um İzmit, Adapazarı und Bursa gehören zum industriellen Ballungsraum des türkischen Nordwestens.

Durch seine beherrschende Lage am Übergang nach Europa war das *Geschichtliches* überwiegend von Thrakern bewohnte Bithynien immer ein begehrtes und umkämpftes Gebiet. Um 550 v.Chr. kam es zum Reich der Lyder, später an Persien. Da die Waldbergländer des Nordens außerhalb der Herrschaft Alexanders d.Gr. und seiner seleukidischen Nachfolgestaaten geblieben waren, konnte unter den Seleukiden in Bithynien eine verstärkte Eigenentwicklung einsetzen. Im 2. Jh. v.Chr. erlangte es eine gewisse Eigenstaatlichkeit, damals erblühten die ehemaligen Hauptstädte Nikomedeia (İzmit) und Nicaea (İznik). Im Jahre 74 v.Chr. wurde Bithynien römische Provinz. Die um 675 v.Chr. am Bosporus an der Stelle des heutigen İstanbuler

Bithynien, Geschichtliches (Fortsetzung)	Stadtteils Kadıköy gegründete griechische Koloniestadt war zur Römerzeit Hauptstadt der Provinz Bithynien und unter Byzanz jener wichtige Erzbischofssitz, in dem 451 das vierte Ökumenische Konzil stattfand. Im 11. Jh. war die Region im Besitz der Seldschuken, seit dem 14. Jh. osmanisch. Entsprechend liegt hier auch die erste osmanische Hauptstadt, Bursa.

Galatien

Charakteristika und Geschichtliches	Die antike Landschaft Galatien mit der Hauptstadt Ancyra (Ankara) im Inneren Kleinasiens wurde in der frühen Antike zu Phrygien und Kappadokien gerechnet. Im Jahre 278 v. Chr. überschritten die Galater die Meerengen zwischen Europa und Anatolien. Dieser Bund ostkeltischer Stämme, die von Alexander d. Gr. und Lysimachos an die Donau zurückgedrängt worden waren, hatte 279 v. Chr. Makedonien überfallen, war aber an den Dardanellen empfindlich geschlagen worden. Vom bithynischen Herrscher Nikomedes zur Unterstützung seiner Politik gegen den Seleukiden Antiochos I. nach Kleinasien geholt, brachten die Reste dieser Keltenhorden einen gravierenden Einbruch in die prosperierenden Kulturen Kleinasiens. Es gelang den einheimischen Fürstentümern, die 'Barbaren' mit eigener Kraft in jenen Raum zwischen Pergamon, Bithynien, Pontus und Kappadokien abzudrängen. Antiochos I. schlug sie 275 in der berühmten 'Elefantenschlacht' von Ankara. Von hellenistischen Herrschern als Söldnertruppe eingesetzt, begannen sie ihre Raubzüge gegen kleinasiatische Städte erneut. Attalos I. von Pergamon (241–197 v. Chr.) besiegte sie zwischen 235 und 225 v. Chr. in zwei Schlachten (Monument in Pergamon) und siedelte sie zwangsweise an. Für mehr als tausend Jahre wurden die Galater heimisch im Umfeld der alten phrygischen Zentrale Ancyra. Nach ihnen benannte man diese Landschaft Galatien. M. Vulso schlug die Stämme des galatischen Bundes endgültig 189 v. Chr. Um 55 n. Chr. schrieb Apostel Paulus seinen bekannten 'Galaterbrief' über die Selbständigkeit seines Evangeliums und über die Freiheit jener von ihm zum Christentum bekehrten galatischen Heiden vom jüdischen Gesetz.

Ionien

Charakteristika und Geschichtliches	Die antike Landschaft Ionien (Ionia) umfaßt die südwestlichen Küstenlandschaften der Ägäis mit den ihr vorgelagerten Inseln, die von den Ioniern, vielleicht den ersten griechischen Einwanderern in Kleinasien, im 1. Jt. v. Chr. kolonisiert wurde und besonders in archaischer Zeit von einzigartiger kultureller Fruchtbarkeit war. Ursprünglich gehörten zu Ionien nur die Städte Ephesos, Erythrai, Klazomenai, Kolophon, Lebedos, Milet, Myus, Priene und Teos, zu denen dann noch Chios, Phokaia und Samos traten, die gemeinsam den Ionischen Bund bildeten. Sie hatten im Panionion, einem Poseidon-Heiligtum am Mykale-Gebirge, ihren religiösen Mittelpunkt. Diese Städte gelangten früh zu großem Wohlstand, da sie am Ende der Handelsstraßen aus dem Osten lagen. Durch die Berührung mit den alten Kulturen des Orients wurde hier ein vielseitiges kulturelles Leben geweckt. Hier blühten zuerst die Dichtung (Homer, um 800 v. Chr. hat wahrscheinlich in Smyrna gelebt) sowie Wissenschaft (z. B. Medizin: Hippokrates) und Geschichtsschreibung (Herodot), die Philosophie (u. a. Thales, Herakleitos von Ephesos, Pythagoras von Samos). Auch in der Bildenden Kunst und Malerei zeigte sich die künstlerische Begabung, die beschwingte Leichtigkeit und Grazie. Dem flexiblen Sinn der Ionier verdankt die griechische Architektur ihre Originalität, ihren Zauber und ihre Eleganz. Andererseits schwächten Parteienkämpfe ihre hervorragenden Demokratien und ermöglichten Tyrannen die Herrschaft. Im Ionischen Aufstand 500–494 v. Chr., bei dem Milet zerstört wurde, spielte Ionien zum letzten Mal eine eigene weltgeschichtliche Rolle. Nachdem Alexander d. Gr. Asien erobert hatte, blühten die ionischen Städte wieder auf und schufen noch hervorragende Werke (u. a. den Artemistempel von Ephesus).

Isaurien

In den Taurusbergen im Norden Pamphyliens und Kilikiens um die heutigen Kleinzentren Mut, Ermenek, Hadım, Bozkır, Seydişehir und Beyşehir lag die antike Landschaft Isaurien. Dieses Becken- und Gebirgsland um den Beyşehir-See (Kireli Gölü) und den Suğla-See (Karaviran Gölü) bildet mit den wasserreichen Becken des östlich anschließenden Pisidien die Isaurisch-pisidische Seenplatte und geht im Norden und Osten in die Lykaonische Steppentafel über. Bis zum Bau der Mäandertalbahn (nach Eğridir) und der Anatolischen Eisenbahn war dieses Land recht einsam.

Die Isaurier galten als weltfremd, roh und räuberisch. Berüchtigt und gefürchtet waren sie als Seeräuber. Marcus Antonius Polemo (er nannte sich nach seinem Gönner, dem berühmten Feldherrn), einer der Oberpriester der Tempelstadt Olba auf dem taurischen Taşili-Plateau, hatte um die Mitte des 1. Jh.s v. Chr. die wilden isaurischen Stämme im Taurus zu einem unabhängigen Königreich zusammengeschlossen. Der byzantinische Kaiser Leo I. benutzte die kriegerischen Stämme der Isaurier, um die Macht der Ostgoten zu brechen. Als er 474 starb, wurde sein Nachfolger der Isaurier Tarasikodissa, der den Namen Zenon angenommen hatte. Ehe er die Kaiserwürde empfing, hatte Zenon die Isaurier angeführt, die erst in frühbyzantinischer Zeit einigermaßen zivilisiert wurden. Unter Zenon entpuppten sich die Isaurier als ebenso staatsgefährdend, wie zuvor die Ostgoten, und sie standen auf einer Kulturstufe, die nach Ansicht der Byzantiner noch weit unter derjenigen der Germanen (Goten) anzusetzen war. Immerhin war es Zenon gewesen, der die große byzantinische Basilika über den Katakomben der hl. Thekla bei Silifke hatte errichten lassen. Zenons Nachfolger Athanasios sah sich gezwungen, die unbequemen Isaurier nach längeren Kämpfen nach Thrakien zu verpflanzen und dort anzusiedeln.

Kappadokien → Reiseziele von A bis Z

Frühchristliche Wandmalerei in einer kappadokischen Höhlenkirche bei Göreme

Antikes Theater im karischen Aphrodisias

Karien

Charakteristika
und
Geschichtliches

Die antike Küstenlandschaft Karien in Kleinasien erstreckte sich in etwa zwischen Großem Mäander (Büyük Menderes) und dem Dalaman bzw. dem Koca Çayı. Das heute eher abseits der großen Zentren gelegene Gebiet hatte in der Antike große Bedeutung wegen seiner buchten- und damit hafenreichen Küste, seiner dichten Besiedlung und der Verkehrsgunst des Mäandertals (Hafen Milet). Über seine Bewohner, die Karer, herrscht noch keine letzte Klarheit. Ihre Inschriften sind noch nicht entziffert. Ihr gemeinsames Heiligtum war der Tempel des Zeus Labrayndos (mit der Doppelaxt) in Mylasa (Milas).

Antike Schriftsteller beschreiben die Karer meist zusammen mit den Lelegern als frühe vorgriechische Seefahrer der Ägäis, die ihre Inselheimat und die Küsten der Troas unter dem Druck der Griechen verließen und nur noch in wenigen Städten (Mylasa/Milas, Alinda/Çina, Alabanda) in Stammesföderationen mit eigenständiger Kultur lebten. Im späten 7. Jh. v. Chr. standen Karien und seine Städte unter lydischer Herrschaft, im 6. Jh. v. Chr. unter Persien, bevor sie 387 v. Chr. befreit wurden und mit anderen Regionen Kleinasiens größtenteils dem Delischen Bund beitraten. Die anschließende persische Satrapendynastie und die Diadochenkämpfe, die eine begrenzte Gräzisierung auch nach Alexander für Karien gebracht hatten (Schrift, Sprache), beendete Rom 129 v. Christus. Über 200 Jahre Wohlstand brachte die römische Kaiserzeit den Kariern ab 27 v. Chr., in der sich Kariens Kultur, Schrift und Sprache (vorindogermanisch) immer noch ihre Eigenart bewahrten.

Kilikien

Charakteristika

Die alte kleinasiatische Landschaft Kilikien nimmt etwa jenen Raum ein, den schon die Assyrer als Khilakku (Westteil) und Kue (Ostteil) bezeichneten: Im Westen, wo mit bisweilen schroffen Bergschründen das schwer zugängliche, auch heute noch kaum erschlossene Taurusgebirge unmittelbar ins Meer abfällt, liegt Kilikia Tracheia (das rauhe Kilikien), im Osten breitet sich die fruchtbare Kilikische Ebene mit üppigen Baumwoll- und Getreidefeldern, Zitrus- und Bananenkulturen aus. Auch jetzt noch teilen sich grob zwei Provinzen diese landwirtschaftlich wie industriell hoch entwickelte südtürkische Küstenregion: İçel mit der Hauptstadt Mersin und Adana mit der gleichnamigen Industriemetropole inmitten der Kilikischen Ebene.

(Randspalte:) Karien, Charakteristika (Fortsetzung)

Kilikien hatte nie für wirklich lange Zeit eigenständige Herrschaften. Es war immer zu sehr Durchgangsland, lag viel zu oft im Interessenbereich benachbarter Reiche. Fraglos zählt Kilikien zu jenen Regionen, in denen Menschen seit frühester Zeit Kulturen aufbauten. Allein in der Çukurova zwischen Mersin und Toprakkale liegen 150 antike Stätten, die aus den Perioden vom Neolithikum über das Chalkolithikum und die Bronze- und Hethiterzeit bis in das klassische Altertum stammen. Die Flüsse Seyhan und Ceyhan, die bei den arabischen Geographen 'Flüsse des Paradieses' genannt werden, schufen mit ihren fruchtbaren Schwemmlandböden im Taurusvorland Lebensräume, die seit Jahrtausenden besiedelt sind.

Kilikien war wohl partiell und zeitweise Teil unabhängiger Reiche, die sich Arzawa und später Kizzuwadna (ab otwa 1650 v. Chr.) nannten: als Pufferstaat zwischen Hethitern und Mitanni. Ab 1196 gehörte es für ca. 400 Jahre zum späthethitischen Kuelireich. Seit gegen Ende des 7. Jhs. v. Chr. durch die Einfälle skytischer und kimmerischer 'Barbaren' aus Südrußland die etablierten staatlichen Ordnungen Anatoliens zerschlagen worden waren, hatten sich unter regionalen Autonomiebestrebungen bald neue politische Machtstrukturen herausgebildet, u.a. auch ein Reich Kilikien südlich des Taurus. Kilikische Könige bewahrten in Tarsus unter dem Titel Syennesis als Vasallen der Perser eine gewisse Selbständigkeit und konnten ihre Herrschaft bis nach Kappadokien und Pamphylien ausdehnen. Um 103 v. Chr. wurde Kilikien zwar insgesamt römisch, war aber zunächst vor allem im Westteil nur Schlupfwinkel gefürchteter Seeräuberbanden, die Pompeius um 66 v. Chr. aufreiben konnte, ehe er Tarsus zur Hauptstadt der römischen Provinz Kilikien machte und damit für Kilikien eine lange Blütezeit einleitete, die erst mit den Einfällen der Araber seit dem 7. Jh. beendet wurde. Im späten 11. Jh. konnte sich mit Unterstützung der Kreuzfahrer ab 1199 das armenische Königreich von Kilikien (Kleinarmenien, bis 1375) entwickeln. Die armenische Restbevölkerung konnte noch bis zu ihrer Deportation Anfang des 20. Jhs. u.a. in den Bergen des Taurus nordöstlich von Adana und Kahramanmaraş (Maraş) um Hacin verbleiben. Von den seit 1185 nach und nach aus Nordosten eingewanderten turkmenischen Stämmen konnten sich zwischen 1352 und 1378 die Ramazanoğlu-Nomaden ein autonomes Fürstentum erkämpfen, das trotz seiner Eingliederung in das Osmanenreich (1517) etwa 250 Jahre lang Bestand hatte. Vor allem die flachen und küstennahen Teile wandelten sich auf dem Hintergrund zunehmender innenpolitischer Unsicherheit (Aufstände Celâli und Saruca/Sebkan) und unter dem Einfluß dieser Viehzüchtergruppen immer mehr zu siedlungsarmen Winterweidegebieten für Nomaden und blieben dies bis zu ihrer Rekultivierung nach der zwangsweisen Nomadenansiedlung im späten 19. Jahrhundert.

(Randspalte:) Geschichtliches

Kommagene

Als eine Art Pufferstaat hatte das Gebiet Kommagene (heute Provinz Adıyaman), das Strabo als ein kleines, aber fruchtbares Land zwischen südöstlichem Taurus und dem Euphrat beschreibt, fast immer zwischen wesentlich mächtigeren Reichen gelegen. Die Kommagenen hatten es stets verstanden, zwischen den großen Blöcken die Schwächen anderer zu nutzen, durch Hoiratspolitik, durch vorsichtiges Taktieren und geschicktes Paktieren sich eine mehr oder weniger große Unabhängigkeit zu bewahren.

(Randspalte:) Charakteristika und Geschichtliches

Kommagene,
Charakteristika
und
Geschichtliches
(Fortsetzung)

Wegen des damals noch vorhandenen natürlichen Reichtums an Holz und Viehweiden galt es zur römischen Zeit als das reichste Kleinfürstentum der ariden Südostregionen. Die seit Samos I. (3. Jh. v. Chr.) kommagenische Hauptstadt Samosata (Samsat) beherrschte einen wichtigen Euphrat-Übergang. Vor diesem Hintergrund konnte sich Ptolemäus, Lokalherrscher von Kommagene, 163 v. Chr. in den Nachwirren der Diadochenkämpfe zum König eines Kleinreiches machen. Nach und nach entwickelte sich das Land zu einem unabhängigen Staatswesen, die vorübergehende Abhängigkeit von armenischen Königreich beendete 69 v. Chr. der Römer Lucullus. Pompeius ermöglichte den kommagenischen Königen ihre Eigenständigkeit bis zur Angliederung an die Provinz Syria durch Vespasian (72 n. Chr.)

Lasistan

Charakteristika
und
Geschichtliches

Östlich von Trabzon (bis jenseits von Artvin), wo die Küstenlandschaft am Schwarzen Meer noch enger und riviera-ähnlicher wird, beginnt Lasistan, die östlichste pontische Landschaft. Es ist die Heimat der Medea, der sagenhaften Stammutter der Meder, das alte Reich des Königs Aietes und des Goldenen Vlieses, das regenverhangene Kolchis der Argonautensage, ein Name, der noch bis ins frühe Mittelalter bestand. Der Küstenhauptort ist Rize. Im Hinterland ist Artvin (siehe dort) am Çoruh Nehri von Bedeutung. Die Bewohner nennen sich Lasen; sie bilden südlich und südwestlich von Batum (Georgien) auf zumeist türkischem Staatsgebiet auch heute noch eine beachtliche ethnische Minderheit. Seit dem frühen 6. Jh. waren die 'Lazoi' orthodoxe Christen, bis zum 10. Jh. geeint in einem Königreich. Nach der Eroberung durch Mehmet II. 1461 zerfiel das Land in ebensoviele Talfürstentümer als Täler vorhanden sind, und seit damals sind die Lasen ebenso fanatische sunnitische Moslems, wie sie vorher Christen waren. Die Türken nannten das Gebiet seiner Unzugänglichkeit und Unkontrollierbarkeit wegen 'Çengelistan' (Land der Widerhaken). Bis ins 19. Jh. war Lasistan eine eigene osmanische Provinz und völlig unabhängig von İstanbul. Von hier gab es bereits im 19. Jh. eine erste 'türkische Gastarbeiterbewegung' in das benachbarte Rußland.

Lydien

Charakteristika

Nicht unbegründet zählen manche Wissenschaftler den ägäisch-ionischen Küstensaum um die Hafenstadt İzmir (Smyrna) mit zum alten Lydien, ist er doch landschaftlich ähnlich strukturiert, auch historisch eng damit verwoben und lieferte z. B. für die eher 'barbarische' Architektur und Bildhauerkunst der Lyder den feinen ionischen Schliff. Hier liegen die neben der Çukurova ausgedehntesten und bevölkertsten Tiefebenen Anatoliens, die innerhalb Lydiens als Sitz früher Kultur eher als das Hinterland zu politischer und wirtschaftlicher Bedeutung gelangten. Diese Küstenlandschaft ist der am stärksten gegliederte und damit hafenreichste Teil der Türkei, und er zerfällt in viele recht individuell ausgeprägte Teillandschaften, die sich im Altertum als besonderer Bereich der zwölf ionischen Stadtrepubliken (Ionischer Städtebund) vom eigentlichen lydischen Hinterland abhoben. Im mittleren Westlydien lag die alte lydische Hauptstadt Sardes, deren Reichtum auf dem goldführenden Paktolos (Sart Çayı), dem Fernhandel und einem gut entwickelten Handwerk basierte (Malerei, Gold- und Bronzeschmuck). Der Kern von Ionien mit dem alten Zentrum Ephesus dagegen erstreckte sich zwischen unterem Gediz (Hermos) und unterem Küçük Menderes (Kaÿstros). Im östlich anschließenden, weniger dicht besiedelten Hochland kündigt sich in den weiten Getreidebau- und Weide-Hochflächen bereits die steppenhafte Natur des benachbarten Phrygiens an – unterbrochen von der Katakekaumene, dem 'verbrannten Land' der Alten, jener Landschaft junger basaltischer Schlackenkegel und Lavaströme im Umfeld von Kula.

Historisch faßbar wird Lydien erst zu Beginn des 7. Jh.s v. Chr. nach der Zerstörung des phrygischen Reiches durch die Kimmerer. Unter der Dynastie der Mermnaden entstand ein starkes, großflächiges Reich mit der Hauptstadt Sardes. Die geschichtlichen Anfänge Lydiens im 14./13. Jh. v. Chr. sind jedoch im Bereich der Legende angesiedelt. Hier soll die berühmte Atyaden-Dynastie, die man mit den in hethitischen Schriften genannten Assuwa identifiziert, geherrscht haben. Ihnen folgte nach dem Einfall der Seevölker (um 1200) die von Herakles abstammende, mythische Herrscherfamilie der Herakliden. Lydien wurde später persische Satrapie und teilte dann auch das Schicksal Kleinasiens.

Lydien (Fortsetzung) Geschichtliches

Die lydische Sprache, nur aus 65 Inschriften aus dem 6.–4. Jh. v. Chr. bekannt, zeigt deutliche Anlehnung an das Hethitische, ihr Kunsthandwerk war ebenso berühmt wie ihr sagenhafter König Kroisos (Krösus; unterlag 546 v. Chr. den Persern). Lydien gilt generell als kultureller Mittler zwischen Griechentum und vorderasiatischem Kulturkreis.

Lykaonien

Nur die wenigsten Reisenden kennen sie unter dem alten Namen Lykaonien, jene im Süden vom Kranz des Mittleren Taurus umrahmten, ausgedehnten Steppentafeln und flachen Großbecken Zentralanatoliens mit dem alten Zentrum Iconeum (Konya). Ihre zentrale Position inmitten eines Saumes von Randgebirgen macht sie zur weithin trockensten Steppenregion des Hochlandes (mit weniger als 300 mm Niederschlag im Jahr), und man meint in den Sommermonaten in diesem baumlosen Stück Erde mit seiner beeindruckenden Weite schon ein wenig die wüstenhafte Atmosphäre des arabischen Orients zu wittern. Im Frühjahr allerdings ist diese Landschaft ein einziges großes, grünes Meer, denn hier liegt eine der großen Kornkammern der Türkei. Jeder der wichtigen Paßübergänge aus Lykaonien über die begrenzenden Gebirge wird von einer gartenartigen städtischen Gebirgsrandoase beherrscht: Konya an der Route nach Pisidien und Phrygien, Niğde und Aksaray an den Wegen nach Kappadokien, Ereğli vor der Kilikischen Pforte und Karaman an der Barbarossa-Linie zum Kalykadnos.

Charakteristika und Geschichtliches

Obwohl gerade Lykaonien als die Wiege alter anatolischer Kulturen nachgewiesen werden konnte (Çatalhüyük), hat das Landstück in der Antike nie eine bedeutende Rolle gespielt. Erst unter den Seldschuken und ihren Nachfolgern, den Karamanen, konnten sich für längere Zeit bedeutende und eigenständige Reiche entfalten.

Lykien

Mit zu den vielfältigsten und gegensätzlichsten Landschaften der Türkei gehört das alte, auch kulturhistorisch extravagante Lykien, jene breite Halbinsel im äußersten Süden der südwestanatolischen Landschaft Teke, die sich in ihren Küstenpartien erst jüngst dem Fremdenverkehr geöffnet hat (heute Teile der Provinzen Antalya, Muğla, Burdur und Denizli). Das aus drei Kalkmassiven aufgebaute, plateauartig wellige, verkarstete Westlykien ist bis zur Gegenwart ein verkehrsarmer Landstrich geblieben. An seewärts gerichteten Flanken wechseln artenreiche Waldinseln, buntgemischte Obsthaine und Getreideäcker mit feuchtheißen Sumpflandschaften (trotz aller modernen Drainage).

Charakteristika

Deutlich trockener dagegen ist das 900–1200 m hohe Binnen-Weideland Lykiens. Überwiegend kahle, selten waldige Bergkränze zwingen die Verkehrswege zu einem ununterbrochenen, ermüdenden, aber abwechslungsreichen Auf und Ab. Die schroff über dem Golf von Antalya bis zu 2375 m hoch aufsteigende Gebirgsmauer der Bey Dağları füllt mit ihren von Nadelwäldern umkleideten Bergzügen, in denen sich die von den Lykern verdrängten älteren Solymer lange Zeit halten konnten (Termessos), den Osten Lykiens.

Historische Landschaften

Übersichtskarte

Lykien, Charakteristika (Fortsetzung)

Der eigentliche Kulturraum der Region ist fraglos Südlykien, ein kontrastreiches, fast mit Lasistan vergleichbares Stück Erde. Der steile Übergang von einer 3000 m hohen, kahlen Gebirgsregion über Weiden, Kiefern-, Eichen- und Wacholderwaldberge zu den von Kiefern, Myrten- und Lorbeermacchien überzogenen Kalkschroffen über den sommerlich glutvollen, küstennahen Ebenen und Tälern vollzieht sich sonst nirgendwo auf so schmalem Saum wie hier.

Geschichtliches

Unter den stark zersplitterten Bevölkerungsgruppen des alten Lykien ragten die im 6./5. Jh. v. Chr. aus Kreta eingewanderten Lyker hervor, die sich nach antiker Überlieferung selbst 'Tramilen' nannten, die die alteingesessene Bevölkerung der Pisidier und Solymer in die Berge des Hinterlandes abdrängten. Seit 540 v. Chr. war Lykien unter persischer Herrschaft, dann unter seleukidischer. Als Attischer Seebund hatten die Zentren der lykischen Kleinlandschaften im 5. Jh. eine gewisse Unabhängigkeit erlangt und machten sich als ausgezeichnete Seefahrer einen Namen durch Piraterie, die nach Beendigung des zweiten Seeräuberkrieges erlosch.

Da das Gebiet durch Bergzüge in viele verschiedene, kleine Einzellandschaften zerfällt, war es von jeher schwierig, die Bevölkerung dort staatlich straff zu einigen. Feudalwesen, Sonderinteressen und Kleinstaaterei durchziehen somit seit ältesten Zeiten die Geschichte Lykiens. Man entwickelte eine eigene Sprache und Schrift. Noch um 1000 n. Chr. wurde das Altlykische, das starke Bezüge zum indoeuropäisch-hethitischen Dialekt der Luwen hat, in einzelnen abgeschiedenen Tälern benutzt. So entwickelte sich auch eine typisch lykische, stilistisch stark ionisch-kleinasiatisch beeinflußte Kunstrichtung, die sich vor allem seit dem 6. Jh. v. Chr. in reich mit Reliefs ornamentierten monumentalen Grabbauten niederschlug.

Mesopotamien

Mesopotamien, griechisch 'Zwischenstromland', bedeutet streng genommen das Land zwischen den Strömen Euphrat und Tigris in ihren mittleren und unteren Teilen, reicht gemeinhin aber bis an die Randhöfe der begrenzenden Gebirge. Von seinem Austritt aus der Schlucht von Gerger, wo auch der wilde Durchbruch durch den Taurus endet, rechnet man den mesopotamischen Euphrat, und für den Tigris beginnt das 'Zweistromland' mit dem Eintritt in die schluchtenreichen Tafellandschaften südlich von Ergani. Als nordwestliche Fortsetzung des Persisch-Arabischen Golfes bildet Mesopotamien eine große geologische Senke zwischen der Wüstentafel Arabiens im Südwesten, dem Taurusbogen im Norden und den Zagrosketten im Nordosten. Nur der geringste, obere Teil dieser Großlandschaft zählt zur Türkei. Der gesamte Süden und die mittleren Partien liegen zumeist im Irak.

Nordmesopotamien ist das Land der steppenreichen, höheren Ebenen, die von wasserführenden Tälern zerschnitten sind. Es ist das Land verkarsteter Horstgebirge (Mardinschwelle/Tur Abdin), der Kalkplateaus (Urfa Yaylası, Gaziantep Yaylası, Oberes Tigrisbecken), der schwarzen Lavadokken (Karacadağ) und der steppenhaften Senkungsebenen (Urfa-Harran Ovası). Klimatisch ist es im Winter verblüffend kalt und nicht ohne Schnee, im Sommer dagegen unerträglich heiß und trocken.

Obermesopotamien wurde um 2000 v. Chr. von den aus Armenien eingewanderten Hurritern (Churritern) bewohnt und bildete zwischen 1450 und 1350 v. Chr. das Zentrum des Mitanni-Reiches. 1200 v. Chr. fiel es an Neu-Assyrien, und nach dem Untergang des Assyrerreiches folgte eine kurze

Charakteristika

Geschichtliches

73

Sonnenschutzzelt in Mesopotamien

Mesopotamien,
Geschichtliches
(Fortsetzung)

neubabylonische Zwischenherrschaft. Im Jahre 539 v. Chr. waren die Perser in Obermesopotamien, und nach dem Tode Alexanders d. Gr. traten die Seleukiden die Nachfolge an, deren Niedergang die Parther zur Eroberung nutzten, kurzzeitig von den Römern (114–117 n. Chr.) als Besatzungsmacht unterbrochen. Auf die persischen Sassaniden (3. Jh.) folgten im 6. Jh. die Byzantiner, ein Jahrhundert später aber bereits das arabische Reich der Kalifen. Nach dessen Verfall im 10./11. Jh. lösten sich einander arabische und türkische Regionalherrscher ab, ehe Obermesopotamien zur Gänze an die erstarkten Osmanen fiel. Ende 19./Anfang 20. Jh. kam es mit dem Verfall des Osmanenreiches zu Turbulenzen, da die britischen und französischen Kolonialinteressen auf türkischen Widerstand stießen.

Mysien

Charakteristika

Das vielgestaltige Bergland der alten Landschaft Mysien bietet nur wenig Raum für ackerbauliche Aktivitäten. Industrie ist selten und beschränkt sich auf Einzelstandorte, wie Bursa, Balıkesir und Bandırma. Intensiv genutzt und entsprechend dicht besiedelt sind die Küstenebenen (Biga, Bergama, Edremit, Skamander-Ebene) und einige der großen, intramontanen Becken (Bursa, Apolyont, Manyas, Balıkesir).
Der Simav Çayı (Makestos), entlang dessen eine uralte Straße den Marmararaum mit İzmir verbindet, zerschneidet Mysien deutlich in eine West- und eine Osthälfte, und die Fortsetzung des Golfes von Edremit nach Osten tut dies in west-östlicher Richtung gleichermaßen. Aber während die beiden nördlichen Teile noch günstig vom Niederschlagsreichtum des Marmarameeres profitieren, ist der Südosten deutlich trockener. Die Vorhügel der Küste tragen weite Pflanzungen des Ölbaums und Haine von Walloneneichen (Quercus Aegilops). Das feuchte gebirgige Hinterland der Ägäis- und Marmaraküsten ist überzogen von z. T. prachtvollen Hochwäldern mit Sommereiche, schattiger Buche und Rhododendron. Der südliche Teil von

Mysien, die pergamenische Landschaft, bietet Raum für Kulturland, Verkehrsströme und Siedlungen. Kiefer und Sommereiche, Wallone und Edelkastanie bilden hier den Baumschmuck der Gebirge.
Der gebirgige Südosten und Nordwesten sind auch heute noch schwach bewohnt und verkehrsarm. Hohe Gebirgsstöcke, wie die des Kaz Dağı (Ida-Gebirge; 1769 m) im Westen, der Alaçam Dağı (2089 m) im Süden, der zweigipflige Eğrigöz Dağı (2072 m) gegen die Steppen Phrygiens im Osten oder des Uludağ (Mysischer Olymp, 2543 m) im Norden, in denen Hadrian einst auf Bärenfang ging, umrahmen ein Waldbergland mit ausgesprochen unruhigem Relief. Aus den Bergdörfern flüchten die Bewohner in die touristisch erschlossenen Küstenregionen oder in größere Städte.

Mysien gilt als Kernland des Pergamenischen Reiches, schließt aber auch die Troas (Biga-Halbinsel) mit ein. Es hatte hauptsächlich im 3. Jh. v. Chr. während der Diadochenzeit Bedeutung, als nach dem Tode Alexanders d. Gr. das Königreich der Attaliden entstand. Wichtige Städte waren damals neben Pergamon die Orte Kyzikos (bei Bandırma), Lampsakos (Lapseki an den Dardanellen) und Adramyttion (Edremit).
Über die Kultur und Sprache der Myser ist vergleichsweise wenig bekannt. Nur in einer kurzen Inschrift aus dem 4./3. Jh. v. Chr. liegt das Mysische als eine Art lydisch-phrygischer Mischdialekt vor.

Randspalte:
Mysien, Charakteristika (Fortsetzung)

Geschichtliches

Pamphylien

Als nördlicher Kranz um den Golf von Antalya zwischen Antalya (Adalia, Attaleia) im Westen und Gazİpaşa (Selonos) bzw. Alanya (Korakesion) im Osten, umrahmt von der beeindruckenden Kulisse der über 2000 m hohen Bey Dağları im Westen und des westlichen Mittleren Taurus im Norden schmiegt sich das heiße pamphylische Tiefland fast wie ein Stückchen Nordafrika zwischen Mittelmeer und Gebirge. Im Norden begleiten niedrige Vorhügel mit Macchien und Kiefern auf weißem Kalkfels die Abhänge der pisidischen Berge, im unteren Teil besetzt mit verfallenen antiken Städten, Burgruinen und zahlreichen Dörfern um gut bewässerte Talböden. Die eigentliche Ebene ist intensivstes Kulturland auf fruchtbaren Alluvialböden mit Baumwolle, Zitrusfrüchten, Bananen und Gemüse. Nach Westen, gegen Lykien aber setzt sich der Untergrund aus festen Kalktuffen zusammen, und schon am Bergfuße beginnen die inselhaft kultivierten Travertinlager, auf denen am steilen Küstensaum die alte Hafenstadt Antalya liegt.

Von den 40 Siedlungen der Antike waren die wichtigsten Städte damals Adalia, Alanya, Perge, Aspendos und Side. Die seit dem späten 2. Jt. v. Chr. zugewanderten Griechen vermischten sich mit der einheimischen Bevölkerungsschicht. Die Hauptbesiedlungsphase erfolgte vermutlich nach dem Fall des legendären Troja; das Wort Pamphylia bedeutet 'Land der Stämme' und deutet auf ein buntes Völkergemisch hin. Nach der Herrschaft der Lyder, Perser, Alexanders d. Gr., den Diadochen Antigonos I., der Seleukiden und Ptolemäer folgte eine kurze Eigenständigkeit bis der Westen der Region 188 v. Chr. an das pergamenische Reich geriet. Die Römer machten es zum Kernland des Militärbezirks Cilicia (Kilikien), vereinigten es aber im 1. Jh. n. Chr. mit Lykien zu einer gemeinsamen römischen Provinz, die ihre Hauptblütezeit im 2. Jh. n. Chr. erreichte. Zuvor trieben hier die Seeräuber ihr Unwesen, das erst von Pompeius beseitigt werden konnte. Er brachte von hier auch den Mithras-Kult mit nach Rom. Lange Zeit galt Mithras dort als Reichsbeschützer und großer Konkurrent gegenüber Christus. Die Durchsetzung der neuen christlichen Lehre in Pamphylien erwies sich deshalb als besonders problematisch. Um dem entgegenzuwirken, errichteten die Kreuzritter zahlreiche burgenbewehrte christliche Kleinfürstentümer entlang der Küste Pamphyliens und Kilikiens. Diese nahmen die Italiener als 'Erben des Römischen Reiches' und Vertreter der Kirche in Rom zum Anlaß, im Türkischen Befreiungskrieg ihre Ansprüche auf diese Küstengebiete anzumelden.

Randspalte:
Charakteristika

Geschichtliches

Paphlagonien

Charakteristika

In etwa zwischem dem Filyos (Yenice İrmağı) im Westen, mit den Stein-kohlerevieren von Ereğli–Zonguldak, und dem Halys (Kızılırmak) im Osten erstreckt sich diese westlichste der alten Pontuslandschaften, wo das Pontische Gebirge eine Höhe von 2000 m erreicht. Die breiten Hochebe-nen sind im Norden durch die Küre Dağları (2019 m), im Süden von den İlgaz Dağları (2546 m) und im Osten von den Köroğlu Dağları (2013 m) ein-gerahmt. Die steile Küste bietet nur selten Raum für brauchbare Häfen. Das Hinterland wird erst jenseits des Kızılırmak im Osten freundlicher, dort wo das antike Pontos beginnt. Hinter der schmalen Waldzone des Küsten-gebirges beginnt die trockene Binnenlandschaft. Drei Ackerbaugürtel mit Weilern und Webereistädtchen stehen der immergrünen Küstenlinie gegenüber. Auf den gewellten Kalktafeln kultiviert man Getreide und Step-penweiden, Mais, Baumwolle, Reis, Tabak und Obst im Bewässerungs-feldbau. Trockener ist die Südseite der Gebirge, wo die Senken des Araç Çayı und des Gökırmak das wirtschaftliche Rückgrat Paphlagoniens sind. Den Kern des Plateaus bilden die Hochflächen von İflani/Devrekanı. Hier oben liegt auch die alte Hauptstadt Paphlagoniens, Kastamonu, und der Vorort des westlichen Paphlagonien, Safranbolu, einst Mittelpunkt der anatolischen Safrankultur. Eine ähnliche Aufreihung von Kulturoasen bil-den die Talschaften des Ulu Çay (Gerede Çayı), des Devrez Irmak und eines Teils des unteren Kızılırmak im Süden. Dort sinken die Niederschläge stellenweise auf 400 mm im Jahr, und die Steppe gewinnt die Oberhand. Hier bereits vollzieht sich der Übergang nach Zentralanatolien. Seit alters her galten die Bewohner des dünn besiedelten Landstriches als roh und weltfremd, nannten doch schon die althellenischen Kolonisten sie 'Paphla-sier' (Leute, die barbarisch reden).

Geschichtliches

Paphlagonien stand seit dem 6. Jh. unter lydischer Herrschaft, wurde spä-ter persisch und in der Folge der Alexanderzüge makedonisch. Erst unter der einheimischen Dynastie des Ariarathes gelang es in hellenistischer Zeit, ein eigenständiges Reich zu gründen, das von den Römern unter Augustus zur Provinz Galatien geschlagen wurde.

Phrygien

Charakteristika

Die Quellen des Sakarya Nehri kennzeichnen den Kernraum des alten Phrygien. Benannt wurde die Landschaft im Dreieck zwischen Afyon, Eski-şehir und Ankara nach den 1200 v. Chr. aus Europa eingewanderten, westindogermanischen Phrygern, die Zeichen bedeutender Kunstfertig-keit und Kultur hinterlassen haben. Phrygien war in der Vergangenheit ein deutlich städtereicheres Durchgangsland, das die Routen aus dem We-sten, von Lydien und Karien her, bündelte und nach Osten führte. Heute liegen hier lediglich drei wichtige Städte: Das Mohnzentrum Afyon, der Bahnknotenpunkt und Industrieort Eskişehir und die Keramik- und Braun-kohlenregion Kütahya. In Phrygien können die Ausläufer westlicher und südlicher Winde an mancherlei Stellen durch Gebirgskerben tief ins Bin-nenland noch Feuchtigkeit bringen. Stärkere agrare Kultivierung und dich-tere Besiedlung sind die Folge. Gestützt auf dieses Agrarpotential hat sich in Phrygien schon in der frühen Antike ein eigenes, einflußreiches König-tum mit zahlreichen Städten entwickeln können. An der Schwelle zwischen Ost und West kämpften Perser gegen Lyder, Römer und Galater, Araber und Romäer, Kreuzfahrer gegen Seldschuken, Osmanen gegen Mongo-len, Byzantiner gegen Türken. Die Hochebenen rings um den oberen Sa-karya bilden wellige Steppenflächen, überragt von einzelnen dürftig be-waldeten Tafeln. Hier findet man uralte Denkmäler und zahlreiche Ruinen. Heute dagegen ist gerade dieser Landstrich schwach besiedelt.

Sprache

Die phrygische Sprache (im 6. Jh. n. Chr. erloschen) zeigt enge Beziehun-gen zum Griechischen. Überliefert ist sie in 80 altphrygischen Inschriften

(7.–4. Jh. v. Chr.) in einer dem Griechischen verwandten Schrift sowie in über 110 neuphrygischen Nachlässen in Griechisch aus der Römerzeit.

Phrygien, Sprache (Fortsetzung)

Die Phryger wirkten als Teil der 'Seevölker' entscheidend mit an der Vernichtung des Hethiterreiches und am Untergang von Troia. Ein unabhängiges Phrygerreich des 8. und 7. Jh.s v. Chr. pflegte enge Kontakte zum Reich der Urartäer im Osten und mit den Griechen im Westen. Seine Frühgeschichte ist nur mager überbracht (Herodot) und erwähnt den Selbstmord des letzten Königs Midas in Gordion mit dem Einfall der Kimmerier (676 v. Chr.). Als sich im 3. Jh. v. Chr. im östlichen Phrygien die Galater festsetzen, verbreitet sich von dort aus unter der städtischen Bevölkerung der orgiastische Fruchtbarkeitskult der Muttergöttin Kybele und ihres Geliebten Attis, während sich im bäuerlichen Bereich die Verehrung des Mondgottes Men durchsetzt, der Paradies und Unterwelt beherrscht. Im Jahre 188 v. Chr. kommt Phrygien an Pergamon und damit später an Rom, das 133 v. Chr. Phrygien als Provinz ausweist.

Das Christentum wurde vor allem durch den Apostel Paulus hier verbreitet, entwickelte aber im 2. Jh. extreme Strömungen des Montanismus (nach dem in Kleinasien geborenen Propheten Montanus und dessen Lehre, die den baldigen Untergang der Welt prophezeit) und des Novatianismus. Der römische Theologe und spätere Bischof Novatian und seine Anhänger lehnten eine Wiederaufnahme abgefallener Christen in die Kirche ab und nannten sich selbst die 'Reinen', griechisch 'katharoi' (abgeleitet daraus der Begriff 'Ketzer').

Geschichtliches

Montanismus
Novatianismus

Pisidien

Die antike Mitteltaurus-Landschaft Pisidien (heute Teile der Provinzen Burdur, Isparta, Denizli und Antalya) zwischen der pamphylischen Küstenebene und dem phrygischen Hochland, zwischen den Bergmassiven

Charakteristika

Taurusberge bei Termessos und ...   *... Olympos*

Pisidien,
Charakteristika
(Fortsetzung)

Lykiens und denen des rauhen Kilikien beginnt im Süden dort, wo Berge und Täler unwegsam werden, und endet im Innern mit hohen Gebirgsketten (Sultan Dağları, Karakuş Dagları, Söğüt Dağı, Dedegöl Dağları). Vom isaurischen Beyşehir-See bis zum Kastel Dağı an der Grenze Phrygiens herrschen Hochflächen vor mit Seen und Dolinen, mit Ackerböden und Weideflächen. Die mittleren und östlichen Teile des Binnenplateaus sind die Regionen der von Kalkrücken überragten Poljen mit Karstschlünden, durch die ganze Seen entwässern. Die Besiedlung im verkehrsarmen Süden beschränkt sich auf vereinzelte Rodungsinseln. Erst in der römischen Kaiserzeit drang fremde Kultur hier ein und hinterließ zahlreiche Stadtruinen in befestigten Positionen. Brausende Flüsse schneiden tief in das zerklüftete Gebirge mit engen Cañons, Flußschwinden und Höhlen. Hier wechseln Bergwälder von Buchen und Zedern, Tannen, Fichten und Eichen mit saftigen Hochweiden ('yayla').

Geschichtliches

Die Gebirgslandschaft der Pisider, eines kriegerischen Stammes alteingesessener Bevölkerung, blieb lange von äußeren Einflüssen unberührt. Wegen seiner Unzugänglichkeit und auch der kräftigen Gegenwehr der Bewohner konnten die Pisider in ihren uneinnehmbaren Burgen weder von den Persern noch von Alexander d. Gr. gänzlich besiegt werden. Erst in römischer Zeit kam es zu einer partiellen Übernahme griechisch-römischen Kulturgutes. Da die bislang überkommenen pisidischen Inschriftentexte nur kurz sind, ist die Deutung des Pisidischen noch umstritten. Ähnlichkeiten der pisidischen Sprache mit dem Indogermanischen konnten allerdings nachgewiesen werden.

Pontos

Charakteristika

Zwischen dem Unterlauf des Halys (Kızılırmak) und dem Çoruh Nehri liegt das Kernland von Pontos. Bisweilen bezeichnet man diese Küstenlandschaft zwischen den einzigen nennenswerten Hafenstädten des Pontos, Trabzon und Samsun, im Gegensatz zum westpontischen Paphlagonien, als 'Ostpontus'. Gebirgig und schmal war es seit alters dem Einfluß griechischer Kolonisten und dem der Seevölker des Schwarzen Meeres ausgesetzt.

Erscheint der Westen, das 'Canık' (= 'Land des Lebens') mit seinen flacheren, andesitischen und trachytischen Lavadecken trotz tief eingeschnittener Täler eher als das Land der lieblicheren Park-, Kultur- und Weidelandschaften, ist der Osten mehr eine Region gewaltiger Naturschönheiten, der Wälder und der Erzlagerstätten. Während im Ostteil eine dreifache, bis zu 3000 m hohe Gebirgsbarriere das trockenere Hinterland vom Meer abriegelt, verfügt die Küstenzone des Canık mit den Aufschüttungsebenen des Iris (Delta des Yeşilırmak, Schauplatz der Amazonensage) und des Halys (Delta des Kızılırmak) über die einzigen größeren Alluvialflächen des Nordpontus. Hier war die Stadt Bafra bis 1806 Hauptort des unabhängigen Canık mit seinen kleinen Bergnestern, Feudalburgen und Ruinen.

Die feuchten Randgebirge des nördlichen und östlichen Pontos tragen neben Haselnuß und Mais nicht nur in den höheren Lagen z. T. dichte Wälder aus Buchen, Tannen, Rhododendren und Azaleen mit üppigem, urwaldartigem Unterwuchs. Es ist das Land der antiken Chalybe, der Eisenschmiede, und in den Bergwäldern finden sich überall Reste uralter Gruben und Eisenschmelzen (Gümüshane). Verstreute Weiler und Gehöfte sind typisch für die engen Täler und steilen Hänge des Pontus. Weitläufigere Anbauflächen mit entsprechend dichterer Besiedlung finden sich erst in den südlichen Becken: Hart Ovası von Bayburt, Suşehri Ovası, Suluova von Merzifon, Taş Ovası von Erbaa, Niksar Ovası, Kaz Ovası von Tokat, Turhal und Zile, Amasya Ovası.

Geschichtliches

An der Schwarzmeerküste hatten im 6. Jh. v. Chr. Griechen Koloniestädte wie Sinope (Sinop), Amisos (Samsun), Kerasos (Giresun) und Trapezús (Trabzon) angelegt. Ein größeres Reich mit der Hauptstadt Amaseia (Amasya) schuf nach der Zerschlagung des Perserreichs durch Alexander d. Gr. dann seit 281 v. Chr. Mithradates II., der sich zum ersten Male 'König von Pontus' nannte. Sein Nachfolger Mithradates VI. Eupator (der Große; 120 bis 63 v. Chr.) wählte Amisos (Samsun) zur Hauptstadt, dehnte seine Herrschaft auf die Nachbargebiete aus und bedrohte in Griechenland das Römerreich. Die Expansionspolitik der Pontischen Herrscher und ihrer Nachfolger bzw. Verbündeten (Tigranes, Pharnakes) stoppte Iulius Caesar 47 v. Chr. mit dem Sieg bei Zela (Zile; "veni, vidi, vici"). Der pontische Westteil (Bithynien und Paphlagonien) wurde zur römischen Provinz Bithynia et Pontus, die Teile östlich des Halys (Kızılırmak) gelangten an den Galaterfürsten Deiotarus bzw. den Lokalfürsten Polemo und wurden 32 bzw. 63 v. Chr. ebenfalls römisch (Provinz Galatia).

Nach 1204 gründeten die vor den Kreuzrittern geflohenen Prinzen David und Alexios I. Megas Komnenos das Großkomnenische Reich mit der Hauptstadt Tapezunt (Trabzon); ihre Dynastie bestand über 250 Jahre. Das 'Kaiserreich Trapezunt' kam erst 1462 an das Osmanenreich.

Pontos
(Fortsetzung)
Geschichtliches

Thrakien

Im ältesten griechischen Sprachgebrauch war Thrakien der ganze Bereich der Balkanhalbinsel im Osten der Illyrer einschließlich Makedonien, später dann nur noch die Osthälfte dieser Halbinsel südlich der Donau. Die römische Provinz Thracia umfaßte lediglich die Regionen zwischen Balkangebirge und Propontis (Marmarameer), und seit der türkischen Froberung ist Thrakien nur noch das Gebiet südlich des Rhodope-Gebirges – im Westen zu Griechenland gehörig, im Osten türkisch.

Im Norden und Westen von Türkisch Thrakien (heute die Provinzen Edirne, Kırklareli, Tekirdağ und İstanbul) halten Bergländer manchen Regenguß fern. Das İstranca-Bergland (Yıldız Dağı) im Nordosten und die Kuru Dağı bzw. Işıklar Dağı im Südwesten sind die einzigen nennenswert höheren Teile, aber auch hier hält sich der Wald in bescheidenen Grenzen. Das 'Thrakische Dreieck' zwischen Edirne, İstanbul und Gelibolu (Gallipoli) ist eine Art zerschnittene Tafellandschaft, die entwässert wird durch Maritza, Ergene Nehri und ihre Nebenflüsse: ein Land der Heide, Steppe – und Kornkammer vor den Toren İstanbuls. Seine Bedeutung hat allerdings nie in seinem Wirtschaftspotential gelegen, sondern immer auf dem Gebiet der Strategie und des Durchgangsverkehrs, denn hier liegt die 'Landbrücke nach Asien' mit den beiden äußerst wichtigen Wasserstraßen zwischen Schwarzem Meer und Mittelmeer: Bosporus und Dardanellen.

Charakteristika

Teres, der König der Odrysen, gründete um 450 v. Chr. das erste große Reich der Thraker (bis 342 v. Chr.). Unter seinem Nachfolger reichte es bis zur Donau, an das Marmarameer, die Ägäis und das Schwarze Meer. Danach war Thrakien nie wieder ein selbständiges Reich. Als typisches Durchgangsland geriet es trotz seiner Zugehörigkeit zu Rom bzw. Byzanz oft unter den Einfluß anderer Völker (Hunnen, Goten, Slawen, Bulgaren), ehe es 1358 osmanisch wurde. Bulgarien eroberte zwar im ersten Balkankrieg weite Teile Thrakiens, verlor aber die westlichen Teile um Kavalla im Zweiten Balkankrieg und den gesamten Küstenstreifen nach dem Ersten Weltkrieg an Griechenland.

Geschichtliches

Troas → Reiseziele von A bis Z: Troia

Berühmte Persönlichkeiten

Hinweis

Die nachstehende, namensalphabetisch geordnete Liste vereinigt historische Persönlichkeiten, die durch Geburt, Aufenthalt, Wirken oder Tod mit der Türkei im weitesten Sinne verbunden sind und überregionale, oft sogar weltweite Bedeutung erlangt haben.

Alexander der Große
(356–323 v.Chr.)

Der als Alexander der Große in die Weltgeschichte eingegangene Feldherr wurde als Sohn des makedonischen Königs Philipp II. und der Olympiás, der Tochter des Königs Neoptolemos, im nordgriechischen Pella geboren und in den Jahren 342–340 v.Chr. von dem Philosophen Aristoteles unterrichtet. Bereits 338 v.Chr. tat er sich in der Schlacht von Chaironeia als Truppenführer hervor und sicherte sich nach der Ermordung seines Vaters (336 v.Chr.; durch den – gedungenen? – Makedonen Pausanias) den Königsthron (Alexander III.) durch die Beseitigung der Konkurrenten. Nach seiner Ernennung zum Feldherrn des Korinthischen Bundes zog er zunächst gegen die Thraker und Illyrer und schlug einen Aufstand der Thebaner nieder (335 v.Chr.). Als oberster Feldherr der Griechen begann Alexander 334 v.Chr. mit einem Heer von 35 000 Soldaten den 'panhellenischen Rachefeldzug' gegen die Perser, überschritt den Hellespont (= Dardanellen) und siegte in der Schlacht am Granikos (Frühjahr 334 v.Chr.), besetzte Gordion (die Erzählung von Alexanders 'Lösung' = Zerhauen des Gordischen Knotens ist historisch nicht belegt), zog dann über das Tauros-Gebirge nach Kilikien und besiegte den persischen Großkönig Dareios III. im November des Jahres 333 v.Chr. in der Reiterschlacht von Issos (volkstümliche Eselsbrücke: "Drei·drei·drei – bei Issos Keilerei"; nördlich vom heutigen İskenderun). Damit war der Weg praktisch frei nach Ägypten, wo Alexander die Stadt Alexandreia (heute arabisch El-Iskandarija = Alexandria) gründete und sich vom Orakel des Zeus Amun in der Oase Siwa göttliche Abstammung und Herrschaftsanspruch bestätigen ließ.
Von Ägypten zog Alexander mit seinem Heer weiter nach Babylonien, wo er den Perserkönig Dareios in der Ebene von Mossul (heute im Irak) bei Gaugamela entscheidend bezwang (331 v.Chr.), nach Persien (Iran) und begann schließlich den Indienfeldzug (327–325 v.Chr.), der ihn bis zum Fluß Hyphasis (= Beas; heute im nordindischen Unionsstaat Pandschab) führte; dort zwang ihn das erschöpfte Heer zur Umkehr. Nach dem Marsch den Indus abwärts trat ein Teil die Rückfahrt zu Schiff durch den Persischen Golf an, Alexander durchquerte mit den verbleibenden Soldaten auf mörderischem Wege die gedrosische Wüste und gelangte über Persien nach Babylon, wo er bei Vorbereitungen eines Zuges gegen Arabien verstarb.
Alexanders erklärte und in Ansätzen auch in die Tat umgesetzte Politik des Ausgleichs und der Konsolidierung seines neu geschaffenen, aus vielen heterogenen Teilen bestehenden Großreiches war zum Scheitern verurteilt. Unmittelbare Folge waren die Diadochenkämpfe seiner Nachfolger.

Kemal Atatürk
(1880 oder 1881 bis 1938)

Der türkische Politiker Mustafa Kemal Paşa wurde 1880 oder 1881 im makedonischen Saloniki (türkisch Selânik, griechisch Thessaloniki) geboren, besuchte die Kriegsakademie, nahm als Gesinnungsgenosse Enver Paşas 1908/1909 am Aufstand der 'Jungtürken' teil, kämpfte 1912 im Tripoliskrieg gegen die Italiener in der Kyrenaika und wurde im Ersten Weltkrieg militärischer Befehlshaber an den Dardanellen.
Als die westliche Türkei 1918 von den Griechen besetzt wurde, zog sich Kemal Paşa nach Anatolien zurück, organisierte dort im Mai 1919 den Widerstand gegen die Alliierten und die Griechen und brach die Beziehungen zur Regierung des Sultans ab. Im Jahre 1920 wurde er Vorsitzender der Großen Nationalversammlung und vertrieb 1921/1922 die Griechen aus Kleinasien; 1921 erhielt er den Ehrentitel 'Gazi'. Im November 1922

Alexander der Große   Kemal Atatürk   Colmar Freiherr von der Goltz

gelang es ihm, das Sultanat zu beseitigen. Im darauffolgenden Jahr proklamierte er die Republik, zu deren erstem Präsidenten er am 29. Oktober 1923 gewählt wurde.

Kemal Atatürk
(Fortsetzung)

Kemal Paşas Vorsatz war die Schaffung eines türkischen Nationalstaates auf laizistischer Basis. Die nationale Erneuerung sollte durch eine grundlegende Europäisierung der türkischen Gesellschaft gesichert werden. Er machte Ankara zur neuen Hauptstadt der Türkei und setzte umfassende Reformen im politischen und kulturellen Bereich durch (Rechtsprechung, soziale Stellung der Frau, Bildungspolitik, Einführung der lateinischen Schrift für die türkische Sprache, Kalenderreform u. v. a. m.). Seinen Namen änderte er 1934 in Kemal Atatürk (türkisch 'Vater der Türken') und blieb bis zu seinem Tode am 10. November 1938 (in İstanbul) Staatspräsident der Republik Türkei; seine sterblichen Überreste, zunächst im Ethnographischen Museum der Hauptstadt bestattet, wurden 1953 im Atatürk-Mausoleum in Ankara beigesetzt.

Die als 'Kemalismus' bezeichneten Ideen Atatürks haben mit gewissen Einschränkungen bis heute im türkischen Staat Geltung.

Der osmanische Sultan (ab 1389) Beyazıt I., genannt 'Yıldırım' ('der Blitz'), war der älteste Sohn und Nachfolger des Sultans Murad I. und unterwarf sowohl Bulgarien als auch Serbien, machte die Walachei tributpflichtig und drang bis nach Griechenland vor; seine Belagerung von Konstantinopel blieb vergeblich. Im Herbst 1396 besiegte er bei dem bulgarischen Nikopol das von dem ungarischen König Sigismund angeführte Kreuzfahrerheer, unterlag jedoch im Sommer 1402 den Mongolen unter Timur Leng bei Ankara und verstarb als dessen Gefangener am 8. März 1403 in Akşehir.

Beyazıt I.
(um 1354 bis 1403)

Vielfältig sind die Namensformen der osmanischen Sultane Beyazıt · Bayezıt · Bayazıt · Bayazıd · Bayasid · Bajasid · Bajesid · Bejasid sowie weitere abgewandelte Schreibungen.

N.B.

Der osmanische Sultan (ab 1481) Beyazıt II., genannt 'Veli' ('der Heilige'), stammte aus Demotika (heute griechisch Didimotichon, Bezirk Evros). Er wurde als ältester Sohn des Sultans → Mehmet II. (Fâtih) sein Nachfolger, führte Grenzkriege auf der Balkanhalbinsel (1482 Eroberung der Herzegowina) sowie erfolglos gegen die ägyptischen Mamelucken in Kilikien, brachte die Moldau (im heutigen Rumänien) unter seine Oberherrschaft und rückte gegen Venedig vor, dessen griechische Stützpunkte er eroberte. Unter seinem Sultanat fielen die Türken erstmals in Siebenbürgen und in Österreich ein. Im Jahre 1612 erhob sich sein Sohn → Selim I. gegen ihn und zwang ihn mit Hilfe der Janitscharen zur Abdankung. Beyazıt II. verstarb am 26. Mai 1512 in der Nähe seines Geburtsortes.

Beyazıt II.
(um 1448 bis 1512)

· Mevlana   Celaleddin Rumi

Berühmte Persönlichkeiten

Mehmet Akıf Ersoy (1873–1936)

Der aus İstanbul gebürtige Mehmet Akıf Ersoy erhielt in seiner Jugend eine hervorragende, traditionell islamisch ausgerichtete Ausbildung, besuchte bis 1894 die veterinärmedizinische Akademie, war in Grenzprovinzen des damaligen Osmanischen Reiches tätig und hielt sich während des Ersten Weltkrieges in Deutschland auf. Obwohl zunächst Anhänger des panislamischen Gedankengutes schloß er sich dann der Freiheitsbewegung an und wurde Abgeordneter im ersten Parlament der neu geschaffenen Republik. Während seiner letzten zehn Lebensjahre dozierte er Literatur im ägyptischen Kairo.

Als Schriftsteller verfaßte Ersoy in seiner Frühzeit lyrische Gedichte religiös-didaktischen Inhalts. In seinem dichterischen Gesamtwerk (sieben Gedichtbände zwischen 1911 und 1933) bediente er sich stets der klassischen türkischen Versmaße, gestaltete seine Stoffe jedoch mit naturalistischen Mitteln. Sein Freiheitslied "İstiklâl Marşı" wurde 1921 zur türkischen Nationalhymne erklärt (⟶ Die Türkei in Zitaten).

Mehmet Akıf Ersoy verstarb am 27. Dezember 1936 in seiner Heimatstadt İstanbul.

Eyüp Ensarı (7. Jh. n. Chr.)

Eyüp Ensarı, ein enger Vertrauter des Propheten Mohammed und Bannerträger der ersten Glaubensheere des Islam, war Heerführer während der ersten arabischen Belagerung Konstantinopels in den Jahren 674–678. Bei diesen Kampfhandlungen soll er ums Leben gekommen und auf dem Gelände der heutigen Moschee des İstanbuler Vorortes Eyüp am Westufer des oberen Goldenen Hornes begraben worden sein. Diese Moschee (Eyüp Sultan Camii) gilt als die heiligste der İstanbuler Moscheen und nimmt in der Rangfolge der heiligen Stätten des Islam einen besonderen Platz ein.

Colmar Freiherr von der Goltz (1843–1916)

Der am 12. August 1843 im ostpreußischen Bielkenfeld bei Labiau (heute russisch Polessk) geborene, spätere preußische General Colmar Freiherr von der Goltz nahm an den Kriegen von 1860 sowie von 1870/1871 teil und war anschließend in der kriegsgeschichtlichen Abteilung des Generalstabes tätig. Von 1883 bis 1895 beteiligte er sich einflußreich am Neuaufbau des türkischen Heeres und erhielt als geachteter Militärberater den Titel eines Paschas ('Goltz-Pascha'). Im Jahre 1911 wurde von der Goltz preußischer Generalfeldmarschall, 1914 Generalgouverneur von Belgien; im Winter 1915/1916 schloß er mit der Ersten Türkischen Armee die britischen Truppen bei Kut el-Amara in Mesopotamien ein.

Mit seinen Ansichten stand von der Goltz oft im Gegensatz zu der herrschenden Meinung seiner Zeit, was sogar Anlaß zu einer vorübergehenden Abberufung aus dem Generalstab gab. Seine umfassende Bildung befähigte ihn zu einer Reihe von bedeutenden militärhistorischen Werken. Colmar Freiherr von der Goltz verstarb am 19. April 1916 in Bagdad (Irak); sein Grab befindet sich im Park der Sommerresidenz der deutschen Botschaft im İstanbuler Vorort Tarabya am Bosporus.

Herodot (um 490 bis um 425/420 v. Chr.)

Der von Cicero als 'Vater der Geschichtsschreibung' apostrophierte Herodót (griechisch Heródotos) wurde im dorischen Halikarnassos (heute türkisch Bodrum) geboren, mußte seine Heimatstadt aber wegen der Beteiligung am Aufruhr gegen den Tyrannen Lygdamis verlassen. Zahlreiche große Reisen führten ihn u. a. nach Ägypten und Afrika, nach Mesopotamien, an die Schwarzmeerküste und nach Italien. Später lebte er hoch angesehen und gefeiert in Athen und übersiedelte 444 v. Chr. in die neugegründete athenische Kolonie Thurioi (Thurii) in Unteritalien. Sein erst in späterer Zeit in neun nach den Musen benannte Bücher eingeteiltes Werk befaßt sich gleichermaßen mit der kritischen Betrachtung und Wertung der von ihm bereisten Länder wie auch mit der politischen Berichterstattung. Höhepunkt ist seine Darstellung der Perserkriege. Durch die inzwischen vielfach belegte Zuverlässigkeit seiner Berichte liefert Herodot nicht nur ein eindrucksvolles Dokument über seinen kleinasiatisch-griechischen Lebensraum, sondern darüber hinaus wertvolle ethnographische und geographische Zeugnisse aus den Ländern Vorderasiens und Afrikas.

Der aus aristokratischer Familie stammende, am 20. Januar 1902 in Saloniki (türkisch Salânik, griechisch Thessaloniki) als Sohn eines Arztes geborene Nazım Hikmet (Nâzım Hikmet Ran) besuchte zunächst die Marine-
schule in İstanbul und hielt sich von 1921 bis 1928 in der Sowjetunion auf,
wo er an der Moskauer 'Kommunistischen Universität für die Werktätigen
des Orients' studierte. Seit 1924 war er Mitglied der illegalen türkischen KP
und wurde nach seiner Rückkehr in die Türkei mehrmals wegen kommuni-
stischer Umtriebe in Haft genommen, deswegen 1937 zu einer 28jährigen
Gefängnisstrafe verurteilt. Nach seiner Amnestierung (1950) lebte er in
Sofia, Warschau und Moskau, wo er am 3. Juni 1963 verstarb.

Nazım Hikmet
(1902–1963)

Mit seinem dichterischen Werk gilt Hikmet als Begründer der neueren türkischen Lyrik. Er begann mit patriotischen Gedichten und wurde dann in
den experimentierfreudigen Moskauer literarischen Kreisen der zwanziger
Jahre mit den Strömungen des Expressionismus und des Dadaismus bekannt. Als erster türkischer Dichter gab er das klassische türkische Vers-
maß auf, verwendete zunehmend den freien Vers und setzte zudem reichlich Ausdrücke der Umgangs- und Gossensprache (Argot) ein. Der Einfluß
des russischen Dichters Majakovski ist unverkennbar bei der Entwicklung
Hikmets zur hervorragendsten lyrischen Kraft der türkischen Moderne um
1930. Während der Exiljahre trat die polit-agitatorische Seite zwangsläufig
in den Vordergrund. Hikmets umfangreiches Opus wurde in etliche Sprachen übersetzt. Seine Werke durften zwischen 1950 und 1964 in der Türkei
nicht veröffentlicht werden und gelten dort nach wie vor als unbequem.

Die kleinasiatische Ägäishafenstadt Smyrna (heute türkisch İzmir) nimmt
vermutlich zu Recht für sich in Anspruch, Geburtsort von Homér (Hóme-
ros) zu sein, dem legendenumwobenen ältesten epischen Dichter des
Abendlandes. Die Überlieferung sieht ihn, den genialen Schöpfer von
"Ilias" und "Odyssee", als wandernden blinden Rhapsoden an ionischen
Fürstenhöfen. Die um 700 v.Chr. im ionischen Raum, besonders aber auf
der Insel Chios, entstandenen Rhapsodengilden verehrten in Homer ihren
Stifter und Lehrmeister und nannten sich nach ihm 'Homeriden'. Dennoch
blieb stets umstritten, ob es sich bei Homer tatsächlich um eine historische
Persönlichkeit handele. Zweifel wurden insbesondere darüber laut, ob ein
einziger Mensch überhaupt in der Lage sein könne, so gewaltige Dichter-
werke alleine zu schaffen. Friedrich August Wolf warf dazu 1795 die
'homerische Frage' auf, ob Ilias und Odyssee nicht eigentlich eine Sammlung von Einzelgesängen verschiedener Dichter seien. Man vermutete in
Homer eine Art Sammelbezeichnung für die ältere Epik.

Homer
(ca. 8. Jh. v.Chr.)

Heute überwiegt die Meinung, daß Homer als historische Persönlichkeit an
der Westküste Kleinasiens lebte und wirkte, und daß ihn vieles mit der Insel
Chios verband. Wahrscheinlich hat er seine großen Werke unter Verwendung älterer kürzerer Volksepen selbst verfaßt, wobei die "Ilias" älter ist als
die "Odyssee". Beide Werke erfuhren in späterer Zeit mancherlei Veränderungen und Erweiterungen. Homer werden ferner die 'homerischen Hym-
nen und Epigramme', die komischen Epen vom Tölpel Margites und der
"Froschmäusekrieg" ("Batrachomyomachía") zugeschrieben.

Der türkische Offizier und Politiker Mustafa İsmet Paşa wurde am 25. September 1884 im damals griechischen Smyrna, der heute türkisch İzmir
genannten Ägaishafenstadt, geboren, war an der 'Jungtürkischen' Revolution des Jahres 1908 beteiligt und schloß sich 1920 der Aufstands- und
Reformbewegung des Mustafa Kemal Paşa an. Als Chef des türkischen
Generalstabs im Kriege gegen Griechenland (1920–1922/1923) siegte er
1921 bei dem Ort İnönü in der Provinz Bilecik und nannte sich danach
İsmet İnönü.

İsmet İnönü
(1884–1973)

Als türkischer Außenminister (1922–1924) unterzeichnete İnönü 1923 den
Friedensvertrag von Lausanne. Als Ministerpräsident (1923/1924 und
1925–1937) hatte er an der Seite von Kemal ⟶ Atatürk großen Anteil an
den inneren Reformen in der Türkei; nach Atatürks Tod (1938) wurde İnönü
Staatspräsident und Vorsitzender der Republikanischen Volkspartei CHP.
Zielstrebig setzte er die eingeleitete Reformpolitik fort (Liberalisierung des

Berühmte Persönlichkeiten

Homer

Mehmet Namık Kemal

Mehmet II.

İsmet İnönü (Fortsetzung)

Pressewesens, Einführung des Mehrparteiensystems u. a. m.) und konnte die Türkei aus den Kampfhandlungen des Zweiten Weltkrieges heraushalten.

Nach dem Wahlsieg der Demokratischen Partei (1950) trat İnönü als Staatspräsident zurück und übernahm die Rolle des Oppositionsführers. Im Anschluß an den Militärputsch des Jahres 1960 bekleidete er von 1961 bis 1965 wieder das Amt des Ministerpräsidenten. Als entschiedener Gegner einer von Bülent Ecevit durchgesetzten sozialdemokratisch orientierten Parteilinie trat İnönü vom Vorsitz der CHP zurück und verließ diese Partei. Seit 1972 fungierte er in der Großen Nationalversammlung als Senator. İsmet İnönü verstarb am 25. Dezember 1973 in der Landeshauptstadt Ankara.

Konstantin I. (um 288 bis 337)

Der um das Jahr 288 n. Chr. im heute serbischen Niš geborene, spätere römische Kaiser Konstantin I. (Konstantin der Große) verlegte im Jahre 330 den Kaisersitz von Rom nach Byzanz, das nunmehr in 'Nova Roma' bzw. 'Constantinopolis' (seit 1453 türkisch İstanbul) umbenannt wurde. Mit seinem bereits 313 bekanntgegebenen Toleranzedikt von Mailand leitete er erste Schritte ein, um das Christentum zur Staatsreligion zu erheben.

Unter seiner Herrschaft wurden in Konstantinopel der Grundstein für die Hagia Sophia (türkisch Ayasofya) gelegt, das Forum fertiggestellt und das Hippodrom mit der Schlangensäule aus Delphi verschönt. Konstantin ist Heiliger der armenischen, der griechisch-orthodoxen und der russisch-orthodoxen Kirche.

Mausolos (4. Jh. v. Chr.)

Der persische Lehensfürst Mausolos (Maussolos) von Karien erlangte durch den Satrapenaufstand des Jahres 362 v. Chr. die Unabhängigkeit und gründete ein selbständiges Königreich mit der Hauptstadt Halikarnassos (heute türkisch Bodrum). Sein zu Lebzeiten begonnenes und nach seinem Tode (353 v. Chr.) von seiner Schwester und Gemahlin Artemisia vollendetes, 'Mausoleion' genanntes prachtvolles Grabmal gehörte zu den Sieben Weltwundern des klassischen Altertums (s. S. 94). Nach diesem wurden in späterer Zeit große Grabbauten als 'Mausoleen' (Einzahl 'Mausoleum') bezeichnet.

Mehmet II. (1432–1481)

Der im Jahre 1432 in Hadrianopel (heute türkisch Edirne) geborene siebente osmanische Sultan (ab 1451) Mehmet II. Fâtih (Mehmet der Eroberer) nahm am 29. Mai 1453 nach zweimonatiger Belagerung die damalige Weltmetropole Konstantinopel ein, das in İstanbul (von griechisch 'is tin pólin' = 'in die, zu der Stadt') umbenannt wurde und im Abendland fortan Stambul hieß. Mehmet nahm die berühmte Hagia Sophia für den Islam in Besitz, gewährte jedoch der Genuesensiedlung von Galata freien Handelsverkehr (gegen Ablieferung aller Waffen und Entrichtung gesetzlicher Zoll-

Mevlana

Nasreddin Hoca

Hl. Nikolaus

abgaben und Steuern) und anerkannte die griechische Kirchenherrschaft; dem römerfeindlichen Patriarchen Gennadios übertrug er auch die bürgerliche Gerichtsbarkeit über griechische Christen. Durch den Rückruf vor den Türken geflüchteter Griechen wurde İstanbul neu besiedelt; es entstand das Phanariotentum (benannt nach dem Griechenviertel Phanar). Mehmet II. machte İstanbul zur Hauptstadt des Osmanischen Reiches und zum geistigen Mittelpunkt des Islam, wo er am 3. Mai 1481 verstarb. Seine Türbe (Grabbau; im 18. Jh. rekonstruiert) befindet sich im Komplex der großen Mehmet-Fâtih-Moschee.

Nicht wie bislang angenommen im Jahre 1207, sondern wohl am 30. September 1199 oder 1200 ist Celaleddin Rumi im afghanischen Balkh geboren. Als Sohn des islamischen Glaubenslehrers Bahreddin Veled studierte er zunächst in seinem Heimatort Theologie, folgte dann seiner Familie über Nischapur (Persien), Bagdad, Mekka, Medina, Jerusalem, Damaskus und Aleppo sowie Malatya, Erzincan, Sivas, Kayseri und Niğde nach Karaman, folgte seinem Vater im Theologenamt nach und wurde 1233 von dem Seldschukenfürsten Alaeddin Kaykobad als Lehrer für Philosophie an den Hof von Konya berufen.
Die Begegnung mit dem aus dem persischen Täbris stammenden Derwisch ('frommer Mann', von persisch 'Bettler'; arabisch 'Fakir') Şemseddin in Konya veränderte sein Leben und Wirken in die philosophisch-mystische Richtung des Sufismus (von arabisch 'sufi' = urspr. wollkleidtragender islamischer Asket), wobei er auch positivistische Toleranzvorstellungen nichtislamischer Religionen aufnahm und in leidenschaftlicher Selbstversenkung eine Lehre von absoluter Vollkommenheit und allumfassender Liebe vertrat, die ihre Erfüllung im entrückten Trancetanz der Derwische fände. So wurde er unter seinem Ehrennamen 'Mevlâna' (= 'unser Herr') zum Stifter der Vereinigung der Tanzenden Derwische (nach dem ekstatischen Wirbelreigen, den sie jeweils am Freitag als Andachtsübung in wallenden Gewändern, oft mit instrumentalmusikalischer Begleitung, aufführen, um sich in Verzückung zu versetzen). Vor dem Hintergrund seines Leitgedankens "Sei nicht ohne Liebe, damit du lebst, und stirb in Liebe, damit du nicht stirbst" wirkte er als Prediger, Philosoph, Dichter und lyrischer Poet zugleich.

Celaleddin Rumi verstarb am 17. Dezember 1273 in Konya. Sein Grab befindet sich im dortigen Kloster des von seinem Sohn Veled 1284 gegründeten Ordens der Tanzenden Derwische (Mewlewije) und gilt auch heute noch als eine der meistverehrten Wallfahrtsstätten in der Türkei, obwohl → Atatürk als laizistisch denkender Staatsmann 1925 alle religiösen Sekten und damit auch den Mevlevi-Derwischorden hatte verbieten und das Kloster 1927 zum Museum erklären lassen.

Mehmet II. (Fortsetzung)

Mevlana (Celaleddin Rumi; um 1200 bis 1273)

85

Berühmte Persönlichkeiten

Midas
(um 738 bis
700 v. Chr.)

Der letzte und berühmteste der phrygischen Könige, Midas (Sohn des Gordios), herrschte über ganz Kleinasien bis hin nach Kilikien und galt als eminent reich, weil er nach der Legende den Quelldämon Silen betrunken gemacht und gefangengenommen hatte. Mit seinem Opfer erpreßte er den Gott Dionysos um die Gabe, daß auf seinen Wunsch alles zu Gold würde, was er berührte. Zur Strafe dafür, daß Midas bei einem Musikwettbewerb dem Gott Pan den Vorzug gegeben hatte, ließ ihm Apoll Eselsohren wachsen, die Midas vergeblich unter der phrygischen Mütze zu verbergen suchte.
Midas, der mit dem Reich Urartu verbündet war, hatte 717 v. Chr. ein Bündnis mit dem König von Karkamış (am Euphrat) gegen seinen Widersacher, den Assyrer Sargon II., erwogen, der daraufhin Karkamış einnahm. Beim Zusammenbruch des phrygischen Reiches unter dem Ansturm der Kimmerer (ca. 700–670 v. Chr.) und der Skythen beging Midas Selbstmord, angeblich indem er Stierblut trank. Das Reich der Phryger existierte noch bis etwa 650 v. Chr. und wurde durch das Großreich der Lyder abgelöst, in welchem die phrygische Kultur noch lange Zeit fortlebte.

Mehmet
Namık Kemal
(1840–1888)

Der am 21. Dezember 1840 als Sproß einer aristokratischen Beamtenfamilie in Rodostó (heute türkisch Tekirdağ) geborene Mehmet (Mehmed) Namık (Nāmyq) Kemal gilt als einer der großen türkischen Volksdichter. Nach einer privaten Ausbildung arbeitete er als Beamter in İstanbul, wirkte dort an der von dem Literaten İbrahim ⟶ Şinasi herausgegebenen Zeitschrift "Tasvir-i Efkâr" mit und übernahm diese 1865.
Schon in seiner Jugend einer der schärfsten Gegner der despotischen Sultane, veranlaßte ihn seine kritische journalistische Tätigkeit 1867 zur Flucht nach Paris und nach London, wo er gemeinsam mit Ziya Pascha die regimefeindliche Exilzeitung "Hürriyet" (= "Freiheit") herausgab. Nach Amnestierung (1870) und Rückkehr in die Türkei führte die Aufführung (im İstanbuler Gedikpaşa-Theater) seines freiheitlichen Schauspiels "Vatan yahud Silistre" ("Heimat oder Silistria") Anfang April 1873 zu Unruhen, zum Verbot des Stückes und zur Verbannung des Autors nach Zypern. Dort mußte er bis 1876 im Gefängnis von Famagusta (heute türkisch Gazimağusa) verbringen. Nach seiner Freilassung infolge der Entthronung des Sultans Abdulaziz verließ Namık Kemal die Mittelmeerinsel, war 1876 in Paris an der Gründung der Partei der 'Jungtürken' beteiligt, wurde nach kurzer Tätigkeit in der Verfassungskommission 1877 auf die Ägäis-Insel Midilli (griechisch Mytilene) verbannt, dort 1879 Statthalter, 1884 nach Rhodos und 1887 auf die Insel Chios versetzt, wo er am 2. Dezember 1888 einem Tuberkuloseleiden erlag.
Mit seinem romantisch-prätentiösen und oft recht sentimentalen schriftstellerischen, die osmanisch-patriotische Strömung erweckenden Werk – Lyrik, Prosa ("İntıbah" erster 'moderner' türkischer Roman) – hat Namık Kemal die 'jungtürkische' Bewegung mit ausgelöst und damit Anteil an der Vorbereitung der Revolution Mustafa Kemal Paşas (⟶ Atatürk).

Nasreddin Hoca
(um 1208 bis
um 1284)

Der gern als 'türkischer Eulenspiegel' apostrophierte Nasreddin (Nasrettin) Hoca (auch Nasreddin Efendi), ein halblegendärer Volksweiser im osmanischen und turkistanischen Raum, hat vermutlich in Akşehir als Geistlicher und Lehrer (Hodscha, türkisch Hoça) gelebt und soll dort auch begraben sein.
Um seine schalkhafte Figur, die als Personifizierung des türkischen Volkscharakters angesehen wird, rankt sich eine Vielzahl mündlich überlieferter Anekdoten (älteste Schrift von 1571) philosophisch-witziger Art. Seine außerordentlich volkstümlichen Geschichten sind vielfach in den türkischen Sprichwörterschatz eingegangen. Der mongolische Eroberer Timur Leng (Tamerlan) soll ihn als weisen Hofnarren betrachtet haben (vgl. ⟶ Die Türkei in Zitaten).

İsa Necatî
(15./16. Jh.)

Der türkische Dichter İsa Necatî wurde als Sohn eines Sklaven vermutlich in Edirne geboren (sein Geburtsdatum ist nicht bekannt). Die Überlieferung berichtet, daß er in Diensten einer 'reichen Dame' stand und durch diese

eine gute Ausbildung genoß. Bezeugt sind seine Tätigkeiten als Kalligraph (Schönschreiber) und Dichter in Kastamonu sowie als Ratssekretär der osmanischen Sultane → Mehmet II. (Fâtih) und → Beyazıt II.; er ist am 17. März 1509 in İstanbul verstorben.
Necatî gilt als einer der bedeutendsten sog. Divan-Dichter (türkisch 'divan' = Kronrat, Staatsrat) des 15. Jahrhunderts, der sich im Gegensatz zu vielen seiner Zeitgenossen nicht die persischen Meister zum Vorbild nahm, sondern sich in seinen auch gesellschaftliche Probleme ansprechenden Gedichten einer realitätsbezogenen Sprache befleißigte.

İsa Necatî
(Fortsetzung)

Der aus İstanbul stammende türkische Schriftsteller Behçet Necatigil studierte zunächst Turkologie und Germanistik und war später Lehrer für türkische Sprache und Literatur in seiner Heimatstadt. Mit seinem literarischen Werk zählt er zu den wortführenden Erneuerern der modernen türkischen Lyrik. Necatigil hat als erster türkischer Autor literarische Hörspiele verfaßt, aber auch lexikalische Werke erarbeitet sowie Übersetzungen aus dem Deutschen (Werke von R. R. Rilke, W. Borchert, G. Eich, K. Krolow, R. Hagelstange, H. Böll u. a.) geliefert; seit 1980 wird ein Necatigil-Lyrikpreis vergeben.
Necatigil verstarb am 13. Dezember 1979 in seiner Geburtsstadt.

Behçet Necatigil
(1916–1979)

Nach der Überlieferung soll der aus dem lykischen Patara gebürtige heilige Nikolaus (sein Fest am 6. Dezember) zu Beginn des 4. Jahrhunderts Bischof von Myra (Lykien; heute türkisch Kale) gewesen sein und dort durch seine Liebe und Barmherzigkeit vielen Bedrängten beigestanden haben. Die Legende knüpft jedoch wahrscheinlich an die historische Gestalt des Abtes Nikolaus von Sion (bei Myra), dessen Todesdatum allerdings mit dem 10. Dezember 564 belegt ist. Sein Grab in Antalya wurde im frühen Mittelalter geplündert und seine Reliquien 1087 nach Bari in Süditalien verbracht. Die Verehrung des hl. Nikolaus als einer der Vierzehn Nothelfer und Beschützer der Seeleute, Händler, Gefangenen und insbesondere der Kinder ging im 6. Jahrhundert von der griechischen und der russischen Kirche aus, erreichte im 9. Jahrhundert Italien und im 10. Jahrhundert auch Deutschland. Erst viel später wurden ihm allerlei Begleiter beigegeben, wie etwa der 'Knecht Ruprecht' oder der alpenländische 'Krampus'.

Hl. Nikolaus
(3./4. Jh.)

→ *Baedeker Special* S. 377

Der dialektal auch Ottoman genannte Osman I. gilt als der Begründer der nach ihm benannten Dynastie der osmanischen Sultane. In der Nachfolge seines Vaters, des Hordenanführers Ertogrul, dessen Weidegründe in Bithynien (beim heutigen Söğüt) lagen, erweiterte er als Stammesoberhaupt seinen Herrschaftsbereich (u. a. durch die Einnahme byzantinischer Festungen), bezeichnete sich seit etwa 1290 als unabhängigen Fürsten (Emir) und schuf die Grundlagen für das Osmanische Reich.
Osman I. wird auch als 'Osman Gazi' (= 'Osman, der Kämpfer in vorderster Reihe') tituliert; er verstarb im Jahre 1326 im westanatolischen Söğüt.

Osman I.
(1258–1326)

Der in der Bosporusstadt İstanbul geborene Osman Hamdi Bey hat sich als Förderer des kulturellen Lebens in der türkischen Metropole einen Namen gemacht. Im Jahre 1880 gründete er hier eine Kunstschule und setzte sich 1881 für die Einrichtung eines kunsthistorischen Museums ein. Osman Hamdi hatte wesentlichen Anteil an den Ausgrabungen der Nekropole von Sidon (heute Saïda, im Libanon), wo 1887 der Sarkophag Alexanders d. Gr. gefunden worden ist (heute im İstanbuler Archäologischen Museum).

Osman Hamdi
(1842–1910)

Der am 13. Oktober 1927 im ostanatolischen Malatya geborene Turgut Özal absolvierte bis 1950 ein Studium des Elektroingenieurwesens an der Technischen Universität in İstanbul und wendete sich dann den Wirtschaftswissenschaften zu. Von 1967 bis 1971 fungierte er in Ankara als Unterstaatssekretär im staatlichen Planungsamt, wurde Vorsitzender der türkischen Kommission für wirtschaftliche Koordination, des Finanzausschusses und anderer Gremien, von 1971 bis 1973 gehörte er dem Belrat

Turgut Özal
(1927–1993)

Berühmte Persönlichkeiten

Turgut Özal
(Fortsetzung)

für Sonderprojekte der Weltbank in der US-amerikanischen Hauptstadt Washington (DC) an. Nach Rückkehr in die Türkei war er zunächst in führenden Stellungen der Privatwirtschaft tätig und wurde 1979 Leiter des staatlichen Planungsamtes. Nach dem Staatsstreich des Jahres 1980 avancierte Özal zum stellvertretenden Ministerpräsidenten unter Bülent Ülüsü, trat jedoch im Sommer 1982 von diesem Amt zurück; 1983 wählte man ihn zum Vorsitzenden seiner 'Mutterlandspartei' ANAP (Anavatan Partisi), und nach dem ANAP-Sieg bei den Parlamentswahlen im November desselben Jahres wurde er Ministerpräsident. Er bemühte sich um bessere Beziehungen zu Westeuropa und verfolgte das langfristige Ziel der Aufnahme der Türkei in die Europäische Gemeinschaft (EG). Im Jahre 1988 traf Özal im ostschweizerischen Davos (Januar) und in der belgischen Hauptstadt Brüssel (April) mit dem damaligen griechischen Ministerpräsidenten Andreas Papandreou zusammen und reiste danach nach Griechenland (Juni; erster Besuch eines türkischen Regierungschefs in Athen seit 36 Jahren!), v. a. um die Spannungen um Zypern sowie den Festlandsockel im Ägäischen Meer abzubauen. Dann unternahm der Muslim Özal als erster Ministerpräsident der erklärt laizistischen Republik Türkei eine Pilgerfahrt nach Mekka (Juli).

Am 31. Oktober 1989 wählte die türkische Große Nationalversammlung Turgut Özal zum Staatspräsidenten. Im März 1991 besuchte er als erstes Staatsoberhaupt seines Landes Rußland. Die zum Regierungswechsel führende Wahlniederlage der ANAP bei den Parlamentswahlen am 20. Oktober 1991 schwächte seine Position. Das auf Initiative Özals gegründete Abkommen zur wirtschaftlichen Zusammenarbeit der Schwarzmeer-Anlieger wurde am 25. Juni 1992 in İstanbul von elf Staaten unterzeichnet. Nach anstrengender Reisetätigkeit verstarb Turgut Özal unerwartet am 17. April 1993 in Ankara.

Heinrich Schliemann
(1822–1890)

Der Altertumsforscher Heinrich Schliemann wurde am 6. Januar 1822 im mecklenburgischen Neubukow geboren. Die Familienverhältnisse zwangen ihn, den Besuch des Gymnasiums abzubrechen und den Beruf des Kaufmanns zu erlernen. Nicht zuletzt seiner sprachlichen Begabung (er soll zuletzt 15 Sprachen beherrscht haben) verdankte er seinen raschen beruflichen Erfolg in einem Amsterdamer Handelskontor; 1847 gründete er ein eigenes Handelshaus in St. Petersburg, das ihm ein beträchtliches Vermögen eintrug und seit 1858 die ausschließliche Hinwendung zur Altertumsforschung erlaubte. Nach umfangreichen, weltweiten Reisen und dem Studium der Sprachwissenschaften und Archäologie in Paris ließ er sich 1868 in Athen nieder.

Getragen von der Überzeugung, daß die Werke Homers auf historischen Tatsachen beruhen, entwickelte er die noch heute gültige archäologische Vorgehensweise, wonach den eigentlichen Ausgrabungen zunächst ein eingehendes Studium der literarischen Quellen sowie die Erkundung der topographischen Gegebenheiten und gegebenenfalls Sondierungsgrabungen vorauszugehen haben.

Schliemann betrieb – seit 1882 unterstützt von Wilhelm Dörpfeld – Grabungen in Troia (Hisarlık; 1870–1882 und 1890), in Mykene (1876), Orchomenos (1880–1886) und Tiryns (1884/1885). Seine Hauptfunde übergab er großen Museen in Deutschland und Griechenland: dem Museum für Vor- und Frühgeschichte in Berlin den berühmten Goldschatz von Troia ('Schatz des Priamos'; nach dem Zweiten Weltkrieg vermutlich nach Moskau verbracht) und dem Archäologischen Nationalmuseum in Athen den Goldschmuck aus den Königsgräbern von Mykene.

Heinrich Schliemann starb auf der Rückreise von Deutschland nach Athen am 26. Dezember 1890 in Neapel; sein Grab befindet sich in Athen.

Selim I.
(1467 oder 1470 bis 1520)

Der aus dem pontischen Amasya stammende osmanische Sultan (seit 1512) Selim I. Yavuz (Selim der Strenge oder der Grausame) führte den Sieg der sunnitischen Rechtgläubigkeit durch sein rücksichtsloses Eingreifen in schiitische Aufstände Kleinasiens herbei und geriet dadurch in verschärften politischen Gegensatz zum schiitischen Persien (Iran). Er

Turgut Özal

Sinan

Süleyman I.

zwang die iranischen Safawiden zur Abtretung eines Teils von Aserbaidschan und unterwarf nacheinander Mesopotamien, Syrien, Palästina und Ägypten (Eroberung der Hauptstadt Kairo am 22. Mai, Hinrichtung des letzten Mamelukenherrschers dort am 13. Juni 1517), womit er auch die heiligsten Stätten des Islam unter seinen Schutz stellte und den Kalifentitel annahm.

Selim I.
(Fortsetzung)

Selim I., der sich u. a. als Dichter in persischer Sprache hervortat, starb (angeblich an der Pestseuche) in der zweiten Hälfte des Jahres 1520 auf dem Wege von İstanbul nach Edirne bei Çorlu.

Der vermutlich in einem anatolischen Dorf bei Kayseri geborene Sinan gilt als der berühmteste Architekt des Osmanischen Reiches. Er wuchs als Sohn christlicher Eltern (Griechen oder Armenier) auf, wurde durch die Knabenlese der Familie entzogen und nach İstanbul geschickt, wo er eine muslimische Erziehung und militärische Ausbildung zum Janitscharen erfuhr. Als Militäringenieur nahm er 1521–1538 an verschiedenen Feldzügen unter Sultan ⟶ Süleyman I. teil und wurde 1538 zum Staatsarchitekten und Chefbaumeister für das gesamte Osmanische Reich bestimmt; diese Funktion erfüllte er unter drei Sultanaten (Süleyman I., Selim II., Murat III.).

Sinan
(um 1497 bis
1587 oder 1588)

Aufgrund seiner Entwürfe wurden nicht nur die raumgewaltigsten und vollkommensten osmanischen Moscheen, sondern auch eine schier unfaßbare Zahl bedeutender öffentlicher Bauten errichtet; zwischen 1528 und 1588 sollen insgesamt 477 Bauwerke entstanden sein. Davon bestehen bis heute mehr als 100 große Moscheen (Cami), über 50 kleine Moscheen (Mesçit), über 70 Medresen, 38 Paläste, über 30 Karawansereien, 25 Türben (Mausoleen), außerdem zahlreiche Schulgebäude, Badehäuser (Hamam), Armenküchen, Krankenhäuser und Derwischklöster sowie etliche Brücken und Aquädukte (z. B. jener 265 m lange von Mağlova zur Wasserversorgung von İstanbul). Weit mehr als die Hälfte von Sinans Bauten sind in der damals glänzenden Reichsmetropole İstanbul und ihrer Umgebung errichtet worden. Sinan, der 'Michelangelo der Osmanen', hat sich beim Moscheenbau, den er erst im Alter von knapp 50 Jahren anging, insbesondere am Mehrkuppelbau der Hagia Sophia orientiert; er kannte jedoch als weitgereister Mann auch die bedeutenden Bauten der Seldschuken, die Grabdenkmale in Anatolien, die frühchristlichen Höhlenkirchen in Kappadokien und die armenische Baukunsttradition.

Der altehrwürdige Baumeister Sinan (Hoca Mimar Sinan), zu dessen herausragenden Hauptwerken die Prinzenmoschee (Şehzade Mehmet Camii; vgl. graphische Darstellungen S. 95) und die Moschee Süleymans des Prächtigen (Süleymaniye Camii) in İstanbul sowie die Moschee Selims II. (Selimiye Camii) in Edirne gehören, verstarb im Jahre 1587 oder 1588 in İstanbul.

Berühmte Persönlichkeiten

İbrahim Şinasi
(1826–1871)

Der aus İstanbul gebürtige Offizierssohn İbrahim Şinasi studierte von 1849 bis 1855 auf Staatskosten in Paris Finanzwissenschaften und wurde von Beruf Verwaltungsbeamter. In den von ihm mitgegründeten Zeitschriften "Tercüman-i Ahval" (1860) und "Tasvir-i Efkâr" (1862) setzte er sich für eine fortschrittliche Orientierung seines Landes an europäischen Vorbildern ein. Wegen seiner progressiven Gesinnung verbannt, hielt er sich von 1865 bis 1869 erneut in Paris auf.

Um 1860 beginnt mit dem schriftstellerischen Werk İbrahim Şinasis die moderne Phase der türkischen Literatur: Er verfaßt die erste original türkische Komödie ("Şair Evlenmesi", 1860) und befaßt sich mit der Übersetzung französischer Klassiker ins Türkische. Seine lyrischen Gedichte haben zwar noch die traditionelle Form, sind jedoch bereits von neuen Gedankengängen erfüllt. In seinen Prosatexten macht er erste Schritte in Richtung einer Vereinfachung der bisher schnörkelbefrachteten Sprache. İbrahim Şinasi verstarb am 13. September 1871 in İstanbul.

Süleyman I.
(1494–1566)

Der vermutlich am 6. November 1494 in Trabzon (Trapezunt) am Schwarzen Meer geborene Sultan (seit 1520) Süleyman I. Kanuni (Süleyman der Gesetzgeber; im Abendland Süleiman der Prächtige oder der Große), der einzige Sohn von → Selim I., war der aktivste und expansionsfreudigste der osmanischen Herrscher. Er erweiterte sein Reich beträchtlich: 1521 eroberte er Belgrad, 1522 die Insel Rhodos (die Johanniter wichen nach Malta aus), besiegte 1526 den ungarischen König Ludwig in der vernichtenden Schlacht bei Mohács (29. August), nahm am 8. September 1529 Ofen (Budapest) und belagerte Wien von 27. September bis zum 15. Oktober 1529 vergeblich; 1534 nahm er Bagdad ein, 1562 nahm er Siebenbürgen in Besitz. Sein Machtbereich erstreckte sich ostwärts weit bis nach Persien (Iran) hinein, und seine Flotte beherrschte praktisch das gesamte Mittelmeer (heftige Seekriege gegen die Küsten Nordafrikas, Italiens und Dalmatiens, v.a. unter dem Korsarenadmiral Cheireddin Barbarossa, einem Griechen aus Mytilene) sowie das Rote Meer (samt Jemen und Aden).

Unter Süleymans Herrschaft, die im Inneren u.a. gekennzeichnet war von Reformen des Heeres und des Rechtswesens, erlebte die Reichsmetropole İstanbul eine nie zuvor gekannte Blüte, die sich in einem anspruchsvollen Geistesleben (Süleyman trat unter dem Namen 'Muhibbi' selbst als Dichter auf) und nicht zuletzt in einer überaus regen Bautätigkeit unter Führung des großen türkischen Architekten → Sinan manifestierte. Süleyman I. verstarb am 6. September 1566 im Krieg gegen Österreich vor Szigetrar (eine Kleinstadt westlich von Pecs in Südungarn), das zwei Tage später in osmanische Hand fiel. Sein Grab befindet sich in der größten von → Sinan geschaffenen Türbe auf dem Friedhof des İstanbuler Moscheenkomplexes der Süleymaniye Camii.

Thales
(um 650 bis
um 560 v. Chr.)

Der griechische Philosoph, Astronom, Mathematiker und Naturforscher Thales von Milet, einer der Sieben Weisen des klassischen Altertums, soll vielleicht phönizischer Abstammung gewesen sein. Er begründete die sog. ionische Naturphilosophie, nach der alles Dasein auf das Wasser als Urstoff zurückzuführen sei. Er nahm eine Belebtheit auch der anorganischen Materie an und führte alle Bewegungskräfte auf die Wirkung einer alles steuernden Seele zurück. Als Kenner der Astronomie soll er die Sonnenfinsternis vom 28. Mai 585 v.Chr. vorausgesagt haben. Der nach ihm benannte geometrische Lehrsatz – alle Peripheriewinkel im Halbkreis ('Thaleskreis') betragen 90° – war allerdings schon den Babyloniern bekannt.

Xenophon
(um 430–425 bis
um 355 v.Chr.)

Der aus dem attischen Demos Erchia stammende Schriftsteller Xénophon (griechisch Xenophón) schloß sich in jungen Jahren dem Sokrates an und nahm 401 v.Chr. am Feldzug des Persers Kyros d. J. gegen dessen Bruder, den Großkönig Artaxerxes II. Mnemon, teil. Nachdem Kyros bei Kunaxa gefallen war, führte Xenophon die Nachhut der griechischen Söldnertruppe durch das winterliche Armenien ans Schwarze Meer nach Trapezús

Xenophon
(Fortsetzung)

(Trapezunt; heute türkisch Trabzon), schloß sich dem Spartanerkönig Agesilaos an, erlebte die spartanischen Feldzüge gegen die Perser in Westkleinasien und stand in der Schlacht von Koroneia (394 v. Chr.) auf Seiten der Spartaner. Wegen dieser Parteinahme wurde er aus Athen verbannt und lebte dann als Schriftsteller auf einem ihm von den Spartanern geschenkten Landgut bei Skillús (südlich von Olympia), bis er nach dem Zusammenbruch der spartanischen Vorherrschaft nach Korinth ausweichen mußte, wo er vermutlich verstorben ist; ob er zuvor noch einmal nach Athen zurückkehren durfte, ist ungewiß.

Das gesamte literarische Werk des Xenophon ist erhalten. Es umfaßt vor allem die historischen Schriften "Anábasis" (acht Bücher über den Kyrosfeldzug und den Rückmarsch der 'Zehntausend' griechischen Söldner) und "Helleniká" (Geschichte Griechenlands ab dem Jahre 411/410 v. Chr., im Anschluß an Thukydides' Geschichte des Peloponnesischen Krieges), dann ethisch-pädagogische Schriften wie den Fürstenspiegel "Kyrupädie", "Staat der Spartaner" oder "Póroi" (über die Staatseinkünfte der Athener) und technologische Schriften über die Reitkunst sowie die nicht weniger bedeutenden sokratischen Schriften "Erinnerungen an Sokrates", "Verteidigung des Sokrates", "Oikonomikós" und "Sympósion" (ein sokratisches Gastmahl).

Yunus Emre
(13./14. Jh.)

Als Geburts- und Sterbeort des bedeutenden türkischen Volksdichters Yunus Emre wird das anatolische Dorf Sarıköy genannt. Über sein Leben ist wenig Genaues bekannt. Als wandernder Asket (Sufi) sei er durch Syrien und Aserbaidschan, aber auch nach Konya gekommen, wo er die Bekanntschaft von Celaleddin Rumi (→ Mevlana) gemacht haben soll. Auch sei er angeblich ein Schüler des Stifters des Bektaschi-Derwischordens gewesen.

In seinen islamisch-mystischen, teilweise ekstatischen Gedichten stellt Yunus Emre ganz den Menschen in den Mittelpunkt, dessen höchste Fähigkeit die Liebe sei. Im Gegensatz zu vielen Vertretern der türkischen Hofdichtung (Divan-Dichter), die sich einer arabisch und persisch überfremdeten Kunstsprache befleißigten, dichtete Yunus Emre weitgehend in der anatolischen Volkssprache, was ihm seine bis heute fortdauernde Popularität eingetragen hat.

Man nimmt an, daß Yunus Emre hochbetagt im Jahre 1321 gestorben ist; sein Grab wird in Karaman vermutet.

Die UNESCO hat 1991 zum 'Yunus-Emre-Jahr' erklärt.

Mehmet Emin
Yurdakul
(1869–1944)

Der İstanbuler Mehmet Emin Yurdakul, Sohn eines Fischers und Autodidakt, schlug zunächst die Beamtenlaufbahn ein und fungierte von 1909 bis 1912 als Gouverneur verschiedener türkischer Regierungsbezirke.

Als lyrischer Dichter benutzte Yurdakul eine einfache volksnahe, auch das Elend der kleinen Leute beleuchtende, rein türkische Sprache, wobei er sich jedoch alttürkischer Versmaße bediente. Mit seinen lehrhaft-patriotischen und nicht selten pathetischen Gedichten gab der 'Sänger des Türkentums' dem Nationalismus entscheidende Impulse, verlor jedoch in der Zeit der jungen Republik an Spannkraft. Von seinen bis heute von seinen Landsleuten geschätzten, besonders stilgeschichtlich bedeutsamen Werken sind auch einige ins Deutsche übersetzt worden.

Kultur- und kunstgeschichtlicher Abriß

Zahlreiche Funde belegen, daß der Küstensaum Anatoliens schon seit frü- Reiches Kulturerbe
hester Zeit besiedelt ist. So haben von der Steinzeit bis in die Gegenwart
die verschiedensten Völker und Kulturen ihre Spuren auf der kleinasiatischen Halbinsel hinterlassen. Kaum irgendwo sonst wird dem Reisenden
der Wandel kulturgeschichtlicher Epochen derart eindrucksvoll demon-
striert: An vielen Orten finden sich nebeneinander Zeugnisse von Griechen, Römern, Byzantinern, Seldschuken und Osmanen; häufig wurden
sogar Kirchen und Häuser auf den Fundamenten älterer Bauwerke errichtet.
Bei dem über 7000 Jahre verfolgbaren Bestehen eines Städtewesens in
Kleinasien sind noch vielerlei z.T. großartige Reste aus den alten Kulturperioden erhalten. Das Auftreten der nicht selten über 20 m hohen Hüyüks,
der fundreichen Ruinenhügel aus vor- und frühgeschichtlicher Zeit, ist für
manche Landschaft kennzeichnend.

Die großen Epochen im Überblick

Die älteste bisher bekannte steinzeitliche Siedlung Anatoliens haben For- Prähistorische Zeit
scher in der Nähe von Antalya entdeckt. Werkzeuge, Waffen und unbe-
malte Keramik geben einen Eindruck von dieser frühen Kultur.
In der Kupfer- und Bronzezeit entwickeln sich in Kleinasien zahlreiche regionale Kulturzentren. Zu ihnen gehören auch die Siedlungsschichten von
Troia I (ab 3000 v.Chr.) und Troia II (ab 2500 v.Chr.). Bei der zweiten
Bebauungsschicht von Troia stieß Schliemann auf den von ihm als 'Schatz
des Priamos' angesehenen Fund mit geschmiedeten Werkzeugen und
Schmuck aus Edelmetall.

Die geschichtliche Periode Anatoliens beginnt mit den Hethitern, die Hethiter
gegen Ende des dritten vorchristlichen Jahrtausends nach Kleinasien eingewandert sind. Als erstes Volk auf anatolischem Boden bedienen sie sich
einer Schrift, und zwar der Keilschrift, die sie im 18. und 17. Jh. v.Chr. aus
Mesopotamien eingeführt haben. Zudem verwenden sie noch eine Bilder-
schrift, die Beziehungen zu den kretischen Hieroglyphen aufweist.
Die hethitische Kunst entwickelt sich aus dem Zusammenwirken der Kultur
der eingewanderten Indo-Europäer mit der des einheimischen hattischen
Volkes. Bereits im 18. Jh. v.Chr. tritt die hethitische Kunst in ihren wesentlichen Zügen auf, ihre Blüte erlebt sie jedoch um ca. 1450 bis 1200 vor der
Zeitenwende. In dieser Zeit werden große Tempel und Paläste sowie einzigartige Befestigungswerke geschaffen. Wichtigstes Kennzeichen der
hethitischen Architektur ist die völlige Asymmetrie in der Planung. Säulen
kennen die Hethiter nicht, als Stützen dienen stattdessen viereckige Pfeiler. Daneben ist die Verwendung von großen Fenstern mit niedrigen Brü-
stungen charakteristisch.
An den Toren der Paläste oder an Felswänden sind vielfach großplastische
Reliefs angebracht. Ihre Details zeigen, daß die hethitischen Künstler nach
festen Formeln und Vorschriften arbeiten: Nicht nur Haartracht und Kleidung, sondern auch die Körperglieder der dargestellten Personen werden
stets nach einem feststehenden Schema geschaffen.

Im äußersten Osten Anatoliens, auf der Hochebene rings um den Van-See Urartäer
und im heutigen Armenien, gründeten die Urartäer, die Nachfahren der
Hurriter, ein Reich (900 – 600 v.Chr.), das eine stark assyrisch beeinflußte
Kultur entwickelte.

◀ *Akropolis von Pergamon (Bergama)*

Kultur- und kunstgeschichtlicher Abriß

Die großen Epochen im Überblick (Fortsetzung) Phryger

Im mittleren Kleinasien schufen die Phryger eine bemerkenswerte Kultur (750–500 v.Chr.), die in der Hauptsache der griechischen Sphäre angehörte, aber bedeutende Einflüsse von Seiten der Späthethiter und Urartäer empfing. Die Phryger waren ein ursprünglich thrakisches Volk, das wohl an der Zerstörung des hethitischen Reiches teilgenommen hat; sie sind jedoch erst mit der Mitte des 8. Jh.s archäologisch faßbar. Das ephemere Reich der Phryger wurde durch Midas in der zweiten Hälfte des 8. Jh.s gegründet; es fand infolge der kimmerischen Invasion ca. 675 v.Chr. ein plötzliches Ende. Die phrygische Kultur bestand jedoch weiter und schuf während des 6. Jh.s im Zentrum des westlichen Anatolien großartige Grab- und Kultdenkmäler, die zu den eindrucksvollsten Monumenten des heutigen Anatolien zählen. Die wichtigsten Funde stammen aus Gordion, der Hauptstadt der Phryger, und den anderen Zentren der phrygischen Kultur, wie Alışar, Boğazkale, Alaca, Pazarlı und Ankara.

Lyder, Lykier, Karer

Nach dem Verfall des hethitischen Reiches um 1190 v.Chr. tritt eine dunkle Phase ein, die in den einzelnen Gebieten Kleinasiens von unterschiedlicher Dauer ist. In Südwestanatolien erlangen ab dem 8. Jh. v.Chr. die Lykier, Lyder und Karer Geltung. Von den Kunst- und Bauwerken dieser Völker ist abgesehen von Grabbauten (prachtvolle Grabmonumente, Felsgräber mit reich geschmückten Fassaden, Grabhöhlen u.a.) nur wenig erhalten. Spätestens seit Mitte des 7. Jh.s v.Chr. geraten die genannten Kulturen unter griechischen Einfluß; bis zur Zeit Alexanders des Großen können sie sich jedoch ihren eigenen Stil bewahren. Erst danach wird in Anatolien allgemein der Kunststil der Griechen dominierend.

Griechen

Bei den frühgriechischen Niederlassungen an der Westküste Kleinasiens handelt es sich zunächst um primitive Siedlungen (1050–750 v.Chr.). Auf dem Gebiet der Kunst stehen sie unter dem Einfluß des Mutterlandes. In den folgenden Jahrhunderten erlebt die ostgriechische Welt jedoch einen politischen und parallel dazu auch einen kulturellen Aufstieg, bei dem die führende Rolle den Ioniern zukommt. Ihre Kultur, die sich aus dem Zusammenleben des griechischen Volkes mit der einheimischen Bevölkerung entwickelt und unter vielfältigen orientalischen Einflüssen steht, erlebt ihren Höhepunkt von 650–494 v.Chr. Die in diesem Zeitraum geschaffene ionische Kunst hebt sich deutlich von der des griechischen Festlandes ab. Spezifische Charakteristika der Plastik sind beispielsweise der strahlende Gesichtsausdruck der Figuren und der reiche Faltenwurf der Kleider. Weit bedeutender ist jedoch der ionische Beitrag zur gesamtgriechischen Kunst auf dem Gebiet der Architektur. Durch ihre schlanken Proportionen mildert die ionische Formensprache den gedrungenen, schwerwirkenden Charakter der griechischen Baukunst, den sie von der dorischen Ordnung

Sieben Weltwunder des Altertums

Mausoleum in Halikarnaß

Artemistempel in Ephesos

Von den Sieben Weltwundern des klassischen Altertums, wie sie im dritten vorchristlichen Jahrhundert zusammengestellt wurden, befanden sich zwei auf heute türkischem, damals griechischem Boden: das Mausoleum (Grabbau für den karischen König Mausolos) im antiken Halikarnassos (Bodrum) und der mächtige Tempel der Artemis in Ephesos (Selçuk).

Zeusstatue in Olympia

Koloß von Rhodos

Als zwei weitere Weltwunder galten in Griechenland das von dem Bildhauer Phidias geschaffene Kultbild des Zeus in Olympia auf der Peloponnes und der Koloß von Rhodos, eine gigantische Statue über der Hafeneinfahrt der Stadt Rhodos auf der gleichnamigen ägäischen Insel.

Pyramiden von Giseh

Pharos vor Alexandria

Hängende Gärten in Babylon

Als die drei übrigen Weltwunder bezeichnete man in Ägypten die Pyramiden von Giseh (bei Kairo) und den Leuchtturm auf der Insel Pharos vor der Mittelmeerhafenstadt Alexandria sowie die Hängenden Gärten der Semiramis in Babylon (heute im Irak). Außer den ägyptischen Pyramiden sind heute von den berühmten Monumenten nur noch spärliche oder gar keine Reste mehr auszumachen.

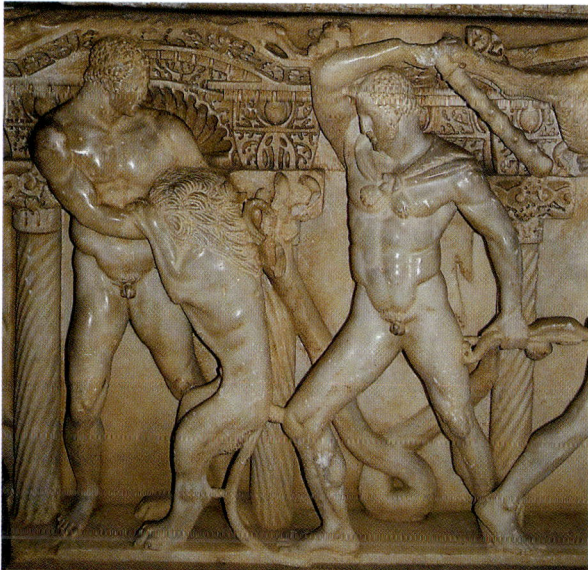

Reliefdetail des römischen Herkulessarkophages (im Museum von Konya)

her innehat. Von den großartigen Bauwerken Ioniens kann man sich heute kaum noch einen Eindruck verschaffen, lediglich Bruchstücke sind erhalten geblieben. Sie werden u. a. in den Museen von İstanbul, İzmir und Selçuk (Ephesos) aufbewahrt.
Zwar hat die ostgriechische Kunst nach der Zerstörung Milets (494 v. Chr.) nur mehr wenig Eigenes hervorgebracht, dennoch zählen auch in der hellenistischen Periode, d.h. in den letzten drei vorchristlichen Jahrhunderten, die Städte Westkleinasiens zu den führenden Kunst- und Kulturzentren. Der ionische Baustil bleibt neben dem dorischen bestehen. Allerdings wird in der hellenistischen Epoche im Gegensatz zu früheren Jahrhunderten das Einzelbauwerk nicht mehr isoliert, sondern als Bestandteil einer architektonischen Gesamtkonzeption gesehen; hiervon zeugt noch heute die Stadtanlage von Priene. Des weiteren tritt nun der funktionale Aspekt der verschiedenen Bauelemente hinter der ornamentalen Wirkung zurück: Es entsteht eine wahre 'Prunkarchitektur'. Klassisches Beispiel hierfür ist Pergamon mit seinen ehemals überreich geschmückten Bauten.

Die kleinasiatisch-griechische Tradition setzt sich in römischer Zeit fast ununterbrochen fort, so daß die römische Kunst Kleinasiens keine ihr eigene Originalität aufweist. Erhalten geblieben sind aus der Periode der römischen Herrschaft die schönsten und besterhaltenen Theatergebäude der Antike, so z. B. in Aphrodisias, Aspendos, Milet und Ephesos.

Aus der spätantiken römischen Kultur, deren hellenistische Grundlagen durch das Christentum noch bereichert worden sind, geht die byzantinische Kunst hervor. Sie entwickelt sich im Laufe des 5. Jh.s und erreicht ihren ersten Höhepunkt unter Kaiser Justinian (526–565). Es folgt eine Zeit des Stillstands und nach dem Ausbruch des Bilderstreites (726–843) sogar eine Periode des Niedergangs. Zu einer erneuten Blüte byzantinischer Kunst kommt es seit dem ausgehenden 9. Jh. unter der makedonischen Dynastie. Zwar steht das Kunstschaffen auch weiterhin in erster

Die großen
Epochen
im Überblick,
Griechen
(Fortsetzung)

Römer

Byzanz

95

Kultur- und kunstgeschichtlicher Abriß

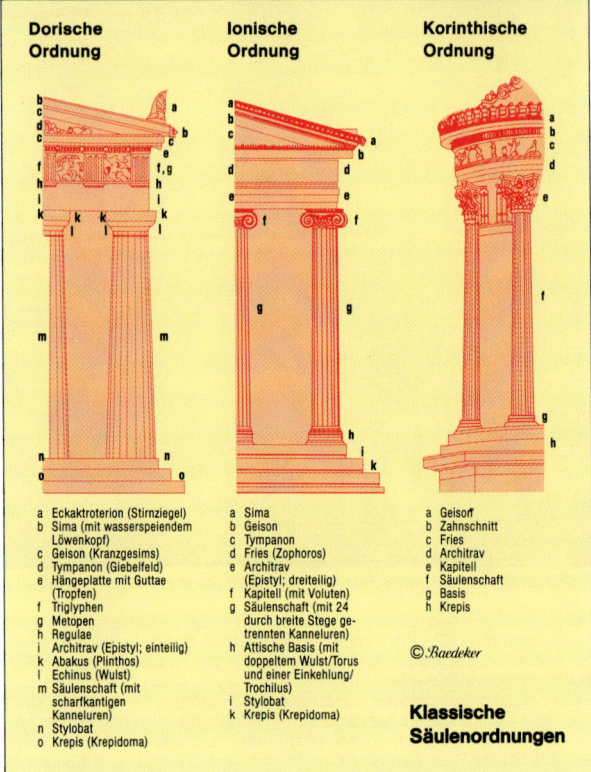

Dorische Ordnung | **Ionische Ordnung** | **Korinthische Ordnung**

a Eckakroterion (Stirnziegel)
b Sima (mit wasserspeiendem Löwenkopf)
c Geison (Kranzgesims)
d Tympanon (Giebelfeld)
e Hängeplatte mit Guttae (Tropfen)
f Triglyphen
g Metopen
h Regulae
i Architrav (Epistyl; einteilig)
k Abakus (Plinthos)
l Echinus (Wulst)
m Säulenschaft (mit scharfkantigen Kanneluren)
n Stylobat
o Krepis (Krepidoma)

a Sima
b Geison
c Tympanon
d Fries (Zophoros)
e Architrav (Epistyl; dreiteilig)
f Kapitell (mit Voluten)
g Säulenschaft (mit 24 durch breite Stege getrennten Kanneluren)
h Attische Basis (mit doppeltem Wulst/Torus und einer Einkehlung/Trochilus)
i Stylobat
k Krepis (Krepidoma)

a Geison
b Zahnschnitt
c Fries
d Architrav
e Kapitell
f Säulenschaft
g Basis
h Krepis

© Baedeker

Klassische Säulenordnungen

Linie im Dienst der Kirche, doch tritt der kirchlichen, als positive Auswirkung des Bilderstreites, nun auch eine weltliche Kunst gegenüber. Die neue Glanzzeit von Byzanz reicht bis ins 12. Jh. hinein. Einen erneuten Auftrieb erfährt die byzantinische Kultur dann noch einmal unter den Palaiologenkaisern (1261 bis 1453); das Ende bringt die Eroberung Konstantinopels durch die Türken.

Die einzelnen Phasen byzantinischer Kunst spiegeln sich vor allem in der Architektur und hier natürlich in der kirchlichen Baukunst wider.
Die vor Justinian geläufigste Form des Gotteshauses ist die Basilika. Der flachgedeckte, meist dreischiffige Säulen- und Pfeilerbogenbau ist aus der hellenistischen Markt- und Gerichtshalle hervorgegangen. In den eigentlichen Kirchenraum gelangt man über einen quadratischen, von Portiken umgebenen Vorhof (Atrium) und über die Vorhalle (Narthex). Der Kirchenraum selbst gliedert sich in zwei Teile: Der vordere, für die Laien bestimmte ist durch eine hohe Schranke von dem der Geistlichkeit vorbehaltenen Teil abgetrennt. Dieser Abschnitt endet in der Apsis mit Priesterbank, Bischofsstuhl und Altar. Das Dach der Basilika ist über dem Mittelschiff in Sattelform sanft geneigt, während die Seitenschiffe Pultdächer haben. Das vorgezeichnete Schema wird natürlich nur selten genau eingehalten, so fehlt bisweilen das Atrium, oder es finden sich auch vier Seitenschiffe.

Nachdem architektonische Lösungen auch für den Bau größerer Kuppeln gefunden sind, wird unter Justinian der Typ der Kuppelbasilika geschaffen. Sie stellt eine Verbindung zwischen Lang- und Rundbau dar. Die Kuppel ist als Unterbrechung des Hauptschiffes gedacht, und das Bestreben, ihre Wirkung zu erhöhen, führt zur Anlage von Querschifftonnen, seitlichen Halbkuppeln, Entlastungsbögen und ähnlichem. Dem ursprünglichen Basilikagrundriß sind damit wesentliche Neuerungen zugefügt, dennoch bleibt die Basilika an Seitenschiffen, Narthex und Apsiden deutlich zu erkennen. Zur vollen Entfaltung gelangen diese neuen architektonischen Grundzüge in dem weltberühmten Bauwerk der Hagia Sophia (Bauzeit: 532–537).

Der dritte Typus des byzantinischen Gotteshauses, die Kreuzkuppelkirche, entwickelt sich seit dem 6. Jh., erreicht seine vollendete Ausbildung jedoch erst in der Makedonierzeit und setzt sich seitdem gegenüber allen früheren Formen durch. Der Kernbau der Kreuzkuppelkirche weist als Grundriß ein griechisches Kreuz auf. Den Schnittpunkt von Lang- und Querschiff krönt eine Kuppel. Zu dieser Hauptkuppel treten weitere an den Enden der Kreuzesarme und häufig noch in den Ecken des umschreibenden Quadrats bzw. Rechtecks. In den folgenden Jahrhunderten versucht man, die immer unscheinbarer werdenden Kuppeln turmartig zu erheben; dadurch büßen sie jedoch ihre organische Verbindung mit dem gesamten Gebäude ein.

Zu den Hauptleistungen der byzantinischen Kunst gehören neben der Baukunst das Kunstgewerbe und die Malerei. Letztere stellt sich als Ikone, Miniatur und Wandmalerei dar; auch die Mosaiktechnik dient dem Flächenschmuck. Auf diesen künstlerischen Gebieten führt der Bilderstreit, der sich an der übersteigerten Verehrung der Ikonen entzündet, zu einem tiefen Einschnitt. Erst im späten 9. Jh. setzt wieder ein rapider Aufschwung in der christlichen Bildkunst ein. Sie soll nicht nur einen dekorativen Zweck verfolgen, sondern die Gläubigen durch die bildlichen Darstellungen nachdrücklich auf die Heilswahrheiten hinweisen. Dieser Forderung kommt das Mosaik durch dauerhaftes Material und außergewöhnliche Licht- und Farbeffekte in besonderem Maße nach. War die Auswahl der Darstellungen und ihre Anordnung anfangs den jeweiligen Künstlern überlassen, so werden nach dem Bilderstreit gewisse Regeln maßgebend. Beispielsweise soll an dem höchsten Punkt des Mosaiks in der Kuppel, die als Symbol des Himmelsgewölbes angesehen wird, Christus thronen, umgeben von den Erzengeln, zu denen sich die Evangelisten und die Apostel oder Propheten gesellen.

Vermutlich aus Ägypten ist die dort als Wachsmalerei geübte Porträtkunst nach Byzanz gekommen und hat zur Entstehung von einzelnen Heiligenbildern geführt. Sie werden später auf Holz in Tempera gemalt und schließlich auch in Öl ausgeführt. Die ältesten dieser 'Ikonen' gehen bis ins 11. Jh. zurück; reicher sind die Beispiele jedoch aus dem 14.–16. Jahrhundert.
Einen Begriff von der Miniaturkunst der Byzantiner vermitteln die illuminierten Handschriften, von denen heute allerdings nur noch Kopien früherer Vorbilder erhalten sind. Im Gegensatz zum Mosaik ist die Buchmalerei weniger eng an vorgegebene Formen gebunden. So drängen die Darstellungen zu immer neuen ornamentalen Ausformungen.
Auf dem Sektor des Kunstgewerbes kommt neben der Gold- und Silberschmiedekunst und der Textilherstellung der Elfenbeinschnitzerei eine besondere Bedeutung zu.

Unter den türkischen Seldschuken fällt das byzantinische Kleinasien dem Islam anheim. Die Einnahme Anatoliens beginnt 1071 mit der berühmten Schlacht bei Mantzikert im Osten Kleinasiens. Ein rascher Siegeszug führt das seldschukische Heer über die anatolische Halbinsel hinweg bis an den Küstensaum des Mittelmeeres. So kann sich auch in diesem Raum die seldschukische Kunst entfalten; ihr Schwerpunkt liegt jedoch in Inneranatolien und hier vor allem in der Hauptstadt Konya.

Die großen Epochen im Überblick, Byzanz (Fortsetzung)

Seldschuken

Die großen
Epochen
im Überblick,
Seldschuken
(Fortsetzung)

Ihre Blüte erlebt die seldschukische Kunst in der ersten Hälfte des 13. Jh.s. In dem kurzen Zeitraum von 50 Jahren entfalten die Seldschuken eine reiche Bautätigkeit; es entstehen zahlreiche Moscheen und Medresen (Koranschulen) mit ihren fayencegeschmückten Minaretten sowie festungsartige Karawansereien, Kastelle und Türben (Grabanlagen).

Den Moscheenbau kennzeichnet eine überraschende Vielfalt. Neben den bereits im Islam vorgebildeten Moscheentypen, wie der Hofmoschee, entsteht in Kleinasien eine eigene Neuschöpfung: die Basilikamoschee. Anstelle der bisherigen Breithalle erscheint hier ein Längsbau mit drei oder mehreren Schiffen. Kennzeichnend für diesen Typus ist das Kuppelsystem und das nur in Kleinasien übliche Prunktor. Die Prunktore, die sich auch an den Medresen, Karawansereien und Türben finden, können als Wahrzeichen der seldschukischen Architektur angesehen werden. An ihren Arabesken, den Zierschriften und dem geometrischen Dekor läßt sich der gesamte seldschukische Ornamentenschatz ablesen. Erstaunlich ist das Vorhandensein von figürlichen Motiven, die der übrigen islamischen Sakralkunst fremd sind.

Bei den Profanbauten kommt dem Schloßbau (Saray) die herausragende Bedeutung zu. Es handelt sich hierbei jedoch nicht um Großpaläste, sondern um das Nebeneinander kleinerer pavillonartiger Anlagen (Kioske). Einzigartig innerhalb der islamischen Kunst sind die Karawansereien (Hane), die in regelmäßigen Abständen an den Handelsstraßen angelegt werden. Diese wie Festungen mit massiven Türmen bewehrten Steinbauten ersetzen die früheren primitiven Rasthäuser. Auch hier beeindrucken die prunkvoll dekorierten Steintore am Haupt- und Halleneingang. An ihnen spiegelt sich noch stärker als im Sakralbau die Figurenfreude der Seldschuken. Beliebt sind vor allem Löwenreliefs.

Meister sind die Seldschuken im Bau von Festungsanlagen. Einen besonders guten Eindruck einer turmbewehrten Seldschukenstadt bekommt man noch heute in Alanya.

In der Kleinkunst verdient vor allem die kunstvolle Teppichherstellung Erwähnung. Kleinasien muß schon früh das führende Zentrum der Teppichknüpferei gewesen sein. Die ältesten Stücke, durchweg in Wolle und im sog. türkischen Knoten geknüpft, fallen durch ihre Bordüren auf, die sich kontrastreich gegen die kleingemusterten Felder absetzen. Beliebt sind Nuancierungen ein und desselben Farbtons, so etwa verschiedene Blau-, Rot- oder Grüntöne.

Nadelminarette
(vgl. S. 100)
in schematisierter
Darstellung

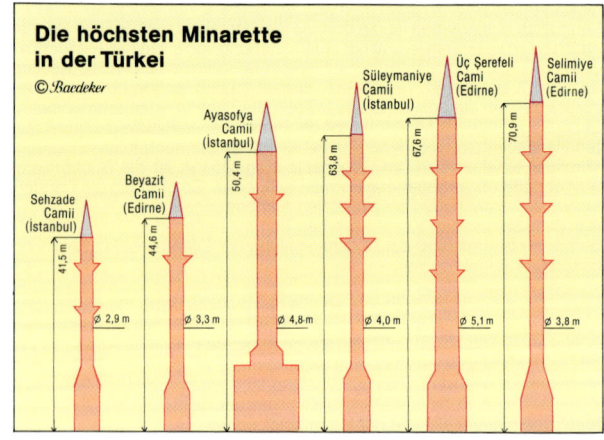

Die höchsten Minarette in der Türkei

© Baedeker

Sehzade Camii (Istanbul) 41,5 m, ⌀ 2,9 m
Beyazit Camii (Edirne) 44,6 m, ⌀ 3,3 m
Ayasofya Camii (Istanbul) 50,4 m, ⌀ 4,8 m
Süleymaniye Camii (Istanbul) 63,8 m, ⌀ 4,0 m
Üç Şerefeli Cami (Edirne) 67,6 m, ⌀ 5,1 m
Selimiye Camii (Edirne) 70,9 m, ⌀ 3,8 m

Nach der Eroberung Konstantinopels (1453) durch die Osmanen beginnt ihr Aufstieg zur Weltmacht. Damit einher geht eine großartige Kultur- und Kunstentfaltung. In der Kunstentwicklung lassen sich einzelne Phasen ablesen. So folgt der Frühzeit des 14. und 15. Jh.s mit ihren vielseitigen Tendenzen die klassische hochosmanische Periode des 16. und 17. Jh.s von stärker einheitlichem Charakter. Diese Phase wird wiederum von einer letzten, stark unter europäischen Einflüssen stehenden Epoche abgelöst. Die Vielfältigkeit der frühosmanischen Periode drückt sich vor allem im Moscheenbau aus, für den eine völlige Neuorientierung beginnt. Anstelle des für die Seldschuken typischen basilikalen Planes wird nun das Breitraumschema wieder aufgenommen, das sowohl mit Hof als auch mit der jetzt erstmalig in Kleinasien verwendeten Vorhalle kombiniert wird. Der Kuppel kommt eine immer größere Bedeutung zu. Reihen von Kuppeln überdecken jetzt auch die Hofarkaden von Moscheen und Medresen. Eine neue Note erhält die Fassade. Sie wird nicht mehr allein durch das seldschukische Prunktor, sondern durch Fensterzonen und durch farbigen Marmor belebt.

Die klassische Zeit osmanischer Kunst, das 16. und 17. Jh., charakterisiert ein auffällig einheitlicher Reichsstil, der sich bis in die entferntesten Gebiete des riesigen Staatswesens hinein ausbreitet und in İstanbul, dem Macht- und Kulturzentrum, kulminiert.

Die großen Epochen im Überblick (Fortsetzung) Osmanen

Şehzade Mehmet Camii İstanbul

Die Şehzade Camii (Prinzenmoschee) in İstanbul gilt als das Gesellenstück des osmanischen Baumeisters Sinan (→ Berühmte Persönlichkeiten).

Längsschnitt

Grundriß

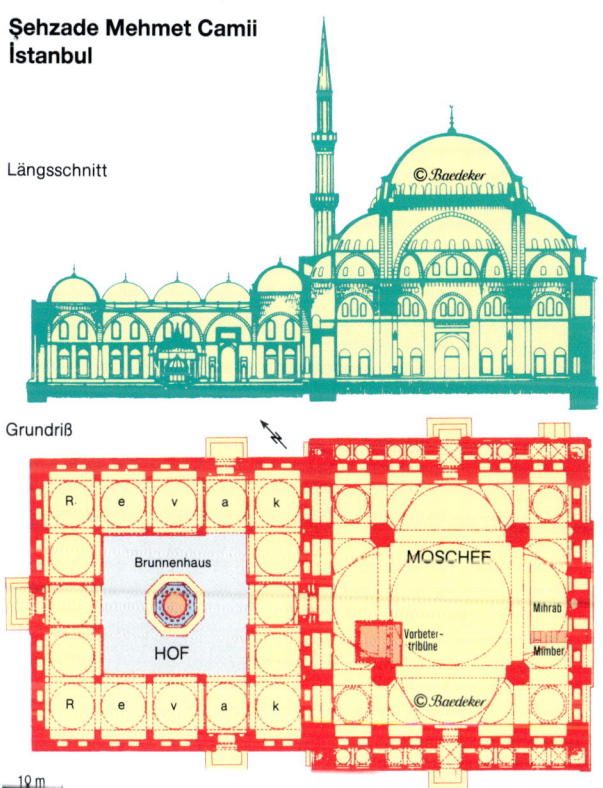

© Baedeker

Şerefeddin Camii in Konya

Die großen
Epochen
im Überblick,
Osmanen
(Fortsetzung)

Wahrzeichen des Moscheenbaus sind nun die imposanten Zentralkuppeln und die überschlanken hohen 'Nadelminarette'. Überall wird die Tendenz zu einer monumentalen Bauweise deutlich. Die neuen riesigen Anlagen sind fraglos von der Hagia Sophia her inspiriert. Höhepunkt des osmanischen Moscheenbaus sind die Schöpfungen des produktiven Baumeisters Sinan (→ Berühmte Persönlichkeiten), des 'Michelangelo der Osmanen'. Seine Werkliste enthält nicht weniger als 477 Bauten. Dabei spielt er in seinen Kuppelanlagen mit den verschiedensten Grundrißlösungen.

Nicht nur die Sakralbauten, sondern auch die profanen Bauwerke werden nun von der Kuppel bestimmt. Sie beherrscht die großzügig geplanten, in einem dreiteiligen Schema angelegten Bäder (Hamam), die wie in der Antike einen Ankleide- und Ruheraum, einen Warmraum und einen Heißraum, jedoch kein Kaltbad haben, oder auch die Schloßbauten. Hier folgen die Osmanen in der lockeren Gruppierung ihrer Sarays dem seldschukischen Vorbild, nur daß jetzt der Gesamtbezirk erheblich ausgedehnt wird. Im Baudekor kommt dem Kachelschmuck entscheidende Bedeutung zu, große Flächen des Außen- und Innenbaus werden mit Kacheln überzogen. Sie zeigen einen neuen Ornamentstil, der von Europa Impulse erhielt und nun stärker realistisch geprägt ist. Im Dekor spiegelt sich die ganze verschwenderische Blütenfülle des Landes wider. Die neuen Dekorformen finden sich nicht nur in der Architekturausstattung, sondern auch in anderen Bereichen der osmanischen Kleinkunst. So ist beispielsweise das Luxusgeschirr lebendiger Zeuge der neuen Dekorationskunst. Überhaupt nimmt die Keramikproduktion in den berühmten Werkstätten von Iznik seit der ersten Hälfte des 16. Jh.s einen außergewöhnlichen Aufschwung und erlangt bis nach Europa hinein Geltung.

Kenntnis über die frühesten Produkte osmanischer Teppichkunst gewinnt man aus den europäischen Bildern des 15. Jh.s, auf denen sogar die sog. Holbeinteppiche dargestellt sind. Es handelt sich dabei um eine Gattung

İstanbul: Fensterdekor im Topkapı Sarayı und ... Kronleuchter in der Dolmabahçe Camii

mit rein geometrischer Musterung. Eine wichtige Rolle spielen daneben die Gebetsteppiche mit der Darstellung des Mihrab (Gebetsnische), auf denen die Gläubigen, in der Richtung nach Mekka gewandt, ihr Gebet verrichten. Kostbare Erzeugnisse der Textilkunst sind neben den Teppichen in Stoffen, und zwar in den osmanischen Seidenbrokaten, Samten und Samtbrokaten erhalten. Auch diese Textilien folgen in ihrer Musterung dem allgemein verbindlichen osmanischen Blütenornament.

Die großen Epochen im Überblick, Osmanen (Fortsetzung)

In einer letzten Kunstblüte entsteht im beginnenden 18. Jh. während der 'Tulpenperiode' ein Kunststil ausgesprochen abendländischer Färbung. Europäisch barocke Züge werden spürbar, am deutlichsten sichtbar in den geschweiften Dächern und Überkuppelungen.

Tulpenperiode

Das eigentliche Rokoko dringt ab Mitte des 18. Jh.s von Frankreich her ins Osmanische Reich ein und findet begeisterte Aufnahme am Hof wie auch bei den türkischen Künstlern. Letztere bilden die Formen jedoch zu einem eigenen türkischen Rokoko um.

Türkisches Rokoko

Im 19. und schließlich im 20. Jh. wird die Anlehnung an die abendländische Baukunst immer ausgeprägter. Ein orientalischer Charakter zeigt sich schließlich nur noch in der Ausschmückung der Bauten.

Moderne

Siedlungen und Städte

In der Türkei besteht bei noch großem Anteil an kleinen und kleinsten Siedlungen ein starkes Wachstum der Städte.

Nach den herkömmlichen Behausungsformen treten Holzhäuser und Fachwerkbauten mit vielen und großen Fenstern, Walmdächern und anderen Schrägdachformen in den westlichen und nördlichen Landschaften auf, Lehmziegelbauten und Steinhäuser mit kleinen Fenstern im Landesinneren und im Südosten. Hier herrscht in den Dörfern ausschließlich das

Hausformen

Siedlungen und Städte, Hausformen (Fortsetzung)	Flachdachhaus, und nur in den Städten finden sich auch Walm- bzw. Schrägdächer. Steinbauten sind besonders für die Vulkanlandschaften des östlichen Trockengebietes charakteristisch.

Die Dörfer wie auch die alten Stadtkerne sind durch die regellose Grundrißgestaltung der orientalischen Stadt gekennzeichnet. Enge Verbauung, Trennung der Wohnviertel mit ihren winkeligen Gassen, oft fast fensterlosen Fassaden der nach außen abgewandten Häuser mit mauerumgebenen Höfen und Gärten von den Geschäftsvierteln mit regem Basar- und Gewerbebetrieb kennzeichnen die älteren Ortsteile, geradliniger, z.T. großzügiger Ausbau die jungen Erweiterungen. Beherrschend im Stadtbild sind die muslimischen Kultbauten, charakteristisch für Dörfer und kleinere Städte sowie die Vororte der größeren die Durchdringung mit Gärten.

Rege Bautätigkeit

Sowohl auf dem Lande als auch besonders in den städtischen Räumen ist in neuerer Zeit eine intensive Bautätigkeit zu beobachten. Neben Maßnahmen zur Schaffung oder Verbesserung der allgemeinen Infrastruktur (Straßenbau, Kanalisation u.a.) fallen vielerorts Baustellen für Wirtschafts- und Wohngebäude sowie für dem aufstrebenden Tourismus dienende Ferienkolonien und Hotels an landschaftlich bevorzugten Plätzen auf.

Typisch islamische Bauten

Moschee (prototypischer Längsschnitt und Grundriß s. S. 99)

Bezeichnungen

Der wichtigste islamische Sakralbau ist die Moschee. Die türkische Bezeichnung lautet 'Mesçit', von arabisch 'Masdschid' (= 'Ort des Niederwerfens [zum Gebet]'); die Hauptmoscheen bzw. die großen Freitagsmoscheen einer Stadt werden 'Cami', von arabisch 'Dschemaa' (= 'Ort der Versammlung [zum Freitagsgebet]') genannt.

Vorhof

Die äußersten Seitenschiffe sind über die Länge des Gebetsraumes in Richtung Vorhof verlängert und bilden zu beiden Seiten des Hofes überdachte Galerien.
Im Moscheenvorhof befindet sich stets ein großer, häufig aus Marmor gefertigter Brunnen für die rituelle Reinigung vor dem Gebet.
Den Vorhof schließt eine große Außenmauer mit einem nicht selten prunkvoll gestalteten Eingangstor ab.

Minarett

An einer Ecke der Außenmauer bzw. der Seitengalerien steht das Minarett (in der Türkei vielfach zwei oder mehrere Minarette), von dem der Muezzin zum Gebet ruft.

Gebetshalle

Die quadratische oder rechteckige Haupthalle der Moschee, der Gebetsraum, ist auf die Kiblawand (türkisch 'Kibla') ausgerichtet.

Kibla

In der Mitte der Kiblawand befindet sich die zuweilen reich ausgestaltete Gebetsnische (Mihrab; türkisch

Mihrap

'Mihrap'). Sie gibt die Gebetsrichtung (nach Mekka) an. Neben dem Mihrab steht, im Regelfall senkrecht zur

Mimber

Kiblawand, die Minbar (Mimbar; türkisch 'Mimber') genannte Predigtkanzel.

Mimber

Medrese

Bedeutung

Ein weiterer wichtiger Sakralbau ist die Medrese (Medresse; von arabisch 'darasa' = studieren). Hierbei handelt es sich um eine höhere Lehranstalt für Theologie und islamisches Recht (gelegentlich auch für Medizin und Naturwissenschaften) mit integriertem Wohnteil für die Studenten (klosterartiges Internat) und einem moscheeähnlichen Gebetsraum.

Die Gebäudeteile einer Medrese gruppieren sich im Regelfall um einen zentralen rechteckigen Innenhof (mit Brunnen), an dessen Kopfseite der Gebetsraum liegt. In den den Hof umgebenden zwei- oder mehrgeschossigen Bauteilen befinden sich im Erdgeschoß die Lehrsäle, die Bibliothek und die Verwaltungsräume, im Obergeschoß die oft recht kleinen, zellenartigen Zimmer der Studenten.

Typisch islamische Bauten, Medrese (Fortsetzung) Anlage

Hamam

Wie in der gesamten islamischen Welt findet man auch in der Türkei allenthalben öffentliche und private Badehäuser, (arabisch und) türkisch 'Hamam' genannt, deren Benutzung eigentlich zum muslimischen Ritus (Körperreinigung vor dem Gebet) gehört.

Türkisches Bad

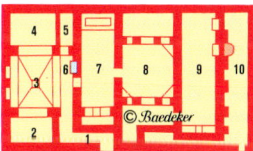

Türkisches Bad · Hamam
Typischer Grundriß eines Badehauses

1 Zugang	7 Kaltraum
2 Aufseherloge	8 Warmraum
3 Innenhof	9 Heißraum
4 Ruheraum	10 Heizungsbereich
5 Toilette	mit Ofen
6 Brunnen	und Kessel

Nach dem Muster der Thermen des Altertums bieten die nach Geschlechtern getrennt besuchten Häuser verschiedene Abteilungen: Kaltbad, Warmbad und Dampfbad sowie einen Ruheraum. Zum Inventar gehören ferner ein Brunnen (oft aus Marmor) und Toiletten.
Der Zugang zum Hamam führt stets um mehrere Ecken, damit man von außen nicht Einblick nehmen kann. In dem meist mit gekachelten Inneren sorgt ein Aufseher für (sittliche) Ordnung.

103

Die Türkei in Zitaten

Homer
Ionischer
Rhapsode
(ca. 8. Jh. v. Chr.)

Singe, Göttin, den Zorn des Peleiaden Achilleus,
Der zum Verhängnis unendliche Leiden schuf den Achaiern
Und die Seelen so vieler gewaltiger Helden zum Hades
Sandte, aber sie selbst zum Raub den Hunden gewährte
Und den Vögeln zum Fraß – so wurde der Wille Kronions
Endlich erfüllt –, nachdem sich einmal im Zwiste geschieden
Atreus' Sohn, der Herrscher des Volks, und der edle Achilleus.
Wer von den Göttern reizte sie auf zu feindlichem Hader?
Zeus' und Letos Sohn. Denn dieser zürnte dem König,
Sandte verderbliche Seuchen durchs Heer, und es sanken die Völker,
Weil der Atride den Priester des Gottes hatte beleidigt,
Chryses; er war zu den schnellen Schiffen Achaias gekommen,
Frei zu kaufen die Tochter, und bot unendliche Buße,
Hielt in den Händen die Binde des treffenden Phoibos Apollon
Oben am goldenen Stab und beschwor die Danaer alle,
Doch die Atriden zumeist, die beiden Lenker der Völker:
Atreus' Söhne und all' ihr hellumschienten Archaier,
Euch verleihe die Macht der Unsterblichen auf dem Olympos,
Priamos' Stadt zu vernichten und wohl nach Hause zu kehren;
Aber die Tochter gebt mir frei und nehmet die Buße,
Heget Furcht vor dem Sohne des Zeus, dem Schützen Apollon!
Alle stimmten ihm zu, die andern Achaier, und rieten,
Ehrend den Priester zu scheun und die reiche Buße zu nehmen.
Nur Agamemnon gefiel es nicht, dem Sohne des Atreus,
Sondern mit Schimpf entließ er den Alten und schmähte ihn drohend:
Daß ich nimmer, o Greis, bei den räumigen Schiffen dich treffe,
Weder jetzt verweilend, noch wiederkehrend in Zukunft!
Kaum sonst möchte dir helfen der Stab und die Binde des Gottes!
Jene lös' ich dir nicht, und eher noch naht ihr das Alter,
Wann sie in unserem Haus in Argos, fern von der Heimat,
Mir als Weberin dient und meines Lagers Genossin!
Gehe denn, reize mich nicht, auf daß du heil mir davonkommst! ...

Verse 1 bis 32 des Ersten Gesanges der homerischen "Ilias"
(übersetzt aus dem Altgriechischen von Eduard Schwartz).

Herodot
Altgriechischer
Geschichts-
schreiber
(5. Jh. v. Chr.)

Diese Joner nun, denen auch Panionion zugehöret, haben ihre Städte gebaut in einem Land, das, unseres Wissens, den schönsten Himmel hat auf der ganzen Erde und der Jahreszeiten anmutigsten Wechsel. Denn nicht, was oberhalb desselbigen lieget, thut es Jonien gleich, noch was unterhalb, noch was gen Morgen, noch was gen Abend. Denn einige leiden von Kälte und Nässe, andere wieder von Hitze und Dürre. Die Joner haben aber nicht alle die selbige Sprache, sondern der Mundarten sind vier. Miletos nämlich ist die erste Stadt gen Mittag, dann kommen Myus und Priene. Diese liegen in Karien und reden eine und dieselbige Mundart; diese aber in Lydien: Efesos, Kolofon, Lebedos, Teos, Klazomenä, Fokäa. Diese Städte reden wiederum mit den zuvor genannten keines Weges die selbige Sprache, wohl aber unter einander...

Aus "Die Geschichten des Herodotos", Erstes Buch, 'Klio', Kapitel 142
(übersetzt aus dem Altgriechischen von Friedrich Lange, Berlin 1811)

Apostel Paulus
(1. Jh. n. Ch.)

Ich gebe ihm (dem Epaphras) Zeugnis, daß er große Mühe hat um euch und um die zu Laodicea und zu Hierapolis...

Aus der Bibel: Neues Testament, Kapitel 4, Vers 13 des Briefes des Paulus an die Kolosser.

Die Stadt ist außerordentlich groß und in zwei Teile geteilt, die ein großer Strom voneinander trennt....

Einer der beiden Teile der Stadt heißt Esthamboûl; er liegt auf dem östlichen Ufer des Stromes, und hier wohnen der Kaiser, die Großen seines Reiches und der Rest der griechischen Bevölkerung. Die Märkte und die Straßen sind breit und mit großen Steinplatten gepflastert. Die Leute jeden Handwerks haben hier einen eigenen Platz, den sie mit keinem anderen teilen. Jeder Markt ist mit großen Toren versehen, die man während der Nacht schließt; der größte Teil der Handwerker und der Kaufleute sind hier Frauen. Dieser Teil der Stadt liegt am Fuße eines Hügelrückens, der ins Meer vorspringt, ungefähr neun Meilen lang und ebenso breit oder gar noch breiter. Auf dem Gipfel des Rückens erhebt sich eine kleine Festung und ebenso das Palais des Kaisers. Die Mauer umgibt den ganzen Hügelrücken und ist sehr fest und so hoch, daß kein Mensch sie auf der Meeresfront erklettern könnte. Sie umschließt ungefähr dreizehn wohlbevölkerte Dörfer, und die Hauptkirche liegt in der Mitte dieses Teiles der Stadt.

Den zweiten Teil der Stadt nennt man Galata, und er liegt auf dem westlichen Ufer der Stromes.... Er ist in der Hauptsache für die fränkischen Christen bestimmt, die hier wohnen und den verschiedensten Völkern angehören.

Ibn Battuta
Arabischer
Reiseschriftsteller
(1304–1377?)

Aus einem Reisebericht (um 1300) des bedeutendsten arabischen Reisenden des Mittelalters, Schams ed Din Abu Abdallah Mohammed Ben Ibrahim Ben Jussuf el Liwati el Tandschi, kurz Ibn Battuta (geb. 25.2.1304 im marokkanischen Tanger).

Von seinem Aufenthalt in Konya kehrte Nasreddin zufrieden nach Akşehir zurück. Auf dem Heimweg betrat er eine Gastwirtschaft und bestellte sich eine brennheiße Suppe, auf die er Appetit hatte. Der Wirt brachte sie umgehend. Als Nasreddin mit seinen listigen Äuglein ihn von weitem kommen sah, rief er: "Ich habe mir eine brennheiße Suppe gewünscht!" Darauf der Wirt:"Wie könnt Ihr von so weit sehen, ob die Suppe heiß oder lauwarm ist?" Da antwortete der Hodscha: "Wenn sie so heiß wäre, wie ich sie bestellt habe, dann würdest du merken, daß dein Finger drinsteckt."

Nasreddin Hoca
Türkischer
Eulenspiegel
(13./14. Jh.)

Als Tamerlan in Akşehir war, lud er einmal den Hodscha (Lehrer) ein, mit ihm ins Bad zu gehen, und Nasreddin nahm die Einladung an. Tamerlan versah sich mit einem Badetuch, das hundert Goldstücke wert war, und sie gingen hinein, setzten sich dort neben die Kufe hin und unterhielten sich. Und Tamerlan sagte zum Hodscha: "Wenn ich ein Sklave wäre und verkäuflich, wieviel gäbst du für mich?" "Kaum hundert Goldstücke", war die Antwort. Darauf Tamerlan: "Du Dummkopf, das Badetuch ist ja allein soviel wert." "Das habe ich wohl überlegt", sagte der Hodscha; "sonst gäbe auch niemand für dich ein Goldstück."

Zwei erzählte Episoden aus dem Leben des Nasreddin Hoca, einer historischen Figur, die im Volksmund zur Inkarnation des schlitzohrigen anatolischen Bauern wurde.

Auch ist es ebenfalls sehr lustig zu bemerken, wie zärtlich er und alle seine Brüder Reisebeschreiber die jämmerliche Einkerkerung der türkischen Frauenzimmer beklagen, die doch vielleicht freier als alle übrigen des Erdbodens und die einzigen Weiber in der Welt sind, die ein Leben von ununterbrochenem, sorglosem Vergnügen führen, ihre ganze Zeit zubringen mit Besuchen, Baden oder dem angenehmen Zeitvertreib, Geld auszugeben und neue Moden zu ersinnen. Man würde einen Mann für rasend halten, der den geringsten Grad von Sparsamkeit von seiner Frau forderte; ihre Ausgaben hängen von nichts als ihrer eigenen Phantasie ab. Es ist des Mannes Geschäft, Geld zu verdienen, und ihres, es zu vertun, und dieses edle Vorrecht erstreckt sich auf die niedrigsten unseres Geschlechtes. Hier ist ein Kerl, der gestickte Halstücher zum Verkauf auf dem Rücken trägt, und so elend sieht sich auch die Figur, die so ein geringer Krämer macht,

Mary Wortley
Lady Montagu
Englische
Schriftstellerin
(1689–1762)

Lady Montagu
(Fortsetzung)

vorstellen, so versichere ich Ihnen doch, daß seine Frau es verschmäht, andere als Goldstoffe zu tragen, sie hat Hermelinpelze und einen Kopfschmuck mit Juwelen. Es ist wahr, die Frauen haben keine geselligen Zusammenkünfte außer in den Badhäusern, und diese werden nur von ihrem Geschlechte besucht, indessen ist es doch ein Zeitvertreib, an dem sie großes Vergnügen finden....

Am zweiten Tag nach unserer Abreise (von Konstantinopel) kamen wir an Gallipoli vorbei, einer schönen Stadt in der Bucht des Chersones, welche die Türken sehr hoch schätzen, weil es der erste Ort ist, den sie in Europa erobert haben. Am anderen Morgen ankerten wir um fünf Uhr im Hellespont, jetzt die Dardanellen genannt, zwischen den festen Schlössern Sestos und Abydos. Diese sind zwei kleine, veraltete Befestigungen, die man leicht von einer über ihnen liegenden Anhöhe aus beschießen kann. Ich würde dies nie bemerkt haben, wenn ich es nicht unseren Kapitän und die Offiziere hätte sagen hören. Meine Einbildung war ganz mit der traurigen Geschichte beschäftigt, die Ihnen so wohl bekannt ist:

Der schwimmende Freier, die nächtliche Braut,
Wie Hero liebte und wie Leander starb.

Schon wieder Verse! Ich bin gewiß von der Luft angesteckt, durch die ich gekommen bin. Diese Luft von Abydos muß ohne Zweifel sehr verliebt sein, weil ihre sanfte Leidenschaft das Schloß in die Hände der Türken verriet, die es unter der Regierung des Orchan belagerten. Die Tochter des Gouverneurs bildete sich nämlich ein, ihren künftigen Gemahl im Traum gesehen zu haben (obgleich ich nicht berichtet finde, ob sie auf Brautkuchen geschlafen oder St. Agnes Fasten gehalten hat), und glaubte, dies teure Bild in der Gestalt eines ihrer Belagerer zu erblicken. Bereit, ihrem Schicksal zu folgen, warf sie ihm einen Zettel über die Mauer, worin sie ihm ihre Person und die Auslieferung des Schlosses anbot. Er zeigte ihn seinem Feldherrn, der einwilligte, die Aufrichtigkeit ihrer Absichten zu prüfen. Er zog sein Heer zurück und befahl dem jungen Mann, um Mitternacht mit einer auserlesenen Truppe zurückzukehren. Sie ließ ihn zur vereinbarten Stunde ein, er machte die Besatzung nieder, den Vater zum Kriegsgefangenen und sie zu seiner Frau. Den Grundstein dieser asiatischen Stadt haben die Milesier gelegt. Sestos liegt schon in Europa und war einst die vornehmste Stadt im Chersones. Seitdem ich diese Meerenge gesehen habe, halte ich das kühne Unternehmen Leanders nicht für unwahrscheinlich und auch die berühmte Schiffsbrücke des Xerxes (481 v.Chr.) nicht mehr für so wunderbar. Das Meer ist hier so schmal, daß es gar nicht erstaunlich ist, wenn ein junger Liebender sich erkühnt, hinüber zu schwimmen, oder ein ehrsüchtiger König versucht, sein Heer darüber zu führen. Aber es ist so stürmisch, daß es kein Wunder ist, wenn der Liebhaber ertrank und die Brücke brach....

Aus einem Bericht (1716–1718) der Lady Montagu in ihren "Letters from the Levant" ("Briefe aus dem Orient"; nach der Ausgabe von 1784 in der Übersetzung von Prof. Eckert).

Johann Wolfgang
von Goethe
Deutscher Dichter
(1749–1832)

Nichts Bessers weiß ich mir an Sonn- und Feiertagen
Als ein Gespräch von Krieg und Kriegsgeschrei,
Wenn hinten, weit, in der Türkei
Die Völker auf einander schlagen.
Man steht am Fenster, trinkt sein Gläschen aus
Und sieht den Fluß hinab die bunten Schiffe gleiten;
Dann kehrt man abends froh nach Haus,
Und segnet Fried' und Friedenszeiten.

Aus Goethes "Faust", Teil I.

Alexander
von Humboldt
Deutscher
Gelehrter
(1769–1859)

Istanbul ... die schönste Stadt der Welt!

Einschätzung des großen deutschen Naturforschers und Geographen Alexander Freiherr von Humboldt.

Ich habe alle bedeutenden Moscheen kraft eines Firmans besichtigt: Diese Gunst wird Ungläubigen selten gewährt, aber die Abreise des Botschafters hatte sie für uns erwirkt. Ich bin den Bosporus bis zum Schwarzen Meer hinaufgefahren, rund um die Mauern der Stadt, und tatsächlich kenne ich sie vom Sehen besser als London....
Ich habe die Ruinen von Athen, Ephesus und Delphi gesehen. Ich habe einen großen Teil der Türkei, viele Teile Europas und auch einige Asiens durchwandert, aber mir ist kein Werk der Natur oder der Kunst vor Augen gekommen, das auf mich den gleichen Eindruck machte wie die Aussicht von beiden Seiten der Sieben Türme bis zum Ende des Goldenen Horns....

George Gordon Noël, sechster Baron von Byron, über İstanbul.

Lord Byron
Englischer Dichter
(1788–1824)

Was man von der Schönheit des Bosporus gesagt hat, ist, mit Einschluß der Übertreibung, buchstäblich wahr, denn die Übertreibung ist der Erhebung natürlich....
Man hat die Lage von Konstantinopel der von Neapel vorgezogen, vielleicht zu Unrecht, was die Schönheit betrifft; sie ist aber ausgedehnter, kolossaler und dadurch mächtiger. Beinahe durch vier Stunden Weges folgen sich, anfangs bloß auf der europäischen, dann aber auch an der asiatischen Küste, Befestigungen, Schlösser, Dörfer, Paläste in ununterbrochener reizender Fortsetzung. Die Welt hat vielleicht nichts, was sich damit als Ganzes vergleichen läßt.

Grillparzer über eine Fahrt durch den Bosporus.

Franz Grillparzer
Österreichischer
Dichter
(1791–1872)

Unter einem Bogen (des Moscheevorhofes) sitzt ein türkischer Briefschreiber, ein Stück Pergament auf dem Knie und eine Rohrfeder in der Hand. Frauen in weiten Mänteln und gelben Pantoffeln, das Gesicht bis auf die Augen verhüllt, erzählen ihm mit lebhaften Gebärden ihr Anliegen, und mit regungslosen Zügen schreibt der Türke das Geheimnis des Harems, eine Prozeßangelegenheit, eine Bittschrift an den Sultan oder eine Trauerpost, faltet das Blatt künstlich zusammen, wickelt es in ein Stück Musselin, drückt ein Siegel von rotem Wachs darauf und empfängt seine 20 Para für eine Freudenpost wie für eine Todesnachricht.

Gerade so wie bei uns ein Weinschmecker das Gewächs und den Jahrgang herauskostet, so schmeckt Dir ein Türke, ob ein Trunk Wasser von dieser oder jener besonders geschätzten Quelle kommt... Am schlechtesten aber, ja sogar ungesund und fast ungenießbar scheint ihm alles Brunnenwasser.

Zwei Beobachtungen aus Moltkes Aufzeichnungen "Über Zustände und Begebenheiten in der Türkei" (1836).

Helmuth
Graf von Moltke
Preußischer
Offizier
(1800–1891)

Asiatische Türkey.
Von den Ländern voll in Trümmer gefallener Herrlichkeit, welche in Asien von den Türken beherrscht werden, betreten wir zuerst Kleinasien, den schönsten Theil der ottomanischen Besitzungen. Hier sind von der altberühmten Tempelstadt Kabira in Pontus, von dem prächtigen Chalcedon, von Nicäa, der Hauptstadt Bithyniens, wo im J. 325 das berühmte große Kirchenconcil gehalten wurde, von der alten Königstadt Troja, durch Homer so berühmt, von Phokäa, der Mutterstadt Marseilles, von Sardes, der glänzenden Hauptstadt Lydiens, wo Krösus in zum Spruchwort gewordenem Reichthum schwelgte, von Ephesus, dessen spurlos verschwundener Dianentempel einst zu den Wunderwerken der Welt gezählt wurde, von Magnesia, Tralles, Priene, Milet, Cnidos, Pergae, Seleucia, Lystra, Laodicäa, Colossae, und von vielen andern sonst hochwichtigen Städten zum Theil nur imposante Ruine, zum Theil aber auch kaum noch so viel Trümmer vorhanden, daß man ihre Lage genau bestimmen kann. Andere sonst berühmte Städte, wie Trapezunt (jetzt Trebisond), unter den Genuesern noch sehr bedeutende Handelsstadt, Amatia, Sinope, Nicodemia

Emil Wendt
Deutscher
Geograph
(18./19. Jh.)

Die Türkei in Zitaten

Emil Wendt
(Fortsetzung)

(Ismid), früheste Hauptstadt Bithyniens, Cycicus (Balkir), Mitylene (Castro), Pergamum (Bergama), einst Hauptstadt des gleichnamigen Königreichs (...), Thyatira (Akfa), wo, wie auch in Sinope, die herrlichsten Säulencapitäle, Friese u.s.w. als Bausteine verbraucht sind, Halikarnaß (Bodru), Rhodus, im Alterthum eine der wichtigsten Handelsstädte und später der vortrefflich befestigte Sitz des Johanniter-Ordens, Tarsus, die prächtige Hauptstadt des alten Kilikiens, Iconium (Konieh); Cäsarea (Kaisarich), lange Zeit der Hauptmarkt im Innern von Kleinasien, Malatia und viele mehr bestehen zwar noch, aber der alten Größe und des alten Reichthums beraubt, mit nur wenigen Resten ihrer Prachtbauten, ...
Am meisten haben Brusa (Bursa), lange der wegen seiner schönen Lage berühmte Sitz der Könige von Bithynien, noch 60000 Einw. zählend, und besonders Smyrna, mit 120000 Einw., von ihrer alten Wichtigkeit behauptet ...

Aus Wendts "Bilder-Mappe für Länder- und Völkerkunde" (1846).

Fritz Reuter
Niederdeutscher
Dichter
(1810–1874)

De Gesellschaft deilte sick nu; ein Part würd in dit, dat anner in en anner Gasthus unnerbröcht. Unsere Bekannten, mit Utnam' von den Herrn Baron, würden All in ein Gasthus inquartirt, blot Fru Groterjahnen un Helene kregen ehre schöne, bequeme Wahnung grad'öwer bi 'ne östreichsche Putzmakerin, vörn nah de Strat herute.
Ach, wat was Helene glücklich! Sei was up einige Tid den Baron los un kunn nu up de Hauptstrat von Pera herafsehn, wo alle Drachten un Völkerschaften von Europa un Asien sick stödden un drängten, wo vörnehme türkische Haremsdamen in sülwerbeslagene Kutschen binah ahn Sleuer seten un olle, ihrwürdig utseihnde Pascha's up lütte, dralle, arabische Pird' bedächtig de Strat entlang reden, wo fränkische Frugens in helle, sidene Kleder tüschen de swarten Späukgestalten von türksche Frugens sick licht dörchwünnen, as Blumengirlanden an Gefängnißtrallingen; ehr was tau Sinn, as wir ehr tau Gefallen en groten Maskeradenball anstellt.

Aus Reuters in Mecklenburger Plattdeutsch abgefaßter Reisebeschreibung "De Reis' nah Pera [Konstantinopel]" (1868).

Pierre Loti
Französischer
Schriftsteller
(1850–1923)

Am Abend darauf kommen wir bei anbrechender Nacht in Ismid (Nikomedia) an. Wir waren ohne Paß und wurden angehalten. Irgendein Pascha ist gefällig genug, uns zwei Phantasiepässe auszustellen, und nach langem Palaver gelingt es uns, nicht auf der Wache schlafen zu müssen. Unsere Pferde aber werden beschlagnahmt und verbringen die Nacht im Pferdestall.
Ismid ist eine türkische, große, ziemlich zivilisierte Stadt am Ufer eines wunderbaren Golfs gelegen; die Bazare sind belebt und malerisch. Es ist den Bewohnern untersagt, selbst mit einer Laterne nach acht Uhr abends auszugehen. Ich bewahre ein gutes Andenken an den Morgen, den wir in diesem Ort verbracht haben, einen der ersten Frühlingsmorgen mit schon wärmender Sonne in einem blauen Himmel. Von einem wohlschmeckenden bäuerlichen Mittagsmahl gestärkt, frisch und munter, die Papiere in Ordnung, beginnen wir beide zu der Orhan Cami hinaufzusteigen. Wir klettern durch kleine unkrautüberwachsene Gäßchen, die so steil sind wie Ziegenpfade. Die Schmetterlinge gaukeln, und die Insekten summen; die Vögel besingen den Frühling, und die Brise ist lind. Die alten, morschen und bizarren Holzhäuschen sind mit Blumen und Arabesken bemalt; überall auf den Dächern nisten Störche so ungeniert, daß ihre Bauten manchen Bewohner daran hindern, die Fenster zu öffnen.
Von der Spitze der Orhan Cami schweift der Blick über den Golf von Ismid mit seinen blauen Wassern, über die fruchtbaren Ebenen Asiens bis hin zum Olymp bei Brussa, der dort oben ganz in der Ferne seinen mächtigen, schneebedeckten Gipfel erhebt ...
(Aus dem Französischen übertragen von Asma El Moutei Semler)

Aus Lotis Roman "Aziyadé" (1879).

Auch der Ort, an dem ich diese Aufzeichnungen beginne, hat zu den lange verschollenen gehört. Wer weiß heute viel von den Bädern von Yalova oder Coury-les-bains, wie es die französierte Gesellschaft Stambuls in unseren Tagen nennt, von Pythia, wie es griechisch, Ilidja (= heißes Bad), wie es schlechtweg turkisch heißt. Es sind erst wenige Jahre her, seit man in der Hauptstadt selbst, wo man es doch für Pflicht und Schuldigkeit hält, auch die unbedeutendsten Badeorte Europas zu kennen, und natürlich in ihrer 'Saison' zu besuchen, wieder davon hört. Und dennoch lagen hier im Altertume die berühmtesten Thermen des Ostens. Um wie viel mehr haben weniger günstige, wenn auch an sich bedeutendere Orte der Vergessenheit anheimfallen müssen.

Colmar Freiherr von der Goltz Preußischer und türkischer General (1843–1916)

Nicht weit vom Eingange des Golfs von Ismid, dem Kap von Tuzla südlich gegenüber, liegt auf einer alten Stadtstelle jetzt der Flecken Yalova, ein bescheidener Küstenort mit gemischter, doch vorzugsweise türkischer Bevölkerung, den man von Konstantinopel aus in vierstündiger Dampferfahrt erreicht. Eine wohlerhaltene Chaussee, die dort ihren Anfang nimmt, verrät allein etwas Außergewöhnliches. Sie führt nach den heißen Quellen von Kuru, die in einem Seitenthale des Samanlydere dem Hamandere (Bäderthal), zwölf Kilometer südwestlich von Yalova, zwischen den Ausläufern des Samanlydagh, des Argonthonion Oros der Alten, liegen, von grünen Waldbergen umringt....

Drunten in der Felsspalte rauscht das Hamandere, und der aufsteigende Dampf seiner heißen Gewässer belehrt uns zuerst darüber, daß wir an Ort und Stelle sind. Ein Kurhaus, in Hufeisenform angelegt, mit schattigem Vorplatze, ein Gasthof gegenüber und einige im Schweizerstil erbaute Villen, von Parkanlagen umgeben, bilden das Ganze....

...zwischen den waldigen Hängen des Gökdagh und dem See von Sabandja....

Hier schon spürt man ihre Einwirkung. Der subtropische Urwald, in dem die Schlinggewächse mit undurchdringlichem Netz bis zu den höchsten Wipfeln emporkletterten, beginnt zu verschwinden. Brandstätten mit halbverkohlten Baumstumpfen haben weite Lichtungen geöffnet, in denen die umwohnenden Tscherkessen zu ackern beginnen. "Ein Bild der Verwüstung", sagen die einen, "ein Bild der aufstrebenden Kultur", die anderen! Die Ähnlichkeit mit dem fernen Westen fällt hier den Reisenden auf, die jenen kennen; andere wurden an Bilder aus Indien erinnert. Die Erscheinungen werden überall da, wo sich auf solche Art ein neues Land erschließt, sehr ähnliche sein. Hier ist das Verschwinden des tiefgelegenen Waldes natürlich, wenn auch der Freund von Natürschönheiten es beklagen mag. Das flache Gebiet um den See herum ist durch seine Lage zu Acker- und Gartenbau bestimmt; der dicht verwachsene sumpfige Wald war ein Fieberherd, und allgemach werden sich die jetzt abgeholzten Strecken wieder mit Anpflanzungen füllen, denn Sabandja und seine Umgebung leben vom Obstbau. Das Land wird gesünder und nutzbringender werden. Zu wünschen wäre nur, daß man in den höheren Bergregionen der Waldverwüstung Einhalt thäte.

Aus v.d. Goltzens Reisebericht "Anatolische Ausflüge" (1896).

Eine besondere Ausrüstung ist für die Reise nicht nötig. Für Konstantinopel empfiehlt sich unter gewöhnlichen Umständen ein leichterer guter Anzug, den bei windigen Schiff- und Wagenfahrten und in der kühleren Zeit nach Sonnenuntergang ein Mantel ergänzt. Ein weicher Filzhut ist am bequemsten. Der Fes (...) bezeichnet den Untertan des Sultans, steht also dem Fremden nicht zu. Gummischuhe sind zur Regenzeit in den türkischen Städten, die Kanalisation nicht kennen, unentbehrlich. Ein schwarzer Rock kommt nur für Besuche bei hohen türkischen Behörden in Betracht. Die Wäsche wird ganz ordentlich gewaschen, der Preis dafür oft

Baedekers "Konstantinopel und Kleinasien" (1914)

Die Türkei in Zitaten

Baedekers
"Konstantinopel
und Kleinasien"
(Fortsetzung)

rund nach der Stückzahl berechnet, das Dutzend ohne Unterschied der Gegenstände ca. 4 fr. Der Anzug, in dem man die Touren in Kleinasien macht, muß etwas aushalten können, das Schuhwerk stark sein. Mit Feldstecher, Feldflasche, Kompaß, Flanellhemden, Lodenmantel wird sich jeder von selbst versehen. Für weitere Ritte und Nachtquartiere in Bauernhäusern usw. braucht man Reisedecke, Eßbesteck, Aluminium-Teller und -Becher, Gamaschen, Nackenschleier und eine Büchse Insektenpulver, sowie eine starke, gut verschließbare Reisetasche aus dickem, unversteiftem Leder, die am Sattel angebunden werden kann. Die Verpflegung ergänzt man durch mitgeführten Tee, Schokolade, Kakes. Mit Zigaretten (sigára) erweist man sich für kleine Gefälligkeiten, angebotenen Kaffee usw. erkenntlich. Die Mitnahme von Waffen macht nur Schwierigkeiten. . . .

Aus der Einleitung zu Baedekers Handbuch für Reisende "Konstantinopel, Kleinasien, Archipel, Cypern" (2. Auflage, Leipzig 1914).

Türkische
Nationalhymne

Korkma sönmez bu şafaklarda yüzen al sancak
Sönmeden yurdumun üstünde tüten en son ocak.
O benim milletimin yıldızıdır parlayacak
O benimdir, o benim milletimindir ancak.

Getrost, der Morgenstern brach an,
Im neuen Licht weht unsre Fahn'.
Ja, du sollst wehen,
Solang ein letztes Heim noch steht,
Ein Herd raucht in unserem Vaterland.
Du unser Stern, du ewig strahlender Glanz,
Du bist unser, dein sind unsre Herzen ganz.

Çatma kurban olayım çehreni ey nazlı hilâl
Kahraman ırkıma bir gül ne bu şiddet bu celâl
Sana olmaz dökülen kanlarımız sonra helâl
Hakkıdır hakka tapan milletimin istiklâl.

Nicht wend' dein Antlitz von uns,
O Halbmond, ewig sieggewohnt.
Scheine uns freundlich
Und schenke Frieden uns und Glück,
Dem Heldenvolk, das dir sein Blut geweiht.
Wahre die Freiheit uns, für die wir glühn,
Höchstes Gut dem Volk, das sich einst selbst befreit.

Den Text dieses bei einem Wettbewerb preisgekrönten und am 12. März 1921 zur türkischen Nationalhymne erklärten Freiheitsliedes hat Mehmet Akif Ersoy (1873–1936; ⟶ Berühmte Persönlichkeiten) verfaßt; die Melodie stammt von Osman Zeki Üngör (1880–1958).

Atatürk
(1880–1938)

Antalya ist ganz ohne Zweifel der schönste Platz auf Erden.

Meinung des Gründers der modernen Türkei, Mustafa Kemal Paşa, genannt Atatürk.

Paul Bonatz
Deutscher
Architekt
(1877–1956)

Istanbul ist nach Lage und Bauten wohl der märchenhafteste Platz der Welt.

Eine kleine türkische Geschichte beschreibt, wie Napoleon III. die Gesandten aller Länder um sich versammelt hatte und die Frage stellte, welches der beste oder stärkste Staat sei. Er wollte Komplimente für Frankreich hören, die ihm bereitwillig von allen Seiten gespendet wurden, nur nicht von Ali Pascha, der sagte: "Die Türkei." – "Wieso? Warum?" – "Sehen Sie", sagte er, "ihr von außen und wir von innen geben uns seit hundert Jahren alle Mühe, den Staat zu zerstören – es ist nicht gelungen."

Auf das Stadtbild von Istanbul angewendet, müßte diese Geschichte lauten: Seit hundert Jahren geben sich Industrien, Spekulanten, Behörden und Private alle Mühe, die Schönheit zu zerstören; es ist ihnen bis jetzt nicht gelungen. Kraft seiner Lage sieht sogar das abscheuliche Häusergewirr von Pera im Morgensonnenschein vom Wasser her schön aus. Die von Gott gegebene Lage mit so viel Wasserfronten und Hügeln und Buchten mit Schiffen ist immer noch über die bösen Absichten der Menschen Meister geblieben – bis jetzt. Aber man sollte Gottes Geduld nicht zu sehr ausnützen.

Paul Bonatz
(Fortsetzung)

Die Insel Tenedos liegt knapp drei Kilometer vor der Küste Kleinasiens. Zwischen der Insel und der Küste macht sich immer noch eine starke Strömung von den Dardanellen her bemerkbar, wie schon damals, als die Griechen von Troja aufbrachen. Tenedos (heute Bozcaada) ist eine der beiden türkischen Inseln im Ägäischen Meer. Sie ist von geringer Bedeutung und hat überhaupt geschichtlich Glück gehabt, insofern als sie im Kriegsgeschehen der Jahrhunderte kaum eine Rolle spielte, außer damals, als die Griechen den Anschein erwecken wollten, sie hätten die Belagerung von Troja aufgegeben. Nachdem sie auf Anweisung des Odysseus ihr Lager in Brand gesteckt hatten, als gäben sie sich geschlagen, ging ihre Fahrt nach Tenedos. Sie liefen bei Einbruch der Nacht aus, und am nächsten Morgen fanden die Trojaner das Lager verbrannt und verlassen; nur das rätselhafte hölzerne Pferd stand noch vor den Stadtmauern. Die Trojaner schauten aufs Meer hinaus; da aber von der feindlichen Flotte nichts mehr zu erblicken war, nahmen sie an, die griechischen Schiffe seien bereits unter der Kimm, auf der Fahrt nach Hause. Sie ahnten nicht, als sie das Pferd in die Stadt hineinschleppten, daß die griechische Flotte hinter dem niedrigen Rücken von Tenedos verborgen lag.
Es ist keine gebirgige Insel; die höchste Erhebung ragt kaum mehr als hundertzwanzig Meter empor. Allerdings war sie damals, wie die übrigen Ägäischen Inseln, grün und mit Bäumen bestanden. Nicht ganz fünf Kilometer lang, bot sie an ihrer Südwestküste dennoch Ankerplatz für eine recht beträchtliche Flotte. Sie weist da zahlreiche größere und kleinere Buchten auf, wo Schiffe vor nördlichen Winden und der nach Süden setzenden Strömung geschützt sind. Da die Kriegslist mit dem hölzernen Pferd dem einfallsreichen Kopf des Odysseus entstammte, ist anzunehmen, daß er es war, der Agamemnon darauf aufmerksam machte, wo die Schiffe ungefährdet und außer Sicht ankern konnten. Nicht umsonst hatte Odysseus seine jungen Jahre auf den Ionischen Inseln verbracht, die bis ins 19. Jahrhundert den Seeräubern als Schlupfwinkel dienten. Es gibt wohl nur wenig Griechen, die über Wind und Wetter besser Bescheid wußten als Odysseus, ebenso wie über geeignete Liegeplätze, wo Freibeuter sich versteckt halten und den günstigsten Zeitpunkt abwarten konnten.

Ernle Bradford
Britischer
Schriftsteller

In der Nacht, als Odysseus und die anderen Griechen aus dem Bauch des Pferdes herausstiegen, um die Stadttore zu öffnen, ruderten Agamemnons Leute lautlos aus dem Hinterhalt bei Tenedos hervor. Sie setzten ihre Schiffe am Ufer auf Grund und unternahmen dann den letzten und siegreichen Angriff auf die schlafende Stadt des Feindes. Wahrscheinlich lag die griechische Flotte in der kleinen Bucht südlich der Yukyeri genannten Landspitze. Sie bildet für kleine Fahrzeuge immer noch einen guten Ankerplatz, mit sandigem, tangbewachsenem Grund und einem Ufer, das gegen Norden durch die Landzunge geschützt ist, auf der jetzt die Trümmer einer kleinen Festung sichtbar sind. Wenn auch der Kustenstrich sich im Laufe der letzten dreitausend Jahre etwas verändert haben mag, wird dies doch der Ort sein, wo die griechische Flotte während der Belagerung von Troja lag. Die niedrige Landzunge bietet immer noch Schutz vor dem Wind und der Strömung, die hier nicht so stark ist. Draußen, in der Mitte zwischen Tenedos und dem Festland, entwickelt sie bis zu zweieinhalb Knoten Geschwindigkeit, was nicht ungefährlich ist für Schiffe, die unter Segel oder Riemen wohl kaum mehr als vier oder fünf Knoten gemacht haben.

Die Türkei in Zitaten

Ernle Bradford
(Fortsetzung)

Von diesem Strand aus schiffte sich Odysseus mit seinem Volk nach der Zerstörung Trojas ein. Hinter ihnen sah man noch die Stadt qualmen, deren Mauern ächzend in sich zusammensackten. Ein Südostwind wehte heiß vom Festland her, als sie die Steinklötze einholten, die ihnen als Anker dienten, und die Trossen loswarfen, mit denen die Schiffe am Uferfelsen festgemacht gewesen waren.

Aus Bradfords Buch "Reisen mit Homer" (1964; Übersetzung aus dem Englischen von Fritz Güttinger).

Haldun Taner
Türkischer
Schriftsteller
(1915–1986)

Sooft Sie in der Türkei ein Automobil besteigen, werden Sie sich immer die prickelnde Frage stellen: Wie ist es nur möglich, daß diese Zügellosigkeit, diese Hemmungslosigkeit nicht in Katastrophen enden? Denn die Zahl der Verkehrsunfälle in der Türkei ist im Verhältnis zu den Ländern, wo die Regeln streng angewendet werden, niedriger. Hier regeln nämlich nicht Gesetze und Schilder, Polizisten oder Verkehrsampeln den verrückten Verkehr, sondern eine Art Urinstinkt, und insofern hat dieses Durcheinander doch wieder so etwas wie eigene Gesetze. Die schwersten Unfälle verursachen heutzutage die türkischen Arbeiter, die aus Europa heimkehren. Wenn sie versuchen, in ihren Gastländern erlernten Regeln in der hiesigen Regellosigkeit anzuwenden, sind Unfälle unvermeidlich.

Einschätzung des türkischen Erzählers und Theaterautors Haldun Taner, der seine Studien in Heidelberg und Wien absolviert hat.

Zeynep Oral
Türkische
Journalistin
(geb. 1946)

Die Türkei ist ein Land in der Entwicklung, vieles befindet sich im Wandel, manches verändert sich in atemberaubender Geschwindigkeit. Und ich bin hinsichtlich unserer Frauen zuversichtlich. Zuversichtlich, weil unsere Frauen (zumindest jene, die lesen und schreiben können) das Thema Frau vom Thema Mensch nicht trennen, weil sie überzeugt sind, daß sie sich mit den Männern zusammen entwickeln, gemeinsam mit ihnen ihre Probleme lösen werden ... und wenn ich von Zeit zu Zeit in Hoffnungslosigkeit versinke, weil ich mich auf den Sprung in das Jahr 2000 vorbereite und dabei auf meinen Schultern die Last jahrtausendealter Traditionen spüre, greife ich zu einer kleinen List: Ich sehe mir die Statuetten der Gottmutter an, die aus der Zeit vor fünftausend Jahren stammen und von allen späteren Kulturen, die sie entstanden und vergangen sind, verehrt wurden. Ich bin überzeugt: Diese kleine, fruchtbare Frau mit den mächtigen Brüsten und breiten Hüften wird bestimmt etwas gebären, das uns alle, Männer wie Frauen, glücklich machen wird.

Aus "Im Lande der Paschas" (1985).

Ali Naci Asan
Türkischer
Archäologe und
Schriftsteller
(geb. 1957)

Die türkische Küche ist reich an Köstlichkeiten: Wer mag keine 'Frauenschenkel'? Wer möchte nicht den 'Nabel der Dame' probieren, die 'Brautsuppe' oder den 'Finger des Wesirs'? Was kann denn gegen ein Gericht einzuwenden sein, das den Namen trägt: 'Dem Herrscher hat's gefallen'? Und kann etwas umwerfender schmecken als 'Der Imam ist in Ohnmacht gefallen'? Sie sollen wissen, daß der gute Imam nicht das Bewußtsein verlor, weil es ihm nicht geschmeckt hätte, sondern weil seine Frau für zwei Auberginen einen ganzen Liter Olivenöl verbraucht hat. So erzählt es jedenfalls die Geschichte.

Die türkische Küche ist nicht halb so kompliziert wie die orientalisch anmutenden Namen ihrer Gerichte, und obwohl sie eigentlich internationale Berühmtheit verdient hätte, ist in Westeuropa nur wenig über sie bekannt. Wer in die Türkei kommt, staunt zunächst, daß Knoblauch nur in ganz wenigen Rezepten verwendet wird, wundert sich über die vielfältigen Gemüsesorten, deren Namen er kaum kennt, wie Saubohnen, Okra, Kichererbsen, Erdbirnen, Rauke und Portulak. Er wir bald erfahren, daß es über vierzig verschiedene Arten von Auberginen gibt, und daß bei aller Vielfalt der Zutaten die Komposition von Fleisch und Gemüsen nicht durch

Soßen, sondern mesit durch Tomaten, Zwiebeln, frische Petersilie oder Paprika ergänzt wird. Und er wird feststellen, daß an Gewürzen oft nur Pfeffer und Salz verwendet werden, eine im Grunde sehr einfache Zubereitung, die den Eigengeschmack der Zutaten betont, statt ihn unter exotischen Würzmischungen oder Mehlschwitzen zu begraben.

Aus "Über die türkische Küche" (1985).

Routenvorschläge

Vorbemerkungen

Die folgenden Routenvorschläge mögen Anregungen für die Bereisung der Türkei mit dem Kraftfahrzeug geben, ohne die Freiheit der eigenen Planung und Streckenwahl zu nehmen. Die Routenführung ist so gewählt, daß die Hauptsehenswürdigkeiten berührt werden. Dennoch lassen sich nicht alle in diesem Reiseführer beschriebenen besuchenswerten Orte ohne Umwege oder Abstecher erreichen. Ihre notwendige Ergänzung finden diese Routen in den Hinweisen auf lohnende Umgebungsziele bei den Einzelbeschreibungen des Hauptkapitels 'Reiseziele von A bis Z'.

Die vorgeschlagenen Strecken – nicht selten bewußt unter Vermeidung der großen Verkehrsachsen gewählt – lassen sich auf der zum Buch gehörenden Reisekarte verfolgen, welche die ins Detail gehende Reiseplanung erleichtert.

Hinweise

Orte und Landschaften, die im Kapitel 'Reiseziele von A bis Z' unter einem Hauptstichwort beschrieben sind, erscheinen in den Routenbeschreibungen **in halbfetter Schrift**.

Sämtliche erwähnten Städte, Orte, Landschaften, Gebirge, Flüsse u. v. a. sowie einzeln stehende Sehenswürdigkeiten – gleichgültig ob Hauptstichwörter oder Umgebungsziele – sind im Namen- und Sachregister am Ende des Reiseführers zusammengefaßt, so daß ein rasches und problemloses Auffinden des Gesuchten gewährleistet ist.

Allgemeines

Situation im Lande

Wer heute durch die Türkei reist, wird immer seltener mit jenen Unwägbarkeiten der Erreichbarkeit, des Straßenzustandes oder der Kraftstoffversorgung konfrontiert werden, die noch vor geraumer Zeit in Anatolien an der Tagesordnung waren. Laufend werden Straßen ausgebaut bzw. neue angelegt. Selbst die meisten der ganz abgelegenen Dörfer sind heute mit dem Kraftfahrzeug irgendwie zu erreichen, wenn auch bisweilen auf abenteuerlichen Wegen.

Was es allerdings bislang noch nicht in ausreichendem Maße gibt, ist bleifreies Benzin. Aber auch dieser Mangel dürfte zukünftig abgebaut werden. Die Versorgung mit Kraftstoff ist nur dort problematisch, wo man sich für längere Zeit abseits gängiger Strecken bewegt. Gegebenenfalls sorge man für entsprechende Reserven oder benutze ein Dieselfahrzeug. Dieselkraftstoff gibt es auch überall auf dem flachen Lande; denn die Bauern betreiben damit ihre Traktoren.

Über die Befahrbarkeit der Straßen geben die Einheimischen im Regelfall verläßliche Auskunft. Abseits der Haupttransitstrecken zwischen den großen Provinzzentren ist die Verkehrsdichte, gemessen an den Erfahrungen im dicht besiedelten Europa, auch heute noch erfreulich gering. Einen Dörfler unterwegs ein Stück mitzunehmen, unentgeltlich versteht sich, bringt deshalb nicht nur die obligatorische Einladung zum Tee mit sich, es begründet oft auch Freundschaften auf Dauer. Die Bevölkerung auf dem Lande ist selten begütert. Ein Sammeltaxi (Dolmuş) erweist sich für viele als vergleichsweise teuer, und für einen regelmäßigen Zubringerdienst (Autobus oder Minibus) zum Dorfe fehlt die notwendige Nachfrage.

Hinsichtlich der Fahrtetappen orientiere man sich tunlichst an den Hotelstandorten (Provinz- und Touristenzentren im Binnenland, Hafenstädte und Seebäder an den Küsten); denn auch heute ist das Netz von Übernachtungsstätten erträglichen Standards noch vergleichsweise dünn bzw. regional stark konzentriert.

Anreise
→ Praktische Informationen von A bis Z

◄ *Felspartie im Peristrematal*

Thrakien (europäischer Teil der Türkei)

Allgemeines

Thrakien zählt mit zu den wohl am wenigsten bekannten Gebieten der Türkei, sieht man von Edirne oder den Transitstrecken über Griechenland bzw. Bulgarien nach İstanbul oder Gelibolu ab. Für die meisten Durchreisenden hinterläßt Thrakien mit seinen zumeist baumlosen Getreidebaulandschaften auf gewellten Rumpfflächen keinen besonderen Eindruck, bietet auf den ersten Blick wenig Attraktives. Umso reizvoller ist es, einmal abseits der Durchgangsstraßen auf Entdeckungsreise zu gehen und sich einen Eindruck von dem durchaus ansprechenden Hinterland dieser Region zu verschaffen. Auch den Orten an den Transitstrecken widme man ein wenig mehr Aufmerksamkeit; es lohnt sich im Regelfall.

Man muß diesen Landstrich im äußersten Südosten Europas auch nicht unbedingt vom Balkan her erschließen. Auch İstanbul kann ein sinnvoller Ausgangspunkt sein. Beispielsweise auf dem Wege zu den Dardanellen oder an die türkische Ägäisküste bietet sich durch Thrakien eine akzeptable Alternative zur Route durch den südlichen Marmarabereich.

1. Von İstanbul auf Umwegen zu den Dardanellen (ca. 450 km)

Streckenübersicht

Eine landschaftlich und kulturhistorisch abwechslungsreiche und zudem verkehrsarme Route auf z. T. engen, schmalen und kurvigen Straßen durch das sonst eher langweilige Thrakien führt von **İstanbul** am Ufer des **Bosporus** nach Kilyos, durch den Belgrader Wald und entlang des südlichen Ausläufer des teilweise noch bewaldeten Istranca-Gebirges über die Städtchen Saray und Vize nach Kırklareli und weiter nach **Edirne** bzw. weiter nach Süden zu den Dardanellen. Charakteristisch ist der stetige Wechsel von Getreidesteppen mit dem Grün baumbestandener Talschaften, in die sich kleine Dörfchen ducken. Erst danach trifft man bei Uzunköprü auf die Weiten des landschaftsbestimmenden Elementes des Ergene-Tales mit seinen Naßreiskulturen und die weiter südlich anschließenden Wald-Bergländer des Koru Dağı (Nationalpark) bei Keşan.

Die Halbinsel von Gelibolu bietet nicht nur geschichtsträchtigen Boden auf jedem Kilometer, man kann auch auf kürzeste Entfernung sowohl im der Ägäis als auch im **Marmarameer** und in den Dardanellen baden und herrlichste Ausblicke auf die Meeresenge genießen. Zwei Autofähren führen hinüber ans asiatische Ufer: von Eceabat nach **Çanakkale** (stark frequentiert) und von Gelibolu nach Lapseki.

2. Von İstanbul über Edirne nach Bulgarien (ca. 250 km)

Streckenübersicht

Fraglos gehört diese sog. Gastarbeiterroute (E 80) zu den meistbefahrenen Transitstreken durch Thrakien. Ihr mitunter autobahnähnlicher Ausbau zwischen İstanbul und Çorlu sowie die geplante Weiterführung dieser Schnellstraßentrasse über Lüleburgaz und Edirne verschaffen ihr bereits heute, mit Sicherheit aber in Zukunft die entsprechende Präferenz zur Hauptdurchgangsstrecke von und nach **İstanbul** bzw. Europa, die bislang infolge partieller und temporärer Streckenüberlastung in der Hauptreisezeit kaum zu empfehlen ist. Obwohl somit als Schnellroute prädestiniert und auch zumeist genutzt, lohnen Unterbrechungen in Çorlu, Lüleburgaz und Babaeski, vor allem aber in **Edirne**.

3. Von İstanbul über Tekirdağ nach Griechenland (ca. 200 km)

Streckenübersicht

Wer ein wenig geruhsamer nach Europa zurückkehren möchte, der wählt die zwar längere, aber sicherlich abwechslungsreichere und im westlichen

Route 3
(Fortsetzung)

Teil auch wesentlich verkehrsärmere Route über das griechische Thrakien. Der erste Abschnitt dieser Tour zwischen İstanbul und Silivri ist identisch mit der E 80 nach Edirne. Man sollte deshalb gleich von **İstanbul** die reizvollere Marmara-Küstenstraße durch die grünen, westlichen Villenvororte bis nach Kuçukçekmece benutzen und auch anschließend die neue Autobahn so weit wie möglich meiden. Nur auf diese Weise erhält man einen Eindruck von der Expansion der Sommerferiensiedlungen der İstanbuler Bevölkerung entlang der Küste vom **Marmarameer**, ein Phänomen, das sich mehr oder weniger deutlich in Form jüngster Ferien- und Apartmenthauskolonien fast ununterbrochen zwischen dem Weichbild der Metropole und dem Provinzzentrum Tekirdağ überall in den küstennahen Bereichen ausbreitet. Anschließend bildet das Bergland von Malkara mit seinen Talsperren eine willkommene Abwechslung. Wenig eindrucksvoll bietet sich dann die Strecke über Keşan und İpsala bis zur türkisch-griechischen Grenze, wo sich das breite Tal der Maritza (Meriç Nehri) mit auffälligem Naßreisbau ausdehnt.

Die Strecke nach Gelibolu eröffnet eine Alternative zur Route 1 von İstanbul an die Dardanellen, wobei sich eine besonders reizvolle Variante entlang der Badeküste von Barbaros–Kumbağ über die neugebaute Küstenstrecke von Tekirdağ nach Şarköy und weiter nach Gelibolu ergibt.

Vom Bosporus in den Südosten und den Osten Anatoliens

Allgemeines

Ausgesprochen zahlreich sind die Möglichkeiten, die asiatischen Teile der Türkei über seine Fernrouten zu erkunden. Als Ausgangspunkte bieten sich diverse günstige Orte (allein schon als Hotelstandorte) an. Wir wollen hier zunächst für die Touren nach Osten nur zwei Startpositionen wählen: İzmir an der Ägäisküste (s. Routen 17 und 18) und İstanbul.

Als Etappenstationen wird man in den meisten Fällen auf Unterkünfte in den Provinzstädten oder auf Hotelstandorte in besonderen Fremdenverkehrsgebieten zurückgreifen (z. B. Bolu, Abant, Ankara, Kappadokien, Konya u.a.), will man nicht die Unzulänglichkeiten ländlicher Idylle in Kauf nehmen. Die hier vorgestellten Varianten decken einen großen Teil der landschaftlich attraktiven Routen ab und berühren (mit partiell kleinen Umwegen oder Abstechern) vielerlei Sehenswertes.

4. Von İstanbul über Bolu, Ankara, Aksaray in die Çukurova (1000 km)

Streckenübersicht

Wer gut ausgebaute Straßen bevorzugt, ist mit dieser Durchgangs strecke gut beraten. Wer allerdings einem Verkehrsgetümmel lieber aus dem Wege gehen möchte, sollte diese Strecke insgesamt möglichst meiden; empfehlenswerte Varianten gibt es fast immer. Diese Route durch die antiken Landschaften von Bithynien, Paphlagonien und Galatien über Bolu nach Ankara zählt ebenso wie diejenige an schließend durch Zentralanatolien nach Kilikien von Ankara über Aksaray nach Adana zu den Haupttransitstrecken zwischen den wichtigsten Wirtschaftszentren der Türkei: nordöstliches Marmaragebiet, Landeshauptstadt und Çukurova. Dessenungeachtet ist diese Trasse aber auch die kürzeste Verbindung aus dem Nordwesten in den Südosten und vermittelt in relativ kurzer Zeit wesentliche Charakteristika und Gegensätzlichkeiten der Landesnatur Kleinasiens zwischen dem »gemäßigten« Nordwesten, dem trockenen Hochland und dem schwülheißen Süden (v. a. im Sommer). Eingestreut sind verschiedene beachtliche Gebirgsübergänge, u.a. die Paßlandschaften von **Bolu** durch den Pontus und über die Kilikischen Pässe (Kilikische Pforte) des Taurus. Daß diese Übergänge keineswegs zu den schönsten gehören, die man bei einer Nordwest-Südost-Traverse des Landes erleben kann, erkennt man allerdings erst, wenn man verschiedene Varianten ausprobiert. Beeindruckend, wenn auch häßlich, ist insgesamt die Fahrt durch die Industriegasse zwischen **İstanbul** und Adapazarı. Die folgende Querung der Waldlandschaften des Pontischen Gebirges von Senke zu Senke und von Paß zu Paß beginnt bereits vor Bolu (Abstecher zum Abant Gölü [Hotel] oder zum Yedi-Göller-Nationalpark lohnen sich auf jeden Fall im Mai/Juni zur Rhododendronblüte) und zieht sich hin bis südlich von Kızılcahamam (Nationalpark; Hotel), wo man bereits die Mürted Ovası und damit die Ausläufer von **Ankara** erreicht.

Die Almenregionen des Pontus sind fast überall einen Abstecher wert – auch auf unbefestigten Straßen. Die Krönung bei der Durchquerung der baumlosen, zentralanatolischen Steppenlandschaft mit ihren Lehmziegeldörfern (fast jedes ist irgendwie interessant), Schaf-/Ziegenherden (Angoraziege) und Ziehbrunnen zwischen Ankara und dem Taurus ist ein Besuch des Großen Salzsees (Tuz Gölü) z. B. in der Saline von Şereflikoçhisar.

Kulturhistorisch Sehenswertes bietet vor allem **Aksaray**, landschaftliche Besonderheiten zeigt dann anschließend im Taurus in erster Linie die alte Straße durch die Kilikische Pforte zwischen Pozantı und Gülek. Als landestypisches Thermalbad präsentiert sich dort das Örtchen Çiftehan. Die feuchtheiße Kilikische Ebene (Çukurova) mit den Städten **Adana**, **Tarsus** und **Mersin** gilt als Zentrum für den Zitrus- und Baumwollanbau sowie für die Textilindustrie. Man sollte diese Region in den Sommermonaten aus klimatischen Erwägungen möglichst meiden, wie es auch die Einheimischen gewöhnlich tun. Angeraten sind dann die Gebirgssommerfrischen (Yayla) des Taurus-Hinterlandes, wo es allerdings an adäquaten Unterkünften mangelt.

5. Von İstanbul über die Köroğlu Dağları nach Kappadokien und Adana (ca. 1200 km)

Diese empfehlenswerte Tour führt als Variante in etwa parallel zur Route 4. Sie sucht landschaftliche Schönheit und Stille abseits gelegener, wenig beachteter Gebiete, kleiner Städte und malerischer Dörfer, aber auch die eindrucksvolle Weite noch zumeist unverbrauchter Kulturlandschaften und versteckter Kunstdenkmäler. Quer durch die Bithynische Halbinsel berührt man dabei die reizvollen Schwarzmeerorte Şile, Ağva und Kandıra, ehe man bei Adapazarı den Sakarya erreicht, dessen schluchtartigem Durchbruch man nach Süden bis Geyve folgt. Vorbei an hinterwäldlerischen Gebirgsdörfern überquert man über Taraklı, Göynük und Uluhan auf abseitigen, z. T. nicht sehr guten Staubstraßen die südwestpontischen Gebirgsketten mit Tannen-, Buchen- und Eichenwäldern, ehe man bei Nallıhan auf die Wacholderbestände der trokenen Pontus-Südseite und die Naßreiskulturen am Nallıhan Çayı stößt. Auf einer landschaftlich weiterhin reizvollen Strecke ('Badland'-Landschaft bei Çayırhan) über Beypazarı und Ayaş folgt man den Südketten des Gebirges nach Osten bis nach **Ankara**. Ein Umweg von Beypazarı zu den Reiskulturen am Güdül Çayı über Güdül ist je nach Jahreszeit lohnend.

Fraglos ist die Strecke von Ankara nach **Kappadokien** über Kırıkkale kurz und schnell, schöner aber ist jene südliche Alternative über Bala, Köprüköy und Kaman nach **Kırşehir**. Von hier ist man dann bald im Herzen jener bestechend schönen Tufflandschaft zwischen Nevşehir, Avanos und Ürgüp, wenn man die Route über Hacıbektaş und Gülşehir einschlägt.

Glücklicherweise liegen die landschaftlichen Schönheiten und kulturhistorischen Stätten der kappadokischen Tufflandschaft relativ nahe beieinander, so daß man von den üblichen Hotelstandorten (Ürgüp, Avanos, Gülşehir, Nevşehir, Ortahisar) die gesamte Region mühelos erschließen kann. Man sollte sich aber, um der dort üblichen Hektik zu entfliehen, mehrere Tage Zeit nehmen. Die Straßen sind in diesem Gebiet vorzüglich erschlossen. Empfehlen kann man folgende Rundstrecken:

1. Ürgüp – Ortahisar – Üçhisar – Göreme – Zelve – Avanos – Ürgüp
2. Ürgüp – Ortahisar – Göreme (starkes Gefälle) – Avanos – Gülşehir – Nevşehir – Ürgüp

3. Ürgüp – Mustafapaşa – Soğanlı – Derinkuyu – Kaymaklı – Çardak (oder Kavak) – Üçhisar – Ürgüp

4. Ürgüp – Aksalur (steiler Anstieg) – Incesu – Kayseri – Kayak Evi – Develi – Dörtyol – Ürgüp

5. Für die Höhlenkirchen im Peristrematal ist als Startpunkt Aksaray besser; dennoch gibt es eine eindrucksvolle Rundtour von Nevşehir über Derinkuyu, Gölcük, Çiftlik, Güzelyurt, Ihlara, Ağzıkarahan, Acıgöl und zurück nach Nevşehir (oder umgekehrt).

Route 5 (Fortsetzung)

Nicht auf der üblichen Route führt diese Strecke ziemlich direkt nach Süden. Sie benutzt südlich des Kartoffelanbaugebietes von Nevşehir/Derinkuyu zunächst die wenig besuchte, aber gut erschlossene Ecemis-Grabensenke über Çamardı unmittelbar parallel zur Gebirgsmauer der bis 3734 m ü.d.M. ansteigenden Ala Dağları nach Pozantı bzw. Tekir Yaylası und folgt von dort der neuen Paßstraßentrasse abwärts bis zum leicht zu übersehenden Abzweig nach Çamlıyayla hinter Gülek. Der Weg führt durch eine zauberhafte Taurus-Almenregion nach Namrunkale (Çamlıyayla), wieder hinab nach **Tarsus**, und von dort durch eine langestreckte Industriegasse vorbei an Baumwoll- und Zitruskulturen der Çukurova nach **Adana**. Ausflüge von Adana an die Küste nach Tuzla, Karataş oder Yumurtalık bieten sich an (Fischlokale!).

Südlicher Routenteil

6. Von İstanbul über Bursa, Kütahya, Konya nach Adana (ca. 1100 km)

Als weitere Alternative einer Nordwest-Südost-Traverse durch Westanatolien gilt die teilweise schnelle Transitroute über Bursa, Afyon, Konya in die Çukurova. Straßenmäßig ein wenig holprig ist dabei lediglich der Abschnitt zwischen Bursa und Tavşanlı. Entschädigt wird man aber auf jeden Fall durch die reizvolle Szenerie dieser Region. Am Anfang der Route steht eine kleine Schiffsreise mit der Fähre von **İstanbul** über das **Marmarameer** nach Mudanya (verkehrt nicht oft am Tag), durch die man die umständliche Umrundung der Bucht von Kocaeli einspart. Von dort quer durch die ansprechenden Waldberg- und Beckenlandschaften Nordwestanatoliens über **Bursa** und durch das kaum bekannte bewaldete Bergland von Orhaneli am oberen Kocasu Deresi zur Fayencenstadt **Kütahya** und weiter zur Opiumstadt **Afyon** und nach **Konya**, dem alten Mevlanazentrum am Südwestrande der zentralanatolischen (lykaonischen) Steppentafeln. Unterwegs lohnt ein Besuch im abseits gelegenen Bolvadin, in Çay und in **Akşehir**.

Bei der Weiterfahrt durch die flachen Getreidesteppen der nordöstlichen Konya Ovası liegen kurz hinter Karapınar die bemerkenswerten Vulkane und wassergefüllten Maare (Krater Gölü, Mekke Gölü) der Karacadağ-Region, die man sich unbedingt anschauen sollte. Nur wenige Kilometer weiter ist man dann bereits in den Sumpfgebieten von **Ereğli** (Konya Ereğlisi) angelangt und damit auf der Route 4 über die Kilikischen Pässe und durch die Kilikische Pforte, die den Reisenden bei zumeist starkem Verkehrsaufkommen zunächst auf einem Stück Autobahn von Pozantı nach Tekir Yaylası und anschlie-ßend auf einer durchschnittlich guten Fernstraße in die Çukurova nach **Adana** bringt.

Streckenübersicht

Von den Sommerfrischeorten auf der Paßhöhe um Tekir Yayla kann man im Sommer bis in den Herbst zu Fuß (längere Bergwanderung) oder auch mit einer teilweisen Anfahrt (Geländewagen oder Lkw) durch eines der nach Süden entwässernden Täler des Taurus in einer Hochgebirgstour die Kammlagen des Hohen Bolkar Dağı (Mededsiz Tepe, 3585 m ü.d.M.) erklimmen. Von dort hat man bei klarer Sicht den phantastischen Blick über die Hochflächen des südlichen Zentralanatolien! Entsprechend geländegängige Fahrzeuge findet man fast immer irgendwo in Tekir Yaylası. Die talaufwärtsführende Strecke ist zunächst Waldweg, dann Bachbett und Piste bis zum Steilanstieg unterhalb der Gipfelregion etwa in Höhe

Bergtour

der Waldgrenze auf ungefähr 2500 m Meereshöhe. Man sollte sich unbedingt einem ortskundigen Führer anvertrauen.

7. Von İstanbul über Bursa, Eskişehir, Ankara und Kayseri nach Sivas (ca. 1100 km)

Streckenübersicht

Eine weitere rasche Route führt – nicht über die üblichen Tran- sitstrecken – von İstanbul in den Nordwesten Ostanatoliens nach Sivas. Auch hier beginnt die Reise mit einer kleine Schiffspassage von Darıca nach Topçu-lar bei Yalova über den Golf von **İzmit**. Die weitere Strecke folgt, abgese-hen von dem Abschnitt zwischen Yalova und **Bursa**, der wenig befahrenen Fernstraße über İnegöl nach **Eskişehir** und durch die weiten, waldlosen Steppentafeln des nördlichen Zentralanatolien, vorbei an den Vulkanber-gen von Sivrihisar und an Polatlı nach **Ankara** mit Überquerung besonders reizvoller bewaldeter Paßlandschaften zwischen Bursa und Bozüyük.

Angeraten ist unterwegs ein Abstecher nach **Gordion** am oberen Sakarya.
Ausgetretenen Pfaden folgt die weitere Route über Kırıkkale, Keskin und **Kırşehir** nach **Kayseri**.

Landeskundlich interessant wird die weitere Strecke dort, wo man hinter Kayseri die alte Karawanenroute nach Sivas parallel zur Furche des Kızılırmak einschlägt. Man stößt nicht nur auf mehrere z. T. gut erhaltene Karawansereien aus der Seldschukenzeit (Sultanhanı), man durchfährt auch jenseits des relativ dicht besiedelten **Kappadokien** ein typisches Stück des 'einsamen' östlichen Zentralanatolien und ab Kayadibi die süd-westlichen Partien des Gipskarstes von Sivas. Empfehlenswert ist gerade bezüglich des Karstes nicht die neu geschaffene Verbindung von Kayadibi nach Nordosten zur Fernroute Gürün – Sivas, sondern eher die traditio-nelle Strecke über den Yassıbel Geçidi, die westlich von Sivas bei einer seldschukischen Brücke über den Kızılırmak auf die Straße von Tokat nach **Sivas** trifft.

8. Von İstanbul entlang der Schwarzmeerküste nach Artvin (1300 km)

Streckenübersicht

Sukzessive wurde in den letzten Jahrzehnten die **Schwarzmeerküste** für den Verkehr erschlossen, so daß man heute nahezu lückenlos den pon-tischen Gestaden folgen kann.

Wer also eher das rauhere Badeklima touristisch wenig erschlossener Strände genießen möchte (Karasu, Akçakoca, Amasra, Cide, İnebolu, Abana, Sinop, Kızılırmak- und Yeşilırmak-Delta und die Strandbuchten des östlichen Schwarzen Meeres), wer die ganzjährig feuchte und grüne Nord-seite der nordanatolischen Bergwelt in ihrer kulturellen und landschaft-lichen Vielfalt auf ganzer Länge kennenlernen möchte, wer sich verschie-denste feine klimatische Komponenten, z. T. urwaldartige Waldformatio-nen (Buche, Eiche, Tanne, Rhododendron, Farn, Baumheide, Erdbeer-baum, Lorbeer) und den Wechsel der Kulturpflanzen (Mais, Haselnuß, Tee, Tabak) erschließen möchte, den wird gerade diese Strecke von İstanbul über İzmit, Adapazarı und dann entlang der Küste über Ereğli, **Zonguldak**, Amasra, Cide, İnebolu, Sinop, Samsun, Ünye, Ordu, Giresun, Tirebolu, **Trabzon**, Rize und Hopa nach **Artvin** besonders reizen.

Varianten

Die Schwarzmeerküstenroute bietet abschnittsweise zwei lohnende, klei-nere, parallel verlaufende Alternativstrecken: zum einen von Ereğli südlich um die Bergbaustadt **Zonguldak** nach Bartın und zum anderen durch tou-ristisch kaum berührten Regionen des Hochlandes von Eflânı und der Küre Dağları von Bartın über Devrekânı nach Abana. Und sie hat fast an jeder Straßenbiegung interessante und ansprechende Stätten, Städtchen und Städte auf dem Programm, deren verstecktes kulturhistorisches Angebot man nutzen sollte, führt sie doch durch Bithynien ebenso wie durch

Paphlagonien, Pontus und Kolchis, durch das alte Kaiserreich Trapezunt, durch Lasistan und Südwestgeorgien.

Route 8
(Fortsetzung)

Wem die küstennahe Route auf die Dauer zu langweilig wird, dem sei hin und wieder ein Abstecher in die unmittelbar südlich aufragenden Gebirgsteile oder der Wechsel zur landeinwärts verlaufenden Parallelstrecke der Route 9 ans Herz gelegt.

Abstecher

9. Von İstanbul durch den Binnenpontus auf Nebenstrecken nach Erzurum (ca. 1400 km)

Eine lohnende Alternativroute zur Küstenroute 8 führt auf zumeist abseitigen und verkehrsarmen Pfaden ebenfalls von İstanbul ostwärts. Hier bieten sich der Binnenpontus mit seinen Ketten, Längsfurchen, Durchbrüchen, Hochflächen und Binnenbecken bis zur Vereinigung mit dem Taurus bei Erzurum vielfältige Varianten: landschaftlich und kulturhistorisch.

Streckenübersicht

Folgt man zunächst noch eingefahrenen Wegen über die Tran- sitstrecke (Autobahn) von **İstanbul** nach **İzmit**, so führt anschließend die Route bereits am Südufer des Sapanca-Sees vorbei und durch die Muhacir-Dörfer im Becken von Adapazarı über Akyazı nach Mudurnu und **Bolu** in die waldreichen Köroğlu Dağları. Die folgende Strecke über die walddurchsetzten Hochflächen der nördlichen Ilgaz Dağları, vorbei an Mengen, Eskipazar, Karabük, Safranbolu, İğdir und Araç nach **Kastamonu** und Tosya, von dort entlang der fruchtbaren Talfurchen (Reisanbau) des Devrez Çayı und des Kızılırmak nach Osmancık bzw. nach Merzifon, bringt den Reisenden nahe heran an die deutlich trockenere und baumarme Südseite des Pontischen Gebirges, verdeutlicht somit eindrucksvoll die klimatischen Gegensätze Nordanatoliens. Dies ist eine nicht alltägliche Route, die aber auch im weiteren Verlauf hinter der Waldpaß-Landschaft von Ladik über die Beckenreihe von Taşova, Erbaa und Niksar sowie entlang der romantischen Furche des Kelkit Çayı durchgehend bis Koyulhisar und Şebinkarahisar gute Straßen benutzt. Das entsprechende 'Straßenabenteuer' beginnt erst dort und endet bereits wieder bei Demirözü westlich von Bayburt am oberen Çoruh Nehri.

Die anschließende Querung der südpontischen Ketten über den eindrucksvollen und aussichtsreichen Kop Geçidi führt steil hinauf und hinab ins Becken von Aşkale und damit nach **Erzurum** zu den Quellen des nördlichen Euphrat (Karasu) ins Herz des armenischen Hochlandes.

Durch den Westen und den Südwesten Kleinasiens

Die meisten Touristen, welche die westlichen Teile der Türkei kennenlernen wollen, fahren über die Diagonal- oder die Küstenroute, die die großen Provinzzentren İstanbul, Bursa, Balıkesir, Çanakkale, Manisa, İzmir, Aydın und Muğla miteinander verbinden und die auch von den Überlandautobussen gewöhnlich benutzt werden. Diesem Vorschlag sollte man generell zwar folgen, der direkten Verbindung zwar nur, wenn man es wirklich eilig hat; denn manche landschaftliche oder kulturhistorische Kostbarkeit vor birgt sich abseits weniger befahrener Strecken, die auch – wenn auch nicht so rasch – ans Ziel führen. Wer die Küstenstrecke mit ihrem starken Verkehrsaufkommen einmal gefahren ist, wird ohnehin lieber auf alternative Straßen ausweichen. Das geht in Westanatolien zumeist problemlos.

Allgemeines

10. Von İstanbul entlang der Ägäisküste nach Antalya (ca. 1500 km)

Wer von **İstanbul** zu den Dardanellen und weiter an die ägäische Küste möchte, dem bietet sich zum einen der Weg über Thrakien (siehe auch

Streckenübersicht

Routenvorschläge

Routen 1 und 3), zum anderen die Strecke durch den südlichen Marmarabereich auf asiatischer Seite, die mit diversem Anschauenswertem aufwartet. Um den Anfahrtsweg zu verkürzen, empfiehlt sich vom **Bosporus**
eine Schiffspassage nach Mudanya (Route 6) oder von Darıca nach Yalova
(Route 7) sowie von dort weiter nach **Bursa**. Hier, an der Grenze zwischen
Bithynien und Mysien beginnt unter dem Mysischen Olymp (Uludağ) die
klassische westanatolische Küstentour auf durchweg guten, aber verkehrsreichen Straßen nach Antalya. Sie berührt zunächst die Seenplatte
zwischen Bursa und Gönen mit dem **Apolyont-See** und dem Manyas-See.
Beide Seen kann man nördlich oder südlich umfahren, wobei die Süd-
strecken landeskundlich wesentlich interessanter sind, aber auf kleinen,
windungsreichen Wegen verlaufen, um den Apolyont-See sogar über das
Gebirgsvorland des Kızılelmadağı nach Mustafakemalpaşa.
Die Südroute um den Manyas-See vermittelt Eindrücke von jungen Muha-
cir-Siedlungen und erlaubt einen Besuch in Eski Manyas, einer historischen Stätte, die kaum jemand kennt.
Nach einer eindrucksvollen Fahrt durch die Reisebene und den Durchbruch des Gönen Çayı sowie durch die Hügelregionen von Biga folgt man
generell der Südküste der Dardanellen nach **Çanakkale** und **Troia** und
durchquert die malerische Berglandschaft der Troas.
Wer Troia bereits kennt, ein Stückchen Weg abschneiden möchte und
unberührte türkische Kulturlandschaften schätzt, der schlägt von Biga die
alternative Strecke über die Gebirge der Troas über Çan und Bayramıç
nach Ezine ein und benutzt von dort die (nicht immer einwandfreie)
schmale Nebenroute über Geyikli, Alexandria Troas, Assos (Behramkale)
und Ayvacık zurück zur Hauptstrecke an den **Edremit Körfezi** bei Küçük-
kuyu.

Am Golf von Edremit beginnt die eigentliche Badeküste der Ägäis mit zahl-
reichen inzwischen auch bei den meisten ausländischen Gästen beliebten
Seebädern, zu denen man bisweilen nur auf Stich- oder Zweigrouten
gelangt (Ören, Ayvalık, Dikili, Çandarlı, Foça, Halbinsel Çeşme mit Urla,
Ilıca und Çeşme, Gümüldür, Kuşadası, Didim).
Hier reihen sich ebenso perlschnurartig viele antike ionische, lydische und
karische Stätten und Städte auf, zu denen so bekannte wie **Pergamon**
(Bergama), **Sardes** (im Hinterland), **Ephesus**, **Milet**, **Priene**, Didyma und
Herakleia am Latmos gehören.

Die deutlich stärker gegliederte und daher buchtenreichere, aber auch
sandstrandärmere Küstenpartie Südwestanatoliens um die zentren **Milas**,
Muğla, **Fethiye** und **Kaş** ist auf ihrer gesamten Länge sicherlich landschaftlich noch eindrucksvoller als die westliche und die nördliche Ägäisküste. Ihre noch sehr junge touristische Erschließung, vor allem in den Partien südöstlich von Muğla, dem alten Zentrum von Menteşe, macht sie bislang noch zum Geheimtip. Alt in dieser Beziehung und schon deutlich
überlaufen zeigen sich Seebäder wie **Bodrum**, **Marmaris** und inzwischen
auch Fethiye. Einst periphere Orte, wie Kalkan, Kaş und Finike, erfreuen
sich mittlerweile auch einer steigenden Beliebtheit.
Die beachtlich gebirgige, nicht selten bewaldete, oft mit Macchie begrünte
Mittelmeerzone des alten Karien und Lykien ist vor allem in Lykien dicht
gespickt mit historischen Stätten, zu denen klangvolle Namen zählen, wie
die von Knidos, Halikarnassos, Kaunos, Telmessos, Xanthos, Patara,
Myra, Kekova, Limyra, Olympos und Phaselis. Auch hier sind manche
Gebiete nur über Stichzufahrten erschlossen (Bodrum, Marmaris, Kekova,
Olympos), die man aber im Regelfall gut befahren kann.
Längere Strandpartien findet man dann wieder zu Füßen der gewaltigen
Bey Dağları am Golf von Antalya zwischen den touristischen Hochburgen
Westpamphyliens Kemer und Antalya.
Zu dem zuletzt genannten Streckenabschnitt zwischen Kumluca und
Antalya existiert eine recht lohnende Alternativroute über Altınyaka in die
gebirgigen Hochregionen des Nationalparkes der Bey Dağları und weiter
nach **Antalya.**

11. Von İstanbul durch das westanatolische Binnenland nach Antalya (ca. 1200 km)

Streckenübersicht

Diese Route mit durchweg guten Straßenbedingungen umgeht den Golf von **İzmit** bis Adapazarı und nutzt den Durchbruch des Sakarya und dessen altes Entwässerungssystem, um von dort nach Westen über Geyve, die Pamukova und über den Paß von Kaynarca nach **İznik** (Nicaea) am gleichnamigen See zu gelangen.

Die folgende Diagonalstrecke durch die Bergländer Nordwestanatoliens über Yenişehir, **Bursa**, **Balıkesir** und Akhisar nach Manisa und **İzmir** schneidet die Halbinsel von Biga ab und bewegt sich im weiteren Hinterland Bithyniens, Mysiens und Lydiens hauptsächlich auf einer Trasse, die in den meisten Abschnitten auch von den Transit- und Touristenbussen benutzt wird, insgesamt aber weit weniger Verkehrsdichte aufweist als die Küstenstrecke (Route 10). Man folgt hier einem Weg, auf dem die historischen Sehenswürdigkeiten (abgesehen von İznik, Bursa, Manisa, İzmir und Ephesus) oft weniger spektakulär im Verborgenen liegen (so z. B. Yenişehir, Balıkesir, Akhisar) und dessen abwechslungsreiche Landschaftsszenerie durchaus anspricht – allein schon durch die Gegensätze von Waldbergländern, Binnenbecken, Seen und Flußdurchbrüchen.

Die Fortsetzung der Route zählt wieder zu den klassischen Touristenstrecken: Die lange, breite und fruchtbare Grabensenke des **Menderes** (Mäander) führt langsam aber stetig aufwärts über das obligatorische Touristenziel **Pamukkale** bei Denizli in die Salzseen- und Karstgebiete Westpisidiens bei Dazkırı und Burdur sowie zu den Quellen des Mäanders bei Dinar und damit fast an den Rand Lykaoniens.

Ein kräftiger Schwenker nach Süden erschließt dem Reisenden dann eine alte Karawanenstraße über **Burdur** und Bucak durch die Poljen Südwestpisidiens und Nordwestpamphyliens, ehe er wieder aus den kühleren Berglandregionen hinabsteigt in die feuchtheiße, von Kalksinterterrssen erfüllte Ebene von **Antalya**.

12. Vom Schwarzen Meer auf Nebenstrecken nach Lykien (1100 km)

Streckenübersicht

Durch die westlichen Teile Bithyniens, Phrygiens und Pisidiens verläuft von **İstanbul** zunächst über **İzmit** und Karamürsel eine ansprechende und abwechslungsreiche Strecke nach Lykien, die sich bemüht, Hauptrouten zu meiden. In manchen Abschnitten ist der Straßenzustand nicht optimal, dafür aber entschädigt eine Fahrt durch noch zumeist unverfälschte Kulturlandschaften Westanatoliens, die kaum bekannt sind, die aber nicht auf eingestreute kulturhistorische Höhepunkte verzichtet: z. B. **İznik** (Nicaea) und **Pamukkale** (Hieropolis). Die Ursprünglichkeit des westanatolischen Hinterlandes ist gepaart mit abwechslungsreicher Landschaftsszenerie zwischen feuchtem Norden, sommertrockenem Busch-(Wald)-Bergland, zentralanatolischer Getreidesteppe und mediterranen Hochgebirgen und Macchien. Die Fahrt über den Samanlı Dağı von Karamürsel mit einem unvergleichlichen Blick auf den İznik-See erweist sich ebenso als Erlebnis wie die Querung der östlichen Ausläufer des waldreichen Uludağ von İnegöl nach Domaniç, des Berglandes von Emet.

Weiter geht die Fahrt über Simav, Kula, Alaşehir, Pamukkale und Tavas bis nach Muğla. Entlang der Küste gelangt man vorbei an den gebirgigen und verkarsteten Yaylacı Dağı nach **Fethiye**.

13. Von den Dardanellen auf Nebenstrecken nach Lykien (ca. 800 km)

Streckenübersicht

Eine andere Strecke verläuft im Binnenland küstenparallel von **Çanakkale** an den Dardanellen nach Lykien, ist also vor allem für jene Reisenden inter-

Routenvorschläge

Route 13
(Fortsetzung)

essant, die über Griechenland eingereist sind und die unmittelbare Westküste bereits kennen. Durch die Troas folgt man der Route 10 von Çanakkale bis **Edremit**, ehe man ins Hinterland über die Waldweiden der nördlichen Randhöhen des Sabla Dağı nach İvrindi abzweigt.

Varianten

Zwei Alternativstrecken führen von İvrindi südwärts über die Ausläufer des
Madras Dağı zu den Kleinstädten Soma und Kırkağaç sowie weiter hinab
in den nördlichen Zweig des Gediz-Grabensystems, in die fruchtbare Akhisar Ovası:
Die Strecken über **Balıkesir** und Savaştepe bzw. über Bergama (**Pergamon**) und Kınık benutzen beide abseitig schöne und dementsprechend
einfache Straßen durch die Grenzgebiete zwischen Mysien und Lydien, für
die man Zeit braucht. Man ist dann aber rasch über Gölmarmara und vorbei an den Königsgräbern von Sardes in Salihli im eigentlichen Gediz-Graben und damit in **Sardes**. Von dort quert man auf nicht selten abenteuerlichen Wegen reizvolle Paßlandschaften über die Boz Dağları mit dem
hochgelegenen Gölçük-See, wieder hinab in die Grabensenke des Kleinen
Mäander bei Birgi und Ödemiş, erneut hinan über die Waldbergland-Bar-
riere der Aydın Dağları und hinunter nach **Nazilli** im üppig bebauten Tal des
Großen **Menderes** (Mäander).
Eine Nebenstrecke von hier durch das malerische Dandalas-Tal und über
die bewaldeten Kazıbeli-Pässe berührt auf dem Wege nach Tavas, Serinhi-
sar und Acıpayam die antike Ruinenstadt **Aphrodisias** und präsentiert,
getrennt durch markante Berglandschwellen, zahlreiche flachbödige
Hochbecken in den Karstlandschaften Westpisidiens und Ostkariens am
oberen Dalaman Çayı.
Zwei Wege kann man dann zur Hauptstrecke Antalya – Fethiye wählen:
Neugebaut ist jene über Çavdır nach Kızılcadağ, älter, schmaler und landschaftlich bestechend bietet sich jene über Gölhisar und die Dirmil-Paß-
landschaft bis ins Tal des Koca Çayı, dem man südwestwärts weitgehend
durch das gewaltige Bergland der Ak-Dağları-Ausläufer bis Kemer abwärts folgt, wo man bereits Mittelmeerluft schnuppert. Nur ein Katzen-
sprung bleibt für die kurze Paßstrecke an die Küste nach **Fethiye.**

14. Von Çanakkale auf Nebenstrecken nach Antalya (ca. 800 km)

Streckenüberischt

Eine Diagonalroute verbindet die Dardanellen mit Antalya über eine
Strecke, die sonst kaum jemand benutzt. Zwar sind die Straßenverbindun-
gen zumeist kurvenreich und schmal, im Regelfall aber gut befestigt,
zumeist sogar asphaltiert. Die Tour verspricht ähnlichen Abwechslungs-
reichtum wie die Route 12, führt aber nicht nach Lykien, sondern ins Herz
Pamphyliens an die Türkische Riviera.
Die Route beginnt mit einer Querung der einsamen troadischen Bergregionen von **Çanakkale** über Çan, Balya und İvrindi nach **Balıkesir**. Die
anschließende, nicht direkte Strecke auf der alten Straßenverbindung ins
Becken von Akhisar durch die Bergländer des Uludağ und der Simav Dağları führt über zwei bewaldete Pässe und berührt Bigadiç und Sındırgı. Weiterhin abseits der großen Verkehrswege bewegt man sich über Gördes
durch ein touristisch unberührtes Gebiet des westanatoli- schen Berglandes an der Demirköprü-Talsperre vorüber zur Weinbaulandschaft in der
Depression von Alaşehir, die sich an den eigentlichen Gediz-Graben östlich von Salihli anschließt und an die mittelitalienische Toskana erinnert.
Die hier zusammenlaufenden Barrieren der Boz Dağları und der Aydın Dağları quert man auf einer romantischen Bergstraße und erreicht hinter Bul-
dan im Menderesgraben die Thermalquellen rund um **Pamukkale**, Sarayköy und Denizli.
Ebenso eindrucksvoll wie die Route 12 in südwestlicher Richtung quert
auch diese Strecke das Karstbergland Pisidiens mit seinen ausgedehnten
Poljen-Systemen von Acıpayam, Yeşilova, Tefenni und Korkuteli diesmal
ostwärts, bis sich die Straße nördlich der Bey Dağları in mächtigen

Route 14
(Fortsetzung)

Kurven durch Wald und Macchie vom an Obstkulturen reichen, ansonsten aber kargen Hochland um die einstige Sommerfrische der pamphylischen Küstenstädte hinab zur Kalksinterfläche von Döşemaltı hinabschwingt, dabei Tormessos, hoch in den Bergen gelegen, passiert und den Reisenden zur Perle der Türkischen Riviera bringt, nach **Antalya** mit seiner sehenswerten Altstadt über dem reizvollen Hafen.

15. Von Antalya durch Lykaonien nach Kappadokien (ca. 800 km)

Empfehlung

Als Ausgangsort für Touren – speziell auch Rundtouren – durch Südwestanatolien eignet sich vorzüglich die malerische Hafenstadt **Antalya** an der Türkischen Riviera. Nur zwei mögliche Reisewege zu lohnenden Zielen (Routen 15 und 16) sollen hier kurz vorgestellt werden.

Streckenüberischt

Zu den schönsten Routen durch den Süden Süd- und Zentralanatoliens kann man fraglos diese Strecke zählen, die das sonnige Mittelmeer der Türkischen Riviera mit den Seen Isauriens, der Einsamkeit der Lykaonischen Steppe und den 'Tuffkegelwundern' in **Kappadokien** verknüpft. Man durchfährt dabei nicht nur die klassische Touristenstrecke in Pamphylien über Perge, Sillyon, Aspendos und **Side**, man erlebt auch zwischen Manavgat, Akseki, dem Beyşehir-See, dem Suğla-Becken und Bozkır eine der liebenswertesten Gebirgsregionen des Mittleren Taurus mit seiner Macchie, seinen Zedern-, Kiefern- und Tannenbeständen, seinen Wacholder- und Eichenwäldern, seinen einsamen Tälern, tief eingesenkten Poljen und wunderschönen Ausblicken – ein gewaltiger Eindruck südtürkischer Gebirgslandschaften, der erst lange nach dem Eintauchen in die Weite der Getreidesteppen der Konya Ovası mit ihren gewaltigen aufgesetzten Vulkanen bei Kazımkarabekir abklingt.
Glanzvolle kulturhistorische Höhepunkte bieten sich, abgesehen von **Beyşehir**, in der Steppenstadt **Karaman**, in **Ereğli** (Konya Ereğlisi), Ulukışla, Bor, **Niğde**, İncesu und natürlich in der Seldschukenstadt **Kayseri** unterhalb des hochaufragenden Vulkans Erciyes Dağı.

16. Von Antalya durch Pamphylien nach Kilikien (ca. 550 km)

Streckenübersicht

Ebenfalls zu den klassischen Routen gehört die Fahrt entlang der gesamten türkischen Südküste von **Antalya** in Pamphylien über Südpisidien und das Rauhe Kilikien in die Kilikische Ebene nach **Adana**.
Selbst ohne den Abstecher entlang des Köprülü in den Taurus zum Köprülü Kanyon und über eine ruckelige Schotterstraße nach Selge (empfehlenswert) ist diese Strecke 'gepflastert' mit bekannten und weniger bekannten antiken Ruinenstätten, wie Perge, Aspendos, **Side**, Anamurion, Seleukia, Kanlıdivane, Kız Kalesi und Pompeiopolis, um nur eine zu nennen. Man stößt auf zahlreiche ansehnliche Armenier- und Kreuzfahrerburgen, auf beachtliche Relikte aus der Blütezeit des Osmanischen Reiches (Antalya, Karawansereien, Alanya), auf Naturschönheiten (Antalya-, Manavgat- und Tarsus-Wasserfälle, Korykische Grotten Cennet-Cehennem), auf ausgedehnte Glas- und Plastikhauskulturen, auf manche exotische mediterrane Kulturpflanze (Agrumen, Banane, Erdnuß, Baumwolle, Granatapfel, Paprika) rechts und links des Weges. Vor allem aber findet man ausgedehnte Badestrände, einladende Badebuchten und ansprechende Gastlichkeit; die Angebote sind allerdings nicht selten überteuert, die Touristenplätze in der Hauptreisezeit überfüllt und ohnehin inzwischen viel zu zahlreich.
Die wichtigsten Fremdenverkehrszentren an der Türkischen Riviera sind neben **Antalya** und **Alanya** die prosperierenden Badeorte im Umfeld von Manavgat, Sorgun und **Side** sowie im Rauhen Kilikien die Küstenorte zwischen Taşucu bei **Silifke**, Kızkalesi und Erdemli.

...

Route 16
(Fortsetzung)

Für Reisende, die sommerliche Hitze lieben, sich für den Trubel südländischen Badelebens begeistern und zudem malerische Landschaftsszenerie wünschen, ist diese Strecke sicherlich ideal, selbst wenn in der Region um Mersin die Zahlen und Größen touristischer Apartmentblocks mittlerweile abschreckende Dimensionen annehmen und die Strecke zwischen Mersin und Adana stark industrialisiert ist. Allein die Tour über die südliche Taurushöhen zwischen Alanya und Silifke vorbei an Anamur ist landschaftlich bereits reizvoll genug, aber ebenso kurvenreich.

Von der Ägäisküste nach Ostanatolien

Vorbemerkung

Von den Routen, die man von Westanatolien nach Osten und Südosten einschlagen kann, wurden einige mit dem Ausgangspunkt in İstanbul bereits vorgestellt (vgl. Routen 4 bis 9). Im folgenden sollen zwei weitere Strecken nach Ostanatolien skizziert werden, die, von İzmir ausgehend, dem Reisenden nahezu auf der gesamten Längserstreckung das Innere der anatolischen Halbinsel bis weit nach Armenien und Kurdistan hinein erschließen. Bewußt wurde dabei eine nördlichere und eine südlicher Variante gewählt, um – bei aller Ähnlichkeit der Landschaftseindrücke – doch auch ihre nördlichen (feuchteren) und südlichen (trockeneren) Komponenten zu erfassen. Längere Partien dieser Routen zählen zu bekannten Transitwegen auch für Touristen, sind somit straßenmäßig schnell und entsprechend mit höherer Verkehrsfrequenz belastet. Teile des Weges führen aber auch wegen der Landschaftsreize durch eher abseits gelegene Gebiete.

17. Von İzmir auf der 'Nordroute' nach Nordostanatolien (ca.1500 km)

Streckenüberischt

Als direkte Transitstrecke von **İzmir** durch die nördlicheren Abschnitte des zentralanatolischen Hochlandes folgt diese Route oft uralten Durchgangswegen von der Ägäis nach **Armenien** und berührt dabei verschiedene wichtige Provinzzentren, wie Uşak, **Afyon**, **Ankara**, **Yozgat**, **Sivas**, **Erzincan** und **Erzurum**, die sich wegen ihrer Übernachtungsmöglichkeiten als Etappenstationen anbieten. Der malerischen Vielfalt partiell noch bewaldeter westanatolischer Becken-, Berg- und Flußlandschaften (Gediz-Graben, Vulkangebiet und Gediz-Durchbruch bei Kula, Tal des oberen Banaz Çayı) steht die Weite der lykaonischen und galatischen Becken- und Steppenlandschaften des oberen Sakarya Nehri zwischen Afyon und Ankara kraß gegenüber – kaum unterbrochen von den Vulkanbergzügen um Sivrihisar. Verschiedene historische Stätten, von denen sicher **Sardes**, Pessinus und **Gordion** die wichtigsten sind, säumen den westlichen Teil des Weges bis **Ankara**.

Kaum weniger beeindruckend ist die Fahrt durch das bunte Bergland von Kırıkkale am Kızılırmak und über die einsamen, gewellten Hochflächen der ehemaligen nomadischen Weidegebiete der Bozok Yaylası verbei den Yerköy, Yozgat, Sorgun und Akdağmadenı zu den Getreidesteppen des Yıldızırmak bei Yıldızeli und **Sivas** am oberen Kızılırmak, wo man Ostanatolien dann endgültig erreicht hat. Besonders reizvoll zeigt sich dann die Fortsetzung der Route durch die dolinendurchlöcherten und seenreichen Gipskarstgebiete von Sivas, Hafık und Zara entlang dem oberen Kızılırmak, ehe man über die gewaltige Gebirgsschwelle der Köse Dağları in den Einzugsbereich des nördlichen Euphrat-Quellflusses (Karasu) nach **Erzincan** gelangt. Die reiche Landschaftsszenerie sollte ein wenig darüber hinwegtrösten, daß hier an Kulturhistorischem nicht so sehr viel geboten wird. Das wird erst wieder anders auf der weiteren Strecke entlang dem Euphrat (Karasu), vorbei an Altıntepe und Tercan ins Becken von Aşkale und damit nach **Erzurum**.

Varianten

Folgt man anschließend der Hauptstraße ostwärts über Pasinler nach Çobandede am Araxes, so bieten sich in Horasan zwei alternative Wege:

Der nördliche führt weiter entlang dem Araxes und dann über die Güllü Dağları auf die Basalthochflächen von **Kars** und **Ani**, die südliche überquert im Süden des gewaltigen Köse Dağı den schönen Saç-Paß ostwärts nach Eleskirt und Ağrı bzw. folgt dann dem oberen Murat Nehri (Euphrat) nach Taşlıçay und ins Becken von Doğubayazıt am Fuße des Ararat.

Route 17
(Fortsetzung)

18. Von İzmir auf der 'Südroute' nach Van (ca. 1800 km)

Die südliche Route, die **İzmir** mit dem Van-See verbindet, berührt neben verschiedenen kulturhistorischen Sehenswürdigkeiten zum Teil noch deutlich eindrucksvollere Landschaften als die nördliche Route. Auch sie folgt im wesentlichen stärker befahrenen West-Ost-Transitstrecken. Das gilt besonders für die westlichsten Abschnitte von **İzmir** über **Ephesus** (Selçuk) nach Söke.

Streckenübersicht

Jenseits von Söke, wo man auf die Südflanke des Menderes-Grabens hinüberwechselt, bemüht sich die Route um Wegstrecken, die nicht nur fern des Hauptverkehrs, sondern zudem auch durch ansprechende Landschaften verlaufen. Und dazu zählt neben der Straße von **Aydın** über Çine nach Muğla vor allem deren (vom Straßenzustand bislang noch schlechte) Fortsetzung nach Kale.

Die folgende Strecke durch das Gebiet der Isaurisch-pisidischen Seenplatte (mit Salda Gölü, Yaraşlı Göl, Burdur Gölü, Eğridir-Hoyran Gölü und Beyşehir Gölü) über Yeşilova, **Burdur**, Yalvaç, Şarkıkaraağaç und **Beyşehir** nach **Konya** führt durch eine der schönsten Gegenden im ganzen Lande mit lichten Wacholder- und Eichenwaldungen, folgt dabei z. T. einer alten Karawanenstraße, berührt aber nur vereinzelt kulturhistorisches Sehenswertes, wie die Städte Yalvaç (Antiocheia), Beyşehir und Konya oder die Region um Burdur.

Von Burdur führt eine ebenfalls empfehlenswerte Alternativstrecke über Isparta und **Eğridir** am Südufer des gleichnamigen Sees entlang nach **Beyşehir** und bietet Gelegenheit zu einem Abstecher zum Nationalpark am Kovaada Gölü.

Von Konya reist man durch die Weiten Inneranatoliens vorbei an den 'Wundern' in **Kappadokien** über die seldschukische Fernstraße mit verschienen Karawansereien, u. a. bei Konya, Obruk, Sultanhanı und Ağzıkarahan über **Aksaray**, Acıgöl, Nevşehir, Ürgüp (**Göreme**) und İncesu nach **Kayseri.**

Weiter im Osten ist die Verkehrsdichte üblicherweise gering. Die Straßen sind in der Regel in gutem Zustand, so daß die Tour von Kayseri über die Uzun Yayla, die einstige große Sommerweide der Çukurova-Nomaden, schnell und – speziell zwischen dem Ziyarettepesi-Paß und dem Karahan-Paß – eindrucksvoll ist.

Jenseits von **Malatya** (Melitene/Eskimalatya) beginnt dann das Gebirgsland des ostanatolischen Antitaurus im Umfeld des südlichen Euphrat-Quellarms (Murat), dessen Lauf man das erste Mal bei **Elazığ** und danach immer wieder kreuzt oder berührt und erst hinter Bingöl verläßt, ehe man **Muş**, und damit die Van-See-Region, den Kernraum des einstigen Urartäerreiches, erreicht.

Gewaltig ist die Szenerie am Südufer des Van-Sees zwischen Tatvan und Gevaş, wo sich in den ufernahen Kavuşşahap Dağları und auf verschienen kleinen Inseln im See zahlreiche ehemalige christliche Klöster und Kirchen verbergen und von Ferne bereits Tuşpa, der Festungshügel von **Van**, erkennbar wird.

Vom Schwarzen Meer zum Mittelmeer

So eindrucksvoll eine Fahrt von Westen durch die gesamte anatolische Halbinsel bis hinüber in die östlichsten Teile der Türkei sein mag, die ganze Bandbreite gegensätzlicher Landschaftseindrücke, die das Land hinsicht-

Vorbemerkung

lich Klima, Vegetation, Landnutzung, Lebensweise und Kulturellem hinter
Gebirgsbarrieren, in Grabensenken, auf Hochplateaus und innerhalb tiefer
Becken bietet, erlebt man am ehesten bei einer Geotraverse der Türkei in
Nord-Süd-Richtung. Hier offenbaren sich gerade die klimatischen Besonderheiten des Landes, die enge Verknüpfung eines hypsometrisch (durch
die Höhenlage), ozeanisch-kontinental und planetarisch gesteuerten For-
menwandels auf kurzen Distanzen. Noch heute benutzt man oft jene uralten Paßwege über die anatolischen Randgebirge, und die Nutzbarkeit derartiger möglicher Reisewege ist in der Gegenwart durch den modernen
Straßenbau um ein Beträchtliches größer als noch vor 50 Jahren. Entsprechend vielfältig sind die Varianten, auf denen man das Land heute von Norden nach Süden durchqueren kann. Mehrere eher diagonale Reiserouten
von Nordwesten nach Südosten und einige von Norden nach Süden durch
den türkischen Westen wurden bereits in İstanbul (Routen 4 bis 6 und 10
bis 13) bzw. von Çanakkale (Routen 14 und 15) vorgestellt. Etliche andere
Strecken, die auch in etwa unterschiedliche regionale, charakteristische
Abfolgen abdecken, sollen hier kurz mit ihren Besonderheiten umrissen
werden. Allen gemeinsam ist der Start in einem Ort am Schwarzen Meer,
so daß die Routen untereinander auch vergleichbar bleiben. Jede einzelne
hat aber ihre eigenen spezifischen Höhepunkte.

19. Von Bithynien auf Nebenstrecken nach Lykien (ca. 900 km)

In dem noch jungen türkischen Schwarzmeerbadeort Karasu (oder auch
von İstanbul) kann man zu einer interessanten Nord-Süd-Querung Westanatoliens aufbrechen, die nicht nur einen repräsentativen Schnitt durch
die Landschaftstypen des türkischen Westens zieht, sondern auch einige
Sehenswürdigkeiten für den Reisenden bereithält. Man berührt dabei die
alten Landschaften Bithynien, Phrygien, Pisidien, Pamphylien und Lykien.
Der erste Abschnitt der Reise folgt auf einer der großen Nord-Süd-Verbin-
dungen dem abwechslungsreichen Lauf des Sakarya aufwärts durch die
Engstellen und Talweitungen von Adapazarı, Geyve (Pamukova), Osmaneli
(Lefke), Bilecik und (des abseits gelegenen) Söğüt bis İnönü (bei **Eskişe-
hir**), wechselt hinüber über die Schwelle von Dutluca zum Oberlauf des
Porsuk Çayı und zur Fayencenstadt **Kütahya** und führt danach auf einer
Nebenstrecke durch das Hügelland von Arslanapa zur gewaltigen antiken
Tempelruine von Aizani im Becken von Çavdarhisar am oberen Kocasu
Deresi.
Die vom Erdbeben heimgesuchte, malerische Altstadt von Gediz am
Gediz-Oberlauf erreicht man über die Höhen des Karlık Dağı. Von dort gibt
es eine nicht immer unproblematische Bergstrecke auf bisweilen unbefestigter Trasse über die Thermalquellenregion um Muratdağı über Karacahi-
sar und Çamsu nach Banaz am oberen Banaz Çayı mit den nahen Ruinen
von Flaviopolis.
Als alternative Umleitung bietet sich der Weg von Gediz über Uşak nach
Banaz an. Die landschaftlich hübsche Nebenstrecke stößt bei Thermalbad Sandıklı auf die Hauptstraße von Afyon nach Dinar, der man südwärts
folgt, um bei Çobansaray der östlich verlaufenden Trassierung am Karakuyu Gölü vorbei über Keçiborlu ins Becken des Burdur Gölü und weiter
nach Isparta zu folgen.
Eine zauberhafte Bergwald-Szenerie erwartet den Reisenden auf der weiteren Strecke nach Süden um den Akdağ herum zu den Ruinen von Sagalassos bei Ağlasun und weiter nach Bucak, von wo aus Abstecher (aben-
teuerlich) nach Kremna und Milyas anzuraten sind.
Nicht weniger attraktiv gestaltet sich die anschließende Fahrt durch das
Poljen-System von Kestel und über die Karsthochflächen und Waldberg-
schwellen von Korkuteli und Elmalı.
Als letzter Höhepunkt der Reise kann der Abstieg von diesen Plateaus über
die aussichtsreichen Waldpässe von Karaovabeli oder Belpınar nach
Kasaba und weiter nach **Kaş** bzw. nach Kalkan am Mittelmeer gelten, wo

man im Sommer nur ungern die angenehme Bergkühle der traditionellen Almregionen von Gömbe gegen die feuchte Hitze der Küstenbadeorte eintauscht.

Route 19
(Fortsetzung)

20. Von Paphlagonien auf Nebenstrecken in den Südwesten (800 km)

Überwiegend auf Nebenstrecken, die allerdings zumeist gut befahr- bar sind, führt eine interessante Tour vom türkischen Schwarzmeerbadeort Akaçakoca nach Süden. Ziemlich zu Anfang steht die abenteuerliche Fahrt aus der Düzce Ovası an der Yığılca-Talsperre vorbei durch das unbesiedelte Karadere-Tal nach **Bolu** mit einem Abstecher in den Yedi-Göller-Nationalpark.

Streckenübersicht

Die folgende Querung der Köroğlu Dağları mit ihren Hochalmen, Tannen-, Fichten- und Wacholderwäldern über Seben oder alternativ über Kıbrıscık und Beypazarı nach Nallıhan gehört mit zu den sehenswertesten Pontusübergängen in Westanatolien.

Die Route über Kıbrıscık ist straßenmäßig etwas problematisch, aber zu schaffen, wenn man keinen Bus benutzt. Aus Gründen der Unterkunft sollte man direkt danach **Eskişehir** ansteuern. Möglich ist aber auch die Querung des Sakarya-Stausees auf der Strecke nach Mihalıççık und weiter zur am Meerschaumgruben von Alpu bei Eskişehir.

War dies bislang vorwiegend eine 'Landschaftstour', so bietet die weitere Strecke über Seyltgazl und Kırka u. a. die Möglichkeit zu einem Abstecher nach **Midas Şehri** und zu einem Besuch der phrygischen Felsheiligtümer nördlich von Afyon Karahisar.

Von ebenfalls hohem landschaftlichem Reiz ist der folgende Abschnitt über Şuhut und entlang des mit Wacholder bestandenen Westufers des Sees von **Eğridir** nach Isparta und zur antiken Ruinenstätte Sagalassos bei Ağlasun.

Eine etwas längere, alternative und abenteuerliche, aber lohnende Gebirgsstrecke über weniger gute Straßen (z. T. schlechte Schotterstrecke) bietet sich von Eğridir durch den Kovada-Gölü-Nationalpark nach Süden bis Sığırlık und von dort auf kurviger Route über Aşağıgökdere und Çamlıdere nach Sagalassos.

Der Rest des Weges verläuft weitgehend auf der Trasse der Route 19, benutzt aber ab Elmalı den Abstieg nach Finike über die Zedernhöhen des Avlan-Passes vorbei an Arıkanda.

21. Durch Paphlagonien und Galatien ins Rauhe Kilikien (ca. 1000 km)

Eine weitere vorteilhafte Querung Kleinasiens vom Schwarzen Meer zum Mittelmeer kann man in İnebolu beginnen. Ein prächtiger Steilanstieg führt von dieser Schwarzmeerperle durch die Waldungen der Küre Dağları auf die pontrischen Getreideplateaus von Devrekâne und nach **Kastamonu**, dem schmucken alten Zentrum Paphlagoniens, das sich auch als Ausgangspunkt für Ausflüge in die Umgebung vorzüglich eignet.

Streckenübersicht

Die anschließende Strecke über die Hochflächen der nördlichen Ilgaz Dağları zum Ilgaz-Dağı-Paß im Waldgebirge des Ilgaz-Dağı-Nationalparks, die Durchquerung des Devrez-Çayı-Tales bei Ilgaz und der anschließend erneute Anstieg auf die Höhen der östlichen Köroğlu Dağları sind zauberhaft in der Vielgestaltigkeit vermittelter Landschaftseindrücke, wogegen der Rest des Routenabschnitts über Çankırı und Kalecik nach **Ankara** eher durch die Weiten des nördlichen zentralanatolischen Steppenlandes wirkt, ein Eindruck, den auch die folgende Passage durch das Kurdenbergland von Haymana nach Polatlı und die periphere Traverse durch die riesige und flache Senkenzone des oberen Sakarya über Yenimehmetli und Yunak in die seengefüllte Senkenzone von **Akşehir** vermittelt. Einmal auf einsamen Nebenstrecken unterwegs, bleibt der Reisende auch weiterhin abseits üblicher Routen und wechselt aus der lykaonischen Steppenregion über die waldigen Höhen der Sultan Dağları zu den Seengebieten Pisidiens. Hier erreicht man durch den Kızıl-Dağ-Nationalpark entlang dem Westufer des Sees von Beyşehir unterhalb der Mauer der Dedegöl Dağları die Ausgrabungen des alten seldschukischen Sommerpalastes von Kubadabad Sarayı und um die Südflanke des Sees herum die Stadt **Beyşehir** mit ihrer phantastischen 'Waldmoschee'.

Die folgende Strecke über Seydişehir im Becken des Suğla Gölü nach Süden durch den Taurus stellt ab Bozkır bisweilen deutliche Ansprüche an das Fahrwerk des benutzten Transportmittels (ab Taşkent Schotterstraße). Sie führt dafür aber auch durch eine der einsamen Regionen des Mittleren Taurus unweit des Quellgebiets des Kalikadnos (Göksu Nehri) bei Hadım, durch den Ort Taşkent, eines der pittoreskesten Großdörfer der Türkei, und über mehrere ein- drucksvolle Paßlandschaften zwischen Taşkent und Ermenek in das tief eingeschnittene Gebirgstal des Ermenek Çayı.
Hier bieten sich zwei Möglichkeiten der Weiterfahrt: Entweder folgt man dem aussichtsreichen Talverlauf über eine gut ausgebaute Straße bis zur Vereinigung mit dem Göksu-Tal im Becken von Mut und folgt dann der Hauptstraße durch den Göksu Kanyon nach **Silifke**. Oder man erklimmt auf einem verwegen angelegten Schotterweg (zuweilen fehlen Brücken!) den Moca-Paß und damit die Hochalmen des Taşeli-Plateaus, über das man auf einer schmalen Asphaltstraße Gülnar erreicht.

Vom Taşeli-Plateau verlaufen drei unterschiedliche und nicht sehr breite Asphaltsträßchen nach **Silifke**:
Der einfachste Weg führt weiter auf dem Plateau ostwärts und gemächlich hinab direkt zum Zielpunkt.
Ein anderer fällt in kräftigen Kehren südwärts durch Pinienwälder und Macchien zum Mittelmeer hinab nach Aydıncik zur Küstenstraße nach Silifke.
Die dritte Route schlängelt sich durch eine reizvolle Karstlandschaft und hochständige Kiefernwaldungen nordostwärts hinab zum Nordende des Göksu-Cañons, dessen Verlauf man dann auf der inzwischen erreichten Hauptstraße nach Silifke abwärts folgt.
Wer den ersten Weg über Mut gewählt hat, dem steht von dort noch eine weitere Alternative offen: In kräftigen Kehren windet sich ein schmales Sträßchen an der Ostflanke des Mut-Beckens wieder aufwärts auf die Karsthöhen des Taşeli-Plateaus zum Polje von Kırobaşı und dann über die Hochfächen, die daneben einst auch das Kreuzfahrerheer Barbarossas nach Süden zog, gemächlich abwärts über Demircili nach Silifke. Unterwegs (oder auch von Silifke) sollte man unbedingt einen Abstecher nach Uzuncaburç zu den Ruinen der Priester- und Doppelstadt Olba-Diocaesarea machen.

22. Von Sinop durch Zentralanatolien ins Rauhe Kilikien (ca. 1000 km)

Zwei Routen lassen sich in Sinop nach Süden starten, die anfangs in etwa parallel verlaufen. Die westliche, die über verschiedene Pontuspässe via Erfelek, Yenikonak, Boyabat und Osmancık zunächst **Çorum** zum Ziel hat, kreuzt mehrere der tiefen Pontus-Längstäler, darunter öfters den gewundenen Verlauf des Kızılırmak mit ausgedehnten Naßreiskulturen und alten Wasserrädern.
Auf der anschließenden Strecke über Sungurlu und Delice nach Keskin, zur Hirfanlı-Talsperre und zum großen Salzsee liegen Alaca Hüyük und **Boğazkale** als sehenswerte Ziele zwar etwas abseits, sollten aber nicht versäumt werden. Das gleiche gilt für die Visite in der Saline Yavşan Tuzlası südlich von Kulu (über Cihanbeyli) und die kleine Fußwanderung von Ilıca Yaylası zu den Travertinkegeln unweit des salzigen Bulak Gölü östlich der Fernstraße nach Konya.

Die weitere Route von der Mevlanastadt **Konya** durch das südwestliche Zentralanatolien kennt drei Varianten bis zur alten Hauptstadt der Karamaniden, **Karaman:** Route 22 (Fortsetzung)

Am wenigsten interessant ist die direkte Verbindung nach Süden. Für den interessierten archäologischen Laien ist ein Umweg über Yarma nach **Çatalhüyük** und Çumra, für den Landeskundler aber auch jene Route durch die Yayla-Regionen der Konya-Ebene über Hotamış und nach Binbir Kilise am Karadağ zu empfehlen. Ein besonderes Erlebnis ist auf jeden Fall und auch fast zu allen Jahreszeiten die anschließende Passage durch die Wacholder- und Kiefernwälder des Sertavul-Passes mit einem überwältigenden Blick ins trockene Becken von Mut und die Fahrt durch die malerischen Göksu-Cañon nach **Silifke**, wo sich die faszinierende und abwechslungsreiche Badeküste des Rauhen Kilikien von Kız Kalesi und Taşucu mit seinen Burgen, Buchten und antiken Ruinen östlich und westlich anschließt.

23. Vom Pontus auf Nebenstrecken durch Kappadokien und den Antitaurus an den Golf von İskenderun (ca. 900 km)

Eine andere Strecke von Sinop führt direkt nach Süden über den lieblichen Dranoz-Paß nach Boyabad von dort aber dann den Kızılırmak flußaufwärts (Reiskulturen) über Durağan und entlang der neuen Altınkaya-Talsperre nach Vezirköprü, den Thermalbadeort Havza und dann über Merzifon nach **Çorum.** Unweit vom anschließenden Weg liegen die Ausgrabungsstätten von Alaca Hüyük und **Boğazkale.** Streckenübersicht

Einer windungsreichen, schlechten Straße nach **Yozgat** folgt eine gut ausgebaute, längere Strecke über Sorgun und Sarıkaya oder eine schlechtere, aber kürzere direkt nach Boğazlıyan über die Hochflächen der einstigen nomadischen Weidegebiete der Bozok Yaylası und von dort über Himmetdede ins Herz von **Kappadokien**, nach Avanos und Ürgüp.

Kaum befahren, ungewöhnlich eindrucksvoll und gespickt mit vielerlei landschaftlichen und kulturhistorischen Kleinigkeiten ist der weitere Reiseweg durch die Develi Ovası zu Füßen des Erciyes Dağı und über die verschiedenen Pässe der Tahtalı Dagları im Binnen- taurus zu den beiden Quellflüssen des Seyhan Nehri, Zamantı Nehri und Göksu (nicht zu verwechseln mit dem gleichnamigen Kalikadnos bei Silifke), ins Gebiet des ehemaligen Königreiches Kleinarmenien nach Saimbeyli, Feke und Kozan und weiter in die Kilikische Ebene.

Diese Route braucht relativ viel Zeit: Die Straßen sind schmal und kurvenreich, bisweilen steil und stückweise nur geschottert. Nennenswerte Unterkünfte gibt es unterwegs nicht. Wer als Etappenstation auf das schwülheiße **Adana** verzichten möchte, dem steht ein durchaus akzeptables Hotel in Kadırlı zu Diensten; von dort besteht eine schlechte Staubstrecke direkt nach Karatepe.

Ansonsten wählt man die Route über Hemite Kale dorthin, ehe man sich auf den nach Süden vorbei an Hierapolis Kastabala durch die Syrische Pforte (Toprakkale) nach Issos, Payas und **İskenderun** macht. Wer lieber am Wasser in ländlicher Umgebung Station macht, fährt weiter nach Arsuz (Uluçınar).

24. Von Samsun über Hatay an den Orontes (ca. 900 km)

Eine durchweg klassische Strecke vom Schwarzen Meer an die türkisch-syrische Grenze mit zahlreichen kulturhistorischen Höhepunkten bietet die Durchquerung Anatoliens von Samsun über die Etappenstationen **Amasya, Tokat, Sivas** und **Kahramanmaraş** (Maraş) nach **Antakya** am Orontes. Neben diesen städtischen Höhepunkten mit Teilen historischer Altstädte und zahlreichen Bauwerken aus der islamischen Epoche hält diese Streckenübersicht

Route 24
(Fortsetzung)

Route weiteres Sehenswerte unterwegs bereit, führt sie doch oftmals über alte Karawanenwege (Amasya – Tokat – Sivas) mit prächtigen Karawansereien (u. a. auch in Pazar). Ein Abstecher von Tokat nach Sulusaray ist sinnvoll.

Der Weg südwärts über die Uzun Yayla, die ehemalige nomadische 'große Sommerweide' über Gürün nach Pınarbaşı und Sarız führt zu den noch weitgehend kahlen nördlichen Randbergen des Binnentaurus, von denen man durch ein reizvolles verkarstetes Waldgebirge über Göksun hinabfährt in die Senke des oberen Ceyhan Nehri nach **Kahramanmaraş** (Maraş) am Nordrand des Maraş-Grabens.

Abseits der großen Ova von Göksun liegt das besuchenswerte Afşin im Becken von Elbistan an einer Route nach **Malatya**. Hinter Kahramanmaraş (Maraş) folgt man, nicht ohne von İslahiye oder Hassa einen Ausflug nach Yesemek zu machen, der z. T. von Vulkaniten ausgekleideten Senkenzone des Maraş-Grabens, vorbei an ausgedehnten Baumwollkulturen bis nach **Antakya** an ihrem Südwestende, wo der Orontes zwischen Musa Dağı und Ziyaret Dağı nach Samandağ zum Meer hin durchbricht.

25. Auf Nebenstrecken durch Pontus und Kommagene nach Antakya (ca. 1200 km)

Streckenübersicht

Ähnliche kulturhistorische und landschaftliche Höhepunkte wie an der Route 24 findet man an einer Parallelroute von Giresun, die ebenfalls nach Hatay führt. Allerdings benutzt diese Tour anfangs fast nur z. T. recht problematische Nebenstrecken durchs Gebirge. Das gilt speziell für die alte (östliche) Paßstraße nach Şebinkarahisar und ins Kelkit-Tal über die prächtigen Hochweidegebiete am Şehitler-Paß, für die inzwischen eine westliche Parallelroute asphaltiert worden ist.

Als Alternative gibt es weiter westlich von Ordu eine ebenfalls landschaftlich empfehlenswerte Asphaltroute über Ulubey, Gölköy und Mesudiye nach Koyulhisar und Suşehri in die Kelkit-Senke.

Fast ausschließlich Schotterstraße ist die anschließende Strecke über die drei Pässe der Gipskarstberge nach Zara und der weitere Weg über die Tecer Dağları, die Kulmaç Dağları und die östliche Uzun Yayla nach **Divriği**. Die Route gehört mit zu den einsamsten, aber auch eindrucksvollsten Querungen des östlichen Pontischen Gebirges.

Nicht weniger attraktiv bietet sich die Landschaft im Umfeld des weiteren Weges hinunter in die Senke von Malatya – entweder entlang und nahe dem Fırat Nehri (Euphrat) über Kemaliye oder über die westlicheren, fast kahlen Berglandschwellen des Karababa-Passes direkt nach Arapkır und dann in der Euphratsenke parallel zur Karakaya-Talsperre über Yazıhan nach **Malatya**. Die alte Straße über Eski Malatya ist heute wegen des neuen Stausees nicht mehr durchgängig, und man erreicht diesen Ort direkt von Malatya.

Leider führt nur eine sehr schlechte Straße durch die Malatya Dağları nach Adıyaman. Man kann diese schöne Nebenstrecke von Yeşilyurt über Çelikhan mit einigermaßen geländegängigem Fahrzeug zwar benutzen; sicherer aber ist der Umweg auf der Hauptroute nach Kahramanmaras (Maraş) entlang der Gölbaşı-Depression bis nach Gölbaşı und von dort ostwärts abzweigend nach **Adıyaman**. Die Stadt eignet sich dank verschiedener neuer Hotels bestens für Ausflüge durch die Kommagene bis hin zum Nemrud Dağı und zum Atatürk-Stausee am Euphrat.

Wenig bekannt und von Touristen kaum befahren wird die Strecke von Adıyaman durch die 'Badland'- und Plateaulandschaft nördlich von Gaziantep über Besni am Südrand des Göksu-Tales und Araban am Karasu, beides Nebenflüsse des Euphrat, nach Yavuzeli und zur modernen Stadt des türkischen Südosten, nach **Gaziantep** ins Zentrum des türkischen Pistazienanbaus.

Die weitere Route südwärts durch ausgedehnte Ölbaumkulturen nach Kilis und entlang der türkisch-syrischen Grenze bzw. durch den südlichen Maraş-Graben vorbei an Hassa, Kırıkhan und Reyhanlı (Tell Acana) in der Amik-Ebene führt auf zumeist engen, aber nicht schlechten Straßen nach **Antakya** am Orontes, das sich als Etappenort und Ausgangspunkt für Touren nach Harbiye, auf den Musa Dağı oder gar nach **İskenderun** bzw. Seleukeia Pieria ans Mittelmeer anbietet.

Route 25
(Fortsetzung)

Durch den Südosten und den Osten Anatoliens

Wie die Mitte Kleinasiens durch eine Querung vom Schwarzen Meer zum Mittelmeer läßt sich der Südosten und der Osten der Türkei auf ähnlichen kulturlandschaftlichen Traversen erkunden, die von der alten Kolchis nach türkisch Kurdistan bis an die Grenzen von Syrien und Irak führen.

Geschickt sind aber auch Rundfahrten durch den türkischen Osten, und hierfür liegt das Gebiet des Van-Sees günstig mit Van, dem einstigen Mittelpunkt des Urartäerreiches als Ausgangspunkt. Hier in den äußersten östlichen Landesteilen hat die verkehrsmäßige Erschließung durch gezielte Anbindung an die westanatolischen Wirtschaftszentren, durch das Bewässerungsprogramm GAP und die Aufbereitung Ostanatoliens für den Fremdenverkehr erhebliche Fortschritte gemacht, die das Reisen dort gegenüber der Zeit von vor einem Jahrzehnt deutlich erleichtern, auch wenn es immer noch zahlreiche Strecken gibt, deren Benutzung mit gängigen Pkw man nicht unbedingt empfehlen kann. Das gilt speziell für das innere Gebirgsland von Hakkâri oder das Dreieck der Taurusregionen um Sason zwischen Bingöl, Bitlis und Siirt. Nennenswerten Gewinn für alle Ostanatolienreisenden brachte der Ausbau der Fernstraße über den Tendürek Dağı nordöstlich des Van-Sees von Muradiye nach Doğubayazıt sowie der direkten Verbindung von Tuzluca an der türkisch-armenischen Grenze über Digor nach Kars. Eine Auswahl dieser Routen sei hier kurz beschrieben.

Wer im Süden der Türkei Urlaub macht und von dort Ostanatolien erkunden möchte, dem bietet sich Adana als Ausgangsort an.

Vorbemerkungen

**Achtung!
Bei Fahrten
durch türkisch
Kurdistan
beachte man
die Warnung
auf Seite 139.**

26. Von Adana nach Diyarbakır und zum Van-See (ca. 900 km)

Die Strecke mit dem Ausgangspunkt **Adana** durch die Baumwollebene der Çukurova, vorbei an Misis, Ceyhan und Toprakkale über das Amanos-Gebirge in den Maraş-Graben, die dann parallel zur türkisch-syrischen Grenze bis nach Irek verläuft und bekannt ist für große Verkehrsbelastung durch Lastkraftwagen, sollte man mit Erreichen der Grabensohle an der großen Straßenkreuzung in Richtung auf Kahramanmaraş (Maraş) verlassen und den Weg durch die fruchtbare Aksu-Çayı-Senke über Türkoğlu und Pazarcık sowie über die mit Eichenbuschwald bestandenen Paßhöhen zur seenreichen Depression von Gölbaşı einschlagen. Von hier gelangt man auf guten Straßen ins Herz von Kommagene nach **Adıyaman** und Kâhta, um in dieser landschaftlich schönen und kulturhistorisch berühmten Landschaft für ein paar Tage Aufenthalt zu nehmen. Die anschließende Strecke führt den Reisenden zunächst über den Fırat (Euphrat) nach Siverek und entlang den kargen, noch von Nomaden genutzten nördlichen Ausläufern des Karaca Dağı an den Dicle (Tigris) nach **Diyarbakır**.

Man kann von Kommagene auch aut einer neuen Straße, die u. a. zum Damm des Atatürk-Stausees am Euphrat führt, südwärts nach **Şanlıurfa** (Urfa) zur Route 27 ausweichen, wenn man z. B. Harran, **Mardin** und den Tur Abdin alternativ anschließen möchte.

Weite, leicht gewellte Getreidesteppen charakterisieren den weiteren Weg von Diyarbakır durch das Vorland des südöstlichen Taurus vorbei am geschichtsträchtigen Silvan, der alten Brücke über den Batman Çayı und

Streckenübersicht

dem Lokalheiligtum von Ziyaret. Aufwärts in die Kühle der Berge des arme-
nischen Hochlandes windet sich die gut ausgebaute Straße aus der Hitze
Nordmesopotamiens durch das malerische Tal des Bitlis Çayı bis zur alten
Kurdenstadt **Bitlis** und zu den Paßlandschaften von Tatvan südöstlich vom
Van-See.
Eine abwechslungsreiche Szenerie bietet dann die Tour durch die hoch
aufragende Bergwelt Kurdistans, deren Gipfel sich wie eine Mauer entlang
der Südküste des Van-Sees bis nach Gevaş hinziehen, wo man den
Festungshügel der Altstadt von **Van** im Norden bereits liegen sieht. Wer
sich zeitig genug auf den Weg gemacht hat, dem bleibt noch die Möglich-
keit für eine kurze Bootsfahrt zur bekannten Klosterkirche auf der Van-See-
Insel Ahtamar.

27. Von Adana über Şanlıurfa (Urfa) nach Mardin (ca. 550 km)

Streckenübersicht

Dieser Reiseweg verläuft von **Adana** über Bahçe zum Maraş-Graben wie
Route 26.
Wer eine landschaftlich interessantere Strecke fahren möchte, wählt ca.
20 km hinter Osmaniye und noch vor Bahçe die schmale und windungsreiche alte Paßstraße über den bewaldeten Nurdağı-Paß nach Fevzipaşa.
Die gesamte Strecke von dort verläuft dann um einiges nördlich parallel zur
türkisch-syrischen Grenze und ist bis nach Mardin hinüber zwar gut ausgebaut, aber wenig abwechslungsreich und von Lastkraftwagen stark
befahren. Der Lkw-Verkehr hat sich infolge des Golfkrieges zwar reduziert,
wird aber nach der Aufhebung der Handelsbeschränkungen für den Irak
umso stärker wiedereinsetzen.
Landschaftlich ansprechende Partien findet man lediglich zwischen dem
Maraş-Graben und Gaziantep auf den Höhen des Kartal Dağı und im
Umfeld der Euphratsenke bei Birecik. Danach quert man die eher eintöni-
gen Steppentafeln von Şanlıurfa (Urfa), Viranşehir und Kızıltepe.

Dennoch sollte man den kulturgeschichtlichen Wert dieser Route nicht
außer Acht lassen. Es gibt unterwegs einige besuchenswerte Stätten, zu
denen neben Sakçağözü (Karahüyük), **Gaziantep**, **Birecik**, **Şanlıurfa**
(Urfa), Viranşehir (Konstantina) und **Mardin** auch Orte wie Tellbasar Kalesi,
Rumkale, Karkamış und Tell Musa (Zeugma) gehören, die ein wenig abseits
der Strecke liegen – und natürlich Harran, das man von Şanlıurfa (Urfa)
leicht erreichen kann.

28. Vom Schwarzen Meer nach Harran
und an die türkisch-syrische Grenze (ca. 800 km)

Streckenübersicht

Nicht nur auf ausgetretenen Pfaden bewegt sich diese Route von **Trabzon**
bis an die türkisch-syrische Grenze, d. h. also durch die westlichen Gebiete
des alten **Armenien** bis hinunter nach Mesopotamien. Der klassische Pon-
tusübergang über den Zigana-Paß entlang dem Maçka Çayı und dem Harşit Çayı über Torul nach Gümüşhane zwingt geradezu zu einem Abstecher
von Maçka zum Sumela-Kloster im Altındere-Vadisi-Nationalpark mit seinen Tannen, Buchen und Rhododendren.

Wer es sich leisten möchte, benutzt nicht die neugebaute Fernstraße über
die Kalkanlı Dağları nach Torul, sondern die alte, gewundene Paßstraße
durch die malerischen und lebhaften Pontusdörfer, Haselnußkulturen und
Maisparzellen. Kaum anderswo ist der schnelle Wechsel aus dem Klima-
und Kulturkreis des nördlichen in den des südlichen Pontus deutlicher als
auf dieser Strecke. Bislang bietet **Gümüşhane** (Torul ist schon von der
Lage her deutlich attraktiver) noch keine nennenswerten Unterkünfte. Die
findet man erst, nachdem man das tief eingeschnittene, enge Tal des obe-

Route 28
(Fortsetzung)

ren Harşit verlassen, den mit Büschen bewaldeten Kösedağı-Paß nach Kelkit und den Otlukbeli-Paß bei Yeniyol hinter sich gebracht hat, im Becken von **Erzincan**. Ein Teil dieses Weges ist nicht asphaltiert. Das gilt auch für ein Stück der Strecke durch das Aleviten-Gebiet von Dersim (Hozat), wenn man von Erzincan (nach einem Besuch des Altıntope) über Pülümür und **Tunceli** weiter nach **Elazığ** fährt. Sofern man es einrichten kann, sollte man dem Munzur-Vadisi-Nationalpark im Tal von Ovacık und den nördlich anschließenden Munzur-Gebirgsketten von Tunceli einen Besuch abstatten (zum Wandern; kaum Unterkünfte) und dabei auch Pertek nicht auslassen – und natürlich auch nicht den Keban-Stausee (Fähre von Pertek nach Elazığ) und das alte Harput oberhalb von Elazığ.

So anmutig und einladend in einer weiten Hochtal südlich von Elazığ der Hazar Gölü, der Quellsee des Dicle (Tigris), für den Reisenden daliegt, so wild gebärdet sich der junge Tigris dann in seinem engen Tal bis Maden. Karg und weit ist das Land auf dem weiteren Wege nach Siverek durch das zerfaserte Kalkbergland von Çermik, und auch das anschließende Stück über die flachen, basaltenen Ausläufer des Vulkans Karaca Dağ und die Urfa-Plateaus nach **Şanlıurfa** (Urfa) und in die Depression von Harran zählt gegenwärtig noch, vor Vollendung der GAP-Bewässerungsanlagen, nicht zu den agrarisch intensiv genutzten Regionen der Türkei. Aber gerade die beiden letzten Orte, Şanlıurfa (Urfa), das alte Edessa, und Harran, unweit der türkisch-syrischen Grenze, gehören zu den klassischen touristischen Reisezielen in der Türkei.

29. Von der Kolchis auf Nebenstrecken nach Mardin (ca. 800 km)

Streckenübersicht

Fast parallel zur Route 26 verläuft – häufig auf Nebenstrecken – ein weiterer Weg vom Schwarzen Meer bis an die türkisch-syrische Grenze: Diesmal von Rize auf einer nur teilweise befestigten Bergstraße durch malerische Waldgebirgs- und Hochgebirgsregionen (im Paßbereich des 2600 m hohen Ovitdağı-Übergangs partiell sehr schlechte Strecke) über İkizdere ins Çoruh-Tal nach İspir, von dort auf Staubstraßen über weitere Pässe, entlang abseitiger Tälchen und durch unbekannte Dörfchen bis ins hochgelegene Becken von **Erzurum** am oberen Karasu unweit der Quellen des nördlichen Euphratarmes.

Parallel dazu kann man weiter westlich eine Route über Of, Çaykara und den Soğanlı-Paß (mit einem Abstecher zu den Waldgebieten von Uzungöl) wählen, die ebenfalls über die Hochlagen der nördlichsten Schwarzmeerkette verläuft und den Çoruh Nehri im Becken von Bayburt erreicht. Den weiteren Weg über den Kop Dağı und Aşkale nach Erzurum beschreibt die Route 9.

Die Straße von Erzurum über Çat und Karlıova durch die bunten, mit Buschwald durchsetzten Şeytan Dağları über den Peri Su nach Bingöl unweit des Murat Nehri, des südlichen Quellarms des Fırat Nehri (Euphrat), ist zwar mittlerweile fast durchgehend asphaltiert, quert aber einen Landstrich, in dem Touristen bislang kaum gesehen wurden.

Vergleichbares trifft auch zu für die südwärts anschließende Wegstrecke vorbei an Genç über die Almhöhen des Akçakara Dağı zum Berklin Çayı, dem östlichen Quellarm des Dicle Nehri (Tigris) im Erdbebengebiet von Lice.

Hier kann man wählen zwischen einem näheren Weg (südwärts) direkt nach Diyarbakır oder aber einer westwärts verlaufenden Route vorbei an Hanı und Dicle nach Ergani und erst von dort nach Süden. Die zuletzt genannte Variante ermöglicht den Besuch des abseits der Strecke pittoresk über der Tigrisschlucht gelegenen historisch interessanten 'Städtchen' Eğil, ehe man, oberhalb des grünen Talbandes des Dicle (Tigris) und umrahmt von dunklen Basaltmauern, die Stadt **Diyarbakır**, das 'Schwarze Amida' und die heimliche Hauptstadt türkisch Kurdistans, auf einer schnellen Fernstraße erreicht,

Route 29
(Fortsetzung)

Eine landschaftlich hübsche Strecke führt von Diyarbakır weiter südost-
wärts zunächst am Tigris, später an einem seiner Nebenflüßchen entlang
über die Kalkberge der Mardin-Schwelle nach **Mardin**, erhaben an einem
Kalkfelsen über den Acker- ebenen Nordsyriens angelegt. Moderne Unterkunft findet der aufmerksame Tourist noch etwas weiter östlich hart an der
türkisch-syrischen Grenze ein wenig hinter Nusaybin an der stark befahrenen Transitstrecke in den Irak. Von hier bieten sich gute Rundfahrtmöglich-
keiten durch die christlichen Gebiete des Tur Abdin.

30. Rundfahrt in Ostanatolien (ca. 1300 km)

Streckenübersicht

Interessante Rundfahrten durch Ostanatolien kann man von **Van** aus
unternehmen. Als Ausgangspunkte sind wegen der dort vorhandenen
Unterkünfte auch die Städte Doğubayazıt, Iğdır, Artvin, Erzurum oder Ahlat
denkbar. Geschickt ist, da in der Gegensetzlichkeit und Vielfalt der Eindrücke für das schauende Auge als Weg optimal, der Start in Van mit einem
Routenverlauf im Uhrzeigersinn.

Man kann die Tour entlang des Vansee-Südufers mit einem Ausflug nach
Ahtamar beginnen, ehe man in Ahlat wieder Station macht. Man kann aber
auch die Nordumrundung des Sees über Erciş und Adilcevaz vorziehen,
und damit die weniger bekannte Szenerie dieses größten Binnensees der
Türkei mit den Riesenvulkanen Süphan Dağı und Nemrut Dağı kennenlernen. Von Ahlat sollte man auf jeden Fall eine Tour in den Krater des Nemrut
Dağı wagen (nur mit Geländewagen oder einheimischen Minibussen), ehe
man weiterfährt.
Kurz hinter **Muş** führt eine kaum befahrene Straße nach Norden entlang
dem Murat Nehri in Richtung Kale Kayalıdere und Varto, anschließend über
die Riegel der östlichen Bingöl Dağları nach Hınıs und weiter zum Oberlauf
des Araxes, dem man bis zur berühmten Brücke von Çobandede abwärts
folgt, um über Hasankale (Pasinler) bald **Erzurum** zu erreichen.
Zu den Klöstern und Kirchen Südwestgeorgiens gelangt man durch das
eindrucksvolle, tief eingekerbte Tortum-Tal mit seinem malerischen See
und seinen prächtigen Wasserfällen.

Als Etappenort ist **Artvin**, oberhalb vom Tal des Çoruh, anzuraten, von wo
der weitere holprige und staubige Weg entweder über Ardanuç oder über
Şavşat mitten durch die alpenähnliche Alm- und Waldlandschaft der
Yalnızçam Dağları hinaufführt zu den kahlen Weideregionen der Ardahan
Yaylası und hinab ins Becken von Ardahan an der oberen Kura, einem der
großen Flüsse Südkaukasiens.
Zwei Wege bringen den Reisenden nach **Kars** und weiter nach **Ani**: Der
östliche führt vorbei am basaltdunklen Çıldır Gölü über Cıldır und Arpaçay,
der kürzere, westliche, direkt über die Ardahan Yaylası über Susuz. Hart an
der türkisch-armenischen Grenze passiert man die an armenischen Klöstern (Ruinen) reiche Region von Digor, stößt erneut hinab in das Tal des
Araxes, dessen zunehmender Talweitung man von Tuzluca ostwärts bis
nach Iğdır folgt, wo sich über der weiten Talung des Iğdır-Beckens majestätisch der berühmte **Ararat** (Ağrı Dağı) erhebt, mit 5137 m ü.d.M. der
höchste Berg der Türkei.

Die anschließende Strecke über den Çilli-Paß nach **Doğubayazıt** und weiter südwärts über den vulkanischen Tendürek-Paß verläuft auch heute
noch durch eine Region, in der man regelmäßig Nomaden antrifft. Sie bietet zudem im Işhak Paşa Sarayı eine der größten Attraktionen des türkischen Nordostens und sie steckt voller landschaftlicher Reize, wobei die
Querung des Tendürek Dağı und die Fahrt vorbei an den Wasserfällen von
Muradiye sicherlich zu den zauberhaftesten Eindrücken zählt, die man auf
dem Wege zurück bis zum Ausgangspunkt der Rundfahrt, **Van**, haben
kann.

31. Fahrt durch das Gebirgsland türkisch Kurdistans

Unterkünfte für Fahrten durch den äußersten Südosten türkisch Kurdistans, das Gebirgsland von **Hakkâri** und **Bilis**, findet man, außer in Van, vor allem bei Nusaybin; aber auch in Hakkâri, Mardin und Siirt gibt es Herbergen, wenn auch nicht gerade besonders komfortable. Nicht ganz ohne Hindernisse dürfte sich in den meisten Fällen die Durchführung dieser Route gestalten: Einerseits sind die Straßenverhältnisse, besonders zwischen Hakkâri und Uludere sehr mäßig, so daß man die Benutzung eines stabilen und auch geländegängigen Fahrzeugs anraten muß.

Wichtige Hinweise (keine genaue Streckenangabe)

Andererseits gehört gerade dieser Landstrich zu jenen Problemgebieten türkisch Kurdistans, in denen Militärkontrollen und Straßensperren nicht gerade selten sind. Leihwagen mit türkischen Kennzeichen sollte man hier tunlichst nicht benutzen.

Die Region ist jedoch von so bemerkenswert herber Schönheit und Vielgestaltigkeit, daß man auf einen Besuch dort nur ungern verzichten mag. Zudem warten in Çavuştepe, Hoşap, Surb Bartholomeos (Albayrak) und Yanal (abseits) bedeutende kulturhistorische Sehenswürdigkeiten auf ihre Besucher. Weitere Höhepunkte dieser Rundfahrt findet man hinter Cizre auf der weiteren Strecke durch die nordsyrischen Ackerebenen und den Tur Abdin bei Nusaybin (Anastasiopolis), in den Klöstern rund um Midyat und **Mardin**, in Hasankeyf am Dicle (Tigris) und in Aydınlar bei Siirt.

Nicht weniger attraktiv ist der Weg wieder hinauf durch das enge Tal des Bitlis Çayı über Baykan und Bitlis zu den Höhen rings um den Van-See und zurück an dessen Südufer entlang nach **Van**.

32. Auf ungewohnten Wegen durch Ostanatolien (ca. 1000 km)

Überwiegend auf Nebenstraßen verläuft eine Route von **Artvin** zum Van-See. Den zunächst dem engen Çoruh-Tal aufwärts folgenden Reiseweg kann man nach einem Besuch von Dört Kilise und Peterek Kalesi bei Yusufeli verlassen, um die Klosterkirchen in der Umgebung von Parhal aufzusuchen. Die nächsten Etappenstationen für die Übernachtung sind Sarıkamış oder Kars. Ein Weg dorthin führt – mit einem Abstecher nach İşhan – ostwärts vorbei an Olur nach Bana bei Akşar. Oder man folgt dem Tortum-Tal aufwärts (Wasserfall, Tortumsee; Abstecher nach Öşk und Hahul) bis Aksukapı und anschließend eine schmale Staubstrecke nach Oltu. Ein dritter Weg führt von Tortum auf einer guten Asphaltstraße über Narman nach Oltu und Bana. Alle drei Alternativen queren die gewaltigen Kargapazar Dağları, die erste allerdings folgt dabei weitgehend dem Tal des Oltu Çayı. Die eindrucksvollste Landschaft bietet fraglos der Weg über Tortum. Erst ein weiterer Übergang leitet dann hinüber nach Göle, auf die Basalthochflächen der Kars Yaylası und damit nach **Kars**. Angeraten ist von hier ein Besuch in **Ani** (unmittelbar an der türkisch-armenischen Grenze), bevor man sich nach Süden wendet.

Streckenübersicht

Zwei Routen kann man nach Kağızman wählen: die direkte über den Paslı-Paß und Kötek, die schönere über Sarıkamış und durch die Waldgebiete der Güllü Dağları nach Karakurt und durch die schluchtartige Talung des Araxes. Ein abenteuerliches Staubsträßchen, das erhebliche Ansprüche an Fahrzeug und Fahrer stellt, quert die Hochgebirgsbarriere der Arasgüney Dağları weiter südwärts und führt entlang des Curna Çayı nach Ağrı. Bis Tutak folgt eine gute Asphaltstrecke dem kurvenreichen Engtal des oberen Murat Nehri (Quellarm des Euphrat), erreicht nach einem wenig abwechslungsreichen Fahrt Patnos, von dort den Schauplatz der Entscheidungsschlacht zwischen Byzanz und den Seldschuken bei Malazgirt – und damit wieder den Murat. Man passiert die gewellten Hochflächen von Bulanık und Erentepe, um von Karakale aus hinabzutauchen in das Becken von **Muş**, wo man auf die Route 18 nach **Van** stößt.

Von der Landeshauptstadt durch Nordanatolien ans Schwarze Meer

Allgemeines

Diese Routenvorschläge sind im wesentlichen auf die Überquerung des Pontischen Gebirges ausgerichtet. Sie bieten reizvolle Landschaftsbilder der nordanatolischen Region, die in jüngster Zeit wachsende Erschließung erfährt.

33. Von Ankara über Tokat nach Ünye (ca. 600 km)

Streckenübersicht

Der erste Streckenabschnitt verläuft zwischen **Ankara** und Sungurlu auf der gleichen Trasse, die – in entgegengesetzter Richtung – von der Route 24 benutzt wird. Hier sollte man Besuche in **Boğazkale** und Alaca Hüyük einplanen.

Der Reiseweg wendet sich dann nach Ostnordosten durch ein touristisch noch kaum bekanntes Gebiet von Getreidesteppen und leicht bewaldeten Südausläufern des Pontus über Alaca und Ortaköy (Aydıncık) nach Çekerek am oberen Çekerek Irmağı, dem man zunächst ein Stück talwärts folgt, um vom Dorf Reşadiye eine mäßige Staubstraße ostwärts zu nutzen, die dem Reisenden das sehenswerte Dorf Yalınyazı und die nahe Ausgrabungsstätte Maşat Hüyük erschließt.

Weitere kulturhistorische Attraktionen bieten sich auf der anschließenden Strecke entlang einer schmalen Asphaltstraße in Zile, Pazar und natürlich in **Tokat.**

Auch der folgende Abschnitt, vorbei an Komana Pontike und über Niksar, auf die nordpontischen Hochflächen von Akkuş steckt voller Abwechslung im Landschaftsbild, ehe man durch die Haselnußplantagen der Nordabdachung des Gebirges Ünye am Schwarzen Meer erreicht.

34. Von Ankara über die Köroğlu Dağları nach Amasra (ca. 350 km)

Streckenübersicht

Zunächst auf wenig bekannten Wegen bewegt sich der Tourist auf schmalen Asphaltstraßen von **Ankara** nordwärts vorbei an Çubuk, von wo er nicht nur zu der nördlichen der beiden Çubuk-Talsperren gelangen kann, sondern auch zu dem 30 km entfernten, bei Ankaranern beliebten Ausflugsziel Karagöl in den Waldgebieten der östlichen Köroğlu Dağları.

Nach einsamer Fahrt via Şabanözü und Orta über die Ausläufer der Köroğlu Dağları folgt man ab Çerkeş dem Tal des Devrez Çayı westwärts, um dann über mehrere niedrige Pässe und durch teilweise tief eingeschnittene Täler hinter Karabük und dem unter Denkmalschutz stehenden Safranbolu das Waldtal des Kocaırmak zu durchfahren, an dessen unterem Ende nur wenige Kilometer vor dem türkischen Schwarzmeerbadeort Amasra am Westende der Küre Dağları die Kreisstadt Bartın liegt.

Warnung

Trotz einer generellen Beruhigung der Situation in den ost- und südostanatolischen Gebieten mit kurdischem Bevölkerungsanteil kommt es immer noch gelegentlich zu bewaffneten Auseinandersetzungen zwischen Sicherheitskräften und der kurdischen Arbeiterpartei (PKK). Deshalb ist es dringend angeraten, dort größte Vorsicht und Zurückhaltung walten zu lassen, eventuell sogar von einer Bereisung jener Gegenden gänzlich Abstand zu nehmen. Zum einen läuft der Besucher Gefahr, von Anschlägen militanter Kurden mit betroffen zu werden; zum anderen gehen die türkischen Ordnungskräfte mit äußerster Härte gegen jegliche Aktivität der Kurden und etwaiger Sympathisanten vor. Deshalb hüte man sich vor einer Parteinahme für die kurdische Sache.
Da diese Risiken allenthalben im türkischen Kurdistan bestehen, erkundige man sich vor einer geplanten Reise bei den zuständigen Stellen – Verwaltungsbehörden, Militärposten, Polizeiwachen oder Informationsämtern – nach unbedenklichen Möglichkeiten bzw. eventuell bestehenden Einschränkungen oder Verboten und halte sich strikt an die erlassenen Vorschriften. Sachdienliche Auskünfte erteilt ferner das Ministerium für Tourismus in Ankara (⟶ Praktische Informationen: Auskunft).

Empfehlungen für eine Reise in die Türkei gibt das Auswärtige Amt der Bundesrepublik Deutschland (Berlin) laufend per Tonbandansage unter der Telefonnummer (018 88) 174 44 44 oder im Internet unter: www.auswaertiges-amt.government.de.

Reiseziele von A bis Z

In der Türkeit gibt es kaum beschilderte Straßen. Die Stadtpläne im Reiseführer vermerken jedoch die Straßennamen als Orientierungshilfe.

Hinweis

Adana

Südküste (Östliches Mittelmeer)
Provinz: Adana
Höhe: 25 m ü.d.M.
Einwohnerzahl: 1 Mio. (Großraum ca. 2 Mio.)

Die Provinzhauptstadt Adana im Südosten des Landes am Fuß des Taurus ist die viertgrößte Stadt der Türkei (nach İstanbul, Ankara, İzmir) und eines ihrer reichsten Wirtschaftszentren. Adana liegt in der fruchtbaren, deltaförmigen Kilikischen Ebene – heute Çukurova ('Tiefebene') und im Altertum Aleion Pedion genannt – an beiden Ufern des Seyhan, des alten Saros, über den z.T. noch antike Brücken und eine Eisenbahnbrücke führen. Die günstige Verkehrslage unweit des seit alters wichtigsten Tauruspasses 'Kilikische Tore' und an der Bagdadbahn bildet eine gute Voraussetzung für die wirtschaftliche Entwicklung der Stadt. So erlebte Adana in neuerer Zeit einen kräftigen Aufschwung (seit 1971 Universität) und eine starke Zunahme der Bevölkerung, die in Konserven- und Maschinenfabriken, Spinnereien und Webereien, Zementwerken sowie in den Werkstätten der Bagdadbahn Beschäftigung findet. Bedeutend ist auch der Getreide- und Baumwollhandel. Das Klima ist feuchtschwül und ungesund (Malaria). Die Besiedlung von Adana reicht weit in die vorchristliche Zeit zurück. Das hethitische Ataniya ist möglicherweise im Hügel Velican Tepe (12 km außerhalb) zu suchen. Unter den Seleukiden hieß die Stadt Antiocheia am Saros. Zur Römerzeit stand Adana, das schon damals so hieß, im Schatten der regionalen Hauptstadt Tarsus, bis es sich unter den Osmanen und seit der Gründung der Türkischen Republik stärker entwickelte. 1998 forderte ein schweres Erdbeben der Stärke 6,3 (Richterskala) über 100 Menschenleben; die Altstadt und die Elendsviertel (Geçekondus) wurden zerstört.

Lage und Bedeutung

Geschichte

Vom antiken Adana sind kaum noch Baureste erhalten. Lediglich an der 310 m langen Steinbrücke (Taş Köprü) über den Seyhan, die im Laufe der Zeit mehrfach zerstört und wiederhergestellt wurde, sind von ihren einst 21 Bogen noch 14 erhalten, von denen einer (an der Westseite) noch aus der Zeit des römischen Kaisers Hadrian (117–138) stammen soll.

Sehenswertes
Steinbrücke

Das Archäologische Museum enthält eine schöne Sammlung prähistorischer Töpfereien aus Kilikien, einige hethitische Fundstücke sowie Schaustücke zur türkischen Volkskunst.

Archäologisches Museum

Seit Mitte der 90er Jahre wird am Westufer des Seyhan-Flusses unweit des Museums eine mit sechs Minaretten versehene Moschee gebaut. Nach ihrer Fertigstellung wird sie Platz für 28500 Gläubige bieten und damit die größte Moschee der Türkei sein.

Neue Moschee

In der Stadtmitte erhebt sich als interessantes mittelalterliches Bauwerk die Ulu Cami (Große Moschee) aus dem 16. Jh., eine von einer hohen Mauer umschlossene Moschee nebst einer Medrese (Gelehrtenschule), einer Türbe (Mausoleum) und einer Dersane (Koranleseschule). Der Hauptzugang liegt an der Ostseite, an der ein 1508 erbautes Minarett aufragt,

Ulu Cami

◀ *Anamur Kalesi – im Mittelalter ein berüchtigter Seeräuberstützpunkt*

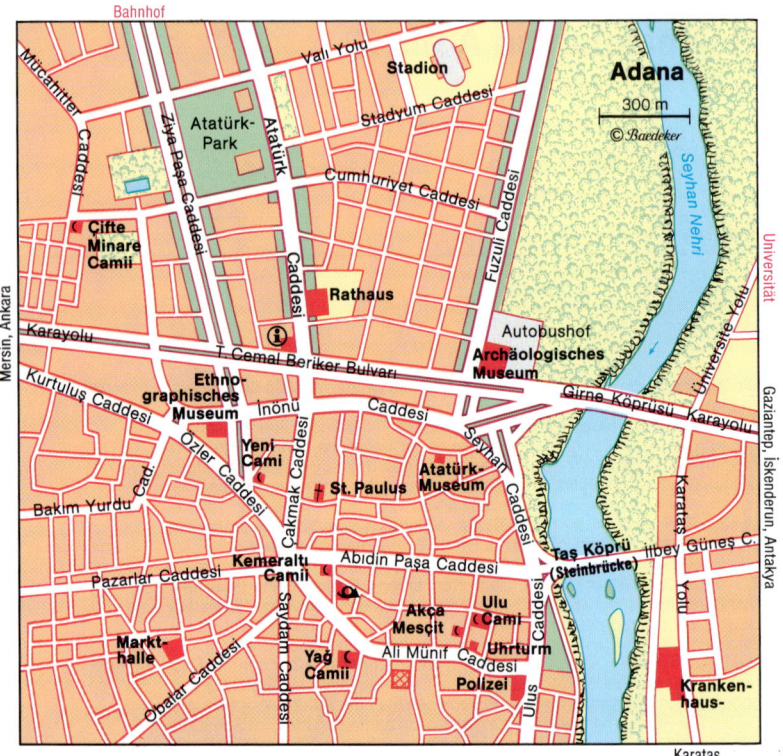

Ulu Cami
(Fortsetzung)

dessen polygonaler Schaft, Blendnischen und überdachte Galerie an syrische Vorbilder erinnern. An der Nordseite stehen dreifach gegliederte Spitzbogenarkaden, an die sich die Räume der Medrese anschließen. Die Türbe im syrischen Dekorationsstil trägt osmanische Fayencen aus İznik.

Umgebung von Adana

Misis
(Mopsuestia)

Östlich von Adana folgt man der Straße nach İskenderun durch die Kilikische Ebene (Çukurova). Nach gut 25 km erreicht man den Ort Misis (Yakapınar), an der Stelle des antiken Mopsuestia am Ufer des Ceyhan, der hier von einer neunbogigen Römerbrücke überspannt wird. Das Mosaikenmuseum wurde über den Fußbodenmosaiken einer während der Arabereinfälle im 8. Jh. zerstörten kleinen Kirche angelegt. Die Mosaiken (4. Jh.) wurden aus farbigen Steinen und bunten Glasplättchen gefertigt.

*Yılanlıkale
(Schlangenburg)

Ca. 11 km östlich von Misis befindet sich an einer steil am Südufer des Ceyhan aufragenden glatten Felswand das hethitische Felsrelief des Großkönigs Muwatalli (1315 bis 1282 v.Chr.). Über dem Nordufer erhebt sich auf steilem Fels die Yılanlıkale ('Schlangenburg'), eine armenische Festung und Kreuzfahrerburg (12. Jh.). Hier lebte der Sage nach der Scheik Meran, halb Mensch, halb Schlange, der im Bad zu Tarsus getötet worden sei, als er die Tochter des Königs entführen wollte.

Rund 35 km südlich der Kreisstadt Ceyhan liegt am Golf von İskenderun der einst wichtigste Hafen Kleinarmeniens Yumurtalık (früher Ayas), zu Zeiten Marco Polos 'Layaze' genannt; er ist Endpunkt zweier Erdölpipelines aus dem Irak und lokales Seebad.

Umgebung
(Fortsetzung)
Yumurtalık

In der Oberen Çukurova liegt östlich der Straße Ceyhan – Kozan beim Dorf Anavarza das riesige, noch erkennbar ummauerte Ruinenfeld der ehemaligen Nebenresidenz von Kleinarmenien, Anazarbus am Sumbaş Çayı. Auf einem isolierten Fels erhebt sich in schwindelnder Höhe 200 m direkt oberhalb der Stadt die große Festungsruine (Ober- und Unterburg), die über Treppen (neben dem Theater) mit der Stadt verbunden ist. Erkennbar sind neben Resten der zentralen Straßen Relikte eines römischen Stadions, eines Theaters, eines Aquädukts, Kirchenruinen sowie ein beachtenswertes Stadttor im Süden und berühmte Mosaiken aus dem 3. Jh. im örtlichen Freilichtmuseum (Dorfmitte) außerhalb der Mauern.

*Anavarza
(Anazarbus)

Die römische Stadt aus dem 1. Jh. v. Chr wurde byzantinisch und war seit dem 12. Jh. mit Hilfe der Kreuzfahrer nach mehrfachen Auseinandersetzungen mit Byzanz an Kleinarmenien gelangt, dessen Hauptresidenz sich in Sis (Sisium/ Kozan) befand. Seit 1199 nannten sich die armenischen Fürsten König, mußten aber letztendlich die Vormacht der Byzantiner doch anerkennen. Der enge Kontakt des Königshauses zu den Mongolen bewahrte zwar Anazarbus vor der Zerstörung, ein mongolischer Fürst aber ließ 40 armenische Adelige zusammen mit ihrem König Hetum 1297 bei einem Festmahl in der Stadt ermorden.

Auf dem Wege von Osmaniye nach Karatepe erreicht man 5 km hinter dem Dort Yenice die Ruinen von Hierapolis (Kastabala). Die kilikische Stadt war zwischen 52 v. Chr. und 17 n. Chr. Zentrum eines unabhängigen Fürstentums unter Tarcondimotus I. gewesen, bis Rom (Augustus) einen neuen König Tarcondimotus II. als Statthalter über Kilikien in Anazarbus einsetzte und damit die Ordnung wiederherstellte.

Hierapolis
Kastabala

Anazarbus – Schauplatz einer blutigen Geschichte

Adana, Umgebung (Fortsetzung) Kozan	Am Platz des antiken Sisium, 70 km nordwestlich von Adana, liegt heute Kozan (50000 Einw.), das noch im 19. Jh. auch Sis genannt wurde. Die auf einem Bergkegel am Südwestrand der Stadt gelegene Burg stammt aus byzantinischer Zeit. Seit dem Sieg der Armenier über Manuel I. Komnenos (1143–1180) war die Voraussetzung für das Königreich Kleinarmenien (seit 1199) gegeben. Sis wurde Residenz, fiel aber bereits 1375, kurz nach der Krönung des letzten Königs Leon V., an die Mamelucken. Sis blieb trotz der Kirchenspaltung (1441) bis nach dem 1. Weltkrieg Zentrum der armenischen Kirche, weil sich der Katholikos von Sis damals geweigert hatte, den Ort als Residenz aufzugeben. 1921 zur Flucht wegen zunehmender Repressalien von islamischer Seite gezwungen, etablierte das Oberhaupt der armenischen Kirche sein neues Patriarchat in Beirut. Sis war im 19. Jh. Residenz der Kozanoğulları, den Führern eines großen Nomadenstammes, der damals von Cevdet Paşa zwangsangesiedelt wurde.
Engpaß von Toprakkale, Toprakkale	Etwa 27 km östlich von Ceyhan führt eine Straße nach İskenderun über den etwa 2 km langen Engpaß von Toprakkale (syrische Pforte) zwischen den 40–50 m steil ansteigenden Hängen des Amanosgebirges und der Misisberge. In seiner Erwähnung des Durchzugs des Dareios bezeichnete Arrian den Paß als 'Amanische Pforte' (Amaniae Pylae). Folgt man der Hauptstraße in Richtung Osmaniye stehen auf einem 76 m hohen, steil abfallenden Basaltkegel die weithin sichtbaren Reste der gut erhaltenen Armenierburg Toprakkale (12. Jh.); am Fuße der Burg findet man die Reste einer mittelalterlichen Siedlung, vielleicht an der Stelle der antiken Stadt Augusta.
**Karatepe	Man folgt weiterhin der Straße nach Osmaniye, bis zur Abzweigung zu dem 28 km nordwestlich gelegenen Karatepe (= 'Schwarzer Berg') am rechten Ufer des Ceyhan Nehri. An die 1949 begonnenen Ausgrabungen haben sich umfangreiche Restaurierungsarbeiten angeschlossen. Der von einer Burgmauer umgebene Karatepe ist eine einstige Bergfestung des Azitawadda, eines Herrschers aus dem 8. Jh. v. Christus. Die beiden Haupttore (Süd- und Nordtor) sind mit reliefierten Sockelplatten und mächtigen Sphingen ausgestattet; die Reliefdarstellungen zeigen Götter- und Kampfszenen, Jagdbilder und ein Schiff mit Ruderern. Zwei monumentale Inschriften, eine 'hieroglyphen-hethitische' und eine phönikische, sind inhaltlich gleich und boten der Forschung eine ausgezeichnete Ausgangsbasis zur Entzifferung der hethitischen Glyphenschrift. Von den Gebäuden im Inneren der Stadt ist nur wenig erhalten.
Hemite Kalesi	Vom Sakarcalı am Ceyhan 30 km südlich von Kadirli führt ein Weg am Fluß entlang zum wenige Kilometer entfernten Ort Hamide mit der mittelalterlichen, armenischen Burg Amuda 70 m über dem Dorf. Die Feste mit dem wuchtigen Bergfried und weitläufigem Hof kam 1212 als Geschenk des Kleinarmeniers Leon I. an den Deutschen Orden, dessen Mitglieder damals den Turm errichteten und sich bis spätestens um 1291 (Aufgabe von Akkon) hier festsetzten. Unterhalb südlich der Anlage in Höhe des Flusses stößt man auf das schlecht erhaltene hethitische Felsrelief eines Kriegers mit Bogen und Lanze aus dem 13. Jh. v. Christus.

Adıyaman   O 6

Südostanatolien Provinz: Adıyaman Höhe: 725 m ü. d. M. Einwohnerzahl: 102000	**Man beachte die Warnung auf Seite 139!**

Lage und Allgemeines	Die Provinzhauptstadt Adıyaman liegt südlich der Osttaurischen Gebirgsketten innerhalb der südosttürkischen Plateaulandschaften am Westrand einer flachen Senkenzone, deren Südostgrenze der Euphrat bildet. Das

Zentrum des Agrargebiets (Weinbau, Baumwolle, Aprikosen, Pistazien) hat selbst kaum Sehenswürdigkeiten, ist jedoch ein guter Ausgangspunkt für Ausflüge zu den historischen Stätten von Kommagene.

Lage und Allgemeines (Fortsetzung)

Die Stadt war bis zur türkischen Republikzeit unter dem Namen Hisn Mansur (Mansurs Burg) bekannt. Als Nachfolge der Stadt Perre wurde sie 758 vom Omajaden-Kommandanten Mansur Ben Ga'wana unter Kalif Marwan als Festung (Thughur) gegen Byzanz erbaut.

In der Altstadt findet man das Mausoleum Ebu-Zer Gaffar Türbesi aus islamischer Zeit und das verfallene Kastell Hisn Mansur aus der frühen Omajadenzeit, das vom Abasidenkalifen Harun al-Raschid (786–809) restauriert wurde. Unterhalb der Festung steht die Große Moschee (Ulu Cami) aus dem 14. Jh. mit drei Toren und Ummauerung.

Sehenswertes

Umgebung von Adıyaman

Etwa 30 km südlich von Adıyaman liegt der Atatürk-Damm (ehem. Karababa-Damm): Staumenge 48 470 Mio. m³, Seefläche 817 km², Dammhöhe 169 m, Dammkronenlänge 1 614 m, elektrische Jahresleistung 8 900 Mio. kWh. Der im Rahmen des GAP-Projekts (Südostanatolien-Projekt) 1990 fertiggestellte Stausee ist Kernstück einer Talsperren-Reihe an Euphrat und Tigris zur Bewässerung von insgesamt 1 856 627 ha Ackerland und zur Gewinnung hydroelektrischer Energie.

*Atatürk Barajı

Rund 65 km nordöstlich von Adıyaman erhebt sich, erreichbar auf einem von der Straße nach der Kreisstadt Gerger rechts abzweigenden Seitenweg (18 km), über dem gestauten Euphrat (Atatürkstausee) die Felsburg Gerger Kalesi (künstlicher Graben, Unter- und Oberburg) mit kommagenischen Inschriften (drittes Tor) und einem Herrscherrelief (Samos II., 2,7 m × 4 m, an der Westspitze des Burgfelsens aus dem Fels geschlagen,

Arsameia am Euphrat

Antiochos I. und Herakles in Arşameia am Nymphaios

Adıyaman

Umgebung, Arsameia am Euphrat (Fortsetzung)

schlecht erreichbar). Der Ort wurde laut Inschrift von König Arsames von Kommagene im 3. Jh. v. Chr. gegründet und der Göttin Argandene geweiht.

*Arsameia am Nymphaios

Ca. 25 km nordöstlich der Stadt über dem Ostufer des Kâhta Çayı (Nymphaios) gegenüber der Burg Yeni Kale bei Eski Kâhta liegt die heute Eski Kale genannte Kult- und Grabstätte (Mithridates I. Kallinikos) sowie Sommerresidenz kommagenischer Herrscher, gegründet von Arsames (3. Jh. v. Chr.). Neben Treppen- und Gebäuderesten auf dem Gipfelplateau (verdeckte Mosaiken, 2. Jh. v. Chr.) stößt man entlang des Zugangspfades auf verschiedene Reliefs (Sockelanlagen) und Felskammern.
Unteres Relief (II): Gott Mithras-Helios, der zweite Teil mit Antiochos I. fehlt; mittleres Relief (I): (Fragmente) Mithridates und sein Sohn Antiochos I., Vorhalle (Kultstätte für den Gott Mithras?), dahinter ein Felstunnel mit 14 Stufen zur Grabkammer von Mithridates (?); oberes Relief (III): König (Mithridates oder Antiochos I.) mit Halbgott Herakles als Dexiosis-Szene (Darreichung der rechten Hand), Inschrift von Antiochos I., blind endender, steil getreppter Felstunnel (158 m tief, Funktion fraglich).

Cendere Köprüsü (Chabinas-Brücke)

Die einbogige (Spannweite 34,2 m), gut erhaltene römische Brücke über den Cendere (antik: Chabinas) bei dessen Austritt aus einer eindrucksvollen Engtalstrecke in das breite Tal des Kâhta Çayı wurde 198–200 n. Chr. durch die in Samosata (Samsat) stationierte 'legio XVI Flavia firma' erbaut. Nach den Inschriften finanzierten vier kommagenische Städte den Bau. Von den ehemals vier Widmungs-Säulen (für Septimius Severus, seine Frau Iulia Domna und ihre Söhne Caracalla und Geta) wurde im Jahre 212 n. Chr. die des Geta wieder entfernt, um jede Erinnerung daran zu löschen, daß Caracalla seinen Bruder (und Mitregenten) hatte beseitigen lassen.

Dikilitaş

Der 6 m hohe Tumulus mit 35 m Durchmesser 60 km südwestlich Adıyaman ist wahrscheinlich die Grabstätte für Mithridates II. von Kommagene und seine Ehefrau. Von drei Säulenpaaren (daher der alte Name Sesönk = 'drei Säulen') ist nur noch eines im Süden vollständig und durch einen Architrav verbunden. Die vordere Kammer mit drei Gräbern ist zugänglich. Die nicht unproblematische Zufahrt erfolgt am besten über Şambayat, Beşyol und Zormagora (4 km zu Fuß).

*Eski Kâhta Yeni Kale

Das Dorf Kocahisar, 70 km nordöstlich von Adıyaman, ist ein guter Ausgangspunkt für Ausflüge zur Mameluckenfestung Yeni Kale, die sich hoch über einer seldschukischen Brücke über die Schlucht des Kâhta Cayı auf einem schmalen Bergsporn erstreckt. Die Anlage gegenüber von Yenikale (auf älteren Fundamenten) stammt von Kara Sonkar (Gouverneur von Aleppo, 1286), zu Umbauten und Erweiterungen kam es Ende des 13. bis Mitte des 14. Jahrhunderts. Die Wasserversorgung erfolgte über einen Treppengang und ein 'Wassertor' aus dem Kâhta Cayı. Brieftauben dienten als 'Schnellpost' u. a. bei der Entscheidungsschlacht von Homs (Sultan Kala'un, 1281) gegen die Mongolen.

Göksu Köprüsü

Die Reste einer dreibogigen Brücke (Mittelbogen, 31 m, eingestürzt) über den Göksu (antik: Singas), einem Nebenfluß des Euphrat, unweit östlich Dikilitaş, galt bis ins Mittelalter als wichtiger Flußübergang auf der ehemaligen römischen Militärstraße von Samosata nach Zeugma (60 km südwestlich von Adıyaman).

Kâhta

Die Kreisstadt Kâhta (ehemals Kolik), 35 km östlich von Adıyaman, ist Ausgangsort für Fahrten durch Kommagene, gerät aber infolge unzureichender Hotelkapazitäten derzeit mehr und mehr in den Schatten der Provinzhauptstadt.

*Karakuş Tepesi

Der kommagenische Tumulus, 47 km nordöstlich von Adıyaman, mit ehemals drei Säulenpaaren wurde von Mithridates II. (36–20 v. Chr.) für seine

Mutter Isias, seine Schwester Laodike († 36. v.Chr., Frau des Parther-königs Orodes IV.) und seine Nichte Aka angelegt. Vier Säulen sind noch erhalten. Die südliche krönt ein Adler (Karakuş = schwarzer Vogel), die nordöstliche ein Stier. Im Nordwesten stößt man auf einen herabgestürz-ten Löwen bzw. auf eine Inschriftsäule, die Aufschluß über das Grabmal gibt.

Umgebung,
Karakuş Tepesi
(Fortsetzung)

Die 50 m hohe, künstlich aufgeschüttete Spitze des 90 km nordöstlich von Adıyaman im Südosttaurus gelegenen, verkarsteten Kalkgebirgsstocks (2150 m) enthält die Grabstätte des kommagenischen Königs Antiochos I. (69–38 v.Chr.). Der Herrscher hatte den Tumulus einschließlich der auf künstlichen Terrassen an der Ost-, Nord- und Westseite vorgelagerten spektakulären Kultanlagen als Hierothesion für sich selbst anlegen lassen: Die mit (umgestürzten) Stelen gesäumte 80 m lange Nordterrasse diente als Sammlungs- und Aufmarschplatz bei Prozessionen und anderen kulti-schen Handlungen.

Auf der Ostterrasse reihen sich im Nordteil die väterlichen (persischen), im Südteil die mütterlichen (seleukidischen) Ahnen auf und rahmen die kolos-salen Götterfiguren (Köpfe auf dem Boden aufgestellt) gegenüber dem Hauptaltar ein: neben den Adlern und Löwen die griechisch-persischen Mischgottheiten Zeus-Oromasdes, Herakles-Verethragna-Artagnes-Ares, Apollon-Mithras-Helios-Hermes, Kommagene-Tyche und Antiochos I.

✱✱Nemrut Dağı

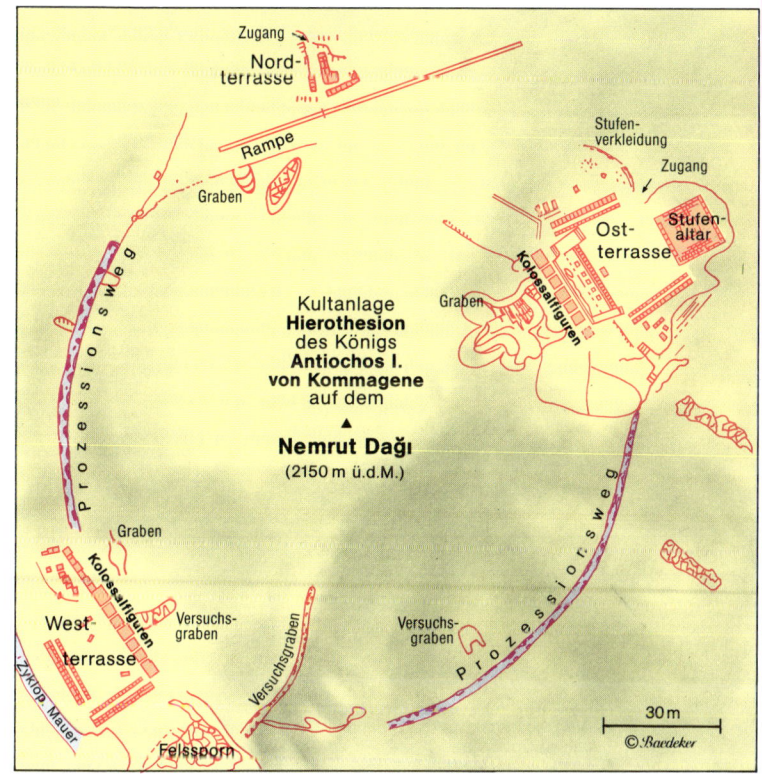

Afyon

Kultfiguren auf dem Nemrut Dağı (im Vordergrund Antiochos I.)

Adıyaman, Umgebung, Nemrut Dağı (Fortsetzung)

Das Bild wiederholt sich auf der Westterrasse, die etwa 10 m tiefer angelegt ist. Hier sind die Köpfe der Kolossalstatuen besser erhalten und zahlreicher, und das mit Gestirnen verzierte 'Löwenhoroskop' verdeutlicht die Vergöttlichung Antiochos' I. durch die symbolische Verwandlung des Herrschers in einen Stern.

Samsat

Die Reste von Samosata am Euphrat, der alten Hauptstadt von Kommagene (seit 3. Jh. v. Chr.), liegen heute bereits überwiegend unter den Wassermassen der Atatürk Barajı südwestlich von Kâhta. Nur bei niedrigem Wasserstand ragt der 45 m hohe Burghügel, auf dem noch 1990 ausgegraben wurde, aus den Fluten. Erreichbar ist die Stelle von Adıyaman aus zunächst in östlicher Richtung, dann von Arılı aus südlich entlang der neuen Zufahrt nach Yeni Samsat (ca. 65 km). Auch Samsat gehörte, wie Adıyaman, etwa ab 640 zu den Grenzfestungen (Thugur) zwischen Byzanz und den arabischen bzw. turkmenischen Eroberern, war zeitweise in christlicher (u. a. 700, 860, 1098) und moslemischer Hand (10. Jh. Emirat v. Aleppo; 12. Jh. Seldschuken).

Afyon   F 5

Westanatolisches Bergland
Provinz: Afyon Karahisar
Höhe: 1021 m ü. d. M.
Einwohnerzahl: 99000

Lage und Bedeutung

Die Provinzstadt liegt am Westrand eines ausgedehnten Beckens an den nördlichen Ausläufern des Sandıklı Dağ und wird von einem 226 m hohen, steilwandigen Zitadellenfelsen aus schwarzem Trachyt überragt. Sie ist umgeben von ausgedehnten Schlafmohnkulturen, die mit zu den größten der Welt zählen. Danach hat der Ort auch seinen Namen (Schwarzes Opiumschloß). Anbau und Verarbeitung des Mohns (für die Pharmazie) werden streng überwacht, Strafen für den Besitz von Drogen sind in der Türkei abschreckend hart.

Die einstige Station an der Karawanenstraße von der Ägäis nach Konya ist auch heute noch wichtiger Verkehrsknoten für Straße und Schiene, Umschlagplatz für Wolle und Getreide. Stadt und Umland liefern Teppiche und Intarsienarbeiten. Berühmt sind die Quellen in der Umgebung von Afyon. So stammt das Mineralwasser 'Kızılay' aus den Quellen des Umlandes.

Lage und Bedeutung (Fortsetzung)

Verschiedene Wissenschaftler identifizieren den Zitadellenberg mit Hapanuva (Mitte 2. Jtd. v. Chr.), einer Festung der Hethiter, von der aus diese die eigentlichen Ureinwohner (Arzaver) beherrschten. Die schon in phrygischer Zeit besiedelte Stadt kam als Akroinos an das pergamenische Reich, damit anschließend an die Römer und ab 395 an Byzanz. Bekannt wurde der Ort durch die Schlacht von 740, bei der Leo III. einen der Arabereinfälle zurückschlug. Den Ausbau von Stadt und Festung besorgten die Seldschuken unter Alaeddin Kaykobad I. (1219–37). Damals hieß die Stadt Karahisar-Sahip nach dem seldschukischen Wesir Sahip Ata. Im 17. Jh., mit dem beginnenden Verfall des Osmanischen Reiches, war der Ort Zentrum eines Pascha-Aufstandes.

Geschichte

Sehenswertes in Afyon

Unterhalb des Burgfelsen erstreckt sich das alte Stadtviertel mit engen Gassen, beachtlichen alten Häusern und einem sehenswerten Markt.

Altstadt

Die seldschukische Brücke nahe dem Bahnhof über den Akar Çayı liegt am Nordrand der Stadt. Sie trägt eine Inschrift aus dem Jahre 1209.

Altıgöz Köprüsü

Stadtpanorama mit Burgberg

Afyon

Altertümliche Getreidemühle bei Afyon

Archäologisches Museum	In der zur İmaret Külliyesi (Gedik Ahmet Paşa Külliyesi) gehörenden Taş Medrese sind in acht Räumen neben islamischem Kunstgewerbe Funde aus der hethitischen, phrygischen, hellenistischen und byzantinischen Zeit ausgestellt (Öffnungszeiten: Di.–So 9.00–12.00, 13.30–17.00 Uhr).
*Karahisar	Ein Turmrelikt (Kız Kulesi), Reste von starken Mauern, Zisternen und einem Palast sowie eine kleine Moschee (1235) krönen den Burgberg mit einer guten Aussicht auf die Stadt. Die Ruinen der Festung auf dem isolierten Trachytfelsen mitten in der Stadt stammen in ihrer heutigen Gestalt im wesentlichen von Alaeddin Kaykobad (1219–1236), stehen aber offenbar auf älteren (zyklopischen) Resten aus der Hethiterzeit.
İmaret Külliyesi	Ein typisches Beispiel osmanischer Steinbauweise des 15. Jh.s bildet die Moschee dieser Anlage (1472 erbaut, 1477 renoviert, mit Medrese und Bad). Sie hat ein Portal aus farbigem Marmor. Nach ihrem Stifter, einem Wesir Mehmet des Eroberers, wird sie auch Gedik Ahmet Paşa Külliyesi genannt. Die zugehörige Medrese mit asymmetrischem Grundriß und ehemals je einem Schulraum für den Sommer (offen) bzw. Winter (geschlossen) soll als ethnographisches Museum dienen.
İstiklâl Harbi Müzesi	Das Museum der Befreiungskriege mit Exponaten u. a. über die Ereignisse von Dumlupınar (1922) ist im ehemaligen Rathaus untergebracht.
Mevlevihane Camii	Neben der Mevlana-Grab- und Klosterstätte ist diese Moscheeanlage von 1710 in der Kuyulu Cadde das zweitwichtigste Zentrum des Derwischordens. Hier liegen Ordensmönche begraben, und ein kleines Museum hat Gegenstände des Ordens ausgestellt.
*Ulu Cami	Die mitten in der oberen Altstadt gelegene, äußerlich schlichte Moschee (1272 erbaut) gehört zum Typ der frühen seldschukischen, (wegen ihrer dichtstehenden Säulen) sogenannten 'Waldmoscheen'. Vierzig Holzsäulen

mit Stalaktitenkapitellen tragen das Flachdach des neunschiffigen Betsaales aus verzierten Holzbalken, Schilfmatten und einer starken Stampf-
lehmschicht. Das Mittelschiff ist leicht erhöht. Das von vergoldeter Kalligraphie umrahmte Mihrab ist aus weißem Marmor. Das Hauptportal zeigt
seldschukische Flechtwerkornamente.

Ulu Cami
(Fortsetzung)

Das Siegesdenkmal Zafer Anıtı zur Erinnerung an die Schlacht von Dumlupınar (58 km nordwestlich), in der Kemal Paşa (Atatürk) am 27. 8. 1922
die Griechen besiegte, steht im Stadtzentrum an der Hauptstraße (Cumhuriyet Meydanı) nahe dem Stadtpark.

Zafer Abidesi

Umgebung von Afyon

Der 153 km² große Salzsee (im Altertum Anaua Limnae), in 836 m Höhe
ü. d. M. südlich von Dazkırı, trocknet im Sommer fast völlig aus und ist dann
mit einer weißen Salzkruste überzogen. An seinem Ufer zogen nach dem
Dichter Herodot Xerxes und Alexander d. Gr. vorüber.

Acı Göl

Amorion, mit Resten von Gebäuden und Stadtmauertürmen, 80 km nordöstlich Afyon bei Emirdağ, wurde bekannt als Hauptort des zur Verteidigung der Ostgrenze gegen die Arabereinfälle von Byzanz geschaffenen
Militärbezirks Anatolikon. Diese wichtige Grenzfestung fiel trotz heftiger
Gegenwehr nach langer Belagerung zunächst 716 durch den Omajaden-
kalifen Suleyman, 838 durch Kalif Al-Mutasim an die Araber. Die Stadt
wurde völlig zerstört, die meisten Bewohner ermordet und viele Offiziere
sieben Jahre in Samarra gefangengehalten, ehe sie wegen ihres festen
Glaubens den Märtyrertod starben. Sie werden seitdem im griechisch-
orthodoxen Glauben als die 42 Märtyrer von Amorion verehrt.

Amorion

Im Dorf Anitkaya (ehem. Eğret) 30 km nordwestlich von Afyon stößt man
auf zwei seldschukische Karawansereien: Der Eğret Hanı ist ein dreischiffiger Hallenbau aus dem 13. Jh. mit einem säulengeschmückten Portal und
Innenarkaden. Der Yenice Köy Hanı nur ca. 5 km weiter nordwestlich dürfte
frühseldschukisch sein.

Anıtkaya,

Der schwer erreichbare Ort, 40 km nördlich Afyon und östlich İhsaniye/
Döger (Führer empfehlenswert!), enthält verschiedene phrygische Kultur-
monumente: einen Kybele-Altar mit Kultnische über einer Treppung; ein
weiteres Kybele-Heiligtum an einem riesigen Tuffmonolithen mit Kultrelief,
Kybele flankiert von zwei großen Löwen (daher der Name: 'Löwenfels') und
zwei Sphingen im überspannenden Giebel.

*Arslankaya
(Kaya Kabartması)

Ca. 3 km westlich Ayazını befindet sich in einer 'Asarlık' genannten Fels-
gruppe ein phrygisches Felsengrab ('Löwenstein') mit zwei monumentalen
Löwen.

*Arslantaş

Das Dorf in landschaftlich reizvoller Umgebung, 30 km nördlich von Afyon,
mit zahlreichen Felswohnungen, einer frühchristlichen Kreuzkuppel-Fel-
senkirche (guter Zustand, Tonnengewölbe, außen sichtbare Apsis, hohe
Zentralkuppel, Säulenreihen, Taufkapelle) und Gräbern aus antiker und
byzantinischer Zeit erinnert stark an die Troglodytenorte Kappadokiens.
Der Ort hieß früher Metropolis und war zeitweise Bischofssitz.

*Ayazını

Zwei größere Geländeabschnitte nördlich Dumlupınar (53 km westlich
Afyon) und unmittelbar südlich Afyon, auf denen im Türkischen Befreiungskrieg 1922 entscheidende Kampfhandlungen gegen die Griechen
stattfanden, wurden von der türkischen Regierung als Nationalparks ausgewiesen (Hinweisschilder!).

Başkonutan Tarihi

In Bolvadin, 60 km östlich Afyon, befinden sich zwei osmanische Karawansereien (Selcuklu Han und Kurşunlu Han), eine Brücke des Baumeisters

Bolvadin

Afyon

Umgebung, Bolvadin (Fortsetzung)

Sinan (Kırkgöz Köprüsü), der Alaca-Brunnen, die Türbe von Esireddin Ebheri, der sehenswerte Rüstempaşa Camii und der Rüstempaşa Hanı (osmanische Karawanserei). Die ehemalige Karawanenstation Bolvadin (byzantinisch 'Polybotum' wurde Mitte des 12. Jh.s gegen die Seldschuken befestigt. Reste aus dieser Zeit existieren nicht mehr.

Çay

Südöstlich an der Straße nach Konya liegt die Stadt Çay am Südostrand der Afyon Ovası unweit des Eber Gölü (967 m ü.d.M.). Der antike Name ist Julia Ipsus. Hier verlor 301 v.Chr. der Mazedonier Antigonos bei Auseinandersetzungen unter den Diadochen sein Leben. Vor der Stadt liegt eine alte Brücke mit 40 Bögen. Sehenswert ist die seldschukische Taş Camii von 1278 (reich gestaltetes Portal, Brunnen) mit der dazugehörigen Ruine der Kuppel-Medrese (Fayencen aus dem 13. Jh.) und einer verfallenen Karawanserei aus der gleichen Zeit (Halle, Portal erhalten).

Dinar

Etwa 120 km südlich von Afyon liegt die Kreisstadt Dinar, ein Straßenknotenpunkt am Fuß des Samsun Dağ (nördlich) und des Ak Dağ (südlich). Sie ist Nachfolgerin des antiken Keleanai bzw. des hellenistischen Apameia Kibotos (gegründet von Antiochos II. Soter von Syrien). Die Burg von Apameia lag oberhalb von Dinar auf dem Platz der antiken Siedlung Kelenai (Reste eines Theaters). Antiochos d.Gr. floh nach der Schlacht bei Magnesia (Manisa) 190 v.Chr. hierher, wo die Seleukiden einen Palast besaßen. In römischer Zeit war Apameia der größte Handelsplatz hinter Ephesus und bis zur Eroberung durch die Seldschuken (1070) Bischofssitz. Man nimmt an, daß der Beiname Kibotos (= Kiste) auf die Arche Noah zurückzuführen ist, die hier nach jüdischer Vorstellung (es gab hier eine große jüdische Gemeinde) gelandet sein soll. Wegen der häufigen Erdbeben (Nordwestrand der 'Kurve von Isparta') besitzt der Ort keine älteren Baudenkmäler. Interessant aber ist die Umgebung (Führer sinnvoll!).

Mäanderquelle

Bei Dinar liegen die Quellen des Großen Mäander (Büyük Menderes). gespeist wird der Fluß aus mehreren Zuflüssen (Orgas von Süden, Obrimas von Norden und der Marsyas). Östlich der Stadt liegt zwischen den Gebirgsketten des Samsun-Ak Dağ und des Kır-Kızkuyu Dağ das langgestreckte Polje der Dombay Ovası mit dem stark versumpften Çapalı Gölü (antik: Schilfsee Aulokrene). In diesem Becken sammeln sich verschiedene Zuflüsse und wasserreiche Karstquellen (Kavak Pınarı, Pınarbaşı), die am Westrand des Sumpfgeländes am Fuß des Akdağ in einem Karstschluckloch (Ponor) verschwinden, um auf der Westseite des Berglandes als Mäanderquellen wieder an die Erdoberfläche zu gelangen. Die Hauptquellen am Westfuß des Samsun-Ak Dağları sind stark schüttende Karstquellen (die Südquelle bei Bülüç Alanı, die Hauptquelle am östlichen Stadtrand von Dinar, die Nordquelle 'Kapı Pınarı' 20 km nordwestlich bei Gökgöl), die ihr Wasser größtenteils aus dem östlich gelegenen Gebirgshinterland über ein Karstwasser-Röhrensystem beziehen.

＊Kapıkaya

Nordöstlich von Liyen (40 km nördlich Afyon) steht ein ansehnliches phrygisches Kulturdenkmal in freiem Gelände: ein geometrisch verzierter Fels (Mäanderreliefs) umrahmt eine Kybelesculptur in einer Felsnische (auch Kybele Kapıkaya oder Büyük Kapıkaya genannt).

Karamık-Sümpfe
Karamık Bataklığı

Rund 20 km südwestlich von Çay, östlich der Straße nach Dinar/Karadilli, erstreckt sich in einer Senkenlandschaft auf 1 008 m Höhe einer der größten Süßwassersümpfe der Türkei (4 100 ha groß). Die Sumpfflächen sind fast völlig mit Schilf und Rohr bedeckt. Auf den offenen Wasserflächen wachsen Seerosen, zahlreiche Seefrösche bilden die Hauptnahrung für Störche und Reiher. Neben Greifvögeln treten als weitere Wildvögel Enten (Moor- und Weißkopfruderenten) und Höckerschwäne auf und zudem Rostgänse, die in den Sultan Dağları brüten.

Sultandağ

Sultandağ, an der alten Karawanenstraße Afyon-Konya, hieß früher İshaklı und liegt unweit des teilweise versumpften, fischreichen Akşehir Gölü auf

den nördlichen Vorbergen des Sultan Dağ etwa 65 km östlich Afyon. Südlich an der Hauptstraße stößt man im Hof einer zweistöckigen Moschee
(achtteiliges Kreuzgewölbe, Stalaktitenkuppel) auf die Reste des İshaklı
Hans (auch Sahıbata Hanı, Karawanserei, fünfschiffige Halle, elegant ge-
gliedertes Hofportal), der 1249/1250 von dem bekannten Baumeister Ship
Ata (Fahreddin Ali Ben Husain) errichtet wurde. Auf dem Innenhof stehen
zwei Doppellauben mit zweijochigen Tonnengewölbearkaden.

Afyon,
Umgebung,
Sultandağ
(Fortsetzung)

Südwestlich des oberen Gediztales erstreckt sich das flachwellige, um
1200 m hohe Hochland von Uşak, benannt nach der Provinzstadt Uşak
(105000 Einw.), einer rührigen Geschäftsstadt in einem überwiegend agrarisch geprägten Umfeld. Hübsch gelegen zu beiden Seiten eines kleinen
Flüßchens schmiegt sich der Ort an den Südwestfuß des Elma Dağı (Apfelberg, 1805 m ü.d.M.). Bedeutsam ist eine traditionelle Teppichmanufaktur, die aber aus den kleinen Handwerksbetrieben immer mehr in Fabriken verlegt wird. Im 16. und 17. Jh. war der Ort vor allem seiner Teppichwebereien wegen bekannt.
Die Westteile des Hochlandes von Uşak zwischen Gediz und Gedizgraben
nördlich von Alaşehir sind durch junge vulkanische Basalt- und Tuffaus-
brüche vor allem um das Städtchen Kula (70 km westlich) charakterisiert,
die dem flachen Hochland aufsitzen. An manchen Stellen sind vulkanische
Formen (Krater, Aschekegel, Lavaströme) sehr frisch erhalten. Dies ist das
Katakekaumene ('das verbrannte Land') der Antike. Das Hochland von
Uşak, 30 m tief vom Tal des Banaz Çayı zerschnitten, endet im Süden und
Osten mit fast rechteckig aneinander angrenzenden Steilabfällen über
dem oberen Mäander.
Uşak gilt als seldschukische Gründung, ist aber wohl Nachfolgerin des
alten, eher unbedeutenden Pelta. Die von einer byzantinischen, verfallenen
Zitadelle (Eucarpia) überragte Stadt wurde im 18. Jh. nach einer Brand-
katastrophe größtenteils neugebaut, ältere Reste sind deshalb spärlich.

Uşak

Ağrı

⟶ Ararat

Ahlat

S 5

**Man beachte die Warnung
auf Seite 139!**

Ostanatolien (Van-See)
Provinz: Bitlis
Höhe: 1740 m ü.d.M.
Einwohnerzahl: 11000

Etwa 70 km nordöstlich von Bitlis am Westufer des Van-Sees erstreckt sich
großflächig in Gartenanlagen die Kreisstadt Ahlat. Die aus mehreren dorf-
artigen Teilen bestehende Siedlungsagglomeration blickt auf eine sehr alte
Geschichte zurück, deren teilweise spektakuläre Relikte überall verstreut
liegen. Besiedelt war das Gebiet wohl bereits um 900 v.Chr. von den Urartäern. Die Parther errichteten hier eine Hauptstadt, die in römerzeitlichen
Quellen Hilyat und später von den Armeniern Chlat oder Kelath genannt
wurde. Die Araber benannten die islamische Enklave des kasitioohon
Emirs von Malazgirt inmitten christlich-armenischen Gebiets Ahlat, als sie
sie im 7. Jh. eroberten.
Unter Sökmen Arman (seit 1100), dem Emir des aserbaidschanischen
Herrschers Kudbeddin Ismail, fungierte Ahlat bis 1207 als Residenz des
Armanshahlar-Staates, der von Ahlat aus bald seine Macht bis nach Muş
und Khoy ausdehnen konnte. 1209 kamen die Ajjubiden, die ebenfalls den
Titel 'Shah i Arman' trugen. Nach den Berichten des Evliya Çelebi veran-
laßte ein Erdbeben im 13. Jh. 12000 der damals etwa 300000 Dewohner

Lage und
Allgemeines

zur Abwanderung nach Ägypten. Süleyman der Prächtige baute sie weiter nördlich an der Stelle des ehemaligen Dorfes Erkizan wieder auf.

Sehenswertes in Ahlat

*Ahlat Kalesi

Die einstige Burgsiedlung liegt unmittelbar am Van-See und besteht aus einer kleineren inneren, burgähnlichen (İç Kale) und einer größeren äußeren, stadtähnlichen Befestigung. Letztere ist teilweise noch bewohnt. Gegründet hat sie Süleyman II. 1554, vollendet wurde sie unter Selim II. 1568. So steht es zumindest in der Inschrift am östlichen Tor in der mit runden und quadratischen Türmen verstärkten Stadtmauer. Unterhalb der inneren Burg, die einen eigenen Mauerring besitzt, stößt man im noch bewohnten Teil der Altstadt auf die Reste eines Bades und auf zwei Moscheen: Die südlichere İskender Paşa Çamii (Kuppelmoschee) entstand 1564–1570 als Stiftung des gleichnamigen Stadtgouverneurs, die Kadi Mahmut Çamii weiter nördlich wurde 1597 ebenfalls als Kuppelmoschee gebaut.

Ahlat Müzesi

Der Museumsneubau am Friedhof enthält eine sehenswerte kleine Ausstellung zur Volkskunde sowie urartäische Funde aus dem ersten vorchristlichen Jahrtausend.

**Grabbauten

Hinter dem Friedhof am westlichen Ausgang der alten Gartensiedlung erkennt man die Bayındır Bay Türbesi, ein Mausoleum vor einer kleinen Moschee, dessen monopterosartiger Oberbau aus Säulen mit Stalaktitenkapitellen unter einem Kegeldach besteht. Laut Gründungsinschrift wurde der Grabbau 1491/1492 für den Akkoyunlu-Emir und Statthalter Bayındır von Roha und dessen Sohn errichtet.
Westlich außerhalb des Friedhofs erheben sich die zwölfeckige Türbe Erzen Hatun von 1397 (elegante Steinornamente) und die Reste der qua-

Friedhof mit reich verzierten Mihrab-Grabsteinen

dratischen Şeyh Necmeddin Türbesi aus vormongolischer Zeit (1222). Weiter westlich stößt man auf die Hasan Padişa Türbesi, einen stark zerstörten Grabbau von 1275. Das südwestlich des Friedhofs gelegene 19 m hohe Mausoleum Ulu Kümbet ist zweigeschossig und mit Stalaktitenfries nebst Inschriftenband ausgestattet.

Westlich der İki Türbe-Grabbauten liegt am Weg eine weitere Grabstätte mit wuchtigem Unterbau: das Emir Ali Kümbeti. Das eckige Dach sitzt auf niedrigen Manschetten aus Mauerwerk über Spitzbögen.

Am östlichen Ortsrand der älteren Garten-Stadtteile im Norden der Altstadtzufahrt liegen zwei Grabbauten nebeneinander am Fahrweg. Die 1279 für Hasan Takın erbaute 14 m hohe Türbe wurde 1729 von Hasan Timor nochmals verwendet. Das benachbarte 12 m hohe Mausoleum entstand 1281 für Emir Buğatay Ağa. Hier wurde auch dessen Ehefrau Şirin Hatun beigesetzt.

Nordwestlich der Altstadt breitet sich ein riesiger islamischer Friedhof mit einer Fülle eindrucksvoller Mihrab-Grabsteine, überwiegend aus dem 17. und 18. Jh., aus. Jeder der Grabsteine ist reich mit armenisch beeinflußten Ornamenten geschmückt. Einige der Sarkophage aus rotem Tuff mit Prismendach und ohne Grabstein auf der westlichen Seite des Friedhofs sollen aus dem 12. Jh. stammen, andere aus grauem Tuffstein mit spitzem Dach im Nordostteil der Anlage bereits aus dem 11./12. Jh. Unter den Grabern mit senkrecht stehenden Grabsteinen sind einige aus der Zeit zwischen dem 12. und 16. Jahrhundert.

Umgebung von Ahlat

Am Platz des altarmenischen Ardzgui erstreckt sich 30 km östlich von Ahlat am Westufer des Van-Sees die Kreisstadt Adilcevaz mit einer byzantinisch-seldschukischen Burg (geringe Reste) in Seenähe. Die beim Bau dieser Zitadelle verwendeten Steine mit urartäischen Darstellungen (Museen in Van und Ankara und in einer Schule im Ort) und Inschriften (Keilschrift) lassen an dieser Stelle auch eine urartäische Festung vermuten, zumal 300 m vom Seeufer entfernt eine Nekropole aus dieser Zeit gefunden wurde.

In einer Höhe von 2200 m ü.d.M. stößt man 10 km nördlich von Adilcevaz auf die Ruinen einer urartäischen Stadt, die man letztendlich nur zu Fuß (Führer, etwa eine halbe Stunde) erreicht. Die Ruinenanlage auf einem riesigen Plateau entstand unter Rusa II. im 7. Jh. v. Chr. und enthält Reste der Stadtbefestigung aus wuchtigen Blöcken, einer Burg nebst Bastei, von Magazinbauten mit Pithoi und eines großen Palastes mit 30 Räumen. Kennzeichnend sind vor allem die typisch urartäischen Eckrisaliten an behauenen Basaltblöcken, die partiell reliefverziert sind. Manche identifizieren den Ort mit Qallania, wo 714 v. Chr. Sargon II. mit seinen assyrischen Truppen im achten Feldzug Station machte. Nordöstlich der Anlage auf den Ausläufern des Süphan Dağ stößt man auf weitere Relikte eines urartäischen Baus mit zyklopischen Mauern (nur mit Führer). Unterhalb der Ruinenanlage stehen die Reste der armenischen Klosterkirche 'Wunder von Ardguzi' aus dem 8./9. Jahrhundert.

Westlich zwischen Ahlat und Tatvan erhebt sich der 2935 m hohe Vulkan des Nemrut Dağı. Die Gipfelpartie des Vulkankegels ist eine riesige Caldera (7,5–8,5 km Durchmesser, durchschnittliche Höhenlage 2300 m ü.d.M.), die teilweise von einem bis zu 150 m tiefen Süßwassersee (Nemrut Gölü) eingenommen wird. Der Boden des östlichen Calderateiles, in dem verschiedene kleinere z. T. temporäre Seen liegen, ist mit einigen vulkanischen Erscheinungen noch aktiv. Man findet frische Tuff- und Aschekegel und junge Lavastromformen mit kleinen Förderkratern. Im Norden östlich des Hauptsees gibt es einen kleineren, 7–8 m tiefen See mit bis zu 80°C heißen Quellen (İli Göl, 500 m Durchmesser), und südöstlich davon oberhalb Austritte von Schwefeldämpfen (Fumarolen, Solfatare). Stellenweise

**Ahlat,
Umgebung,
Nemrut Dağı
(Fortsetzung)**

steigt die Caldera wandartig auf über 2800 m an. Der heute nahezu waldfreie Nemrut Dağı war in der Vergangenheit offenbar mit Hochwald bestanden. Von Ahlat oder Tatvan aus kann man mit Minibussen das Innere des
Kraters besuchen.

*Süphan Dağı

Dieser große Vulkan ist der vierthöchste Berg der Türkei. Der zweitägige
Aufstieg zum 4058 m hohen Gipfel erfolgt am besten zwischen Juli und
September und von Adilcevaz aus (Führer) auf der Ostseite über Aydınlar
Köyü zur Sekerpınarı Yaylası und Süphan Yaylası (Zwischenlager, weitere
6–7 Std. bis zum Gipfel). Der mächtige Hauptkegel setzt sich hauptsächlich aus Andesit und Obsidian zusammen. Aus der 1,5 km breiten Gipfel-
caldera ragt jäh ein Lavapfropfen von 1 km Durchmesser, der den Gipfel-
kegel bildet. Infolge der Höhe findet man Kare, kleinere Gletscher und Firn-
felder oberhalb von 3000 m besonders in der Caldera.

Akhisar

⟶ İzmir

Aksaray   **K 5**

Zentralanatolien (Tuz-Gölü-Becken)
Provinz: Aksaray
Höhe: 980 m ü.d.M.
Einwohnerzahl: 92000

**Lage und
Bedeutung**

Die jüngst zum Provinzzentrum erhobene Mittelstadt inmitten einer Gar-
tenbau-Oase am Melendiz Suyu unterhalb der Bruchstufe am Ostrand der
Tuz-Gölü-Depression wird überragt von der Pyramide des Doppelvulkans
Hasan Dağ (Büyük Hasan Dağ 3268 m, Küçük Hasan Dağ 3069 m) und
dem Vulkanstock des Melendiz Dağ (2963 m). In der Regel schenkt man
dem Ort wegen der Nähe zum kappadokischen Tuffkegelgebiet wenig
Beachtung. Spektakuläre Industrieansiedlung (Kfz-Branche) hat den Ort
wieder mehr ins Licht gerückt.

Geschichte

Im Altertum hieß die Stadt Garsaura. Manche Historiker setzen sie gleich
mit dem altorientalischen Ort Kursaura, dessen Herrscher zusammen mit
anderen einen Bund im 3. Jahrtausend v.Chr. gegen den Akkaderkönig
Naramsis geschlossen haben soll. Vom kappadokischen König Archelaos
wurde sie nach einem Neubau Archelais genannt und besaß als Grenzfestung gegen Lykaonien und als Kreuzungspunkt der Straßen von Ephesus zum mittleren Euphrat bzw. von Ankara nach Tyana (bei Niğde) erhebliche Bedeutung.
Im Sultanat Rum (seit dem 11. Jh.) ließ Seldschukensultan Kılıç Arslan II.
(1156–1188) ein Schloß hier errichten, in dem er den von einer Pilgerfahrt
heimkehrenden Heinrich den Löwen empfing, um ihm u.a. von seinen
1800 Pferden 30 erlesene Rösser einschließlich silbernem Zaumzeug, des
weiteren sechs Dromedare, zwei Leoparden und sechs Zelte zu schenken.
Im 13. Jh. wurde die Stadt mongolisch, im 14. Jh. kam sie an die Karamanen, und unter den Osmanen wurde ein Teil der Bevölkerung nach İstanbul
umgesiedelt (Stadtteil Aksaray in İstanbul).

Sehenswertes

Die im 12./13. Jh. errichtete seldschukische Koranschule İbrahim Kadı-
roğlu Medresesi wurde Mitte des 15. Jh.s von den Karamaniden restauriert. Eine seldschukische Burgruine überragt den Ort. Das Minarett Kızıl
Minare (auch: Eğri Minare) mit beachtenswertem Fayenceschmuck
stammt aus der seldschukischen Zeit. Die zugehörige Moschee des Kılıç
Arslan II. ist nicht mehr erhalten.

Die Zinciriye-Koranschule beherbergt ein archäologisches Museum

Die 1433–1435 von den Karamaniden erbaute Steingewölbemoschee Ulu Cami im Stadtzenrum besitzt eine sehenswerte, geschnitzte, seldschuki-sche Himmelstreppe aus der zerstörten Moschee des Kiliç Arslan II.
Ein kleines Museum ist in der 1336–1345 von der Lokaldynastie der Kara-maniden errichteten Koranschule Zinciriye Medresesi (mit schönem Portal) untergebracht.

Sehenswertes
(Fortsetzung)

Umgebung von Aksaray

Eine eindrucksvolle Karawanserei mit siebenflächigen Ecktürmen an der seldschukischen Karawanenstraße von Konya nach Kayseri, ca. 15 km östlich von Aksaray, wurde nach einer Inschrift 1231–1238 während der Regierungszeit Alaeddin Kaykobads I. erbaut. Die Anlage zählt zu den drei am besten erhaltenen seldschukischen Etappenstationen zwischen Sivas und Konya und besteht aus einem Arkadenhof mit einer kleinen zentralen Moschee (Mesçid) und einer zum monumentalen Eingangsportal im rech-ten Winkel stehenden riesigen Halle mit Mitteltrakt, sechs Querschiffen und einer durchbrochenen Kuppel mittig über der vorletzten Passage. Haupt- und Hallentor sind reich ornamentiert. Der Bau heißt auch Hoca Mesut Kervansarai.

*Ağzıkarahan

Das Dorf Akhisar, etwa 12 km südöstlich von Aksaray, wird von einer byzantinischen Burg auf steilem Fels überragt. Von den verschiedenen Höhlenkirchen der Nachbarschaft vermittelt die Çanlı Kilise (Glockenturm-Kirche, mehrere Bauphasen, 10.–11. Jh.) etwa 7 km östlich des Ortes noch am ehesten einen Eindruck der einstigen Wandmalereien. Es ist ein byzantinischer Zentralbau mit drei Apsiden und zweistöckigem Narthex.

Akhisar

Die Kirchen um die Ortschaft Belisırma, deren alte Ortsbezeichnung Peri-strema dem gesamten schluchtigen Tal des Flusses Melendiz Suyu zwi-

*Belisırma

In die steilen Felswände des Peristrematals... *...sind Höhlenkirchen gehauen*

Aksaray,
Umgebung,
Belisirma
(Fortsetzung)

schen Ihlara und Selimiye den Namen gab, zeigen, abgesehen von der Kirche des Herrn mit der offenen Hand (Açikel Ağa Kilisesi), Malereien der nachikonoklastischen Zeit (ab 10. Jh.): Ala Kilise (weiße Kirche) mit prächtiger Außenfassade, Bahattin Samanlığı Kilisesi (Bahattins Scheunenkirche) mit dunkel gehaltenen Bildern aus dem Leben Jesu, Direkli Kilise (Säulenkirche) mit Malereien von Heiligen und Märtyrern, Karagedikli Kilise (Schwarzkragenkirche aus Trachyt und Ziegeln, Freskenreste) und die späte Kırkdamaltı Kilise (Kirche unter 40 Dächern oder Georgskirche, gestiftet von Emir Basileios und seiner Frau zwischen 1283 und 1295). Bis ins 13. Jh. mindestens lebte hier also eine christliche Gemeinde unter dem Seldschukensultan von Konya. Im 19. Jh. bauten Griechen erneut Kirchen in die Felsen.

Gelveri

Noch vor 1921/1922 gab es in diesem Dorf (auch Güzelyurt genannt) am Aufstieg zum Sivrihisar Geçidi (Sivrihisar-Paß) eine größere griechische Minderheit. Somit weist der Ort noch gut erhaltene Kirchenbauten auf. Am Fuß des von Höhlenkirchen durchlöcherten Felsens liegt die ehemalige Kirche (seit 1896 Moschee) des heiligen Gregorius von Nazianz, der hier 328 geboren sein soll. Südwestlich des Dorfes thront auf einem Felskegel die Yüksek Kilise (Hohe Kirche), ein ansehnliches Kloster.

Helvadere

Am Nordfuß des Hasan Dağ, etwa 45 km südöstlich von Aksaray, versteckt sich im Süden des Dorfes Helvadere (Tal des türkischen Honigs) in einem Krater die Ruine des Klosters 'Viranşehir' (Zerstörte Stadt) mit Resten byzantinischer Festungsanlagen und zwei ansehnlichen Kirchenrelikten. Eine enge Felspforte bildet den Zugang. Die Schwarze Kirche (Kara Kilise) ist eine einschiffige Basilika, die Arkaden-Kirche (Kemerli Kilise) mit Kreuzgrundriß ist aus regelmäßigen Trachytblöcken erbaut.

*Ihlara

Um das Dorf Ihlara am Südende der Peristremaschlucht gruppieren sich zahlreiche Höhlenkirchen typisch kappadokischer Stilrichtung. Die meisten wurden bereits vor der Zeit des Bilderstreits (ikonoklastische Zeit) des 8. und 9. Jh.s dekoriert. Anhand späterer zusätzlicher Bemalungen kann man hier die Entwicklung der regionalen kappadokischen Kirchenmalerei vorzüglich nachvollziehen. Die Ağaç Altı Kilise (Kirche unter dem Baum) zeigt diesen Stil ebenso wie die Eğri Taş Kilise (Kirche des schiefen Steins, mit Szenen aus der Jugend Jesu), die Kokar Kilise (Wohlgeruchskirche, mit Bildern aus dem Leben Christi), die Pürenli Seki Kilise (Terrassenkirche) oder die Yılanlı Kilise (Schlangenkirche, mit Szenen aus der Hölle). Die Sümbülü Kilise (Hyazinthenkirche) dagegen zeigt im Südschiff hervorragende Malereien im Reichsstil, während die prunkvolle Außenfassade in ihrer Gliederung persische Einflüsse aufweist.

Umgebung, Ihlara (Fortsetzung)

Etwa 20 km östlich von Aksaray liegt das Dorf Mamasun, malerisch eingebettet in eine schmale Schlucht, in deren Tuffwände mehrere Klosteranlagen gegraben sind. Die Köy Ensesi Kilisesi (Dorfende-Kirche) mit herausgearbeiteten Chorschranken und Altar und dem Grundriß eines griechischen Kreuzes trägt Freskenreste aus dem späten 10. Jh. (Zwölf Apostel, Erzengel Michael und Gabriel). Mames, ein Hirtenmärtyrer aus Caesarea (Kayseri), dessen Gebeine in der Dorfmoschee aufbewahrt werden, weil er angeblich zum Islam übertrat, gab dem Ort seinen Namen.

Mamasun

Im Vorland des Hasan Dağ etwa 40 km südöstlich von Aksaray liegt zwischen den Dörfern Selimiye und Ihlara eine tief in den kappadokischen Tuff eingeschnittene, wildromantische Schlucht des von Weiden, Pappeln und Zypressen gesäumten Melendiz Suyu. In den steilen Wänden sind etwa 50 byzantinische Höhlenkirchen und -klöster angelegt, die man zu Fuß von Ihlara oder Belisırma über einen Bergpfad erreichen kann (Begleitung durch einen einheimischen Führer ist anzuraten).

Unterscheidbar sind hier zwei Stilrichtungen: um Belisırma findet man zumeist Dekorationen im byzantinischen Reichsstil, dagegen in Ihlara eher lokale, kappadokische Wandmalereien, die Einflüsse aus Persien und Syrien zeigen.

**Peristrematal

Aksaray

Selimiye

Byzantinische Höhlenkirchen im Peristrematal

Melendiz Suyu

Gelveri

AUSWAHL
1 Koyunağlu Kilise
2 Güvercinlik Davullu K.
3 Ala K.
4 Eski Baca K.
5 Direkli K.
6 Bahattin Samanlığı
7 St. Georg
8 Bezir Ana K.
9 Karagedik K.

Yaprak Hisar

Belisırma

500 m

© Baedeker

10 Yılanlı Kilise
11 Sümbülü K.
12 Ağaç Altı K.
13 Karanlık Kale K.
14 Pürenli Seki K.
15 Eğri Taş K.
16 Kokar K.
17 Kemer K.
18 St. Michael

Güzelyurt

Ihlara

Halvadere

Um 1229 ließ Sultan Alaeddin Kaykobad an der Haupthandelsstraße des Seldschukenreiches zwischen der Hauptstadt Konya und dem östlich gelegenen Handels- und Verwaltungszentrum Kayseri diese gewaltige, durch 24 marmorne Stütztürme verstärkte Karawanserei auf einer Fläche von 4866 m² anlegen. 1276–1278 wurde unter Kaichosrew III., einem Werkzeug der mongolischen Statthalter (Perwâne), der nach einem Brand (1254) stark beschädigte Bau renoviert. Weitere Reparaturen wurden unter

**Sultanhanı

Grundriß

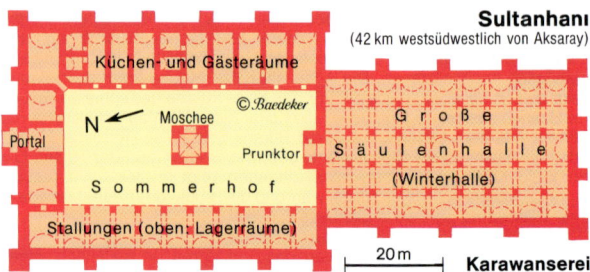

Sultanhanı
(42 km westsüdwestlich von Aksaray)

Küchen- und Gästeräume

N ← Moschee   ©*Baedeker*

Portal   Prunktor

S o m m e r h o f

Stallungen (oben: Lagerräume)

G r o ß e
S ä u l e n h a l l e
(Winterhalle)

20 m

Karawanserei

Umgebung,
Sultanhanı
(Fortsetzung)

dem letzten Rumseldschuken-Sultan Ma'sûd im frühen 14. Jh. notwendig. Man betritt den 121 m langen Komplex durch ein eindrucksvoll mit Ranken-, Flechtwerk-, Rosetten-, Stalaktitenmustern und Arabesken verziertes 13 m hohes und 11 m breites Marmorportal, über dessen Torflügeln eine Inschrift mahnt: "Die Herrschaft liegt bei Allah!" Die dicken mit Schichten aus Gußwerk gefüllten Mauern zählen zu den typischen frühseldschukischen Quaderbauten. Der Sommerhof, in dessen Mitte eine Pavillonmoschee mit doppelläufigem Aufgang steht, nimmt ohne die umrahmenden Arkaden und Unterkünfte einen Raum von 51 m x 24 m ein. Die neunschiffige Winterhalle mit reich ornamentiertem Prunktor und achteckigem, offenem Zeltdach-Tambour über einem Zentraljoch allein schon mißt 55 m×37 m.

Hintergründe für die Anlage zahlreicher solcher Etappenstationen außerhalb von Siedlungen in den Steppengebieten Anatoliens lagen in der Sicherung der Fernhandelsstraßen gegen räuberische Überfälle, die wohlhabende Kaufleute der Handelskarawanen oft von nomadisierenden

Eingangsportal...   *...und Moschee der Karawanserei*

Gruppen zu erwarten hatten. Deshalb waren diese Unterkünfte meist auch bastionsartig angelegt und mit einem stabilen und gut verschließbaren Tor versehen. Die Karawansereien waren aber nicht nur Unterkünfte für die Nacht mit Stallungen, Gästeräumen, Moschee, Küchenanlagen und Bädern, sie waren kleine autarke Siedlungen für sich mit Wachen, Handwerkern (Schmiede, Sattler), Stallmeistern, Arbeitern, Bäckern, Metzgern, Küchenpersonal, Ärzten usw., zugleich auch Warendepot und Handelsplatz mit kleinen Läden. Die Unterkunft in einer solchen Herberge war für drei Tage kostenlos. Zum einen wurden die Anlagen vom Sultan unterhalten, um den Handel zu gewährleisten, zum anderen mußten (unter den Seldschuken) alle Händler im Reich eine jährliche Steuer entrichten, aus der die Karawansereien finanziert wurden.

Aksaray,
Umgebung,
Sultanhanı
(Fortsetzung)

Akşehir

G 5

Westanatolisches Bergland
Provinz: Konya
Höhe: 998 m ü. d. M.
Einwohnerzahl: 52 000

Die lebhafte Kreisstadt am Ausgang eines Gebirgstales nördlich unterhalb des Sultan Dağı erstreckt sich am Nordrand der isaurisch-pisidischen Seenplatte unweit südlich des Akşehir Gölü und damit im Übergangsbereich des westlichen Binnentaurus zu den Steppenlandschaften Inneranatoliens. Der Ort ist bekannt für seine Teppich- und Ledermanufaktur und war in der Vergangenheit als Etappenstation auf der Fernhandelsstraße von Konya nach İstanbul recht bedeutend.

Lage und
Bedeutung

Unter dem Namen Philomelion wurde Akşehir vom mazedonischen Fürsten Philomelos im 3. Jh. v. Chr. gegründet, war eine wichtige phrygische Stadt, die später unter Diokletian zu Pisidien kam. 51 v. Chr. hielt hier Cicero Gericht über meuternde römische Kohorten; 1403 starb hier Bayazit I. in mongolischer Gefangenschaft (begraben in Bursa) nach der verlorenen Schlacht bei Ankara 1402 gegen Timur-Leng. Der Mongole hatte den prominenten Gefangenen, vor dem das Abendland zitterte, der das byzantinische Heer 1389 bei Nikopolis vernichtet hatte und der zahlreiche Adelige in Bursa gefangen hielt, längere Zeit in einer vergitterten Sänfte in seinem Heer mitführen lassen. 1190 zog Kaiser Friedrich I. (Barbarossa) auf dem dritten Kreuzzug von Dinar nördlich des Eğridirsees nach Akşehir und unter großen Strapazen weiter nach Ladik, Konya, Karaman und Silifke, wo er im Göksu Nehri ertrank.
In Akşehir wirkte und starb (1284/1285) der um 1208 geborene türkische Eulenspiegel Nasreddin Hoca (→ Berühmte Persönlichkeiten).

Geschichte

In der abflußlosen Landschaft um Akşehir liegen die durch eine flache Schwelle getrennten Seebecken des Eber Gölü und des Akşehir Gölü, die über eine kanalartige Rinne miteinander in Verbindung stehen. Bei hohem Wasserstand entwässert der (höhergelegene) Eber Gölü in den Akşehir Gölü. Mit ihren ausgedehnten Schilfflächen (der Eber Gölü ist fast völlig davon bedeckt) und ihrem Nährstoffreichtum bieten beide Gewässer ideale Lebensräume für zahlreiche Reptilien-, Amphibien- und Vogelarten.

Akşehir und
Eber Gölü

Sehenswertes in Akşehir

Am Südrand der Altstadt stößt man auf die 1905 restaurierte und liebevoll gepflegte Säulenpavillon-Türbe des türkischen Eulenspiegels, der an der Koranschule in Akşehir lehrte und über 50 Jahre bis zu seinem Tode hier lebte. Über seinem Grab steht auf einer Tafel geschrieben: "Hier ruht eine Philosophie, kein Mensch!" Hoca, (vermutlich) 1208 in Hortu bei Civrihisar

*Nasreddin Hoca
Türbesi

Nasreddin Hoca Türbesi (Fortsetzung)	als Sohn des Imam Abdullah geboren, gilt als das türkische Symbol für hintergründigen Mutterwitz. Der Gelehrte mit riesigem Turban und leuchtend weißem Bart, der in über 500 Anekdoten lebt, brachte mit Schlagfertigkeit und subtiler Moral selbst über den Tod hinaus seine Mitmenschen zum Lachen – und Nachdenken: Das Tor zu seinem Grab ist mit einem kräftigen Schloß verriegelt, allerdings steht es gänzlich frei, denn die entsprechenden Gitterwände fehlen.
Seyğit Mahmut Hayrani Türbesi	Das achteckige Mausoleum des Mystikers im Süden der Stadt wurde 1224 erbaut und 1409/1410 verändert. Eine kleine Betmoschee aus antiken Steinen ist angefügt.
Taş Medrese	Die von Sahib Ata 1216 mit antikem Material erbaute Koranschule verfügt über ein sehenswertes Tor, im Innenhof über zwei byzantinische Säulenreihen und über ein seldschukisches Minarett aus Ziegeln mit Fayencenresten.

Umgebung von Akşehir

Antiochia in Pisidien (Yalvaç)	Zur Unterscheidung von anderen gleichnamigen Städten in Kleinasien erhielt die antike Stadt Antiochia (Antiocheia) den Beinamen Pisidiae oder ad Pisidium. Sie liegt 35 km südwestlich von Akşehir an der Grenze von Pisidien gegen Phrygien (bei Yalvaç) über dem Tal des Yalvaçbeli Deresi am Südwestfuß der bis 2531 m aufragenden Sultan Dağları.

Nach dem griechischen Geographen Strabo wurde Antiochia von Kolonisten der Stadt Magnesia am Mäander (nahe Germencik bei Aydın) gegründet. Wahrscheinlicher ist jedoch die Gründung durch den Diadochen Seleukos I. Nikator (312–280 v. Chr.) oder dessen Sohn Antiochos I. Sotér (280–261 v. Chr.), der hier Bewohner von Magnesia ansiedelte. Nach dem Sieg des Römers L. C. Scipio 190/89 v. Chr. über den Seleukiden Antiochos den Großen (222–187 v. Chr.) in der Schlacht bei Magnesia am Sypilos (Manisa) erhielt ihre Freiheit, ehe sie 25 v. Chr. dann ans Römische Reich fiel. In der Frühzeit der Stadt florierte hier in einem großen Priesterheiligtum mit zahlreichen Tempelsklaven (Hierodulen) unter der Führung eines Eunuchenpriesters der Kult des pisidischen Gottes Men Askaenos, der berüchtigt war wegen Greueln und Ausschweifungen. Hier lehrten Paulus und Barnabas auf ihrer ersten Missionsreise durch Kleinasien. Neben einer großen jüdischen Kolonie entstand so eine christliche Gemeinde, obwohl die beiden Missionare von den Juden aus der Stadt vertrieben wurden. Später wurde Antiochia Hauptort des nördlichen Pisidien und Sitz eines Metropoliten. Bis zum 6. Jh. gingen aus der Stadt 13 bedeutende Bischöfe hervor. Über den Niedergang der Stadt herrscht Unklarheit. Manche Historiker sprechen von einer Zerstörung durch die Araber im 8. Jahrhundert. Möglicherweise kamen mehrere Faktoren zusammen: Erdbeben, Krieg und wirtschaftliche Probleme. Von der einst blühenden Stadt sind noch bemerkenswerte Reste vorhanden.
Im Jahre 1912 entdeckte der Engländer W. M. Ramsay bei Ausgrabungen das 'Monumentum Antiochenum', ein weiteres Exemplar des lateinischen Textes des auch im Monumentum Ancyranum enthaltenen Tatsachenberichtes des Augustus (→ Ankara).

Akropolis Propyläen	Die Akropole enthält leider nur wenig Vorzeigbares. Nennenswert sind die Reste der Propyläen, jenem monumentalen Eingangstor zur Akropolis aus der Zeit des Augustus, wo man 1912 das 'Testament des Augustus' (s. o.) fand und durch das man den Augustus-Platz erreicht. Auf diesem standen im Osten, wirkungsvoll angelegt vor einem von senkrechten Felsen begrenzten Areal, zweistöckige Säulenumgänge mit ionischen und dorischen Säulen. Im Zentrum der Anlage befand sich der Augustustempel.
Augustustempel	Von diesem prächtigen Tempel, der vermutlich am ehemaligen Platz der Men-Kultstätte steht, sind bedeutende Reste erhalten.

Westlich und nordwestlich dieses Platzes, der vor den Propyläen liegt, stehen zwei byzantinische Kirchenruinen, darunter die einer Basilika, die als eines der ältesten christlichen Gotteshäuser Kleinasiens gilt. Im Osten stößt man auf die Reste des Theaters, dessen Marmorsitzflächen bereits 1836 in der Stadt Yalvaç zum Hausbau verwendet worden waren.

Akşehir,
Umgebung
(Fortsetzung)
Tiberius-Platz

Das größte und interessanteste Bauwerk ist der in einigen mächtigen Bögen erhaltene Aquädukt, durch den das Wasser der Sultan Dağları über ein tief eingeschnittenes Tal und die der Stadt vorgelagerten Höhen in ein großes Bassin in der Oberstadt geleitet wird.

Aquädukt

Die aussichtsreiche Oberstadt war von einer starken Stadtmauer umgeben, die zwar weitgehend verfallen ist, in ihrem Verlauf aber noch gut erkennbar blieb.

Stadtmauer

Alanya

G/H 7

Südküste (Östliches Mittelmeer)
Provinz: Antalya
Höhe: 0–120 m ü. d. M.
Einwohnerzahl: 59 000

Die früher Alaja genannte Stadt liegt im Osten des Golfes von Antalya am Fuß einer ins Mittelmeer vorspringenden, aus Marmor bestehenden Felshöhe, die von einer Seldschukenburg gekrönt wird. Von der Küste steigt das Land fast unmittelbar zur verkarsteten Kette des zum Taurus gehörenden Ak Dağı (2647 m ü. d. M.) an. Alanya wird wegen der malerischen Lage und des subtropischen Klimas mit sehr milden Wintern und trockenen heißen Sommern als Winterkurort sowie wegen des guten Strandes, einem

Lage des
**Seebads

Rundblick vom Burgberg auf Alanya

Lage des Seebads (Fortsetzung)	der besten Badeplätze der Türkei, als Seebad besucht, lohnt aber wegen seiner seldschukischen Bauwerke auch eine Besichtigung.
Geschichte	Die Stadt hieß im Altertum Korakesion (Coracesium) und war kilikische Grenzfestung gegen Pamphylien. Bereits im 2. Jh. v.Chr. errichtete der Piratenführer Diodoros Tryphon auf dem Hügel eine Burg, die von Pompeius am Ende seines Feldzuges gegen die Seeräuber zerstört wurde. Damit kam der Ort an die Römer und wurde später von Antonius der Kleopatra geschenkt. Aber erst unter der Herrschaft der Seldschuken (seit 1221) erlangte er einige Bedeutung. Alaeddin Kaykobad legte 1231 die Festung an und baute Alanya zu einem wichtigen Marinestützpunkt aus.

Sehenswertes in Alanya

Altstadt	Die aus seldschukischer und osmanischer Zeit stammende, locker bebaute Altstadt nimmt den Raum zwischen der unteren und der auf antikem Fundament stehenden mittleren (südlichen) Burgmauer am Osthang des Burghügels ein, während sich nordöstlich ein neuerer Stadtteil am Strand entlang erstreckt und landeinwärts zwischen den Fruchtgärten verliert.
Burgberg *Rundblick	Eine windungsreiche Straße führt durch die Altstadt zum Burgberg (250 m ü.d.M.) und weiter zum oberen Burghof, an dessen Nordende die Kale Camii (Burgmoschee) steht. Im Burghof erheben sich die Ruine einer kreuzförmigen, byzantinischen Kirche und im Süden ein 1720 erbauter Leuchtturm. An der westlichen Burgmauer liegt die eigentliche, gut erhaltene Zitadelle, von wo sich ein prächtiger Rundblick auf das Mittelmeer, die Küstenebene mit den weit verstreuten Häusern von Alanya und den Fruchthainen, sowie auf die Kette des Ak Dağı bietet.
Roter Turm	Eine andere Straße führt südlich an der Küste entlang zu dem achteckigen Kızıl Kule (Roter Turm), der der Verteidigung der unweit südlich befindlichen seldschukischen Werft diente. Die mächtige, achteckige Eckbastion (46 m hoch, 12,50 m lang) wurde 1225 unter Alaeddin Kaykobad vom Architekten Ebu Ali aus Aleppo (er baute auch die Burg von Sinop) errichtet und 1948 restauriert.

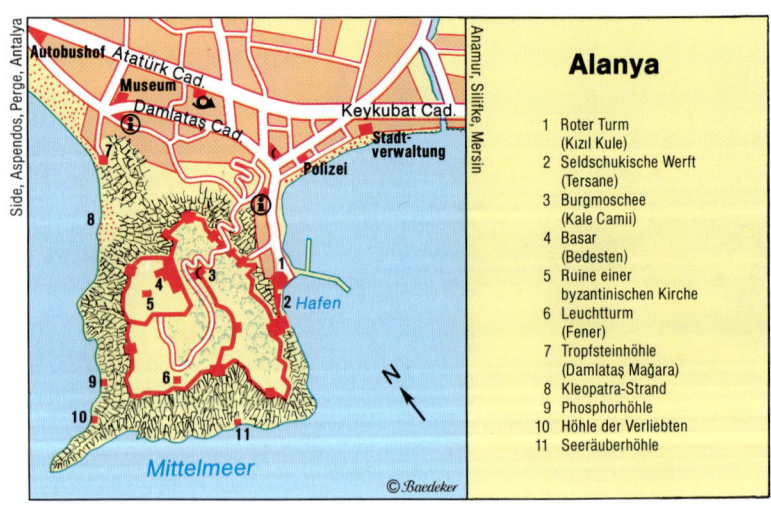

Alanya

1 Roter Turm (Kızıl Kule)
2 Seldschukische Werft (Tersane)
3 Burgmoschee (Kale Camii)
4 Basar (Bedesten)
5 Ruine einer byzantinischen Kirche
6 Leuchtturm (Fener)
7 Tropfsteinhöhle (Damlataş Mağara)
8 Kleopatra-Strand
9 Phosphorhöhle
10 Höhle der Verliebten
11 Seeräuberhöhle

Side, Aspendos, Perge, Antalya

Autobushof · Atatürk Cad. · Museum · Damlataş Cad · Keykubat Cad. · Stadtverwaltung · Polizei

Anamur, Silifke, Mersin

Hafen

Mittelmeer

© Baedeker

N

Byzantinische Kirchenruine im Burghof

Die um 1227 in den Marmorfelsen des Vorgebirges eingehauene Werft (restauriert) besteht aus fünf 7,70 m breiten und 42,50 m langen Werfthallen, die durch Bogenöffnungen untereinander verbunden waren. Hier baute Alaeddin Kaykobad seine Kriegsschiffe, um seine Macht auch über das östliche Mittelmeer auszudehnen. Das Holz für den Schiffsbau lieferten die damals noch reichlich vorhandenen Bergwälder des Taurus. Die Werft wurde noch bis etwa 1950 benutzt.

Seldschukische Werft

Am Nordwestfuß des Burghügels liegt unmittelbar am Anfang des westlichen Strandes die erst 1948 von Steinbrucharbeitern entdeckte Damlataş-Höhle ('damlataş' = 'Tropfstein'), deren Stalagmiten eine Höhe von fast 15 m erreichen. Die Höhle hat im Sommer und Winter eine gleichbleibende Temperatur von 22 °C. Der hohe Kohlensäureanteil (fünfmal soviel wie im Freien) und die Radioaktivität der Luft werden von der Bevölkerung zur Heilung von Asthma und Bronchitis genutzt.

Tropfsteinhöhle

Unweit nördlich der Damlataş-Höhle liegt das im Jahre 1967 eingerichtete Museum von Alanya mit archäologischen und ethnographischen Sammlungen.

Museum

Umgebung von Alanya

Etwa 35 km östlich von Alanya erkennt man unmittelbar neben der Straße in einer kleinen Bucht und am Hang (Unterstadt) Ruinen des antiken Syedra (Therme, Nekropole, Mauerreste). Oberhalb liegt nordöstlich auf steilem Felsufer des Sedir Çayı die Akropolis mit weiteren Ruinen bei Belen/Demirtaş (Yenidamlar).

Syedra

Auf der Küstenstraße entlang der 'Türkischen Riviera' erreicht man Gazipaşa (50 km östlich von Alanya). Das Städtchen liegt etwa 3 km von der

Gazipaşa (Selinous)

<table>
<tr>
<td>

Alanya,
Umgebung,
Gazipaşa
(Fortsetzung)

</td>
<td>

Küste entfernt in einer durch mehrere Flußmündungen aufgeschütteten Schwemmlandebene, an der das steil ansteigende Vorgebirge des antiken Kaps Selindi fast senkrecht in Klippen abbricht. Auf der höchsten Stelle befinden sich die Ruinen eines Kastells. Hier lag im Altertum die phönizische Stadt Selinús ('sela' = 'Fels'), die nach dem römischen Kaiser Trajan, der hier 117 v. Chr. auf dem Rückmarsch vom Partherfeldzug starb, vorübergehend Traianopolis hieß.

</td>
</tr>
<tr>
<td>

Antiocheia
ad Cragum

</td>
<td>

Die Ruinen dieser antiken Stadt befinden sich ca. 65 km östlich von Alanya abseits der Küstenstraße beim Dorf Güney. Das Ruinengelände der römischen Stadt liegt hoch über jenem zum Meer hin abfallenden Felsen, der in der Antike als Cragus bezeichnet wurde. Die Akropolis enthält noch bemerkenswerte Baureste. Weitere Ruinen, so z. B. die Agora-Hallenstraße, die Reste der Unterstadt, ziehen sich am Hang hinab bis zum Hafen. Darüber erhebt sich auf einem Felsen die mittelalterliche Burg.

</td>
</tr>
<tr>
<td>

＊Anamur
(Abb. s. S. 140)

</td>
<td>

Weiter östlich führt die Küstenstraße zum Kap Anamur, das im Altertum Anamurion (Reste von Befestigungen, Theatern, Thermen, Nekropolen) hieß und der südlichste Punkt von Kleinasien ist. Rund 4 km oberhalb der Sultansuyu-Mündung befindet sich das Städtchen Anamur (29 000 Einw.) am Fuß der Taurusberge. Jenseits der Abzweigung nach Ermenek liegt imposant auf einer Landzunge das Schloß Anamur (Anamur Kalesi, Mamure Kalesi). Im frühen Mittelalter einer der berüchtigtsten und gefürchtetsten Korsarenstützpunkte, wurde es später von den Kreuzfahrern ausgebaut. Die mächtigen Ringmauern mit 36 meist wohlerhaltenen Türmen (teils rund, teils eckig) sind ebenso wie die Wehrgänge von innen durch Treppen zugänglich. Der Haupteingang in das Innere (drei Höfe) führt durch einen Turm an der Westseite (arabische Inschrift).

</td>
</tr>
</table>

Amasya · L 3

Schwarzmeergebiet (Mittlerer Südpontus)
Provinz: Amasya
Höhe: 450 m ü. d. M.
Einwohnerzahl: 56 000

<table>
<tr>
<td>

Lage und
＊Bedeutung

</td>
<td>

Die Provinzhauptstadt Amasya schmiegt sich malerisch eingebettet in das enge Durchbruchstal des Yeşilırmak (der antike Iris) am Südrand des Pontischen Gebirges. Ihre eindrucksvolle Lage überschaut man am besten von der Festung, deren Reste über der Stadt thronen. Man unterscheidet zwei Altstadtbereiche: nördlich des Flusses die ältere ehemals ummauerte Altstadt mit einem größeren Bestand an älteren Wohnhäusern, im Süden die jüngere Altstadt mit vielen altehrwürdigen Profan- und Sakralbauten. Obwohl manche davon bei den schweren Erdbeben von 1734, 1825 und 1935 und zudem beim Brand von 1915 stark in Mitleidenschaft gezogen wurden, zählt Amasya mit zu den besuchenswertesten Städten der Türkei. Berühmt sind der Obstreichtum und die Maulbeerpflanzungen (Seidenindustrie) der Umgebung.

</td>
</tr>
<tr>
<td>

Yeşilırmak
(Fluß)

</td>
<td>

Der insgesamt 520 km lange Fluß Yeşilırmak (grüner Fluß) entspringt am Nordwesthang des 2812 m hohen Köse Dağı, durchfließt zunächst in westlicher Richtung zur Nordanatolischen Hauptverwerfung verlaufende parallele Senken, u. a. die 31 km² große Almuş-Talsperre sowie das Becken von Tokat und Turhal, quert in einem engen Durchbruchstal die Kette des Buzluk Dağ nach Norden zum Becken der Amasya Ovası um, um erneut in einem tiefen und engen Tal nach Nordosten bis zur Taşova-Senke durchzubrechen und sich dort mit dem von Osten kommenden Kelkit Çayı zu vereinigen. In einer dritten Gebirgstal-Engstrecke quert der Fluß den nördlichen Hauptkamm an einer Stelle, die seit 1981 durch die Vereinigung der 23 km² großen Hasan Uğurlu-Talsperre (135 m hoch) mit dem Ayvacık-,

</td>
</tr>
</table>

der Belhor- und der Suat Uğurlu-Talsperre (10 km²) eingenommen wird. Südlich Çarşamba tritt er aus dem Gebirge und schüttet zwischen Samsun im Westen und Terme im Osten einen großen Schwemmkegel mit zahlreichen Strandseen ins Schwarze Meer.

Yeşilırmak
(Fortsetzung)

Der Ursprung der Zitadelle reicht wahrscheinlich bis in die vorhellenistische Zeit zurück. Im 3. Jh. v.Chr. wurde Amasya Hauptstadt des Pontischen Reiches. Ein Neffe des letzten griechischen Tyrannen der Stadt Kos, ein Abenteurer mit Namen Mithradates, floh nach der Hinrichtung seines Onkels (302 v.Chr. durch Antigonos) mit einer Schar von Kriegern in die Gebirge des Pontus, eroberte die Burg von Amasya, verlieh sich selbst den Königstitel und begründete die Dynastie der pontischen Könige, die erst mit dem Tod von Mithradates VI. Eupator nach 70 v.Chr. im Dritten Mithradatischen Krieg gegen den Römer Lucullus endete. Ein Sohn dieses Herrschers, Pharnakes, versuchte, das einstige Königreich seines Vaters zurückzuerobern, scheiterte aber in der Schlacht von Zela (47 v.Chr.) gegen Julius Caesar, der die Stadt seinem Reich einverleibte.

Geschichte

Der berühmte Geograph Strabo (64 v.Chr. – 20 n.Chr.) wurde hier geboren. Er bereiste damals die gesamte bekannte Welt und vefaßte eine siebzehnbändige Erdbeschreibung ("Oikomene"). Seit 1243 beherrschten die Mongolen die Region, an ihrer Spitze stand der Statthalter Eretua. Unter seiner Herrschaft (1335–1352) erlebte Amasya eine Zeit des Aufschwungs. – An die Osmanen fiel die Stadt 1392 durch Bayazit I. Sein Sohn Mehmet I. (1413–21) verteidigte die Zitadelle von Amasya erfolgreich gegen den Mongolenfürsten Timur-Leng (Tamerlan, der Lahme; 1402–1404).

Im Mittelalter war die Stadt so reich, daß man sie im gleichen Atemzug mit Bagdad nannte. Da die politischen, wirtschaftlichen und kulturellen Kräfte des Reiches sich aber im Westen konzentrierten, sank Amasya nach und nach zur Provinzstadt ab, bewahrte aber einen großen Teil seiner Baudenkmäler.

Häuserfassaden am Yeşilırmak

Sehenswertes in Amasya

Altstadt

Nördlich des Yeşilırmak erstrecken sich unterhalb der Burg die ältesten, einst ummauerten Teile der Stadt. Viele der Stadthäuser, deren Hinterfront zum Yeşilırmak weist, besaßen noch bis vor wenigen Jahren zur Bewässerung große Wasserräder (Norias), die das Wasser aus dem Fluß in Bewässerungsrinnen schöpften. Leider sind sie mittlerweile alle abgerissen. Dennoch bietet die teilweise restaurierte und für Besucher zugänglich gemachte Häuserzeile entlang des Flußufers ein malerisches Ortsbild.

*Amasya Kalesi

Im Norden hoch über der Stadt erhebt sich auf zwei Etagen die Burg von Amasya (Rundblick!). Reste der Burg-Stadtmauer aus römischer Zeit ziehen sich im Westen und Osten des steilen Felsabfalls zur Stadt hinab. Ein drittes Mauerstück schloß die Altstadt entlang des Yeşilırmak im Norden ab. Man kann die Festungsreste zu Fuß in einer guten halben Stunde über einen steilen Felstreppenanstieg vom östlichen Ende des Kızlar Sarayı oder bequemer mit dem Taxi (Parkplatz etwa 20 m unterhalb des Burgtores) erreichen.

Auf dem Doppelgipfel stand zur Zeit der pontischen Könige ein dem persischen Gott Ahura Mazda (entspr. Zeus Stratios) geweihter Tempel, später eine Akropolisanlage mit zahlreichen Befestigungstürmen und Ringmauern, von denen noch Reste in der türkischen Zitadelle zu erkennen sind. Drei Treppentunnel führten zum Fluß, möglicherweise zu Zisternen, um die Wasserversorgung zu sichern. Manche Forscher denken an blind endende Gänge, die zu Mithraskultstätten führten. Die Ausgänge konnten noch nicht festgestellt werden.

Ayınlı Mağara

Etwa 2 km nördlich der Stadt stößt man am linken Ufer des Yeşilırmak auf ein mit griechischen Inschriften versehenes Felsgrab, dessen Fenster Simsstreifen hat und dessen mit Eckwandpfeilern ausgestattete Fassade aus dem Felsverband gelöst ist. Das Grab wurde in byzantinischer Zeit als Kapelle genutzt (Reste von Wandmalereien).

Büyük Ağa Medresesi

Die interessante achteckige Koranschule (1488), die auch Kapı Ağası Medresesi heißt, ist eine Stiftung Hüseyin Ağas, dem Obersten der 'Weißen Eunuchen' von Bayazit II. Ein überhöhter Iwan (zentrale Kuppel mit zwei seitlichen Halbschalen) liegt auf der Rückseite des Hofes. Das Gebäude ist restauriert und hat seine alte Funktion seit kurzem wieder aufgenommen. Ein Besuch mit einem Blick in die Klassenzimmer ist möglich.

Burmanlı Minare Camii

Eine kleine, vom Seldschukenbey Necmettin Ferun im Auftrage des Sultans Kaichosrew II. errichtete Moschee von 1242 in der Südstadt über dem Taş Hanı erhielt ihren Namen von den spiralförmigen Verzierungen des Minaretts.

Darüssifa Hanı

Der alttürkische Bau mit seinem sehenswerten Portal am Südostufer des Yeşilırmak heißt auch Timar Hani oder Bimar Hanı und wurde 1308/1309 als Hospital (Dar üs-Sifa = Haus für Geisteskranke) und Medizinschule erbaut. Er ist die Stiftung des mongolischen Ilkhans Ölceytü und seiner Frau Yıldız Hatun. Ölceytü beendete die lange Geschichte des Sultanats von Rum, indem er den letzten Seldschukensultan ermorden ließ.

*Felsgräber

In die Bergwand unterhalb der Burg sind bis zu 12 m hohe Felsgräber pontischer Könige (zwischen 333 und 44 v. Chr.) eingelassen. Man erreicht sie über die Alçak Köprü und durch die Altstadt (İçeri Şehir Mahallesi) über einen Weg, der den ehemals bis zum Flußufer ummauerten Palastgarten und den alten Königspalast (Kızlar Sarayı) tangiert. Die fünf Grabkammern aus dem 3. und 2. Jh. v. Chr., jeweils zu einer Zweier- und Dreiergruppe zusammenliegend, sind durch schmale Treppengänge miteinander verbunden. Sie sind aus dem massiven Fels herausgehauen (um zwei Gräber kann man herumlaufen), haben eine gewölbte Decke und geglättete Wände. Die Steinsockel dienten zur Aufnahme der Sarkophage. Dübel-

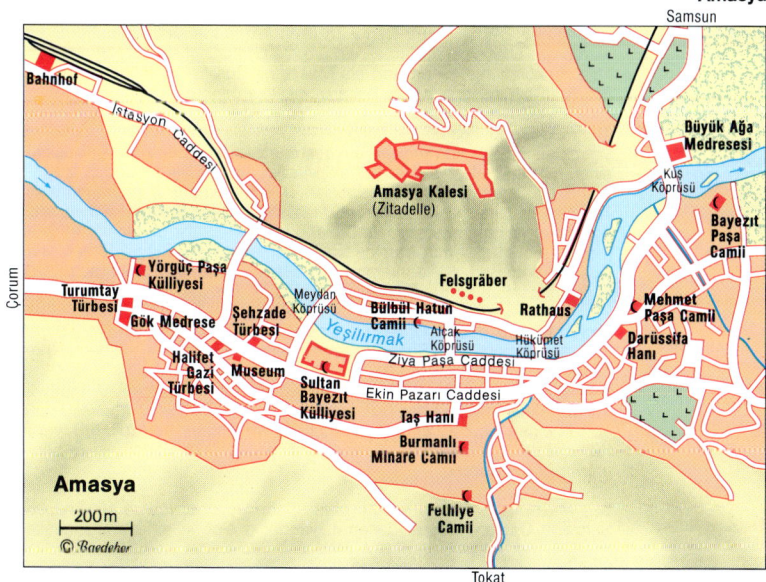

Amasya Kalesi
(Zitadelle)

Bahnhof

Istasyon Caddesi

Büyük Ağa
Medresesi

Kuş
Köprüsü

Bayezit
Paşa
Camii

Çorum

Yörgüç Paşa
Külliyesi

Felsgräber

Turumtay
Türbesi

Meydan
Köprüsü

Bülbül Hatun
Camii

Rathaus

Mehmet
Paşa Camii

Gök Medrese

Şehzade
Türbesi

Alçak
Köprüsü

Hükümet
Köprüsü

Darüssifa
Hanı

Halifet
Gazi
Türbesi

Museum

Yeşilırmak

Ziya Paşa Caddesi

Sultan
Bayezit
Külliyesi

Ekin Pazarı Caddesi

Taş Hanı

Burmalı
Minare Camii

Amasya

200 m

© Baedeker

Fethiye
Camii

Tokat

löcher in der Fassade und den Wänden deuten auf einst reichen Ornamentschmuck (Marmorplatten). Das Westgrab wurde in byzantinischer Zeit erneut als Grabstätte genutzt. Das fünfte Grab (Pharnakes I, 185–159 v. Chr.) blieb unvollendet. Von der westlichen Gräbergruppe führt ein Treppengang in die Tiefe, in einen der drei Tunnel, durch die man von der Burg zu den Zisternen gelangte. Manche Forscher vermuten dort ein Mithrasheiligtum.

**Felsgräber
(Fortsetzung)**

Die spärlichen Reste des Königspalastes und der Gartenanlagen vermitteln dem Besucher heute keine Vorstellung mehr von der einstigen Pracht dieser Anlage.

Kızlar Sarayı

Die kleine Moschee am oberen Südhang war im frühen 7. Jh. als byzantinische Kirche errichtet und wurde 1117 zur Moschee umgebaut. Sie wurde bei einem Brand 1915 stark beschädigt. Erhalten blieben nur die Apsis und einige Mauern. Das Minarett stammt aus dem Jahr 1812.

Fethiye Camii

Diese ehemalige Koranschule von 1266/1267, die z. Z. restauriert wird, ließ der seldschukische Provinzgouverneur Turumtay erbauen (s. u. Turumtay Türbesi). Der dreischiffige Bau mit seinen insgesamt 15 Kuppeln verdient vor allem Beachtung wegen seines Stalaktiten-Portals und seiner geschnitzten Holztüren. Die Medrese besitzt eine schlichte Innenausstattung. Zwei Mumien der İlkhane sind hier beigesetzt.
Rechter Hand am Zugang zur Koranschule passiert man das 1279 erstellte Mausoleum Turumtay Türbesi des (einbalsamierten) Erbauers der Gök Medrese.

*Gök Medrese

Ein Mausoleum im Üçler-Viertel südlich der Hauptstraße wird in die Zeit 1145 datiert. Der Stifter, Wesir eines Danischmendidenemirs, ist in einem prächtig verzierten Marmorsarg beigesetzt (Widderköpfe und Medusenhäupter zwischen Blumenranken), der vermutlich aus einer spätrömischen Nekropole stammt. Unmittelbar daneben finden sich Reste einer weiteren alten Medrese.

**Halifet Gazi
Türbesi**

Amasya

*Hazeranlar Konağı

Unweit der Bülbül Hatun Camii im Hatuniye-Viertel unterhalb der Burg wurde am Ufer des Yeşilırmak ein älteres osmanisches Bürgerhaus von 1872 gekonnt restauriert und als Museumshaus für Besucher geöffnet. Errichten ließ es der aus dem Sultanspalast verbannte Hofchemiker Hasan Talât Efendi, der in den 60er Jahren des vorigen Jh.s in Amasya als Aziz Mahmud Efendi Fuß fassen konnte.

Das zweistöckige, komfortabel ausgestattete und solide gebaute Haus hat einen großen Vorhof und ist voll unterkellert (Ausstellungs- und Vortragsraum). Das erste Stockwerk zeigt den eher wirtschaftlich ausgerichteten Teil des Hauses mit Küchentrakt, Gesinderäumen, Speisezimmern und Toilette um eine große zentrale Diele, die zweite Etage dagegen den intimeren Wohntrakt mit Kamin- und Kaffeezimmer, Schlafräumen mit Dusche und Bad, Kleiderkammer, großem Empfangs-/Wohnraum und Aufenthaltsraum für die Damen ebenfalls um eine weitläufige Diele.

Mehmet Paşa Camii

Am Südostufer des Yeşilırmak steht neben dem Timar Hanı eine vom Stellvertreter Ahmets, dem Sohn Bayazits II., erbaute Moschee aus dem Jahre 1486.

Museum

Mit der Restaurierung der Gök Medrese wurde das lokale Museum von dort in einen Neubau an der Hauptstraße gegenüber der Sultan Bayazit Külliyesi verlagert. Es enthält neben antiken Artefakten auch eine ethnographische Abteilung.

Şehzade Türbesi

Das Mausoleum (vermutlich für einen Sohn Bayazits I.) von 1513, auch Şehzade Osman Türbesi genannt, versteckt sich in einer Seitengasse westlich der Sultan Bayazit Külliyesi.

Şehzadeler Türbesi

In diesem Mausoleum von 1410 gegenüber der Şehzade Türbesi an der Hauptstraße sind die Söhne der drei Sultane Mehmet I., Bayazit I. und Bayazit II. bestattet.

Die Schafherde trottet dem Leithammel hinterher.

Zwischen Yeşilırmak und der Hauptstraße im westlichen Stadtzentrum liegt unübersehbar dieser von Ahmed, einem Sohn Bayazits II., gestiftete Moschee-Komplex aus dem Jahre 1486. Die Moschee mit zwei hintereinander angeordneten Kuppeln wird von zwei unterschiedlich dekorierten Minaretten begleitet. Man betritt den restaurierten Betsaal mit seinen von blauen Fayencen eingerahmten Fenstern durch einen fünfschiffigen Portikus.

Der Brunnen für die rituellen Waschungen (Şadırvan) vor der Moschee wird von schönen Bäumen flankiert. Im Moscheepark steht die Bibliothek (mit 20 000 Bänden; u. a. wertvolle Koranschriften), im Westen, vor einem Grabbau, die Bayazit Medresesi.

Sultan Beyazıt Külliyesi

Man passiert das im Jahre 1279 erstellte Mausoleum des (einbalsamierten) Erbauers der Gök Medrese rechter Hand am Zugang zu dieser Koranschule.

Turumtay Türbesi

Am äußersten westlichen Stadtrand abseits nördlich der Hauptstraße versteckt sich dieses Gotteshaus, das Yörgüç, der Erzieher Sultan Mehmets I., 1430–1438 errichten ließ. Die Anlage besteht weiter aus drei Türben (rechts vom Vorraum), einem Krankenhaus und einer Koranschule.

Yörgüç Paşa Külliyesi

Umgebung von Amasya

Etwa 25 km südöstlich von Amasya erkennt man links an der Straße nach Tokat die ehemals letzte Karawanserei von Amasya, einen einfachen seldschukischen Han aus dem 13. Jh. (heute Viehstall). Gestiftet wurde der Bau um 1240 von Mahperi Hatun, der Mutter des seldschukischen Sultans Kaichosrew II.

Ezinepazarı

Aus dem 17. Jh. stammen die Mehmet Köprüsü von 1666 und die vom Erbauer dieser Brücke gestiftete Köprülü Mehmet Paşa Camii (etwa 62 km östlich von Amasya).

Gümüşhacıköy

Die Reste einer Zitadelle beherrschen die Kreisstadt und das schluchtartige Tal des Çekerek İrmağı (antik Skylax) 44 km südwestlich von Amasya, wo zwei Treppentunnel in den Fels geschlagen sind.

Göynücek

Der malerisch gelegene, kleine Bergsee (auch Borabay Gölü) in den nordöstlichen Ausläufern des Ak Dağ bei Taşova etwa 70 km nordöstlich von Amasya ist dank seiner waldreichen Umgebung beliebtes Naherholungsziel.

Kocagöl

Die Kreisstadt Merzifon, etwa 50 km nordwestlich von Amasya, hieß in der Antike Phazemon, ehe Pompeius sie in Neapolis umbenannte. Einige der byzantinischen Kirchen wurden von den Osmanen in Moscheen umgewandelt. Bekanntestes osmanisches Bauwerk ist die Kara Mustafa Paşa Camii (1666/1667) mit ihrem quadratischen Kuppelsaal. Von 1427 stammt die Murat Camii (gestiftet von Murat II.).

Merzifon

In der Nähe findet man die unter Emir Unmar 1416 gebaute Çelebi Mehmet Medresesi (benannt nach Mehmet II.) mit ebenfalls einem quadratischen Innenhof. Alle vier Hofseiten sind mit überhöhten Iwanen überkuppelt. Der übliche Arkadengang fehlt. Erhalten ist noch die alte Heizanlage in den Zellen rund um den Hof. Der Uhrenturm der Stadt von 1866 erhebt sich über dem Portal der Medrese. Der Ziegelturm hat die Form eines Minaretts, auf dem vom Umgang aufwärts ein Holzbau steht.

Anamur

→ Alanya, Umgebung

Ani   T 3

Nordostanatolien
Provinz: Kars
Höhe: 1750 m ü. d. M.
Ortschaft: Ocaklı (1 100 Einw.)

Lage und
✳✳Bedeutung

In der baumlosen, leicht gewellten Steppenlandschaft unmittelbar an der türkisch-armenischen Grenze erstreckt sich das Ruinengelände der alten armenischen Hauptstadt Ani. Sie liegt 45 km östlich von Kars nahe dem Dorf Ocaklı auf einem spitzwinklig dreieckigen Felsplateau, das von den tiefen Schluchten des Bostanlar Çayı (Alaca Su = 'buntes Wasser') im Westen, des Migmig Çayı (Tal der Blumen) im Nordosten und des Arpa Çayı (Gerstenbach) im Südosten begrenzt wird.
Nur im Norden besteht eine durch Mauern abgeriegelte direkte Verbindung zu den Hochflächen des Hinterlandes. Diese strategisch günstige Lage bot den idealen Standort für eine mittelalterliche Stadtanlage.

Hinweise

Derzeit gibt es keine Einschränkungen für den Besuch der Ruinenstadt, Fotografieren ist ebenfalls erlaubt. Wegen der unmittelbaren Lage an der armenischen Grenze (Grenzfluß ist der Arpa Çayı) ist das Fotografieren in Ani je nach politischer Lage verboten. Kameras müssen dann vorher beim Polizeiposten im Dorf Soylu hinterlegt werden (Aufnahmen, zumeist qualitativ nicht überzeugend, erhält man im Museum in Kars).

Wegen der militärischen Beobachtungsposten auf dem Gelände sind einige Kirchen direkt am Arpa Çayı, die Zitadelle und die südlich gelegene Spitze des alten Stadtgebietes nicht zugänglich. Die meisten Ruinen sind über einen ausgebauten und beschilderten Rundweg erschlossen.

Geschichte

Wahrscheinlich war die Südspitze des Basaltplateaus bereits im Chalkolithikum und während der frühen Bronzezeit besiedelt. Hier stand vermutlich auch eine urartäische Festung. Unter der erstarkenden Herrschaft der aus Südwest-Georgien stammenden Bagratiden (Bündnisverträge mit den Arabern) kam die inzwischen zur Burg gewachsene Siedlung 722 an deren armenische Linie (⟶ Artvin, ⟶ Armenien).
Aschot Msaker (809–827) erhob den Ort zur Stadt, und Aschot III. (953–977) machte sie zunächst zur Residenz, 961/962 mit dem Segen des armenischen Katholikos Ananias zur Hauptstadt (vorher in Kars) und sich selbst zum König Armeniens. Er gilt als der erste große Förderer des jungen städtischen Anwesens, ließ zahlreiche Sakral- und Sozialbauten errichten, lockte Handel und Gewerbe an, so daß sich die Stadt zu einem kulturell und wirtschaftlich blühenden Mittelpunkt entwickeln konnte. In ihrer Glanzzeit soll sie angeblich 100000 Einwohner und 1000 Kirchen gehabt haben. Aus Platzmangel sollen sogar in der Schlucht des Alaca Suyu Höhlenwohnungen benutzt worden sein. Smbat II. (977–989) ließ die Stadt durch festungsartige Mauern sichern, und sein Nachfolger Gagik I. (989–1020) bewegte durch zahlreiche kirchliche Stiftungen den armenischen Katholikos 993 zur Verlegung seines Sitzes von Arkina nach Ani.

Dennoch begann bereits damals der Niedergang des Armenischen Reiches. Ani und Armenien wurden zum Bollwerk gegen die eindringenden Seldschuken, Turkmenen und Mongolen. Im Jahre 1045 residierte der erste byzantinische Gouverneur in Ani, aber bereits drei Jahren später standen erste turkmenische Nomaden vor den Toren der Stadt. Der Seldschuke Alp Arslan eroberte im Jahre 1064 und stellte die Stadt unter die Verwaltung der Seddat Oğulları. Obwohl sich der Seldschukengouverneur und Emir Seddadi Abul Aşvâroğlu Menüçehr bemühten, die Stadt durch zahlreiche Bauten neu zu gestalten, setzte eine Massenübersiedlung von Armeniern in die Region Kilikien ein. Der erfolgreiche Aufstieg der georgischen Linie gegen die seldschukische Oberherrschaft (Sieg 1126 über den Emir von Erzurum) brachte der Stadt Ende des 12. Jh.s unter den armenisch-georgischen Feudalfürsten der Zachariaden eine zweite Blüte, die auch anhielt, nachdem die Mongolen (Oktai Khan, Sohn des Chingis Khan) den Ort 1236 zerstört und zum Provinzzentrum gemacht hatten. Ein Erdbeben 1319, das weitere schwere Verwüstungen gebracht hatte, veranlaßte viele Bewohner zur Abwanderung. Aber erst im 16. Jh. wurde Ani endgültig aufgelassen. In der ersten Hälfte des 19. Jh.s wurde es von europäischen Forschungsreisenden wiederentdeckt.

Geschichte (Fortsetzung)

Aus den Ergebnissen erster Ausgrabungen (1844) durch Hermann Abich erstellte H. F. B. Lynch 1894 einen Übersichtsplan des Ruinengeländes von Ani. Während des Russisch-Türkischen Krieges 1877/1878 bis 1918 begannen die Russen mit weiteren Forschungen. Bei späteren Untersuchungen 1944 und 1965 durch die Türkische Historiengesellschaft und durch Kemal Balkan ergaben sich auch bronzezeitliche und seldschukische Funde.

Ausgrabungen

Situationsplan

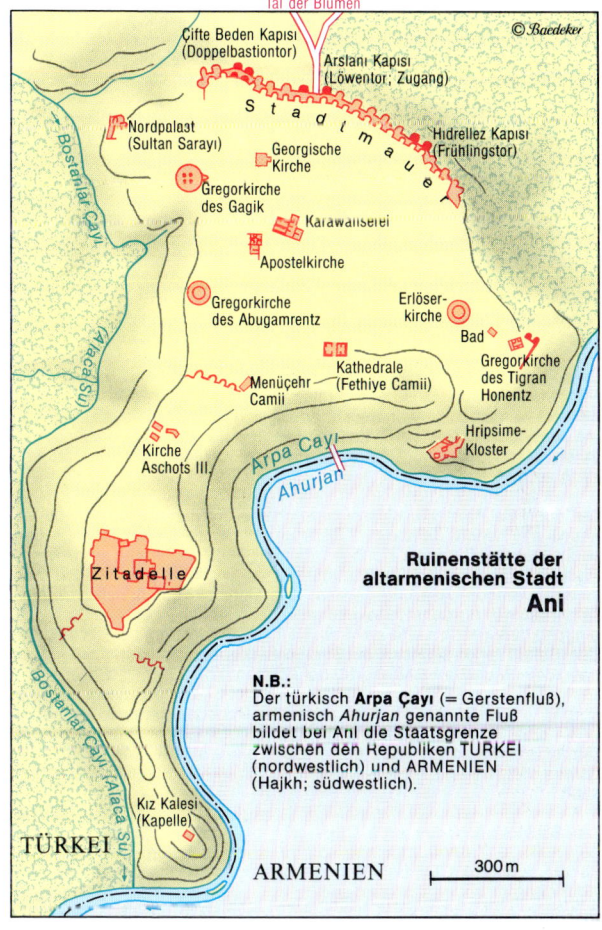

Tal der Blumen

Çifte Beden Kapısı
(Doppelbastiontor)

Arslanı Kapısı
(Löwentor; Zugang)

© Baedeker

Stadtmauer

Nordpalast
(Sultan Sarayı)

Hıdrellez Kapısı
(Frühlingstor)

Georgische
Kirche

Gregorkirche
des Gagik

Karawanserei

Apostelkirche

Gregorkirche
des Abugamrentz

Erlöserkirche

Bad

Gregorkirche
des Tigran
Honentz

Menüçehr
Camii

Kathedrale
(Fethiye Camii)

Hripsime-
Kloster

Kirche
Aschots III.

Arpa Çayı

Ahurjan

Bostanlar Çayı (Alaca Su)

Zitadelle

**Ruinenstätte der
altarmenischen Stadt
Ani**

N.B.:
Der türkisch **Arpa Çayı** (= Gerstenfluß),
armenisch *Ahurjan* genannte Fluß
bildet bei Ani die Staatsgrenze
zwischen den Republiken TÜRKEI
(nordwestlich) und ARMENIEN
(Hajhk; südwestlich).

Bostanlar Çayı (Alaca Su)

Kız Kalesi
(Kapelle)

TÜRKEI

ARMENIEN

300 m

173

Sehenswertes in Ani

Arslanı Kapısı

Das 'Löwentor', benannt nach seinem Löwen-Reliefschmuck, bildet den Hauptzugang zur Stadt.

*Apostelkirche (Mestaba Kervansaray)

Dieser auch 'Johanneskirche' oder Arak Elots Kilisesi genannte, stark zerstörte Vier-Konchen-Bau entstand 1031 mit rechteckigem Grundriß und zwei Eingängen. Zwischen Apsiden und Außenmauern sind kleinere Kuppelräume mit eigenen Apsiden eingefügt. Nach 1064 wurde die Kirche durch An- und Umbauten in eine seldschukische Karawanserei und Finanzbehörde (Mestaba Kervansaray) verwandelt. Teile des Zentralbaus und der zugefügten Halle sind erhalten. Deutlich erkennbar sind an vielen Stellen des Gebäudes, vor allem am südöstlichen Portal (armenische Inschrift) und in der Kuppel, die typischen Stalaktitenmuster und seldschukischen Ornamentbänder. Die aus schwarzen und roten Steinquadern erbaute Anlage ist mit Sternmotiven und gedrehten Säulen dekoriert. Südlich der Kirche stößt man auf ein grabähnliches Bauwerk.

Boz Minare Camii

Das auch als Cami Minaresi bezeichnete einzelstehende, graue Minarett gehört zu einer Moschee, deren Baukörper fast völlig verschwunden ist.

Çoban Kilisesi

Die Kirche steht außerhalb nordwestlich der Stadtmauern und wird in das 11./12. Jh. datiert. Es ist ein sechseckiger Zentralkuppelbau mit dreieckigen Nischen, der innen zwölfeckig ausgemalt ist. Das Obergeschoß auf den von Säulen verstärkten Wänden wird durch Balkenlagen gestützt.

Ebül Muammeran Camii

Unweit der Stadtmauer findet man mit Mühe die Reste dieser Moschee von 1195. Der Hauptraum ist mit bunten Mosaiken geschmückt. Gebetsvorhof und Außenhof sind völlig verschwunden.

Ejderha Kulesi

Neben dem Löwentor erhebt sich dieses seldschukische, mosaikgeschmückte Turmgebäude aus dem 13. Jh., das als Heilanstalt genutzt wurde. Es gilt als das erste bekannte Krankenhaus Anatoliens.

*Erlöserkirche

Diese auch als Keseli Kilise bekannte Kirche wurde 1036 von der Familie Pahlavuni gestiftet. Diese bestimmte, daß hier bis zur Wiederkehr Christi gebetet werden sollte. Von dem ehemaligen neunzehneckigen Zentralbau mit acht Apsiden sind die Ostteile eingestürzt, und die (noch erkennbaren) Innenmalereien des 13. Jh.s wurden übertüncht. Die Außenwände sind reich verziert.

Gregorkirche des Abugamrentz

Die auch als Polatoğlu Kilisesi bezeichnete zwölfeckige Zentralkuppelkirche mit hohem Tambour, Kleeblattgrundriß, mehreren Apsiden und sechs hufeisenförmigen Konchen stammt von 944, wurde von Gregor Abugamrentz für seine Geschwister Hamze und Seta gestiftet und dem Heiligen Gregor Lusavoriç geweiht. Die Ostapsis durchbricht mit zwei Nebenräumen die sonst regelmäßige Außenfassade. Über dem Südwesteingang befindet sich eine armenische Inschrift. Nördlich der Kirche unter dem Schutt liegen die Reste der Stepanos- und der Kristaporkapelle sowie das 1040 errichtete Familiengrab der Abugamrentz.

Gregorkirche des Gagik

Vorbild für diesen großen, stark zerstörten Rundbau mit zwei Eingängen und kleiner Apsidenkapelle war die seinerzeit berühmte Zwartnotzkirche (Armenien). Zwischen 1001 und 1010 erbaut, stürzte das Gotteshaus bereits drei Jahre nach seiner Vollendung ein und wurde nie wiederhergestellt.

**Gregorkirche des Tigran Honentz

Am Schluchtrand des Arpa Çayi steht der auch Şirli Kilise genannte sehenswerte Zentralkuppelbau von 1215 mit kreuzförmigem Grundriß, hohem, verziertem Tambour und zweischiffigem Narthex im Westen. Die Kirche enthält in den Vorhallen und im Innenraum bis hinauf in die Kuppel beachtliche Innendekore in Form von byzantinisch beeinflußten Wand-

Spärliche Reste der Apostelkirche

Verzierte Außenwände der Erlöserkirche

Gregorkirche mit byzantinischen Fresken

Ani

Gregorkirche des Tigran Honentz (Fortsetzung)

malereien mit z. T. armenischen und georgischen Inschriften: Verkündigung, Geburt Jesu und Tod der Maria, verschiedene Heilige, Evangelisten, Gregor der Erleuchter bekehrt König Tiridates zum Christentum, Kopien sassanidischer Dekormuster. Die gut erhaltene Südfassade zeigt Tierreliefs und gekordelte Blendarkaden. Rechts von der Tür weisen sassanidische Ornamente auf die spätere Nutzung der Kirche als Moschee.

Hıdrellez Kapısı (Satrançlı Kapısı)

Das 'Frühlingstor' – nach seinen geometrischen Steinornamenten auch 'Schachbrett-Tor' genannt –, findet man etwa 250 m östlich des Haupttores. Es wurde als Eingangstor zu einem Palast benutzt. Es ist geschmückt mit Schlangen und Stierhäuptern. Als Entstehungszeit nimmt man die Periode der Watschutantz (8. Jh.) an, deren Wappentiere u. a. Schlangen waren. Links neben diesem Tor stehen als Relikte der ältesten Teile der Doppelmauer (um 980) die beiden Türme Mama Hatun und Chanuche.

Hripsime-Kloster Jungfrauenkloster

Die Stiftungsanlage des Tigran Honentz mit seinem Faltdach und sechs Apsiden ist ein weniger gut erhaltener Zentralkuppelbau aus dem 13. Jh. Nach der Legende floh die Nonne Hripsime mit ihrer Äbtissin und der Jungfrau Shogagat vor den Nachstellungen Diokletians nach Armenien. Doch hier erwartete sie bereits König Tiridates, um sie zu umwerben. Als sie ablehnte, ließ er die Frauen ermorden. Über ihren Gräbern sollen Kapellen aus dem 7. Jh. stehen.

✳Kathedrale Fethiye Camii

Obwohl Tambour und Kuppel eingestürzt sind, erhebt sich diese wuchtige dreischiffige Großkirche mit ihrem domartigen Hauptschiff dominant über dem Ruinenfeld. Ehe er nach Plünderungen durch die Seldschuken 1064 in eine Moschee umgewandelt wurde, war der 989–1001 im Auftrag von König Smbat II. und Königin Gadarine erstellte Bau Hauptkirche der Stadt und Nachfolger der Aschot-III.-Kirche. Architekt war jener berühmte Tiridates, der im Auftrage des byzantinischen Kaisers Basileios II. die Kuppel der Hagia Sophia nach dem Erdbeben von 989 vor dem Einsturz bewahrte. Der Altarraum (erhöht) ist erhalten. Die Außenwände sind durch schlanke Blendarkaden gegliedert.

Kız Kalesi Jungfrauenburg

Auf der Südspitze des Plateaus erhebt sich die kleine sechseckige Kapelle aus dem 13. Jh. mit konischer Kuppel. An dem mit Doppelsäulen und Blendarkaden geschmückten Mittelbau sind byzantinische Palmmotive erkennbar.

✳Menüçehr Camii

Die Menüçehr Camii genannte Moschee (um 1890 stark beschädigt) mit achteckigem Minarett zeigt in den Fensteranlagen und im Innenaufbau (Säulenhalle) deutlich persische Einflüsse. Der mehrstöckige Bau in Hanglage (Keller mit Gräbern) unmittelbar neben der südlichen Stadtmauer wurde 1074 vom ersten seldschukischen Gouverneur (Emir Menüçehr) erbaut und gilt als die älteste seldschukische Moschee auf anatolischem Boden. Verwendet wurden, wie auch bei armenischen Kirchenbauten zur Auflockerung der Fassaden üblich, Bausteine unterschiedlicher Färbung.

Nordpalast Sultan Sarayı

Der seldschukische Sultanspalast aus dem 11. oder 12. Jh. zeigt ein schönes, in roten und schwarzen Farben gehaltenes Schachbrettmuster über dem spitzbogigen Eingangstor. Die obersten Etagen des aus Stein und Holz gebauten, einst angeblich fünfstöckigen Palastes sind zerstört.

Selçuk Hamamları

Im Jahre 1965 wurde in der Nähe des Eingangstores unweit der Ebül Muammaran Camii eine Badeanlage entdeckt. In Grundriß, Heizungskonstruktion und Dekor ist es ein typisches türkisches Bad: An einen quadratischen Schwitzraum sind vier Waschräume an den Ecken angefügt. Das Bad entstand vermutlich unter dem Gouverneur Menüçehr 1080–1090. 1966 wurde oberhalb nördlich der Gregorkirche des Tigran Honantz ein weiteres seldschukisches Bad freigelegt. Zusätzlich fand man Kupfermünzen mit den Namen des Seldschukensultans Meleksah und des Ani-Emirs Saddadi Abul Aşvâroğlu Menüçehr.

Die 2,5 km lange und über 8 m hohe Stadtmauer entlang des sogannten 'Blumentales' im Norden der Stadt wurde 972 von Aschot III. begonnen, dann 977–990 von Smbat II. verstärkt bzw. erweitert und im 11. Jh. unter Menüçehr restauriert. Sie ist in einigen Partien von einem bis zu 10 m tiefen Graben umgeben und enthält sieben noch erkennbare Tore (Reihenfolge von Nordwest nach Südost): Eğribucak Kapısı, Çifte Beden Kapısı (s. o.), Arslan Kapısı (s. o.), Hıdrellez (oder Satrançlı) Kapısı (s. o.), Acemağılı Kapı, Migmig Suyu Kapısı, Baı Sekisi Kapısı, Divin Kapısı. Stadtmauer

Die Zitadellenanlage im Süden vor der eigentlichen Stadt zählt mit zu den ältesten Baukomplexen von Ani. Die festungsartige Ummauerung birgt neben den Resten des alten zweistöckigen Bagratidenpalastes (mit repräsentativen Räumen, Badeanlagen, Fußbodenheizung und Theaterbühne auf den Resten eines älteren Vorgängerbaus aus der Kamsarakan-Zeit) auch die 622 vom Fürsten Kamsarakan gestiftete, einschiffige Palastkirche (Kamsarakan Kilisesi) mit schlichtem Reliefdekor und Apsis sowie die Festungskirche (Sarayı Kilisesi). Zitadelle

Umgebung von Ani

Rund 30 km südöstlich von Kars und etwa 1 km abseits der Straße nach Digor beim Dorf Beş Kilise erhebt sich auf einem Felsabsatz in einem tief eingeschnittenen Tal die 'Karakale' (schwarze Burg) genannte und dem heiligen Sergius geweihte Kirche. Es handelt sich um den Restbau einer Gruppe von Kirchenbauten des Ortes Chtskonk aus armenischer Zeit. Beş Kilise

Flußabwärts unterhalb der Arpa Çayı Barajı stößt man östlich des Arpa Çayı etwa 4 km vom Horomos Manastiri auf einen um 985–989 von Mönchen angelegten Kirchenbau mit einem Relieflöwen über der Giebeltüre. Chochawank

Im Nachfolgeort der altarmenischen Siedlung Tekor findet man den Grundriß einer armenischen Kirche aus dem 5. Jh. Nach Umbauten (986) war sie in eine Kuppelbasilika verändert worden. Sie galt als eines der wichtigsten Zeugnisse typisch armenischer Sakralbauten, fiel allerdings 1912 zusammen und wurde nicht wieder aufgebaut, sondern als Steinbruch benutzt. Östlich der Stadt, ganz in der Nähe beim Ort Harabıdıgor, steht eine andere Kirche, die dem heiligen Sergius geweiht ist. Weitere Kirchenbauten findet man in den Dörfern Agrak und Nahçivan südöstlich bzw. südlich von Digor. In Digor soll auch der durch seine Legenden bekannte türkische Dichter Dede Korkut gelebt haben. Digor

Ca. 10 km nordöstlich von Ani steht über dem Tal des Arpa Çayı der Rest einer georgischen Klosteranlage aus dem 10. Jh., die vom armenischen König Hovhannes Smbat III. (1020–42) erweitert wurde. Hier befindet sich die Grablege der letzten Könige von Ani (u. a. Aschot IV.). Im Klosterkomplex, der bis ins 18. Jh. ein bedeutendes christliches Zentrum blieb, sind drei Kirchen sehenswert: In der großen von Smbat III. gestifteten Johanneskirche ist die eigentliche Kirchenhalle kleiner als der Vorraum. Der Kuppelbau der Menaskirche mit Narthex, Apsis und zwei Nebenkammern entstand im 10. Jahrhundert. Der sternförmig angelegten Hirtenkirche fehlt das Kegeldach. Horomos Manastiri

Knapp 90 km südöstlich von Kars erreicht man über Digor abseits der Hauptstraße nach Tuzluca am Arpa Çayı das Dörfchen Kilittaşı, das alte armenische Bagaran, das im 9. Jh. dem Bagratiden Aschot d. Gr. (856–890) als Residenz diente. Im Ort steht der Rest des ehemaligen Johannesklosters, eine rechteckige Hauptkirche von Bagaran mit vier Apsiden, die zwischen 624 und 631 erbaut sowie im 13. Jh. renoviert wurde. Flußaufwärts stößt man unweit der Ortsstelle Mirikarabağ auf die Ruine der Kathedrale von Mren (Zentralkuppelbau mit drei Schiffen, zwei Kapellen und einer Apsis, der Tambour ruht auf vier mächtigen Pfeilern) mit Flach- Kilittaşı

Ani, Umgebung, Kilittaşı (Fortsetzung)	reliefs und Freskenresten aus der Zeit zwischen 638 und 640. Wegen der Nähe zur armenisch-türkischen Grenze ist eine Sondergenehmigung für einen Besuch notwendig.
Tuzluca	Riesige, z. T. natürliche, aber auch durch den Abbau entstandene Steinsalzhöhlen beherrschen das Ortsbild der Kleinstadt Tuzluca rund 100 km südöstlich von Kars. Etwa 10 km nördlich am Anstieg der Straße nach Digor hat man einen phantastischen Blick in die Senke des Arpa Çayı, der hier in den Aras Nehri mündet, und nach Armenien bis hin nach Erivan. Die beiden Täler bilden hier die türkisch-armenische Grenze (unmittelbares Grenzgebiet, Vorsicht beim Fotografieren).

Ankara   H 3/4

Nördliches Inneranatolien am Südrand des Pontischen Gebirges
Provinz: Ankara
Höhe: 835–1000 m ü. d. M.
Einwohnerzahl: 2,9 Mio.

Lage und ✱✱ Bedeutung	Die im Übergangsbereich von Zentralanatolien zum Südpontus gelegene Hauptstadt der Republik Türkei ist die zweitgrößte Stadt des Landes, gilt als Beamtenstadt mit einer durchaus avantgardistischen, jungen Bevölkerung und verdankt ihre Stellung als Regierungssitz und ihre kulturelle, wirtschaftliche und politische Entwicklung in erster Linie dem Willen Mustafa Kemal Atatürks, der die Provinzstadt mit damals 30000 Einwohner 1923 überwiegend aus strategischen Erwägungen heraus zur Hauptstadt wählte. Ankara ist Standort des Parlaments, aller Behörden, Ministerien, Botschaften und einer bekannten Universität.

Die von Bergen reizvoll umrahmte Stadt liegt im Bereich eines gemäßigt halbariden Kontinentalklimas mit warmen, trockenen Sommern und kaltfeuchten Wintern. Früher war das Becken von Ankara (Mürted Ovası) häufig Sandstürmen ausgesetzt. Die versumpften Altwässer der Flußniederung des Ankara Cayı förderten die Malariagefahr, und es fehlte an gutem Trinkwasser. Städtebauliche Maßnahmen im Zusammenhang mit der Umsetzung eines Stadtentwicklungsplanes des deutschen Planers H. Jansen sorgten für eine Sanierung. Wasserreservoire u. a. durch die Talsperren von Çubuk (ca. 15. km bzw. 50 km nördlich), Kurtboğazı (50 km norwestlich) und Bayındır (20 km östlich) wurden angelegt, deren Kapazitäten den wachsenden Bedarf aber kaum abdecken können.

✱ Stadtbild	Ebenso wie İstanbul, İzmir und andere türkische Großstädte ist Ankara dank seiner Industrie und seines ausgeprägten Dienstleistungssektors Hauptziel für Landflüchtige. Etwa 60 % der Bevölkerung der Stadt wohnen in sog. Geçekondu-Vierteln (= über Nacht gebaut) in einfachen, dörflich anmutenden Behausungen. Deshalb zeigt Ankara nur in der nach 1923 geplanten Neustadt mit ihren breiten Boulevards und in den Stadterweiterungen jüngeren Datums ein überwiegend modernes Stadtbild. Flanier-Boulevards, moderne Fußgängerzonen, Einkaufstraßen mit Läden und Boutiquen westlichen Standards, Luxushotels und Schlemmerlokale zeigen Ankara als fortschrittliche Metropole. Die rasant wachsende Stadt hat jedoch gravierende Probleme mit der Wasserversorgung im Sommer und mit der Luftverschmutzung (hohe Verkehrsdichte, Hauptbrennstoff ist schlechte Braunkohle) bei Inversionslagen im Winter. Noch bis vor einigen Jahren galt Ankara als die Stadt mit der schlechtesten Luft der Welt. Abhilfe soll die Versorgung mit Erdgas schaffen.

Mittlerweile dürfte die Bevölkerungszahl des Großraums Ankara die Dreimillionengrenze weit überschritten haben. Er reicht inzwischen von Yenikent bei Sincan in der Mürted Ovası im Westen über 50 km nach Osten bis zur Bayındır-Talsperre und von Bağlum im Norden 35 km nach Süden bis zum Ausflugsort Gölbaşı am Mugan Gölü.

Die landläufige Meinung vieler Reisender, daß Ankara eine Stadt sei, die einen Besuch nicht lohnt, ist falsch. Im Gegenteil, wer die Altstadtviertel rund um die alte Zitadelle wachen Auges durchstreift, erlebt die lebendig gebliebenen Reste einer dreitausendjährigen Kulturgeschichte.

Stadtbild
(Fortsetzung)

Als Ankara Hauptstadt wurde, endete hier als Zweig der Bagdadbahn die Anatolische Eisenbahn. Der Ausweitung und dem Anschluß des Schienennetzes an Rußland, Syrien und Iran folgte konsequent die Erschließung des Landes durch Fernstraßen. Fluglinien verbinden die Hauptstadt mit allen Provinzstädten und seit etwa zwei Jahrzehnten auch mit internationalen Flughäfen in der Welt. Heute sind fast alle wichtigen Verkehrsverbindungen auf Ankara ausgerichtet, und die Stadt tritt als geographischer, politischer, wirtschaftlicher und geistiger Mittelpunkt der Republik immer näher heran an die 'heimliche Hauptstadt' İstanbul.

Verkehr

Neolithische Funde im Gebiet von Ankara zeugen von früher Besiedlung durch eine hethitische bäuerliche Bevölkerung (2500 v. Chr.). Aus phrygischer Zeit (1200 v. Chr.) ist hier erstmals eine Stadt von größerer Bedeutung nachzuweisen. Vielleicht stammt aus dieser Epoche auch der Name

Geschichte

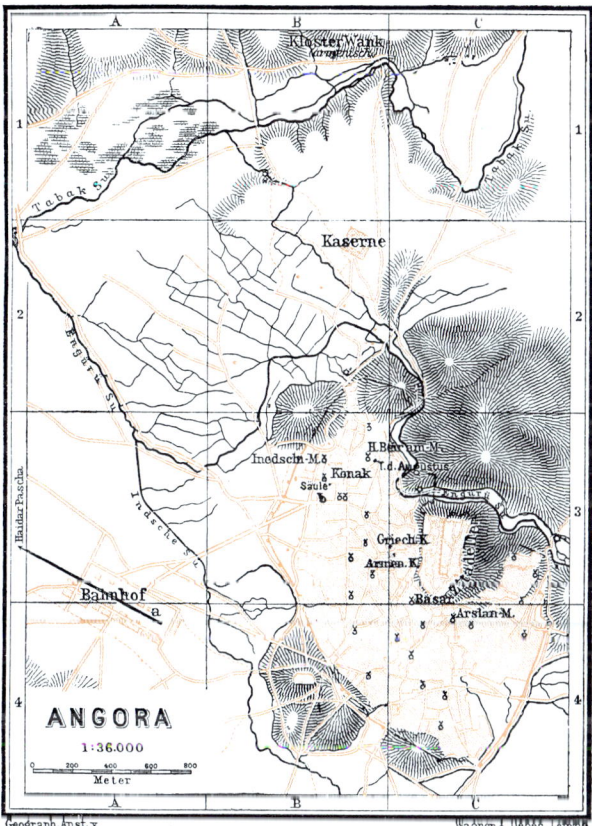

Historischer
Stadtplan von
Angora (Ankara)
aus Baedekers
Reisehandbuch
"Konstantinopel
und Kleinasien"
(2. Aufl., S. 279;
Leipzig 1914)

**Plan der
inneren
Stadt**

Ankara

300 m

©Baedeker

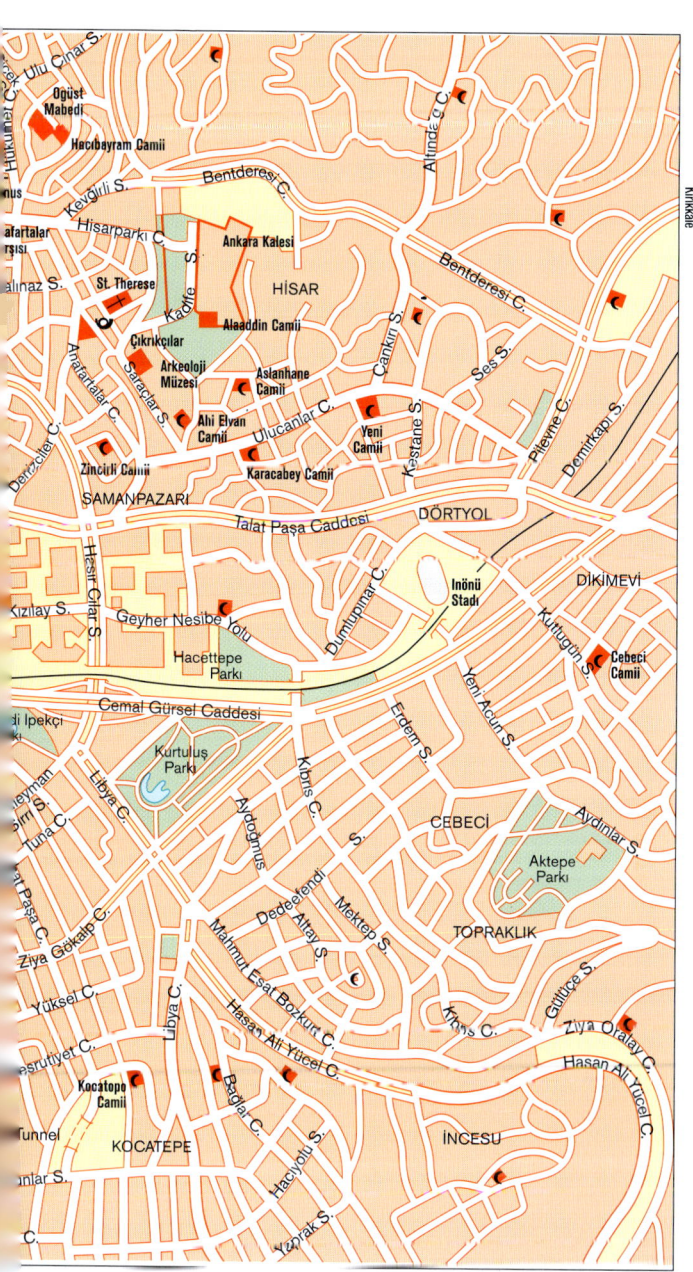

Ankyra, der erstmals als achämenidische Poststation an der Kaiserstraße von Susa nach Sardes belegt ist. Mit dem Niedergang Phrygiens war Ankara ans lydische Reich gekommen. Durch die verlorenen Kriege gegen die Perser (559–529 v. Chr.), unter anderem unter ihrem Herrscher Krösos (560–546 v. Chr.), fiel Anatolien dann, und damit auch Ankara, an die Achämeniden. Nach 227 v. Chr. machte der über die Dardanellen eingewanderte Galaterstamm der Tektosagen Ankara zu seiner Hauptstadt Galatia. Der Sieg der Römer gegen die Galater im Jahre 189 v. Chr. brachte Stadt, Region und galatisches Königstum unter römische Herrschaft. Vorübergehend fiel Ankara an das Reich von Pergamon und an Mithradates den Großen von Pontus (bis 74 v. Chr.). Unter Augustus (griechisch 'Sebastos') wurde Ankara unter dem Namen Sebaste Tectosagum Hauptstadt der Provinz Galatia mit ca. 200 000 Einwohnern. Caracalla (211–217 n. Chr.) ließ die Zitadellenmauern erneuern und ein großes öffentliches Bad anlegen.

Mit der Wendung zum Christentum wurde Ankara Sitz eines Metropoliten und Tagungsort mehrer Konzile (314 und 358). Seit der Reichsteilung 395 gehörte Ankara zu Byzanz. Überfälle islamischer Invasoren und Rückeroberungen prägen die Zeit bis zum endgültigen Übergang an die Osmanen (1403). Die osmanische Herrschaft bedeutete für die Stadt 'Engüriye' (in Europa: Angora) an der großen anatolischen Karawanenstraße im wesentlichen eine Zeit ruhigen Aufblühens.

Nach dem Zusammenbruch des Osmanischen Reiches tagte am 23. April 1920 in Ankara zum ersten Mal die Große Nationalversammlung der 'Nationalen Erhebung'. Am 13. Oktober 1923 wurde Ankara dann zur neuen Landeshauptstadt erklärt, wenige Tage später wurde die Türkische Republik proklamiert. Auf Grund eines städtebaulichen Wettbewerbs begann man 1928 nach den Entwürfen des deutschen Planers H. Jansen und der Architekten C. Holzmeister, P. Bonatz und B. Taut mit dem Aufbau der modernen Stadt.

Sehenswertes in Ankara

Ahi Elvan Camii

Die kleine Moschee aus dem späten 13. Jh. (1413 in heutiger Gestalt renoviert) südlich der Arslanhane Camii mit ihrer flachen, von zwölf Holzsäulen getragenen Holzdecke ist eine typische 'Waldmoschee' und Stiftung der Ahi-Bruderschaft. Himmelstreppe und Fensterläden (1413/14) zeigen gute Holzschnitzarbeiten.

Ak Köprü

An der westlichen Ausfallstraße (İstanbul Caddesi) führt über den Çubuk Çayı eine siebenbogige alte Brücke, die lt. Inschrift an der Westseite 1222 vom seldschukischen Gouverneur Kızılbey errichtet wurde.

Alaeddin Camii

Die Moschee in der inneren Burg unmittelbar hinter dem Parmak Kapı entstand 1178 unter dem seldschukischen Sultan İzz Eddin Kiliç Arslan II. (später restauriert). Die Himmelstreppe ist ein beachtenswertes Beispiel der Holzschnitzkunst.

*Anıt Kabir

Das Mausoleum Atatürks (Öffnungszeiten: tägl. 9.00–17.00) ca. 2,5 km südwestlich des Ulus Meydanı hinter der Bahn auf dem Anıt Tepesi ist das Wahrzeichen des neuen Ankara. Das 1944–1953 vom türkischen Architekten Emil Onat erbaute Mausoleum ist ein typisches Zeugnis moderner türkischer Architektur. Die Anlage gliedert sich in die von liegenden Löwen flankierte Ehrenstraße, den Ehrenhof, das eigentliche Mausoleum und den Museumstrakt.

Über eine große Freitreppe mit 33 Stufen aus kappadokischem Tuffgestein gelangt man zwischen dem Turm der Freiheit und dem Turm der Unabhängigkeit zur 30 m breiten und 260 m langen Ehrenstraße. An ihrem Beginn steht links und rechts je eine weibliche und eine männliche Dreiergruppe als Symbol des Übergangs aus den Traditionen des Osmanischen Reiches in die Moderne der Türkischen Republik Atatürks. Den Übergang

Anıt Kabir – das Wahrzeichen Ankaras *Historische Luxuslimousine Atatürks*

zum Ehrenhof der Anlage flankieren wiederum je ein Turm als Symbol des einfachen türkischen Soldaten und der Verteidigung der nationalen Rechte. Die Türme auf den vier Eckpunkten des an drei Seiten von Säulenhallen umgebenen Hofs symbolisieren den Frieden, den Sieg, die Revolution und die Republik. Die östliche Säulenhalle enthält ein Museum mit Memorabilien und persönlichen Gegenständen Atatürks, im mittleren steht der Sarkophag von İsmet İnönü, dem zweiten Staatspräsidenten.

Das 55 m breite, 72 m lange und 21 m hohe Mausoleum an der Nordseite, zu dem eine 33stufige, breite Freitreppe emporführt, ist von Seitenhallen umgeben. An den Sockelwänden beiderseits der Freitreppe erkennt man

Anıt Kabir
(Fortsetzung)

Statuen an der Ehrenstraße zum Mausoleum *Kultfigur im Hethitermuseum*

Ankara

Anıt Kabir
(Fortsetzung)

Flachreliefs mit Szenen aus dem Befreiungskrieg (Schlachten am Sakarya und bei Dumlupınar), über denen Feuerschalen stehen. Zu beiden Seiten des Eingangs befinden sich Inschriften: ein Auszug aus der großen Rede Atatürks anläßlich des 10. Jahrestages der Republikgründung (rechts) und eine Mahnung Atatürks an die türkische Jugend (links). Im Hintergrund, in einer Nische mit vergoldeter Decke und kunstvollem Frontgitter, steht der 40 t schwere Marmorsarg des Republikgründers. Er wurde am 10. November 1953, an seinem 15. Todestag, vom Gebäude des Ethnographischen Museums hierher überführt.

✶✶ Arkeoloji
Müzesi
(Hethitermuseum)

Ein von zehn Kuppeln überwölbtes Basargebäude, der Mahmut Paşa Bedesteni (1464–1471) südwestlich unterhalb der Burg, in dem einst Stoffe aus Angorawolle gehandelt wurden, ist seit 1951 Standort des weltberühmten Museums für Anatolische Kulturen (auch Hethitermuseum genannt (Öffnungszeiten: 9.00–17.30 Uhr, im Winter 9.00–17.00 Uhr, Mo. geschlossen).

Die Ausstellung birgt in zehn Abteilungen überaus reichhaltige und eindrucksvolle archäologische Funde vom Paläolithikum bis zur klassischen Zeit, darunter auch solche aus Çatalhüyük (Neolithikum) mit Stierköpfen, Reliefs, Fresken und der Darstellung eines Vulkanausbruchs des Kara Daği, vor allem aber die umfassendste hethitische Sammlung der Welt mit Orthostatenreliefs, Großplastiken (Mittelsaal), Tontafeln und Kleinstücken aus Boğazkale (Hattuşaş), Alacahüyük, Alisar, Karatepe, Karkamış, Kültepe (Kaneş), Malatya (Arslantepe) und Ankara. Vertreten sind Funde aus assyrischen Handelskolonien (Kültepe) ebenso wie solche aus phrygischen Plätzen (Arslantaş, Gordion). Wegen der Vielfalt ist der Erwerb eines broschierten, ausführlichen Museumsführers am Ort zu empfehlen.

Grundrißplan

Museumseingang ↓

Kasse — Café

Mahmut Paşa Bedesteni

Altsteinzeit

Jungsteinzeit

Kupferzeit

Spät-

hethitische

Zeit

Frühe Bronzezeit

Klassische Zeit

Urartu

Phryger

Assyrische Handelskolonien

Hethiter Altes Reich Großreich

Karawanserei
© Baedeker

Ankara
Archäologisches Museum
Arkeoloji Müzesi

Museum für Anatolische Kulturen
Anadolu Medeniyetleri Müzesi

Hethitermuseum

Kurşunlu Han

Der im Nordosten anschließende Komplex des ehemaligen Kurşunlu Hans enthält keine Ausstellungs-, sondern Forschungsräume, Bibliothek, Vortragssaal, Laboratorium und Werkstätten. Nach amtlichen Urkunden und Funden wurde diese Karawanserei von einem weiteren Großwesir Mehmets des Eroberers, Mehmet Paşa, vor 1450 erbaut. Die Einkünfte der

Arslanhanı Camii

Gebetsnische der 'Waldmoschee'

zweigeschossigen Stiftungs-Anlage mit 58 Zimmern, Kellerräumen, Ställen und Läden flossen einer Armenküche in Üsküdar zu.

Als älteste und bis zum Bau der Kocatepe Camii in den 70er Jahren größte Moschee Ankaras am Südhang des Zitadellenhügels gilt die 1289 unter Emir Şeref Eddin errichtete Arslanhane-Moschee. Sie erhielt ihren Namen von einem römischen Steinlöwen, der einst im Hof stand. Eigentlich heißt sie nach ihrem Stifter Ahi Şeref Eddin Camii und gehört zu einem größeren Stiftungskomplex (Külliye), von dem sich einige weitere Bauten (Medrese und achteckige seldschukische Spitzdach-Türbe auf römischen Fundamenten aus dem frühen 14. Jh.) durch eine Gasse getrennt unmittelbar links neben dem mit Stalaktiten geschmückten Hauptportal befinden. Byzantinische und römische Spolien sind im Mauerwerk verbaut. Wegen des dichten Säulenstandes im Betsaal ist sie eines der wenigen Beispiele anatolischer 'Waldmoscheen'. Die fünfschiffige Anlage mit leicht erhöhtem Mittelschiff hat ein typisch seldschukisches Basilikenschema. Die flache Decke aus kunstvoll abgestuften Holzbalkenlagen wird von 24 Holzsäulen mit römisch-byzantinischen Kapitellen getragen. Die Gebetsnische aus blauen Fayencemosaiken mit durchbrochenem Stuck-Stalaktitengewölbe ist ebenso beachtenswert wie die reich geschnitzte Himmelstreppe von 1209 aus Nußbaum.

In einer Länge von 5 km verbindet diese breite, von Baumreihen gesäumte Hauptachse das Herz der Altstadt (Ulus Meydanı) mit der Neustadt im Süden. Sie ist Hauptverkehrsader, Hauptgeschäftsstraße und zwischen dem Lozan Meydanı (Lausanne-Platz) und dem İsmet İnönü Meydanı zugleich allabendlich Hauptflanierstraße. Südlich des Ulus Meydanı ist der Boulevard gesäumt von zahlreichen öffentlichen Gebäuden (Oper, Türkischer Rundfunk, Universität), Banken und Versicherungen. Hinter der Bahnüberführung beginnt die eigentliche Neustadt am Lozan Meydanı mit der übergroßen Nachbildung einer berühmten hethitischen Kultstandarte

Kurşunlu Han
(Fortsetzung)

*Arslanhanı Camii

Atatürk Bulvarı

Ankara

Atatürk Bulvan
(Fortsetzung)

aus Alca Hüyük (Original im Hethitermuseum). Hier folgt vor allem linker Hand eine ausgedehnte Fußgängerzone mit Lokalen und Geschäften parallel zum Atatürk Bulvarı weit über den Kızılay Meydanı hinaus. Südwestlich dieses Platzes schließt sich das Regierungsviertel an, dessen vorwiegend von Clemens Holzmeister 1928–1935 erstellte Repräsentativbauten verschiedenster Ministerien vom Parlamentsgebäude (Besichtigung möglich) am İsmet İnönü Bulvarı überragt werden. Weiter bergan folgen im Stadtteil Kavaklıdere die diplomatischen Vertretungen und das Villenviertel Çankaya mit dem von Holzmeister 1932 erbauten Palais des Staatspräsidenten (Cumhurbaskanlığı Köşkü) und dem Atatürk Evi.

Atatürk Çiftliği

Das beliebte Ausflugsziel des Atatürk Orman Çiftliği, ein forst- und landwirtschaftliches Mustergut, das einst in einer Aufforstung außerhalb der Stadt lag, verfügt neben empfehlenswerten Restaurants über einen Swimmingpool in der Form des Schwarzen Meeres.

Atatürk Evi

Im Park hinter dem Präsidentenpalais steht das Gebäude (Sa., So. 14.00–17.00 Uhr geöffnet), in dem Atatürk in den ersten Tagen nach der Gründung der Republik wohnte (heute ein Museum mit Erinnerungsstücken an den Gründer der modernen Türkei).

*Caracalla-Thermen

Rund 300 m nördlich des Ulus Meydanı an der Çankırı Caddesi (Südseite) erreicht man die Römischen Bäder (täglich 8.30–17.30 Uhr geöffnet), die 212–217 unter Caracalla erbaut wurden. Die Thermenanlage, die vermutlich dem Gott der Gesundheit (Asklepios) gewidmet war und im 10. Jh. einem Brand zum Opfer fiel, verfügte über zahlreiche Umkleidezimmer und mindestens zehn große Beckenräume für verschieden temperiertes Wasser vom Frigidarium (kalt) über Piscina (Schwimmbad) und Tepidarium (lauwarm) bis zum Caldarium (heiß). Vor dem relativ gut erhaltenen Untergeschoß mit überdachten Gängen und Heizanlagen erkennt man den Platz der Palästra, auf dem die Badegäste ihre Freiübungen machten. Heute sind neben Säulen- und Kapitelfragmenten interessante byzantinische Grabsteine aufgereiht.

Çubuk Barajı I

Der als Ausflugsziel beliebte Stausee, etwa 10 km nördlich des Stadtzentrums unweit der Straße nach Çubuk, war die erste für die Wasserversorgung der Hauptstadt angelegte Talsperre (1929–1939). Am Südwestende nahe der Staumauer des Wasserspeichers mit 12,5 Mio. m³ Kapazität liegen zahlreiche Restaurants. Da die Talsperre nach und nach durch zugeführte Sedimente verlandet, hat man weitere Stauseen in der Umgebung Ankaras angelegt. Dazu zählen auch die Çubuk Barajı II (24,6 Mio m³) etwa 50 km nördlich der Stadt und im Osten die Bayındır Barajı mit Teehäusern und Schwimmbad.

Elma Dağ

Am Nordhang des 1 862 m hohen Hausberges von Ankara ('Apfelberg') im Südosten der Stadt steht auf halber Höhe eine einsame, in Kreisen der Wissenschaft berühmte Schwarzkiefer (pinus nigra): Anhand dieses Baumes (und anderer Indizien) gelang es dem Geographen Herbert Louis in den 30er Jahren glaubhaft nachzuweisen, daß weite Teile Zentralanatoliens früher bewaldet waren.

Etnografya Müzesi

Unter der Kuppel der Mittelhalle dieses Museums (Öffnungszeiten: 9.00–12.30 Uhr, 13.30–17.30 Uhr, im Winter 9.00–12.00 Uhr 12.30–17.00 Uhr, Mo. geschlossen) war von 1938 bis 1953 Mustafa Kemal Atatürk beigesetzt. Heute bietet der Bau neben dem Halk Evi, auf dessen Vorplatz ein 1927 vom italienischen Bildhauer Canonica entworfenes monumentales Reiterstandbild Atatürks mit Reliefszenen aus dem Unabhängigkeitskrieg steht, in zehn Abteilungen umfangreiche Sammlungen türkischer Volkskunst seit der Seldschukenzeit (Trachten, Hausgerätschaft, Waffen, Musikinstrumente, Teppiche, Holzschnitzarbeiten), einen seldschukischen Sultansthron (Kaichosrew III. 1264–1283) und den sehenswerten Sarg des Ahi Şeref Eddin.

Ethnographisches Museum   *Uhrturm auf der Zitadellenmauer*

Der 'Jugendpark', eine ausgedehnte Grünanlage im Herzen Ankaras im Süden des Ulus Meydanı, entstand auf Initiative Atatürks bei der Neustadtanlage in einem ehemaligen Sumpfgelände. Mit seinen Teegärten und Restaurants, Wasserspielen und Teichanlagen (Tretbootfahren möglich) und dem angeschlossenen 'Luna Parkı' (Eintrittsgebühr) gilt dieser Stadtpark als beliebte Attraktion bei der Ankaraner Bevölkerung (Eintritt frei). Hier steht auch das beliebte 'Hochtzeitshaus' für Ankaraner Brautpaare.

Gençlik Parkı

Hacı Bayram, Gründer des Derwischordens der Bayramı in Ankara, wird als einer der beliebtesten 'Heiligen' im Lande verehrt. Er wirkte hier um die Wende des 14. zum 15. Jh. und wurde nach seinem Tode (1430) zum 'veli' erklärt. Sein Grabmal (Öffnungszeiten: Mi.–So. 8.00–11.00 Uhr, Mo.–So. 15.00–17.00 Uhr) und die von ihm gestiftete Moschee von 1427 unmittelbar neben dem Augustustempel gehören zu den bedeutendsten Wallfahrtstätten der Türkei. Entsprechender Devotionalienhandel hat sich gegenüber der Anlage angesiedelt. Die Türbe zeigt eine in frühosmanischer Manier kunstvoll gemeißelte Tür- und Fensterumrahmung. Die reich geschmückten Holztüren befinden sich aus Schutzgründen im Ethnographischen Museum in Ankara.

Hacı Bayram Camii und Hacı Bayram Türbesi

Nördlich hinter den Gebäuden der Universität erhebt sich auf einer kleinen Anhöhe das 1925 erbaute 'Volkshaus' (Halk Evi), seit 1976 Museum für Moderne Kunst (Öffnungszeiten: 9.00–12.30 Uhr, 13.30–17.30 Uhr, im Winter 9.00–12.00 Uhr, 12.30–17.00 Uhr), in dem einige mit osmanischen Kunstwerken moderner türkischer Maler des 19. und 20. Jh.s reich ausgestattete Räume besichtigt werden können.

Museum für Moderne Kunst

Die auf einem 120 m hohen Andesit-Rücken gegenüber dem ältesten Gecekondu-Viertel Ankaras Altındağ erbaute Altstadt und Festung Ankara Kalesi wurde mehrmals angegriffen und erstürmt. Ihre Fundamente sollen von den Galatern stammen. Das Areal innerhalb der beiden Zitadellen-

*Hisar (Zitadelle)

Altstadtviertel rund um den Zitadellenhügel

Hisar
(Fortsetzung)

mauern, die wahrscheinlich Michael II. (820–829) nach zwei erfolglosen Sturmversuchen der Araber unter Harun al Raschid aus Steinblöcken und Spolien antiker Bauten errichten ließ, ist größtenteils mit Wohnhäusern besetzt, die von der UNESCO unter Denkmalschutz gestellt sind.

Vom ehemaligen Pferdemarkt (At Meydanı) aus, auf dem heute Getreide und Gewürze gehandelt werden, erreicht man durch ein unteres, mit einem Uhrturm gekröntes Tor (Hisar Kapısı) die winkligen Gassen der äußeren Burg (Dış Kale) und durch ein weiteres, aus Verteidigungsgründen winklig angelegtes Tor (Parmak Kapısı) die innere Burg (İç Kale), die wohl schon unter Heraklios (640/641) angelegt wurde. Den Verbindungsturm zwischen oberer und unterer Mauer, Sark Kale genannt, verstärkte man im 9. Jh. auf eine Wandstärke von 8 m. Hier kann man die südöstliche Zitadellenmauer (Ostturm) erklimmen und erhält die wohl eindrucksvollste Aussicht über die gesamte Stadt. Der innere Mauerring ist mit 42 Türmen bewehrt und schließt im Norden an die Ak Kale (Weiße Burg; Zutritt nur mit Genehmigung der Direktion für die Antikenverwaltung) an.

Hükümet Meydanı

Etwa 200 m nordöstlich des Ulus Meydanı steht auf dem rechteckigen 'Platz der Verwaltung' in der Altstadt die 15 m hohe, horizontal geriffelte Julianssäule (auch Belkis Minaresi genannt), die wahrscheinlich 362 n. Chr. zur Erinnerung an den Besuch Kaiser Julian Apostatas errichtet wurde. Das byzantinische Kapitell zeigt ein Blattmuster.

Kızılay Meydanı

Der von modernen Geschäfts- und Verwaltungsgebäuden gesäumte Platz am Kreuzungspunkt des Atatürk Bulvarı mit den Ost-Westachsen des Gazi Mustafa Kemal Bulvarı bzw. der Gökalp Caddesi ist das Herz der Neustadt. Eigentlich heißt dieser Platz 'Hürriyet Meydanı' (Unabhängigkeitsplatz), erhielt aber seinen heute viel geläufigeren inoffiziellen Namen von den Ankaraner Bürgern nach dem Gebäude des 'Roten Halbmond' (islamische Parallel-Organisation zum 'Roten Kreuz'), das früher in der Nordwestecke des Platzes stand. In der Südecke erhebt sich das Ver-

trauensdenkmal von A. Hanak (1932–36 nach Plänen von Holzmeister), das die drei nationalen Tugenden symbolisieren soll: Vaterlandsliebe, Schaffensfreude und Friedenswille.
Kızılay Meydanı (Fortsetzung)

Die junge Kocatepe Moschee im osmanischen Stil aus den 70er Jahren östlich des Kızılay Meydanı im Stadtteil Kocatepe ist die größte Moschee der Türkei und setzt im modernen Ankara ein deutliches Zeichen der Re-islamisierung.
Kocatepe Camii

Etwa 400 m nordöstlich des Ulus Meydanı stößt man neben der Hacı Bayram Camii (tägl. geöffnet 8.30–18.00 Uhr außer Mo. u. Di. nachmittags) auf die Reste des Tempels des Augustus und der Roma, der im 4. Jh. in eine christliche Kirche umgebaut wurde (viereckiger Chorraum mit hellen und dunklen Gesteinsmustern). Das bedeutendste antike Bauwerk Ankaras wurde ursprünglich im 2. Jh. v. Chr. als ionischer Dipteros mit Pronaos, Cella und Rückhalle (wohl pergamenischer Einfluß) zur Verehrung der phrygischen Götter Men (Mond) und Kybele (Erde, Mutter- und Fruchtbarkeitsgöttin) erbaut. Der von Augustus renovierte Bau wurde später Heiligtum des römischen Kaisers und der Stadtgöttin von Rom. Erdbeben und Nutzung des Tempelmaterials zum Bau der benachbarten Hacı-Bayram-Moschee haben den Bau stark ruiniert.
*Ögüst Mabedi

An den Wänden der Tempelvorhalle ist der berühmte Bilinguo Boricht dos Kaisers Augustus (RES GAESTAE DIVI AUGUSTI bzw. MONUMENTUM ANCYRANUM) in Griechisch (rechts außen) und in Latein (innen) aus der Zeit des Kaisers Tiberius (14–37 n. Chr.) verzeichnet. Es ist die Kopie jenes Berichtes, der in Rom auf dem Marsfeld vor dem Mausoleum des Augustus nach dessen Testament angebracht worden sein soll, dort aber nicht gefunden wurde. Neben Bruchstücken in Antiochia (in Pisidien bei Yalvaç) und Apollonia (in Phrygien bei Uluborlu) existiert nur noch diese Kopie in Ankara. Die Inschrift wurde 1555 vom Gesandten des deutschen Kaisers Ferdinand I., Busbek, auf seiner Reise zum Hof Süleymans d. Gr. entdeckt. Anhand von Gipsabdrücken (1882, Carl Humann) wurde der Text grundlegend von Th. Mommsen bearbeitet. Er enthält in einer Selbstdarstellung seiner Taten den politischen Nachlaß des Augustus und erwähnt auch die Volkszählung z. Zt. von Christi Geburt.

Das erste türkische Opernhaus erbaute der deutsche Architekt P. Bonatz aus einer ehemaligen Ausstellungshalle am Atatürk Bulvarı unmittelbar angrenzend an den Gençlik Parkı.
Oper

Im Institut für Bergbaustudien (M.T.A. Genel Müdürlüğü; Maden Tektik ve Arama Enstitüsü) an der Ausfallstraße nach Eskişehir im Westen 5 km außerhalb der Stadt zeigt eine kleine Ausstellung zahlreiche interessante Fossilienfunde.
Tabiat Tarihi Müzesi

Der zentrale Platz des Stadtviertels 'Ulus' unterhalb westlich der Burg, geziert mit einem bronzenen Reiterstandbild Mustafa Kemal Atatürks (1926) vom österreichischen Bildhauer Krippel, gilt als Zentrum der Altstadt. Hier liegt östlich das traditionelle Geschäftsviertel beiderseits der Hisarparkı Caddesi. Nach Süden verläuft von hier aus der Cumhuriyet Bulvarı. In dem altehrwürdigen Gebäude rechter Hand tagte ehemals das Parlament bis 1925. Dort trat am 23. 4. 1923 die Nationalversammlung zu ihrer ersten Sitzung zusammen. Gegenüber prunkt als ältestes Hotel der Stadt das 'Ankara Palas', in dem sich Atatürk und seine engsten Vertrauten in den frühen Jahren der Republik zu Diskussionen zu treffen pflegten.
Ulus Meydanı

Diese 'Neue Moschee' aus rotbraunem Porphyr im Ortsteil Dörtyol gegenüber dem Zentralgefängnis ist eine Stiftung von Cenabi Ahmet Paşa (Türbe neben der Moschee), dem Gouverneur von Ankara unter Süleyman I. von 1565. Gebaut wurde das Gotteshaus wahrscheinlich von Sinan oder einem Schüler des großen osmanischen Baumeisters. Kanzel und Gebetsnische bestehen aus weißem Marmor.
Yeni Cami

Umgebung von Ankara

Ayaş

In der Kreisstadt Ayaş, etwa 70 km westlich von Ankara, mit typischen pontischen Fachwerkhäusern (sehenswerte alte Holzmoschee) gibt es bekannte Thermalquellen und rund 20 km westlich im Ort Ayaş İçmecesi weitere gut besuchte Mineralquellen.

*Beynam Ormanı

An der Straße nach Kırşehir (über Bala) liegen etwa 35 km südöstlich von Ankara unweit des Dorfes Beynam inmitten der sonst baumlosen Steppenlandschaft Reste eines einstmals großen Waldgebietes, die dokumentieren, daß weite Teile des gebirgigen Inneranatolien früher dicht bewaldet waren.

*Beypazarı

Die Kreisstadt Beypazarı mit einer sehenswerten Altstadt (Häuser im pontischen Stil) bietet verschiedene Moscheen aus dem 15. Jh. (u. a. Ala Eddin Camii) und eine osmanische Karawanserei (Sulu Han). Der Ort liegt an der Stelle der antiken Stadt Lagania Anastasiopolis malerisch umgeben von pittoresken Felsformationen am Südrand des Pontus rund 100 km östlich von Ankara.

Çamlıdere

Etwa 100 km nordwestlich von Ankara stößt man im Bergland unweit südlich der Kreisstadt Çamlıdere bei der Sommerfrische Şehler Yaylası inmitten eines Waldgebietes auf eine große Holzarena, in der jährlich bekannte Ringer-Meisterschaften ausgetragen werden. Das Hochweidegebiet ist im Sommer ein beliebtes Ausflugsziel.

Çayırhan

Unweit westlich des kleinen Bergbauortes Çayırhan (Braunkohle) erreicht man die nördlichen Ausläufer der Sakarya-Talsperre (Sarıyer Barajı, 84 km^2, 1900 Mio. m^3) und damit gleichzeitig eine der interessantesten Landschaften des anatolischen Westens. Verschieden bunt gefärbte Ton- und Mergelschichten sind hier rechts und links der Straße eindrucksvoll aufgeschlossen (Vorsicht bei nassem Wetter: die aufgeweichten Tone sind sehr tückisch!).

Hasanoğlan

In der Nähe des Dorfes (auch Hasanoğlu) ca. 37 km östlich Ankara, wo eine berühmte hethitische Statuette aus Gold und Elektron (Bronzezeit um 2000 v. Chr., Hethitermuseum) in einem Einzelgrab gefunden wurde, befindet sich ein verwittertes (römisches?) Felsrelief und im Ort selbst römische Meilensteine (1. Jh. n. Chr.).

Haymana

Etwa 60 km südwestlich von Ankara im Gebiet der Haymana-Kurden nördlich der Kreisstadt Haymana bei Dereköy liegt auf einem 60 Meter hohen Felsplateau der Rest eines hethitischen Totenkult-Heiligtums: Gavur Kalesi (Schloß der Ungläubigen). Die mit zyklopischen Mauern befestigte Stätte, die auch in phrygischer und römischer Zeit besiedelt war, enthielt u. a. ein monumentales Grab aus der Hethiterzeit (eine unterirdische Grabkammer mit falschem Gewölbe ist noch erhalten). Gemäß den entsprechenden Texten wurden in derartigen Gräbern die Reste der Toten nach der Verbrennung beigesetzt. Die Stätte erreicht man über die Reste eines befestigten Prozessionsweges, über dem ein Felsrelief aus der Großreichzeit den Wettergott Teschub nebst Sohn Scharma vor einer thronenden Göttin zeigt.
Die Stadt Haymana selbst besitzt ein bekanntes Thermalbad (das antike Myrica Therma) für Rheuma und Frauenleiden.

Kalecik

Über der Kreisstadt Kalecik, ca. 85 km nordöstlich von Ankara erhebt sich auf einem Vulkankegel die Ruine einer ursprünglich römischen und im 11. Jh. gegen die Danischmendiden erweiterten byzantinischen Burg, die dem Schutz der nahen Furt durch den Kızılırmak diente. Erhalten sind Reste der Bollwerke und Fundamente aus gewaltigen vulkanischen Quadern. Eine osmanische Brücke überspannt den Kızılırmak. Der Ort wird identifiziert mit dem antiken Acitoriciacum.

Etwa 64 km nördlich der Hauptstadt erreicht man in den östlichen Köroğlu Dağları auf etwa 1400 m Höhe eine Ansammlung von beliebten Sommerfrischeorten mit zahlreichen Quellen, Wasserbecken und einem kleinen Bergsee (Karagöl) mit kristallklarem Wasser. Der Hauptort ist das Dorf Kızılkuyu (Karagöl).

Ankara, Umgebung (Fortsetzung) Karagöl

Auf einem 20 m hohen Hüyük (alter Siedlungshügel), etwa 30 km südlich von Ankara östlich der Straße nach Konya, schlummern die spärlichen Relikte einer Ruinenstätte. Der Hügel enthält Reste aus allen Epochen seit der Kupferzeit bis zur Seldschukenperiode. Die Fundamente einer phrygische Zitadelle wurden bei einer Grabung 1937–1945 freigelegt (die Funde befinden sich im Hethitermuseum).

Karaoğlan

Die Kreisstadt Kızılcahamam im Tal des Kırmır Çayı (Reisanbau) an der Stelle des antiken Manegordos ca. 75 km nördlich von Ankara ist ein bekanntes Heilbad gegen Rheuma und Frauenleiden (Badeanlagen im oberen Ortsteil), Lieferant für Mineralwasser und verfügt über mehrere arsen-, brom-, eisen- und kohlensäurehaltige radioaktive Thermalquellen (50°C). Das südöstlich anschließende Waldtal ist Naturschutzgebiet (Soğuksu Milli Parkı).

Kızılcahamam

Der 1 050 ha große Nationalpark im Westen der Kreisstadt Kızılcahamam in einer Höhe zwischen 950 und 1716 m um den Einzugsbereich des oberen Kırmır Çayı wurde 1959 zum Schutz der natürlichen Wälder und als Grundwasserreservoir eingerichtet. Dabei wurden sogar Dörfer umgesiedelt. Heute ist er ein beliebtes Ausflugsziel mit einem Open-Air-Theater, Cafés und Picknickeinrichtungen. Das Gebiet ist überwiegend mit Nadelwäldern bedeckt, teilweise auch mit Flaumeichenbeständen. Hier leben auf freier Wildbahn noch Wolf, Fuchs, Wildschwein, Braunbär und über 160 Vogelarten, u.a. Greifvögel, wie Schmutzgeier, Zwergadler und Bussard.

*Soğuksu Milli Parki

Antakya (Hatay)   M 7

Südküste (Östliches Mittelmeer)
Provinz: Hatay
Höhe: 0–92 m ü.d.M.
Einwohnerzahl: 124 000

Die im Altertum Antiochia, später türkisch Hatay genannte Provinzhauptstadt Antakya liegt im äußersten Südosten des Landes, etwa 30 km vom Mittelmeer entfernt. Gebettet in die Schwemmlandebene des Asi (des antiken Orontes) am Fuß des Berges Habib Neccar (des alten Mons Silpius) ist Antakya von ausgedehnten Ölbaumhainen umgeben.
Von der einstigen Bedeutung Antiochias als Handels- und Kulturzentrum der hellenistischen Welt ist nicht mehr viel übrig geblieben. Ihre Verwaltungsfunktion, eine Garnison und der Straßendurchgangsverkehr zu den Levanteländern (Antakya hat keine Eisenbahn und auch keinen Hafen mehr) sichern der Stadt eine eher bescheidene Lebensgrundlage.

Lage und **Bedeutung

Antigonos, einer der Feldherren Alexanders d. Gr., gründete 307 v. Chr. die Stadt Antigoneia, die etwas oberhalb des heutigen Stadtgebietes am Orontes lag. Der makedonische Herrscher Seleukos Nikator (305–280 v. Chr.) gilt jedoch als Gründer der Stadt, die er 301 v. Chr. zu Ehren seines Vaters Antiocheia benannte. Dank ihrer Lage im Schnittpunkt der Küstenstraße und des Karawanenwegs erfuhr die Stadt einen außerordentlichen Aufschwung und wurde an Größe nur noch von Rom übertroffen – sie zählte bereits im 2. Jh. v. Chr. etwa 500 000 Einwohner. Sie besaß Wasserleitungen, eine Straßenbeleuchtung sowie eine 6,5 km lange Säulenstraße und zeigte ein von Zeitgenossen gelegentlich kritisiertes üppiges Großstadtleben. Auch als Austragungsort von Wettspielen zu Ehren des Apoll

Geschichte

Geschichte (Fortsetzung)

genoß sie im ganzen Orient großen Ruhm. Selbst nach der Eroberung durch die Römer (64 v.Chr.) konnte sie sich eine weitgehende Autonomie sichern.

In der Geschichte des frühen Christentums spielte Antiochia eine bedeutende Rolle. Der Apostel Paulus unternahm hier mehrere Missionsreisen (Apostelgeschichte 11,26; 14,26; 15,30 u. 35; 18,22), und hier wurde auch zuerst der Name 'Christen' ('Christianoi') gebraucht (Apostelgeschichte 11,26). Zwar wurden die Christen unter Diokletian heftig verfolgt und ihre Kirchen zerstört, doch erklärte bereits Konstantin das Christentum zur Staatsreligion und ließ die Kirchen wieder aufbauen. Die Stadt wurde Sitz eines Patriarchen.

Nach einer wechselvollen Geschichte begann der endgültige Abstieg der Stadt mit der Eroberung durch die Mamelucken im Jahre 1268; der Vorhafen Seleukeia versandete, und so sank Antakya allmählich zur Bedeutungslosigkeit einer Provinzstadt herab.

Sehenswertes
Historische Bauten

Die mehrfache Zerstörung Antakyas ließ von bedeutenden Bauten der alten Stadt, die mehr als den zehnfachen Raum des heutigen Stadtgebietes einnahm, kaum etwas übrig. Erwähnenswert ist die vierbogige Brücke des Kaisers Diokletian (284–305) über den Asi, die trotz wiederholter Restaurierungen im wesentlichen noch ihre ursprüngliche Form besitzt (an einem Brückenpfeiler das Relief eines römischen Adlers). Zwischen dem Krankenhaus und der Habib Neccar Camii die Ruinen des Aquädukts ('Memikli-Brücke'), der unter Kaiser Trajan im 2. Jh. n.Chr. gebaut wurde.

An der Kurtuluş Caddesi erhebt sich die Habib Neccar Camii, eine umgebaute byzantinische Kirche (Minarett aus dem 17. Jh.), die noch Gräber von Heiligen enthält.

✶✶Archäologisches Museum

Besondere Beachtung verdient das westlich an der Brücke über den Asi gelegene Archäologische Museum. Es enthält im wesentlichen herrliche Mosaiken aus römischen Häusern der Umgebung, die in außergewöhnlicher Lebendigkeit mythologische Szenen zeigen und mit ihrer stattlichen Zahl von 50 Exemplaren die größte Sammlung römischer Mosaiken überhaupt darstellen. Weiterhin enthält das Museum verschiedenartige Funde aus der Amik-Ebene (besonders vom Tell Açana) und Sarkophage aus römischer Zeit.

Archäologisches Museum · Antakya
Arkeoloji Müzesi · Hatay-Museum

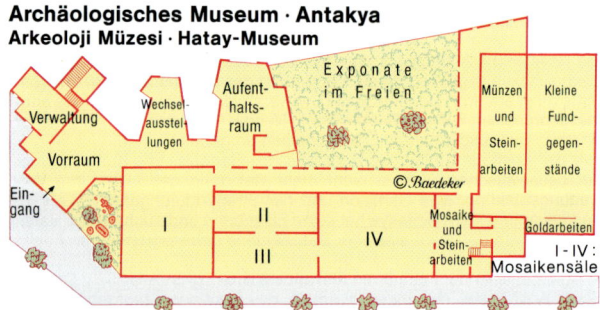

Museumsplan

Zitadelle

Am Südrand der Stadt findet man auf einem Felsplateau (schöne Aussicht) die Ruinen der alten Zitadelle, die im 11. Jh. errichtet und später weiter ausgebaut wurde. Von den Befestigungen sind heute nur noch geringe Reste zu sehen, da während der Besetzung der Stadt durch die Truppen des Ägypters Mehmet Ali, der 1830 bis 1840 einen Aufstand gegen den Sultan in İstanbul unternahm, große Teile der Mauern geschleift und die Steine zum Bau der Kasernen verwendet wurden.

Römisches Mosaik im Archäologischen Museum

Die Stadtmauer, aus dem schönen Kalkstein des Mons Silpius, ist in der Ebene ganz verschwunden; sie führte vom Orontes zu den Höhen hinauf und über diese hin, mit angeblich 360 auf den Bergen gelegenen bis zu 25 m hohen Türmen, und war so breit, daß nach der Überlieferung Viergespanne auf ihr fahren konnten.

Ehemalige
Stadtmauer

Umgebung von Antakya

Zur Grottenkirche St. Peter folgt man zunächst der von der Orontesbrücke östlich nach Aleppo führenden Straße. – Nach etwa 3 km biegt man rechts auf einem schmalen Weg ab (Hinweisschild) und gelangt durch Vorstadtgärten aufwärts zu einem Hügel mit einem Parkplatz. Nahebei liegt an einer aussichtsreichen Terrasse die Grottenkirche St. Peter, eine Grotte, in welcher der hl. Petrus gepredigt haben soll und die im 13. Jh. zu einer Kirche mit gotischer Fassade ausgebaut wurde; innen im Hintergrund ein Altar, hinter dem rechts Wasser herabtropft, das bei Christen und Moslems als heilbringend gilt. Von der Grotte gelangt man auf einem schmalen Felssteg nach 200 m zu einem in den Fels gehauenen Reliefporträt, über dessen Ursprung und Bedeutung bisher nichts bekannt ist. Das Relief wurde bereits im 11. Jh. von dem Historiker Malalas beschrieben.

*Grottenkirche
St. Peter

Beim Dort Demirköprü 15 km östlich von Antakya überspannt eine mittelalterliche Kalksteinbrücke den Orontes. Die beiden Türme der 1161 von Balduin IV. erneuerten Anlage stürzten infolge eines Erdbebens 1837 ein. Unmittelbar südöstlich der Brücke liegt die Ausgrabungsstelle des Tell Açana. Wenige Kilometer weiter östlich erhebt sich im Süden der Straße nach Reyhanlı der 500×620 m² große Siedlungshügel Tell Taynat, der 1935–1938 von McEwan und Braidwood ausgegraben wurde. Der Hügel, der bereits um 3000 v. Chr. für etwa ein Jahrtausend besiedelt war, enthielt auf dem Gipfelplateau eine Zitadelle mit einem großen Südpalast und

Demirköprüköy

Antakya (Hatay)

Petrusgrotte

Gariz-Tunnel in Samandağ

Umgebung,
Demirköprüköy
(Fortsetzung)

einem Tempel mit Vorraum. Die wertvollen Säulenbasen-Funde sind im Archäologischen Museum von Ankara zu sehen. In der Nähe liegt der Tell Cüydeyde, in dem eine durchgehende Schichtenfolge von 4500 v. Chr. bis 600 n. Chr. nachgewiesen wurde (Keramikfunde).

Reyhanlı

Die Stadt Reyhanlı (37 000 Einw.) entstand im 19. Jh. im Zusammenhang mit der zwangsweisen Ansiedlung der Reyhanlı-Nomaden. In der Nachbarschaft gibt es neben zahlreichen antiken Felsgräbern auch die Ruinen der römischen Stadt Emma (2 km, Yenişehir), die häufig Kriegsschauplatz war. Hier schlug etwa Aurelian 272 die Königin Zenobia von Palmyra, und Balduin III. besiegte 1134 die Araber. Die zugehörige Festung wurde 1139 eingeäschert, neugebaut und 1171 bei einem Erdbeben erneut zerstört (spärliche Reste).

Hain von Daphne

Zum Hain von Daphne fährt man von der alten Brücke auf der Hauptstraße südlich in Richtung Yayladağı zu dem 8 km entfernten Villenvorort Harbiye. Etwa 1 km dahinter erreicht man einen Parkplatz, bei dem rechts unterhalb der herrliche Hain von Daphne liegt. In dem mit Lorbeerbäumen, Eichen und Zypressen bestandenen, schattigen Hain fällt eine schöne Kaskade in vielfältig sich verästelnden Wasserfäden über den Felsen herab. Nach der griechischen Sage wurde die spröde Nymphe Daphne von Apollo hierher verfolgt und von Zeus auf ihre Bitte hin in einen Lorbeerbaum verwandelt. Für diesen Verlust habe Apollo einen Tempel zugesprochen erhalten. Der Hain wurde deshalb von der Bevölkerung als Heiligtum verehrt. Er war Schauplatz glänzender Wettspiele und beliebter Aufenthaltsort vornehmer Griechen und Römer. Allerdings galten die 'Daphnici mores' als Beispiel für lockere Sitten.

Yoğun Oluk

Kurz hinter Karaçay erreicht man nach etwa 8 km über eine schlechte Zufahrt die 11 km nördlich gelegene Kreuzfahrerkirche aus dem 13. Jh. am Anstieg zum Musa Dağı (1281 m ü. d. M.). Der Musa Dağı war Rückzugsge-

biet einer armenischen Minderheit, deren Leidensweg Franz Werfel in seinem historischen Roman über die Armenierpogrome "Die vierzig Tage des
Musa Dağ" verarbeitet. Auf der Straße nach Samandağ biegt man in Uzun-
bağ hinter der Brücke nach Süden ab und folgt einer Staubstraße bis auf
einen Berggipfel südlich des Musa Dağ. Hier erhebt sich die Basilika des
heiligen Simeon Stylites d. J., der nach dem Vorbild seines Namensvetters
(Qaalat Siman/St. Simeons in Syrien) sein Leben auf einer Säule an der
Stelle verbrachte, wo heute die nach ihm benannte Kirche steht.

Antakya,
Umgebung,
Yoğun Oluk
(Fortsetzung)

Nach Samandağ (Seleukeia; 26 km), einem Alewitenstädtchen auf dem
Schwemmkegel des Orontes, gelangt man von Antakya auf einer gut ausgebauten Straße. In dem etwa 7 km entfernten Dorf Mağaracık findet man
Reste der ehemals bedeutenden Hafenstadt Seleukeia Pieria. Sie wurde
um 300 v.Chr. von Seleukos Nikator gegründet und zählte in ihrer Blüte
30 000 Einwohner. Daneben befinden sich die Ruinen eines Aquäduktes (in
der Felswand darüber Nekropolen) und der alte versandete Hafen selbst.
Berühmt ist die Tunnelanlage der römischen Kaiser Vespasian und Titus
zur Vermeidung der Hafenversandung.

*Samandağ/
Seleukeia Piereia

Ca. 8 km abseits der Fernstraße nach İskenderun etwa 28 km nördlich von
Antakya erreicht man das stark ruinierte Kreuzritterschloß 'Gaston' von
Bağras, das 1188 von Saladin erobert und dann von Kleinarmeniorn (1101,
Leo II.) und von den Mamelucken (Baibar, 1268) gehalten wurde. Manche
Forscher identifizieren diese Stätte mit dem bei Strabo genannten Pagrae.

Bağras Kalesi

Wenige Kilometer nördlich von Kırıkhan liegt westlich der Straße nach
Maraş, erreichbar über einen schlechten Weg nach Alabeyli, die Ruine der
Templer-Kreuzfahrerburg Trapesac (Terbezek oder Darbsek Kale-si) etwa
1 km im Norden des Dorfes. Sie gehörte zu den bedeutenden Wehranlagen
des Kreuzfahrerstaates von Antiochia (Antakya) gegen Saladin, an den sie
1188 nach hartem Kampf kurzfristig überging. Die Burg fiel um 1268 an die
Mamelucken unter Baibar, die den Ort als Garnison nutzten und Darsak
nannten.

Terbezek

Drei Höhlengräber mit längerer griechischer Inschrift und stark beschädig-
tem Relief liegen unweit des Dorfes Gündüslü etwa 1 km westlich der Fernstraße nach Maraş nördlich von Kırıkhan.

Gündüslü

Die Burg Sultankalesi nahe dem Dorf Cıvlan (Sıvlan) hoch oben (1250 m
ü.d.M) im Amanus-Gebirge etwa 20 km direkt nördlich von Kırıkhan
bewachte früher einen weiteren Amanus-Übergang aus dem Maraş-Graben nach İskenderun. Die Anlage mit dem eindrucksvollen Südtor (Bastionen) und dem quadratischen Nordturm, einer Kapelle und einer Zisterne
entstand wahrscheinlich in byzantinischer Zeit.

Sultankalesi

Antalya   F 7

Südküste (Östliches Mittelmeer)
Provinz: Antalya
Höhe: 0–40 m ü.d.M.
Einwohnerzahl: 530 000

Die Provinzhauptstadt Antalya liegt überaus malerisch an der türkischen
Südküste im innersten Winkel des Golfes von Antalya (Antalya Körfezi).
Umgeben von einer gewaltigen Bergkulisse – im Westen das bis 3086 m
hohe, kahle Kalksteinmassiv des Lykischen Taurus (Bey Dağları), im Osten
der niedrigere Kilikische Taurus – liegt die Stadt anmutig am Alten Hafen,
von dem ein 23 m hohes Kliff emporragt. Zwischen der Stadt und dem
hohen Bergkamm im Westen zieht sich in weitem Bogen der breite Kiesel-
strand von Konyaaltı hin, ein besonderer Anziehungspunkt für Touristen.
Antalya hat dank seiner geschützten Lage ein subtropisches Klima mit

**Lage und
Bedeutung

Antalya

sehr mildem und feuchtem Winter und nahezu regenlosem Sommer. Der neue Seehafen ist der einzige bedeutendere an der türkischen Südküste zwischen İzmir und Mersin.

Geschichte

Erste griechische Wanderschübe nach Pamphylien fanden im 12. Jh. v. Chr. (Achäer) und im 7. Jh. v. Chr. (Ionier) statt. Der pergamenische König Attalos II. Philadelphos (159–138) legte Mitte des 2. Jh.s v. Chr. die Stadt Attaleia an und erhob sie zur Hauptstadt Pamphyliens. Im Jahre 133 fiel Attaleia mit dem Pergamenischen Reich durch Erbschaft an die Römer und gehörte fortan zur Provinz Asia. In Attaleia ging der Apostel Paulus mit seinen Begleitern Barnabas und Marcus an Land, als er auf seiner ersten Missionsreise (45–49 n. Chr.) nach Kleinasien kam. Unter Kaiser Hadrian wurde Attaleia weiter ausgebaut. Die Byzantiner bauten die Stadt weiter aus und umgaben sie zur Abwehr der Arabereinfälle im 8. und 9. Jh. mit einer doppelten Mauer. In der Seldschukenzeit (seit 1207)

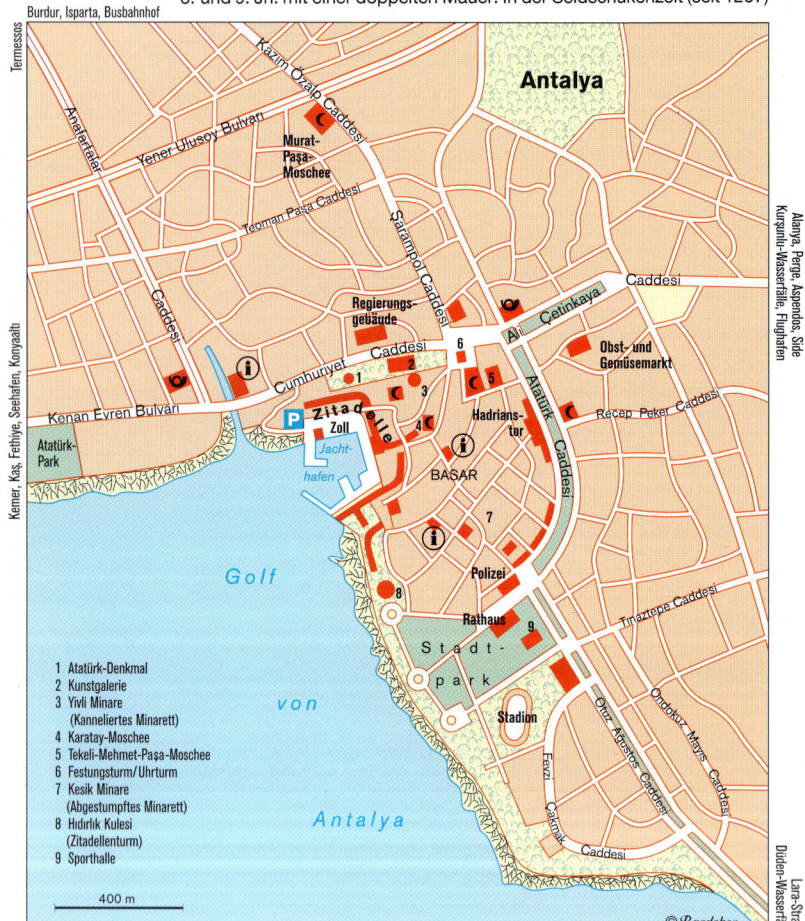

1 Atatürk-Denkmal
2 Kunstgalerie
3 Yivli Minare
  (Kanneliertes Minarett)
4 Karatay-Moschee
5 Tekeli-Mehmet-Paşa-Moschee
6 Festungsturm/Uhrturm
7 Kesik Minare
  (Abgestumpftes Minarett)
8 Hıdırlık Kulesi
  (Zitadellenturm)
9 Sporthalle

400 m

©Baedeker

Die Zitadelle auf einem steilen Felsvorsprung überragt den Hafen.

wurden mehrere schöne Moscheen errichtet und die Festung ausgebaut. Die in osmanischer Zeit auch Adalia oder Satalia genannte Stadt war durch Mauern in drei Teile für Christen, Moslems und Andersgläubige geschieden. Die eisernen Tore zwischen den Stadtteilen waren an jedem Freitag zwischen 12.00 und 13.00 Uhr geschlossen, da eine Prophezeiung einen Überfall der Christen in dieser Stunde voraussagte.

Geschichte (Fortsetzung)

Sehenswertes in Antalya

Nach der in jüngster Zeit erfolgten Restaurierung des malerischen Hafenviertels unterhalb der Zitadelle (Kaleiçi) bilden der reizvoll in einer Kliffnische gelegene Alte Hafen und seine nächste Umgebung mit Hotels, Gaststätten, Boutiquen und Basarläden das Zentrum des Touristenbetriebes. Steil über dem Jachthafen ragt die ebenfalls renovierte Zitadelle auf.

*Alter Hafen

Unweit nordöstlich vom Alten Hafen steht das Wahrzeichen von Antalya: das Yivli Minare (= Kanneliertes Minarett) im ausdrucksvollen seldschukischen Stil mit quadratischem, sich oben zu einem Achteck verjüngenden Sockel, über dem sich der kannelierte Rundschaft mit auskragendem Rundgang erhebt. Das mit dunkelfarbigen Glasurziegeln verzierte Minarett gehört zu einer von Alaeddin Kaykobad (1219–1236) aus einer byzantinischen Kirche umgebauten Moschee.

*Yivli Minare

Weitere Sehenswürdigkeiten in der von schmalen Basarstraßen durchzogenen Altstadt sind die seldschukische Karatay-Moschee (1250), ein Festungstor mit Uhrturm am verkehrsreichen Hauptplatz und die nahe Tekeli-Mehmet-Paşa-Moschee. Weiter südlich erhebt sich das Kesik Minare (= Abgestumpftes oder abgebrochenes Minarett) bei den Ruinen einer verlassenen Moschee (ursprünglich eine byzantinische Kirche).

Altstadt

Altstadtpanorama mit Yivli-Minarett im Vordergrund

*Hadrianstor

Von der die Altstadt im Osten abschließenden hellenistisch-römischen Stadtmauer sind noch beträchtliche Teile (z.T. verbaut) erhalten. Der bedeutendste ist das gut erhaltene Hadrianstor, das im Jahre 130 n.Chr. bei einem Besuch des römischen Kaisers Hadrian zu seinen Ehren errichtet wurde. Das von zwei mächtigen Türmen flankierte mamorne Tor mit drei Bogenöffnungen trägt reichen ornamentalen Schmuck.

Stadtpark

Östlich vor dem Tor und der alten Stadtmauer verläuft die breite Atatürkstraße, die durch eine Doppelreihe von stattlichen Dattelpalmen in zwei Fahrbahnhälften geteilt ist. Sie führt in einem weiten Bogen südwärts zum Rathaus, hinter dem sich der besuchenswerte Stadtpark (prächtige Ausblicke) bis zum hohen Kliffrand über dem Golf ausdehnt. Bei der Nordwestecke des Stadtparkes steht der 13 m hohe Hıdırlık Kulesi, der Stumpf eines Turmes, der in römischer Zeit vielleicht als Leuchtturm diente.

*Archäologisches Museum

Nicht versäumen sollte man den Besuch des Museums von Antalya; es liegt am westlichen Stadtrand, rund 2 km vom Zentrum. Dieses 1919 gegründete Museum für Archäologie und Ethnographie war zunächst in der zum Kannelierten Minarett gehörenden Moschee untergebracht und erhielt 1972 sein neues Domizil. Hier erhält man einen guten Einblick in die

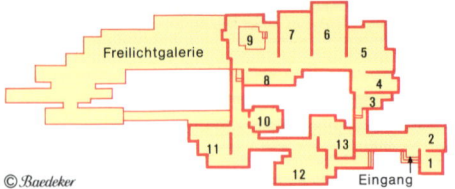

© Baedeker

Archäologisches Museum

1 Kindersaal
2 Prähistorie
3 Kleine Kunstwerke
4 Göttersaal
5 Kleine Kunstwerke
6 Kaisersaal
7 Sarkophage
8 Ikonen
9 Mosaiken
10 Münzen
11– Ethnolog.
13 Abteilung

Freilichtgalerie

Eingang

großen Epochen der Vergangenheit des pamphylischen Raumes vom Neolithikum über die Bronzezeit (Urnenbestattung) bis zur hellenistisch-römischen Zeit. Hervorzuheben sind die Galerie der Götterstatuen (meist aus Perge), Unterwasserfunde, die Galerie der römischen Kaiser, eine Reihe prächtiger Sarkophage, Mosaiken aus Seleukeia und die beachtliche Münzsammlung mit dem Münzschatz des Probus, dem Silberschatz von Aspendos, einem 1959 bei Finike gefundenen byzantinischen Goldschatz und dem Silberschatz von Side; ferner einige Ikonen.

Archäologisches
Museum
(Fortsetzung)

Erwähnung verdient aber auch die reichhaltige ethnographische Abteilung des Museums mit zahlreichen Exponaten aus türkischer Zeit: Waffen, Gewänder, Strümpfe, Schmuck, Hausrat, Schlösser, Bücher, Kacheln, Glas, Porzellan, Musikinstrumente und Teppiche (Webstuhl).

Umgebung von Antalya

Eine weitere bedeutende Stätte der Antike befindet sich rund 30 km west-nord-westlich von Antalya im Gebirge (Nationalpark): Termessos liegt auf mehreren Hängen um den Güllük Dağı (Solymos) auf etwa 1650 m Höhe, nicht mehr in Pamphylien, sondern auf pisidischem Boden. Anfänge dieser Siedlung sind bisher nicht ergründet (pisidische Bergfestung); Alexander der Große soll sie vergeblich belagert haben. Die heute dort zu findenden Ruinen – Reste eines Theaters, die Agora, ein Gymnasion, mehrere Säulenhallen und etliche Gräber – stammen aus dem 2. und 3. Jh. n. Christus. Die in einer wunderschönen Berglandschaft gelegene Stadt besaß einst eine bedeutende Bibliothek. Man gelangt zu der Ausgrabungsstätte auf einer Bergstraße (zuletzt ca. 2 km zu Fuß) und hat von der Höhe eine prächtige Aussicht auf den Golf von Antalya.

*Termessos

Seit wenigen Jahren hat sich in den nördlichen Bey Dağları um das Dorf Saklıkent (1850 m ü. d. M) etwa 70 km westlich von Antalya (über Çakırlar

Saklıkent

Die Überreste von Termessos sind ...   ... von üppiger Vegetation überwuchert.

Antalya

erreichbar) ein noch kleines Wintersportzentrum in 2000–2400 m Höhe mit bescheidenem Liftbetrieb, aber bereits hoher Gästebettenkapazität (über 2500) entwickelt.

*Karstquellen
Düdenbaşı
Mağarası

Eine ganze Abfolge von Karstquellen, Schlucklöchern und Wasserfällen findet man in der näheren Umgebung von Antalya. Folgt man 11 km nordwestlich von Antalya am Abzweig der Fernstraße nach Korkuteli nicht der neuen Schnellroute nach Burdur, sondern der alten Trasse über Döşemaltı, so erreicht man einige km hinter diesem Ort die beiden großen Karstquellen Kırkgöz (unweit eine gewaltige Karawanserei von 1236) und Pınarbaşı. Die stark schüttenden Quellen verschwinden bereits hinter dem Wasserverteiler (Regülatör) im Höhlensystem Bıyıklı Düdeni. Einige der Karstschlünde sind so groß, daß sie einen Strom oder einen See aufnehmen könnten (bis zu 30 000 l/sec.). Diese und andere Karstquellen am Rand des Taurus nördlich und westlich von Antalya haben durch Ausscheidung von gelöstem Kalk seit 1,5–2 Mio. Jahren ausgedehnte, bis zu 275 m mächtige Travertinterrassen (ähnlich wie bei Pamukkale) von 35 km Länge und 20 km Breite (650 km^2) abgelagert, die bis ins Meer reichen. Von Bıyıklı fließt das Wasser 14 km unterirdisch, tritt am Varsak Obruk (Riesendoline) kurzfristig an die Erdoberfläche und verschwindet für weitere 2 km, um bei Düdenbaşı unter kräftigem Druck erneut ans Tageslicht zu kommen. Das am Regülatör bei Bıyıklı abgeleitete Wasser wird hier wieder zugeführt und zusammen stürzen dann die Gewässer des Düden Çayı über sehenswerte Kaskaden in eine enge Schlucht im Travertin. Die oberen Wasserfälle (Düdenbaşı Şelalesi) erreicht man von der nördlichen Umgehungsstraße (Antalya) aus über eine kleine Zufahrt (Kızılırmak Caddesi) nordöstlich der Stadt. Die unteren Wasserfälle des Düden Çayı (Düden Şelalesi) stürzen im Südosten der Stadt bei einem kleinen Park unmittelbar an der Küstenstraße nach Lara Plajı von der 20 m hohen Travertinkante ins Meer.

*Karain Mağarası

In der Nähe von Döşemaltı im Karstgebiet des Şam Dağ 27 km nordwestlich von Antalya erstreckt sich die prähistorische Höhle von Karain. Man machte hier Funde aus allen Abschnitten des Paläolithikums bis zum Mesolithikum, u.a. Knochen und Zähne des Neandertalers. Manches davon bietet das aufschlußreiche, begleitende kleine Museum.

Kocain Mağarası

Weitab in den Karstbergen liegt diese Höhle 45 km nördlich von Antalya beim Dorf Ahırtaş (erreichbar von der Straße nach Burdur wenige km hinter Döşemaltı in nordöstlicher Richtung über Karataş oder über Kovanlık, Camiliköy und Kilik, danach noch 2 Stunden zu Fuß). Die von K. Kökten erforschte Karsthöhle mit Riesen-Stalagmiten ist 600 m lang, 35 m hoch und 75 m breit und nach den Funden in prähistorischer Zeit bewohnt gewesen. Am Eingang zur Höhle erkennt man eine riesige Zisterne und Relikte einer sehr frühen Besiedlung.

**Türkische
Riviera**

Den 220 km langen Küstenabschnitt um den Golf von Antalya von Kemer bis hin nach Gazipaşa bezeichnet man wegen der kaum unterbrochenen, natürlichen Sandstrände als 'Türkische Riviera'.

*Westliche
Golfküste

Die fast nordsüdlich verlaufende Westküste des Golfes von Antalya wird auf einer Strecke von rund 50 km von einem kaum unterbrochenen Saum prächtiger Strände begleitet, über dem in unmittelbarer Nähe die bewaldeten Berge des Taurus aufsteigen (Nationalpark der Olimpos Bey Dağları).

Kemer

Rund 50 km südlich von Antalya liegt das aufstrebende Ferienzentrum Kemer mit Hotels, Ferienclubs, modernem Jachthafen und guten Wassersportgelegenheiten; etwa 10 km nördlich weitere Urlaubseinrichtungen bei Göynük und Beldibi (in der Nähe eine steinzeitliche Fundstätte).

Phaselis

Nur 3 km südlich von Kemer erreicht man die Ruinen der altlykischen Hafenstadt Phaselis, wo Alexander d. Gr. 334/333 v. Chr. sein Winterquartier hatte; Reste des Theaters, eines Aquäduktes, von Tempeln und eines Hadrianbogens (114 n. Chr.); Museum.

Ruinen von Olympos in malerischer Umgebung

Im südlichen Teil des 700 km² großen Nationalparks 'Olimpos Beydağları Milli Parkı', der im Westen des Golfs von Antalya den küstennahen Gebirgsraum einnimmt, stößt man knapp 50 km südlich des neuen Ferienortes Kemer bei der antiken Stadt Olympos nahe dem Dorf Çıralı auf ein naturlandschaftliches Phänomen: die ewige Flamme von Chimaira (eigentlich feuerspeiendes Ungeheuer der griechischen Mythologie). Ein mühsamer Aufstieg führt zu den 150 bzw. 300 m über den Ruinen von Olympos liegenden Feuern, die bereits 300 n. Chr. von Bischof Methodius und 1811 vom Reisenden Beaufort beschrieben wurden. Hier brennen seit der Antike an zahlreichen natürlichen 'Erdgas'-Austritten im Gestein Flammen (etwa 18), die man bei Tageslicht nur schwer ausmachen kann, die man aber bei Nacht bis hinaus aufs Meer sehen soll. Die Zusammensetzung des ausströmenden Gases ist bislang nicht eindeutig geklärt. Festgestellt wurde u. a. Methan.

Olympos, einst eine der vornehmen Städte des Lykischen Bundes, verfiel später zu einem Seeräuberort und kümmerte nach dem Sieg der Römer 78 v. Chr. über die Piraten bis zur endgültigen Aufgabe als Minderstadt. In der Kaiserzeit war die Stadt Olympos bekannt als Kultstätte für den Feuergott Hephaistos (Tempel bei Chimaira, s. o.), und Plutarch berichtet von rituellen Feiern zu Ehren des persischen Lichtgottes Mithras in Olympos.

Die Ruinen sind stark verfallen und überwuchert, stehen aber in malerischer Umgebung eines küstennahen Tales und sind durchaus einen Ausflug wert (römisches Theater, byzantinische Basilika, römischer Tempel, Brücke, Befestigungsmauern, Kammergräber).

Entlang der Nordküste des Golfes von Antalya erstrecken sich, beginnend am Ostrand der Stadt, gute Badestrände ('Türkische Riviera'; siehe westliche Golfküste), von denen der Lara-Strand (Lara Plajı: neue Hotels) am meisten gerühmt wird.

Umgebung, westliche Golfküste (Fortsetzung)
* Chimaira und Olympos

Nördliche Golfküste

Antalya

Die Ruinenstätte der besonders in der römischen Kaiserzeit bedeutenden Stadt Perge (Pergai, Pergae; erstmals erwähnt im 4. Jh. v. Chr.) beim Dorf Murtuna liegt 18 km nordöstlich von Antalya auf einem steilen Hügel der Schwemmlandebene des Aksu Çayı, des alten Kestros. Die Entfernung zu dem im Altertum schiffbaren Flüßchen beträgt 4 km, zum Mittelmeer 12 km. Wie bei den meisten antiken Küstenstädten wurde auch Perge mit der langsamen Versandung des Hafens eine wesentliche Lebensgrundlage entzogen, deren Verlust bereits während der byzantinischen Zentralherrschaft zum Untergang der Stadt führte. Perge zählte zu den ältesten Christengemeinden Kleinasiens, in die der Apostel Paulus mit seinem Begleiter Barnabas nach seiner Flucht aus Antiochia in Pisidien kam und wo er das 'Wort zu Perge' (Apostelgeschichte 14, 25) sprach.

Beschreibung der Ruinenstätte

Die einst von einer turmbewehrten Mauer umgebene Unterstadt grenzt im Norden an den 50 m hohen Burgberg (Akropolis), den ältesten Baubestand von Perge. Ob es sich bei den Ruinen im südöstlichen Teil des Burgplateaus um die Reste des berühmten, von Strabo erwähnten Artemistempels handelt, ist ungewiß. Man betritt das z.T. versumpfte Ruinenfeld von der Südseite her durch ein Mauertor, wobei der Blick auf die Reste zweier Rundtürme eines Tores aus hellenistischer Zeit fällt. Rechts davon liegt die kleine Agora (Markt) mit einem Rundtempel. Etwa in der Mitte des Geländes verläuft eine 20 m breite Säulenstraße, die sich am Fuße der Akropolis in ost-westlicher Richtung fortsetzt. Über die seitab gelegenen Ruinen ist noch wenig Genaues bekannt; an mehreren Stellen trifft man auf Reste von Thermenanlagen sowie von byzantinischen Kirchen. Freigelegt ist im nordwestlichen Teil der Unterstadt der Palast des Gaius Iulius Cornutus.

Südwestlich außerhalb des Mauergürtels erstreckt sich das gut erhaltene römische Stadion (234 m lang, 34 m breit, 12 000 Sitzplätze) aus dem 2. Jh. n. Christus. Die Südseite war für die damals beliebten Gladiatorenkämpfe eingerichtet; unter den Galerieumgängen befinden sich dreißig Räume, die früher als Ladenlokale gedient haben. Weitere 200 m südwestlich liegt das in den Berg gebaute Theater. Das im 3. Jh. n. Chr. aus Travertin, einem harten Sinterkalk, errichtete und mit Marmor verkleidete Bauwerk umfaßte in zwei Abteilungen 40 Ränge für etwa 13 000 Zuschauer. Außerhalb der Unterstadt liegen ausgedehnte Nekropolen.

Plan der Ausgrabungen

Tal des Aksu (Kestros)

Akropolis

Murtuna

Gräber

Säulenstraße

Ältere Mauer

Gräber

Stadion

Theater

Nekropolen, Antalya

© Baedeker

Perge

1 Toranlagen
2 Thermen
3 Hellenistisches Tor mit den Resten zweier Rundtürme
4 Agora (mit Rundtempel)
5 Kirchenreste
6 Straßenübergänge
7 Palast des Gaius Iulius Cornutus
8 Nymphäum
9 Aufgang zur Akropolis
10 Tempel (der Artemis ?)
11 Türkischer Friedhof

— — — Einstiger Küstenverlauf

500 m

Reste zweier Rundtürme...　　　　*...der Ruinenstätte Perge*

Vom Flughafen Antalya gelangt man auf der neuen Schnellstraße Richtung Osten nach 28 km zum aufstrebenden Ferienort Belek mit seinen kilometerlangen Stränden. Umweltfreundliche Kriterien spielten beim Entwurf der Ferienhochburg eine große Rolle. Man wollte die Bausünden früherer Ferienzentren nicht wiederholen, so daß ausgedehnte Pinienwälder und der Lebensraum für die Meeresschildkröten erhalten blieben. Seit Anfang der 90er Jahre des letzten Jahrhunderts werden hier überwiegend Vier- und Fünfsterne-Hotels und elegante Clubdörfer inmitten großzügiger Gartenanlagen gebaut. Belek ist unter Golfspieler schon längst kein Geheimtip mehr. Vier Hotelanlagen verfügen über hervorragende Golfplätze, die auch im Winter Golfurlauber anlocken (→ Praktische Informationen: Sport). Im benachbarten, alten Bauerndorf Kadriye schießen unzählige Lederwarengeschäfte, Juwelier- und Souvenirläden aus dem Boden.

Antalya, Umgebung (Fortsetzung) *Belek

Aphrodisias　　　　D 6

Westanatolien (Menteşe-Bergland)
Provinz: Aydın
Höhe: 548 m ü. d. M.
Ortschaft: Geyre (3 km nordwestlich; 1 000 Einw.)

Etwa 82 km südwestlich von Denizli erreicht man über die waldreichen Südausläufer des Ak Dağ das breite Tal des Kekre Çayı, ein hochgelegenes Seitental des oberen Dandalas Çayı (Vandalas Çayı), der in den Büyük Menderes Nehri (Großen Mäander) mündet. Chalkolithische Funde deuten auf eine Besiedlung des Stadtgebietes schon im 4. Jt. v. Chr. hin. Bronzezeitliche Keramiken lassen eine assyrische Handelskolonie in hethitischer Zeit vermuten. Der älteste bekannte Siedlungsname Ninoe soll auf den Assyrerkönig Ninos (Tukulti-Ninurta I. 1245–1208 v. Chr.), eher aber auf

Lage und Geschichte

Geschichte
(Fortsetzung)

Nin (Ischtar), die altorientalische Göttin des Krieges, der Venus und der Liebe, zurückgehen. Sie war die Tochter des Mondgottes Sin, Schwester des Sonnengottes Schamasch und Frau des Himmelsgottes Anu. Diese Verehrung übertrugen die Griechen auf Aphrodite, ihre Göttin des Abend- und Morgensterns, der Schönheit und der Liebe. Aphrodisias nannte man die Stadt erst seit hellenistischer Zeit, zuvor hieß sie Lelegonpolis, Megalopolis und vermutlich auch Plarasa. Sie war durch ihr Heiligtum Mittelpunkt eines weit verbreiteten Aphroditekultes, hatte eine berühmte Bildhauerschule und war wegen ihrer Ärzte- und Philosophenschule bekannt. Ihre Blüte lag allerdings erst nach der Epoche der julischen Kaiser, und sie stand unter dem besonderen Schutz von Sulla, Caesar, Antonius und Augustus. Die erhaltenen Reste sind deshalb fast ausschließlich römisch. Das Heiligtum besaß, durch Antonius verliehen, das Asylrecht, erhielt jedoch erst im 4. Jh. eine Stadtmauer.

Sitzende
Aphrodite

In frühchristlich-byzantinischer Zeit wurde die Stadt in Stavropolis umgetauft, wurde Bischofssitz und später Sitz der Metropoliten von Karien. Ab 540 (unter Justinian) wurde sie – als Hauptstadt der gleichnamigen Provinz – Karia genannt (daher der Dorfname Geyre = Karia). Auch nachdem gegen Ende des 7. Jh.s die Befestigungsanlagen verstärkt worden waren, konnte sie jedoch dem Ansturm der Araber nicht standhalten. Sie veröd̈ete mit dem Übergang in die Osmanische Zeit mehr und mehr. Timur-Leng (1402) fand nur noch ein Dorf bei einer Ruinenstadt vor. Mehrere Ausgrabungen wurden in den Jahren 1904/1905, 1913, 1937 von türkischen und seit 1961 von US-amerikanischen Archäologen unter Leitung von Kenan Erim durchgeführt.

Sehenswertes in Aphrodisias

**Ruinenstätte

Südlich des jungen Dörfchens Geyre (Geira, Gere; das alte Dorf steht zwischen den Ruinen) unterhalb des Baba Dağ (2308 m, einst Salbakos) liegt die ausgedehnte Ruinenstätte von Aphrodisias (Di.–So. 9.00–12.00, 13.30–17.30 geöffnet). Amerikanische Unterstützung erlaubte die Einrichtung eines kleinen Museums, in dem die Funde neuerer Forschungen untergebracht sind. Vor Jahren noch wurde Aphrodisias von nur wenigen Reisenden besucht. Heute zählt der Ort dank intensiver Ausgrabungen mit zu den sehenswertesten historischen Stätten der Türkei. Eine teilweise freigelegte Prachtstraße mit Kanalisation führt durch die Ruinen.

Apollon

Die 120 m × 205 m messende römische Agora mit dorischen Säulenhallen im Norden und ionischen im Süden wurde unter Tiberius (14–37) renoviert. Von den Säulen, die z. T. noch durch Architrave verbunden sind, gehören zwölf zur Halle des Porticus Tiberii.
Südlich davon über einen weiteren Platz hinweg stößt man auf eine kleine, überkuppelte, byzantinische Martyrion-Kirche (6. Jh.).

Akropolis

Die sog. 'Akropolis' ist in Wirklichkeit ein künstlicher Siedlungshügel, in dem Archäologen auf prähistorische Wohnschichten stießen, die bis ins 4. Jahrtausend v. Chr. zurückreichen.

Aphroditetempel

Etwa um 100 v. Chr. wurde der Aphroditetempel als ionischer Pseudodipteros mit 8 × 13 Säulen über eine Vorläufer-Kultstätte des 3. Jh.s v. Chr. gesetzt, an die noch Reste von Mosaiken erinnern. Die Anlage bestand nur aus Pronaos und Cella mit einem über 3 m hohen Standbild der Aphrodite, von dem noch Teile gefunden wurden. Von den 14 noch stehenden Säulen sind lediglich zwei durch einen Architrav verbunden. Vermutlich war hier, wie in anderen Aphrodite-Heiligtümern auch, ein Therapiezentrum für Sexualprobleme. Der von Priesterinnen und Tempeldienerinnen (Hierodulen) betriebene Aphroditekult reichte gewöhnlich bis zur Tempelprostitution. Die Schirmherren weihten auf Anraten des Orakels von Delphi dem Tempel verschiedene Kultgegenstände: Sulla eine Goldkrone und eine Doppelaxt, Caesar eine Erosstatue.

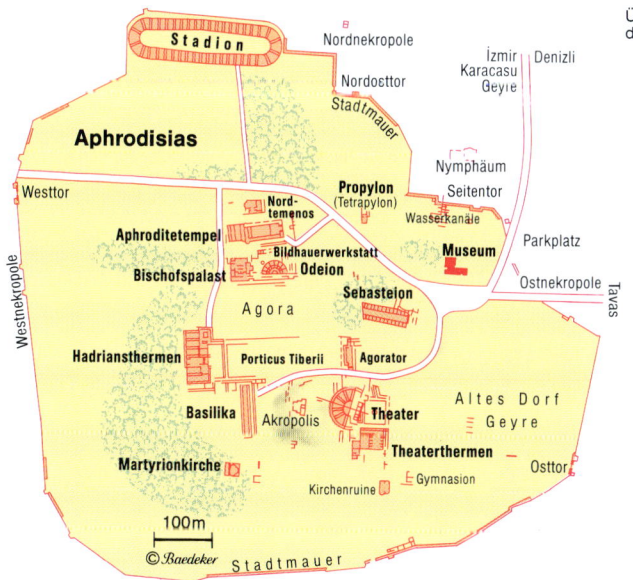

Die Byzantiner verwandelten das heidnische Gotteshaus im 5. Jahrhundert in eine dreischiffige Basilika und änderten zwei Jahrhunderte später auch den (anstößigen) Stadtnamen in Stavropolis (Stadt des Kreuzes).

Zwischen Aphroditetempel und Odeion stößt man auf die Reste einer Bildhauerwerkstatt. Die Bildhauer-Schulen brachten der Stadt einen Teil ihrer kulturellen Blüte. Im Osten der Stadt liegen an den Hängen des Baba Dağ die entsprechenden Marmorsteinbrüche, deren Material u. a. auch exportiert worden sein dürfte.

Neben der Bildhauerwerkstatt fanden Ausgräber den Baukomplex eines Bischofspalastes aus dem 5. Jh., von dem noch ein von blauen Marmorsäulen umstandener Hof, der Küchentrakt mit dem repräsentativen Speiseraum und der Dreikonchen-Thronsaal mit marmornem Intarsienfußboden verblieben ist.

Westlich an die Agora grenzen die Thermen des Hadrian (117–138) mit interessanten Heiz- und Beckenanlagen, Umkleideräumen und Latrine. Die Archäologen fanden hier ansehnliche Skulpturen.

Die örtliche Museumssammlung enthält neben Kleinfunden vor allem Skulpturen der berühmten Bildhauerschule von Aphrodisias: Musenköpfe, Kaiserstatuen, Gewandfiguren und besondere Einzelstücke (Zoilosfries, Portraitstatue des Dichters Pausanias, Nachbildung des berühmten Diskusträgers des Polyklet, Kopie der Aphrodite-Kultstatue).

Das besterhaltene Bauwerk im Ruinengelände ist das römische Odeion südlich des Aphroditetempels. Die kleine Konzerthalle, die wohl auch als Buleuterion (= Rathaus) diente und mit Reliefs und Statuen geschmückt war, wirkt heute wie ein Seetheater, da die Orchestra, in der ein Boden-

Marginal notes:

Aphroditetempel
(Fortsetzung)

Bildhauerwerkstatt

Bischofspalast

Hadriansthermen

*Museum

Odeion

Aphrodisias

Odeion
(Fortsetzung)

mosaik erhalten ist, fast ständig unter Wasser steht, und die Frösche hinter den Teichpflanzen versteckt ihr Konzert geben.

*Propylon

Der Torbau des Tetrapylon (Propylon; mittlerweile rekostruiert) mit ursprünglich 16 Säulen entstand im 2. Jh. und führte zum Aphroditetempel. Die östlichen Säulen sind mit Spiralen kanneliert.

Sebasteion

Nahe dem Museum stehen die Reste eines etwa 50 n. Chr. für den Kaiserkult erbauten Heiligtums mit einem im Norden, Westen und Süden von dreigeschossigen Hallen umgebenen Hof. Der entsprechende Podiumstempel stand, erreichbar über eine Treppe, im Osten der Anlage. In der Südhalle ist auf jeder der drei Etagen durch jeweils dorische, ionische oder korinthische Säulen eine andere klassische griechische Stilrichtung vertreten. Im Erdgeschoß findet man Reliefdarstellungen mit mythischen und im ersten Stock mit historischen Motiven.

**Stadion

Das Stadion von Aphrodisias aus dem 1. Jh. n.Chr. gilt als die besterhaltene derartige Anlage der Antike. Mit 22 Sitzreihen um die 270 m × 54 m große Kampfbahnfläche mit halbrunden Enden bot es über 30 000 Zuschauern Platz.

Stadtmauer

Die etwa 3,5 km lange Stadtmauer ist im Nordosten gut erkennbar. Sie wurde u. a. aus Spolien errichtet und stammt aus der Zeit Konstantins des Großen (306–337). Über dem nördlichsten der drei Stadttore befindet sich die Inschrift "für das Glück der strahlenden Metropolis der Aphrodisier", in der der Name der Bewohner im 7. Jahrhundert in Stavropoliten geändert wurde.

*Theater

Im Osthang der 'Akropolis' liegt das späthellenistische Theater mit doppeltem Proscenium, das unter Marc Aurel (161–180) restauriert und vergrößert wurde. Es faßte 10 000 Besucher. Bühne und Bühnenhaus sind im

Das heute rekonstruierte Propylon führte einst zum Heiligtum

Das wohlerhaltene antike Stadion von Aphrodisias

Unterteil gut erhalten. In den Zugängen kann man neben den Abschriften von Kaiserbriefen an die Stadt und ihren Bürgermeister Zoilos das sogenannte 'Diokletianische Preisedikt' mit Einführung von Festpreisen gegen die rasante Inflation lesen. Vor dem Theater breitet sich ein großer Vorplatz aus, der im 4. Jh. mit Marmorplatten gepflastert wurde. Südöstlich davon liegt eine dreischiffige Säulenbasilika. Gleich neben der Theateranlage stößt man auf die Theaterthermen und auf ein Gymnasium.

Aphrodisias, Theater (Fortsetzung)

Apolyont-See · Uluabat Gölü   D 3

Südliches Marmaragebiet
Provinz: Bursa
Höhe: 5 m ü. d. M.
Größe: 134 m^2
Länge: 23 km
Breite: 12 km
Tiefe: maximal 4 m, durchschnittlich 2 m

Der Apolyont-See, mit offiziellem Namen Uluabat Gölü nach einer Siedlung Uluabat am Nordwestufer, liegt in einer der großen Senkenzonen, die parallel zum Pontischen Gebirge zum Marmarameer hin reichen. In den tief ins Land greifenden Buchten oder Becken liegen bisweilen durch niedrige Schwellen voneinander getrennte Flachseen. Im Norden durch die Barriere des Kara Dağ (833 m ü. d. M.) vom Marmarameer getrennt und im Süden begrenzt durch das Bergland von Orhaneli bietet das Marmara-Seengebiet mit gut bewässerten Ebenen vorzügliche Voraussetzungen für Obst und Gemüsekulturen, für den Anbau von Olive, Feige und Maulbeere (Seidonraupenzucht). Der Apolyont Gölü ist seichter als der Manyas Gölü und sehr nährstoffreich, da der Seeboden durch Wind- und Wellenbewegung

Lage und Bedeutung

<table>
<tr><td>Lage und
Bedeutung
(Fortsetzung)</td><td>leicht aufgewühlt wird. Schilfkolonien,Tamariskensümpfe und Seerosen-bestände bereichern das malerische Landschaftsbild des Sees. Der See-spiegel ist durch eine Schleuse am Ausfluß (Koca Çay, in der Antike Ryn-dakos) bei Uluabat regulierbar. In der Vergangenheit war dies wegen der intensiven Krebsfischerei im See notwendig. Sumpfkrebse waren für die Fischer der seenahen Dörfer eine gute Einnahmequelle, eine Krankheit in den Beständen hat diese Erwerbsgrundlage jedoch fast völlig zum Er-liegen gebracht.
Der Apolyont Gölü ist zwar kein ausgewiesenes Naturschutzgebiet, bietet aber neben den Sumpfkrebsen ein breites Spektrum interessanter Tiere und Pflanzen (u. a. Rallen-, Purpur- und Seidenreiher, Pelikane).</td></tr>
</table>

Sehenswertes am Apolyont-See

<table>
<tr><td>*Apolyont</td><td>Das Dorf, das dem See seinen Namen gab, heißt heute Gölyazı. Das von uralten Platanen beschattete Fischerdorf liegt ca. 5 km abseits der Haupt-straße malerisch auf einer Halbinsel am Nordostufer und ist über einen Damm mit dem Festland verbunden. Im Altertum nannte man den See Lacus Appolonia nach der Stadt Appolonia, die berühmt war wegen ihres Tempelkultes und deren Ruinen (u. a. Reste eines Theaters, eines Stadions und eines Apollotempels aus dem 5. Jh. v. Chr.), die teilweise unter der heutigen Siedlung liegen.
Der Ort ist vermutlich die hellenistische Wiedergründung einer älteren grie-chischen Stadt. Sie wird im 14. Jh. als eine im Wasser gelegene, fast unbe-wohnte und im Niedergang befindliche Stadt mit vier Wällen beschrieben, und im 19. Jh. muß sie ein wohlhabendes, überwiegend von Griechen bewohntes Städtchen mit Kastell gewesen sein.</td></tr>
<tr><td>Dorak</td><td>Am Südufer des Sees bei Dorak fand man zwei Gräber aus der Mitte des 3. Jahrtausends v. Chr. (etwa Troia I/II entsprechend; ⟶ Troia), in denen ein königliches Paar und ein weiterer Fürst bestattet waren. Die Grabbei-gaben, prächtig verzierte Schwerter und Dolche, Zepter aus Marmor und Bernstein mit Gold- und Silbergriff, eine Klinge mit eingraviertem Schiffs-bug als früheste Bezeugung seetüchtiger Schiffe außerhalb des ägypt-ischen Kulturkreises, Reste eines Thronsessels, befinden sich in einer pri-vaten Sammlung in İzmir.</td></tr>
<tr><td>Karacabey</td><td>Die ehemals Mihaliç genannte Kreisstadt in der fruchtbaren Ebene des Simav Çayı (antik Makestos) steht an der Stelle der von Milet aus gegrün-deten Stadt Miletopolis. Nach ihr wurde der Manyas Gölü damals genannt.</td></tr>
<tr><td>Kocaçay Deltası</td><td>Eine schmale, ca. 33 km lange Asphaltstraße erschließt von Karacabey aus die Sandstrände von Yeniköy am Marmarameer. Von dort aus erreicht man das interessante Deltagebiet des Koca Çayı, der den Apolyont Gölü drai-niert. Es ist im Marmaragebiet das größte und einzige Flußdelta, in dessen Bereich man Lagunen und intakte Auwälder findet, die in ihrer Entwicklung weitgehend sich selbst überlassen sind. Diese ursprünglichen Auwälder sind stockwerkartig mit Silberpappel, Eiche, Esche und Weißdorn be-standen. Lianengewächse verleihen ihm urwaldähnlichen Charakter. Im Unterholz stößt man auf Wildschweine, und auf Lichtungen lebt der Schel-topusik, eine bis über 1 m lange schlangenähnliche Eidechse. Die Lagu-nenseen dienen verschiedensten Wasservögeln als Brutplatz, darüber hin-aus begegnet man Fischotter und Schakal. Südöstlich von Yeniköy, bei Bayramdere, liegt eine Fasanenzucht, die die türkische Forstbehörde hier im Delta 1972 zur Nachzucht natürlicher, mittlerweile stark dezimierter Populationen anlegte. Allerdings benutzte man keine heimischen, sondern aus Europa importierte Fasanenarten, woraus sich eine Mischart ergibt, die jährlich in die Freiheit entlassen wird.</td></tr>
<tr><td>Uluabat</td><td>Im Dorf Uluabat wurde Uluabatlı Hasan (Hasan aus Uluabat) geboren, der 1453 als erster die osmanische Fahne auf die Stadtmauern von İstanbul</td></tr>
</table>

pflanzte. Der Name Uluabat (große Stadt) war wohl abgeleitet von der nahen antiken Stätte Miletopolis.

Apolyont-See, Uluabat (Fortsetzung)

Wenige Kilometer östlich von Uluabat liegt zwischen See und Fernstraße nach Bursa die osmanische Karawanserei İssiz Han, die gegenwärtig als Zwiebellager genutzt wird.

İssiz Han

Ararat · Ağrı Dağı U 4

Ostanatolien (Ararat-Hochland)
Provinz: Ağrı und Kars
Höhe: 5 137 m ü. d. M.

Man beachte die Warnung auf Seite 139!

Der mächtige Bergstock des Ararat erhebt sich an der Außenseite des großen Ostanatolischen Taurusbogens als ein isolierter vulkanischer Doppelkegel des Spättertiärs am Südostrand eines aus Lavadecken und einzelnen jüngeren Vulkanmassiven aufgebauten Hochplateaus (Ararat-Hochland).

Lage und
* Landschaftsbild

Der Große Ararat (Büyük Ağrı Dağı) ist mit 5 137 m Höhe der höchste Berg der Türkei. Der durch einen 2 000 m hohen Sattel von ihm getrennte Gipfel des Kleinen Ararat (Küçük Ağrı Dağı) erreicht 3 896 m Höhe. Das markante Bild des weithin sichtbaren Berges beruht auf seiner großen relativen Höhe von etwa 5 200 m über dem Becken von İğdır (nördlich) bzw. 3 500 m über dem Ararat-Hochland. Der türkische Name Ağrı Dağı ('Schmerzensberg') bringt seine Steilheit und Zerklüftung zum Ausdruck, was jedoch nur stellenweise für die höhere Bergregion zutrifft. Nach einer anderen Version nannten die Bewohner der Region schon früher den Berg 'Eğri Dağı' ('Schiefer Berg'). Die Armenier nannten ihn 'Mutter der Erde', die Kurden 'Berg des Bösen'.

Auf dem höchsten Berg der Türkei, dem Ararat, liegt ewiger Schnee

Physisch-geographische Eigenheiten	Der Große und der Kleine Ararat haben als Stratovulkane (mit wechselnden Asche/Tuff- und Trachyt/Lavaschichten) die Form konkaver Kegelstümpfe mit zentralem Krater. An den Flanken sitzen mehrere 'Parasitärvulkane' auf. Es gibt verschiedene Teiche, in denen das Wasser 'kocht' und Schwefelblasen aufsteigen. Aus Spalten steigen noch immer Gase (Fumarolen).

Der letzte Ausbruch des Vulkans erfolgte am 29. 6. 1840. Die Lavamassen und ein nachfolgender Erdrutsch zerstörten das Kloster Jakobstal (in dem ein Stück Holz der Arche Noah aufbewahrt gewesen sein soll) an der Ostflanke des Berges und verschüttete das Dorf Ahıra mit 2000 Menschen.

Der Große Ararat trägt eine mächtige Firn- und Eiskalotte. Die Schneegrenze liegt z. Zt. bei 4000 m ü. d. M., so daß eine Gipfelregion von nahezu 13 km^2 mit Schnee und Eis bedeckt ist.

Bedeutung	Seit dem 19. Jahrhundert ist der Ararat ein strategisch wichtiger Grenzberg. Im Jahre 1828 erhielt Rußland ihn von Persien. Die Grenze zwischen der Türkei und Rußland verlief fast 100 Jahre lang über den Scheitel des Berges (heute Provinzgrenze zwischen Kars und Ağrı), wobei der Kleine Ararat das Dreiländereck zwischen Persien, der Armenischen Republik (ehemals Sowjetunion) und der Türkei bildete.

Mit dem Frieden von Gümrü (1920) wurde der Ararat zur Gänze türkisch. Die türkisch-armenische Grenze verläuft gegenwärtig entlang des Aras Nehri und des Arpa Çayı (→ Ani).

Besteigung	Die Besteigung des Ararat erfolgte erstmals 1707 durch Pitton de Tournefort. Zum Aufstieg benötigt man drei bis vier Tage, zum Abstieg mindestens einen Tag. Führer findet man in Doğubayazıt (südwestlich) oder Iğdır (nordwestlich). Der Aufstieg erfolgt entweder von Doğubayazıt oder von Aralık bei İgdiir (Auf- und Abstieg jeweils vom zweiten Lagerplatz acht Stunden.

Warnung	Wegen anhaltender Unruhen in der Osttürkei ist die Besteigung des Ararat aus Sicherheitsgründen nur mit behördlicher Genehmigung gestattet.

Ararat-Hochland

Ağrı	Das Provinzzentrum Ağrı (58000 Einw.) liegt inmitten der Ebene von Eleşkirt am Zusammenfluß des Küpkıran Çayı mit dem südlichen Quellarm des Euphrat (Murat Nehri). Der Ort war bis zum Russisch-Türkischen Krieg (1878) unter dem Namen Sorbulak bekannt. Von einer armenischen Kirche aus dunklem Basalt leiteten die russischen Besatzer den späteren Namen 'Karakilise' (= Schwarze Kirche) ab. Eine weitere Namensänderung in Ağrı erfuhr der Ort 1927 mit der Ernennung zum Provinzzentrum.

Diyadin	Die Kreisstadt Diyadin erstreckt sich am Nordfuß der Ala Dağları nur etwa 30 km entfernt nördlich des Quellgebietes des oberen Murat. Diyadin liegt auf der nordanatolischen Hauptverwerfung (Erdbeben, Vulkanismus) und verfügt über heiße Quellen (8 km entfernt von der Stadt). Der Ort ist Nachfolger der Stadt Zarehavan, die Mitte des 4. Jh.s von den Persern zerstört wurde und bis ins 19. Jh. als Dorf existierte.

Eleşkirt	Eleşkirt (12000 Einw.) breitet sich in 1820 m Höhe in einem fast kreisrunden ehemaligen Seebecken aus (Getreidebau, Viehzucht). Die Stadt hieß früher Alaschgert (-kert, -gert bedeutet armenisch 'Stadt, Festung') und hatte noch Ende des 19. Jahrhunderts Dorfcharakter. In der benachbarten Burgsiedlung Toprakkale saß ein kurdischer Derebey (autonomer Lokalfürst) auf seiner Festung und beherrschte von dort aus die Region unabhängig von der Hohen Pforte. Eleşkirt ist Fundort einer Inschrift des Königs von Urartu, Menuas (ca. 815–790 v. Chr., Residenz in Tuschpa/Van).

Eine gewaltige Flut
vernichtet die sündigen Menschen

Sagen von einer gewaltigen urzeitlichen Flut, die alles Leben auf der Erde vernichtet, findet man bei Völkern aller Kontinente. Nur ein archetypischer Held und seine Familie werden verschont. In der Genesis heißt er Noah, Nuh im Koran, Utnapischtin im Gilgameschepos, Deukalion in der griechischen Mythologie; selbst die Indianer kennen eine Sintflutlegende.

Die Berühmtheit des Ararat beruht auf der Angabe im Alten Testament (1. Mose 8, 4), nach der Noahs Arche hier gestrandet sei. Diese Vorstellung gründet sich allerdings auf eine umstrittene Auslegung des biblischen Textes. Das hebräische Wort Ararat bezeichnet das Land nördlich des Reiches Assur. Der in der Bibel genannte Name bezog sich vermutlich auf die Landschaft Armenien, also auf das assyrische Arardi/Uruatru (13. Jh. v.Chr.) bzw. akkadische Urartu (seit ca. 900 v.Chr.). Heute lebt dieser Name nur in der Bezeichnung des Berges fort und wurde von den Bibelinterpreten auch auf diesen bezogen. Die Sage von Noah und der großen Flut geht auf sumerische Quellen des 3. Jahrtausends v.Chr. zurück, in denen ein König Ziusudra von Schuruppak die große Flut in einer Arche übersteht und gemäß des Gilgamesch-Epos (Ende 2. Jahrtausend v.Chr.) auf dem Berge Nisir, in Iranisch Kurdistan, landete. Die Armenier glauben, daß der Landeplatz der Arche am Süphan Dağı, einem erloschenen Vulkan am Van-See, liegt. Für die Moslems befindet er sich auf dem Cudi Dağı bei Cizre (Provinz Mardin). Forscher fanden 1953 dort Holzreste in Schwemmsandschichten, deren Alter auf 6500 Jahre datiert wurde.

Obwohl die seriöse Forschung ergeben hat, daß die Schauplätze der alttestamentarischen Geschichte und des Gilgamesch-Epos viel weiter südlich anzusetzen sind, wurden in den letzten 160 Jahren immer wieder Berichte bekannt, daß die Arche auf dem Ararat entdeckt worden sei: Eine türkische Expedition bestätigte 1833 ohne Nachweis eine alte Hirtenlegende, daß im Sommer aus dem Südgletscher ein hölzerner Schiffsbug rage. 1892 stellte der Erzdiakon von Jerusalem und Babylon die These auf, das Schiffswrack liege unter dem Gletschereis. Im Ersten Weltkrieg will der russische Fliegeroffizier Roskowitzki auf der Südflanke des Berges beim Überflug die Reste eines bedeutenden Schiffswracks gesichtet haben. Im Zweiten Weltkrieg erzählten ein russischer und vier amerikanische Flieger von ähnlichen Beobachtungen. Der Franzose Navarra will 1955 im Gletschergebiet Balkenreste hohen Alters gefunden haben. Vor einiger Zeit soll man nun die vermeintlichen Reste entdeckt haben: auf dem Musa Dağı beim Dorf Üzengili östlich von Doğubayazit (von hier Ausflugsbus). Der Besucher findet ein auffälliges Lehmhügelchen in Form eines Schiffes vor – und darf seiner Phantasie freien Lauf lassen.

Was hat die Menschen dazu bewogen, solche Legenden zu überliefern? Waren lokal begrenzte Überschwemmungskatastrophen die Ursache oder liegt der Grund in einer universellen Erinnerung an eine bestimmte Katastrophe gemäß C. G. Jungs These vom kollektiven Unbewußten? Ist der versunkene Kontinent Atlantis, nach dem immer noch geforscht wird, nur eine von Platon erfundene Legende?

Allen Sintflutlegenden zugrunde liegt die Geschichte vom Paradies auf Erden, das die Menschen nicht zu würdigen wußten. Der rächende Gott vernichtet die sündigen Menschen, deren Tränen sich in ein gewaltiges Meer verwandeln, das die ganze Erde überschwemmt.

Ararat · Ağrı Dağı

Ararat-Hochland,
Eleşkirt
(Fortsetzung)

Die Ebene war für eine Woche Rastplatz für Xenophons Heer nach einem Gewaltmarsch, wo die Zehntausend völlig erschöpft ausruhten, ehe sie ihren Weg über den Tahir-Paß (phantastische Aussicht) fortsetzten. Im Norden ist die Ebene beherrscht vom 3432 m hohen Vulkan Büyükköse Dağı, dessen Gipfel oft noch im Juni verschneit ist.

Gürbulak

In der Nähe dieser Grenzstation an der türkisch-iranischen Grenze, 35 km östlich von Doğubayazıt, gibt es einen Meteoritenkrater (Wegweiser!).

Taşlıçay

Etwa 28 km nordöstlich von Taşlıçay erreicht man auf einer Nebenstraße den Taşlıçay, mit 2241 m der höchstgelegene See der Türkei. In diesem fischreichen, inmitten hoher Berge malerisch gelegenen Balık Gölü findet man auf einer kleinen Insel Ruinen (vermutlich armenisches Kloster).

Die chronologische Siedlungsfolge, die Lage sowie der Name der ältesten Stadt Doğubayazıt sind bislang nicht gesichert. Schriftliche Berichte beginnen erst mit der Angliederung der Region an das Osmanische Reich. Die heutige Kreisstadt, im gleichnamigen Becken unterhalb des Ararat gelegen, wurde erst nach dem Ersten Weltkrieg an dieser Stelle gegründet. Etwa 7 km südöstlich der Stadt liegen neben den Resten einer urartäischen Siedlung die Ruinen der vermutlich um 1064 entstandenen Stadt (heute Eski Doğubayazıt), von der manche fälschlicherweise behaupten, sie sei um 1390 von Bayazit I. gegründet worden. Eine der Versionen über ihren Niedergang besagt, daß der Ort 1928 ins Tal verlegt wurde. Die Enge der Stadt machte eine Ausweitung und Modernisierung nämlich unmöglich. 1945 riß man die letzten Häuser des Ortes ab.

Die Stadt Bayazit an der Seidenstraße hatte früh Bedeutung. In der armenischen Literatur kommt sie als 'Darong' vor. Sie war in osmanischer Zeit Provinzzentrum, verlor aber ihren Status 1927 an Ağrı und bekam 1934 den Namen Doğubayazıt. Die neue Stadt, Hotelstandort sowie Ausgangspunkt für Besteigungen des Ararat, bietet keine Sehenswürdigkeiten, lebt vom Tourismus und vom Transitverkehr zum Iran.

Von Iğdır aus erreicht man über eine Piste das in 2 100 m Höhe gelegene Ararat-Dörfchen am Eingang zum Ahiratal. Dieses schluchtartige Tal ist mit vulkanischer Schlacke gefüllt. Am Schluchteingang erkennt man zahlreiche Höhlen, in denen einst christliche Eremiten hausten, und darunter fünf in den Felsen geschlagene Kreuze.

Die Häuser des Dorfes Çakırtaş, etwa 7 km nördlich von Iğdır, zeigen eine interessante Architektur. In der Nähe des Ortes befindet sich eine Kegel-Türbe (von einer Granate während des Befreiungskrieges an der Rückseite beschädigt).

In der Nähe der Kreisstadt Iğdır fanden 1913 russische Archäologen beim Dorf Malaklu einen späturartäischen Friedhof (7. Jh. v. Chr.). Funde einer späteren türkischen Grabung (1966) befinden sich im Museum in Kars. Die Stadt liegt in einem Großbecken, das im Gegensatz zum umgebenden Gebirge durch heiße Sommer und milde Winter geprägt ist. Somit ist der Anbau von Baumwolle, Reis und Südfrüchten nicht ungewöhnlich. Die Bewohner sind überwiegend zwischen 1878 und 1920 aus dem Iran und Rußland eingewanderte schiitische Aserbaidschaner.

Doğubayazıt   İshak Paşa Sarayı

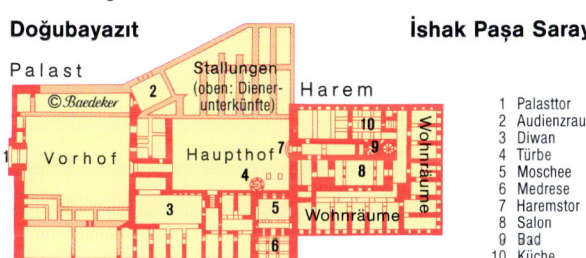

1	Palasttor
2	Audienzraum
3	Diwan
4	Türbe
5	Moschee
6	Medrese
7	Haremstor
8	Salon
9	Bad
10	Küche

Palast · Stallungen (oben: Diener-unterkünfte) · Harem · Vorhof · Haupthof · Wohnräume · Wohnräume · © *Baedeker*

Südöstlich der Stadt erhebt sich, auf schroffem Fels 300 m über der Ebene am Platz der alten Stadt, der İshak Paşa Sarayı, die Ruine eines prächtigen Palastes, eine Art Kombination von Bergfeste und orientalischem Lustschloß. Er geht auf eine urartäische Befestigungsanlage zurück. Die Angaben mancher Forscher, der Vorgängerbau dieser Burg sei zur Sicherung der Seidenstraße oder als Beobachtungsposten für die Bewegungen Timurs von Bayazit I. (1389–1403) errichtet worden und er selbst sei dort

◀ *İshak Paşa Sarayı – Bergfeste und orientalisches Lustschloß*

Ararat,
Ararat-Hochland,
İshak Paşa Sarayı
(Fortsetzung)

nach seiner Niederlage gegen Timur-Leng (Schlacht von Ankara 1402) bis zu seinem Tode gefangen gehalten worden, sind falsch, da das Gebiet damals noch nicht zum Osmanischen Reich gehörte.

Doğubayazıt war vielmehr mit dem Niedergang des mongolischen Ilkhan-Reiches in Ostanatolien den beiden Brüdern Ahmet und Bayazit aus der mongolischen Dynastie der Dschalairiden zugefallen. Der Dschalairiden-herrscher Bayazit ließ 1374 eine bereits bestehende (möglicherweise genuesische) Festung bei der Stadt Darujnk (Darong) gegen die Angriffe der Bayram Hoca renovieren, die seitdem Bayazit Kalesi genannt wird.

Endgültig an das Osmanenreich kam die Stadt erst Mitte des 17. Jh.s nach langen kriegerischen Auseinandersetzungen mit den schiitischen Safawiden (Persien) und fünf Friedensverträgen, obwohl die Bürger bereits 1514 den Festungsschlüssel an Selim I. übergeben hatten.

Ende des 18. Jh.s baute der Kurdenemir und Gouverneur von Doğubayazıt, İshak Paşa II. (etwa zwischen 1769 und 1797), sein Sohn Mahmut bzw. bereits sein Vater Hasan aus der Fürstendynastie der Çıldıroğlu eine bereits bestehende Burganlage mit barocken Elementen zu einem Palast aus. Im Innenhof vor der kleinen kubischen Kuppelmoschee steht seine reich verzierte Türbe. Die partiell restaurierte, sehr sehenswerte Anlage mit Vor- und Haupthof, eindrucksvollen Torornamenten, mit Audienz- und Verwaltungsräumen, Küche, Harem und Männertrakt vereinigt seldschukische, osmanische, armenische, georgische und persische Architekturelemente.

Östlich davon jenseits der Talkerbe hinter der Kuppelmoschee von Eski Doğubayazıt (Stiftung von Selim dem Gestrengen 1514) steht jene alte Festungsruine mit halbrunden Türmen, die der Volksmund einerseits Ceneviz Kalesi (Genuesenfestung), andererseits Bayazit Kalesi nennt. Links davon beiderseits einer urartäischen Felskammer (9. Jh. v. Chr.) ist ein urartäisches (wahrscheinlich unvollendetes) Felsrelief zu sehen.

Yenidoğan

Unweit des Ararat-Dorfes Yenidoğan findet man Bergseen mit Fumarolen, bunte Tuffkegel und den 4000 m hoch gelegenen Kop Gölü. Unterhalb dieses Sees stößt man auf die kleine Festung Koran Kalesi, in deren Nähe die Ruine einer armenischen Kirche steht.

Armenien P–U 3–5

**Man beachte
die Warnung
auf Seite 139!**

Ararat-Hochland (in der Türkei: Ostanatolien)
Provinzen: Ağrı, Bingöl, Erzurum, Muş und Teile von Bayburt, Bitlis, Elazığ, Erzincan, Kars, Tunceli und Van.

Lage und
Landesnatur

Geographisch gesehen versteht man unter Armenien grob den als 'Ararat-Hochland' (─→ Ararat, Umgebung) bezeichneten Gebirgsraum zwischen der Halbinsel Kleinasien, dem Iran und der einstigen Sowjetunion (heute Armenische Republik), begrenzt vom Pontischen Gebirge, dem östlichen Taurus, den westiranischen Ketten, den Gebirgen südlich des Van-Sees und den oberen Euphrat: Nordostanatolien (ohne Kolchis), Russisch-Nachitschewan und die Armenische Republik.

Weite Hochbeckenlandschaften wechseln mit ausgedehnten Vulkanplateaus (Kars), in denen Flüsse in tief eingeschnittenen Schluchten fließen. Einzelne sehr hohe Vulkane (Ararat, Aragats) oder vulkanische Massive und Gebirgsstränge erheben sich darüber bis auf weit über 3000 m Höhe. Zwischengelagerte Großbecken sind gefüllt mit abflußlosen Seen (Van-See, Sewan-See). Das sehr kontinentale, trockene Klima und die generell große Höhe des Gebirgslandes erlauben landwirtschaftlichen Anbau nur in den

Felsenburg Hoşap (Van) – ehemals militärischer Beobachtungsposten ▶

Armenien

Becken und Tälern. Weite Partien sind Grünland (Bewässerung zur Heugewinnung), am Gebirgsrand größere Wälder aus Eichen, Buchen, Eschen, Tannen und Kiefern. Die Hochlandkorridore und Paßlandschaften Ostanatoliens waren immer Durchgangsgebiete zwischen Zentralasien und dem Mittelmeerraum und somit immer Regionen von Instabilität und kriegerischen Auseinandersetzungen zwischen benachbarten Mächten.

Ältere Geschichte

Die Geschichte Armeniens reicht Jahrtausende zurück, die Herkunft seiner Bewohner ist jedoch nicht gesichert. Bereits im 4. Jtd. v. Chr. saß hier eine Bevölkerung mit indogermanischer Sprache, die sich mit semitischen Stämmen aus dem Süden auseinandersetzen mußte.
Zwischen 2000 und 1500 v. Chr. drangen die indogermanischen Kurden von Norden in den Raum. Herodot vermutet, daß die Armenier bereits im 2. Jtd. zusammen mit den Phrygern nach Kleinasien kamen und von den benachbarten Urartäern Metallverarbeitung und Steinbauweise übernahmen. Xenophon beschreibt sie als reiche bäuerliche Bevölkerung, die häufig unter Raubüberfällen der benachbarten kurdischen Bergvölker (Karduschen) zu leiden hatte.
Unter dem Perser Dareios (521–485 v. Chr.) tauchte der Name Armenier zum ersten Mal auf. Armenische Könige befanden sich meist in politischer Abhängigkeit von mächtigeren Nachbarn, die Ausdehnungen ihrer Herrschaftsgebiete wechselten so häufig wie ihre Hauptstädte.

Erst nach Besiegung von Antiochos III. durch die Römer wurde Armenien nachweislich selbständig. Einen Höhepunkt seiner Bedeutung erreichte ein südarmenisches Königreich unter Tigranes (95–54 v. Chr., Hauptstadt Tigrancerte, ⟶ Diyarbakır, Silvan), ehe es 69 römischer Klientelstaat und unter Vespasian römische Provinz wurde. Eine intensive Christianisierung setzte seit dem 2. Jh. n. Chr. ein, so daß sich die christliche armenische Kirche mit Bischof Gregor dem Erleuchter und der armenischen Bibelübersetzung (Mesrop, 5. Jh.) früh als Staatskirche etablieren konnte. Die Christianisierung führte 387 zur Teilung Armeniens zwischen Ostrom und Persien. Aus der späteren Spaltung der armenischen Dynastien in z. T. rivalisierende Herrscherhäuser resultierten bisweilen parallele armenische Reiche.

Jüngere
Geschichte

Seit dem Ersten Weltkrieg ist Armenien auf die ehemalige Sowjetunion (heute Republik Armenien), den Iran und die Türkei aufgeteilt. Aus der Türkei wurde die armenische Bevölkerung nach Armenieraufständen (1915 Van) und Freischärleraktivitäten (1918) im Zusammenhang mit dem Abzug der Russen in Ostanatolien fast völlig verdrängt (Reste in İstanbul) während Rußland eine eigene Unionsrepublik Armenien (heute selbständig) begründete.

Kunst und Kultur

Unter dem Einfluß des späteren Nationalheiligen Gregor wurde das Christentum bereits um 300 zur Staatsreligion erhoben. Damals entwickelte der Mönch Mesrob für eine frühe Bibelübersetzung eine armenische Schrift, bei der ein nicht erhaltenes Alphabet iranischer Herkunft nach griechischem Vorbild unter Zugabe von 14 neuen Zeichen umgearbeitet wurde. So entstanden Romane, Lyrik, Epen, wissenschaftliche Werke, Lieder und Gesänge als Werke einer eigenständigen armenischen Literatur. Im 14. Jh. kam es zu einer dem höfischen Minnesang vergleichbaren rein weltlichen Volksdichtung.
Die Verarbeitung von Gold und Silber, Buch- und Miniaturmalerei, Notenschriften wurden zu besonderer Kunstfertigkeit gebracht.

Ein Sakralbaustil eigener armenischer Prägung mit typischen Grundrissen und Wandkonstruktionen (Lava und Tuffe), außergewöhnlichen Pyramiden- und Kuppelanlagen, phantasiereichen Kapitellen und reicher Ornamentik entstand, beeinflußt von byzantinischen, persischen und syrisch-arabischen Elementen, deren Einwirkung auf die frühe europäische Gotik in Fachkreisen diskutiert wird.

Artvin

Schwarzmeergebiet (Ostpontus)
Provinz: Artvin
Höhe: 500 m ü. d. M.
Einwohnerzahl: 20 000

Die kleine Provinzhauptstadt im äußersten Nordosten der Türkei hinter der ersten Kette des Pontischen Gebirges eignet sich vorzüglich als Ausgangspunkt für Ausflüge zu den zahlreichen frühchristlichen Kirchen und Kirchenruinen des 9. – 11. Jh.s. in der Umgebung. Sie liegen oft abseits der großen Straßen und sind nur zu Fuß oder auf Fahrwegen zu erreichen.
Der alte Ort, auch Çoruh (nach dem Fluß Çoruh Nehri) oder Lazin (nach seiner Lage in Lasistan = Land der Lazen) genannt, liegt malerisch terrassenförmig steil ansteigend südwestlich oberhalb des Eingangs zum Çoruh-Durchbruch und gilt als Zentrum Türkisch-Georgiens.
Die Regionen um Artvin, fraglos identisch mit dem 'regenverhangenen Kolchis' der Argonautensage, sind trotz steiler Hänge dank des Niederschlagreichtums ausgesprochen günstig für den Anbau von verschiedensten Obstsorten, von Wein, Olive, Haselnuß und Tee.

Lage und Bedeutung

Über die Vergangenheit Artvins ist relativ wenig bekannt. Die islamischen Lazen (Çhani) an der Küste des Schwarzen Meeres bilden innerhalb der georgischen Kaukasusvölker eine eigene Ethnie, sind aber in ihrer Geschichte mit den übrigen Georgiern eng verbunden. Das einst zwischen Römern und Sassaniden (Persien) umstrittene Gebiet wurde Mitte des 7. Jh.s von den Arabern unterworfen, deren Herrschaft nach fast 300 Jahren abgeschüttelt werden konnte.
Türkisch-Georgien ist die Heimat der aus İspir stammenden Bagratidendynastien. Ihr armenischer Zweig übernahm im 10. Jh. die Macht über Teile Armeniens und Transkaukasiens. Die georgische Linie prägte im 12. und 13. Jh. das christliche Großreich Georgien.

Geschichte Georgiens

Der Niedergang beginnt eigentlich schon gleich zu Anfang mit den Arabereinfällen, in der Folgezeit streiten sich Perser, Türken sowie Russen um das Gebiet, und 1071 eroberte Alp Arslan die Region um Artvin. Dennoch wird es im 9. Jh. unter den Bagratiden zum politischen und kulturellen Herz Georgiens, und David der Erbauer (David III. 1098 – 1125) begründete das georgische Großreich der Bagratiden. Die Mongolen setzten dieser Blüte ein Ende und verwüsteten das Land 1386. Im 15 Jh. kommt Tao-Klardschetien zum Osmanenreich. Nach dem Russisch-Türkischen Krieg 1877 / 1878 blieb Artvin bis 1918 russisch.

Die georgische Burg von Artvin aus dem 16. Jh. hoch über dem Flußtal liegt im militärischen Sperrgebiet und ist deshalb nicht zugänglich. Die Salih Bey Camii (Moschee) im Ortsteil Çayazı ließ (1793?) der gleichnamige Gouverneur von Sivan bauen.

Sehenswertes

Umgebung von Artvin

Die Mauern und Turmstümpfe einer einst mächtigen Burg aus dem 12. Jh. überragen etwa 30 km östlich von Artvin auf steilen Felsen unweit der heutigen Kleinstadt Ardanuç die Schlucht des Köprüler Deresi. Eine armenisch-georgische Kirche liegt innerhalb der Festung und legt Zeugnis ab von einer Zeit, als der Ort Hauptstadt des Fürstentums von Toa Klardshetin war. Der Begründer dieser Dynastie, Aschot Bagrationi der Große (von 780 bis 826) lavierte mit Geschick zwischen der Gunst von Byzanz und der des Emirs von Tiflis (bzw. des Kalifen) und vermochte so relativ unabhängig zu bleiben. Er nannte sich Palastwächter (Kuropalat) und ließ zahlreiche Kirchen in seinem Kleinreich erbauen.

Ardanuç

Hochweiden in den Giresun Dağları bei Artvin

Umgebung (Fortsetzung) Borçka	Westlich der Bergbaustadt Borçka überquert eine osmanische Brücke einen Zufluß zum Çoruh Nehri. Eine völlig verfallene Burg liegt über der Stadt, die früher auch Yeniyol (Neuweg) hieß. Das enge Durchbruchstal des Çoruh Nehri zwischen Artvin und der armenisch-türkischen Grenze ist im Herbst Flugleitlinie für zahllose Zugvogelarten.
*Dört Kilise	Etwa 5 km südlich der Kreisstadt Yusufeli liegt bei dem Dorf Dört Kilise am Ufer der Çoruh eine Burg mit einer Kapelle. Rund 8 km aufwärts im Seitental versteckt stößt man auf eine dreischiffige Basilika (Ohta Eklesia) aus dem 10. Jh. mit rechteckigem Grundriß, einem partiell erhaltenen Steinplattendach und reicher Außenverzierung. Im Innern des Chors erkennt man geringe Reste einer Innenausmalung und in der Wölbung des Ostfensters ein Medaillon mit dem Bild des Stifters. Nördlich der Basilika steht eine verfallene Kapelle. Diese Kirchen sind die letzten von ehemals insgesamt vier Kirchenbauten (daher der Name Dört Kilise = 'vier Kirchen').
Hamamlıköy	Eine der wichtigsten Klosteranlagen der İmerhevi-Talschaft liegt 31 km östlich von Artvin im Tal des Okçular Deresi. Kernstück bildet eine von Smbat I. (923–985) gestiftete, heute als Stall bzw. Moschee genutzte, gut erhaltene Kreuzkuppelkirche. Am Südfenster erkennt man die Erzengel Michael und Gabriel, am Tambour ein Relief des Stifters.
*Tal von İmerhevi	Etwa 12 km südöstlich von Artvin mündet aus Nordosten kommend der Okçular Çayı in den Çoruh Nehri. Hier beginnt das im Volksmund auch İmerhevi Deresi genannte Tal, das wegen seiner zahlreichen Kirchen und Klöster von manchen auch als der Sinai Georgiens oder der georgische Athos bezeichnet wird. Eine Straße führt durch diese Talschaft über Şavşat und den 2640 m hohen Çam Gecidi nach Ardahan. Auf diesem Wege lassen sich die kunsthistorisch sehr interessanten georgischen Kirchenruinen um Şavşat und Ardanuç erreichen, auch wenn sie mitunter abseits der Fahrwege liegen.

Durch das Tal des Oltu Çayı zweigt etwa 70 km südlich von Artvin von der Hauptroute nach Erzurum kurz vor Kınalıçam eine Straße nach Osten in Richtung Oltu ab. Unweit davon führt ein Fahrweg nordwärts nach İşhan mit seiner sehenswerten Kiroho (ehemalige Kathedrale), in der sich verschiedene Bauphasen gut erkennen lassen: Im Osten die hufeisenförmige, mit Rosetten und Blumen geschmückte Apsis stammt vom Vierkonchenbau des 7. Jh.s. Eine erste Änderung erfolgte 828, eine weitere 1032: Die Anlage mit ihren durch mehrfach gestufte Arkaden gegliederten Außenwänden wurde zu einer Kuppelkirche mit erweitertem Westschiff umgebaut, wobei der Tambour mit gedrehten Säulen frei auf der Vierung ruht, da die Kirchenschiffdächer verloren gingen. In der Kuppel erkennt man das Bild eines Kreuzes, das von Engeln getragen wird und im nördlichen Querschiff Medaillonmalereien von Heiligen und Stiftern in den Fenstergewölben, die wiederum mit Pflanzen- und Flechtbandmustern umrahmt sind. Innerhalb des offenen Kirchenbaus steht eine kleine Kapelle.

Umgebung
(Fortsetzung)
*İşhan

Eine oft in ihren einzelnen Massiven weit über 2 000 m ü.d.M. aufragende Gebirgsmauer bildet das Rückgrat Türkisch-Georgiens: die Nordkette des östlichen Schwarzmeergebirges. Im Norden geht dieser Gebirgskörper in den Kleinen Kaukasus (heute Republik Georgien) über. Seine höchsten Erhebungen findet er im Dreieck zwischen Rize, Artvin und Bayburt im Massiv des Kaçkar Dağ mit 3 932 m Höhe. Der tief eingeschnittene Çoruh-Graben bildet im Südosten die Grenze. Das Gebirge steigt unmittelbar von der Küste auf 2 000 m an, wo ausgedehnte Verebnungen eine Art Hochfläche bilden. Nur 35 km Luftlinie entfernt liegt der Hauptgipfel von der Küste bzw. vom Çoruhtal.

*Kaçkar Dağları

Neben kaukasischer Fichte, Nordmanntanne, Waldkiefer, sommergrüner Eiche und Orientbuche sind der purpurviolette und gelbe Rhododendron (Pontische Alpenrose) als Unterwuchs in Buchen- und Kiefernwäldern oder der weißblühende (Kaukasische Alpenrose) in ausgedehnten Beständen weit verbreitet. Vielfältige Fauna bereichert das Bild der Waldstufen und Hochlagen: Hier begegnet man noch Braunbären, Kaukasusgemsen, Bartgeiern, dem Kaspischen Königshuhn und dem schwarzen Kaukasischen Birkhuhn.

Flora und
Fauna

Das Kaçkar-Gebirge eignet sich vorzüglich für ausgedehntere Gebirgstouren. Günstiger Ausgangspunkt sind im Tal des Barhal Çayı die Streusiedlungsdörfer Parhal. Von hier führt eine interessante Trekking-Tour (ein Weg von etwa 6 Std.) über Kumru, Naznara und Amaneskit zu einem Wasserfall und zum 2 600 m hoch gelegen Karsee Karagöl. Auf einer anderen Tour (ein Weg von etwa 10 Std.) erreicht man über Olgunlar (Yaylalar, bis dort Fahrweg) weiter flußaufwärts die Dilber Düzü (Dilber-Hochfläche, 2 950 m), den 3 250 m hohen Karsee Deniz Gölü (Tagestour) und letztendlich den Gipfel des Kaçkar Dağ (3 932 m, 2 Tage).

Besteigung

In einem Seitental des Çoruh Nehri, das bei Yusufeli mündet, liegt weit aufwärts ca. 15 km hinter dem Ort Sarıgöl beim Dorf Altıparmak (auch Barhal oder Parchali) eine frühere Kirche, die heute als Moschee dient und gut erhalten ist, unmittelbar am Dorfplatz. Das im 10. Jh. von David Kuropalat gestiftete dreischiffige, aus verschiedenfarbigen Steinen errichtete Gotteshaus einer Klosteranlage entspricht in Details der Basilika von Dört Kilise. Sie zeigt Spuren von einstiger Bemalung. Die Fenster sind partiell mit Figurmotiven und Reliefstreifen dekoriert. Ein Pfad führt oberhalb des Dorfes zu zwei weiteren Kapellen. Die untere zeigt nur noch Mauerreste, die obere, eine kleine Basilika, hat zwei kleine Apsiden. – In einem weiteren Seitental des Barhal Çayı stößt man in der Nähe des Dorfes Yüksekoba auf die Reste des Gudaschewi-Klosters.

*Parhal

Eine mächtige georgische Burgruine östlich des Ortes Şavşat beherrscht die einstige Residenzstadt der Fürsten von Chavchetien, die heutige Kreisstadt Şavşat, etwa 63 km östlich von Artvin an der malerischen Straße

Şavşat

Artvin,
Umgebung,
Şavşat
(Fortsetzung) nach Ardahan. Der Ort, auch Yeniköy oder Zavsat genannt, war Zentrum eines jener georgischen Kleinstaaten, die sich bei den Spaltungen Georgiens im 9. und 13./14. Jh. etablieren konnten.

Yeni Rabat

Gut versteckt in einer waldreichen Senke der Yalnızçam Dağları liegt 15 km südöstlich von Ardanuç oberhalb des Köprüler Deresi das im 9. Jh. von Gregor Chandsteli gestiftete georgische Kloster Schatberdi oder Yeni Rabat (= 'neues Kloster') mit reich verzierten Fensterumrahmungen. Hier entstanden u. a. im 9. und 10. Jh. in einer berühmten Schule für Buchmalerei sehenswerte Evangeliare, die heute in Tifliser Museen (Georgische Republik) untergebracht sind.

Aspendos

→ Side

Assos

→ Edremit Körfezi

Aydın   C 6

Westanatolien
Provinz: Aydın
Höhe: 64 m ü. d. M.
Einwohnerzahl: 107 000

Lage und
Bedeutung

Die Provinzhauptstadt ist mit ihrem älteren Kern am Zweig der Anatolischen Eisenbahn von İzmir nach Afyon abseits der Durchgangsstraße nach Denizli am Nordrand der Ebene des Büyük Menderes auf dem Schwemmfächer des Tabakhane Deresi (in der Antike Eudon) angelegt. Westlich des Tabakhane liegen das alte türkische und das einst jüdische Viertel, östlich die ehemals armenischen und griechischen Stadtteile. Die südlich gelegenen Neustadtbereiche geben der Stadt auf den ersten Blick einen modernen Anstrich.
Aydın ist Zentrum einer intensiv genutzten Agrarlandschaft (Büyük Menderes-Ebene), in der neben der dominierenden Baumwolle die besten Weintrauben (Rosinen) und Feigen der Türkei wachsen. Westlich von Aydın liegt das Hauptabbaugebiet von Schmirgel, der hier als Besonderheit in den kristallinen Gesteinen vorkommt. Die Stadt liegt auf einer bruchtektonischen Linie im Menderes-Graben und hatte deshalb häufig unter Erdbeben zu leiden, Noch 1895 bildete sich durch ein solches Erdbeben bei Aydın eine 1 m hohe Geländestufe.

Geschichte

Aydın ist eine türkische Neugründung unterhalb der antiken Stadt Tralleis durch die Emire von Aydın. Ab 1307 mit Mehmet Aydınoğlu entstand das Beylik Aydın mit dem Ort Aydın Güzelhisar (so genannt von Mehmets Vater) als Zentrum der Beylikdynastie der Aydın Oğulları. Als die Region 1424 endgültig osmanisch wurde, blieb die Stadt bedeutendes Regionalzentrum, stand seit dem 18. Jh. mit Verfall des Osmanenreiches bis 1822 unter der Derebey-Herrschaft der Karaosmanoğlu.
Nach den Ruinen von Tralleis benannte man sie in Güzel Hisar ('Schöne Burg') um. Vom ehemaligen Beylik-Fürstensitz ist nach verschiedenen Erdbeben und nach einem größeren Brand beim Abzug der Griechen 1922 kaum historische Bausubstanz erhalten. Sehenswert sind vor allem verschiedene Moscheen.

Sehenswertes in Aydın

Die Moschee Ağaçarası (auch Üveys Paşa Camii genannt) im Köprülü-Viertel stammt von 1565 und zeigt beachtenswerte Barockarchitektur. Vier Gräber enthält das Kuppelgrab Alihan Kümbeti aus dem 14. Jh. im Üveys-Paşa-Viertel mit einem Ziegelmosaik über dem Eingang.

Ağaçarası Camii

Die Cihanoğlu oder Cihanzade Camii, eine barocke Moschee mit quadratischem Grundriß wurde 1756 gebaut. Der Şadirvan ist mit Marmorbecken und zwölf Säulen ausgestattet. Die Moschee gilt hinsichtlich der Verzierungen als Meisterwerk türkischen Barockstils.

Cihanoğlu Camii

Ein lohnenswertes Museum im Westteil der Stadt zeigt vor allem Funde aus Tralleis, darüber hinaus Ethnographisches aus der Region (geöffnet 8.30–12.00; 13.30–17.00 Uhr).

Museum

Zwischen 1699 und 1707 entstanden gleichzeitig mit dem Osmanoğlu Hanı (Zinçirli Han) durch Nasuh Paşa gestiftet westlich dieser Karawanserei eine Medrese mit 20 Räumen, eine Moschee und ein Bad. Das in seldschukischer Architektur erbaute Bad heißt heute Paşa Hamamı.

Osmanoğlu Külliyesi

Zu den schönsten sakralen Bauwerken der Stadt zählt die barocke Süleyman Bey Camii von 1683 nahe dem Bahnhof, in der der Şadırvan mit Pyramidenkuppel ausgestattet ist.

Süleyman Bey Camii

Die Ruinenstätte von Tralleis, für deren Besuch man eine besondere Genehmigung benötigt (militärisches Sperrgebiet), liegt etwa 100 m oberhalb von Aydın auf der steil abfallenden Bergterrasse Güzel Hisar in aussichtsreicher Höhe inmitten von Olivenhainen.
Tralleis wurde von Argivern gegründet und erstmals bei Xenophon als befestigter Waffenplatz der Perser in der Satrapie des jüngeren Kyros genannt. Mit der Unterwerfung unter Alexander dem Großen (334 v. Chr.) begann eine Zeit der Blüte, die auch unter Lysimachos und später den Seleukiden, als die Stadt Seleukia hieß, und unter den Königen von Pergamon (Attaliden), die hier einen Palast unterhielten, anhielt. Wie heute waren auch damals schon die Feigen von Tralleis berühmt, und in der Stadt gab es eine berühmte Philosophenschule. Römisch wurde die Stadt 133 v. Christus. Nach einem Erdbeben 26 v. Chr. ließ Augustus sie neu erbauen. Aus Dankbarkeit nannten die Bürger diese Stadt bis Ende des 1. Jh.s Kaisareia. Als Güzelhisar verlagerte sich der Ort im 14. Jh. in die Ebene und wurde zur Residenz der Aydın Oğulları. Die alte Stadt benutzte man als Steinbruch.
Um 1888 durchgeführte erste Ausgrabungen brachten nur geringe Ergebnisse. In den Jahren 1902/1903 legten Archäologen des Osmanischen Museums İstanbul die Reste von Thermen und eine Stoá frei. Berühmtester Fund ist der 'Knabe im Mantel' (im Archäol. Museum İstanbul).

*Tralleis

Wenig eindrucksvoll sind die Reste des Stadions. Aus diesem Kolossalbauwerk wurden alle Steine entfernt. Man findet sie z. T. in der Altstadt von Aydın verbaut. Nördlich hinter dem Stadion stößt man auf die Reste des an die Akropolis angelehnten Theaters mit großen Mauerflügeln aus Gußmauerwerk und einem unterirdischen Tunnel in der Orchestra. Auf die 280 m hoch gelegene Akropolis führte einst eine Hochdruck-Wasserleitung. In der Nähe des Stadions findet man die Reste von zwei frühbyzantinischen Kirchen mit interessanten Grundrissen.

Besichtigung der Ruinenstätte

Halbrechts von der Agora stehen die von den Türken als 'Üç Göz' (drei Augen) bezeichneten drei Ruinen-Bögen des großen, spätrömischen Gymnasiums, dessen Ziegelmauern einst mit Marmor verkleidet waren.
Von der Stadtmauer um die ovale, 1 800 m lange, 1 000 m breite und im Osten vom Tabakhane Çayı umflossene Stadtanlage sind nur noch geringe Reste vorhanden.

Türkische Imbißstube

Balıkesir C 4

Westanatolisches Bergland
Provinz: Balıkesir
Höhe: 120 m ü. d. M.
Einwohnerzahl: 172 000

Lage
und Bedeutung

Die Stadt leitet ihren Namen (auch Balıkesri) vermutlich ab von der Verball-hornung der früheren Bezeichnung 'Paleo Kastro' (alte Burg) durch die Türken in 'Balı Kesri'. Dank der umgebenden Agrarlandschaft und ihrer verkehrsgünstigen Lage zwischen İzmir und Bursa hat sie sich in den vergangenen drei Jahrzehnten als Industrie- und Handelszentrum für Erzeugnisse der Region (u. a. Tabak, Baumwolle, Feigen) sowie im Textilgewerbe und im Maschinen- und Fahrzeugbau deutlich vergrößert. Sie besitzt heute ein lebhaftes Geschäftsviertel. Bekannt sind im weiteren Umkreis der Stadt die zahlreichen Thermal- und Mineralquellen.

Geschichte

Der Ort in der alten Landschaft Mysien stand als 'Assuwa' bereits unter hethitischer Hoheit, kam später an Lydien, Phrygien, Persien und dann an Rom. Reste aus dieser Zeit sind nicht mehr vorhanden. 1303 entstand hier ein Zentrum des Beyliks Karası, das 1363 an die Osmanen fiel. Balıkesir, das eine bedeutende Rolle im türkischen Befreiungskrieg spielte (Kongreß zur Sammlung der nationalen Kräfte gegen die griechische Invasion 1919), war noch bis 1926 auch unter dem Namen Karası bekannt.

Sehenswertes in Balıkesir

Kara İsa Bey
Türbesi

Das Grabmal des Stadtgründers Kara İsa Bey, das nach ihm auch Karası Bey Türbesi genannt wird und wo er zusammen mit seinen fünf Söhnen bestattet ist, entstand acht Jahre nach seinem Tode (1330) im Mustafa-Fakih-Viertel. Am Sarkophag findet man eine kufische Inschrift.

In der Stadt stehen zwei erwähnenswerte osmanische Karawansereien: Hasan Paşa Hanı und İlyas Paça Hanı, in denen heute moderne Geschäftsräume untergebracht sind.

Der Uhrturm an einem Hügel im Stadtzentrum wurde nach dem Erdbeben von 1987 im Rokoko- und Empire-Stil errichtet. Zuvor stand hier ein Turm von 1877, der nach dem Vorbild des Galata-Turms in İstanbul gebaut war.

Der Komplex Yıldırım besteht aus einer Medrese, einem Badehaus und einer Moschee. Letztere wurde Ende des 14. Jh.s durch Yıldırım Bayazit gestiftet und später mehrmals restauriert.

Der Erzieher des Sultans Fatih Mehmet stiftete den 1461 erbauten Moscheekomplex in der Nähe der Kara İsa Bey Türbesi. Zur Anlage zählen außer dem Gotteshaus ein Bad, Brunnen, Bauhaus, Koranschule mit Bibliothek in der Moschee und die Türbe des Stifters (1466). Auf der Kanzel der Moschee ist die Jahreszahl 1446 (865 H; H = Jahreszählung nach der ersten Hadsch) angegeben. Hier hielt Atatürk am 7. Februar 1923 die Freitagspredigt.

Umgebung von Balıkesir

Der alte Name des Bergbauorts Balya, etwa 50 km nordwestlich von Balıkesir, ist Pazarköy bzw. Balya Maden. In Kadiköy, einem Stadtteil von Balya, befindet sich eine größere Burganlage aus möglicherweise römischer oder byzantinischer Zeit. Im Ortsteil Hisar (Burg) gibt es ein Thermalbad mit 50°C heißen Quellen.
Etwa 5 km von Balya liegt ein weiteres Thermalbad, Hozluca, mit 80°C heißen Schwefel- und Kohlensäurequellen gegen Rheuma und Hautkrankheiten. Der bedeutendste Heilbadeort des Balya Dağ ist der kleine Flecken İlıca 26 km nordöstlich von Balya. Er verfügt über sechs Thermalquellen mit zwischen 24°C und 63°C heißem Wasser.

Östlich des Zentrums der Kreisstadt Bigadiç liegt der Siedlungshügel der byzantinischen Stadt Achyraos mit den Resten einer Befestigungsanlage. Etwa 15 km von der Stadt gibt es im Dorf Hisar Köyü ein Heilbad mit heißen Quellen (19,5°C−84°C, u. a. Karbon-, Schwefel, Eisen- und Bitterquellen) gegen Rheumatismus und Hautkrankheiten.

Rund 18 km südlich von Balıkesir liegt der Thermalbadeort Pamukçu mit chlorhaltigen Schwefelquellen gegen chronische Darm- und Zuckerkrankheiten sowie Rheumatismus.

Die Region der Provinz Balıkesir kennt als interessantes wirtschaftshistorisches Relikt noch die Institution des Jahrmarkts (Panayır), die in anderen Gebieten der Türkei fast ausgestorben ist. In der Umgebung von Balıkesir finden derartige Jahrmärkte u. a. noch zu folgenden Terminen statt:
April: 24.–26. Kepsut, 27.–29. Balya;
Juni: 21.–23. Balya-İlıca;
August: 7.–14. Dursunbey; 16.–20. Kepsut;
Sept.: 10.–13. Bigadiç, 17.–20. Savaştepe, 20.–22. Balya, 24.–27. İvrindi.

Das Dorf Emendere (İlıca), das bekannt ist für seine radioaktiven heißen Quellen, befindet sich etwa 8 km südöstlich der Kreisstadt Sındırgı. − Ein weiteres Heilbad mit 84°C−96°C heißen Quellen liegt etwa 35 km östlich der Stadt beim Dorf Hisaralan. Der Ort mit der nahegelegenen Burg Hisaralan Kalesi wird identifiziert mit der antiken persischen Siedlungsstelle von Daskylcion.

Bandırma   C 3

Südliches Marmarameer
Provinz: Balıkesir
Höhe: 10 m ü.d.M.
Einwohnerzahl: 77000

Lage und Bedeutung

Die große Kreis- und Hafenstadt liegt an der gleichnamigen Bucht am südlichen Marmarameer gegenüber der Südostseite der Halbinsel Kapıdağ, verfügt über einen Flugplatz und ist Endpunkt einer Bahnlinie von İzmir über Balıkesir. Das rege Handelszentrum hat regelmäßigen Schiffsverkehr nach İstanbul (erste moderne Hafenanlage 1924) und gilt als wichtige Industriestadt. Am südlichen Stadtrand wirtschaftet seit 1943 auf etwa 2500 ha Fläche eine Merino-Schafzuchtfarm mit etwa 5000 Tieren. Die Bucht von Bandırma ist für Badeurlaub wegen der Industrieanlagen nicht besonders attraktiv. Dennoch gibt es rund um die Bucht verschiedene Sandstrände, z.B. bei Karşıyakaköyü und bei den Ruinen von Kyzikos (s. unten).

Geschichte

Über die ältere Geschichte der Stadt und ihre Entstehung ist wenig bekannt. Sie war zunächst mysisch, später – vermutlich als kleinerer Fischerhafen – beim Königreich Kyzikos. 1076 kam der Ort unter Sultan Süleyman Kutulmuş an das Reich der Rumseldschuken, nach deren Niedergang an das Beylik von Karası (→ Balıkesir). Unter osmanischer Herrschaft (bis 1922) wurde die Stadt überwiegend von Griechen und Armeniern bewohnt. Bei einem Brand 1874 wurde ein beträchtlicher Teil der Altstadt zerstört. Besondere Sehenswürdigkeiten bietet die Stadt nicht.

Umgebung von Bandırma

Daskyleion

Nahe dem Dorf Ergili (ehem. Eski Köy = 'altes Dorf') südöstlich des Manyas Gölü liegen die Reste einer durch den Vater des Lyderkönigs Gyges, Daskylos, im 7. Jh. v. Chr. gegründeten und späteren persischen Satrapenresidenz von Kleinphrygien, bei der Pharnabazos einen Palast bauen und einen prächtigen Park anlegen ließ. Von diesem Bauwerk sind Grundmauern erhalten. Bei den Grabungen fand man hier persisch beeinflußte Grabreliefs und Siegelabdrücke persischer Steinstempel (heute in den Archäologischen Museen von İstanbul und Ankara).

Denizkent

Etwa 26 km nordwestlich von Gönen trifft die Straße nach Çanakkale bei Denizkent ans Marmarameer. Hier liegen an ausgedehnten Sandstränden zahlreiche Feriensiedlungen für einheimische Sommerurlauber.
Kurz vorher liegt linkerhand die Anlage des Mustergutes Tahir Ovası für Pferde-, Schaf- und Pflanzenzucht, eine Stiftung des türkischen Landwirtschaftsministeriums und der Deutsch-Türkischen Gesellschaft und Ausbildungsstätte für türkische Landwirte.

*Erdek

Der Ort Erdek, an der Südwestecke der Halbinsel Kapıdağ etwa 20 km nordwestlich von Bandırma, hat angenehm gemäßigtes Klima, liegt ausgesprochen malerisch und gilt seit 1950 in zunehmendem Maße als das Seebad an der Marmarameerküste für einheimische Städter (zahlreiche Apartment-Ferienblocks). Der Ort war bis 1921 überwiegend von Griechen bewohnt und nannte sich Pithos. Beim Abzug der Griechen wurden große Teile der Stadt bei einem Brand eingeäschert. Auf den Trümmern baute man eine weitgehend regelmäßig angelegte Neustadt.

An der Stelle von Erdek lag in der Antike die von Milesern gegründete Koloniestadt Artake, die von den Persern zerstört und später nur noch als Hafen von Kyzikos diente. Die Fischerei des kurzflossigen Thunfischs Palamut in den Gewässern um Erdek spielte in der Antike offenbar eine bedeutende Rolle. Der Fisch wurde auf Münzen aus Kyzikos abgebildet.

Das große Becken von Gönen wird äußerst intensiv mit ausgedehnten Naßreiskulturen bewirtschaftet, die den Fluß Gönen Çayı fast bis zu seiner Mündung bei Denizkent begleiten. Etwa 50 km südwestlich von Bandırma liegt hart an der Grenze zur Landschaft der Troas an der alten Straße nach Çanakkale die Kreisstadt Gönen mit ihrem bekannten Thermalbad. Erhalten sind einige Reste eines antiken Artemis-Heiligtums (Artemis Thermae, Mosaik-Museum im Thermalbadbereich mit Mosaiken aus dem 5. Jh. n.Chr.). Die bis zu 82 °C heißen Quellen sollen gegen urologische, nervöse und Hautkrankheiten helfen. Etwa 13 km südlich der Stadt im Dorf Eksidere im Delical Dağ liegt ein weiteres Thermalbad (Dağ İlıcası) mit 43 °C heißen Quellen gegen Rheuma, Frauenkrankheiten und Magenleiden. Unweit nordwestlich von Gönen kann man bei Dereköy die interessanten Fledermaushöhlen Yarasa Mağaları besuchen. – Etwa 11 km nördlich bei Güvercinli findet man eine alte Brücke (İskender Köprüsü), die man ins 4. Jh. v.Chr. datiert. – Rund 7 km von der Stadt bei Babayaka liegen die Reste einer aus Granitquadern errichteten Burg.
Umgebung (Fortsetzung) Gönen

Die 782 m hohe, gebirgige, partiell bewaldete und größtenteils aus Granit aufgebaute Halbinsel Kapıdağ (Torberg, in der Antike Dindymos) nordwestlich von Bandırma ist nur durch eine schmale Landenge mit dem Festland verbunden. Im Altertum war sie wahrscheinlich noch eine Insel namens Arktonnesos, auf der es Bären gab. Der Sage nach soll es sich um die in Bären verwandelten Ammen des Zeus gehandelt haben.
Kapıdağ Yarımadası

Etwa 10 km südöstlich von Erdek an der Straße nach Bandırma liegen auf der Landenge zwischen der Halbinsel Kapıdağ und dem Festland die Reste der Handelskolonie Kyzikos (auch Belkıs) mit dem poetischen Namen Dindymos. Sie wurde angeblich bereits im 2. Jahrtausend v.Chr., mit Sicherheit aber 756 v.Chr. von Milet aus (wieder) gegründet. Ihr gastfreundlicher König wurde in der Argonautensage infolge eines Irrtums von den Argonauten getötet. Um 334 verband Alexander d. Gr. die Stadt an der Südspitze der damaligen Insel durch zwei Brücken mit dem Festland. Durch stetiges Überspülen und durch Sandanwehungen entstand nach dem Niedergang der Stadt nach und nach die oben genannte Landenge. In der Entscheidungsschlacht zwischen Lucullus und Mithradates Eupator, die Lucullus zu seinen Gunsten entschied, wurde Kyzikos 'freie' Stadt und Hauptort Mysiens. Bei mehreren Erdbeben (543, besonders 1063), Arabereinfällen (673) und Auseinandersetzungen zwischen Byzanz, Seldschuken und Kreuzrittern stark zerstört, wurde der Ort nach 1224 verlassen. Es sind nur noch Ruinen vorhanden (Stadtmauer, Theater, Amphitheater, Zeustempel des Hadrian, dessen Säulen im 16. Jh. für Moscheebauten nach İstanbul transportiert wurden). Funde sind ausgestellt im Museum in Erdek.
Kyzikos

Etwa 10 km südöstlich von Manyas liegt unterhalb des Keltepe das Dorf Soğuksu, so benannt nach ergiebigen, kalten Süßwasserquellen, die oberhalb des Dorfes entspringen. Auf dem abgeflachten Keltepe, der südlich das Dorf überragt, findet man die Ruinen einer weitaus älteren und größeren Siedlung, die man als die Reste der antiken Stadt Poemanios (Poemanenos) ansieht. Manche Forscher erklären den Ort als Stammeszentrum der Poemanenen, das zeitweise unter dem bedeutenderen Kyzikos (s. o.) existierte. 1835 war die Siedlung zwar noch bewohnt, 1902 aber bereits verlassen und in Ruinen. Aus dieser Zeit findet man innerhalb der Stadtwüstung noch Reste auf dem Keltepe: zwei fast völlig zerstörte Moscheen, zwei Türbenruinen und eine (möglicherweise byzantinische) verfallene Burg auf dem vorgelagerten Akropolissporn, von dem man einen vorzüglichen Überblick zum Manyas Gölü und zum Dörfchen Soğuksu hat, das bereits im 19. Jh. als Neusiedlung von tscherkessischen Rückwanderern unterhalb der Altstadtruinen gegründet worden war.
Soğuksu

Ein als 'Vogelparadies' bezeichneter, 52 ha großer Naturschutzpark mit etwa 250 Vogelarten und einem kleinen Vogelmuseum wurde 1938 am
*Kuş Cenneti

Bandırma

Umgebung,
Kuş Cenneti
(Fortsetzung)

Ostufer des Manyas Gölü nahe dem Ort Siğircik durch den deutschen Hydro- und Zoologen Curt Cosswig initiiert, der 1959 Nationalpark und als solcher 1976 mit dem Europadiplom ausgezeichnet wurde. Im Jahre 1952 baute das Hydrologische Institut der Universität İstanbul hier eine Beobachtungsstation. In dem naturbelassenen Gelände kann man von besonderen Aussichtsstellen die heimische und 'durchreisende' Vogelwelt ungestört beobachten. Der Manyas-See wurde inzwischen in 'Kuş Gölü' (Vogelsee) umbenannt. Die Bäume des Parkgeländes sind dicht besetzt mit Reiherarten (Grau-, Nacht-, Seiden-, Purpur-, Rallenreiher) und Löfflern. Kormorane findet man eher abseits. Dazu treten Pelikane (Krauskopf- und Rosapelikan).

Manyas

Die kleine Kreisstadt Manyas, etwa 10 km südlich des Manyas Gölü, ist ein Beispiel typischer Kleinstadtentwicklung in der Türkei: Obwohl der heutige Ort als Neusiedlung Tatarköy (= Tatarendorf) auf einem Jahrmarktplatz durch politische Rückwanderer (25 tatarische Familien aus Dobrudscha/ Rumänien) frühestens im späten 19. Jh. (um 1877) entstanden ist, blickt er auf eine insgesamt recht lange (und verworrene) Geschichte zurück: Das neugegründete Dorf entstand auf der Siedlungsstelle der antiken Stadt Miletopolis. An diesen Ortsnamen erinnert noch der aus 'Miletopolis' verstümmelt tradierte Name des Hügels 'Maltepe', auf dem die Stadt heute steht. Über das Schicksal von Miletopolis ist bislang nichts bekannt, Reste findet man kaum noch. Mehr weiß man dagegen über die unmittelbare Vorgängersiedlung des Ortes Manyas, über Eski Manyas (s. Soğuksu). – Zwei Mineralbäder gegen Hautkrankheiten liegen nahe bei Manyas: İlıca (Hamamlı) beim Ort Çingir und Kum İlıcası.
Der sehenswerte Jahrmarkt von Manyas (Kuş Panayırı), der bereits vom Reisenden Evliya Celebi im 17. Jh. erwähnt wird, findet jährlich vom 3. bis 6. Juni und vom 15. bis 17. September statt.

Manyas Gölü
(Kuş Gölü)

Etwa 20 km südlich von Bandırma liegt eingebettet in einer Hügellandschaft der 166 km² große, maximal 8 m tiefe Manyas-See, an dessen Ostufer der bekannte Vogelschutzpark 'Kuş Cenneti' (s. oben) liegt. Im Süden findet man einige Tamariskensümpfe mit Seerosen und Binsenbeständen. Der plankton-, fisch- und vogelreiche Süßwasserflachsee mit dem Kadiköyü Deresi als Hauptzufluß entwässert über den Kara Dere in den Koca Cayı. Er wurde im Altertum See von Miletopolis genannt.

Marmara Adaları

Von den 23 Inseln im ⟶ Marmarameer ist die sehr gebirgige Marmara Adası (Insel Marmara) die bekannteste und mit 118 km² auch die größte der Marmara-Inseln. Von ihr erhielt das Marmarameer seinen Namen. Berühmt wurde die Insel durch ihre Marmorsteinbrüche (Marmara = Marmor), Rohstoff für römische Sarkophage und osmanische Moscheebauten. Die wirtschaftliche Grundlage bildete zudem der Fischreichtum der umliegenden Gewässer. Heute gilt die Insel als beliebtes Seebad. Ebenfalls für den Küstentourismus bedeutend ist Avşa. Die nur 21 km² große Insel drei Seemeilen südlich der Marmara-Insel mit lediglich zwei Dörfern zeichnet sich durch einen guten Wein aus. Bootsverbindungen bestehen von Erdek oder Bandırma.

Susurluk

Die Kreisstadt Susurluk, etwa 55 km südlich Bandırma an der Straße nach Balıkesir, bietet, abgesehen von der osmanischen Karawanserei Deveci Hanı (16. Jh.) und einer osmanischen Medrese mit kleiner Moschee, keine besonderen Sehenswürdigkeiten. Im Umfeld der Stadt allerdings gibt es vier bekannte Heilbäder: Gökçedere İlıcası (30 km südwestlich; mit 25 °C warmem Wasser), Kepekler Kaplıcası, auch Göbel (10 km nördlich der Stadt links der Straße nach Bandırma; mit 45 °C heißen Quellen zur Therapie von Rheuma und Ischias), Ömerköy İlıcası (etwa 30 km südwestlich an der Bahnstrecke nach Balıkesir; das 30 °C warme Wasser wirkt gegen allgemeine Schmerzen und nervöse Störungen), Yıldız Kaplıcası (etwa 15 km südöstlich der Stadt am Simav Çayı; das 74 °C heiße Quellwasser hilft gegen Rheuma, Ischias und ähnliche Leiden).

Bergama

—→ Porgamon

Beyşehir

Westtaurus (Isaurisch-pisidisches Seengebiet)
Provinz: Konya
Höhe: 1 112 m ü. d. M.
Einwohnerzahl: 20 000

Die Kreisstadt in hübscher Lage an der Südostecke des Beyşehir-Sees am
Abfluß des kanalisierten Beyşehir Çayı besitzt einen lebhaften Markt und
ist wirtschaftlicher Mittelpunkt einer größeren agrarisch genutzten Senkenlandschaft. Beyşehir liegt an alten Fernrouten von Konya nach İzmir
bzw. nach Antalya und besteht aus den Resten der Altstadt (im Nordwesten am See) und der Neustadt (Osten), an die sich nordöstlich die
große, parkartige Gartenbaulandschaft der Beyşehir Ovası anschließt.
Der Feudalherr Emir Eşref, ein höherer Beamter der seldschukischen
Reichsverwaltung ließ Beyşehir als Residenz im 13. Jh. anlegen (Beyşehir
= Fürstenstadt). Vermutlich liegt sie am Platz der antiken Stadt Parlais.

Lage und Allgemeines

Die siebenschiffige Moschee zählt mit zu den schönsten Holzmoscheen in
Anatolien. Der 1296 von Eşrefoğlu Süleyman Bey, dem Sohn des Stadt
gründers Eşref, gestiftete Bau besticht durch sein (waldartig) dicht mit 48
Säulen (Kiefernstämme mit kunstvoll geschnitzten Stalaktiten-Kapitellen)
bestandenes Inneres und die Gebetsnische aus beachtenswerten Fayencen. Die flache Holzdecke hat wie üblich ein giebelförmig erhöhtes Mittel-

Sehenswertes
*** Eşrefoğlu Camii

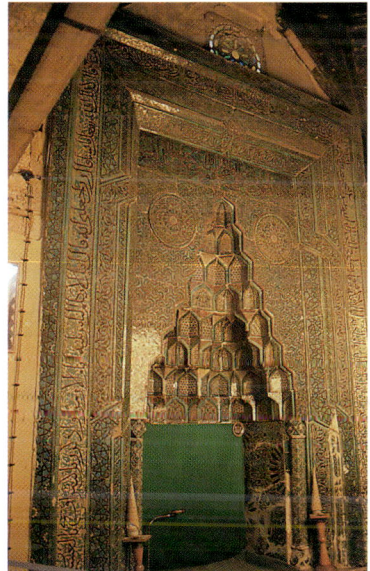

Gebetsnische in der Eşrefoğlu Camii   *Quellheiligtum Eflâtun Pınarı*

Eşrefoğlu Camii (Fortsetzung)	schiff. Das Balkenwerk ist beste Zimmermannsarbeit, die beiden Kanzeln und die Himmelstreppe zeigen höchste Holzschnitzkunst. An der Ostmauer steht die Türbe des Stifters von 1301. Wegen Renovierung zur Zeit geschlossen. Die neue Täfelung existiert bereits.
Bedesten	Neben der Eşrefoğlu-Moschee steht ein großer, seldschukischer Basarbau, in dem bis 1998 ein neues Museum untergebracht werden soll.

Umgebung von Beyşehir

*Beyşehir Gölü	Der türkisfarbene Beyşehir-See, der nach einem Ort Kireli im Nordwesten des Sees auch Kireli Gölü heißt, ist mit einer Länge von 45 km und einer Breite von 25 km der drittgrößte See der Türkei (etwa so groß wie der Bodensee). Sein Wasser ist leicht sodahaltig (nicht trinkbar) und reich an Fischen (Karpfen). An seinem verkarsteten Südwestufer finden sich mehrere Karstschlünde (Ponore), die eine Entwässerung des Sees auch unterirdisch ermöglichen. Gegenüber der flachen Ostseite steigen mauerartig die Gebirgsstöcke der Dedegöl Dağları (2 980 m) und des Anamas Dağ (2 992 m ü. d. M.) steil an und trennen das Becken des Beyşehir-Sees von dem des Eğridir-Sees. Hier liegt unterhalb des 2 397 m hohen Çiçekdağı die Höhle von Pınargözü in einer Höhe von 1 550 m. Ebenso wie die Karstquellen von Kazanbüvet bei Yeşildağ bzw. die von Pınarbaşı bei Adaköy im Südwesten des Sees ist diese Höhle eine stark schüttende Quelle. Im See liegen etwa 30 Inseln, auf der großen Insel Mada Adası im Nordwesten lag früher eine Siedlung russischer Kolonisten. Man nannte sie deshalb Kasak Adası (Kosakeninsel). Nord- und Westufer des Sees sind als Nationalpark ausgewiesen (Kızıldağ Milli Parkı), der allerdings nicht günstig zugänglich ist. Nach Süden hin wird der Beyşehir-See nur durch eine flache Schwelle vom Suğla-See getrennt, und man nimmt an, daß beide Seebecken während des Jung-Tertiärs eine Einheit bildeten.
Bozkır, *Isauria Vetus	Etwa 10 km östlich der Kleinstadt Bozkır südlich von Beyşehir liegen südwestlich der Straße nach Belören bzw. Karaman die Ruinen von Isauria Vetus, das bereits bei Strabo als gut befestigtes Dorf genannt wird, über dem Dorf Ulupınar. Im Bereich der auch als Zengiba Kalesi bezeichneten Anlage wurden 1984 unter Leitung von İlhan Temizsoy archäologisch sondiert. Erkennbar sind von der alten Bezirkshauptstadt der römischen Provinz Isaurien die Reste der weitläufigen Stadt- sowie die der Akropolismauer mit einer Toranlage im Süden und bis zu 15 m hohen Turmruinen. Auf der Akropolis findet man die Reste eines Hadriansbogens, der Agora und zweier Kirchenbauten. Ein achteckiger Zentral-Kirchenbau mit Apsis und acht Pfeilern liegt im Norden. Nekropolen findet man im Nord- und Südwesten sowie im Süden mit schön reliefierten Felsgräbern.
Çamlık	Ein interessantes, für normale Reisende allerdings nicht erschlossenes Höhlensystem liegt etwa 45 km südlich von Beyşehir und 9 km westlich der Straße nach Akseki beim Dorf Çamlık. Hier durchfließt der Uzun Su unterhalb des Dorfes zunächst die 1 200 m lange Körükini-Höhle mit 13 kleinen und größeren Seen, durcheilt das Değirmendere-Tal (Mühlental) und verschwindet erneut in der 300 m langen Suluin-Höhle mit zwei unterirdischen Seen. Etwas weiter unterhalb in einem rechten Seitental stößt man auf die Höhle von Balat und 6 km oberhalb in der Nähe der Hasan Köprüsü auf weitere eindrucksvolle Dolinen.
*Eflâtun Pınarı	Das bedeutende Quellheiligtum aus der Zeit des hethitischen Großreiches (1460–1200 v. Chr.), etwa 17 km nördlich von Beyşehir (an der Straße nach Eğridir rechts ab 4 km östlich) neben einer zu einem Teich gestauten stark schüttenden Karstquelle, besteht aus einem altarförmigen, 7 m langen, offenbar aus Resten einer früheren Anlage zusammengesetzten Quaderbau mit reliefgeschmückter Fassade: Unter zwei kleinen Flügelsonnen sieht man rechts und links je eine Gottheit. Zusammen mit einer weiteren Großen Flügelsonne wird das Ganze von Mischwesen getragen. Die Deu-

tung des Reliefs ist umstritten. Hinter dem Monument stößt man auf die Basis eines Löwen und das Unterteil einer thronenden Götterfigur.

Beyşehir, Umg., Eflâtun Pınarı (Fortsetzung)

Etwa 10 km östlich von Beyşehir liegt im Dorf Fasıllar eine 7,5 m lange Großplastik. Der Ort selbst konnte noch nicht eindeutig zugeordnet werden, und die zeitliche Einordnung der Figur ist ebenfalls umstritten. Man schreibt ihre Entstehung der groß- bis späthethitischen Zeit zu. Manche bringen sie in Beziehung mit dem 40 km entfernten Quellheiligtum Eflatun Pınarı, das Hauptfigur wird als Gottheit oder König gedeutet. – In der Nähe des Ortes gibt es ein von einem Pferderelief flankiertes Felsgrab.

Fasıllar

Die Reste der Sommerresidenz des Seldschuken-Sultans Alaeddin Kaykobad (1219–1236) erreicht man am Westufer des Beyşehir-Sees über mäßige Zufahrten beim Dorf Gölyaka. Interessante Kachelreste von den Wänden des einst luxuriös ausgestatteten Palasts mit mindestens 16 Gebäuden findet man im Museum Büyük Karatay Medresesi in Konya. Ihre kunstgeschichtliche Bedeutung liegt darin, daß die Seldschukenfürsten trotz des Abbildungsverbots alles Lebendigen (laut den als Hadithen bezeichneten Überlieferungen der Taten und Worte des Propheten Mohammed, die im 7.–9. Jh. fixiert wurden) ihre Paläste noch bis ins 14. Jh. mit derartig verpönten Bildern schmückten. Hunderte von figürlichen Bildern konnten aus dem Kubadabad-Palast geborgen werde: seldschukische Adelige, schöne Frauen mit Mandelaugen, langem Haar und kleinem Mund, aber auch Tiere, Doppeladler, Zauber- und Fabelwesen. Hier zeigen sich neben iranisch-zentralasiatischen Einflüssen auch Reste schamanistischer Glaubensinhalte.

Kubadabad

Bilecik

Nordwestanatolisches Bergland
Provinz: Bilecik
Höhe: 515 m ü. d. M.
Einwohnerzahl: 23 000

Die hochgelegene Hauptstadt der Provinz Bilecik (Ertoğrul) am Fuße des Ahır Dağ nordwestlich von Eskişehir gilt als kleines, modernes, landwirtschaftliches Zentrum im Schatten der benachbarten Industriestädte Eskişehir und Bozüyük. Das alte Städchen weist noch einige ordentliche osmanische Wohnhäuser in größeren Gärten auf.
Über die Geschichte gibt es nur spärliche Informationen. In der Antike hieß der Ort Agrilium (Agrilion), unter Byzanz Belikoma. Überall in der Stadt findet man Reste aus griechischer Zeit und am Markt einen römischen Sarg als Brunnentrog. Oberhalb der Stadt liegen die Trümmer der antiken Stadt.

Lage und Allgemeines

In der Unterstadt stößt man auf die Reste der byzantinischen Burg Belikoma Kalesi (jetzt Kloster), die einst von Sultan Osman (1299–1326), dem Sohn Ertoğruls erobert wurde. Die dabei gefangene schöne Griechin Nilphur wurde die Gemahlin seines Sohnes Orhan. Die achtbogige Brücke über den Karasu stammt vom berühmten Baumeister Sinan (1490–1588).

Sehenswertes
Belikoma Kalesi

Das Mausoleum des Glaubenshelden (Gazi) und Kampfgefährten des osmanischen Urvaters Ertoğrul befindet sich zusammen mit weiteren Gräbern bedeutender Kampfgefährten und Frauen der frühen osmanischen Geschichte in schöner Lage unweit der Orhan Camii unterhalb der Stadt.

Edebalı Türbesi

Diese schlichte frühosmanische Einraum-Kuppelmoschee (13./14. Jh.) liegt unterhalb der Stadt. Wegen ihrer Entstehung in der frühesten osmanischen Gründungszeit ist sie für die Türken sehr bedeutsam. Das ursprüngliche Minarett steht nur noch als Stumpf abseits des Baus vor einem Fels. Die beiden neuen Minarette sind spätere Anbauten des 19. Jahrhunderts.

Orhan Camii

Traditionelle Nomadensiedlung touristisch aufbereitet

Umgebung von Bilecik

Bozüyük

Die Industriestadt Bozüyük bietet nach einem totalen Umbau Mitte der 70er Jahre als bedeutende Sehenswürdigkeit lediglich die von Sinan erbaute Kasım Paşa Camii. Etwa 20 km östlich des Ortes an der Grenze zu Eskişehir liegt der frühbronzezeitliche Siedlungshügel Demircihüyük, dessen Fundstücke im Museum in Eskişehir ausgestellt sind.

Osmaneli

Das an einem Berghang ansteigende, bis 1921 noch größtenteils von Griechen bewohnte Städtchen Osmaneli ist das antike Leukai (neugriechisch: Lefke), wo der Karasu, vom Kandilli Dağ kommend, in den Sakarya mündet. Von landschaftlich eindrucksvoller Schönheit ist das enge Durchbruchstal des Flusses mit bis zu 100 m hohen Felswänden südlich der Stadt. Im westlichen Ortsteil steht die gut erhaltene Ruine einer großen byzantinischen Kirche unbestimmten Baudatums (vermutlich neubyzantinisch), unweit davon das Gebäude einer ehemaligen griechischen Seidenspinnerei mit der früheren Fabrikantenvilla.

*Söğüt

Etwa 25 km südöstlich von Bilecik liegt an der alten Fernroute von Eskişehir nach İznik am Platz des antiken Thebasion die Kreisstadt Söğüt, die vor der osmanischen Eroberung Sitz des Ogusenführers Ertoğrul († 1289) war. Er ist der Vater von Osman (⟶ Berühmte Persönlichkeiten) und gilt somit als Stammvater der osmanischen Dynastie. Mitte des 13. Jh.s unterstützte Ertoğrul die Seldschuken im Kampf gegen die Mongolen. Im Gegenzug erhielt er ein Lehnsgeschenk vom Sultan Alaeddin Kaykobad – ein bescheidenes Stück Land im grenznahen Bereich zu Byzanz, schuf damit aber die Basis zum späteren Osmanenreich.
Etwa 2 km nördlich der Stadt steht das Mausoleum Ertoğruls im altosmanischen Stil, das im frühen 15. Jh. von Mehmet I. gestiftet wurde (mehrmals umgebaut). Umgeben ist die Türbe von weiteren 13 Gräbern von Familienmitgliedern. Die Grabanlage war bis zur Zeit Abdul Hamids II. regelmäßig

am 9. März (Frühlingsfest der ehemals schiitischen Ogusen) Wallfahrtsziel zahlreicher (jetzt sunnitischer) Karakeçili-Nomaden. Danach wurde das Yürükenfest in den Herbst verlegt. Im Ort selbst steht die von Abdul Aziz (1861–1876) gestiftete Ertoğrul Gazi Moscidi. Diese kleine Kuppel-Moschee mit kurzem, zwiebelförmigem Minarett befindet sich an einem Platz, an dem zuvor eine von Ertoğrul selbst errichtete Moschee gestanden haben soll.

Bilecik,
Umgebung,
Söğüt
(Fortsetzung)

Bingöl

→ Muş

Birecik

Südostanatolien (Urfaplateau)
Provinz: Urfa
Höhe: 450 m ü. d. M.
Einwohnerzahl: 26000

**Man beachte die Warnung
auf Seite 139!**

Die Kreisstadt liegt malerisch über dem linken Euphratufer an einem seit alters wichtigen Flußübergang. Nach den Katarakten im Taurus und seinem bergigen Vorland wird hier der Euphrat erstmals schiffbar. Allerdings scheiterte das im vorigen Jahrhundert geplante Dampfschiffahrtsunternehmen des Oberst Chesney, eine günstige Verbindung zwischen Europa und Indien über den Euphrat herzustellen, u. a. am unzureichenden Tiefgang und der ungleichmäßigen Wasserführung des Flusses. Westlich der Stadt überquert eine 1956 errichtete, 720 m lange Brücke den Fluß.

*Lage und
Bedeutung

Der Name der einst ummauerten Stadt ist abgeleitet vom arabischen 'bira' bzw. armenischen 'birtha' (Burg), wonach der Ortsname 'kleine Burg' bedeutet. Die Römer nannten die Stadt Birtha, die Kreuzfahrer Bile. 1089 eroberte sie Balduin von Bouillon, der Graf des ehemaligen Kreuzfahrerstaates Edessa (→ Şanlıurfa), 1150 wurde sie zusammen mit fünf anderen Festungen an Byzanz verkauft, wechselte in den folgenden Jahrhunderten mehrfach den Besitzer. 1838 erstellte H. v. Moltke, der mehrmals in seiner Eigenschaft als Militärberater des Sultans hier weilte, einen Plan von Birecik und beschrieb die Befestigungen als das außerordentlichste Bauwerk, das er je gesehen habe. Moltke erlebte damals die Niederlage der Türken am 24. 6. 1839 in der Nähe von Nizip gegen die Ägypter unter İbrahim Paşa, nachdem seine Ratschläge nicht befolgt worden waren.

Geschichte

Sehenswertes in Birecik

Inmitten der Stadt thront auf einem isolierten schmalen Kalksteinmassiv die Ruine einer Zitadelle, die spätestens seit römischer Zeit den Euphratübergang (Furt) beherrschte und als uneinnehmbar galt. Einer Inschrift zufolge wurde sie von den Türken Schloß Beda genannte Burg vom Fürsten von Aleppo, Elmalik Ezzahir (1183–1216) erstmals renoviert. Weitere Umbauten tätigte der Mameluckensultan Baraka Khan (1277–1779), der Sultan Ka'it Bay (1482/1483). Seitdem wurde sie durch mehrere Erdbeben schwer beschädigt. Zu Moltkes Zeiten hatte die Anlage als Außenbefestigung noch drei oder vier Stockwerke von kolossalen Gewölben mit Schießscharten. Eine gepflasterte Böschung trug die von Türmen flankierten Burgmauern. Hinter einer 5 m starken Außenmauer befanden sich die Wehrgänge. Vom Innern der Burg, unter der sich riesige labyrinthartige Gewölbe befinden, führt ein Gang mit 30° Neigung zum Grundwasser hinab, um die Wasserversorgung der Burg zu sichern.

*Birecik Kalesi

Birecik

Entlang des Euphrat unterhalb der Stadt führt eine unbefestigte Straße in nördlicher Richtung zu einer der letzten Reservate und Brutstätten der vom Aussterben bedrohten kahlen Ibisse (Waldrapp), die normalerweise in Marokko ihr Winterquartier haben. Türkische Naturschützer versuchen auf Anregung des World Wildlife Fund of Nature mit Unterstützung der Behörden in dieser ornithologischen Station, die Vogelart zu erhalten, von der es 1973 nur noch 25 Brutpaare gab.

Der Waldrapp war im Mittelalter noch in den Alpen verbreitet. Bis zu seiner spektakulären Wiederentdeckung 1839 bei Birecik durch den britischen Reisenden W. F. Ainthworth galt der Vogel als Fabelwesen. Bei der türkischen Bevölkerung ist er eine Art heiliges Tier, weil seine Zugbahn mit der Pilgerroute nach Mekka weitgehend übereinstimmt. Von den noch in den 50er Jahren gezählten 500 Paaren sind die meisten infolge hoher Pestizideinsätze in der Landwirtschaft eingegangen. Seit 1989 gibt es keine freilebenden Brutpaare mehr. Bislang konnten auch keine Ibisse aus der Zuchtpopulation erfolgreich ausgesetzt werden.

Umgebung von Birecik

Gegenüber von Belkis (Zeugma; s. unten) liegt der früher als Tell Musa bezeichnete Siedlungshügel, der bereits in der Bronzezeit besiedelt war. Auf der gegenüberliegenden Flußseite wurde die Stadt Apameia gegründet. Hier konnten bei Untersuchungen unter J. Wagner neben dem Dorf Keskince u. a. eine Akropolis, Teile der Stadtmauer und eine Nekropole nachgewiesen werden. Dammartige Steinbauten an beiden Ufern lassen auf den Rest einer Brücke schließen. Von Apameia am linken nach Zeugma am rechten Euphratufer soll laut Plinius und Strabo in seleukidischer Zeit eine Schiffsbrücke geführt haben. Hier überschritt 53 v.Chr. kurz vor seinem Tod und der vernichtenden Niederlage gegen die Parther bei Carrhae Crassus mit seinen römischen Legionen den Fluß.

Die türkische Grenzstadt Barak, die heute Karkamış (Kargamis) genannt wird, ist ein erst im späten 19. Jh. im Zusammenhang mit der erzwungenen Ansiedlung der Barak-Nomaden unter Cevdet Paşa (1822–1895) am rechten Euphratufer entstandener Ort. Etwa 3 km westlich liegt beim Dorf Cerablus die Ruinenstätte von Karkamış. Infolge der Lage des Ortes unmittelbar an der syrischen Grenze ist ein Besuch des Geländes nur mit Sondergenehmigung des örtlichen Militärs und in Begleitung eines Soldaten möglich. Fotografieren ist nicht gestattet.

Die reiche Handelsstadt Karkamisch wird erstmals genannt um die Wende vom 19. zum 18. Jh. v.Christus. Nach kurzer Hethiterherrschaft geriet sie unter die Oberhoheit der Mitanni, bis sie der Hethiterkönig Schuppiluliuma I. (1385–1345 v.Chr.) eroberte, einen Teil der Bewohner nach Hatti deportierte und einen seiner Söhne als Vizekönig einsetzte. Dieses Vizekönigreich erlangte bald in Nordsyrien eine hervorragende Stellung. Karkamisch wurde später einer der späthethitischen Fürstensitze, dessen Selbständigkeit erst mit der Eroberung durch die Assyrer unter Sargon II. (722–705 v.Chr.) endete. 605 v.Chr. fand bei Karkamisch die große Schlacht zwischen den Babyloniern unter Nebukadnezar und den Ägyptern unter Necho II. statt, in der die Ägypten besiegt wurde.

In griechisch-römischer Zeit führte eine wichtige Heerstraße hier über den Euphrat. Mit dem Niedergang Roms verfiel auch die Stadt und geriet völlig in Vergessenheit.

Neben anderen Archäologen nahm zeitweise auch T. E. Lawrence ('von Arabien') an Ausgrabungen teil. Die Funde befinden sich heute im Hethitermuseum in Ankara.

Die Stadt bestand in späthethitischer Zeit aus einem befestigten Burghügel am Fluß, einer ummauerten inneren Stadt im Süden und Westen mit drei Toren und einer ebenfalls ummauerten äußeren Stadt, auf dem Burghügel lag der Palast. Reliefierte Steinplatten schützten die Mauersockel der Großbauten und Tore. Viele trugen Inschriften in 'hethitischen Hieroglyphen'. Aus Funden weiß man, daß das Gebiet der späteren Zitadelle schon im 5. Jahrtausend v. Chr. besiedelt war. Die meisten der eindrucksvollen Funde mit Streitwagenszenen, Statuen und Inschriften befinden sich im Hethitermuseum in Ankara.

Umgebung,
Barak
(Fortsetzung)

An einem Flußbogen des Euphrat etwa 10 km oberhalb Birecik liegt das Dorf und der Siedlungshügel Belkis (Balkiz), wo Henderson griechisch-römische Funde ergraben hat (u. a. Mosaikfußböden: Kampf des Herakles mit Zentauren, Herakles mit Greis und Venus). Neuere Geländeforschungen unter J. Wagner stellten in den letzten zehn Jahren sicher, daß hier einst die bedeutende Stadt Seleukia lag.
Auf dem Hüyük (Tell) des Belkis Tepesi stand früher die Akropolis mit einem Tempel der Stadtgöttin. Unterhalb des Hügels erstreckte sich die Unterstadt umgeben von Felsgräbern, deren Reliefs man in den Häusern des Dorfes Belkis verbaut findet.
Der Ort wurde unter dem Diadochen Seleukos Nikator I. etwa 300 v. Chr. gegründet, um von hier aus einen wichtigen Euphrat-Übergang kontrollieren und durch Zolleinnahmen die Staatsfinanzen aufbessern zu können. Bei der Adeligenversammlung 65 v. Chr. in Amisos vergab Rom die Stadt an Kommagene, unter Augustus an die römische Provinz Syria. Der Ort wurde zum Militärstützpunkt verschiedener Legionen (X Fretensis, IV Scythia). Die römische Oberherrschaft ließ die Stadt unter Trajan und Septimius Severus aufblühen, sorgte für den Bau von Brücken, Straßen und Tunnel zum Schutz der Euphratgrenze gegen die persischen Nachbarn. Der Überfall der Sassaniden brachte Seleukia den Untergang.

*Belkis

Als nördlichstes von drei erhaltenen kaiserzeitlichen Pfeilergrab-Monumenten entlang der alten Heerstraße auf der Westseite des Euphrat zwischen Rumkale und der Karasu-Brücke besitzt das Grab von Elif ein aufgehendes Mauerwerk, das von großen Bögen bzw. einer niedrigen Tür durchbrochen wird. Das Dach fehlt.

Elif

Römerfestung Rumkale am Euphrat

Birecik, Umgebung (Fortsetzung) Hasanoğlu	Das mittlere der drei römischen Pfeilergrabmonumente aus der Wende vom 2. zum 3. Jh. ruht ebenfalls auf übermannshohem, quadratischem Postament mit Eingang zur Grabkammer.
Hisar	Das südlichste der drei erhaltenen Pfeilergrabmonumente (2./3. Jh. n. Chr.) erhebt sich als 10 m hohes Mausoleum mit quadratischem Unterbau, an dessen Ecken vier mit Risaliten gegliederte Pfeiler das durchhängende Pyramidendach stützen.
Karasu Köprüsü	Diese römische Bogenbrücke über den rechten Euphratzufluß Karasu ist Teil der römischen Militärstraße zwischen Zeugma (Belkis) und Samosata am Euphrat (Samsat). Sie wurde in osmanischer Zeit restauriert. Etwa 2 km entfernt findet man auf einem Felsblock in der Karasuschlucht ein späthethitisches Felsrelief aus dem 10./9. Jh. v. Chr. mit einem lanzenbewehrten Schutzgott.
*Rumkale	Etwa 36 km nördlich von Birecik im Norden der Kreisstadt Halfeti liegt auf einem steil abfallenden, langgestreckten Felssporn hoch über dem Euphrat die alte Festung Rumkale (Römerburg), zu der man sich mit einer jener abenteuerlichen, alten Euphratfähren übersetzen lassen kann. Die Stätte markierte einst den östlichsten Punkt des Römischen Reiches. Geschützt durch die Festung blieb der Ort bis 1921 die letzte christliche Siedlung innerhalb des unter mameluckischer Herrschaft stehenden islamischen Nordsyrien.

Bitlis S 5

Ostanatolien
Provinz: Bitlis
Höhe: 1 550 m ü. d. M.
Einwohnerzahl: 38 000

Man beachte die Warnung auf Seite 139!

*Lage und Bedeutung	Eingebettet in das tief eingeschnittene Basor Deresi (Tal des Bitlis Çayı), das Quertal von Bitlis, liegt die Provinzstadt Bitlis eingerahmt im Westen von der Gebirgsmasse der Muşgüney Dağları (2 607 m) und im Osten von denen der Kavuşşahap Dağları (3 103 m). Die zumeist kurdische Dorfbevölkerung der Umgebung treibt in der Regel Kleinviehzucht, daneben Getreide- und Gartenbau (Obst, Gemüse) auf kleinen bewässerten Parzellen. Die Stadtbevölkerung ist sehr traditionell eingestellt und zeigt nur geringe Anzeichen durchgreifender Modernisierung. Dennoch ist ein Besuch zu empfehlen, da der Ort neben seiner Lage in der Altstadt zahlreiche Basalt-Steinhäuser mit reizvollen Dekors, diverse interessante Bauwerke und einen lebhaften Basar aufweist. Unterhalb der Stadt entspringen schwefelhaltige Thermalquellen am östlichen Flußufer.
Geschichte	Einer Legende nach soll die Stadt von Baldis, einem legendären Feldherrn Alexanders d. Gr., im späten 4. Jh. v. Chr. gegründet worden sein, der sie Balaleson nannte. Das Gebiet war allerdings bereits im 7. Jh. v. Chr. besiedelt. Seit wann und ob sie überhaupt je zu Rom gehört hat, ist umstritten. Die Araber unter Kalif Omar eroberten sie um 641, die Seldschuken im 11. und die Mongolen im 13. Jahrhundert. Im 16. Jh. gewann Selim I. den Ort für das Osmanenreich. Dennoch gelang es lokalen kurdischen Fürsten (u. a. die Ruschekiden-Dynastie im 14. Jh.) immer wieder, eine längerfristige Autonomie in der Region zu bewahren. Seit dem 16. Jh. diente es kurdischen Feudalherren als Residenz.
Sehenswertes	Der Stiftungskomplex Alaman Külliyesi mit Herberge (Han), Medrese, Moschee und Bad wurde 1502 errichtet. Die Geschichte der mächtigen Zitadelle Bitlis Kalesi, die mit ihren polygonalen Türmen und wuchtigen Mauern die Stadt überragt, ist unklar. Ihr Kern ist offenbar byzantinisch.

Burgruine und Einkaufsstraße in Bitlis

Waschplatz am Van-See

Ausgebaut wurde sie unter den Osmanen und beherbergte einst 300 Häuser. Im Jahre 1911 wurde sie teilweise zur Gewinnung von Steinblöcken abgerissen.
Der Moscheenkomplex Şerefiye Külliyesi unterhalb der Burg am Marktplatz entstand 1528/1529 unter Süleyman dem Prächtigen. Die hölzerne Kanzel der Moschee ist kunstvoll geschnitzt. Zu dem Stiftungskomplex gehört eine Armenküche, eine Koranschule und die Türbe des Stifters.
Die Große Moschee (Ulu Cami) aus behauenem Basalt im Stadtzentrum wurde 1126 von einem ortokidischen Emir gestiftet und nach einer Inschrift 1150 renoviert. Ihre 15 Teilschiffe sind durch Spitzbögen unterteilt. Das sehenswerte Kuppel-Minarett befindet sich neben dem Gebetshaus.

Umgebung von Bitlis

*Hizan

Ca. 50 km östlich von Bitlis liegt die Gebirgsstadt Hizan in einem Seitental des Büyük Dere. Von hier aus erreicht man (mit ortskundigem Führer) die 10 km entfernte mittelalterliche, später kurdische Festung Eski Hizan und mehrere Klosterruinen aus dem 10. und 11. Jahrhundert. Die Klöster liegen weit gestreut im Umfeld: Das Kloster 'Unsere Liebe Frau von Hzar' erreicht man von Nizar Köprüsü (Pira Nizar) aus nach vierstündigem Marsch. Das Kloster 'Heilig Kreuz von Hizan' (Chinitzor) liegt bei Bereket Köyü. Die Göçimen Kilisesi steht im Kloster 'Unsere Liebe Frau von Baritzor'.

Karawansereien

In der Umgebung von Bitlis gibt es einige Karawanenstationen: Alaman Hanı (östlich der Straße nach Tatvan), Başhan (im gleichnamigen Dorf) und Papsin Hanı (im oberen Teil des Bitlis-Çayı-Tals).

Reşadiye

Etwa 32 km östlich von Tatvan in Reşadiye auf einer kleinen Halbinsel findet man reizvolle Bademöglichkeiten an einem kleinen Strand.

Siirt

Die deutlich abseits gelegene Provinzstadt Siirt (67000 Einw.; 100 km südwestlich von Bitlis) schmiegt sich in einem vergleichsweise grünen Umland zwischen Botan Çayı und Kezer Çayı an den Südostabfall der Taurus. Das Klima ist typisch kontinental mit kalten und schneereichen Wintern. Man züchtet vor allem Angora-Ziegen, aus deren Wolle die bekannten Siirt-Wolldecken hergestellt werden.
Siirt ist eine nahezu rein arabisch bevölkerte Stadt inmitten überwiegend von Kurden bewohntem Umfeld. Die ältere Geschichte der Stadt liegt allerdings im Dunkeln. In römischer Zeit verlief bei Siirt die Grenze zwischen Rom und Persien, im 7. Jh. eroberten die Araber die Stadt, und unter den Abbasidenkalifen (763–1258 in Bagdad) wurde der Ort zu einer bedeutenden Handels- und Kulturstadt.
Das älteste Bauwerk der Stadt, die Hudurul Ahdar Camii (heute Cumhuriyet Camii), entstand vermutlich während der Abbasidzeit im 8. Jahrhundert. Im 11. Jh. errichtete man das seldschukische Kavvam-Bad. Als weitere sehenswerte alte Bauten gelten die beiden ehemaligen Koranschulen Zinciriye und Mesudiye.
Die Große Moschee in Siirt stammt aus einer Stiftung des Seldschukensultans Muğizeddin Mahmut von 1129. Sie wurde im 13. Jh. restauriert. Die kostbare Nußbaumholz-Himmelstreppe brachte man ins Ethnographische Museum in Ankara.

Aydınlar

Etwa 6 km nordöstlich von Siirt liegt das Bergstädtchen Aydınlar ('Die Erleuchteten'). Hier lebte im 18. Jh. der Astronom und Weise İbrahim Hakki, dessen Mausoleum (İbrahim Hakki Türbesi) im Ort steht. Der Gelehrte aus einem Dorf östlich Erzurum war als Kind mit seinem Vater nach Tillo gekommen, um bei einem Fakir Ullah zu lernen. Lehrer und Schüler machten offenbar entbehrungsreiche Jahre durch, ehe es İbrahim Hakki gelang, mit selbstkonstruierten Geräten bereits damals die genaue Entfernung zwischen Erde und Mond zu bestimmen. Dieses 'Astrolabium' und andere Instrumente findet man in einem örtlichen Museum.

Etwa 30 km nordwestlich von Siirt erreicht man an der Straßeneinmündung auf die Hauptroute nach Diyarbakır das Dörfchen Ziyaret an einem Nebenbach des Bitlis Çayı. Hier stehen die schlichte Kuppel-Moschee und das quadratische, überkuppelte Mausoleum mit flachem Vorbau des Lokalheiligen Veysel Karanî, der zur Zeit des vierten Kalifen nach Mohammed, Ali, an der Schlacht um die rechtmäßige Nachfolge des Propheten bei Siffin (Mitte des 7. Jh.s) beteiligt gewesen sein soll. Nach einer anderen Version soll er noch in hohem Alter versucht haben, sich von Mohammed persönlich unterrichten zu lassen, verstarb aber darüber. Der Platz ist lokaler Wallfahrtsort.

Bitlis, Umgebung
(Fortsetzung)
Ziyaret

Bodrum   C 6

Westküste (Ägäisches Meer)
Provinz: Muğla
Höhe: 0–50 m ü. d. M.
Einwohnerzahl: 13 000

Das beliebte Seebad Bodrum (früher Budrum) an der Stelle der bedeutenden antiken Stadt Halikarnassos liegt an der Südwestküste Kleinasiens gegenüber der griechischen Insel Kos (türkisch İstanköy Adası). Die terrassenförmig über der Bucht Bodrum Limanı ansteigende, vom römischen Architekten Vitruv ("De Architectura"; II, 8) mit der Form eines Amphitheaters verglichene Stadt in der Landschaft Karien bietet einen überaus malerischen Anblick. Der Ortsname ('Bodrum' = 'Keller' oder 'Kasematten') ist vermutlich vom Johanniterkastell St. Peter (Petronium) abgeleitet oder bezieht sich auf die westlich angrenzenden Arkaden.
In neuerer Zeit hat sich Bodrum zu einem der wichtigsten Urlaubszentren an der türkischen Ägäisküste entwickelt. Hierzu haben zum einen das

Lage des
*Badeorts

Hafenanlage mit dem Kreuzritterkastel Bodrum Kalesi

237

Bodrum

Lage des
Badeorts
(Fortsetzung)

milde Klima und die malerische Lage, zum anderen die schönen Badebuchten und Tauchreviere der näheren Umgebung, aber auch der geschützte Hafen (Linien- und Kreuzfahrtschiffe; Jachthafen) und das Flair
des Ortes selbst beigetragen. Das Zentrum des modernen Bodrum mit
ihren lebendigen Basarviertel schließt unmittelbar nördlich an die vorspringende Kastellhalbinsel an.

Geschichte
von Halikarnassos

Halikarnassos wurde um 1200 v. Chr. von dorischen Griechen aus Troizén,
dem im Osten der Argolis gelegenen Reich der Sagen um Theseus und seinen Sohn Hippolytos, gegründet. Die dank ihres guten Hafens und der
fruchtbaren Umgebung rasch zu einem wichtigen Handelszentrum heran-
wachsende Stadt gehörte zunächst zur dorischen Hexapolis, geriet dann
unter die Herrschaft der Lyder unter Kroisos (560–546), 540 ohne Widerstand an die Perser, unter deren Oberhoheit karische Fürstengeschlechter
in der Stadt herrschten. Nach der Schlacht an der Mykale (479) kam Halikarnassos an das Attische Reich. In die folgenden Parteikämpfe war auch
der Geschichtsschreiber Herodot (484 bis 425), der größte Sohn von Halikarnassos, verwickelt.

Im Jahre 413 fiel die Stadt wieder an Persien, bei dem sie, nach einer Periode der Autonomie (etwa 394–377), bis zum Alexanderzug verblieb. Das
Geschlecht der Satrapen Hekatomnos von Mylasa (Milas) gewann nach
387 die Stadt und erhob sie statt des entlegenen Mylasa zum Herrschersitz
von Karien. Nach altem karischen Recht treten die Frauen der Herrscher
als Gemahlinnen ihrer Brüder stark hervor. Der bedeutendste war Mausolos, der sich durch Staatskunst und Kriege eine starke Stellung schuf und
die Stadt nach hellenistischen Vorbildern mit Mauern, Häfen, Palästen und
Tempeln ausstattete. Nach seinem Tode folgte ihm seine Schwester und
Frau Artemisia II. (377–353 v. Chr.), die zu Ehren ihres Mannes das 'Mausoleion', einst eines der Sieben Weltwunder (s. S. 94), errichten ließ.

Im Feldzug gegen die Perser 334 v. Chr. eroberte und zerstörte der Feldherr Ptolemaios die Festung nach einer langen Belagerung. Erst in der

römischen Kaiserzeit erreichte die Stadt einen neuen Höhepunkt. Im Jahre 1523 kam Halikarnassos unter die Herrschaft der Osmanen, denen das Kastell kampflos in die Hände fiel.

Sehenswertes in Bodrum

Die antike Stadt wurde auf halber Höhe von einer Hauptstraße durchzogen, die von Osten nach Westen zum sehenswerten Myndostor (Gümüşlü Kapı) mit seinen Türmen führte. An ihr erhob sich einst im Stadtmittelpunkt das berühmte Mausoleion – seit der Zeit des Augustus werden derartige Grabmäler Mausoleen genannt –, ein Werk des Baumeisters Pytheos. Unter der Leitung von Satyros schmückten die größten griechischen Bildhauer den rechteckigen Turmbau mit prächtigen Friesen. Der nach 351 v.Chr. errichtete, 46 m hohe Bau war noch im 12. Jh. wohlerhalten, wurde dann vielleicht durch Erdbeben beschädigt und 1522 vor dem Angriff der Osmanen völlig abgerissen und im Kastell verbaut. So sind heute nur noch dort sowie in den Mauern der Stadt und in der Tiefe seines Brunnens Quadern zu sehen. Eine Rekonstruktion ist geplant.

Schon 1846 kamen Reliefs des Mausoleums nach London. 1862/1863 fand der britische Archäologe Ch. Th. Newton die Stätte des Grabmals und schaffte viele Skulpturen von dort und aus dem Kastell ebenfalls nach London. Dänische Grabungen erfolgten 1966/1967.

Nordwestlich über dem Mausoleum liegt das antike Theater; von dort schöner Panoramablick. Nordöstlich reste einer dorischen Stoa (Säulenhalle), darüber die eines Ares-Tempels (?). Noch höher im Fels sowie außerhalb der Stadtmauer Nekropolen (Gräber). Bei der Hafeneinfahrt sind noch Reste der antiken Molen vorhanden. Östlich über dem ehemaligen Kriegshafen stand der im 4. Jh. v.Chr. errichtete Marmorpalast des Mausolos. Am Nordrand des Hafens erstreckte sich die ehemalige Agora, wo auch eine Kolossalstatue des Kriegsgottes Ares stand.

Im Westen der Stadt erhob sich auf der Höhe Kaplan Kalesi, der ehemaligen Akropolis, die karische Burg Salmakis. Nördlich darunter muß die berühmte gleichnamige Quelle gelegen haben.

Die Hauptsehenswürdigkeit von Bodrum ist ohne Zweifel das Kreuzritterkastell St. Peter mit seinen gut erhaltenen, hoch aufragenden Türmen. Es wurde an der Stätte der ersten griechischen Siedlung auf der später landfest gewordenen Insel Zephyrion 1402–1437 vom Johanniterorden angelegt, jedoch später von den Türken verbaut und in spätosmanischer Zeit als Verbannungsort benutzt. Wie bei den Stadtbefestigungen von Rhodos waren auch hier die Mauern abschnittsweise den Rittern der verschiedenen Nationalitäten zur Verteidigung anvertraut. Der einst von englischen Rittern verteidigte Turm hat interessante Löwenreliefs, weshalb er auch als 'Löwenturm' (türkisch 'Arslanı Kule') bezeichnet wird.

Die einzelnen Bauteile des Kastells und die dazwischen gelegenen Burghöfe und Freiflächen sind heute als ein höchst besuchenswertes Museum eingerichtet, dessen endgültige Ausgestaltung noch bevorsteht.

Von der Moschee (1723) am Hafenplatz gelangt man durch einen Torbogen in den Unteren Burghof (Kasse). Hier steht eine gotische Kapelle, die 1520 von spanischen Kreuzrittern gestaltet und später von den Osmanen in eine Moschee umgewandelt wurde. Im Inneren sind Zeugnisse aus der Bronzezeit ausgestellt; ebendort der einzige in Bodrum verbliebene Friesteil vom Mausoleion. In den Kastelltürmen hat man Ausstellungsräume eingerichtet, in denen Exponate zu verschiedenen Themen und aus unterschiedlichen Epochen gezeigt werden (Bauteile, Skulpturen, Schmuck, Münzen), ergänzt durch Fundstücke im Freigelände.

Das große Interesse zieht jedoch die Abteilung für Unterwasserarchäologie auf sich: Originale und Rekonstruktionen der bedeutenden Wrack-

Bodrum,
Unterwasser-
archäologie
(Fortsetzung)

funde von Yassı Ada (unweit westlich von Bodrum) sowie vom Kap Gelidonya (bei Finike), Arbeitsgerät der Taucharchäologen und anschauliche Modelle zu den Verfahrensweisen dieser modernen Wissenschaft, ferner verschiedenste aus dem Meer geborgene Gegenstände.

Bodrum ist die türkische Basis des Institute of Nautical Archaeology der Texas A & M University (College Station, TX).

Boğazkale (Hattuşaş)   K 3/4

Nordöstliches Zentralanatolien
Provinz: Çorum
Höhe: 1 125 m ü. d. M.
Einwohnerzahl: ca. 2500

Lage und
**Bedeutung

Das Dorf Boğazkale (auch Boğazköy) liegt etwa 200 km östlich von Ankara im Bogen des Kızılırmak. Der Ort ist Ausgangpunkt für die Besichtigung der berühmten Ruinenstätte der hethitischen Hauptstadt Hattuşaş (auch Hattusa, Hattuscha) und für das benachbarte hethitische Felsheiligtum Yazılıkaya. Das Dorf liegt am oberen Ende des Budaközü-Tales unterhalb des ausgedehnten Ruinengeländes, wo sich die Gebirgszüge des Zincirli Dağ (1 641 m) und des Akcadağ Tepesi (1 689 m) einander nähern und sich die Quellbäche Yazır Deresi und Büyükkaya Deresi zum Budaközü Dere vereinigen. Auf der Hochfläche dazwischen, fast 30 m über dem Dorf und etwa 1 km südöstlich, erstreckt sich die Unterstadt von Hattuşaş mit dem Haupttempel. Aus dem Plateau und seinen Flanken ragen zahlreiche, fast kahle Kalkstöcke, die als Standort für die Akropolis, für Festungen und Turmbauten dienten. Im Süden steigt das in sich durch Tälchen und Felsklötze gegliederte Plateau bis auf 1 242 m an. Hier lag die Neue Stadt (Oberstadt) mit drei Burgen und verschiedenen Tempeln. Sie war einst von einem 6 km langen Mauerring umgeben. Die Hethiterstadt Hattuşaş wird in der UNESCO-Liste des schützenswerten Weltkulturerbes geführt.

Geschichte

Die Besiedlung der Akropolis (Büyükkale) geht bis in das 3. Jahrtausend v. Chr. zurück. Am Nordrand dieser vorhethitischen Stadt ließen sich im 19. Jh. v. Chr. assyrische Kaufleute nieder und gründeten eine jener Handelskolonien, für die Assyrien berühmt war. Anfang des 18. Jh.s v. Chr. zerstörte ein Fürst Anitta aus einem bislang noch nicht lokalisierten Ort Kuschschar Stadt und Handelsniederlassung und belegte sie mit einem Fluch. Dennoch verlegte um die Mitte des 17. Jh. v. Chr. ein Nachfolger jenes Anitta seine Hauptstadt nach Hattuşaş und nannte sich selbst nach dieser Hattusili (I.). Der folgende Herrscher, Mursili I., wurde durch seine weitreichenden Eroberungszüge bekannt, denen auch Babylon nicht entging. Nach einer Niedergangsphase erstarkte um 1450 v. Chr. die hethitische Macht zu einem Großreich, aus dieser Blütezeit stammen auch die meisten Bauwerke und alle Plastiken, die der Besucher heute besichtigen kann.

Um 1200 wurde Hattuşaş und das hethitische Reich von unbekannten Gegnern zerstört (Seevölker?). Spuren eines Wiederaufbaus fehlen, so daß man davon ausgehen muß, daß die gesamte Bevölkerung verschleppt oder getötet wurde. Über zwei Jahrhunderte lagen die Ruinen verlassen, ehe sich Phryger auf der Akropolis niederließen.

Um 650 v. Chr. wurde auch diese Siedlung teilweise wieder zerstört. Unter der Herrschaft der Meder, Lyder und Perser wurden auf dem Burgberg bauliche Veränderungen vorgenommen. Münzfunde lassen vermuten, daß die Akropolis zwischen 240 und 350 n. Chr. als Fluchtburg genutzt wurde. Seit dem frühen 18. Jh. wuchs um den Sitz eines Lokalfürsten (Derebey) das osmanische Dorf Boğazköy nordwestlich der Ruinenstadt.

Geschichte der
Ausgrabungen

Wiederentdeckt wurde die Stätte, von deren Existenz man aus dem Alten Testament wußte (Genesis 23) 1834 durch den Forschungsreisenden

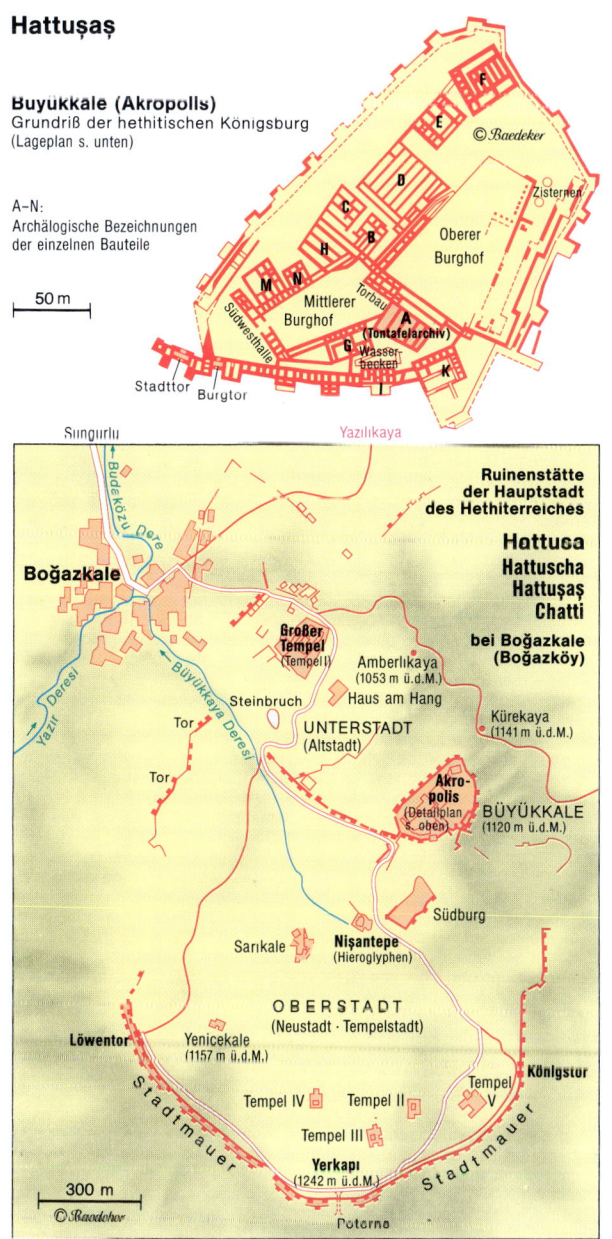

Hattuşaş

Büyükkale (Akropolis)
Grundriß der hethitischen Königsburg
(Lageplan s. unten)

A–N:
Archälogische Bezeichnungen
der einzelnen Bauteile

50 m

© Baedeker

F

E

D

C

B

H

M N

Oberer
Burghof

Zisternen

Torbau

Mittlerer
Burghof

A
(Tontafelarchiv)

Südwesthalle

G

Wasser-
becken

K

Stadttor Burgtor

Lageplan

Sungurlu

Yazılıkaya

Budeközü Dere

Ruinenstätte
der Hauptstadt
des Hethiterreiches

Hattusa
Hattuscha
Hattuşaş
Chatti

bei Boğazkale
(Boğazköy)

Boğazkale

Großer
Tempel
(Tempel I)

Amberlikaya
(1053 m ü.d.M.)

Haus am Hang

Kürekaya
(1141 m ü.d.M.)

Steinbruch

Yazır Deresi

Büyükkaya Deresi

Tor

Tor

UNTERSTADT
(Altstadt)

Akro-
polis
(Detailplan
s. oben)

BÜYÜKKALE
(1120 m ü.d.M.)

Südburg

Sarıkale

Nişantepe
(Hieroglyphen)

Löwentor

Yenicekale
(1157 m ü.d.M.)

O B E R S T A D T
(Neustadt · Tempelstadt)

Tempel
V

Königstor

Stadtmauer

Tempel IV

Tempel II

Tempel III

Yerkapı
(1242 m ü.d.M.)

Stadtmauer

300 m

© Baedeker

Poterne

Charles Texier, der allerdings die vorgefundenen Reste nicht zuordnen konnte. Der Vorschlag, sie den Hethitern zuzuweisen, kam dann von A. H. Sayce. C. Humann erarbeitete 1882 eine Geländeaufnahme, und nach zwei Jahren fand E. Chantre die ersten Keilschrift-Tontafeln in akkadischer und hethitischer (damals unbekannter) Sprache. B. Hrozny gelang 1920 der Nachweis, daß das Hethitische zur indogermanischen Sprachengruppe gehört. Erste planmäßige Grabungen erfolgten 1906/1907 und 1911/1912 unter H. Winckler, Th. Makridi und O. Puchstein, bei denen man auf das königliche Palastarchiv mit 2500 Keilschrifttafeln stieß. Dadurch konnte der Ort, der bereits aus der sog. 'Amarna-Korrespondenz' (Staatsarchiv des Pharao Echnaton) dem Namen nach bekannt war, als hethitische Hauptstadt Hattuşaş identifiziert werden. Seit 1931 und verstärkt seit 1977 arbeitet die Deutsche Orient-Gesellschaft in Hattuşaş (Schwerpunkt Oberstadt). Am Nişantepe (Medaillenhügel) fand man 1040 hethitische Schrifttafeln. Ein Rundweg führt durch die gesamte Anlage.

Sehenswertes in Hattuşaş

Rund 300 m östlich des großen Tempels liegt ein Felsen mit einer großen, natürlichen Höhle auf der Südostseite. Eine Treppe führt zur Felskuppe, auf der vermutlich ein Wachturm stand. Ein Mauerwehrgang reichte von hier als hölzerne Galeriekonstruktion unabhängig von der Stadtmauer die steilen Felswände des Büyükkaya-Tals hinunter, überquerte die 85 m tiefe Schlucht mittels einer Holzbrücke, deren Brückenlager im Fels noch erkennbar sind, und führte auf die Festungsteile von Büyükkaya.

Spuren erster Besiedlung auf der Akropolis, von deren beherrschender Lage aus man die Stadt überblicken kann, sind für das Ende des 3. Jahrtausends v. Chr. nachgewiesen. Von da an dürfte der Platz ständig besetzt gewesen sein, zunächst mit einem Herrensitz und ab etwa 1600 v. Chr. von einem palastartigen Komplex, der zur Zeit des Großreiches (1300 v. Chr.) umfangreiche Umbauten erfuhr: über befestigte Aufschüttungen erweiterte man den Burgbezirk auf über 3 ha für Palastbauten der königlichen Residenz. In nachhethitischer Zeit begnügte man sich wieder mit einem bescheideneren Herrensitz und einer entsprechend kleineren Wohnstadt. In der jüngeren phrygischen Periode zog man sich auf den Burgberg zurück und befestigte ihn wieder neu, um den Kimmerer-Einfällen begegnen zu können. Als befestigte Kleinstadt bestand der Burgberg bis zum Ende der römischen Kaiserzeit (3./4. Jh. n. Chr.).
Die Burg war durch eine umlaufende Befestigung mit drei Toren aus zwei verschiedenen Bauperioden geschützt. Die ältere Südmauer (Teil der frühen Stadtmauer) stammt aus dem frühen 13. Jh. v. Chr., die restlichen Teile sind etwa 500 Jahre jünger. Der Palastkomplex war ein Gefüge von Einzelbauten um vier aufeinander von unten nach oben folgende repräsentative Burghöfe. Pfeilerhallen verbanden die Gebäude (erkennbar an Pfeilersockelresten auf der obersten Felsfläche). Der mittlere Burghof war das Zentrum der Anlage mit Magazingebäuden, Staatskanzlei, Tontafelarchiv, Schreibstuben und einer von 25 Stützen getragenen Audienzhalle. Um den oberen Hof lag der private Wohnpalast des Königs. Zwei in dieses Areal faßförmig eingearbeitete Felszisternen lagen in einem offenen Innenhof zur Sicherung der Trinkwasserversorgung. Zur phrygischen Zeit stand im Vorhof des Osttores unterhalb des mittleren Burghofes in einer Nische eine Statuengruppe mit der Mutter- und Fruchtbarkeitsgöttin Kybele, flankiert von zwei kleinen Musikantenfiguren.

Über die Funktion dieses Gebäudes südöstlich des großen Tempels herrscht bislang keine Klarheit. Man nimmt an, daß es sich nur um einen Teil eines wesentlich größeren Komplexes handelt, der im Zusammenhang mit dem großen Tempel steht, denn es liegt am Weg von der Königsburg zum Heiligtum. Man fand in unmittelbarer Nähe reliefverzierte Kultbildsteinsockel (Museum İstanbul). Der einst doppelstöckige Bau, vor dem

Königstor *Löwentor*

bergwärts im Obergeschoß ein von Pfeilerhallen gesäumter Platz lag, bestand aus einem 13×17 m großen Saal, einem offenen, säulengetragenen Portikus, breiter Vorhalle, mehreren kleineren Räumen und Korridor. Darunter lagen die Wirtschafts- und Vorratsräume.

Haus am Hang (Fortsetzung)

Dem am besten erhaltenen Stadttor im Südosten der Oberstadt ist von außen eine Aufweg-Rampe vorgebaut, die über einen Torhof (Zwinger) zu einer 6 m breiten Torkammer mit wuchtigen Schutztürmen führt. Ein überlebensgroßer hethitischer Gott aus Stein in Anbetungshaltung und in der Tracht eines Kriegers mit Leibrock, Dolch und Streitaxt am breiten Gürtel und stierhornverziertem spitzen Helm (Original in Ankara), den man früher für ein Bildnis des Königs hielt, bewacht den Eingang.

* Königstor

Das 5,8 m lange Becken am Weg zum Haupteingang des Tempelbezirks war aus einem einzigen kolossalen Kalksteinblock (jetzt vier Teile) herausgearbeitet und an jeder Seite von zwei kauernden Löwen flankiert. Die Funktion ist nicht gesichert.

Löwenbecken

Das Tor im Südwesten der Oberstadt entspricht dem Königstor spiegelbildlich. Die Ostwand der Torkammer wurde 1965 neu errichtet. Die Torpfeiler sind mit zwei plastisch hervortretenden Löwen-Vorderleibern geschmückt, die mit drohend aufgerissenen Mäulern das Tor bewachen. Die Eintiefungen in den Blöcken mit den Löwentatzen machen eine kultische Bedeutung der Tierskulpturen wahrscheinlich. Links neben dem abgeschlagenen Kopf des westlichen Löwen erkennt man bei Mittags-Sonnenstand hethitische Hieroglyphen.

* Löwentor

Bei der nördlichen Ortsausfahrt liegt rechter Hand das kleine Museum, das über die Stadtentwicklung von Hattuşaş informiert und in Ergänzung der wesentlich umfangreicheren Sammlung im Hethitermuseum (Ankara) mit zahlreichen Einzelstücken aus den Ruinen aufwartet.

Museum

Boğazkale (Hattuşaş)

Nişantepe

Nordöstlich von Sarıkale auf einer kleineren Felsbank stand früher ein größeres Bauwerk mit Hofteil (restlos zerstört). Unterhalb des ehemaligen Eingangstores, wo zur Zeit gegraben wird, ist in eine künstlich geglättete Felswand eine stark verwitterte, aber teilweise entzifferte Hieroglyphen-Inschrift eingemeißelt. Demnach war König Schuppiluliuma II. der Verfasser, der seine Vorgänger aufzählt.

Oberstadt (Tempelstadt)

Die Befestigungsmauer der Oberstadt umschließt zusammen mit Yenicekale, Sarıkale, Nişantepe und Burgberg eine getreppte, sanfte Senke, auf deren Hangverflachungen eine beträchtliche Anzahl von Gebäudefundamenten freigelegt wurden, von denen zunächst fünf, durch die Ausgrabungen nach 1978 inzwischen 25 als Tempelbauten identifiziert wurden. Dieses Stadtgebiet bildete also eine ausgedehnte Tempelstadt. Alle Tempel sind nach gleichem Schema aufgebaut: Durch einen Innenhof erreicht man die Kultraumgruppe mit Vorhalle und Hauptraum. Die Masse der Kultbauten (19) sind in etwa vom gleichen Typ und auch in einheitlich geringer Größe (21,5 x 26,5 m) nach vorgegebenem Schema erstellt und stammen möglicherweise auch aus einer Bauperiode (1250–1220 v. Chr.). Herausragend sind nur jene größeren Anlagen, die neben einem unregelmäßigen Grundriß auch noch ausgedehntere, äußere Hofanlagen aufweisen.

Sarıkale

Das Felsmassiv von Sarıkale (gelbe Burg) zwischen Yenicekale und der Akropolis trug in der Vergangenheit als kühnes Beispiel hethitischer Felsarchitektur einen Tempel, eine ummauerte Zisterne und einen Burgkomplex mit Vorhof, Hof und Gebäudetrakt. Auch hier schließt man eine Funktion als kultisches 'Felsgipfelhaus' nicht aus.

**Stadtbefestigung

An vielen Stellen erkennt man im Gelände Wallreste der über 3,5 km langen Stadtmauer. Sie hatte die Form einer etwa 8 m breiten Kastenmauer mit mächtigen Bastionen, partiell turmgeschützten Poternen und Torkammern. Geschickt nutzt sie Geländestrukturen und Felskuppen oder ist auf

Fundamente der Kellerräume

Fluchtweg in der Stadtbefestigung

einem künstlichen Erdwall errichtet. Am höchsten Punkt der Stadt (Yerkapı) hat der Wall eine Basisbreite von 80 m und 20 m Höhe. Die Anlage entstand in zwei Phasen im späten 14. und späten 13. Jahrhundert. In der jüngeren Bauphase verstärkte man die bis dahin etwa 5 m breite Mauer durch Vormauern im Abstand von ca. 4 m vor den Türmen der Hauptmauer. Diese Mauern wurden von 6 m breiten und 4 m tiefen Bastionen so flankiert, daß sie mit den Türmen der Hauptmauer auf 'Lücke' standen. Das Mauerwerk bestand aus einem Sockel aus sorgfältig bearbeiteten Werksteinquadern, auf dem eine Lehmziegelmauer stand. Die normalen Stadttore (bis auf das Sphinxtor) zumeist nach gleichem Schema erstellt mit beidseitig durch Türme gesicherter Turmkammer, Torvorhof (partiell), elliptisch gekurvten Torbögen und Toren.

Stadtbefestigung (Fortsetzung)

Etwa 100 m südlich der Königsburg Büyükkale liegt auf einem seitlich steil abfallenden Doppelsporn eine Befestigungsanlage mit bastionsartigen Wehrmauer- und Hausresten, die als Burg angesehen wird.

Südburg

Der ausgedehnte heilige Bezirk des Tempels liegt mitten in der Altstadt. Der etwa 26 ha große Komplex wird durch 8 m breite gepflasterte Straßen in einen Nordteil (Tempelgebäude mit ihren Magazinen) und einen Südteil (weitere Magazinbauten und Räume) gegliedert. Von den vier Eingängen zum Nordareal war der mit mächtigen Steintürschwellen erbaute Torbau an der Südostseite vermutlich Haupteingang für König und Gefolge. Monolithische Wasserbecken zur kultischen Reinigung (s. Löwenbecken) begleiten die mit Steinplatten gepflasterten und mit Kanalisation ausgestatteten 2–9 m breiten Straßen. Der Bau der Tempelanlage erfolgte in drei Abschnitten: Unter Hattusili III. (1275 1250 v.Chr.) entsteht als bedeutendster Sakralbau der Stadt der Tempel für den Wettergott von Hatti und die Sonnengöttin von Arinna. Danach errichtet man die Tempelmagazine, in denen noch Reste von in den Boden eingelassenen Pithoi zu sehen sind, samt ihrer Zuwege. Zuletzt legt man die breite Pflasterstraße an und das Südareal, das in manchen Teilen nie ganz fertiggestellt wurde.
Der eigentliche Tempel mit einer Grundfläche von 42 × 65 m gliedert sich in zwei Teile: Eingangsbau (Vorhalle mit seitlichen Loggien und verschließbarem Torraum und Wächterkammern), Innenhof (mit Steinplatten gepflastert und Pfeilerportikus zum Allerheiligsten hin) und umgebende Räume sind regelmäßig, unregelmäßig dagegen ist der nördlich angebaute Teil mit den Räumen des Allerheiligsten aus dunklem Gabbro, das aus einer Anzahl untereinander verbundener Räume besteht, von denen der Kultraum mit 75 m² und tiefgezogenen Fenstern herausragt. Der Tempel war vermutlich eingeschossig und hatte entsprechend der üblichen Bauweise ein Flachdach. Der Wandaufbau war Holzfachwerk mit luftgetrockneten Ziegeln gefüllt. Die benachbarten Magazinbauten enthielten neben den Vorratsbehältern ein großes Tontafelarchiv.
Der jenseits der großen Pflasterstraße gelegene Südteil ist durch eine Mauer von den restlichen Unterstadtteilen abgeschlossen und besaß gegenüber dem Südtor des Nordbezirks einen Eingang. Durch ein Sackgassensystem im Innern sind etwa 100 kleinere und größere Kammern erreichbar, die man wohl als Nebenheiligtümer und Arbeitsräume für das Tempelpersonal ansehen muß.

*Großer Tempel (Tempel 1)

Die zumeist mehrgeschossige Bebauung der Unterstadt um den großen Tempel südöstlich des Dorfes bestand überwiegend aus sog. städtischen Hallenhäusern (jünger) und gehöftartigen Häusern (älter), deren unterschiedliches Alter auf den gesellschaftlichen Wandel der Bevölkerung vom Ackerbürger zum Städter hindeutet. Unterhalb der Tempelanlagen erkennt man einige Depothäuser aus der Zeit des hethitischen Großreichs an ihren großen Vorratsgefäßen (Pithoi). An der Haupt- oder Tempelstraße fallen die blockartigen Hauskomplexe auf, die wohl einer privilegierteren Bevölkerungsschicht vorbehalten waren, möglicherweise dem Tempelpersonal. Da von den meisten Bauten nur Grundmauern vorgefunden wurden, muß man davon ausgehen, daß die Oberbauten der Häuser in der Regel als

Unterstadt

Boğazkale (Hattuşaş)

Unterstadt (Fortsetzung)

Lehmziegel-Holzfachwerkmauern auf Bruchsteinfundamenten ruhten. Werkstein fand nur im Bereich der Tore Verwendung, als Schwellen z. B. oder Türlager. Interessant sind die zahlreichen, von Türmen flankierten Poternen (acht Ausfallstollen bekannt) in Teilen der Unterstadtmauer, die in ihrer Ausführung dem Yerkapı ähneln und deren Zweck umstritten ist. Die gegen Ende der älteren hethitischen Periode errichteten Befestigungen erfuhren mehrfach Umbauten im 14./13. Jh. v. Christus.

Westtore

Das obere und untere Westtor im nördlichen Winkel der Oberstadt bildeten die Durchgänge für die Ausfallwege ins Budaközü- und Yazır-Çayı-Tal. Ihre generellen Bauausführungen entsprechen denen des Königs- und des Löwentors, wobei das obere etwas kleiner dimensioniert ist. Beide sind nicht dekoriert und es fehlen die vorgelagerten Zwinger.

**Yazılıkaya

Offenbar in enger kultischer Verbindung mit den Tempelanlagen der Stadt Hattuşaş steht das Felsheiligtum von Yazılıkaya (beschriebener Fels), dessen ausgedehnte Felsreliefs zu den interessantesten Relikten hethitischer Zeit zählen. Man erreichte die 2 km nordöstlich auf etwa 1 120 m Höhe versteckte Stätte, die bereits im 15. Jh. v. Chr. entstand, von der Unterstadt aus über einen längst verschwundenen, aber rekonstruierbaren Prozessionsweg.

Der Kern der Anlage besteht aus einer großen und einer kleinen Felskammer in einem 12 m hohen, in zahlreiche Blöcke zerstückelten Felsmassiv. Auf einer vorgelagerten Geländeverflachung erkennt man Grundmauern verschiedener Gebäude. Der Umbau erfolgte vermutlich 200 Jahre später unter Tuthaliya IV., als man den Kultbezirk in eine ordentliche Tempelanlage verwandelte. Das Allerheiligste bestand aus den beiden offenen Felskammern. Verschiedene Ausbauphasen der Tempelbauten lassen sich unschwer an den Baufluchtrichtungen der Grundmauern ablesen.

Große Kammer

In der nach Südwesten offenen, fast 30 m langen Hauptkammer des Allerheiligsten erkennt man über Steinbanksockeln durchlaufende Relieffelder. Dargestellt sind Götterprozessionen, streng getrennt nach männlichen und weiblichen Gottheiten an der linken bzw. rechten Kammerwand (bis auf die Liebesgöttin Ischtar mit Gefolge, drei Figuren vorne rechter Hand erkennbar an ihren Faltenröcken), die sich auf das große Hauptbild an der nördlichen Schmalseite des Raumes zu bewegen. Die meisten Figuren sind über ihrer vorgestreckten Hand mit hethitischen Hieroglyphen versehen, die man so als Götter hurritischer Herkunft identifizierte.

Reihenfolge, Größe und Namen spiegeln die Rangstellung der Götter: an ihrer Spitze der Wettergott Teschup, nach Art hethitischer Krieger gekleidet und bewaffnet, auf dem Nacken zweier Berggötter, ihm gegenüber und ihm zugewandt die Sonnengöttin Hepat, seine Gemahlin, auf einem Panther stehend, der wiederum auf vier Bergspitzen gestellt ist. Im Hintergrund das heilige Stierpaar des Wettergottes. Links mit geschulterter Keule der Wettergott von Hattuşaş auf zwei Bergkegeln, rechts der Sohn von Teschup und Hetap, Scharumma, auf einem Panther sowie Tochter und Enkelin über einem Doppeladler. Die weibliche Prozession ist gegenüber der Reihe der männlichen Gottheiten geradezu uniform. Letztere unterscheiden sich meist in Attributen und Kleidung. Interessant sind dabei vor allem der Mondgott mit der Mondsichel auf der spitzen Mütze, der Sonnengott mit Rundhelm unter der geflügelten Sonnenscheibe und zwei Stiermenschen, die atlantengleich das Symbol des Himmels tragend auf dem Symbol der Erde stehen.

Das eindrucksvollste Relief auf der Rückseite eines Felsvorsprungs mit Rundhelm, langem Mantel und Krummstab auf zwei geschuppten Kegeln stehend ist der Herrscher Tuthaliya IV. In der Rechten hält er eine Insignienkombination seiner Macht und Würde mit geflügelter Sonnenscheibe, Kegel-Volute und Blüten-Dolch. Fraglos huldigt auch er als hethitischer Herrscher der hurritischen Götterfamilie. Verwunderlich ist dies nicht, denn seine Mutter (Puduhepa) war vermutlich hurritische Priesterin. Man muß wohl davon ausgehen, daß die versammelten Götter ihren eigentlichen

Die Zwölf Götter in der Kleinen Kammer von Yazılıkaya

Sitz in den zahlreichen Tempeln der Stadt Hattuşaş hatten und nur zum Frühlings- oder Neujahrsfest gemeinsam eine Prozession (zusammen mit den Gläubigen) ins Heiligtum von Yazılıkaya machten.

Yazılıkaya, Große Kammer (Fortsetzung)

Die kleine Kammer diente nach neuesten Befunden als Totentempel und Kultkammer für den verstorbenen Großkönig Tuthaliya IV. Man erreicht die gewinkelte Nebenkammer des Allerheiligsten über einen von zwei geflügelten Dämonen in Löwengestalt bewachten, leicht ansteigenden Felsspaltengang. Die 18 m lange, 2,5–4 m breite Nebenkammer wirkt wie ein enger Schacht, an dessen geglätteten Wänden man vier verschiedene Reliefs als Einzelmotive findet: Die Ostwand enthält gleich anfangs an der Biegung die Kartusche Tuthaliyas IV. (siehe Hauptkammer). Darauf folgt zunächst die Darstellung eines riesigen Schwertes mit Menschenkopf als Knauf und vier Löwen als Griff. Man vermutet hinter diesem Symbol den mesopotamischen Gott der Unterwelt, Nergal.

Kleine Kammer

Gegenüber erkennt man die sogenannten Zwölf Götter, eine Reihe von stereotypen, einfachen, männlichen Gottheiten, die auch die Prozessionsreliefs der Hauptkammer bereichern. Die eindrucksvollste Darstellung sieht man dann auf der Ostwand: Großkönig Tuthaliya wird umarmt vom Gott Scharumma. Die begleitenden Schriften weisen den König als Helden aus, der zu den Berggöttern gezählt und offensichtlich von den Göttern beschützt wird. Gut 2 m entfernt der Nordwand stand früher auf einem Kalksteinfundament vermutlich die 3 m hohe Figur von Tuthaliya IV., die dessen Sohn (Schuppiluliuma II.) nach dem Tode des Vaters dort hatte aufstellen lassen und von der man Reste im Dorf Yekbaz fand. Die Nischen in den Wänden erklärt man als Depots zur Aufbewahrung von Aschegefäßen nach der Leichenverbrennung.

Das Sphinxtor durchbricht die südlichste Stelle der Oberstadtmauer an der zentralen Stadtachse. Die Toranlage ist symmetrisch konstruiert und bildet als Kombination des eigentlichen Torbaus mit einer 70 m langen

**Yerkapı

247

Boğazkale,
Yerkapı
(Fortsetzung)

Poterne, einer enormen Höhe (20 m), Tiefe (80 m) und Länge (250 m) des außen mit Steinpflaster befestigten, glacisartigen Mauersockels und seinen seitlichen Treppenrampen und 3 m breiten Pflasterwegen das eindrucksvollste Beispiel hethitischer Architektur. Flankiert wurde das oben liegende Sphinxtor von je zwei wuchtigen Quadertürmen rechts und links und (aus einer späteren Bauphase) durch eine beeindruckende Vormauer mit sechs Türmen. Der beidseitig durch zweiflügige Tore verschließbare Poternentunnel verläuft als 70 m lange spitzdreieckige Röhre (Kragsteingewölbe) unter dem Tor durch die glacisartige Sockelanlage der Mauer. Das eigentliche Sphinxtor besaß drei z.T. gegeneinander versetzte Durchgänge, von denen nur der äußere durch ein Tor verschlossen werden konnte. Von den ehemals vier Sphingen, die das Tor paarweise innen und außen schmückten, ist nur noch eine Figur erhalten. Es waren Flügelwesen mit baumartigem Kopfschmuck und Löwenkörper, von denen man teils nur den Vorderkörper, teils den vollständigen Rumpf herausmodelliert hatte.
Die gesamte Toranlage hatte aber nicht, wie anfangs angenommen, militärischen Charakter, sondern diente wohl eher der Repräsentation und kultischen Zwecken.

Bolu   G 3

Westliches Schwarzmeergebiet
Provinz: Bolu
Höhe: 725 m ü.d.M.
Einwohnerzahl: 51000

Lage und
Bedeutung

Im Westen der Bolu-Kargı-Tiefenfurche liegt umrahmt von den waldreichen Gebirgen des Bolu Dağ (1829 m ü.d.M.) im Norden und der Köroğlu Dağları im Süden (2378 m ü.d.M.), im Kessel der Bolu Ovası die Provinzhauptstadt Bolu. Der Holzreichtum der nahen Bergländer ist Grundlage holzverarbeitender Industrie. Ansehnliche Tierhaltung von Schaf, Rind und Milchvieh ermöglicht Woll- und Lederverarbeitung sowie eine intensive Milchwirtschaft zur Versorgung der nahen Großstädte İstanbul und Ankara, mit denen Bolu durch eine Schnellstraße (teilweise noch im Bau) gut verbunden ist. Schon in der Antike galt Bolu als wichtige Handelsstadt und Etappenstation auf dem Weg nach Zentralanatolien. So ist Bolu auch heute Rastplatz für Fernbusse zwischen Ankara und İstanbul und hat ein lebhaftes Marktviertel. Aus der Stadt Bolu kommen, so sagt man, die besten Köche des Landes.

Geschichte

Die vom bithynischen König Prusias I. (235–183 v.Chr.) etwa 4 km östlich ihrer heutigen Lage gegründete Stadt hieß im Altertum Bithynion. Unter Hadrian wurde sie großzügig ausgebaut. Ihr prominentester Bürger war in der römischen Zeit ein Mann namens Antinoos, der als Liebling des Kaisers Hadrian galt und nach seinem Freitod vergöttlicht wurde: Er hatte sich in einem Akt der Selbstopferung im Nil ertränkt, um die Götter für den todkranken Hadrian günstig zu stimmen. Hadrian belohnte nach seiner Genesung den Opferfreitod seines Günstlings postum mit dem Kult des vergöttlichten Antinoos. Unter Theodosius II. (408–450) wurde sie die Hauptstadt der neuen Provinz Honorias, in byzantinischer Zeit Sitz eines Metropoliten. Bayazit I. (1389–1402) setzte in der osmanischen Periode städtebauliche Akzente. 1668 wurde die Stadt bei einem Erdbeben völlig zerstört, so daß ältere Reste rar sind.

Sehenswertes

Die Badeanlage Orta Hamam soll im 14./15. Jh. errichtet worden sein. Nördlich des Stadtzentrums auf einem Hügel in der Nähe des Marktviertels steht eine gut erhaltene osmanische Karawanserei. Die sehenswerte frühosmanische Ulu Cami (auch Karadakı Camii, um 1390) befindet sich im Stadtzentrum. Sie enthält Reste alter Inschriften und antiker Skulpturen.

Umgebung von Bolu

*Abant Gölü

Der durch eine Bergsturz-Talverschüttung entstandene, idyllisch inmitten von Tannen- und Kiefernwäldern in 1448 m Höhe gelegene, kleine See etwa 35 km südwestlich von Bolu gilt als eines der beliebtesten Ziele im gerade noch erreichbaren Naherholungsbereich der Städte İstanbul und Ankara. Selbst an normalen Wochentagen sind in der Saison die meisten Hotels durch Reisegruppen ausgebucht.

Das Umfeld des Sees ist sehr gut geeignet für erholsame Waldgebirgs-Wanderungen. Darüber hinaus bestehen Angel-, Wasser und Wintersport-möglichkeiten (eingeschränkt).

Akçakoca

Das bei Einheimischen (vor allem aus İstanbul) beliebte Seebad Akçakoca an der Schwarzmeerküste, 45 km nördlich der Stadt Düzce, ist eine moderne Kleinstadt ohne besonderen Charme, verfügt aber über schöne Sandstrände. Etwa 8 km westlich der Stadt in Richtung auf Karasu erstreckt sich zwischen dem Kap von Karaburun und dem Melen Çayı ein feinsandiger Strand, der als einer der schönsten der Türkei gilt.

Im 13. Jh. hatten sich italienische Kaufleute aus Genua von den Byzanti-nern besondere Handelsrechte für das Schwarze Meer erkauft. Aus dieser Zeit liegt im Ort eine genuesische Festung. Im frühen 19. Jh. saß hier ein autonomer Lokalfürst. In der Umgebung der Stadt gibt es zahlreiche grö-ßere Haselnußplantagen, in denen jährlich bis zu 10000 t Nüsse geerntet werden. Das Gros des Ertrags geht an deutsche Schokoladenfabriken.

Büyük Kaplıca

Der Ort 5 km südlich von Bolu verfügt über heiße Quellen, die an Störungs-stellen am Rand des Bolu-Beckens auftreten und einen ansehnlichen Badekurbetrieb gegen Rheuma und Ischias ermöglichen (Hotel).

Göynük

Etwa 100 km südwestlich von Bolu in den westlichen Köroğlu Dağları liegt die sehenswerte Kleinstadt Göynük mit zahlreichen alten pontischen

Küstenlandschaft bei Akçakoca

Bolu

**Umgebung,
Göynük
(Fortsetzung)**

Stadthäusern, dem Mausoleum von Aksemsettin von 1494, jenem ersten Hoca (Geistlicher), der nach der Eroberung von İstanbul 1453 in der Haya Sofya (Hagia Sophia) die Gläubigen zum Gebet rief, und einem osmanischen Bad.

*Karadere

Nur etwa 20 km nördlich von Bolu erreicht man über eine gut befahrbare Forststraße eines jener abgeschiedenen Täler des pontischen Waldberglandes, in dem Tourismus bislang überhaupt keine Rolle spielt. Es gibt dort keine Siedlungen, und nur das zentrale Forstamt inmitten dieser waldreichen, 40 km langen Talschaft mit sprudelnden Bächen ist Anlaufstation für Berglandwanderungen in den urwaldartigen Mischwäldern des Karadere-Tales und seiner Umgebung. Man kann z.B. von dort aus über die südliche Gebirgskette an einem Tag bequem nach Bolu wandern.

*Köroğlu Dağları

Südlich der großen Senkungsfurche der nordanatolischen Hauptverwerfung erhebt sich zwischen dem Sakarya Nehri und dem Kızılırmak die langgestreckte Hebungszone der Köroğlu Dağları. Das Zentrum dieses 400 km langen Andesit-Gebirges mit dem Hauptgipfel Köroğlu Tepesi (2378 m) liegt südlich von Bolu als landschaftlich sehr eindrucksvolle, siedlungsarme Hochfläche und bietet für Wanderer selbst in heißen Sommermonaten ein ungestörtes Wanderrevier weitab vom Tourismus – mit angenehmem Klima, idyllischen Yaylas (almartige Sommersiedlungen der einheimischen Bevölkerung), ausgedehnten Tannen- und Kiefernwäldern und weitläufigen Sommerweiden. Das Sommerdorf Kızgölcük Yaylası mit alten, blockhausartigen Sommergehöften und einem Gendarmerieposten liegt etwa 30 km südlich an der Straße von Bolu nach Seben.
Seit wenigen Jahren entwickeln sich etwa 60 km südöstlich von Bolu um den Köroğlu Tepesi die Wintersportzentren Kartalkaya und Sarıalan in Höhenlagen zwischen 1900 m und 2350 m mit zwei Skiliften (Hotel; nur Winterbetrieb).

Konuralp

Wenige Kilometer nördlich von Düzce östlich der Straße nach Akçakoca liegt auf dem Anstieg aus der Düzce Ovası beim Ort Konuralp die Ruinenstätte des von Prusias VI. gegründeten bithynischen Prusias ad Hypium. Sehenswert ist ein römisches Theater, über dessen Cavearand sich die Wohnhäuser von Üskübü erheben. Einige 100 m abseits des Theaters stößt man auf stattliche Relikte einer römischen Wasserleitung. Unterhalb des Theaters stehen die Reste eines Tores (Atkapı = Pferdetor), das von einem großen, antiken Architrav mit einem umgekehrten Pferderelief überspannt wird. Weitere antike Stücke findet man am osmanischen Brunnenhaus bei der Moschee und in dem kleinen Museum, das u.a. sehenswerte Sarkophage mit Reliefdarstellungen von Frauen und Tierfiguren ausgestellt hat.

*Mudurnu

Die Kleinstadt Mudurnu, etwa 54 km südwestlich von Bolu, hat eine lange Tradition als Stadt berühmter Ringer und Ringerfeste mit entsprechenden Wettkämpfen. Sie zeigt in der Altstadt noch in weiten Teilen beachtenswerte griechische Wohnhausarchitektur im pontischen Stil. Dort befinden sich auch das altosmanische Bad und eine wunderschöne frühosmanische Moschee. Der Geschäftsteil ist lebhaft und noch stark metallhandwerklich ausgerichtet. Im 16./17. Jh. galt Mudurnu wegen seiner berühmten Messerschmieden als das 'türkische Solingen'. – Etwa 40 km nordwestlich der Stadt im Dorf Sarot befindet sich ein beliebtes Heilbad. Ein weiteres Thermalbad gibt es in Babas, 5 km südlich der Stadt.

****Yedigöller
Milli Parkı**

Etwa 45 km nordöstlich von Bolu liegt in der Waldeinsamkeit der Bolu Dağları der 2019 ha große Nationalpark der 'Sieben Seen'. Alle diese Seen, von denen drei im Sommer oft austrocknen, sind (infolge der sehr tiefen Täler mit steilen, erosionsgefährdeten Hängen) als natürliche Stauseen durch Erdrutsche entstanden und liegen in zwei Etagen auf 780 und 880 m Höhe inmitten ursprünglicher Mischwälder eingebettet in einen Talbereich, den man von Bolu oder Mengen aus über Forststraßen erreichen kann.

Der Büyük Göl, mit 22,5 ha Fläche und 15 m Tiefe der größte unter den Seen, liegt zusammen mit zwei weiteren kleineren auf der unteren Etage, die restlichen mit dem Hauptsee Nazlı Göl (16,6 ha) etwas weiter oberhalb. Zur Nachzucht des fast ausgestorbenen Maralhirsches und als Attraktion für die in der Regel einheimischen Besucher hat man ein 26 ha großes Rotwildgehege angelegt. In den Seen wurden Forellen ausgesetzt. Die Artenvielfalt der umgebenden, bisweilen urwaldartig dichten Mischwälder, u. a. mit Kilikischer Tanne, Orientbuche, Zerreiche, Rhododendron, Farn, wildem Hanf, ist für diese Schwarzmeerregion typisch.

Bolu,
Umgebung,
Yedigöller Milli
Parkı
(Fortsetzung)

Bosporus · Boğaziçi

D / E 2/3

Wasserstraße zwischen Schwarzem Meer und Marmarameer
Länge: 31,7 km
Breite: 0,66 – 3,3 km
Tiefe: 30 – 120 m

Der türkisch Boğaziçi (= Meerenge) genannte Bosporus (von einem thrakischen Wort unbekannter Herkunft, in griechischer Volksetymologie 'Rinderfurt' nach der Sage von der Io, die hier als Kuh durchs Meer schwamm) ist ein am Ende der Tertiärzeit versunkenes Flußtal (ehem. Haliç-Tal; → İstanbul, Goldenes Horn) welches das Schwarze Meer mit dem → Marmarameer verbindet und ebenso wie die Dardanellen (→ Çanakkale) Europa von Asien trennt.

Allgemeines

Mit seinen bis auf 200 Meter ansteigenden Ufern und den daran gelegenen zahlreichen Palästen, Ruinen, Ortschaften und Gärten bietet der Bosporus trotz moderner Überbauung eines der reizvollsten Landschaftsbilder der Türkei.

**Landschaftsbild

Anatolische Burg (Anadolu Hisarı) – einst Vorposten gegen Byzanz

Zu Schiff durch den Bosporus

Die Schönheit dieser Landschaft, die mit dem Durchbruchstal des Rheins zwischen Bingen und Koblenz zu vergleichen ist, erlebt man besonders bei einer Fahrt auf einem der Linienschiffe, die abwechselnd an beiden Ufern anlegen und so ein wechselndes Panorama vermitteln (Abfahrt in İstanbul südöstlich der Galatabrücke). Die jeweils angelaufenen Uferstationen sind aus den Fahrplänen in den Wartehallen zu ersehen. Bis Rumeli Kavağı, der letzten Station am europäischen Ufer (1³/₄–2 Std.), fahren nicht alle Schiffe.
An jeder Station ist Gelegenheit zur Überfahrt an das Gegenufer.

Europäisches Ufer

İstanbul *(Galatakai),* dann oben das massive Viereck der Technischen Hochschule.

*Dolmabahçe ('der aufgefüllte Garten'), mit dem großen Dolmabahçe-Palast.

Beşiktaş, wo man gegenüber der Landebrücke die *Türbe Cheireddin Barbarossas* sieht. – Dahinter der vor kurzem in ein Luxushotel umgewandelte *Çırağan Sarayı. Er wurde* 1874 unter Abdul Aziz im gleichen Stil wie der Dolmabahçe-Palast mit verschwenderischem Luxus erbaut (950 m Uferfront), brannte jedoch 1910 nieder. Auf der Höhe dahinter der *Yıldız Köşkü* (Yıldız Sarayı), ehemals Residenz des menschenscheuen Sultans Abdül Hamid II.

Bei dem an schönen Gärten reichen Vorort *Ortaköy,* mit hübscher Moschee (1870), letzter Rückblick auf İstanbul.
Erste Bosporus-Brücke s. rechts.

An dem kleinen Vorgebirge *Defterdar Burun* und an der *Duimibank* (Leuchtfeuer) vorüber nach dem Ort *Kuruçeşme* und dem albanischen Fischerdorf *Arnavutköy* an der Landspitze Akıntı, wo stets eine starke Strömung herrscht.

Bebek, an einer schönen Bucht, mit Villen und Landsitzen (Yalı).

Über den Zypressen eines alten Friedhofs steigen malerisch die Türme und Mauern von ****Rumeli Hisarı** ('Europäische Burg') auf. Darüber aufragend die Zweite Bosporusbrücke (s. rechts).

Das von Mehmet II. 1452 erbaute Kastell (lohnende Besichtigung; im Sommer Freilichttheater) beherrscht die schmalste Stelle (660 m) des Bosporus (schmaler als der Rhein bei Mainz), wo die Strömung am reißendsten ist (Şeytan Akıntısı, d.h. 'Satansstrom'); schöne **Aussicht. Hier ließ der Per-

Asiatisches Ufer

Üsküdar; bei der Anlegestelle die Mihrimah-Moschee.

Kuzguncuk, durch eine sanfte Anhöhe von Üsküdar geschieden.

Beylerbey, mit dem 1865 von Abdul Aziz erbauten **Beylerbey Sarayı,* dem zierlichsten der ehemaligen Sultanspaläste am Bosporus (lohnende Besichtigung).

*****Erste Bosporusbrücke** (İstanbul Boğazı Köprüsü; 1970–1973; 1560 m lang, 33,40 m breit, lichte Weite 1074 m, Höhe der Pfeiler 165 m) nach Ortaköy (s. links)

Jenseits *Çengelköy, Kuleli und Vanıköy,* an dem durch seine **Aussicht über den ganzen Bosporus berühmten **Top Dağı** ('Kanonenberg'; 130 m ü.d.M.) vorüber nach Kandilli, auf dem Vorgebirge gegenüber der Bucht von Bebek.

Zwischen Kandilli und Anadolu Hisarı öffnet sich das anmutige Tal der *Süßen Wasser von Asien,* bei der Mündung des Göksu ('Himmelswasser'). Hauptattraktion ist das renovierte, mit reichem Fassadenschmuck versehene Schloss Küçüksu Kasrı (Sommerresidenz Atatürks; Besichtigung möglich).
*****Zweite Bosporusbrücke** *(Fatih Sultan Mehmet Köprüsü;* 1090 m lang, 40 m breit)

*****Anadolu Hisarı** ('Anatolisches Schloß'), auch *Güzel Hisarı* ('Schönes Schloß') genannt. Die malerische Burg am Meer, die dem Ort den Namen gab, wurde schon 1395 von Bayazıt I. als Vorposten gegen Byzanz errichtet.

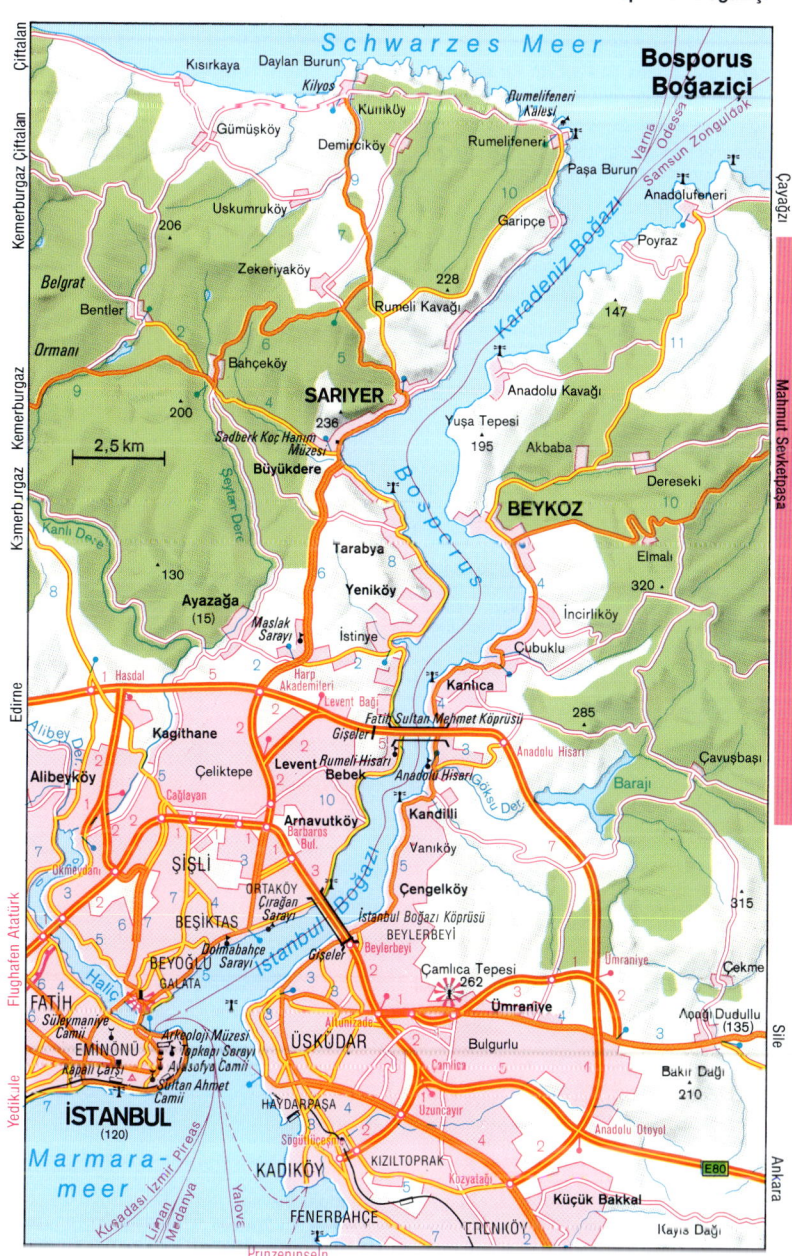

Schwarzes Meer

Çiftalan

Kemerburgaz Çiftalan

Kemerburgaz

Kemerburgaz

Edirne

Flughafen Atatürk

Yedikule

Çayağzı

Mahmut Şevketpaşa

Sile

Ankara

Kısırkaya
Daylan Burun
Kilyos
Kumköy
Rumelifeneri Kalesi
Gümüşköy
Demirciköy
Rumelifeneri
Rumelifener
Paşa Burun
Anadolufeneri

Varna · Odessa · Samsun · Zonguldak

Uskumruköy
Garipçe
Poyraz

206
Zekeriyaköy
228
Rumeli Kavağı
147
Belgrat
Bentler
Ormanı
Bahçeköy
SARIYER
Anadolu Kavağı
Yuşa Tepesi
195
Akbaba
Dereseki
200
236
Sadberk Koç Hanım Müzesi
Büyükdere
BEYKOZ
Kanlı Dere
130
Tarabya
Elmalı
320
Ayazağa
(15)
Yeniköy
İncirliköy
Çubuklu
Maslak Sarayı
İstinye
Hasdal
Harp Akademileri
Kanlıca
Kağithane
Levent Bağı
Fatih Sultan Mehmet Köprüsü
285
Gişeler
Anadolu Hisarı
Çavuşbaşı
Çeliktepe
Levent
Rumeli Hisarı
Bebek
Anadolu Hisarı
Barajı
Alibeyköy
Çağlayan
Arnavutköy
Kandilli
Ukmeydanı
SİŞLİ
Barbaros Bul.
Vaniköy
315
ORTAKÖY
Çırağan Sarayı
Çengelköy
İstanbul Boğazı Köprüsü
BEŞİKTAŞ
BEYLERBEYİ
Beylerbeyi
BEYOĞLU
Dolmabahçe Sarayı
Gişeler
Çamlıca Tepesi
262
Ümraniye
Aşağı Dudullu
(135)
GALATA
Çekme
Süleymaniye Camii
FATİH
Altunizade
Üsküdar
Bulgurlu
EMİNÖNÜ
Arkeoloji Müzesi
Topkapı Sarayı
Ayasofya Camii
Çamlıca
Bakır Dağı
210
Kapalı Çarşı
Sultan Ahmet Camii
HAYDARPAŞA
Anadolu Otoyol
İSTANBUL
(120)
Uzunçayır
E80
Marmara-meer
KADIKÖY
KIZILTOPRAK
Kuzyatağı
Küçük Bakkal
Kışadası İzmir Pireas
Liman
Medanya
Yalova
FENERBAHÇE
ERENKÖY
Kayış Dağı
Prinzeninseln

2,5 km

Karadeniz Boğazı

Bosporus

İstanbul Boğazı

Sütlüce Dere

Halic

Alibey Dere

Göksu Dere

serkönig Dareios 514 v.Chr. für sein Heer eine Brücke über den Bosporus schlagen.

Jenseits *Boyacıköyü Emirğan* folgen auf einer flachen Landspitze die von dem ägyptischen Khediven Ismail (†1895) erbauten Paläste.

İstinye, mit einem Dock.

Yeniköy (Endstation der meisten Schiffe), mit schönen Villen und Gärten; in der Georgskirche ein altes Bild der Maria Kamariotissa.

Tarabya *(Therapia)*, stadtähnlicher Ort an einer kleinen Bucht, im Altertum *Pharmakeios* ('Giftmörder', nach dem von Medea auf der Verfolgung des Jason hier ausgestreuten Gift), wegen seines im Sommer vom Schwarzen Meer her wehenden kühlen Windes Ort vornehmer Landhäuser und im Sommer Sitz mehrerer europäischer diplomatischer Vertretungen, u.a. der Botschaft der Bundesrepublik Deutschland (Mai bis Aug.); in ihrem Park ein Ehrenfriedhof für Gefallene des Ersten und Zweiten Weltkrieges, auf dem u.a. auch Generalfeldmarschall Colmar Freiherr von der Goltz (1843–1916) beigesetzt ist, der 1886–1895 die Reform des türkischen Heeres leitete und im Ersten Weltkrieg als Armeeführer in Bagdad starb.

Bei dem kleinen *Kap Kireç* wird rechts in der Ferne das Schwarze Meer sichtbar.

Büyükdere, als Sommerfrische viel besuchter Ort mit großem Park. Die Bucht von Büyükdere ('Großes Tal') bildet die breiteste Stelle des Bosporus (3,3 km).

10 km nordwestlich Büyükdere im Landesinnern der *Belgrader Wald* (Belgrat Ormanı) mit mehreren Staubecken.

Sarıyer, am Ausgang des wald- und quellenreichen Rosentals. Sehenswert ist hier das *Sadberk-Koç-Hanım-Museum* (Fayencen, Porzellan, Glas, Kristall, Silberwaren, Gewänder, Schmuck; Dokumente der Familie Sadberk Koç), das im altehrwürdigen Azaryan Yalı eingerichtet ist. Von hier Autobus oder Dolmuş (Gemeinschaftstaxi) 10 km nördlich zum viel besuchten, kleinen Seebad **Kilyos** am Schwarzen Meer; guter Sandstrand. – Dann an den *Dikili-Klippen* vorüber.

Rumeli Kavağı, letzte Station am europäischen Ufer, bei einer 1628 von Murat IV. erbauten ehemaligen Festung. Die einst bis

Kanlıca, an einem kleinen Vorgebirge. Am Ufer der auf Pfählen erbaute Sommerpalast des Wesirs Körprülü (17. Jh.).

Çubuklu, an der *Bucht von Beykoz*. In byzantinischer Zeit lag hier ein Kloster des Acemetenordens, in dem sich die Mönche Tag und Nacht im Gebet ablösten.

In der Tiefe der Bucht liegt *Paşabahçe* mit einem schönen Garten. In Ufernähe ein von Murat III. erbauter Palast in persischem Stil. Dann folgt

Beykoz, am nördlichen Rand der gleichnamigen Bucht.

1 Std. nördlich von hier der **Yuşa Tepesi** ('Josuaberg') bzw. *Riesenberg* (195 m ü.d.M.), eine wichtige Landmarke für die vom Schwarzen Meer kommenden Schiffe. Der Fahrweg führt hinter dem Palast des Mohammed Ali Paşa zunächst durch das wasser- und baumreiche Wiesental von *Hünkâr İskelesi,* einem einst beliebten Landsitz der byzantinischen Kaiser und der Sultane. Auf dem Gipfel eine Moschee mit dem sog. Grab des Riesen Josua sowie ✳Aussicht über den ganzen Bosporus (İstanbul selbst ist verdeckt) und einen Teil des Schwarzen Meeres.

Jenseits des weithin sichtbaren Schlosses des ägyptischen Paşa Mohammed Ali und der Mündung des Tals von Hünkâr İskelesi folgt das Vorgebirge *Selvi Burun* und die kleine Bucht von *Umur Yeri.*

Anadolu Kavağı, letzte Station am asiatischen Ufer, ein echt türkisches Dorf an der *Macar-Bucht,* zwischen zwei Vorgebirgen

Europäisches Ufer

Asiatisches Ufer

zum Meer hinabreichenden Mauern der byzantinischen Burgruine *İmroz Kalesi,* auf der Anhöhe im Norden, fanden ebenso wie die Mauern von Yoroz Kalesi auf der asiatischen Seite (s. rechts) ihre Fortsetzung in Molen, die mit einer Kette verbunden werden konnten.

Im Sommer fahren die Schiffe meist noch (5 Min.) bis zu dem Seebad **Altınkum** ('Goldsand'), mit Restaurant auf dem Plateau (Aussicht) einer alten Befestigung.

mit aufgelassenen Forts gelegen. Auf dem nördlichen Vorgebirge die malerische Ruine der byzantinischen Burg *Yoroz Kalesi,* seit dem 14. Jh. *Genueser Schloß* genannt. Im Altertum hießen Vorgebirge und Meerenge, eine der schmalsten Stellen am Bosporus, *Hierón* ('Heiligtum'), nach dem Altar der Zwölf Götter und nach einem Tempel des Zeus Urios, des Spenders günstiger Winde.

Die Touristenschiffe fahren bis zu dem 4,7 km breiten Nordende des Bosporus und wenden erst am Schwarzen Meer zur Rückfahrt. Zu beiden Seiten steigen hier die kahlen basaltischen Uferfelsen fast senkrecht aus dem Meer.

Zwischen Rumeli Kavağı und dem Vorgebirge *Garipçe Kalesi* liegt die kleine Bucht *Büyük Liman.*

Rumeli Feneri ('Europäischer Leuchtturm'), an der 4,7 km breiten Nordeinfahrt des Bosporus mit dem gleichnamigen Dorf und einer ehemaligen Festung auf der Klippe im Norden der Bucht. Die dunklen Basaltklippen im Osten sind die *Kyaneischen Inseln* oder *Symplegaden* (die 'Zusammenschlagenden'), die Jason auf dem Argonautenzug durchfahren mußte.

Auf die Macar-Bucht folgt die weite *Keçili-Bucht,* die im Norden vom *Fil Burun* abgeschlossen wird.

Anadolu Feneri ('Anatolischer Leuchtturm'), auf einem niedrigen Kap bei dem gleichnamigen Dorf an klippenreicher Küste, mit einem ehemaligen Fort.

Dann folgt die *Kabakos-Bucht,* in deren Basaltklippen unzählige Seevögel nisten, und an der Nordeinfahrt des Bosporus das steile *Yum Burun.*

Historisches Wohnhaus am asiatischen Bosporusufer

Burdur

Westtaurus (Isaurisch-pisidische Seenplatte)

Provinz: Burdur
Höhe: 852 m ü.d.M.
Einwohnerzahl: 56000

Lage und
Allgemeines

Die Provinzhauptstadt Burdur liegt in dem etwa 50 km langen Becken des Burdur-Sees an der Spitze eines großen Schwemmfächers, den der Kurna Çayı in das Seebecken vorgebaut hat. Um die umgebende Landschaft vor weiterer Erosion zu bewahren, wird zur Zeit im Südosten zum Çeltikçi-Paß hin aufgeforstet. Unter den wenigen Industriebetrieben ist vor allem eine Traktorenfabrik zu erwähnen.

Das Seebecken war bereits in hethitischer Zeit besiedelt; so soll das Fürstentum Arzawa, dem ein Schwiegersohn des legendären Hethiterkönigs Schuppiluliuma (1370 v.Chr.) entsproß, von hethitischen Herrschern seit 1600 v.Chr. mehrmals überfallen worden sein. Erstmals mit dem Namen Burdur erwähnt wird die Stadt 1330 vom Reiseschriftsteller Ibn Battuta; er erwähnt ein Schloß auf einem hohen Gipfel über der kleinen, ummauerten Stadt, die zum Beylik Hamid (Eğridir) gehört. Unter Bayazit I. wird Burdur 1391 osmanisch. 1971 erschütterte ein starkes Erdbeben die Stadt.

Sehenswertes

Das kleine Regionalmuseum zeigt neben ethnologischen besonderes neolithische Ausstellungsstücke von Hacılar und Kuruçay Hüyüğü, pisidisch-lykische Funde und einiges aus römischer Zeit. Sehenswert sind ferner das seldschukische Bad und die von Dündar Bey erbaute frühosmanische Ulu Cami (Große Moschee; 14. Jh.).

Umgebung von Burdur

Ağlasun/
*Sagalassos

Auf der Schnellstraße von İsparta Richtung Antalya folgt man der Abzweigung nach Ağlasun. Oberhalb des Städtchens liegen in 1650 m Höhe die Ruinen der pisidischen Grenzstadt Sagalassos (von den Türken Budrum genannt), die im 3. Jtd. v.Chr. entstanden sein soll. Um 334 v.Chr. wurde das streitbare Sagalassos nach schweren Kämpfen durch Alexander d. Gr. erobert (beschrieben bei Arrian). Rom übernahm die Macht 189 v.Chr. vom Seleukidenherrscher Antiochos III., und unter Augustus erfuhr die Stadt eine Blüte, die sich in den Ruinen dokumentiert. Zur Zeit gibt es hier eines der größten Ausgrabungsprojekte der Türkei (unter belgischer Leitung).

Das Ruinengelände mit einer Unter- und Oberstadt ist umgeben von sehenswerten Nekropolen mit Arkosolgräbern in den nördlichen Felswänden, Sarkophagen an den südlichen Hängen und Grabhäusern im Nordosten. Sowohl der heilige Bezirk auf einem Plateau mit dem Kaisertempel des Antonius Pius als auch die Prachtstraße zum unteren Markt sind von Säulenhallen umrahmt. Zu sehen sind der zur Kirche umgebaute Apollon-Klarios-Tempel, ein Nymphäum, eine Therme, ein Odeion, der obere Markt, ein großes Theater (2. Jh.) und ein dorischer Antentempel, neben dem man Platten mit Reliefdarstellungen von tanzenden Mädchen fand (im lokalen Museum). Unweit die seldschukische Karawanserei Ağlasunhanı.

*Burdur Gölü

Der 35 km lange und bis zu 9 km breite Burdursee (845 m ü.d.M.) hieß in der Antike Askania Limnae. Er liegt in einem relativ jungen Einbruchsbecken, dessen Achse parallel zum Streichen des Gebirges verläuft und dessen Bruchlinie am Südufer des Sees liegt. Starke Erdbeben (Dinar 1914, Burdur 1968) sind somit nicht verwunderlich. Dieser See hatte in der letzten Eiszeit einen wesentlich höheren Wasserspiegel (etwa bei 950 m ü.d.M), reichte nach Südwesten bis ins Becken des Yaraşlı-Sees und besaß einen Abfluß zum Eğridirsee über die talartige Wasserscheide von Baradiz im Nordosten und durch das Becken von İsparta. Das bedeutet, daß das Klima seit jener Zeit deutlich trockener geworden ist. Massen von

Seldschukische Karawanserei Susuz Han

Muschelschalen längs der alten, höheren Uferlinie zeigen, daß damals die Bewohner jene Muscheln als Nahrungsquelle nutzten. In dieser Höhenlage liegt auch die Grabung von Hacılar (s. unten)

Umgebung, Burdur Gölü (Fortsetzung)

Im Gegensatz zu manchen seiner Nachbarseen besitzt der 200 km² große Burdur Gölü weder ober- noch unterirdischen (karstischen) Abfluß. Deshalb enthält er schwefelhaltiges, bitteres Salzwasser, in dem eine besondere Fischart, benannt nach dem Burdursee, 'Aphanius burduricus' beheimatet ist. Hier lebt auch die vom Aussterben bedrohte, salzwasserliebende Weißkopfruderente, von deren Weltpopulation (11 000 Stück) 90% hier überwintern. Weißstörche nisten in einem vom Erdbeben zerstörten Dorf am Südufer des Sees, und bisweilen stehen Schwärme von Flamingos an den Rändern.

Etwa 12 km südwestlich von Burdur beim Dorf Hacılar wurde 1957–1960 ein prähistorischer Siedlungshügel ausgegraben. Die Funde erbrachten aus neun Schichten u. a. wertvolle und sehr alte Stücke aus dem späten Neolithikum (Schicht sechs, 5500–5400 v. Chr.). Der Siedlungshügel trug als oberste Anlage eine Königsresidenz mit Wohnhäusern (4975 v. Chr.), darunter ältere Befestigungen. Damit gehört diese Siedlungsstelle, die damals einen Muttergöttinnen-Kult betrieb, zu den ältesten Siedlungen der Welt (Funde in den Museen von Ankara und Antalya).

Hacılar

Ca. 1 km nördlich der Stadt Bucak liegt 3 km westlich der Hauptstraße nach Burdur die Ruine des İncir Hanı. Von der etwa 30×40 m großen seldschukischen Karawanserei, die 1239 vom Sultan Kaichosrew II. gestiftet wurde, ist nur noch die Zentralkuppel-Halle einigermaßen erhalten (als Lager genutzt). Quer zum schmalen und höheren Mittelschiff laufen beidseitig sieben Querschiffe mit Tonnengewölbe über spitzen Arkaden. Neben den muschelartigen Bögen sind kleine Medaillons eingemeißelt, und über dem Eingang tragen zwei Löwenreliefs auf dem Rücken ein menschliches Gesicht.

İncir Hanı

Burdur,
Umgebung
(Fortsetzung)
Kestel Poljesi

Innerhalb der Provinz Burdur stößt man auf insgesamt 14 größere und kleinere Seen. Sie sind ein landschaftstypisches Element – ebenso wie die zahlreichen Becken, mit denen vor allem die Region südlich von Burdur durchsetzt ist. Zu den Karsterscheinungen dieses Gebiets gehört auch der westlich der Kreisstadt Bucak beginnende Komplex des sog. Polje von Kestel: Das Polje (aus dem Serbokroatischen 'polje' = 'Tal', 'Becken') von Kestel setzt sich aus sechs einzelnen größeren Becken zusammen, die durch Talengen oder auch flache Schwellen verbunden sind. Dazu zählen die Becken von Çeltikçi, Kestel, Zivint, Bozova, Bademağacı und Kızılkaya. Das gesamte System entstand als tektonisches Einbruchsfeld aus der (geolog.) Zeitspanne des Tertiärs (vor mindestens 2 Mio. Jahren). Am Fuß der überall steil ansteigenden Kalkhänge oder wenige Meter davor werden die flachen Becken durch Ponore (Schlucklöcher im Kalk) entwässert. Die wichtigsten dieser Ponore liegen nördlich des Dorfes Boğazköy im Süden und südlich von Kestel im Norden. Bei Kestel liegt für 4–5 Monate im Jahr (Winter) auch ein Karstsee (Kestel Gölü, 843 m ü. d. M.), der in der trockenen Jahreszeit als Sumpf existiert. Die gesamte Drainage erfolgt unterirdisch durch ein sehr verzweigtes natürliches Röhren- und Kluftsystem durch den Gebirgskörper des Taurus, und das Wasser tritt an verschiedenen Stellen im Süden vor dem Gebirge wieder aus (Kırkgöz-Karstquellen nördlich Antalya).

Kremna

Der heute Çamlık oder Girme genannte Ort (das antike Kremna) liegt etwa 60 km südöstlich von Burdur bei Bucak. Die Ruinen liegen in aussichtsreicher Position auf einem Hochplateau, das nach Süden hin mehrere hundert Meter steil abfällt. Unter Alexander war der Ort eine Bogenschützen-Garnison. Unter Rom wurde die Stadt offensichtlich schachbrettartig neu angelegt. Betritt man die Ruinenfläche durch das große Südtor vorbei an verschiedenen größeren Gebäuden, erreicht man die zumeist am Hang liegenden Repräsentativbauten der Siedlung: Forum des Longus (mit Inschrift), Theater (östlich) mit vorgebauter Stoa, Gymnasium (nordöstlich), ein weiterer, 75 m breiter Markt im Süden, eine Hallenstraße neben einer Treppenflucht am Südtor, Zisternen, Basiliken (byzantinisch) sowie zahlreiche Wohnhäuser.

✳Susuz Han

Im Dorf Susuz (= 'wasserlos') 50 km südöstlich von Burdur bei Bucak steht eine seldschukische Karawanserei aus dem 13. Jh. (Schlüssel im Dorf). Der von Bagdatlı Sadik Ağa 1244–1246 gestiftete Bau mit seinem reich ornamentierten Tor, seinen Bündelsäulen und schön geschmückten Seitennischeneingängen ist noch gut erhalten. Die erhöhte Mittelkuppel der 26×26 m messenden Halle steht mittig über den fünf Querschiffen mit ihren Bogenfenstern und dem leicht höheren Hauptschiff. Acht z. T. unterschiedlich geformte Türme stützen die Außenwände; der Hof fehlt.

Tefenni

Rund 70 km südwestlich von Burdur (unweit Tefenni) stößt man auf das interessante Felsbild Kaya Kabatmanları mit dem pisidisch-lykischen Gott Kabaskos zu Pferde. Man identifiziert Kabaskos mit Herakles, weil er bis auf seine Keule unbewaffnet dargestellt wird.

Bursa   E 3

Marmaragebiet
Provinz: Bursa
Höhe: 150–250 m ü. d. M.
Einwohnerzahl: 1 Mio.

Lage und
✳✳Stadtbild

Die frühosmanische Hauptstadt Bursa, früher Brussa und im Altertum Prusa genannt, liegt rund 100 km Luftlinie südlich von İstanbul, 30 km abseits vom Marmarameer. Die Kalkterrasse auf der sich Bursa am Fuß des Uludağ erhebt wird von den Bergbächen Gök Dere und Djilimbos zerschnitten. Die reizvolle und klimatisch günstige Lage der Stadt hinter dem Karadağ-Küstenbergland, ihr malerischer Kern und prachtvolle Bauwerke (Moscheen und Türben) machen Bursa zu einem der lohnendsten Ziele der Türkei. Die bereits von den Römern geschätzten Thermalquellen am nordwestlichen Stadtrand werden viel besucht, so die modernen Kur- und Badeeinrichtungen im Vorort Çekirge. Die heutige Provinzhauptstadt Bursa ist eines der wirtschaftlich stärksten Zentren der Türkei und Sitz einer Universität (Landwirtschafts-Fakultät). Dazu tragen nicht nur fruchtbare Böden im Umland mit ihrer florierenden Landwirtschaft (Obstanbau: Die Pfirsiche von Bursa sind in der gesamten Türkei berühmt) bei, sondern auch umsatzstarke Textilfabriken, deren Grundlage eine leistungsfähige Seidenspinnerei ist. In den letzten Jahren kamen zahlreiche Betriebe des metallverarbeitenden Gewerbes hinzu.

Lage und Stadtbild (Fortsetzung)

Die Gründung der Stadt um 186 v. Chr. auf dem Zitadellenhügel wird dem bithynischen König Prusias I. zugeschrieben. Unter Kaiser Trajan baute Plinius d. J. als Statthalter von Bithynien die Bäder neu auf und richtete eine Bibliothek ein. Auch unter den Byzantinern hatte die Stadt vor allem wegen ihrer Heilquellen Bedeutung. Nach zeitweiser seldschukischer (seit 1097), dann wieder byzantinischer Herrschaft kam Bursa an die Osmanen und wurden deren erste Residenz der Sultane (bis 1361). Im 15. Jh. erreichte die Stadt ihre höchste Blüte (zahlreiche Bau- und Kunstdenkmäler). Im 19. Jh. wurde sie von Bränden und Erdbeben heimgesucht.

Geschichte

Sehenswertes in Bursa

Mit dem Bau der Großen Moschee im Stadtzentrum wurde 1379 unter Sultan Murat I. begonnen. Die Ulu Cami ist eine typische Pfeilermoschee mit starken Anklängen an das seldschukische Bauerbe. Durch den Eingang an der von zwei Minaretten flankierten Nordseite gelangt man unmittelbar in

*Ulu Cami

Osmanische Karawanserei Koza Hanı im Basarviertel

Bursa

Stadtplan

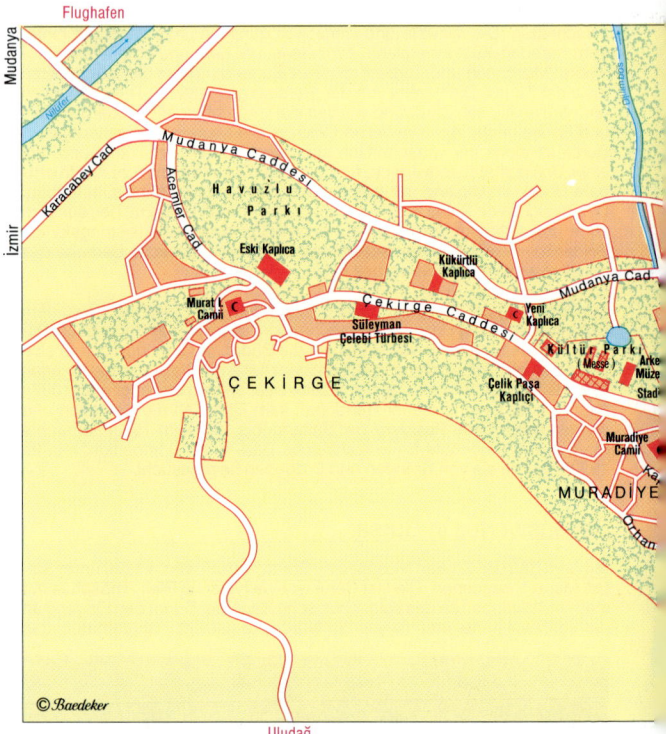

Ulu Cami (Fortsetzung)

die große Pfeilerhalle, deren 20 Kuppeln auf zwölf durch Spitzbogen verbundenen Pfeilern lasten. Die offene Mittelkuppel und das darunter befindliche Brunnenbecken deuten auf einen Innenhof hin. Der Brunnen ist von erhöhten Podesten für die Betenden umgeben. Die quadratischen Pfeiler und die Wände tragen Kalligraphien, teils in der eckigen kufischen, teils in der Neschi-Schrift. Beachtenswert ferner der um 1300 entstandene Mimbar aus Zedernholz.

Basarviertel

Das 1855 durch Erdbeben und 1957 durch Brand schwer in Mitleidenschaft gezogene Basarviertel (Atpazarı) wurde vor einiger Zeit renoviert. Besonders hervorzuheben sind der um 1400 entstandene Bedesten, einer der ersten seiner Art, überdeckt von 14 Kuppeln, sowie mehrere Hane (Handelshöfe).

Zitadelle

Die Zitadelle (Hisar) liegt strategisch günstig auf einem kleinen, steil abfallenden Plateau westlich vom Zentrum, das im Süden durch eine quellenreiche Mulde mit dem Uludağ-Massiv verbunden ist. Die eigentliche Zitadelle wird von einer in römischer Zeit errichteten, in byzantinischer und osmanischer Zeit mehrfach erneuerten Mauer umgeben, die einst vier Tore hatte. Hier oben liegen auch die Türben der Sultane Orhan und Osman, die 1855 durch Erdbeben schwer beschädigt und unter Sultan Abdül Aziz wiederaufgebaut wurden.

Am Nordrand des Zitadellenhügels bietet sich von einer Terrasse (Uhrturm) eine prächtige Aussicht auf die Stadt und ihre Umgebung.

nik, Yalova, İstanbul

Bursa

500 m

Yalova Caddesi

Mahmudiye Cad.

Mahmudiye Cad.

Eski Yalova Yolu

Ankara

Kurtuluş Cad.

Autobushof

Demirtaşpaşa Cad.

Fevzi Çakmak Cad.

Osmangazi Cad.

Yıldırım Beyazıt Camii

Altıparmak Cad.

Haşim İşcan Cad.

İnönü Cad.

Kervansarayı

Hisar

Şehadet Camii

Atpazarı

Orhan Camii

Stadt-verw.

Türk ve İslâm Eserleri

Yeşil Cami

Emir Sultan Camii

Ulu Camii

Atatürk-Denkmal

Yeşil Türbe

Stadt-verw.

Fevzi Çakmak

Namazgâh Cad.

Talstation der Uludağ-Seilbahn

Uludağ

Atatürk Müzesi

Sultan Murat II. ließ 1447 die nach ihm benannte Moschee (weiter westlich) erbauen, als Bursa bereits nicht mehr die Hauptstadt des Osmanischen Reiches war. Aus einem Vorhof (schöner Brunnen, Zypressen) tritt man in eine von Säulen und Pfeilern getragene Vorhalle, auf die sich vier Fenster und das Portal öffnen; dann in eine kleine Innere Halle, deren Decke kostbaren Fayenceschmuck aufweist.

Im Garten der Moschee sind zehn polygonale, kuppelgedeckte Grabbauten für Sultan Murat II. und seine Familie verstreut, deren Eingänge jeweils ein weit ausladendes Holzdach schützt.

*Muradiye Camii

Ein Kilometer östlich vom Zentrum steht die Grüne Moschee, die wegen ihrer prachtvollen ornamentalen Ausstattung zu den wichtigsten osmanischen Sakralbauten gehört. Die Yeşil Cami ließ Mehmet I. an der Stelle einer byzantinischen Kirche zwischen 1419 und 1423 errichten. Die alten, mit grünen Fliesen bekleideten Minarette fielen 1855 einem Erdbeben zum Opfer, ebenso die alte Marmorvorhalle. Gut erhalten dagegen das Portal mit seiner Stalaktitennische. Beiderseits des Eingangs zum Zentralraum liegen prachtvolle, mit Fayencen ausgeschmückte Nischen. Darüber befinden sich die Sultansloge und die vergitterten Frauenlogen. Im erhöhten Hauptraum läuft über dem blaugrünen Wandsockel, nach dessen Farbe die Moschee benannt ist, eine Inschrift.

*Yeşil Cami

Gegenüber der Grünen Moschee steht, etwas erhöht, das Grüne Mausoleum Mehmets I. (Yeşil Türbe). Es ist ein achteckiger Kuppelbau, der ursprünglich außen mit denselben grünen Fliesen bedeckt war, die heute

Yeşil Türbe

Inneres der Türbe Murats I.   *Außenansicht der Türbe Mehmets I.*

Yeşil Türbe
(Fortsetzung)

noch Teile der Innenwände zieren. Moderne Nachbildungen ersetzen die verlorengegangenen Fayencen. Auf einem achteckigen Sockel ruht der Sarkophag Mehmets I., verziert durch wundervolle Fayencen (Blüten- und Pflanzenmotive; Kalligraphien).

* Museum für
türkische und
islamische Kunst

Das Museum für türkische und islamische Kunst in Bursa (1 km östlich vom Zentrum) wurde 1974 in der 1414–1424 erbauten Grünen Medrese (Yeşil Medrese) eröffnet. Es zeigt einen breiten Querschnitt des künstlerischen Schaffens in der osmanischen Periode. Die Sammlung enthält u. a. Arbeiten aus Perlen und Elfenbein, Intarsien, Handschriften, verzierte Buchdeckel, Lettner, Teile großartiger Holzdecken, Waffen, Fayencen aus İznik und Kütahya, Stickereien und Ornamente, wertvolle Textilien, Schaustücke aus ehem. Tekken, Kalligraphien und Grabsteine.

Archäologisches
Museum

Das ursprünglich in der Grünen Medrese untergebrachte Archäologische Museum von Bursa konnte 1972 einen Neubau im Çekirge Kültür Parkı (2 km nordwestlich vom Zentrum) beziehen. Das neue Museum verfügt über vier Ausstellungssäle, Lagerräume, eine Bibliothek und ein eigenes Laboratorium.

Atatürk-Museum

Am südlichen Stadtrand steht ein schmuckes, Ende des 19. Jh.s errichtetes Gebäude, das seit 1973 als Atatürk-Gedenkstätte hergerichtet ist. Hier wohnte der 'Vater der modernen Türkei' während seiner 13 Bursa-Besuche zwischen 1923 und 1938. In den einzelnen Räumlichkeiten der dreistöckigen Villa sind Möbel, persönliche Gebrauchsgegenstände und eine Dokumentation über den Staatsmann ausgestellt.

Çekirge
* Thermalbäder

Im westlichen Vorort Çekirge liegen einige der berühmtesten schwefel- und eisenhaltigen Thermalbäder des Orients. Die im Altertum 'Basilika' genannten heißen Quellen wurden sicher schon vor der römischen Kaiserzeit benutzt. Aber wie diese Gebäude sind auch die byzantinischen Bau-

ten, die u. a. von der Kaiserin Theodora besucht wurden, fast völlig verschwunden. Sultan Murat I. ließ hier unter Verwendung älterer Reste das
Eski Kaplıca (Altes Bad) errichten. Nahebei seine erste Moschee, die Gazi
Hunkiar Camii (1365; kreuzförmiger Grundriß); auf der Terrasse die Türbe
für den 1389 ermordeten Murat I. Großwesir Rüstem Paşa ließ im 16. Jh.
das Yeni Kaplıca (Neues Bad) errichten, ein architektonisches Meisterwerk
mit großartiger Marmor- und Fayencenausstattung.

Çekirge
Thermalbäder
(Fortsetzung)

Umgebung von Bursa

Das 17 km südlich von Bursa aufragende Uludağ-Massiv (höchster Gipfel
2543 m ü. d. M.) ist das meistbesuchte und besterschlossene Wintersport-
gebiet der Türkei (12 Pisten; Skisaison von Mitte Dezember bis Mitte April).
Das 1865 m ü.d.M. gelegene, schneesichere Wintersportzentrum erfreut
sich großer Beliebtheit bei türkischen Gästen aus İstanbul, Ankara und
İzmir. Zwar herrscht Baustopp, doch durch Modernisierung und Erweiterung der 14 privaten Hotels und 13 staatlichen Gästehäuser wird die Bettenkapazität in naher Zunkunft von 6400 auf 7100 steigen.
Dank der prächtigen, von Matten durchsetzten Wälder ist der Uludağ ein
ausgezeichnetes Erholungsgebiet für Genesende aller Art. Das im wesentlichen aus Granit und Gneis, in seinen obersten Partien auch aus metamor-
phen Gesteinen bestehende Bergmassiv weist Spuren glazialer Überfor-
mung auf (u. a. Kare). Flora und Fauna sind überaus vielgestaltig. Bereits
1961 zum Nationalpark erklärt, ist der Uludağ der älteste und größte Nationalpark der Türkei. Von den zahlreichen (oft nur mühsam zugänglichen)
Aussichtspunkten kann man bei günstiger Wetterlage seinen Blick bis
İstanbul und zum Bosporus bzw. Schwarzen Meer schweifen lassen. Von
Bursa führt eine Schwebebahn bis zum Nordwestplateau (1700 m ü. d. M.)
sowie eine Panoramastraße (auch Busse) bis zum Büyük Uludağ Oteli.

****Uludağ**
(Mysischer oder
Bithynischer
Olymp)

Das Hafenstädtchen Yalova (73000 Einw.) liegt etwa 70 km nördlich von
Bursa reizvoll am Südufer des Golfes von İzmit. Hier (Personenfähre) und
etwa 10 km östlich (Autofähre) legen die Fähren aus İstanbul und Kartal
und Darıca an, die den Weg nach Bursa beträchtlich verkürzen.
Einige Kilometer südwestlich vom Stadtzentrum befinden sich in einem
Waldtal die bereits seit der Antike (Pythia der Argonautensage, Soteropolis
in byzantinischer Zeit) bekannten eisen-, kohlensäure- und schwefelhaltigen Thermalquellen (bis 65°C) von Yalova (Yalova Kaplıcalar; früher Kury,
französisch Coury). Diese brachten nicht nur Griechen und Römern Genesung, sondern auch den byzantinischen Kaisern Konstantin d. Gr. und
Justinian sowie der Kaiserin Theodora und nicht zuletzt den seldschukischen und osmanischen Potentaten. Auch Kemal Atatürk weilte hier oft zur
Kur (Atatürk-Haus). Das Spektrum der Heilanzeigen reicht von Nieren- und
Blasenleiden bis zu rheumatischen Erkrankungen und Nervenleiden. Die
Bäder, die in jüngster Zeit den modernen Erfordernissen angepaßt werden
(neue Hotels und Kureinrichtungen), gehören inzwischen zu den meistge-
schätzten in Vorderasien.

Yalova

*Thermen
von Yalova

Das unscheinbare Städtchen inmitten der gleichnamigen Ova 55 km öst-
lich von Bursa war vor der Eroberung Bursas Hauptstadt der Osmanen.
Der interessanteste, restaurierte Komplex aus osmanischer Zeit ist die
Süleyman Paşa Külliyesi des frühen 15. Jh. bestehend aus Karawanserei,
Moschee und Medrese. In der Medrese ('Janitscharenkaserne') ist eine
Koranschule eingerichtet. Die Karawanserei östlich neben der Medrese
ist bis auf Grundmauer-Reste verschwunden. Der ansprechende Bau der
Moschee Sinan Paşa Camii liegt der Koranschule gegenüber. Schmuck-
stück der Anlage ist die liebevoll restaurierte 27 x 30 m² große Süleyman
Paşa Medresesi mit wieder genutzten, quadratischen und mit Kuppeln
bedeckten Schülerzellen, die sich rings um den rechteckigen Innenhof
gruppieren und deren Bogenfenster zu Rechtecken umgestaltet wurden.
Die Südfront fehlt bis auf eine kleine angebaute, achteckige Moschee.

Yenişehir
Süleyman Paşa
Külliyesi

Bursa,
Umgebung
(Fortsetzung)
Semaki Evi,
Klosteranlage

In der Innenstadt wurde das Semaki Evi, ein Bürgerhaus aus dem 16. Jh. in der Davutoğlu Sokağı, restauriert und als Museum eingerichtet. Das rein osmanische Wohnhaus enthält neben dem ehemals offenen Balkon (aus Schutzgründen verglast) u. a. ein Divanzimmer und zwei Wohnräume mit bemalten und verzierten Kassettendecken, Spitzhaubenkaminen und verzierten Nischenschränken.

Außerhalb der Stadt liegt auf einem alten Siedlungshügel im Baba Sultan Parkı der Rest einer Klosteranlage, die bis zum Jahre 1920 von Kadri-Derwischen bewohnt war. Diese Wandermönche wurden als 'Heilige' verehrt. Einer von ihnen, 'Baba Sultan', hatte sich die Klostermoschee als Mausoleum eingerichtet. Obwohl man den Bau später wieder zur Moschee machte, wird sie bis heute nicht von den islamischen Gläubigen zum Gottesdienst besucht.

Çanakkale   B 3

Marmaragebiet (Dardanellen)
Provinz: Çanakkale
Höhe: 0–5 m ü. d. M.
Einwohnerzahl: 54 000

Lage und
Bedeutung

Der bedeutendste Ort an den Dardanellen (türkisch Çanakkale Boğazı) ist die an der schmalsten Stelle der vielbefahrenen Meerenge (1244 m) gelegene Stadt Çanakkale (ehem. Kale Sultaniye), Verwaltungssitz der gleichnamigen Provinz, die etwa der antiken Landschaft Troas entspricht. Sie dient als Ausgangspunkt zum einen für die Besichtigung des Ruinenfeldes von Troia, zum anderen für den Besuch der Kriegsschauplätze des Dardanellenfeldzuges von 1915.

Çanakkale (= 'Topfburg'), so nach der besonders früher hier blühenden keramischen Industrie benannt, ist eine neuere Stadt und besitzt kaum bemerkenswerte Baudenkmäler, zumal es im Jahre 1912 durch ein Erdbeben starke Schäden erlitt. Am Westrand der recht eng bebauten inneren Stadt liegt der Hafen mit der Landungsmole für die Dardanellenfährschiffe zum europäischen Ufer nach Eceabat.

Sehenswertes
Sultaniye Kale/
Militärmuseum

Die 1454 von Mehmet II. erbaute Uferburg Sultaniye Kale (= 'Sultansschloß') ist das Pendant zu der gegenüber am europäischen Dardanellenufer gelegenen Sperrfestung Kilitbahir (= 'Schlüssel des Meeres'; drei mächtige Rundtürme, 1454 errichtet); beide sicherten diese engste Stelle der Dardanellen. Das Burgareal dient heute als Rahmen für ein Militärmuseum, das die türkische Marine unterhält (Führungen auch in deutscher Sprache). Neben Geschützen und Kriegsgerät wird eine interessante Dokumentensammlung zur Schlacht um die Dardanellen (1915) gezeigt; im Freigelände ist der Minenleger "Nusrat" restauriert aufgebaut, dessen erfolgreicher Einsatz die Alliierten letztlich zum Abzug bewog.

Archäologisches
Museum

Bei der Ausfahrt in Richtung Troia (nach Süden, nicht die Umgehungsstraße benützen!) steht am Stadtrand das neue Archäologische Museum von Çanakkale mit Funden aus hellenistischer und römischer Zeit sowie den reichen Grabbeigaben aus dem sogenannten Dardanos-Tumulus (ca. 10 km südwestlich).

**Çanakkale Boğazı · Dardanellen

Lage und
Bedeutung

Die nach der Stadt Dardanos benannten Dardanellen (im Altertum Hellespont) sind eine sich zwischen der europäischen Halbinsel Gallipoli (Gelibolu) und dem kleinasiatischen Festland hinziehende Meerenge, welche die Verbindung zwischen dem Ägäischen Meer (Mittelmeer) und dem → Marmarameer sowie damit durch den → Bosporus mit dem Schwarzen Meer herstellt. Sie hat von jeher eine bedeutende Rolle gespielt. Wie aus den Ausgrabungen in Troia hervorgeht, war das Gebiet des Hellespontes ('Meerküste der Helle', der mythischen Tochter des Athamas, die auf der Flucht vor ihrer Stiefmutter hier ins Meer stürzte) bereits um 3000 v. Chr. besiedelt. Im 13. Jh. v. Chr. eroberten die aus Griechenland kommenden Achäer das Land. Der durch Homers Ilias berühmt gewordene Kampf um Troia fällt wohl in diese Zeit.

Zwischen der antiken Stadt Abydos auf einem Burghügel im Norden von Çanakkale und dem gegenüber auf dem europäischen Ufer gelegenen antiken Sestos spielt die Sage von Hero und Leander, die von dem spätgriechischen Dichter Musaios (Ende des 6. Jh.s n. Chr.?) in einem kleinen Epos behandelt wurde: In Abydos wohnte der schöne Jüngling Leander, im Heiligtum der Aphrodite in Sestos war Hero Priesterin. Beide sahen sich auf einem Aphrodite-Fest und entbrannten in heißer Liebe. Leander schwamm jede Nacht über die Meerenge zu der Geliebten, die auf einem Turm ein Feuer als Wegweiser entzündete. In einer finsteren Nacht verlöschte der Sturm das Feuer, und Leander versank in den Fluten. Als seine Leiche am nächsten Morgen angeschwemmt wurde, stürzte sich Hero ins Meer, um mit dem Geliebten im Tod vereint zu sein. – Lord Byron schwamm Anfang Mai 1810 den gleichen Weg von Abydos nach Sestos (in ca. 70 Min.), wie er in einem seiner Gedichte erzählt.

Die 61 km lange, 1,2–7,5 km breite und 54–103 m tiefe Meerenge ist ein ehemaliges Flußtal, das bei einer Landsenkung im Pleistozän unter den Meeresspiegel tauchte, wobei auch das Marmarameer entstand. Deutlich sichtbare Uferterrassen lassen auf einen temporären Anstieg des Meeresspiegels in vergangener Zeit schließen. Durch die Dardanellen fließt der Wasserüberstand des Schwarzen Meeres, der zunächst durch den Bosporus in das Marmarameer gelangt, in das Mittelmeer ab. Der aus dem Zufluß großer Süßwasserströme in das Schwarze Meer entstehende Dichteunter-

Dardanellen,
Lage und
Bedeutung
(Fortsetzung)

Sage von Hero
und Leander

Physisch-
geographische
Eigenheiten

Dardanellen – sagenumwobene Meerenge zwischen Europa und Asien

Çanakkale

schied zwischen dem Schwarzmeer- und dem Mittelmeerwasser ver-
ursacht, genau wie im Bosporus, eine kräftige Oberflächenströmung ('Dar-
danellenwind') vom Marmarameer ins Ägäische Meer (bis 8,3 km/h), während in der Tiefe schwereres, salzreiches Mittelmeerwasser mit geringerer
Geschwindigkeit ins Marmarameer zurückfließt.

Die hügelige, 250–375 m hohe Uferlandschaft der Dardanellen, die von
tertiären Kalkmergeln gebildet wird, trägt stellenweise Baumbestand. Das
milde Winterregenklima erlaubt die Kultur des Olivenbaums, dessen
Früchte die Haupteinnahmequelle der Landbevölkerung bilden.

Zu Beginn des Ersten Weltkriegs bestanden die z.T. veralteten Landbe-
festigungen aus drei Verteidigungsgürteln. Seit Februar 1915 versuchte
die Flotte der alliierten Verbündeten vergeblich, die Durchfahrt zu er-
zwingen. Auch ein Ende April 1915 beginnender Landungsangriff auf der
Halbinsel Gallipoli und an der asiatischen Küste konnte nach erbittertem
Stellungskrieg schließlich abgewehrt werden, so daß die Alliierten das Dar-
danellenabenteuer im Dezember 1915 nach schweren Verlusten aufgeben
mußten. Bei den Kämpfen zeichnete sich als Kommandeur Mustafa Paşa,
der spätere türkische Staatspräsident Atatürk, aus (weithin sichtbares
Denkmal).
Nach dem Ersten Weltkrieg erlangten die Türken zusammenmit der Anerkennung ihrer Unabhängigkeit auch die Oberhoheit über die vorübergehend von den Alliierten besetzte Meerenge wieder. Im 'Meerengenab-
kommen' von Montreux im Juli 1936 wurde der Türkei das Recht zur Wie-
derbefestigung ihrer Meerenge eingeräumt, ebenso wie die Türkei im Krieg
die Durchfahrt von Schiffen kriegführender Staaten untersagen kann.
Heute zieht sich um die Dardanellen eine ausgedehnte Militärzone, die
jedoch den Reisenden kaum behindert. Die meisten Passagier- und Han-
delsschiffe durchfahren jedoch die Dardanellen bei Nacht.

Fährverbindungen über die Dardanellen (mit Kfz-Transport) bestehen zwischen Gelibolu und Lâpseki sowie zwischen Çanakkale und Eceabat,
Uferstraßen zu beiden Seiten. Eine Dardanellen-Brücke von Çanakkale
nach Kilitbahir ist geplant.

Etwa 8 km nördlich von Çanakkale erreicht man den Ort Nara, der wohl an
der Stelle des antiken Nagara auf der gleichnamigen Landspitze liegt. Zwischen dem Kap Nara und dem gegenüberliegenden Ufer ist die zweit-
engste Stelle (1450 m) der hier einen Knick nach Süden machenden Dardanellen, die man im Altertum, als sie nur 1300 m breit und damals die engste Stelle war, 'Heptastadion' ('Sieben Stadien') nannte und über welche
die 'Heptastadion-Fähre' führte. Hier setzten die Perser unter Xerxes,
Alexander der Große und die Türken (1356) über die Meerenge.

Rund 40 km nordöstlich von Çanakkale liegt am Ostufer der Dardanellen
(unweit des Überganges ins Marmarameer) das alte Hafenstädtchen Lâpseki in der Kuşova (= 'Vogelebene'), umgeben von Weingärten und Olivenhainen. Von hier besteht eine Fährverbindung (auch Kfz-Transport) ans
europäische Dardanellenufer nach Gelibolu auf der Halbinsel Gallipoli.
Lâpseki ist das antike Lampsakos, wo nach der Sage Aphrodite den Pri̓a-
pos gebar, dessen Kult hier seinen Hauptsitz hatte. Es wurde zur Zeit, als
die Phokäer hier siedelten, Pityusa genannt und war nach Strabo eine
bedeutende Stadt mit einem guten Hafen. In Lampsakos starb 428 v.Chr.
als Verbannter der Philosoph Anaxagoras aus Klazomenai (geb. um 500
v.Chr.); aus Lampsakos stammte auch der Rhetor und Historiker Anaximenes (4. Jh. v.Chr.), der Alexander den Großen begleitete und seine Heimatstadt bei dem Vorbeimarsch des Heeres vor der Zerstörung bewahren
konnte.

Nur wenige Kilometer südwestlich von Çanakkale liegt rechts der alten
Küstenstraße in einer Kurve hinter dem Kepez-Tal der Akropolishügel des

Alexandreia Troas – überwucherte römische Ruinen in Küstennähe

antiken Dardanos. Auf ihm ist heute eine Gedenkstelle aus dem Zweiten Weltkrieg (Şehitlik Batarya).

Kaum 1 km weiter südwestlich erhält man einen Hinweis auf den sogenannten Dardanos Tümülüsü, einen Grabhügel unweit der Küste. Der Hügel wurde 1959 durch Rüstem Duyuran geöffnet. Hinter einem Eingangskorridor fand man eine Grabkammer mit drei Steinbänken (noch vorhanden) und reichhaltige Grabbeigaben: Schmuck, Toilettenartikel, Vasen, Lampen und Figuren, Münzen, ein Musikinstrument und beschriftete Begräbnisurnen (Museum in Çanakkale) aus dem 4. Jh. v.Chr. bis weit in die hellenistische Zeit.

Ca. 30 km südlich von Eceabat erreicht man beim Dorf Abide die osmanische Festung Seddülbahir, die 1657 zur Sicherung der südlichen Dardanelleneinfahrt gegenüber der asiatischen Feste Kumkale errichtet wurde. Beide Anlagen liegen heute im militärischen Sperrgebiet. Darüber hinaus findet man Gedenkstätten der alliierten Streitkräfte von 1915/1916 und Friedhöfe sowie ein türkisches Kriegerdenkmal an der Ostseite jener kleinen Bucht, an der früher die antike Stadt Elaios lag.

Rund 80 km südlich von Çanakkale liegt bei Ezine das einsame Ruinenfeld der bedeutenden antiken Stadt Alexandreia Troas (auch nur Troas; heute Eskiistanbul) aus der Zeit des Lysimachos. Die mächtigen Trümmer (Thermen mit schönen Portalen) stammen meist aus römischer Zeit.

→ dort

Sidenotes:
Dardanellen, Dardanos Tümülüsü (Fortsetzung)

Seddülbahir

Alexandreia Troas

**Troia

Çankırı

→ Kastamonu

Çatalhüyük H 6

Zentralanatolien
Provinz: Konya
Höhe: 1010 m ü. d. M.
Ortschaft: Çatalhüyük bei Çumra

Lage und
＊Bedeutung

Der knapp 18 m hohe und ca. 12 ha große Siedlungshügel von Çatalhüyük am linken Ufer des Çarşamba Çayı ist Teil eines 21 ha umfassenden Gesamtkomplexes, von dem bislang nur etwa 5 % ausgegraben wurden. Der Hüyük liegt etwa 10 km nordöstlich der Kleinstadt Çumra (dem ehemaligen Çumra İstasyon) in der Konya Ovası. Bekannt wurde der Ort durch Ausgrabungen in den 60er Jahren von James Mellaart, der die Siedlungsstelle 1958 zum ersten Mal erkundet hatte, später aber keine weitere Grabungserlaubnis erhielt, weil Funde im Ausland aufgetaucht waren. Die Gründung der ersten Siedlung an diesem Platz wird auf 6250 v. Chr. datiert, den Niedergang der jüngsten von insgesamt zehn Siedlungen schätzt man anhand von Brandspuren auf etwa 5400 v. Christus.
Innerhalb der riesigen Konya-Ebene ist der Hügel von Çatalhüyük nur eine von vielen Siedlungslagen, die in einem Zeitraum zwischen dem 7. und 3. Jahrtausend v. Chr. hier entstanden. Manche derartige Hüyüks sind heute durch Sedimentierungen nicht mehr erkennbar, auch wurde die Ebene fast allerorts überpflügt. So liegen auch die frühesten Schichten von Çatalhüyük über 2 m unter dem Niveau der Ebene.

Bauweise

Die ausgegrabenen Häuser entsprechen in vielem dem, wie man auch gegenwärtig hier noch traditionell baut. Nur die Siedlungsform unterschied sich von der heute üblichen: Unter einem Flachdach lag die 25 m² große Wohnung mit kleinem Stauraum. In den Räumen befand sich eine Bank, ein Herd, ein Ofen und einige Plattformen, die wohl als Schlaf-, Arbeits- und Begräbnisstätten zugleich dienten. Die Toten bahrte man außerhalb der Siedlung so lange auf, bis sie (durch Tiere) skelettiert waren. Dann begrub man sie mit ihrer Kleidung neben oder unter den Schlafstätten, um ihnen eine weitere Teilnahme am Familienleben zu ermöglichen. Es gab keine Straßen zwischen den eng aneinandergepreßten Wohnwürfeln einer solchen 'Terrassensiedlung', nur Innenhöfe, die man als Latrinen und Abfallgruben nutzte.

Der Zugang zu den Wohngebäuden erfolgte, wie bei den amerikanischen Pueblo-Siedlungen, über Holzleitern durch das Rauchabzugsloch im Dach. Der Boden war aus Stampflehm, als Baumaterial dienten Lehmziegel, Ried für die Dachverstärkung, Lehm-, Gips- oder Kalkverputz für die Wände und Holz gegebenenfalls für ein Fachwerk. Verblüffend ist, daß die Ziegelstruktur an verschiedenen Stellen noch sehr deutlich erkennbar ist, obwohl Lehm als wenig witterungsbeständig gilt. Hier wurden durch Zufall bei einem Brand die Lehmziegeln 'frittiert' und damit wesentlich haltbarer gemacht.

Bevölkerung
und Wirtschaft

Der Ort gilt als eine der größten jungsteinzeitlichen Siedlungen, die Bevölkerungszahl betrug etwa 5000 Personen, die drei unterschiedlichen Typen angehörten: Euro-Afrikaner (59%), Alpide (24%) und Mediterrane. Die Männer wurden etwa 170 cm groß und 34 Jahre alt, die Frauen 155 cm groß und 30 Jahre alt. Als Lebensgrundlage diente einfache Bewässerungslandwirtschaft (Weizen, daneben Obst und Gemüse), Rinderzucht, Fischerei, aber auch handwerkliche Tätigkeiten, wie vor allem Obsidianverarbeitung zu Waffen und Werkzeugen, Kultgegenständen, von Knochen, Leder, Holz und Korbmaterialien zu Gebrauchsgegenständen. Die hierin dokumentierte arbeitsteilige Wirtschaftsweise in Ackerbürger und Handwerker machen den Ort zu einer stadtartigen Siedlung. Çatalhüyük ist somit eine der ältesten Städte der Erde – deren Handelsbeziehungen bis nach Zypern, Syrien und Mesopotamien reichten. Da sie jedoch nicht durch eine Ummauerung geschützt war, konnte die Stadt möglicherweise deshalb bereits vor knapp 7500 Jahren zerstört werden.

Çatalhüyük war offenbar auch ein religiöses Zentrum. Am Ort selbst sind zwar entsprechende Relikte nicht mehr zu sehen, wohl aber im Hethitermuseum in Ankara: Die häufige Verwendung von Stierhörnern und -schädeln, die die Wände eines jeden Hauses zierten, lassen auf einen ausgeprägten Stierkult schließen. Von diesen Hörnern stammt auch der heutige Ortsname Çatalhüyük (Geweihhügel). Tonstatuetten von fettleibigen Göttinnen und mehrfarbige Wandmalereien mit Bildern von Gottheiten weisen außerdem auf die Verehrung der Fruchtbarkeitsgöttin hin. Daneben findet man Jagdszenen, bei denen Männer als Stier, Bock oder Bär dargestellt werden. Eine ausgesprochen aufschlußreiche Szenerie ist die Darstellung eines Vulkanausbruchs (im Aufriß) über der Siedlung Çatalhüyük (als Grundrißplan). Wahrscheinlich handelt es sich dabei um die Abbildung eines der nahen großen Vulkane Zentralanatoliens (Karadağ, Hasan Dağ), deren Aktivitäten die Menschen von Çatalhüyük stets vor Augen hatten.

Çine

→ Milas

Çorum

Nordöstliches Zentralanatolien
Provinz: Çorum
Höhe: 801 m ü. d. M.
Einwohnerzahl: 116000

Umgeben von bis zu 1500 m hohen, bewaldeten Erhebungen liegt die moderne Provinzstadt ca. 230 km nordöstlich von Ankara oberhalb des Beckens von Çorum. In der weitläufigen Senke des Çorum Çayı werden verschiedene Getreidesorten angebaut, außerdem gibt es Obst- und Gemüsekulturen. Der Ort ist auch Marktzentrum für mehr als 100 Dörfer der Umgebung und Sitz zahlreicher Industrien (vor allem kupferverarbeitende Betriebe).

Ausgrabungen ergaben, daß der Platz mindestens seit dem 4. Jahrtausend v. Chr., während der gesamten hethitischen Zeit (bis 1200 v. Chr.) und auch in phrygischer Zeit bewohnt war. Der Ort war zuletzt persisch (seit 546 v. Chr.), ehe er im 4. Jh. v. Chr. an die Diadochen kam. Nach kurzer Herrschaft der Galater (276 v. Chr.), später der Römer und Byzantiner wurde der Ort 1075 durch den Danischmendiden Ahmet Gazi erobert und Çorum genannt, dann an den Seldschuken Kiliç Arslan, an die Mongolen und die Eretna-Dynasten abgetreten, bevor er 1393 an das Osmanische Reich fiel.

Im Südosten der Stadt steht die Zitadelle, hinter deren bewehrten Mauern sich noch Wohnteile befinden. Zahlreiche Spolien (Grabsteine mit Inschriften und Dekor, Säulentrommeln, Architrave) sind im unteren Teil des Kalksteinmauerwerks verarbeitet, ähnlich wie im vorspringenden Festungstor mit seinem aufgesetzten Ziegelgewölbe, durch dessen eisenbeschlagene Torflügel man die 'İç Kale' betreten kann. Unmittelbar hinter dem Eingangstor zur Zitadelle liegt links die Burgmoschee (Kale Cami).

Das kleine Museum zeigt neben folkloristischen Austellungsgegenständen vor allem Funde aus der Hethiter-, Phryger- und islamischen Zeit (u. a. ein Modell von Hattuşaş).

Çorum

Saat Kulesi

Der gelbe Uhren-Wasserturm mit achteckigem Sockel steht in der Stadtmitte und ähnelt einem Minarett: Der Turm ist im unteren Teil rund, über der
oberen Galerie viereckig; er wurde nach einer Inschrift 1894 von Yedi-Sekiz
Hasan Paşa, einem Aufseher im İstanbuler Stadtteil Beşiktaş gestiftet, der
aus Çorum stammte.

*Ulu Cami

Die sehenswerte Moschee aus dem 13. Jh., die auch Muradi Rabi Camii
genannt wird, wurde im 19. Jh. gründlich restauriert. Man findet sie etwas
abseits nordwestlich des Kükümet Meydanı jenseits des alten Geschäfts-
viertels.

Umgebung von Çorum

****Alaca Hüyük**

Die besuchenswerte Ausgrabungsstätte auf halbem Wege zwischen
Boğazkale und Çorum gehört mit
zum Tasarı-Nationalpark, in dem
auch Yazılıkaya und Hattuşaş liegen. Bedeutend sind vor allem
Funde aus der Periode vor der
hethitischen Einwanderung. Der
1836 von Hamilton wiederent-
deckte Ort wurde seither mehrfach erforscht und ausgegraben.
Festgestellt wurden in dem 330 m
breiten Hüyük 14 Schichten in vier
großen Siedlungshorizonten.
Danach wurde der Platz in der
Mitte des 4. Jahrtausends v. Chr.
zum ersten Mal besiedelt (frühe
Bronzezeit) und blieb es bis zum
Niedergang des Hethiterreiches
(1200 v. Chr.). Kurzzeitig lebten
hier noch die Phryger im 9. und
8. Jh. v. Christus.

Sphinxtor – Blickfang in Alaça Hüyük

Museum

Es empfiehlt sich, das Museum
von Alaca vor dem Rundgang im
Gelände zu besuchen. Im Mu-
seumsgarten stößt der Besucher
sucher zunächst auf Reliefsteine und Funde aus verschiedenen Epochen.
Im Ausstellungsraum selbst findet man rechts Funde aus der Kupferzeit
(3550–3000 v. Chr.), im wesentlichen handgeformte Keramik (ohne Töpferscheibe hergestellt) und ein interessantes Hockergrab samt Beigaben.
Danach folgen Stücke aus der Bronzezeit (3000–2000 v. Chr.), deren
Keramik sich durch besondere Schönheit auszeichnet. Die Funde geben
einen guten Überblick über die Höhe des anatolischen bronzezeitlichen
Kunstgewerbes (Standarten, Hirschfiguren, Sonnenscheiben u. a.). Besonders eindrucksvoll sind die Erläuterungen zu den aufgefundenen
Fürstengräbern und die sog. Topfgräber: Tonkrüge mit Leichen in Hocker-
stellung. In der hethitischen Abteilung sind vor allem die Keramikfunde
interessant (2000–1200 v. Chr.). Als letzte Station präsentiert man die
phrygische Periode (1200–600 v. Chr.) mit rot und braun ornamentierter
Keramik auf weißem Grund. Eine Sonderabteilung des Museums zeigt
Kunstgewerbes (überwiegend Webwaren) jüngeren Datums.

Ausgrabungs-
stätte

Die Ausgrabungsstätte bietet zunächst ein etwas unübersichtliches Bild,
der Rundweg ist aber gut beschildert. Das spektakulärste Objekt ist
sicherlich das 'Sphinxtor' im Süden der inneren Stadt (vom Westtor fand
man nur noch eine Poterne als Reste des Unterbaus). Es wird flankiert von
zwei Sphingen, die ägyptischen Einfluß vermitteln. Seitlich 'schwebt' eine

Reliefgeschmückte Orthostaten am Sphinxtor

Göttin über einem Doppeladler, der zwei Hasen geschlagen hat (Deutung unbekannt). Die Originale der reliefgeschmückten Orthostaten an der Mauer (Kult- und Jagdszenen) stehen im Hethitermuseum in Ankara. Nach zwei kleineren Vorhöfen empfängt den Besucher eine breite Kolonnadenstraße mit Kanalisation, an der sich rechter Hand ein palastartiger Bau erstreckt, den manche Forscher in Anlehnung an Vorbilder aus Hattuşaş als Tempel interpretieren.

Weit interessanter sind allerdings die freigelegten Fürstengräber, von denen einige für Besucher zur Demonstration der Fundsituation im Grabungsloch links der Hauptstraße nach Originalfunden präpariert wurden. Die 13 Gräber bestanden aus größeren rechteckigen, mit Steinen ausgekleideten Gruben, die mit einer Lage aus dicken Holzbohlen abgedeckt und dann zugeschüttet waren. Sie stammen aus dem späten 3. Jahrtausend v.Chr., als die Hattier, eine nichtindogermanische, vorhethitische Bevölkerung, hier ein bedeutendes Zentrum hatten. Die Einzel- und Doppelgräber enthielten reichhaltige und wertvolle Beigaben (Waffen, Schmuck und Standarten der Totenwagen). Die meisten Funde befinden sich heute im Hethitermuseum in Ankara.

Umgebung, Alaca Hüyük, Ausgrabungsstätte (Fortsetzung)

Nur etwa 6 km westlich vom Dorf Alaca Hüyük fand R. Temicer bei Ausgrabungen 1967 auf dem frühbronzezeitlichen Siedlungshügel von Eski Yapar bedeutenden Schmuck (heute im Hethitermuseum in Ankara).

Eski Yapar

Rund 20 km südöstlich von Çorum in der Nähe des Ortes Cemilbey liegt die Ausgrabungsstätte Pazarlı, in der 1937 von H. Kosay eine Festung und das Haus eines Adeligen aus phrygischer Zeit (um 500 v.Chr.) freigelegt wurde. Der Platz war bereits vorher schon seit 3500 v.Chr. bewohnt. Die ergrabenen Wandmalereien und Mosaiken befinden sich im Hethitermuseum in Ankara (darunter auch eine Terrakottaplatte mit einer Reihe marschierender knollennasiger Krieger mit Rundschilden und gezückten Schwertern). Unweit der Stadt findet man die Ruinen einer alten Festung.

Cemilbey (Pazarlı)

Çorum, Umgeb., Cemilbey (Fortsetzung)	die offensichtlich mehrfach umgebaut wurde. Im Umfeld stößt man auf alte Gräber und Zisternen.
Hacıhamza	Aus dem 17. Jh. stammt die von Köprülü Mehmet Paşa gestiftete Karawanserei (etwa 1666) im Städtchen Hacıhamza, etwa 90 km nordwestlich von Çorum. Das Tal des Kızılırmak ist hier fast bis nach Osmancık mit Naßreis kultiviert. Am Flußufer findet man noch als Relikte traditioneller Bewässerungsanlagen jene großen Wasserräder (Norias), wie sie an vielen Flüssen Anatoliens früher üblich waren.
Mustafa Çelebi	Die Karstquelle Karapınar entspringt in diesem Dorf in der Nähe von Cemilbey. Das stark kalkhaltige Wasser baut hier seit Jahrtausenden nach dem Quellaustritt ähnlich wie in Pamukkale Kalksinterterrassen auf.

Dardanellen

→ Çanakkale

Denizli

→ Pamukkale

Didyma

→ Milet

Divriği   O 4

Nordwestliches Ostanatolien
Provinz: Sivas
Höhe: 1250 m ü.d.M.
Einwohnerzahl: 16000

Lage und Allgemeines	Die Kreisstadt in der Senke des Çaltı Çayı, einem rechten Nebenfluß des oberen Euphrat (Fırat Nehri) ist Zentrum einer wichtigen Eisenerzabbauregion. Der Berg mit einem Eisengehalt von 50–65 % von Divriği gilt als die ergiebigste Eisenerzlagerstätte des Nahen Ostens, das gewonnene Erz wird in den Stahlwerken von Karabük und Ereğli, Yarımca, Samsun und Elazığ verarbeitet. Milde Winter und eine üppige Vegetation charakterisieren die klimatisch günstige Lage innerhalb einer sonst eher sterilen Gebirgslandschaft. Die sehenswerte Altstadt unterhalb der Zitadelle birgt noch einige altosmanische Südpontushäuser aus Fachwerk und Lehm mit einfachen, aber sehr ansprechenden Holzschnitzereien und Reliefs.
Geschichte	Mitte des 7. Jh.s war in Armenien eine militante Glaubensgemeinschaft gewachsen, die sich auf den Apostel Paulus berief, die heiligen Sakramente und das Kreuzessymbol jedoch ablehnte. Im 9. Jh. wurde das damalige Tephrike Zentrum dieser christlichen Sekte der Paulikaner, die sich vor der Verfolgung der orthodoxen byzantinischen Macht unter den Schutz der arabischen Abbasiden-Emire von Malatya geflüchtet hatte. Bei einer Besetzung der Stadt durch Byzanz (872) wurde das paulikanische Oberhaupt ermordet. Nach 1071 fiel die Region von Tephrike bis 1252 an die Mengüçoğlu-Dynastie. Die Mongolen schleiften die Befestigungsanlagen und plünderten die Stadt. 1516 kam sie zum Osmanischen Reich.

Unter kurdischen Lokalfürsten wurde Divriği später nochmals zeitweise zu einem regional bedeutsamen Zentrum. Seit dem 19. Jh. wanderten die Bewohner aus der von Ahmet Süleyman Mengüçoğlu unterhalb der Burg gegründeten Altstadt in die westlich vorgelagerte Gartensiedlung ab, die heute das Stadtzentrum bildet.

Divriği, Geschichte (Fortsetzung)

Sehenswertes in Divriği

Dieses Krankenhaus gehört zum Komplex der Ulu Cami, wurde zur gleichen Zeit vom gleichen Stifterpaar finanziert und von den gleichen Architekten erbaut. Sehenswert sind vor allem das ornamentierte Eingangsportal und die reliefierten Innengewölbe.

Ahmet Şah Darüssifası

Die Ruinen einer Burg liegen auf einem Hügel oberhalb der Stadt. Die wohl byzantinische (vielleicht auch schon paulikanische?) Anlage von 872 wurde 1236 und 1252 von der Mengüçoğlu-Dynastie restauriert. Auf der anderen Talseite liegt die Burg Kestoğan Kalesi. Auf dem Burghügel steht ferner die Moschee Şahınşah von 1180.

Divriği Kalesi

Das achteckige Grabmal des lokalen Adeligen Emir Kemer Ed-Din südlich der Ulu Cami wurde 1196 errichtet. Angeschlossen ist ein kleiner Friedhof. Von 1240 stammt die Kemankes Türbesi in den Außenbezirken der Stadt. Das Sitte Melik Türbesi unweit nördlich der großen Moschee wurde 1196 für den Stifter der Şahınşah Camii erbaut. Das Dach ist verfallen.

Mausoleen

Die große Moschee von Divriği, bekannt auch als das erste 'Barockwerk' der Kunstgeschichte, hat ihren Standort etwas oberhalb der Stadt. Zur Anlage gehört auch das Hospital Ahmet Şah Darrüssifası. Der von schmucklosen Mauern umschlossene, 64×32 m große Komplex wurde 1228 von Ahmet Şah Mengüçoğlu und seiner Frau Turan Malik gestiftet. Architekten waren Hurrem Şah aus Ahlat und Ibn İbrahim Oğlu Ahmet aus Tiflis. Die Gesamtanlage zählt zu den bedeutendsten Frühwerken islamischer Architektur in Anatolien. Die drei Portale (eines ist heute zugemauert, das berühmteste das im Norden gelegene Haupttor) sind mit abstrakten Pflanzenornamenten geschmückt, an denen man georgische und armenische Einflüsse erkennt. Die Himmelstreppe von 1240 zählt zu den schönsten des Landes. Ein sternförmiges Steingewölbe ruht auf den 16 Pfeilern des fünfjochigen Gebetsraumes. Der Gebetsnischenteil der Moschee ist von einer Rippenkuppel mit aufgesetztem Faltdach überspannt. Die Türbe des Stifters findet man neben der Ulu Cami.

✳Ulu Cami

An der alten Karawanenstraße vom Sivas über Divriği nach Harput (Elazığ) liegt nördlich des Dorfes Dumluca etwa 6 km westlich von Divriği die ruinierte Karawanserei Dipli Hanı von 1292.

Karawanserei in der Umgebung

Diyarbakır Q 6

Die Provinzhauptstadt am westlichen Ufer des oberen Tigris (Dicle Nehri) auf einer Basaltdecke oberhalb der fruchtbaren städtischen Gärten gilt als eine der malerischsten Städte der Türkei. Die 'heimliche Hauptstadt' des türkischen Teils von Kurdistan mit einem hohen Anteil kurdischer Bewohner liegt in einer steppenhaften Ebene am Nordostrand der sehr flachen, aber gewaltigen Basaltkuppel des Karaca Dağ (offiziell 1938 m). Sie war in der Vergangenheit Rastort an uralten Handelsstraßen, die vom Persisch-

Lage und ✳✳Bedeutung

Diyarbakır

Arabischen Golf zu den altsyrischen Mittelmeerhäfen oder über Byzanz ins Abendland führten. Eine vorzüglich erhaltene Stadtmauer mit der Zitadelle, zahlreiche schöne Moscheen und Medresen und die verwinkelten Gassen ergeben das typische Bild einer alten anatolischen Stadt. Die von Mauern umgebene Altstadt hat eine West-Ost-Erstreckung von 1,5 km. Von Norden nach Süden mißt sie etwa 1 km.

Seit einem Jahrzehnt bringen Industrieansiedlungen der Stadt einen enormen Zuzug ländlicher Bevölkerung. Auch der Kurdenkonflikt verstärkte die massive Landflucht, so daß sich die Bevölkerung in wenigen Jahren verdreifacht hat. Viele Hochhäuser wurden aus dem Boden gestampft.

Geschichte

Im 9. Jh. v.Chr. war das heutige Diyarbakır Hauptstadt des Landes Bit Zamani, das sich in den folgenden Jahrhunderten in wechselnder Abhängigkeit vom Assyrerreich befand, später dann Hauptstadt der römischen Provinz Mesopotamia. 115 besiegte hier Trajan die Parther. Vom 4. bis zum frühen 7. Jh. mußten die Byzantiner die Stadt gegen die Angriffe der Sassaniden verteidigen, Constantius baute 394 eine starke Mauer, die 200 Jahre später von Justinian ausgebaut wurde. Wegen der dunklen Basaltmauern nannte man die Stadt das 'schwarze Amida' (noch heute ist die türkische Bezeichnung 'Kara Amid' dafür gebräuchlich). 636 eroberten die Araber den Ort für die Omajaden. Diese übergaben ihn dem Stamm der Beni Bakr. Daher erhielt sie ihren neuen Namen Diyar-Bakır (Land der Bakr). Nach kurzer Zeit der Unabhängigkeit wechselten mehrfach die Besitzer, bevor die Seldschuken (Ortokiden) 1085 den Ort verwüsteten. Im ausgehenden 14. Jh. machten die Akkoyunlu-Turkmenen sie zu ihrer Hauptstadt; 1507 wurde sie persisch und 1515 kam sie an die Osmanen. Als Zentrale des türkischen Teils von Kurdistan kam es bis in die Gegenwart immer wieder zu blutigen Auseinandersetzungen zwischen Kurden und Türken (Aufstand von 1929).

Sehenswertes in Diyarbakır

Arkeolojik Müzesi

Das archäologische Museum liegt im nördlichen Stadtteil. Ausgestellt sind Funde aus verschiedenen Epochen sowie osmanische Exponate, die in Çayönü und Üçtepe (bei Bismil) ausgegraben wurden.

Atatürk Müzesi

Dieses Museum in der Zitadelle (Öffnungszeiten: Mi.–Mo. 9.00–12.00 und 13.00–17.00 Uhr) bietet eine Ausstellung über die Feldzüge des Ersten Weltkriegs in Südostanatolien mit Bezügen zu Atatürk, der hier 1916 als Stadtkommandant lebte.

Behram Paşa
Camii

Die größte Moschee (1572 erbaut) von Diyarbakır mit reich verzierter Gebetsnische steht mitten in den südwestlichen Altstadtvierteln hinter dem Basarviertel mit kleinen Geschäften und einem offenen Markt. Sie gilt als eine der bedeutendsten osmanischen Moscheebauten Diyarbakırs, was die Einhaltung der strengen Baustilregeln betrifft.

Fatih Paşa Camii

Etwa 300 m südlich der Zitadelle findet man diese Moschee von 1522, die auch Kurşunlu Cami heißt. Sie wurde vom osmanischen Eroberer Mehmet Paşa gestiftet. Im Inneren enthält sie schöne Fayenceverkleidungen.

Georgskirche

Das stark verfallene armenische Gotteshaus, eine Kreuzkuppelkirche aus dem 4. Jh. mit einer großen Säulenhalle unter einem Holzdach, steht innerhalb der Zitadelle.

＊Hasan Paşa Hanı

Gegenüber nordöstlich der Ulu Cami stößt man auf diese vierbündige Karawanserei (spätes 16. Jh.). Die zweistöckige Anlage ist in Läden und Aufenthaltsräume unterteilt. Den Eingang schmücken kalligraphische Verzierungen.

Hüsrev Paşa Camii

Diese Moschee im Süden der Altstadt wurde ursprünglich 1521–1528 unter dem Gouverneur Husrev Paşa als Medrese gestiftet, wobei Gebetsraum und Unterrichtsraum identisch waren. Besonders schön sind Ge-

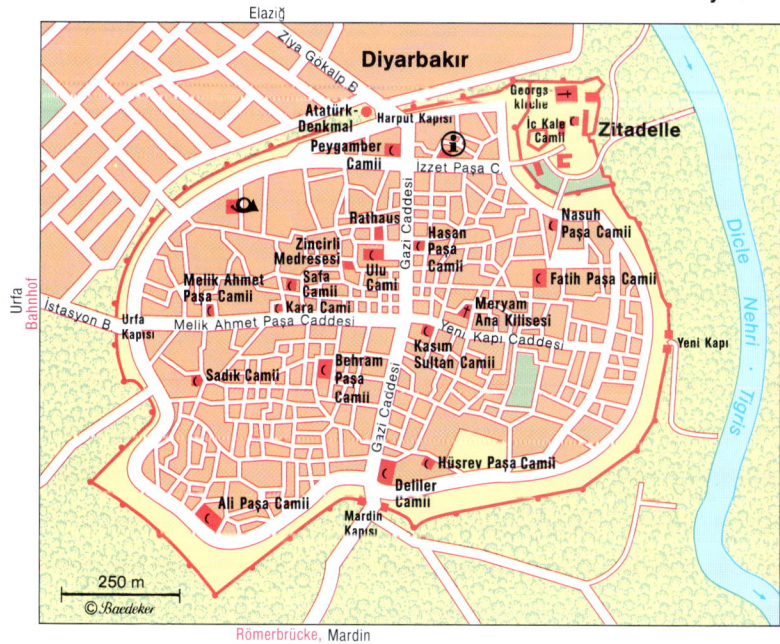

Elazığ

Ziya Gökalp B.

Diyarbakır

Georgs-kirche

Atatürk-Denkmal — Harput Kapısı

İç Kale Camii — **Zitadelle**

Peygamber Camii

İzzet Paşa C.

Rathaus

Nasuh Paşa Camii

Zincirli Medresesi

Hasan Paşa Camii

Melik Ahmet Paşa Camii — Safa — Ulu Cami

Fatih Paşa Camii

Kara Camii

Meryam Ana Kilisesi

Urfa Bahnhof — İstasyon B — Urfa Kapısı — Melik Ahmet Paşa Caddesi

Yeni Kapı Caddesi

Kasım Sultan Camii

Yeni Kapı

Gazi Caddesi

Behram Paşa Camii

Sadık Camii

Hüsrev Paşa Camii

Ali Paşa Camii

Deliler Camii

Mardin Kapısı

250 m

© Baedeker

Dicle — Nehri · Tigris

Römerbrücke, Mardin

betsnische und Kanzel, Fayencen bedecken die Wände. Das Minarett stammt aus dem Jahre 1728.

Hüsrev Paşa Camii (Fortsetzung)

Im südlichen Bereich der Zitadelle erhebt sich eine um 1160 erbaute, später mehrfach umgestaltete kleine Moschee mit angeschlossener Türbe und einem Minarett, dessen massiger Sockel auf eine Entstehung in seldschukischer Zeit hinweist.

İç Kale Camii

Interessant ist das rechteckige Minarett dieser auch Kasım Padişah Camii oder Şeyh Muattar Camii genannten Moschee von 1512 gegenüber der Post. Es wird von vier kurzen Säulen getragen. Wer es siebenmal umrundet (so sagt man), dem wird ein Wunsch erfüllt.

Kasım Sultan Camii

Eine volkskundliche Ausstellung (und persönliche Dinge des Dichters) findet man im reich ausgestatteten und traditionell gebauten Wohn- und Geburtshaus des 1956 verstorbenen türkischen Dichters Cahit Sıtkı Tarancı (Öffnungszeiten: Di.–So. 9.00–12.00 und 13.00–17.00 Uhr).

Kültür Müzesi

Im östlichen Anschlußflügel der Ulu Cami hinter Arkaden mit antiken Säulen erreicht man durch ein Tor diese von einem syrischen Architekten für den Ortokidensultan Sökmen II. entworfene Theologen- und Medizinorschule (1198–1223), in der heute die Verwaltung religiöser Stiftungen untergebracht ist.

Masudiye Medresesi

An der Ost-West-Achse der Stadt in Richtung auf das Urfa-Tor steht diese Moschee von 1591 mit einem hübschen Minarett.

Melik Ahmet Paşa Camii

Die Kirche der Jungfrau Maria, ein Gotteshaus für syrische Jakobiten, erreicht man in einer Seitengasse nördlich der Yeni Kapı Caddesi. Das Baudatum ist unbekannt.

Meryam Ana Kilisesi

Diyarbakır

Gemüsemarkt vor der mächtigen Stadtmauer

*Roman Köprüsü

Die Römerbrücke (heutige Bauausführung von 1065 durch die Marwaniden, Inschrift auf einer Kalksteinplatte am Südende der Brücke) existierte bereits 512 unter Kaiser Anastasios I. und führt 3 km südlich der Stadt mit zehn Bögen über den Tigris. Ab hier ist der Fluß mit flachen Booten (Keleks, aus aufgeblasenen Tierbälgen) schiffbar.

Safa Camii

Dieses Gebetshaus von 1532 (?) nördlich hinter der Kara Cami besitzt einen oktogonalen Zentralraum. Das Minarett ist mit bunten Fayencen dekoriert. Früher war es mit einer Schutzhülle überzogen, die nur zu Feiertagen entfernt wurde, um den Duft von Kräutern zu schützen, die dem Mörtel beigemengt waren. Als Bauherr der Moschee gilt auch Uzun Hasan, der große Stammesführer der Akkoyun (Weiße Hammel, 1435–1478).

**Stadtmauer

Die aus Blöcken des in der Nähe vorkommenden dunklen Basalts errichtete Mauer ist 12 m hoch, bis zu 5 m stark, 5,5 km lang, hat 72 (einst 78) Türme und vier Tore. Zwei der ehemals drei Bögen sind (1183 durch den Ortokidenherrscher Mohammed) zugemauert. Die Gazi Caddesi verbindet dieses Stadttor mit dem Harput Kapısı (auch Bab el-Armen = Armeniertor, 10. Jh., mit einer Torhalle auf der Innenseite und mit Stier-, Vogel- und Löwenreliefs geschmückt) im Norden, an dem man römische, arabische und byzantinische Bauteile erkennt. Diese Achse ist identisch mit einer der 363 entstandenen römischen Hauptstraßen, dem 'cardo maximus'. Das mächtige runde Bollwerk des Ulu Bardan mit einem Außendurchmesser von 24 Meter am vorspringenden Mauerabschnitt im Südwesten der Stadtmauer ist byzantinischen Ursprungs, wurde aber später (1208) ausgebaut. Es besteht aus zwei übereinanderliegenden Kasematten. Südwestlich davon befindet sich ein weiterer Wehrturm der Mauer, weiter östlich folgt der Nur-Burc-Turm mit Reliefs und einer seldschukischen Inschrift.
Im Süden neben dem Mardin Kapısı liegt als spitzer Mauervorsprung die Bastei des Kici Burc (1029–1037) mit fünf gewölbten Räumen.

Nomadenfrühstück in der Umgebung von Diyarbakır

An der Westseite des Ulu Cami Meydanı in der Stadtmitte erhebt sich als bedeutendstes Gebäude der Stadt die Große Moschee. Sie wurde angeblich an der Stelle einer Kirche aus dem 5. Jh. im Stil der Omajadenmoschee von Damaskus im 11./12. Jh. erbaut, später aber (vor allem nach dem großen Brand von 1115 infolge eines Erdbebens) mehrfach restauriert und verändert. Ein Drittel des Gotteshauses soll anfangs noch den Christen der Stadt überlassen worden sein. Der Haupteingang zum Hof zeigt Reliefs von Löwe und Stier. Im Innern des dreischiffigen Bauwerks der Gebetshalle mit zentraler Vierung und zweireihiger Arkadenfassung außen wurden antike Säulen und Kapitelle verarbeitet. Abseits steht das viereckige Minarett, das Anlehnung an syrische Vorbilder zeigt. — Ulu Cami

Hinter der Ulu Cami befindet sich diese Koranschule aus dem späten 12. Jh., um deren quadratischen Hof sich die Zellen der Schüler gruppieren und die an der Ostseite eine Bogenhalle (Iwan) besitzt. Sie war früher archäologisches Museum. — Zincirli Medresesi

Von der Peygamber Camii aus erreicht man über die İzzet Paşa Caddesi nach Osten das von zwei mächtigen Halbkreistürmen flankierte Tor zur Zitadelle und drei weitere Tore in der von 16 Türmen verstärkten, 650 m langen Burgmauer mit arabischen, oströmischen, seldschukischen und osmanischen Baumerkmalen. Die auf einem 40 m hohen, künstlichen Hügel erbaute Zitadelle in der Nordostecke der Altstadt steht wohl an der zuerst besiedelten Stelle. Im Jahre 363 n. Chr. mußte die Stadt nach Westen erweitert werden, um die vor den Sassaniden Flüchtende aufzunehmen. — *Zitadelle (Kale)

Die Werke des türkischen Philosophen und Soziologen Ziya Gökalp und eine Bibliothek sind in dessen früherem Wohn- und Geburtshaus in der Nähe der Ulu Cami ausgestellt (Öffnungszeiten: Di.–So. 9.00–12.00 und 13.00–17.00 Uhr). — Ziya Gökalp Müzesi

Umgebung von Diyarbakır

*Çatakköprü

Neben der modernen Brücke überquert bei Çatakköprü auch die Malabadi Köprüsü den Batman Suyu, einen der großen Nebenflüsse des Tigris. Er wird oberhalb in der Batman Barajı aufgestaut. Das Brückenbauwerk von 1147 überspannt mit 35 Meter Spannweite den Fluß.

Çermik

Die Stadt Çermik, etwa 90 km nordwestlich von Diyarbakır gelegen, wird überragt von der mittelalterlichen Burg Çermik Kalesi. Unweit südlich der Stadt liegt das Kalkbergland des Devkan Tepesi mit sehr eindrucksvollen Felsformationen.

Eğil

Südöstlich oberhalb von Eğil, hoch über der Schlucht des oberen Tigris, erhebt sich auf einem steilen Felsen eine Burg aus dem 1. Jahrtausend v. Christus. Hier führten einst Felsgänge zum Tigris, wo noch Reste von Gräbern zu finden sind. Am Burgfelsen entdeckt man bei Spätlicht das assyrische Relief einer Götterfigur mit Axt und Schwert (etwa 720 v. Chr.).

Ergani

Ergani liegt etwa 55 km nördlich von Diyarbakır im 'Erzgebirge', so genannt wegen seiner Kupfererzvorkommen. In einigen Orten dieser Region (u. a. Maden) entwickelte sich lokales Kupfer-Kunsthandwerk. Die Stadt war, so der Reisende de Hell, noch um 1847 überwiegend von Christen bewohnt (zu drei Vierteln Griechen, der Rest Armenier).

Kaplıcarı

An der Straße von Ergani nach Çermik stößt man auf Thermalquellen beim Ort Kaplıcarı, bei Hauburman auf eine Ortokiden-Brücke sowie eine Eremitenhöhle des Propheten Hesekiel nebst einer Marienkirche, die beide bei Christen und Moslems als heilig gelten.

Lice

Gut 90 km nordöstlich von Diyarbakır liegt, überragt von der mittelalterlichen Burg Cepper Kalesi, die Kreisstadt Lice (vielleicht das antike Legarda?).

*Tigristunnel

Etwa 23 km nordwestlich der Stadt Lice an der Straße nach Bingöl erreicht man den sogenannten Tigristunnel, den manche als Quellarm des Tigris betrachten. Er durchfließt eine Höhle von 750 m Länge und tritt in einem Quelltopf weiter westlich wieder zutage. Oberhalb dieser 'Tigrisquelle' liegen zwei weitere Höhlen, die man über eine vermutlich von den Urartäern künstlich angelegte Felstreppe und durch ein natürliches Felstor erreicht. Am Eingang zur großen Höhle stößt man auf ein assyrisches Felsrelief des Königs Salmanassar III. (858–824 v. Chr.) mit stark verwitterten Keilschrifttexten. Etwa 750 m weiter östlich erkennt man auf Flußniveau an der steilen Felswand zwei weitere assyrische Felsreliefs mit den Königen Tiglapileser I. (links) und Salmanassar III. (rechts, nur bei günstigem Licht zu sehen).

Silvan

Die Kreisstadt Silvan (46000 Einw.), 100 km östlich von Diyarbakır, steht vermutlich an der Stelle der altarmenischen Hauptstadt Tigranocerta. Im 5. Jh. gründete hier Bischof Marutha die Stadt Martyropolis, von der noch Teile der Stadtmauer erhalten sind. Der Bischof erreichte bei den benachbarten Sassaniden eine Tolerierung des Christentums. Nach einer wechselvollen Geschichte kam der Ort 1515 an das Osmanenreich.
Bemerkenswert ist die von Sultan Saladin 1185 unter Verwendung der Säulen einer byzantinischen Basilika errichteten Şelaheddin-i Ayyubi Camii mit auffälligem Eingangsbereich (Rosettenfries, Reliefleisten in der Rundbogennische).

Doğubayazıt

→ Ararat

Edirne

Thrakien
Provinz: Edirne
Höhe: 49 m ü. d. M.
Einwohnerzahl: 102 000

Die früher Adrianopel genannte Provinzhauptstadt Edirne liegt 245 km nordwestlich von İstanbul entfernt an der Einmündung von Tunca und Arda in den Meriç (Maritza). Edirne ist die zweitgrößte Stadt der europäischen Türkei und hat heute große Bedeutung als ein wichtiger Verkehrsknotenpunkt im Grenzgebiet Türkei – Griechenland – Bulgarien. Darüber hinaus ist sie Zentrum einer fruchtbaren Agrarlandschaft und seit Jahren ein aufstrebender Industriestandort (Textilien, Lederwaren, Nahrungs- und Genußmittel, Parfüme).
Reich ausgestattete Moscheen, darunter die großartige Selimiye Camii, mehrere Karawansereien, niedrige Holzhäuschen und enge Gassen verleihen der thrakischen Grenzstadt auch heute noch ihr alttürkisches Gepräge.

Lage und
Bedeutung

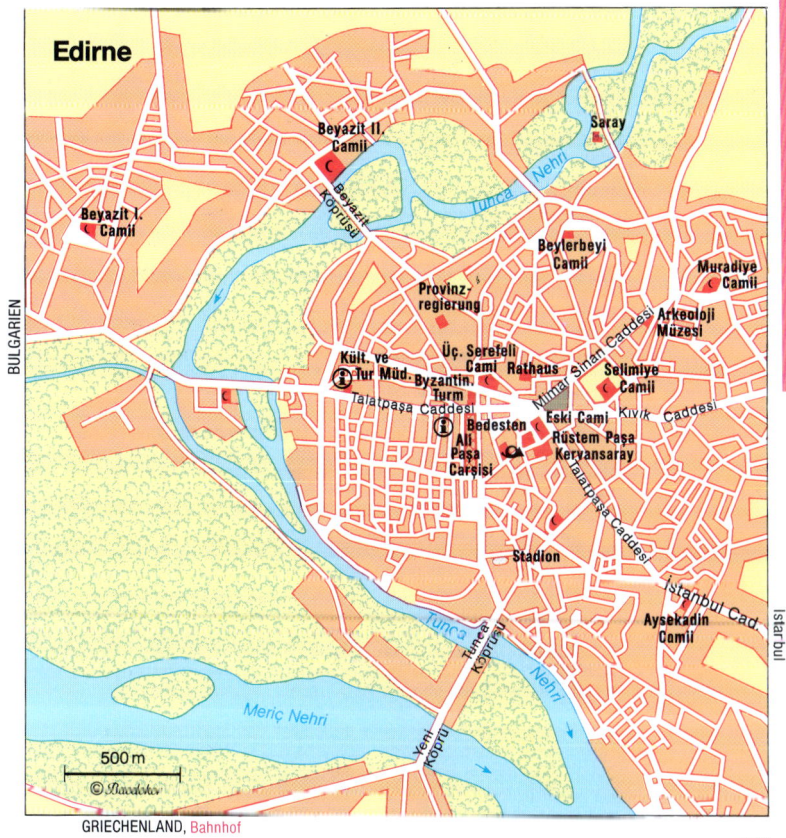

Geschichte

Die Stadt wurde um 125 n. Chr. vom römischen Kaiser Hadrian (Stadtname Hadrianopolis, Adrianopel) gegründet. Aufgrund ihrer strategischen Bedeutung wurde Edirne bald Streitobjekt verschiedener Mächte. Nach der Eroberung durch den türkischen Sultan Murat I. wurde die Stadt bis zur Einnahme Konstantinopels Residenz der türkischen Herrscher. Ende des 19. Jh.s erfolgte ihr Ausbau zur Grenzfestung, die während der Balkankriege eine bedeutende Rolle spielte. 1989 überschritten Hunderttausende von türkischen Aussiedlern die bulgarisch-türkische Grenze, um sich im Raum Edirne/İstanbul niederzulassen.

Sehenswertes in Edirne

Ali Paşa Çarşısı

Hersekli Ali Paşa, einer der Wesire Sultan Süleymans des Prächtigen, ließ diesen Basar in der Saraçılar Cad. vom berühmten Architekten Sinan errichten. Die Anlage (überdachte Ladenstraße mit seitlich aneinandergereihten Ladenzeilen; Eingänge an den Kopf- und Längsseiten) folgt traditionellen Vorstellungen.

Arkeoloji Müzesi

Das ursprünglich in der Knabenschule der Selimiye Camii befindliche Archäologische Museum ist seit 1971 in einem modernen Bau untergebracht. In der archäologischen Abteilung findet man Keramiken, Bronzearbeiten, Säulenkapitelle (aus Thrakien, 8. Jh. v.Chr.), Glaswaren und Münzen aus verschiedenen Epochen. Die ethnographische Sammlung zeigt diverse Textilien, Rosenwasserfläschchen, Nähkästchen, Bestecke, Schreibgeräte, Waffen (z.T. mit wertvollen Einlegearbeiten) und Küchengeräte. Des weiteren zu sehen sind anatolische Teppiche, Gebetsteppichen aus Gördes, Bergama und Kırşehir sowie Kelims – darunter Sarkoy- und turkmenische Kelims.

Bedesten

Der heute als Antiquitätenbasar fungierende Bedesten (Stadtmitte) wurde unter Sultan Mehmet I. erbaut. 14 Kuppeln bedecken eine zweischiffige Pfeilerhalle, um die sich zahlreiche kleine Geschäfte gruppieren.

Beyazıt I. Camii

Am westlichen Stadtrand erhebt sich die Moschee Bayazit I.; sie wurde im 14. Jh. in der heutigen Vorstadt Yıldırım im Bursa-Stil errichtet. In Anlehnung an Kirchenbauten strahlen von einem zentralen Kuppelraum auf quadratischem Grundriß T-förmig angeordnete Seitenräume mit Tonnengewölben ab. Die narthexartige Vorhalle ist durch einen relativ schmalen Korridor mit dem Hauptraum verbunden. Beiderseits des Korridors befinden sich kuppelüberwölbte Nebenräume.

∗Beyazıt II. Camii

Am nordwestlichen Stadtrand steht der Komplex der Moschee Bayazits II., die zweifellos zu den herausragendsten Schöpfungen des Architekten Hayredin gehört. Das Ensemble entstand zwischen 1484 und 1488 und folgt in groben Zügen dem Beispiel der İstanbuler Sultan Mehmet Fâtih Külliye. Die Moschee selbst bietet sich als monumentaler Einkuppelbau dar, der durch die beiden niedrigen, von je neun Kuppeln bedeckten Seitenräume sowie die niedrige Vorhalle und den relativ weiten Vorhof zusätzlich betont wird. Das Innere der Moschee gewinnt durch die in vier Reihen angeordneten Fenster und die daraus resultierenden Lichteffekte.
Unmittelbar südwestlich der Moschee erstreckt sich der Spitaltrakt; der kuppelbekrönte Zentralbau auf achteckigem Grundriß ist mit der klassisch konzipierten Medrese durch eine Hof-Hallen-Kombination verbunden. Nordöstlich der Moschee liegt der zweiteilige Wirtschaftstrakt, bestehend aus der Armenküche und der Bäckerei mit Lagerräumen.

Rüstem Paşa Kervansarayı

Die Rüstem-Paşa-Karawanserei südöstlich des Stadtzentrums wurde von Rüstem Paşa, dem Großwesir Süleymans des Prächtigen, in Auftrag gegeben. Baumeister Sinan errichtete diesen Handelshof um 1560. Der eindrucksvolle zweigeschossige Rechteckbau mit Innenhof und Hamam wurde vor einigen Jahren restauriert und dient heute als Hotel.

An der Tunca sind noch spärliche Reste des 1878 nach den Wirren des Russisch-Türkischen Kriegs fast gänzlich zerstörten ehemaligen Sultanspalastes und seiner Befestigungsanlagen zu sehen. An diesem Standort soll bereits der römische Kaiser Hadrian eine Festung errichtet haben. Vermutlich hat Sultan Murat II. im 15. Jh. hier einen Pavillon erbauen lassen, dem sein Sohn Mehmet II. weitere Bauwerke hinzugesellte, die schließlich einen ganzen Palastbezirk bildeten.

Die auf einem Hügel im Ostteil der Altstadt gelegene Selimiye Camii entstand 1567 – 1574 auf Geheiß Sultan Selims II. Sie zählt zu den schönsten Bauten ihrer Art und gilt als ausgereiftes Spätwerk des großen Architekten Sinan (⟶ Berühmte Persönlichkeiten). Alle Bauteile des Moscheebezirkes (Ladenhalle, Medrese, Koranschulen und Uhrenzimmer) streben zu der von vier Minaretten (mit je drei Umgängen) flankierten Moschee hin. Die 45 m hohe Kuppel (Durchmesser 31,3 m) ruht auf oktagonal angeordneten mächtigen Marmor- und Granitsäulen, die durch Bögen miteinander verbunden sind.
Überaus prachtvoll bietet sich der Innenraum dar: Granit-, Porphyr- und Marmorsäulen tragen die Emporen; Stalaktitgewölbe, Schildwände und raffiniert angeordnete Fenster sorgen für imposante Lichteffekte; wohlaus

Selimiye Camii – das Meisterwerk des berühmten Architekten Sinan

Selimiye Camii (Fortsetzung)	gesuchte Marmorplatten, Meisterwerke türkischer Fayencekunst, vergoldete Kalligraphien und reiche Ornamente lassen insbesondere den Mihrab, den Mimbar und die Herrscherloge in großer Pracht erscheinen; eindrucksvoll auch die entgegen sonstiger Gepflogenheiten in der Raummitte errichtete Tribüne für den Muezzin, die auf zwölf kleinen Säulen ruht und einen hübschen Marmorbrunnen schützt.

Museum für Türkische und Islamische Kunst

In der Koranschule der Selimiye Camii wurde 1925 erstmals ein Museum für Türkische und Islamische Kunst etabliert. Die Ausstellung umfaßt Inschriften aus osmanischer Zeit, Koranhandschriften, Fliesen, Stickereien, Glaswaren und Waffen. In der Großen Halle ist ein kostbares osmanisches Satinzelt aufgestellt, wo die Wesire ihren Regierungsgeschäften nachgingen. In den Nebenräumen sind historische Einrichtungsgegenstände und Hausrat zu sehen, ebenso Medaillen, Kalligraphien und Pokale. Im Garten diverse Grabmäler (seit 15. Jh.), darunter dasjenige von Siddi Şah Sultan, der Gemahlin Sultan Mehmets des Eroberers.

*Üç Şerefeli Cami

Die 'Drei-Galerien-Moschee' am Cumhuriyet Meydanı ist benannt nach den drei (türk. 'üç') Galerien (türk. 'şerefe') ihres südlichen Minaretts. Sie ist eine Stiftung des Sultans Murat II. und wurde im 15. Jh. im Übergangsstil von der Bursa-Bauweise zur klassischen Richtung erstellt. Der Moscheegrundriß ist zwar rechteckig, wird jedoch überdeckt von einer auf sechsseitigem Grundriß gewölbten Zentralkuppel sowie vier größeren und drei kleineren Seitenkuppeln. Erstmals in der Moscheebaugeschichte erhielt die Üç Şerefeli Cami einen Innenhof mit einem kuppelüberdeckten Bogengang.
Die vier an den Ecken des Innenhofes aufgerichteten Minarette sind unterschiedlich gestaltet. Das südliche ist das massivste und verfügt über drei Umgänge. Das 'baklavalı minare' (Rhombenminarett) hat zwei Umgänge, das 'cubuklu minare' (Streifenminarett) und das 'burmalı minare' (Spiralenminarett) haben nur je einen Umgang.

Umgebung von Edirne

Kırklareli

Rund 60 km östlich von Edirne befindet sich das abgelegene Provinzstädtchen Kırklareli (45000 Einw.) am Südwestfuß der bis zu 1000 m hohen Yıldız Dağları (İstranca-Bergland). Neben der Landwirtschaft (Sonnenblumenanbau) bietet das steppenartige Umland der Stadt Weidegründe für Viehzucht. Vermutlich eine römische Gründung, entwickelte der Ort unter Byzanz einen bescheidenen Wohlstand, der sich in einer Vielzahl christlicher Gotteshäuser dokumentierte. Als die Türken die Stadt 1363 eroberten, nannten sie sie deshalb Kırk Kilise (40 Kirchen = viele Kirchen), woraus sich der heutige Name ergab.
Die Beyazıt Paşa Camii im Ortsteil Hatice Hatun ließ der Gouverneur und General Güllâbi Ahmet Ende des 16. Jh.s bauen. Sein Grab findet man im Moscheegarten. Die oft renovierte Büyük Hızır Bey Camii entstand 1383 im Auftrag von Kösenihalzade Hızır Bey für seinen Sohn Abdullah Bey und ist die älteste Moschee Thrakiens. Gegenüber der Ahmet Midhat Volksschule (İlkokul) steht die 1577 von Emin Ali Çelebi gestiftete Kadi Camii.

Kuppelgräber

In verschiedenen Dörfern in der Umgebung von Kırklareli stößt man auf interessante thrakische Kuppelgräber. Zwei dieser Grabanlagen aus dem 2.–4. Jh. v.Chr. findet man 3 km nordwestlich bei Eriklice bzw. 3 km südöstlich der Stadt (Çadırahlar Tepesi).

Lüleburgaz

Rund 60 km südöstlich an der Transitroute nach İstanbul mitten im Ort Lüleburgaz, dem ehemaligen Arcadiopolis am Karaağaç Deresi, findet man einen Stiftungskomplex von Sokullu Mehmet Paşa, der 1549 nach Plänen des osmanischen Baumeisters Sinan mit Moschee, Medrese, Bad (Çifto Hamam), Bibliothek und Karawanserei (Reste, Mimar Sinan Kervansarayı) entstand (Sokullu Mehmet Paşa Külliyesi). Im Garten der Moschee stößt man auf das Mausoleum Zindan Babas, des Fahnenträgers von Gazi Evrenos Bey aus dem 14. Jahrhundert. Der Ortsname der Stadt hängt zusammen mit der dortigen Herstellung von Pfeifenköpfen (türkisch 'lüle').

Edirne, Umgeb., Lüleburgaz (Fortsetzung)

Edremit Körfezi   B 4

Meeresbucht an der nordöstlichen Ägäis
Provinz: Balıkesir
Länge (W−O): 50 km
Breite (N−S): 25 km

Der südliche Teil der Troas grenzt mit dem Gebirgsbereich des Kaz Dağ (Ida-Gebirge der Antike; Kırklar Tepesi 1 774 m) im Süden an den Golf von Edremit, benannt nach der Kreisstadt Edremit. Der wie ein Wall über dem nördlichen Golf aufragende Gebirgszug bildet eine entscheidende Klimagrenze und verhindert Kaltlufteinbrüche aus dem Norden.
Im Südosten erhebt sich der Madra Dağı (1 338 m), und nach Westen hin schirmt die Insel Lesbos (Midilli) die große Meeresbucht ab. Dadurch sind auch im Frühjahr hier die Temperaturen weitaus höher und die Niederschlagsneigung deutlich geringer als in der 'windigen' Troas, im Sommer aber ist es auch vergleichsweise heiß. Diese klimatische Situation, gepaart mit über 100 km ansprechender Küstenlandschaft haben den Golf von Edremit zu einer der wichtigsten Tourismuslandschaften der Türkei werden lassen. Dominant sind hier vor allem Seebäder für die Stadtbewohner des anatolischen Hinterlandes (Ankara, Eskişehir, Konya), die sich perlschnurartig im Norden des Golfs aneinanderreihen mit Bettenkapazitäten aller Kategorien. Wichtige Zentren sind Altınoluk, Edremit-Akçay, Burhaniye-Ören und Ayvalık-Sarmısaklı.

Lage und Allgemeines

Sehenswertes am Golf von Edremit

Akçay, ein Ortsteil von Edremit, liegt etwa 12 km westlich der Stadt und ist ein bekannter Badeort. Seit einigen Jahren findet man auch zunehmend europäische Urlauber. Westlich davon, jenseits der Thermalbäder (Ruinen eines römischen Bades) stößt man auf die spärlichen Reste des antiken Astyra in der Troas, einer Koloniestadt des antiken Adramittium mit dem Heiligtum der Artemis Astyrene. Die natürliche Quelle der Artemis Sofbanları heilt u.a. Frauenkrankheiten.

*Akçay

Rund 26 km westlich von Edremit liegen bei Altınoluk zwei antike Siedlungsstellen: Gargara unmittelbar am Ort und in 215 m Höhe die überwachsenen Ruinen der antiken Stadt Antandros unterhalb des Berges Alexandreia (Kaz Dağ, Ida), auf dem Paris, Hirte auf dem Ida-Gebirge und Sohn des Königs Priamos von Troia, den Schönheitswettbewerb unter den Göttinnen Aphrodite, Hera und Athene entschied. Der Ursprung der Stadt ist ungewiß, vermutlich ist sie eine pelasgische Gründung. Erhalten ist die Nekropole, eine Festung (Sahinkale) und wenige spärliche Reste.

Altınoluk

Die Ruinenstätte von Assos liegt am Nordufer des Golfes von Edremit gegenüber der griechischen Insel Lesbos (türkisch Midilli). Das Dorf Behramkale nimmt einen Teil der einst 2,5 km² großen antiken Stadt Assos ein, die zwischen dem Meer und dem Tuzla Dere auf einem schwer zugänglichen Trachytkegel (235 m ü. d. M.) sowie seinen Terrassen lag und als die schönstgelegene griechische Stadt in Asien und Europa galt.
Im 2. Jtd. v. Chr. war Assos die Hauptstadt der Leleger, dann wurde es äolische Kolonie und gehörte 560−549 v. Chr. zu Lydien, später 100 Jahre zu Persien. In den Jahren 348−345 v. Chr. hielt sich hier Aristoteles auf, 331 v. Chr. wurde in Assos der Stoiker Kleanthes geboren († 233 v. Chr.), und um das Jahr 58 n. Chr. fuhr der Apostel Paulus von hier weiter nach

*Assos

Assos
(Fortsetzung)

Süden (siehe Apostelge-
schichte 20, 13ff.).
Freigelegt wurden Reste
der aus zwölf Jahrhun-
derten stammenden Bau-
werke, so die 3 km lange
Stadtmauer (größtenteils
aus dem 4. Jh. v. Chr.), die
ein schönes Beispiel griechischen Festungsbaus
ist und ursprünglich 19 m
hoch war; des weiteren
die Hauptzüge der helle-
nistischen Stadtanlage
sowie auf der höchsten
Stelle der einstigen Stadt
die Fundamente eines
archaischen Athenatem-
pels (Kunstwerke in İstan-
bul und Paris), an dem in
jüngster Zeit Restaurie-
rungsversuche vorge-
nommen werden.
Man versäume nicht, den
Ruinenberg zu erklim-
men; von oben bietet sich
eine prächtige Fernsicht
über das Meer zur Insel
Lesbos wie auch über das
Hinterland.

Restaurierungsversuche in Assos

Kap Baba

Etwa 30 km (unbefestigter Fahrweg) westlich von Behramkale liegt das
Kap Baba (mit Leuchtturm und dem Ort Babakale), der westlichste Punkt
Kleinasiens, in dessen Umgebung die antiken Städte Polymedion und
Hamaxitos lagen. Die Ortschaft Gülpınar befindet sich vermutlich an der
Stelle der antiken Stadt Chrysa, wo ein Heiligtum des Apollon Smintheos
stand (Apollostatue von Skopas).

Ayvalık

Die Umgebung des geschäftigen Hafenstädchens, etwa 50 km südwestlich von Edremit an der von Kiefernwäldern und Olivenhainen besetzten,
buchtenreichen Küste, verfügt über beliebte Strände und gute Unterkünfte. Vorgelagert sind über 20 Inseln. Alibey Adası, nach einem General
des Befreiungskrieges benannt, war bereits in der Antike besiedelt und
erlebte seine Blütezeit unter römischer Oberherrschaft. Die Stadt Ayvalık,
entgegen früherer türkischer Gepflogenheiten dem Meer zugewandt angelegt, war noch bis 1922 eine rein christliche (griechische) Siedlung. Typisch
sind die klassizistischen Fassaden älterer Häuser und die Altstadt mit ihren
Gassen. Ayvalık entstand erst zwischen dem 16. und 18. Jh. als unbedeu-
tender Fluchtort für eine rein griechische Bevölkerung. Der osmanische
Sultan Mustafa III. hatte 1773 den Moslems untersagt, in dieser Stadt zu
wohnen. Anfang des 19. Jh.s erlebte der Ort seine wirtschaftliche Blüte, als
die Bürger von Kydonia 1821 zwei türkische Schiffe kaperten, mußte die
Stadt geräumt werden. Vorher allerdings brannten sie den Ort selbst nieder. 1827 kehrten mit der Erlaubnis Sultan Mahmuds II. 18 000 Griechen
zurück, verloren aber ihren Sonderstatus. Der Ort blieb weiterhin wichtiger
Hafen sowie Sitz von fünf Konsulaten, die Bürger galten als sehr gewitzte
Schmuggler. Nach der griechischen Besetzung (1919–1922) verließen im
Rahmen des Bevölkerungsaustauschs alle Griechen die Stadt. Die christliche Bevölkerung hinterließ zahlreiche Kirchenbauten, die von den Moslems als Moscheen weiter verwendet wurden. Am nördlichen Stadtrand
steht die sehenswerte Taksiyarhis Kilisesi. Der aus dem 19. Jh. stammende
Bau hat schöne Innendekorationen.

Besuchenswert sind die beiden benachbarten Aussichtspunkte Şeytab Sofrası (Teufelstafel) und Tavşankulakları (Hasenohrenhügel) auf der Halbinsel Timarhane (phantastischer Ausblick auf die zahllosen Inseln und die zerlappte Küste). In einem kleinen Nationalpark gibt es Rehe, Hirsche und Rebhühner. Die Halbinsel Timarhane war früher bekannt als die 'Irrenhaus-Halbinsel', von der, wie man sagt, die in Ketten gelegten Geisteskranken nach einer Weile geheilt zurückkehrten.

Edremit Körfezi, Ayvalık (Fortsetzung)

Die Kreisstadt Edremit (30 000 Einw.) liegt etwa 10 km im Landesinneren am Ostende der nach ihr benannten Bucht. Südlich des Ortes in der Nähe des Dorfes Kalabak Köyü findet man die Reste der Vorgängersiedlung Adramittium bzw. Adramittium Thebe (s. Ören). Aus der Zeit um 1231 stammt die seldschukische Kurşunlu Cami samt Türbe (1241 von Yusuf Sinan erbaut). Im frühen 14. Jh. besaß der Ort eine genuesische Festung. Unter den Osmanen entstand die Esnef Rumi Camii. Edremit gilt heute durch seinen Ortsteil Akçay (s. zuvor) als bekanntes Seebad. Im Museum von Edremit gibt es neben archäologischen Funden eine sehenswerte Waffensammlung.

Edremit

Die im Hinterland gelegene Kreisstadt Burhaniye, etwa 10 km südwestlich von Edremit, verfügt in ihrem Ortsteil Ören an der Küste über eines jener Seebäder, in dem zahlreiche Türken ihren Urlaub vorbringen. Der lange Sandstrand ist feinkörnig und gepflegt.
Etwas südlich von Ören liegt (= 'zerstörter Ort') liegt der Siedlungshügel der antiken (lydischen) Stadt Adramyteion, bei Strabo der römische Hafen Pedasus. Sie wurde bereits 1443 v. Chr. erwähnt, später von Seeräubern zerstört und in den Jahren 1093–1109 im Landesinneren als Adramittium neu gebaut.
Adramyteion (oder das weiter westlich gelegene Adramittium Thebe) wird auch identifiziert als die Stadt Thebe. Homer erwähnt sie als von Herakles zu Ehren seiner Gattin Thebe, der Tochter des Adramys (Bruder des Lyders Krösos), gegründeten und von Achill im neunten Jahr des Trojanischen Krieges zerstörten Herrschersitz des Vaters der Andromache. Wahrscheinlich war sie aber eine milesische Gründung (um 600 v. Chr.), die zu Strabos Zeiten bereits verfallen war. Thebe galt als wichtige Handelsstadt an der alten Straße von Troia nach Pergamon (Bergama).

*Ören

Eğirdir   F 6

Westtaurus (Isaurisch-pisidische Seenplatte)
Provinz: Isparta
Höhe: 950 m ü.d.M.
Einwohnerzahl: 14 500

Kaum eine Stadt in Inneranatolien hat eine hübschere Lage als Eğirdir, das kleine traditionsreiche Städtchen auf einer Halbinsel am Südwestufer des Eğirdir Gölü zu Füßen des Davraz Dağ (2635 m). Eğirdir zeigt Ansätze zu einem bescheidenen Binnentourismus. Das flachere Umland dient zur Obstkultivierung, viele Dörfer ringsum betreiben Rosenanbau (für die Herstellung von Rosenwasser) und Fischfang. Die Stadt leitet ihren Namen von der griechischen Siedlung Akrotiri ab. Ihre Blütezeit lag im 13. Jh., nachdem sie unter den Rum-Seldschuken an die Hamidoğlu-Emire kam. Persische Quellen zählen Eğirdir zu den bedeutendsten Städten der Region (seit Ende des 14. Jh.s osmanisch).

*Lage und Allgemeines

Sehenswertes in Eğirdir

Direkt am Seeufer, in einem kleinen Park im Norden der Stadt steht dieses kleine, schlichte, seldschukische Mausoleum.

Baba Sultan Türbesi

Eğirdir

Traditionsreiches Städtchen malerisch am Eğirdir Gölü gelegen

*Dündar Bey Medresesi

Die um 1238 von Emir Dündar Hamidoğlu gestiftete Koranschule Dündar Bey war wohl zunächst als Karawanserei gedacht. Das Gebäude ist ein sehenswertes Beispiel früher seldschukischer Bauweise. Das mit schönen Ornamenten reich geschmückte Eingangstor besticht durch feinste Steinmetzkunst.

Allerdings ist dieses Portal ein Fremdkörper, der eigentlich in die Karawanserei Eğirdir Hanı gehört. Der Innenhof der restaurierten Anlage hat umlaufende Säulen-Arkadengänge vor den Schülerzellen, in denen zur Zeit Läden untergebracht sind.

Eğirdir Hanı

Die ausgeschlachtete Karawanserei 3 km südlich der Stadt am Hang des Davraz Dağ wurde zwischen 1229 und 1236 erbaut und zählte zu den vier größten seldschukischen Sultans-Karawanenstationen Anatoliens.

Eğirdir Kalesi

Über der Altstadt erheben sich die Ruinen der seldschukischen Burg. Auch hier stammen die schönen Portalornamente vom Eğirdir Hanı.

Hızır Bey Camii

Unmittelbar neben der Dündar Bey Medresesi steht die Hızır Bey Camii. Diese Moschee wurde ursprünglich von Emir Hızır Hamidoğlu (1327) gestiftet, brannte 1815 (Inschrift über der geschnitzten Holztüre im Portal) ab und wurde 1885 wieder aufgebaut.

Kemer Kapısı

Ein Teil der ehemaligen Stadtmauer von Eğirdir ist noch erhalten. Man findet unmittelbar neben den Eingängen zur Ulu Cami bzw. zur Dündar Bey Medresesi ein Tor der alten Befestigung.

Niş Adası und Tavşan (oder Can) Adası

Im Osten der Stadt liegen über einen Damm mit dem Festland verbunden im See vorgelagert zwei Inseln, von denen die größere, Niş Adası, früher als Bischofssitz der Stadt Limnai gedient haben soll (Reste von zwei byzantinischen Kirchen).

Umgebung von Eğirdir

Etwa 30 km östlich von Eğirdir stößt man hinter einer Brücke am Ende der Aksu-Schlucht auf drei Steine mit Inschriften und einem Tierkopf sowie auf zwei antike Kulthöhlen, von denen eine mit fein bearbeiteten antiken Mauersteinen halb verschlossen ist.

Aksu

Das Becken des 468 km² großen Eğirdirsees liegt auf 916 m Höhe in einer Grabenzone zwischen dem West- und dem Mitteltaurus. Der See ist der viertgrößte Binnensee der Türkei mit einer maximalen Tiefe von nur 20 m. Mit seinem grünlich bis tiefblau schimmernden Wasser, eingebettet in die Bergwelt des Barla Dağ (2263 m) und des Karakuş Dağ (1995 m) im Westen, des Davraz Dağ (2635 m) im Süden sowie der Gipfel Dedegöl Dağ (2388 m) und des Kirişli Dağ (1889 m) im Osten bietet er das Bild eines gewaltigen Gebirgssees. Im Norden des Sees lag wahrscheinlich die antike Stadt Oroanda.

*Eğirdir Gölü

Das Becken des Eğirdir Gölü setzt sich nach Süden in einem 2 km breiten Längsgraben noch über etwa 25 km fort. Durch dieses enge Tal erreicht man von Eğirdir aus den platanengesäumten Kovadasee (Nationalpark). Der Südrand des Kovada Gölü ist stark verkarstet, er wird unterirdisch entwässert. Das Wasser tritt wenig südlich bei Gökpınar in mehreren Karstquellen wieder aus. Da an den Kovada-See zwei Wasserkraftwerke angeschlossen sind, machte dieser zusätzliche Wasserschwund erhebliche Probleme für die Erhaltung des Nationalparks. Inzwischen entnimmt man das Wasser für die hydroelektrischen Anlagen über einen kanalisierten Abfluß direkt aus dem Eğirdir-See.

*Kovada Milli Parkı

Etwa 46 km nordöstlich im Süden der Kreisstadt Gelendost stößt man bei Mahmutlar auf die seldschukische Karawanserei Ertokuş Hanı (100 m vom Seeufer entfernt). Sie wurde im Jahre 1223 von Atabey Emir Mübarizeddin Ertokuş gestiftet, einem bekannten Würdenträger Alaeddin Kaykobads. Die Anlage mit ihrem dreischiffigen Hauptbau und einem Tonnengewölbe ist auf der Eingangsseite stark zerstört und hat an den Außenwänden der Halle sechs dreieckige gedrungene Türme aus späterer Zeit. Rechts und links des Innenhofs führen Arkaden in wiederum tonnengewölbte Seitenräume.

Gelendost

Die Provinzhauptstadt Isparta (120000 Einw.) am Südrand des gleichnamigen Beckens am Nordfuß des Akdağ ist bekannt für ihre Teppiche, die allerdings fast nur noch maschinell hergestellt werden. Jeden Morgen gibt es einen großen Teppichmarkt. Von Bedeutung ist auch die Rosenölindustrie. Vor dem Ort kann man kleine Öfen finden, in denen das Rosenöl gewonnen wird. Isparta ist Geburtsort des türkischen Ministerpräsidenten Süleyman Demirel. Der Hausberg Ispartas, der 2275 m hohe Akdağ, zeigt Spuren einstiger Vergletscherung.

Isparta

Wahrscheinlich wurde Isparta von Griechen aus Sparta gegründet, die die Stadt auch bis 1920 bewohnten. Noch heute findet man verschiedene verfallene griechische Kirchen. Die Stadt hieß einst wohl Baris und wird unter diesem Namen von Ptolemäus genannt. Erst im 14. Jh., als Residenz seldschukischer Fürsten von Hamit, kommt der Name Isparta auf. Aus dieser Zeit stammt wohl auch die völlig ruinierte Burg. Um 1648 beschreibt man sie als schöne und große Stadt, aber 1706 soll sie ein kleiner, unbefestigter Ort mit elenden Häusern gewesen sein. Bei einem Erdbeben 1889 wurde Isparta schwer zerstört.

In einigen Kirchen findet man altes Silbergerät, in manchen Moscheen Fayencekacheln aus dem 16. und 17. Jahrhundert. Die Firdevs Camii wird dem osmanischen Baumeister Sinan zugeschrieben. In der Bibliothek Halil Hamit Paşa Kütüphanesi ließ der gleichnamige Stifter und Großwesir im 18. Jahrhundert ungefähr 14000 Bücher zusammentragen. Aus der osmanischen Zeit befinden sich in der Stadt sieben ältere Karawansereien; das

Eğirdir,
Umgebung,
Isparta
(Fortsetzung)

Museum von Isparta besitzt eine unvergleichliche Münzsammlung sowie Relieffragmente aus den Ruinenstätten der Umgebung und darüber hinaus schöne lokale Handwerkskunst.

Gölcük

Eine Besonderheit bildet der etwa 5 km südwestlich von Isparta gelegene, stellenweise bis 1300 m aufragende Rand des Gölcük-Kraters mit seinem 1 km langen und mehrere hundert Meter breiten See an seinem Nordrand. Mehrere kleine Asche- und Schlackekegel ragen aus dem flacheren Südrand bis zu 100 m empor. Etwas unterhalb des Seespiegels treten außerhalb des Kraters im Norden Quellen aus, die zur Bewässerung der Gärten und zur Wasserversorgung der Stadt Isparta dienen.

Elazığ   **P 5**

Ostanatolien (Osttaurus)   **Man beachte die Warnung**
Provinz: Elazığ   **auf Seite 139!**
Höhe: 1020 m ü. d. M.
Einwohnerzahl: 212000

Lage und
Bedeutung

Der nicht unbedeutende Industriestandort Elazığ (Elâzığ) am Nordrand der Uluova zu Füßen des 1724 m hohen Kartal Tepesi ist auch ein lebhaftes Marktzentrum für ein großes ländliches Umland und seit 1966 Universitätsstadt. Die Entwicklung der Stadt in den letzten Jahrzehnten war maßgeblich beeinflußt vom Bau der Keban-Talsperre am Euphrat.

Geschichte

Elazığ ist eine noch recht junge Stadt: Der osmanische Gouverneur Reşid Mehmed Paşa verlegte 1834 seine Residenz von der städtischen Höhensiedlung Harput in die Gartensiedlung Mazra'a in der vorgelagerten Ebene. Um 1838 hielt sich H. v. Moltke hier als Militärberater für das osmanische Heer auf, das sein Hauptquartier gegen rebellierende Kurden und gegen Mehmed Ali im Dorf Mazra'a hatte. Sultan Abdul el-Aziz erhob den Ort 1862 zur Stadt Mamuret el-Aziz (Siedlung des el-Aziz). Daraus ergab sich mit der Zeit die Verballhornung zu Elazığ. Wahrscheinlich war Mazra'a die Stelle des antiken Mazara.

Umgebung von Elazığ

*Harput

Etwa 6 km nordöstlich von Elazığ liegt mit bester Aussicht auf die Ebene und die Stadt in 1270 m Höhe deren Vorgängerort Harput. Bis 1862 war Harput (arabisch Khartabirt, armenisch Kharpert, d. h. Burgfels) Provinzzentrum (20000 Einw.). Die Zitadelle stammt wohl von den Urartäern, wurde aber später überbaut. Der Ort ist vielleicht die Residenzstadt der antiken Landschaft Sophene Karkathiokerta, die seit dem 10. Jh. mehrfach den Besitzer wechselte und zuletzt 1515 von den Osmanen erobert wurde. Außer der Zitadellenruine ist vor allem die um 1165 gegründete Ulu Cami sehenswert. Aus seldschukischer Zeit stammen die Arapbaba Camii (ruiniert) und die Alaca Camii, in der heute eine kleine archäologische Sammlung mit zumeist urartäischen und römischen Funden der Umgebung untergebracht ist. Im 15. Jh. entstand die Sarâ Hatun Camii unter dem Akkoyun-Emir Uzun Hasan Bey zu Ehren seiner Mutter Sara Hatun. Aus osmanischer Zeit stammen auch drei Karawansereien.

Hazar Gölü

Etwa 22 km südlich von Elazığ erreicht man unweit der Kreisstadt Sivrice den 1248 m hoch gelegenen Quellsee des Tigris (Dicle Nehri). Der insgesamt 1900 km lange Tigris fließt 523 km durch den Südosten der Türkei, ehe er südlich von Cizre die irakische Grenze erreicht.

Keban Barajı

Der 1975 vollendete Stausee Keban Barajı (675 km^2) zählt mit 30 Mrd. m^3 zu den größten Stauseen der Erde, bildet in der Kette der Stauanlagen des

Vom Burgfelsen Harput hat man eine prächtige Aussicht

GAP-Projektes am Euphrat das nördlichste Glied und sammelt das Wasser der beiden Euphratarme Murat Nehri und Karasu. Der Damm ist 207 m hoch und an der Krone 1 100 m lang.

Hauptzweck der Anlage ist die Stromerzeugung bei einer Leistung von 1249 Megawatt. Zur Realisierung der Talsperre mußten zahlreiche Dörfer im Euphrattal verlegt werden.

Umgebung, Keban Barajı (Fortsetzung)

Etwa 55 km südwestlich von Elazığ liegt am Euphrat nördlich der Straße die unter Sultan Murat erbaute Karawanserei. Westlich davon erhebt sich beim Dorf Hatip Uşağı vor Kuşsarayı (İzoğlu) die Burg von Tomisa. Unterhalb rechts von einem Felstor in einer Nische fand man vor der Überflutung durch den Karakaya-Stausee an einer Felswand eine urartäische Keilschrift, in der sich Sardur II. seiner Kriegstaten über den König von Melitene (Malatya, 754 v. Chr.) rühmt (von H. v. Moltke 1839 entdeckt). Der Text soll an anderer Stelle zugänglich gemacht werden.

Kömürhan

Über der gartenreichen Stadt am nördlichen Ufer des Euphrat (Murat Nehri) erhebt sich auf steilem Berg oberhalb der Ruinen von Eski Palu (Alt-Palu) eine Burg, deren Ursprünge auf die Urartäer zurückgehen. Aus dieser Zeit ist am nordwestlichen Hang des Burgberges ein Treppentunnel und am Westhang auf einem isolierten Felsblock eine Inschrift des Königs Menua erhalten. Unter der ruinierten Altstadt vermutet man eine urartäische Siedlung.

Die heutige Form der Burg schreibt man den Genuesen zu. Auf dem Burgberg stehen heute noch die Reste von zwei Moscheen und einer Kirche. Von hier aus startete H. v. Moltke am 10. Juli 1838 seine Kelek-Fahrt (ein solides Floß aus 60 Häuten) auf dem Euphrat zur Erkundung seiner Schiffbarkeit.

Westlich der Stadt erkennt man den Hügel des Pınar Tepesi, eine ergiebige archäologische Fundstätte vom Chalkolithikum (4. Jtd. v. Chr.) bis zum Mittelalter.

Palu

Ephesus

Westküste (Ägäisches Meer)
Provinz: İzmir
Höhe: 20−358 m ü. d. M.
Ortschaft: Selçuk (20000 Einw.)

Lage und
**Bedeutung

Die bei Selçuk etwa 75 km südlich von İzmir gelegenen Ruinen der altgriechischen Stadt Ephesos (Ephesus; türkisch Efes) gehören zu den
größten Sehenswürdigkeiten der Türkei. Wie Milet lag Ephesus im Altertum unmittelbar am Meer und besaß einen bedeutenden Hafen, dem es im
wesentlichen seinen Reichtum verdankte. Dann schob der sediment-
beladene Kleine Mäander (Küçuk Menderes), der antike Kaystros, die
Küstenlinie immer weiter zurück, während gleichzeitig die Meeresströmung vor der Bucht einen Nehrungswall aufbaute, der zur Versump-
fung des Hinterlandes führte. Schon in römischer Zeit konnte nur ein zun-
genförmiges Hafenbecken freigehalten werden. Ephesus verödete und
wurde allmählich von Flußablagerungen zugedeckt. Was von den Ruinen
noch über den Boden herausragte, wurde als Baumaterial verwendet oder
zu Löschkalk verbrannt. Erst in der zweiten Hälfte des 19. Jh.s begannen
Ausgrabungen unter dem englischen Ingenieur J. T. Wood (legte das Artemiseion frei). Zwischen 1896 und 1913 und in jüngerer Zeit setzte das
Österreichische Archäologische Institut die Grabungen fort. Zwischen
1919 und 1922 forschten griechische Archäologen bei der Basilika des hl.
Johannes.

Geschichte

Auf dem unmittelbar nördlich über Selçuk aufragenden Hügel, an den einst
das Meer brandete ('Heiliger Hafen'), haben vermutlich die ältesten Bewohner dieser Gegend, die Karer und Lyder, eine befestigte Ansiedlung
gehabt. Sie wurde seit dem 11. Jh. v. Chr. von ionischen Griechen helleni-

Rekonstruierter Hadriantempel an der Kuretenstraße

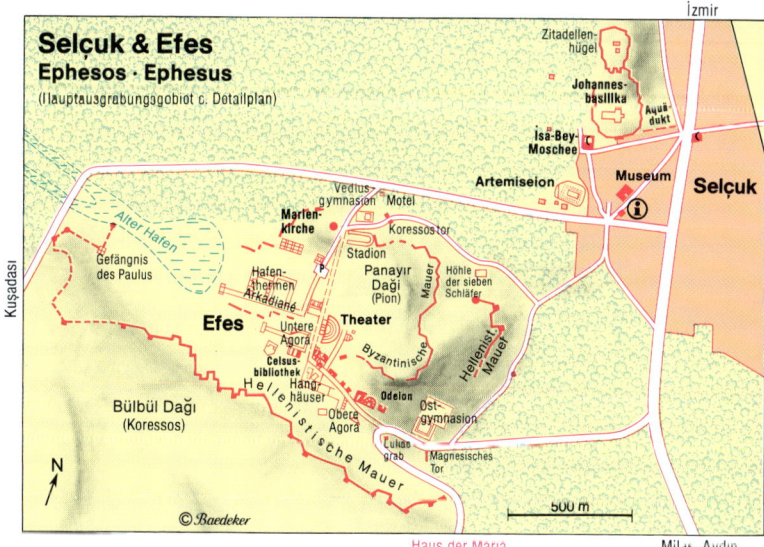

Selçuk & Efes

Ephesos · Ephesus

(Hauptausgrabungsgebiet c. Detailplan)

Zitadellen-hügel

Johannes-basilika

İsa-Bey-Moschee

Aquä-dukt

Vedius-gymnasion · Motel

Artemiseion

Museum

Selçuk

Marien-kirche

Koressostor

Alter Hafen

Kuşadası

Gefängnis des Paulus

Hafen-thermen

Arkadiane

Stadion

Panayır Dağı (Pion)

Höhle der sieben Schläfer

Mauer

Efes

Untere Agora

Theater

Celsus-bibliothek

Häng-häuser

Byzantinische

Hellenistische Mauer

Odeon

Ost-gymnasion

Bülbül Dağı (Koressos)

Hellenistische Mauer

Obere Agora

Lukas-grab

Magnesisches Tor

N

© Baedeker

500 m

Haus der Maria

Milas, Aydın

---

siert. Infolge seiner günstigen Lage an einer wichtigen Handelsstraße wurde Ephesos eine blühende Handelsstadt.

Um die verlorengegangene Verbindung mit dem Meere wiederzuge-winnen, verlegte König Lysimachos um 287 v.Chr. die Stadt in die Niede-rung zwischen Pion und Koressos, den heutigen Panayır Dağı und Bülbül Dağı, die beide mit in die Befestigung einbezogen wurden.

In der römischen Kaiserzeit (1. und 2. Jh. n.Chr.) gelangte Ephesus als Hauptstadt der Provinz Asia zu neuer Bedeutung und war nach dem ägyp-tischen Alexandria die größte Stadt des Ostens (über 200000 Einw.). Der Apostel Paulus predigte hier auf seiner zweiten Missionsreise und wirkte später drei Jahre (55–58) in Ephesus (Apostelgeschichte 18, 19; 19). Die Hauptkirche war später dem hl. Johannes geweiht und war eine der Kirchen Kleinasiens, die von Pilgern viel aufgesucht wurde. Im Jahre 263 zerstörten die Goten auf einem ihrer Seezüge die Stadt und das Artemiseion.

Im Oströmischen Reich verlor Ephesus, hauptsächlich wohl durch die fort-schreitende Versandung des Hafens, immer mehr an Bedeutung und Größe, so daß ein engerer Mauerring, der kaum das Hafenviertel schützte und das hellenistische Markt ausschloß, gezogen werden mußte. 431 fand jedoch noch das dritte Ökumenische Konzil statt. Unter Justinian zog man sich ganz auf den ältesten Burghügel oberhalb vom Artemiseion zurück.

Die letzten nach den Mongolenstürmen unter Timur-Leng erhaltenen Reste der Stadt fielen dann bei den nachfolgenden schweren Auseinan-dersetzungen zwischen den Seldschuken und den Osmanen in Trümmer.

Geschichte
(Fortsetzung)

Besichtigung der Ruinenstätte

Gleich links am Hang das Vediusgymnasion (2. Jh. n.Chr.), dessen Reste ein großes rechteckiges Gebäude mit einem Säulenarkadenhof (Palästra) erkennen lassen. Die besser erhaltene östliche Hälfte des Bauwerks, des-sen Ziegelmauern mit Marmorplatten verkleidet waren, zeigt interessante Details der Innenausstattung.

Vediusgymnasion
Stadion

Ephesus

Etwa 100 m südlich vom Vediusgymnasion erkennt man das unter Kaiser Nero (54–68 n.Chr.) erbaute Stadion, dessen südliche Zuschauerränge in den Hang hineingegraben waren. Die Steinstufen sind nicht mehr vorhanden. In der großen Ostkurve lag eine gegen die Stadiongeraden abschließbare Arena, die in Ermangelung eines Zirkusses bei Gladiatorenkämpfen und Tierkämpfen benutzt wurde. Zwischen dem Vediusgymnasion und dem Stadion verlief einst die Marmorstraße östlich zu dem heute nur noch in Ruinenresten erhaltenen Koressostor.

Wenn man vom Vediusgymnasion der durch das Ausgrabungsgelände angelegten Straße nach Süden folgt, erblickt man nach knapp 200 m rechts die Ruine eines byzantinischen Baues (beachtenswert der große Konchensaal an der Südseite und die 50 m lange Apsidenhalle an der Westseite).

Marienkirche
Theatergymnasion

Gut 100 m westlich abseits das 260 m lange Ruinenfeld der sog. Kirche der Maria oder Konzilskirche. Das als Doppelkirche gedeutete Bauwerk, in dem 431 das Kirchenkonzil stattfand, war ursprünglich eine dreischiffige Halle (2. Jh. n.Chr.; Museion, d.h. Forschungsstätte), in die im 4. Jh. eine Säulenbasilika eingebaut wurde.

Auf der neuen Straße gelangt man 300 m weiter südlich zu dem in der römischen Kaiserzeit errichteten Theatergymnasion, das aus einem mächtigen rechteckigen Bau und einem nördlich vorgelagerten Säulenarkadenhof (70×30 m) bestand.

Verulanusplatz

Westlich schließt an das Theatergymnasion das ziemlich unübersichtliche Ruinenfeld einer zusammengehörenden Gebäudegruppe an: Zunächst der Verulanusplatz, ein als Sportanlage dienender Säulenarkadenhof, dem westlich das aus der frühen römischen Kaiserzeit stammende Hafengymnasion angegliedert war. Dieses bestand aus mehreren Gebäuden, die sich rings um einen großen zentralen Hof gruppierten. An der Nord- und Südseite des Hofes lagen je ein Marmorsaal (16×32 m), deren Innenwände mit Säulenstellungen und Statuennischen prächtig ausgestattet waren. Westlich an das Hafengymnasion schlossen sich die Großen Thermen (Hafenthermen) an, von denen bisher nur ein Teil ausgegraben ist. Die Thermen wurden im 2. Jh. n.Chr. erbaut und unter Konstantin dem Großen im 4. Jh. prunkvoll erneuert.

Arkadiané

An die Thermen grenzte im Westen der ehemalige Hafen von Ephesus, dessen Stelle heute ein sumpfiges Gelände einnimmt. Unmittelbar südlich verlief die 400 m n.Chr. unter dem ersten oströmischen Kaiser Arkadios erbaute Arkadiané. Diese vornehme, nachts beleuchtete Arkadenstraße war an beiden Enden durch reichgegliederte Prunktore abgeschlossen und führt vom Hafen auf einen langgestreckten Platz mit dem Großen Theater.

**Großes Theater

Das unter Kaiser Claudius (41–54) begonnene und unter Trajan (98–117) vollendete Große Theater beeindruckt durch den guten Erhaltungszustand der Orchestra und des Bühnenhauses. Hier hielt der Apostel Paulus seine Anklagerede gegen den Artemiskult und damit gegen die Zunft der Goldschmiede. Auf 3×22 Rängen, die durch zwölf Treppenaufgänge unterteilt waren, fanden ca. 25000 Zuschauer Platz; von oben eindrucksvolle Aussicht bis zum ehemaligen Hafen. An der Hangseite führten außerdem abgedeckte Treppenhäuser zu den oberen Rängen. Die Schauwand des ehemals dreistöckigen, 18 m hohen Bühnenhauses (nur das Erdgeschoß erhalten) hatte mit Säulenstellungen, Statuennischen und reich geschmückten Gesimsen eine starke plastische Wirkung. In der westlichen Terrassenmauer ein in der Form eines Antentempels errichtetes hellenistisches Brunnenhaus, das trotz seines verfallenen Bauzustandes durch die Schlichtheit und Klarheit seiner Anlage wirkt.

*Untere Agora

Südwestlich vom Großen Theater erstreckt sich das weite Geviert der Unteren Agora, der sich nach Westen eine Säulenhallenstraße anschließt.

1 Markttor
  (Macaeus-&-Mithridates-Tor)
2 Heroon
3 Nymphäum
4 Freudenhaus
5 Hadriantempel

6 Scholastikathermen
7 Trajanbrunnen
  (Nymphäum)
8 Herkulestor
9 Hydreion
10 Memmiusdenkmal

11 Domitianplatz
12 Inschriftenmuseum
13 Polliobrunnen
14 Isistempel
15 Brunnenbau
16 Variustempel

Der erst teilweise freigelegte Marktplatz wurde im 3. Jh. n. Chr. aus einer an dieser Stelle bereits bestehenden Anlage großzügig umgebaut. Der große quadratische Platz (116 m Seitenlänge) war durch eine zweischiffige Säulenarkadenhalle (für Läden und Geschäfte) umgeben.

An der Südseite der Säulenhallenstraße, die an beiden Enden von repräsentativen Torbauten abgeschlossen wurde, führt ein Treppenaufgang zu einem kolonnadengesäumten Platz, der an seinem Südende von dem kolossalen Serapeion überragt wurde. Die Frontsäulen des nach Art eines Prostylos errichteten Tempels, der dem Kult des ägyptischen Gottes Serapis diente, bestanden aus 15 m hohen Monolithen mit korinthischen Kapitellen. Durch die 29 m lange Front des Tempels führte ein gewaltiges Tor, dessen Türen auf Rädern liefen, in die Cella. In byzantinischer Zeit wurde das Serapeion zu einer Basilika umgestaltet.

Entlang der Ostseite der Unteren Agora verläuft die vom Koressostor kommende, aber erst vom Theatervorplatz südwärts ganz freigelegte Marmorstraße, eine einst mit Bildwerken geschmückte Säulenarkadenstraße, in deren Mitte man noch die Abflußöffnungen für die Kanalisation erkennt, geradlinig bis auf die Höhe der Celsusbibliothek.

Untere Agora
(Fortsetzung)

Serapeion

Marmorstraße

Schaufassade der Celsusbibliothek und Markttor

Die Marmorstraße führt vom Großen Theater zur Celsusbibliothek

An einem kleinen, tiefer als das Straßenniveau gelegenen Platz erhebt sich die 1970–1978 von österreichischen Archäologen wiedererrichtete zweigeschossige Schaufassade (mit verkröpften Säulenstellungen und wirkungsvoll hervortretenden Gesimsen) der Celsusbibliothek. Der ursprünglich ganz mit farbigem Marmor ausgekleidete Bibliotheksaal war in drei Stockwerke unterteilt. Um die beiden unteren Etagen führten Säulengänge. Eine durchgehende Apsis in der rückwärtigen Wand barg die Fächer für die Pergamentbände und Schriftrollen. Unter der Apsis in einer Grabkammer der Sarkophag des Titus Iulius Celsus Polemaeanus (Statthalter der Provinz Asia), dem zu Ehren sein Sohn zu Anfang des 2. Jh.s n. Chr. das Gebäude errichtete.

Besichtigung der Ruinenstätte (Fortsetzung)
**Celsusbibliothek

Unmittelbar neben der Celsusbibliothek befindet sich ein Markttor an der Südostecke der Unteren Agora. Nach einer Inschrift wird es als Tor des Macaeus und des Mithridates bezeichnet; es wurde unlängst restauriert.

Markttor

Südöstlich der Unteren Agora führt die Fortsetzung der von zahlreichen öffentlichen Gebäuden gesäumten Marmorstraße nunmehr bergauf als Kuretenstraße zur Oberen Agora. Unmittelbar bei dem Straßenknick sind noch die Postamente des Propylons zu sehen. Durch diesen Torbau aus dem 2. Jh. n. Chr. führte später ein Treppenweg südwärts zum Koressos hinan.
Östlich schließt sich das Oktogon an, ein monumentaler Grabbau mit Marmorsockel, um den eine korinthische Säulenarkade mit einer Sitzbank lief. – Weiter oberhalb am Hang sind Ausgrabungen von Terrassenbauten im Gange. An der gegenüberliegenden Straßenseite vermutet man ein städtisches Freudenhaus.
Weiterhin gelangt man zu dem kleinen, weitgehend rekonstruierten Hadrianempel, der nach einer Inschrift dem römischen Kaiser Hadrian (117–138) geweiht war. Nördlich dahinter befindet sich das Grabungsfeld im 2. Jh. n. Chr. entstandenen und um 400 von einer Christin namens Scholastika erneuerten Scholastikathermen, eines einst mehrstöckigen Badehauses.
Oberhalb steht am Südwesthang des Pion auf quadratischem Sockel ein zweigeschossiger Rundbau, der in einem Untergeschoß von dorischen Halbsäulen und im oberen Stock von freistehenden ionischen Säulen umrahmt war; vermutlich handelt es sich hier wie beim Oktogon um ein Heroengrab.
Vorbei am Trajanbrunnen (Nymphaion) und am Herkulestor mündet die Straße auf den Domitianplatz mit dem stattlichen Domitiantempel, den die Provinz Asia für den Kaiser Domitian (81–96 n. Chr.) errichtet hatte. Im Kellergewölbe ist ein Inschriftenmuseum eingerichtet.

*Kuretenstraße

Im Osten vom Domitiantempel dehnt sich die Obere Agora aus; bemerkenswert sind hier ein Isistempel und ein Wasserschloß, das die vom Hang herabfließenden Quellwässer sammelte. An der Nordseite der Oberen Agora der Standort des lange gesuchten Prytaneion (Rathaus); die hier gefundenen Artemisfiguren befinden sich jetzt im Archäologischen Museum von Selçuk.

Obere Agora

Prytaneion

Weiterhin östlich das Halbrund des im 2. Jh. n. Chr. von Publius Vedius Antonius gestifteten Odeion (Zuschauerraum faßt 1400 Besucher), dessen untere Marmorstufen im Original erhalten, die restlichen rekonstruiert sind. Aus dem Fehlen eines Wasserabflusses in der Orchestra kann auf die Existenz eines Daches geschlossen werden, das vermutlich als Holzkonstruktion den Zuschauerraum mit einer Weite von 25 m überspannte.

*Odeion

Die alte Hauptstraße führt von der Oberen Agora ostwärts weiter zum Osteingang des Grabungsgeländes und endet außerhalb beim Magnesischen Tor, von dessen drei Durchgängen die Straße nach Magnesia am Mäander (→ Menderes) ausging. Im Straßenbogen der Sockel eines fälschlich als Grab des hl. Lukas bezeichneten römischen Rundbaus, der

Magnesisches Tor

in byzantinischer Zeit durch Anfügung einer Apsis und einer Vorhalle zu einer Kirche umgestaltet worden ist.

Unmittelbar nördlich vom Magnesischen Tor die stattliche Ruine des aus dem 1./2. Jh. n. Chr. stammenden Ostgymnasion, das ähnlich wie die drei übrigen Gymnasien von Ephesus ein großes rechteckiges Gebäude mit mehreren prunkvoll eingerichteten Hallen und einer vorgelagerten Palästra umfaßte und, da zahlreiche Mädchenstatuen ausgegraben wurden, auch 'Mädchengymnasion' genannt wird.

Umgebung von Ephesus

Panayır Dağı
(Pion)

Vom Ostgymnasion führt ein guter Weg nordöstlich auf den bis 155 m ü. d. M. ansteigenden Panayır Dağı (Pion; 'Jahrmarktsberg'), der einen schönen Überblick über das sich halbkreisförmig um den Hügel ziehende Ruinenfeld bietet. Entlang dem Hügelscheitel verläuft eine teilweise gut erhaltene byzantinische Mauer zum Koressostor im Norden.

Am Nordostfuß des Hügels liegt das Gebiet der sog. Höhle der sieben Schläfer, die wegen einer Sage Berühmtheit erlangt hat. Während der Christenverfolgung sollen in der Mitte des 2. Jh.s sieben in eine Höhle eingemauerte Jünglinge in einen tiefen Schlaf versunken sein und erst unter Theodosius II. (414–450) wieder das Tageslicht erblickt haben. Nach ihrem Tode soll sie der Kaiser in der Höhle beigesetzt und darüber eine Wallfahrtskirche gebaut haben.

Bülbül Dağı
(Koressos)

Südwestlich über der Ruinenstätte von Ephesos erhebt sich der langgestreckte Höhenrücken des Bülbül Dağı (= 'Nachtigallenberg'; 358 m ü. d. M.), der antike Koressos, den man auch auf einem vom ehemaligen Hafen führenden Weg erreichen kann. Über die Kammlinie zieht die turmbewehrte und teilweise noch zinnenbekrönte hellenistische Stadtmauer aus der Zeit des Lysimachos.

Auf einem über den Hafenkanal aufragenden Hügel, dem Pagos Astyagu der hellenistischen Zeit, die Ruine eines zur hellenistischen Mauer gehörenden Wachtturmes, der aus ungeklärtem Anlaß als Gefängnis des hl. Paulus angesehen wird.

*Haus der Maria

Südöstlich vom Bülbül Dağı steht am Ala Dağı (420 m ü. d. M.) – in der Antike Solmissos genannt – ein als Wohn- und Sterbehaus der Maria (Panaya Kapulu) bezeichnetes Gebäude aus dem 1. Jh. n. Chr. (in byzantinischer Zeit restauriert). Die Vermutung, daß die Mutter Jesu in Ephesus gelebt habe, geht auf eine von Clemens Brentano veröffentlichte Vision der stigmatisierten Nonne Katharina Emmerich aus Dülmen in Westfalen (1774–1824) zurück, die das Aussehen und die Lage des Hauses genau beschrieb. 1891 entdeckten Lazaristen aus Smyrna (İzmir) aufgrund dieser Angaben die Ruine einer kleinen Kirche, die offensichtlich zu einem ehemaligen Kloster gehörte.

Die seit der Auffindung der Kirche einsetzenden Wallfahrten nahmen nach dem Zweiten Weltkrieg einen größeren Umfang an (große Feier an Mariä Himmelfahrt, 15. August), und seither entwickelte sich der hübsch gelegene Ort auch zu einem allgemeinen Touristenziel.

Die Zufahrt von der Hauptstraße Selçuk–Aydın führt nach 4,5 km unweit vom Ostgymnasion und außen am Magnesischen Tor vorüber, dann noch 3,5 km um den Osthang des Bülbül Dağı herum zur Wallfahrtsstätte.

Belevi

Etwa 15 km nordöstlich von Ephesus liegen unweit des Straßenzweiges nach Tire beim Dorf Belevi ein Grabhügel (Tumulus) und die Reste eines monumentalen Bauwerks, das an das Mausoleum von Halikarnassos (⟶ Bodrum) erinnert und nie vollendet wurde. Man identifiziert die Stelle mit dem antiken Bonita. Die zeitliche Zuordnung ist (persisch, ungesichert) vermutlich das 4. Jh. v. Christus. Durch einen 20 m langen Gang erreicht man in dem von einem Steinring eingefaßten Tumulus zwei Grabkammern, die von oben aus dem Felsen herauspräpariert wurden. Der reliefierte Sarg des Mausoleums steht im Museum von Ephesus. Die Halle des Grabbaus mit einer 16säuligen Peristasis saß auf einem dreistufigen Sockel, flankiert über den Ecken von geflügelten Löwen und Pferdegespannen.

Gegenüber auf einem Felsen im Westen erhebt sich die mittelalterliche Burg Keçi Kalesi (Ziegenburg).

Umgebung, Belevi (Fortsetzung)

Selçuk

Unweit vom Hauptplatz von Selçuk gelangt man durch das im 7. Jh. n. Chr. aus älteren Werkstücken errichtete Byzantinische Tor, auch Tor der Verfolgung genannt, in den unteren Festungsbezirk. Nach wenigen Schritten erreicht man die Reste der Basilika des hl. Johannes (Saint Jean), die nahezu die ganze Breite des Hügelrückens einnahm und einst neben der Hagia Sophia und der zerstörten Apostelkirche in Konstantinopel zu den größten byzantinischen Kirchen zählte. Nach der Überlieferung soll unter der Basilika das Grab des hl. Johannes des Theologen liegen. Über der Stelle des Grabes wurde zunächst ein Mausoleum errichtet, das später zu einer mit einem hölzernen Dach gedeckten Basilika umgebaut wurde.

*Johannesbasilika

Kaiser Justinian (527–565) ersetzte diese Kirche durch den monumentalen Steinbau einer dreischiffigen Basilika, welche die Form eines lateinischen Kreuzes hatte und von sechs Kuppeln überwölbt wurde. Zusammen mit dem der Westseite vorgelagerten Narthex und dem Säulenarkadenhof hatte diese Kirche eine Länge von 130 m und eine Breite von 40 m. Die Stätte des Heiligengrabes war durch eine zweistufige Marmorplatte gekennzeichnet. Von hier führte eine Treppe zum Grab hinab.

Die Seldschuken bauten nach der Eroberung von Ephesus die Basilika 1330 zu einer Moschee um. Später diente sie als Basar, bis dann ein Erdbeben das Gebäude zerstörte (z. T. wiederhergestellt). Eine Tafel erinnert an den Besuch des Papstes Paul VI. am 26. Juni 1967.

Byzantinisches Festungstor, ...und Johannesbasilika in Selçuk

Umgebung,
Selçuk
(Fortsetzung)
*Zitadelle

Nördlich über der Johannesbasilika, steht auf der Spitze des Hügels die noch wohlerhaltene Zitadelle, über deren Baudatum keine schriftlichen Quellen existieren. Doch kann aus der Art des Mauerwerks geschlossen werden, daß die Festung noch in byzantinischer Zeit errichtet und dann von den Seldschuken weiter ausgebaut wurde. Die mächtige Umfassungsmauer hatte 15 meist rechteckige Wehrtürme. Im Inneren mehrere Zisternen, eine kleine Moschee aus seldschukischer Zeit und eine byzantinische Kirche.

*İsa-Bey-
Moschee

Am Südwesthang des Zitadellenhügels steht die aus seldschukischer Zeit stammende Große Moschee (auch als İsa-Bey- oder Selim-Moschee bezeichnet). Das 57×51 m messende hohe Mauerrechteck umschließt einen großen Arkadenhof mit dem Brunnen für rituelle Waschungen und dem eigentlichen Betraum. Dieser war durch zwei säulengestützte Kuppeln überwölbt, während die beiden Seitenflügel flache Holzdächer trugen. Die großen schwarzen Granitsäulen stammen von den römischen Thermen am Hafen. Die Verbindung zum Arkadenhof wird durch drei Säulenbögen und zwei Nebeneingänge hergestellt. Über dem mit Inkrustationen reich geschmückten Portal erkennt man die kunstvoll gearbeitete Inschrift (vom 10.01.1375) des Baumeisters Ali ('Sohn des Muschimisch Al-Damischki').

Artemiseion

Rekonstruktions-
zeichnung

Etwa 300 m südlich unterhalb der Moschee erreicht man die geringen Reste des Artemistempels, der einst als eines der Sieben Weltwunder galt. Die Durchforschung des von dem Briten J. T. Wood ausgegrabenen Tempels zeigte, daß an seiner Stelle ursprünglich eine steinerne Plattform bestand, unter der vermutlich die Weihgeschenke aufbewahrt wurden, während auf der Plattform selbst das Kultbild stand. Etwas westlich davon war eine zweite Plattform. In einer weiteren Bauphase wurden beide Plattformen miteinander verbunden und später mit einer 16×31 m großen Cella überbaut. Von einem Säulenumbau ist nichts bekannt. Im 6. Jh. v. Chr. entstand schließlich der große Marmortempel (106×55 m). Von den insgesamt 127 Säulen trugen 36 an der unteren Schafttrommel einen Reliefschmuck. Zweimal wurde der Tempel zerstört und wieder aufgebaut bis er in byzantinischer Zeit völlig verfiel und als Steinbruch benutzt wurde.
Säulen und Marmorplatten befinden sich u. a. in der İstanbuler Hagia Sophia (Ayasofya). 1965 fand man das Fundament des Altars (30×40 m).

Archäologisches
Museum

Im westlichen Ortsteil von Selçuk, etwa 500 m südlich vom Zitadellenhügel, befindet sich das in jüngster Zeit neu errichtete Archäologische Museum mit den hier verbliebenen Funden aus Ephesus (u. a. mehrere Artemisstatuen).

*Kuşadası

Lage und
Bedeutung

Der vielbesuchte Touristenort Kuşadası (22 000 Einw.) liegt 17 km südlich von Ephesus am großen Golf von Kuşadası gegenüber der griechischen Insel Samos (türkisch Sisam; Fährverbindung). Als einer der ältesten und bedeutendsten Ferienorte der gesamten Türkei zeichnet sich die Stadt nicht nur durch ihre langgestreckten guten Badestrände an den nahen Küstensäumen (moderne Feriendörfer) aus, sondern auch durch den wohleingerichteten Jachthafen 'Turban Marina' (600 Liegeplätze) und den alten Hafen, in den Kreuzfahrt- und Linienschiffe einlaufen.
Die Gründung der heutigen Stadt erfolgte im 13. Jh. durch italienische Kaufleute aus Genua und Venedig. Da der Hafen des nahen Ephesus (s. zuvor) bereits verlandet war, nannten sie den neuen Hafen 'Scala Nova' (griechisch 'Nea Ephesos'). Erst in osmanischer Zeit erhielt der Ort den Namen 'Kuşadası' (= 'Vogelinsel').

Karawanserei

Das dominierende Gebäude in Hafennähe ist der 1618 von Öküz Mehmet Paşa erbaute Han (Kervansaray), ein massiver, zinnenbekrönter Bau von

Kuşadası

Ägäisches Meer

1 Hafenpolizei
2 Hafenmeisterei, Zollamt
3 Öküz-Mehmet-Paşa-Han
  (Klubhotel 'Caravansérail')
4 Rathaus (Belediye)
5 Polizeiwache
6 Türkisches Bad (Hamam)
7 Atatürk-Denkmal
8 Krankenhaus (Hastahane)
9 Schiffsmast
10 Byzantinischer Festungsturm

Hotel
Kısmet

Golf

von

Kuşadası

Jachthafen

9

Marina

İzmir
Selçuk (Ephesus)
Schwimmbad

Güvercin Ada
(Taubeninsel)

© *Baedeker*

10

Hafen

Güvercinada Cad.

Fischerhafen

Liman Kesisi Sok.

İstiklal C.

Sünbül Sok.

Okul Sok.

1

7

A t a t ü r k

8

Sevinç Sok.

Barbaros

Kıbrıs

2

5

Barbaros

Atatürk Bulvarı

Bahçearası Sok.

İnönü

Söke, Samsun Dağı
Kadınlar-Strand

KEMER-
ALTI

6

Sağlık Cad.

Aslanlar Cad.

50 Yıl S.

Markt

12 m Höhe, der in den sechziger Jahren dieses Jh.s restauriert wurde und seit 1967 als Hotel ('Club Caravansérail') dient. Südwestlich oberhalb dieses mächtigen Gebäudes stehen noch einige für die Küstenregion typische Fachwerkhäuser aus dem 19. Jahrhundert. Von der ehemaligen Stadtmauer ist lediglich das Südtor erhalten.

Umgebung,
Kuşadası,
Karawanserei,
(Fortsetzung)

Unweit westlich vom Hafen gelangt man über einen 350 m langen Fahrdamm auf die reizvolle Insel Güvercin Ada (= 'Taubeninsel'; Café- Restaurant), auf der ein Turm als Rest eines byzantinischen Kastells aus dem 13. Jh. (später u. a. Seeräuberquartier) steht; die rings um die Insel führende Mauer entstand erst zu Anfang des 19. Jh.s.

Güvercin Ada

Die südwärts nach Söke führende Straße verläßt hinter Kuşadası die Küste. Rechts steigt als westlicher Ausläufer der Messogis der 8 km breite Bergrücken Samsun Dağı (im Altertum Mykale genannt) auf. Offiziell nennt sich der Nationalpark Samsun Dağı mit dem halbinselartig in die Ägäis vorstoßenden 1237 m hohen Samsun Dağı zwischen Menderes-Graben und der Küstenebene von Güzelçamlı (Karaova) 'Dilek Yarımadası Milli Parkı'. Dank seines Gesteinsuntergrundes (kristalline Schiefer, Marmor) ist das in steile Täler zerstückelte Gebirge sehr quellenreich und so vergleichsweise üppig mit Vegetation bedeckt. Das unwegsame Hügelland ist nahezu nicht besiedelt und trägt lediglich Spuren von Befestigungen zur Sicherung der vorgelagerten Meerenge von Samos und Reste von Klöstern.

***Nationalpark
Samsun Dağı**

Versuche zu einer bäuerlichen Landnahme und zur Nutzung als Weideland in der Moderne wurden zumeist verhindert. So hat sich in dem 11 000 ha großen Nationalpark eine ursprüngliche Vegetation weitgehend erhalten. Zu 60 % bedeckt dichte mediterrane Macchie die Hänge. In diesen 'Wald-

Vegetation

Kuşadası – einer der ältesten Ferienorte der Türkei

Ephesus,
Umgebung,
Kuşadası,
Nationalpark
Samsun Dağı
(Fortsetzung)

flächen' findet man die in diesen ostmediterranen Regionen als Rarität geltende Steineiche (quercus ilex) in zumeist niederwaldartigen Beständen (bis maximal 10 m Höhe), einen immergrünen Laubbaum mit glattrandigen, kleinen, lederartigen Blättern (filzige Unter- und glänzende dunkelgrüne Oberseite). Der Rest ist hochstehender Wald mit Platanen, Zypressen, Lorbeer, Oleander und Ahorn, in dem aber die pinus brutia (Brutische Kiefer) in tieferen Lagen typisch ist. Darüber folgt die pinus nigra (Schwarzkiefer). Neben wilden Pferden, Wildschweinen, Stachelschweinen und Felsenhörnchen kommen auch die an der Küste selten gewordenen Bären vor.

Erdek

⟶ Bandırma

Ereğli (Konya Ereğlisi)   K 6

Zentralanatolien
Provinz: Konya
Höhe: 1 020 m ü. d. M.
Einwohnerzahl: 74 000

Lage und
Allgemeines

Als Landstadt zwischen Konya und Adana abseits der Hauptrouten in der Steppenlandschaft gelegen, bietet Ereğli (Konya Ereğlisi, zur Unterscheidung von Karadeniz und Marmara Ereğlisi) keine großen Besonderheiten. Besuchenswert ist ein kleines Museum an der Hauptstraße, das über die lokale Geschichte Auskunft gibt. Obwohl die Gegend um Ereğli bereits zur Landschaft Lykaonien zählt, nannte man die Stadt in der Antike zunächst

Kybistra, später dann Herakleia von Kappadokien. In byzantinischer Zeit entstand hier eine Festung, die 806 von den Arabern erobert wurde. Da der Ort strategisch günstig nahe der Route durch die kilikische Pforte lag, ließen Harun al-Raschid und Halif al-Mamum ihn im 9. Jh. befestigen. Zeitweise gehörte die Stadt zu Kleinarmenien (1211), mußte dann an die Seldschuken abgetreten werden, ehe sie den Mongolen zum Opfer fiel. Herakleia kam 1467 als Teil des Karamanenreiches an die Osmanen.

Lage und Allgemeines (Fortsetzung)

Zu den wenigen Sehenswürdigkeiten der Stadt gehören neben der Ulu Cami, deren Halle mit antiken Säulen ausgestattet ist, die Ali Ağa Mescidi von 1551 und zwei osmanische Karawansereien.

Sehenswertes

Umgebung von Ereğli

Nordwestlich der Stadt beiderseits der Straße nach Konya breitet sich in 1005 m Höhe das Gebiet des versumpften und in einzelne kleine Seen aufgelösten Ak Göl (weißer See), eines gewöhnlich 20 km langen, 8 km breiten und bis zu 4 m tiefen Süßwassersees aus. Während der Eiszeit waren große Teile Zentralanatoliens von riesigen Süßwasserseen bedeckt. Als vor etwa 15000 Jahren das Klima trockener und wärmer wurde, schrumpften diese Seen zusammen. Der Ak Göl und die Sümpfe um Ereğli sind ein solcher Rest. Am südlichen Ufer liegt etwa 20 km westlich von Ereğli bei Düden Köyü ein runder kleiner See (Düden Gölü), dessen Sumpfgebiete unzählige Vogelarten beherbergen. Man findet mit etwas Glück Krauskopf- und Rosapelikane, Kraniche, Flamingos, verschiedenste Reiherarten und die Weißkopfruderente.

Ak Göl

Etwa 12 km nördlich von Ereğli beim Dorf Ciller erhebt sich am Südrand der Ereğli-Sümpfe als schmaler und langer, 40 m hoher Hügel der Ak Hüyük (Weißer Hügel), ein Travertinrücken, wie man ihn ähnlich bei Cihanbeyli findet. Auf dem Grat entspringen starke Schwefelthermen.

Ak Hüyük

'Doppelte Karawanserei' (Çifte Han) nannten die Seldschuken den Ort nach zwei benachbarten Karawanenstationen, die hier damals an der Handelsroute von Zentralanatolien nach Kilikien und Syrien etwa 75 km östlich von Ereğli angelegt worden waren. Der Ort ist heute wie in der Vergangenheit aber in erster Linie Thermalbad. Die heißen Quellen auf 1020 m Höhe hießen zur Römerzeit Aquae Calidae, waren bereits unter Hethitern und Phrygern benutzt. Die Anlage verfiel offensichtlich während der byzantinischen Spätzeit, wurde aber von den Seldschuken restauriert. Aus dieser Zeit stammen noch zwei öffentliche Dampfbäder jeweils mit getrennten Doppelbecken für Damen und Herren. Die Quellwasser mit unterschiedlicher Mineralzusammensetzung und einer Temperatur von ca. 50 °C am Quellaustritt werden zur Therapie u. a. von Rheuma und Hautkrankheiten eingesetzt. Neben Thermalquellen ist die Region um Çiftehan schon seit alters bekannt als Lagerstätte nutzbarer Gesteine und Bergbau (türkisch: Maden). Daß diese Mineralvorkommen schon in der Antike bekannt waren, davon zeugt eine hethitische Hieroglypheninschrift bei Bolkar Maden (15 km südwestlich), wo es Silberbergbau gab. Ebenso liegen Kuperferminen im Norden (50 km) bei Bereketli Madeni (heute Çamardi).

Çiftehan

Aydınkent, etwa 16 km südöstlich der Stadt, liegt in einem fruchtbaren Talabschnitt am Fuße des Orta Dağ, der zu den Vorbergen des 3240 m hohen Bolkar Dağı gehört. Nur wenig südlich des Ortes an einer Aufstauung des İvriz findet man an einer 10 m hohen Felswand ein späthethitisch-aramäisches Relief aus der zweiten Hälfte des 7. Jh.s v. Chr. mit einer Darstellung des Königs Warpalawas von Tuwanuwa, der anbetend vor dem Vegetationsgott Tarhunt steht.

İvriz

'Die große Kaserne', wie die heutige Kleinstadt Ulukışla übersetzt heißt, verdankt ihren Namen einer großen Karawanserei, die als Stiftung Mehmet

Ulukışla

Paşas zwischen 1566 und 1574 entstanden war und zeitweise wohl auch als Militärlager gedient hat. Im Nordwesten der Stadt, vor dem Ulukışla Geçidi (1467 m ü. d. M.), findet man bei Cakmak (Çayhan) Reste des seldschukischen Kamereddin Hanı.

Erzincan P 4

Ostanatolien (Nördlicher Osttaurus)
Provinz: Erzincan
Höhe: 1200 m ü. d. M.
Einwohnerzahl: 91000

Lage und
Bedeutung

Erzincan ist eine sichtbar neue Stadt. Ihre Lage in der tektonischen Senkenzone der Nordanatolischen Hauptverwerfung innerhalb des Nordosttaurus ist ihr in ihrer Geschichte des öfteren zum Verhängnis geworden ist. Durch Erdbeben wurde sie mehrfach stark zerstört (1471 große Teile, 1667 die halbe Stadt, 1782 über 10000 Tote), aber immer wieder aufgebaut. Das schwere Erdbeben von 1939 forderte 15600 Menschenleben und löschte den Ort nahezu vollständig aus (danach weiter nördlich wiederaufgebaut). Das bislang letzte derartige Ereignis zerstörte 1991 die Stadt erneut und forderte 1000 Menschenleben. Mit dem Wiederaufbau wurde begonnen. Erzincan – früher ein bekanntes Silberhandwerkszentrum – ist Verkehrsknotenpunkt und bescheidenes Zentrum für die Verarbeitung von Agrarprodukten (Zuckerfabrik) und für Textilindustrie. Kalte, schneereiche Winter und dank der Höhenlage kühle Sommer charakterisieren das Klima der Region.

Geschichte

Erzincan liegt unweit der Stelle der altarmenischen Stadt Erek, über die kaum Quellen zur älteren Geschichte existieren. Man sagt, daß hier einst ein Haupttempel der altpersischen Göttin Anahita stand, die Ähnlichkeiten mit der griechischen Göttin Artemis hat. Ihr Kultbild soll der Überlieferung nach von der Frau des Tigranes d. Gr. (95–55 v. Chr.), Kleopatra, geraubt worden sein. Bis ins 12. Jh. blieb Erzincan offenbar eine weniger bedeutende Stadt. Unter dem Seldschuken Süleyman Kutulmuşoğlu I. (1071) geriet die Stadt an die Mengüçoğlu-Dynastie. Während der Auseinandersetzungen zwischen Seldschuken (Kaichosrew II.) und Mongolen wurde die Stadt 1243 zerstört. Zwischen 1916 und 1918 war der Ort russisch.

Umgebung von Erzincan

*Altıntepe

Der 'Silberhügel' zählt mit zu den eindrucksvollsten Zeugnissen urartäischer Kultur in Ostanatolien. 20 km östlich von Erzincan liegt der Hügel markant mitten in der Ebene. Entdeckt wurde der Platz 1938 beim Bahnbau durch zufällig gefundene Bronzegegenstände. Zwischen 1959 und 1966 legten türkische Archäologen auf dem Plateau des Zitadellenhügels in zwei Siedlungsschichten (8./7. Jh. v. Chr.) die Grundmauern eines quadratischen Tempels (fast 5 m dicke Mauern) frei, in dem der urartäische Gott Chaldi verehrt wurde, und die eines Palastes sowie am oberen Hang Fürstengräber mit reichhaltigen Grabbeigaben (Waffen, Schmuck, Pferdegeschirr, Elfenbeinschnitzereien) aus urartäischer Zeit. Die einst zweifach ummauerte Anlage, deren gewaltsame Zerstörung bislang nicht nachgewiesen werden konnte, wurde offenbar an der Wende vom 7. zum 6. Jh. v. Chr. aufgegeben.

Das aus behauenen Quadern errichtete Fundament mit bastionsartig vorspringenden Ecken gilt mit seinen Maßen (14 × 14 m) und in seiner Bauausführung als Prototyp urartäischer Tempelbauten, die man 'Susi-Tempel' nennt und bei denen der Altar vor dem Eingang stand. Der im frühen 7. Jh. v. Chr. zerstörte Tempel war umgeben von einer Säulenhalle. Den Palast

Urartäische Siedlungsspuren auf dem Altıntepe

aus dem späten 7. Jh. v.Chr. baute man daneben in einer anderen Bauflucht mit einer großen Halle, an deren Wänden man noch Spuren von Wandmalereien fand, die inzwischen jedoch gänzlich verschwunden sind.

Umgebung, Altıntepe (Fortsetzung)

Kemah liegt am Südufer im Tal des oberen Firat Nehri. Der älteste Name der Festung samt eines kleinen Fleckens soll Ani gewesen sein. Unter Byzanz wurde der Ort Kemach oder Kamakha genannt. Aus dieser Zeit stammen auch die Reste der achteckigen Burg. Noch bis ins 19. Jh. hinein war der Ort mit Mauern befestigt, in der Zitadelle residierte ein unabhängiger Lokalfürst (Derebey). Reste der älteren Stadtanlage (Kemah Kalesi) findet man östlich der heutigen Siedlung auf einem hochgelegeneren Felsplateau. Ani war drittes Zentrum des altarmenischen heidnischen Götterkultes. Zu Beginn der christlichen Zeit befand sich hier die Tempelburg des Königs Aramard. Erwähnenswert sind die Mausoleen Gazi Türbesi und Sultan Melik Türbesi (achteckig, 1191) sowie die Gülablibey Camii (1192, zwölf hölzerne, durch Bögen verbundene Säulen tragen das Dach).

Kemah

Die früher Eğin genannte Kreisstadt Kemaliye wurde im 11. Jh. als Koloniestadt von Armeniern aus Waspurakan gegründet. Moltke bezeichnete sie bei seinem Besuch 1838 als eine der schönsten Städte Asiens.

Kemaliye

Die Kreisstadt Tercan, etwa 95 km östlich von Erzincan hieß in der Vergangenheit Mamahatun nach einer seldschukischen Prinzessin, die Saladin im Kampf beistand. Das Mausoleum dieser Prinzessin steht in einem alten Friedhof im Osten der Stadt. Gestiftet wurde der aus feinen Quadern errichtete Grabbau 1192 von einem Prinzen Sesi Muffada (der Schielende) aus Ahlat (Van-See). Der Sarkophag befindet sich unter dem Gebetsraum im Kellergeschoß. Die Türbe mit verzierter Eingangstür wird umschlossen von einer runden Mauer, die im oberen Teil über eine Treppe begehbar und in elf Nischen unterteilt ist, in denen weitere Sarkophage stehen. Westlich gogenüber des Mausoleums trutzt die Mama Hatun Kervansarayı (Tercan

*Tercan

Erzincan,
Umgebung,
Tercan
(Fortsetzung)

Hanı) aus dem 13. Jh., die z. Zt. restauriert wird. Deutlich unterscheidbar sind Küchentrakt, Wächterstuben und Stallungen. Einlaß in beide Anlagen erhält man über das Rathaus (Schlüssel). Behilflich dabei ist die Gendarmerie schräg gegenüber der Karawanserei.

Erzurum   R 4

Ostanatolien (Nördlicher Osttaurus)
Provinz: Erzurum
Höhe: 1950 m ü. d. M. (Burghügel)
Einwohnerzahl: 241 000

Lage und
**Bedeutung

Erzurum ist fraglos das wichtigste Wirtschafts- und Kulturzentrum des türkischen Ostens (Sitz einer Universität seit 1958). Umgeben von bis in den Sommer hinein schneebedeckten, über 3000 m hohen Bergen (im Süden Palandöken Dağları 3176 m ü. d. M., im Norden Dumlu Dağ 3169 m ü. d. M., im Nordosten Kargapazarı Dağları 3129 m ü. d. M.) liegt die Stadt an der alten Seidenstraße von Persien zum Schwarzen Meer. Das Klima ist deutlich kontinental geprägt mit kurzen heißen Sommern und langen kalten Wintern. Während der letzten Jahrzehnte entstand eine beachtliche Nahrungsmittelindustrie, insgesamt ist die Region aber eher auf Grünlandwirtschaft und Viehzucht ausgerichtet. Industrie gibt es erst seit wenigen Jahren. Etwa 40 km nördlich am Dumlu Dağı liegt die Quelle des Fırat Nehri (hier Karasu), der sich als nördlicher Quellarm des Euphrat nach 460 km bei Keban (heute im Keban-Stausee, → Elazığ) mit dem 722 km langen Murat Nehri zum insgesamt 2800 km langen Euphrat vereinigt.

Geschichte

Geschichtlich faßbar wird Erzurum erstmals gegen Ende dès 4. Jh.s n. Chr. als Stadt des alten Armenischen Reiches. Mit dessen Zusammenbruch

Cirid – Reiterwettkampf in Erzurum

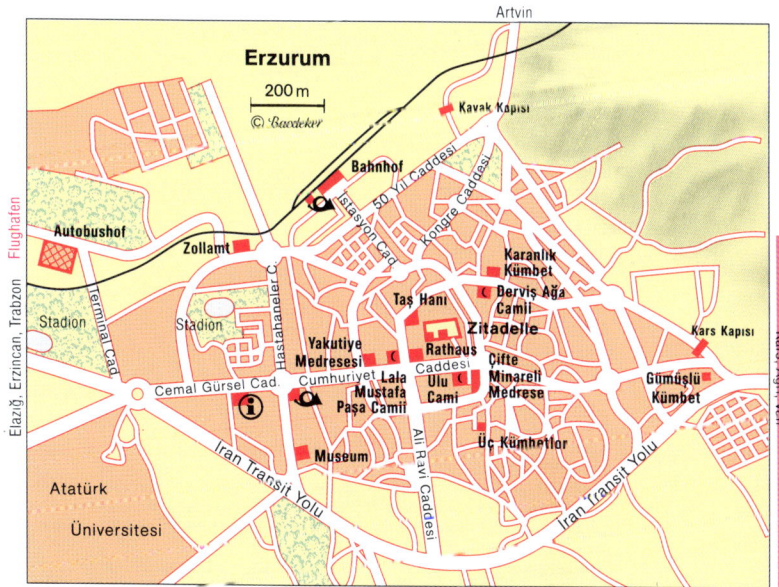

bedrängen die Sassaniden den Ort als östlichstes Bollwerk der Byzantiner.
Aufgrund eines Waffenstillstandes verblieb Erzurum bei Ostrom und wurde
von Theodosius II. im 5. Jh. zur Grenzfestung und zum Bischofssitz ausgebaut, fiel aber 502 für vier Jahre in die Hände der Sassaniden. 632 plante
man hier auf einer Synode erfolglos die Vereinigung der orthodoxen und
der armenischen Kirchen. Im Jahre 655 ging die Stadt bis 751 an die Ara-
ber verloren und hieß anschließend Karnoy Kalak. Bei Kämpfen um die
Stadt wurde sie allerdings so stark zerstört, daß man die Bevölkerung nach
Thrakien umsiedelte. Man sagt, daß die seit 1047 eindringenden Seld-
schuken eine ostanatolische Stadt namens Arsan (?) eroberten, deren
Bewohner sich nach Karnoy Kalak flüchteten und ihren neuen Wohnsitz
Arsan i-Rum (römisches Arsan) nannten.
Der Einfall der Mongolen Mitte des 13. Jh.s unterbrach die Entwicklung der
Stadt kurzfristig. 1400 wurde sie für einige Zeit Zentrum für die Feldzüge
Timur-Lengs gegen den Osmanen Bayazit I. 1522 kam sie zum Osmanen-
reich, wurde Erzerum genannt und besaß in der Folgezeit als östliche
Grenzstadt großen strategischen Wert, was aber ihr wirtschaftliches
Gedeihen wenig förderte, so daß die Stadt noch 1935 bei der Anbindung
an das anatolische Bahnnetz kaum mehr Bedeutung besaß als eine größere Etappenstation. 1919 trat hier der erste türkische Nationalkongreß
zusammen, bei dem sich Mustafa Kemal (Atatürk) an die Spitze der nationalen Unabhängigkeitsbewegung setzte. Erzurum besitzt eine Vielzahl
historischer Gebäude, die trotz zahlreicher Erdbeben – im Jahre 1939 rund
40 000 Tote – erhalten sind.

Sehenswertes in Erzurum

Nordwestlich der Yakutiye Medresesi in einer Seitenstraße der zentralen
Hauptachse findet man in dem Haus, in dem Atatürk im Sommer 1919 zur
Kongreßzeit wohnte, ein kleines Erinnerungsmuseum (Öffnungszeiten:
tägl. 9.00–17.00 Uhr).

Wann der Komplex in der charakteristischen Bauweise seldschukischer Koranschulen entstand, ist nicht endgültig geklärt. Einige Forscher halten ihn für eine Stiftung des Seldschukensultans Alaeddin Kaykobad II. aus dem Jahre 1253. Neuere Untersuchungen machen es jedoch wahrscheinlich, daß die Anlage nicht vor 1291 entstand. Als Stifterin wird die mongolische Prinzessin Hüdavend Padişah Hatun genannt.

Die aus dunklem vulkanischem Tuffstein erstellte Koranschule

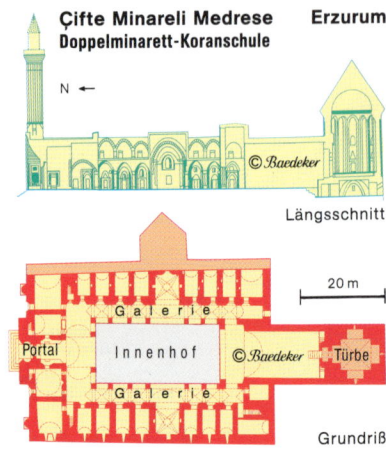

ist heute Museum. Zu beachten ist der partielle Reliefschmuck in Form von Ornamentbändern, Doppeladlerbaum und Blättervase. Um den Innenhof mit umlaufender Galerie (Schülerzellen) gruppieren sich vier durch Arkaden verbundene Iwane.

Das sehenswert verzierte Eingangsportal aus graugrünem Marmor wird flankiert von zwei kannelierten Backsteinminaretten. Die schlicht dekorierte Türbe mit quadratischem Fundament geht über einen zwölfseitigen Hauptbau in ein konisches Dach über.

Die Çifte Minareli Medrese wurde nach ihren zwei Minaretten benannt

Das Museum von Erzurum im Südwesten der Stadt unweit des Atatürk-denkmals enthält eine kleine sehenswerte archäologische und eine ethno-graphische Abteilung (Öffnungszeiten: Di.–So. 8.00–12.00 und 13.00–17.00 Uhr).

Erzurum Müzesi

Das achteckige 'silberne Mausoleum' aus dem 13. Jh., das früher eine Sil-berauflage trug (soll von den Russen entfernt worden sein), findet man etwa 250 m östlich der Çifte Minareli Medrese.

Gumuşlü Kümbet

Das zwölfeckige 'dunkle Mausoleum' des Ilkhan-Emirs Sadrettin Türbeg von 1378 steht bei der Derviş Ağa Camii im Nordosten der Altstadt.

Karanlık Kümbet

Im Norden der Altstadt 300 m nordöstlich des Taş Hanıs kann man den Saal besichtigen, in dem 1919 der erste türkische Nationalkongreß tagte (Öffnungszeiten: werktags 9.00–17.00 Uhr). Das Gebäude wird heute als Schule genutzt.

Kongre Salonu

Mitten im Stadtpark im Zentrum steht diese kleine Moschee, die der be-rühmte osmanische Baumeister Sinan 1563 im Auftrag des Stadtgouver-neurs Lala Mustafa Paşa, dem Eroberer Zyperns, gebaut haben soll.

Lala Mustafa Paşa Camii

Abgesehen vom Taş Hanı gibt es einen weiteren Geschäftsteil, in dem man Schmuck kaufen kann. Nördlich der Çifte Minareli Medrese führt eine Straße zur Georgiertor-Moschee, an der zahlreiche Schmuckläden liegen. Nordwestlich davon findet man das kleine Handwerker-Viertel.

Schmuckbaaar

Teile der Stadtmauer aus Basalt findet man im Osten unterhalb des Berges (Reste einer Toranlage), im Nordwesten unterhalb des Stadions erkennt man Mauerrelikte.

Stadtmauer

Etwa 250 m nordöstlich unterhalb der Yakutiye Medresesi erhebt sich die im 16. Jh. vom Großwesir des Sultans Süleyman des Prächtigen, Rüstem Paşa, gestiftete zweistöckige Rüstem Paşa Kervansarayı, in der heute zahlreiche Werkstätten und Läden untergebracht sind, die den schwarzen Oltu Taş verarbeiten und zum Kauf anbieten.

Taş Hanı

Die 'Drei Mausoleen' befinden sich kaum 200 m südlich hinter der Çifte Minareli Medrese in einem kleinen Park. Sie stammen aus dem 13. oder frühen 14. Jahrhundert. Das prunkvollste ist die achteckige Emir Sultan Türbesi mit rundem Spitzdach, Stalaktitengesims und ansehnlichem Reliefdekor (Schlange, Adler, Hasenköpfe).

*Üç Kümbetler

Die älteste Moschee der Stadt neben der Çifte Minareli Medrese entstand 1179 als schlichter siebenschiffiger Pfeilerhallenbau mit rechteckigem überdachten Hof. Beim Erdbeben 1939 wurde der Bau stark beschädigt, nach altem Vorbild aber wieder errichtet.

Ulu Cami

Um 1308 ließ der Mongolenfürst Uljaitu diese Koranschule bauen, deren reichhaltiger Reliefschmuck am Eingang (Lebensbaum, Adler, Löwe) und deren gedrungenes Fayencen-Minarett berühmt sind. Der Bau unmittelbar westlich der Lala Mustafa Paşa Camii steht samt der Stifterturbe ebenfalls im Stadtpark. Vor einigen Jahren wurde in diesem Gebäude ein neues Museum eingerichtet.

**Yakutiye Medresesi

Die von Kaiser Theodosius angelegte Zitadelle überragt die Altstadt. Die Burganlage mit begehbarer Mauer wurde mehrere Male umgebaut, so etwa 1555 durch Süleyman den Prächtigen. Eine kleine Moschee mit Kegeldach und separatem Minarett aus dem 12. Jh. befindet sich inner-halb der Mauern. Das Minarett erhielt im 19. Jh. eine neobarocke Galerie, an der eine von der englischen Königin Viktoria gestiftete Uhr angebracht wurde. Seitdem heißt der Bau Saat Kulesi (Uhrturm). Er kann bestiegen werden.

*Zitadelle

Umgebung von Erzurum

*Haho (Hahul)

Gut 20 km nördlich von Tortum führt ein Fahrweg (9 km) über eine alte georgische Spitzbogenbrücke nach Westen über den Tortum Çayı und durch das Tal des Vihik Deresi zum Dorf Bağbaşı (im Tal bei Küçük Dereköy einmal links abbiegen). Nordöstlich der Ortsverwaltung liegt 300 m talaufwärts die Klosterkirche (heute Moschee) von Haho. Die berühmte Hauptkirche der Klosteranlage aus gelblichem Sandstein war früher eine Marienkirche. Das zugehörige Kloster (kaum Reste) wurde im 10. Jh. von David III. gegründet. Die von zwei Kapellen flankierte Apsis zeigt Malereireste und die Kuppel reiche Bauplastik (Reh und Adler, Löwe und Stier).

*Öşk

Rund 24 km nördlich von Tortum hinter der Derekapı genannten Engtalstrecke des Tortum Çayı liegt rechter Hand auf einem Felsen über dem Ort Uncular die Ruine der georgischen Burg Dikyar Kalesi. 5 km weiter talabwärts verläßt man bereits die Hauptstraße nach Westen und erreicht nach 5 km das Dörfchen Çamlıyamaç und damit die Klosterkirche von Öşk. Der riesige Kreuzkirchenbau mit einer Kuppel auf vier freistehenden Säulen gehörte zu einem der bedeutendsten Klöster. In der südlichen Galerie findet man eine oktogonale, dekorierte Säule. Die außen reliefgeschmückte Anlage wurde 961 errichtet. Hinter der Kirchenruine liegen noch ausgedehnte Reste der einstigen Klosteranlage.

Oltu

Die Kreisstadt, etwa 115 km nordöstlich von Erzurum, liegt an der Stelle der alten georgischen und byzantinischen Festung Oukhti. Erhalten aus dieser Zeit ist eine Kirchenruine. In der Stadt steht die Arslan Paşa Camii von 1664 und in der Burg die İçkale Camii. Im Nordosten von Oltu in 1800 bis 2000 m Höhe um den Oltu Gölü findet man den sogenannten Oltu Taş, ein tiefschwarzes, fossiles Baumharz, das auch als 'schwarzer Diamant' bezeichnet wird. Das in der Lagerstätte in etwa 150 m Tiefe unter der Erdoberfläche noch plastische Material erhärtet an der Luft und wird deshalb

Kreuzkirche von Öşk umgeben von Resten der einstigen Klosteranlage

bis zur Bearbeitung unterirdisch aufbewahrt. Die erste Bearbeitung erfolgte vor etwa 250 Jahren. Allein in den Dörfern um Oltu gibt es über 300 Hersteller von Oltu-Taş-Schmuck.

Erzurum, Umgebung, Oltu (Fortsetzung)

Etwa 4 km südlich oberhalb von Erzurum in den Palandöken Dağları gibt es ein Skizentrum. Neben dem Sporthotel Kayak Evi (nur für Gruppen) am südlichen Stadtrand von Erzurum führt ein Sessellift von 2 200 m Höhe zur 3 050 m ü. d. M gelegenen Bergstation unter dem 3 125 m hohen Gipfel (Saison von Dezember bis Juni; Liftbetrieb Dez.–April an Wochenenden und Feiertagen, sonst nur bei Gruppenbedarf).

Palandöken Dağları

Rund 40 km nordöstlich der Kreisstadt Oltu erreicht man kurz vor dem Ort Akşar das Dörfchen Penek nördlich 1 km abseits der Hauptstraße hinter einer Brücke über den Kamlı Su. Die im russisch-türkischen Krieg 1877 stark beschädigte georgische Rundkirche des Ortes wurde vermutlich im 7. Jh. zu Ehren eines Märtyrers errichtet. Überliefert sind Umbauten unter Fürst Ardanase (881–923) und Bischof Kwirike. Umgeben von einem Umgang im ersten Stock sind vier Apsiden, zwischen denen jeweils kleine Kapellen saßen, kleeblattförmig angeordnet. Weiter talaufwärts stößt man nach etwa 2 km auf den ruinierten Zentralbau der Harap Kilise. Ein Aufstieg von etwa zwei Stunden führt zur verfallenen Burg Salomon Kalesi mit zwei Kapellen (Reste von Wandmalereien).

Penek

Etwa 52 km nördlich von Erzurum erreicht man über den 2 120 m hohen Paß von Güzelyayla die Kreisstadt Tortum. 13 km nördlich des Ortes, wo von Osten eine Nebenstrecke von Oltu einmündet, öffnet sich im Westen ein Gebirgstal, durch das man in zweistündigem Fußweg das Dörfchen Tortumkale mit der verfallenen georgischen Burg Tortum Kalesi erreicht. Auf der Paßhöhe steht im westlich am Hang gelegenen Dorf Güzelyayla die vielfach umgebaute armenische Artsathi-Kirche (5. Jh.).

Tortum

Rund 60 km nördlich von Tortum erreicht man im Tal des Tortum Çayı das Südende des Tortum Gölü. Der 8 km lange, 1 km breite und von steil aufragenden Bergen flankierte See entstand auf natürliche Weise durch einen riesigen Bergsturz, der vermutlich seit dem Ende der Eiszeit (10 000– 15 000 Jahre) das Tal abriegelt. Andere Forscher sind der Meinung, daß der See nur 250 Jahre alt ist, da sich manche Dörfler noch an Erzählungen ihrer Urgroßeltern über das Bergsturzereignis erinnern.
Am Nordende des Sees vor dem Wasserkraftwerk führt eine kleine Straße rechts zurück über den Ausfluß des Sees und dann nach links zu einer Stelle, von wo aus man einen vorzüglichen Blick auf die Wasserfälle des Tortum Çayı hat, die hier über eine Geländestufe fast 50 m zu weiteren Stromschnellen hinunterstürzen. Gleichzeitig mit dem Tortum-See entstanden auf dem Bergsturzmaterial im Tal vier kleinere Wasserbecken, in denen viele Forellen leben.

*Tortum Şelalesi

Eskişehir   F 4

Nordwestliches Zentralanatolien
Provinz: Eskişehir
Höhe: 788 m ü. d. M.
Einwohnerzahl: 464 000

Am westlichen Ende der Eskişehir Ovası liegt Eskişehir eingebettet in eine großräumige Mulde am oberen Porsuk unterhalb der südlichsten Ketten des Pontischen Gebirges. Heute besitzt die Stadt moderne Industrien (die größte Zuckerfabrik der Türkei und ein Lokomotivenwerk), deren Aufwärtsentwicklung bereits im 19. Jh. einsetzte. Die Ansiedlung von Industrie in vorrepublikanischer Zeit verhalf der Stadt zum Aufschwung. Im Süden der Stadt gibt es ein Thermalbad.

Lage und Allgemeines

Geschichte	Eskişehir ist eine Nachfolgestadt des antiken Dorylaion, die sich erst in osmanischer Zeit entwickelte. Somit hat sie keine altertümlichen Relikte, und der Name 'Alte Stadt' bezieht sich ohnehin auf die Vorgängersiedlung Dorylaion. Alle Sehenswürdigkeiten stammen aus späteren Epochen. Bisheriger Kenntnis nach war Dorylaion eine phrygische Gründung (um 700 v. Chr.) etwa 3 km nördlich der heutigen Stadt. Der bereits durchwühlte Burghügel (Şar Üyük = Şehir Hüyük) 3 km nordöstlich vom Bahnhof Eskişehir bietet kaum noch Spuren. In byzantinischer Zeit spielte der Ort als Grenzfestung eine größere Rolle, seine Umgebung war Schauplatz mehrerer heftiger Kämpfe. Bei all diesen Auseinandersetzungen muß auch die Stadt verlassen und zerstört worden sein, denn Manuel I. (1143–1180) baute sie an anderer Stelle wieder neu.
Sehenswertes	Die seldschukische Alaeddin Camii (Moschee) soll 1263 von Sultan Alaeddin Kaykobad gestiftet sein. Von 1515 stammt die Kurşunlu Külliye, eine Anlage mit der frühosmanischen 'Bleimoschee' und der angeschlossenen Kurşunlu Medrese, einer Armenküche und einer Karawanserei. Sie steht im Süden der Stadt gegenüber der Ak Çami und wird dem berühmten Baumeister Sinan zugeschrieben.

Umgebung von Eskişehir

İnönü	In dem kleinen Städtchen İnönü, etwa 36 km westlich von Eskişehir, steht eine Moschee aus dem 14. Jahrhundert. Dicht beim Ort liegen die Wohnhöhlen des Tutluca Tepe. Von diesem Ort leitete der Nachfolger Atatürks auf dem Präsidentenstuhl, İsmet İnönü, seinen Familiennamen ab.
Karaca Şehir (Dorylaion)	Der byzantinische Kaiser Manuel I. errichtete die Stadt Dorylaion zwischen 1143 und 1180 etwa 6 km südwestlich der alten Stadtstelle neu, nachdem sie im Zuge der Auseinandersetzungen zwischen den Seldschuken und Byzantinern nach 1176 aufgegeben worden war. Als die Osmanen sie 1400 übernahmen, nannten sie den Ort Karaca Hisar. Nach der Plünderung durch die Mongolen 1402 verödete er immer mehr, die Bewohner verteilten sich in den umliegenden Dörfern. Aus einem dieser Siedlungsflecken wuchs nach und nach eine neue Stadt: Eskişehir.
Meerschaumgruben	Gut 20 km westlich von Eskişehir führt ein Abzweig von der Straße nach Ankara nordwärts zu den Meerschaumgruben von İmişehir (2 km), Tokat (3 km) und Karatepe (8 km). Der Meerschaum (Lüle Taşı = Pfeifenkopfstein), Magnesiumsilikat, kommt in Knollenform vor und wird hier in kleinen Gruben in bis zu 8 m tiefen Schächten abgebaut. Er war früher für die Herstellung von Tabakspfeifen und Etuis in aller Welt sehr geschätzt. Sein Absatz ging allerdings in jüngerer Zeit deutlich zurück. Gegenüber einer Holzpfeife ist eine Meerschaumpfeife leichter, der Rauch kühler und trockener, da das Material große Mengen von Feuchtigkeit absorbiert. Gepreßtes Meerschaummehl wird oft als echter Meerschaum angeboten, es ist aber deutlich schwerer und praktisch wertlos. Weitere Meerschaumvorkommen, die in früheren Zeiten zu den bedeutendsten der Welt zählten, gibt es bei Alpu, 35 km westlich von Eskişehir am Porsuk Çayı.
Mihalliçik	In der Kreisstadt Mihalliçik soll sich das Grab des karamanidischen Dichters Yunus Emre (1249–1322) befinden.
*Pessinus	Etwa 11 km südlich von Sivrihisar erreicht man das Dorf Balahisar bei den Ruinen von Pessinus. Gegründet wurde Pessinus von den Phrygern und war später Mittelpunkt eines Priesterstaates. Er wird Hauptstadt der gallischen Tolistoagier (277–244 v. Chr.), in der Kybele als Hauptgöttin Kleinasiens und ihr junger Geliebter Attis, der sich selbst entmannt hatte, ein Kultzentrum besaßen. Eunuchenpriester spielten in diesem Kult eine bedeutende Rolle. Nach 230 v. Chr. übernahmen die keltischen Galater

Historische Bauten in Seyitgazi

das Heiligtum. Die weithin bekannte Stätte wurde oft von römischen Feldherren besucht, bis Kulthandlungen unter Theodosius I. (379–395) verboten wurden. Seit 183 v. Chr. war die Stadt pergamenisch und wurde von den Attaliden mit prächtigen Tempeln und Säulenhallen ausgestattet. Nach 700 verödete die Stadt mehr und mehr. Erkennbar sind noch die Akropolis und südlich darunter die Reste des Theaters (östlich) an einem antiken Kanal, eines Odeions und eines Kybele-Tempels sowie die Nekropole. Im Flußbett findet man die Reste einer Prozessionsstraße.

Umgebung, Pessinus (Fortsetzung)

Etwa 30 km südöstlich von Eskişehir entstand 120 m hoch unweit südlich über der Kreisstadt Seyitgazi die einst bedeutende phrygische Stadt Nakoleia. Auf dem Platz eines ehemaligen Klosters stehen eine Koranschule und eine Türbe, unter der der Nationalheld Seyit Gazi in einem über 4 m langen Sarg bestattet liegt. Seyit Battal Gazi galt als riesig und war Anführer der arabischen Kriegshorden, die im frühen 8. Jh. plündernd, raubend und mordend durch Kleinasien zogen. Neben ihm ruht in einem weiteren Sarg angeblich seine Geliebte, eine byzantinische Prinzessin, die ihn der Sage nach unbeabsichtigt tötete und danach Selbstmord begangen haben soll. In Wirklichkeit starb Seyit Battal Gazi 719 bei Afyon auf einem Feldzug gegen Konstantinopel, und die Dame nahm sich aus Trauer über seinen Tod das Leben. Um die als Wallfahrtsziel bei den moslemischen Gläubigen aus Anatollen beliebte Grabanlage ließ Hacı Bektaş, der Begründer des Bektaş-Ordens, um 1250 ein Derwischkloster im maurischen Stil anlegen (1510 von Selim I. erweitert und restauriert).

*Seyitgazi

Nachdem dieses wichtige Zentrum des als politisch einflußreich geltenden Bektaş-Ordens 1925 auf Befehl Atatürks aufgelöst worden war, richtete man in der Anlage ein kleines Museum mit verschiedensten Exponaten ein. Am oberen Zugang der Battal Gazi Külliyesi steht eine große byzantinische Kirche, anschließend dahinter die beiden Moscheen und das Grab und ihr gegenüber der Mönchstrakt mit Küche, Refektorium und Exerzitiensälen,

Fethiye

Eskişehir,
Umgebung
(Fortsetzung)
Sivrihisar

Das unweit der südöstlichen Fernstraße von Eskişehir (93 km) in prächtiger Lage am Fuß der zackigen Vulkankette des Çal Dağ angelegte Städtchen nimmt die Stelle des antiken Justinianopolis ein. Die Stadt wurde nicht vor 553 von Justinian gegründet und mit einer Mauer umgeben. Der Ort mit verschiedenen osmanischen Bauten, dessen armenisches Viertel 1882 abbrannte und deshalb teilweise mit gerader Straßenführung neugebaut wurde, wird überragt von der Ruine einer byzantinischen Burg. Nördlich der Stadt erkennt man eine große armenische Kirche aus dem 19. Jh., die heute als Kraftwerk benutzt wird und deren Fassade eine armenische Inschrift trägt. Das Schmuckstück ist allerdings die seldschukische Moschee von 1247 mit einer von 62 Holzsäulen getragenen Holzbalkendecke. Den Typ der Moschee ohne den üblichen Vorhof mit Waschbrunnen nennt man Kufa, er kommt nur in Anatolien vor und basiert auf dem arabischen Haustyp mit offenem Arkadenhof. Der Betsaal ist quergestellt mit Eingang und Gebetsnische an der Längsseite. Alle Holzteile sind prächtig geschnitzt, zahlreiche antike Kapitelle wurden beim Bau verwendet, und die bunte Bemalung mit turkmenischen Zeltmotiven sind eine Besonderheit. Die Holzteile und Zierelemente der Himmelstreppe sind ohne Verzapfung und Verleimung zusammengefügt (Kündekari-Technik). Im Ort steht auch die Gazi Alemşah Türbesi, ein Mausoleum von 1308 in typisch seldschukischer Turmgrab-Bauweise.

*Moschee vom
Typ Kufa

Unweit östlich der Stadt passiert man das Dorf Nasreddin Hoca, Geburtsort des türkischen 'Eulenspiegels' (→ Berühmte Persönlichkeiten).

Fethiye **E 7**

Südwestküste (Mittelmeer)
Provinz: Muğla
Einwohnerzahl: 20 000
Höhe: 0 – 50 m ü. d. M.

Lage und
Bedeutung

Die Kreis- und Hafenstadt Fethiye liegt rund 150 km südöstlich der Provinzhauptstadt Muğla an der lykischen Küste. Den inselreichen Golf von Fethiye schließt das seit 1936 'Insel der Ritter' genannte Cavaliere-Inselchen ab. Der früher Meğri oder Makri genannte Ort nahm nach der Einführung der Republik in der Türkei den Namen 'Fethiye' zum ehrenden Gedenken an den mit einem Flugzeug abgestürzten Piloten Fethi Bey an. Nach einem Erdbeben im Jahre 1957 mußte die Stadt weithin neu aufgebaut werden und zeigt heute ein neuzeitliches Gesicht mit einer langen Hafenpromenade und einigen belebten Basarstraßen. Mit seinem geschützten Jachthafen und zahlreichen schönen Badestränden hat sich Fethiye in jüngster Zeit zu einem aufstrebenden Touristenzentrum entwickelt, das nicht zuletzt von der Nähe des Regionalflughafens Dalaman (ca. 50 km nordwestlich) profitiert.

Telmessos

An der Stelle der heutigen Stadt Fethiye lag im Altertum unter einer steilen Bergwand die bedeutende lykische Stadt Telmessos, die schon zu Zeiten des Kroisos durch ihre Weissager berühmt war. Es fällt heute schwer, das in der Neuzeit durch zwei Erdbeben (1856 und 1957) zerstörte und durch die nachfolgende moderne Überbauung verdeckte antike Telmessos auszumachen. Der fast senkrechte Felsabsturz begrenzt im Westen wahrscheinlich die hellenistische und römische Stadt. Im Osten markieren die römischen Grabanlagen den Ortsrand; die lykische Nekropole bildete wohl die Südgrenze. Der Fund von Sarkophagen in der Nähe des heutigen Stadtstrandes weist auf den Verlauf der antiken Küstenlinie hin.

Auf dem im Mittelalter von den Johannitern und den Genuesen überbauten Burgberg sind auch Reste wesentlich früherer Bauten festzustellen. Die im Nordwesten der Burg befindlichen Häuserreste, einige Zisternen und eine alte Wasserleitung lassen vermuten, daß hier eine nicht ummauerte lykische Hangsiedlung lag, während sich der Schwerpunkt der Stadt in späte-

Fethiye (Telmessos)

1 Lykischer Sarkophag
2 Turm
3 Felsgräber
4 Hangbauten
5 Grabhaus
6 Amyntas-Grab
7 Lykische Felsgräber

300 m

rer Zeit in die Uferebene verlagert hat. Von dem antiken Theater, das der französische Forschungsreisende Charles Texier vor dem Erdbeben von 1856 noch vorgefunden und beschrieben hat, ist heute außer dem Umriß der Cavea nichts mehr zu sehen.

Telmessos (Fortsetzung)

Beredte Zeugen aus der Antike sind jedoch eine Reihe eindrucksvoller Felsgräber in den charakteristischen lykischen Holzarchitektur- und späteren ionischen Tempelformen. Eine Hauptgruppe befindet sich in der Felswand auf der Ostseite der heutigen Bebauungszone. Besonders hervorzuheben ist das Grab des Amyntas, das man ins 4. Jh. v. Chr. datiert.

*Felsgräber

Das kleine Museum im Gebäude der Gemeindeverwaltung (Belediye) von Fethiye zeigt Funde aus allen großen Epochen der bewegten Vergangenheit dieses Platzes.

Museum

Umgebung von Fethiye

Die 8 km südlich von Fethiye gelegene, fast verlassene ehemalige Stadt Levissi (Kaya) war Ende des 19. Jh.s ein Ort mit etwas über 3000 Einwohner, nicht älter als ca. 200 Jahre und stand auf den Resten der antiken Stadt Carmylessus. Im Mittelalter (1106) war die Siedlung noch als guter Hafen bekannt gewesen. Nach der Zerstörung der überwiegend von Griechen bewohnten Nachbarstadt Makri (Fethiye) bei den Erdbeben von 1856 und einem Großbrand 1885 wanderten die Bewohner nach Levissi ab, wo viele von ihnen ihre Sommerhäuser hatten. Anfang dieses Jh.s kehrten die meisten von ihnen nach Makri zurück. Der Rest verließ den Ort 1922 (Bevölkerungsaustausch) und 1957 nach einem Erdbeben. Somit wirkt die am Hang gelegene Terrassenstadt mit ihren großen, europäischen Steinbauten im Stil der Jahrhundertwende heute wie ein Geisterort.

*Kaya (Levissi)

Von den vielen reizvollen Badeplätzen der Umgebung ist vor allem die 'Ölüdeniz' (wörtlich = 'totes Meer') genannte geschützte Strandlagune im Inneren der Bucht von Belceğiz (15 km Luftlinie südlich von Fethiye) hervorzuheben. Die beliebte Ferienziel Ölüdeniz zeichnet sich durch feinsandige Strandpartien in einer geradezu paradiesisch anmutenden Gebirgslandschaft aus (Naturschutzgebiet). Die umgebende Küstenregion ist teilweise stark touristisch überbaut.

**Ölüdeniz

Sehenswert an der lykischen Nekropole Pinara südöstlich von Fethiye im Bergland oberhalb der Eşen Ovası sind vor allem die wabenartig angelegten über 900 Felsgräber und monolithischen Hausgräber, zu denen man sich von einem Einheimischen geleiten lassen sollte. Da die Felsgräber keinen normalen Zugang hatten, mußten die Arbeiter bei ihrem Bau auf Plattformen, die von Stricken gehalten wurden, von oben herabgelassen werden. Besonders sehenswert, da ungewöhnlich für Lykien, ist das monolithische Königsgrab (im Innern Relief einer urbanen Szene).

Pinara

Wabenartig angelegte Felsgräber in Pinara

**Umgebung
(Fortsetzung)
Sidyma**

Etwa 15 km südwestlich von Eşen liegt, erreichbar über eine Schotter-straße, das antike Sidyma im Umfeld des Dorfes Hisar mit zahlreichen sehenswerten Grabbauten. Über dem etwa 500 hohen Stadtgebiet erreicht man in 820 m Höhe die Akropolis (kleines Theater).

＊Tlos

Ca. 36 km östlich von Fethiye erreicht man über Kemer und Yakaköy die oberhalb der Eşen Ovası gelegenen Ruinen der antiken Stadt Tlos. Die lyki-sche Burg auf einer Felskuppe ist von einer türkischen Festung überbaut. Lykisches und römisches Stadtmauerwerk mit einer Toranlage aus dem 2. Jh. umschließt ein Areal von Wohnvierteln, Zisternen und anderen Bauten (Stadion, Hallenbau, zwei große Thermen, Agora, Kirchen, Theater, lykische Nekropole) aus lykischer, römischer und byzantinischer Zeit. Das römische Zentrum aus dem 2. Jh. v. Chr. östlich der Burg erinnert an die Bedeutung der Stadt unter den römischen Kaisern. Infolge ihrer abseitigen Gebirgslage war die später türkische Burg bis ins späte 19. Jh. Residenz verschiedener autonomer 'Talfürsten' (Derebeys) und ihrer Banditen, unter denen Kanlı Ali, der 'blutdürstige Ali', wohl der berüchtigste war.

Saklıkent

Südlich von Tlos (ca. 10 km) durchbricht ein wasserreicher Nebenbach des Koca Çay das verkarstete Gebirge der Ak Dağları in einer tief eingeschnit-tenen, engen Klamm (Karstquellen, Fischrestaurants).

Xanthos

**Allgemeines
＊Pfeilergräber**

Knapp 80 km südlich von Fethiye erreicht man das Dorf Kınık mit Zufahrt zur Ruinenstätte Xanthos, die 1838 von dem Engländer Sir Charles Fellows entdeckt wurde. Die einstige Hauptstadt des Lykierreiches liegt im Tal des gleichnamigen Flusses (heute Koca Çayı), der das Hochgebirge (Ak Dağ, 3024 m ü. d. M.) von dem zur Küste abfallenden Hügelland trennt. Lykien soll die 'älteste Republik der Erde' gewesen sein: ein Bund von 20 Städten, regiert von einer Volksvertretung und einem Präsidenten. Berühmt sind die Pfeilergräber, bei denen die Urnenkammern auf hohen Monolithen stehen. Sie haben weder in der griechischen noch in der orientalischen Kunst ihresgleichen, kamen im 6. Jh. v.Chr. auf und verschwanden Mitte des 4. Jh.s wieder aus den Bauformen.

Im 7. Jh. v.Chr. kam Xanthos unter die Oberherrschaft der Könige von Lydien. Im 545 v.Chr. zerstörten es die Perser unter Harpagos, und erst Ende des 5. Jh.s v.Chr. konnte sich Lykien wieder von der persischen Oberherrschaft befreien. Eine neue Blütezeit erlebte Xanthos unter den Römern ab dem 2. Jh. v.Chr.

Der Weg durchquert das Stadtgebiet von Nord nach Süd. Nach Eintritt in den Mauerkranz steht rechts ein Pfeiler mit Inschriften, nach neueren Forschungen ein Pfeilergrab (jetzt 5,75 m, ursprünglich 9 m hoch), dessen oberer Teil (Grab) von einem Kriegerfries gesäumt wurde (jetzt im Archäolog. Museum İstanbul). Die lykische Inschrift ist nicht vollständig entziffert, die griechische rühmt auf orientalische Art die Taten des Verstorbenen.

Unmittelbar südlich die römische Agora und zwei hochragende Pfeilergräber. Das nördliche ist der sog. Harpyienpfeiler (480 v.Chr.), ein turmartiger Monolith von 5 m Höhe auf rechteckigem Sockel. Die Grabkammer mit Platz für mehrere Urnen befand sich im oberen Teil und war mit Reliefs (heute Gipsabgüsse) geschmückt: Zwei sitzende Frauen und drei stehende Männer werden von ihren Verwandten geehrt, ihre Seelen von Harpyien emporgetragen. Dieser Glaube an Vogeldämonen, welche die Verstorbenen himmelwärts trugen, ist wohl der Grund für die Pfeilerbegräbnisse. Das südlichere Pfeilergrab trägt einen hausförmigen Sarkophag mit Giebeldach (wohl 4. Jh. v.Chr.).

Vorbei am römischen Theater und der lykischen Akropolis erblickt man links vom Weg das sog. Nereïdengrabmal, ein ionischer Tempel mit reichem plastischem Schmuck (heute im Britischen Museum in London). Rechts des Weges das hellenistische Stadttor. Die über weite Strecken noch gut sichtbare Stadtmauer stammt wohl aus dem 3. Jh. v.Chr., sie wurde unter Einbeziehung der römischen Akropolis erneuert, später nochmals in byzantinischer Zeit.

Es folgen die Ruinen einer byzantinischen Kirche, der römischen Akropolis und eines großen byzantinischen Klosters (auf dem Hügel). Am nordöstlichen Hang auf einem Felsvorsprung der gut erhaltene Akropolispfeiler aus der Mitte des 4. Jh.s v.Chr., ein Kalksteinmonolith (4,75 m hoch) mit einem dreistufigen Deckel. Das Kopfstück ist von einem 1,13 m hohen Marmorband umschlossen; dahinter die 2,28 m hohe Totenkammer, zur Hälfte in den Monolithen hineingemeißelt. Unterhalb des Grabpfeilers drei Felsengräber mit einer fensterartigen, abgestuften Fassadengestaltung. Auch jenseits der Stadtmauer kleine Felsengräber (schöne lykische Sarkophage; die hohen Deckel oft mit Reliefs verziert).

Ungefähr 5 km südlich von Xanthos liegt Letoon mit einem einst bedeutenden lykischen Heiligtum, dessen Reste seit 1962 freigelegt werden (u.a. ein Leto-, ein Artemis- und ein Apollotempel, Theater). Ein hier gefundener dreisprachiger Inschriftenstein hat viel zur Entzifferung des Lykischen beigetragen.

Rund 15 km südlich von Kınık erreicht man die Ruinenstätte von Patara, einer bedeutenden Stadt des Lykischen Bundes, die auch als Geburtsort des hl. Nikolaus, Bischof von Myra (→ Kaş, Umgebung), gilt. Der Hafen bestand noch bis in byzantinische Zeit. Etwas außerhalb der einstigen Stadt befinden sich eine römische und eine lykische Nekropole. Den eigentlichen Stadtbezirk betritt man durch ein dreibogiges Tor aus dem Jahr 100 n.Chr.; besonders gut erhalten ist auch das aus dem 2. Jh. n.Chr. stammende Theater (feine Sandstrände, Hotels, Nationalpark).

Finike

→ Kaş

Gaziantep

Westliches Südostanatolien
Provinz: Gaziantep
Höhe: 800 m ü. d. M.
Einwohnerzahl: 730000

**Man beachte die Warnung
auf Seite 139!**

Lage und
Bedeutung

Östlich des Maraş-Grabens (d. i. die nördliche Fortsetzung des Jordan-Grabens zwischen Antakya und Maraş) schließt sich mit einer etwa 500 m hohen Bruchstufe ein Wall aus basischen Intrusivgesteinen und dann eine Schichttafel aus tertiären Kalken und Mergeln an, die leicht gewellte Platte von Gaziantep. Das wirtschaftliche Zentrum ist die Provinzstadt Gaziantep, eingebettet inmitten dieser Plateauregion und überragt von einer mächtigen Festung auf einem gewaltigen Hüyük. Die Umgebung weist vor allem Tabak- und Baumkulturen auf (Pistazien, Oliven), Gaziantep selbst ist eine moderne Industriestadt.

Geschichte

Als ständig umstrittenes Grenzland zwischen Kleinasien und Syrien hatte die Landschaft um Gaziantep seit alters eine wechselvolle Geschichte, um ihren Besitz wurde vielfach gekämpft. In späthethitischer Zeit gab es hier eine bedeutende Siedlung, die unter Sargon an die Assyrer kam. In der Folgeperiode der Antike stand die Stadt im Schatten des 10 km nordwestlich gelegenen Doliche (s. u.), riß aber in byzantinischer Zeit die Vorherrschaft in der Region an sich. Der damals Ayntap ('gute Quelle') genannte Ort wurde

Gut erhaltene Zitadelle in der Altstadt

1071–1098 von den Seldschuken eingenommen, die auch die Zitadelle an der Stelle einer älteren Burg des Kaisers Justinian anlegte. 1097 war sie im Besitz der Kreuzfahrer. Schwer litt sie unter der Besetzung durch die Ägypter zwischen 1832 und 1840 (Mehmed Ali). 1918–1921 stand sie unter englischer, später unter französischer Militärverwaltung und wurde erst anschließend Gazi Antep ('das siegreiche Antep') benannt. Über nennenswerte Altertümer verfügt die Stadt nicht.

Geschichte (Fortsetzung)

Das Archäologische Museum in der İstasyon Caddesi zeigt Ausgrabungsfunde aus Zincirli, Karkamış und Sakçaközü und eine reichhaltige altvorderasiatische Roll- und Stempelsiegelsammlung.

Sehenswertes
Arkeolojik Müze

Diese erwähnenswerte Moschee aus dem 11. Jh. liegt an der südwestlichen Stadtausfahrt an der Oğuzeli Caddesi.

Ömeriye Camii

Die gut erhaltene Zitadelle aus seldschukischer Zeit steht an der Stelle einer justinianischen Vorgängerburg (6. Jh.) am nördlichen Rand der Altstadt auf dem alten Siedlungshügel Tell Halaf, der um 3500 v.Chr. bereits besiedelt war. Man sagt, daß die Burganlage, in der sich auch Wohnhäuser befanden, aus dem Erlös eines sehr kostbaren Schmuckstücks hatte errichtet werden können, das der Schwester des Kaisers gehörte.

*Zitadelle

Umgebung von Gaziantep

Die Kreisstadt Araban am Südrand der Altıntaş Ovası erhielt ihren früheren Namen Altıntaş von einem westlich gelegenen Dorf, in dessen Nähe (südlich) man die Ruinen einer mittelalterlichen, stark verfallenen Burg Altıntaş Kalesi beim Dorf Eski Altıntaş findet.

Araban

Etwa 10 km nordwestlich von Gaziantep liegen beim Dorf Dülük die spärlichen Relikte jener Vorgängerstadt Gazianteps, die noch bis 637 ihre Nachfolgerin an Bedeutung weit übertraf. Sie besaß einen Tempel des Jupiter Dolichenus. Später wurde die Stadt Bischofssitz und gab der umliegenden Landschaft ihren Namen Teluch. Nach kampfloser Übergabe an die Araber entstand hier unter Harun al Raschid (786–809) zwar noch eine Grenzfestung, der Ort aber verlor nach und nach seine Vormachtstellung an Ayntap im Südosten. Sehenswert sind einige Felsgräber.

Doliche

Unweit der Mittelstadt Kilis, etwa 53 km südwestlich von Gaziantep, erhebt sich die mittelalterliche Burg Ravanda Kalesi. Im Ort selbst ist die Canbolat Bey Külliyesi mit Moschee, Türbe, altem Bad und einer Klosteranlage sehenswert.

Kilis

Bei dem Ort Sakçagöz (ca. 50 km westlich von Gaziantep) erkennt man fünf alte Siedlungshügel. Im kleinsten dieser Hügel erbrachten Ausgrabungen einen Palast mit Vorhalle, eine Wehrmauer, Portallöwen, Sphingen und Relief-Steinblöcke aus dem späten 8. Jh. v.Chr. (heute in Ankara). Insgesamt fand man zwölf Siedlungsschichten von der Steinzeit bis ins 1. Jahrhundert. 5 km nordöstlich beim Dorf Gedikli entdeckte man bei Grabungen auf dem Karahüyük eine blühende Handelssiedlung der frühen Bronzezeit mit reichhaltigem Fundmaterial bis zurück ins Chalkolithikum.

Sakçagöz

Etwa 30 km südöstlich von Gaziantep erhebt sich beim Ort Til Bahram auf einem großen Siedlungshügel die Burg Turbessel. Tor, Mauerreste und einige Festungsbauten sind noch erhalten.

Tellbasar Kalesi

Georgien

→ Artvin

Göreme

→ Kappadokien

Gordion   G/H 4

Zentralanatolien
Provinz: Ankara
Höhe: 688 m ü. d. M.
Ortschaft: Yassıhüyük (ca. 400 Einw.)

Lage und
*Bedeutung

Die Ausgrabungsstätte von Gordion liegt etwa 100 km südwestlich von
Ankara und 30 km nordwestlich von Polatlı. Der Fluß Sakarya hatte über
den Ruinen von Gordion (Unterstadt) eine viele Meter hohe Sediment-
schicht aufgeschüttet, ehe Archäologen 1953 unter Rodney S. Young von
der Pennsylvania-Universität (USA) den Spaten ansetzten. Bis 1963 wurden 169 Bronzegefäße und 175 Bronzefibeln gefunden. Der berühmte
phrygische Schatz allerdings wurde nicht gefunden. Man nimmt an, daß
die Kimmerer ihn erbeuteten.

Geschichte

Ausgrabungen in Ahlâtlibel (südlich von Yassıhüyük) belegen, daß das
Gebiet von Gordion bereits in der frühen Bronzezeit (2500 v. Chr.) besiedelt
war. Unter der phrygischen Nekropole fand man einen Friedhof, der auf
eine hethitische Anwesenheit schließen läßt. Die Phryger zählt man zu
jenen sogenannten Seevölkern, die um 1200 v. Chr. in einer bedeutsamen
Invasionswelle Kleinasien überrannten. Assyrische Quellen erwähnen sie
um 1100 v. Chr. als Muschki oder Moscher, als sie sich beiderseits des
Kızılırmak angesiedelt hatten und von dort aus ihre östlichen Nachbarn, die
Assyrer, bedrohten. Phrygische Funde gibt es aus der Mitte des 9. Jh.s
v. Christus. Zur Gründung der phrygischen Hauptstadt Gordion, den
berühmtesten Herrschern und dem Niedergang Phrygiens siehe *Baedeker
Special* rechts.

Sehenswertes in Gordion

Akropolis

Auf dem Oberstadthügel legte man ein imposantes, bis zu einer Höhe von
über 9 m erhaltenes Stadttor aus dem späten 8. Jh. v. Chr. frei, das den
hohen Stand phrygischer Steinbaukunst dokumentiert. Aus der gleichen
Epoche fand man Fundamente von Palasthäusern und Wirtschaftsge-
bäuden mit lehmziegelverkleidetem Holzfachwerk, in drei von vier Mega-
ron-Bauten mit Feuerstelle, Vor- und Hauptraum bunte Kieselmosaiken.
Ein weiteres Tor stammt aus persischer Zeit. Die Grabungen werden fortgesetzt.

*Tumuli
'Grab des Gordios'

Hinter dem Dorf Yassıhüyük erheben sich beidseits des Fahrwegs nach
Polatlı mehrere Grabhügel. Mit einer Höhe von 53 m und einem Durchmesser von 250 m gilt das sogenannte Grab des Gordios gegenüber dem
kleinen Museumsbau als das zweitgrößte Hügelgrab in Anatolien (nach
dem 69 m hohen Tumulus des Alyattes bei Sardes/Bin Tepe). Da das
Hügelgrab frühestens zu Beginn des 7. Jh.s v. Chr. aufgeschüttet wurde,
ist es wohl kaum das Grab des Gordios, eher wohl das des sagenhaften
Midas. Von Südwesten her führt ein 70 m langer Tunnel hinab zur Grabkammer des Hügels in 39 m Tiefe. Die im Original zuganglose, außen von
Kalksteinblöcken eingefaßte Kammer (6 × 5 m) hat noch erhaltene Balken-
holzwände und ein ebenfalls in Holz gearbeitetes Satteldach. Geschützt
wurde die Kammer gegen Ausraubung von einer 3 m dicken Steinschicht
und gegen Feuchtigkeit durch eine 40 m starke Lehmschicht mit einer
Schotterauflage. Links fand man das Totenlager mit dem unbeschädigten

Vom Gordischen Knoten und dem Fluch des Goldes

Griechische Autoren berichten über die sagenhafte Gründung der phrygischen Hauptstadt **Gordion** und des phrygischen Herrschergeschlechts: Einst umschwärmten unzählige Vögel das Ochsengespann des Bauern Gordios beim Pflügen. Verwirrt befragte er die Vogeldeuter eines Nachbarortes. Eine schöne Jungfrau, die er später zur Frau nahm, gab ihm die deutende Antwort, dies sei ein Hinweis auf seine zukünftige Königswürde, und bot sich ihm zugleich als Königin an. Er fuhr mit seinem Gespann zum Tempel, und das Volk begrüßte ihn als zukünftigen Herrscher, denn nach einem Orakelspruch sollte derjenige König werden, den das Volk als ersten zum Tempel fahren sähe. Zum Dank stellte **Gordios** im Zeustempel seinen Ochsenwagen auf. Das Joch war mit einem langen Riemen an der Deichsel fest verknotet.

Der kunstvolle '**Gordische Knoten**' hatte keine sichtbaren Enden und galt als unauflösbar. Wer ihn lösen könnte, so ging die Sage, würde König von Kleinasien werden. Als Alexander der Große 334/333 v.Chr. sein Winterquartier in Gordion aufschlug, wollte der ehrgeizige Feldherr die Weissagung erfüllen und stieg zum Wagen des Gordios auf den Burghügel: Man erzählt, er habe den Knoten mit dem Schwert einfach durchschlagen. Der griechische Historiker Aristobulos Kassandreia (um 300 v.Chr.) allerdings schreibt dazu, Alexander habe den Pflock, der die Deichsel festhielt, herausgezogen und damit die verborgenen Enden des Knotens freigelegt.
Heute noch steht der gordische Knoten für eine hoffnungslos verfahrene Situation, die man nur durch entschlossenes Handeln entwirren kann, denn Geduld und Fingerspitzengefühl allein führen in diesem Falle nicht zum Ziel.

Berühmtester Herrscher in Phrygien war der wegen seines Reichtums berühmte **König Midas**, der Sohn des Gordios. Der sagenumwobene Midas soll einen guten Draht zum griechischen Götterhimmel gehabt haben. Bei einem Gelage an des Königs Tafelrunde versprach der weinselige Gott Dionysos, Midas einen Wunsch zu erfüllen. Das Begehren des habgierigen Königs, alles in Gold zu verwandeln, was er berührte, erfüllte sich. Selbst Frau und Kinder, Speisen, Wasser und Wein wurden zu Gold. Der verzweifelte 'reiche' Mann flehte Dionysos an, ihn von diesem Fluch zu befreien. In den Fluten des Paktolos solle er baden und sich von dem 'Goldsegen' reinwaschen. Seit dieser Zeit führt der Fluß Goldsand, der nie versiegt. Geschichtlich verbürgt ist der Selbstmord des Midas, als die Kimmerer zwischen 700 und 670 v.Chr. und die Skythen das phrygische Reich überrannten.

Aus den Trümmern des Phrygerreiches entstand das Großreich der Lyder (Alyattes seit 615 v.Chr.), in dem die phrygische Kultur noch lange weiterlebte. Um 560 v.Chr. herrschte der legendäre König Kroisos oder Krösus über das Königreich Lydien. Durch die lydische Hauptstadt Sardes fließt der besagte, goldführende Fluß Paktolos, der Krösus unerschöpflichen Reichtum beschert haben soll. Gemäß gängigem Sprachgebrauch müßte man '**Reich wie Krösus**' sein, um allen materiellen Sorgen zu entrinnen.

Im Jahre 546 v.Chr. lösten die persischen Achämeniden Krösus ab und bauten eine neue Siedlung, die um 400 v.Chr. durch ein großes Erdbeben vernichtet wurde. Die Galater verwüsteten 278 v.Chr. den neu aufgebauten Ort so stark, daß nur ein Dorf übrigblieb.

Gordion,
Tumuli
'Grab des Gordios'
(Fortsetzung)

Skelett eines etwa 1,60 m großen und über 60 Jahre alten Mannes, dessen Kleidung mit gut erhaltenen bronzenen Bogenfibeln zusammengehalten wurde, von denen man 175 Stück in der Grabkammer fand. Entlang der Wände standen Tische mit reichen Grabbeigaben, bei denen allerdings Edelmetalle fehlten, obwohl Midas als goldgierig galt. Die anderen, kleineren Hügel enthalten Gräber aus der Zeit 725–550 v.Chr. Das sog. Kindergrab südöstlich des Museums brachte besondere Schätze: Holzmöbel, elfenbeinerne Reliefplatten und Buchsbaumschnitzereien.

Gümüşhane P 3

Schwarzmeergebiet (Innerer Ostpontus)
Provinz: Gümüşhane
Höhe: 1250 m ü.d.M.
Einwohnerzahl: 26000

Lage und
Allgemeines

Die Provinzstadt Gümüşhane, die früher als Sommerfrische der Reichen aus Trabzon galt, ist trotz ihrer einst großen Bedeutung eher provinziell zu nennen. Eingepfercht in das enge Tal des oberen Harşit Çayı ist die Stadt in der beeindruckenden Gebirgslandschaft des Ostpontus ohne Entwicklungschancen. Deshalb zählt die wirtschaftlich rückständige Region zu den wichtigsten Abwanderungsgebieten der Türkei. Der Ort liegt in einem sehr alten Bergbaurevier. Sein Name bedeutet soviel wie 'Silberhütte'.

Geschichte

Gümüşhane entstand 4 km südlich des heutigen Ortes bei den Silbergruben etwa Mitte des 17. Jh.s neu. Marco Polo erwähnt die Silberminen in seiner Reisebeschreibung. Anfang des 19. Jh.s hatte das Fehlen des Brennholzes zur Verhüttung zum Verfall der Silberminen geführt. 1837 bestand der Ort bereits aus einer oberen Altstadt mit Silbergruben und einer unteren Siedlung. 1870 standen die Gruben unter Wasser, in denen bereits unter den pontischen Königen, den Römern und byzantinischen Kaisern gearbeitet worden war. Die amphitheatrisch gebaute Altstadt war, beschleunigt nach der russischen Okkupation 1915, verfallen.

Sehenswertes

Während die Neustadt von Gümüşhane recht trist wirkt, lohnt eine Fahrt hinauf zur Altstadt (Eski-Gümüşhane) und den eindrucksvoll gelegenen Silberbergwerken. Zu sehen sind die Reste der osmanischen Münzprägeanstalt. Einzigartig ist der Blick von oben auf die gewaltigen Felsmassen aus erstarrter Lava, die gar nicht in das sonst so liebliche Hochtal passen.

Umgebung von Gümüşhane

Bayburt

Die Garnisonstadt Bayburt, etwa 77 km südöstlich von Gümüşhane, wurde im Laufe ihrer Geschichte mehrmals umbenannt. Die armenischen Bagratiden nannten sie Paipert und die Osmanen (1361) Baiburt. 1364 besiegte hier Alexios III. die Mongolen, 1462 kämpfte hier Mehmet der Eroberer gegen die Akkoyun Oğulları. Bei seiner Reise nach China verweilte Marco Polo kurzzeitig in Bayburt. Die Stadt wurde 1825 bei der russischen Invasion zerstört (1829 ein Teil der Burg) und danach wieder aufgebaut. Sie erstreckt sich malerisch unterhalb des Burgfelsens auf beiden Seiten des Çoruh Nehri. Die Hauptmoschee, Ulu Cami, stammt aus dem 16. Jh. Etwa 20 km südöstlich liegen beim Ort Maden Kupferminen südlich am Hang.

Karawanenrouten

Zweifellos führte der nordanatolische Zweig der Seidenstraße über Gümüşhane nach Trabzon (Trapezunt). Und auch Xenophon zog über diese traditionale Route, den Hauptübergang von Zentralanatolien zur pontischen Küste, zum Schwarzen Meer. Aber es sind verschiedene Trassen, die hier einst benutzt wurden und von entsprechenden Karawansereien begleitet wurden. Reste von ihnen findet man oft. Die Hauptroute verlief vermutlich über den Zigana-Paß, eine Nebenroute führte von Erzinoan über Sadak direkt über die Höhen des Deveboyu Tepesi nach Maçka.

Die Garnisonstadt Bayburt am Fuße des Burgbergs

Vom 2390 m hohen Kopdağı-Paß rund 40 km südöstlich von Bayburt an der Straße nach Erzurum, der früher berüchtigt war, weil hier häufig ganze Karawanen einschneiten und erfroren, genießt man einen ausgedehnten Blick auf die Gebirgslandschaften Ostanatoliens, die aus bis über 3000 m hohen mächtigen Gebirgszügen aufgebaut sind (südlich der Kop Dağı mit 2600 m, südwestlich die Coşan Dağları mit 2963 m, westlich der Ballıtaş Tepesi mit 2903 m, südöstlich die Palandöken Dağları mit 3176 m Höhe), und in das Becken von Aşkale/Erzurum.

Umgebung
(Fortsetzung)
Kopdağı Geçidi

Etwa 90 km südlich von Gümüşhane erreicht man über die Kreisstadt Kelkit das Dorf Sadak. Der Ort war einst Sommersitz der trapezuntischen Komnenenkaiser und besitzt aus dieser Epoche Reste. Sadak wird überragt von den Ruinen einer Festung. Die Reste eines römischen Aquädukts liegen in der Nähe.

Sadak

Die Kleinstadt Torul mit dem alten Namen Ardasa wird überragt von der mittelalterlichen Festungsruine Ardasa Kalesi auf einem Bergvorsprung vor der Harşit-Schlucht. Auch hier gab es vor 1850 Silbergruben. Südöstlich der Stadt zwischen dem Çit Deresi und dem İkisu Deresi findet man in den Tälern und in den Bergdörfern Relikte zahlreicher Kirchen und Klöster.

Torul

Etwa 10 km südöstlich von Gümüşhane führt eine schmale Straße nach Norden in die abgelegene Bergwelt der Kalkanlı Dağları. Neben einer eindrucksvollen Landschaft und traditionellen pontischen Dörfern bemerkt man während der Anfahrt recht gut erhaltene Kirchen in verschiedenen Dörfern als Zeugnisse einer griechischen Bevölkerung, die bis 1924 hier die Mehrheit bildete.

*Yağmurdere

Der 2030 m hohe Zigana-Paß, 63 km nordwestlich von Gümüşhane, gehört mit zu den eindrucksvollsten Pontusübergängen. Die früher sehr enge, steile, kurvenreiche und sehr stark befahrene Nord-Südverbindung

*Zigana Geçidi

wurde durch eine neue Trasse entschärft. Empfehlenswert ist wegen der Aussicht auf die umgebende Bergwelt aber die Benutzung der alten Paßstraße. Die Paßhöhe ist zugleich Grenze zwischen den Provinzen Trabzon und Gümüşhane. Auf einer nahen Höhe (45 Min.) soll jene historische Stelle liegen, von der aus die Zehntausend des Xenophonzuges das 50 km entfernte Meer erblickten und es mit dem Ruf "thalatta!" (das Meer!) begrüßten. Die mit Wäldern durchsetzte Almregion eignet sich ideal für Gebirgswanderungen. Faszinierend ist der sichtbare Unterschied des feuchten Pontusklimas mit Tannen, Buchen, Farn und Rhododendren im Norden zum deutlich trockeneren Süden mit Kiefern, Wacholder und Eichen.

Hakkâri   T 6

Südostanatolien (Türkisch-Kurdistan)   **Man beachte die Warnung**
Provinz: Hakkâri   **auf Seite 139!**
Höhe: 1650 m ü.d.M.
Einwohnerzahl: 30000

Lage und
Allgemeines

Die kleine Provinzhauptstadt Hakkâri liegt inmitten der schwer zugänglichen Hakkâri Dağları (Hoch-Zap-Gebirge) 600 m hoch über der steilflankig eingeschnittenen Schlucht des oberen Büyük Zap (Großer Zap), der 150 km weiter nordöstlich in den iranischen Grenzgebirgen entspringt und südlich Mossul (Irak) in den Tigris mündet. Er gilt als das Zentrum des 'Wilden Kurdistan'. Der neue Name der Stadt und auch der Region ist der eines kurdischen Nomadenstammes, der nach seiner Vertreibung durch die Zengiden aus dem Irak im 13. Jh. Gebiete südlich und südöstlich des Van-Sees besiedelte. Größere Teile dieser Gebirgslandschaft gehören heute zur Provinz → Van. Der Bereich der Hoch-Zap-Gebirge ist dünn, im Südosten sogar sehr dünn besiedelt. Die Dorfbevölkerung betreibt Getreide- und Gartenbau, die Gebirgsregion ist ideal für Bergsteiger. Touren in diesem Grenzgebiet in den Iran und den Irak sind allerdings nur gemeinsam mit türkischen Bergsteigergruppen möglich (Saison: Juni–Sept.).

Warnung

Da die Region um Hakkâri als Hochburg des kurdischen Widerstandes gilt, muß man mit Reisebeschränkungen, Ausgangssperren und häufigen Militär- und Polizeikontrollen rechnen (wie in der gesamten Krisenregion im Südosten der Türkei!). Politische Diskussionen sollte man meiden, obwohl eine leichte Entspannung der innenpolitischen Querelen spürbar wurde nach der Ankündigung der Zentralregierung, "die kurdische Sprache auch in der Öffentlichkeit zuzulassen".

Geschichte

Nach sumerischen und akkadischen Quellen lebten hier in der Frühzeit Stämme der halbnomadischen Lullubäer, die häufig Raubzüge nach Mesopotamien unternahmen, ehe sie von Naramsis von Akkad besiegt wurden. Dabei handelt es sich möglicherweise um das gleiche halbnomadische Bergvolk der Kurden, die auch zu Zeiten Xenophons (401 v.Chr.) als 'Karduschen' berüchtigt waren und die seit den Tagen der Urartäer u. a. ihre nomadische Lebensweise, Sprache und Kultur, aber auch ihren Hang zu Räubereien und Aufständen nicht grundlegend gewandelt haben. Man nimmt an, daß die Meder sich im 7. Jh. v.Chr. in den Osttaurus geflüchtet, sich dort mit hurritischen Bergvölkern vermischt hatten und als Kurden in selbständigen Familienverbänden und kleinsten Feudalstaaten über Jahrhunderte hinweg eine Art nationaler Selbständigkeit praktizierten, die sie bis in die Gegenwart zäh verteidigen. Im 1. Jahrtausend v.Chr. war das Gebiet an das Reich der Urartäer gekommen. Nach persischer, arabischer, seldschukischer und turkmenischer Oberhoheit fiel es 1514 an die Osmanen. Im 19. Jh. war der ummauerte Ort Culamerik Residenz des unabhängigen Kurdenfürsten Nurallah Bey. Noch bis 1921 lebten in der Hakkâri Region Kurden gemeinsam mit nestorianischen Christen, Mitglieder einer Kirche, die sich im 5. Jh. vom Patriarchat in Konstantinopel gelöst

Nomadenleben in Südostanatolien

Bergeinöde östlich vom Zuvari Halil Geçidi

hatte, und deren Mitglieder nach der Belegung mit dem Bann nach Kurdistan und in den späteren Irak geflüchtet waren. Die nestorianische Lehre behauptete sich dort neben dem Islam in friedlicher Koexistenz der christlichen mit der kurdischen Bevölkerung. Als man die Nestorianer von Hakkâri nach dem Ersten Weltkrieg verfolgte, flohen sie aus dem Land. Heute ist der Hauptteil der Bevölkerung Kurden.

Sehenswertes

Eine seldschukische sowie eine osmanische Koranschule (16. Jh.) findet man in der Stadt, die von der mittelalterlichen Burgruine Bava Kalesi überragt wird.

Umgebung von Hakkâri

*Albayrak

Etwa 24 km nordöstlich von Başkale erreicht man das Dorf Albayrak. Der größte Teil des Dorfes besteht aus einer ehemaligen Klostersiedlung. Bis in dieses Jahrhundert war der Ort beliebtes Wallfahrtsziel für Armenier. Westlich außerhalb auf einem Hügel am Zap erhebt sich die Ruine der Klosterkirche, deren Decke 1966 bei einem Erdstoß zusammenbrach, so daß man das Kircheninnere nicht ohne Probleme betreten kann. Der Bau aus dem Mittelalter (14. Jh. erste Erwähnung) war im 17. Jh. restauriert worden, wurde aber 1715 stark beschädigt (Kuppel). Sehenswert sind die Außenfriese und Portalverzierungen. Da die Kirche auf dem Gelände einer Militärgarnison steht, die wegen der Grenznähe zum Iran hier eingerichtet wurde, kann sie nur mit Erlaubnis der lokalen Ortspolizei (Jandarma) besichtigt werden.

Başkale

Başkale, im Süden der Provinz Van, war während des armenischen Königreiches von Vaspuragan als jener Hauptort Hadamakert bekannt, von dem aus sich die Ardsruni-Fürsten gegenüber den Bagratiden im Norden und dem arabischen Emir Yussuf im Süden für kurze Zeit behaupten konnten. Oberhalb der Stadt erhebt sich der Rest einer Kurdenfestung.

Koçanış

Nur mit einem Geländewagen erreicht man das etwa 20 km nordöstlich von Hakkâri gelegene Dörfchen Koçanış über einen 3100 m hohen Paß und in einem anschließenden etwa sechsstündigen Fußmarsch (nur mit einheimischem Führer). Der Ort war bis zum Ersten Weltkrieg Patriarchensitz einer kleinen Nestorianergemeinde, die sich hierher zurückgezogen hatte. Am Dorfeingang liegt der massige Wehrkirchenbau Mar Şalita.

*Tırşın Yaylası

Auf den Plateaus von Tırşın und Gevarik (Gevaruk) bei Beşbudak, die man über Schotterstraßen etwa 100 km nordwestlich von Hakkâri bereits im Gebiet der Provinz Van ca. 30 km östlich des Amtsbezirkszentrums Yalınca erreicht, findet man zahllose Felszeichnungen, die z.T. bis 5500 v. Chr. zurückreichen sollen.

Yanal

Etwa 44 km nordöstlich von Başkale liegt das Dorf Yanal unweit der iranischen Grenze. Das Dorf auf 2400 m Höhe liegt am Platz der alten armenischen Klostersiedlung Edschmiadsin, von der noch geringe Reste existieren. Abseits auf einem kahlen Hügel erhebt sich die Kreuzkuppelkirche eines weiteren ehemaligen Klosters, die aus dem frühen 14. Jh. stammt. Die Kuppel des Vier-Konchen-Baus, der wohl als Werk der gleichen Bauschule entstanden ist, wie die Klosterkirche von Albayrak, war zerstört, wurde jedoch 1681 erneuert (damals entstand die mächtige Kuppel). Die Kirche dient heute als Scheune.

Yüksekova

Der Ort Yüksekova ('Hochtal'), etwa 70 km östlich von Hakkâri, war zur Zeit des assyrischen Königs Sargon II. Zentrum einer hochentwickelten Kultur im Fürstentum Musasir, das dieser 714 v. Chr. erobern konnte. Das geht aus Inschriften und Reliefs hervor, die Sargon in seinem Palast in Chorsabad (Irak) aufstellen ließ. Leider versanken die Originale beim Transport nach Europa im Tigris.

Halikarnassos

→ Bodrum

Hattuşaş

→ Boğazkale

İskenderun   **M 7**

Südküste (Östliches Mittelmeer)
Provinz: Hatay
Höhe: 0–5 m ü.d.M.
Einwohnerzahl: 156000

İskenderun, früher Alexandrette genannt, neben İzmir die bedeutendste türkische Hafenstadt am Mittelmeer, liegt am Südufer des gleichnamigen Golfes im Bogen der bewaldeten Ausläufer des Amanosgebirges, vermutlich an der Stelle der antiken Stadt Alexandria Scabiosa.
Die heutige Stadt bietet dem Fremden wenig und ist im Sommer sehr heiß. Der von schützenden Bergen umgebene Hafen, der beste in diesem Küstengebiet, hat einen bedeutenden Schiffsverkehr, moderne Anlagen (Silos u.a.) sowie eine große Landungsbrücke (Hotels).

Lage und Bedeutung

Die Gründung von Alexandria am Issicus Sinus fand wahrscheinlich nicht unmittelbar nach dem Sieg Alexanders bei Issos (333) statt, sondern erst später. Die Stadt war dazu bestimmt, der Ausgangspunkt der großen Karawanenwege Mesopotamiens zu werden; aber schon die Seleukiden wählten statt derselben Antiochia (Antakya) und Seleukeia Pieria. Im 3. Jh. n.Chr. wurde Alexandria durch die Perser zerstört. Im 4. Jh. wird die Stadt 'das kleine Alexandria' genannt; ihr Beiname Scabiosa deutet darauf hin, daß in dieser Gegend der Aussatz verbreitet war. Nach dem Niedergang im Osmanischen Reich entwickelte sich der Ort seit dem ausgehenden 19. Jh. aus einer einfachen Anlegestelle zur heutigen Stadt.

Geschichte

Umgebung von İskenderun

Belen (15000 Einw., 500 m ü.d.M.) 14 km südöstlich von İskenderun fast auf der Paßhöhe des Topboğazı Geçidi (750 m) ist eine beliebte Sommerfrische der Stadtbevölkerung von İskenderun. Nach dem Bericht des Evliya Çelebi (1640) pflegten bereits im 17. Jh. Araber und Türken, u.a. auch Bürger aus Aleppo, während der Sommermonate hier zu verweilen. Da der Ort bereits seit der Antike auch Etappenstation an einer alten Handelsstraße war, findet man neben den Resten eines Aquädukts eine Moschee und eine Karawanserei aus dem 16. Jahrhundert.

Von İskenderun nach Südosten
Belen

Im Südwesten gegenüber auf der anderen Talseite erkennt man von Belen aus die Häuser der Sommersiedlung Soğukoluk (heute Güzelyala), die bereits im frühen 20. Jh. bestand. In diesem noblen Erholungsort mit Ausblick auf den Golf von İskenderun verlebten die finanzkräftigen Sozialschichten Aleppos, Antakyas, Reyhanlıs, Kırıkhans und İskenderuns ihre Sommerferien. Inzwischen hat er sich zu einer Erholungsstätte mit dubiosem Ruf entwickelt, in der Besatzungen von Schiffen, die im Hafen von İskenderun liegen, ihr Vergnügen suchen.

Güzelyala

Rund 10 km nördlich der Stadt gelangt man auf einer Anhöhe zum 'Bergpaß des Arrian' (Derbent), einer Engstelle zwischen Meer und Gebirge. Im

nach Norden
Jonaspfeiler

Umgebung, von İskenderun nach Norden, Jonaspfeiler (Fortsetzung)

Mittelalter hieß der Paß, der wohl eine Grenz- und Zollstätte Kleinarmeniens war, 'Passus Portellae' oder 'Por tella'. Hier befindet sich der sog. Jonaspfeiler, der Rest eines römischen Gebäudes, dessen Zweck verschieden erklärt wird (Triumphbogen der Seleukiden für Alexander d. Gr., Obelisk, Rest eines Kastells, Triumphbogen des Pescenius, Befreiungstor). Willebrand berichtet von der Legende, daß Alexander über dem Tor beigesetzt sei. Die Könige und Fürsten sollten somit die Gebeine Alexanders, der sie gewungen habe, ihre Häupter vor ihm zu beugen, über sich haben. Von den Seeleuten wird der Jonaspfeiler als die Stelle bezeichnet, wo der Prophet Jonas vom Walfisch an Land geworfen worden sei.

Sakal Tutan, Strandpaß des Xenophon

Oberhalb am Berghang, ca. 600 m nordöstlich, befinden sich in 91 m Höhe die Ruinen von Sakal Tutan (= 'Bartausreißer'; wegen der Wegelagerer, die hier die Karawanen überfielen und ausplünderten), auch Nigrinum, Neghertz (= 'Schloß der Mitte') oder Kalatissia genannt. Es ist ein armenisches Schloß, das im Mittelalter den Paß schützte und als Herberge diente. Dahinter erreicht man in der schmalen Strandebene des Sarısekisu den 'Strandpaß des Xenophon' (bei diesem 'Karsos' genannt) mit Mauerresten, die 600 m auseinanderliegen und Verteidigungszwecken gedient haben.

**Payas / Baiae (Yakacık)

Gut 20 km nördlich von İskenderun folgt Payas (Yakacık), in reizvoller Lage an einer nördlich vom Vorgebirge Ras Payas befindlichen Bucht, in die der gleichnamige Fluß mündet. Der Ort, nach dem arabischen Wort 'bayas' (= weiß; wohl in Bezug auf den Schnee der Amanosgipfel) benannt, liegt am Golf von Issos an der Stelle des antiken Baiae, das einst von den Römern vielbesuchter Badeort war (Reste von Bädern am Meeresstrand). Die Stadt war im Mittelalter ein wichtiger Handelsplatz, geriet aber am Ende des 18. Jh.s unter die Herrschaft des Turkmenenhäuptlings Küçük Ali († 1808), unter dem es verödete. Küçük Ali erhob Zoll von den Karawanen und plünderte die Reisenden aus, wie 1801 den niederländischen Konsul aus Aleppo, den er für acht Monate ins Gefängnis warf und erst gegen ein Lösegeld von 17 500 Piaster freigab. Sein Sohn Dada Bey, der ihm nacheiferte, wurde schließlich verraten und 1817 in Adana enthauptet.

Man erreicht zunächst den 1574 errichteten Baukomplex einer Karawanserei, eines Basars, einer Moschee und Medrese sowie eines Bades, die aus der Blütezeit unter Sultan Selim II., dem Sohn Süleymans d. Gr., stammen und von Sokollu Mehmet Paşa, einem der berühmtesten Großwesire der osmanischen Zeit, gestiftet wurden. Der Han besitzt einen großen Hof, der von Spitzbogenarkaden umrahmt ist. Davor der einschiffige Basar mit Tonnengewölbe und Kuppel. Südlich anschließend die Moschee, ebenfalls mit großem Arkadenhof; nördlich das Bad mit überkuppeltem Camken (Apodyterium), verbindendem Soğukluk (Tepidarium) und Harara (Caldarium) mit Kreuzkuppel.

Westlich von diesem Baukomplex liegt etwa 800 m vom Meer entfernt ein großes mittelalterliches Kastell (14. Jh.) mit polygonalem Grundriß. Vom Inneren kann man die mächtigen Mauern und Türme ersteigen (guter Überblick).

Issos

Die Straße führt weiter in nördlicher Richtung durch die Ebene. In Küstennähe vermutet man hier das sich bis zum Deli Çayı erstreckende Schlachtfeld von Issos, auf dem im Jahre 333 v. Chr. Alexander d. Gr.(→ Berühmte Persönlichkeiten) in einer entscheidenden Reiterschlacht den Perserkönig Dareios III. Kodomanos besiegte (volkstümliche Eselsbrücke: "Drei-drei-drei – bei Issos Keilerei"). Die genaue Lage der antiken Stadt Issos ist noch nicht einwandfrei bestimmt; sie lag im innersten Winkel des gleichnamigen Golfes in Kilikien und war zu Xenophons Zeiten groß und blühend. Nach dem Sieg Alexanders über Dareios soll die Stadt Nikopolis (= 'Stadt des Sieges') genannt worden sein.

Epiphaneia

Bei Yeşilkent (Erzin) erreicht man rechts der Hauptstraße ein ausgedehntes Ruinenfeld, nach früherer Meinung die Stätte von Issos, nach dem österreichischen Archäologen Rudolf Heberdey (1864–1936) das von Cicero genannte Epiphaneia (Epiphania), wo letzterer sein Lager aufgeschlagen hatte. Nach Appian hat Pompeius hier Seeräuber angesiedelt; nach Ammian war Epiphaneia Geburtsort des Bischofs Georgios, des besonders in Rußland und England verehrten Heiligen, der im Jahre 361 als Erzbischof von Alexandria ermordet wurde.

İskenderun, Umgebung, Epiphaneia (Fortsetzung)

Schon von der Hauptstraße aus sieht man den großen spätrömischen Aquädukt, dessen aus Lavagestein erbaute Bogen (noch 116 erhalten) sich in leichter Kurve durch die Ebene ziehen. Auf der nahen Anhöhe lag vermutlich die Akropolis. Südlich der Höhe erstreckt sich der Hauptteil der Stadt mit einigen größeren düsteren Mauerresten (vermutlich von einem Tempel) und einer anschließenden Säulenstraße.

Die Hauptstrecke führt dann über den Engpaß von Toprakkale (⟶ Adana, Umgebung) und mündet in die Straße von Adana nach Osmaniye.

İslahiye M 6

Südostanatolien (Maraş-Graben)
Provinz: Gaziantep
Höhe: 500 m ü. d. M.
Einwohnerzahl: 29 000

**Man beachte die Warnung
auf Seite 139!**

Die lebhafte und prosperierende Kreisstadt liegt am Fuße des Amanus-Gebirges, ist völlig regelmäßig angelegt und hat eine Bahnstation an der Bagdadbahn. Noch bis vor wenigen Jahren war der Ort ein Schmugglernest für westliche Zigaretten und andere Güter, die über die nahe syrische Grenze beschafft wurden.

Lage und Allgemeines

Heute besucht man von hier aus die wenigen, aber interessanten kulturhistorischen Stätten in der Umgebung. Noch Mitte des letzten Jahrhunderts war der Maraş-Graben Winterweidegebiet der Nomaden, versumpft und von größeren Seen durchsetzt. Heute wird in der riesigen Senke intensive Landwirtschaft betrieben (Baumwolle, Wein und Getreide). Das Amanus-Gebirge liegt in Nord-Süd-Richtung und wirkt dadurch als Klimascheide zwischen einem deutlich feuchteren Mittelmeerklima im Westen und kontinentalerem Wettergeschehen im Osten. An seinen Rändern treten als Folge starker Tektonik Erdbeben gepaart mit vulkanischen Erscheinungen auf. Am eindrucksvollsten sind die ausgedehnten, noch recht frischen vulkanischen Ergüsse von Hassa im Süden von İslahiye.

Seit Mahmud II. (1808–1839) wurden viele der oft räuberischen Nomadengruppen, die sich unter lokalen Derebeys verselbständigt hatten, zwangsweise angesiedelt. Mit der Unterwerfung derartiger aufständischer Beyliks betraute man den General Derviş Paşa, der für seine Strafaktion eine Elitetruppe, die 'Firka-i İslahiye', einsetzte. 1866 wurde mit Hilfe dieser Einheit, von İskenderun ausgehend, das gesamte Gebiet zwangsgeordnet. In z. T. blutigen Auseinandersetzungen wurden die Nomaden unter Polizei- und Militärkontrolle gestellt. In diesem Zuge entstanden die späteren Kreisstädte Kırıkhan, Hassa und İslahiye (benannt nach der Firka-i İslahiye). Um 1880 nannte man die Stadt İslahiye auch Niboli nach der Burg Nibol Kalesi, wo 1864 von Hausmann auch die Reste der antiken Stadt Nikopolis aufgefunden wurden.

Geschichte

Bei verschiedenen Oberflächen-Surveys registrierte man in der Ebene um İslahiye über 40 alte Siedlungshügel, die, nach Keramikfunden zu urteilen, eine dichte Besiedlung des Gebiets zur frühen Bronzezeit wahrscheinlich machen. Man vermutet hier den florierenden Staat des aus den Keilschrifttexten (Gilgamesch-Epos) bekannten 'Königs des Zederngebirges' (Zederngebirge = Amanus) Isqippu.

Umgebung von İslahiye

*Tilmenhüyük Auf dem Wege nach Yesemek passiert man 10 km östlich von İslahiye den Siedlungshügel Tilmenhüyük, bevor sich die Straße gabelt (rechts nach Yesemek). Unmittelbar in einer Schlinge eines breiten Baches liegt die schlecht erreichbare Grabungsstelle, an der seit 1959 gearbeitet wird. Man fand die Grundmauern eines Palastes aus altsyrischer Zeit (etwa 17. Jh. v.Chr.) auf einem Siedlungshügel, der bereits seit der frühen Bronzezeit bewohnt war. Der Ort gehörte damals zum Königreich Yamhad.
Die Zerstörung des Palastes, auf die ca. im 14. Jh. v.Chr. ein erweiterter Neubau erfolgte, schreibt man dem Hethiterherrscher Hattusili zu. Die ergrabene Residenz, die wohl öfters zerstört worden ist, ähnelt sehr stark der Anlage auf dem Tell Açana (Alalach) bei Reyhanlı. Von weitem erkennbar sind die Reste der zyklopischen, in sich versetzten Mauern von etwa 1000 v.Chr. mit den Unterbauten eines Tores.

**Yesemek Man erreicht das sehenswerte Skulpturengelände eines hethitischen Bildhauerateliers und Steinbruchs, etwa 35 km südöstlich von İslahiye, über eine zunächst gut befahrbare Asphaltstraße nach Osten, dann über eine Staubstrecke nach Südosten. In einem Tälchen südlich des Dorfes Yesemek erstreckt sich am südöstlichen Hang das interessante, mittlerweile umzäunte Skulpturengelände, in dem z.Zt. türkische Wissenschaftler im Zuge von Grabungsarbeiten einen kleinen Besucherpark herrichten. Gezielte Untersuchungen setzten erst 1955 und 1958–1961 ein, obwohl Luschan den Ort 1890 bereits entdeckt hatte. Das Gelände zeigt Steinfiguren in allen möglichen Bearbeitungsphasen und Motiven aus der Zeit zwischen dem ausgehenden 2. und dem frühen 1. Jtd. v.Christus. Das Atelier belieferte damals offensichtlich alle wichtigen hethitischen Zentren mit Sphingen, Berggöttern, Löwen und Reliefplatten. Das interessanteste Objekt ist bislang der sog. 'Bärenmensch' mit dem Kopf eines 'Teddybären'.

Hethitische Steinskulpturen bei Yesemek

Nur 10 km nördlich von İslahiye liegt bei Zincirli die berühmte Ausgrabungsstätte der späthethitischen Fürstenstadt Sam'al. Der Ort war Zentrums des Reiches von Ja'dija, das unter Sargon II. (722–705 v. Chr.) von den Assyrern erobert wurde. Beim Versuch, die Selbständigkeit zurückzugewinnen, wurde Sam'al gänzlich zerstört (650 v. Chr.) und aufgegeben. Bei den Ausgrabungen 1888–1904 mußte die Ruinenstätte erst von meterhohen Brandschuttschichten befreit werden. Die schon im 14. Jh. v. Chr. von den Hethitern gegründete Stadt war seit dem 9. Jh. v. Chr. von einem kreisförmigen, doppelten Mauerring (720 m Durchmesser) mit mehr als 100 Türmen und drei Toren umgeben. In der Stadtmitte gab es palastartige Anlagen, die Reliefs am Palast waren aramäischer Stilrichtung, die der Burgtore hethitisch. Sie befinden sich in Museen in Berlin, Ankara und İstanbul. Man fand auch Grabstelen, Statuen und mächtige Torlöwen.

İslahiye,
Umgebung
(Fortsetzung)
Zincirli

İstanbul   D/E 2/3

Marmaragebiet (Bosporus)
Provinz: İstanbul
Höhe: 0–125 m ü. d. M.
Einwohnerzahl: 12 Mio. (Großraum 15 Mio.)

Die im Rahmen dieses Reiseführers gegebene Darstellung von İstanbul ist bewußt knapp gehalten, da in der Reihe 'Baedekers Allianz-Reiseführer' ein ausführlicher Stadtband "İstanbul" vorliegt.

Hinweis

Die früher Konstantinopel, jetzt Istanbul (veraltete Kurzform Stambul) genannte, türkisch İstanbul geschriebene Weltstadt und Zentrum der größten Agglomeration (ca. 15 Mio. Einw.) der Türkei, war bis 1923 Hauptstadt des Landes. Sie ist Sitz einer Universität, einer Technischen Universität und einer Kunstakademie, eines moslemischen Mufti, eines griechischen und eines armenischen Patriarchen sowie eines römisch-katholischen Erzbischofs. İstanbul liegt malerisch auf Hügeln zu beiden Seiten der Mündung des Bosporus in das Marmarameer am Schnittpunkt des Landwegs vom Balkan nach Vorderasien mit dem Seeweg vom Mittelmeer zum Schwarzen Meer. Dank dieser günstigen geographischen Lage mit dem Goldenen Horn als vorzüglichem Naturhafen, dem größten Hafen der Türkei, war İstanbul von jeher ein bedeutender Welthandelsplatz.

Lage und
**Bedeutung

Lebten Mitte der 1980er Jahre noch ca. 6 Mio. Menschen in İstanbul, so haben Landflucht, kriegerische Auseinandersetzungen im türkischen Kurdengebiet, im Iran und Irak sowie politische Wirren auf dem Balkan und in den GUS-Staaten mehrere Millionen Menschen zu einem Neuanfang im Großraum İstanbul veranlaßt. Auch für viele Migranten aus Pakistan, Indien oder Sri Lanka ist İstanbul die erste Station auf ihrem Weg in die Europäische Union. Bedingt durch den hohen Bevölkerungszuwachs entstanden an der Peripherie ausgedehnte Geçekondu-Areale. In solchen zumeist illegal über Nacht errichteten Bretterbuden und Hütten, die nach altem Recht nicht abgerissen werden dürfen, wohnen mehrere Millionen Menschen.

Bevölkerungs-
explosion

Das enorme Wachstum der Stadt hat zu einer dramatischen Zuspitzung von Umweltproblemen aller Art geführt. Lärm, täglicher Verkehrsinfarkt, massive Luft- und Gewässerverschmutzung und riesige Müllberge. Seit Jahren bemüht sich die Stadtverwaltung, die Umweltprobleme in den Griff zu bekommen. So wurde der Ausbau der U-Bahnverbindung von Yenikapı nach Norden angetrieben. Das erste, 7 km lange Teilstück zwischen dem Taksim-Platz und der Station 4. Levent wurde Ende 2000 eröffnet. Die Müllbeseitigung ist inzwischen effektiv organisiert, und mehrere Kläranlagen wurden gebaut. Die Modernisierung veralteter, giftige Schwaden ausstoßende Braunkohle-Heizanlagen ist im Gange.

Umweltsanierung

Die Stadt zerfällt in drei Teile: in die türkische Altstadt Alt-İstanbul (Eminönü, Aksaray, Fatih), die sich vom rechten Ufer des Goldenen Horns zum

**Gesamtbild

329

İstanbul

Marmarameer erstreckt und ein ungefähr gleichseitiges Dreieck bildet; in den mit Alt-İstanbul durch die Galatabrücke und die Atatürkbrücke verbundenen, großenteils von Fremden bewohnten Stadtteil Beyoğlu mit seinen Vororten Galata und Harbiye an den Abhängen zwischen Goldenem Horn und Bosporus; ferner in den Stadtteil Üsküdar mit den Vororten am asiatischen Ufer. Prachtvoll ist das Gesamtbild der mit ihren Türmen, Palästen und den vielen Kuppeln und Minaretten der 35 großen und über hundert kleinen Moscheen aus dem Wasser aufsteigenden Stadt. Von dem bunten orientalischen Treiben der einstigen Residenz ist freilich wenig übriggeblieben, und die Bevölkerung kleidet sich meist europäisch. Straßen- und Ladenschilder zeigen die lateinische Schrift, und in den Hauptvierteln sind Stein- und Eisenbetonbauten entstanden. Unter den Vögeln fallen die schwarzen Milane auf, an den Ufern von Üsküdar die Kormorane.

Um 660 v. Chr. gründeten dorische Griechen auf der heutigen Serailspitze die Stadt Byzantion (Byzanz), die den Zugang zum Schwarzen Meer an der Einfahrt in den Bosporus beherrschte. Durch Dareios I. kam die Stadt 513 v. Chr. an Persien. Im 6. und 5. Jh. v. Chr. schloß sich Byzanz dem ersten und zweiten Attischen Seebund an. Die freie Stadt schloß 146 v. Chr. ein Bündnis mit Rom, dann wurde ihr die Freiheit wiederholt genommen. Septimius Severus eroberte Byzanz 196 n. Chr., doch erholte sich die Stadt rasch wieder. 324 n. Chr. zog Konstantin I. (306–337) nach seinem Sieg über Licinius ein und verwirklichte seinen Entschluß, hier eine neue Reichshauptstadt zu gründen. Um 326 wurde der Grundstein zu der weit nach Westen ausholenden Stadtmauer gelegt und 330 die neue Stadt, die zunächst den Namen Nova Roma ('Neu-Rom') erhielt, feierlich eingeweiht. Wie Rom wurde die in Constantinopolis umbenannte Stadt in 14 Regionen eingeteilt und wies sogar sieben Hügel auf. Nach der Reichsteilung von 395 wurde Konstantinopel Hauptstadt des Oströmischen Reiches. Unter Justinian (527–565), der die bei dem Nika-Aufstand großenteils eingeäscherte Stadt glänzend wiederherstellte, erreichte sie ihre höchste Blüte. Aus der spätgriechischen und römischen Kultur erwuchs die byzantinische, deren Trägerin die griechische Sprache war.

Bald jedoch erschütterten innere und äußere Kämpfe das Reich. Angriffe der Avaren und Perser (627) sowie der Araber unter den Omaijaden erfolgten, ferner 813 und 924 Belagerungen der Bulgaren. 907 und 1048 erschienen russische Flotten. Im Jahre 1204 führten Thronstreitigkeiten zur Einnahme Konstantinopels durch die Kreuzfahrer und zur Gründung des abendländischen ('lateinischen') Kaisertums.

Seit der Eroberung Kleinasiens durch die Osmanen im 13. Jh. und seit der 1361 erfolgten Verlegung der Sultanresidenz von Bursa (Brussa) nach Edirne (Adrianopel) wurde die türkische Umfassung immer bedrohlicher. Um 1453 eroberte Mehmet II. (mit dem Beinamen Fatih = der Eroberer) die Stadt, die nun als İstanbul Hauptstadt der Osmanen wurde. Alsbald entwickelten Sultane und türkische Vornehme eine rege Bautätigkeit, namentlich Selim I. (1512–1520) und Süleyman der Prächtige (1520–1566). Auch im 17. und 18. Jh. entstanden bedeutende Werke türkischer Architektur. Im 19. Jh. machten sich starke westliche Einflüsse im Stadtbild geltend. Der Ausgang des Ersten Weltkrieges, in dem die Türkei mit den Mittelmächten verbunden war, führte zur Besetzung İstanbuls durch die Alliierten. 1922 zogen nach dem Sieg im Unabhängigkeitskrieg wieder türkische Truppen ein. 1923 wurden das Sultanat und Kalifat abgeschafft und die Republik ausgerufen, deren erster Präsident Mustafa Kemal Atatürk die Hauptstadt nach Ankara verlegte. Atatürks einschneidende Reformen führten zum Verbot von Fes, Frauenschleier, Derwischorden und Vielehe sowie zur Übernahme der Lateinschrift, des metrischen Systems und fester Familiennamen. Großzügige Straßenzüge, der Abriß von alten Holzhäusern in der Altstadt, an deren Stelle neue Wohnblocks und Geschäftshäuser errichtet werden europäisieren das Stadtbild immer mehr.

In İstanbul wurde 1996 die Weltsiedlungskonferenz "Habitat II" abgehalten. Eine Deklaration sieht die verstärkte Zusammenarbeit aller an der Siedlungsentwicklung Beteiligten vor. Man darf gespannt sein, welche

Stadtpanorama mit Blauer Moschee und Hagia Sophia

Auswirkungen für die aus allen Nähten platzende Metropole zu erwarten sind. Da die Kurden in İstanbul eine stattliche Minderheit darstellen, kam es wiederholt zu terroristischen Anschlägen und Konflikten mit der Staatsmacht. 1997 wurde von deutschen und türkischen Regierungsvertretern ein Abkommen über die Errichtung einer deutschsprachigen Universität in İstanbul unterzeichnet, die u.a. aus Deutschland zurückkehrenden Schülern ein Hochschulstudium ermöglichen soll.

Geschichte (Fortsetzung)

Beyoğlu

Am Südrand des Stadtteils Galata und am nördlichen Ende der Galatabrücke liegt der verkehrsreiche Karaköyplatz. An der Südseite des Platzes beginnt der Galatakai, der sich nordöstlich an der Mündung des Goldenen Horns in den Bosporus entlangzieht und Abfahrtsstelle der türkischen und ausländischen Schiffahrtslinien ist (Yolcu Salonu).

Karaköyplatz Galatakai

Ebenfalls nordöstlich, parallel zum Galatakai, aber in einiger Entfernung vom Meer, führt vom Karaköyplatz die Große Galatastraße durch das Stadtviertel Top Hane zum Dolmabahçe-Palast.

Große Galatastraße

Von der Nordseite des Karaköyplatzes gelangt man durch die Voyvoda Caddesi und ihre Fortsetzungen, oder auf der lädenreichen Yüksek Kaldırım ('Hoher Pflasterweg'), einer steilen Straße mit 113 Stufen zu beiden Seiten, an deren Nordende (links etwas abseits) sich der 1348 von den Genuesen erbaute und 1875 wiederhergestelle Galataturm (Galata Kulesi) erhebt (68 m hoch; Restaurant und Nachtklub; bester Überblick über die Stadt) hinauf zum Tunnelplatz (Station einer unterirdischen Standseilbahn) in dem hochgelegenen Hauptteil von Beyoğlu (= 'Herrensohn'; früher Pera), der in seinem oberen Teil um den Taksimplatz erst im 19. Jh. in moderner europäischer Bauweise angelegt wurde und zahlreiche Hotels, ausländische Konsulate, Kirchen, Schulen und Krankenhäuser enthält.

** Rundblick vom Galataturm

İstanbul

500 m

Eyüp Camii   Erste Bosporus-Brücke

HALICIOĞLU

Piyale Paşa Camii

HASKÖY

KASIMPAŞ

Goldenes Horn

AYVANSARAY

Konstantin Saray

BALAT

Kariye Camii (Mosaiken)

Edirne-Tor

Mihrimah Camii

Edirnekapı Şehitliği

EDIRNEKAPI

Sultan Selim Camii

Gül Camii

Nisancı Camii

BAYRAMPAŞA

KARAGÜMRÜK

Pantokrator-Kloster

KÜÇÜ

Otobüs Terminali

TOPKAPI

Top Kapı

Pazartekke

Mehmet Fatih Camii

Merkez Bankası

Botanisch Institut

PAZ

Metro Aksaray İst.

FATİH

Valens-Aquädukt

Süley-maniye Camii

Şehzade Camii

Universität

BEYAZIT

Çapa

SARAÇHANE

Rathaus

Beyazıt Kule

ÇAPA

TAŞKASAP

Fındıkzade

Valide Camii Laleli Institut

Beyazıt Camii

Mevlanakapı Cad.

Murat Paşa Camii

Camii

Divanı

Haseki

ALTIMERMER

Haseki Camii

YENİKAPI

KUMKAPI

Hekimoğlu Alipaşa Cad.

Cerrahpaşa Camii

Türkeli Cad

İbrahim Paşa Camii

AKSARAY

Yenikapı İst.

Kumkapı

SILIVRIKAPI

Hekimoğlu Ali Paşa Camii

SAMATYA

(Kennedy Cadde

Koca Mustafa Paşa Camii

Florya Sahil Yolu

Koca Mustafa Paşa İst.

İmrahor Camii

Yedikule İst.

YEDİKULE

Yedikule-Kastell

Marmara-Meer

Florya

Mermer Kule

Militärmuseum, Sportpalast   Lido, Rumeli Hisari

Radio Evi
Osmanbey
Freilicht-theater   MAÇKA   BEŞIKTAŞ
Sinan Paşa
Camii
DOLMABAHÇE   Çırağan-Caddesi
KURTULUŞ
BEYOGLU
Technische
Universität   Dolmabahçe Cad.   Marinemuseum
TAKSIM   Beşiktaş
Stadion   Dolmabahçe
Taksim   Oper   Palast
Cumhuriyet
Abidesi   Taksim
Meyd.   Uhrturm
Gümüşsuyu Cad.
TEPEBAŞI   Galatasaray   Dolmabahçe
Camii
GALATA   KABATAŞ
Galata   Kabataş
Sarayı
SARAY   CIHANGIR   Molla Çelebi
Camii
BEYOGLU   Meclisimebusan   *Bosporus*
SISHANE
Tophane
Galata-   Nusretiye
Turm   Camii   Üsküdar
Tünel   Kemeralti Cad.   Çemsi Paşa Camii   Mihrimah
Kılıç Ali Paşa   Camii
Camii   Galatakai
KARAKÖY   Doğancılar Cad.   Yeni
Yolcu   Valide
Tünel   Salonu   Kız   Camii
Karaköy   Auberer   Kulesi
Hafen   Halk Cad.
Galata-   Hafen
Brücke   *Fährhafen*
EMINÖNÜ   ÜSKÜDAR
Yeni Cami   Sirkeci
Sirkeci   Atatürk-
Çarşısı   Denkmal
Bahnhof Sirkeci   Gotensäule   Harem-Kai
CAGALOGLU   Gülhane
Archäologisches   Topkapı
Museum   Serail   HAREM
Hohe Pforte   Gülhane
Parkı
Hagia Sophia   St. Irene
(Ayasofya)   Sultanahmet   Selimiye
Yerebatan   Bab-ı Hümayun   Camii
Sarayı   Ahmet III
EMDAR   Çeşmesi   Harem   SELIMIYE
Hippo-   Sultan Ahmet   Selimiye
drom   Camii   Kislası
Mosaiken-   Cankurtaran İst.   Asfaltı
Museum
ük Ayasofya   Haydarpaşa
Lisesi
Askeri
Hastahanesi

HAYDARPAŞA

Bahnhof
Haydarpaşa

Marmara-Meer

Haydarpaşa

©Baedeker

Şile Bulgurluköy

Üsküdar-Harem-Sahil-Bulvar

Kadiköy Rihtim Caddesi

─○─ Standseilbahn   ─■─ Vorortbahn   ─ ─ ─ Lokalboote   Izmir, Ankara   333

İstanbul

Galata
(Fortsetzung)

Unweit östlich der Tünel-Bergstation findet man in der Galipdede Caddesi den Galata Mevlevihane, das erste Derwischkloster (Tekke) von İstanbul von 1492 (zum Derwisch-Orden → Baedeker Special S. 593).

*İstiklâl Caddesi

Eine sehenswerte, 1996 renovierte Fußgängerzone bildet die İstiklâl Caddesi (= 'Unabhängigkeitsstraße'; früher Grande Rue de Pera = Große Perastraße) mit vielen großen Geschäftshäusern und dem Gymnasium Galata Sarayı. Die Einkaufsstraße verbindet die älteste U-Bahn der Welt (von 1875), die Standseilbahn 'Tünel', mit dem Taksimplatz. Die alte Trambahn wurde auf der gesamten Strecke wieder reaktiviert. Die İstiklâl Cad. ist zudem Standort zahlreicher Kirchen und Konsulate sowie der in den letzten Jahren mehrfach umgestalteten Çiçek-Pasajı (Passage). Die einst exotische Atmosphäre ist heute nur noch zu erahnen. Über die relativ teuren Eßlokalen wölbt sich nun ein Glaskuppeldach, wie man von mitteleuropäischen Geschäftspassagen kennt.

Westlich unterhalb der İstiklâl Cad. steht das altehrwürdige Luxushotel Pera Palas, wo bis zum Ausbruch des Zweiten Weltkriegs Staatsgäste bewirtet wurden (inzwischen liebevoll renoviert). Staatsgründer Atatürk hatte hier ein Zimmer und Agatha Cristie verfaßte hier Teile ihres Romans "Mord im Orientexpreß".

Taksimplatz

Die İstiklâl Caddesi mündet nördlich auf den Taksimplatz (Taksim Meydanı), mit dem Unabhängigkeitsdenkmal (1928; es stellt Atatürk und seine Kampfgefährten dar) und der Atatürk Kültür Merkezi (Oper). Um den Platz gruppieren sich einige Nobelherbergen internationaler Hotelketten. Aus Anlaß der großen UNO-Weltsiedlungskonferenz hat der verkehrsreiche Platz 1996 eine gärtnerische Neugestaltung erhalten.

Cumhuriyet Caddesi

Vom Taksimplatz zieht die von Hotels und großen Geschäftshäusern gesäumte Cumhuriyet Caddesi, die vornehmste Straße İstanbuls, an der Esplanade der Republik vorüber zu den nördlichen Villenvierteln Harbiye und Şişli. Östlich der Cumhuriyet Cad. erstreckt sich im Anschluß der Maçka-Park mit der Technischen Universität, dem Freilichttheater, dem Sport- und Ausstellungspalast und dem Militärmuseum.

**Dolmabahçe-Palast, Marinemuseum

Vom Taksimplatz führt die Gümüşsuyu Caddesi östlich im Bogen an Instituten der Technischen Universität (links) und dem Stadion (links) vorbei zum Stadtteil Dolmabahçe mit dem von Abdul Mecid 1854 im sogenannten türkischen Renaissancestil erbauten Dolmabahçe-Palast (Dolmabahçe Sarayı), bis 1918 Residenz der türkischen Sultane, heute Museum und für hohe Staatsbesuche benutzt, dem Uhrturm der ehemaligen Dolmabahçe-Moschee (1853) sowie dem Marinemuseum (Deniz Müzesi), letzteres unweit nordöstlich vom Dolmabahçe-Palast. Führungen finden tägl. außer Mo. und Do. 9.00 bis 15.00 Uhr statt (Einlaß beschränkt!).

Resim ve Heykel Müzesi
(Kunstmuseum)

Im Veliath Appartement des Sultanspalastes sind Arbeiten moderner türkischer Künstler ausgestellt, u.a. Werke von Osamn Nuri, Salih Molla Aski und Hüseyin Giritli, allesamt Vertreter der 'Primitive Art'. Interessante Keramik und Exponate der Volkskunst runden die Ausstellung ab.

Galatabrücke

Vom Karaköy-Platz gelangt man auf der stets belebten, neuen Galatabrücke (484 m lang, 42 m breit; Abfahrtsstelle der Lokaldampfer) über das Goldene Horn (prächtige Aussicht nach Alt-İstanbul). Sie wurde 1991 mit deutscher Hilfe errichtet und ersetzt die durch einen Brand zerstörte alte Galatabrücke, die in den Jahren 1909–1912 von der Maschinenfabrik Augsburg-Nürnberg erneuert wurde. Diese ruhte auf 22 Pontons und besaß einen ausschwenkbaren Mittelteil für Seeschiffe.

Vor kurzem hat man eine Rekonstruktion der alten Galatabrücke einige Kilometer landeinwärts über das Goldene Horn geschlagen. Sie verbindet die Stadtteile Balat und Hasköy.

*Goldenes Horn

Das Goldene Horn (türkisch Haliç), die hornförmig gekrümmte, 7 km lange und bis 40 m tiefe Hafenbucht von İstanbul (einer der besten Naturhäfen

Dolmabahçe-Palast: Zierbrunnen und ...   *... prachtvoller Treppenaufgang*

der Erde), ist ein versunkenes Nebental des Bosporus. Der Hafen besteht aus dem Äußeren Handelshafen, mit dem Galatakai und den Kais auf der Seite von Alt-İstanbul, sowie aus dem zwischen der Galatabrücke und der Atatürkbrücke (1 km westlich) gelegenen Inneren Handelshafen, an den sich nördlich der ehemalige Kriegshafen anschließt. Im Mittelalter konnte das Goldene Horn wie auch der Bosporus durch eine Kette für Schiffe gesperrt werden.

Goldenes Horn (Fortsetzung)

Alt-İstanbul

Die Galatabrücke mündet südlich auf den am Anfang des ältesten Stadtteils Alt-İstanbul gelegenen Eminönü-Platz, von dem der Florya Sahil Yolu, eine schöne Uferstraße, um die Serailspitze herum, dann am Marmarameer entlang nach Yeşilköy zieht. Im Stadtteil Eminönü, dem pulsierenden Herz der Metropole, bündeln sich wichtige Verkehrsstränge der Stadt.

An der Südseite des Eminönü-Platzes erhebt sich die große Yeni Cami, die 'Neue' Moschee der Sultansmutter, nach dem Vorbild der Moschee Ahmeds I. 1615 für dessen Mutter begonnen, aber erst 1663 vollendet. Im Inneren sowie besonders in den anschließenden kaiserlichen Privatgemächern reicher Fayenceschmuck.

*Yeni Cami

Unweit nordwestlich der Yeni Cami steht die 'Fayancenmoschee', einer der schönsten islamischen Sakralbauten der Stadt, die 1561 auf Geheiß von Rüstem Paşa im Geschäftsviertel Tahtakale am Goldenen Horn errichtet wurde. Die vom genialen Architekten Sinan im klassischen Baustil errichtete Moschee verfügt über einen großartigen Fliesenschmuck. Wundervolle, in İznik und Kütahya gefertigte Kacheln zieren nicht nur den Mihrab und die Kıbla-Wand, sondern auch den Mimber, die Pforte und die Säulen, die die Hauptkuppel tragen.

*Rüstem Paşa Camii

*Ägyptischer Basar

An den Außenhof der Moschee grenzt westlich der sog. Ägyptische Basar (Mısır Çarşısı), ursprünglich nur für Waren aus Ägypten bestimmt, jetzt neben dem Großen Basar der wichtigste Markt von Alt-İstanbul.

Hohe Pforte

Von der Yeni-Moschee gelangt man südöstlich, nahe am Hauptbahnhof vorbei, zur Hohen Pforte, einst Sitz des Großwesirs, dann des Außenministeriums, jetzt Amtsgebäude des Stadthalters (Valı) der Provinz İstanbul. Östlich gegenüber auf der Ecke der Serailmauer der Alay Köşk, von dem aus die Sultane unbemerkt den Zugang zur Hohen Pforte überblicken konnten. Unweit südöstlich bildet das Soğuk-Çeşme-Tor den Haupteingang zum Serail, zu dem die Straße halbrechts aufwärts führt. Die Straße geradeaus zieht durch den Gülhane-Park (Gebühr) zu einer Aussichtsterrasse (Blick auf den Bosporus und das Marmarameer). Unweit südlich, unterhalb des Tulpengartens, die 'Gotensäule' (2. Jh. n.Chr.). Außerhalb des Parks, nahe an der Serailspitze, ein Bronzestandbild von Atatürk.

**Topkapı Sarayı

Vom Suğuk-Çeşme-Tor gelangt man halbrechts zum Topkapı Sarayı ('Kanonentorpalast') oder Eski Saray ('Alter Serail'), einst Palaststadt der Sultane, die auf dem Hügel der Serailspitze, dem ersten der sieben Hügel von Neu-Rom, an der Stätte der Akropolis und der ältesten Straßenzüge von

Topkapı Sarayı
Kanonentorpalast
İstanbul

Eski Saray
Alter Serail

Übersichtsplan

VIERTER
Bağdad Köşkü
Harems-garten
Sôfa Köşkü
Hekım-başı
Sünnet Odası
Mecidiye Köşkü
Revan Köşkü
HOF
Hırka-i Saadet
Uhren-sammlung
Kalligraphien-sammlung

DRITTER
Verwaltung
H a r e m
© *Baedeker*
Ağalar Camii
Bibliothek Sultan Ahmets III.
HOF
Textil-sammlung
Arz Odası
Seferli Koğusu
Waffen-kammer
Bab üs-Saadet
Kubbe Altı
Palast-küchen

Wagensammlung
Hellebarden-hof
ZWEITER
HOF
Beşir Ağa Camii

Bab üs-Selâm
ERSTER
Zugang
HOF

50 m

Mit Perlen und Edelsteinen besetzter Sultansthron im Topkapı Sarayı

Byzanz erbaut wurde. Die weitläufigen Gebäude, inmitten jetzt öffentlicher Parkanlagen, die von zinnenbekrönten und durch Türme verstärkten Mauern umschlossen sind, gliedern sich in eine Reihe von Außenbauten (Archäologisches Museum, Münze, Irenenkirche u. a.) und in die Gebäude des Inneren Serails. Mehmet II. führte hier 1468 einen Sommerpalast auf, der von Süleyman dem Prächtigen zur Residenz erweitert wurde und den Sultanen als Wohnung diente, bis Abdul Mecid 1855 in den Dolmabahçe-Palast übersiedelte.

Topkapı Sarayı (Fortsetzung)

Auf halber Höhe am Westhang des Serailhügels das Archäologische Museum (Arkeoloji Müzeleri), das bedeutende prähistorische, griechische, römische und byzantinische Altertümer enthält. Die Hauptstücke sind die Sarkophage der sidonischen Könige aus der Königsnekropole von Saida (Sidon im Libanon), vor allem der prachtvolle sog. Alexandersarkophag sowie der Sarkophag der klagenden Frauen (mit 18 Frauengestalten), beide aus dem 4. Jh. v. Chr., ferner der sog. Sarg des Satrapen (5. Jh. v. Chr.), der lykische Sarkophag (um 400 v. Chr.) und der Sidamara-Sarkophag aus der Gegend von Konya (3. Jh. n. Chr.); außerdem beachtenswerte Grabsteine und Inschriftsteine.

**Archäologisches Museum

Seit 1995 kann man in dem Neubau des Museums stadthistorische Exponate, ein Kindermuseum und eine große Troia-Präsentation besuchen. Hier wird auf die Grabungen von Heinrich Schliemann, W. Dörpfold, Carl W. Blegen und die jüngsten Grabungskampagnen des Tübinger Forschers Prof. Dr. Manfred Kortmann eingegangen (→ Troia).

Weiterhin im Hof des Archäologischen Museums der zierliche Çinili Köşk, eines der ältesten erhaltenen türkischen Baudenkmäler İstanbuls, 1472 im persischen Stil errichtet, mit türkischer Keramik, Kacheln (bes. aus İznik; meist 16. Jh.) und Fayencen (12. bis 19. Jh.). Oberhalb vom Archäologischen Museum der Äußere Serailhof mit der Janitscharenplatane. An der Südwestseite des Hofes die kuppelbekrönte rötliche Irenenkirche ('Kirche des göttlichen Friedens'; jetzt Museum, Aya İrini Müzesi), eines der best-

Sappho

Irenenkirche

Frauen zu Sultans Zeiten
und heute...

Bei dem Gedanken an İstanbul wird man sicherlich an die Sultane und ihren geheimnisumwitterten Harem erinnert. Zwar durfte jeder Muslim eine unbeschränkte Anzahl von Nebenfrauen führen – der Sultansharem zählte bisweilen mehrere hundert Damen –, doch konnten es sich neben dem Sultan nur hohe Beamte oder reiche Kaufleute leisten, einen **Harem** standesgemäß zu unterhalten. Um dem monotonen, ja manchmal trostlosen Haremsleben für kurze Zeit zu entfliehen, versuchten die Damen mit geschmeidigen Bewegungen die Gunst ihres Gebieters auf sich zu ziehen. Denn es galt eine Hierarchie zu etablieren, die mit besonderen Privilegien ausgestattet war: vier Hauptfrauen und mehrere Geliebte; diejenige Dame, die ihrem Herrn als erste einen Sohn gebar, wurde sogar zur Sultansfrau erkoren.

Die Kunst des orientalischen **Bauchtanzes**, der auf Fruchtbarkeitsrituale früher Kulturen zurückgeht und aus Nordafrika und von der arabischen Halbinsel kam, hielt Einzug in die Harems der osmanischen Hauptstadt. Eine gute Bauchtänzerin muß sich temperamentvoll und anmutig bewegen können. Charakteristisch sind die rollenden und kreisenden Bewegungen des Beckens, die rhythmische Anspannung der Bauchmuskeln und die Fähigkeit, einzelne Körperpartien isoliert voneinander bewegen zu können.

Eine Bauchtanzdarbietung dauert etwa 20 Minuten und besteht zumeist aus vier Teilen. Begonnen wird mit einer schnellen und sehr rhythmischen Vorführung mit vielen Hüftschwüngen, Hüftkreisen und Schulterbewegungen. Dann folgt eine eher ruhige Vorführung mit schlangenhaften Armbewegungen. Im dritten Abschnitt paßt sich die Tänzerin der lebhafter werdenden Musik an, bis sie in einen Tanzrausch verfällt und zum

Festsaal des Padidschah im Harem

Höhepunkt des Tanzes gelangt: dem ekstatischen 'Zitter-Schimmy', bei dem ihr ganzer Körper vibriert und zittert.

Diese öffentliche Zurschaustellung weiblicher Reize zur Ergötzung des Mannes steht im krassen Gegensatz zur gängigen Rolle der Frau in der türkischen Gesellschaft. Vollständig unter männlicher Kontrolle wird sie in ihrer Bewegungsfreiheit extrem eingeschränkt. Sie muß verschlossen und abweisend selbst gegen harmlose verbale Annäherungsversuche sein, um nicht verachtet zu werden. Keuschheit ist selbstverständlich Pflicht für junge Frauen. Verhüllt und gehorsam soll sie sein und sich nicht in das öffentliche Leben einmischen. Als Ehefrau muß sie drei Schritte hinter ihrem 'Pascha' herlaufen.

Trotzdem gibt es seit Atatürks Reformen in der städtischen Mittel- und Oberschicht zunehmend berufstätige und auch erfolgreiche Frauen – bekannteste Repräsentantin ist wohl die ehemalige Ministerpräsidentin Tansu Çiller, die sich in ihrem Erscheinungsbild von mitteleuropäischen Geschlechtsgenossinnen nicht unterscheidet.

erhaltenen altbyzantinischen Bauwerke İstanbuls, 381 Schauplatz des Zweiten Ökumenischen Konzils, in türkischer Zeit als Zeughaus, zuletzt als Artilleriemuseum benutzt.

Irenenkirche (Fortsetzung)

An der Nordseite des Äußeren Serailhofs, wo rechts vor dem Henkersbrunnen die in Ungnade gefallenen Würdenträger hingerichtet wurden, bildet das Orta Kapı ('Mittleres Tor'; 1524) den Eingang zum Inneren Serail, der eigentlichen ehemaligen Palaststadt der Sultane, die aus zahlreichen um drei Höfe gruppierten kleineren und größeren Gebäuden besteht. In dem von einem Säulengang umgebenen ersten Innenhof ('Platz des Divan'), dem größten und eindrucksvollsten (150 m lang), rechts die von 20 kuppelartigen Schornsteinen überragten ehemaligen Serailküchen (24 Herde; angeblich bis zu 20 000 Mahlzeiten täglich). Darin ist jetzt die Porzellansammlung untergebracht mit z. T. hervorragenden, vorwiegend chinesischen Porzellanen und Fayencen (meist aus dem 10. bis 18. Jh.).

**Porzellansammlung

An der linken Hofseite der von einem 41,50 m hohen Turm (16. Jh.; oberer Teil von 1819) überragte, von Mehmet II. erbaute Kubbe altı mit dem Divan, dem Beratungssaal der Wesire und dem rechts anschließenden Audienzsaal des Großwesirs für die fremden Gesandten. Rechts neben der Kubbe altı eine Sammlung türkischer Fayencen.

Durch das Babisaddet, die Pforte der Glückseligkeit (links eine Stoffsammlung), gelangt man in den zweiten Innenhof. Gegenüber dem Eingang der Thronsaal (Arz Odası), ein Pavillon mit Säulenhalle und baldachinartigem Thron, aus der Zeit Süleymans des Prächtigen. Hinter dem Thronsaal die Bibliothek Ahmets III. An der rechten Hofseite das Schatzhaus (Hazine), das in drei Sälen kostbare Stücke von historischem Wert aufweist (Throne, Gewänder und Waffen von Sultanen, Edelsteine, Perlen, Vasen, Uhren, Leuchter, Schreibzeuge u. a.). Anstoßend eine Sammlung von Sultansgewändern.

Schatzhaus

An der linken Hofseite die ehemalige Ağalar Camii (Moschee der Eunuchen), jetzt Bibliothek (12 000 Manuskripte). Südwestlich der Harem (arabisch Harîm = das Verbotene; z. T. gegen Gebühr zugänglich), die ehemaligen Frauengemächer, zu denen nur der Sultan, seine Blutsverwandten und die Eunuchen Zutritt hatten. Außer einigen wenigen größeren sowie reicher ausgestatteten Räumen und Bauten bildet der Harem (halbstündliche Führungen von max. 50 Personen) ein Labyrinth enger Korridore mit einer Unzahl kleiner und kleinster Zimmer, die nicht mehr viel von 'orientalischer Märchenpracht' zeigen. Der Moslem der kaiserlichen Türkei durfte gleichzeitig vier, der Sultan sieben rechtmäßige Ehefrauen haben, wobei jedoch die Zahl der Nebenfrauen unbeschränkt war. Seit 1926 ist die Einehe Gesetz.

**Harem

Jenseits des dritten Innenhofes der in Terrassen angelegte Tulpengarten; auf der obersten Terrasse (Aussicht) der 1639 von Murat IV. zur Erinnerung an die Einnahme Bagdads errichtete Bağdat Köşkü, ein kuppelbekrönter Bau mit herrlichen Fayencen. Daneben der Revan Köşkü und der ehemalige Beschneidungssaal. Etwas tiefer der Sofa Köşkü (1704; eindrucksvolles Holzbauwerk), mit dem Hekim başı (Chirurgenturm) und der Mecidiye Köşkü (19. Jh.; heute Restaurant).

*Bağdat Köşkü

An der Südwestseite der Serailmauer steht gegenüber der Sophienkirche prächtig das Babıhumayun, das Sultanstor. Außerhalb des Tores der Brunnen Ahmets III. (von 1728).

Sultanstor
*Brunnen
Ahmets III.

Die ehemalige Sophienkirche Hagia Sophia, türkisch Ayasofya, seit der türkischen Eroberung bis 1935 Hauptmoschee İstanbuls, jetzt Museum, ist die reifste Raumschöpfung byzantinischer Baukunst und das berühmteste Denkmal der Stadt. Eine von Konstantin d. Gr. im Jahre 326 der göttlichen Weisheit (Sophia) geweihte Basilika wurde nach zweimaliger Zerstörung 532–537 unter Justinian durch Anthemios aus Tralleis (Aydın) und Isodorus von Milet in ihrer heutigen vergrößerten Form mit der Absicht wiedererrichtet, alle Bauten des Altertums an Pracht zu übertreffen. Zahlreiche Säulen aus Tempeln Kleinasiens, des Libanon, Griechenlands und Italiens wurden herbeigeschafft, sowie die edelsten Marmorsorten und Metalle

**Hagia Sophia
(Ayasofya)

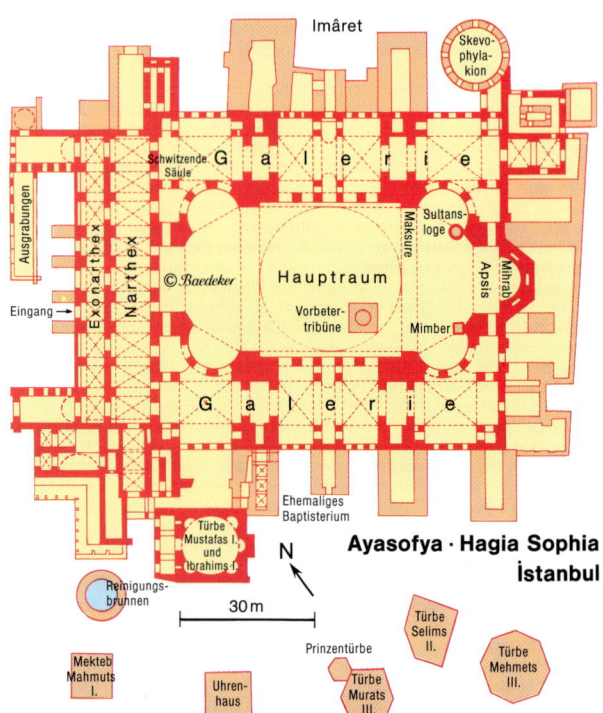

Imâret

Skevophylakion

Galerie

Schwitzende Säule

Ausgrabungen

Exonarthex

Narthex

Eingang →

© Baedeker

Hauptraum

Vorbetertribüne

Maksure

Sultansloge

Apsis

Mihrab

Mimber

Galerie

Ehemaliges Baptisterium

Türbe Mustafas I. und Ibrahims I.

Reinigungsbrunnen

N

30 m

Ayasofya · Hagia Sophia
İstanbul

Türbe Selims II.

Prinzentürbe

Türbe Mehmets III.

Mekteb Mahmuts I.

Uhrenhaus

Türbe Murats III.

Hagia Sophia (Fortsetzung)

kamen zur Verwendung, so daß der Kostenaufwand 360 Zentner Gold, die Zahl der Werkleute 10000 betragen haben soll.

Der etwa 75 m lange und 70 m breite, von einer 58 m hohen Kuppel überragte Bau (Eingang von der Südseite) enthält in der äußeren Vorhalle (Exonarthex) sowie in der inneren Vorhalle (Narthex) wertvolle altchristliche Mosaiken, die früher übertüncht waren, aber seit 1931 größtenteils wieder freigelegt wurden (besonders beachtenswert über der Kaisertür der inneren Vorhalle der thronende Christus aus dem 9. Jh.). Der von der herrlichen Mittelkuppel (32 m Durchmesser) beherrschte Hauptraum der einstigen Kirche macht in der Lichtfülle unzähliger Fenster einen gewaltigen Eindruck, der allerdings durch die den Vorschriften des Islam entsprechende Innenausstattung mit der nach Mekka gerichteten Gebetsnische (Mihrab; in der Apsis) und den an den Hauptpfeilern angebrachten riesigen runden Holzschildern, auf denen die goldenen Namenszüge der vier ersten Kalifen stehen, etwas beeinträchtigt wird.

Türben

Vor der Südseite der Kirche fünf Grabkapellen (Türben) von Sultanen. Südwestlich anschließend der belebte Ayasofya Meydanı, das alte Augusteion (Agora), ehemals der vornehmste Platz von Konstantinopel, mit schönem Blick auf die Blaue Moschee.

٭ Zisterne

Unweit nordwestlich in der Yerebatan-Straße links der Eingang zu der unter Justinian erbauten Zisterne Yerebatan Sarayı (= 'Versunkenes Schloß', 6. Jh.; elektrisch beleuchtet), der bedeutendsten der gedeckten Zisternen İstanbuls. Die Anlage ist 140 m lang, 70 m breit und hat in zwölf

Hagia Sophia – das berühmteste Bauwerk İstanbuls

Reihen 336 Säulen. Hauptattraktion sind die mit Medusenhäuptern (zur Seite oder kopfüber gekippte Reliefs) versehenen Säulensockel.
Einige Gehminuten weiter nordwestlich erreicht man das große alte türkische Badehaus, das im 16. Jh. nach Plänen des Baumeisters Sinan entstanden ist (Abteilungen eines Hamam s. S. 103).

Zisterne (Fortsetzung)
Çağaloğlu Hamamı

Der Platz an der Südwestseite der Hagia Sophia ist nahezu identisch mit dem Forum Augusteum der byzantinischen Zeit, das vom Kaiserpalast, Amtsgebäuden und den Zeuxipidos-Bädern umgeben war. An der Westseite erinnert ein Marmorpostament an den Goldenen Meilenstein des oströmischen Reiches (Fundament in den 60er Jahren wiederentdeckt).

Ayasofya Meydanı

An den Ayasofya Meydanı schließt südwestlich der Atmeydanı (= 'Roßplatz') an, ein über 300 m langer Platz, der einen Teil des 203 von Septimius Severus begonnenen, 330 von Konstantin vollendeten Hippodroms einnimmt, des ehemaligen Mittelpunktes byzantinischen Hof- und Volkslebens und Schauplatzes glänzender Spiele, aber auch blutiger Parteikämpfe (Nika-Aufstand). Östlich von hier erstrecken sich bis zu der heute größtenteils noch erhaltenen Seemauer am Marmarameer die römischen und byzantinischen Kaiserpaläste mit ihren Anbauten und Kirchen.

*Atmeydanı

An der Nordwestseite des Hippodroms steht die einst größte osmanische Privatresidenz, in der İbrahim Paşa, ein Schwager von Sultan Süleyman dem Prächtigen, im 16. Jh. wohnte. Nach umfassender Restaurierung des repräsentativen Empfangsgebäudes beherbergt es nun das Museum für türkische und islamische Kunst (Türk ve İslam Eserleri Müzesi). Die Kunstwerke reichen von präislamischer Zeit bis in die Gegenwart und stammen aus Mesopotamien, Ägypten, der Arabischen Halbinsel und Anatolien.

*Museum für türkische und islamische Kunst

In den Anlagen an der Nordwestseite des Roßplatzes steht der nicht hierher passende Kaiser-Wilhelm-Brunnen, den Wilhelm II. 1898 stiftete. Dann

Kaiser-Wilhelm-Brunnen

Schrägansicht

Blaue Moschee
İstanbul

Sultan Ahmet Camii

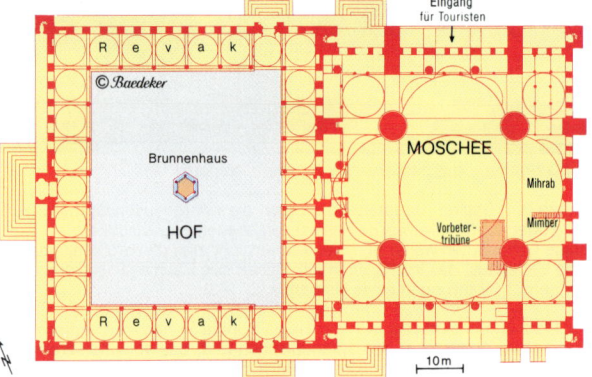

Grundriß

Kaiser-Wilhelm-
Brunnen
(Fortsetzung)

folgen südwestlich drei Denkmäler des Altertums: der 20 m hohe Obelisk
Restobelisk (Dikilitaş) aus der Zeit des Pharao Thutmosis III. (1501–1448
v.Chr.; aus Karnak) mit römischen Sockelreliefs aus der Regierungszeit
Theodosius' I.; der 5 m hohe Überrest der bronzenen Schlangensäule
(Burmalı Sütun), die einst auf drei Schlangenköpfen den von den Griechen
nach ihrem Sieg bei Platää als Weihgeschenk in Delphi aufgestellten goldenen Dreifluß trug, und der 30 m hohe 'Koloß', ein Obelisk mit griechischer Inschrift Konstantins VII. Porphyrogennetos.

✳✳Blaue Moschee
(Sultan-Ahmet-
Moschee)

Die Südostseite des Atmeydanı beherrscht die Sultan-Ahmet-Moschee
oder Blaue Moschee. Dieser eindrucksvollste islamische Sakralbau İstan-
buls wurde 1609–1616 unter Sultan Ahmet I. erbaut. Weithin sichtbar sind
die sechs schlanken Minarette und die mächtige Hauptkuppel (43 m Höhe,
23,50 m Durchmesser). Aus dem von kuppelbedeckten Säulenhallen
umgebenen Vorhof mit einem prächtigen Marmorbrunnen gelangt man in
das Innere der Moschee (72×64 m), das in seiner heiteren Raumwirkung
und Farbgebung eine der besten Schöpfungen der türkischen Baukunst
ist. Wände, Bögen und Gewölbe sind mit bunten Ornamenten geschmückt, wobei blaue Farbtöne dominieren. An der Südostseite der Sultan-Ahmet-Moschee liegt das besuchenswerte Mosaikenmuseum.

Südlich unterhalb des Atmeydanı liegt nahe am Marmarameer die Küçük Ayasofya, die 'kleine' Ayasofya-Moschee, eine Art Vorstufe der Sophienkirche, als Kirche der hl. Sergius und Bacchus unter Kaiser Justinian gleichzeitig mit San Vitale in Ravenna (Italien) errichtet.
Am Nordende des Atmeydanı zweigt nach Westen der Divanyolu ab, der mit seinen Fortsetzungen der alten Hauptstraße von Byzanz entspricht.

Küçük Ayasofya

Die zweite Seitenstraße links führt zur nahen Zisterne der 1001 Säulen (türkisch Binbirdirek), die aus dem 6. Jh. n. Chr. stammt (54×56 m; 212 Säulen; seit 1966 ohne Wasser).

Zisterne der 1001 Säulen

Am Divanyolu weiterhin rechts auf dem zweiten Hügel von Neu-Rom die sogenannte Verbrannte Säule (Çemberlitaş = 'Stein mit Reifen'), der noch etwa 40 m hohe Rest einer von Konstantin in der Mitte seines Forums aufgestellten Porphyrsäule (urspr. 57 m), die bis zum Jahr 1105 sein Bronzestandbild trug. – Nördlich der Säule steht am Ostrand des Großen Basars die Nuru-Osmaniye-Moschee, 1748–1755 ganz aus Marmor errichtet.

*Verbrannte Säule

Der Große Basar (türkisch Kapalı Çarşı = 'Gedeckter Markt') liegt in der Einsenkung zwischen Nuru-Osmaniye- und Bayazit-Moschee und bildet ein eigenes, von einer Mauer und elf Toren umgebenes Stadtviertel, das mit seinem Gewirr überwölbter halbdunkler Straßen und Gassen auch nach dem großen Brand von 1954 eine Hauptsehenswürdigkeit von İstanbul ist. Die Gewerbe sind trotz der starken touristischen Überprägung meist noch zunftweise in Gassen oder Bezirke geschieden.

*Großer Basar

Westlich vom Großen Basar erhebt sich auf dem dritten Stadthügel am Bayazitplatz, der Stelle des Forums Theodosiu' I., die Bayazit-Moschee (Bayazit Camii) oder Taubenmoschee, die unter dem Sultan Bayazit, dem Sohne Mehmets II., 1498–1505 erbaut wurde und im Inneren (seit dem 18. Jh. im türkischen Rokokostil bemalt) eine vereinfachte Nachahmung der Sophienkirche ist. Von der Südseite des Bayazitplatzes führt die Ordu Caddesi und ihre Fortsetzung zur Landmauer.

*Bayazit-Moschee

Jenseits des großen Tores an der Nordseite des Bayazitplatzes erhebt sich auf einem Hügel an der Stelle der ältesten Residenz der Sultane die Universität (türkisch İstanbul Üniversitesi; früher Kriegsministerium, 'Seras Kerat'). Rechts daneben der etwa 60 m hohe Seraskerturm (Bayezit Kulesi; 1823), jetzt Feuerwachtturm.

Universität

Nördlich unterhalb der Universität steht auf einer von Schulen, Bädern u. a. umgebenen Terrasse die 1549–1557 erbaute Moschee Süleymans des Prächtigen (Süleymaniye), neben der in Edirne stehenden Selim-Moschee das bedeutendste Werk des großen Baumeisters Sinan, der don durch die Sophienkirche entscheidend beeinflußten osmanischen Moscheebau zur höchsten Entfaltung brachte. Das von einer 53 m hohen Kuppel (26,5 m Durchmesser) überwölbte Innere zeichnet sich durch harmonische Raumverhältnisse und Einheitlichkeit aus (an der Mihrabwand herrliche Fayencefliesen und Glasmalereien). – Hinter der Moschee der Friedhof mit den schönen Grabkapellen (Türben), u. a. des Sultans Süleyman und seiner Lieblingsgattin Roxolane.

**Moschee Süleymans des Prächtigen

Unter dem Bayazitplatz führt eine Durchbruchstraße in einem etwa 300 m langen Tunnel zur Vezneciler Caddesi (links Universitätsgebäude), dann nordwestlich weiter als Şehzadebaşı Caddesi. An dieser steht rechts die Şehzade-Moschee (= 'Prinzenmoschee'), ein frühes Meisterwerk des berühmten Architekten Sinan, 1543 bis 1547 unter Süleyman und Roxolane zum Andenken an ihren Lieblingssohn Mohammed mit reizvoller Innenausstattung errichtet.

*Şehzade-Moschee (Längsschnitt und Grundriß s. S. 99)

Unweit nördlich der Moschee verläuft zwischen der Universität und der Sultan-Mehmet-Moschee der mächtige Valens-Aquädukt, eine vielfach wiederhergestellte und noch heute benutzte zweigeschossige ostromi-

*Valens-Aquädukt

343

Valens-Aquädukt
(Fortsetzung)

sche Wasserleitung aus der Zeit des Kaisers Valens (368 n. Chr.), die hier die Niederung zwischen dem dritten und vierten Stadthügel überbrückt und in ihrem mittleren, höchsten Teil den zwischen der Atatürkbrücke und dem Marmarameer durch İstanbul durchgebrochenen, aber auch teilweise durch die alten Brandfelder führenden Atatürk Bulvarı überquert.

Fatih-Moschee

Westlich vom Valens-Aquädukt erhebt sich auf dem vierten Stadthügel die Fatih-Moschee (türkisch Fatih Camii oder Sultan Mehmet Camii), die an der Stätte der von Konstantin gegründeten, durch Justinian erneuerten Apostelkirche, der berühmten Gruftkirche der Kaiser, 1463–1471 erbaut, nach dem Erdbeben von 1765 jedoch fast völlig neu errichtet wurde. Sie ist nach der Moschee in Eyüp die heiligste Moschee İstanbuls. In der ersten Türbe hinter der Moschee die Gruft des Sultans Mehmet.

Sultan-Selim-
Moschee

Nördlich der Sultan-Mehmet-Moschee steht auf dem fünften Stadthügel die Sultan Selimiye Cami, 1526 als die einfachste aller Sultansmoscheen von Süleyman dem Prächtigen zum Andenken an seinen Vater Selim I. errichtet. Von der Terrasse prächtiger Blick über das Goldene Horn.

Edirne-Tor

Mihrimah-
Moschee

Am Ende der Fevzipaşa Caddesi befindet sich an der Landmauer das 1894 durch ein Erdbeben fast ganz zerstörte Edirne-Tor (Edirnekapı). Vor dem Tor links auf dem sechsten und höchsten Stadthügel die 1556 von Sinan für die Tochter Süleymans I. erbaute Mihrimah-Moschee (viele Fenster).

*Kariye Camii
**Mosaikenbilder

Etwa 300 m nordöstlich liegt das schöne Kariye Camii Müzesi, einst die Kirche des bereits vor Theodosius II. vorhandenen Klosters Chora ('auf dem Lande'). Die Wiederentdeckung von Mosaiken und Fresken im Innenraum, die in der 'Paläologischen Renaissance' (13./14. Jh.) entstanden, verhalf dem einstigen Gotteshaus zu Weltberühmtheit. Die Gründungszeit und auch die Namengebung der Kirche bzw. des Klosters sind bis zur Stunde noch nicht geklärt. Einige Fachleute halten die Gründung der Kirche im 5. Jh. für wahrscheinlich. Wesentliche Teile der heutigen Kirche wurden im späten 11. Jh. auf Anordnung von Maria Dukaina, der Schwiegermutter von Kaiser Alexios Komnenos, errichtet. Ihr Enkel Isaak Komnenos ließ das von einem Erdbeben in Mitleidenschaft gezogene Gotteshaus um 1120 instandsetzen. Die prächtige Innenausstattung erfolgte im 13./14. Jahrhundert. Die in den beiden Vorhallen fast vollständig und im Katholikon bruchstückhaft vorhandenen Mosaikbilder widmen sich einer breiten Themenpalette, die von den Vorfahren Jesu bis zum Weltgericht reicht. In dem als Grabkapelle dienenden Parekklesion einzigartige Fresken zu den Themen Tod, Auferstehung und Leben nach dem Tode.

**Landmauer

Außerhalb des Edirne-Tores, wo sich der größte moslemische Friedhof der Altstadt ausdehnt, überblickt man weithin die Landmauer von İstanbul, die sich, z. T. noch gut erhalten, in einer Länge von 6670 m vom Goldenen Horn bis zum Marmarameer hinzieht und mit ihren zahlreichen größeren und kleineren Türmen einen gewaltigen Eindruck macht. Der Hauptteil ist die Theodosianische Stadtmauer, die 413–439 angelegt und nach dem Erdbeben von 447 zu einem dreifachen, im ganzen etwa 60 m breiten und von der Tiefe des Grabens aus 30 m hohen Befestigungsgürtel erweitert wurde (vom Mauergesims großartige Aussicht).
Unweit nördlich vom Edirne-Tor schließt sich an die Theodosianische Mauer die ursprünglich aus dem 7. bis 12. Jh. stammende Mauer des Blachernenviertels. Gegenüber dem kleinen Tor Kerkoporta die byzantinische Palastruine des sog. Tekfur Sarayı (10. Jh.).
Lohnend ist eine Fahrt vom Edirne-Tor in südlicher Richtung außen an der Landmauer entlang, vorbei am Top Kapı (= 'Kanonentor') und am Silivri-Tor zu dem nahe am Marmarameer gelegenen Kastell Yedikule (= 'Burg der Sieben Türme'), einem durch Mehmet II. seit 1455 erbauten zinnenbekrönten Fünfeck, das nacheinander als Festung, Schatzkammer und Staatsgefängnis diente. Von dem Turm in der Ostecke prächtiger Blick auf die ganze Landmauer sowie schöne Rundsicht.

*Yedikule

Umgebung von İstanbul

Außerhalb der Landmauer liegt im inneren Teil des Goldenen Horns der Vorort Eyüp, mit der 1459 errichteten, mehrfach umgebauten Eyüp Moschee, der heiligsten Moschee von İstanbul, in der früher die Schwertumgürtung des neuen Sultans stattfand. Daneben die Grabkapelle Eyüps, des 678 hier angeblich gefallenen Fahnenträgers des Propheten. Oberhalb der Moschee am Hang der malerische Friedhof; jedes Grab mit zwei Steinen, von denen der Kopfstein bei den Männergräbern bis 1926 einen Fes oder Turban trägt. Weiter oben der Aussichtspunkt Piyer Loti (kleines Café), genannt nach dem turkophilen Romancier Pierre Loti.
Rund 2 km östlich von Eyüp münden in das Goldene Horn die sog. Süßen Wasser von Europa, noch heute ein beliebtes Ausflugsziel.

*Eyüp

Westlich des Stadtzentrums, beim Flughafen liegt die dichtbesiedelte Vorstadt Bakırköy am Marmarameer (Shopping Mall 'Carousel', geöffnet tägl. 10.00 – 22.00 Uhr), die mit dem bekannten Bade- und Wohnort Ataköy zusammengewachsen ist. Sehr beeindruckend ist der große, 1989 eröffnete Jachthafen in Ataköy, der höchste internationale Auszeichnung erfahren hat. Einen Besuch wert ist auch die vor kurzem eröffnete 'Galleria' (tägl. 10.00 – 22.00 Uhr), ein ultramodernes Shopping Center mit Kunsteisbahn.

Bakırköy
*Ataköy

Nach Üsküdar fährt man am besten mit der laufend verkehrenden Autofähre von der Landungsbrücke Kabataş (2 km nordöstl. von der Galatabrücke) quer über den hier 2 km breiten Bosporus. Westlich vor der Landspitze am asiatischen Ufer auf einem Inselchen der 30 m hohe Leanderturm (Kiz Kulesi = 'Mädchenturm') mit Signalstation und Leuchtfeuer. Der asiatische Stadtteil Üsküdar (ehem. Skutari) ist die größte geschlossene Vorstadt İstanbuls und hat mit seinen schönen alten Moscheen, den winkeligen Gassen und verwitterten braunen Holzhäusern (besonders zwischen dem Landeplatz und dem Großen Friedhof) mehr als Alt-İstanbul seinen orientalischen Charakter bewahrt.
Im Altertum Chrysopolis genannt, war sie eine der ersten griechischen Siedlungen am Bosporus. Weit mehr als das durch seine Halbinsellage und starken Mauern geschützte Konstantinopel war sie den Angriffen asiatischer Eroberer ausgesetzt. Gleichwohl konnte die Stadt aus ihrer exponierten Lage auch großen wirtschaftlichen Nutzen ziehen. Bis 1800 war sie Kopf der Karawanenstraßen, auf denen die Schätze des Orients nach Konstantinopel kamen und dann weiter nach Europa verfrachtet wurden.

Üsküdar
Leanderturm

Am Landeplatz steht links die Büyük Cami (Große Moschee), auch İskele Camii (= 'Leiter-Moschee') oder Mihrimah Camii genannt, 1547 von Sultan Süleyman für seine Tochter Mihrimah erbaut. Unweit südlich die von Sultan Ahmet III. 1707 – 1710 errichtete Yeni Valide Camii.
Zwischen beiden Moscheen zweigt links eine Straße über Bağlarbaşı und Kısıklı zu dem 5 km entfernten Vorort Bulgurluköy ab; 1 km nördlich der Büyük Çamlıca (268 m ü.d.M.) mit prächtiger Aussicht auf İstanbul, den Bosporus und das Marmarameer (eindrucksvoll auch bei Nacht).

Büyük Cami

*Aussicht vom
Büyük Çamlıca

Der Große Friedhof (Karacaahmet Mezarlığı) auf der Höhe im Südosten von Üsküdar (vom Landeplatz 1,5 km; Autobus) ist der größte Begräbnisplatz des Orients mit einem Wald uralter Zypressen und zahlreichen marmornen Grabsteinen, an seinem Nordende ein ehemaliges Kloster der Heulenden Derwische. Westlich vom Friedhof, nahe am Meer, die von Selim III. errichtete Selimiye Camii.
Von hier östlich zur Tibbiye Caddesi und auf dieser rechts an einem mächtigen Lyzeum (1934) vorbei zu dem großen Vorort Haydarpaşa mit modernen Hafenanlagen und dem am Marmarameer gelegenen stattlichen Kopfbahnhof der Anatolischen Eisenbahn. Südlich der Gleisanlagen schließt sich der Vorort Kadıköy an. Hier lag die 675 v.Chr. gegründete griechische Stadt Kalchedon, die zur Römerzeit Hauptstadt der Provinz Bithynien und später Sitz des Erzbischofs war (451 Viertes Ökumenisches Konzil)

*Großer Friedhof

Haydarpaşa

Kadıköy

**Umgebung
(Fortsetzung)
*Kızıl Adalar/
Prinzeninseln**

Überaus lohnend ist ein Ausflug per Schiff zu den landschaftlich reizvollen neun Prinzeninseln. Der türkische Name Kızıl Adalar (= 'Rote Inseln') wurde von dem größenteils quarzit- und eisenhaltigen Gestein ihrer Hügel abgeleitet. Die Inseln (insges. 10 km²) liegen ca. 19 bis 28 km südöstlich von İstanbul im Nordostteil des Marmarameeres (Schiffsverbindungen gibt es mehrmals täglich ab Karaköy und Bostancı zur Insel Büyük Ada). Im Altertum nannte man die Inseln Demonnesoi (= 'Volksinseln'), im Mittelalter nach den damals zahlreichen Klöstern Papadonisia ('Priesterinseln'). Während des Byzantinischen Reiches dienten sie vielfach als Verbannungsort für unerwünschte Fürstlichkeiten.

Gepflegte Gärten und Parks, gut ausgebaute Wassersportanlagen sowie ein ausgezeichnetes Wegenetz ermöglichen dem vom hektischen Betrieb in İstanbul Gestreßten einen angenehmen Aufenthalt. Durch ihr gesundes Klima, ihre südliche Vegetation und abwechslungsreiche Szenerie sind die Inseln ein geschätztes Naherholungsziel für Besserverdienende aus der Bosporusmetropole geworden. Auf den Inseln gibt es keinen Autoverkehr. Hauptverkehrsmittel sind Pferdekutschen, die von den Besuchern gerne für Exkursionen in Anspruch genommen werden.

Die größte der Inseln, Büyük Ada (Große Insel), wurde seit Kaiser Justin II. (6. Jh.) Prinkipo genannt, woher sich die Archipelbezeichnung 'Prinzeninseln' ableitet. Die übrigen Inseln heißen der Größe nach (griech. Namen in Klammern): Heybeli Ada (Chalki; Kupfervorkommen), Burgaz Ada (Pyrgos oder Antigoni), Kınalı Ada (Proti), Sedef Ada (Terebinthos), Yassı Ada (Plati), Sivri Ada (Oxia), Kaşık Ada (Pitta) und Tavşan Ada (Neandros).

Pendik

Wenige Kilometer südöstlich des İstanbuler Stadtteils Kartal am Nordufer des İzmit-Golfes liegt Pendik an einer hübschen, dichtbesiedelten Bucht. Im Altertum hieß der Ort Panteichion, war Sperrfestung an der Straße von Kalchedon (Kadıköy) nach Nikomedeia (İzmit) und im 6. Jh. Ruhesitz Belisars, der nach seinem Sturz als Feldherr Justinians hier bis zu seinem Tode im Jahre 565 verweilte.

Silivri

Die hübsch an der gleichnamigen Bucht am Marmarameer gelegene, Küstenstadt 70 km westlich von İstanbul war Endpunkt der sogenannten 'Langen Mauer', die Byzanz 507–512 unter Anastasios gegen die Bulgaren errichtet hatten. Reste der 45 km langen, 5 m hohen und 3,5 m breiten Befestigung kann man entlang der einstigen Trasse vom alten Skyllaion (zwischen Ormanlı und Podima) am Schwarzen Meer nach Südwesten über Karacaköy (westlich), Tahtaköprü und Sinekli sowie von dort nach Süden über Fenerköy nach Silivri (nordwestlich) noch erkennen.

**Bosporus

→ dort

Name des Flughafens von İstanbul: Es gibt in İstanbul-Yeşilköy für die Inlands- und Auslandsverbindungen zwei benachbarte, aber baulich und räumlich getrennte Flughäfen, zwischen denen ein Bus-Pendelverkehr besteht! Sollte bei Anschlußflügen zu Zielen oder von Zielen innerhalb der Türkei der Zielflughafen bzw. der Abflughafen keine Zollkontrolle durchführen (z. Z. etwa Adana), ist bislang ein Durchchecken (Transit im internationalen Flughafengebäude von İstanbul) noch nicht möglich. Man muß jeweils (mit dem Gepäck!) vom internationalen zum nationalen Flughafen oder umgekehrt per Zubringerbus wechseln.

İstanbul,
Umgebung
(Fortsetzung)
Yeşilköy

İzmir

C 5

Westküste (Ägäisches Meer)
Provinz: İzmir
Höhe: 0–185 m ü. d. M.
Einwohnerzahl: 2 Mio.

Die westtürkische Provinzhauptstadt İzmir (früher Smyrna) ist die drittgrößte Stadt der Türkei und nach İstanbul ihr wichtigster Hafen- und Handelsplatz. Sie liegt etwa in der Mitte der Westküste Kleinasiens am prächtigen Golf von İzmir (İzmir Körfezi)., der zu den schönsten Buchten des Ägäischen Meers zählt. Den inneren Teil dieser Bucht umzieht die rasch wachsende Stadt in einer Länge von mehr als 30 km, amphitheatralisch an den Hängen des Pagos ansteigend und im Hintergrund überragt von den Gipfeln des Manisa Dağı (Sipylos; 1517 m ü. d. M.) sowie des Nif Dağı (1510 m ü. d. M.).
Wenn auch die Stadt selbst nach vielen Zerstörungen und ihrem modernen Wiederaufbau nach dem großen Brand im Jahre 1922 außer ihrer antiken Agora nur wenig Baudenkmäler besitzt, wird sie auf Kreuzfahrten durch

Lage und
*Bedeutung

Panoramablick von der Kadifekale

347

İzmir

Lage und Bedeutung (Fortsetzung)

das östliche Mittelmeer und als Durchgangsstation für Studienreisen touristisch viel besucht.

Die wirtschaftliche Bedeutung dieses Straßen- und Eisenbahnknotenpunkts (alljährlich Exportmessen) beruht vor allem auf ihrem verkehrsgünstigen Hafen, der in erster Linie dem Warenumschlag von Westanatolien dient. İzmir gilt als die Finanzzentrale der Türkei und als wichtige Messestadt. Daneben entwickelte sich in den letzten Jahrzehnten eine bedeutende Industrie, die Textilien, Tabak, Lebensmittel, Papier und Chemikalien sowie Gerbereien und berühmte Teppichknüpfereien (Smyrnateppiche) umfaßt. Hauptausfuhrartikel sind Tabak, Baumwolle, Rosinen, Feigen und Oliven bzw. Olivenöl. İzmir ist Sitz einer Universität und eines NATO-Kommandos.

Geschichte

Bereits 3000 Jahre v.Chr. bestand etwa 3,5 km nördlich der heutigen Stadt auf dem Tepe Kule eine Ansiedlung der Troia-Yortan-Kultur. Gegen Ende des 11. Jh.s v.Chr. gründeten äolische Griechen einen Namen Smyrna von der dort viel wachsenden Myrrhe abgeleitet wird. Die aus dem 11. Jh. v.Chr. stammende Befestigungsanlage gilt als die älteste einer griechischen Stadt. Im gleichen Jahrhundert erfolgte eine ionische Kolonisation; nach Herodot wurde Smyrna durch Ionier aus Kolophon besetzt. Zwischen 750 und 725 v.Chr. soll hier Homer, dessen Vaterstadt viele Städte sein wollten, die Ilias geschaffen haben.

In der zweiten Hälfte des 4. Jh.s v.Chr. veranlaßte Alexander d.Gr. seinen Feldherrn Lysimachos, auf dem Pagoshügel, 5 km südlich der bisherigen Stadt, eine Zitadelle anzulegen, vor der sich nordwestlich die neue hellenistische Stadt ausbreitete. Im 3. und 2. Jh. v.Chr. erlebte Smyrna eine Zeit hoher Blüte. Auch unter der Herrschaft der Römer (ab 27 v.Chr.) gedieh Smyrna weiter und erlebte im 2. Jh. n.Chr. seine zweite Glanzzeit, aus der z.B. die teilweise erhaltene 'Goldene Straße' stammt.

Nach einer wechselvollen Geschichte wurde Smyrna 1415 von den Osmanen eingenommen. Trotz zweier schwerer Erdbeben (1688 und 1778) und Großbränden (1840 und 1845) galt Smyrna im 19. Jh. als eine der blühendsten Städte des Osmanenreiches.

Wiederaufbau nach 1922

Im Türkisch-Griechischen Krieg wurde Smyrna 1919 von griechischen Truppen besetzt. Durch den Vertrag von Sèvres (1920) kam die Stadt vorübergehend an Griechenland; nach ihrer Rückeroberung durch Kemal Paşa 1922 fiel der reiche nördliche Stadtteil (das Franken-, Griechen- und Armenierviertel) einem Brand zum Opfer.

Der Wiederaufbau sowie die Aussiedlung der Griechen ergaben schwierige Aufgaben. Es wurden breite Straßenzüge mit Grünanlagen geschaffen und mit modernen Gebäuden gesäumt. Auf einem Teil der Brandstätte entstand der Kulturpark mit dem Messegelände. Im Norden der Stadt wurden neue Industriesiedlungen gebaut, während im Südwesten entlang der Bucht und am Nordufer des Golfes große Wohnviertel heranwuchsen.

Sehenswertes in İzmir

*Atatürk Caddesi ('Kordon')

Die für den Fremdenverkehr wichtigste Straße ist die lange Atatürk Caddesi. Sie führt von der Nordspitze im Stadtteil Alsancak (Anlegestelle der Passagierschiffe) südwärts in einer Länge von annähernd 3,5 km als breite Uferkaipromenade am Hafen entlang zum alten Stadtteil Konak, rechts mit schönem Ausblick auf den Golf, links gesäumt von stattlichen Gebäuden (Restaurants). Im Hause Nr. 248 befindet sich das Atatürk-Museum mit Andenken an den Aufenthalt des Staatsmannes in İzmir; Nr. 260 das Konsulat der Bundesrepublik Deutschland; unweit südwestlich das freistehende Gebäude des NATO-Kommandos.

Etwa auf halber Strecke öffnet sich die Uferpromenade zum Platz der Republik (Cumhuriyet Meydanı) mit dem Unabhängigkeitsdenkmal (İstiklâl Anıtı), einem Reiterstandbild Atatürks.

İzmir

300 m

©Baedeker

Karşıyaka

Golf

von

İzmir

Fähr-hafen

Alsancak Limanı

Çanakkale Bergama, Bustbahnhof

UMURBEY

S. Yaşar Kunstmuseum

Liman Cad.

ALSANCAK

Bahnhof Alsancak

Şehitler Cad.

Engl. Kirche

Vehap Özaltay Meydanı

Stadion

M. E. Bozkurt Cad.

Atatürk-Museum

Paşa Bulvarı

Bulvarı

Sporthalle

NATO

Gökalp Bul.

Schwimmbad

Alsancak Camii

Çetinkaya

(Kordon)

Talat

Şair Eşref

Preveze Cad.

Dr. M. Ender Cad.

MİMAR SİNAN

Atatürk Caddesi

Cumhuriyet Bulvarı

Vasıf Çınar Bul.

Ziya

Messehallen

Tennis Club

Üniversität

KÜLTÜR

Atatürk-Schule

Sergi Sarayı

Freiluft-theater

Cumhuriyet Meydanı

Şehit Nevres Bul.

Montrö Meydanı

Kültürpark

Ital. Kirche

Büyük Efes Hotel

Fall-schirm-turm

Zoo

Handels-hafen

Gazi Osmanpaşa Bul.

Hürriyet

Dr.-R.-Saydam

İSMET

Sport-halle

KAHRAMANLAR

9 Eylül Kapısı

Luna-park

KAPTAN

Gazi Bulvarı

Gazi Bulvarı

Mürsel

Bozkurt Cad.

Bulvarı

OGUZLAR

Börse

9 Eylül Meydanı

Bahnhof Basmane

Gaziler Caddesi

Gümrük Deposu

Cumhuriyet Bulvarı

Paşa

Bulvarı

Fevzi

Hisar Camii

Kültür Özel

Korakkapı Camii

Abdullah Efendi Camii

Mayıs Meydanı

Gazi Osmanpaşa

Cad.

Bank

Anafartalar

Stadt-verwaltung

KONAK

BASAR

Agorá

Pazaryeri Camii

Uhrturm

Konak Camii

Kemeraltı Camii

Patlıkanlı Camii

Efendi

Balıkkuyu

Cad.

Rathaus

Biblio-thek

Hacı Mahmut Camii

Caddesi

Dibekbey Camii

Hacı

KADİFE-

Konak Meydanı

Kültur-zentrum

Paşa

Zitadelle Kadifekale

Archäolog. Museum

Etnograph. Museum

Cici

Ali

Efref

Rakım Erkutlu

Cad.

R. Erkutlu

Cad.

KALE

Urla, Karşıyaka, Alsancak

Konak

M. Rifat

Park

Röm. Straße

AZİZİYE

SELÇUK

Çeşme, Karaturun Balçova

Paşa Cad.

İzmir

Konakplatz: Uhrturm ...　　　　　　　　*... und Konak-Moschee*

Handelshafen

Der südliche Teil der Atatürk Caddesi zieht vom Platz der Republik am Handelshafen (Ticaret Limanı) mit den Vertretungen der Schiffahrtsgesellschaften und zahlreichen Bankunternehmen entlang; bei der Einmündung des Gazi Bulvarı die Börse.

Konak Meydanı

Die Atatürk Caddesi endet im Süden bei dem langgestreckten, sich zum Golf öffnenden Konak Meydanı. An der Nordseite des Platzes steht das mächtige moderne Gebäude der Stadtverwaltung (Belediye). Die Südseite erfüllt der in ungewöhnlichen Bauformen gehaltene Komplex des Atatürk-Kulturzentrums der Ägäischen Universität mit Opernbühne, Musikkonservatorium, Ausstellungsräumen und einem Museum für moderne Kunst. Den Hauptteil des verkehrsreichen Platzareals nimmt der zentrale Autobushof ein; in der Nähe der Stadtverwaltung stehen bei einer Fußgängerunterführung der Uhrturm (Saat Kule), ein altes Wahrzeichen der Stadt, und die kleine Konak-Moschee.

*Archäologisches Museum

Oberhalb vom Konakplatz (an der kurvenreichen Ausfallstraße) befindet sich das neue besuchenswerte Archäologische Museum, das Funde aus dem antiken Smyrna, aus Ephesos, Milet, Sardes, Pergamon, Tralleis (Aydın) u. a. enthält. Besondere Erwähnung verdienen die von der Smyrnaer Agora stammenden Figuren des Poseidon und der Demeter (2. Jh. n. Chr.; s. Bild S. 351 links), die Sarkophage, ein kolossaler Römerkopf, ein Fußbodenmosaik, die wertvolle Glas-, Münz- und Schmucksammlung sowie das bronzene Original einer Demeterfigur aus Halikarnassos (Bodrum; 4. Jh. v. Chr.). An der gegenüberliegenden Straßenseite beherbergt ein beeindruckendes Gebäude des 19. Jh.s das Ethnographische Museum mit Zeugnissen türkischer Wohnkultur und traditionellen Handwerks.

Basarviertel

Vom Konakplatz nach Nordosten erstreckt sich das Gassengewirr des Basarviertels mit zahllosen Werkstätten, Läden, Verkaufsständen, mehreren alten Karawansereien aus dem 18. Jh. (z. T. restauriert) und mehreren

Skulpturen im Archäologischen Museum

Schattiges Plätzchen auf der Kadifekale

kleinen Moscheen aus osmanischer Zeit; Beachtung verdient die gut hergerichtete Hisar-Moschee von 1597.

Basarviertel
(Fortsetzung)

Unweit südlich vom Fevzi Paşa Bulvarı liegen im Stadtteil Basmane an dem Osmanpaşa Bulvarı die z. T. ausgegrabenen Reste der Agora (Markt), ursprünglich aus griechischer Zeit, nach einem Erdbeben im 2. Jh. n. Chr. unter Kaiser Mark Aurel neu angelegt. An der Westseite der begrünten Freifläche stehen noch 13 Säulen mit schönen Kapitellen aufrecht; an der Nordseite eine 160 m lange dreischiffige Basilika, die auf einem pfeilergestützten Gewölbe ruht. Die hier gefundenen Marmorfiguren sind jetzt im Archäologischen Museum aufgestellt. Den besten Eindruck von Lage und Ausdehnung des antiken Marktplatzes gewinnt man aus der Ferne von der Burghöhe Kadifekale.

*Agora

Folgt man der Eşrefpaşa Caddesi weiter in südlicher Richtung, so erreicht man nach etwa 900 m den Altın Yol (Goldene Straße) oder Roma Yolu (Römische Straße), einen Rest des Straßennetzes aus römischer Zeit. Westlich vom Roma Yolu der Cici-Park am Abhang des Değirmen Tepe (– 'Mühlenhügel'; 75 m ü. d. M.), auf dem sich ein Asklepiostempel und ein Vestatempel erhoben (nicht mehr vorhanden) und wo eine 17 km lange römische Wasserleitung endete.

Römische Straße

Im Osten der Stadt (Zufahrt ausgeschildert) ragt die 'Samtburg' Kadifekale auf, der alte Pagos (185 m ü. d. M.), welcher die Akropolis der Stadt des Lysimachos trug und noch von den Resten einer mittelalterlichen Zitadelle gekrönt ist. Von oben bietet sich ein unvergleichliches Panorama über die gesamte Stadt, den Golf und das Gebirge.
Die gut erhaltenen mächtigen Umfassungsmauern, die ehemals durch 40 Türme verstärkt waren, bestehen z. T. noch aus Grundmauern und Werkstücken der lysimachischen Akropolis und stammen im übrigen aus der römischen, byzantinischen, genuesischen und osmanischen Zeit,

Kadifekale
**Panoramablick

351

Kadifekale
(Fortsetzung)

Am Hügelabhang lagen das Römische Theater und das in seiner Form noch deutlich erkennbare Stadion (für ca. 20 000 Zuschauer), von denen fast nichts erhalten ist. Oberhalb der nördlichen Langseite des Stadions befand sich angeblich das Grab des hl. Polykarp (Bischof von Smyrna), der 156 n. Chr. bei der Christenverfolgung des Kaisers Mark Aurel verbrannt wurde.

Kulturpark

Im nordöstlichen, 1922 abgebrannten Teil der Stadt, unweit vom Bahnhof Basmane, erstreckt sich der auf der ehemaligen Brandfläche angelegte Kulturpark mit Anlagen (See), den Messehallen, einem Zoologischen Garten und einem Vergnügungspark. Im Nordosten vom Kulturpark, jenseits der Bahnanlagen, das große Alsançak-Sportstadion.

Schuhputzer in İzmir

Karawanenbrücke

Südöstlich vom Kulturpark, östlich vom Basmane-Bahnhof, führt über das Flüßchen Melez, den antiken Meles, die Kemerbrücke, früher nach dem über sie in das Innere des Landes (Manisa, Balıkesir, Sardes) gehenden starken Karawanenverkehr 'Karawanenbrücke' genannt, ein neuerer Bau auf altgriechischen und römischen Resten.

Dianabad

Rund 2 km östlich, außerhalb des Vorortes Tepecik, das Dianabad (Diana Hamamları), ein Weiher mit acht Quellen, die der Wasserversorgung von İzmir dienen.

Umgebung von İzmir

Balçova

Südwestwärts verläßt man İzmir durch langgestreckte Wohnvororte und erreicht nach knapp 9 km (vom Konakplatz) eine Straßenkreuzung: Hier links (700 m) zum Kurbadezentrum von Balçova (radiumhaltige Agamemnon-Thermen, 35–40°C; südlich Gondelbahn zu einem Aussichtsrestaurant) oder rechts (2 km) zu dem Strandbad İnciraltı.
Etwa 13 km jenseits der Kreuzung gelangt man auf der nach Westen führenden Hauptstraße zu einem weiteren Straßenknoten. Hier geradeaus nach Urla und Çeşme.

Teos

In der Ebene südlich davon (30 km) liegen bei Seferihisar die Ruinen der antiken Stadt Teos, die zum Ionischen Städtebund gehörte, Heimat des Lyrikers Anakreon (um 540 v. Chr.) ist und durch den Dionysoskult bekannt war. Der einst berühmte Tempel des Hermogenes von Alabanda ist nicht mehr vorhanden.

Urla

Klazomenai

Folgt man bei der erwähnten Kreuzung weiter der Hauptstraße, so kommt man 11 km zu der Stadt Urla (22 000 Einw.) mit ihren magnesiumhaltigen Thermen. 4 km nördlich liegen auf einem mit der Küste durch einen Damm verbundenen Inselchen nahe dem Ort Urla İskelesi die Reste der antiken Stadt Klazomenai, der Vaterstadt des Philosophen Anaxagoras (um 500 v. Chr.). Hier wurden auf dem Gelände des heutigen Krankenhauses zahlreiche bemalte archaische Tonsarkophage gefunden.

Çeşme

Auf der Spitze der Halbinsel liegt 45 km westlich von Urla das Urlaubszentrum Çeşme mit Schwefelthermen (35–50°C; gegen Rheuma), denen der über dem Meer aufsteigende und von einem mittelalterlichen Kastell überragte Ort seinen Namen verdankt ('çeşme' = Brunnen, Quelle). Fährverbindung (auch Kfz-Transport) mit der griechischen Insel Chios (türkisch

Sakız). Ca. 5 km östlich von Çeşme an einer Bucht mit vorzüglichem Sand-strand der Badeort Ilıca mit mehreren Hotels und Ferienanlagen.

Umgebung, Çeşme (Fortsetzung)

Südlich von İzmir wurde 1987 bei dem Ort Cumaovası der neue Zivilflug-hafen 'Adnan Menderes' in Betrieb genommen. Auf der hier von der Fern-straße südlich abzweigenden und die Ortschaft durchquerenden Straße gelangt man nach Değirmendere und zu der nahegelegenen Ruinenstätte der antiken Stadt Kolophon. Sie war eines der bedeutendsten Mitglieder des Ionischen Bundes, bekannt durch ihren Reichtum, ihre Pferdezucht und das hier hergestellte Kolophonium, ein gereinigtes Harz, das von den Pinien auf den die Stadt umgebenden Hügeln gewonnen wurde. Durch die Ruinenstätte fließt der Avcı Çayı, der in der Antike Ales hieß.

Kolophon

Am Südende des Alestales, etwa 12 km von Kolophon entfernt, lag sein Hafenplatz Notion an einer kleinen, heute verlandeten Meeresbucht. Die Ruinen nehmen einen von einer turmverstärkten Mauer umzogenen Hügel ein, von dem zwei Ausläufer ins Meer vorspringen. Im Osten des Ruinen-feldes ist ein Theater mit über zwanzig Sitzreihen erhalten; nahebei die Reste eines 12 m langen Tempels. Im Norden von Notion die Nekropole der Stadt.

Notion

In einem östlichen Seitental ist 1907 die Stätte von Klaros, einem berühm-ten Höhlenorakel des Apollon, gefunden worden.

Klaros

Verläßt man İzmir in nordwestlicher Richtung, so umrundet man zunächst den prächtigen Golf. Nach rund 40 km rechts der Straße Reste der einsti-gen griechischen Stadt Larissa mit einer von den Äolern im 6. Jh. v. Chr. angelegten Akropolis. Unweit östlich lag auf der Höhe die von den Kymä-ern als Bollwerk gegen Larissa gegründete Stadt Neon Teichos, deren polygonal ummauerte Unterstadt von der auf einer Felskrone erbauten Akropolis überragt war.

Larissa

Ungefähr 2 km weiter nördlich zweigt von der Fernstraße links die Straße zu dem im Jahre 1576 gegründeten freundlichen Hafenstädtchen Foça ab. Die Ortschaft liegt am Nordeingang des Golfes von İzmir an der Stelle des antiken Phokäa.
Phokäa, die nördlichste der ionischen Städte, wurde im 8. Jh. v. Chr. wohl von Teos aus gegründet. Auf einem Vorsprung in der Tiefe der Bucht ge-legen, hatte die Stadt zwei Häfen. Die Phokäer erschlossen durch kühne Seefahrten schon vor dem 7. vorchristlichen Jh. den Griechen die Küsten des westlichen Mittelmeeres und gründeten z. B. um 600 v. Chr. Massalia (das heutige Marseille) und um 565 Alalia (Aleria) an der korsischen Ost-küste. Dorthin wanderten viele reiche Phokäer aus, als ihre Stadt um 540 v. Chr. persisch wurde. Von den Bauten des Altertums sind nur Bettungen der Mauern erkennbar, aus dem 15. Jh. die Ruine einer genuesischen Festung.

Foça/Phokäa

Nordöstlich jenseits des Landvorsprunges (Straße über Bağlararası) liegt der Ort Yenifoça mit Badestrand, kleinem Hafen und neuen Touristensied-lungen. Die einst Focia Nuova genannte Schwesterstadt von Foça, zu Beginn des 14. Jh.s gegründet, wurde 1455 gleichfalls türkisch. In der ein-samen Umgebung gibt es mehrere schöne Badebuchten.

Yenifoça

An der Nordseite des Golfes von Çandarlı liegt auf einer Landzunge der Getreidehafen Çandarlı mit einem venezianischen Kastell aus dem 13. Jh. (restauriert). Im Altertum wurde der Golf nach der Stadt Elaia, dem einsti-gen Hafenort von Pergamon, 'Sinus Elaiticus' genannt. Von der antiken Stadt sind noch Reste der durch Attalos I. errichteten Ummauerung zu sehen; auf einem eiförmigen Hügel die Stelle der Akropolis.
An der Stelle von Çandarlı lag einst die – so die Sage – von den Amazonen gegründete äolische Hafenstadt Pitane, die beiderseits der Landzunge je einen Hafen hatte.

Çandarlı

Manisa/
Magnesia
am Sipylos

Die Provinzhauptstadt Manisa (158 000 Einw.) liegt etwa 40 km nordöstlich von İzmir am Fuß des Manisa Dağı (im Altertum Sipylos; 1517 m ü.d.M.). Manisa besitzt einige beachtenswerte Moscheen, lohnt einen Besuch auch wegen seiner malerischen Hanglage mit den hellen Walmdächern, zwischen denen Minarette aufragen. Über die Entstehung der Stadt, die im Altertum Magnesia am Sipylos (zur Unterscheidung von Magnesia am Mäander; → Menderes) genannt wurde, fehlen bisher nähere Hinweise. Wie aus dem Felsrelief von Akpınar (s. unten) hervorgeht, scheint die Gegend unter dem Einfluß des hethitischen Großreiches (nach 1400 v. Chr.) gestanden zu haben.

Sehenswert sind in Manisa die im Jahre 1366 erbaute Große Moschee (Ulu Cami), deren Hofarkaden auf antiken Säulen mit byzantinischen Kapitellen ruhen, sowie die heute als Museum dienende Muratmoschee (Muradiye Camii; 1583 bis 1586), die von einem Armenhaus, einer Bibliothek und einer ehemaligen Medrese umgeben ist. In der Nähe die Sultansmoschee (Sultan Camii; von 1552), ebenfalls mit Schule und Krankenhaus.

Im Süden der Stadt auf dem Sandık Tepesi die Mauern der ehemaligen Zitadelle. Man erkennt noch drei Mauerringe, deren äußerer aus der Zeit des byzantinischen Kaisers

Alexander der Große

Johannes III. (1222–1254) stammt. Der obere Mauerring muß auf den Grundmauern der antiken Akropolis errichtet worden sein, von der allerdings heute nichts mehr erhalten ist (Abb. oben: Statue des 3. Jh.s v. Chr. im Archäolog. Museum Istanbul).

Von der Höhe schöne Aussicht auf die Stadt und die Ebene des Gediz, dem antiken Hermos.

Niobe-Fels

Am Südwestrand der Stadt erhebt sich ein Fels, der von der Bevölkerung wegen seiner menschenkopfähnlichen Form 'trauernde Niobe' genannt wird. Diese Bezeichnung geht auf die Tantalossage zurück, die sich nach der Vorstellung hier ereignet hat und in der Niobe um ihren Vater Tantalos trauert.

*Felsrelief
von Akpınar

Zum hethitischen Felsrelief von Akpınar gelangt man auf der östlich nach Salihli führenden Straße. Das von Pausanias als 'allerälteste Bildsäule der Göttermutter' bezeichnete, aus der Zeit des hethitischen Großreichs stammende, stark verwitterte Relief stellt eine thronende Göttin mit zylindrischem Polos auf dem Haupt dar.

Akhisar

Nach weiteren 50 km nordöstlich von Manisa folgt Akhisar (74 000 Einw.) am Nordostrand der gleichnamigen Ova (Baumwoll-, Tabak-, Mohnanbau). Die Kreisstadt ist bekannt für ihre Teppichindustrie. Das Städtchen Gördes (antik Julia Goerdes) im östlichen Bergland (60 km), ebenfalls für ihre Teppichmanufaktur bekannt, gab dem 'Gördes-Knoten' seinen Namen. Die Stadt Akhisar (weiße Burg) erhebt sich am Platz der antiken Stadt Thyateira, die von Seleukos I. Nikator an der Straße von Pergamon nach Sardes gegründet und von Plinius d. J. unter dem Namen Pelopia erwähnt wurde. Die Stadt hatte in frühchristlicher Zeit eine große christliche Gemeinde und war eine der Kirchen der Apokalypse (Offenbarung des Johannes 1,11 und 2,18).

İzmit (Kocaeli)

Nordwestanatolien (Marmaragebiet)
Provinz: Kocaeli
Höhe: 10–110 m ü. d. M.
Einwohnerzahl: 255000

Die lebhafte Provinzstadt am Ostende des gleichnamigen Golfes (auch Golf von Astakos in der Antike) verfügt über beträchtliche Industrie, die sich in unmittelbarer Nähe der Stadt, aber auch in den Nachbarorten am Golf aufreiht (Fahrzeugbau, Metallverarbeitung, chemische Industrie; Yarımca: Eisenverhüttung, İpraz Erdölraffinerie). Zusammen mit den Werftanlagen von Gölcük gegenüber besitzt İzmit auch als Kriegshafen und Garnison eine besondere Bedeutung. Da die Stadt an einer der tektonischen Hauptstörungslinien der Türkei liegt, wurde sie oft von schweren Erdbeben getroffen. Zuletzt verwüstete 1999 ein Beben der Stärke 7,3 auf der Richterskala die dicht besiedelte, industrialisierte Marmararegion. Tagelang stand eine Erdölraffinerie in Flammen. Die meisten der im letzten Jahrzehnt illegal errichteten Hochhäuser fielen wie Kartenhäuser zusammen und begruben etwa 40000 Menschen unter ihren Trümmern.

Lage und Bedeutung

Zeitweise war die Stadt an der Stelle der 264 v. Chr. von Nikomedes I. gegründeten bithynischen Hauptstadt Nikomedeia und unweit nordwestlich des vom Thraker Lysimachos zerstörten Astakos oder Olbia (700 v. Chr. von den Megarern gegründet) die Residenz der Kaiser Hadrian und Diokletian. Ein Erdbeben vernichtete die alte Siedlung 358. Das neugebaute Nikomedeia erhielt prachtvolle Tempel und andere öffentliche Bauten, die für ihre zahlreichen Statuen berühmt wurden (lebensgroße Nikomedes-Statue aus Elfenbein, von Trajan nach Rom gebracht). 74 v. Chr. fiel die Stadt testamentarisch an Rom; Plinius d. J. war hier 111–113 römischer Statthalter über Bithynien. Nach der Zerstörung durch die Goten wurde der Ort 259 von Diokletian im alten Glanz als Hauptort seiner Teiltetrarchie wieder aufgebaut und hatte unter Konstantin gleiche Bedeutung wie Rom oder Alexandria. Die Stadt wurde 1326 osmanisch.

Geschichte

Die Reste der Stadtmauer reichen zurück in die hellenistische, römische, byzantinische und osmanische Zeit. Die Ruine der Zitadelle (Akropolis) ist byzantinisch. Die Moschee Pertev Paşa Camii stammt vom berühmten osmanischen Baumeister Sinan (→ Berühmte Persönlichkeiten).

Sehenswertes

Umgebung von İzmit

Die Provinzstadt Adapazarı (174000 Einw.; erst seit dem 19. Jh. Stadt), ca. 20 km östlich von İzmit am Westrand einer weiten Beckenlandschaft (Adapazarı Ovası) unweit des Sakarya gelegen, ist in zunehmendem Maße wirtschaftlicher Mittelpunkt innerhalb der Industrieballung des türkischen Nordwestens geworden. Das agrare Umland liefert Kartoffel, Obst, Tabak und Haselnuß. Der Ort entstand aus einem unbewohnten Wochenmarkt ('Adapazar' = 'Inselmarkt') und enthält keine nennenswerten Sehenswürdigkeiten. Direkt am südlichen Ortsrand von Adapazarı überspannt die ca. 450 m lange, römische Justinian-Brücke (560 n. Chr.) mit zwölf Bögen einen mittlerweile trockenen Flußarm des Sakarya (antik: Sangarios).

Adapazarı

Ca. 30 km südlich von Adapazarı führt eine gut erhaltene osmanische Brücke (erbaut unter Sultan Bayazit II., 1481–1512) nordwestlich der Kreisstadt Geyve über den Sakarya. Die Stadt selbst liegt am Nordende eines landwirtschaftlich intensiv genutzten Beckens mit dem Zentrum Pamukova (= Baumwollebene, kleines Städtchen).

Geyve

Der Sapanca Gölü im Südwesten von Adapazarı ist ein 40 m hoch gelegener und 47 km² großer Süßwassersee im Südwesten von Adapazarı. Sein Boden reicht 20 m unter den Spiegel des Marmarameeres. Er befindet sich

Sapanca Gölü

İzmit,
Umgebung,
Sapanca Gölü
(Fortsetzung)

in einer Senkenzone, durch die noch während der Eiszeiten eine Verbindung zwischen Marmarameer und Schwarzem Meer bestand (Sakarya-Bosporus). Tektonische Prozesse führten zu einer Hebung dieser Senke, so daß sie trocken fiel. Aber selbst bis gegen Ende des Eiszeitalters hatte das Marmarameer den Graben von İzmit/Sapanca immer noch in Form einer Bucht überflutet, in die der Sakarya mündete. Danach wurde der See nach und nach durch Sedimentierung vom Golf abgeschnürt, der Sakarya aber entwässerte weiter durch den jetzt entstandenen Sapanca-See in den Golf von İzmit. Letztendlich stauten die Ablagerungen des Sakarya und seiner Zuflüsse den See soweit auf, daß sich ein neuer Abfluß nach Osten zum Sakarya bildete, dieser seinen Lauf nach Norden verlegte und direkt ins Schwarze Meer mündete. An der Südseite des Sees um die Stadt Sapanca (sehenswert ist der Moschee-Komplex Rüstem Paşa Külliyesi) reihen sich malerische Dörfchen inmitten von ausgedehnten Obstgärten.

*Taraklı

Die kleine Bergstadt mit Thermalquellen ca. 70 km südlich von Adapazarı steht seit 1990 größtenteils unter Denkmalschutz. Sie bietet gut erhaltene zwei- bis vierstöckige Holzfachwerkhäuser im pontischen Stil (z.B. Rathaus). Beachtenswert ist u.a. die Yunus Paşa Camii (auch Kurşunlu Cami = Bleimoschee), die der Großwesir Yunus Paşa zwischen 1512 und 1521 im Stadtzentrum anläßlich eines Besuches stiftete. Der General wurde nach seiner Rückkehr von einem Ägyptenfeldzug auf Befehl Selim I. hingerichtet, weil am Sultan geübt hatte.

Gebze

Gebze nannte man in byzantinischer Zeit Dakibyza. Der Ort im Hinterland des nördlichen İzmit-Golfes unterhalb des Gazi Dağı (305 m ü.d.M.) verfügt über die prächtige, mit Fayencen geschmückte Orhan Gazi Camii von 1519 und über verschiedene byzantinische Reste. Sehenswert ist zudem . der frühosmanische Kuppelbau der Coban Mustafa Paşa Camii samt der polygonalen Türbe des Stifters. Bei Gebze lag südlich an der Küste die bithynische Stadt Libyssa (Ruinen bei Dif İskelesi), wo der punische Feldherr Hannibal, von den Römern in seinem Haus umzingelt, sich 183 v.Chr. mit Gift das Leben nahm, weil der bithynische König Prusias ihn ausliefern wollte. Innerhalb einer Industrieanlage befindet sich auf einem kleinen Hügel unter einer Zypressengruppe eine Kuriosität: das angebliche Grab von Hannibal, das von Kaiser Septimius Severus (193–211) prächtig erneuert wurde und jetzt nur noch ein Haufen großer Steinblöcke ist (Ausgrabungen 1906 durch Th. Wiegand). In der Nähe befand sich der Ort Hünkâr Çayre, wo 1481 Sultan Mehmet II. (Eroberer Konstantinopels) starb.

Hereke

Das weithin berühmte Städtchen Hereke (11 000 Einwohner) am Nordsaum des İzmit-Golfes 30 km westlich von İzmit in einem Tal gelegen, hieß früher Charax. Hier starb in der nahen, zerstörten Burg Ankyron 337 Kaiser Konstantin der Große. Die Bevölkerung betreibt neben Weinbau vor allem Teppichweberei, die die Tradition der Kaiserlichen Manufakturen von İstanbul und Bursa fortsetzt. Die Hohe Pforte hatte hier 1891 die erste Fabrikation für feingewebte Seiden- und Wollteppiche eingerichtet. Entsprechend den Vorgaben des Hofes werden die heutigen Teppiche aus Hereke noch immer nach solchen speziellen Mustern gewoben, die alte Vorbilder gekonnt nachahmen.

İznik   **E 3**

Nordwestanatolien
Provinz: Bursa
Höhe: 90 m ü.d.M.
Einwohnerzahl: 16 000

Lage am
İznik Gölü

Die Stadt İznik liegt am landwirtschaftlich intensiv genutzen Ostufer des İznik Gölü. Der 303 km² große, bis zu 75 m tiefe und 80 m ü.d.M. gelegene

See befindet sich im tektonischen Längstal, das sich von der Bucht von Gemlik bis in den Westteil des Pontischen Gebirges zieht.

Lage (Fortsetzung)

İznik liegt an der Stelle der antiken Stadt Nikaia, die im 4. Jh. v. Chr. von Antigonos, dem Feldherrn Alexanders des Großen, gegründet wurde. Der mehrfach von Erdbeben heimgesuchte Ort erlebte nach seinem Ausbau durch Kaiser Hadrian eine Blütezeit. In Nicaea (Bischofssitz) fand 325 das Erste Ökumenische Konzil (Konzil von Nizäa) statt. 787 gewann Nicaea als Ort des Siebten Ökumenischen Konzils, das zur Verurteilung der Bilderstürmer führte, erneut geschichtliche Bedeutung.
Von 1204 bis 1261 war Nicaea Residenz der oströmischen Kaiser und des Patriarchen, solange Konstantinopel an das von Kreuzfahrern gegründete Lateinische Kaiserreich verloren war. Unter den Osmanen (seit 1331) wurde Nicaea als Produktionsort herrlicher Fayencen bekannt, nachdem Sultan Selim I. im Jahre 1514 zahlreiche Handwerker aus Täbris und Aserbaidschan hier angesiedelt hatte.

Geschichte

Sehenswertes in İznik

Die größte Sehenswürdigkeit des alten Nikaia bildet die an die Mauern von Konstantinopel erinnernde Befestigungsanlage, die teilweise verfallen und überwachsen, aber immer noch außerordentlich eindrucksvoll ist. Von der alten griechischen Befestigung ist wenig erhalten. Die römischen Erneuerungen im 1. Jh. n. Chr. veränderten die ursprünglich quadratische Umfriedung in ein Polygon von 4427 m Umfang. Die Byzantiner setzten die seitlichen Türme vor die alten Tore und darauf das Mauerwerk. Der schönste, aus alten Werkstücken gebaute Abschnitt der Westmauer stammt noch aus der Zeit Kaiser Leos des Isauriers (Inschrift).
Ein beträchtlicher Teil der Befestigung entstand in seldschukischer Zeit. Die 3,50 m dicke und 9 m hohe Innenmauer hatte oben einen Mauerum-

**Befestigungsanlagen

Fototermin vor İzniks Stadtmauer

İznik

Befestigungs-anlagen (Fortsetzung)

gang mit Zinnen. 108 Türme springen aus ihr vor; sie sind von der Stadt her zugänglich.

*Stadttore

Den nördlichen Abschluß der Ummauerung bildet das İstanbul-Tor, das in seiner Bauart dem Lefke-Tor ähnelt. An einer späteren Innenwand zwei interessante Masken. Das um 70 n. Chr. errichtete vierfache Lefke-Tor begrenzt die alte Stadtbefestigung im Osten und erinnert an ein römisches Triumphtor. Vor dem Tor endet ein vermutlich zur Zeit Justinians erbauter Aquädukt, der von Sultan Orhan erneuert wurde. Das Yenişehir-Tor (älteste Bauteile 3. Jh. n. Chr.) begrenzt die Stadtbefestigung im Süden.

*Yeşil Cami

Nordwestlich vom Lefke-Tor steht die Grüne Moschee, die schönste Moschee von İznik (1384 bis 1389). Ihre Vorhalle (mittlerweile verglast) öffnet sich in drei Arkaden, die auf zwei Granitsäulen ruhen. Von den ursprünglichen Marmorschranken sind nur noch einige Reste erhalten. Prächtig das Portal der Moschee und die von Kalligraphien umrahmten Fenster.

Armenküche (Museum)

Westlich gegenüber der Grünen Moschee die ehem. Nilüfer-Hatun-Armenküche, welche die Gemahlin Sultan Orhans im Jahre 1388 errichten ließ. Sie beherbergt heute das städtische Museum (griechische und römische Altertümer, Grabmäler, Fayencen aus İznik, Schriften).

Aya Sofya

Die Ruine der Hagia Sophia liegt in der Stadtmitte an der Kreuzung der beiden Hauptstraßen, die zu den vier alten Stadttoren führen. Sie war wahrscheinlich die Versammlungskirche des Siebten Ökumenischen Konzils. Die dreischiffige Basilika mit ihren kleinen kuppelüberwölbten Nebenräu-

İstanbul, Yalova, Beştaş

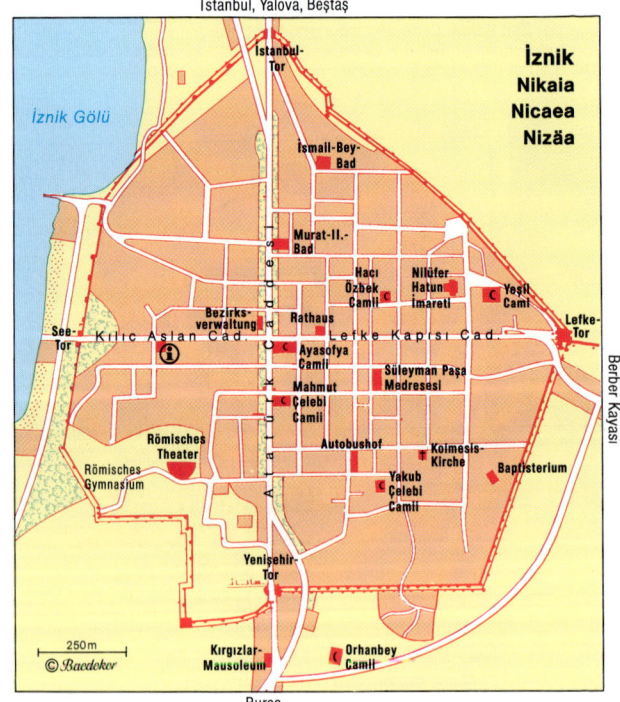

Bursa

İznik erlangte Berühmtheit durch seine Fayencen

men ist 1065 als Nachfolgerin einer Kirche aus der Zeit Justinians errichtet worden. Sie wurde unter Sultan Orhan in eine Moschee umgewandelt und mit schönen Fliesen ausgeschmückt.

İznik,
Aya Sofya
(Fortsetzung)

Im Südwestteil der Altstadt befindet sich das Römische Theater, das vermutlich der römische Statthalter Plinius im Jahre 112 erbauen ließ. Mächtige schön gefügte Gewölbe, die schräg nach unten ziehen, tragen den Zuschauerraum, da kein natürlicher Abhang zur Verfügung stand.

Römisches
Theater

Etwa 1 km östlich vom Lefke-Tor erhebt sich der Barbierfels (Berber Kayas) mit den Resten eines 4 m langen Sarkophags. Von der Höhe kann man einen wundervollen Blick auf die Stadt İznik genießen.

Barbierfels

Etwa 5 km nordwestlich von İznik steht am Gebirge der Obelisk des Cassius (Beştaş). Er ist das 12 m hohe Grabmonument für C. Cassius Philiscus (2. Jh. n. Chr.).

Obelisk
des Cassius

Kahramanmaraş (Maraş)

M 6

Südostanatolien (Maraş-Graben)
Provinz: Kahramanmaraş
Höhe: 700 m ü. d. M.
Einwohnerzahl: 229 000

**Man beachte die Warnung
auf Seite 139!**

Am Südfuß des Maraş-Taurus liegt auf einer Vorstufe der Maraşkette die Provinzhauptstadt Maraş, die ihren Zunamen 'Kahraman' (heldenhaft) wegen des Widerstands der Bevölkerung im Türkischen Befreiungskrieg gegen die englischen und französischen Besatzer erhielt. Maraş ist vor allem Vermarktungsort landwirtschaftlicher Produkte, in erster Linie der Baumwolle, die in der Ebene angebaut wird. Das Gebirgshinterland, der Maraş-Taurus, dessen Gipfel noch Spuren kleinerer eiszeitlicher Gletscher aufweisen, ist selbst in den zwischengeschalteten Längstälern von Bertiz und Nuruhak sehr dünn besiedelt. Hier liegt ein Gebiet früherer armenischer Bevölkerung, die bis zum Ersten Weltkrieg dort in vielen Dörfern dominant war (Süleymanlı = Zeytun) und deren Leidensweg zwangsweiser Umsiedlung über Maraş und Aleppo in die Wüste nach Deir es Zor im Mittelpunkt des Romans "Die vierzig Tage des Musa Dagh" von Franz Werfel steht. Gefürchtet sind im Winter die kalten, böenartigen Fallwinde, die im

Lage und
Bedeutung

Kappadokien

Kahramanmaraş
(Fortsetzung)

Zuge eines Luftaustausches zwischen Kalt- und mediterraner Warmluft nicht selten als eiskalte Stürme in den Maraş-Graben einfallen.

Geschichte

Der Ort wird bereits in assyrischen Texten als Zentrum eines späthethitischen Kleinreiches Gurgum erwähnt, das seine Blütezeit um 800 v. Chr. hatte und das von Sargon II. (721–705 v. Chr.) erobert und zerstört wurde. Unter Byzanz wurde der Ort als Germaniceia im 1. Jh. zu einer Festung der Thugur-Linie ausgebaut, jener umstrittenen Grenzmark im Südosten Anatoliens zwischen Byzanz und den arabischen Kalifen. Um 962 siedelten sich zahlreiche Armenier an, die vor den Seldschuken hierher geflohen waren.
Nach der Niederlage der Byzantiner gegen die Araber gelang es einem der armenischen Stadtgouverneure, Philaretes, mit Hilfe des Kreuzritterheeres ein unabhängiges Kleinreich zu installieren. Nach wechselnden Besitzverhältnissen (u. a. unter den Dulkadir-Beys) gehörte Maraş seit 1515 zum Osmanenreich, gelangte aber 1832–1840 unter İbrahim Paşa an den ägyptischen Gouverneur Mehmed Ali.

Sehenswertes
Altstadt und
Kapalı Çarşı

Der bedeckte Basar ist eine der wenigen Attraktionen der Stadt und erhielt seine gegenwärtige Ausgestaltung weitgehend im 17. Jahrhundert. Als besonders malerisch sind die Schmiedewerkstätten zu erwähnen. Weitere Sehenswürdigkeiten in der Altstadt unterhalb der Zitadelle stammen vor allem aus dem 15./16. Jahrhundert. Dazu zählen die Ulu Cami aus der Zeit der Dulkadir-Beys mit wertvollen Holzarbeiten und Verzierungen, die Hatuniye Camii als Stiftung der Großmutter Selims I., der Taş Han und die Taş Medrese samt Türbe ebenfalls aus der Emiratszeit der Dulkadiroğulları.

Zitadellenhügel

Über der Altstadt erhebt sich die alte Burg von Maraş, die heute überwiegend zur Parkanlage mit beliebten Ausflugsgaststätten umgestaltet ist. Die ursprünglich wohl byzantinische Anlage soll auf hethitischen Resten ruhen, wurde aber in osmanischer Zeit erheblich verändert. Einen Teil des sehr verfallenen Burgkomplexes nutzt man heute als archäologisches Museum und zeigt darin Funde von Ausgrabungen in der Umgebung.

Höhlen in
der Umgebung

In den prähistorischen Höhlen von Döngeli (Döngeli Mağarası) unweit dem Ort Tekir an der Straße nach Göksun machte man vorgeschichtliche Funde. Durch einen Erdrutsch wurde der Tekir Çayı aufgestaut und fällt jetzt in mehreren Kaskaden 120 m tief in eine Höhle.

Kappadokien I–L 4–6

Antike Landschaft im Inneren Kleinasiens
Provinzen: Aksaray, Kayseri, Kırşehir, Nevşehir, Niğde, Yozgat

Lage und
✳✳Landschaftsbild

Als Kappadokien bezeichnet man (nach den um 700 v. Chr. dorthin eingewanderten Kappadoken) jene Hochflächen und Gebirge des östlichen Inneranatolien um den oberen und mittleren Kızılırmak (→ Kırşehir). Hier kreuzten wichtige alte Verkehrswege, trafen verschiedenste Kulturen aufeinander, und hier lag auch der Kernraum des Hethiterreiches. Dünne Besiedlung kennzeichnet Kappadokien, weit verbreitet sind rote Sandsteine und Salzvorkommen des Miozän (Tertiär). So zählen auch die Hochflächen des Bozok Yaylası, die Gipskarstgebiete von Sivas und die Hochweiden der Uzun Yayla zu Kappadokien. Dort aber, wo sich fruchtbare Böden auf vulkanischen Tuffen ausbreiten, konzentrierten sich schon immer Menschen auf relativ engem Raum. Erst hier, im Süden, spricht man vom engeren, vom Herzen Kappadokiens, auch wenn dieses im äußersten Südwesten dieses Großraumes liegt. Außer Getreide wachsen hier Kartoffeln, Obst und Wein, für die Kappadokien so berühmt ist.
Die Entstehung der Landschaft reicht zurück bis in die geologische Zeitspanne des Tertiärs (50 Mio. Jahre), das Land ist dicht durchsetzt mit

Höhlenwohnungen

Schwindelerregende Treppen

Kratern und Kegeln. Gewaltige Massen vulkanischen Materials haben die verschiedenen Vulkane dieser Region seit dieser Zeit ausgespien und abgelagert. Die formenden Kräfte der Erosion modellierten daraus die klassische, faszinierende und berühmte Tuffkegellandschaft Kappadokiens. Die Menschen gruben zu ihrem Schutz über hunderte von Jahren Höhlenwohnungen, Klosterdörfer und -kirchen, ja ganze Troglodytenstädte in den weichen, aber standfesten Tuff. Als touristische Zentren gelten Ürgüp und Nevşehir und ihre unmittelbare Umgebung.

Lage und Landschaftsbild (Fortsetzung)

Die Geschichte Kappadokiens begann in prähistorischer Zeit. In der Bronzezeit reichte der Hatti-Einfluß bis hierher, und etwa im 2. Jtd. v. Chr. wurde das Gebiet hethitisch, dazu errichteten die Assyrer hier ihre Handelsniederlassungen. Vermutlich herrschten die Phryger nach 1250 v. Chr. in Kappadokien, ausgewiesen ist aber die lydische Herrschaft bis zur Mitte des 6. Jhs. v. Chr. Römische Provinz wurde die Region 17. n. Christus. Seit dieser Zeit hat man Handels- und Militärstraßen angelegt, städtische Zentren und Dörfer gefördert. Im Zuge der Christianisierung Kleinasiens gab es in Kappadokien die ersten Christengemeinden, zu denen sich Glaubensflüchtlinge und Verfolgte aus anderen Regionen flüchteten. So wurde Kappadokien zum Schmelztiegel verschiedenster Ethnien, die hier ihre Kultureinflüsse und Glaubensdogmen hinterließen. Zu den Initiatoren der monastischen Bewegungen gehörte Basilius d. G. (329–379), der Bischof von Caesarea (Kayseri). Tausend Jahre lang blühte in Kappadokien ein reges Klosterleben, das erst mit der turkmenisch-mongolischen und später türkischen Invasion beendet wurde.

Geschichte

Hinweis: Im Auftrag des Robinson Clubs Kappadokien finden von Mai bis Nov. einstündige Ballonfahrten statt.

Sehenswerte Orte und Stätten in Kappadokien

Die kleine Stadt Avanos am Kızılırmak, etwa 13 km nordwestlich von Ürgüp, soll seldschukischen Ursprungs sein. Sie ist bekannt wegen ihrer

Avanos

361

Kappadokien

Avanos
(Fortsetzung)
Karawanserei
Sarıhan

traditionsreichen Töpfereien, Onyxschleifereien und Teppichknüpfereien. 7 km östlich des Ortes steht am Ufer des Kızılırmak die seldschukische Karawanserei Sarıhan mit prunkvollem Tor. Sie wurde im 13. Jh. aus gelbem Tuff erbaut und kürzlich auf Initiative eines privaten Investors restauriert.

Ayan

Westlich von Derinkuyu stößt man neben einer byzantinischen Kirche auf zahlreiche Höhlen-Räumlichkeiten, von denen einige durch einen unterirdischen Gang mit dem Kloster von Derinkuyu verbunden sind. Räume mit zwölf Säulen und zwölf Skulpturen waren den Aposteln geweiht.

Çavuşin

Zahlreiche Höhlenwohnungen stecken in der 60 m hohen Tuff-Felswand des Dorfes Çavuşin, etwa 13 km nordwestlich von Ürgüp. Sehenswert ist auch die Johanneskirche (5. Jh.), deren mittlerweile verstürzte Säulenfassade berühmt war. Die Kirche Güvercin Kilisesi am Nordende des Dorfes enthält grünliche und rotbraun gehaltene Fresken. Viele andere ehemalige Sakralhöhlen werden heute als Taubenschläge genutzt. Unweit des Dorfes gibt es in den Tälern diverse einfache Flachkapellen. Die bekannteste ist die Haçlı Kilise (Kreuzkirche) im Tal Kızılçukur Deresi mit Malereien aus dem 10. Jh. (Jesus mit den vier Evangelisten) und einem großen Reliefkreuz. Die Üzümlü Kilise (Traubenkirche) im gleichen Tal wurde dem Säulenheiligen Niketas geweiht. Drei Reliefkreuze mit Blumenschmuck an der Decke zeigt die Üç Haçlı Kilise im Güllüdere-Tal.

✶✶ Derinkuyu

Unter dem Ort Derinkuyu liegt eine der besuchenswerten Troglodytenstädte Kappadokiens, die vermutlich in die hethitische Zeit zurückreicht. Den Funden nach (z. B. zweiteilige Mühlen aus Granit) nutzten die Hethiter nur das oberste Stockwerk. Acht bislang freigelegte Etagen mit Wohnungen, Speichern, Kirchen und Klosterteilen, die durch mühlsteinartige Verschlußsteine verriegelt werden konnten, gruppieren sich um den 85 m tiefen Schacht eines ausgeklügelten Lüftungssystems mit 52 Luftschächten. Sie dienten gleichzeitig als Brunnen.

Verwinkelte Öffnungen ...   *... und Treppengänge in Derinkuyu*

Derinkuyu

Teilquerschnitt
durch die
unterirdische
Höhlenstadt

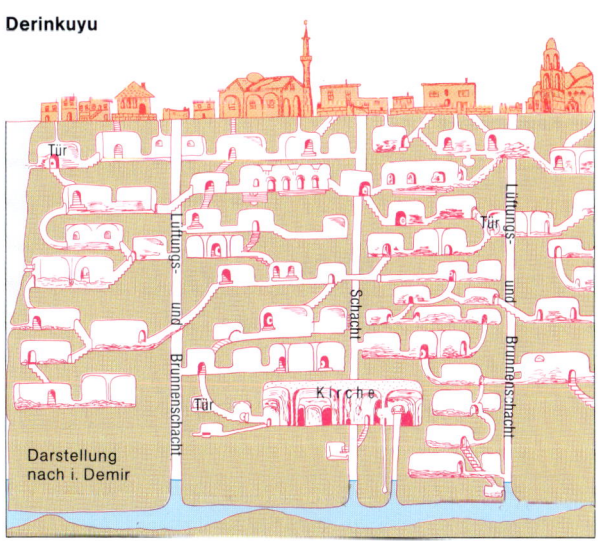

Darstellung
nach i. Demir

Derinkuyu
(Fortsetzung)

Seit der Römerzeit entwickelte sich die unterirdische Fluchtsiedlung zu einer größeren Stadt von 55 m Tiefe und einer Gesamtfläche von 4 km². Dreimal wurde Derinkuyu von den Arabern überfallen. Man wohnte nur in den beiden oberen Etagen, die unteren dienten als Notunterschlupf, enthielten Kirchen und Depots. Zu jedem Wohnkomplex gehörten Küche, Schlaf- und Eßraum, Weinkeller, Toilette, Waffenlager, Wasserdepots (bis zu 30000 Liter), Speicher und Ställe. Lange unterirdische Gänge verbanden den Ort mit anderen Troglodytensiedlungen der Umgebung, etwa der 9 km lange Gang bis Kaymaklı (drei Personen können bequem aufrecht nebeneinander gehen). Leider sind die Luftschächte verstürzt, so daß man diesen Teil nicht begehen kann.

Ein unterirdisches Kloster in Derinkuyu, das früher gleichzeitig als psychiatrische Anstalt diente, wurde vor 1923 von Ayasozori und Ayanaryeros restauriert. Der Komplex enthält Werkstätten, Weihwasserbehälter, Medikamentenlager und einen Raum, in dem offenbar auch psychisch Kranke (wohl mit 'Zwangsjacken'!) behandelt wurden.

Mitten im Ort steht eine aus Basalt errichtete Kirche, die gegenwärtig als Moschee dient, und die erst im 16. oder 17. Jh. gebaut wurde. Sie enthält Bilder von Jesus, Maria, Engeln und Heiligen. Eine weitere Kirche mit einem eleganten Glockenturm zeigt sehenswerte Schnitzarbeiten und interessante Säulen am Eingang.

✵✵ Göreme
(Nationalpark)

Das berühmte Höhlenkirchental von Göreme, das man mit dem byzantinischen Koroma gleichsetzt, liegt unmittelbar neben dem Dorf Göreme (früher Avcılar). Hier liegen in enger Nachbarschaft zahlreiche Höhlenkirchen und -klöster. Die Fresken sind größtenteils stark beschädigt (zerkratzt), da sie bis 1964 nicht beautsichtigt waren und man ihren Wert damals noch nicht erkannte. Ein ausgeschilderter Rundgang geleitet durch die Anlagen:

Tokalı Kilise

Die Tokalı Kilise (Schnallenkirche; außerhalb der eigentlichen Anlage) mit einem Längs- (Tonnengewölbe; Fresken des 9. Jh.s im einfachen 'Provinzstil') und einem jüngeren Querschiff (drei Apsiden; Fresken des 11. Jh.s im 'Hauptstadtstil') ist die größte Kirche von Göreme. Sie wurde in den 60er Jahren restauriert. Beachtenswert sind die Fresken mit den Zwölf Apo-

Lageskizze

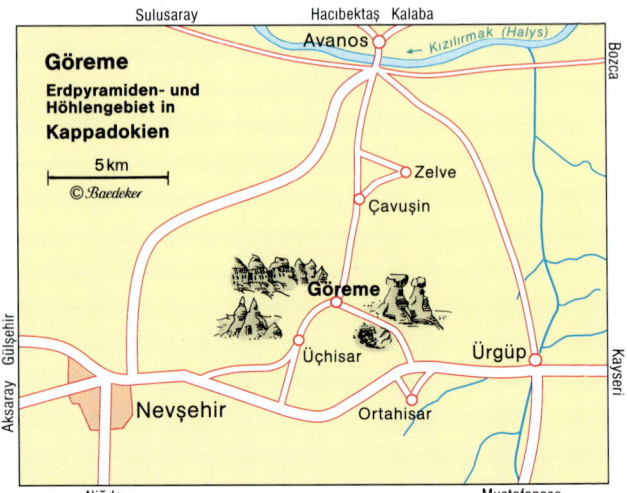

Göreme

Erdpyramiden- und Höhlengebiet in Kappadokien

5 km

© Baedeker

Sulusaray — Hacıbektaş Kalaba — Avanos — Kızılırmak (Halys) — Bozca

Zelve — Çavuşin — Göreme — Üçhisar — Ürgüp — Ortahisar — Nevşehir

Aksaray — Gülşehir — Niğde — Mustafapaşa — Kayseri

Göreme-National-park (Fortsetzung)	steln, Heiligen und Szenen aus dem Leben Jesu (963–969 bzw. 11. Jh.). Unter der Kirchenhalle liegt eine Krypta.
Elmalı Kilise	Die Elmalı Kilise (Apfelkirche) ist die kleinste unter den Kreuzkuppelkirchen von Göreme (z. Z. wegen Restaurierung geschlossen). Sie enthält Fresken aus dem frühen 11. Jh. mit Propheten, Heiligen und Szenen aus dem Leben Jesu, u. a. Christus mit der Weltkugel.
Barbara Kilise	In der Barbara Kilise (Barbarakirche) erkennt man auf den in Ocker gehaltenen Fresken die heilige Barbara neben Jesus und verschiedenen anderen Kirchenfürsten. Die Malereien stammen aus der Zeit nach dem Bilderstreit.
	Das byzantinische Kaiserpaar Konstantin und Helena erkennt man in der Yılanlı Kilise (Schlangenkirche) sowie St. Georg und St. Theodor beim Kampf mit dem Drachen. Beachtenswert ist die Legendengestalt der/des Onophirios, einer schönen Frau. Ihre Bitte an Gott, sie vor den Nachstellungen der Männer zu schützen, erfüllte sich: Ihr wuchs ein Bart und ihr schönes Gesicht wurde entstellt. Das Fresko zeigt sie halb als Mann, halb als Frau (s. Bild S. 365 unten links).
Karanlık Kilise	Zum Klosterkomplex der Karanlık Kilise (Dunkle Kirche) gehört ein Refektorium (Speiseraum) mit doppelter Apsis und aus dem Fels geschnittenem Tisch nebst Sitzen. Die von vier Säulen getragene Kreuzkuppelkirche stammt aus dem 11. Jh. und zählt zu den schönsten im Göremetal. Zahlreiche Bibelszenen schmücken die Wände und die Kuppel (z. Z. wegen Restaurierung geschlossen).
Carıklı Kilise	Nach einem Fußabdruck unter der Himmelfahrtsszene, einer exakten Kopie des gleichen Motivs aus der Himmelfahrtskirche zu Jerusalem, benannte man die Carıklı Kilise (Sandalenkirche). Man erkennt zudem die vier Evangelisten und Geburt sowie Kreuzigung Jesu.
Dorf Göreme	Das Dorf Göreme selbst besteht zur Hälfte aus ehemaligen Höhlenwohnungen. Hier treffen sich drei tief eingeschnittene Täler, die von Tuffkegeln durchsetzt sind. In der El-Nazar-Schlucht stehen u. a. die El Nazar Kilisesi, eine Kapelle in einem stark durch Erdbeben beschädigten Tuffkegel, und die Saklı Kilise (verborgene Kirche), eine Anlage mit Querschiff und drei Apsiden, in der Fresken (12. Jh.) aus dem Leben Jesu und Mariä zu sehen sind. Hierhin zogen sich aus Platzmangel im 12. Jh. Mönche aus Göreme zurück.
Kılıçlar Kilisesi	Im Kılıçlar-Tal steht die Kılıçlar Kilisesi (Schwerterkirche), sie enthält prachtvolle Fresken aus dem 10./11. Jahrhundert.

Göreme-Nationalpark: Nonnenkloster ...

... und Barbara Kilise

Fresko in der 'Schlangenkirche'

Tuff-Felswand in Çavuşin

Kappadokien

Gülşehir

Die Kreisstadt Gülşehir (20 km nördlich von Nevşehir) ist identisch mit dem hethitischen Zoropassos. Benannt wurde der Ort nach seinem beliebten Rosenwasser ('Gülşehir' = 'Rosenstadt'). Die osmanische Stiftungsanlage der Kurşunlu Külliyesi aus dem 17. Jh. mit Moschee, Medrese, Hamam, Bibliothek und mehreren Brunnen ist bemerkenswert.
Südlich der Stadt liegt der unterirdische, mehrgeschossige Klosterkomplex des Acık Sarayı (offener Palast). Anstelle der Fresken ist hier das Relief als Stilmittel benutzt. Unmittelbar daneben findet man die übereinanderliegende Doppelkirche Karşı Kilise, in deren Oberbau rauchgeschwärzte Fresken des 13. Jahrhunderts zu sehen sind. Der Unterbau ist eine kurzarmige Kreuzkirche.

Hacıbektaş

Die Kleinstadt Hacıbektaş, etwa 50 km nordwestlich von Nevşehir gelegen, ist der Geburtsort des Hacı Bektaş Vali, dem Gründer des Bektaschi-Derwischordens. Dem Orden, in dessen Zielen sich christliche mit schiitischen und sunnitischen Anschauungen mischen, gehörten auch die berühmt-berüchtigten Janitscharen an. Er galt deshalb nach 1923 als suspekt. Mausoleum und Kloster des Ordensstifters sind aber immer noch Wallfahrtsziel.

İncesu

Etwa 30 km östlich von Ürgüp, in der Kreisstadt İncesu, steht die Kara Mustafa Paşa Külliyesi, ein bemerkenswerter Stiftungskomplex von 1680, den der General Kara Mustafa anlegen ließ. Dazu gehört eine als Karawanserei bezeichnete große Kaserne, ein Bad, eine Moschee und eine angeschlossene doppelzeilige Ladenstraße, die heute noch genutzt wird. Rings um den Ort findet man zahlreiche kleine Steinbauten, die man Hancık (kleine Karawanserei) nennt.

**Kaymaklı

Ähnlich wie in Derinkuyu befindet sich auch unter diesem Ort, etwa 20 km südlich von Nevşehir, eine sehenswerte, 1964 entdeckte Troglodytenstadt (vier Stockwerke sind zur Besichtigung freigegeben). Auch hier sind, wie in den meisten anderen Höhlenstädten, Räume und Gänge sehr sorgfältig getrennt, mit einem Lüftungssystem, Wohn- und Vorratsräumen sowie Wasserdepots ausgestattet. Die Verständigung erfolgte über ein System kleiner Löcher zwischen den einzelnen Wohnungen. Über der unterirdischen Stadt in einem Hügel stößt man auf einfache Gräber, die in letzter Zeit freigelegt wurden.

Mazıköy

Im Umfeld des Dorfes Mazıköy liegen im Tal Bağırsakderesi zahlreiche Höhlenkirchen und Kapellen in den hohen Felswänden zusammen mit Gräbern, deren Fassaden mit Säulen und Giebeln geschmückt sind. Eine Felsenkapelle südlich des Dorfes ist gut erhalten. Auf einer tragenden Mittelsäule erkennt man verschiedene Kreuzmotive, die sich an den Wänden wiederholen. Bei Mazı liegt ebenfalls eine unterirdische Stadt, die bislang nicht erforscht wurde.

Mustafapaşa

Das Dorf Mustafapaşa war bis 1923 nur von Griechen bewohnt, von ihnen stammen die meisten Fresken. Jedes alte Haus hat aus Tuffstein gemeißelte Simse und Balkone, und in den meisten Wohnungen findet man Fresken aus dieser Zeit, die auch moderne Themen darstellen und z.T. recht sehenswert sind. Außerhalb des Dorfes im Beydere ist die Basileioskirche mit Reliefschmuck bemerkenswert. Nach einer Inschrift entstanden die Ornamente zwischen 726 und 780, die Malereien aber im 19. Jahrhundert. Die drei Apsidenkreuze symbolisieren Abraham, Isaak und Jakob.

Nar Gölü

Etwa 50 km südwestlich von Nevşehir erreicht man beim Dorf Sofular den Nar Gölü (Granatapfelsee), einen kleinen See, dessen Wasseroberfläche 70 m in ein von Hügeln umgebenes Tal eingesenkt liegt. Die Wassertiefe ist nicht bekannt. Im Osten und Süden des Sees entspringen heiße Quellen, die man zur Rheumabehandlung nutzt. Um den See findet man zahlreiche Felskirchen, in denen (bislang unzugänglich) die Fresken durch Rauch von Hirtenfeuern stark verrußt sind.

Höhlenkirche der unterirdischen Stadt Kaymaklı

Die Geschichte des heutigen Provinzzentrum Nevşehir (53 000 Einw.)   Nevşehir
reicht zwar weit zurück in die vorchristliche Epoche, Bedeutung erlangte
der Ort allerdings erst im 18. Jh., als İbrahim Paşa Großwesir wurde (1718
bis 1730). Dieser verlegte seine Garnison von Niğde und Yeşilhisar hierher,
benannte den Ort um in Nevşehir (Neustadt), ließ Karawansereien, Bäder,
Medresen und die Kurşunlu Külliye (1726) mit Moschee, Hospital, Medrese
und Bibliothek (seit 1967 Museum mit archäologischen und ethnographischen Exponaten sowie Handschriften) bauen, erhob das Dorf zur Stadt
und befestigte es mit einer Burg. Im Jahre 1954 wurde Nevşehir Provinzhauptstadt.

Das hübsche Dörfchen Ortahisar, etwa 10 km westlich von Ürgüp, ver-   * Ortahisar
dankt seinen Namen dem bizarren, von zahlreichen Höhlenwohnungen
durchlöcherten Tuffelsen, zu dessen Füßen es sich ausbreitet. Ein unter-
irdischer Gang soll von dort nach Nordosten bis zum Burgfelsen İsa Kalesi
führen.
Die ehemaligen Kirchen des Ortes werden z. T. als Schuppen genutzt, sind
aber reich mit Szenen aus dem Alten und Neuen Testament ausgemalt. Die
Fresken der Üzümlü Kilise (Traubenkirche) zeigt, daß hier der Weinbau
schon lange heimisch ist. Viele Felckeller des Dorfes dienen als Zwischenlager für Zitronen. Ein recht unberührtes Höhlenkirchental ist das Halas
Deresi mit einer Klosteranlage armenischer Christen etwa 1 km vom Ort.

Die Kapelle in Ortaköy, etwa 35 km südlich von Ürgüp bei Güzelöz, stammt   Ortaköy
aus dem 6. Jh. und enthält Malereien von 1293. Man hält diese Kirche für
die Heimatkirche des heiligen Georg.

Die tief in das Tuffplateau eingeschnittene, blind endende Talschaft von   * Soğanlı Deresi
Soğanlı, 47 km südlich von Ürgüp und 20 km westlich von Yeşilhisar, ist
bekannt für die handwerkliche Herstellung von bunten Stoffpuppen, die
inzwischen überall in Kappadokien angeboten werden. Da der arabische

Kappadokien

Soğanlı Deresi
(Fortsetzung)

General Battal Gazi dieses abgeschiedene Tal im 8. Jh. erst sehr spät eroberte, soll er ihm den Namen Sonakaldi ('bis zuletzt übrig') gegeben haben. In den steilen Felswänden des Tales findet man zahllose alte Taubenhäuser, von denen die meisten zu Klöstern gehörten. An die 150 Kirchen wurden hier entdeckt, von denen die meisten allerdings verschüttet sind. Eine Besonderheit im Tal sind die in Tuffkegel am Talrand eingegrabenen Kirchen mit z.T. schönen Fresken.

*Üçhisar

Üçhisar, etwa 13 km westlich von Ürgüp, wird überragt von einem stark von Höhlenwohnungen durchlöcherten Burgfelsen (gute Aussicht). Das östlich des Ortes tief eingeschnittene İceri Dere bietet einen eindrucksvollen Blick bis hinab nach Göreme. Die alten Häuser des Dorfes zeigen noch ihre schönen skulpturverzierten Fassaden, werden aber immer mehr vernachlässigt bzw. durch moderne Zweckbauten ersetzt.

*Ürgüp

Von der Ostseite her bietet der von Höhlenwohnungen durchlöcherte, langgezogene Burgfelsen mit der seldschukischen Festungsruine Kadi Kalesi aus dem 13. Jh. (1954 durch Felssturz zerstört) über der Kreisstadt Ürgüp das typische Bild einer alten Troglodytenstadt. Als Bischofssitz Osiana erlebte die Stadt im 10. und 11. Jh. ihre Blütezeit. Sehenswerte Kirchenrelikte findet man im Ort nicht. Hübsche Altstadtbauten jedoch, die allerdings sukzessive durch wenig ansprechende Neubauten ersetzt werden, sind in den abgelegeneren Ortspartien am Hang noch häufig. Aus seldschukischer Zeit stammen die Karamanoğlu Camii (frühes 13. Jh.), die Altı Kapı Türbesi, ein Grabmal, das ein seldschukischer Prinz für Frau und Kinder stiftete, und das Nukrettin-Mausoleum von 1286, das (für eine Tochter Kiliç Arslans erbaut) noch heute ein Wallfahrtszentrum ist. Auf dem gleichen Hügel steht die Taşhın Ağa Kütüphanesi, eine von einem reichen Ürgüper Bürger gestiftete Bibliothek aus dem 19. Jahrhundert. Per Esel organisierte der Leiter die Ausleihe bis in entlegene Siedlungen im Umland. Im Garten der Karamanoğlu Camii befindet sich das Grab des Scheikh ul-

Tuffpyramiden bei Zelve

Islam Hayri Efendi, dem Vater des früheren türkischen Ministerpräsidenten S. H. Ürgüplü. Ürgüp, dessen Namen sich von 'Ur Kup' ('viele Felsen') herleitet, ist ein typischer Fremdenverkehrsort mit entsprechenden Hotels – hier gibt es das älteste Hotels Kappadokiens (ca. 25 Jahre) – und kleinen Läden. Wein- und Obstbau spielen ebenfalls eine große Rolle. Westlich der Stadt liegen die berühmten Erdpyramiden von Ürgüp (gute Aussicht).

Kappadokien, Ürgüp (Fortsetzung)

Rund 15 km nordwestlich von Ürgüp zwischen Göreme und Avanos führt eine Straße westlich zum alten Dorf Zelve in einem abgeschiedenen Talkessel, von dem zwei kleine, steilwandige Seitentälchen mit zahlreichen Höhlenwohnungen und -klosteranlagen ausgehen. Da der Ort stark einsturzgefährdet war (und ist), wurden die Bewohner um 1950 in ein neues Dorf umgesiedelt. Die Fels-Moschee mit einfacher Gebetsnische, aber mit interessantem Minarett aus Tuffstein (ehemaliger Glockenturm), ist das Wahrzeichen der Siedlung. Bekannt ist die Ruine der Üzümlü Kilise, einer Basilika aus der vorikonoklastischen Periode mit Traubendekorationen. Vor dem Dorf liegt das Tal der Mönche mit klassisch-schönen Tuffpyramiden; der Simeons-Kegel mit seinen drei 'behüteten' Spitzen ist wohl am bekanntesten. Eine neue Straße führt von hier aus durch das Tal des Kızıl Wadi (Erdpyramiden) nach Ürgüp.

*Zelve

Karadeniz Ereğlisi

→ Zonguldak

Karaman   I 6

Zentralanatolien
Provinz: Karaman
Höhe: 1038 m ü.d.M.
Einwohnerzahl: 65000

Karaman, bis ins Mittelalter Laranda genannt, liegt in der inneranatolischen Senkenzone auf halber Strecke zwischen Konya und Silifke und besitzt bedeutende Bauwerke aus seiner Blütezeit als Hauptstadt der Karamanen-Dynastie (Karamanoğulları, 1275–1466), die lange Zeit auch Konya beherrschten und erst Mehmet II. unterlagen. 1190 machte hier Kaiser Barbarossa auf dem Dritten Kreuzzug vor dem Taurusübergang Rast.

Lage und Bedeutung

Die historische Forschung vermutet hinter dem von einem General Alexanders d.Gr. verwüsteten Laranda das hethitische Landa, das um 1300 v.Chr. wichtiger Handels- und Garnisonsort war. Später unter Byzanz blieb Laranda Garnison gegen die Einfälle der Araber. Abgesehen von einer kurzzeitigen Besetzung durch Barbarossa und einer 6jährigen Herrschaft Kleinarmeniens war Karaman seit dem 12. Jh. seldschukisch. Der berühmte Mystiker Celâleddin Rumi (Mevlana; → Berühmte Persönlichkeiten) kam 1220 mit seinen Eltern als Flüchtling aus Afghanistan nach Karaman, bis sein Vater 1228 als Theologieprofessor nach Konya gerufen wurde. Mit dem Niedergang der Seldschuken begann gleichzeitig der Aufstieg des Beyliks der Karamanen, deren erster Herrscher, der Turkmene und Holzhändler Kerimüddin-Karaman aus der Region um Mut und Ermenek, 1255 die Stadt Laranda zur Residenz (bis 1320) machte und ihr auch ihren späten Namen gab. Bald brachten die Karamanen die Kernlande der Seldschuken in ihren Besitz. 1320 verlegte man sogar den Herrschersitz nach Konya, um auch nach außen sichtbar das Erbe der Rum-Seldschuken anzutreten. Allerding pflegte man am Karamanenhof nicht die sonst in den meisten Beyliks übliche feine persisch-seldschukische, sondern wie in der nomadischen Vergangenheit eine eher derbere Lebensart.

Geschichte

Karaman Kalesi – Burgruinen aus dem 12. Jahrhundert

Geschichte
(Fortsetzung)

Der Karamanenherrscher Mehmed Bey erhob 1277 das Türkische anstelle des Persischen zur offiziellen Hof- und Amtssprache. Wissenschaft und Kunst wurden gefördert, und Karaman existierte damals als ebenbürtige Stadt neben Konya. Das stabile Staatswesen der Karamanen widerstand dem osmanischen Druck bis 1466.

Sehenswertes in Karaman

Ak Tekke

Um 1371 stiftete Alaeddin Bey Karamanoğlu ein Kloster und für die Mutter Mevlanas, Mümine Hatun, eine Moschee, in der u. a. ihr Grab liegt. Der benachbarte Süleyman Bey Hamamı (Bad) wurde 1358 errichtet.

Alaeddin Bey
Türbesi

Von 1388 stammt dieses polygonale Kuppelgrab (ansehnlich dekoriertes Portal) des bedeutenden Karamanenfürsten, der zugleich Schwiegersohn des osmanischen Sultans Murat I. war.

Hatuniye
Medresesi

Diese auch Nefise Hatun oder Nefise Sultan Medresesi genannte Koran-schule mit einem stattlichen Eingangsportal aus u. a. schwarzem und wei-ßem Marmor ließ 1387 Nefise, die Frau des Karamanoğlu Alaeddin Bey, erbauen. Sie galt als eine der renommiertesten Universitäten der damali-gen Zeit. In dem überkuppelten Winterteil, der von den ebenfalls mit Kup-peln überdachten Zellen flankiert wird, befindet sich ihr Mausoleum.

＊Karaman Kalesi

Die Seldschuken errichteten im 12. Jh. auf den Fundamenten einer wohl bereits hethitischen Anlage die gewaltige Burg von Karaman. Sie wurde immer wieder restauriert und ist auch heute in bestem Bauzustand. Im Innern wurde inzwischen eine Tribüne für Folklore-Darbietungen installiert. Um die Burg von Karaman lag Mitte der 70er Jahre noch einer der wenigen erhaltenen, typischen zentralanatolischen Altstadtkomplexe mit ein- bis zweistöckigen Flachdach-Lehmbauten, wie man sie früher z. B. auch aus

Konya kannte. Inzwischen sind bis auf eines alle (!) Altstadthäuser um die Burg planiert worden.

Karaman Kalesi
(Fortsetzung)

Der Stiftungskomplex mit kleiner Moschee, einem Brunnen in seldschukischem Stil, einer Medrese (Ibrahim Bey Imaret) und einer Druckerei sowie der Pyramidendach-Türbe des Stifters İbrahim Bey II. stammt von 1433. Interessant ist vor allem der Bau der Koranschulen, weil er an die seldschukischen, geschlossenen Bautypen des 13. Jh.s anknüpft. Neben eine offene Eingangshalle auf mittig sitzenden Spoliensäulen schmiegt sich ein fayencengeschmücktes Minarett.

*Karamanoğlu
Külliyesi

Das gut geführte Museum mit Sammlungen aus Çanhasan vom Neolithikum bis in die Moderne liegt hinter der Hatuniye Medresesi. In der Yunus Emre Camii, dem ältesten Bau aus der Karamanenperiode (1349), soll sich das Grab von Yunus Emre (um 1280 bis 1321) befinden, der als bedeutendster Vertreter türkischer Literatur gilt und dessen Prosa und Lyrik in einer einfachen Volkssprache verfaßt sind.

Museum
Yunus Emre Camii

Umgebung von Karaman

Am Ostrand des Dorfes Alaçatı, 13 km östlich von Karaman, erkennt man einen 5 m hohen Siedlungshügel, wo britische Archäologen seit 1961 Wohnreste aus dem 5. Jtd. v. Chr. freilegen. Wie in Çatalhüyük besaßen auch hier die Häuser einen Eingang über das Dach.

Alaçatı

Etwa 60 km südlich von Karaman führt ein Fahrweg in Serpentinen zum 1200 m hoch gelegenen Kloster Alahan (großartige Aussicht). Die Anlage aus dem 5. Jh. enthält noch zwei Kirchen und eine Kapelle. Von der Westkirche (Evangelistenkirche) wurden die Grundmauern mitsamt dem monumentalen Kirchenportal (u. a. Steinreliefs mit den Evangelisten-Symbolen) Anfang der 60er Jahre restauriert. Der Nachfolgebau war eine weit kleinere, einschiffige Kirche. Die Ostkirche mit drei ornamentierten Portalen (Ranken, Fische) ist als eindrucksvolle Kuppelbasilika erhalten, deren Baustil den Übergang von der Spätantike zur byzantinischen Zeit charakterisiert. Korinthische Säulen stützen die Arkaden des Hauptschiffes.

*Alahan

Knapp 25 km nördlich von Karaman führt von der Route nach Hotamış eine Schotterstraße auf die Randhöhen des Vulkans Kara Dağ (2288 m ü. d. M.) zum 8 km östlich gelegenen Dorf Madenşehri (Madenşehir), an dessen Ortsanfang eine größere Kirchenruine mit alten Wandmalereien steht. Etwa 5 km westlich des Ortes oberhalb erreicht man in Fortsetzung der Schotterstraße (links halten) den Ort Değle, rechts des Weges auf einem Hügel, zu dem ein Fahrweg abzweigt. Das heute fast verlassene Dorf ist das Zentrum von Binbir Kilise mit Ruinen von zahlreichen z. T. noch gut erhaltenen byzantinischen Kirchen und Mausoleen. Nach einer Blütezeit vom 3. bis zum 8. Jh. wurde diese jetzt fast verlassene Stätte im 11. Jh. von den Seldschuken vernichtet. Etwa 50 Kirchenruinen sind erhalten und geben Aufschluß über die Baugeschichte. Besonders die Basiliken zeigen eine Besonderheit. Sie sind aus Quadern errichtet und nicht, wie die meisten Kirchen Kleinasiens, flach gedeckt, sondern wegen des Holzmangels in Inneranatolien durchweg überwölbt. Nordöstlich davon stößt man auf weitere Kirchen- und Klosterruinen aus dem 9./10. Jahrhundert. Auf dem Hauptgipfel des Gebirgsmassivs des Kara Dağ, dem Mahlıç Tepesi, findet man in 2771 m Höhe die Reste eines byzantinischen Klosters aus dem 9. Jh. und eine hethitische Kultgrotte mit Hieroglyphen (Kopie im Museum in Karaman). Eine weitere Kultstätte der Hethiter liegt am Westhang des Kara Dağ (auf dem Kızıl Dağ).

**Binbir Kilise
(Değle)

Von Karaman aus direkt nur auf problematischen Straßen, über Mut aber recht gut zu erreichen ist das 150 km südwestlich gelegene Städtchen Ermenek. Hier stand das antike von Antiochos IV. gegründete Germanikopolis (1. Jh. v. Chr.) und das erste Zentrum des späteren Karamanen-

Ermenek

**Karaman,
Umgebung,
Ermenek
(Fortsetzung)**

Emirats. Auch hier zeigt sich in der Bauweise die enge Verbindung der Karamanen mit den Seldschuken, die den arabischen Kufa-Typ für ihre Moscheebauten nutzten. Alle sind Säulenmoscheen, besitzen keinen Moscheehof und sind zur Mihrabwand quergestellt. In Ermenek zählen dazu die Ulu Cami (1302), die Akca Mescit (1300), die Sipas Camii (1306) und die Meydan Camii (1436). Ein weiterer interessanter Moscheekomplex ist die Sarı Hatun Camii aus dem 12. Jh.; hervorzuheben sind ihre Schnitzereien in Schrägschnittmanier an der Himmelstreppe.

Güldere

Im Umkreis des Dorfes Güldere (40 km südöstlich am Oberlauf des Gödet Çayı) befinden sich die sogenannten Yabangülü Saklı (versteckte Kirchen), mehrere kleinere und auch geräumige Höhlenkirchen in verschiedenen Höhenlagen in einem Felsen.

Kâzım Karabekir

Etwas westlich abseits der Straße nach Konya liegt ca. 20 km nordwestlich von Karaman das Dorf Kâzım Karabekir, ein Teppichknüpferdorf, das durch seine Bauweise auffällt. Im Gegensatz zur üblichen zentralanatolischen Lehmziegelkonstruktion sind hier nahezu alle Häuser aus flachen Kalksteinplatten errichtet. Der Ort enthält zwei interessante Moscheen.

Karawansereien

In der Umgebung von Karaman liegen die Reste dreier seldschukischer Karawanenstationen: Gaferyat Hanı (15 km nordwestlich von Karaman im Dorf İlisira), Kozak Hanı (südwestlich der Straße nach Silifke) und der von Alaeddin Kaykobad gestiftete Sartavul Hanı aus dem 13. Jh. (etwa 20 km südlich von Karaman, östlich der Straße nach Silifke).

Mut

Das Städtchen Mut, 75 km südlich von Karaman, ist das alte Ninica Claudiopolis, das von Marcus Aurelius Polemo gegründet wurde. Antike Reste gibt es hier jedoch wenig. Von der einstigen byzantinischen Zitadelle steht nur noch der Turm. Sehenswert ist die Lal Ağa Camii, ein Zentralkuppelbau aus dem 14. Jh. mit großem Fünfjoch-Vorbau und Nebenräumen, die wie Seitenschiffe wirken.

＊Sertavul Geçidi

Die etwa 1 600 m hohe Paßlandschaft um den Sertavul-Paß, im Süden von Karaman, unterscheidet sich von anderen Taurus-Paßregionen durch ihren zunächst flächenartigen Charakter, der sich erst ändert, wenn man den Paß nach Süden bereits weit überschritten ist und in das tief eingesenkte Becken von Mut blickt. Die zumeist baumlose, kaum von Gräsern, dafür aber mit verschiedensten Polsterpflanzen besetzte Hochfläche ist eine eindrucksvolle, dicht mit Kalkscherben übersäte Karstlandschaft, die von unzähligen Dolinen und Uvalas durchlöchert ist. Über diese Paßregion zog einst Barbarossa nach Süden, ehe er beim Bad im Kalykadnos ertrank.

Yeşildere

Eines der ältesten frühchristlichen Klöster liegt etwa 30 km südöstlich von Karaman beim Dorf Yeşildere. Über eine bemerkenswerte Treppenanlage erreicht man zahlreiche Räume, tunnelartige Durchgänge und Galerien.

Kars   T 3

Nordostanatolien
Provinz: Kars
Höhe: 1 750 m ü. d. M.
Einwohnerzahl: 80 000

**Lage und
Bedeutung**

Nördöstlich des Aras Nehri (Araxes) über den Oberlauf der Kura hinweg bis hin zur georgisch-türkischen Grenze dehnt sich das größte und höchste Lavaplateau Anatoliens aus. Es sind überwiegend mächtige Basalte und Andesite, aber auch Tuffe, Pechsteine und vulkanische Bomben am Aufbau beteiligt. Ausgedehnte Hochweideflächen charakterisieren die zumeist eindrucksvoll eintönige Landschaft. Im Vordergrund steht hier eindeutig die Rinder- und Schafzucht. Diese bis zu 2500 m hohe Fläche von Kars und Ardahan wird gebietsweise von einzelnen Vulkanen überragt und durch Senkungsfelder in vier Abschnitte geteilt. In einem solchen Becken zwischen der Ardahan und der Kars Yaylası liegt die Provinzstadt Kars, die vom Turkstamm der Karsaken bereits um 130 n.Chr. besiedelt war. Manches am Baubestand der Stadt erinnert noch daran, daß Kars bis zum Ersten Weltkrieg russisch war. Die Neustadt ist schachbrettartig angelegt, und manches Haus hat noch jene typische Kolonialstil-Architektur, die u.a. auch in St. Petersburg zu finden ist.

Lage und Bedeutung (Fortsetzung)

Das heutige Stadtzentrum wurde erst nach 1877 während der russischen Besatzung angelegt. Noch heute wohnen z.B. in dem Dorf Karacaören unweit der Stadt protestantische Deutsche, die vor etwa 100 Jahren durch den Zaren hier angesiedelt wurden. Die Industrie ist bescheiden, sieht man von den zahlreichen Käsereien einmal ab, die auf wolgadeutsche Einwanderer aus dem 19. Jh. zurückgehen. Berühmt sind die handgeknüpften Teppiche mit ihren Adler- und Schildmotiven, die in der Region hergestellt werden.

Die Geschichte von Kars ist in vielerlei Hinsicht verbunden mit den Geschicken → Armeniens. Aschot der Eiserne (914–918) vertrieb die moslemischen Emire und machte seinem Bruder Abbas I. den Weg frei für ein gesichertes Königtum der Bagratiden mit der Hauptstadt Kars. Die Stadt blieb auch Residenz unter dem Gegenkönig Muschegh (962–984) und seinen Nachfolgern Abbas und Gagik, als sein Bruder Aschot III. (der Gnädige, 952–977) Ani zur Hauptstadt machte. Der Zerfall Armeniens in Teilfürstentümer war damit eingeleitet. Kars kam um 1050 an die Byzantiner, die die Stadt 1064 an den Groß-Seldschuken Alp Arslan verloren. Der größte Teil der armenischen Bevölkerung war damals nach Kilikien abgewandert. Unter den Georgiern erlebte Kars von 1205 bis 1585 eine neue Blütezeit, ehe es an die Osmanen fiel. Die Gebiete von Kars und Ardahan gehörten 1807, 1854–1856 (Krimkrieg) und von 1873 bis 1921 zu Rußland.

Geschichte

Die osmanische Zitadelle überragt die Altstadt

Sehenswertes in Kars

Altstadt

Die Altstadt soll früher von einer 27 km langen Mauer mit 220 Türmen umgeben gewesen sein. Zur Zeit gehört sie zu den vernachlässigten Stadtvierteln. Drei Tore sind noch in Resten erhalten: Su Kapısı (Wassertor) oder Çeribaşı Kapı im Westen, Kağızman Kapısı in der Mitte und Behram Kapısı oder Bayram Paşa Kapısı im Osten.

Beşik Camii

Die Beşik Camii (Wiegenmoschee) unterhalb der Burg war 1045 von den Bagratiden erbaut worden und dient heute als Lager.

Beylerbey Saray

Der ruinierte Gouverneurspalast im unteren Burgteil, auch Paşa Sarayı genannt, entstand 1579 unter Lala Mustafa Paşa.

Celal Baba Türbesi

Das Grabmal des populären Ortsheiligen von Kars, Celal Baba, der 1239 beim Mongolensturm umkam, ist donnerstags für Besucher geöffnet.

Evliya Camii

Der etwas unscheinbare Bau wurde 1589 während der Restaurierungsarbeiten in der Stadt errichtet, 1604 und 1626 beim Einfall der Safawiden zerstört und anschließend erneuert (das Dach wurde mit Erde gedeckt). Im Moscheegarten steht die Türbe eines Heiligen (Evliya).

İlbeyoğlu Hamamı

Das heute noch genutzte Bad mit Reliefs und Ornamenten des 18. Jhs. heißt auch, wegen des langen Balkons über dem Fluß, Balkonlu Hamam.

＊Kümbet Camii

Diese Moschee, bis vor kurzer Zeit das Museum von Kars, entstand unter dem Bagratiden Abas I. (v. Ani) 930–937 als Apostelkirche, wurde 1664 Moschee, diente aber unter den Russen bis 1921 wieder als Kirche. Der hohe Tambour ist mit Reliefs der Zwölf Apostel ausgestattet.

Müze

Der Museums-Neubau liegt am Abzweig der Straße nach Ani (Ani Yolu) im Nordosten der Stadt und zeigt Funde von der Bronzezeit bis zur Gegenwart. Angeschlossen ist eine ethnographische Abteilung. Als Besonderheiten gelten die Flügel eines geschnitzten, armenischen Kirchentores und eine russische Kirchenglocke aus der Zeit des Zaren Nikolaus II.

＊Narın Kalesi

Die einstmals armenische Burg und spätere osmanische Zitadelle erhebt sich über der Altstadt. Sie steht auf urartäischen Fundamenten, wurde Mitte des 12. Jhs. unter den Saltukoğulları um- und auf Geheiß des Sultans Murat III. nach der völligen Zerstörung durch den Mongolen Timur (1386) neu gebaut (1579). Ihre heutige Gestalt erhielt die Anlage im 19. Jh. nach dem Krimkrieg (Besichtigung nur zeitweise möglich).

Yusuf Paşa Camii

Nach der Torinschrift wurde diese Moschee 1664 durch den Provinzgouverneur Seyyid Yusuf Paşa zusammen mit einem Holzminarett errichtet, das später durch ein steinernes ersetzt wurde.

Umgebung von Kars

Ardahan

Das Kreiszentrum Ardahan, etwa 95 km nordwestlich von Kars, liegt im Becken von Ardahan unterhalb der Yalnızçam Dağları, durch die man über den 2640 m hohen Çam Geçidi ins Herz Türkisch-Georgiens (→ Artvin) gelangt. Ardahan wird überragt von einer wuchtigen Festung mit viereckigen Türmen (bis zu 12 m hoch), die in der heutigen Form von Selim I. angelegt wurde. Zwischen 1873 und 1921 gehörte Ardahan zu Rußland.

Çamuşlu

Beim Dorf Çamuşlu, etwa 65 km südlich Kars, findet man Felszeichnungen mit Geweihtieren aus der frühen Steinzeit.

Çıldır

Rund 90 km nördlich von Kars liegt die kleine Kreisstadt Çıldır. Etwa 14 km nordöstlich auf dem Weg zum Aktaş Gölü erreicht man (zuletzt 4 km zu

Fuß) in einem langgestreckten Tal die in schwindelnder Höhe auf einem Felsstock gelegene mittelalterliche Burg Şeytan Kalesi (= Teufelsburg, eigentlich Rabat Kalesi = Klosterburg). Wegen der Nähe zur armenisch-türkischen Grenze benötigt man eine Sondergenehmigung des Militärs.

Kars,
Umgebung,
Çıldır
(Fortsetzung)

Der bis zu 130 m tiefe und 128 km² große Çıldırsee ist natürlich aufgestaut; er bildete früher zusammen mit dem Becken von Çıldır eine Einheit, bis er durch einen 1,5 km breiten und 14 km langen Lavastrom des Papa Dağı (2900 m) in zwei Teile getrennt wurde. Fast an der Nordwestspitze des Sees stößt man beim Dorf Gölebelen auf eine Kuppelbasilika, die heute als Moschee dient. Weiter südlich beim Ort Pereşin, den man nur mit Geländewagen erreichen kann, steht die Ruine einer Doppelkirche in der Nähe eines sehenswerten kurdischen Friedhofs. Im See selbst liegen auf der Insel Agenkale die Reste einer Kirche und einer Burg.

*Çıldır Gölü

Etwa 65 km südwestlich von Kars befindet sich das alte armenische Artageyra. Hier stößt man auf verschiedene seldschukische Reste, u. a. auf eine seldschukische Türbe (Kümbet) mit reliefgeschmücktem Tor.

Kecivan

Die Garnisons- und Kreisstadt Sarıkamış, ca. 80 km südwestlich von Kars, war bis zum Ersten Weltkrieg ein Grenzposten des Zarenreiches. In der Nähe gibt es ein kleines Skizentrum mit Liftbetrieb.

Sarıkamış

Kaş

E 7

Südwestküste (Mittelmeer)
Provinz: Antalya
Höhe: 0 – 50 m ü. d. M
Einwohnerzahl: 5000

Der idyllische Hafenort Kaş liegt unweit der Südspitze Lykiens an einer kleinen Bucht, der im Südwesten die (östlichste) griechische Insel Kastellorizo (Megisti; türkisch Meis) vorgelagert ist. Die Häuser des Ortes gruppieren sich amphitheatralisch um den durch eine wellenbrechende Mole geschützten alten Hafen, der zu einer modernen Marina ausgebaut ist. Kaş hat sich dank seiner schönen Lage und den günstigen Verkehrsverhältnissen für Freunde des Jachtsports zu einem beliebten Touristenplatz entwickelt, über zahlreiche Hotels und Pensionen sowie einen guten Campingplatz verfügt. Es bestehen günstige Gelegenheiten für Bootsausflüge zu interessanten Plätzen an der buchtenreichen lykischen Südküste sowie zur Insel Kastellorizo.

Lage und
Bedeutung

Der heutige Ort befindet sich an der Stelle der antiken Siedlung Antiphellos (lykisch Habesa), dem Hafenplatz für das Hinterland bei Pınarbaşı gegenüber auf steiler Anhöhe gelegene Phellos. Die wichtigsten Sehenswürdigkeiten sind ein lykischer Sarkophag mitten in der Ortschaft, ein wohlerhaltenes antikes Theater (von oben prächtiger Blick über die Bucht auf Kastellorizo/Meis) am Westrand, Reste der Stadtmauer nahe dem Buchtufer sowie lykische Felsgräber im Nordosten.

Sehenswertes

Umgebung von Kaş

Vor dem südlich von Kaş ins Meer ragenden Ulu Burun wird seit 1984 von türkischen und US-amerikanischen Unterwasserarchäologen (→ Bodrum) das älteste bisher gefundene Schiffswrack (14./13. Jh. v. Chr.; reiche bronzezeitliche Funde) geborgen.

Bronzezeitliches
Schiffswrack

Eine der am dichtesten mit historischen Stätten durchsetzte Landschaft Lykiens ist die küstennahe Region zwischen Kaş und Kale. Dabei liegen im

**Kekova und
Yavu-Bergland

Kaş

Umgebung, Kekova und Yavu-Bergland (Fortsetzung)

Bergland von Yavu, an der südlich anschließenden Küste und der vorgelagerten Insel Kekova Adası allein 17 umfangreiche, alte Siedlungsplätze, deren historische Namen man z.T. nicht kennt. Das Gebiet ist gespickt mit antiken Gehöften, Sarkophagen, lykischen Festungen und stadtartigen Burgsiedlungen, deren sehenswerte Reste sich nicht selten unter einer dichten Macchie verbergen, den Dorfbewohnern der Region aber wohlbekannt sind. Etwa 25 km östlich von Kaş liegt vor der Küste die schmale Insel Kekova (Dolichiste) mit zahlreichen Unterwasserruinen und den Resten (Chor) einer byzantinischen Kirche (Tersane). Man erreicht die Insel am besten auf einer Bootsrundfahrt von Üçağız aus, einem Fischerdörfchen gegenüber der Insel, und zu dem von der binnenwärts verlaufenden Küstenstraße eine gute Zufahrt gebaut wurde. Am Nordwestufer befinden sich zahlreiche geheimnisvoll anmutende Unterwasserruinen.

Teimiussa

Das Fischerdorf Üçağız (alter Name Tristoma) liegt in einer zur offenen See sehr geschützten Bucht (Tristomas-Bucht) unmittelbar westlich neben der antiken Siedlung Teimiussa, die bereits im 4. Jh. v. Chr. unter der Oberherrschaft des lykischen Herrschers Perikles von Limyra stand. Neben den geringen Resten einer Akropolis, einer Wohnstadt im Osten und einer 50 m langen Kaimauer (vor dem Dorf unter Wasser) findet man v. a. zwei Nekropolgebiete im Norden und Osten mit Hausgräbern und Sarkophagen.

✳Simena

An der östlichen Landzunge der Tristomas-Bucht erhebt sich über dem Dörfchen Kaleüçağız eine mittelalterliche Burg. Der Ort, den man in der Regel per Boot erreicht, ist das alte Simena (4. Jh. v. Chr.) Die Burg ruht auf den Fundamenten einer älteren Zitadelle. Ein Teil des Dorfes liegt in der inneren Burg zusammen mit den Resten eines Tempels. Unterhalb schließt sich ein siebenstufiges Theater für nur 300 Besucher an – der Ort war nie sehr groß. Im Westen erstreckt sich das Stadtgebiet, und an der Küste unterhalb liegen die gut erhaltenen Ruinen der Titus-Thermen (79–81) im Wasser. Weiter westlich stößt man auf die Nekropole (meist römische Sarkophage vom lykischen Typ) und im Wasser auf einzelne Sarkophage.

Andriake

Am äußersten Südostzipfel des Yavu-Berglandes, dort wo es bei der Mündung des antiken Andrakos an die Ebene von Kale (Demre/Myra) stößt, breitet sich in einem breiteren versumpften Tal der alte Hafen von Myra, Andriake, zu beiden Seiten des Flusses aus. Schon um 197 v. Chr. wurde der Ort im Zusammenhang mit Antiochos III. genannt. Das antike Hafenbecken ist heute ein Sumpfgebiet. Der Andrakos strömt von seiner oberhalb gelegenen Karstquelle (vorbei an einer antiken Wassermühle) und teilt die Stadt in die Nordstadt (zumeist unter Dünensanden) mit einer Kirchenruine und die Südstadt. Von letzterer bestehen noch Lager- und Schiffshäuser, Kaimauer, Granarium (Getreidespeicher), Tempel, der Marktplatz, Teile der Hafenstraße, Wohnhäuser, Zisternen, Kirchen und Kapellen. Eine Stadtmauer umschloß die Stadt, und ein Aquädukt versorgte sie von der Karstquelle aus. Eine ausgedehnte Nekropole liegt hinter dem Nymphäum am Nordhang außerhalb der Mauern. Auf dem Südwestkap flankieren zwei Wachtürme eine Schutzmauer.

Trysa

Etwa 7 km östlich von Yavu steigt hinter dem Dorf Gölbaşı nach Norden ein Schotterweg hinauf zur antiken Stadt Trysa. Das bekannteste Relikt ist ein Heroon, das Grabmal eines bedeutenden Dynasten aus Trysa (4. Jh. v. Chr.) auf der Nordspitze der Akropolis. Das berühmte 20 m lange und 3 m hohe Heroonfries mit 600 Figuren aus dem Innenhof der Anlage befindet sich heute im Kunsthistorischen Museum in Wien.

Kyaneai

Unmittelbar nördlich der Küstenstraße oberhalb des Beckens und Dorfes Yavu erhebt sich die steile Felswand des Stadtberges von Kyaneai. Diese lykische Stadt, die im 4. Jh. v. Chr. bereits als großer Ort bekannt war, war in byzantinischer Zeit Bischofssitz. Die Stadtmauern besaßen drei Tore. Zu sehen sind neben zahlreichen Sarkophagen, einigen Felsgräbern und der gewaltigen Stadtmauer viele Reste von Gebäuden, Marktanlagen, Zisternen auf der Akropolis und ein größeres Theater mit 25 Sitzreihen unterhalb auf einer Hangverflachung (prächtige Aussicht).

Lieber guter Nikolaus

Nikolausstatue in Myra

Woher stammt der Brauch, sich am Nikolaustag, dem 6. Dezember zu beschenken?

Er kann zurückverfolgt werden bis zu dem byzantinischen Bischof Nikolaus von Myra in Lykien, der vermutlich bei der Christenverfolgung gefangen genommen wurde. Bereits zu Lebzeiten (270 bis 342 n.Chr.) war er weithin als Wundertäter und Bekämpfer des Bösen bekannt. Bis um das Jahr 1000 gab es in Myra eine Kirche mit den Reliquien des mildtätigen Bischofs, die Scharen von Pilgern der östlichen Kirche anzogen. Seit Nikolaus einem in Seenot befindlichen Schiff erschienen ist und es gerettet haben soll, galt er als Schutzpatron der Seefahrer. Piraten entwendeten im 11. Jh. die begehrten Gebeine des Heiligen von Myra und brachten sie in die italienische Stadt Bari, wo sie in einer eigens errichteten Grabkirche verwahrt wurden. In der rekonstruierten Kirche in Myra befinden sich heute nur einige Sarkophage.

Im 11. Jh. beginnt die Verehrung des Heiligen nördlich der Alpen. Vielfältige Legenden kreisen um den Bischof, der teils mit Stab, teils in griechischer Bischofstracht abgebildet ist.

Am bekanntesten wurde der heilige Nikolaus als Beschützer der Jungfrauen: In Myra soll ein armer Mann gelebt haben, der sich sehr darüber grämte, daß er seinen drei Töchtern keine Mitgift zahlen konnte. So beschloß er, sie an ein Freudenhaus zu verkaufen. Der wohl-habende Bischof Nikolaus wollte der Familie die Schmach ersparen, gleichzeitig jedoch als Wohltäter unerkannt bleiben. Er schlich sich nachts zum Haus, fand jedoch alle Türen und Fenster verschlossen. Unverzagt kletterte er auf das Dach und warf die drei Goldsäckchen durch den Kamin hinab. Da die Mädchen ihre Strümpfe zum Trocknen aufgehängt hatten, fielen die milden Gaben in diese Strümpfe. Heute noch stellen Kinder in der Nacht zum 6. Dezember ihre Schuhe vor die Haustür, in der Hoffnung, reich beschenkt zu werden.

Als Schutzpatron der Kinder tritt Nikolaus auch in Begleitung von Knecht Ruprecht auf und prüft die Kinder auf Gehorsam: je nach Gutdünken belohnt er sie mit Geschenken oder bestraft sie mit einer Weidenrute. Ein Kindervers kann ihn jedoch gnädig stimmen: Lieber guter Nikolaus, komm in unser Haus, leer dein Säcklein aus, guter Nikolaus.

Knapp 50 km östlich von Kaş dehnt sich im Mündungsgebiet des Demre Dere (im Altertum Myros) eine weite Küstenebene aus, die heute von vielen Treibhäusern für die Gemüsezucht (Auberginen, Tomaten) erfüllt ist. Beim Städtchen Kale (Demre) lag in der Antike die bedeutende lykische Stadt Myra, vom Apostel Paulus auf seiner Reise nach Rom 61 n.Chr. besucht, später Bischofssitz des hl. Nikolaus, seit Theodosius II. Hauptstadt von Lykien. Aus dem Altertum erhalten sind am Fuße des Akropolisberges eindrucksvolle, größtenteils aus dem Felsen gehauene Ruinen, ein großes Theater und zahlreiche lykische Felsgräber (u.a. aus dem 4. Jh. v.Chr.).

Kaş, Umgebung (Fortsetzung)
*Myra

Kaş

Auf das frühe Mittelalter geht die interessante Kuppelbasilika des hl. Nikolaus in Kale zurück. Abgesehen von einigen restaurierten Teilen ist die Kirche so erhalten, wie sie im 11. Jh. erbaut wurde. Im Hauptschiff sind Sarkophage des 2./3. Jh.s n.Chr. eingefügt; Freskenreste in der Apsis und an einigen Mauerpartien.

*Küstenszenerie
Finike

Die Küstenstraße (29 km) zwischen Kale und Finike führt streckenweise direkt am Meer entlang (29 km); malerische Felsbuchten mit kristallklarem Wasser laden zum Bade. Die kleine Hafenstadt Finike (einst Phoinika) hat keine besonderen Sehenswürdigkeiten, verfügt aber an der Buchtküste über feinsandige Strandpartien, insbesondere entlang der ostwärts nach Kumluca führenden Küstenstraße.

Lykische Felsgräber in Myra

Limyra

Etwa 10 km nordöstlich von Finike beim Ort Zengerler am Fuße des Berges Tocat befindet sich die Stelle der antiken Stadt Limyra (lykisch Zemu), die zu den ältesten Städten Lykiens (5. Jh. v.Chr.) gehört. Auf der Höhe im Norden sind eine obere und eine untere Akropolis mit Resten einer byzantinischen Kirche und eines römischen Theaters auszumachen. An der südlichen Felsmauer ist das sog. Heroon des Perikles (um 370 v.Chr.) in Form eines Tempels aus dem anstehenden Gestein gehauen. Besondere Erwähnung verdienen außerdem das Grab des Gaius Caesar († 4 n.Chr.), der hoch aufragende Sarkophag des Katabura und das Grab des Tebersele (beide 4. Jh. v.Chr.) sowie drei große Nekropolen mit lykischen Felsgräbern.

*Arykanda

Etwa 30 km nördlich von Finike ist die lykische Stadtruine Arykanda aus dem 5. Jh. terrassenartig an den Hängen des Akdağ angelegt. Unterhalb strömt der Arykandos mit kleinen Kaskaden talabwärts durchs Dorf Başgöz (Fischlokale, Forellenzucht). Die Bürger von Arykanda (unter Byzanz Akalanda genannt) sollen verschwenderisch gelebt haben. Das griechische Stadion (unter Rom restauriert) auf der obersten Stadtterrasse ist recht kurz (80 x 16 m²). Unterhalb des Stadions befindet sich ein kleines, griechisches Theater mit 20 Sitzreihen, das fast vollständig erhalten ist (teilweise restauriert, Inschriften auf der obersten Reihe). Das Odeion mit einer 75 m langen und 8 m breiten Stoa (Mosaikböden) liegt auf der untersten Terrasse. Davor breitet sich der Markt aus, der an der Süd- und Westseite mit je einer Galerie gesäumt war. In der Marktmitte vermutet man einen Tempel. Im Westen der Ruinenstadt stößt man auf das Buleuterion, vor dem eine Stoa mit in den Fels gehauenen Sitzreihen auszumachen ist, die in spätantiker Zeit zerstört wurden.

Thermen

Mit zu den am besten erhaltenen Teilen des Ortes zählen die Thermen südlich der Ostnekropole, die bis zur Dachhöhe fast vollständig vorhanden sind. Ein halbkreisförmiger Aussichtsraum bietet einen herrlichen Blick ins Arykandostal. Das Hypokaustsystem ist im Frigidarium und Caldarium noch bestens erhalten. Westlich im Anschluß an den Komplex findet man

Malerische Felsbucht ...   *... an der Südküste*

ein Gymnasium mit Schulräumen im nördlichen Teil, von denen man das Bad leicht erreichen konnte. Auch von der folgenden Palästra gab es eine Türverbindung zu den Thermen. Von heute noch vorhandenen Quellen (Başgöz Pınarı) führten durch Mauerwerk gestützte Felskanäle in die Stadt. Zwei Nekropolen mit interessanten Sarkophagen, Grab-Großbauten und Tempelchen mit partieller Reliefierung breiten sich im Osten und Westen des Ruinenfeldes aus. Daneben gibt es im Westen noch einzelne vorchristliche Felsgräber.

Umgebung, Arykanda, Thermen (Fortsetzung)

Die Kreisstadt Elmalı (12 000 Einw.) am Rande der Elmalı Ovası dient dank der Hochlage (1200 m ü. d. M.) im Taurus und der umgebenden Zedern-Tannen-Mischwälder als Sommerfrische. Im Becken selbst, das man als Polje bezeichnen kann, lagen bis in die 50er Jahre große flache Karstseen, die inzwischen drainert wurden (Karagöl, Avlan Gölü). Die entsprechenden Seeschwinden kann man heute noch gut erkennen. Ein typischer Karstschlund dieser Art (Düden Mağarası) liegt ungefähr 15 km südlich der Stadt unterhalb der Straße nach Finike. Dorthin führt auch der Drainagegraben.

Elmalı

In vielen der Dörfer in der Elmalı Ovası (u. a. in Beyler) an der Straße nach Kaş findet man noch in unterschiedlichen Größen jene uralten Holz-Getreidespeicher, deren Konstruktionsmerkmale man in vielen lykischen Felsgräbern wiederfindet. Offenbar wurde hier eine jahrhundertealte Bautradition bis in die Gegenwart weitervererbt und konserviert.

US-amerikanische Archäologen fanden in den 60er Jahren Siedlungsreste einer Bevölkerung aus der frühen Bronzezeit bei Karataş-Semayük 5 km nordöstlich von Elmalı. Darunter befand sich auch ein ummauertes Gebäude des Megaron-Typs mit ovalem Vorhof.

Unweit des früheren Karagöl südwestlich von Elmalı ergrub man bei Kızılbel und Karaburun in zwei Grabhügeln Wandbilder aus dem 6.–5. Jh. v. Chr. (griechische Mythologie, Leben des Bestatteten und Jagdszenen). Sie wurden gekonnt restauriert.

Kastamonu | 2

Provinz: Kastamonu
Höhe: 798 m ü. d. M.
Einwohnerzahl: 52 000

Lage und Bedeutung

Die Provinz Kastamonu liegt in jenem Winkel der Nordtürkei, wo das Pontische Gebirge weitgehend abgeflacht ist. Selten übersteigen die Gipfel eine Höhe von 2 500 m. Zwischen dem Küstengebirge im Norden und einer Gebirgsbarriere im Süden erstreckt sich ein flachgewelltes, von Flüssen bisweilen tief zertaltes Hochland mit Plateaucharakter, das in größeren Talweitungen eine hohe Bevölkerungsdichte aufweist. Stehengeblieben scheint die Zeit in der ansehnlichen Pontusstadt Kastamonu mit ihren vielen noch erhaltenen z. T. großen, zwei- bis dreistöckigen, pontischen Stadthäusern im Tal des Gökırmak, deren erkerverzierte Fachwerkfassaden unter fast flachen Dächern terrassenartig zu beiden Talseiten aufstreben. Trotz ihrer relativen Nähe zu den Zentren des türkischen Nordwestens gehört die Region Kastamonu zu den Randgebieten der Türkei, verkehrsmäßig und wirtschaftlich erst spät und schlecht erschlossen. Den Anschluß verpaßt hat der Ort erst in der Republikzeit: Immerhin gab es in Kastamonu 1885 das erste Gymnasium, das heute noch existiert. Wegen der Nähe zum Bergbaustädtchen Küre bieten Läden in der Stadt Kupferartikel an.

Nach einer nicht belegten Version soll der Name Kastamonu (zusammengezogen aus Gas Kumana = Land der Gasgasen) von den Gasgasen herstammen, die hier 1300 v. Chr. unter den Hethitern lebten. Wahrscheinlicher ist aber die Ableitung von dem Begriff Castra Comneni (= Festung der Komnenen).

Geschichte

Ehe sich die Komnenen im 12. Jh. mit der Festung Castra Comneni eine Residenz einrichteten, wurde der Ort im 11. Jh. von den Seldschuken und gleich anschließend von den Danischmendiden eingenommen. Trotz mehrfacher Wiedereroberungen durch Byzanz fiel Castamon im ausgehenden 12. Jh. an die İsfeniyaroğulları. Deren zweiter Herrscher, Süleyman (1300–1339), unterwarf von hier aus ganz Paphlagonien. Später geriet es kurzfristig unter osmanische Herrschaft. Bis 1459 blieb die neugebaute Stadt dann wieder Residenz der İsfeniyaroğulları, da Timur die Regionalfürsten wieder als Herrscher in ihren Residenzen eingesetzt hatte. Dann wurde die Stadt endgültig osmanisch.

Sehenswertes in Kastamonu

*Atabey Camii

Die Decke der berühmten Moschee (von 1273) wird von 40 Holzsäulen getragen und gehört zum Typ der frühen 'Waldmoscheen'. Das Mausoleum des Stifters befindet sich in der Moschee.

Cemaleddin Firenkşah Hamamı

Vor kurzem wurde am Hauptplatz der Stadt dieses spätseldschukische/frühosmanische Badehaus (Doppelbad von 1262) ausgegraben und restauriert.

Ev Kayası

'Felsenhaus' nennen die Einheimischen die phrygischen Grabstätten, die man im Süden der Stadt und unweit der İsmail Bey Külliyesi findet. In der Giebelmitte findet man z. B. einen von Reittieren flankierten Mann.

İsmail Bey Külliyesi

Um 1454 entstand dieser Stiftungskomplex des letzten İsfeniyaroğlu, Ismael Bey (1443–1461), mit Moschee (erinnert an die frühen Sultansmoscheen in Bursa, sehenswertes Portal), Bad, Armenküche und Karawanserei, Medrese und Mausoleum der Dynasten. Unentgeltlich können in der ehemaligen Koranschule der Anlage heute ältere Männer wohnen.

Stadtpanorama von Kastamonu

Die Burg von Kastamonu, auf einem Felsen 112 m oberhalb der Stadt gelegen, geht auf die byzantinischen Komnenen (11./12. Jh.) zurück. Von dem gewaltigen Befestigungswerk sind noch größere Partien der inneren Burg und der Mauer erhalten (schöne Aussicht).

Kale

Als bedeckter Basarteil wurde dieses große Gebäude im 15. Jh. errichtet. Heute werden hier Seilerprodukte feilgeboten.

Karanlık Bedesten

Verschiedene osmanische Karawanenstationen bereichern das Stadtbild, haben aber heute in der Regel eine andere Funktion.

Karawansereien

Auf der Terrasse des heutigen Museums von Kastamonu (sehenswerte ethnologische Abteilung) verkündete Atatürk am 30. August 1925 in einer berühmten Rede das Verbot des Fes und die Einführung des Hutes für alle Türken: Das bedeutete im Klartext auch die äußerlich sichtbare Europäisierung und die Trennung von Kirche und Staat (Öffnungszeiten: Di.–So. 9.00–12.00 und 14.00–17.00 Uhr).

Kastamonu Müzesi

Die mehrmals umgebaute, neunkuppelige Moschee mit einem beeindruckenden, quadratischen Betsaal wurde 1506 von Nasrulla Bey, einem Richter der Stadt, gestiftet. Beachtenswert sind ebenfalls die beiden Waschungsbrunnen vor dem Gebäude.

Nasrulla Camii

Die Stiftungsanlage mit Zentralkuppel-Moschee (reich ornamentiertes Portal und geschnitzte Türe) und einer Medrese (zwölfräumiger, unregelmäßiger Bau) entstand 1547 auf Veranlassung des Küchenmeisters Süleyman des Prächtigen, Yakub Ağa.

Yakub Ağa Külliyesi

Die als Heilanstalt für Geisteskranke konzipierte Anlage mit schönem Eingangstor und integrierter kleiner Moschee stammt von 1271. Im Parterre findet man einige Grabanlagen aus der Esfendiyaroğlu-Zeit

Yilanlı Darüşşifası

381

Umgebung von Kastamonu

Abana

Der Fischerort Abana gilt als Ausflugsort für Einheimische und verfügt beim Ortsteil İlişi und am Felsen von Hacı Veli über feine Sandstrände.

Çankırı

Das 100 km südlich von Kastamonu gelegene Çankırı führt das eher bedächtige Leben einer Provinzstadt (46000 Einw.) abseits wichtiger Verkehrswege und bar größerer Industrien. Als Gangre war Çankırı in hellenistischer Zeit die Hauptstadt Paphlagoniens, die nach dem Reichszerfall zur Garnison herabsank. Im 11. Jh. wurde sie von einer Ogusenarmee eingenommen, 1135 aber von Johannes II. Komnenos zurückerobert, ehe sie unter die Herrschaft der Beys (Emire) von Candar/İsfendiyar (Kastamonu) fiel. 1495 kam Çankırı dann endgültig an die Osmanen. Anfang des 20. Jh.s zerstörte ein Erdbeben größere Teile.

Die große Moschee im Stadtzentrum ist ein Werk des berühmten osmanischen Architekten Sinan aus den Jahren 1522–1528. Der zuvor mehrmals restaurierte Bau erlitt beim Erdbeben starke Beschädigungen, die 1936 beseitigt wurden. In der 1235 gegenüber dem Zentrum von Atabeg Cemal-Eddin Ferruk gestifteten Medrese Taş Mescidi im seldschukischen Stil ließ Alaeddin Kaykobad ein Krankenhaus einrichten. Im gleichen Komplex steht auch die Türbe des Stifters. Treppenhaus und Tor der Anlage wurden stark restauriert, sind aber sehenswerte Beispiele seldschukischer Architektur (Portalverzierungen). Die Burgruine von Çankırı auf einem Hügel oberhalb der Stadt ist offensichtlich byzantinisch, steht aber auf römischen Resten (unter verschiedenen Herrschern restauriert). Unterhalb des Kastellhügels liegen Höhlengräber aus römischer Zeit.

Cide

Cide, etwa 185 km nordwestlich von Kastamonu, liegt 2 km von der Küste und zählt mit zu den noch wenig bekannten und besuchten Schwarzmeerorten. Verkehrsverbindungen bestehen nur über sehr kurvenreiche Nebenstraßen. Die gebirgige Umgebung der Küre Dağları ist besetzt mit mittelalterlichen Burgen. Nachbarorte bieten Bademöglichkeiten an Kies- und Sandstränden: Etwa 15 km und ca. 28 km östlich bei Sakallı bzw. Urlu und Çayyaka; etwa 45 km westlich bei Akbayır und İlyazbey (Fakaz). In den meisten der Dörfer in diesem abgelegenen Winkel des Pontus findet man noch zahlreiche typische Holzhäuser, deren Dächer mit großen Schieferplatten gedeckt sind.

İlgaz Dağı Milli Parkı

Etwa 40 km südlich von Kastamonu führt eine Bergstraße zum Eingang des İlgaz Dağı-Nationalparks. Der beeindruckende, z. T. dicht bewaldete Gebirgszug der İlgaz Dağları über dem tief eingeschnittenen Tal des Devrez Çayı ist Ziel für Jäger und Wanderer, die Waldeinsamkeit lieben.

Kale Kapı

Ein als 'Felsentor' bezeichnetes phrygisches Giebelhaus-Felsengrab mit vorgebauten Säulen und reichhaltigem, teils achemenidischem (persisch), teils griechischem Ornament mit Fabelwesen, wilden Tieren und einem Doppeladler aus dem späten 5. Jh. v.Chr. befindet sich etwa 45 km nordöstlich von Kastamonu beim Dorf Donalar (nordwestlich).

∗Kasaba

Wenig Beachtung bei Besuchern fand bislang die sehenswerte Mahmut Bey Camii in Kasaba, einem kleinen Dörfchen etwa 17 km nordwestlich von Kastamonu abseits der Straße nach Daday bei Göcen. Diese mit Abstand schönste 'Holzmoschee' Anatoliens (Innenausstattung, Tür, Kalligraphie, bunte Bemalung mit dominierendem Dunkelrot) gegenüber der Schule entstand 1366 nach seldschukischer Bautradition mit fünfschiffiger Holzbalkendecke (Mittelschiff breiter und höher) auf glatten Holzsäulen ('Waldmoschee') und zweigeschossiger Empore.

∗Safranbolu

Eine Perle unter den pontischen Kleinstädten ist Safranbolu, etwa 110 km westlich von Kastamonu. Der Name stammt von den riesigen Safranfeldern, die die Stadt im 19. Jh. umgaben. Heute wird Safran nur noch in dem 20 km entfernten Dorf Davutobası angebaut. Der malerisch gelegene Ort

mit von Weinlaub überspannten Gassen besitzt im Zentrum ein beeindruckendes Ensemble von alten, gut erhaltenen Stadthäusern – wohl noch
griechischer Provenienz aus dem späten 19. Jh. –, die von der UNESCO
zum Woltkulturerbe erklärt wurden. Sehenswert sind vor allem die Villen
Kaymakamlar, Aygıroğlu und Asmazlar; ferner die osmanische Karawanserei Cinci Hanı aus dem 17. Jh. mit einem türkischen Bad. Die beste Aussicht auf die Stadt genießt man vom Festungshügel aus.

Kastamonu,
Umgebung,
Safranbolu
(Fortsetzung)

Am Ortsanfang von Taşköprü, dem antiken Pompeiopolis, etwa 45 km
nordöstlich von Kastamonu, überspannt eine etwa 150 m lange, vermutlich osmanische Bogenbrücke den Gökırmak (Blauer Fluß). In der Nachbarschaft finden sich verschiedene römische Höhlengräber.

Taşköprü

Kaunos

→ Marmaris, Umgebung

Kayseri   L 5

Zentralanatolien (Kappadokien)
Provinz: Kayseri
Höhe: 1054 m ü. d. M.
Einwohnerzahl: 470000

Die Provinzhauptstadt Kayseri am Nordfuß des 3916 m hohen Vulkans
Erciyes Dağı und am Ostrand der Kayseri Ovası gehört mit zu den lohnens-
wertesten Zielen der Türkei. Obwohl Kayseri heute eine bedeutende Indu-

Lage und
**Bedeutung

Erciyes Dağı – der 'Hausberg' von Kayseri

Kayseri

Lage und
Bedeutung
(Fortsetzung)

strie besitzt und damit für Touristen zunächst wenig attraktiv ist, trugen die
prächtige Bergkulisse, das malerische Bild der teilweise erhaltenen Altstadt und der Reichtum an sehenswerten Baudenkmälern mit dazu bei,
daß die Stadt in neuerer Zeit von Reisenden immer häufiger besucht wurde
– trotz oder gerade wegen der Nähe der spektakulären Tuffkegellandschaft von → Kappadokien.
Für Besucher sind aber die Reste der Altstadt vor allem um die Zitadelle
südlich des Cumhuriyet Meydanı empfehlenswert, denn hier konzentrieren
sich auf relativ engem Raum zahlreiche Bauten aus der Seldschuken- und

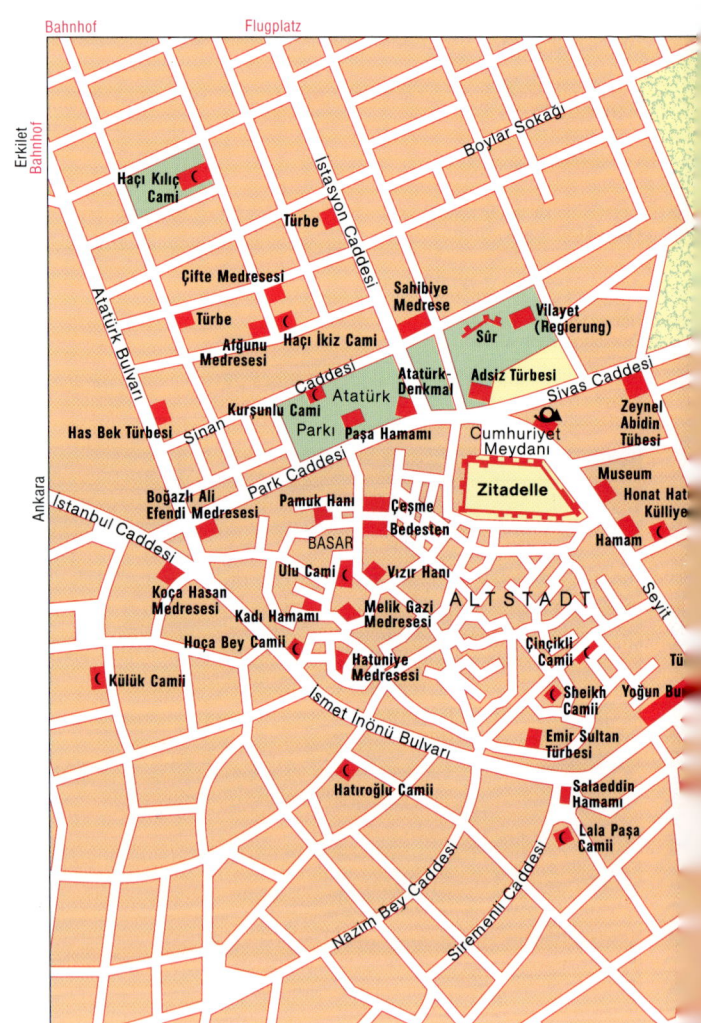

Stadtplan

384

Osmanenzeit, die man sich am besten auf einem eindrucksvollen Rundgang erschließen kann.

Seit seinem Bestehen war der Ort bedeutender Verkehrsmittelpunkt und
zentraler Marktort Inneranatoliens. So konnte die Industrialisierung und die
Anlage höchst moderner Stadtviertel in den letzten Jahrzehnten gut voran-
schreiten. Kayseri ist zudem bekannt als wichtige Teppichstadt.

Der Standort der heutigen Stadt war wohl noch bis ins 4. Jh. mit Salzseen
und malariagefährdeten Sümpfen durchsetzt, die z. T. erst im letzten Jahr-

Lage und
Bedeutung
(Fortsetzung)

Geschichte

Stadtplan

385

hundert endgültig drainiert wurden. Eine städtische Siedlung entstand erst um 150 v.Chr., 77 v.Chr. wurde sie vom Armenier Tigranes erobert, der ihre Bewohner nach Tigranocerta (Silvan) im nördlichen Mesopotamien umsiedelte. Erst nach der Eroberung dieses Ortes durch Pompeius konnte die deportierte Bevölkerung nach Eusebeia zurückkehren. Nach dem Tode des 41 v.Chr. von Antonius eingesetzten letzten kappadokischen Königs Aruhelanus wurde die Stadt 17 v.Chr. unter dem späteren römischen Kaiser Tiberius römisch und erhielt den Namen Caesarea (Kaisareia). Nach der Teilung Kappadokiens unter Kaiser Valens war Caesarea die Hauptstadt von Cappadocia prima.

Wie dem ersten Brief des Apostels Paulus an "die Erwählten Fremdlinge hin und her in Pontus, Galatien, Kappadozien, Asien und Bithynien" (1. Petr. 1,1) zu entnehmen ist, fand das Christentum früh Anklang bei den Bürgern der Stadt. Zu Beginn des 3. Jh.s war Caesarea ein Mittelpunkt christlich-theologischer Bildung.

Keimzelle der heutigen Stadt war ein im 4. Jh. gegründetes Kloster. Die neue Siedlung wuchs rasch, während die alte verfiel (Reste sind noch erkennbar). Nach unruhigen Zeiten ging die Stadt um 1077 dem byzantinischen Reich verloren. 1082 kam sie in den Besitz der Danischmendiden, während des 1. Kreuzzuges (1096–1099) vorübergehend auch in der Kreuzfahrer unter Gottfried von Bouillon. Seit der Mitte des 12. Jhs. erlebte Kayseri wieder eine Zeit hoher Blüte unter der Herrschaft der Seldschuken. Nach weiteren Eroberungen wurde sie von den Mongolen regiert. Das anschließend osmanische Kayseri wurde 1401 unter Timur erneut mongolisch und ab 1468 endgültig osmanisch. Eine lange Friedenszeit ermöglichte eine Aufwärtsentwicklung als Provinzstadt. Um 1900 begann der Bau der Neustadt nördlich der Zitadelle.

Sehenswertes in Kayseri

****Basarbereich
und Kapalı Çarşı**

Wer den bedeckten Basar von İstanbul kennt, mag nicht unbedingt zu Unrecht behaupten, der Kapalı Çarşı von Kayseri sei provinziell. Dennoch steht er mit an der Spitze traditioneller Basarbauten in der Türkei. Nach Fertigstellung der laufenden Restaurierungsarbeiten verspricht es eine durchaus sehenswerte Anlage zu werden. Vor allem fehlen in diesem Basar bislang noch die sonst so typischen 'Touristenläden' – der Basar von Kayseri ist Einkaufsstätte der einheimischen Bevölkerung. Am besten betritt man die Anlage von der İstanbul Caddesi aus. Gegenüber der Kurşunlu Cami führt durch eine Lücke der dort noch vorhandenen Stadtmauer vorbei am täglichen Yoghurt-Markt (sehenswert) eine Gasse in die Altstadt. Nach wenigen Schritten liegt gegenüber dem Pamuk Çeşmesi eine osmanische Karawanserei, erkennbar zumeist an den ausgehängten Schafwollballen. Schräg gegenüber öffnet sich neben einer kleinen Moschee das Zentralgebäude des traditionellen Basars, der überkuppelte, quadratische Bedesten (ausgehendes 18. Jh.), von dem aus man in den bedeckten Teil des Basars gelangen kann.

Nur wenige Schritte südlich durch eine schmale Gasse erreicht man den Vorplatz der Ulu Cami, an die sich unmittelbar im Südwesten vier weitere historische Bauten anschließen: die Melik Gazi Medresesi, das osmanische Kadi Hamamı, die ebenfalls osmanische Hoca Bey Camii und die Hatuniye Medresesi (s. unten).

Besonders interessant ist aber der Besuch des Vezir Hanı aus dem späten 18. Jahrhundert. Er liegt direkt nordöstlich neben der Ulu Cami links neben dem Südeingang zum bedeckten Basar. Man quert zunächst eine andere kleine, alte Karawanserei, ehe man auf den großen Hof mit Spitzbogenarkaden tritt, in dessen Mitte ein Brunnen steht. Schaffelle und Teppiche werden hier im Großen gehandelt. Ein Bummel durch den anschließenden traditionellen Teil des renovierten Basars macht vertraut mit dem Begriff der 'Branchensortierung' auf orientalisch islamischen Märkten und leitet hinüber durch die modernen Ladenstraßen (u. a. Schmuckläden östlich außerhalb des bedeckten Basars) zum Südtor der Zitadelle.

Die 'Doppelte Koranschule' hinter der Kurşunlu Cami ist ein stark zerstörter Hospital- und Schulbau von 1206–1208. Er enthält eine der ersten medizinischen Hochschulen Anatoliens (rechter Teil).

Çifte Medresesi

Das heutige Denkmalschutzamt von Kayseri hat seine Büroräume im restaurierten Palast einer alten und reichen Familie. Der Bau stammt aus dem 15. Jh. und wurde im 18. Jh. ausgebaut.

Gümgüboğlu Konağı

Nördlich hinter der Kurşunlu Cami an der İstasyon Caddesi steht rechter Hand die unter dem Seldschukenwesir Abdül Gazi 1249 erstellte Hacı Kilic Camii mit Koranschule. Sie zeigt recht kunstvoll dekorierte Portale.

Hacı Kilic Camii ve Medresesi

Eine der aufwendigsten Stiftungsanlagen der Stadt ist der Honat-Hatun-Komplex nordöstlich der Zitadelle. Er besteht aus einer Moschee mit der Türbe der Stifterin, einer Medrese, die heute als (ethnographisches) Museum dient, einer Armenküche, einem Brunnen und einem Bad, alles nach feinster seldschukischer Manier ornamentiert (Öffnungszeiten: Di. bis So. 8.30–12.00 und 13.00–17.30 Uhr). Erbaut wurde die Anlage im Jahre 1237 von Mahperi (Honat) Hatun, die auch zahlreiche Karawansereien stiftete.

*Honat Hatun Külliyesi (Museum in der Medrese)

Der Altstadtbereich schließt sich südlich der Zitadelle an, war ummauert (Reste noch vorhanden) und enthält neben der İç Kale (innere Burg) wichtige Moscheen, Karawansereien und das traditionelle Geschäftsviertel mit dem bedeckten Basar (s. zuvor). Die Zitadelle in dem von Justinian angelegten mittelalterlichen Stadtkern (6. Jh.) wurde 1210–1226 von den Seldschuken großzügig ausgebaut und von den Osmanen (1466) als Kaserne benutzt. Die gesamte Anlage der inneren Burg hat man in jüngster Zeit restauriert und mit einem kleinen Geschäftsteil für touristische Artikel ausgestattet. Über schmale Treppen (wegen Unfallgefahr verschlossen; Schlüssel beim Gendarmerieposten im Burgkomplex) gelangt man auf den

*Kayseri Kalesi (Zitadelle) und Altstadt

Portal des Honat-Hatun-Komplexes

Döner Kümbet – reichverziertes Mausoleum

Sahibiye Medresesi

Ulu Cami

Kayseri Kalesi
(Fortsetzung)

Wehrgang der zinnengekrönten Burgmauer, von der man interessante Einblicke in die umgebenden Viertel und über die Stadt gewinnt. Die Zitadelle besitzt 19 Türme, in der gesamten Anlage befinden sich wohl an die 30. Besonders beachtenswert ist der 1212 erbaute Yoğun Burç (dicker Turm) an der Ostspitze der Altstadtmauer. Die Zitadelle (innere Burg) und das Ok Deposu (Pfeillager) stammen von Alaeddin Kaykobad (1224).

Mausoleen
*Döner Kümbet

Mit Recht bezeichnet man Kayseri als die Stadt der Mausoleen, ihre Zahl ist beträchtlich. Ihr Aussehen und ihre Herkunft haben diese Grabbauten aus der Tradition der innerasiatischen Totenzelte, in denen die mumifizierten Leichen mehrere Monate lagen, ehe sie begraben wurden. Eine Auswahl der wichtigsten Türben und Kümbetbauten mag hier genügen: Der schönste der Grabbauten ist das sogenannte Döner Kümbet an der Straße nach Talas etwa 1 km südlich der Zitadelle. Der reich verzierte Bau mit dem Spitzdach entstand 1267 für die seldschukische Prinzessin Şah Cihan Hatun. Die Herkunft der irritierenden Bezeichnung 'Drehmausoleum' ist ungeklärt.

Gleich in der Nähe stehen drei weitere Türben: Sirçalı Kümbet (1247), Emir Ali Türbesi und eine Türbe unbekannter Herkunft. Das Sirçalı-Mausoleum stammt von einem Uiguren namens Eretna. An der Sivas Caddesi nahe dem Cumhuriyet Meydanı passiert man die Zeynel Abidin Türbesi, und weit außerhalb der Stadt an der Straße nach Sivas steht das Çifte Kümbet (Doppelkuppel-Mausoleum) für eine Gemahlin Alaeddin Kaykobads von 1247. Ein etwas ungewöhnliches Bauwerk ist die Köşk Medresesi, auch Köşk Kümbet genannt. Der von einer zinnengekrönten Mauer umschlossene Bau unweit des archäologischen Museums ist ein von Eretna erstelltes Mausoleum, das er 1339 anlegen ließ.

Arkeoloji Müzesi
(Kayseri Müzesi)

Die besuchenswerten Sammlungen des Archäologischen Museums (Öffnungszeiten: Di.–So. 9.00–12.00 Uhr und 13.30–17.30 Uhr) findet man im Südosten der Stadt unweit der Talas Caddesi. Das Kayseri Müzesi liegt gegenüber der Mehmet Zengi Türbesi und enthält Funde aus Kültepe, Göllüdağ, Malatya sowie aus dem römisch-byzantinischen Caesarea.

Arkeoloji Müzesi
(Fortsetzung)

Die 1267 im Auftrage von Kaichosrew III. errichtete Moschee mit einem wunderschönen Portal erhebt sich an der İstasyon Caddesi. Sie enthält ein Museum für türkische und islamische Kunst.

Sahibiye
Medresesi

Unmittelbar südlich hinter dem bedeckten Basar steht an einem kleinen Platz mit einem Brunnen für rituelle Waschungen die Große Moschee, die bereits 1136 erbaut und 1189 erneuert wurde. Es ist eine von einem massiven Minarett überragte Pfeilerhallenmoschee mit vier Säulenreihen und einer erhöhten Kuppel über der Mittelvierung.
Südlich neben der Großen Moschee folgt die Melik Gazi Medresesi (1432) und unweit davon die bedeutendere, um 1430 errichtete Hatuniye Medresesi, für deren Säulenvorhalle u. a. ionische und korinthische Kapitelle verwendet wurden. Beide Bauten entstanden unter den Karamanen.

Ulu Cami

Umgebung von Kayseri

Das Städtchen Bünyan, ca. 40 km nordöstlich von Kayseri, ist bekannt für seine handgeknüpften Kayseri-Teppiche, die oft noch nach traditionellen Mustern in Heimarbeit hergestellt werden. Das frühere Bünyanıhamit verfügt über schöne Wasserfälle.

Bünyan

Die Kreisstadt Develi, etwa 45 km südlich von Kayseri am Südfuß der Erciyes Dağı, entstand durch Zusammenlegung der drei Dorfschaften Everek (christliche Bevölkerung, Basar und Verwaltungssitz), Ağustan und Fenisse im 19. Jahrhundert. Der alte Ort Yukarı Develi liegt südlich am Hang. Auf einem Felsvorsprung ragt die mittelalterliche Burgruine Develi Kalesi über das alte Armenierviertel des Ortes, in dessen türkischem Teil die Ulu Cami (Develi Camii, Sivası Hatun Camii, auf dem Friedhof seldschukische Grabsteine) von 1281 sowie die Seyit Şerif Türbesi von 1276 und in dessen ehemals christlichen Vierteln die Ruine einer Kirche der Heiligen Kosmas und Damian sehenswert sind.
Malerisch umgeben von den bis ins späte Frühjahr verschneiten Gipfeln der Erciyes Dağı, des Ala Dağı und der Tahtalı Dağları bilden die Sultanssümpfe mit ihren waldartig mit Schilf bestandenen Rändern und schwimmenden Schilfinseln ein Vogelparadies. Aus einem ehemaligen eiszeitlichen See haben sich durch Austrocknung neben den Sümpfen mehrere flache Restseen herausgebildet, die infolge künstlicher Drainage inzwischen im Sommer oft austrocknen und den Lebensraum der Wassertiere stark beschneiden. Heute sind die südwestlich gelegenen Sultanssümpfe dank verschiedener Initiativen Naturschutzgebiet. Die Bevölkerung nutzt Ried und Schilf zur Dachdeckung und Schilfmattenherstellung.

Develi

Hoch überragt der berühmte Vulkan und Hausberg von Kayseri, der alte Ergaeus Mons, die Ebenen seines Vorlandes. Mit einer Höhe von 3917 m ü. d. M. ist er der höchste Berg Zentralanatoliens. Der letzte Ausbruch erfolgte wohl im Altertum: Strabo beschrieb ihn im 1. Jh. n. Chr. noch als aktiven Vulkan.
Etwas östlich liegt der Koç Dağı, von dem sich im jungen Tertiär (vor etwa 26 Mio. Jahren) der heutige Erciyes Dağı abtrennte. Die Hochlagen des Berges dienen auch heute noch als Sommerweiden. Über die Talas Caddesi und nach etwa 2 km über den Abzweig nach Kayakevi erreicht man hinter dem Dorf Hisarcık am 2150 m hohen Paß im breiten Tal das neue Skizentrum von Kayseri. Im Sommer kann man von hier die Besteigung des Vulkans beginnen (Führer empfohlen).

*Erciyes Dağı
(Abb. s. S. 383)

Etwa 12 km östlich von Develi liegt kurz vor dem Dorf Firaktın ein berühmtes hethitisches Felsrelief, das König Hattusilis III. und Königin Puduchepas zeigt.

Firaktın

Umgebung (Fortsetzung) Hanyeri (Gezbeli, Gökbel)	An einem Felsblock unmittelbar nördlich an der Straße von Develi nach Tufanbeyli erkennt man kurz vor dem Yezidendorf Hanyeri in einer Kurve ein hethitisches Felsrelief aus dem 13. Jh. v. Chr., das einen bewaffneten Prinzen bei der Anbetung eines von zwei Berggöttern begleiteten Stieres darstellt.
İmamkulu	Etwa 45 km östlich von Develi erreicht man über einen Abzweig nach Norden den Ort İmamkulu. Noch vor dem Dorf, etwa 250 m östlich der Straße hinter einem einzelnen Hof am Hang auf einem Felsblock, findet man ein hethitisches Relief aus dem 14./13. Jh. v. Chr. mit Stiergespann-Motiv (Wettergott), Liebesgöttin Ischtar und Krieger.
Karatay Hanı	Markant beherrscht die im Jahre 1240 von Alaeddin Kaykobad gestiftete Karawanenstation das Dorf Karadağı, ungefähr 44 km östlich von Kayseri gelegen.
✳✳Kültepe (Kaneş-Karum)	Den berühmten Siedlungshügel Kültepe erreicht man nordöstlich von Kayseri beim Dorf Karahüyük. Das ausgedehnte Ruinengelände der Doppelstadt (Öffnungszeiten: Di.–So. 9.00–12.00 Uhr und 13.00–17.00 Uhr) zählt mit zu den klassischen Ausgrabungsstätten und den wichtigsten Bronzezeitorten der Türkei. Karum gilt als das Zentrum assyrischer Handelskolonien des 19. und 18. Jh. v. Chr. in Anatolien. In zwei der vier Siedlungsschichten fanden sich 12000 Keilschrifttafeln, nach den Ergebnissen wurde die erste Handelsniederlassung (1950–1850 v. Chr.) durch Brand zerstört, um anschließend zur Residenz Kaneş ausgebaut zu werden. Die damaligen Herrscher lebten außerhalb der Kolonie Karum in einem Palast auf dem Nachbarhügel. Im Jahre 1790 v. Chr. fand auch diese Siedlung ein gewaltsames Ende. Es folgte nach 1200 v. Chr. eine phrygische Siedlung mit einer Festung als Zentrum eines Fürstentums Tabal (ungefähr 8. Jh. v. Chr.). Zum Grabungsfeld zählen der 18 m hohe Siedlungshügel von Kaneş mit ca. 250000 m^2 und die Handelskolonie Karum unterhalb mit etwa 700000 m^2 Fläche. Hier erkennt man noch dichtgedrängte Wohnhausfundamente mit reichem Inventar, Tempelreste und die der Palastanlage (Kleinfunde in verschiedenen Museen, Kayseri, Ankara).
✳Sultanhanı	Auf der alten, seldschukischen Handelsstraße zwischen Sivas, Kayseri und Konya stehen verschiedene Etappenstationen, die vom Sultan selbst gestiftet wurden. Der Sultanhanı, etwa 50 km nordöstlich von Kayseri beim gleichnamigen Dorf, gehört in diese Reihe seldschukischer Karawansereien, die damals entstanden. Sie ähneln alle in etwa jenem klassischen Sultanhanı westlich von Aksaray auf dem Wege nach Konya (siehe dort). Nach einem Erdbeben (1950) wurde der Bau gänzlich renoviert und bietet in bestem Zustand ein typisches Beispiel seldschukischer Profanarchitektur (Schlüssel im Dorf).
Talas	Einer der bevorzugten Sommerorte der Bewohner von Kayseri ist das etwa 10 km südöstlich gelegene Talas. Südlich davon befand sich früher das alte Zincidere (römisch Flaviana), die Residenz der Erzbischöfe von Caesarea. Zwei Felsenkapellen und eine Troglodytenkirche sind noch erhalten.

Kilikische Pforte

→ Tarsus

Kırklareli

→ Edirne

Kırşehir

Zentralanatolien
Provinz: Kırşehir
Höhe: 978 m ü. d. M.
Einwohnerzahl: 75 000

Am Südwestrand der Hochfläche von Bozok (Bozok Yaylası) liegt in einem kleinen Tälchen weit zwischen Gärten ausgedehnt die wohlhabende Provinzhauptstadt Kırşehir etwa 20 km abseits des Kızılırmak. Dank nahegelegener Thermalquellen herrscht ein bescheidener Bad-Tourismus (Karakurt, 15 km; Terme, 12 km).
Als der Ort 536 in byzantinischer Zeit unter Justinian Stadtrechte bekam, nannte man ihn Justinianopolis oder Mokyssos. Als wichtige Handelsstadt war er unter den Seldschuken als Gülşehir (Rosenstadt) bekannt. Im 14. Jh. erscheint er zum ersten Mal als Kırşehir und war Zentrum (bis ins 18. Jh.) der politisch einflußreichen, religiösen Ahi-Bruderschaft (Akhiyyet), die sich aus einer Handwerkergilde entwickelt hatte.

Lage und Allgemeines

Zwei osmanische Karawansereien stehen im alten Geschäftszentrum der Stadt: der Kasaplar Çarşısı Hanı (Metzgermarkt-Han) und der Saraçlar Çarşısı Hanı (Ledermarkt-Han).

Sehenswertes
Karawansereien

Drei Mausoleen sind besonders sehenswert: Unter dem Ahi Avran Türbesi ruht der Gründer der einflußreichen Ahi-Sekte, Ahi Avran (1236–1329). Das Aşık Paşa Veli Türbesi erinnert an den Dichter ('Liebes-Pascha') aus dem 13. Jh. mit seinem prächtigen Portal (nordöstlich direkt an der Fernstraße). Südöstlich der Nureddin Cacabey Medresesi steht das achteckige Melik Gazi Türbesi mit rundem Spitzkegeldach.

Mausoleen

Die jetzt von einer Mauer umschlossene Anlage auf dem Marktplatz am unteren Hang zwischen Fernstraße und Zentrum entstand im frühen 12. Jh. als seldschukische Theologenschule und Sternwarte. Sie wurde später in eine Moschee umgebaut.

Nureddin Cacabey Medresesi

Umgebung von Kırşehir

Im Dorf Çamalak etwa 70 km nordöstlich von Kırşehir an der alten Karawanenroute nach Zile über die Bozok Yaylası findet man die seldschukische Karawanserei Çamalak Hanı.

Çamalak

Die Karawanserei mit ansehnlichem Portal und hohem Mittelschiff an der zerstörten Seldschukenbrücke über den Kızılırmak (300 m vom Nordufer) 17 km südlich von Kırşehir wurde 1263 als Stiftung des Gouverneurs von Kırşehir, Nureddin Cibrail Ben Cece Bey, errichtet. Man nennt sie auch Cacabey Hanı.

Kesik Köprü Hanı

Der Kızılırmak, der antike Halys, damals wohl benannt nach den Salzquellen im oberen Stromgebiet, ist mit einer Länge von 1355 km neben dem Euphrat der Hauptfluß der Türkei und der längste Fluß Kleinasiens. Er entspringt östlich von Sivas, durcheilt die Gipskarstsenken von Zara und Sivas, um sich in einem großen Bogen (sogenannter Halysbogen) zunächst durch Kappadokien nach Südwesten (bis Kayseri), dann nach Nordwesten (bis Kırıkkale) und schließlich wieder nach Nordosten zu wenden und um dann in mehreren Engstellen in einem Zickzackkurs die Ketten des Pontischen Gebirges zum Schwarzen Meer hin zu durchbrechen und dort zwischen Sinop und Samsun das große Delta der Bafra Ovası aufzuschütten. Seinen heutigen Namen 'Roter Fluß' ('kızıl' = 'rot') erhielt er von den stark rotfärbenden Tonen, die er nach Durchfließen Kappadokiens als Fracht mit sich führt.

Kızılırmak (Halys)

Der Halys hatte nie eine größere Verkehrsbedeutung, war aber oft Grenz-fluß. Vor allem im Krieg zwischen dem letzten König von Lydien, Kroisos (um 560–546 v. Chr.), und dem Gründer des altpersischen Weltreiches, Kyros (um 559–529 v. Chr.) ist er durch einen doppelsinnigen Orakel-spruch an Kroisos bekannt geworden: "Wenn du den Halys überschreitest, wirst du ein großes Reich zerstören!". Kroisos wurde 546 v. Chr. bei Pteria von Kyros II. besiegt. Heute ist der Kızılırmak vor allem bedeutungsvoll geworden für Talsperrenprojekte zur Versorgung der Türkei mit Wasser und zur Energiegewinnung: Hırfanlı Barajı, Keşikköprü Barajı, Altınkaya Barajı.

Hirfanlı Barajı

Die 1959 fertiggestellte Talsperre am Kızılırmak (Staumauer bei Hirfanlı, 80 km westlich von Kırşehir) war mit knapp 6000 Mio. m³ Stauinhalt und 263 km² Fläche bis zur Anlage der Staudammserien am Euphrat (GAP-Projekt) der zweitgrößte Stausee der Türkei.

Knidos

→ Marmaris

Konya   H 6

Zentralanatolien
Provinz: Konya
Höhe: 1 016 m ü. d. M.
Einwohnerzahl: 580 000

Lage und
✳✳Bedeutung

Die berühmte alte Gebirgsrandoase und ehemalige Hauptstadt des Seld-schukenreiches liegt im Innern des anatolischen Steppenhochlandes. Durch großzügige Bewässerungsanlagen erstreckt sich fruchtbares Land um die Stadt, auf dem Gemüse, Zuckerrüben und v. a. auch Obst gezogen wird. Hauptanbauprodukt ist allerdings Weizen, bedeutend ist auch die Viehzucht (anatolisches Fettschwanzschaf). Bereits im 13. Jh. gab es in Konya die ersten Teppichmanufakturen der islamischen Welt, deren be-rühmte Produkte auch Marco Polo begeisterten. Heute noch zählen die pastellfarbenen Konyateppiche mit ihren Blumenmustern zu den schön-sten des Landes.
Die als Verkehrsknotenpunkt (Kreuzung wichtiger Straßen; Bagdadbahn) und zentraler Marktort stets belebte Stadt ist mittlerweile zu einem der bedeutendsten Industriestandorte Zentralanatoliens geworden. Die Stadt ist ein altes, nationales Wallfahrtsziel (Mevlana), die Bevölkerung ist trotz allen Fortschritts immer noch äußerst traditionell eingestellt. Wegen seines noch z. T. orientalischen Wesens, seines lebhaften Basars und der bedeu-tenden Bauwerke ist der Ort sehr besuchenswert.

Geschichte

Der Zitadellenhügel in der Stadtmitte scheint schon in der anatolischen Kupferzeit (3500–3000 v. Chr.) besiedelt gewesen zu sein. Phryger grün-deten wohl die erste bedeutende Siedlung. Konyas alter Name lautete Iko-neum (Iconium) und geht nach einer Sage von Perseus und Medusa auf diese Zeit zurück. Unter Rom gehörte Iconium zu verschiedenen Provin-zen. Das Christentum fand hier früh Eingang, bekannt ist der Aufenthalt des Barnabas und auch des Paulus in Iconeum (Apostelgesch. 14,1), der hier die Kaufmanntochter Thekla (die spätere Heilige Thekla) kennenlernte. Große historische Bedeutung gewann Konya durch die Seldschuken. Die-ser im Laufe des 9. Jh.s vom Aralsee her vorgedrungene türkische Stamm machte Ikoneum zur Hauptstadt eines Reiches, das bald den größten Teil Kleinasiens umfaßte. Trotz heftiger Kämpfe geriet Konya aber kulturell immer mehr in die Abhängigkeit von Byzanz. Auch von den Kreuzzügen

Alaeddin Camii auf dem Zitadellenhügel

wurde Konya berührt. Während des Dritten Kreuzzuges siegte Friedrich Barbarossa am 26. Mai 1190, sein Sohn Friedrich nahm die Stadt bis auf die Burg ein. Unter seinem wohl bekanntesten Sultan, Alaeddin Kaykobad (Regierungszeit: 1219–1237), der in Konstantinopel abendländische Kultur kennengelernt hatte, erreichte Konya seine höchste Blüte. Im Jahre 1221 wurde die Stadt unter Verwendung antiken Baumaterials neu befestigt. Mehr als 100 Türme, gestiftet jeweils von Großen des Reiches, verstärkten und bewehrten die Mauer, von der heute nur noch Fragmente erhalten sind. In der Stadt entstanden eine Reihe prächtiger Moscheen, Medresen und Karawansereien. Alaeddins Hof war eine Stätte von Wissenschaft, Dichtung (bevorzugt persischer) und Kunst (byzantinische und persische Bauwerke und Fayencen). Aber schon unter seinem Sohn, der seinen Vater ermorden ließ, begann der Niedergang der Stadt, und 1307 wurde der letzte Seldschukenherrscher Alaeddin III. von den Mongolen getötet.

Im Jahre 1320 machte der mächtig gewordene Emir des Nachbarfürstentums → Karaman den Ort zu seiner Hauptstadt, wodurch die glanzvolle Bautradition neue Impulse erhielt. Das osmanische Intermezzo (Bayazit I. ab 1397) beendete der Mongole Timur 1402 zu Gunsten der Karamanen, ehe Konya 1466 endgültig osmanisch wurde. Nach einer langen Phase weitgehender Ruhe wurde die Stadt 1832 vom aufständischen ägyptischen Vizekönig Mehmet Ali vorübergehend besetzt. Konya ist heute die siebtgrößte Stadt der Türkei.

Geschichte
(Fortsetzung)

Sehenswertes in Konya

Der alte Zitadellenhügel am Westrand des Stadtzentrums wird heute zum größten Teil vom Stadtpark (Alaeddin Parkı mit dem Denkmal der Gefallenen) eingenommen. Am Fuße des Hügels stehen (zum Schutz überdacht) Reste der alten Stadtmauer und des Palasts Alaeddin Kaykobads. Die Stadtmauer wurde Anfang des 20. Jh.s im Zug moderner Stadtplanung beseitigt. Auch vom Palast der seldschukischen Sultane in der inneren Festung, von dem 1860 noch bemalte Teile standen, ist nur noch ein Pavillionrest auf einem Festungsturm vorhanden (Marmorportal mit Inschriften von 1221; Rundbogengalerie mit Säulen).

Die zugehörige Alaeddin Camii von 1221 ist nach alten arabischen Vorbildern als Pfeilerhallenmoschee erstellt, deren Holzdecke von 42 antiken Säulen getragen wird (Waldmoschee). Im Mittelraum ruhen neben der Gebetsnische und einer alten Kanzel in einer mit blauen Fayencen verkleideten Türbe die seldschukischen Sultane Mesut, Kılıç Arslan IV. und Kaichosrew I. mit verschiedenen Verwandten. Den Vorhof beherrscht das Mausoleum mit dem Grab von Kılıç Arslan II. (zehneckiger Pyramidendachbau).

Südlich der Sırçalı Medrese stößt man am Rande der ehemaligen Altstadt auf das Archäologische Museum mit einer umfangreichen Sammlung von

Alaeddin Tepesi

*Arkeoloji Müzesi

Konya

Arkeolojik Müze (Fortsetzung)

Architekturstücken, Stelen, Statuetten aus verschiedensten Kulturepochen der Region, vor allem aber von phantastisch dekorierten römischen Sarkophagen (Öffnungszeiten: Di.–So. 9.00–17.30 Uhr).

Atatürk Müzesi

An der Kasım Karabekir Caddesi in Richtung auf Meram steht die alte Gouverneurs-Residenz (frühes 20. Jh.), die man 1928 an Atatürk verschenkte. Seit 1964 befindet sich darin ein Museum für Dokumente und persönliche Gegenstände des ersten Staatspräsidenten.

Aziziye Camii

Verspielt und gefällig bietet sich diese zunächst 1676 vom Hofberater Mustafa Paşa gestiftete und später nach einem Brand 1867–1874 neugebaute Moschee am Rande des Basars. Die barockisierte Rokokomoschee

Stadtplan

Konya

Sille · Afyon

150 m
©Baedeker

Sultan Veled

Ali Gav Türbesi

Belediye Sarayı (Rathaus)

Sultan Şah Caddesi

Tacülvezir Türbesi · Adliye Sarayı

Ankara Caddesi

M e s s e · p a r k

Büyük Karatay Medresesi · Küçük Karatay Medresesi

Selçuk Üniversitesi

Köşku

Beyşehir, Antalya

Abdülezel Paşa Cad.

İnce Minare

Alaeddin Bulvarı

Z i t a - d e l l e n - h ü g e l

Alaeddin Camii

Denkmal

Sultan Cem Caddesi

Kız Kulesi

Kazım Karabekir Caddesi

Atatürk Müzesi

Fransız Kilisesi

Sadreddin Konevi Cami

Sırçalı Medrese

Hasbey Darülhüffaz

Amberreis Cad.

Atatürk Caddesi

Atatürk-Denkmal

Devlet Tiyatrosu

Bahnhof

Ferit Paşa Cad.

Camping-platz

Said Paşa Cad.

Sahip Ata Caddesi

Arkeoloji Müzesi

Sahip Ata Külliyesi

Gazhane Sokağı

Etnografya Müzesi

Stadion

Larende Caddesi

Meram

mit zwei Minaretten besitzt auch eine Rokoko-Gebetsnische. Das Innere besticht durch seine helle Bemalung.

Das neue Gebäude des Ethnographischen Museums steht in der Sahip Ata Caddesi und zeigt Handarbeiten, Trachten, Schmuck und Hausrat aus Konya und Umgebung.

Südöstlich des Zitadellenhügels nahe der Sırçalı Medrese entstand 1421 unter der Karamanen-Dynastie ein Krankenhaus, das wohl auch als Medrese genutzt wurde (heute ein Heim für Koran-Rezitatoren). Die Westfassade ist mit verzierten Marmorplatten verkleidet, und die Gebetsnische zeigt Fayencenschmuck. Unter dem Gebäude gibt es eine Krypta.

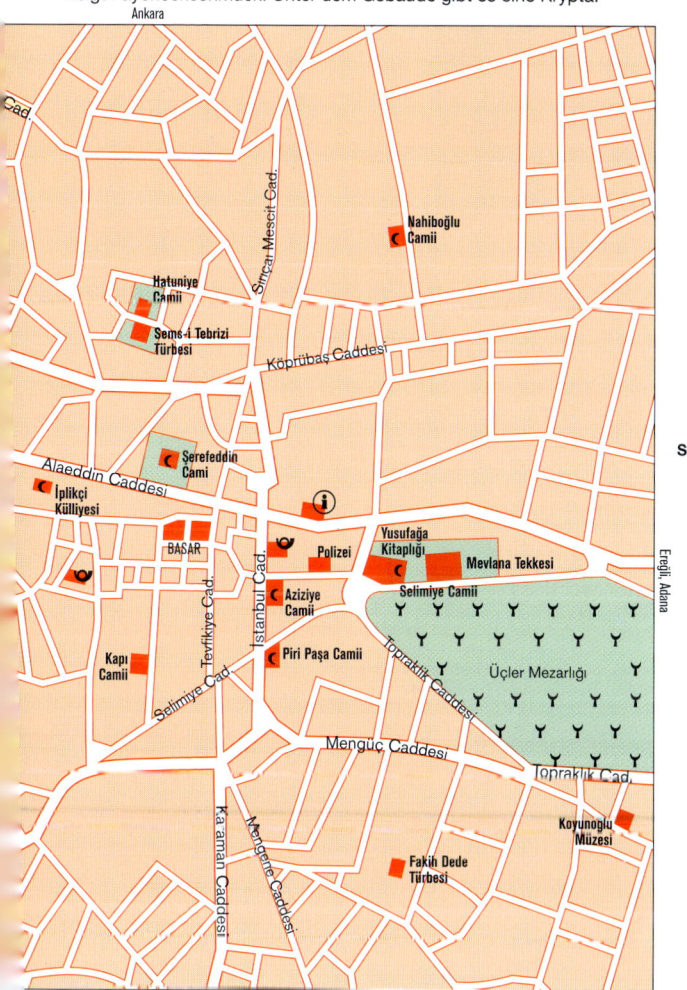

Stadtplan

Konya

**※İnce Minare
Medresesi
veya Camii**

Zwischen 1260 und 1265 stiftete der Wesir
Sahip Ata diesen von Keluk Ibn Abdullah
entworfenen Bau mit einem (heute nicht
mehr so schlanken) Fayencen-Ziegel-Mina-
rett, das 1901 durch Blitzeinschlag zerstört
wurde (s. Bild links).
Beachtlich ist die üppige barocke Dekoration an der Portalseite. Die Koranschule ist
heute Museum für ausgewählte Holz- und
Steinskulpturen (u. a. Reliefs mit Tierdarstellungen von der Stadtmauer).

İplikçi Külliyesi

Von dem Stiftungskomplex an der Alaeddin
Caddesi im Osten des Burghügels steht
heute nur noch die Moschee. Sie entstand
1201 unter Sultan Rükneddin Süleymanşah
bzw. unter Alaeddin Kaykobad I.
Der Stifter war aus der Familie der Garnher-
steller, somit heißt die 1932 renovierte
Anlage Altun Baba Camii oder İplikçi Camii
(Garnhersteller-Moschee). Die rechteckige
Moschee mit zwei ovalen und einer runden
Kuppel steht auf zwölf mächtigen 'Elefan-
tenfuß'-Säulen und verfügt über eine reich
ornamentierte Gebetsnische aus Marmor. Das Minarett ist verfallen. Zwischenzeitlich (1953–1959) war die Anlage Museum für Klassische Kunst.
Von der Medrese existierte nur noch ein Kuppelrest neben der Moschee.
Hier lehrten u. a. Mevlana Celaleddin Rumi und sein Vater.

Kapı Camii

Südwestlich hinter dem Basar im Stadtviertel Odun Pazarı lag eines der
alten Stadttore von Konya. Nach ihm ist die İhyaiyye Camii auch als Kapi
Camii bekannt (Türmoschee). Errichtet wurde das Gebäude 1658, nach
dem Verfall entstand 1811 ein Neubau im Auftrag von Esenlerlizade Seyid
Abdurrahman, dem Mufti (geistlichen Oberhaupt) von Konya. Nach einem
Brand 1867 wurde sie zusammen mit den angeschlossenen Stiftungs-
läden zerstört und ein Jahr später erneut aufgebaut. Die achtkuppelige
Moschee, eine der ältesten osmanischen Moscheen Konyas, wird von
zehn Säulen gestützt.

Karatay Medresesi

Im Norden des Burghügels steht an der Ankara Caddesi die von Karatay
1251 gestiftete Religionsschule mit einem prächtigen Marmortor. Das
Gebäude ist heute eindrucksvolles Museum für seldschukische Fayencen
(Öffnungszeiten: Di.–So. 9.00–17.30 Uhr). Man erkennt noch die Schülerzellen um den Hof. Rechts schließt die Moschee an, deren Inneres früher
ganz mit blauen Kacheln bedeckt war. In einem Raum mit Ziegelgewölbe
findet man links das Grab des Wesirs Celaleddin Karatay (vorübergehend
wegen Renovierung geschlossen).

Koyunoğlu Müzesi

An der Topraklık Caddesi liegt das alte Bürgerhaus des Ahmet İzzet
Koyunoğlu, Angehöriger einer der ältesten Famlien Konyas, in dem der
Besitzer ein kleines Museum eingerichtet hatte, das seit 1983 in einem
Neubau untergebracht ist (Öffnungszeiten: Di.–So. 9.00–12.00 Uhr und
13.30–17.00 Uhr). Die Exponate sind unterschiedlichste Stücke aus der
ehemaligen Koyunoğlu-Privatsammlung (u. a. Mineralien, Fossilien, Vögel,
archäologische Funde, ethnographische Ausstellung, Teppiche der
Region, 20000 Bücher). Das alte Haus steht unter Denkmalschutz.

**※※Mevlana
Tekkesi**

**→ Baedeker
Special** S. 593

Das bekannte grüne Kegeldach im Osten der Altstadt über dem Grab des
Philosophen und Theologen Mevlana Celaleddin Rumi (→ Berühmte
Persönlichkeiten, → Karaman) gilt als das Wahrzeichen der Stadt und ist
Ziel nicht nur von Reisegruppen, sondern auch zahlloser einheimischer Pil-
ger, die hier einem der größten Mystiker des Landes ihre Reverenz er-
weisen. Zahlreiche anatolische Dörfler sind es vor allem, die in religiöser

Herkulessarkophag im Archäologischen Museum

Movlana-Kloster des Derwischordens

Saiteninstrumont

Klosterplan

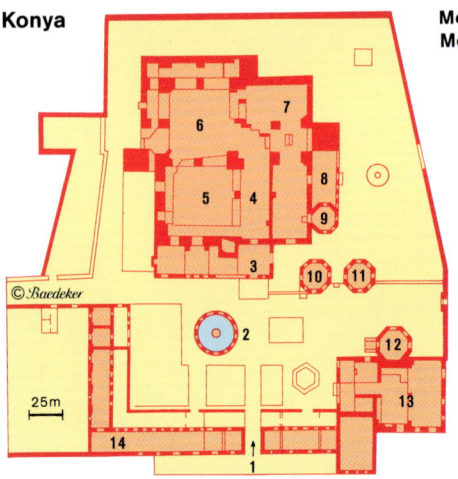

Konya

Mevlana-Kloster
Mevlâna Tekkesi

1 Dervişan Kapısı
(Derwischtor)
2 Şardırvan
(Moschee-
brunnen)
3 Leseraum
4 Vorraum
5 Betsaal
6 Semahane
(Tanzsaal)
7 Grab des
Mevlana
8 Bibliothek
9 Hasan-Paşa-
Türbe
10 Fatma-Hatun-
Türbe
11 Sinan-Paşa
Türbe
12 Hürrem-Paşa
Türbe
13 Küchentrakt
14 Klosterzellen

© Baedeker

25m

Mevlana Tekkesi
(Fortsetzung)

Andacht am Grab jenes Mannes beten, der für viele mehr war als ein Philosoph und Heiliger, und dessen Mahnspruch an eben diese Gläubigen auch
an Mevlanas Mausoleum steht: "Sucht unsere Gräber nicht auf der Erde –
unsere Gräber sind in den Herzen der Erleuchteten."

Die Klosteranlage (in ihrer jetzigen Form zumeist aus dem 16. Jh.), die man
durch ein Tor und einen eindrucksvollen Garten mit großem offenen Lauf-
brunnen, Bäumen und Gräbern betritt (Öffnungszeiten: Di.–So. 9.30 bis
18.30 Uhr) enthält neben den Sarkophagen des Mevlana, seiner Gemahlin
Kerra Hatun sowie seiner Kinder Melike Hatun und Müzaferüddin Emir Ali
Çelebi u. a. noch die Gräber von sechs Derwischen, den sogenannten 'Soldaten von Horasan', die zusammen mit Mevlana aus Balkh nach Konya
kamen. Darüber hinaus enthält der große Baukomplex eine reichhaltige
Sammlung von Gegenständen aus dem Mevlana-Orden, wertvolle Teppiche, Metall- und Holzkunstwerke, Musikinstrumente und Bücher u.a im
ehemaligen Tanzsaal, in den Klosterzellen und der Klostermoschee. In den
Außenanlagen findet man einen hellblauen Marmorbrunnen (1512) und
weitere Mausoleen. Das Museum enthält zudem eine ethnographische
Abteilung und eine Bibliothek. Sie verfügt über 1700 Handschriften und
500 Druckwerke. In direktem Anschluß an das Mevlana-Kloster erhebt sich
mit offener Vorhalle und mehrfarbiger Himmelstreppe die gewaltige Kuppelmoschee der Selimiye Camii, die zwischen 1566 und 1574 im Auftrag
Selims II. als Höhepunkt osmanischer Baukunst entstand.

*Selimiye Camii

Sadreddin Konevi
Camii

Unweit der Straße nach Meram liegt im Viertel Sadreddin diese Moschee,
die 1274 zu Ehren des Mystikers Sadreddin Konevi errichtet und 1899
restauriert wurde. Bis auf die Gebetsnische stammt der Bau somit aus
osmanischer Zeit. Durch einen Saal mit Holzdecke betritt man den
Gebetssaal, von dem eine Türe in die frühere Bibliothek führt. Die Türbe
des Mystikers im Stil seldschukischer Kuppelgräber mit Marmorsarg, Marmorsäulen und -gittern liegt auf dem begleitenden Friedhof.

Sahip Ata Külliyesi

Dieser Stiftungskomplex mit Moschee, Türbe, Derwischkloster und Bad
liegt an der Ecke Larende Caddesi und Ressam Sami Sokağı und entstand
zwischen 1258 und 1283. Portal und Minarett sind schön verziert, die
Gebetsnische zeigt blaue Fayencen. Das kürzlich restaurierte Bad für
Männer und Frauen ist in Betrieb.

Mausoleum und Moschee des Mystikers und Derwischs Şems aus Täbris (14. Jh.), eines engen Vertrauten von Mevlana, findet man nördlich hinter der Şerefeddin Camii.

Am Alaeddin Bulvarı im Osten des Zitadellenhügel steht gegenüber der Hauptpost diese große Moschee im klassisch osmanischen Stil, obwohl sie bereits Mitte des 13. Jh.s von Şerefeddin Mesud errichtet wurde. Der Bau wurde zwar restauriert, verfiel aber anschließend, so daß sie 1636 von Memi Bey auf alten Fundamenten völlig neu gebaut werden mußte. Nur an den Außenfassaden erkennt man noch seldschukische Fayencen. Der Haupteingang ist mit Stalaktitengewölbe verziert. Die Kuppel des Gebetsraumes ruht auf sechs Säulen.

Im Süden des Burghügels liegt die als Rechtsschule von Bedreddin Musli 1242 errichtete Sırçalı-Koranschule mit Sommerhof, Fayencenschmuck und reich verziertem Stalaktitenportal. Sie enthält eine Grabsteinsammlung aus islamischer Zeit sowie hethitische Graburnen (Öffnungszeiten: tägl. ab 9.00 Uhr, Mo. u. Di. ab 12.30 Uhr).

Die Yusufağa-Bibliothek neben der Selimiye Camii stiftete 1795 der Hofmeister der Sultansmutter Selims III., Yusuf Ağa. Sie enthält 2917 Handschriften und 7759 gedruckte Werke.

Umgebung von Konya

Etwa 100 km nördlich von Konya zweigt in der Salzstadt Cihanbeyli eine Straße zur 23 km entfernt im Nordosten liegenden staatlichen Saline Yavşan Tuzlası am Tuz Gölü ab. Nach Rücksprache mit der Direktion über den Pförtner erhält man in der Regel die Erlaubnis, mit einem Begleiter die weitläufige Saline auf dem Salzsee zu besuchen. Eine weitere kleine, private Saline liegt am Bulak Gölü etwa 15 km südlich von Cihanbeyli.

Die Kreisstadt Çumra ist eine wichtige Bahnstation an der Bagdad-Bahn und Zentrum des 50000 ha großen Çumra-Bewässerungsgebietes in der Konya Ovası. Diese erste moderne Bewässerungsanlage des Nahen Ostens wurde von einer deutschen Firma bereits vor dem Ersten Weltkrieg angelegt. Die Stadt entstand an der einst unbewohnten Bahnstation von İçeri Çumra (weiter westlich) seit 1912 nach Ansiedlung von politischen Flüchtlingen (Balkankriege). In der Nähe liegen die neolithischen Ausgrabungen von ⟶ Çatalhüyük.

Etwa 130 km im Süden von Konya liegt die Kreisstadt Hadım. Von hier aus erreicht man 39 km östlich über eine passable Straße in der Nähe (östlich) des Amtsbezirkszentrums Aladağ eine Stelle mit der Bezeichnung Yerköprü (Platzbrücke), wo bei einem kleinen Wasserkraftwerk die sehr kräftige Karstquelle des Karasu, eines Nebenbaches des Göksu Nehri (Kalykadnos), im Tal des Hauptflusses einen natürlichen Travertin-Sperriegel aufgebaut hat, unter dem der Göksu Nehri in einer 500 m langen Höhle verschwindet. Bemerkenswert sind die 20 m hohen Wasserfälle am Ein- und Ausgang der Höhle, über die der Bach von seiner selbstgebauten Travertinbrücke u. a. in einen kleinen See stürzt, den der Göksu Nehri bildet.

Nur 12 km südlich von Hadım klebt mit seinen amphitheatrisch angelegten, traditionellen, taurischen Flachdachbauten der Ort Taşkent pittoresk in schwindelnder Höhe auf einem senkrecht abfallenden Felsen über der tief eingekerbten Schlucht eines Nebenbaches des oberen Göksu Nehri.

Südwestlich führt von Konya eine Straße zum etwa 34 km entfernten Dorf Hatunsaray am Kavak Deresi. Es ist das alte Lystra, die Heimat des Timotheus, eines Schülers des Apostels Paulus, der dort einen Gelähmten

Konya

Umgebung,
Hatunsaray
(Fortsetzung)

heilte und beinahe gesteinigt wurde (Apostelgesch. 14, 8–20). Erhalten sind von Lystra nur geringe Reste eines Zeustempels.

Horozlu Han

Knapp am nördlichen Stadtrand von Konya gegenüber des Abzweigs nach Aksaray liegt die 1956 restaurierte, ansehnliche Karawanserei mit überhöhtem Mittelschiff und zehn Querschiffen, kräftigen, halbrunden Stütztürmen, zentraler Ziegelkuppel mit oktogonalem Tambour und Schlitzfenstern.

Ilgın

Das Städtchen Ilgın liegt an der Straße nach Afyon etwa 85 km nordwestlich von Konya neben der antiken Ortschaft Tyriaion, wo sich nach dem Bericht des Xenophon der Perserkönig Kyros drei Tage zur Musterung seines Heeres aufhielt. Im Ort steht die 1576 nach dem Muster der Ayasofya (Hagia Sophia) in İstanbul von Mustafa Paşa unter Murat II. erbaute Pir Husein Bey Camii. Westlich der Stadt auf einem Hügel findet man Schwefelthermen, die Alaeddin auf byzantinischen Resten neu anlegen ließ.

Kadın Hanı

Etwa 61 km nordwestlich von Konya steht in der Stadt Kadınhanı (= 'Frauen-Karawanserei') eine seldschukische Karawanserei von 1223, die von einer Dame namens Raziye Hatun Bt. Mahmut gestiftet wurde. Die dreischiffige Halle (Inschrift über dem Portal) hat nur drei Fenster und enthält als Fassadenschmuck u. a. auch eine Sarkophag-Spolie mit dem Relief von zwei Frauen.

Karapınar

Karapınar (früher Sultaniye) liegt an der Straße nach Adana, etwa 90 km östlich von Konya und entstand wahrscheinlich aus einer ehemaligen Wintersiedlung inneranatolischer Halbnomaden und war schon früh Etappenstation für Mekkapilger. Im Jahre 1766 wird sie von Carsten Niebuhr als schlecht gebaute Stadt mit Karawanserei, zwei Reihen Läden und einer prächtigen Moschee mit zwei Minaretten beschrieben. Etwa 5 km östlich der Stadt gibt es im Anstieg zur Vulkanschwelle des Karacadağ an einer

Kratersee Acı Göl bei Karapınar

einfachen Fernverkehr-Raststätte mehrere interessante Erscheinungen eines tertiären Vulkanismus in der Steppe. Unmittelbar hinter der Raststätte senkt sich das Gelände zum riesigen, steilwandigen und mit salzhaltigem Wasser (65 g/l) gefüllten, vulkanischen Explosionstrichter einer Caldera, deren Seefläche 35 m unter dem üblichen Niveau liegt (Krater Gölü oder Acı Göl).

Umgebung, Karapınar (Fortsetzung)
*Acı Göl

Etwa 2 km südlich der Raststätte erreicht man inmitten verschiedener kleinerer Aschekegel den eindrucksvollen Meke Gölü (Tuzla Göl). Eingebettet in schwarze vulkanische Asche liegt der ovale, 800 × 500 m große Explosionskrater, aus dessen wassergefülltem Inneren ein ca. 50 m hoher, stattlicher, ebenfalls schwarzer Aschevulkan mit einem 25 m tiefen Trichter ragt. Hier ist das Wasser stark schwefeldioxydhaltig (150 g/l).

*Meke Gölü

Etwa 10 km südwestlich des Meke Gölü erhebt sich sehr steil mit 1 265 m ü.d.M. der Vulkan des Meke Dağı etwa 250 m hoch über das Umland. Er enthält einen Krater von gut 100 m Durchmesser. Westlich zwischen Meke Gölü und Meke Dağı haben sich bis zu 8 m hohe Sichel-Binnendünen im Becken eines ehemals eiszeitlichen Sees abgelagert.

Meram, etwa 8 km westlich des Stadtzentrums, war bereits unter den Seldschuken wegen seiner Quellen und seines üppigen Grüns bekannt. Die reichen Konyalı hatten hier ihre Sommerwohnungen, der Gouverneur der Stadt besaß hier ein Schloß und verfaßte in seiner Gedichtsammlung (Divan) Lobgedichte über Meram. Hier schrieb Mevlana einon großen Teil seines Werkes 'Mesnevi' (mystische Gedanken in Versen mit ergänzenden Erzählungen; sechs Bände). Noch heute zählt die alte Gartensiedlung zu den beliebtesten Feierabendzielen der Städter.

Meram

Etwa 75 km nordöstlich von Konya liegt im Norden abseits der Straße nach Aksaray beim Dorf Kızören das alte Dorf Obruk, das mittlerweile weiter nördlich neu entstanden ist, nachdem es erst vor wenigen Jahrzehnten verlassen worden war. Die ehemalige Siedlungsstelle des unscheinbaren

*Obruk

Ilıca Yaylası – Einsturzdolline bei Konya

Konya

Ortes bei der alten Dorfmoschee ist Standort einer aus antiken Quadern erbauten großen seldschukischen Karawanserei aus dem 13. Jh., die allerdings stark verfallen ist. Ein ausgedehnter, alter Friedhof liegt gegenüber der Karawanserei, der Moschee und den wenigen Häusern, die von dem ehemals großen Winterdorf Obruk übrig geblieben sind.

Weitere Spuren der früheren Siedlung erkennt man vor dem Friedhof und um den Rand einer Riesendoline (Obruk), die unmittelbar östlich hinter der Karawanenstation 170 m tief in die Kalkplatte eingesenkt ist. Die ovale, im Durchschnitt 200−230 m breite Einsturzdoline ist mit einem 145 m tiefen See gefüllt. Das Süßwasser des Sees, der eine unterirdische Verbindung zur Karstquelle von Taşpınar am Rande des Tuz Gölü 30 km nördlich hat, stammt aus starken unterirdischen Karstquellen und wird zur Bewässerung beziehungsweise zur Gewinnung von Trinkwasser benutzt. Etwa 25 km südöstlich von Obruk (Kızören) südlich des Dorfes Çukurkuyu mitten auf dem Plateau (Obruk Yaylası) kommen derartige Riesendolinen (im Durchmesser 502 m, Tiefe 50 bis 120 m) in großer Zahl (ca. 20 Stück) dicht nebeneinander vor. Die meisten davon sind allerdings trocken.

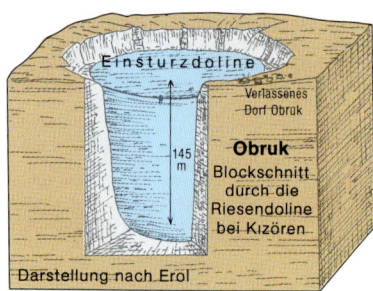

Einsturzdoline
Verlassenes Dorf Obruk
145 m
Obruk
Blockschnitt durch die Riesendoline bei Kızören
Darstellung nach Erol

Etwa 20 km nordöstlich von Konya steht die prächtige Karawanserei Sadeddin Köpek Hanı (Zazadin Hanı), erbaut in den Jahren 1235 bis 1236. Links neben dem imposanten Hofportal aus Marmor und Kalkstein in der breiten Südseite erstreckt sich die Halle mit schmalem, höherem Mittelschiff, sechs Querschiffen und verfallener Kuppel. 13 Türme befestigen den Komplex mit dem langen Hof. Über eine Treppe erreicht man die Moschee über dem Eingang. Im Gegensatz zum Haupttor ist das der Winterhalle ornamentiert.

Neben Meram (s. o.) gilt der ehemals griechisch besiedelte Teppichknüpferort Sille mit seinem Stausee 9 km nordwestlich des Stadtzentrums als zweitwichtigstes Naherholungsgebiet für die Bevölkerung von Konya. Eine der beiden byzantinischen Kirchen von Sille, St. Helena, soll die älteste Kirche der Welt sein (nur die Fundamente). Hier weilte auch Mevlana in Zurückgezogenheit. In der spätbyzantinischen Archangelos-Kirche findet man relativ junge, barock beeinflußte Malereien aus dem frühen 18. und dem 19. Jahrhundert.

Etwa 100 km nordöstlich von Konya liegt im Herzen des Anatolischen Hochlandes 905 m ü.d.M. der Tuz Gölü, mit 1500 km² Fläche der zweitgrößte Binnensee der Türkei. Inmitten fast baumloser Getreidesteppen füllt dieser Salzsee den größten Teil des Tuz-Gölü-Beckens. Der Tuz Gölü ist maximal nur 2 m tief. Seine Größe kann sich mit starken jahreszeitlichen Niederschlagsschwankungen erheblich verändern. Zumeist fällt er in den Sommermonaten fast völlig trocken. Temperaturen um 40 °C lassen das Wasser des Sees in großen Mengen verdunsten, so daß sich eine bis 30 cm dicke Schicht fast reinen Kochsalzes absetzt. Dieses Salz wurde mit frühester Besiedlung hier bereits gewonnen. Die beiden staatlichen Salinen von Cihanbeyli (s. S. 399) und Şereflikoçhisar liefern mit jährlich 150 000 t rund ein Viertel der türkischen Salzproduktion und decken damit völlig den Inlandsbedarf. An den Rändern des Salzseebeckens findet man häufig salzhaltige Schichten, Ablagerungen aus dem frühen Tertiär, die bewußt machen, daß der hohe Salzgehalt von 23% (fast gesättigte Salzbrühe, in der das Salz auch in der Lösung auskristallisiert) nicht in erster

Linie auf die Abflußlosigkeit der Senke zurückzuführen ist, sondern aus dem stark salzhaltigen Untergrund stammt.

Man konnte nachweisen, daß der Seespiegel während der Eiszeiten, die in diesen Breiten als sogenannte Pluvialzeiten (Feuchtzeiten) ausgeprägt waren, viel höher stand als in der Gegenwart, und daß der See vermutlich Süßwasser enthielt, weil es zu jener Zeit einen Abfluß nach Nordosten zum Kızılırmak gab. Seit etwa 15 000 Jahren ist der See ständig geschrumpft.

Konya, Umgebung, Tuz Gölü (Fortsetzung)

Konya Ereğlisi

⟶ Ereğli

Kütahya   E 4

Westanatolisches Bergland
Provinz: Kütahya
Höhe: 949 m ü. d. M.
Einwohnerzahl: 131 000

Die Provinzstadt Kütahya beherrscht die vom Porsuk Çayı durchflossene Ebene am Fuß des Yellice Dağı und wird überragt von einer turmreichen mittelalterlichen Burg. Bekannt ist der Ort vor allem wegen seiner alten Keramikmanufaktur, die heute noch zumeist in Heimarbeit wunderschöne Fayencen nach alten Motiven liefert. Im Gegensatz zur Kachelherstellung des 16. Jh.s, die man in unzähligen Sakralbauten der Türkei bis heute bewundern kann, hat sich der Schwerpunkt des Fayencenhandwerks gegenwärtig auf Ornamentteller und Töpferwaren verlagert (Handarbeit).

Lage und Bedeutung

* Fayencen

Kunstvoller Kütahya-Krug   *Zeustempel in Çavdarhisar*

Kütahya

Lage und Bedeutung (Fortsetzung)

Typisch sind heute eher bunte Kompositionen mit kräftigen Farben, die sich deutlich abheben von den wirklich wertvollen, dezent kolorierten Stücken älterer Machart, die heute noch als Kopien (teuer) angefertigt werden. Bedeutung hat auch die Teppichweberei, die in Knüpfkommunen betrieben wird.

Geschichte

Die Geschichte von Kütahya reicht bis in die phrygische Zeit zurück. Hier machte Alexander d. Gr. Station auf seinem Marsch nach Gordion, und hier stach man dem byzantinischen Kaiser Romanos Diogenes die Augen aus. 1071 wurde der Ort von den Seldschuken erobert, bevor er an die Kreuzfahrer fiel, 1096 aber zurückgewonnen werden konnte. Mitglieder der Germiyanoğlu-Dynastie, ein wohl kurdisch-türkisches Fürstengeschlecht, erbauten später die Festung in ihrer heutigen Form, ehe diese unter Mehmet II. osmanisch wurde. Der Mongole Timur benutzte Kütahya als Hauptquartier. Nach der Eroberung Persiens durch Selim I. (1514) kamen durch Zwangsumsiedlung aserbaidschanische Handwerker nach Kütahya (und İznik) und schufen hier die heute noch berühmte, nach persischen Mustern arbeitende Fayencen-Industrie.

Sehenswertes
İshak Fatih Külliyesi

Die İshak Fatih Camii stammt von 1434, die benachbarte İshak Fatih Medresesi, eine bekannte Theologenschule, von 1440.

Kilise

Von polnischen und ungarischen Flüchtlingen, die in der Mitte des 19. Jh.s hier lebten, stammt eine orthodoxe Kirche in der Stadt.

Kütahya Kalesi

In der ansehnlichen Festung aus dem 14. Jh. stehen auch die Kale-i Bala Camii von 1375 und eine alte Medrese.

∗Ulu Cami

In der Unterstadt steht die in jüngster Zeit restaurierte Große Moschee von 1411. Sie wurde vor 1400 von Bayazit I. begonnen und von Mehmet II. beendet. Der osmanische Baumeister Sinan ließ vermutlich die ursprünglichen Eichenstützen für das Dach durch 57 Marmorsäulen aus Aezani ersetzen. Benachbart liegt die alte Bibliothek (Kütüphane).

Vecidiye Medresesi

Um 1314 stiftete Umur Bey Bin Savat diese theologische Schule, Observatorium und Lehrstätte für Naturwissenschaften und Mathematik, die heute als Kunsthandwerks-Museum für Fayencen, Stickereien und Webereien dient (Öffnungszeiten: Di.–So. 9.30–12.00 Uhr und 13.30–17.00 Uhr).

Umgebung von Kütahya

∗∗Çavdarhisar

Am westlichen Ortsrand von Çavdarhisar, etwa 60 km südwestlich von Kütahya, steht der Rest des gut erhaltenen, eindrucksvoll großen (33×37 m), ohne Mörtel aus weiß geädertem Marmor gefügten, ionischen Zeustempels mit 8×15 Säulen innerhalb weiterer Ruinen der antiken Stadt Aezani. Die Relikte des Bauwerks ruhen auf einem elfstufigen, 2,90 m hohen Podium über einem unterirdischen Tonnengewölbe mit Fenstern, das dem Kybele-Kult diente. Der Bau wurden bei einem Erdbeben 1970 erneut stark beschädigt. In der Nachbarschaft stößt man nördlich auf Stadion, Theater und (jenseits des Flusses) auf den zentralen Rundbau des alten Viktualienmarktes (Macellum). Nur mit Geländewagen erreicht man von dort aus das etwa 10 km entfernte Stemnos (Steunos) im Westen des Dorfes, das Höhlenheiligtum der Göttermutter Kybele.

Gediz

Im Jahre 1970 wurde das Städchen Gediz, 90 km südwestlich von Kütahya, durch ein Erdbeben zu 80 % zerstört. Der Hauptstoß (Stärke 7,6 der 12teiligen Mercalli-Sieberg-Skala) des verheerenden Bebens, dem monatelang Nachbeben folgten, erfolgte am 28. März (23.00 Uhr) und dauerte 20–30 Sekunden. Die Schäden waren beträchtlich (3500 Häuser zerstört, 17000 mehr oder weniger stark beschädigt; 1100 Tote waren zu beklagen, 80000 Menschen wurden obdachlos). Heiße Quellen entstanden (inzwischen versiegt) und kleine Seen. Nach der Katastrophe erstellte der Staat eine neue Stadt etwa 7 km südlich von Alt-Gediz. Antike Reste findet man nur verbaut, u.a. in einer alten Brücke. Selbst nach dem Erdbeben geben die verbliebenen alten Fachwerkhäuser dem Ort bemerkenswerten Stil.

Kütahya, Umgebung, Gediz (Fortsetzung)

Etwa 50 km westlich von Kütahya liegt die alte Stadt Tavşanlı mit einer beachtlichen seldschukischen Moschee aus dem 12. Jahrhundert. Etwa 18 km nördlich findet man in einem Seitental des Koca Çay das phrygische Felsmonument Dikilitaş (aufrechter Stein), einen gewaltigen vulkanischen, z.T. geglätteten Felsen mit geometrischen Ornamenten.

Tavşanlı

Im Umfeld der Stadt Kütahya existieren verschiedene Thermalbäder. Zu den modernsten zählt der Badeort İlıca, ca. 30 km nördlich der Stadt. Bekannter sind die Bäder um Yoncalı mit 42–56 °C heißen Radioaktiv-Quellen, etwa 17 km westlich.

Yoncalı Kaplıcaları

Kuşadası

⟶ Ephesus, Umgebung

Magnesia am Mäander

⟶ Menderes

Malatya   O 5

Ostanatolien
Provinz: Malatya
Höhe: 980 m ü.d.M.
Einwohnerzahl: 277000

Die Provinzhauptstadt Malatya liegt etwa im Mittelpunkt des südostanatolischen Berglandes (Osttaurus) am Südostrand einer vom Euphrat durchflossenen fruchtbaren Ebene. Die heutige zentrale Markt- und Industriestadt ist erst etwa 150 Jahre alt. Über viele Jahrhunderte hatte die Bevölkerung des heutigen Eski Malatya (Alt-Malatya) ihre sommerliche Wanderung von und nach dem gewässerreichen Gartenvorort Aspuzu auf den Vorhöhen des Bozdağ durchgeführt, als im Winter 1838/1839 osmanische Truppen (bei den Kämpfen gegen Mehmet Ali, den rebellierenden osmanischen Gouverneur in Ägypten) in der Stadt für längere Zeit einquartiert wurden. Die Bevölkerung zog deshalb den Aufenthalt in Aspuzu auch in der kalten Jahreszeit vor – aus der Ansiedlung wurde der Hauptort Malatya. Die moderne Stadt besitzt somit keine auffälligen Baudenkmäler.

Lage und Bedeutung

Die älteste Siedlung, Milidia, die bereits in Keilschrifttexten des 18. Jh.s v.Chr. Erwähnung findet und nach dem römischen Historiker Plinius d. J. von der sagenhaften assyrischen Königin Semiramis gegründet sein soll, liegt etwa 8 km nordöstlich der heutigen Stadt (s. u. Arslantepe). Genauere Angaben gibt es erst wieder aus der ersten Hälfte des 1. Jtds. v.Chr., als die späthethitische Fürstenresidenz Milid unter den Einfluß Assyriens geriet.
Etwa 5 km nördlich entstand später, noch vor 70 n.Chr., die griechische Stadt Melitene, das heutige Eski Malatya (s. unten). Der Ort war als bedeutender Straßenknotenpunkt und Standquartier der römischen 'legio XII fulminata' bekannt, die ihre Berühmtheit und ihren Namen einer Legende verdankt, nach der auf ein Gebet christlicher Soldaten hin ein Blitz

Geschichte

Stimmungsbilder: Koranschüler ...   *... und Lastwagenfahrer*

Geschichte
(Fortsetzung)

die Gegner der Legion erschlagen habe. Kaiser Trajan erhob Melitene zur Stadt, Justinian ummauerte sie in byzantinischer Zeit. Fernstraßen führten von hier nach Tephrike (Divriği) und nach Samosata am Euphrat (Samsat). 575 war Melitene Schauplatz des Sieges der Byzantiner über den Perser Chosrau I., der vor seiner Flucht die Stadt niederbrannte.

Nach wechselnden Besitzverhältnissen gehörte Malatya zwischen dem 7. und 10. Jh. zu der Reihe befestigter Städte entlang der sogenannten Thugur-Linie zwischen Syrien bzw. der Çukurova und Armenien, der umstrittenen Grenzmark zwischen Byzanz und dem Kalifenreich. Die Stadt wurde mehrmals während Streitigkeiten zerstört (751, 837, 841) und wieder aufgebaut.

Um die Mitte des 9. Jh.s fanden die Paulikaner, eine militante, religiöse Bewegung, bei dem Emir der damals von den Arabern besetzten Stadt Zuflucht. 934 wurde Melitene für längere Zeit byzantinisch, 1071 eroberten die Seldschuken Malatya und setzten einen Armenier als Statthalter ein, der sich allerdings politisch verselbständigte. Vorübergehend von Kreuzfahrern besetzt, wurde die Stadt 1106 von den Seldschuken zurückerobert und fiel anschließend an die Dynastie der Danischmendiden. Von 1168 war sie dann endgültig seldschukisch, mußte aber 1235 und 1395 Überfälle der Mongolen über sich ergehen lassen. Mit Ostanatolien eroberte Selim I. auch Melitene für die Osmanen.

Umgebung von Malatya

Afşin

Etwa 132 km westlich von Malatya bei Elbistan findet man in der Nähe (westlich) der Stadt Afşin das antike Arabissos (später Eshab-i Kehf/Eshabkehf), einst Kreuzungspunkt zweier Fernstraßen von Caesarea (Kayseri) nach Antiocheia (Antakya) und von Kilikien nach Militene (Eski Malatya). Beim Kurt Tepesi stößt man noch auf eine Reihe römischer Meilensteine. Aus der Seldschukenzeit (1215–1233) stammt eine Stiftungsanlage, bestehend aus Moschee, Karawanserei und Kloster (Ribat). Die verfallene Karawanserei besteht aus einer unsymmetrischen, vierschiffigen Winterhalle mit zwei getrennten Abteilungen. Die mit der Westfront an den Hang gebaute Moschee ist im hinteren Teil (Gebetsnische) überkuppelt. Die dreischiffige Bethalle besitzt ein Flachdach. Der Klosterteil der Anlage ist südlich neben der Moschee zum Hang hin als verwinkelter, mehrräumiger und dreischiffiger Bau ausgeführt mit typisch seldschukischem Spitzbogenportal.

Umgebung, Afşin (Fortsetzung)

Weitere römische Ruinen (Castaballa) liegen etwa 15 km nordöstlich beim Dorf Percenik, römische Mosaike findet man in der gleichen Gegend etwas weiter nordwestlich im Dorf Tanir. Direkt im Norden von Afşin (21 km) stößt man auf den seldschukischen Kuru Han an der alten Fernroute nach Kayseri, und nochmals 5 km nach Norden liegt beim Ort Karakol die seldschukische Burg Hurman Kalesi, die drei Pässe gleichzeitig beherrschte.

Der 8 km nordöstlich der Stadt gelegene Arslantepe beim Dorf Orduzu, auf dem früher die Reste eines osmanischen Palastes aus dem 16. Jh. standen und auf dem z.Z. immer noch gegraben wird, enthält Reste vorgeschichtlicher Besiedlung sowie Relikte einer hethitischen, späthethitischen und assyrischen Residenzstadt. Aus späthethitischer Zeit wurde der Rest eines Palastes mit großem Torbau freigelegt, der mit monumentalen Portallöwen und reliefierten Steinplatten ausgestattet war. Ein Teil der Platten könnte dem Stil nach sogar noch aus der hethitischen Großreichszeit stammen. Reste eines jüngeren Palastes stammen aus der Zeit, als Milid assyrische Provinzzentrale war. Der Untergang wurde durch die Kimmerier im frühen 7. Jh. v.Chr. (Funde im Hethitermuseum in Ankara) herbeigeführt.

Arslantepe

Darende wird überragt von dem mittelalterlichen Kastell Senkbar Kalesi, in dem um 1840 noch 40 bewohnte Häuser standen. Von den restlichen Häusern weiß man, daß sie um 1890 verlassen wurden. Offenbar ist die frühere Siedlung sehr alt: Man fand dort eine hethitische Stele des Kindergottes Sarruma.

Darende

Die Kreisstadt Elbistan (49000 Einw.), etwa 126 km westlich von Malatya, wird von einer mittelalterlichen Festungsanlage (5 km westlich), der Kiz Kalesi, überragt. Die Burg markiert die alte Vorläufersiedlung der heutigen Stadt, Kara Elbistan ('geheimnisvolles Elbistan'). Hier fand man u.a. auch eine Steinschale für den Sonnenkult und Figuren der Göttin Anahita (wohl identisch mit Kybele) aus der Hethiterzeit. In der Stadt steht die Ulu Cami als frühestes Beispiel eines Zentralkuppelbaus mit vier angesetzten Halbkuppeln aus der Beylik-Periode (etwa 1500).

Elbistan

Nur ungefähr 5 km nordwestlich in der Ebene von Elbistan haben Archäologen im Hügel von Karahüyük eine hethitische Siedlung ausgegraben. Gefunden wurden u.a. die menhirartige Gedenkstele eines späthethitischen Kleinfürsten mit dreiseitiger Hieroglyphen-Inschrift (Hethitermuseum in Ankara) und einen Terrakotta-Pferdekopf von einem Trinkhorn (1200 v.Chr.).

Karahüyük

Die Ruinen von Eski Malatya, 12 km nordöstlich vom heutigen Malatya, liegen an der alten Straße nach Erzincan und Sivas, die wegen des Keban-Stausees weiter nach Westen verlegt werden mußte. Das von Pappeln und Obstbäumen umgebene Dorf liegt inmitten der Ruinen des alten Malatya. Reste der wohl byzantinischen Stadtmauer, einem unregelmäßigen Trapez mit vier Toren, Vorgraben und turmartigen Bastionen, sind besonders an der Südseite noch erhalten. Ferner findet man zwei Türben mit kleinen Friedhöfen an der alten Sivasstraße. Die teilweise verschüttete Ulu Cami wurde 1247 von Hüsrev auf älteren Grundmauern einer Moschee aus dem 7. Jh. gebaut, die nach der Zerstörung durch die Byzantiner von Al-Mansur 765 wieder aufgebaut worden war. Vom galeriegesäumten Innenhof ge-

Eski Malatya

langt man an der Rückseite durch einen mit Fayencen geschmückten Diwan in den einfach überkuppelten Gebetsraum. Die Yeni Cami (1307) stammt, wie die Ulu Cami, aus seldschukischer Zeit. Im Nordosten der Stadt steht der Mustafa Paşa Hanı, eine noch recht gut erhaltene osmanische Karawanserei, gestiftet 1623–1640 von Mustafa Paşa, einem General des Osmanen Murat IV.

Hekimhan

Etwa 80 km nordwestlich von Malatya erreicht man im Städtchen Hekimhan die seldschukische Karawanserei des Hekim Hanı (Hekim = Arzt). Der 1218 unter Alaeddin Kaykobad I. vom Arzt Ebu Salim Ben Ebil-Hasan el-Şammas aus Malatya gestiftete Komplex besteht aus einem quadratischen Sommerhof und einer dreischiffigen Winterhalle. 1660 wurde der Bau zum letzten Mal restauriert.

Boğazören

Etwa 7 km nördlich von Hekimhan liegt ca. 3 km östlich der Straße nach Kangal/Sivas das Dorf Şirzi, unter dem sich eine hethitische Bergbausiedlung verbirgt. Etwa 500 m vor dem Dorf findet man abseits ca. 400 m südlich von der Zufahrt einen großen Felsbrocken mit einer hethitischen Hieroglyphen-Inschrift, den die Einheimischen Yazılıtaş (= 'beschriebener Stein') nennen. Offenbar handelt es sich hier um eine Bergwerks-Inschrift, wie man sie auch bei Bolkar Madeni (Konya Ereğlisi/Çiftehan) gefunden hat.

Manisa

→ İzmir

Maraş

→ Kahramanmaraş

Mardin   Q 6

Südostanatolien
Provinz: Mardin
Höhe: 935–1325 m ü.d.M.
Einwohnerzahl: 53000

**Man beachte die Warnung
auf Seite 139!**

Lage und
*Stadtbild

In malerischer Lage am Hang eines steil abfallenden Felsplateaus bietet die Provinzstadt Mardin einen phantastischen Blick nach Süden über die weiten Ackerebenen Nordsyriens. Hier ist der Sitz des Patriarchen der unierten syrischen Christen (Jakobiten) des Tur Abdin (s. Umgebung). Die z.T. auffallend großen Steinhäuser der Stadt mit bedeutender Landwirtschaft sind architektonisch schon stark arabisch beeinflußt. Neben einem dominanten Getreidebau findet man vereinzelt Ölbaumkulturen und im Hinterland (Tur Abdin) auch großflächigen Wein- und Obstbau.

Geschichte

Über die Geschichte der Stadt selbst ist bis in die islamische Periode nichts bekannt. 640 kam der Ort an die Omajaden-Kalifen (Damaskus), ein Jahrhundert später an die Abbasiden (Bagdad). Vor den Seldschuken (1100) übernahm eine Kurdendynastie die Macht, acht Jahre später waren die turkmenischen Ortokiden bis 1260 Herren in Mardin. 1516 wurde Mardin osmanisch, bis der abtrünnige ägyptische Statthalter Mehmet Ali im 19. Jh. zwei Kurdenaufstände in der Stadt gegen die Hohe Pforte unterstützte (1832 und 1840), die durch Reşid Paşa blutig niedergeschlagen wurden.

Sehenswertes in Mardin

Einer der Metropoliten der syrisch-orthodoxen Kirche, deren Mitglieder man nach ihrem ersten und bedeutendsten Kirchenlehrer Jacob Baradair (490–578), der als Wandermönch 35 Jahre lang durch Syrien gezogen war, auch Jakobiten nennt, residiert in Mardin. Die Jakobiten spalteten sich von der byzantinischen Reichskirche ab, nachdem im Jahre 451 auf dem Konzil zu Chalkedon (Kadıköy bei İstanbul) der Monophysitismus Christi, wonach Jesus stets göttlich, nie aber Mensch gewesen sei, abgelehnt worden war.

Bischofspalast

Östlich des Zentrums oberhalb der Hauptstraße steht an der Bergflanke das am besten erhaltene Bauwerk der Stadt, ein Koranschulenkomplex, der 1385 durch İsa Bey gestiftet worden ist. Er zeigt vor allem an den Portalen sehenswerte Dekorationen. Die Anlage mit Kuppelmoschee, Mausoleum und zwei Innenhöfen (wird z. Zt. restauriert, kann aber besucht werden) ist heute Internatsschule und z. T. Museum (seltenstes Ausstellungsstück: seldschukischer Türklopfer der Ulu Cami von Cizre).

*İsa Bey Külliyesi

Dieser Stiftungskomplex einer theologischen Hochschule im Westen der Stadt besteht aus Medrese und Kuppelmoschee. Die Anlage stammt von den Akkoyun Oğulları aus dem 15. Jahrhundert.

Kasım Bey Külliyesi

An der Hauptachse der Stadt liegt die Latifiye-Moschee von 1371 mit sehr schönem Portal und einem später angefügten Minarett (1845).

Latifiye Camii

Über der Stadt erhebt sich in der Nachbarschaft einer Radarstation der USA (Betreten teilweise nicht gestattet) auf hohem Felsen die Burg von Mardin, Telhan Kalesi, an der sich viele Eroberer vergeblich versuchten. Zu ihr führt ein steiler Weg von der Sultan İsa Medresesi hinauf. Die Anlage geht auf die Römerzeit zurück, wurde bis ins 15. Jh. erweitert, so daß im

Mardin Kalesi

Dorfidylle bei Mardin

Mardin Kalesi (Fortsetzung)	Bedrohungsfall die gesamte Bevölkerung der Stadt dort Unterschlupf finden konnte. Das Eingangstor ist reliefiert mit zwei prächtigen Löwen.
Sinciriye Medresesi	Westlich oberhalb der Sultan İsa Medresesi war früher in einer weiteren Koranschule das Archäologische Museum untergebracht. Heute findet man hier noch eine ethnologische Abteilung.
Ulu Cami	Die große Moschee im Zentrum der Stadt wurde im 11. Jh. von den Ortokiden erbaut, aber bereits 1176 durch einen Neubau ersetzt. Der auch heute noch ansehnliche Bau erlitt 1832 bei einem Kurdenaufstand starke Beschädigungen (partiell restauriert). Unter einer prismenförmigen Steinkuppel verbirgt sich ein durch Säulen dreigeteilter Betsaal. Von der Uranlage stammen lediglich noch die drei einfach gehaltenen Eingangstore.

Umgebung von Mardin

Ceylanpınar	Am Rand der Wüste an der syrischen Grenze liegt das Staatsgut Ceylanpınar D. Ü. Ç. mit riesigen Weizenkulturen inmitten der Steppenlandschaft, in der einst die Kropfgazelle beheimatet war. Eine Restpopulation dieser Tiere wird hier, da vom Aussterben bedroht, für eine Aufzucht gehalten.
*Deir az-Zafaran	Etwa 7 km östlich der Stadt Mardin befindet sich diese Klosteranlage jakobitischer Mönche. Hier residiert seit 1160 mit Unterbrechungen der aus Antiochia (Antakya) vertriebene Patriarch der Jakobiten. Die gepflegte und mit einer hohen Mauer umgebene Anlage ist gleichzeitig Knabeninternat. Das dem Ananias geweihte Kloster enthält an der Rückfront des Arkadenhofes drei Kirchen: die Marienkirche aus dem 6. Jh., die von Anastasios I. (491–518) gestiftete Ananias-Kirche, ein rechteckiger Bau mit Pyramidendach und später hinzugefügtem Glockenturm und die Grabkapelle mit der Krypta der jakobitischen Patriarchen.
*Hasankeyf	Ca. 110 km nordöstlich von Mardin beherrscht das alte Städtchen Hasankeyf einen alten Brückenübergang über den Tigris an einer markanten Engstelle. Der Ort wurde als römischer Grenzposten Cephe (Kiphas) gegen die Perser angelegt. Hier befand sich unter Byzanz ein wichtiger Bischofssitz. Nach der Übernahme durch die Ortokiden und Aijubiden sowie nach dem Mongolensturm endete die Blütezeit der Stadt. Noch heute stehen vier Bögen als Reste der alten Brücke (Anfang des 12. Jh.s restauriert). Darüber thronen auf hohem Fels, erreichbar über steile Treppenpfade durch drei alte Torbauten, die Relikte des Ortokidenpalastes aus der gleichen Zeit, den man auch 'Schloß des Vergessens' nannte, da sein wirklicher Name nie bei Todesstrafe von niemandem erwähnt werden durfte. Hier war der Partherkönig Arschak an silberne Ketten gefesselt zusammen mit dem ausgestopften Leichnam seines Feldherrn Warsak bis zu seinem Tode von den Römern eingekerkert. Vor dem Ort liegt der zylindrische Bau der Zeynel Bey Türbesi (15. Jh.), errichtet im Fischgrätenmuster aus naturfarbenen und blauen Ziegeln. Durch die Anlage einer Talsperre am Tigris (Ilısu Barajı) bis 1994 ist der Ort partiell dem Untergang geweiht.
İstilil	Etwa 92 km südöstlich von Mardin liegt ca. 17 km nördlich von Nusaybin das Dorf İstilil mit den Resten der antiken Siedlung Dara. Unter Justinian (6. Jh.) baute man den Ort aus, er erlebte aber bald nach der Eroberung durch die Araber (7. Jh.) seinen Niedergang. Erhalten sind im Ruinengelände Reste der Stadtmauer und Relikte eines alten Schleusensystems. Das Wasser stammte von einer starken Karstquelle (sehenswert!), die im Norden des Tales bei Şeyhmehmet den Çaçak Çayı mit Wasser versorgt.
Kızıltepe	Die Kreisstadt Kızıltepe (41 000 Einw.), die in den frühen 80er Jahren durch Gewalttaten im Zusammenhang mit Blutrache Schlagzeilen in der Presse machte, liegt nur etwa 20 km südwestlich von Mardin. 1766 saß hier ein Provinzgouverneur. 1840 war der Ort kaum mehr als ein Dorf und wurde

Improvisiertes Tigrisfloß

erst 1945 wieder Kreisstadt. Aus der Blütezeit der Stadt im 13. Jh. stammt die Ulu Cami mit ihrem Prunkportal und eindrucksvoller Gebetsnische.

Umgebung, Kızıltepe (Fortsetzung)

Die Grenzstadt nach Syrien am Çaçak Cayı, Nusaybin (83 km südöstlich von Mardin, 45000 Einw.) liegt 5 km südlich des alten Siedlungsplatzes des bereits im 1. Jtd. v. Chr. in assyrischen Texten erwähnten Nasibina. In diesem Siedlungshügel von Girnavaz zeigten die Ergebnisse der seit 1982 laufenden Ausgrabungen, daß der Siedlungsplatz hier bereits zu Anfang des 3. Jtds. v. Chr. bewohnt war. 68 v. Christus. gelang Lucullus kurzfristig die Eroberung, endgültig aber erst 115 n. Christus. 363 wurde die christliche Bevölkerung nach einem Friedensvertrag zwischen Byzanz und den Persern nach Amida (Diyarbakır) umgesiedelt. Damals erlosch in der Stadt auch die berühmte Theologenschule des Syrers Ephraim. Sie wurde nach Urfa verlegt, dort aber ebenfalls geschlossen (wegen angeblicher Ketzerei, denn die Nestorianer halten Maria nicht für die Mutter des Gottessohnes Christus, sondern nur für die des Menschen Jesus), weil sie an der nestorianischen Lehre festhielt. Die damals blühende Stadt zerstörten 1260 die Mongolen, 1515 wurde sie osmanisch. Einen erneuten Aufschwung erfuhr der Ort durch seinen Grenzbahnhof an der Bagdadbahn. Noch heute steht eine beachtenswerte Kirche in der Stadt: Die Mar Jakub Kilisesi ist ein quadratischer Bau mit Pyramidendach, Apsis und zweischiffigem Narthex aus dem 4. Jh., der 759 vergrößert und 1872 restauriert wurde.

Nusaybin

Bereits zur Zeit der Seldschuken war Nusaybin verwahrlost. Ibn Battuta schilderte es als zum größten Teil ruiniert. Mit der Auflösung des vor 1540 eingerichteten Truppenstandortes sank der Ort 1741 abermals zum Dorf herab. Erst als Hafız Paşa 1837 neue Bazare abstecken ließ, erholte sich der Flecken von seiner Bedeutungslosigkeit. Ab 1870 wurde die Stadt erneut Kreiszentrum.

Im Umfeld der Stadt liegen verschiedene sehenswerte christliche Klosteranlagen: Vom Dorf Girmeli (etwa 20 km östlich) aus erreicht man zu Fuß in 6 km Entfernung die Klostersiedlung Mar Augen. Hier lebten im Mittelalter

Umgebung,
Nusaybin
(Fortsetzung)

mehrere hundert Nestorianermönche und anschließend Jakobiten. Man findet heute von der Klosterstadt, die bis 1505 nestorianischer Besitz war, noch ruinierte Mauern, Kirchen, Türme und einen Kreuzgang.

Tur Abdin
Jakobiten

Als 'Berg der Knechte Gottes' nennt man die 900–1400 m hohe Kalk-plateau-Landschaft östlich von Mardin, die im Osten und Norden vom Tigris, im Süden von den syrischen Ackerebenen und im Westen von der Mazdağı-Kerbe begrenzt wird. Hier entstanden zwischen dem 4. Jh. und der arabischen Eroberung zahlreiche Klostersiedlungen. Dadurch ent-wickelte sich später der Tur Abdin zu einem Zentrum syrischer Jakobiten. Vier Bistümer und über 80 Klöster gab es hier im Mittelalter. Der Verfall wurde durch die Kreuzritter eingeleitet, die ihre Raubzüge bis zu den wohl-habenden Dörfern des Tur Abdin ausdehnten. Im Ersten Weltkrieg wurden die meisten christlichen Minderheiten vertrieben, nachdem die Franzosen als Schutzmacht für die Jakobiten aufgetreten waren. In einer weiteren Welle wanderten in den 70er Jahren weitere Christen ab. Heute gibt es hier noch etwa 25000 syrisch-orthodoxe Christen (Jakobiten), die z.T. noch Aramäisch, die Sprache Jesu, zumeist aber einen neuaramäischen Dialekt, Türoyö, sprechen. Von den Klöstern werden gegenwärtig nur noch sechs von Mönchen geführt.

Yeziden
(Aleviten)

Auf dem Tur Abdin lebt zudem als eine weitere Minderheit die von den Tür-ken mit äußerstem Mißtrauen betrachteten Yeziden (oder Aleviten), die sie, wegen ihrer freieren Interpretation des Koran und weil sie nicht in den Moscheen beten (es gibt in Yezidendörfern keine Moscheen), als Teufels-anbeter bezeichnen. In ihrer Religion verbinden sich islamische, altpersi-sche und christliche Elemente.

✳Midyat

Geographisches und verwaltungsmäßiges Zentrum des Tur Abdin ist die Stadt Midyat, 60 km östlich von Mardin. Der Ort besteht aus zwei etwa 3 km voneinander entfernten Vierteln. Das westliche hat überwiegend

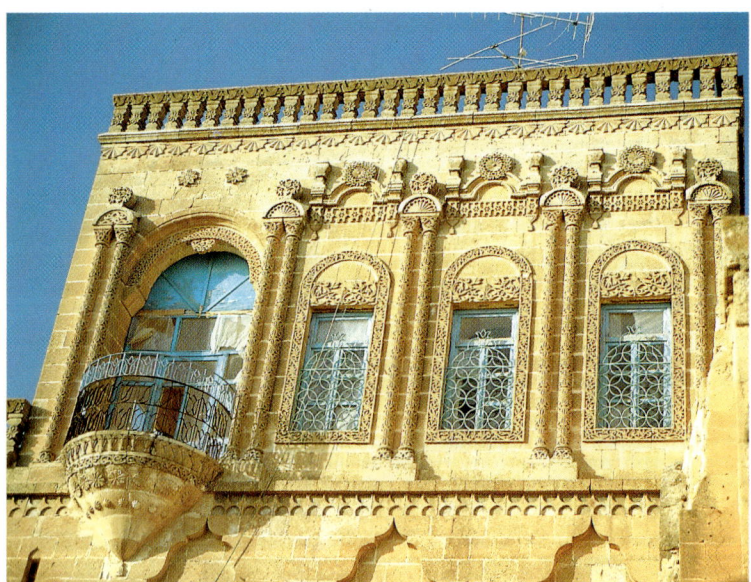

Reich verzierte Fassade in Midyat

islamische Bewohner, das östliche ist, erkennbar an den Kirchenbauten, fast ausschließlich christlich. Bemerkenswert sind im christlichen Teil die monumentalen mehrstöckigen Stadthäuser aus z.T. fein verzierten und sorgfältig behauenen Steinquadern, wie man sie auch in Mardin findet. Die alte Hauptkirche Mar Philoxenos heißt nach ihrer Restaurierung Mar Aznoyo, in dor Mar Barcaume hält de Metropolit selbst den Gottesdienst. Midyat gilt als Zentrum des Silberhandwerks. In zahlreichen kleinen Werkstätten und Läden werden Schmuckartikel (Telkari) hergestellt und feilgeboten.

Midyat eignet sich vorzüglich für Ausflüge zu den Klöstern der Umgebung: In der Nähe von Arnas, etwa 15 km östlich von Midyat, liegt das Kloster Mar Kyriakos. Die Kirche an der Nordseite eines von Galerien gesäumten Hofes wurde im 19. Jh. restauriert. Der Chor soll aus dem 8. Jh. stammen. Unweit des Dorfes Keferzi, ca. 7 km südöstlich von Arnas, findet man die Klosterkirche Mar Azaziel. Sie enthält eine Ikonostase mit vier Akanthus-Kapitellen auf Säulen, die ein Architrav tragen.
Etwa 10 km südlich von İzbirak erreicht man das von Midyat etwa 30 km entfernte Dörfchen Anıtlı mit seiner Kuppelkirche El Hadra (Marienkirche). Der Bau zeigt an den Außenwänden auffälligen Schmuck und an der Narthextüre Reliefs (um 700).

Klöster

Etwa 25 km südwestlich von Midyat zweigt von der Straße nach Cizre ca. 3 km vor dem Dorf Yayvantepe ein Schotterweg nach Norden zum Kloster Mar Gabriel ab, das man nach 2 km erreicht. Diese im 5. Jh. gegründete Klosteranlage besteht aus mehreren Kirchen und Grabräumen und übernahm später den Namen eines Bischofs Gabriel (593–667), der Tote auferweckt haben soll. Diese heutige Gabrielskirche mit dem Flügel eines Kreuzgangeo alo Narthex, quergelagertem Schiff, zentraler Apsis und zwei Nebenräumen liegt hinter dem Eingang rechts. Im Westen der Anlage steht die Marienkirche. Interessant sind die Grabräume ägyptischer Mönche und der 40 Märtyrer an der Nordseite des Innenhofes. Die Kaiserin Theodora stiftete angeblich den rechteckigen, innen achteckigen Kuppelbau.

*Kloster Mar
Gabriel

Noch jung ist die Kreisstadt Viranşehir ('Ruinenstadt', 45 000 Einw.), etwa 100 km westlich von Mardin. 1883 hatte der Ort lediglich aus einem kleinen Basar mit einem Verwaltungsgebäude für den Landrat innerhalb der Ruinen von Antoniopolis (Konstantina) bestanden. Heute ist der Ort ein aufstrebendes Städtchen mit einem akzeptablen modernen Hotel neben den eindrucksvollen Ruinen der antiken Stadt.
Die antike Stadt Antoniopolis (Maximilianopolis) wurde zu Beginn des 4. Jh.s von den Persern zerstört, von Maxentius erneuert und nach einer weiteren Vernichtung durch ein Erdbeben um 350 als römisches Kastell Constantina (Tela) mit einer Doppelmauer wiederum neugebaut. 1644 war der Ort bereits wieder ruiniert. Unter İbrahim Paşa, dem Sohn des aufständischen ägyptischen Statthalters Mehmed Ali, wurde der Flecken mit der alten Burg als Yenişehir (Neustadt) 1833–1840 Winterresidenz. 1908 zerstörten Kurden und Türken bei einem Aufstand die Stadt fast gänzlich.

Viranşehir

Marmarameer

Marmararegion

11 500 km² großes türkisches Binnenmeer
zwischen Thrakien und Kleinasien

Das Marmarameer zwischen Europa und Asien, in der Antike auch Propontis genannt, ist durch die Meerengen des Bosporus und der Dardanellen mit dem Schwarzen Meer (Pontus) bzw. mit dem Ägäischen Meer verbunden. Die 280 km lango und bis zu 80 km breite Senke des Marmarameeres entstand durch einen frühquartären riesigen Grabenbruch, so daß der heutige Meeresboden zum größten Teil von einer ehemaligen Land-

Lage und
Entstehung

Marmarameer

Lage und
Entstehung
(Fortsetzung)

fläche gebildet wird, die sich heute nur etwa 200 m unter dem Meeresspiegel befindet. Die größten Tiefen liegen allerdings in einem bis über 1300 m tiefen Graben, durch den die abgesunkene Platte zerschnitten wird und der sich im Golf von İzmit (İzmit Körfezi) fortsetzt. Dieser Graben gehört mit zur Nordanatolischen Hauptverwerfung, die sich als lange tektonische Störungslinie durch ganz Nordanatolien zieht. Deshalb ist das Marmarameer ein Gebiet häufiger Erdbeben.

Küsten

Besonders seine südlichen Küsten sind gleichzeitig in verschiedene Buchten, Halbinseln und begleitende, seengefüllte Senkenzonen gegliedert, die Teilgräben und Horste dieser zerstückelten Landoberfläche nachzeichnen (Golf von Gemlik, Erdek, Bandırma; Halbinsel Kapıdağ, Samanlı Dağ). Hier liegen die meisten Städte mit geschützten Häfen (İzmit, Gemlik. Bandırma, Mudanya). Die Nordküste dagegen ist kaum gegliedert und relativ arm an natürlichen Häfen. Ehemals hohe Berge sitzen dem abgesunkenen Land als Inseln auf: Im Osten liegen die kleinen Prinzeninseln nahe ⟶ İstanbul. Im Südwesten ballen sich weitere Eilande um die Insel Marmara und die Halbinsel Kapıdağ, die in der Antike noch eine Insel war.

Klima

Berühmt ist das angenehme Sommerklima der Marmararegion. Seine relative Kühle in der heißen Jahreszeit ergibt sich aus häufigen Nord- und Nordwestwinden (Meltem) sowie aus kühlen Strömungen aus dem Schwarzen Meer. Im Winter ist das Marmarameer sogar ausgesprochen kalt und stürmisch, die Olivenpflanzungen in diesem Bereich sind nicht selten plötzlichen Frösten ausgesetzt.

**Seebäder
an der Nordküste**

Die Küstenpartien des nördlichen Marmarameeres sind in den letzten zehn Jahren immer mehr zum Ziel einheimischer Sommerurlauber aus türkischen Großstädten geworden. Zwischen Tekirdağ und den westlichen Ausläufern der Stadt İstanbul, die immerhin etwa 100 km weiter östlich beginnen, haben sich unzählige Feriendörfer, Bungalowsiedlungen und Appartmenthausanlagen entwickelt, die die Küstenpartien fast schon auf ihrer gesamten Länge besetzen. Der Trend zur Verbauung der Küsten ist eher zunehmend. Schwerpunkte bilden die Küstenstücke zwischen Marmara Ereğlisi und Kumburgaz, aber auch die westlichen Abschnitte sind bereits erheblich betroffen. Verschont blieben bisher die Sandstrände südwestlich von Tekirdağ. Ausnahmen bilden die Gebiete um Barbaros und Kumbağ (10 km) und, nachdem auch die Küstenstraße durchgebaut wurde, Şarköy (55 km).

Tekirdağ

Die Provinzstadt Tekirdağ (63 000 Einw.) ist ein aufstrebender Ort am Nordufer des Marmarameeres mit einem kleinen Handelshafen, den man früher Rodosto, in der Antike Bisanthe und später Rhaidestos nannte. Der türkische Name 'Tekir Dağ' (Schieferberg) bezieht sich auf das Schiefergebirge des Işıklar Dağı, das südwestlich die Küste säumt. In Tekirdağ ist der türkische Dichter Namık Kemal (⟶ Berühmte Persönlichkeiten) geboren.
Von Tekirdağ aus sollen die Phryger bei ihrem Einfall nach Kleinasien das Marmarameer überquert haben. Der Ort war längere Zeit unter der Herrschaft der Thraker, die der Gesamtregion den Namen gaben. Die Römer besetzten 46 n. Chr., unter Vespasian auch Tekirdağ zusammen mit dem gesamten Thrakien. Es spielte aber weder damals noch in der byzantinischen Zeit eine besondere Rolle.
Das Geburtshaus des ungarischen Prinzen Raköczi in Tekirdağ wurde als kleines Museum eingerichtet. Der Stiftungskomplex des Damat Rüstem Paşa mit Moschee und Bedesten (bedeckter Basar) wurde gegen 1565 vom berühmten Baumeister Sinan errichtet.

Çorlu

Das Kreiszentrum Çorlu (59 000 Einw.) ist eine malerisch am Hang gelegene Stadt 36 km nordöstlich von Tekirdağ an der Transitstrecke von Bulgarien nach İstanbul ('Gastarbeiterroute'). Die berühmte römische Straße 'Via Egnatia', die die adriatische Küste mit İstanbul verband, führte hier vorbei. Dazu gehört auch die römische Brücke hinter der Stadt.

Marmaris

Südwestküste (Mittelmeer)
Provinz: Muğla
Höhe: 0–50 m ü.d.M.
Einwohnerzahl: 10000

Der Hafenort Marmaris liegt knapp 60 km südlich der Provinzhauptstadt Muğla im Inneren der durch vorgelagerte Felseilande abgeschirmten Bucht von Marmaris. Wegen der reizvollen Lage in vegetationsreicher Umgebung (Pinienwälder) und der ausgedehnten schönen Strandpartien an den Buchtufern hat sich Marmaris zu einem beliebten Urlaubsort mit etlichen modernen Hotels, Pensionen und Ferienhäusern (vielfach weit außerhalb) entwickelt, der auch aus der Ferne über den Regionalflughafen Dalaman (ca. 100 km östlich) relativ leicht zu erreichen ist.

*Lage des
Urlaubsorts

Als historischen Vorläufer von Marmaris sieht man das einst zu Rhodos gehörende Physkos an, von dem auf dem nördlich außerhalb der heutigen Bebauung gelegenen Hügel Asartepe geringe Spuren aus hellenistischer Zeit auszumachen sind. Während des 14. Jh.s beherrschte die seldschukische Menteşe-Emirdynastie aus Milas den Ort, der dann dem Osmanischen Reich eingegliedert wurde. Viele der heutigen Einwohner stammen von türkischen Aussiedlern aus Kreta ab.

Geschichte

Auf einer in die Bucht vorspringenden Halbinsel gruppieren sich die Fachwerkhäuser der Altstadt um ein mittelalterliches Kastell. Am Fuße der Anhöhe erstreckt sich der Hafen mit etlichen Jachtliegeplätzen und den Schiffsanlegestellen (Rhodos-Fähre mit Kfz-Verladung; Ausflugsboote z.B. nach Kaunos im Dalyan-Delta, Datça, Knidos oder Bodrum), Straßenlokalen und dem touristischen Informationsbüro. Im Ort gibt es einige belebte Basarstraßen.

Ortsbild

Umgebung von Marmaris

Die Fernstraße von Marmaris nach Izmir führt in weitem Abstand westlich vorbei. So nimmt kaum ein Reisender Notiz von dem malerischen Städtchen Muğla (36000 Einw.) mit seinen engen, z.T. steilen Gäßchen und einem reizvollen Basar. Die funkelnd weißen Altstadt-Wohnhäuser, die mit ihren gewaltigen, überkragenden Dächern zu den schönsten der Türkei zählen, schmiegen sich nordöstlich der fruchtbaren Beckenebene der Muğla Ovası an die Flanke des İkizce Dağı. Im Norden überragt eine mittelalterliche Festung und die Akropolis der antiken karischen Stadt Mobolla in 860 m Höhe den Ort.
Fraglos ist einer der schönsten Blicke auf den Ort und das Becken jene alte, kaum befahrbare, windungsreiche Straße, die von Muğla auf ein östlich höher gelegenes Plateau und dann weiter nach Kale (Kale Tavas) durch ein eindrucksvolles, einsames Wald-

Muğla

Kupfermarkt in Muğla

Die Felsengräber von Kaunos erreicht man am besten auf dem Wasserwege

**Umgebung,
Muğla
(Fortsetzung)**

bergland führt. In der Stadt selbst befinden sich nur Relikte aus der islamischen Epoche, speziell aus der Zeit der Emire von Menteşe, die Muğla zeitweise als Residenz nutzten. Dazu zählen die Şey Camii und die Üçerenler Camii (Moschee der drei Heiligen), vor allem aber die Ulu Cami als ältestes Bauwerk dieser Zeit, die 1344 von İbrahim Bey Menteşeoğlu gestiftet wurde. Die meisten Bewohner der Stadt leben von der Landwirtschaft oder in den nahen Braunkohlegruben (Tagebau) von Yatağan (25 km nordwestlich).

**Kaunos
Dalyan-Delta

Gut 30 km Luftlinie östlich von Marmaris (im Sommer Ausflugsboote) befindet sich beim Dorf Dalyan die Stätte des antiken Kaunos, das man zu Lande zunächst nordwärts über Gökova an der tief ins Land eingreifenden gleichnamigen Bucht und dann ostwärts über Köyceğiz erreicht. Der Strandsee von Köyceğiz ist durch den Fluß Dalyan mit dem Meer verbunden.

Etwa auf halbem Weg zwischen See und Küste liegt die Ortschaft Dalyan, von wo man mit einem Boot an das gegenüberliegende Westufer des hier durch ein verschilftes Sumpfdelta führenden Flusses zu den monumentalen Felsgräbern (4. Jh. v. Chr.) von Kaunos übersetzen kann, die schon von weitem am steilen Berghang zu sehen sind. Seit 1960 haben hier türkische Archäologen Forschungen angestellt, die eine Datierung bis ins erste vorchristliche Jahrtausend zulassen (u. a. Akropolis, Amphitheater). Von der Akropolis bietet sich ein herrlicher Blick auf das Dalyan-Delta (Refugium für Vögel und Karettschildkröten).

Hinweis

Türkischen und deutschen Umweltschützern ist es in den 80er Jahren gelungen, den mit deutschen Entwicklungshilfegeldern finanzierten Bau eines riesigen Luxushotels an der Dalyan-Bucht zu stoppen. Es ist eines der letzten Nistgebiete der Unechten Karettschildkröte (Caretta caretta) im Mittelmeer und seither eine vom Staat 'besonders geschützte Zone'. Trotzdem kommen in der Hochsaison täglich Tausende von Touristen per

Schildkröten in der Dalyan-Bucht

Boot oder Bus an und gefährden damit die Existenz der äußerst empfind-lichen Schildkröten. Es empfiehlt sich daher, dieses Schutzgebiet zu mei-den.

Umgebung,
Dalyan-Delta,
Hinweis
(Fortsetzung)

Rund 80 km westlich von Marmaris liegt der aufstrebende Badeort Datça (Jachthafen) in der gleichnamigen Bucht an der Stelle der antiken Stadt Stadeia. Man gelangt dorthin entweder zu Schiff oder auf einer windungs-reichen Bergstraße durch die schmale und langgestreckte Reşadiye-Halb-insel, den antiken Knidischen Chersones (Dorisches Vorgebirge), mit schö-nen Ausblicken zu beiden Seiten auf das nahe Meer und vorüber an präch-tigen Badebuchten (große Campinganlagen). An der Spitze der Halbinsel liegt die antike Stadt Knidos (s. unten).
Von dem ca. 10 km nordwestlich an der Nordküste der Halbinsel gelege-nen Hafenplatz Körmen besteht ein regelmäßiger Fährverkehr (auch Kfz-Verladung) nach ⟶ Bodrum (Halikarnassos).

Datça

*Knidos

Von Datça kann man auf einem unbefestigten Fahrweg zu der rund 35 km weiter an der Westspitze der Halbinsel gelegenen Stätte der antiken Stadt Knidos gelangen; es empfiehlt sich jedoch, diesen Abstecher als Boots-ausflug zu machen. Die vorspringende, schmale, bis zu 1175 m ü.d.M. (Boz Dağı) hohe Halbinsel wurde im Altertum Knidischer Chersones oder Dorisches Vorgebirge genannt (türkisch Reşadiye Yarımadası). Das steil zum Meer abfallende Kap Triopion, heute Deveboynu Burun, war einst eine Insel, die aber schon im Altertum durch eine schmale Landenge mit dem Festland verbunden war. Auf dieser ehemaligen Insel und später auch auf dem Abhang des Festlandufers lag die einst durch Wissenschaft und Kunst berühmte Stadt Knidos. Der britische Archäologe Ch.Th. Newton machte 1857/1858 die ersten Ausgrabungen.

Lage und
Bedeutung

Umgebung, Marmaris, Knidos (Fortsetzung) Geschichte	Die Stadt Knidos, lateinisch Cnidus oder Gnidus, wurde etwa im 7. Jh. v. Chr. von Lakoniern (Lakedämoniern), aus dem Südosten des Peloponnes stammenden Griechen, gegründet und entwickelte sich rasch durch Schiffahrt, Handel und Handwerk (z. B. Tonwaren). Auf dem Triopion stand ein (noch nicht wiedergefundener) Tempel des Apollo, das Bundesheiligtum der Hexapolis, eines dorischen Sechsstädtebundes, zu dem noch Kos, Halikarnassos, Lindos, Ialysos und Kameiros (die drei letzteren auf Rhodos) gehörten. Als Mitglied des Attischen Reiches blühte die Stadt weiter und besaß wie Kos eine berühmte Ärzteschule. Später wurde Knidos ein Stützpunkt der Spartaner, dann aber 394 v. Chr. durch den Athener Konon wieder frei. Berühmte Kunstwerke aus dieser Zeit sind die Knidische Aphrodite, das berühmteste Werk des Bildhauers Praxiteles (jetzt im Pariser Louvre), und die Demeter im Londoner 'British Museum'.
Häfen	Knidos besaß rechts und links der Landenge zwei vorzügliche Häfen. Der südliche hatte zwischen zwei massigen Hafendämmen eine etwa 145 m breite Einfahrt. In den im Nordwesten gelegenen kleineren, ehemaligen Kriegshafen führte eine nur 24 m breite Einfahrt, die durch einen prächtigen Rundturm gedeckt wurde. Auf der früheren Insel sind nur noch Terrassen und Reste der Stadtmauer zu sehen.
*Stadtmauer	Der Stadtteil auf dem Festland, dessen Entstehungszeit sich nicht genau feststellen läßt, besaß ein ganz regelmäßiges Straßennetz, obwohl wie in ⟶ Priene das ansteigende Gelände überall Terrassenbauten nötig machte. Nördlich über dem Theater und dem immer unbewohnten Steilhang führt auf dem Bergkamm die vom Kriegshafen zur Akropolis (285 m ü. d. M.) im Nordosten ansteigende Stadtmauer, die noch heute mit ihren fast unversehrten Mauern und Türmen eines der schönsten Beispiele hellenistischer Befestigungen bietet (Aufstieg beschwerlich).
Löwendenkmal	Etwa 6 km südöstlich von Knidos (Zufahrt nur mit Boot) steht auf dem Aslancı Burun (= Löwenkap) die Ruine des Löwendenkmals zur Erinnerung an den Sieg, den Konon 394 v. Chr. mit 90 athenischen und persischen Schiffen über die 85 Schiffe des Spartaners Persandros errang. Das Denkmal war ein Kenotaph (leerer Steinbau zum Gedächtnis an einen Toten, der verschollen oder in der Fremde bestattet ist) und erinnert im Aufbau an das Mausoleion von Halikarnassos (⟶ Bodrum): ein durch dorische Halbsäulen gegliederter viereckiger Unterbau, der eine Stufenpyramide trägt, auf der ein Löwe Wache hielt (von Newton ins Londoner 'British Museum' gebracht).

Menderes · Mäander   C−E 5/6

	### Ägäische Region Drei Flüsse in Westanatolien Küçük Menderes (Kleiner Mäander) Länge: 175 km Büyük Menderes (Großer Mäander) Länge: 584 km Küçük Menderes (Skamander; seit 1987 Sarımsaklı) Länge: 124 km
Lage und Bedeutung	Die beiden erstgenannten Flüsse durchfließen in tiefen, langen und breiten, außerordentlich fruchtbaren Grabenbrüchen das 150×100 km große Menderes-Massiv, eines der ältesten Gebirgsmassive im mittleren und südlichen Teil des türkischen Ägäisgebietes. Der zuletzt genannte entwässert die westlichen Teile der Biga-Halbinsel im Nordwesten Anatoliens. Alle drei Gewässer zeichnen sich durch günstiges Klima, dichte Besiedlung und rege landwirtschaftliche Tätigkeit mit ausgedehnten Bewässerungsflächen (Baumwolle) aus. Sie hatten darüber hinaus für einige Städte der Antike eine besondere Bedeutung.

Schilflandschaft in der Mäanderebene

Der heutige Küçük Menderes ist der antike Kaystros. Der 175 km lange Fluß entspringt nördlich von Kıraz am Bozdağı (2159 m) etwa 80 km östlich von İzmir, durchfließt windungsreich die bis zu 25 km breite und etwa 80 km lange Küçük Menderes-Depression und mündet stark sedimentierend in einem versumpften Delta in den Golf von Kuşadası unweit der antiken Stadt Ephesus, für deren Niedergang als Hafenstadt (Versandung des Hafens) der Fluß verantwortlich war. *Küçük Menderes*

Der Büyük Menderes ist der antike Maiandros (Mäander). Der über 500 km lange Fluß entspringt mit einer starken Karstquelle bei Dinar und einem weiteren Ursprung südwestlich Afyon (Sağ Menderes = Rechter Mäander), die sich südlich von Çivril vereinigen, durcheilt das Bergland von Çal und windet sich mit geringstem Gefälle in zahllosen Flußschlingen (daher der Begriff 'mäandrieren') von Sarayköy aus durch die 200 km lange und bis zu 20 km breite Grabensenke des Großen Mäanders, dessen östlich anschließender Teil bei Denizli Çürüksu Ovası genannt wird. Mit stark versumpftem und rasch wachsendem Delta mündet er südlich von Kuşadası in den Golf von Milet. *Büyük Menderes*

Durch seine aufsedimentierende Tätigkeit machte er die altgriechischen Hafenorte Milet, Priene und Herakleia zu Binnenstädten und schnürte einen Teil der ehemaligen Meeresbucht als Bafa Gölü (See von Herakleia) ab.

Bis 1987 hieß der jetzige Sarımsaklı offiziell auch Küçük Menderes. In der Antike nannte man diesen Fluß Skamander. Er entspringt auf der Biga-Halbinsel etwa 80 km südöstlich von Çanakkale im Ida-Gebirge (Kaz Dağı, 1774 m) am Öldüren Dağı, durchfließt die immer noch teilweise versumpften, fruchtbaren Beckenlandschaften von Ezine/Bayramiç und Truva (Ebene und Schlachtfeld von Troia), für deren Aufsedimentierung in historischer Zeit er verantwortlich ist, und mündet am Südwesteingang der Dardanellen bei Kumkale in die Ägäis *Sarımsaklı*

Menderes
(Fortsetzung)
**Magnesia
am Mäander**

Das Ruinenfeld von Magnesia liegt am Nordrand der weiten Schwemmlandebene des Mäanders (Büyük Menderes), rund 25 km Luftlinie östlich
landeinwärts von Kuşadası. Auf der Fernstraße von İzmir nach Milas
erreicht man Magnesia, wobei man bei der Straßenteilung hinter Ortaklar
(ca. 95 km südöstlich von İzmir) dem südlichen Zweig (nach rechts) folgt,
der kurz darauf direkt durch das Gelände der antiken Stadt verläuft.
Wenngleich keine Hinweisschilder vorhanden sind, kann man die Stätte
leicht an den großen Mauerresten links und rechts der Straße erkennen.

Geschichte

In uralter Zeit saß hier der Stamm der Magneten, über deren Herkunft und
Art später viele Sagen umliefen. Um 650 v. Chr. war die damals flußabwärts
an der Mündung des Lethaios in den Mäander gelegene, von Kolonisten
aus Magnesia in Thessalien gegründete Ansiedlung von den Kimmerern
zerstört worden. Die Stadt wurde von den Milesiern wieder aufgebaut und
530 v. Chr. von den Persern erobert. Um 400 v. Chr. veranlaßte der sparta-
nische Feldherr Thibron die Magnesier, ihre unbefestigte und infolge der
Überschwemmungen ungesunde Stadt zu verlassen und sich flußaufwärts
an ihrer heutigen Stätte am Fuß des Thorax anzusiedeln. Erst unter den
Seleukiden begann ihre Blütezeit; seit Sulla (84 v. Chr.) war sie frei sowie
mit Rom befreundet. Die Ausgrabungen von Texier 1842–1843 und
Humann 1891–1893 sind inzwischen wieder zugeschwemmt und überwuchert (Funde z. T. im Berliner Pergamonmuseum), so daß die Orientierung heute schwerfällt (mittlerweile neue türkische Ausgrabungen).

Ausgrabungs-
stätte

Östlich jenseits von Straße und Eisenbahnlinie zunächst die Grundmauern
einer römischen Kaserne, dann beiderseits eine im 7. Jh. n. Chr. aus alten
Werkstücken errichtete byzantinische Mauer.
Weiterhin westwärts die Reste des im Altertum hochberühmten Tempels
der Artemis Leukophryéne, der am Ende des 3. Jh.s v. Chr. von Hermogenes von Alabanda als Pseudodipteros (nach dem doppelbreiten Umgang)
im ionischen Stil errichtet wurde und zu den größten Kleinasiens gehörte,
mit einem Amazonenfries, einer der umfangreichsten Reliefkompositionen
der Antike (Platten im Pariser Louvre, in Berlin und İstanbul). Westlich
davor stand das ionische Propylon, das den heiligen Bezirk mit der Agorá
verband; südlich die Ruine einer byzantinischen Kirche. Zu sehen sind ferner spärliche Reste des Gymnasions, des Stadions, der Stadtmauer und
Nekropolen. Das ursprünglich von Fr. Hiller von Gärtringen ausgegrabene
Theater am Hang des Thorax ist wieder zugewachsen (erneut freigelegt
und restauriert).

Mersin

→ Tarsus

Midas Şehri (Yazılıkaya) **F 4**

Zentralanatolien
Provinz: Eskişehir
Höhe: 1100 m ü. d. M.
Einwohnerzahl: 160

Lage und
✵✵ Bedeutung

Im einsamen Vorbergland des Saphane Dağı liegt etwa 100 km südlich von
Eskişehir am Nordfuß des Oluk Dağı (1713 m ü. d. M.) im Quellgebiet des
Sakarya Nehri (erreichbar über die Kreisstädte Çifteler bzw. Seyitgazi von
Norden oder Afyon aus über Kümbet) das kleine Dorf Yazılıkaya (= 'be-
schriebener Fels') mit der antiken Stätte Midas Şehri (Midas-Stadt) und
dem Midas-Grab. In seiner Umgebung gibt es verschiedene interessante
Felsdenkmäler aus der letzten phrygischen Kulturphase (6. Jh. v. Chr.;

nach anderer Deutung etwas älter). Es handelt sich dabei zumeist um in den Fels gehauene Hausfassaden (selten mit Flachdach), die wohl auf eine damals übliche Holzkonstruktion zurückgehen. Die phrygischen Felsdenkmäler sind gekennzeichnet durch flachen geometrischen Dekor, der in Borten geordnet ist oder sich teppichartig über größere Flächen ausbreitet. Figürliche Motive sind rar. Im Zentrum der Fassade befindet sich in der Regel eine Tür, die entweder zu einer Grabkammer führt oder sich nur zu einer Nische öffnet, in der wohl während des Gottesdienstes das Kultbild des entsprechenden Gottes aufgestellt wurde.

Lage und Bedeutung (Fortsetzung)

Das im 19. Jh. entdeckte, sog. Midas-Grab ist in Wirklichkeit keine Grab-, sondern eine Kultstätte mit Nische und bisher kaum entzifferten altphrygischen Inschriften, deren eine aber den Namen 'Mida' erwähnt. Man hielt deshalb die Anlage für das Grab des Midas (⟶ Gordion, ⟶ Berühmte Persönlichkeit). Die kunstvoll mit geometrischen Mustern dekorierte, 16 m breite und 17 m hohe Fassade ist an der Nordwestflanke der Akropolis von Midas Şehri angebracht. Es handelt sich dabei um ein Heiligtum der Erd- und Muttergöttin Kybele, die hier den Namen 'Mida' trägt und deren Kultfigur während der Zeremonien in einer Nische der Anlage aufgestellt wurde. Etwa 200 m südwestlich davon findet man eine weitere, unvollendete Fassade und östlich unterhalb der Akropolis weitere kleinere Gräber. Am Nordwesthang der Akropolis beeindruckt das 10 m breite und 7 m hohe Kultmonument Küçük Yazılıkaya mit herrlicher Dekoration.

*Midas-Grab

Den Namen 'Metropolis' der phrygischen Stadt bei Yazılıkaya kannte man früher nicht. Sie wurde deshalb nach dem damaligen Herrscher Midas benannt. Die 600×200 m große Akropolis der bereits vor 1000 v. Chr. gegründeten 'Midas-Stadt' besteht wohl seit dem 7. Jh. v. Chr. und ist im Norden mit einer Unterstadt verbunden. Das einst ummauerte Plateau enthielt Häuser und größere öffentliche Bauten, darunter auch kultische mit Resten von Terrakottafriesen und Altären. Sehenswert sind die durch Trep-

Midas-Stadt

Geometrischer Dekor der phrygischen Felsdenkmäler

Midas Şehri
Midas-Stadt
(Fortsetzung)

pen erschlossenen riesigen Zisternen (der Wächter ist zugleich kundiger Führer!). Auf dem Gipfel des Akropolisberges steht ein Steinthron mit großer phrygischer Inschrift, den die Einheimischen für den Sitz des Königs Midas halten, in dem aber bei Kulthandlungen wohl eine Götterfigur saß. An der Nordseite befinden sich hethitische Reliefs, aus denen hervorgeht, daß der Ort bereits in vorphrygischer Zeit besiedelt war. Jüngstes Bauwerk ist ein hellenistisches Heiligtum des 3. Jh.s v.Chr. im Nordwesten der Akropolis. Einige Anzeichen (lateinische Inschrift in einem Grab) sprechen für eine Besiedlung auch zur römischen Zeit, bis der Ort im 3. Jh. n.Chr. zerstört und endgültig aufgegeben wurde.

Umgebung von Midas Şehri

Bahşiş

Rund 12 km südwestlich von Yazılıkaya erreicht man über schlechte Wege das südlich von Kırka gelegene Kaukasierdorf Gökbahçe (Bahsayis, Bahşiş). In einer Schlucht hinter der Dorfschule befindet sich eine weit aus dem Fels herausgearbeitete Kultstätte.

Cukurca

Im Dorf Cukurca (Gügürça, Burhaniye) 2 km nördlich von Yazılıkaya steht neben mehreren Grabhöhlen ein typisches Felsgrab in Tempelform mit Felsgiebel und -säulen, im Volksmund Gerdekkaya (= 'Brautgemach-felsen') genannt. Eine schöne Kassettendecke mit Deckenbalken wurde naturgetreu aus dem Felsen gearbeitet. Etwa 500 m südlich des Dorfes stößt man auf das einfache, 8 m hohe Giebel-Kultdenkmal der Arezastis mit Inschriftenbändern und rechteckigen Ornamenten.

*Kümbet

Das Dörfchen Kümbet 15 km westlich von Yazılıkaya besitzt ein Giebel-Grabmal aus römischer Zeit mit eingemeißelten Löwen vor einer Urne und weiteren kleinen Tieren. Unweit der Moschee findet man zwei weitere Kultstätten. Die hintere zeigt einen Spitzbaldachin über einem Felsenthron. In der seldschukischen Türbe gegenüber sind, wie in vielen Dorfhäusern, Spolien verbaut (alter Friedhof).

Milas   C 6

Südwestanatolien (Menteşe-Bergland)
Provinz: Muğla
Höhe: 46 m ü.d.M.
Einwohnerzahl: 24 000

*Lage und
Bedeutung

Unterhalb des Sodra Dağı (565 m ü.d.M.) schmiegt sich die alte Stadt Kariens an den Westrand der gleichnamigen, heute wie im Altertum wein-, oliven- und feigenreichen Senke. Die in der Vergangenheit eher abseits der Hauptverkehrsströme gelegene Ortschaft ist für ihre Teppichwebereien berühmt und hat durch den Touristenstrom nach Bodrum und Marmaris erheblich an Bekanntheit gewonnen. Milas zählt aber immer noch zu den zumeist weniger beachteten historischen Stätten der Türkei, schon vor allem deshalb, weil es in den umliegenden Bergen und den Küstenpartien des alten türkischen Fürstentums Menteşe zahlreiche andere kultur-geschichtliche Stätten gibt. Liebenswert sind die gepflasterten Gassen, die überkragenden, roten Ziegeldächer und kleinen Hauserker an den stattlichen, alten Bürgerhäusern.

Geschichte

Das alte Mylasa wurde angeblich von Mylasos aus dem Geschlecht des Aiolos als Hauptstadt Innerkariens gegründet und war bereits zur Zeit Herodots (484–425 v.Chr.) unter dem Tyrannen Oliatos berühmt. Milas ist die Heimatstadt des späteren karischen Königs Mausolos. In der Römerzeit prägte man eigene Münzen bis ins 3. Jahrhundert. Unter Byzanz war die Stadt Bischofssitz und Provinzzentrum. Eine besondere Blütezeit erlebte sie im 13. Jh. als Zentrum des Beyliks Menteşe (ab 1291), ehe sie 1390 an die Osmanen fiel. Leider haben die Briten 1943 aus Versehen die Stadt bombardiert.

Von den Tempel- und Profanbauten aus weißem Marmor steht im Norden der Stadt nur noch ein Rundbogentor in korinthischem Stil zwischen den Resten einer Mauer. Auf dem Schlußstein seines Gewölbes ist die Doppelaxt (Labrys, Balta) des Karischen Zeus zu sehen.

Die auch Peçin Kalesi genannte Festung aus dem 14. Jh. liegt in 5 km Entfernung im Süden der Stadt. Hervorzuheben ist auf dem Burgberg die Anlage des Kastells der Menteşe-Emire aus turkmenischer Zeit. Es gibt aber Spuren, die über die hellenistische Periode bis in die Bronzezeit zurückreichen. Die eindrucksvolle Festungsanlage beherbergt neben der Burg zahlreiche Sakral- und Profanbauten (Moscheen, Bäder, Karawansereien). Schon deshalb halten manche Forscher die Anlage auf dem Hügel von Peçin für eine mögliche Vorläufersiedlung des heutigen Milas, eventuell sogar des alten Mylasa.
Gegenüber der Burg liegt auf halber Höhe in der Felswand das Felsgrab Berber İni (= 'Barbarenhöhle') oder Berber Yatağı (= 'Barbarenbett') in der Form eines dorischen Antentempels mit zwei Räumen und einer Scheintüre.

Westlich vor der Stadt erhebt sich bei Gümüşlük auf einem Sockel aus Steinquadern das Mausoleum Gümüşkesen (= 'Silberkästchen') mit zwölf Säulen, die ein Pyramidendach tragen. In seiner Bauweise erinnert es stark an das berühmte Mausoleum des Mausolos in → Bodrum.

Die Große Moschee aus der zweiten Hälfte des 14. Jh.s (1370 oder 1378?) ist ein typisches Bauwerk aus der Blütezeit der Emire von Menteşe. Verbaut wurden auch Spolien: auf der Fassade rechts eine Doppelaxt und

Mausoleum Gümüşkesen   *Stadttor in Herakleia am Latmos*

eine griechische Inschrift. Der byzantinische Einfluß zeigt sich in der eher schwerfälligen Innenarchitektur.

Umgebung von Milas

*Çine (Alabanda)

Eingerahmt von den Horsten des östlichen (Topçambabadağ, 1792 m ü.d.M.) und westlichen Menteşe-Berglandes (Teke Dağ, 1276 m ü.d.M.) liegt die Kreisstadt Çine (ehemals Kıroba) knapp 60 km nordöstlich von Milas. In der Senke des Büyük-Menderes-Grabens gibt es größere Agrarflächen für einen vielfältigen Anbau mediterraner Baum-, Strauch- und Gemüsekulturen. So war dieser Raum bereits in der Vergangenheit dicht mit Siedlungen besetzt, deren Relikte man häufig findet. Etwa 7 km südwestlich bei Araphisar (verfallenes Schloß) am linken Ufer des Çine Çayı (im Altertum Marsyas) ist z.B. die Stätte der bedeutenden antiken Stadt Alabanda. Die in römischer Zeit blühende, freie Stadt, die vorübergehend auch Antiocheia hieß, war bekannt wegen ihres Reichtums. Ihr berühmtester Bürger war der Rhetoriker Apollonios. Von hier stammt auch der 'Alabandicus', ein schwarzer bis purpurroter Marmor, den man zur Herstellung von Glas benutzte, da er im Feuer schmilzt. Die Stadtruinen liegen z.T. im Dorf Araphisar, partiell auch erstrecken sie sich von der Ebene des Çine Çayı südwärts bis zum Sattel zwischen zwei vom Kemer Deresi getrennten Hügeln.

Geschichte

Nach einer Sage wurde die Stadt von einem König Kar gegründet. Er nannte seinen Sohn Alabandos und die Stadt Alabanda nach einer siegreichen Reiterschlacht (karisch 'ala' = 'Pferd', 'banda' = 'Sieg'). Die Stadt erlebte ihre Blütezeit Mitte des 4. Jh.s v.Chr. unter König Mausolos (→ Bodrum). Nach dem Tode von Ada, der durch Alexander über Karien eingesetzten Königin und Schwester des Mausolos (siehe Karpuzlu), wurde Alabanda zur Hauptstadt Kariens. Bekannt wurde sie als Fundort eines dem Granat ähnlichen Edelsteins.

Sehenswertes

Der 36×26 m große Sitzungssaal (Buleuterion) steht am Nordrand der Stadt in der Ebene. Zwei Treppenaufgänge führen zu den hinteren Sitzreihen. Südlich des Buleuterions stößt man auf die einst von zweischiffigen Hallen umgebene 80×120 m große Marktanlage (Agora). Auf dem östlich gelegenen Hügel erreicht man die Mauer- und Turmreste der Akropolis. Am Hang der Akropolis liegt der 85 m breite Zuschauerraum des Theaters. Erhalten ist nur ein Teil der Stützmauern und die beiderseitigen Zugänge. Das berühmte Fries des Apollon-Tsotimos-Tempels mit der Darstellung von Amazonenkämpfen befindet sich im Museum in İstanbul. Im Ruinengelände südöstlich vom Markt erkennt man unter byzantinischen Resten die Fundamente dieses ehemaligen Pseudodipteros im ionischen Stil, den Vitruv bereits erwähnt. Westlich des Apollo-Tempels liegen die Relikte von größeren Thermen, daneben die eines weiteren Tempels.
Bei Grabungen 1904/1905 legte man auf dem westlichen Hügel die Reste eines dorischen Arthemistempels (?) mit sechs zu elf Säulen frei. Die 2,5 bis 3 m dicke Stadtmauer ist in ihrem Verlauf mit Vorsprüngen und Türmen noch fast ganz erkennbar. Außerhalb der Stadt findet man katenartige Sarkophage, auf denen häufig die Berufsangaben des Verstorbenen eingemeißelt sind, und im Talbereich des Kemer Deresi Reste einer Wasserleitung (Aquädukt).

Felsbilder

Ganz in der Nähe von Çine wurden jüngst in 30 m Höhe byzantinische, farbig gemalte Felsbilder (vermutlich aus dem 9. Jh.) mit zehn Figuren aus dem Leben Christi gefunden. Die jeweils 2 m² großen Bilder zeigen u.a. Christus mit Bibel und Kreuz, Johannes d. Täufer, Maria mit Kind, Maria mit ihren Eltern, Erzengel und Engel.

**Euromos

Beim Dorf Kızılcakuyu (Ayaklı) am Ostrand des kleinen Beckens von Selemiye 12 km nordwestlich von Milas findet man in der 2 km² großen Ruinen-

Malerisches Felsufer am Bafa Gölü

stadt Euromos die Relikte des 15×17 m großen römischen Zeus-Lepsy-
nos-Tempels vor der Stadtmauer. Er zählt mit zu den am besten erhaltenen
Tempeln Kleinasiens und ruht auf den Fundamenten eines älteren hellenistischen Baus. 16 der ehemals 66 korinthischen Säulen stehen noch aufrecht und tragen Teile des Gebälks. Zahlreich sind die Zeichen der Doppelaxt des Zeus angebracht. Indizien an diesen Säulen weisen darauf hin, daß
der Bau möglicherweise nie vollendet wurde. Große Partien der Ruinenstadt im Norden des Tempels ruhen noch unter Macchie und Feldern
(Mauer, Theater, Agora). Ein mächtiger Rundturm ragt von den Mauerresten auf (Ausgrabungen türkischer Archäologen geplant).

**Umgebung,
Euromos
(Fortsetzung)**

Der hübsche Küstenort an der reizvollen Bucht von Güllük 25 km südwestlich von Milas hat sich in den letzten Jahren zu einem Fremdenverkehrsort
vor allem für Einheimische entwickelt. Von hier aus erreicht man per Boot
die Ruinen von Iasos, die auf dem Landweg von Euromos nur über eine
sehr schlechte Straße zu erreichen sind. Das Umland von Güllük ist bislang
noch wenig erschlossen. Die Sedimentierung des Değirmenderesi (Sarı
Çayı) hat in der verlandenden Bucht eine größere Sumpflandschaft bewirkt
(allerdings auch Mücken, deren man rasch durch das Aussetzen bestimm-
ter Fischarten Herr zu werden gedenkt!), in der sich eine reiche Vogelwelt
niedergelassen hat.

Güllük

Man erreicht Herakleia auf einem 11 km langen unbefestigten Fahrweg,
der von der Fernstraße Milas–Izmir nach Norden abzweigt und bei der
Ortschaft Kapıkırı endet. Die Ruinenstadt Herakleia liegt am Nordostufer
des reizvollen Bafa Gölü (See von Herakleia). Er bildete einst den inneren
Südzipfel des Latmischen Meerbusens, wurde dann aber durch Ablagerungen des Mäanders (Büyük Menderes) vom Meer abgeschnitten und hat
daher schwach salzhaltiges Wasser sowie reiche Fischgründe.
Die Stadt Herakleia, die mit ihren ansehnlichen Ruinen unterhalb des wilden Latmos zu den romantischsten Punkten im westlichen Kleinasien

****Herakleia
am Latmos**

Milas

Umgebung,
Herakleia
am Latmos
(Fortsetzung)

gehört, hatte nur in hellenistischer Zeit eine kurze Blüte. In frühchristlicher Zeit war die Stadt und ihre Umgebung der Lieblingsplatz von Mönchen und Einsiedlern. Die Seldschuken verdrängten jedoch um 1080 und endgültig um 1300 die Christen aus dieser Gegend. Vor dem Ersten Weltkrieg fanden Ausgrabungen statt.

Ruinenstadt

Man betritt die 'Stadt' durch das Osttor, mit seinem wohlerhaltenen Bogen in Steinschnitt (einem der frühesten). Südlich erstreckt sich eine Halbinsel mit dem befestigten ehemaligen Bischofssitz (Kastell; schöne Aussicht) und zahlreichen Gräbern. Vorbei an einem merkwürdigen Felsheiligtum (dem Lokalheros Endymion geweiht) mit viersäuliger Vorhalle, an der leicht verschütteten Agora (Markt) und dem hochragenden Athenetempel (bis auf das Dach und die Vorhalle erhalten) gelangt man durch wilde Felspartien zum Westtor der Stadt, Resten der Stadtmauer und zur alten Hafenbefestigung.

*Stadtmauer

Die Stadtmauer – im Mittel 2,25 m, aber auch bis 3,20 m dick und gegen 6 m hoch – ist stellenweise bis zur Höhe der Brustwehr erhalten und eines der besten Beispiele antiker Befestigungen; ihre beiden Arme, ehemals mit 65 Türmen, vereinigen sich hoch oben (Umfang 4,5 km) und umschlossen zeitweise im oberen Teil eine zweite Akropolis. Vom höchsten Punkt zieht die Mauer aber weiter und umschloß eine dritte Akropolis (350 m ü. d. M.); denn das Stadtgebiet war ursprünglich nach Osten zu größer (ganzer Umfang 6,5 km).

Berg Latmos

Der Besuch der Klöster und Höhlen des Latmos (türkisch Beş Parmak Dağı = 'Fünf-Finger-Berg'; 1367 m ü. d. M.) ist sehr beschwerlich. Das Hauptkloster Stylos (10. Jh.; jetzt Arabavlu), dem Apostel Paulus geweiht, liegt elf Stunden nordöstlich von Herakleia in wildester Gegend. Der hl. Christodulos verließ es 1079 und gründete 1088 das Kloster auf der griechischen Insel Patmos. In den Höhlen bemerkenswerte Wandmalereien des 12. bis 13. Jh.s. In eine Höhle südwestlich von Herakleia verlegt Strabo das Grab des von der Mondgöttin Selene geliebten schönen Jünglings Endymion, der dafür aber in ewigem Schlaf lag.

Weitere Sehenswürdigkeiten
Iasos

Etwa 20 km westlich von Milas liegt die Stelle des antiken Iasos beim Dorf Kıyıkışlacık (Kuren) in unmittelbarer Nachbarschaft eines schönen Strandes (empfehlenswerter ist eine Bootstour von Güllük aus). Hier haben Italiener in den letzten Jahren umfangreiche Grabungen durchgeführt. Die wohlhabende karische Stadt Iasos trieb Handel mit Minoern und Mykenern und zog Zuwanderer aus Milet an. Neben Resten römischer Grabbauten findet man auf einer kleinen Halbinsel die Ruinen des Rathauses (Buleuterion) bei der Agora, eines hellenistischen Theaters, einer Kirche und von Wohnbauten. Eine monumentale, mehr als 2 km lange Mauer (spätes 5. Jh.) zieht sich westlich über einen Bergrücken.

Karpuzlu (Alinda)

Gut 30 km westlich von Çine findet man bei Karpuzlu die Reste der antiken Stadt Alinda. Die Schwester des Königs Mausolos (→ Bodrum) hatte sich nach Thronstreitigkeiten mit ihren Geschwistern Mausolos, Pixadoras und Artemisia hierher zurückgezogen und die typisch karische Burgsiedlung zu einer Doppelstadt mit mehrfachem Verteidigungssystem ausgebaut. Alexander d. Gr. bereitete seine Eroberung der Stadt Halikarnassos von Alinda aus vor, wo er mit Ada in enger Freundschaft lebte, nachdem sie ihm die beiden Städte Alabanda (siehe Cine) und Alinda 334 v. Chr. kampflos übergeben hatte. Er setzte sie später als Königin über das gesamte Karien ein, nachdem sie ihm mit ihren karischen Truppen bei der Eroberung von Halikarnassos geholfen hatte.

Ihr Palast lag wohl auf der Akropolis oberhalb des Stadtzentrums in den Wohnvierteln, deren Wasserversorgung durch Zisternen erfolgte. Um die einst vor Säulenhallen umgebene, 30 m breite Agora gruppieren sich ein Geschäftsviertel, ein hellenistisches Theater (35 Sitzreihen, 2 Zugänge, 5 m breite Bühne) und die riesige dreistöckige Markthalle (100 m lang und

15 m hoch) mit Läden und Magazinen im Untergeschoß und Pfeilerhallen als Warenlager im ersten Obergeschoß. Umgeben ist die Stadt von den Resten einer starken Stadtmauer aus Quaderwerk des 4. Jh.s v.Chr., zu der auch ein doppelstöckiger Turmbau über dem Theater gehört (Verbindung durch einen Tunnel).

Milas, Umgebung, Karpuzlu (Fortsetzung)

Rund 40 km östlich von Muğla erreicht man Yatağan (Bozüyük, Ahirkale), das alte Astragon. Etwa 15 km nördlich des Ortes in Richtung Çine vor dem 416 m hohen Gökbel-Paß erhebt sich 1 km östlich der Straße in großartiger Felslandschaft (Kalksandstein) bei Koca Kavak der sogenannte 'İnce Kemer Taş', eine 20 m hohe, künstlich geglättete Felswand, auf der man bei genauerer Betrachtung das uralte Reliefbild eines Kriegers erkennt. Am Fuß des Felsens sieht man Heiligenbilder. Eine vielbogige Brücke (antiker Weg) führt in der Nähe über den Çine Çayı.

Koca Kavak

Etwa 15 km nordwestlich von Milas erreicht man bei dem Dorf Türbe auf der Koca Yayla, einer Höhe im Süden des Latmos-Gebirges, die Stätte der antiken Labranda. Das Haupttheiligtum der Karer, das auf vier künstlichen Terrassen liegt, wurde nach der Doppelaxt 'labrys' benannt (Ausgrabungen von der schwedischen Universität Lund) und war durch eine gepflasterte Heilige Straße mit Mylasa verbunden. Der Sage nach besaß der berühmte Tempel des Karischen Zeus (5. Jh. v.Chr.) ein Becken mit Fischen, die goldene Halsketten und Ringe trugen. Weitere Bauwerke der Tempelstadt sind eine römische Badeanlage mit einem angeschlossenen ionischen Haus, eine frühchristliche Kirche, römisches Brunnenhaus, mehrere Geschäfte, drei bemerkenswerte Andronsbauten (Versammlungs- und Kulthaus für Männer), sog. 'Waschhalle' (Heiligtum des Fischorakels) mit sieben monolithischen Granitsäulen (südöstlich). Bemerkenswert sind die Reste einer Wandelhalle (Stoa). Über dem Tempel findet man den Eingang zu einer Grabanlage, die fünf prachtvolle Sarkophage enthielt. Oberhalb am Hang entdeckt man die Reste eines Stadions.

*Labranda

Die Straße von Milas über Yatağan nach Muğla passiert etwa 37 km östlich von Milas beim Dorf Eskihisar (Braunkohle-Tagebau) die Stelle des alten Stratonikeia, das 1958 durch ein Erdbeben teilweise stark zerstört wurde. Hier findet man noch beachtliche Reste des Rathauses, des Theaters für 10000 Besucher (gut erhalten) und des Serapistempels (2./3. Jh. v.Chr.). Der hellenistische Ort wurde damals von Seleukos I. (282 v.Chr.) gegründet und nach Stratonike, der Frau des Diadochen Antiochos, benannt. Ein Museum liegt am Dorfanfang bei der Schule. Der Platz liegt unmittelbar am Braunkohle-Tagebau.

Stratonikeia

Milet
C 6

Westküste (Ägäisches Meer)
Provinz: Aydın
Höhe: 2–63 m ü.d.M.
Ortschaft: Yeniköy

Die Ruinen der berühmten antiken Handelsstadt Milet (Miletos), der größten der ionischen Städte, liegen in der alten Landschaft Karien, ca. 150 km von İzmir in einer engen Flußschlinge des Büyük Menderes (Großer Maander) bei dem Dörfchen Balat unweit Akköy bzw. Yeniköy. Noch im 5. Jh. v.Chr. bildete das Stadtgebiet eine in den ehemaligen Latmischen Meerbusen hineinragende Halbinsel, und Milet besaß vier Häfen, in denen seine heimischen Webwaren sowie pontisches Getreide verschifft wurden. Seither füllte der Mäander mit seinen Ablagerungen den Latmischen Golf vollständig aus und schob die Küstenlinie rund 10 km von Milet fort, was zum Nieder- und Untergang der Stadt beitrug. Heute liegen die Ruinen einsam in der Schwemmlandebene, bilden jedoch als Zeugen des einstigen

Lage und **Bedeutung

Machtzentrums im westlichen Kleinasien eines der wichtigsten archäologischen Reiseziele der Türkei. Während der Regenzeit ist der Boden oft stark morastig. Seit 1899 erfolgten Ausgrabungen unter Leitung von Th. Wiegand, die seit 1955 von anderen deutschen Archäologen fortgeführt werden.

Geschichte

Milet soll zuerst von Kretern, auf deren Insel es eine Stadt gleichen Namens gab, beim Theaterhafen, dann im 11. Jh. v. Chr. etwas weiter südlich auf dem heutigen Kalabak Tepe von Ioniern unter Neleus gegründet worden sein. Infolge seiner günstigen Lage an wichtigen Handelsstraßen wurde es bald der Haupthafen für weite Teile des Binnenlandes. Unter dem Tyrannen Thrasybulos, dem Freund des korinthischen Fürsten Periander, erreichte die Stadt am Ende des 7. Jh.s v. Chr. ihre höchste Blüte. Damals wurde hier mit der Münzprägung begonnen und das Alphabet vervollständigt. Auf den Tod des Thrasybulos folgten lange, blutige Bürgerkriege. Politische Macht und Handel gingen zurück.

Die von den Persern völlig zerstörte Stadt wurde um 480 v. Chr. etwas nordöstlich von ihrem ehemaligen Standort nach dem hippodamischen Bauschema wieder aufgebaut. 479 befreite sie sich von den Persern und trat in den Attischen Seebund ein. Kunst und Industrie gelangten in dieser Periode zu neuer Blüte. Milesische Betten, Stühle und Stoffe hatten einen guten Ruf; die Bewohner waren wegen ihres Wohllebens und ihrer Weichlichkeit verrufen. In der römischen Kaiserzeit (nach 200 v. Chr.) folgte ein neuer Aufschwung, wie das mächtige Theater und andere bedeutende Ruinen bezeugen.

Unter byzantinischer Herrschaft war Milet Bischofs- und später Erzbischofssitz. Über dem Theater wurde ein Kastell erbaut. Die Urkunden des Klosters Patmos, das bis zum Ende des 11. Jh.s auch in dieser Gegend reichen Besitz gehabt hatte, erwähnen das Kastell 1212 als 'Kastrion Palation'. Die Fehden der Osmanen mit den Byzantinern und Venezianern sowie die den Seehandel immer mehr erschwerende unaufhaltsame Verschiebung der Küstenlinie führten zum Niedergang Milets.

Berühmte Milesier

Milet ist die Heimat einer Reihe von Persönlichkeiten der Antike, so der griechischen Philosophen Thales (ca. 625–545 v. Chr.), Anaximander und Anaximenes. Einem Kadmos aus Milet werden die ersten geschichtlichen Aufzeichnungen in Prosa zugeschrieben, und Hekataios (um 500 v. Chr.) nimmt unter den Historikern eine hohe Stelle ein. Thimotheos aus Milet war in der ersten Hälfte des 4. Jh.s v. Chr. als Dichter und Musiker geschätzt. Hippodamos, der Städteanlagen mit rechtwinkligem Straßennetz im Piräus, in Thurioi (Unteritalien) und auf Rhodos schuf und auch den regelmäßigen Grundriß Milets geplant haben soll, war Milesier. Die feinsinnige und durch ihren Umgang mit Perikles bekannte Hetäre Aspasia stammte ebenfalls aus Milet (geb. um 470 v. Chr.).

Besichtigung der Ruinenstätte

Allgemeines

Die Orientierung auf dem Ruinenfeld von Milet wird dadurch erschwert, daß nur noch geringe Überreste der antiken Stadtanlage erhalten sind. Von Milet nahm das System der Anlage eines städtischen Straßennetzes nach dem strengen Rechteckschema vermutlich seinen Ausgang. Dieses Bauprinzip wurde (wohl unter Beteiligung des berühmten Baumeisters Hippodamos) beim Wiederaufbau Milets im 4. Jh. v. Chr. konsequent angewandt.

✳✳Theater

Das am besten erhaltene und damit auffallendste Bauwerk der antiken Stadt ist das römische Theater, das mit 140 m Frontlänge und einem oberen Umgang von fast 500 m ein sichtbares Zeichen der vergangenen Bedeutung Milets bildet und nach der Freilegung an die größten römischen Bauten in Italien erinnert. An der Errichtung des Bauwerkes waren die Griechen, Römer und Byzantiner beteiligt. Anstelle eines griechischen Thea-

Das antike Theater wird von einer byzantinischen Kastellruine überragt

ters wurde im 2. Jh. n.Chr. unter Kaiser Trajan ein römisches Theater errichtet und dieses im 3. und 4. Jh. weiter ausgebaut, so daß es auf 3×18 Sitzreihen ca. 25000 Zuschauer faßte. Zahlreiche Tunneltreppen führten zu den Rängen. Die Ausstattung zeichnete sich durch eine verschwenderische Verwendung von verschiedenfarbenem Marmor aus. Sowohl die Sitzreihen (weiß) als auch die 34 m lange Orchestra und das Bühnenhaus waren damit verkleidet. In der Mitte des untersten Ranges die Kaiserloge, deren Säulen einen Baldachin trugen. Das durch drei Säulenreihen gestützte marmorne Bühnenhaus war an seiner Schaufassade mit zahlreichen Statuen geschmückt. Auch die Akustik war (nach der Überlieferung) ausgezeichnet.
Theater (Fortsetzung)

Auf der Höhe über dem Theater (32 m) steht, aus antikem Material gebaut, ein verfallenes byzantinisches Kastell, zu dem die Stadtmauer gehörte, die über die Bühne des Theaters lief und abgetragen wurde. Die Höhe bietet einen guten Überblick über das Gelände der Stadt.
*Byzantinisches Kastell

Eine knapp 1 km breite Halbinsel spaltete sich nach Nordwesten, so daß der Theaterhügel zwischen zwei Häfen lag: dem Theaterhafen, an dessen Ufer sich die kretischen Ansiedler festgesetzt hatten, und der Löwenbucht (nordöstlich), die bei Überschwemmung noch deutlich erkennbar ist. Die Löwenbucht griff von Norden tief in die Halbinsel ein und war von zwei gewaltigen Marmorlöwen, den Wappentieren der Stadt flankiert. In der innersten Bucht zog sich die 160 m lange Hafenkolonnade hin. In dem so geschaffenen Gebäudewinkel stand das zur Zeit des Kaisers Augustus errichtete Hafendenkmal, dessen Sockel noch zu sehen ist.
Theaterhafen Löwenbucht

Am südöstlichen Ende der Hafenkolonnade lag das Delphinion, das dem Apollon Delphinioo, dem Hüter über Schiffe und Häfen, geweihte Zentralheiligtum der Stadt, mit archaischen, hellenistischen und römischen Teilen. Zwischen der Hafenkolonnade und dem Delphinion gab das von 16 Säulen
Delphinion Hafentor

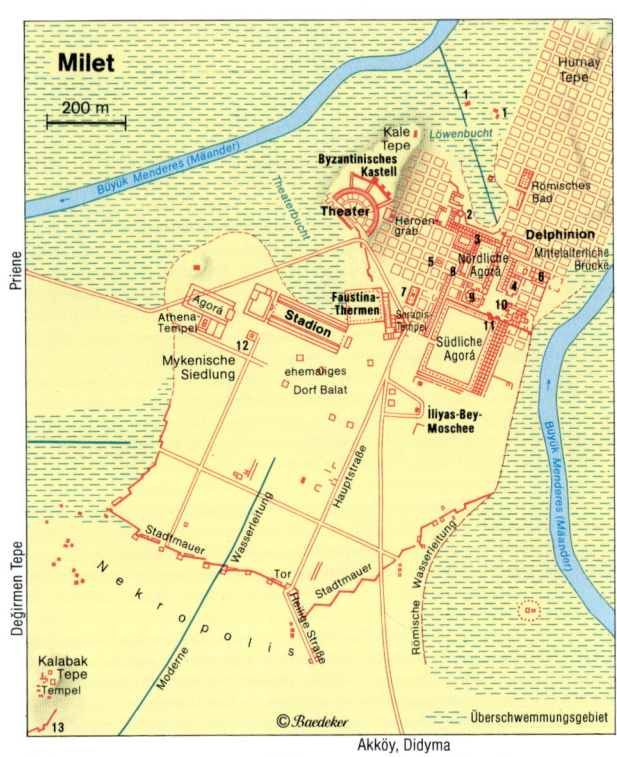

Milet

200 m

Büyük Menderes (Mäander)

Priene

Degirmen Tepe

Hurnay Tepe

Kale Tepe · Löwenbucht
Byzantinisches Kastell
Theater · Heroen- grab
Theaterbucht

Römisches Bad
Delphinion
Mittelalteriche Brücke
Nördliche Agora
Agora · Athena- Tempel
Stadion
Faustina- Thermen
Serapis- Tempel
Südliche Agora

Mykenische Siedlung
Tempel
ehemaliges Dorf Balat

Iliyas-Bey- Moschee

Hauptstraße

Büyük Menderes (Mäander)

Stadtmauer · Wasserleitung
N e k r o p o l i s
Moderne
Tor · Heilige Straße
Stadtmauer
Römische Wasserleitung

Kalabak Tepe Tempel

© Baedeker

—— Überschwemmungsgebiet

Akköy, Didyma

1 Löwen	6 Thermen des Vergilius Capito	10 Nymphäum
2 Hafendenkmal	7 Palästra	11 Markttor (Original in Berlin)
3 hellenistische Hafenhalle	8 Prytaneion	12 Tempel Eumenes' II.
4 Hellenistisches Gymnasion	9 Buleuterion	13 Stadtmauer von Alt-Milet
5 Byzantinische Michaelskirche		

Delphinion (Fortsetzung)

getragene Hafentor den Weg zu einer nach Südwesten verlaufenden 30 m breiten und 200 m langen Säulenhallenstraße frei.

Nördliche Agora Ionische Halle

Im Winkel dieser Straße mit der Hafenkolonnade lag die von zweigeschossigen Arkadenhallen umgebene Nördliche Agora (90×43 m). Die entlang der Straße verlaufende Säulenhalle besaß an beiden Seiten Läden. Die in der Agora gefundenen Sockelsteine lassen auf zahlreiche Standfiguren auf dem Marktplatz schließen.
An der linken Straßenseite erhob sich auf sechsstufiger Basis eine 140 m lange ionische Halle (Rückwand rekonstruiert), die Cn. Vergilius Capito um 50 n.Chr. stiftete.

Thermen des Vergilius Capito

Hinter dieser Halle (südlich vom Delphinion) lagen die aus der Zeit des Kaisers Claudius (41–54 n.Chr.) stammenden Thermen des Vergilius Capito, deren Mauern noch stehen. Die einst mit Marmor verkleideten Thermen bestanden aus einer von zweistöckigen Säulenhallen umgebenen Palästra (38×38 m), der ein halbkreisförmiges Schwimmbecken vorgelagert war. Ebenfalls hinter der ionischen Halle, südwestlich an die Thermen des Vergil anschließend, lag ein Gymnasium (um 150 v.Chr.).

Die Schmalseite der ionischen Halle und das Gymnasion bilden die nordöstliche Seite eines Platzes, der von den Ruinen mehrerer bedeutender öffentlicher Bauwerke umgeben ist: Im Südosten stand ein Nymphäum, eine Kultstätte für die Brunnengottheiten, aus der Zeit des Kaisers Titus (79/80 n.Chr.). Das 20 m breite und dreistöckige Wasserreservoir wurde von einer Wasserleitung gespeist, die auch Thermen versorgte. Rechts neben dem Nymphäum stand der marmorne Tempel des Äskulap (Asklepios), dessen Fundamente später mit einer altbyzantinischen Basilika überbaut wurden.

Nymphäum
Äskulaptempel

Auf der gegenüberliegenden Platzseite die Reste des zwischen 175 und 164 v.Chr. von den Milesiern Tinarchos und Herakleidos für ihren Gönner, den syrischen König Antiochos IV. Epiphanes, errichteten Buleuterion (Rathaus). Das 35 m breite Rathaus ähnelt im inneren Aufbau einem Theater. Die Orchestra hatte einen Durchmesser von 8 m. Die von vier Treppen durchschnittenen Sitzstufen boten etwa 5000 Personen Platz.

Buleuterion

Von dem zuvor genannten kleinen Platz zwischen Nymphäum und Buleuterion gelangte man durch ein 29 m breites Prachttor mit drei Durchgängen, das jetzt im Berliner Pergamonmuseum befindliche Markttor (um 165 v.Chr.), auf die Südliche Agora, mit derselben Anlage wie die nördliche. Das von Säulenhallen umrahmte Platzgeviert (196,50 × 164 m), der größte bekannte griechische Markt, wurde in mehreren Baustufen erstellt und um die Mitte des 2. Jh.s v.Chr. fertiggestellt.

Markttor
Südliche Agora

Westlich der Agora die Faustinathermen, von denen heute noch bedeutende Reste stehen. Die Thermen sind nach der römischen Kaiserin Faustina, der Gattin des Antoninus Pius, benannt, unter der die Anlage um 150 n.Chr. errichtet wurde.
Westlich der Faustinathermen eine mit Wohnhäusern überbaute Fläche, auf der am Theaterhafen das in Resten erhaltene große römische Stadion lag. Es war über 230 m lang und 74 m breit; die Länge der Bahn zwischen je drei Wasseruhren betrug 185 m. Angrenzend lag auf einer ehemaligen Halbinsel eine dritte Agora, wohl aus römischer Zeit.

Faustinathermen
Stadion

Von der Löwenbucht lief eine alte, im ganzen nur 4,30 m breite Hauptstraße fast geradlinig nach Süden zum Tor der Heiligen Straße nach Didyma. Unter dem Fahrdamm verlief ein über 2 m tiefer, 1,50 m breiter Kanal, von dem Stichkanäle (0,60 m tief) in die Häuser abzweigten, ein Abwassersystem wie in einer modernen Großstadt.
Das Tor der Heiligen Straße wurde in trajanischer Wiederherstellung gefunden (links im Torgang eine Inschrift des Kaisers über den Beginn des Wegebaus 100 n.Chr.); darunter kamen ansehnliche Reste des hellenistischen und davor die griechischen Torbaues zutage, der zu der nur 2 m dicken, von Alexander d.Gr. im Jahre 334 bestürmten Mauer gehörte. Rechts und links vom Tor der Heiligen Straße schloß sich die mächtige hellenistische, von Trajan erneuerte Stadtmauer (5–10 m breit) an.

Tor der
Heiligen Straße

Im Süden vor der Stadtmauer dehnte sich weithin eine Nekropole aus, von der überall Reste sichtbar sind. Dieses ganze Gebiet bis 800 m weit über das Tor hinaus nach Südwesten gehörte noch zum archaischen Milet, dessen Akropolis der 63 m hohe Kalabak Tepe (= 'Becherberg'; 1,5 km vom Theater) bildete. Der Strand verlief kaum 100 m von seinem Fuß.
An der Südseite des Kalabak Tepe ist noch ein Stück der 3–4 m dicken und einst über 12 m hohen Ringmauer entdeckt worden, die nach den dabei gefundenen Vasenscherben vor 650 v.Chr. erbaut wurde; ein Nordost- und ein Südwesttor, eine Pforte und ein Turm sind in diesem Stück vorhanden.

Nekropole
Kalabak Tepe

An der vom Theater südwärts führenden Straße befindet sich das Museum mit Grabungsfunden der neueren Zeit (Architekturteile, Keramik u.a.); im Bereich vor dem Theater ein Erfrischungsstand.

Museum

Didyma

Lage und Bedeutung

Mit dem etwa 20 km südlich gelegenen Didyma war Milet durch eine z.T. heute noch feststellbare Heilige Straße (ca. 5–7 m breit; auf der Nordseite der Straße ausgegraben) verbunden, die nach der Inschrift auf dem aufgefundenen letzten Meilenstein 101 n.Chr. unter Kaiser Trajan gebaut wurde und 16,2 km lang war. Die Ruinen von Didyma, der einst größten griechischen Orakelstätte in Kleinasien, mit den Trümmern eines mächtigen Apollotempels, liegen im Hinterland des Badeortes Didim Plajı (Altınkum Plajı) 4 km von der Küste des Ägäischen Meeres entfernt. Im Bereich der Ruinenstätte heute das Dorf Yeni Hisar ('Neue Burg'), das jedoch nach dem Wegzug der Griechen im Jahre 1923 teilweise verödete und dann nach Altınkum evakuiert wurde, um die Möglichkeit zu umfassenden Ausgrabungsarbeiten zu schaffen.

Medusenhaupt

Mythos und Geschichte

Schon vor der Einwanderung der Griechen und der Gründung des nahen Milet gab es hier über einem Erdspalt ein karisches Orakelheiligtum. Die im 10. Jh. v.Chr. eingewanderten Ionier weihten das Heiligtum dem Apollo Philesios. Das Orakel gewann bald große Bedeutung und konkurrierte sogar mit Delphi. Das Heiligtum wurde 494 von den Persern unter Dareios zerstört. Nach dem Sieg Alexanders d.Gr. über die Perser wurde der Wiederaufbau des Didymaions in wesentlich größerem Maßstab in Angriff genommen. Der gewaltige Neubau wurde um 300 v.Chr. von den Baumeistern Paionios von Ephesos und Daphnes von Milet begonnen, nachdem der Artemistempel in Ephesos fertig war. Das Bauwerk war jedoch so groß geplant, daß es trotz der Unterstützung auch durch die römischen Kaiser niemals vollendet wurde. Strabo berichtet, daß der Tempel wegen seiner Größe ohne Dach geblieben sei.

Nach mehreren Umbauten in späterer Zeit wurde die Anlage durch ein schweres Erdbeben 1446 zerstört. Britische, französische und deutsche Archäologen unternahmen Ausgrabungen seit Mitte des 19. Jh.s; 1985 wurde ein Heiliger Bezirk (Temenos) entdeckt.

**Apollontempel (Didymaion)

Der von einem heiligen Hain umgebene gewaltige Apollontempel (Didymaion; gut ausgegraben und z.T. restauriert) war nordost-südwestlich orientiert. Seine Nordostfront umzog im Bogen eine Terrasse (z.T. aufgebaut), die aus der archaischen Periode stammt und eine Halle sowie andere Bauten und Weihgeschenke trug. Vier Treppen von 2,50 m Breite führten zum Tempelbezirk hinab.

Vor der Nordostfront des Tempels erhebt sich der Hauptaltar, der jenem von Olympia (Peloponnes) glich: innerhalb einer niedrigen Brüstung ein kegelförmiger, mit dem Blut der Opfertiere gefestigter Aschenaufbau; nördlich daneben Basen für Weihgeschenke und ein Brunnen aus hellenistischer

Didyma
Apollontempel
© *Baedeker*

Brunnen
Stoa
Runder Hauptaltar
Pronaon
Freitreppe
Heilige Quelle
Sitzstufen

30m

Didymaion
in hellenistischer Zeit

Zeit. An der südöstlichen Langseite des Tempels erhoben sich, 15 m von diesem entfernt, sieben Sitzstufen für die Zuschauer der Spiele von Didyma. Der Tempel selbst war 108,50 m lang und fast 50 m breit und stand auf einem siebenstufigen Sockel. Von den eigenartigen Basen aus der Zeit des Kaisers Caligula (37–41 n. Chr.) sind immer je zwei gleich; die Ecksäulen der Ostfront trugen Figurenkapitelle des 2. Jh.s n. Chr., die je zwei Stierköpfe, eine Götterbüste und einen Greifen enthielten. Im Fries wechselten Ranken und Medusenmasken ab.

Milet,
Didyma,
Apollontempel
(Fortsetzung)

Die Cella setzte sich aus Vorhalle, Mittelraum und Hauptsaal zusammen. Die Wände des einst mit einer prächtigen Kassettendecke ausgestatteten Pronaon (Vorhalle) ragen noch 11 m hoch auf. Von hier gelangte man durch zwei kleine Türen und gewölbte Gänge direkt in den Hauptsaal oder durch das Haupttor in den Mittelraum, das Chresmographeion, in dem die Priester die Orakelsprüche verkündeten und deuteten. Als Deckenstützen dienten zwei ionische Säulen (am ganzen Tempel 122).
Vom Mittelraum öffneten sich drei Türen zu dem 5,50 m tiefer liegenden Hauptsaal, zu dessen Boden eine 16 m breite Freitreppe hinabführt. Er enthielt die heilige Quelle, an der die Priesterin das Orakel befragte, und einen heiligen Ölbaum. An der Rückwand befand sich in einem besonderen Raum das Kultbild des Apollo. Um den Tempel gruppieren sich Gymnasien, Thermen und Pilgerrasthäuser, über deren Aussehen erst weitere Ausgrabungen Aufschluß geben können.

Cella

Die prächtige Aussicht reicht im Norden bis zur Karakuyu-Bucht, an deren Ufer einst der milesische Hafenort Teichiusa lag, im Osten auf das Bergland von Karien und im Süden bis zur Halbinsel von Bodrum bzw. zur griechischen Insel Kos.

*Aussicht

Etwa 4 km südlich entwickelte sich an der Küste ein lebhafter Badeort mit zahlreichen Pensionen, Hotels, Ferienhäusern und Appartementanlagen. Dazu treten weiter östlich in der Bucht von Akbük Limanı ausgedehnte Ferienhaussiedlungen.

Didim Plajı

Muğla

→ Marmaris

Muş

R 5

Ostanatolien (Türkisch-Kurdistan)
Provinz: Muş
Höhe: 1500 m ü. d. M.
Einwohnerzahl: 42 000

**Man beachte die Warnung
auf Seite 139!**

Am Südrand eines etwa 20 km breiten und 60 km langen, intensiv landwirtschaftlich genutzten Beckens (Zuckerrübe, Tabak, Getreide), das vom Murat Nehri, einem Quellfluß des Euphrat, in der Hauptsache aber von dessen Nebenfluß Karasu durchflossen wird, liegt die Stadt Muş zu Füßen des 2646 m hohen Karaçavus Dağı in der Ebene. Früher breitete sie sich, überragt von einer Burg, auf den unteren Hangpartien aus, aber nach einem großen Erdbeben 1966 wurde diese Altstadt weitgehend zerstört, und man verlegte die Stadt an eine weniger gefährdete Stelle. Zuvor waren bereits einige der alten Bauwerke bei den Auseinandersetzungen während der russischen Besatzung beschädigt worden.

Lage und
Allgemeines

Gegründet wurde der Ort im 8. Jh. als Hauptstadt des Königreiches Taron von den Armeniern. Nach einem byzantinischen Intermezzo eroberten ihn

Geschichte

Çobantaş-Paß – weite Berglandschaft

Lage und Allgemeines (Fortsetzung)	die Seldschuken in der Schlacht bei Malazgirt (1071). Beim Mongolensturm 1260 wurde Muş zerstört und fiel 1515 an die Osmanen. Im Ersten Weltkrieg hielten ihn die Russen besetzt (bis 1917).
Sehenswertes	Sehenswert sind neben der Altstadt unterhalb des Burgberges die Karawansereien Arslanlı Han (seldschukisch) und Yıldızlı Han ('Sternen-Karawanserei'; bis auf das kunstvoll dekorierte Portal völlig ruiniert), die Hacı Şeref Camii mit dem Minarett aus farbigem Gestein (seldschukisch) sowie die mehrmals restaurierte Ulu Cami; diese älteste Moschee der Stadt aus der Seldschukenzeit weist osmanische Elemente auf.

Umgebung von Muş

Bingöl	Etwa 100 km westlich von Muş liegt Bingöl (42 000 Einw.; 1125 m ü. d. M.) oberhalb einer Talweitung des Bayram Deresi (Bingöl Ovası), der unweit südlich in den Murat (Euphrat) mündet. Der alte Name der Provinzhauptstadt, die überwiegend von Kurden bewohnt wird, ist Çevlik oder (altarmenisch?) Çabakçur. Bei schweren Erdbeben 1966 und 1971 wurde die unterhalb in einer Senke gelegene Altstadt stark zerstört und oberhalb neu angelegt. Erhalten ist nur eine mittelalterliche Festungsruine. Seit der Zerstörung der Stadt ist der Ausschank von Alkohol drastisch zurückgegangen, da man die Naturkatastrophe als Mahnung des Himmels an das Alkoholverbot der islamischen Lehre ansieht.
Bingöl Dağları	Der 3250 m hohe Bingöl Dağ ist ein breites Vulkanmassiv nordöstlich von Bingöl. Über seine Kammlinie läuft die Grenze zwischen den Provinzen Muş und Erzurum. In den zahlreichen Seen dieser Hochregion ('Bingöl' = '1000 Seen') sind Spuren eiszeitlicher Vergletscherung (Toteislöcher) erhalten geblieben, zu denen man wunderschöne Wanderungen unternehmen kann. Der Stamm der Beritan-Nomaden hat auf den Plateaus der

Viehtransport in Bingöl

Bingöl Dağları seine Sommerweiden. Mit Minibussen kann man z.B. von Karlıova über Karapınar zur etwa 30 km entfernten Zarovan Yaylası (Alm von Zarovan) fahren. Von dort aus erreicht man zu Fuß in etwa 3,5 Stunden den Gipfel des Bingöl Dağ, von dem aus besonders im Juli der Sonnenaufgang phantastisch sein soll.

Umgebung, Bingöl Dağları (Fortsetzung)

Über dem Nordufer des Murat Nehri erhebt sich auf steil ansteigendem Hügel etwa 45 km nordöstlich von Muş ca. 8 km östlich von Tepeköy (Hızırköyü) der Rest der gegen die Assyrer gerichteten urartäischen Festung Kayalıdere Kalesi. Gefunden wurden bei Ausgrabungen (Türken und Briten seit 1965) innerhalb der Befestigungen von Ober- und Unterburg neben Stelenfundamenten vor allem ein Turmtempel mit Hof, Vorratsräumen, Felstreppen und Felsengräbern (Sechskammergrab).

Kayalıdere Kalesi

Auf der 1800 m hohen Paßregion des Kurucu-Passes 27 km westlich von Bingöl ist im Winter an den Wochenenden ein Skilift in Betrieb.

Kurucu Geçidi

Die Kleinstadt Malazgirt 120 km nordöstlich von Muş am oberen Murat Nehri ist das alte armenische Manzikert. Hier schlug 1071 der Seldschuke Alp Arslan den Byzantiner Romanos IV. Diogenes entscheidend (und nahm ihn gefangen) und machte damit den Weg frei für das endgültige Eindringen turkmenischer Stämme nach Kleinasien und für die Errichtung des Seldschukenreiches in Inneranatolien. Alljährlich wird dieses für die Türken bedeutsame historische Ereignis auf dem damaligen Schlachtfeld mit Feierlichkeiten gewürdigt.

Malazgirt

Um 726, als die Stadt bereits unter arabischer Herrschaft war, hatte hier ein christliches Konzil stattgefunden, bei dem sich die armenische Kirche mit ihrer monophysitischen Glaubensrichtung (Jesus ist nur Gott, niemals Mensch gewesen) von der orthodoxen byzantinischen Lehre (Jesus als Wesen mit göttlicher und auch menschlicher Natur) trennte. Im 9. Jh. machten die Araber die Stadt zum Zentrum eines Emirats, während die

Christen ihrem Glauben ungehindert nachgehen konnten. Noch heute sind größere Teile der turmbewehrten Stadtmauer erhalten, und in den Wohnhäusern der Altstadt findet man zahllose armenische Relikte verbaut.

Surb Karapet
Surb Salah

In der Nähe des Dorfes Çengeli (Çangilli) bei Ziyaret ca. 25 km nordwestlich von Muş stehen die Fundamente und zwei Gewölbe des Klosters Surb Karapet (Çengeli Kilisesi, Çanlı Kilise). In dieser fünfschiffigen Kirche mit fünf unregelmäßig im Osten angefügten Kapellen aus dem 5. Jh. soll Johannes der Täufer beigesetzt sein. Der Glockenturm ist 300 Jahre jünger. Die Anlage war oftmals Ziel kurdischer Plünderer. Sie wurde im 17. Jh. zum letzten Mal erneuert, danach sukzessive von den Bauern als Steinbruch benutzt.
Ebenfalls in der Nähe des Dorfes Çengeli, 4 km entfernt von Surb Karapet, findet man eine Anlage mit drei verfallenen Kirchen, die Gregor der Erleuchter im 4. Jh. an der Stelle eines heidnischen Tempels errichten ließ. Die drei Kirchen, Aschtischat (Marien- und Christuskirche), Karapet (Johanneskirche) und Matnavank (Apostelkirche) bildeten damals das religiöse Zentrum Armeniens und waren Sitz eines Katholikos.

Myra

→ Kaş, Umgebung

Nazilli   D 6

Westanatolien (Menderes-Graben)
Provinz: Aydın
Höhe: 87 m ü.d.M.
Einwohnerzahl: 80000

Lage und
Ortsnamen

Ungefähr auf halber Strecke zwischen Kuşadası und Pamukkale gelegen, wurde Nazilli vermutlich in der Seldschukenzeit um 1176 vom Führer eines Ogusenstammes, Emir Yazır, angelegt. In der Osmanenzeit nannte man das Dorf zunächst Cuma Yeri (Freitagsplatz) oder Pazarköy (Wochenmarktdorf). Erst später erhielt das Städtchen den Namen Nazlıköy. Der Legende nach hatte sich der Sohn des Provinzgouverneurs von Aydın in eine junge Frau namens Nazlı aus diesem Dorf Pazarköy verliebt, wurde aber vom Vater des Mädchens abgewiesen. Aus Liebeskummer gab er dem Dorf seiner Angebeteten den Namen Nazlı İli (Heim der Nazlı). Evliya Çelebi erwähnt den Ort als Nazlu. Noch im 19. Jh. (1836) bestand Nazilli aus zwei Ortsteilen: Aşağı Nazilli oder Büyük Nazilli (Unter- oder Groß-Nazilli) war die Residenz eines Ağa unmittelbar am Rand der Mäanderebene. Die kleinere Siedlung Nazilli Pazarı oder Yukarı Nazilli (Markt von Nazilli oder Obernazilli) mit einem riesigen Basar liegt 2 km weiter nördlich am Talhang, dort, wo heute die Hauptstraße verläuft.

Mastaura

Nördlich von Nazilli an der Straße nach Ödemiş, 1 km vom Ort Bozyurt entfernt, stößt man auf die Reste der antiken Vorgängersiedlung von Nazilli, Mastaura. Es gibt dort Relikte eines Theaters, polygonale Steine im Bachbett des Mastaura Çayı, Reste von Gewölben und einer Burg. Näheres zur Geschichte ist nicht bekannt.

Umgebung von Nazilli

Başalan/
Antiochia am
Mäander

Auf dem Weg von Nazilli nach → Aphrodisias passiert man nach 20 km den Ort Başalan (ehemals Çiftlik Köyü) im Tal des Vandalas Çayı (ehemals Dandalas Çağ̆, in der Antike Morsynos oder Orsinos). Auf dem Bergvorsprung nördlich zwischen Morsynos und → Mäander, über den hier schon im Altertum eine Brücke führte, findet man die Reste der Stadt Antiochia am Mäander, die Antiochos I. Soter zu Ehren seiner Mutter an der Stelle der von Plinius genannten Städte Symaithos und Kranaos gegründet hatte (Der Ort ist ausgeschildert in Başalan und von der Hauptstraße aus zwischen Nazilli und Kuyucak).

Umgebung, Başalan (Fortsetzung)

Unmittelbar nordwestlich neben der Kreisstadt Sultanhisar, 14 km westlich von Nazilli, erstreckt sich die Ruinenstätte des antiken Nysa, das angeblich aus drei von den spartanischen Führern Athymbros, Athymbrados und Hydrelos gegründeten Orten oder durch den Kreter Athymbros unter dem ursprünglichen Namen Akara (s. u.) entstanden sein soll. Besonders zur römischen Kaiserzeit blühte der Ort. Er wurde ausführlich vom Historiker und Geographen Strabo (XIV, 1, 43 ff.) aus Amasya beschrieben, der hier 50–45 v. Chr. Grammatik und Rhetorik studierte.
Nysa liegt, von den steilen Schluchten des Beylik Deresi und des Asar Deresi im Osten und Westen geschützt und durch die des Tekkecik Çayı in zwei Hälften zerschnitten, prächtig auf den unteren Terrassen des Malkac Dağı (Mesogis).
Von Sultanhisar folgt man zunächst bergauf den Spuren einer mit Platten gepflasterten antiken Straße zur Oststadt und erreicht nach kurzer Zeit ein Stück der alten Befestigungsmauer aus byzantinischer Zeit mit eingemauerten marmornen Säulentrommeln. Etwas oberhalb stößt man rechts auf die Reste der Agora, erkennbar an den zahlreichen Säulenstümpfen. Gegenüber der Nordwestecke liegt links vom Weg inmitten von Ölbäumen ein Buleuterion mit einem 20×23 m großen Sitzungssaal (fünf gut erhaltene Sitzreihen). Südwestlich, dicht bei der Schlucht zwischen Ost- und Weststadt, steht ein großes, altgriechisches Gebäude (40×50 m) mit bis zu 4,5 m langen Blöcken in der Nordfront und zwei schönen Torpfeilern an der Südostecke. In der Schlucht selbst war hier talaufwärts das Stadion eingebettet. Die Sitzreihen waren in die Abhänge eingearbeitet, der Bach, wie in

*Nysa (Sultanhisar)

Ruinengelände

Römisches Theater von Nysa

437

Nazilli, Umgeb., Nysa (Fortsetzung)	Pergamon, für die Rennbahn überbrückt. Oberhalb führt eine Brücke über die Schlucht.
Theater	Dahinter an der Talbiegung ist die Schlucht auf 115 m Länge mit einem Tunnel von 10 m Höhe und 9 m Weite wiederum überbrückt, um Platz für das Theater (35 Sitzreihen) zu schaffen, das nach Süden geöffnet größtenteils in die Konglomerate des Hangs eingelassen ist. Seine Frontlänge beträgt 110 m. Das Proskenion mit den Paraskenien ist aus gewaltigen Blöcken gefügt. Von der Höhe hat man einen prächtigen Blick auf die im Süden vom Madran Baba Dağı begrenzte Mäander-Ebene. Oberhalb des Theaters liegt ein großes Wasserbecken. Ein schmaler Weg führt vom Theater durch die Weststadt zum Dorf İletmes (Erekmes) am Ausgang der Schlucht. Dabei passiert man römische und byzantinische Gebäude, u. a. die neben der in Ephesus besterhaltene Bibliothek in Kleinasien und eine Kirche, zwischen der Stadt und den Nekropolen, wo im Westen auch eine Heilige Straße nach Akaraka (s. unten) beginnt.
Gymnasium	Über dem Steilhang der drittuntersten Terrasse erreicht man das 30×95 m große Gymnasium mit 3 m dickem und 5 m hochragendem römisch-byzantinischem Mauerwerk. In der Mitte der Nordseite befindet sich ein gut erhaltenes Propylon und eine Zisterne.
Salvatlı (Akaraka)	Kaum 1,5 km jeweils von Nysa und Salavatlı, einem Dorf unweit westlich von Sultanhisar stößt man auf die Stelle des antiken Dorfes Acharaka (Akaraka), das durch eine Heilige Straße mit Nysa verbunden war. Es barg das nysaische Heiligtum des Pluto und der Persephone mit Traumorakel und Schwefelquellen. Die Reste des Marmortempels liegen hart östlich vom heutigen Ort. Zu diesem Plutoneum führte von der Nekropole am Westrand von Nysa eine heilige Straße, gesäumt von einer Doppelreihe gewölbter Grabbauten, von denen Reste erhalten sind.
Yazıkent	Südlich von Nazilli etwa 40 km auf der östlichen Talseite des Akçay (Harpassos) beim Dörfchen Yazıkent (İnebolu) findet man die Ruinen der antiken Stadt Neapolis (İnebolu Kalesi, Arpaş Kalesi). Hier wurde 229/228 v.Chr. der Seleukidenprinz Antiochos von Attalos von den pergamenischen Truppen geschlagen. Danach fiel Kleinasien an die Attaliden.

Nemrut Dağı

→ Adıyaman, Umgebung
→ Ahlat, Umgebung

Nevşehir

→ Kappadokien

Niğde   K 6

Zentralanatolien
Provinz: Niğde
Höhe: 1230 m ü. d. M.
Einwohnerzahl: 55000

Lage und Bedeutung	Die Provinzhauptstadt Niğde liegt am Südostrand der lykaonischen Steppe auf einer Paßlandschaft zwischen dem Vulkanmassiv der Melendiz Dağları (2935 m ü.d.M.) im Nordwesten und dem Çamardı-Vortaurus

(Pozantı Dağı, 2689 m ü. d. M.) im Südosten. Über diese Paßhöhe führt eine der uralten Straßen aus Kilikien nach Caesarea (Kayseri) und Sebaste (Sivas), die heute auch von der Bahn begleitet wird. Sie gab dem Ort seit alters eine erhebliche Bedeutung. Die Stadt Niğde ist, ebenso wie Bor, bekannt für ihre Teppichknüpfereien.

Lage und Bedeutung (Fortsetzung)

Bereits 3000 Jahre v. Chr. war das Gebiet um die heutige Stadt Niğde besiedelt. Der Ort hieß im 1. Jtd. v. Chr. Nahita, später Nakita und dann Nigdah. Im 8./7. Jh. erlangte diese Grenzstadt zwischen Assyrien im Südosten und Phrygien im Nordwesten erste größere Bedeutung. Als Niğde wurde sie erstmals urkundlich um 1188 erwähnt. Aus der byzantinischen Zeit gibt es einige Kirchenruinen. Die Seldschuken bauten den Ort als Festung aus, verhalfen ihm zu einem großen Aufschwung und versahen ihn mit zahlreichen bedeutenden Bauwerken.

Geschichte

Als 1720 der Großwesir İbrahim Paşa alle zentralen Funktionen von Niğde (seit 1470 osmanisch) in die von ihm gegründete Stadt Nevşehir verlegte, verlor der Ort an Bedeutung, wurde aber dann im Zuge einer osmanischen Verwaltungsreform von 1864/1865 (Tanzimat) Hauptstadt der gleichnamigen Provinz.

Sehenswertes in Niğde

Die 'Weiße Koranschule' aus dem 15. Jh. mit offenem Liwan für den Unterricht dient heute als Archäologisches Museum mit Funden meist aus römischer und byzantinischer Zeit. Sie entstand 1409 zur Zeit der Karamanen durch Alaeddin Ali Bey. Ausgestellt sind auch Exponate aus der Stein- und Bronzezeit, hethitische Schriften und ein Relief aus Tyana. Westlich davon steht ein sehenswerter Waschungsbrunnen (Şadırvan Çeşmesi) an der Ankara Yolu.

Ak Medrese

Südlich des Burgkomplexes stößt man auf die dreischiffige Alaeddin-Moschee, einen schönen seldschukischen Bau von 1223, der wie die anderen Bauten aus dieser Zeit an vergleichbare Anlagen in Konya erinnert. Das mit drei Kuppeln überdachte Bauwerk besitzt ein schön gearbeitetes Portal und ein gedrungenes, doch gut proportioniertes Minarett. Gegenüber steht der kleine Brunnen Hatıroğlu Çeşmesi von 1267. Das typisch seldschukische Portal enthält in der Ornamentik über dem Torbogen versteckt das Bild eines Frauengesichts (Darstellung von Lebewesen im Islam verboten!).

* Alaeddin Camii

Auf die ehemalige Bedeutung Niğdes als Handelsstadt verweist unterhalb der Zitadelle eine 80 m lange, mit einem spitz zulaufenden Tonnengewölbe überdeckte Ladenstraße des Basars (Bedesten) aus dem 17. Jh. unmittelbar neben der Sungur Bey Camii.

Bedesten

Die 'Gelbe Karawanserei' (Sarı Han) in Niğde wurde 1357 unter den Ertenoğulları oder den Karamanen von El-Hacı Muhammed Ben Ahmet Fakıh gestiftet. Darüber hinaus findet man noch zwei osmanische Karawansereien in der Stadt: den Baş Han (Hauptkarawanserei) und den Paşa Hanı aus dem späten 18. Jahrhundert.

Karawansereien

Am Nordwestrand der Stadt beim Komplex der Höheren Schulen liegen drei Türben, deren schönste für die Tochter des Sultans Rükneddin, Hudavend Hatun, 1312 erbaut wurde. Noch ganz unter seldschukischem Einfluß steht diese achteckige Türbe mit frauenköpfigen Vogelfiguren in den Zwickeln. Sie ist zudem mit verschiedenen Tier- und Pflanzenbildern geschmückt. Gegenüber findet man die Gündoğdu Türbesi und benachbart steht die Türbe der Fatma Hanım aus der Zeit um 1600. Weiter im Norden liegt die Dört Ayak Camii aus der ersten Hälfte des 14. Jh. mit einem angegliederten Mausoleum.

Mausoleen

Niğde

Paşa Külliyesi

Aus der osmanischen Periode (spätes 18. Jh.) stammt der Stiftungskomplex mit einer Moschee, Karawanserei und Bad im nördlichen Teil der Innenstadt unweit der Post und der Stadtverwaltung.

Sungur Bey Camii

Im Jahre 1335 ließ der Statthalter Seyfeddin Sungur, Oberhaupt eines Mongolenstammes, südlich des heutigen Bedesten eine Moschee mit flachem Ziegeldach errichten (nebst Mausoleum), die man nach einem Brand im 18. Jh. innen umgestaltet hat (zweite Säulenreihe). Die Moschee hat ein Minarett im gotischen Stil. Am Portal erkennt man schöne Steinmetzarbeiten, über dem Nordeingang eine große Rosette und vor dem Gebäude einen auf sechs Säulen stehenden Waschungsbrunnen.

Zitadellenhügel

Die Altstadt liegt malerisch und deutlich erkennbar etwa 500 m westlich der Fernverkehrsstraße. Von der Bahnhofstraße (İstasyon Caddesi) führt eine Straße vorbei am Stadtpark rund um den Zitadellenhügel hinauf zum Marktplatz. Von hier gelangt man zur Zitadelle, die unter Alaeddin Kaykobad (1219–1237) auf einem künstlichen Hügel entstanden ist (restauriert 1470). Besonders beachtenswert ist der achteckige, große seldschukische Turm und an der Westseite der Uhrenturm. In den Fundamenten eines Hauses auf dem Burghügel fand man eine Inschrift über den Herrscher Saruwanas von Nahita, einen Zeitgenossen des Königs Urballa von Tyana, der als Gegner des Assyrers Tiglatpileser III. (738 v. Chr.) bekannt wurde. Südlich der Zitadelle erhebt sich eine kleine neuere Moschee (Hanım Camii).

Umgebung von Niğde

Bor

Die Teppichweberstadt Bor (in der Antike Poros genannt) liegt 15 km südlich von Niğde in der grünen Ebene Bor Ovası, die durch den Human Çayı in zwei Hälften geteilt wird, und ist von steilen Tuffelsen umgeben. Noch während der byzantinischen Zeit trat Poros an die Stelle von Tyana. Die Seldschuken legten hier wohl 1205 eine kleine islamische Siedlung an, die 1648 mit einer Lehmziegelmauer umgeben wurde (heute verfallen). Hier stellte man in 100 Mörsern das Pulver für die osmanischen Truppen her, wofür man die Salpetervorkommen aus Kemerhisar (s. u.) nutzte. Sehenswert sind die älteste Moschee der Stadt, die Sarı Cami (gelbe Moschee) von 1205, die osmanische Kale Camii (Burgmoschee) von 1629 und die seldschukische Karawanserei Bor Hanı.

∗Eski Gümüş

Knapp 10 km nordöstlich von Niğde liegen durch eine Schlucht getrennt die beiden Ortsteile von Gümüş, Eski Gümüşler und Yeni Gümüşler. Eski Gümüşler erinnert mit seinen künstlichen Felshöhlen an das kappadokische Zelve. Gut erhaltene Fresken aus dem 11. Jh. findet man hier in einer Felskirche im Nordteil, die früher als Stall genutzt wurde (gereinigt) und die der Anlage nach wohl als Wehr- und Rückzugskirche mit Innenhof gedacht war. Die Fresken zeigen Maria mit dem Kind zwischen den Erzengeln Gabriel und Michael. Die Kuppel der quadratischen Kirche ruht auf vier Säulen. Hier findet man Fresken mit Mariä Verkündigung und der Geburt Jesu. Die östlich gelegene Mittelapsis zeigt ein dreistreifiges Fresko mit Jesus, dem Erzengel Gabriel, Maria, den vier Evangelisten (nebst Symbolen), den Aposteln und Kirchenvätern.

Kemerhisar

Kemerhisar (früher Kilisehisar; 25 km südlich von Niğde) liegt verstreut auf drei Hügeln an der Stelle der antiken Stadt Tyana. Sie wurde wohl von Semiramis, der sagenhaften Königin Assyriens und Schöpferin der 'hängenden Gärten' von Babylon, gegründet. Nach dem Untergang des hethitischen Großreiches existierte hier ab 1200 ein spälhethitisches Fürstentum namens Tuhana, u. a. regiert von Warpawalas (zweite Hälfte des 8. Jh.s v. Chr., Stele im Museum in İstanbul). Von alten Bauwerken sind auf dem 'Hügel der Semiramis' eine dorische Marmorsäule sowie im Nordwesten noch die 15 aus Tuff- und Marmorblöcken bestehenden zusammenhängenden Bögen ('Kemer' = 'Bogen') eines römischen Aquäduktes übrig. Südlich vor dem Ort führt ein Weg zu dem bereits in der Antike erwähnten Heilbad von Kemerhisar (Kemerhisar İçmesi), einer nur 15 °C warmen Mineralquelle für Trinkkuren (Natriumhydrogenkarbonat, Magnesiumkarbonat und Kochsalz) mit einem zusätzlichen Badebecken.

Niğde,
Umgebung,
Kemerhisar
(Fortsetzung)

Pamukkale (Hierapolis)

E 6

Westanatolien (Landesinneres)
Provinz: Denizli
Nächtgelegene Stadt: Denizli (250 000 Einw.)
Höhe: 350 m ü. d. M.

Die heute nach den berühmten Kalksinterterrassen Pamukkale (= 'Baumwoll- oder Watteschloß') genannte Stätte des antiken Hierapolis bietet eine prächtige Aussicht auf den Graben des Büyük Menderes und den Aksu. Sie liegt etwa auf der Grenze zwischen Karien, Lydien und Phrygien 20 km nördlich von Denizli auf einer ca. 3 km langen, bis 300 m breiten und 160 m hohen Kalksinterstufe über dem Lykos-Tal. Mit seinen leuchtend weißen, von Oleanderbüschen gesäumten Travertinkaskaden, die erstarrten Wasserfällen gleichen, den einladenden Warmwasserbädern und den großartigen Ruinen von Hierapolis (1887 unter C. Humann deutsche, 1957 italienische Ausgrabungen) zählt dieser Platz zu den eindrucksvollsten Reisezielen in der Türkei und ist eines der von der Unesco geschützten Kulturgüter.

Lage und
**Landschaftsbild

Die Sinterkalke (Travertin) stammen von verschiedenen heißen Quellen (34–35 °C), die u. a. größere Mengen gelösten Kalziumbikarbonats enthalten. Unter Druckentlastung an der Erdoberfläche wandelt sich der gelöste Kalk in Kohlendioxyd, Wasser und Kalziumkarbonat um, wobei sich

*Kalksinterterrassen

Antike Hauptstraße von Hierapolis

Pamukkale (Hierapolis)

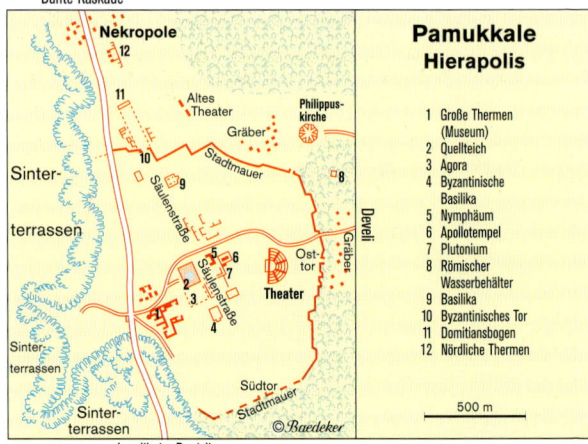

Bunte Kaskade

Nekropole

Pamukkale
Hierapolis

Altes Theater

Philippus-kirche

Gräber

Stadtmauer

Sinter-

Säulenstraße

terrassen

Develi

Gräber

Ost-tor

Säulenstraße

Theater

Sinter-terrassen

Südtor

Stadtmauer

Sinter-terrassen

1 Große Thermen (Museum)
2 Quellteich
3 Agora
4 Byzantinische Basilika
5 Nymphäum
6 Apollotempel
7 Plutonium
8 Römischer Wasserbehälter
9 Basilika
10 Byzantinisches Tor
11 Domitiansbogen
12 Nördliche Thermen

500 m

©Baedeker

Laodikeia, Denizli

Kalksinter-terrassen (Fortsetzung)

letzteres als grauweißer Kalkfilm ablagert und nach und nach das Gerinnebett des Baches auffüllt, ja sogar erhöht. Verzweigt sich der Wasserlauf, erhält man fächerartige Kalksinterflächen, die kleine Becken und Terrassen bilden, die an steilen Abfällen, ähnlich wie in Tropfsteinhöhlen, Stalaktiten oder wattebauschartige Wölbungen ausbilden können. Kalksinter findet man überall im Umfeld von Karstquellen, in Südeuropa z.B. in Kroatien (Plitwitzer Seen), in der Türkei u.a. bei Antalya. Die Thermalquellen, die neben gelöstem Kalk und Kohlensäure auch schweflige Säure, Eisen, Kochsalz und Magnesium enthalten, sind seit alters wegen ihrer heilenden Kraft bekannt und wurden als Heiligtum verehrt.

Sieg der Umweltschützer

Da die umliegenden Hotels viele Jahre lang das Thermalwasser zum Verbrauch und als Poolwasser nutzten, wurden die Terrassen nicht mehr ausreichend überspült und wuchsen daher kaum noch nach. Weite Teile der Terrassen sind wegen der intensiven touristischen Nutzung längst nicht mehr weiß, sondern braun oder grau. Die wiederholt ausgesprochene Warnung, die Terrassen nicht mehr zu betreten oder gar darin zu baden wurde ebenfalls mißachtet, so daß der Abbau der Sinterschichten weiter beschleunigt wurde. Auch die steigende Belastung durch Autoabgase trug dazu bei. Nach jahrzehntelangem Tauziehen zwischen Naturschutzverbänden und türkischen Regierungskreisen ist 2000 endlich der Durchbruch gelungen. Um dieses seltene Naturschauspiel zu erhalten, wurden alle Hotels, Gaststätten und Geschäfte an den Sinterterrassen abgerissen. Zusätzlich soll eine Umgehungsstraße gebaut werden. Doch wird es voraussichtlich bis 2006 dauern, bis sich die Terrassen erholt haben.

Quellteich

Lange galt der Haupt-Quellaustritt beim inzwischen abgerissenen Pamukkale-Motel, mit Stücken von antiken Säulen, als Badeteich (38 °C). Die Quelle mit einem Ausstoß von 200−250 l/sec. hat den gesamten tiefer gelegenen Teil der Stadt mit einer Kalksinterkruste überzogen. Infolge zahlreicher Erdbeben ist diese Kruste an verschiedenen Stellen von Rissen und breiteren Spalten durchzogen.

⁕Hierapolis
Geschichte

Eine Stadt allerdings wurde an dieser Stelle erst vom pergamenischen König Eumenes II. als Konkurrenz zu Laodikeia (s. dort) nach 190 v.Chr. gegründet. Sie war zugleich Festung und Militärbasis und soll nach Hiera

Pamukkale − gefährdete Kalksinterterrassen ▶

Hierapolis,
Geschichte
(Fortsetzung)

('Hierapolis' = 'Stadt der Hiera'), der Gemahlin des Telephos, der in der pergamenischen Sagenwelt eine große Rolle spielt, benannt worden sein. Von dieser ersten Stadtanlage sind nur geringe Reste eines Theaters im Norden erhalten, denn der Ort wurde 60 n.Chr. durch ein Erdbeben zerstört und mußte weiter südlich neu angelegt werden. Die Glanzzeit der Stadt lag im 2. und 3. Jh., die meisten Ruinen aber sind jüngeren Datums.

Eine starke Judengemeinde veranlaßte ein frühes Eindringen des Christentums nach Hierapolis (Kolosser 4, 13), wo der Apostel Philippus um 80 n.Chr. als Märtyrer starb. Ihm wurde später eine Basilika (vermutlich vor dem Nordtor) geweiht. Hierapolis war dann Bischofssitz und Metropolis, in erster Linie aber wohl damals bereits Heilbad (Thermen), verödete aber nach dem Eindringen der Seldschuken (1094) und einem gewaltigen Erdbeben im Jahre 1354, das auch Laodikeia in Mitleidenschaft zog.

Bedeutung

Ebenso wie in Laodikeia beruhte der Reichtum der Stadt auf der Wollindustrie; neben Schafzüchtern gab es Wollscherer, Spinner, Weber und Purpurfärber und -händler. Ihre Erzeugnisse gingen bis nach Italien. Darüber hinaus war die Stadt als Kurort beliebt, in dem für die Gäste glänzende Feste und Spiele arrangiert wurden.

Apollo-Tempel/
Plutonium

Damals traten u.a. auch giftige Gase, vermutlich Kohlendioxyd, aus dem sog. Plutonium, einer Höhle unterhalb des Apollo-Tempels. Er entstand im 3. Jh. vorwiegend aus alten Bauteilen als 20×15 m großer Podiumsbau mit einer Freitreppe zu einem Säulenvorbau. Ein verschlossener Anbau verbarg den Eingang zur Unterwelt, dem Plutonium. Die Priester der Göttin Kybele, die lange vor Apollo (Hauptgott der Stadt) hier verehrt wurde, führten die Aufsicht und ließen Vögel und wohl auch größere Tiere hinein, die durch das aufsteigende Gase getötet wurden. Sie selbst atmeten über der gefährlichen Gasschicht und kamen so lebend wieder heraus. Die Höhle ist heute nicht mehr vorhanden, der Tempel völlig verstürzt.

Burg

Die aus der Ebene zum Plateau von Hierapolis führende Straße bietet einen prächtigen Ausblick auf die Sinterterrassen und mündet unweit der vom 11./12. Jahrhundert stammenden Burgruine, deren Name Pamukkale (Baumwollburg) auf die gesamte Terrasse übertragen wurde. Hier liegen auch die eindrucksvollsten Sinterterrassen (ausführliche Beschreibung siehe zuvor).

Thermen

Wenn man in Richtung Osten geht, gelangt man zu den Ruinen der Großen Thermen (heute ist hier ein Museum), deren einst mit Marmor bekleidete Mauern und Gewölbe an die großen Bauten Roms erinnern. Dahinter erstreckt sich der große, von Pfeilerhallen umgebene Hof für Übungen und Spiele.

Sarkophag am Straßenrand

Rundgrab in der Nekropole

Parallel zur Terrassenkante verläuft vom nördlichen Tor eine 1200 m lange gerade Arkadenstraße vorbei an einer byzantinischen Kirche und dem kaum noch erkennbaren Marktbereich (Agora) zum Südtor. Die Straße ist über 13 m breit und wurde von 6 m tiefen Wandelgängen mit Ladenboxen begleitet, deren Säulen- und Pfeilerarkaden sich zur Straße hin öffneten. Über die nur 3 m breiten Stadttore (dieselbe Bauform wie das nordwestlich anschließende Römertor) mit Nischen für Standbilder reicht die Promenade am südlichen und nördlichen Ende um je 160 m hinaus bis zu den abschließenden, runden Türmen.

Hierapolis (Fortsetzung) Arkadenstraße

Im Süden und Norden schließen sich an die Tore jeweils Nekropolen an. Vor allem die nördliche zählt zu den größten und besterhaltenen antiken Friedhöfen Anatoliens mit über 1200 Grabbauten (hellenistische Tumuli, römische Sarkophage, Grabhäuser, Grabtempel und ganze Grabanlagen aus der frühchristlichen Zeit). Über 300 Inschriften beschreiben die Friedhofsordnung und die Herkunft der Toten.
Rund 150 m vom Theater in östlicher Richtung zieht sich noch in größeren Resten ein Teil der Stadtmauer hin, hinter der sich weitere Nekropolen ausdehnen. Hier liegt auch ein römisches Sammelbecken zweier Wasserleitungen zur Trinkwasserversorgung.

*Nekropolen Stadtmauer

Etwa 500 m nordöstlich des Theaters steht am Hang auf einer Verflachung die achteckige Grabkirche des Apostels Philippus an der Stelle, wo der Heilige und seine Kinder das Martyrium erlitten. Der 60×63 m große Bau entstand im 5. Jh. als Gedächtnisstätte, um die sich strahlenförmig Gästezimmer anordnen.

Grabkirche

Etwa 300 m östlich der Quellen liegt am Hang das Theater oberhalb der Reste des Apollo-Tempels. Das gut erhaltene Bauwerk maß über 100 m in der Front und und besaß zweimal 26 Sitzreihenstufen, die durch einen Umgang auf halber Höhe und acht Treppenwege geteilt waren, und eine zentrale Kaiserloge.
Man betrat den Zuschauerraum durch breite, schön gewölbte Zugänge. Zwischen den Türen hat man inzwischen die alten Dionysos-Reliefs wieder angebracht. Die Orchestra und das zweistöckige Bühnenhaus mit fünf Türen lagen bis vor kurzem in Trümmern, aus denen Bautragmente und Reliefs herausragen (inzwischen z. T. rekonstruiert). Die Anlage entstand unter Septimius Severus um das Jahr 200 nach Christus.

Theater

Umgebung von Pamukkale

An der Straße von Denizli nach Dinar (8 km) steht die im Jahre 1253 vom Emir Karasungur gestiftete seldschukische Karawanenstation mit einer marmorverkleideten Ostfassade (daher 'Akhan' = 'weiße Karawanserei'), einem von Arkaden umschlossenen Hof und einer dreischiffigen Winterhalle.

Akhan

Pamukkale (Hierapolis)

Umgebung (Fortsetzung) Çardak

Zwischen der Stadt Çardak und der Bahnlinie steht 55 km östlich von Denizli an der Westspitze des großen Acıgöl-Beckens (Bittersee, 836 m ü.d.M., 153 km², trocknet im Sommer fast aus, im Altertum Anaua Limne) der noch gut erhaltene Çardak Hanı. Die fünfschiffige, seldschukische Karawanserei mit je zwei massiven, fünf- und dreieckigen Türmen wurde von Raşideddin Iyaz, einem General des Sultans Alaeddin Kaykobad um 1230 gestiftet. Über dem Portal findet man eine von zwei Löwen flankierte Bauinschrift.

Çivril

Rund 10 km südlich der Kreisstadt Çivril wurde in den Jahren 1954–1959 auf dem Beyşesultan Tepesi von Lloyd und Mellaart (→ Çatalhüyük) eine prähistorische Siedlung ausgegraben (Funde in Ankara). Besiedelt war die Stätte vom Chalkolithikum (4500 v.Chr.) bis in die jüngere Bronzezeit (1250 v.Chr.) und 400 Jahren später bis in die byzantinische Zeit. Allein für die Steinzeit fand man in 11 m Sediment 21 Kulturschichten. In Schicht V (1900 v.Chr.) fand man Reste eines Palastes, der an Knossos erinnert und gegen Ende des 18. Jh.s vom Hethiter Labarna zerstört wurde. In vier bronzezeitlichen Schichten konnte man ein Heiligtum mit Opfergefäßen, Blutaltar, Phallussymbol und Kybelebildnissen verfolgen. Abseits stößt man auf das Grabmal eines bedeutenden islamischen Mannes.

Denizli

Rund 20 km südlich von Pamukkale liegt die Provinzhauptstadt Denizli oberhalb einer fruchtbaren Senke des Çürüksu (Aksu Deresi, in der Antike Lykos, im Mittelalter Maeander Minor) zu Füßen des klotzförmigen Honaz Dağ (Kadmos, 2571 m). Die Stadt entstand wohl im frühen 14. Jh. anstelle von Laodikeia im gegenwärtigen Basarbereich und hieß anfangs Ladik oder Lazik, wurde dann aber wegen der reichlichen Quellen Denizli (= 'die mit dem Meer') genannt. Ibn Battuta beschrieb sie damals als besonders schöne Handelsstadt mit sieben Moscheen, Bädern und Bazaren sowie einem Lokalfürsten. Zweimal wurde die Stadt durch ein Erdbeben zerstört: Anfang des 18. Jh.s und 1899. Heute zeigt sie ein weitgehend modernes Stadtbild ohne nennenswerte Baudenkmäler.

Karahayıt

Nur 5 km westlich von Pamukkale sprudeln auf dem gleichen Plateau beim Dorf Karahayıt weitere heiße Quellen (55°C; Kızılpınar) aus dem mit Kalksinter überzogenen Fels. Die Beimengungen verschiedener Oxyde (u.a. Eisenoxyd) lassen das Kalziumkarbonat in unterschiedlichsten Farbnuancen austreten. Den Quellen angeschlossen ist ein kleiner Badeteich unterhalb.

Kolossai (Honaz)

Gut 20 km östlich von Denizli erreicht man über einen Straßenabzweig das Dorf Honaz unterhalb des Honaz Dağ. Unweit nördlich des Ortes durchbricht der Fluß Lykos z.T. unterirdisch, z.T. in einer 4 km langen Schlucht (Boğaz Kesen) ein Kalksteinplateau. Jenseits der Schlucht liegen die spärlichen Relikte der einst bedeutenden, schon von Herodot (VII, 30) erwähnten phrygischen Stadt Kolossai, die zu Xenophons Zeiten (Anab. I, 2, 6) noch groß war, später aber gegenüber Laodikeia und Hierapolis an Wichtigkeit verlor. Bekannt geblieben ist sie durch den Brief des Apostels Paulus an ihre Christengemeinde. Bedeutender war auch bereits zur byzantinischen Zeit die 4 km weiter südlich am Gebirge gelegene Stadt Chinai, das heutige Honaz, mit ihrem besonderen Schutzpatron St. Michael.

*Laodikeia

Eskihisar ('alte Burg') nennen die Einheimischen die Ruinenstätte des antiken Laodikeia (Laodicea) nur etwa 5 km nördlich von Denizli. Es wurde an der Stelle einer älteren Ansiedlung, die zuerst Diospolis und später Rhoas hieß, von Antiochos II. von Syrien (261–246 v.Chr.) gegründet und nach dessen Schwester-Gemahlin Laodike benannt. Aus dem Syrischen Reich ging die Stadt wohl nach dem Frieden von Apameia (188 v.Chr.) an Pergamon und dann an Rom über. Durch Handel, besonders aber durch ihre Woll- und Tuchmanufaktur wurde sie eine der reichsten Städte Kleinasiens (Offenb. Joh. 3, 17). Als unter Nero (60 n.Chr.) ein furchtbares Erdbeben die Stadt traf, bauten die reichen Bürger sie mit eigenen Mitteln wieder auf.

Als Sitz einer der ältesten Christengemeinden war sie eine der sieben apo-kalyptischen Kirchen Kleinasiens (Offenb. Joh. 1, 11; 3, 14; Kol. 4, 13 ff.). Nach der Eroberung durch die Seldschuken am Ende des 11. Jh.s ver-ödete sie allmählich und wurde im 13. Jh. von ihren Bewohnern endgültig zu Gunsten von Ladik (Denizli) verlassen.

Pamukkale, Umgebung, Laodikeia (Fortsetzung)

Zwischen den Orten Eskihisar und Goncalı sind die bislang nur beschränkt ausgegrabenen Reste von Laodikeia auf einem 1 km² großen Hügelplateau verstreut. Drei Tore führten durch den Mauerring, an das nordwestliche schließt sich unweit der außerhalb gelegenen Nekropole eine alte Brücke an. Dieses Tor nach Ephesus, ein dreifacher, von Türmen flankierter Bogen, war dem Kaiser Domitian (81–96) gewidmet. Am Südwestrand fin-det man ein unter Vespasian (69–79) entstandenes 350×60 m messendes Stadion und ein als Palati bezeichnetes riesiges Gebäude (Gymnasium oder Therme). Eine von der Quelle Başpınar beim alten Verwaltungsge-bäude in Denizli herführende Rohrdruckwasserleitung (!) mündet hier in einen 5 m hohen Turm, von dem aus das Wasser weiter verteilt wurde. Nordöstlich davon liegt an einer Geländestufe ein Odeion. In der Mitte des Hügels stößt man links auf die Reste eines römischen Nymphaeums, das 1963 von französischen Archäologen ausgegraben wurde: Ein zweiseitig von Säulen gesäumtes, quadratisches Wasserbecken mit halbkreisförmi-gen Brunnen und verschiedenen Kammern, das später als Kapelle genutzt wurde. In der Nähe liegen die Reste eines ionischen Tempels. Am Nord-ostrand erreicht man die Relikte eines größeren Theaters und weiter nörd-lich die eines kleineren. Die Akropolis an der Nordspitze ist relativ klein.

Ruinenstätte

Die Stadt Sarayköy am Westrand des Beckens von Hierapolis ist wohl das alte Karura (Kyorara), das an der Grenze zwischen Phrygien und Karien lag und durch seine heißen Quellen am Mäander und seine Schule herophili-scher Ärzte bekannt war. Herophilos (4. Jh. v. Chr.) war neben Hippokrates der bedeutendste Arzt der Antike; er sezierte als einer der ersten mensch-liche Leichen.

Sarayköy

Pergamon

C 4

Westküste (Ägäisches Meer)
Provinz: İzmir
Höhe: 50–333 m ü. d. M.
Einwohnerzahl der Stadt Bergama: 39 000

Die Hauptstadt des Pergamenischen Reiches, das antike Pergamon, liegt z. T. an der Stelle der heutigen türkischen Stadt Bergama etwa 90 km nörd-lich von İzmir in der alten Landschaft Mysien. Die Reste der römischen Stadt liegen größtenteils unter der heutigen Stadt, während die griechi-sche Stadt an den Terrassen abgestufen Abhang und die Kuppe des öst-lich über Bergama aufragenden Berges einnimmt und ein beeindrucken-des Gesamtbild bietet. Der Berg wird im Osten vom Kestel Çayı (im Alter-tum Ketios), im Westen vom Bergama Çayı (Selinus) umflossen.

Lage und ✶✶Gesamtbild

Wenn auch Bergama nicht mehr die große Bedeutung von Pergamon als Hauptstadt und Handelszentrum eines großen Reiches besitzt, zeigt die Stadt doch ein reges Leben mit Teppichknüpferei, Textil- und Lederindu-strie. In der fruchtbaren Umgebung gedeihen bei dem subtropischen Klima Baumwolle, Tabak und Wein. Bergama ist Partnerstadt von Böblin-gen in Baden-Württemberg. Seit Jahren kämpfen die Stadtbewohner gegen eine geplante Goldmine in der Umgebung. Der Goldabbau durch das hochgiftige Zyanid würde die landwirtschaftlichen Anbauflächen und das Grundwasser verseuchen. An der Hauptstraße liegt das Archäologi-sche Museum mit Funden von der Steinzeit bis zur byzantinischen Zeit und einer ethnographischen Abteilung.

✶Bergama

Die Stadt Bergama mit der Roten Basilika

Bergama (Fortsetzung)
*Rote Basilika (Kızıl Avlu)

Die Hauptstraße zieht nordöstlich durch die geschäftige Stadt zu der wuchtigen Ziegelsteinruine der Roten Basilika (Serapistempel; türkisch 'Kızıl Avlu' = 'Rote Halle'). Dieses von Kaiser Hadrian (117–138 n. Chr.) vermutlich zu Ehren des ägyptischen Gottes Serapis errichtete Bauwerk wurde von den Byzantinern zu einer dem Apostel Johannes geweihten Kirche umgebaut. Von der rötlichen Farbe der Ziegelsteinmauern ist der Name 'Rote Basilika' abgeleitet.

Das Innere der Roten Basilika wird von zwei Säulenreihen in drei Schiffe geteilt. Das Mittelschiff endete in einer halbkreisförmigen Apsis, unter sich eine Krypta befand. Über den Seitenschiffen zogen sich Galerien hin. Nach der Zerstörung der Basilika im frühen 8. Jh. durch die Araber wurde innerhalb der Ruine eine kleinere Kirche errichtet.

Geschichte von Pergamon

Die kleine befestigte Ansiedlung auf der Bergkuppe (5. bis Anfang 3. Jh. v. Chr.) gehörte zunächst wohl persischen Großgrundbesitzern. Der Pontier Philhetairos (283–263) gründete das unabhängige Pergamenische Reich, das von Eumenes I. (263–241) und Attalos I. (241–197) erfolgreich gegen die syrischen Könige und die in Kleinasien eingedrungenen Galater (Kelten) verteidigt wurde (Stadtmauer auf halber Höhe). Durch den Anschluß an Rom gewann die Dynastie der Attaliden unter Eumenes II. (179 bis 159) ihre höchste Macht (neue Stadtmauer am Bergfuß). Berühmt war die 200000 Bände umfassende Bibliothek, die durch Marcus Antonius nach Alexandria kam.

Auch das Pergament soll in Pergamon erfunden worden sein. Wissenschaftliche Studien gediehen, Plastik und Malerei gelangten zu hoher Blüte. Das Christentum faßte Fuß, und Pergamon war eine der sieben Kirchen Kleinasiens (Offenbarung 1, 11; 2, 12ff.). Als in der zweiten Hälfte des 2. Jhs. n. Chr. die Unsicherheit wuchs, wurde wieder eine Mauer am Berg gebaut, die höher als jene Eumenes' II. verlief.

In byzantinischer Zeit wurde ein noch engerer Mauerring weiter oben gezogen, der gegen die Eroberungszüge der Araber (7. Jh.) sowie gegen die andringenen Seldschuken und Osmanen schützen sollte. Unter den Osmanen (seit dem 14. Jh.) wurde die Siedlung auf dem Burgberg aufgegeben. Während die antike Stadtanlage zusehends verfiel, entstand am Südfuß des Berges die neue Stadt Bergama.

Geschichte
(Fortsetzung)

Unterstützt von der Antikenabteilung der Berliner Museen begann der deutsche Ingenieur C. Humann zwischen den Jahren 1878 und 1886 zusammen mit A. Conze erste Nachforschungen. Es folgten weitere Ausgrabungen deutscher Archäologen (etwa W. Dörpfeld, E. Boehringer). Seit 1972 leitet Wolfgang Radt die Grabungen. Zur Zeit werden drei prächtige Mosaike der römischen Kaiserzeit mit dionysischen Themen freigelegt, die voraussichtlich ab 2002 der Öffentlichkeit zugänglich gemacht werden. Restauriert werden soll auch das Peristyl, in dem die Mosaiken gefunden wurden.

Ausgrabungen

Man gelangt zunächst zur Unteren Agora, die zu Beginn des 2. Jahrhunderts v. Chr. von König Eumenes II. in Ergänzung zur bereits bestehenden Oberen Agora angelegt wurde. Der 80×50 m messende Platz war von zweistöckigen Säulenhallen umgeben, in denen die Kaufleute ihre Waren anboten.

Ausgrabungsstätte
Untere Agora

An den Marktplatz grenzten das Odeion, das Stadion und das in drei Terrassen ansteigende Gymnasion. Auf der untersten stand das Gymnasion

Gymnasien

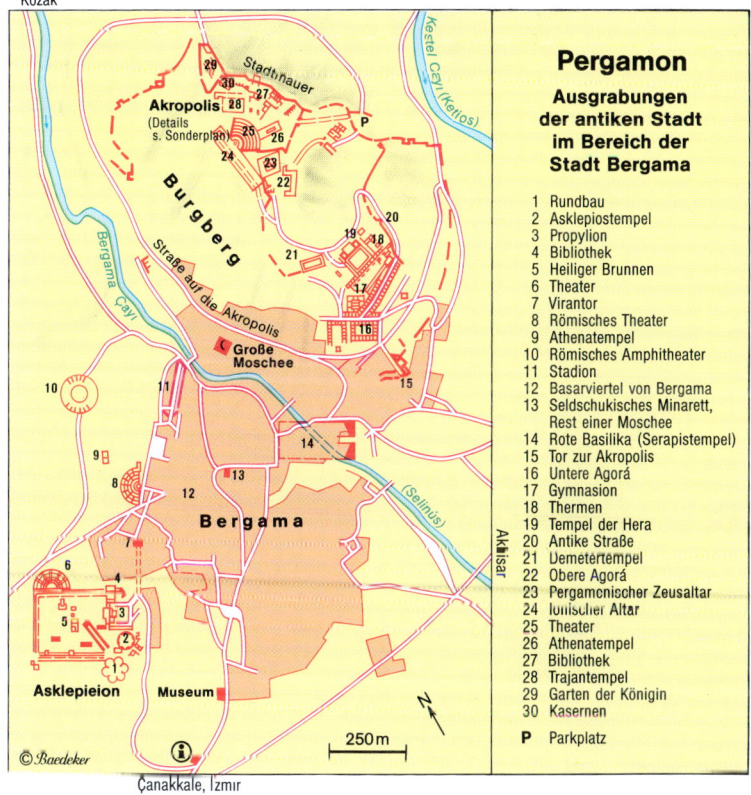

Pergamon

**Ausgrabungen
der antiken Stadt
im Bereich der
Stadt Bergama**

1 Rundbau
2 Asklepiostempel
3 Propylion
4 Bibliothek
5 Heiliger Brunnen
6 Theater
7 Virantor
8 Römisches Theater
9 Athenatempel
10 Römisches Amphitheater
11 Stadion
12 Basarviertel von Bergama
13 Seldschukisches Minarett,
    Rest einer Moschee
14 Rote Basilika (Serapistempel)
15 Tor zur Akropolis
16 Untere Agorá
17 Gymnasion
18 Thermen
19 Tempel der Hera
20 Antike Straße
21 Demetertempel
22 Obere Agorá
23 Pergamenischer Zeusaltar
24 Ionischer Altar
25 Theater
26 Athenatempel
27 Bibliothek
28 Trajantempel
29 Garten der Königin
30 Kasernen

P Parkplatz

Pergamon

Nikestatue im Archäologischen Museum

Ausblick von der Roten Basilika

Trajantempel auf der Akropolis

der Kinder ('paides'; 6 bis 9 Jahre). Auf der mittleren Terrasse erhob sich das Gymnasion der Neoi, der Jünglinge über 16 Jahre, eingenommen, dem ausgedehntesten und schönsten der drei Gymnasien. Nordöstlich von hier lag das prächtig mit Marmor ausgestattete Römische Bad.

Gymnasien (Fortsetzung)

Die antike Straße, die in einer weiten S-Kurve zur Akropolis hinaufführt (Autostraße bis zum Parkplatz 4 km), erreicht auf halbem Wege links die Reste des Demeterheiligtums. Das Heiligtum, das zur Zeit seiner Erbauung im 3. Jh. v.Chr. außerhalb der Akropolis lag und durch starke Mauern geschützt war, gilt als eines der ältesten Bauwerke der Stadt. Durch das an den zwei aufrecht stehenden Säulen zu erkennende Propylon betritt man den Heiligen Bezirk mit den Resten des Demetertempels, wo die Eleusinischen Mysterien gefeiert wurden.

Demeterheiligtum

Stadt Bergama

Pergamon Akropolis

Arsenale

Palast I (Kaserne)

Palast II

Palast III

Trajaneum

Palast IV

Dionysos-tempel

Bibliothek

Palast V

Rundbau

Gruppe VI

Theater

Athena-tempel   Burgtor

Herrscherkult-temenos

Großer Altar (Fundament)

Oberer Markt

50 m

© Baedeker

Akropolis

Oberstadt von Pergamon

Vom Demeterheiligtum führt die Straße in einer weiten Rechtskurve bergan zur Akropolis. Diese besteht aus mehreren Terrassen, die sich bogenförmig um das große Theater am südlichen Burghang gruppieren. Am oberen Wegende erreicht man zunächst die von Säulenhallen gesäumte Obere Agora (84 x 44 m). An ihrer Westseite stand früher ein kleiner Dionysostempel.

**Akropolis

Über der Agora liegt eine von starken Mauern gestützte trapezförmige Terrasse, auf der sich der berühmte pergamenische Zeusaltar erhob. Von dem zwischen 180 und 160 v.Chr. erbauten Altar, dessen maßstabgleiches Modell mit einem Teil des Originalfrieses seit 1902 im Berliner Pergamonmuseum steht, sind nur die Fundamente zu erkennen. In leidenschaftlich be-

Terrasse des Zeusaltars

wegten Ausdrucksformen ist auf dem Sockelfries der Kampf der Götter mit den Giganten dargestellt, der den Sieg des Griechentums über das Barbarentum symbolisiert. Dieser Darstellung lag wohl der erfolgreiche Kampf des Pergamenischen Reiches gegen die Galater zugrunde.
Nördlich vom Pergamonaltar bauen sich stufenförmig noch mehrere von der alten Burgmauer umschlossene Terrassen auf. Man betritt diesen Bezirk durch das Burgtor. Entlang der nördlichen Mauer sind die spärlichen Ruinen von Palastanlagen zu erkennen, von denen der Palast des Eumenes II. besonders erwähnenswert ist.

Heiliger Weg zum Asklepieion (im Hintergrund der Burgberg)

Terrasse (Fortsetzung)	Auf der Terrasse westlich vom Burgtor erhob sich der dorische Athenatempel aus dem vierten vorchristlichen Jahrhundert.
Bibliothek	An die nördliche Säulenhalle des Athenatempels schloß sich die um 170 v. Chr. erbaute Bibliothek an, die mit 200 000 Bänden (im Gegensatz zu den Pergamentrollen wurden die gefalteten Pergamentbogen Volumina, d.h. 'Bände', genannt) zu den größten Schriftsammlungen der antiken Welt zählte. Der Bibliotheksbestand wurde später als Geschenk des Antonius an Cleopatra nach Alexandria gebracht. Der Hauptraum der Bibliothek enthielt auch eine Nachbildung der Athena Parthenos von Phidias.
*Trajantempel	Auf einer 100 x 70 m großen, von Säulenhallen gesäumten Terrasse ist weiter westlich der seit 1996 teilrekonstruierte Trajantempel zu sehen. Der in weißem Marmor aufgeführte korinthische Peripteros (9 : 6 Säulen) entstand während der Regierungszeit Trajans und fiel später einem Erdbeben zum Opfer. Von hier bietet sich ein prächtiger Ausblick auf die tiefer liegenden Terrassen der Akropolis, das Theater, auf die Stadt Bergama und die Bergkette jenseits der Aufschüttungsebene des Bergama Çayı.
*Theater	Die Hauptsehenswürdigkeit der Akropolis ist das am steilen Südwesthang gelegene Theater, das man über eine schmale antike Treppe vom Athenatempel aus erreicht. Auf den 80 Sitzreihen des aus der pergamenischen Königszeit stammenden Bauwerks fanden ca. 15 000 Zuschauer Platz. An der Talseite der 216 m langen Oberterrasse zog sich eine Säulenhalle hin.
Dionysostempel	In der Nordwestecke der Theaterterrasse stand der ionische Tempel, der als Prostylos wohl zu Ehren des Dionysos, des mythischen Ahnherrn des pergamenischen Königshauses, gebaut wurde. Nach seiner Zerstörung im 3. Jh. n. Chr. wurde er von Caracalla wiederaufgebaut.
*Asklepieion	Am westlichen Stadtrand von Bergama (Militärgelände; z.T. Fotografierverbot!) liegt dieses Ruinenfeld, das dem Asklepios (Äskulap; Gott der

Nordgalerie im Asklepieion

Heilkunde) geweiht war und im Altertum neben Epidauros und Kos zu den berühmtesten Kurorten zählte – vermutlich im 4. Jh. v. Chr. gegründet. Das Asklepieion erlebte insbesondere in römischer Zeit, in der auch der berühmte Arzt Galenus (129–199) hier wirkte, eine hohe Blüte. So weilte u.a. auch Kaiser Caracalla hier zur Kur. Die Heiltherapie umfaßte auch Traumbehandlungen (Inkubation = Tempelschlaf) und Suggestion.

Asklepieion
(Fortsetzung)

Von der Heiligen Straße gelangt man über einen Vorhof mit dem Asklepios-altar (Stein mit der Schlange) durch ein Propylon zum Heiligen Bezirk. Die nördliche Kolonnade, die mit 17 aufrechtstehenden Säulen noch relativ gut erhalten ist, führt von der Bibliothek zu dem in den Hang gegrabenen Theater. Nach seiner Restaurierung dient es jetzt alljährlich bei den 'Bergama-Festspielen' der Aufführung klassischer Stücke.
Auf dem ehemals mit Steinfliesen ausgelegten Platz befanden sich die heilige Quelle, mit einem Wasserbecken, und Inkubationsräume. Ein Tunnel verband den Heiligen Bezirk mit einem außerhalb davon gelegenen zwei-stöckigen Rundbau ('Tempel des Telesphoros'), in dessen Untergeschoß Bäder verabreicht sowie Traumbehandlungen durchgeführt wurden. Nördlich davon beim Propylon der Tempel des Asklepios, ein 20 m hoher kuppelgedeckter Rundbau, der von den Patienten vor dem Verlassen des Asklepieions besucht wurde.
Zwischen dem Asklepieion und dem Bergama Çayı erstreckt sich der bisher noch wenig durchforschte Bereich der ehemaligen Römerstadt, der von Sedimenten des Bergama Çayı bedeckt und teilweise auch wieder überbaut ist.

Beschreibung
der Ruinenstätte

Perge

→ Antalya

Priene   C 6

Westküste (Ägäisches Meer)
Provinz: Aydın
Höhe: 36 – 130 m ü. d. M
Nächstgelegene Ortschaft: Güllübahçe

*Lage und
Bedeutung

Nördlich der weiten Schwemmlandebene des Büyük Menderes (Großer Mäander), die durch Verlandung des tief ins Landesinnere greifenden Latmischen Meerbusens entstand, liegt gegenüber von Milet und 130 km südlich von İzmir das Ruinenfeld der antiken Stadt Priene auf einer einsamen Felsterrasse, die nördlich von einem 371 m hohen Marmorfelsklotz überragt wird. Die auf Terrassen angelegte Stadt, von dem mächtigen Burgfelsen (200 m) überragt, muß von der Ebene her einen ähnlich malerischen Anblick geboten haben wie heute z. B. Assisi. Aber auch heute noch lohnen das Ruinenfeld, das in seltener Geschlossenheit das Bild einer hellenistischen Landstadt von 4000–5000 Einwohnern bietet, sowie die schöne Landschaft einen Besuch.

Geschichte

Priene, dessen Name karisch ist, gehörte zum Ionischen Bunde. Vom lydischen König Ardys erobert, wurde es Hauptstützpunkt der lydischen Macht in dieser Gegend und nahm unter der Führung des Bias, eines der Sieben Weisen (um 625–540 v.Chr.), einen bedeutenden Aufschwung. Um 545 eroberten die Perser unter Kyros die Stadt. Als eine der kleinen Städte hatte sie mit ihren mächtigen Nachbarn Samos, Milet und Magnesia am Mäander fortwährend Streitigkeiten. Dann gehörte Priene zum Attischen Reich; im Jahre 442 gab aber Athen die Stadt an Milet.
Wo genau das ionische Priene lag, ist unbekannt; wahrscheinlich stecken die Reste tief im Schwemmland des Mäander. Sicher nahm es aber nicht die Stelle ein, an der seit der Mitte des 4. Jhs v.Chr. Athen eine Neugründung von Priene als Rivalin von Milet betrieb und wo Alexander der Große nach 334 v.Chr. das neue Priene vollenden half. Der Haupttempel wurde vom König selber der Athena geweiht. Unter türkischer Herrschaft (seit dem Ende des 13. Jh.s) führte Priene den Namen Samsun Kalesi und verödete allmählich.

Ausgrabungen

Systematische Ausgrabungen begann 1895 Carl Humann für die Königlichen Museen in Berlin; nach seinem Tod wurden sie von Th. Wiegand fortgesetzt und 1898 vollendet. Außer in London und Paris befinden sich daher wichtige Fundstücke aus Priene im Pergamonmuseum in Berlin sowie in İstanbul.

Besichtigung der *Ruinenstätte

Stadtmauer
Stadtanlage

Die schön geschichtete, 2 m starke Stadtmauer, die etwa 2,5 km Umfang hat, zieht sich rechts und links zum Burgberg empor. Außer dieser Mauer ist oben fast nichts mehr an alten Resten vorhanden. Ein kaum begehbarer Treppenpfad führt von der Stadt zur Akropolis hinauf, dem Zufluchtsort in höchster Not. Das Terrain der Unterstadt wurde nach dem Hippodamischen System durch rechtwinklig sich schneidende Straßen in etwa 80 gleich große Rechtecke geteilt. Die west-östlich verlaufenden Hauptstraßen waren 5–6 m breit. Zwei von ihnen führen auf die Haupttore im Westen und Osten, eine auf ein Nebentor, das einer Quelle wegen angelegt war.

Unterstadt

Vom Parkplatz am Ende der von Güllübahçe (Kreis Söke) kommenden Stichstraße betritt man von Osten die Ruinenstadt. Von hier gelangt man westwärts quer durch die Stadt hinab zum Westtor. Gleich rechts liegt die aus Kammer und Vorraum bestehende Wohnung des Torwächters. Es folgen das Heiligtum der Kybele mit einer Opfergrube und das 'Heilige Haus', das vermutlich einem Geschlechterkult diente.

Priene

1 Oberes Gymnasion
2 Prytaneion
3 Buleuterion
4 Byzantinische Bischofskirche
5 Heiliges Haus
6 Brunnen
7 Lebensmittelmarkt
8 Ionischer Zeustempel
9 Byzantinisches Kastell

Akropolis

Teloneia

Stadtmauer

Burgtreppe

Demeter- und
Koreheiligtum

Klärbecken

Mauerturm

Häuser

Theater

Osttor

Theaterstraße

Athena-
tempel

Isis
heiligtum

Athenastraße

Häuser

Heilige Hallen

Westtor

Westtorstraße

Häuser

Agora

Südosttor

Stadtmauer

Milet

Portikus

Stadion

Unteres
Gymnasion

Güllübahçe

Söke

100m

© Baedeker

Entlang der Hauptstraße folgen dann bis zum Markt hinauf Privathäuser, die bis in das 4. Jh. v. Chr. zurückreichen und uns das Wohnhaus klassischer Zeit kennen lehren. Um einen rechteckigen Hof, in dem sich das Familienleben abspielte, gruppieren sich die fensterlosen Räume.

*Unterstadt
(Fortsetzung)*

Die Straße führt durch einen Felseinschnitt an dem kleinen Fleisch- und Gemüsemarkt (rechts; 30×16 m) vorbei auf die große Agora (128×95 m), die im Verhältnis zur Größe der Stadt besonders stattlich ist. In der Mitte dieses von dorischen Säulenhallen umgebenen Fest- und Opferplatzes stand wohl ein Altar des Zeus.
Nördlich von der Straße erhob sich auf sieben Stufen die zweischiffige Heilige Halle (150 v. Chr.) mit einer Plattform, dahinter dorische Außen- und ionische Innensäulen; in diesem Areal bewegte sich das politische Leben. Die besser erhaltene Westwand ist im Berliner Pergamonmuseum wieder aufgebaut worden. Hinter der Halle ist eine Flucht größerer Räume angelegt, die wahrscheinlich Arbeitszimmer von Beamten waren, ferner im Osten das Buleuterion und das Prytaneion.

*Agora
Heilige Halle*

Das Buleuterion, der Sitzungssaal für die Volksversammlung und den Rat, gehört infolge seiner Lage unter dem schützenden Abhang zu den besterhaltenen Gebäuden in Priene. Es ist um 200 v. Chr. errichtet worden und ähnelt einem Theater. In der Mitte eines kleinen viereckigen Platzes steht

**Buleuterion
Prytaneion*

455

Athenatempel am Fuße der Akropolis

Buleuterion (Fortsetzung)	ein mit Reliefs geschmückter Altar; auf drei Seiten steigen Sitzstufen empor, die auf 13 Reihen für 640 Personen Platz bieten und über Treppchen erreichbar sind.
	Das Prytaneion (Amtslokal der Behörde), ein Hof mit Seitengemächern, ist durch römischen Umbau verändert. Im Hofe befinden sich Marmortisch und Wasserbassin, in einem Gemach ein großer aufgemauerter Herd, vielleicht der Stadtherd mit dem ewigen Feuer.
	An die östliche Schmalseite des Marktes grenzt der ionische Zeustempel an, der jedoch durch die Errichtung eines byzantinischen Kastells zerstört wurde.
*Athenatempel	Wenn man der 'Athenastraße' oberhalb des Buleuterion nach Westen folgt, gelangt man zu dem Hauptheiligtum. Nach der jetzt in London befindlichen Inschrift eines Pfeilers der Vorhalle wurde es 334 v. Chr. von Alexander d. Gr. der Athena Polias geweiht. Der von Pytheos, dem Erbauer des Mausoleums von Halikarnassos, errichtete Tempel war ein ionischer Peripteros von 6:11 Säulen (fünf restauriert). Das fast 7 m hohe Kultbild war der Athena Parthenos des Phidias nachgebildet. Vor dem Eingang erhob sich im Osten ein großer Altar mit Figuren im Hochrelief zwischen ionischen Säulen, und weiter östlich wurde in römischer Zeit ein Eingangstor errichtet, von dem noch ein 4,50 m hohes Stück der Südwand aufrecht steht.
Theater	Folgt man oberhalb des Isisheiligtums der vom Osttor kommenden Straße nach Westen, so erreicht man bald das trefflich erhaltene Theater (3. Jh. v. Chr.). Von dem Zuschauerraum sind nur acht Sitzstufen ausgegraben worden. Durch die Mitte des Bühnengebäudes gelangt man in die byzantinische Hauptkirche.
Heiligtum der Demeter und Kore	Aus der Nähe der Kirche führt ein Pfad hinauf zum Heiligtum der Demeter und Kore. Eine der beiden Priesterinnenstatuen, die auf der Basis vor dem

Eingang standen, befindet sich jetzt in Berlin. Das Heiligtum selbst, ein Tempel in antis von eigenartiger Form, der mit hölzernem Dachstuhl versehen war, ist leider stark beschädigt. Links vom Tempel befindet sich eine Opfergrube.

Priene,
Heiligtum der
Demeter und Kore
(Fortsetzung)

Östlich vom Demetertempel liegen an einem Turm der Stadtmauer die Sammelbassins der Wasserleitung, die so eingerichtet sind, daß eine Reinigung des Wassers stattfand und eine Säuberung ohne Betriebsstörung möglich war. Das Wasser kam von der Mykale. Von hier kann man zur Burgtreppe emporsteigen oder zum Osttor hinabklettern.

Wasserleitung

Prinzeninseln

⟶ İstanbul

Rize

⟶ Schwarzmeerküste

Samsun

⟶ Schwarzmeerküste

Şanlıurfa (Urfa) O 6

Südostanatolien
Provinz: Urfa
Höhe: 550 m ü. d. M.
Einwohnerzahl: 360000

**Man beachte die Warnung
auf Seite 139!**

Die Stadt am Nordwestrand der Harran Ovası unweit der türkisch-syrischen Grenze wird von manchen Forschern für eine der ältesten Städte überhaupt gehalten. Sie wurde von Sumerern und Hethitern Urschu, von den Babyloniern Hurri genannt (= 'Höhlen', wohl von den Höhlen im Burgberg). Die Griechen tauften sie Orhai, und von den Makedoniern bis ins Mittelalter hinein hieß der Ort Edessa, danach, abgeleitet von Orhai, Urfa. Seit 1983 wurde der Stadt wegen ihres Widerstandes gegen die französische Besatzung im Türkischen Freiheitskrieg der Ehrentitel Şanlı (berühmt) verliehen. Von regionaler Bedeutung ist Urfa als Handels- und Wirtschaftszentrum des überwiegend agraren Umlands. Mit der Fertigstellung des 'Urfa-Tunnels' im Rahmen des GAP-Projektes (Südostanatolien-Projekt; ⟶ Zahlen und Fakten: Geographische Gliederung) am Euphrat werden 601000 ha Land zusätzlich bewässert, so daß die Harran Ovası eines der landwirtschaftlichen Vorzugsgebiete der Türkei werden soll, ähnlich vielleicht wie Adana in der Çukurova.

Lage und
Allgemeines

Urfa ist heute eine faszinierende Mischung aus Tradition und Moderne mit arabischen, kurdischen und türkischen Elementen. Beherrschend ist vor allem in den Basar- und Altstadtteilen noch der orientalische Einfluß. Hektische Betriebsamkeit zeichnet die Stadt ebenso aus wie ihre hohen sommerlichen Temperaturen. Bereits im März können die Tagesmaxima bei 29°C liegen, und im November mißt man häufig immer noch knapp 31°C am Tage. In den beiden Sommermonaten Juli und August klettert das Thermometer um die Mittagszeit zuweilen über 45°C. Dennoch regnet es

*Stadtbild

Klima

Şanlıurfa (Urfa)

Weichbild von Urfa mit der Hali Rahman Camii im Vordergrund

Klima
(Fortsetzung)

hier während dieser Zeit durchschnittlich fast genauso viel (so wenig) wie in Antalya.

Geschichte

Sumerische, akkadische und hethitische Texte erwähnen bereits Urschu als bedeutendes Zentrum der Hurri. Das indoiranische Volk war im 18. Jh. v. Chr. vom Ostiran bis nach Syrien vorgedrungen und versuchte die Expansion der Hethiter zu bremsen. Um 1370 zerstörten die Hethiter die Stadt, die später zum Kleinreich von Karkamış bzw. zum assyrischen Vasallenstaat Haddatu gehörte. Abraham soll hier geboren sein und auf seinem Wege von Ur nach Kanaan längere Zeit gelebt haben. Da er als Prophet und Urvater bei Juden, Moslems und Christen gleichermaßen verehrt wird, hat Urfa eine lange Tradition als Wallfahrtstätte.

Der Diadoche Seleukos I. 'gründete' den Ort Orhai als Hauptstadt seines osthellenistischen Reiches im 4. Jh. v. Chr. neu und besiedelte ihn mit makedonischen Veteranen, die die Stadt nach ihrer Herkunftsprovinz Edessa nannten.

Im 4. Jh. gründete Ephraim von Nisibis (Nusaybin) hier die 'Akademie der Perser', die neben der von Nisibis damals ein Mittelpunkt hellenistischer Wissenschaft darstellte, von Kaiser Zeno (→ Zahlen und Fakten: Historische Landschaften, Isaurien) aber wieder geschlossen wurde. Der Übertritt des römischen Provinzregenten Abgar d. Gr. (9–46) zum Christentum, angeblich nach einer Wunderheilung seiner Hautkrankheit durch das Schweißtuch Christi, öffnete Edessa früh der christlichen Lehre. Hier ruhten bereits vor der Plünderung der Stadt durch die Sassaniden (502–505) die Gebeine des hl. Thomas. Unter Justinian wurde Edessa zum Zentrum monophysitischer Christen.

Im Jahre 1098 übernahmen die Kreuzfahrer unter Balduin von Bouillon die Stadt und gründeten für knapp 50 Jahre die blühende christliche Grafschaft Edessa. Mit der Einnahme der Stadt durch die Araber 1144 wurden Teile der Bevölkerung deportiert, später getötet und versklavt, und die Stadt selbst völlig zerstört.

Sehenswertes in Şanlıurfa

Das Museum am nordwestlichen Altstadtrand, das u. a. Funde aus Urfa, vom Sultantepe und aus Harran ausstellt, enthält ein syrisches Mosaik aus dem 3. Jh., das in einer Höhle des Zitadellenbergs gefunden wurde.

Archäologisches Museum

Die auch als Yeşil Kilise bezeichnete Moschee nebst Koranschule (um 1211) unterhalb der Zitadelle nimmt den Platz der ehemaligen Marienkirche ein. Das Minarett wird auf das 8. Jh. geschätzt (Omajadenzeit).

Hali Rahman Medresesi

Vor diesem Komplex erstreckt sich ein großes Wasserbecken, das Birket İbrahim (Abrahams Teich) oder Halil Rahman Gölü, das mit weiteren Teichen (Birket Zulha) im anschließenden Park verbunden ist und von der sog. Roha-Quelle am Fuße des Burgberges gespeist wird. Die im Becken gehaltenen und von Besuchern gefütterten 'heiligen' Fische gehen auf eine Abrahams-Legende zurück: Auf seinem Wege von Ur nach Kanaan (19. Jh. v. Chr., als viele Nomadenstämme von Mesopotamien nach Westen zogen) verweilte Abraham auch in Urfa. Der grausame König Nimrud wollte ihn damals seines monotheistischen Glaubens wegen auf dem Scheiterhaufen verbrennen; Gott verhinderte jedoch seinen Tod, indem ein kräftiger Sturm Abraham mitsamt der Glut in die Lüfte enthob. Er landete vergleichsweise sanft in einem eigens dafür geschaffenen Teich zusammen mit den Ascheteilchen und Funken des Scheiterhaufens. Diese verwandelten sich in jene heiligen Karpfen, deren Nachfahren heute mit Trockenfutter gefüttert werden, das von jungen Türken für wenig Geld verkauft wird.

✳✳ Birket İbrahim

Abrahams-Legende

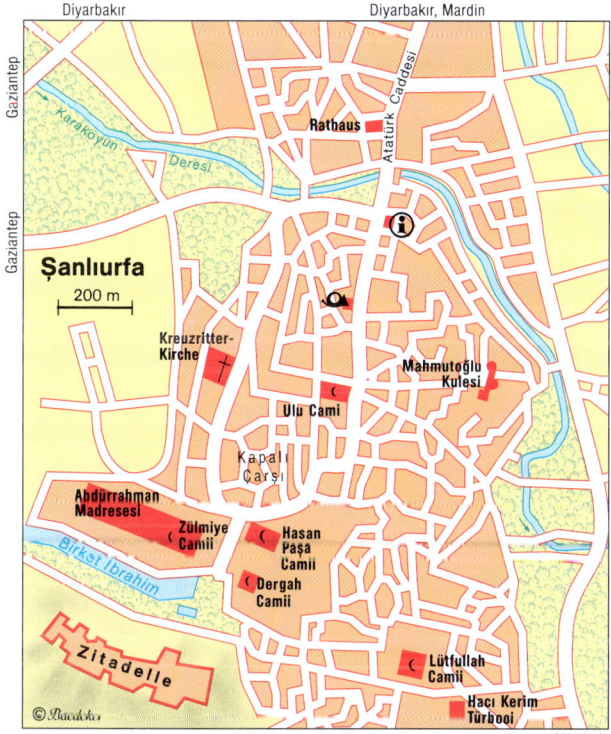

Stadtplan

Şanlıurfa (Urfa)

In 'Abrahams Teich' schwimmen 'heilige' Fische

Hasan Paşa Camii	Direkt östlich des Birket İbrahim stößt man auf die Hasan Paşa Camii. Hier stand ehemals zunächst eine Synagoge und später dann ein römisches Tetrapylon.
Abdürrahman Medresesi und Zülmiye Camii	An der Nordseite des Karpfenbeckens erhebt sich die langgestreckte Anlage der Abdürrahman Medresesi aus dem 17. Jh. und der Zülmiye Camii (1736). Die dreikuppelige Moschee mit ihrem schlanken Minarett heißt auch Ahmet Paşa, Ridwaniye oder Zulumiye Camii und steht vermutlich an der Stelle einer ehemaligen Thomaskirche.
*Dergah Camii	Südöstlich hinter der Hasan Paşa Camii unmittelbar unterhalb der Zitadelle verbirgt sich die Dergah Camii (auch Dersa Cami; großer Innenhof) mit der Eremitage des Propheten Abraham (Makam Ibrahim) und seiner heilkräftigen Quelle. Einmal jährlich versammeln sich hier zahllose Pilger, um Segen für die Mekka-Wallfahrt zu erbitten. Hier stand früher die byzantinische Erlöserkirche.
Eyüp Peygamber Camii	Südöstlich des Zitadellenberges fast schon am Stadtende stößt man auf das Grab und die Moschee des Propheten Eyüb, der dem biblischen Hiob entspricht. Eine Treppe führt zu einer Felsenkammer (Eremitage).
**Kapalı Çarşı	Eine besondere Attraktion ist der lebendige, alte Geschäftsteil südöstlich der Hauptstraße zwischen Ulu Cami und Hasan Paşa Camii. Es handelt sich teilweise noch um einen bedeckten Basar ohne touristische Überprägung. Nicht versäumen sollte man eine osmanische Karawanserei mit einem Innenhof, der als Çayhane (Teehaus) mit beachtlichem Lokalkolorit fast nur von Einheimischen (Männern wohlgemerkt) frequentiert wird.
Kreuzritter-Kirche	Unweit westlich der Ulu Cami steht die einzige aus der Glanzzeit der christlichen Grafschaft Edessa noch erhaltene Kirche. Sie wird z. Z. restauriert und hatte vorher als Gefängnis gedient.

Im Osten der Altstadt sind noch bescheidene Reste der Stadtmauer (Mah-mutoğlu Kulesi an der Straße nach Harran) zu erkennen, deren Verlauf sich seit römischer Zeit wohl nicht wesentlich verändert hatte (ferner im Westen das 'Wassertor'). Der Stadtbach (Karakoyun Deresi, in der Antike Skirtos, später Daişan) hat bei Flutkatastrophen immer wieder größere Teile des Stadtbefestigung unterspült, so daß er in byzantinischer Zeit umgeleitet wurde. Die Absperriegel aus großen Steinquadern im Norden und Osten der Stadt verhindern bis heute weitere Stadtüberschwemmungen.

Stadtmauer

Die im späten 12. Jh. erbaute Große Moschee trat an die Stelle der einsti-gen Stephanskirche. Auch hier hatte zuvor eine Synagoge gestanden. Charakteristisch ist das achteckige Minarett im Westen der Anlage, das wohl von der unter Justinian errichteten Kirche stammt. Die Betsäle sind als Kreuzgewölbe ausgelegt, und über der Gebetsnische erhebt sich eine kleine, schlichte Kuppel. Bauherr war Nur-Eddin, Sohn und Nachfolger des seldschukischen Gouverneurs von Mossul, Imad Eddin Zengi, der die Dynastie der Zengi begründet hatte.

Ulu Cami

Die Reste der 300 m langen und bis zu 80 m breiten Befestigung auf den Ausläufern des Top Dağı (auf dessen schroffen Felsen ganze Kolonien von Waldrapp-Ibissen nisten), von den Einheimischen Nimrud Kürsesi (Nim-rud-Kanzel) genannt, beherrschten die Stadt im Südwesten. Ein 12 m tiefer künstlicher Graben trennt die Burg vom Hinterland. Hier lag vermutlich bereits die hurritische Residenz und auch der Winterpalast der Abgaren (Abgar IX., 179–244). Die Relikte dieses Anwesens sind zwei 15 m hohe Säulen mit korinthischen Kapitellen. Die letzte Veränderung erfuhr die Zita-delle unter den Kreuzfahrern. Die Außenmauer hat noch drei Tore, innen findet man die Ruinen von 25 Befestigungstürmen.

Zitadelle

Umgebung von Şanlıurfa

Das alte Zentrum der unteren Harran Ovası, das antike Harran (der Name kommt aus dem akkadischen 'Charranu' = 'Straße'), in dem Abraham gelebt hat, heißt heute Altınbaşak. Das heutige Dorf, 50 km südöstlich von Urfa, ist aber nicht nur seiner Altertümer wegen berühmt (die bislang übri-gens so spektakulär gar nicht sind), interessant ist der Ort vor allem auch wegen seiner bereits ganz anderen Kultureinflüsse aus Syrien, die sich im Stil der Häuser, in der Kleidung der Frauen und auch in der Physiognomie der Menschen deutlich zeigen. Hier ist alles viel arabischer als anderswo in der Türkei. So verbindet sich in Harran Antikes mit Fremdartigem in äußerst ansprechender Weise.

Harran

Was man sieht, ist zunächst einmal der Siedlungshügel von Harran, der Siedlungsschichten seit dem 3. Jtd. v. Chr. enthält. Hier wird z. Z. an einer Erhebung auf dem eigentlichen Stadthügel noch gegraben, worunter sich möglicherweise eine ältere Akropolis verbirgt. Die stark verfallene Stadt-mauer, deren Verlauf noch gut nachzuvollziehen ist, umfaßt den größten Teil des Stadtgebietes, das sich durch eine charakteristische 'Klein-krater- und Hügellandschaft' als typische Stadtwüstung ausweist. Ähn-liches findet man z. B. auch in der verlassenen Altstadt von Van. Der Mau-orring wird von sieben Toren unterbrochen, von denen fünf noch gut erkennbar sind: das Aleppotor im Westen, restauriert von Saladin nach einer Inschrift von 1192; das Löwentor im Norden; das Mossultor im Osten; das Raqqator im Süden; das Römertor (Bab ar-Rum). Im Südosten der Anlage erheben sich die beeindruckenden Relikte der einst dreigeschossi-gen, unter den Fatimiden (1032) restaurierten Zitadelle mit noch drei er-kennbaren, polygonalen Festungstürmen, an deren Platz man die Stelle des Mondtempels vermutet, für den Harran in seiner Vergangenheit so be-rühmt war. Andere verstreute Stelle dieses Kulthauses in die Nähe oder gar unter die Ulu Cami, deren wenige, aber imposante Mauerreste im Nordosten des Ruinengeländes in den Himmel ragen. Die ausgedehnte

Ruinengelände

Ulu Cami

Şanlıurfa (Urfa)

Umgebung,
Harran,
Ruinengelände
(Fortsetzung)

quadratische Anlage gehört zu einer fast völlig zerstörten Hallenmoschee, die von den Omajaden erbaut, 830 erweitert und 1171–1184 unter Saladin restauriert wurde.

Geschichte

Harran wird im Alten Testament (Genesis 11, 31 und 12) als langjähriger Aufenthalt Abrahams und seiner Sippe auf seinem Wege von Ur nach Kanaan erwähnt. Damals, etwa im 18. Jh. v.Chr., muß Harran also bereits existiert haben. Die Grabungsbefunde bestätigen eine Besiedlung seit dem 3. Jtd. v.Chr., und Tontafeltexte aus dem 18. Jh. v.Chr. nennen den Ort neben Nachbarstädten, die oftmals Namen von Abrahams Verwandten tragen (Genesis 11, 10–31): Harran (Bruder Abrahams), Peleg (Großvater Serugs), Serug (Urgroßvater Abrahams), Nahor (Großvater oder Bruder Abrahams), Terach (Abrahams Vater).

In der Folgezeit gilt Harran als Zentrum der Mond/Sonne-Verehrung. Ein Doppeltempel für Sin (Schahr = Mond) und Schamasch (Sonne) wird schon für das 16. Jh. v.Chr. angenommen. Die Zugehörigkeit zu verschiedenen Nationen (1400 Mitannireich, 13. Jh. Assyrerreich) änderte an der Stellung Harrans als Mond-Kultzentrum nichts. Auch die Babylonier (Nabonid, 556–539 v.Chr.) förderten den Sin-Kult. Selbst unter den Nachfolgern Alexanders d.Gr. und in römischer Zeit verehrte man den Mondgott. Damals hieß die Stadt Karrai, dann Carrhae. Hier vernichtete der Parther Orodes II. 53 v.Chr. die Truppen des Crassus. In Harran wurde auf dem Weg vom Tempel zum Herrscherpalast 217 n.Chr. Caracalla ermordet, und hier schlugen 296/297 die Sassaniden die Römer unter Galerius. Erst Theodosius d. Gr. ließ 382 alle heidnischen Kultanlagen zerstören. Dazu gehörte auch der Sin-Tempel von Harran (Charrae). Der Omajadenkalif Marwan II. machte Harran 744–750 zu seiner Hauptresidenz. Unter ihm entstand wahrscheinlich die Ulu Cami mit der ältesten islamischen Universität. Das Ende kam für die Stadt mit dem Mongolensturm 1260. Bis zur Übernahme durch die Osmanen (1516) hatte sich der Ort noch nicht wieder erholt. Dem Kult der Gestirne huldigten aber noch bis ins frühe Mittelalter die Sabier (im 12. Jh. noch ein Sin-Tempel erwähnt) im benachbarten Sumatar (heute Sumatar Harabesi, s.u.).

**Trulli-Häuser

Harran wurde nach dem Niedergang nie wieder städtisches Zentrum, aber nach und nach entwickelte sich am Fuße des Tells (Siedlungshügels) ein Dörfchen, Altınbaşak. Bienenkorbartige Trulli-Häuser in nordsyrischer Bauweise mit ihren Kuppelbauten aus Stampflehm kennzeichnen heute das ältere Ortsbild Harrans und erinnern an Süditalien. Dieser Haustyp kommt den besonderen klimatischen Gegebenheiten der Region weit besser entgegen, als die modernen Betonbauten, die in zunehmendem Maße traditionelle Häuser auch hier verdrängen, obwohl diese inzwischen unter Denkmalschutz stehen.

Sultantepe

Etwa 15 km südlich von Urfa erhebt sich östlich der Straße nach Harran ein deutlich aus der Ebene herausragender Hügel, hinter dem sich das Dörfchen Sultantepe versteckt. Auf dem Hügel brachten Grabungen Reste einer assyrischen Besiedlung (Zitadelle) aus dem 8. und 7. Jh. v.Chr. ans Tageslicht. Entdeckt wurden dabei zahlreiche Tontafeln einer Bibliothek mit Epen (u.a. Teile des Gilgamesch-Epos), Gebeten, Briefen, Texten zu Themen der Mathematik, Astronomie, Astrologie und Medizin und – neben vielem anderen – auch ein Übungs-'Heft' eines Schülers aus dem 8. Jh. v.Chr. Zwei Jahre nach dem Ende der Stadt Ninive enden auch hier die Aufzeichnungen (Teilfunde im Museum in Ankara).

Sumatar Harabesi

Erreichbar nur mit einem geländegängigen Fahrzeug liegt fast 60 km südöstlich von Urfa eine eindrucksvolle historische Stätte der vorchristlichen Sabier-Sekte. Entweder über Sultantepe 10 km nach Osten oder von Çamlıdere (Mecrihan an der Straße nach Mardin) aus 15 km nach Süden gelangt man nach Sumatar. Der weitere Weg nach Ostsüdosten in die Felsregionen des Tektek-Berglandes beträgt bis zum Zielort Sumatar Harabesi oder Eski Sumatar, einer Wasserstelle bei Yağmuralan (Yağmurlu), nochmals etwa 30 km Piste und sollte möglichst mit ortskundigem Führer erfolgen (aus Sumatar).

Hier findet man im Halbrund in 400–800 m Entfernung um einen 50 m hohen Felshügel acht Ruinengruppen, von denen sechs unterirdische Kammern besitzen, zwei andere enthalten Grotten mit Reliefs und Inschriften. Der Hügel im Zentrum, ebenfalls versehen mit Skulpturen und Inschriften, ist offenbar Mittelpunkt eines rätselhaften Gestirntempels der Sabier, einer beduinischen Sekte, die zwar auch Menschenopfer kannte, die von den Arabern des Mittelalters aber als Glaubensgemeinschaft trotz ihrer 'gottlosen und barbarischen Riten' akzeptiert wurde. Den Hügel interpretiert man als Heiligtum des Sonnengottes Helios, der bei den Sabiern Marilaha hieß und in Gestalt eines Steinmales (Betyl) verehrt wurde. Die umgebenden Bauten gelten als Heiligtümer des Mondgottes Sin (Hauptheiligtum in Harran) und weiterer fünf Planetengötter (Merkur, Venus, Saturn, Jupiter und Mars). Die Gestirne galten als astrologische Schicksalslenker. Teile des Kultes waren aus der babylonischen Astrologie übernommen.

Sardes

D 5

Westanatolien (Landesinneres)
Provinz: Manisa
Ortschaft: Sartmustafa

Die Ruinenstätte der alten lydischen Hauptstadt Sardes, die einst durch ihren sprichwörtlichen Reichtum und ihr Artemisheiligtum berühmt war, liegt etwa 100 km östlich von İzmir bei dem kleinen Dorf Sartmustafa am Rande des Gediz-Tals (Hermos) im Seitental des Sart Çayı, des antiken Paktolos. An der Westseite eines etwa 200 m hohen steilen Burgberges dehnte sich die lydisch-griechische Stadt aus, während die spätere römische Stadt im Halbkreis eine niedrige Terrasse am Nordfuß des Hügels einnahm. Auf dem Burgberg selbst lag als ältester Teil der Stadt die Akropolis. Die Ausgrabungen und Restaurierungsarbeiten führten US-amerikanische Archäologen durch.

Lage und
Allgemeines

Plan der
Ausgrabungen

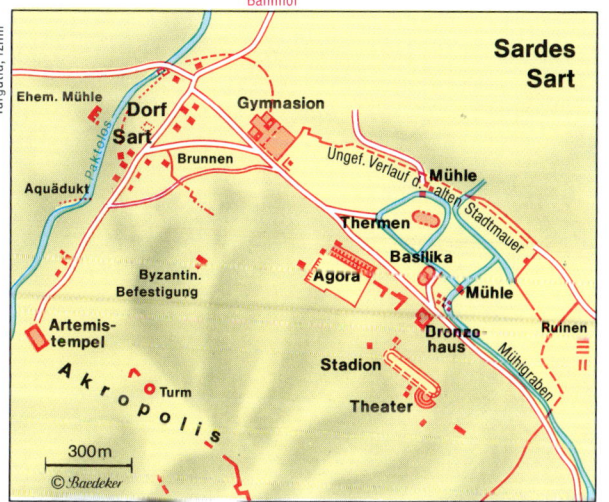

463

Sardes

Geschichte

Die Entwicklung von Sardes (Sardeis, Sardis) hängt eng mit der Entstehung des lydischen Großreiches zusammen. Bisher ist noch ungeklärt, ob die semitischen Lyder, deren Herrscher ihr Geschlecht auf den assyrischen Sonnengott zurückführten, den Ort selbst gegründet oder lediglich eine Siedlung der Mäoner erobert und in ihrem Reich eingegliedert haben.

⟶ Baedeker
Special S. 319

In der Zeit von König Gyges (um 685 v.Chr.) bis Kroisos (560–546 v.Chr.) blühte die Stadt auf, sowohl wegen ihrer Lage am Endpunkt eines uralten Handelsweges als auch wegen der Ausbeutung der Goldablagerungen des Flusses Paktolos und des regen Orienthandels. Im Jahre 546 v.Chr. wurde Sardes von den Persern unter Kyros erobert und war dann bis 499 v.Chr. Residenz persischer Satrapen. Von hier führte nun die große persische Königsstraße, mit Poststationen alle vier Stunden, über Ankyra (Ankara) nach Susa (eine Strecke wie von Berlin nach Lissabon).

Unter den Römern erlebte die Stadt abermals einen Aufschwung. Im Jahre 17 n.Chr. wurde Sardes von einem Erdbeben schwer heimgesucht, dann aber von Tiberius wiederaufgebaut. Schon früh fand das Christentum Eingang in die Stadt, und zwar vermutlich durch den Apostel Paulus. Sardes gehörte zu den in der Offenbarung des Johannes (1,11; 3,4) genannten sieben apokalyptischen Kirchen.

Gegen Ende des 11. Jh.s kam die Stadt unter seldschukische Herrschaft. Von da an verfiel sie zusehends, bis sie 1402 schließlich von den Mongolen unter Timur-Leng (Tamerlan) in Schutt und Asche gelegt wurde. Das heutige Dorf Sartmustafa entstand erst nach 1900.

Ruinenstätte
✳Artemistempel

Im Bereich der lydisch-griechischen Stadt erheben sich auf einem Hügel die Reste des berühmten Artemistempels, der im 6. Jh. v.Chr. von König Kroisos errichtet, 498 von den Griechen zerstört und unter Alexander d.Gr. wiederaufgebaut wurde. Der Bau hat mit einer Abmessung von 100 × 48 m eine außergewöhnliche Größe. An den Längsseiten standen 20 und an den Schmalseiten je acht ionische Säulen. Der eigentliche Tempel war durch eine Quermauer in zwei Hälften geteilt. Eine lydische Inschrift mit

Reste des berühmten Artemistempels

aramäischer Übersetzung lieferte den Schlüssel der lydischen Sprache. An der Südostseite des Tempelhügels steht die Ruine einer byzantinischen Kapelle aus dem 8. Jahrhundert. In der Nähe des Artemistempels befindet sich eine Nekropole aus lydischer Zeit.

Artemistempel (Fortsetzung)

Von der Akropolis auf dem Burgberg ist wegen der weit fortgeschrittenen Verwitterung und Abspülung des Gesteins bis auf geringe Mauerreste an der Süd- und Ostseite nahezu nichts mehr vorhanden. Von der Höhe genießt man jedoch eine großartige Aussicht.

*Aussicht von der Akropolis

In der Römerstadt sind die Reste einiger Häuser, eines Theaters (oben Aussicht) und eines Stadions (230×45 m) zu erkennen, wohl ausnahmslos aus der Zeit nach dem großen Erdbeben (17 n. Chr.).
Nordöstlich vom Dorf Sartmustafa, an der Straße nach Salihli, fand man ein Gymnasion aus dem 2. Jh. n. Chr. und nach Südosten hin weitere Gebäude (eine Synagoge, byzantinische Läden) sowie eine Straße ausgegraben etwa 650 m östlich vom Gymnasion lagen Thermen. Unweit nördlich vom Stadion das sog. 'Bronzehaus'.

*Römerstadt Gymnasion

Etwa 10 km nordwestlich von Sartmustafa liegt eine weitere große Nekropole. Unter den mehr als 60 kegelförmigen, verschieden großen Grabhügeln ('Bin Tepe' = '1000 Hügel'), die über die wellige Hochfläche verstreut sind, fällt ein ungewöhnlich großer Hügel (69 m hoch) auf. Nach der Überlieferung handelt es sich um das von Herodot (I, 93) beschriebene Grab des Alyattes, des Vaters des Königs Kroisos (Grabkammer ausgeraubt).

Nekropole

Umgebung von Sardes

Knapp 30 km südlich von Sardes erreicht man über eine malerische Bergstraße das Dorf Bozdağ (Höhe: 1100 m ü. d. M.). Es liegt unterhalb des 2159 m hohen Kırklar Tepe in einer Paßfurche der Boz Dağları und erhielt seinen Namen vom gesamten Gebirgsstock der Bozdağları. Dieser von den Gräben des Gediz Nehri und Küçük Menderes Nehri eingeschlossene, über 100 km lange plateauartige Gebirgshorst östlich von İzmir ist der antike Tmolos und gilt seit der seldschukischen Zeit bereits als beliebte Sommerfrische für die Städter der benachbarten Tiefländer. Aus manchen alten Sommersiedlungen, so z. B. aus Bozdağ selbst, haben sich nach und nach Dauersiedlungen entwickelt; und man hält Kleinvieh, kultiviert vor allem Obst, Getreide und Kartoffeln, in den vorgelagerten Ebenen dagegen Wein, Feige, Olive und Baumwolle. Andere bäuerliche Siedlungen des Berglandes dagegen zeigen heute, wie so viele Gebirgslandschaften der Türkei, deutliche Tendenzen der Bevölkerungsabwanderung und verfallen. In den heißen Sommermonaten sind alle Sommerhäuser und sonstigen Unterkünfte auf dem Bozdağ von Einheimischen überbelegt, im Frühjahr dagegen (in der Baumblüte) und im späteren Herbst ist der Bozdağ ein idealer, ruhiger Standort, und man findet nicht nur eine beeindruckende Waldlandschaft, sondern auch verschiedene akzeptable Unterkünfte auf dem Paß zwischen Bozdağ und Tekeköy und bei Gölcük (am See; siehe unten). Das Dorf Bozdağ, von Ödemiş oder Birgi über eine aussichtsreiche Paßstraße erreichbar, bietet keine Sehenswürdigkeiten bis auf einen sehr alten osmanischen Friedhof am südöstlichen Ortsausgang.

*Bozdağ

Am Nordostfuß des Bozdağ 80 km entfernt liegt inmitten von ausgedehnten Weinfeldern die Stadt Alaşehir, deren Umgebung fast an die Toskana erinnert. Die 'Bunte Stadt' befindet sich dort, wo König Attalos II. Philadelphos die Stadt Philadelphia (später Neokaisereia) als Grenzfeste gründete. Sie hatte in frühchristlicher Zeit als eine der apokalyptischen Kirchen Bedeutung (Offenb. Joh. 1, 11 und 3, 7) und wurde erst 1390 als letzter byzantinischer Besitz in Kleinasien von Bayazit I. erobert. Der Ort verfügt noch über umfangreiche Reste der mittelalterlichen Ummauerung und besitzt Schwefelthermen in der Nachbarschaft.

Alaşehir

465

Sardes, Umgebung, (Fortsetzung) *Birgi	Gut 10 km südlich des Bozdağ-Passes schmiegt sich das alte Städtchen Birgi an den Berghang zu beiden Seiten eines tief eingeschnittenen Bachlaufs. Der Ort wurde vermutlich im frühen 14. Jh. mit Baumaterial aus den Ruinen des alten Pyrgium (oder Dio Hieron) errichtet, von dem heute keine Reste mehr stehen. Ibn Battuta beschrieb 'Birgui' Mitte des 14. Jh.s als Sommerresidenz eines Lokalfürsten Mohammed. Das Landstädtchen besticht heute vor allem durch seinen schönen Baubestand alter Häuser aus dem 18. und 19. Jahrhundert. Das Çakirağa Konağı, ein besonders ansehnliches Großbürgerhaus mit typischer Konstruktion und auffälliger Bemalung, wird zur Zeit fachmännisch restauriert und dürfte in Bälde als 'Vorzeigehaus' für Besucher zugänglich sein. Das Ortszentrum auf einem Hügel wird beherrscht von der fünfschiffigen Ulu Cami von 1312, einer frühseldschukischen Moschee des Kufatyps mit rechteckigem, quergestelltem Betsaal, flacher Holzdecke und monotonen Säulenreihen (Waldmoschee). In kunstvoller Flachschnitzerei (Kündekari-Technik) zeigt sich die Himmelstreppe.
*Gölcük	Das erholsame, kleine Örtchen (das antike Torrhebia) in 1030 m Höhe am Nordufer des Gölcük-Sees gelegen ist ein typisches Sommerdorf (Yayla, im Winter fast verlassen) für die wohlhabenden Städter und Bauern des Tieflandes und Ausgangspunkt für Bergwanderungen (z. B. zu den Resten des antiken Hypaepa bei Datbey, südwestlich unterhalb). Malerisch eingebettet in einen Kranz ansehnlichen Nadelwaldes reihen sich die zumeist aufwendig gebauten Sommervillen entlang des West- und Nordufers am See (Ruderboote). Er ist durch einen Erdrutsch entstanden, der das Tal nach Norden hin abriegelt.
Ödemiş	Die erst in spätosmanischer Zeit gegründete Stadt Ödemiş (47 000 Einw.) entwickelte sich aus einem Ende des 13. Jh.s erbauten herrschaftlichen Anwesen der Kabazakaloğulları unweit südlich unterhalb der Ruinen des römischen Hypaepa. Im Ort mit lebhaftem Marktbetrieb findet man noch zahlreiche alte Stadthäuser des 19. Jh.s. Die Gemeinde lebt von den Antimon-, Quecksilber- und Kupfergruben der Umgebung.
Tire	Die Kreisstadt Tire 60 km südwestlich von Bozdağ befindet sich nahe der Stelle des alten Teira (nordöstlich auf einem Hügel, in der Antike Torrebia bzw. Arkadiopolis), das nach der türkischen Eroberung zugunsten von Tire aufgegeben wurde. 1308 wurden Aussiedler aus Ephesus in Teira ansässig. Im Mittelalter war die Stadt wichtiger Karawanenhalteplatz. Noch heute findet man hier fünf Karawansereien aus der osmanischen Blütezeit: Bakır Hanı, Dellaloğlu Hanı, Kulu Hanı, Lütfü Paşa Hanı und Savran Hanı. Das interessanteste dieser Bauwerke, einen großen, zweistöckigen Komplex mit Arkaden-Innenhof, findet man im Süden der Bahnstation schräg gegenüber dem achtfach überkuppelten, zentralen Basarbau. Mehmet II. (der Eroberer) ließ 65 000 Bewohner von Tire nach Konstantinopel zwangsumsiedeln (um 1453). Die alte Hauptstadt des Kaystrostales (Kleiner Mäander, Küçük Menderes) verlor dadurch erheblich an Bedeutung.

Schwarzmeerküste   C–R 1–3

Schwarzmeerregion

Provinzen (von Westen nach Osten):
Kırklareli, İstanbul, Kocaeli, Sakarya, Bolu, Zonguldak, Kastamonu, Sinop, Samsun, Ordu, Giresun, Trabzon, Rize und Artvin
Gesamtlänge: ca. 2000 km

*Küstenlandschaft **Badestrände	Die weithin grünen Ufer der türkischen Schwarzmeerküste werden denjenigen überraschen, der sich die Türkei als ein heißes und trockenes Land vorgestellt hat. Gebirgsketten mit dichten Laub- und Nadelwäldern und sanften Flußtälern, kilometerlange Badestrände, belebte Hafenstädte und verträumte Fischersiedlungen mit typischen Holzhäusern sowie nicht

Teeanbau im Hinterland von Rize

zuletzt ein feuchtmildes Klima, das u. a. Haselnüsse, Tabak, Mais, Reis und Tee gedeihen läßt, sind charakteristisch für diese reizvolle Küstenlandschaft, die in deutlichem Gegensatz zu den anatolischen Hochflächen des Landesinneren steht.

Küstenlandschaft (Fortsetzung)

Die an Naturschönheiten reiche, Küste des Schwarzen Meeres (türkisch Kara Deniz), von dem bis 4000 m ansteigenden Nordanatolischen Randgebirge oder Pontischen Gebirge überragt und durch Abrasion die an Buchten ärmste der Türkei, hat im Westen ein kühleres Klima, so daß es selbst im Hochsommer kaum zu heiß wird, während die östliche Küstenhälfte sehr warm und regenreich (bei Rize im Jahresdurchschnitt 2500 mm Niederschlag) ist, was ihren großen Waldreichtum erklärt. Zahlreiche Strandbäder mit meist gutem Sandstrand sowie viele historische Sehenswürdigkeiten lohnen einen längeren Aufenthalt.

Eigenheiten

Überall im Hinterland von Rize wird intensiver Teeanbau kultiviert – allerdings erst seit Mustafa Kemal Atatürk 1938 den schwarzen Tee (türkisch Çay) zum Nationalgetränk als Ersatz für den sehr teuren Importkaffee proklamierte. Die Produktion deckt den Eigenbedarf der Türkei. Böden mit günstigen Säurewerten, ergiebige Niederschläge, hohe Luftfeuchtigkeit (78 %), ausreichende Wärme im Sommer (35°C) und mildes Winterklima (Minimum 8°C) bieten hier für das Gedeihen des Tees beste Voraussetzungen (Haupterntezeit April/Mai).

Teeanbau und Teeverarbeitung

Schon in der griechischen Mythologie spielte der Küstenstreifen entlang des Pontos Euxeinos, dem 'gastfreundlichen Meer', eine besondere Rolle, etwa in den Sagen des Prometheus, der kriegerischen Amazonen oder der Argonauten, die mit dem Schiff 'Argo' das Goldene Vlies aus Kolchis holten. Seit dem siebten vorchristlichen Jh. entwickelten sich allenthalben blühende griechische Kolonien, meist von Milet her gegründet (Amisos, Kotyora, Kerasus, Trapezus u. a.). Nach dem Tod des Antigonos begrün-

Mythos und Geschichte

Mythos und
Geschichte
(Fortsetzung)

dete Mithradates V. im Jahre 281 v.Chr. das Pontische Königreich, das unter Mithradates d.Gr. Eupator (120–63 v.Chr.) seine größte Ausdehnung erreichte. Nach der Eroberung Konstantinopels durch die Kreuzfahrer im Jahre 1204 herrschte die byzantinische Dynastie der Komnenen über das Kaiserreich Trapezunt, das vom Thermodon bis zum Phasis reichte; Trapezunt wurde damals die wohl erste Handelsstadt der Alten Welt. Im Jahre 1461 eroberte Sultan Mehmet II. das Kaiserreich und gliederte es seinem Osmanischen Reich ein.

Für die jüngere türkische Geschichte war die Landung Kemal Paşas (Atatürk) am 19. Mai 1919 in Samsun von entscheidender Bedeutung, ging doch von dort der Befreiungsfeldzug gegen die ausländischen Okkupationsmächte aus, der schließlich zur Abschaffung des Sultanats und zur Errichtung der Republik führte.

Erschließung

Während die westliche Hälfte der Schwarzmeerküste zwischen der bulgarisch-türkischen Grenze und dem den nördlichsten Punkt Kleinasiens bildenden Kap İnce noch durch keine ganz durchgehend ausgebaute Straße entlang der Küste erschlossen ist, führt von Sinop, der im Altertum mächtigsten griechischen Kolonie am Schwarzen Meer, eine prächtige Küstenstraße über eine Kette sehenswerter Orte und Städte wie Samsun, den wichtigsten Hafen und Handelsplatz der Nordküste, und Trabzon, das alte Trapezunt, sowie weiter über das Teezentrum Rize, die Hauptstadt des Berglandes Lasistan, bis zu dem kleinen östlichsten türkischen Schwarzmeerhafen Hopa unweit der türkisch-sowjetischen Grenze.

Die türkische Küstenschiffahrt bedient von İstanbul mehr oder weniger regelmäßig die Häfen von Zonguldak, Sinop, Samsun, Giresun und Trabzon; die Regionalflughäfen von Samsun und Trabzon werden von İstanbul und Ankara direkt angeflogen.

Nachstehend sind die wichtigsten Küstenorte entlang dem Schwarzen Meer von Westen nach Osten aufgeführt.

Westliche Schwarzmeerküste

İğneada

Typischer Fischerort in einer nach Norden vom Kap İğneada (Leuchtturm) geschützten Bucht, 15 km südlich der türkisch-bulgarischen Grenze. Nach Westen steigt das waldreiche Istrancagebirge an. Es folgt der Badeort Kilyos mit schönem Sandstrand 40 km nördlich von İstanbul.

Bosporus

→ dort

Karasu

Rund 2 km landeinwärts liegt unweit der Mündung des Flusses Sakarya das Städtchen Karasu. Homer und Hesiod nannten den Fluß Sangarios nach dem phrygischen Flußgott, Sohn des Okeanos und der Tethys. An der Küste, die mittlerweile von Feriensiedlungen immer mehr überbaut wird, erstrecken sich kilometerlange feinsandige Strände.

Akçakoca
Diospolis

Am Meer gelegener Ort (Hotel) mit schmalem Badestrand unterhalb der Steilküste; an der Stelle der griechischen Siedlung Diospolis (oder Dia). An die Zeit der genuesischen Herrschaft erinnert eine Festungsruine (14. Jh.) im Westen der heutigen Stadt. Haselnußplantagen in der Umgebung.

Ereğli
Herakleia Pontike

Hafen- und Industriestadt (Stahlwerk) in einer Bucht südlich vom Kap Baba, des antiken Acherusia Promontorium an der Stelle der antiken Stadt Herakleia Pontike (Heraclea ad Pontum), die nach der Überlieferung im Jahre 560 v. Chr. von Megara her gegründet wurde. In der näheren Umgebung schöne Sandstrände (Karadeniz Ereglisi → Zonguldak).

Zonguldak

→ dort

*Amasra

Malerisch auf einer Halbinsel gelegener Küstenort, dessen Name von Amastris abgeleitet wird, der Nichte des Perserkönigs Dareios III. Sie war die Regentin von Herakleia und wollte hier angeblich Gärten wie jene der Semiramis in Babylon anlegen († um 285 v.Chr.). Im frühen Altertum hieß die Stadt Sesamos. Im 9. Jh. n.Chr. war Amasra Sitz eines Erzbischofs. Heute ist es ein aufblühender Badeort mit feinem Sandstrand und einem kleinen Hafen (Bootsbau; schlechte Unterkünfte!) Aus römischer Zeit sind Reste eines Theaters und von Thermen sowie eine Nekropole erhalten. Die Burg stammt aus der Herrschaftszeit der Genuesen (14. Jh.). Erwähnung verdienen die Fatih-Moschee und das Ortsmuseum.

Westliche Küste, Amasra (Fortsetzung)

An der Mündung des gleichnamigen Flüßchens inmitten einer üppigen Gartenlandschaft gelegener Haupthafen dieses schiefergedeckten Küstengebiets mit vielen typischen Holzhäusern und einer Burgruine. Ansehnliche alte Pontushäuser, z.T. noch traditionell gedeckt mit Schieferplatten, findet man in dem Fischerstädtchen İnebolu. In der Antike nannte man den Ort Abonuteichos, im Römischen Reich hieß er Ionopolis (daher heute İnebolu). Die Altstadt birgt zudem einige historisch bedeutsame Bauten: Eski Cami, Yeni Cami, Küçük Cami und im Erkistos Mahalles, dem alten Christenviertel, die Ruinen einer Kirche. İnebolu verfügt des weiteren über ansehnliche Strandpartien. Das gilt auch für die Nachbarorte Özlüce (14 km westlich), Kayran (24 km westlich), Doğanyurt (32 km westlich, von wo aus auch die Fokkayazı-Höhlen per Boot erreichbar sind) und Gemiciler (10 km östlich).

İnebolu

*Holzhäuser

Das Kap İnce (Leuchtturm), das antike Syrias Promontorium, bildet den nördlichsten Punkt der gesamten Türkei.

İnce Burun

*Östliche Schwarzmeerküste

Die Provinzhauptstadt Sinop (26 000 Einw.) liegt reizvoll auf der Halbinsel Boztepe im mittleren und zugleich nördlichsten Abschnitt der Schwarz-

Sinop

Idyllische Hafenstadt Sinop

Schwarzmeerküste

Östliche Küste,
Sinop
(Fortsetzung)

meerküste (ihr bestgeschützter Hafen). Einst war Sinop eine zum Meer hin orientierte Handelsstadt sowie Endpunkt wichtiger Karawanenstraßen von Kappadokien und den Euphratländern, während heute die Verbindung mit dem anatolischen Hochland durch das dazwischen aufragende Westpontische Gebirge verkehrstechnisch noch gewisse Schwierigkeiten bereitet. Berühmt die Sandstrände vor allem westlich der Stadt (Hotel). Als griechische (milesische) Kolonie (8. Jh. v. Chr.) hatte Sinop eine führende Stellung unter den Schwarzmeerstädten inne. Hier wurde 413 v. Chr. der 323 in Korinth gestorbene Philosoph (Kyniker) Diogenes ('Diogenes in der Tonne'; nicht zu verwechseln mit Diogenes von Apollonia) geboren. Aus der alten Blütezeit der Stadt sind abgesehen von bescheidenen Resten der Zitadelle, eines Serapistempels und der Stadtmauer im Hafenbereich keine Bauwerke erhalten. Vor allem westlich der Stadt erstrecken sich weite Sandstrände (lokaler Flugplatz).

Durağan

In dem Städchen Durağan 133 km südlich von Sinop am Gökırmak steht die 1266 gebaute seldschukische Karawanserei des Pervane Süleyman Hanı (Durak Hanı). Der nach Norden ausgerichteten, dreischiffigen Winterhalle ist ein größerer, mit Gewölbekammern umgebener Sommerhof vorgelagert. Die Ecken sind mit Halbrundtürmchen befestigt, und die Außenmauer ist mit zusätzlichen Rechtecktürmchen verstärkt.

Bafra

Etwa 25 km südlich vom waldigen Kap Bafra liegt die gleichnamige Stadt (54 000 Einw.) an der Mündung des Kızılırmak (= 'Roter Fluß'), des antiken Halys. Bafra ist bekannt für seine Thermalquellen, Tabak und Kaviar. Sehenswert sind ein Badehaus aus dem 13. Jh. sowie ein Baukomplex des 15. Jh.s bestehend aus einer Moschee, einem Mausoleum und einer Medrese. Unweit östlich der Stadt erstreckt sich der Strandsee Balık Gölü (= 'Fischsee'); weiter östlich entlang der Bucht von Samsun u. a. große Tabakpflanzungen.

Kızılırmak Deltası

Im Delta des alten Halys (→ Kırşehir) – von 301 bis 183 v. Chr. bildete er die Grenze zwischen dem Königreich Paphlagonien und dem Königreich Pontos – gibt es das größte natürliche Feuchtgebiet an der türkischen Schwarzmeerküste. Der östliche Teil des Deltas ist von vielen Brackwasserseen (Çernek, Gıcı, Paralı, Liman, Balık, Uzungöl, Tatlı Göl) und Lagunen durchsetzt, die ausgedehnte Schilffelder aufweisen. Das Delta, wo die meisten Vogelarten Anatoliens zu finden sind, dient vor allem als Überwinterungsplatz für Wasservögel. Darüber hinaus gibt es zwischen dem Balık Gölü bzw. dem Uzungöl (zusammen ca. 400 ha Fläche) einen ca. 1500 ha großen Auenwald aus Hainbuchen, Eschen, Erlen und verschiedenen Eichen, die bisweilen von Lianen überwachsen sind und z. T. sehr dichten Unterwuchs haben (zahlreiche Spechtarten). Ein weiteres Phänomen sind die über 100 halbwilden Dromedare, ein Relikt aus der Zeit des Halbnomadentums. Die Yürüken aus der Region Adapazarı haben sich hier 1915 als geschlossener Kleinstamm in einer Art Streusiedlung niedergelassen und betreiben inzwischen Ackerbau; nicht einmal sommers ziehen sie auf die Sommerweiden (Yayla).

Samsun

Die Provinzhauptstadt Samsun (301 000 Einw.) ist die größte Stadt an der Nordküste sowie wichtigster Hafen- und Handelsplatz (im Juli Industriemesse). Nicht zuletzt die günstige Landverbindungen per Fernstraße und Eisenbahn mit dem zentralanatolischen Hochland haben zu dieser Entwicklung beigetragen. In den Küstenebenen (Deltas) des Kızılırmak und des Yeşilırmak (= 'Grüner Fluß'; → Amasya) westlich und östlich von Samsun werden Tabak (der beste in der Türkei), Getreide, Baumwolle, Mohn und andere Ölpflanzen angebaut, deren Verarbeitungsprodukte (große Zigaretten- und Lebensmittelfabriken) über den Hafen exportiert werden. Die sandigen Strandabschnitte in der Umgebung bieten ausgezeichnete Bademöglichkeiten. Die von griechischen Kolonisten aus Milet im 7. Jh. v. Chr. gegründete Stadt Amisos lag etwa 3 km nordwestlich der heutigen Stadt. Später wurde der Ort von athenischen Kolonisten besiedelt und von

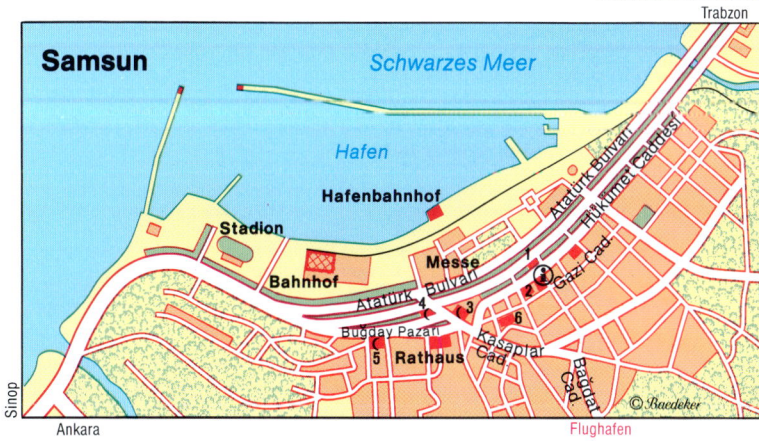

1 Atatürk-Denkmal
2 Air Terminal (Flughafenbusse)
3 Große Moschee
4 Yalı-Moschee
5 Hançerli-Moschee
6 Gazi-Museum

diesen 'Peiraieus' (Piräus) benannt. Der Name 'Samsun' wird erstmals im Jahre 1331 genannt. In Samsun landete am 19. Mai 1919 Mustafa Kemal Paşa (später Atatürk) und begann den Kampf bis in die ausländischen Besatzungstruppen (Reiterdenkmal im Stadtpark). Im ganzen Land wird dieses Datum alljährlich als 'Tag der Jugend' gefeiert.

In dem ehem. Hotel, das Kemal Paşa während seines Aufenthaltes in Samsun bewohnte, ist heute das Gazi-Museum untergebracht. Von den älteren Moscheen sind vor allem die im 14. Jh. von den mongolischen Statthaltern erbaute Pazar-Moschee ('Marktmoschee') und die Große Moschee (Ulu Cami) aus dem 18./19. Jh. zu nennen. Im Archäologischen Museum werden Grabungsfunde vom nahen Dündar-Hügel gezeigt, wo sich einst das alte Amisos befand.

Östliche Küste, Samsun (Fortsetzung)

Rund 80 km südwestlich von Samsun gibt es mehrere Ortschaften mit Thermalquellen. Das Bad in Havza wurde schon 1650 von Evliya Celebi erwähnt und ist das antike Thermae der Römer. Wie viele traditionsreiche Badeorte, deren Gründung oft bis in die Antike zurückreicht, wurde auch in Havza neben den alten Anlagen aus der seldschukischen Zeit (13. Jh., zwei Bäder) ein zeitgemäßer Badebetrieb eingerichtet. Ein weiteres Thermalbad findet man im antiken Laodikea (Ladik) mit dem kleinen, malerischen Ladiksee (Ladik Gölü).

Havza
Ladik

Der Ort Vezirköprü wurde benannt nach einer alten Brücke über einen Nebenfluß des Kızılırmak. Der Ort birgt verschiedene alte Bauten der Köprülü, die als geachtete und verdiente Beamtenfamilie fünf Großwesire im späten 17. und im 18. Jh. stellten (u. a. Mehmet Paşa = der Gestrenge, Ahmet Paşa = der Registerführer, Amcazade Hüseyin Paşa). Nordöstlich der Stadt stößt man auf den Kapıkaya, einen Felsen mit einem paphlagonischen Grabmal, der mit vier Fassadensäulen ausgestattet wurde. Weitere derartige Grabhöhlen findet man weiter nördlich am Kızılırmak.

Vezirköprü

Rund 30 km südlich landeinwärts gelegene Stadt im Mündungsdelta des Yeşilırmak, der im Altertum Iris hieß und nordwestlich am Kap Civa (in der Antike Ankon) ins Meer mündet. Östlich vom Kap haben sich infolge der durch die vorherrschenden Nordwestwinde erfolgten Strandversetzungen nach Osten zahlreiche Nehrungen mit Sanddünen sowie Haffs (Lagunen) und Strandseen gebildet, wodurch allmählich eine ausgeglichene Abrasionsküste entsteht.

Çarşamba

Schwarzmeerküste

Östliche Küste, (Fortsetzung)
Terme
Themiskyra

Unweit südlich vom Kap Çaltı, dem alten Heracleum Promontorium ('Vorgebirge des Herakles') gelegene Ortschaft am Terme Cayı, der wohl der antike Thermodon sein dürfte.

An der Flußmündung lag im Altertum die Stadt Themiskyra und die gleichnamige Ebene, die nach Strabos Erdbeschreibung 60 Stadien (10 km) hinter Amisos (Samsun) beginnt, bis zum Thermodon reicht und wegen ihrer Fruchtbarkeit gerühmt wurde.

Amazonen

Außerdem gilt Themiskyra als Wohnsitz der Amazonen, jenes in der griechischen Sagenwelt vielfach erwähnten Volkes kriegerischer und männerfeindlicher Frauen, die sich vom Kriegsgott Ares und der Nymphe Harmonia herleiteten und sich die rechte Brust verstümmelten, um im Kampf besser den Bogen führen zu können ('Amazone' = 'die Brustlose').

Nach der Sage mußte Herakles nach Themiskyra ziehen, um den Gürtel der Amazonenkönigin Hippolyte nach Argos zu holen. Als die Griechen bei ihrer Kolonisierung der Schwarzmeerküste in dieses Gebiet kamen und keine Amazonen vorfanden, erklärten sie, daß Herakles sie vernichtet oder vertrieben habe.

Ordu
Kotyora

Die Provinzhauptstadt Ordu (81 000 Einw.) hieß im Altertum Kotyora und war als eine ionische Kolonie angelegt worden. Hier soll sich Xenophon mit seinen zehntausend Griechen im Jahr 401 v. Chr. nach Sinop eingeschifft haben. Als König Pharnakes die Stadt Pharnakeia (Giresun) mit den Einwohnern von Kotyora besiedelte, begann der Untergang der Stadt. Im Mittelalter gehörte das Gebiet um Ordu zum Kaiserreich Trapezunt. Im Jahre 1913 sind große Teile der Stadt abgebrannt.

Giresun
Kerasus

Die Provinzhauptstadt Giresun (56 000 Einw.) liegt auf einer kleinen, einst befestigten Felshalbinsel und ist Hafenplatz für die Ausfuhr von Holz und Haselnüssen. Von der Stadt, in der Grabmäler für Seyyidi Vakkas und Osman Ağa sowie eine Kirche aus dem 18. Jh. bemerkenswert sind, führt eine breite Niederung zu einem abgestumpften Kegelberg, der von einer byzantinischen Festung gekrönt ist. Dicht vor dem Hafen liegt die kleine Insel Giresun Adası, in der Antike Aretia genannt, wo nach der Sage die Argonauten landeten; sie war unbewohnt und besaß einen Steintempel des Kriegsgottes Ares. In byzantinischer Zeit befand sich hier ein Kloster, dessen Ruinen noch vorhanden sind.

Die Siedlung an der Stelle des heutigen Giresun hieß im Altertum Kerasus und war eine milesische Gründung des siebten vorchristlichen Jahrhunderts. Xenophon machte hier im Jahre 400 v. Chr. mit seinen zehntausend Griechen auf dem Rückmarsch Rast. Später hieß der Ort Pharnakeia nach dem König Pharnakes (dem Großvater Mithradates' d.Gr.), durch den sie aus Kotyora (Ordu) Zuwachs erhielt. Während des Krieges mit den Römern hatte Mithradates den Sitz seines Harems hierher verlegt.

Aus der Gegend von Giresun soll der römische Feldherr Lucullus eine gute Sorte Kirschen (griechisch 'kerássi', lateinisch 'cerasus', türkisch 'kiraz') nach Rom gebracht haben; hiervon soll der Name 'Giresun' abgeleitet sein.

Fener Burnu

Die Küstenstraße führt weiter bis zur kleinen Landzunge Fener Burnu (Kap Yeros, in der Antike Kap Hieron Oros = Heiliger Berg), einem der höchsten Kaps am Schwarzen Meer. Zur Sicherung der Stadt Trapezunt legte der byzantinische Kaiser Alexios II. 1309 hier ein Kastell an. Zuvor soll Justinian hier ein Kloster St. Foca gestiftet haben. Das Kap war den Seeleuten seit den Tagen der Argonautensage deutliche Wegmarke.

Akçaabat

Das Städtchen Akçaabat, das antike Hermonassa bzw. Platana (Polathane), ist einer der wenigen Orte am Schwarzen Meer, wo man noch Beispiele älterer griechischer Architektur sehen kann. Im Westen des Ortes stößt man auf die Michaelskirche aus dem 13./14. Jahrhundert.

Trabzon

⟶ dort

472

Östliche Küste
(Fortsetzung)
Sürmene
∗Yapukoğlu
Konağı

Etwa 40 km östlich von Trabzon liegt die Ortschaft Sürmene (Hamurgan). Im alten Susarmia bzw. Augustopolis an der Kora (Manahoz Deresi) soll es den sog. 'Tollhonig' geben (wird von den Einheimischen bestätigt), an dessen Genuß die Zehntausend des Xenophon erkrankten. Außer einer mittelalterlichen Burgruine steht 5 km westlich vor Sürmene im Dorf Sürmene Kastil das beeindruckende Herrschaftshaus Yapukoğlu Konağı aus dem 18. Jh. (Derebeyli Kale). Es war früher der Herrensitz der Familie Yapukoğlu, die hier als Lokalherrscher (Derebey) relativ losgelöst von der Hohen Pforte in İstanbul residierten (sehenswerte Innenausstattung).

Fetoka-Klöster

In der Bergeinsamkeit des Hinterlandes von Sürmene findet man südlich der Ortschaften Küçükdere und Köprübaşı (beide etwa 20 km von Sürmene über leidliche Zufahrten erreichbar) verschiedene Klosteranlagen griechischer Mönche, die hier bis 1923 lebten. Drei dieser Klöster, mittlerweile wie die meisten von ihnen ruiniert und nur zu Fuß und mit Führer auffindbar, sind das Charweli- und das Oma-Kloster (20 km südlich Köprübaşı auf den Höhen des oberen Manahoz Deresi) sowie das Seno-Kloster unweit südlich von Küçükdere.

Rize

Auf einer schmalen Küstenverflachung am Fuß des steil ansteigenden pontischen Gebirgsfußes (Neustadt) und den dahinterliegenden Hügeln verteilt sich die Provinzhauptstadt Rize (52 000 Einw.) an einer kleinen Bucht. Wichtige Einkommensquellen sind der Exporthafen für Tee und Holz, die Teeproduktion und mittlerweile der Tourismus (Ausflüge in das bergige Hinterland und zu den Teeplantagen). Im Altertum hieß die Stadt Rhizion (Rhizus, Rhition, Rhitium) und war kolchischer Hafen im Land der Kiooior. Unter Byzanz und dem Kaiserreich Trapezunt nannte man die Stadt Risso. Erst 1461 mit der Eroberung von Trapezunt durch Mehmet II. fiel Rize an die Osmanen.
Die Burgruine (Rize Kalesi) mit schöner Aussicht und Teegarten oberhalb der Stadt stammt aus dem Mittelalter. Einen besonders eindrucksvollen

Bauernhäuser bei Rize

Östliche Schwarz-meerküste, Rize (Fortsetzung)	Blick genießt man vom Botanischen Garten der Stadt mit zahlreichen sub-tropischen Pflanzen (Lehrsammlung zum Thema Tee), den man beim Orts-eingang im Westen über eine steil ansteigende Straße erreicht.
Ayder Kaplıcası	Ca. 80 km südöstlich von Rize liegt das von dichten Wäldern und grün leuchtenden Almen umgebene Dorf Ayder auf 1300 m Höhe. Idyllisch wir-ken die kragenden Satteldächer über Häusern aus mächtigen Holzbohlen. Im Dorf gibt es auch eine kleine Thermalquelle. Seit einigen Jahren fühlen sich in Ayder zunehmend auch Touristen wohl.
Lasistan	Im Südosten von Rize beginnt das wilde Bergland Lasistan (Tatos Dağları), dessen schneereiche Gipfel sich im Kaçkar Dağı bis knapp unter 4000 m ü.d.M. erheben (→ Zahlen und Fakten: Historische Landschaften).
Çamburun Plajı	Ca. 11 km östlich der Stadt beim Dorf Çamburun (Kiefernkap) erstrecken sich unter einer steilen Felsklippe schöne Strandabschnitte, die man über 211 in den Felsen geschlagene Stufen erreicht.
Çamlıheşin	Eine abenteurliche Fahrt durch die Teefelder östlich von Rize und entlang des wilden, von Steinbrücken überspannten Fırtına Çayı-Tales mit seinen mächtigen, alten Gehöften verspricht der Besuch der kleinen Kreisstadt Çamlıhemşin 80 km östlich von Rize.
Ziy Kalesi	Die mittelalterliche Burganlage Zilkalesi (Ziykale) liegt im Gebirgsland des Üsküt Dağı (12 km südwestlich von Çamlıhemşin) hoch über dem Tal des Fırtına Deresi auf einer überhängenden Felsklippe.
Hopa	Der östlichste türkische Schwarzmeerhafen liegt 8 km vor der türkisch-georgischen Grenze bei Kemalpaşa (Hotel). Bis nach İstanbul sind es etwa 1250 km. Es regnet hier so viel wie sonst nur im subtropischen Dschungel. An der Küste siedeln die Lasen, muslimische Nachfahren von Griechen.

Siirt

→ Bitlis

Side   **G 7**

Südküste (Östliches Mittelmeer)
Provinz: Antalya
Höhe: 0–15 m ü.d.M.
Ortschaft: Selimiye (ca. 4000 Einw.)

Lage und Bedeutung	Das Ruinenfeld der einst bedeutenden hellenistischen Stadt Side liegt auf einer in den Golf von Antalya vorspringenden felsigen Halbinsel etwa auf halbem Wege zwischen Antalya und Alanya. Landeinwärts gipfelt die Halb-insel in dem kahlen Kalksteinfelsen des Ak Dağı, während sich zu ihren bei-den Seiten, gesäumt von zahlreichen Hotelkomplexen, lange Sandstrände kilometerweit die Golfküste hinziehen. Inmitten der von Pflanzenwuchs überwucherten und von Dünensand verschütteten antiken Stadt liegt der
*Badeort	reizvolle Fischer- und betriebsame Ferienort Selimiye. Die Bewohner sind vielfach Nachkommen von Kretern, die sich um 1900 hier angesiedelt haben. Das Örtchen inmitten der Ruinen zählt heute zu den bedeutendsten Seebädern an der Türkischen Riviera und besitzt zahlreiche Hotel- und Clubanlagen sowie schöne Sandstrände (u.a. Sorgun Plajı).
Geschichte	Die Halbinsel von Side war bereits um 1000 v.Chr. besiedelt. Im 7./6. Jh. v.Chr. ließen sich griechische Kolonisten aus der westkleinasiatischen Stadt Kyme hier nieder und legten einen Hafen an. Über einen Piraten-schlupfwinkel und Sklavenmarkt entwickelte sich Side in römischer Zeit zu

einer wohlhabenden Handelsstadt. Wie in Perge und anderen antiken Küstenstädten verursachte jedoch die Küstenströmung allmählich eine Versandung des Hafens, die zusammen mit dem Niedergang der römischen Herrschaft zur Verödung der Stadt führte. Zwischen dem 7. und 9. Jh. wurde sie schließlich aufgegeben.

Geschichte (Fortsetzung)

Im Osten der Halbinsel verläuft die ehemals turmbewehrte byzantinische Stadtmauer. Vor dem früher mehrstöckigen nördlichen Stadttor (Großes Tor) liegt ein Nymphäum (2. Jh. v.Chr.), zu dem von Norden ein Aquädukt führt. Von diesem Stadttor nahmen in römischer Zeit zwei Kolonnadenstraßen ihren Ausgang: Die eine führte südwärts, die andere in südwestliche Richtung. Folgt man der zuletzt genannten, so gelangt man nach etwa 350 m zu der annähernd quadratischen Agora, die ringsum mit Säulenarkaden (Läden) umgeben war; in der Westecke ist deutlich das Fundament eines kleinen korinthischen Rundtempels zu erkennen. Etwa 30 m nördlich vom Platz hat man zwei römische Peristylhäuser (2./1. Jh. v.Chr.) mit Mosaikresten freigelegt.

*Ruinenstätte

Agora

An der Südwestseite der Agora erhebt sich das mächtige Theater, das als das größte in Pamphylien galt und auf 49 Rängen rund 15000 Zuschauern Platz bot. Obwohl mehrere Gewölbebögen beim Einsturz erhebliche Teile des Tribünenbaus mit sich gerissen haben, stellt die Ruine dennoch ein sehr beachtliches Zeugnis römischer Baukunst dar.

*Theater

Gegenüber der Nordwestseite der Agora liegen die stattlichen sog. Agora-Thermen, in denen ein besuchenswertes Museum eingerichtet ist. Hier werden die wertvollsten der bei den Ausgrabungen der zwanzigjährigen türkischen Kampagne (1947–1967) gefundenen Statuen, Reliefs, Sarkophage, Urnen u.a. gezeigt. Die Funde sind teils in den renovierten ehemaligen Baderäumen, teils im Garten aufgestellt.
Besonders bemerkenswert sind im Frigidarium: zwei römische Altäre, ein hethitischer Säulensockel, eine römische Sonnenuhr und ein Waffenrelief vom östlichen Stadttor; im Caldarium: Mädchen- und Frauenfiguren (u.a. Drei Grazien); im Großen Tepidarium: ein Prunksarkophag mit umlaufendem Erotenfries, Statuen des Herakles (mit dem Apfel der Hesperiden in der Hand), des Gottes Hermes und des römischen Kaisers Licinius; im Kleinen Tepidarium: eine große Statue der Siegesgöttin Nike; im Palästra-Garten: Architekturteile, Reliefs und Medusenhäupter.

*Agora-Thermen (Museum)

Antalya, Manavgat, Alanya

Side

1 Brunnenhäuser
2 Vespasiandenkmal
3 Triumphbogen
4 Dionysostempel
5 Zisternen
6 Spätantike Stadtmauer
7 Rundbau
8 Byzantinisches Gebäude
9 Baptisterium
10 Tempel
11 Nymphäum
12 Thermen

Golf von Antalya

Aquädukt

Großes Tor   Nymphäum

Haus

Thermen (Museum)

Säulenstraße   Säulenstraße   Stadtmauer

Häuser

Basilika

Stadtmauer   Agora

Basilika

Selimiye   Theater

Staats-agora

Bischofs-palast

Hafen

Antiker Hafen   12

Säulenstraße

Haus   Stadt-tor

Bibliothek   Stadt-tor

Stadtmauer

12

Basilika   10   10   11

Mittelmeer

© Baedeker   200 m

Plan der Ausgrabungen

475

Side – das mächtigste Theater Pamphyliens

Weitere Bauten

Unweit südwestlich der Agora-Thermen befinden sich ein Triumphbogen, ein Denkmal für den römischen Kaiser Vespasian und verschiedene Brunnen, von denen der sog. Drei-Becken-Brunnen hervorgehoben sei.

Vom Theater verläuft die Fortsetzung der Kolonnadenstraße in südwestlicher Richtung quer durch die Halbinsel und den Ort Selimiye (zahlreiche Gaststätten und Souvenirläden) und endet bei einem dem Mondgott Men geweihten Halbkreistempel am Meer. Westlich davon liegen auf der Halbinselspitze die Reste der beiden Haupttempel der antiken Stadt, die vermutlich der Athena und dem Apoll geweiht waren (Restaurierung im Gange); östlich daneben die Ruine einer byzantinischen Kirche.

Am Südwestende der Halbinsel lag der heute weitgehend verlandete Hafen, dessen Konturen an einem tief in die Uferfelsen eingreifenden Steilhang erkennbar sind. Dieser Hanglinie nordostwärts folgend sieht man die Reste eines byzantinischen Thermenbaues. Im östlichen Teil des alten Stadtgebietes befindet sich die sog. Staatsagora. Ihre Ostseite erfüllt ein mächtiger, einst zweistöckiger Bau, den man als Bibliothek deutet; in einer Säulennische eine Figur der Schicksalsgöttin Nemesis in situ.

Byzantinische Kirchenbauten

In dem Bereich zwischen Staatsagora und östlicher Stadtmauer liegen die umfangreichen Ruinen aus byzantinischer Zeit des Bischofspalastes, der Hauptbasilika und eines Baptisteriums. Diese frühchristlichen Bauten waren zwischen dem 5. und dem 10. Jh. entstanden.

Umgebung von Side

Manavgat-
＊Wasserfälle

Ein lohnender Ausflug führt von Side 8 km nordostwärts über das etwas landeinwärts gelegene Städtchen Manavgat an dem gleichnamigen und wasserreichen Fluß (im Altertum Melas). Er entspringt in den Şeytanbergen (Şeytan Dağları) des Taurus und bildet 5 km oberhalb von Manavgat

Manavgat-Wasserfälle in der Umgebung von Side

(Zufahrt) schöne Wasserfälle (Şelalesi). Im Areal eines Gartenlokals kann man auf Wegen und Stegen bis unmittelbar zwischen die weithin hörbar rauschenden Wasserkaskaden gelangen.

Manavgat-
Wasserfälle
(Fortsetzung)

Nur wenige km nordwestlich des Wasserfalls, dort wo man mit dem Fahrweg den Naras Çayı überquert, führt flußabwärts eine seldschukische Mehrbogenbrücke über den Manavgat Çayı. Sie steht auf römischen Fundamenten.

Naras Köprüsü

Etwa 5 km nördlich oberhalb des Dorfes Bucak Şeyler, das man von Side aus über den Wasserfall Manavgat Şelalesi erreicht, stößt man mitten in einem Pinienwaldstück auf die ansehnlichen Ruinen der Seleukidenstadt Seleukeia in Pamphylien, über deren Geschichte man kaum etwas weiß. Auch die Identifizierung ist noch nicht gesichert – trotz der vorhandenen Relikte. Bei Ausgrabungen in den 70er Jahren legte man eine große Therme, eine bestens erhaltene Agora aus der Kaiserzeit mit Magazinen, Säulenhallen und Ladenzeile, eine byzantinische Kirche (Fundamente), ein Heroon, ein Odeion und vor allem ein Orpheusmosaik frei.

Seleukeia
in Pamphylien

Folgt man der Küstenstraße weiter östlich und dann der Abzweigung nach Konya erreicht man nach etwa 80 km Akseki. Zwischen Akseki und Aydınkent (İbradi) erstreckt sich das Höhlensystem der Düdensuyu Mağarası in der Nähe des Dorfes Ürümlü (zu Fuß) 500 m westlich des Manavgat Çayı. Man stößt auf mehrere unterirdische Seen, über einen von ihnen (100 m lang) führt eine natürliche Brücke. Bislang kann man nur diesen ersten See besuchen (Führer!). Man erreicht den Ort auch mit Geländewagen über eine szeneriereiche Piste von Manavgat über Dikmen direkt.

Akseki/
Düdensuyu
Mağarası

Im oberen Senkenbereich des Manavgat Çayı liegt unweit der Ortschaft Cevizli (1050 m ü. d. M., 4000 Einw.) das mit 330 m Vertikaldistanz bislang tiefste Höhlensystem der Türkei, die Düdencik Mağarası. Ein Höhlenge-

Cevizlik

477

Side

Umgebung,
Cevizlik
(Fortsetzung)

*Aspendos

wässer, das nur im Winterhalbjahr fließt, tritt als Karstquelle bei Pamukluk Köprüsü an der Quelle des Manavgat Çayı wieder ans Tageslicht.

Die besonders wegen ihres einst berühmten Theaters besuchenswerte Ruinenstätte liegt 30 km westlich von Side und 15 km von der Küste entfernt bei dem Ort Belkıs. Die in antiker Zeit wohl wichtigste Stadt Pamphyliens ist in die Flußebene des in seinem Unterlauf schiffbaren Köprüırmağı, des antiken Eurymedon eingebettet.

Aspendos wurde um 1000 v. Chr. von dem legendären Griechen Mopsos gegründet. Wie die Nachbarstädte Perge und Side erlebte Aspendos unter der Herrschaft der Römer seine größte Blüte, und ebenso wie bei diesen Orten führte die Verlandung des Hafens, aber auch der byzantinische Zentralismus schließlich zum Verfall der Stadt.

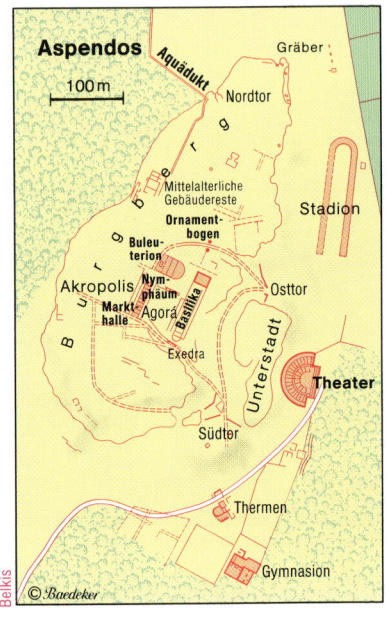

**Theater

In der Unterstadt liegt die Hauptsehenswürdigkeit von Aspendos: das römische Theater, das besterhaltene und auch eines der größten Bauwerke dieser Art in Kleinasien. Der im 2. Jh. n. Chr. von Crespinus Arruntianus und Auspicatus Titianus errichtete, in neuester Zeit restaurierte Bau hat 15000–20000 Plätze und wird jetzt für Musik- und Theaterfestspiele benutzt. Das durch einen breiten Umgang zweigeteilte Halbrund der Zuschauerränge umfaßt in seinem unteren Teil 20 Ränge mit zehn Treppenaufgängen, im oberen Teil 19 Ränge mit 21 Treppenwegen. Den oberen Abschluß bildet eine Pfeilerarkade mit einem Tonnengewölbe. Zwei Bogengänge führen zu beiden Seiten der Bühne in die Orchestra. Die zweigeschossige Bühnenrückwand war durch schlanke Doppelsäulen gegliedert. Die untere Säulenreihe trug ionische, die obere Reihe korinthische Kapitelle. Die den zentralen Bühnenzugang flankierenden beiden Doppelsäulen hatten einen gemeinsamen gesprengten Giebel.

Der Bühnenraum war mit einem an Seilen aufgehängten Holzdach gedeckt. Vermutlich konnte auch der Zuschauerraum mit einer Zeltplane überspannt werden.

Akropolis

Unmittelbar über der Unterstadt erhebt sich der steile, etwa 40 m hohe Burgberg mit der Akropolis. An den Resten eines kleinen Tempels und der Agora vorbei gelangt man zu dem einst monumentalen, durch Doppelsäulen gegliederten Nymphäum (Brunnenheiligtum), von dem noch eine 32 m lange, durch zehn Statuennischen gegliederte Mauer steht. Nördlich anschließend die Fundamente eines weiteren Gebäudes, das wohl als Buleuterion (Rathaus) diente.

Aquädukt

Nördlich des Burgberges bemerkt man die Reste eines alten Aquäduktes und zweier Wassertürme, die miteinander in Verbindung standen.

Aspendos: Orchestra des Theaters ...

... und Ruinen in der Oberstadt

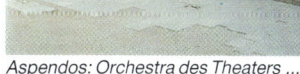

Das Theater von Aspendos ist in gutem Zustand erhalten

Side,
Umgebung
(Fortsetzung)
Köprülü Kanyon

Am Abzweig der Straße nach Beşkonak, 10 km östlich von Aspendos, führt eine lange seldschukische Buckelbrücke mit römischen Fundamenten über den Köprülü İrmak. 46 km nördlich davon erreicht man hinter dem Dorf Alabalık bei Beşkonak eine markante Engstelle des Flusses. Hier beginnt der landschaftlich eindrucksvolle, gebirgige Nationalpark des Köprülü Kanyon (Brücken-Schlucht), in dem auch Selge liegt. Hinter einigen kleinen Fischlokalen führt der Fahrweg nach Selge über eine römische Brücke, die die Schlucht überspannt. Auf der weiteren Fahrt kreuzt man oftmals eine antike Pflasterstraße nach Selge.

*Selge

Hoch oben in den taurischen Bergen etwa 60 km nördlich von Aspendos liegt das Dorf Altınkaya Köyü (Zerk, 1050 m ü.d.M.) mit den Ruinen von Selge. Die Zufahrt über Beşkonak ist hinter Alabalık sehr schlecht, aber ein Erlebnis. Man sagt, daß die Stadt von Kalchas, dem blinden Seher des Trojanischen Krieges, und seiner Resttruppe aus Troia die Stadt gegründet wurde. Die abseitige Lage bewahrte den Ort bis zur Römerzeit vor fremder Herrschaft. Der Handel blühte dennoch dank der guten Kontakte zu den Städten Pamphyliens und anderer kleinasiatischer Landschaften. Somit hatte es die pisidische Stadt Selge zur römischen Kaiserzeit zu Reichtum gebracht. Im weitläufigen Ruinengelände findet man zahlreiche sehenswerte Relikte. Dazu zählt vor allem das römische Theater mit griechischem Zuschauerraum (10000 Plätze) und das Stadion unmittelbar daneben. Südwestlich in einiger Entfernung auf einer Erhebung liegen die Reste eines Zeus- und eines Artemistempels und dahinter zisternenartige Rundbehälter zur Wasserversorgung des Ortes. Östlich davon etwa 500 m auf einer weiteren Anhöhe erreicht man die Agora, die einst an drei Seiten Ladenzeilen besaß und von der sich eine Kolonnadenstraße nördlich zieht. Unweit davon findet man Reste einer dreischiffigen Basilika und einer ca. 120 m langen Halle. Relikte der Stadtmauer (Tor) sind klar zu erkennen.

Siirt

→ Bitlis

Silifke   I 7

Südküste (Östliches Mittelmeer)
Provinz: İçel
Höhe: 50 m ü.d.M.
Einwohnerzahl: 47000

Lage und
Allgemeines

Silifke (früher Selefke), ca. 10 km vom Mittelmeer entfernt am rechten Ufer des Göksu Nehri gelegen, nimmt die Stelle von Seleukeia Tracheia ein, einer der Gründungen des Seleukos Nikator (312–281 v.Chr.); sie war der Straßenknotenpunkt des 'Rauhen Kilikien', besaß einen berühmten Orakeltempel des Apollo und blühte bis zum Ende der römischen Kaiserzeit.

Sehenswertes

Über der Erde sind nur Baureste des Konak aus römischer Zeit erhalten; im Innern u.a. einige Inschriften, Statuen und Architekturstücke. Der Hügel im Westen trägt die Ruinen der Kreuzfahrerfestung Camardesium. Am Südabhang und auf dem Nachbarhügel Sarkophage und Felsengräber der antiken Nekropole.

Umgebung von Silifke

Göksu Nehri
(Saleph)

Der wasserreiche Göksu Nehri (= 'blaues Wasser') entspringt an den Hängen des mächtigen Ak Dağ und erlangte eine gewisse Berühmtheit, weil in ihm am 10. Juni 1190 Kaiser Friedrich I. Barbarossa während des Dritten Kreuzzuges ertrank (Gedenkstein von 1971 an der Straße nach Konya). Infolge der vorherrschend westlich gerichteten Meeresströmung wächst das Flußdelta in einer langen und schmalen Sandspitze nach Süden, wobei mehrere Sümpfe, Seen und Lagunen entstanden.

Umgebung, Göksu Nehri (Fortsetzung)

Etwas mehr als $1/2$ Stunde südlich von Silifke, mit der Stadt durch einen in den weichen Fels gehauenen ehemaligen Treppenweg verbunden, liegt auf der nach Osten vorspringenden Höhe Meriamlık, einer der meistbesuchten Wallfahrtsorte der frühchristlichen Zeit. Die hl. Thekla, eine Schülerin des Apostels Paulus, soll hier in einer Höhle gewohnt haben und eine Bibelschule gegründet haben. Von den zahlreichen Kirchen, Klöstern und zugehörigen Bauten steht aufrecht nur noch die Apsis der großen Säulenbasilika am Südende des Plateaus. Der Bau (90×37 m), mit Narthex, Vorhof, drei Schiffen und Sakristeien neben der Apsis, war von Kaiser Zeno (474−491) an der Stelle einer älteren Basilika errichtet worden. Darunter erstrecken sich die im 2. Jh. zu einer dreischiffigen Krypta ausgebauten heiligen Höhlen, noch jetzt Wallfahrtsziel.

Meriamlık (Aya Tekla)

Etwa 7 km nördlich von Silifke am Wege nach Uzuncaburç passiert man verschiedene Hausgrabbauten des 2. und 3. Jh.s. Man findet drei architektonische Typen: Grabtürme, Tempelgräber und Hausgräber. Die quadratischen Grabtürme sind zumeist schlicht gehalten und relativ schlank. Die Tempelgräber erinnern mit ihren korinthischen Säulen an der Schauseite an Tempel, während die fast schmucklosen Hausgräber eher plump wirken. Letztere beiden zeigen aber häufig an der Giebelfront Skulpturen der Verstorbenen. Diese Grabbauten gehören zur Nekropole des antiken Ortes Imbriogon, einer römischen Stadt aus dem 2./3. Jh. n. Christus.

Demirçili

Etwa 30 km nördlich von Silifke liegt rechts etwas abseits von der alten Straße nach Karaman auf dem hügeligen Hochland des südlichen Taurus

**Olba Diocaesarea (Uzuncaburç)

Diocaesarea = Säulen des Zeustempels

Silifke

Umgebung,
Olba
Diocaesarea
(Fortsetzung)

in 1110 m Höhe die guterhaltene Ruinenstätte Olba. Im Norden steht ein fünfstöckiger Turm (Uzuncaburç = 'großer Turm'; 200 v. Chr.), südlich Reste von Wohnhäusern, dann eine west-östliche Hallenstraße aus hellenistischer und römischer Zeit. An ihrem Ostende das Theater (164 bis 165 n. Chr.) und eine byzantinische Kirche. Weiter westlich auf der Südseite der bald nach 300 v. Chr. erbaute Zeustempel, von dessen frühkorinthischen Säulen (6:12) noch 30 aufrecht stehen, vier mit den Kapitellen. Nach Norden führt hier eine Querstraße, die nach 70 m ein wohlerhaltenes römisches Tor mit drei Durchgängen abschließt. Am Westende der Hallenstraße das Tychaion, ein Tempel mit merkwürdigem Grundriß (1. Jh. n. Chr.); die sechs Frontsäulen stehen bis auf eine. 110 m südlich vom Zeustempel ein großes öffentliches Gebäude (um 200 n. Chr.), dessen Obergeschoß eine Säulenhalle bildete.

Von dem hohen Turm führt eine gepflasterte, von Nekropolen gesäumte antike Straße zu der etwa 3/4 Std. östlich in dem Talkessel von Ura (975 m) gelegenen eigentlichen Wohnstadt von Olba, mit vielen Ruinen, u. a. einem Wasserkastell und einem großen Aquädukt des Kaisers Pertinax.

*Narlıkuyu

Etwa 6 km nordöstlich von Susanoğlu liegt das kleine Küstendorf Narlıkuyu (= 'Granatapfelbrunnen'; 27 km östlich von Silifke). Hier findet man die Reste eines antiken Bades, von dem vor allem das berühmte Mosaik der 'Drei Grazien' aus dem 4. Jh. in einem kleinen überdachten Museum beachtenswert ist, das die Göttinnen Aglaia (der Anmut), Euphrosyne (der Heiterkeit) und Thalia (der Lieblichkeit) darstellt. Es stammt laut Inschrift vom Gouverneur der Prinzeninseln, Poimenios, der auch die einst hier austretende Quelle fassen und in ein Bad umbauen ließ. Von dem entsprechenden Quellwasser sagt eine weitere Inschrift: "Wer von diesem Wasser trinkt, wird weise und lebt lange, wer häßlich ist, wird schön."

*Korykische
Grotten
Cennet ve
Cehennem

Von Narlıkuyu führt eine Abzweigung (2 km) bergan zu den türkisch 'Cennet ve Cehennem' (= 'Himmel und Hölle') genannten zwei Korykischen Grotten mit einer Kapelle und antiken Ruinen. Die zwei riesigen Einsturzdolinen (Obruk) liegen über einem Höhlensystem mit einem unterirdischen Gewässer, das unterhalb in der Bucht von Narlıkuyu untermeerisch wieder als Karstquelle austritt (bei ruhiger See auf der Wasserfläche erkennbar). Während die runde 'Hölle' (Cehennem, 75 m weiter östlich, 120 m tief) nicht zugänglich ist, führt in die größere der beiden Höhlen (Cennet, 135 m tief, 100 m breit, 550 m lang) ein Stufenweg. Die zunächst offene Senke des 'Himmels' (250 m lang) geht im unteren und hinteren Teil in eine echte Höhle (Typhonshöhle, 300 m lang, bis zu 75 m hoch) über. An ihrem Rand steht eine Marienkapelle aus dem 5. Jh., die den Eingang zur 'Unterwelt' beschützt, in dem das Ungeheuer Typhon mit 100 Drachenköpfen und 'Schlangenfüßen' hauste.

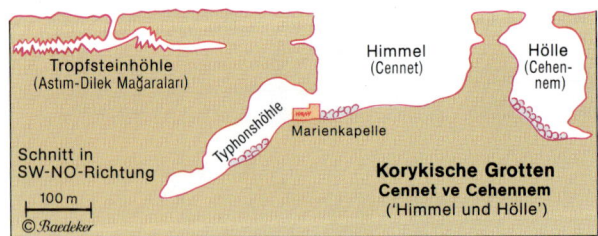

Tropfsteinhöhle (Astım-Dilek Mağaraları) — Himmel (Cennet) — Hölle (Cehennem)

Typhonshöhle

Marienkapelle

Schnitt in SW-NO-Richtung

100 m

© Baedeker

**Korykische Grotten
Cennet ve Cehennem**
('Himmel und Hölle')

Korykos
*Kızkalesi

Etwa 4 km nordöstlich von Narlıkuyu erhebt sich die mächtige Ruine der Landburg der antiken Stadt Korykos gegenüber der malerischen Inselburg Kızkalesi (= 'Mädchenschloß'). Die befestigte Insel dürfte im Mittelalter eine der berüchtigtsten Korsarenburgen der Mittelmeerküste gewesen sein. Der heutige Name hängt mit einer Fabel zusammen: Einem Sultan soll

Malerische Inselburg Kızkalesi

eine Weissagung verkündet haben, daß seine Tochter durch Schlangenbiß sterben würde. Um sie davor zu schützen, habe er auf der Insel das Schloß erbauen und mit vielen Mauern zur Abwehr umgeben lassen. Doch als er selbst seiner Tochter einen Korb schöner Früchte schickte, habe ihr eine darin verborgene Schlange das Leben genommen.

Weitere 4 km nordöstlich liegt das Ruinengebiet von Ayaş mit den weit verstreuten, teilweise von Flugsand bedeckten Resten der antiken Stadt Elaiusa-Sebaste. Erhalten sind auf einer Insel eine fünfschiffige Basilika sowie auf dem Festland Überreste der Stadtanlage, u. a. die Ruinen eines Tempels, eines Theaters und von Speichern. Am Rand der Stadt liegen in flachem Bogen mehrere Nekropolen mit Grabhäusern und Sarkophagen.

Von Kızkalesi gelangt man auf einer 7 km langen Schotterstraße Richtung Hüseyinler zu interessanten Felsgräbern und Felsreliefs mit menschlichen Figuren. Sie liegen oberhalb des Obruks von Cennet/Cehennem.

Etwa 40 km nordöstlich von Silifke biegt eine Zufahrt links zur 3 km entfernten Ruinenstätte des antiken Kanytelleis (1852 von Langlois wiederentdeckt). Sie liegt um einen tiefen Felskessel (Obruk), in den man über einen schmalen Pfad hinuntersteigen kann. Der Ort besaß starke Befestigungen und zahlreiche Profan- und Sakralbauten, von denen noch ansehnliche Ruinen stehen. Darunter befinden sich fünf alte Kirchen (zwei größere Basiliken, 8./9. Jh.). An der Südseite fällt ein kräftiger hellenistischer Turm auf, den der Priesterfürst Teukros von Olba Diocaesarea (Uzuncaburç) um 200 v. Chr. zu Ehren des in Olba verehrten Zeus Olbios erbauen ließ. Um die Stadt stößt man auf ausgedehnte Nekropolen mit vielen Sarkophagen, Grabtempeln und Grabhäusern.
Der Ort war noch bis vor einigen Jahrzehnten von Yürüken (Nomaden oder Halbnomaden) bewohnt, deren einfache Dorfbauten einschließlich eines Friedhofs man innerhalb der Ruinen überall findet.

Umgebung,
Korykos
(Fortsetzung)

Ayaş/
Elaioussa
Sebaste

Adamkayalar

*Kanlıdivane

Sivas

Silifke, Umgebung
(Fortsetzung)
Liman Kalesi
An der großen Bucht von Taşucu (Boğsak Körfezi), etwa 20 km westlich von Silifke, liegt die achteckige Burg Liman Kalesi. Hinter den Mauern verbergen sich Zisternen und Wohnbauten einer Siedlung, die wohl noch zu Anfang des 19. Jh.s als Seeräuberversteck diente.

Sinop

→ Schwarzmeerküste

Sivas   M/N 4

Nordöstliches Zentralanatolien
Provinz: Sivas
Höhe: 1275 m ü.d.M.
Einwohnerzahl: 219000

Lage und Bedeutung

Trotz verschiedener sehenswerter alter Bauten ist Sivas heute keine Schönheit mehr, zu sehr hat das Stadtbild durch moderne Umbauten gelitten. Am Nordwestrand einer weiten Schwemmlandebene des oberen Kızılırmak gelegen bildet das alte Zentrum einen traditionellen Straßen- und Eisenbahnknoten. Als Gewerbe dominiert handwerkliche Baumwollverarbeitung und etwas Metallverarbeitung.

Geschichte

Über die frühe Geschichte der Stadt ist kaum etwas bekannt. Grabungen erbrachten die Reste einer hethitischen Siedlung. Pompeius erhob den Ort unter dem Namen Megalopolis zur Stadt. Kaiser Justinian gab ihr feste Mauern und machte sie zur Hauptstadt der Provinz Armenia Prima. Die junge christliche Gemeinde in Sivas war heftigen Verfolgungen durch die Römer ausgesetzt. Berühmtheit erlangten in diesem Zusammenhang 40 Soldaten der 12. Legion 'Fulminata', die 320 n.Chr. wegen ihres Glaubens nackt in die eiskalten Fluten des Kızılırmak getrieben wurden und als die '40 Märtyrer von Sebastea' in die Kirchengeschichte eingingen (Gedenktag 10. März). Unter der Herrschaft der Seldschuken erlebte Sivas im 12. und 13. Jh. eine hohe Blüte. Zur Zeit des Einbruchs der Mongolen um 1400 besaß Sivas eine mächtige Stadtmauer, dennoch gelang es Timur-Leng, nach 18tägiger Belagerung die Stadt einzunehmen, wobei alle Christen (Griechen, Armenier) ermordet oder als Sklaven verkauft wurden. Von diesem Schlag erholte sich Sivas lange Zeit nicht mehr. 1808 lebten erst wieder 16000 Einwohner in der Stadt, Handel und Gewerbe entsprachen kaum demjenigen ihrer Blütezeit. Mit der Gründung der Türkischen Republik bahnte sich auch für Sivas ein neuer Geschichtsabschnitt an, nachdem hier zwischen dem 4. und 11. September 1919 der Nationalkongreß der Freiheitsbewegung zur Sammlung der nationalen Kräfte unter Mustafa Kemal Paşa (Atatürk) tagte.

Sehenswertes in Sivas

*Çifte Minareli Medrese

Architektonisch bedeutsam sind die Reste der Çifte Minareli Medrese von 1271 am Konak Meydanı im Stadtzentrum, die nach ihren beiden Minaretten benannt wurde ('çift' = 'doppelt'). Von dem Gebäude ist nur noch die Frontfassade mit dem kunstvollen Portal und den darüber aufragenden Minaretten erhalten. Grundmauern des Gesamtbaus erkennt man hinter dem Portal in den Parkanlagen.

Eğri Köprü

Am südlichen Stadtausgang unmittelbar am Abzweig der Straße nach Kangal bzw. Darende von der Umgehungsstraße überspannt eine alte geknickte ('eğri' = 'geknickt') Brücke mit 18 Bögen den Kızılırmak.

Unmittelbar am Ostfuß des Burghügels erhebt sich die Gök Medrese mit ihrem berühmten Eingangsportal. Die ehemalige Theologenschule (heute zumeist wegen Renovierung geschlossen) entstand 1272 als Stiftung des Wesirs Sahip Ata (Fahreddin Ali Ben Hussein). Baumeister war der Grieche Kolojan aus Konya. Wegen ihrer türkisblauen Fliesen nennt man sie Blaue Medrese. Wegen Renovierung ist die Gök Medrese zur Zeit geschlossen. Über dem mächtigen Rechteck des Portalfeldes, das sich als eine große Eingangs-Stalaktitennische öffnet und von einem kunstvollen Ornamentband umrahmt wird, steigen zwei Minarette auf, an denen die Stilmerkmale der seldschukischen Baukunst gut deutlich werden: stark reliefierte Palmetten-, Stern- und Schriftornamente, kannelierte Schäfte und mit Stalaktitenmustern verzierte Konsolen. An den Ecken der Eingangswand stehen runde Pfeiler mit Wabenmotiven.
Der Innenhof wird an drei Seiten von den in zwei Stockwerken angeordneten Schülerzellen umgeben. Im Achsenkreuz des Hofes befinden sich an beiden Seitenwänden und an der Rückwand jeweils ein Hörsaal (Ivan) mit Tonnengewölbe.

*Gök Medrese

Östlich der Atatürk Caddesi findet man hinter der Meydan Camii das Grabmal von Scheich Hassan von 1347, das aussieht wie ein gestutztes Minarett (Güdük Minare). Der Grundriß dieses bemerkenswerten Baus ist kubisch. Über einem Steinsockel folgt ein gekachelter Ziegel-Überbau, der über Dreiecke in eine zylindrische Form überführt wird.

Güdük Minare

Der Zitadellenhügel östlich des Bahnhofs, auf dem einst die Burg von Sivas auf zwei Terrassen angelegt war, ist heute von schönen Gartenanlagen bedeckt (prächtige Rundsicht über die Stadt). Hier steht auch die Burgmoschee (Kale Camii) aus der osmanischen Zeit.

Kale Tepesi

Im Park am Konak Meydanı erhebt sich die um 1580 im Auftrage Mehmet Paşas errichtete osmanische Kuppelmoschee.

Mehmet Paşa Camii

Stadtplan

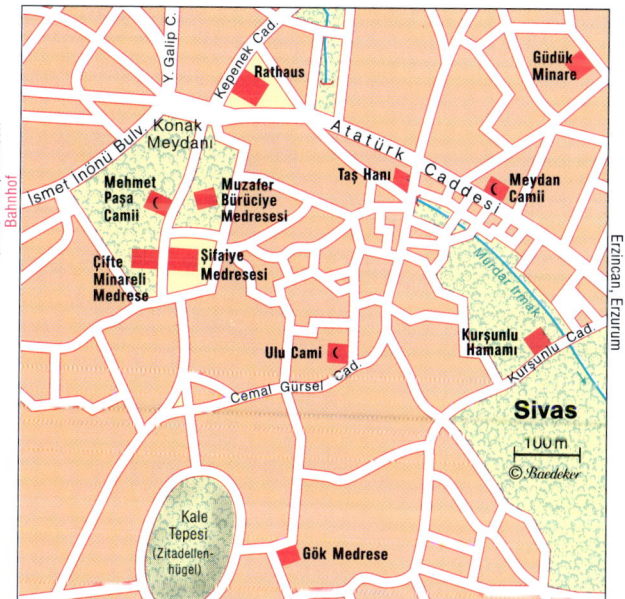

Çifte Minareli Medrese

Eingang zur Türbe der Şifaiye Medresesi

*Muzafer Bürüciye Medresesi

Die Muzafer Bürüciye Medresesi unweit nordöstlich der Çifte Minareli Medrese am Ende des kleinen Stadtparks am Konak Meydanı ist heute wieder kurze Zeit Museum. Die 1271 vom Mongolen Muzafer gebaute Medrese verbirgt im Innern noch eine Moschee samt der Türbe des Stifters. Beeindruckend ist auch hier die prunkvolle seldschukische Frontseite.

*Şifaiye Medresesi

Unmittelbar gegenüber der Çifte Minareli Medrese liegt die vom Seldschukensultan Izzettin Kaikavus İ. 1217 als Krankenhaus gestiftete Anlage der Şifaiye Medresesi (Dar üş-Şifa). Im rechten Ivan des Innenhofes befindet sich die Türbe des Stifters. Die Wand am Eingang zur Türbe ist mit wunderschönen Fayence-Mosaiken geschmückt.

Taş Hanı

An der Kreuzung Atatürk Caddesi und Nalbantlar Başı Caddesi findet man noch Reste der alten Basaranlagen. Dazu gehört auch der 1573 vom Gouverneur der Stadt errichtete Taş Hanı, eine osmanische Karawanserei, hinter der ein kleiner Textil- und Lederwarenbasar liegt.

Ulu Cami

Beachtenswert ist die Große Moschee südlich hinter der Şifaiye Medresesi unterhalb nordöstlich des Burghügels. Die Anlagezeit dieser äußerlich wenig beeindruckenden Pfeilerhallenmosche wird auf etwa 1100 geschätzt. Treppen führen hinunter zum langgestreckten Vorhof, das Dach des Betsaales ruht mit seiner flachen Decke auf 50 gedrungenen, rechteckigen Pfeilern, was dem Gesamtbau eine eher trutzige Gestalt gibt. Das etwas schiefe Minarett stammt erst aus dem 13. Jahrhundert.

Umgebung von Sivas

Bedohtun

Die Überreste einer byzantinischen Einsiedelei findet man in der Bergwelt des Yıldız Dağı, 120 km nordwestlich von Sivas. Sie liegen am Berghang gegenüber dem Vulkan des Yıldız Dağı (2537 m ü.d.M.) über der kleinen Ova von Bedohtunyazı.

Umgebung, Bedohtun (Fortsetzung)

Unterhalb südlich des Seyfibeli-Passes (Straße nach Erzincan, 1300 m ü.d.M.) überspannte früher 10 km östlich von Sivas die alte 'Schlucht-brücke' (Ruine) mit sieben Spitzbögen den Kızılırmak.

Boğaz Köprü

Etwa 10 km westlich der Kreisstadt Gemerek (ca. 115 km südwestlich von Sivas an der Straße nach Kayseri) überquert südlich des Dorfes Karaözü die Şahrukköprü den Kızılırmak. Benachbart liegt die vermutlich seldschukische Karawanserei des Şahruk Köprüsü Hanı. Hier führt eine alte Route über die Bozok Yaylası nach Yozgat bzw. nach Kırşehir.

Gemerek

Zwischen Sivas im Westen und der Kreisstadt İmranlı im Osten dominieren im Untergrund Gipsgesteine aus dem Tertiär. Hier wird in einem Gebiet von etwa 100 km Länge und 10 bis 20 km Breite beiderseits des oberen Kızılırmak das Landschaftsbild von verschiedenen Karstformen bestimmt. Der Fluß hat sein breites Tal hier in diese Gipsschichten eingetieft und fließt über 100 km durch dieses überwiegend aus rotem Sandstein, Gips und Mergel bestehende Gebiet, hat zahlreiche Zuflüsse und führt deshalb ständig rötlich trüb gefärbtes Wasser – daher sein Name 'Kızılırmak' ('Roter Fluß'). Wegen des hohen Anteils an Natrium- und Kaliumverbindungen hat das Wasser einen bitteren Geschmack. Die höher gelegenen Gipsplateaus (1550–1650 m) sind zumeist von einem dichten Dolinennetz durchlöchert, darunter sind die Hänge bis in die Nähe des Flusses übersät von 50–100 m breiten und bis zu 30 m tiefen Trichtern und Schüsseldolinen mit Schlucklöchern (Ponor). Dazu treten größere, aus mehreren Dolinen zusammengewachsene Uvalas und Kleinstpoljen mit seichten Seen und Sümpfen.

* Gipskarstgebiet von Sivas, Hafik und Zara

Nur wenig südwestlich des Amtsbezirkszentrums Kayadibi (50 km südwestlich von Sivas) liegt beim Dorf Hanlı die seldschukische Karawanserei des Latif Hanı.

Hanlı

Rund 11 km nordöstlich der Kreisstadt Kangal (ca. 90 km südwestlich von Sivas) erreicht man das Thermalbad Kavak mit einer fischreichen Heilquelle (Balıklı Kaplıca).

Kangal

Die vielbogige 'verstümmelte Brücke' führt etwa 8 km westlich von Sivas vor dem Durchbruch des Kızılırmak nach Süden über den Fluß und markiert damit den Verlauf der alten Karawanenroute über das Gipskarstgebiet des Yassıbel-Passes (1570 m ü.N.N.) nach Kayseri.

Kesik Köprü

An der Straße nach Kayseri passiert man 80 km südwestlich von Sivas die Kreisstadt Şarkışla, die als Geburts- und Wohnort des größten türkischen Volksdichters der Moderne, Aşık Veysel (1894–1971), berühmt wurde. Er wurde in der Nähe der Stadt als Kind armer Bauern auf dem Feld geboren und ist an diesem Platz auch begraben. Trotz früher Erblindung lernte er das anatolische Saiteninstrument 'Saz' virtuos spielen, komponierte und textete eigene, auch sozialkritische Lieder über Themen aus seinem Umfeld, der Lebenswelt einfacher anatolischer Bauern.

Şarkışla

Am Çermik Suyu, etwa 18 km nordöstlich von Sivas, gibt es einen kleinen Badeort Soğukçermik (Thermalbad mit Hotel und Hallenbad).

Soğukçermik

Der Ort, rund 70 km westlich von Sivas, hieß früher Yenihan, nach einer Karawanserei aus dem 14. bzw. 17. Jh. (renoviert, heute zerstört). Der dreischiffige Bau zeigte Einzelkammern im Mittelschiff und jeweils eine große Pfeilerhalle in den Seitenschiffen. Er entstand nach einer Inschrift an der benachbarten Moschee unter Abu Sayıd Bahadur Khan.
Eine weitere Karawanserei (Saray Hanı) findet man etwa 20 km südlich der Stadt an der Straße nach Sivas.

Yıldızeli

Sultanhanı

→ Aksaray

Tarsus K 7

Südküste (Östliches Mittelmeer)
Provinz: İçel
Höhe: 0–15 m ü. d. M.
Einwohnerzahl: 560 000

Lage und Bedeutung

Die im Südosten der Türkei in der heißen Kilikischen Ebene zu Füßen des Taurus am Tarsus Çayı gelegene Stadt Tarsus ist eine der wenigen Städte des östlichen Mittelmeerraumes, deren Geschichte in ununterbrochener Folge mehr als 3000 Jahre zurückreicht.
Ihre Lage am Südausgang der verkehrswichtigen, seit alters berühmten Kilikischen Pforte wie auch ehemals an einer Lagune der Mittelmeerküste gaben der Stadt einst ihre Bedeutung. Inzwischen ist die Lagune völlig versumpft und die Küste weiter vorgerückt, so daß der Seeverkehr seit langem zum Erliegen kam, ebenso wie die den Taurus in den 'Kilikischen Toren' querende Transitstraße von Ankara nach Syrien in einiger Entfernung von Tarsus vorüberführt. So ist die Stadt nur noch Handels- und Marktort (Export von Baumwolle); größere Sehenswürdigkeiten sind nicht mehr vorhanden.

Geschichte

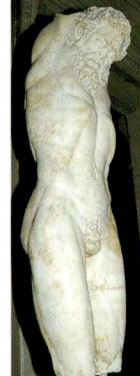

Grabungen auf dem Gözlü Kale erbrachten Siedlungsschichten, die von der Zeit um 5000 v. Chr. bis zur römischen Epoche reichen. Im dritten vorchristlichen Jahrtausend war die Stadt erstmals ummauert. Der griechische Feldherr und Geschichtsschreiber Xenophon (430–354 v. Chr.) berichtet, daß Tarsus um 400 als blühende Stadt von den Truppen des Kyros geplündert wurde. Im Dritten Syrischen Krieg (246 v. Chr.) wurde es von den Ägyptern erobert. Seit 64 v. Chr. gehörte es zum Römischen Reich als Hauptstadt der Provinz Kilikien (Abb. links Statue des 9. Jh.s v. Chr. im Archäol. Museum İstanbul). Die Universität (besonders die Philosophenschule) wetteiferte mit den Bildungszentren Athen und Alexandria. Im letzten vorchristlichen Jahrhundert wurde in Tarsus der Apostel Paulus als Sohn eines Zeltmachers geboren. Trotzdem fand das Christentum hier erst im ausgehenden 4. Jh. n. Chr. größere Verbreitung.
Nach der Inbesitznahme Syriens durch die Araber wurde Kilikien Grenzgebiet, womit der Niedergang von Tarsus begann. Um die Mitte des 11. Jh.s zogen die Seldschuken in die Stadt ein, mußten sie aber 1097 an die Kreuzfahrer abtreten, die sie den Byzantinern zurückgaben. Im 13. und 14. Jh. errichteten die von den Seldschuken aus dem östlichen Kleinasien vertriebenen Armenier ein Königreich. Mit der Eroberung der Stadt durch die Osmanen im Jahre 1515 fand ihre politische Geschichte ein Ende. Seither bestand Tarsus als eine verhältnismäßig unbedeutende Stadt weiter, nachdem es seine wichtigen Funktionen als Gebietshauptstadt und Hafenstadt verloren hatte.

Marsyas-Statue

Sehenswertes in Tarsus

Kleopatra Kapısı

Von den großen Bauten aus dem Altertum, besonders aus der Blütezeit der Stadt, ist so gut wie nichts mehr erhalten. Die antike Stadt liegt 6–7 m tief unter dem Schwemmland des Tarsus Çayı begraben. Ausgrabungen wurden bisher nur in geringem Maße vorgenommen.
Ein noch aus römischer Zeit stammendes Stadttor wird als Kleopatrator bezeichnet. Im Südosten der Stadt fand man die Reste einer Stoa und eines römischen Theaters.

Nahe der Stadt am rechten Ufer des Tarsus Çayı steht die 5–6 m aufragende mächtige Ruine des Donuk Taş, nach dem sagenhaften Gründer von Tarsus 'Grab des Sardanapal' genannt, vermutlich der Unterbau eines gewaltigen Tempels der römischen Kaiserzeit.

'Grab des Sardanapal'

Umgebung von Tarsus

Gut 50 km nördlich von Tarsus verengt sich das Flußtal des Tarsus Çayı zum Engpaß Gülek Boğazı (1 050 m ü. d. M.), der die berühmten Kilikischen Tore (Kilikische Pforte; lateinisch Pylae Ciliciae) bildet, eine Felsschlucht von einigen hundert Metern Höhe und kaum 20 m Breite, die der Fluß durchbraust. Die antike Straße, welche oft in der Weltgeschichte eine Rolle gespielt hat und u. a. von Semiramis, Xerxes, Dareios, Kyros d. J., Alexander d. Gr., Harun al-Raschid und Gottfried von Bouillon benutzt wurde, verlief teilweise eingetieft oder auf Balken vorgebaut an der östlichen Felswand hin, während eine neuzeitliche in die westliche gesprengt ist; die in jüngerer Zeit entstandenen Fernstraßen umgehen die Schlucht westlich. Die alte Straße ist heute schlecht befahrbar. Gleich südlich hinter den 'Toren' erhebt sich der burgartige Fels Gülek Kale Dağı, 600 m höher gekrönt von der Ruine der alten Burg Assa Kaliba.

*Kilikische Tore

Eine 65 km lange, kleine Nebenstraße verbindet die Stadt Tarsus mit ihrer beliebtesten Gebirgssommerfrische Çamlıyayla in 1200–1300 m Höhe ü. d. M. Der Ort in landschaftlich reizvoller Umgebung war noch vor 100 Jahren reine Sommersiedlung. Der Reisende P. v. Tschihatscheff beschrieb ihn 1853 als ein großes Dorf ("Namrun, aus zerstreuten schweizerähnlichen Holzhäusern bestehend"). Bezeichnet mit dem Namen Çamlıyayla ('bewaldete Alm') wird aber nicht nur die zentrale Siedlung unterhalb der Burg von Namrun (Lampron), sondern ein insgesamt 25 km² großes Terrain mit gestreuten Sommerhäusern.

Çamlıyayla

Blick von der Namrunkalesi auf Çamlıyayla

Tarsus,
Umgebung
(Fortsetzung)
*Namrunkalesi
(Lampron)

Der Ort Çamlıyayla (ehemals Namrun) wird überragt von der Burg Namrun-kalesi (früher Lampron), dem Stammschloß der armenischen Hetumiden, die die Rupeniden als Könige von Kleinarmenien ablösten (→ Armenien). Die Burg auf einem steil abfallenden Felsplateau besteht aus oberer und unterer Festung mit Resten einer größeren Wohnsiedlung. Neben den Befestigungen mit Zwinger und vier Torbauten ist vor allem die Sicherung der Wasserversorgung noch sehenswert: Ein Wasserstollen verbindet den Zwinger mit einer Quelle und einem Bad. Der Burgpalast mit seinen mächtigen Mauern auf der Nordecke des Plateaus enthält fünf Säle, von denen einer im Osten durch seine Größe hervorsticht. Von hier hat man einen prächtigen Ausblick auf die Gebirgswelt des Taurus.

Mersin
(İçel)

Die bedeutende Hafen- und Hauptstadt (523000 Einw.) der Provinz İçel liegt etwa 30 km nordwestlich von Tarsus und ist als moderner Ort erst etwa 150 Jahre alt. Mersin wurde teilweise mit Steinen aus den Ruinen von Soloi erbaut. Besuchenswert ist der Atatürk-Vergnügungspark.

Soloi
Pompeiopolis

Rund 14 km südwestlich von Mersin erreicht man den Ort Viranşehir, in dessen Nähe sich am Meer die Ruinen der bedeutenden antiken Hafen-stadt Soloi befinden. Sie wurde um 700 v.Chr. als Kolonie von Rhodos gegründet und 333 v.Chr. von Alexander d.Gr. besetzt. Bei den wechsel-vollen Kämpfen der Ptolemäer und Seleukiden wurde die Stadt mehrfach zerstört. Im 3. Jh. v.Chr. lebten in Soloi der stoische Philosoph Chrysippos sowie der Mathematiker und Astronom Aratos, der ein Lehrgedicht über die Sternbilder ('Phainomena') verfaßt hat. Abermals beschädigt wurde die Stadt vor allem 91 v.Chr. durch den König Tigranes von Armenien (95 bis 60 v.Chr.) und während der Piratenkriege.

Nach dem Sieg über die Seeräuber siedelte Pompeius diese in Soloi an, baute die Stadt wieder auf und nannte sie Pompeiopolis, wonach sie sich wieder zu einer blühenden Handelsstadt entwickelte. Im Jahre 527 oder 528 n.Chr. wurde Pompeiopolis durch ein Erdbeben zerstört.

Die Ruinen, die beim Aufbau der Stadt Mersin als Steinbruch dienten, so daß nur noch wenig vorhanden ist, bestehen noch aus einer 450 m langen Hallenstraße, die vom Hafen nordwestlich durch die Stadt führte. Erkenn-bar sind ein Torbau der nur noch in einigen Grundmauern erhaltenen Stadt-mauer, ein fast ganz zerstörtes Theater im Nordosten der Stadt, das wahr-scheinlich an einem künstlichen Hügel angelegt war, ein Aquädukt außer-halb der Stadt und die Hafenmauer mit einem halbkreisförmigen Ende an dem fast völlig verlandeten Hafen. Nach den Kapitellen der aus einer Dop-pelreihe bestehenden Säulenstraße zu urteilen, lag der Baubeginn dieser Anlage in der Mitte des zweiten nachchristlichen Jahrhunderts.

Tekirdağ

→ Marmarameer

Tokat   **M 3**

Mittlerer Südpontus
Provinz: Tokat
Höhe: 623 m ü.d.M.
Einwohnerzahl: 90000

Lage und
*Bedeutung

Überragt von einer kleinen mittelalterlichen Burg am Ostende der frucht-baren Tokat-Turhal Ovası liegt die Stadt unmittelbar an der Mündung des Tokat Suyu in den Oberlauf des Yeşilırmak und damit an einer alten Haupt-route von Sivas nach Samsun. Seit dem Mittelalter war Tokat wichtige Handelsstadt am Kreuzungspunkt zweier Handelsstraßen von Mesopotamien zum Schwarzen Meer und von Persien bzw. Indien (Seide!) nach İzmir (Smyrna) an der Ägäis, d. h. nach Europa. Die Stadt verfügt über viele historische Bauten. Vieles davon ist zerstört oder verschwunden, manches Sehenswerte aber noch vorhanden, und einiges wurde mittlerweile prächtig restauriert. Die meisten alten Bauten reihen sich an zwei Achsen auf: einige an der Durchgangsstraße von Sivas nach Amasya am sogenannten Meydan (Platz, beim Museum), die meisten aber südlich davon, und zwar westlich und östlich des Cumhuriyet Meydanı (Platz der Republik, beim Rathaus) an der senkrecht dazu verlaufenden Sulu Sokak oder ihrer östlichen Fortsetzung.

Im Vordergrund stehen bereits seit dem 17. Jh. Kupferschmiede, Batikdrucker, Weber und Seidenraupenzüchter. Speziell das Handwerk der Stoffdrucker hat lange Tradition und benutzt immer noch alte Motive bei der Herstellung attraktiv bedruckter Leinenstoffe (Handarbeit). Seiden- und Wollteppiche werden unter staatlicher Kontrolle nach dem berühmten Hereke-Typ in über 1 000 zumeist ländlichen Familienbetrieben bei Niksar, Almus und Cat gefertigt. Afghanische Flüchtlinge produzieren seit 1982 Woll- und Seidenteppiche nach Mustern ihrer Heimat.

Lage und Bedeutung (Fortsetzung)

Anstelle des nahen antiken Commana Pontica (s. u. Gümenek) entstand Tokat als mittelalterliche Stadt Eugocia (Dazimon), nachdem erstere Siedlung als heidnische Kultstätte mit der Ausbreitung des Christentums an Bedeutung verloren hatte. Von den 1631 noch vorhandenen zwölf Kirchen soll eine durch Justinian (527–565) errichtet worden sein. Nach den Arabereinfällen ging die Region 1071 an den Begründer der Rum-Seldschuken-Dynastie, Qutulmusch Sultan Süleyman I., die Burg 1074 an den Danischmendiden Melik Ahmet Gazi, und die Stadt wurde nach 1380 vorübergehend, im späten 15. Jh. dann endgültig osmanisch. Aus der bis zur Republikzeit stark von armenischen Christen bewohnten Stadt wurden 1923 alle Armenier ausgewiesen.

Geschichte

Stadtplan

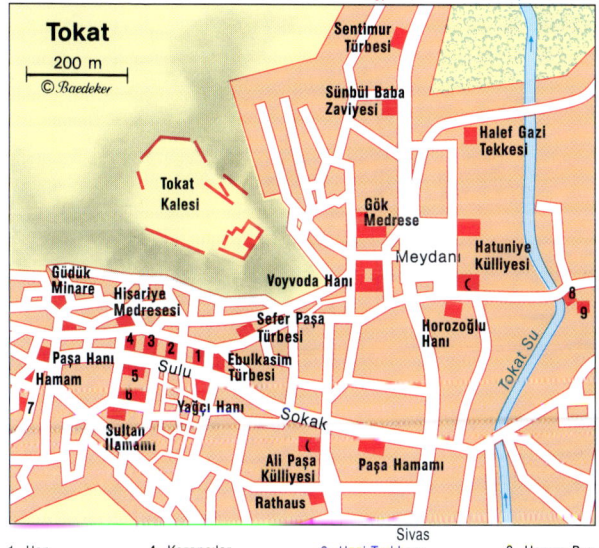

Niksar, Almus, Amasya, Gümenek
Flugplatz, Autobushof   Yeşilırmak

Tokat

200 m
© Baedeker

Sentimur Türbesi

Sünbül Baba Zaviyesi

Halef Gazi Tekkesi

Tokat Kalesi

Gök Medrese

Hatuniye Külliyesi

Meydanı

Güdük Minare

Hisariye Medresesi

Voyvoda Hanı

Horozoğlu Hanı

Sefer Paşa Türbesi

8
9

Paşa Hanı

Hamam

Ebulkasim Türbesi

Sulu

Yağcı Hanı

Sokak

Tokat Su

Sultan Hamamı

Ali Paşa Külliyesi

Paşa Hamamı

Rathaus

Sivas

1 Han	4 Kazançılar	6 Hacı Turkhanı	8 Hamza Bey
2 Sulu Han	Mesçidi	Mesçidi	Mesçidi
3 Bedesten	5 Çukur Medrese	7 Tatar Hacı Mesçidi	9 Sezai Evi

Sehenswertes in Tokat

Ali Paşa Külliyesi   Die Stiftungsanlage um den Cumhuriyet Meydanı wurde 1565–1572 unter Selim II. von Ali Paşa angelegt. Sie besteht aus einer Moschee, einer Koranschule und einem Bad (östlich auf der anderen Straßenseite). Gebetsnische und Himmelstreppe der Moschee sind in gelbem und blauem Marmor gehalten. Das Mausoleum des Stifters steht östlich der Moschee im Garten des Friedhofs.

Bedesten   Der im 15./16. Jh. errichtete bedeckte Basarteil auf der Nordseite der Sulu Sokak wurde nach dem Vorbild ähnlicher Anlagen in Aleppo und Bursa angelegt. Zur Zeit wird er als Depot genutzt und verfällt langsam.

∗Bey Sokağı   Östlich hinter dem Latifoğlu Konağı und hinter dem Uhrenturm führt jenseits des Tokat Çayı (unmittelbar rechts der kleinen Brücke) die Bey Sokağı bergan in alte Wohnviertel. Hier hat man in den letzten Jahren einen ganzen Straßenzug vorbildlich restauriert. Die Häuser bilden kein Museum, sondern sind bewohnt und genutzt (u.a. eine Blindenschule). Im oberen Teil steht rechts an einem kleinen Platz eine originelle Fachwerkmoschee (Yolbaşı Camii von 1922) mit eigenwilligem Minarett.
Weitere ansehnliche Stadthäuser aus dem 19. Jh. stehen in den Ortsteilen Müftü Mahallesi (Madğağın Celal'ın Evi) und Aksu Mahallesi (Maaz Gürkan Evi).

Çukur Medrese   Die Theologische Schule an der südlichen Sulu Sokak heißt auch Yağıbaşan Medresesi und stammt aus der Danischmendidenzeit (1152), wurde später unter dem seldschukischen Sultan Izzettin Kaikâ'ûs restauriert.

Ebulkasim Türbesi   Dieses Mausoleum von 1233, auch Ali Tusi Türbesi genannt, nördlich an der Sulu Sokak, ist das Grabmal von Ebulkasım Bin Ali El Tusi Kendisi, einem Staatsmann (Wesir) aus der Zeit der seldschukischen Sultane.

Die Karawanserei Gazioğlu wird auch heute noch genutzt

Eine der ältesten Moscheen von Tokat, die Garipler Camii im Stadtteil Pazarcık, wurde 1074 unter den Danischmendiden erbaut.

Garipler Camii

Ursprünglich wohl als armenische Karawanserei (auch Vergilioğlu Hanı) entstand im 19. Jh. in der Boya Hane Sokağı nördlich der Sulu Sokak unterhalb der Burg ein großer Innenhofkomplex. Er ist heute eine besuchenswerte Handwerksstätte für Leinen-Batik-Handdrucke.

*Gazioğlu İşhanı

Das heutige archäologische Museum, die sogenannte blaue Koranschule mit prächtigem Eingangsportal, entstand 1271–1277 als Hospital (Muhineddin Pervane Şifanesi), wurde aber später (bis 1811) in eine theologische Schule umgewandelt. Das Museum enthält unter anderem eine kleine, aber bedeutende Ikonensammlung aus der armenischen Periode der Stadt. Das restaurierte Gebäude zeigt in den ehemaligen Schülerzellen um den mit blauen Kacheln geschmückten Arkadenhof neben archäologischen Funden vor allem ethnologische Stücke.

*Gök Medrese

Südlich der Sulu Sokak steht in einer Pararallelstraße gegenüber dem Sultan Hamamı die 1478 von Hacı Turhan gestiftete kleine Moschee.

Haci Turhan Mescidi

Von 1292 stammt dieses kleine, seldschukische Derwischkloster (u. a. überwölbter Gebetssaal, zwei Mausoleen, sieben Aufenthaltsräume) nördlich des Meydan in einer Seitengasse.

Halef Gazi Tekkesi

Der Stiftungskomplex mit Kuppelmoschee (Meydan Camii) und Medrese östlich des Meydan wurde 1485 von Sultan Bayazit II. seiner Mutter Gülbahar Hatun zu Ehren errichtet. Man verbaute dabei u. a. antike Säulen aus Commana Pontica.

Hatuniye Külliyesi

Dieses altosmanische Wohnhaus ist ein Meisterstück osmanischer Barockarchitektur des 19. Jahrhunderts. Das zweistöckige Gebäude wurde

*Latifoğlu Konağı

Dekorative Einrichtung im Latifoğlu Konağı

Latifoğlu Konağı (Fortsetzung)	restauriert und als kleines Museum eingerichtet. Sehenswert sind die reich dekorierten Räumlichkeiten mit z.T. originalem Mobiliar (Küche und Arbeitsraum, Aufenthaltsraum mit Bad und Toilette, Schlafzimmer, Raum des Hausherrn und der Harem).
Nureddin İbn Sentimur Türbesi	Westlich an der Straße nach Amasya liegt im Norden des Meydan dieses Mausoleum von 1314.
Paşa Hamamı	Das 'Bad des Generals' am Südwestende der Sulu Sokak soll von 1425 stammen. Als Bauherr gilt Yürgüc Paşa, ein Wesir Mehmets I.
Paşa Hanı	Um 1752 entstand diese Karawanserei im Ortsteil İvaz Paşa an der Sulu Sokak. Das Eingangsportal ist geschmückt mit einem Relief aus Tieren und Zypressen. Heute steht nur noch die Front. Im Innern befindet sich ein Wohnhaus und ein großer, üppiger Obstgarten.
Saat Kulesi	Der Uhrenturm von Tokat wurde 1902 gebaut. Auf quadratischem Sockel steht der achteckige, sich nach oben verjüngende Turm, dessen vier Stockwerke durch Gesimse abgeteilt sind.
Sentimur Türbesi	Dieses Mausoleum an der Gazi Osman Paşa Caddesi gehört mit zu den wichtigsten Zeugnissen aus der Ilkhan-Periode (1314).
Sünbül Baba Zaviyesi	Als kleines Derwischkloster mit Mausoleum nördlich unweit der Gök Medrese an der Straße nach Amasya wurde dieser seldschukische Bau 1292 erstellt.
Sulu Han	Die Entstehungszeit dieser Karawanserei nördlich an der Sulu Sokak ist unbekannt. Die Anlagenart des offenen Hofs läßt eine osmanische Anlage vermuten. Der zweistöckige Bau wurde nach Originalvorlagen restauriert.
Tokat Kalesi	Die Burg mit Resten der Mauer und 28 Türmen soll auf hethitischen Fundamenten ruhen. Die heutige Anlage nimmt man als byzantinisch an, erbaut von der aus Commana Pontica abgewanderten Bevölkerung. Sie wurde vom Danischmendiden Gümüştekin 1074 erobert, in seldschukischer Zeit erweitert, später mehrfach renoviert. Die Burg enthielt u.a. eine kleine Moschee, Vorratshäuser, ein Kommandantenhaus und Unterkünfte für Soldaten. Über 362 Felsstufen erreichte man die Anlage von der Stadt aus.
*Voyvoda Hanı	Die auch Taş Hanı genannte, restaurierte Karawanserei (1630/1631) am Meydan unweit der Gök Medrese ist zweigeschossig (32 Räume und eine kleine Gebetsstätte) und hat einen großflächigen Innenhof.

Umgebung von Tokat

Akça *Silahtar Ömer Paşa Camii	Gut 10 km westlich der Kreisstadt Erbaa (29 000 Einw.) hart an der Grenze zur Provinz Amasya liegt ca. 70 km nördlich von Tokat das Dörfchen Akça mit einer innen ungewöhnlich schön bemalten Moschee aus dem 18. Jh. (Silahtar Ömer Paşa Camii). Etwa 15 km nordwestlich der Stadt beim Dorf Kale stößt man auf die Reste einer Burg mit unterirdischen Gängen. Hier lag das alte Magnopolis (Eupatoria). Etwa 35 km nördlich von Erbaa und nur über schlechte Straßen zu erreichen steht beim Dorf Ahretköy die pontische Schutzburg Kainokhorion (auch Mahalic Kalesi), in der 70 v.Chr. Mithradates VI. Eupator Schutz suchte. Interessanteste Stätte im Umfeld von Erbaa ist aber fraglos der unweit südlich gelegene Horoztepe, in dem bei Grabungen wertvolle Funde aus der Hethiterzeit freigelegt wurden (Kultrasseln, Kultstandarten, Mutterfiguren u.a.; heute im Museum in Ankara).
Alanköy	Etwa 20 km südwestlich von Tokat im Dorf Alan steht eine 1239 von Mahperi Hatun, der Mutter Kaichosrews II., gestifteten Karawansereien.

Die noch junge Kreisstadt, etwa 36 km östlich von Tokat liegt direkt an der Almus-Talsperre, die den Yeşilırmak aufstaut. Nordöstlich des Ortes steht beim Dorf Aksaray ('weißes Schloß') die mittelalterliche Burg Akıncı Kalesi.

Umgebung (Fortsetzung) Almus

Mehrere ältere Karawanenstationen, liegen hinter dem Kızılınış Geçidi (1 750 m ü. d. M.) nahe dem kleinen Ort Camlıbel im Çekerektal 60 km südlich von Tokat. Sie gehören zu einer Reihe von Karawansereien, die etwa 1238 auf der Handelsroute von Sivas nach Amasya angelegt wurden.

Camlıbel

Der Dazya Hanı beim Dorf Dazya am Südrand des Galuttales östlich Turhal wurde 1238/1239 von Kaichosrew II. gebaut. Man findet die Reste dieser Karawanserei an der Moschee des Ortes.

Dazya

Etwa 10 km nordöstlich von Tokat findet man die spärlichen Reste der antiken Vorgängerstadt Tokats, Commana Pontica. Die Grabungsfunde sind im Museum von Tokat untergebracht. Auf einem Hügel liegen die Relikte eines pontischen Ma-Artemistempels. Die Stadt war Zentrum eines Kultes der 'großen anatolischen Erdmutter' (Kybele), die hier Ma genannt wurde. Die Oberpriester herrschten wie Kleinfürsten, und man veranstaltete orgiastische Feste mit Jahrmarkt und Tempelprostitution. Mit der Ausbreitung des Christentums nahm die Attraktivität dieser Institution bald ab. Die Bewohner zogen nach Dazimon (Tokat), und Commana Pontica verödete. Geblieben ist nur der verballhornte Name eines Dörfchens (Gümenek). Über den Yeşilırmak führt in der Nähe eine seldschukische Brücke von 1250, die man in zwei Tagen gebaut haben soll.

Gümenek (Commana Pontica)

Unweit von Keslik liegen 9 km südlich von Tokat auf einem steilen Hang Reste einer mittelalterlichen Zitadelle, die man bislang als das alte Dadasa identifizierte. Sie war eine der Festungen zur Sicherung des Pontischen Königreiches. Erhalten sind zudem zwei Felsgräber und ein Felsentunnel.

Horostepe

Niksar, die Kreisstadt (29 000 Einw.) 57 km nordöstlich von Tokat auf den Höhen über der Niksar Ovası, ist das alte Neocaesarea der Römer und jene berühmte Festung Cabeira der pontischen Könige. Mithradates VI. Eupator hatte hier ein Jagdschloß. Ihr heutiges Aussehen erhielt die Burg aber durch Umbauten der Byzantiner und Osmanen. Die Reste liegen oberhalb der lebhaften Altstadt auf einem Felsvorsprung. In der Burganlage stehen eine im Jahre 1158 erbaute Medrese mit Türbe. Der einstöckige Medresenbau mit geschlossener Halle wurde bei Erdbeben 1939 und 1942 stark beschädigt. Im Jahre 71 v. Chr. errang Lucullus bei Niksar einen bedeutenden Sieg über den pontischen Herrscher. Sieben Jahre später war die Festung an Pompeius gefallen. Eine erneute Blüte erlebte Niksar nach 1071 als Residenz der Danischmendiden, deren Dynastiegründer Melik Gazi im Ort begraben ist. Das Mausoleum eines weiteren bedeutenden Mannes, des Kommandanten von Kılıç Arslan II., Bedrettin Şah, steht im Ortsteil Bengiler.
Eine weitere sehenswerte Grabanlage ist die einer Dame Külah von 1220, die mit Arabesken verzierte Kırk Kızlar Türbesi, und eine weitere aus dem 13. Jahrhundert, das seldschukische Akyapı Kümbeti neben der Melik Gazi Türbesi. Darüber hinaus existiert in der Stadt noch eine seldschukische Karawanenstation von 1224. In Niksar wurde 212 Gregorius Thaumaturgos geboren. Bei den Kirchenvätern heißt er Pontischer Gregorius und war der erste Bischof von Neocaesarea, das in christlicher Zeit als Metropolis bezeichnet wird und im Jahre 314 Stätte eines Konzils war.
Etwa 2 km außerhalb von Niksar gibt es bei Ayvas Mineralquellen, deren Mineralwasser überall im Land bekannt ist. Es soll gegen Nieren-, Blasen- und Gallensteine, Arteriosklerose und Bluthochdruck helfen.

Niksar (Neocaesarea)

In dem kleinen Städtchen Pazar, etwa 30 km westlich von Tokat, verstecken sich drei interessante Bauten aus der Seldschukenzeit: der Mahperi Hatun Hanı mit einer benachbarten Brücke über den Yeşilırmak am östlichen Ortseingang und eine Moschee.

*Pazar

Umgebung,
(Fortsetzung)
*Ballica Mağarası

Einige Kilometer südlich von Pazar liegt die vor einigen Jahren entdeckte Ballica-Höhle. Die 650 m lange und 75 m tiefe Höhle besteht aus fünf Ebenen, die in drei verschiedenen Perioden entstanden sind. Die wohl schönste Höhle der Türkei weist graue, blaue, grüne und weiße Stalaktiten und Stalakmiten von beeindruckender Größe auf.

Reşadiye
Çermik Kaplıcası

Etwa 90 km nordöstlich von Tokat erreicht man das Thermalbad von Çermik mit 50 °C heißen Quellen, die zur Therapie von Rheuma und Hautleiden angewendet werden. Wenig oberhalb liegt westlich der fischreiche Zimav Gölü (Zünnav Gölü) in einer Senke inmitten einer Waldlandschaft.

Sulusaray
(Sebastopolis)

Die Bürger des Städtchens Sulusaray ('Wasserschloß') am Çekerek İrmağı, etwa 70 km südwestlich von Tokat, leben auf den Resten der antiken Siedlung Sebastopolis. Fast jedes alte Gebäude im Ort enthält Relikte als Baumaterial. Seit 1987 sind Ausgrabungen im Gange. Die Funde zeigen, daß der Ort seit der hellenistischen bis in die byzantinische Zeit bedeutsam war. Die bislang erfolgten Funde geben bereits einen guten Überblick über die Stadt: Umgeben war der Ort von einer bis zu 17 m hohen Stadtmauer mit Halbrundtürmen. Im Nordosten stieß man auf die Relikte eines Tempels, dessen Fußboden mit verschiedenfarbigen Marmorfliesen ausgelegt war und dessen Ost-Apsis auf einen Funktionswandel in eine Kirche hinweist. Im Osten ergrub man die Reste einer Badanlage mit Steinbassin und Stützsäulen. Das Wasser wurde von den schwefelhaltigen Thermalquellen etwa 3 km südwestlich des Ortes hergeleitet. In einem Freilichtmuseum hat man die schönsten Funde zur Besichtigung hergerichtet (u. a. Löwenstatue, Fries- und Säulenteile, Grabstelen mit Inschriften, Epitaphe).

Turhal

Über der Kreisstadt Turhal (60 000 Einw.), 45 km westlich von Tokat, erhebt sich auf einem Felsen die alte Festung des Ortes, die wie andere Burgen der Region einst zur Sicherung des pontischen Königreiches diente. Im Jahre 1068 und später im Osmanischen Reich wurde sie umgebaut. Interessante historische Bauten in der Stadt sind die Ulu Cami von 1453, die Kesikbaş Cami nahe der Yeşilırmakbrücke, die Mehmet Dede Türbesi (1312) und die Ahi Yusuf Türbesi (1324).

*Yalınyazı
(Maşat Hüyük)

Westlich außerhalb des Dorfes Yalınyazı, das man nach etwa 30 km südlich von Zile erreicht, erhebt sich der Siedlungshügel Maşat Hüyük. Auf einem natürlichen Kalkfelsen hatte sich hier ein hethitischer Fürst eine größere Palastanlage errichtet, deren Reste mit noch erkennbaren Ziegelmauern und Pithoi besichtigt werden können (im Dorf bei der Gendarmerie fragen). Der Ort war damals eine wichtige Grenzfestung gegen die Kaschkäer, die als räuberische Halbnomaden aus dem Pontus bisweilen nach Zentralanatolien einfielen. Nach Grabungen (1943 und seit 1973), bei denen man eine interessante Tontafel-Korrespondenz mit der Hauptstadt Hattuşaş freilegte, enthielt die Palastanlage auf dem teilweise künstlich eingebetteten Hügel einen von Pfeilerkolonnaden umfriedeten Hof, um den sich insgesamt 40 Zimmer auf etwa 8 000 m² gruppierten. Aus der dreischichtigen Horizontierung des Siedlungsareals ließ sich ablesen, daß der Palast nach einem Kaschkäerüberfall um 1400 v. Chr. eingeäschert, anschließend wieder aufgebaut und um 1300 erneut zerstört wurde. Eine dritte Verwüstung erfolgte am Ende des 13. Jh.s. Im 6. Jh. wurde der Ort dann endgültig verlassen. Ein besonderes Schmuckstück ist zudem das alte Dorf Maşat selbst, ein in seiner Ursprünglichkeit typisches nord-zentralanatolisches Dorf mit fast städtisch anmutenden Häusern aus Fachwerk.

Zile

Als wichtige Grenzfestung gegen die halbnomadischen Kaschkäer wurde der heutige Ort Zile bereits bei den Hethitern genannt. Bekannt wurde sie vor allem 47 v. Chr. nach der Schlacht zwischen Caesar und dem pontischen König Pharnakes, der zwar als Statthalter in Pontus eingesetzt worden war, sich aber bald gegen Rom aufgelehnt hatte. In einer nur fünf Stunden dauernden Schlacht hatte Caesar den Gegner bezwungen. Berühmt und ebenso kurz wie die Schlacht wurde sein Bericht über die Auseinandersetzungen gegenüber dem Senat nach seiner Rückkehr in Rom: "Veni, vidi, vici!" ("Ich kam, sah, siegte!"). Bekannt ist Zile wegen seiner ansehnlichen Altstadthäuser im pontischen Stil. Verschiedene kulturhistorisch interessante Bauten kann man besichtigen: Reste eines römischen Theaters liegen östlich des Zitadellenfelsens. Dort findet man noch Felsgräber. Zwei osmanische Bäder, das Yeni Hamam und das Çifte Hamam, stammen aus dem 16. bzw. 17. Jh., die Hasan Ağa Medresesi wurde 1497 erbaut. Die Boyacı Hasan Ağa Camii mit einer Stalaktiten-Gebetsnische entstand 1479, sehr alt ist die Şeyh Musa Fakih Türbesi, die man nach Angaben aus zwei verschiedenen Quellen 1106 oder 1305 errichtete.

Tokat, Umgebung, Zile (Fortsetzung)

Trabzon

Nordküste (Schwarzes Meer)
Provinz: Trabzon
Höhe: 0–36 m ü. d. M.
Einwohnerzahl: 145 000

Die Hafen- und Provinzhauptstadt Trabzon, das alte Trapezunt, ist die bedeutendste Stadt der östlichen Schwarzmeerküste, nach Samsun und Zonguldak die drittgrößte der türkischen Schwarzmeerstädte sowie Sitz einer Technischen Universität. Der Küstenabschnitt um Trabzon zeichnet sich durch besondere landschaftliche Schönheit aus. Das steil aufragende Ostpontische Gebirge (100 km östlich von Trabzon der 3937 m hohe Tatos Dağı) läßt am Schwarzen Meer nur einen schmalen Küstensaum frei, auf dem das wintermilde und im Sommer oft schwüle Klima eine üppige subtropische Vegetation hervorbringt, wie sie in der Türkei sonst kaum anzutreffen ist. Für die Entwicklung des Hafens von Trabzon ist die von hier über das Pontische Gebirge in das ostanatolische Hochland führende Gümüşhane-Paßstraße (Zigana-Paß, 2030 m ü. d. M.) von Bedeutung.

Lage und ☀ Bedeutung

Trabzon, das im Altertum nach der einer Tischplatte (griechisch 'trapeza') ähnlichen Gestalt des Burghügels Trapezús hieß, wurde vielleicht schon im 8., nach Xenophon im 5. Jh. v. Chr. von der griechischen Kolonie Sinope aus gegründet und stand bald in hoher Blüte. Hier endete eine wichtige Karawanenstraße, über die persische Handelsgüter zum Schwarzen Meer gebracht und von da ans Mittelmeer befördert wurden. Auf dieser Straße

Geschichte

Griesun, Samsun

Rize, Sumela, Erzurum
Flughafen

1 Pazar-Kapı-Moschee	4 St.-Basilius-Kirche
2 Basarmoschee	(Büyük Ayvasıl Kilise)
3 Ortahisar-(Fatih-) Moschee	5 St.-Anna-Kirche
(ehem. Panagia Chrysokephalos)	(Küçük Ayvasıl Kilise)

6 Atatürk-Denkmal	9 Brunnen
7 Air Terminal	10 Pir Ahmet-Mausoleum
(Flughafenbusse)	11 Gülbahar-Hatun-Moschee
8 Autobushof	12 Yeni-Fatih-Moschee

Geschichte
(Fortsetzung)

kamen auch die zehntausend Griechen unter Xenophon, die Kyros d. J. in seinem Kampf gegen Artaxerxes II. gedient hatten, in Trapezus an. Im Krieg des pontischen Königs Mithradates Eupator gegen den römischen Feldherrn Lucullus (um 70 v. Chr.) blieb die Stadt dank ihrer neutralen Haltung verschont. Auch während der römischen Herrschaft über Kleinasien war Trapezus eine freie Stadt. 260 n. Chr. eroberten die Ostgoten die Stadt, in byzantinischer Zeit war sie Sitz eines Statthalters. Eroberungsversuche der Seldschuken blieben erfolglos. Nach der Einnahme Konstantinopels durch die Kreuzfahrer im Jahre 1204 erklärte sich Alexios Komnenos V. zum Kaiser und machte Trapezunt zur Hauptstadt des kleinen griechischen Kaiserreiches der Komnenen. Nach Wiederherstellung des byzantinischen Reiches in Konstantinopel wahrte der Herrscher von Trapezunt seine Unabhängigkeit. Im Jahre 1461 fiel sie schließlich an die Osmanen unter Sultan Mehmet II.

In den letzten Jahrzehnten machte sich der allgemeine Aufschwung der östlichen Türkei auch in Trabzon bemerkbar, ein Ausbau des Hafens soll auch Schiffe mit großem Tiefgang aufnehmen können.

Sehenswertes in Trabzon

Stadtviertel

Trabzon besteht aus drei auf niedrigen Hügelrücken gelegenen Stadtteilen: dem Geschäftsviertel ('İskander-Paşa-Viertel') unmittelbar westlich des Hafens, dem nordwestlich sich anschließenden Cumhuriyet-Viertel und einem noch weiter westlich gelegenen altertümlichen Stadtteil mit winkligen Gassen und alten Holzhäusern.

Armenische
Kirchen

Im İskander-Paşa-Viertel steht die dreischiffige St.-Anna-Kirche ('Küçük Ayvasıl Kilise' = 'Kleine Armenische Kirche'); in der Nähe die St.-Basilius-Kirche ('Büyük Ayvasıl Kilise' = 'Große Armenische Kirche'), beide 8. Jahrhundert.

✳ Ortahisar-
Moschee

Jenseits des Tabakhane Deresi (aussichtsreicher Viadukt) beginnt auf dem alten Burghügel das Cumhuriyet-Viertel. Hier ist vor allem die aus dem 13. Jh. stammende Ortahisar Camii bzw. Fatih Camii sehenswert, die als ehem. byzantinische Kirche nach der vergoldeten Vierungskuppel Panagia Chrysokephalos ('Kirche der goldenhäuptigen Jungfrau') hieß. Das Hauptschiff und die beiden Nebenschiffe werden in der Form eines lateinischen Kreuzes von einem Querschiff geteilt. Der Raum über den Seitenschiffen, der gegen das Längsschiff durch Triforien aufgebrochen ist, diente als Gynäzeum, d. h. als den Frauen vorbehaltener Raum. Vor dem Portal ein Brunnen sowie ein Marmorbecken für rituelle Waschungen (Şadırvan).

✳ Hagia Sophia

Etwa 3 km westlich vom Hafen erhebt sich reizvoll auf einem Hügel die Kirche Hagia Sophia (Aya Sofya), die wohl unmittelbar nach Ankunft der 1204 aus Konstantinopel geflüchteten Komnenen errichtet und in osmanischer Zeit in eine Moschee umgewandelt wurde (heute Museum).

Wie die anderen byzantinischen Kirchen in Trabzon hat auch die Hagia Sophia einen kreuzförmigen Grundriß mit drei Längsschiffen und einem Querschiff (Wandmalereien). Die Vierung ist von einer Kuppel gekrönt. Am Sockel des Südportals zeigt ein Fries (unter deutlichem Einfluß östlicher Stilrichtungen) die Adamsgeschichte.

Boztepe

An der Nordseite des 244 m hohen Boztepe (Aussicht) steht die z. T. in den Felsen gehauene Konventskirche Panagia Theoskepastos, die an der Stelle eines antiken Tempels im 13. Jh. errichtet wurde (alte Fresken).

Umgebung von Trabzon

Hizit İlys

Man erreicht das ehemalige Kloster St. Georg in Peristera etwa 28 km südlich von Trabzon vom Dorf Esiroğlu aus (Yesiroğlu im Maçka-Tal) mit einem

Hagia Sophia in Trabzon   *Sumela-Kloster*

lokalen Führer zu Fuß (3 Std.). Das Kloster entstand unter Justinian (532) zum Schutz von Trabzon. Eine berühmte Manuskriptsammlung wurde bei einem Brand 1906 zerstört. 1923 mußten die Mönche das Kloster räumen.

Umgebung, Hizit İlys (Fortsetzung)

Etwa 5 km südlich von Trabzon führt von der Hauptstraße nach Erzurum ein steiler Weg zum Kloster von Kaymaklı, in dem bis 1923 armenische Mönche lebten. Neben den Ruinen eines Glockenturms findet man das zweistöckige Hauptgebäude mit einer Arkadenfassade. In der Nachbarschaft liegen je eine Kapelle von 1424 (Nutzung als Heuschober) und 1622 (Reste von Malereien).

Kaymaklı

Von Küçük Konak aus, einem Dorf 46 km südlich von Trabzon, erreicht man zu Fuß das 10 km entfernte, auf einem Felsen hoch über dem Tal des Değirmendere gelegene Vazelonkloster (St. Johannes von Vazelon). Es zählt zu den bedeutendsten Klöstern im Pontus und wurde von Justinian bereits als 'Signalstation' gegen Angriffe feindlicher Bergstämme erbaut. Das Kloster war durch einen Pflasterweg (Königsstraße) mit Trabzon verbunden und liegt vor einer Höhle. Etwas abseits findet man Malereireste in der Johannes-Kapelle, die Manuel III. 1410 errichten ließ.

Kiremitli

Etwa 62 km südöstlich von Trabzon im Altındere Vadisi Milli Parkı (Güldental Nationalpark) klebt an der steilen Felswand 250 m hoch über dem Altındere das Marienkloster (im Sommerhalbjahr jeweils Einlaß täglich um 9.00, 11.00, 14.00 und 16.00 Uhr). Nur vom gegenüberliegenden Berg kann man das wie ein Adlerhorst in einer Nische des Steilhangs gebaute Kloster in voller Größe sehen. Im Laufe der Jahrhunderte wurde es auf vier Stockwerke erhöht. Zwei Wege führen hinauf: ein sehr steiler Pfad direkt vom Parkplatz hoch und ein bequemerer Weg, der zunächst noch der Forststraße talaufwärts folgt, in der ersten großen Linkskurve aber dann als Pfad fast hangparallel zurück zum Kloster führt. Der alte Name der Anlage lautet griechisch Hagia Maria tou Mola ('Heilige Maria vom schwarzen Berge'). Über eine Treppe mit 07 Stufen erreicht man hinter der Eingangspforte den

✳✳ **Sumela-Kloster**

tiefer gelegenen Innenhof, an den sich, direkt über dem Abgrund, der Hauptwohntrakt und die ehem. Bibliothek anschließen. Links unter der Felswand gruppieren sich um den Innenhof andere Klosterteile, u.a. die bemalte Grottenkapelle. Die Anlage mit 75 Mönchszellen, Refektorium, Gästehaus und Brunnen (mit wundertätigem Wasser) erhielt ihre gegenwärtige Form und Ausmalung um 1860. Der Legende nach entstand das Kloster im 5. Jh. durch zwei griechische Mönche (Barnabas und Sophronios) in der Absicht, ein Kloster für eine vom Evangelisten Lukas gemalte Marienikone zu bauen. Sie wählten einen Platz mit einer Quelle in der Felswand, die sie nach einer Traumvision wiedererkannt zu haben glaubten. Bei der Zerstörung des Klosters im 12. Jh. soll diese Ikone erhalten geblieben sein. Bis ins 19. Jh. blieb Sumela ein bekannter Wallfahrtsort. 1923 verließen die Mönche das ausgebrannte Kloster und vergruben die Kreuzesreliquie samt Lukas-Ikone in der Barbarakirche. Ihre Nachfolger leben heute 100 km westlich von Thessaloniki. Ein griechischer Mönch brachte 1931 das Marienbild, die Reliquie und ein Evangeliar des Abtes Fazelon von 644 (auf Gazellenhaut geschrieben) ins Benaki-Museum nach Athen.

Kolchis

Das sagenumwobene Kolchis wird in diesen Bergen vermutet, wo Jason in antiker Zeit das Goldene Vlies geraubt haben soll. Vielleicht haben einst Goldsucher Schaffelle in den Bergbach versenkt, damit Goldpartikel im Filz hängenbleiben?

Zigana-Paß

Die zunächst südwestwärts durch das Ostpontische Gebirge verlaufende Fernstraße von Trabzon nach Erzurum bzw. Erzincan erreicht nach 70 km den Zigana-Paß (2030 m ü.d.M.). Auf einer nahen Anhöhe (zu Fuß eine knappe Stunde) könnten die Zehntausend des Xenophon nach ihrem Marsch erstmals das Schwarze Meer erblickt haben ("Thalatta!").

Troia B 4

Westküste (Ägäisches Meer)
Provinz: Çanakkale, Gemarkung: Hisarlık
Höhe: 8 – 40 m ü.d.M.

Lage und
✳✳Bedeutung

Troia – herkömmlich Troja, türkisch Hisarlık (= 'Siedlungshügel mit Burg'), altgriechisch Ilios oder Ilion, lateinisch Ilium –, die Ausgrabungsstätte des durch Homers Ilias berühmt gewordenen Hauptortes der alten Landschaft Troas, liegt unweit südlich der Mündung der Dardanellen an das Ägäische Meer auf einem heute 35 m hohen Hügel. Dieser bildet den keilförmigen Ausläufer eines Hügellandes, das steil zur Aufschüttungsebene des Küçük Menderes, des Skamandros der Griechen und des Dümrek Çayı (Simoeis) abfällt. Der aus der Schwemmlandebene herausragende Sporn bot einen strategisch günstigen Standort für die Anlage einer Burg, da seine Entfernung vom Meer vor Überraschungsangriffen Schutz bot, jedoch eine Kontrolle der Dardanelleneinfahrt ermöglichte. Auf dem Hügel stand im 2. Jtd. v.Chr. die Akropolis, während sich die Stadt nach neuen Grabungsergebnissen nach Süden hin auf dem plateauartigen Gelände ausbreitete. Diese Lage verhalf der Stadt schon frühzeitig zur Blüte, war aber auch die Ursache immer neuer Angriffe und Zerstörungen, so daß heute keinerlei aufragende Gebäude, sondern nur die Ausgrabungsschnitte mit den freigelegten Siedlungsschichten zu sehen sind, die trotzdem imposant und als Offenbarung einer 5000jährigen Geschichte sowie als Zeugnis der archäologischen Wissenschaft außerordentlich eindrucksvoll sind.
1996 beschloß der türkische Ministerrat auf Drängen der Archäologen und einer türkischen Bürgerinitiative Troia und die Troas zum 'Historischen Nationalpark' zu erklären. Seit 1998 befindet sich die Ausgrabungsstätte nun auch auf der UNESCO-Liste des schützenswerten Weltkulturerbes.

Anreise

Die von den touristischen Zentren abgelegene Ruinenstätte erreicht man auf dem Landwege per Auto oder Bus von İstanbul über Tekirdağ und Çanakkale (Dardanellenfähre von Eceabat; 380 km) oder über Bursa,

Bandırma und Çanakkale (580 km); mit dem Bus Richtung Edremit/İzmir, Anreise (Fortsetzung) Ausstieg an der Abzweigung nach Troia (von dort 5 km mit dem Taxi). Auch von İzmir aus bestehen gute Busverbindungen.

Perioden Troia I bis Troia IX

Aus den Grabungsfunden geht hervor, daß auf dem Felsenhügel Hisarlık bereits vor etwa 5000 Jahren eine befestigte Ansiedlung aus großen, langen Häusern bestanden hat.

Troia I
10 Schichten
(3000 bis
2500 v. Chr.)

Um die Mitte des dritten vorchristlichen Jahrtausends wurde die Anlage von Troia I nach Südwesten erweitert. Die 8000 m² umfassende Siedlung war von einer Befestigungsmauer umgeben, die dreimal erneuert worden ist. Im Südwesten befand sich ein repräsentativer Eingang mit Steinpflasterung. In der Mitte des Mauerrings standen die Paläste der Herrschaft. Schliemann fand im oberen Teil der Schicht Troia II (also in der 'Verbrannten Stadt') den von ihm so genannten Schatz des Priamos (Gold- und Silbergeschirr, Geschmeide usw.). Dieser wird um 2400 v. Chr. datiert und steht im Zusammenhang mit einer Brandkatastrophe. Schliemann war bis kurz vor seinem Tode überzeugt, in dieser zweiten Grabungsschicht die von Homer besungene Stadt Troia/Ilios gefunden zu haben.

Troia II
7 Schichten
(2500 bis
2400 v. Chr.)

Die zuvor genannte Brandkatastrophe hat eine zwei Meter hohe Schutt- und Schlackenschicht hinterlassen. Die unmittelbar nachfolgenden Siedler bewohnten einfache Hütten und lebten verstärkt von der Jagd. Wenig ist bekannt. Etliche Gefäße mit Darstellungen menschlicher Gesichter und schlanke Becher mit gegenüberliegenden Henkeln fallen auf. Die Siedlung dehnt sich immer weiter nach Süden aus. Die letzte Schicht zeigt Hinweise auf eine Brandkatastrophe.

Troia III – V
13 Schichten
(2400 bis
1800 v. Chr.)

Die neue Burg, deren mächtige Mauern aus glatt behauenen Quadern den bemerkenswertesten Überrest Troias bilden, erlebte ihre größte Blütezeit zwischen dem 15. und 13. vorchristlichen Jahrhundert. Das 200×300 m große Gebiet war von einem mächtigen, einstmals mindestens 10 m hohen Mauerring umgeben. In seinem Inneren sind nahe der Burgmauern mehrere Paläste in ihren Fundamenten erhalten. Eine Untersiedlung erstreckte sich etwa 400 m weit auf dem Plateau nach Süden. Sie wurde von einem kleinen Verteidigungsgraben begrenzt. – Der Friedhof, auf dem die Toten, die man verbrannte, in Tonurnen beigesetzt wurden, lag weiter südlich.

Troia VI
8 Schichten,
'Homerisches
Troja'
(1800 bis
1250 v. Chr.)

Nach einer vermuteten Erdbebenkatastrophe (um 1250 v. Chr.) scheint die Stadt wiederaufgebaut worden zu sein. Die Lebensgewohnheiten der Bevölkerung hatten sich nicht geändert, jedoch wurde jetzt der Burgbereich auch mit kleinen Häusern 'besetzt'. Aber bereits ein Jahrhundert später wurde die Stadt ein zweites Mal zerstört.

Troia VII a
(ca. 1250 bis
1180 v. Chr.)

Nach einer gravierenden Zerstörung von Troia VII a wurde Hisarlık von Einwanderern aus dem Balkan besiedelt. Vielleicht waren die letzten Einwanderer die Dardaner, von denen sich der Name 'Dardanellen' ableitet. Nach über 1000 Jahren der Verwendung der Töpferscheibe formte man jetzt per Hand die charakteristische 'Buckelkeramik'. Sie hat Entsprechungen – und dies zusammen mit typischen Gewandnadeln – bis weit nach Südeuropa hinein – In den folgenden beiden Jahrtausenden war der Ruinenhügel bestenfalls schwach besiedelt.

Troia VIIb
(ca. 1180 bis
1000 v. Chr.)

Seit dem 8. Jh. v. Chr. ist eine griechische Kolonie bezeugt. Um 730 v. Chr. beschreibt Homer Freignisse aus dem 'Troianischen Krieg' des 13. vorchristlichen Jh.s. Seitdem wird Troia als 'heilige Stätte' angesehen. Spätestens ab archaischer Zeit wird bis in die römische Epoche ein 'Heiligtum' im Südwesten des Burgberges aufgesucht. Im Jahre 652 zogen die Kimmerier nach ihrem Sieg über den Lyderkönig Gyges in die Troas ein, ohne jedoch die Griechen zu vertreiben. Im Jahre 547 gliederte König Kyros Troia zur persischen Satrapie Phrygien an.

Troia VIII
(8. Jh. – 85 v. Chr.)

Im Jahre 334 v. Chr. zog Alexander d. Gr. nach Überquerung der Dardanellen in Troia ein und opferte der Athene Ilios. Um 300 v. Chr. baute Lysimachos der Stadt an der Skamandros-Mündung einen Hafen und ersetzte den Athenatempel durch einen prächtigen Marmorbau. Die Unterstadt von

Toia VIII
(Fortsetzung)

Ilion wurde planmäßig angelegt. Spätestens bei diesen Baurbeiten wurden die Hauptgebäude der Epochen Troia VII und Troia VI auf der Hügelgruppe einplaniert. Zwischen 278 und 270 v.Chr. beherrschten die Kelten (Galater) die Stadt. Die Akropolis und die Unterstadt im Süden wurden 85 v.Chr. durch die Römer völlig zerstört.

Troia IX
(85 v.Chr. bis
500 n.Chr.)

Gründete sich bisher die Bedeutung Troias auf den Athenatempel, der dem Artemistempel von Ephesus gleichgestellt war, so genoß es in der Folgezeit die Gunst der Römer, die sich auf Grund der Aeneas-Sage als die politischen Erben Troias fühlten. Allenthalben entfaltete sich eine rege Bautätigkeit. – Bis zum Einbruch der Goten um 262 n.Chr. erlebte die Stadt eine hohe Blütezeit und konnte ihr Ansehen bis in die Frühzeit des Byzantinischen Reiches wahren. Konstantin wollte Troia sogar zu seiner Hauptstadt machen. Doch mit der Erhebung des Christentums zur Staatsreligion verfielen die heiligen Stätten, und der Ruhm Troias schwand schnell dahin. Im Mittelalter war Troia etwa bis zum 13. Jh. Bischofssitz. Nach der Eroberung durch die Osmanen im Jahre 1306 verödete der Ort jedoch sehr rasch.

**Troia X (12. bis
14. Jh. n.Chr.)**

Troia

Neun Perioden
im Siedlungshügel Hisarlık

**Ilios
Ilion
Ilium
Truva**

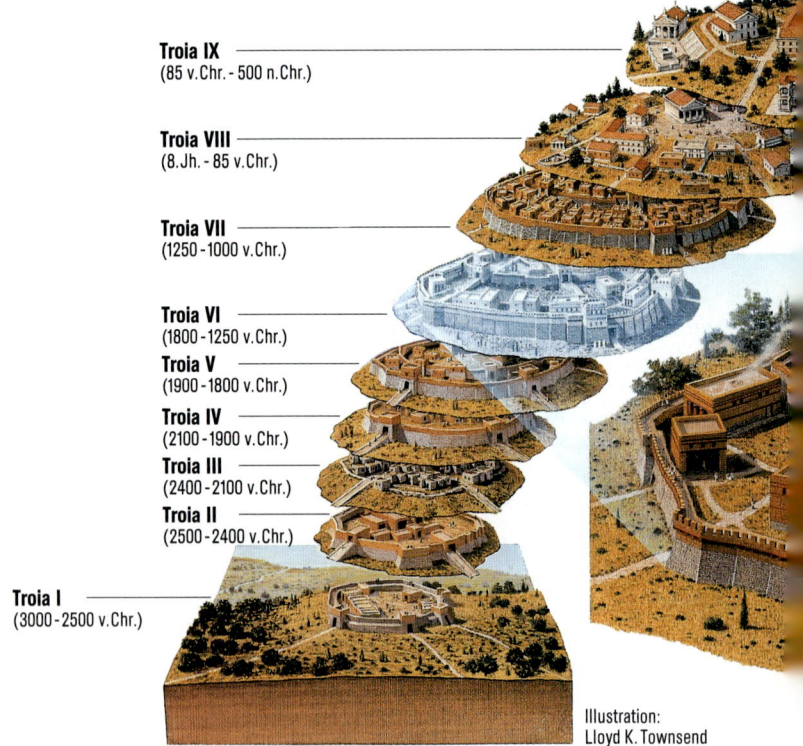

Troia IX
(85 v.Chr. - 500 n.Chr.)

Troia VIII
(8.Jh. - 85 v.Chr.)

Troia VII
(1250 - 1000 v.Chr.)

Troia VI
(1800 - 1250 v.Chr.)

Troia V
(1900 - 1800 v.Chr.)

Troia IV
(2100 - 1900 v.Chr.)

Troia III
(2400 - 2100 v.Chr.)

Troia II
(2500 - 2400 v.Chr.)

Troia I
(3000 - 2500 v.Chr.)

Illustration:
Lloyd K. Townsend

Die Ruinen wurden als Steinbrüche für Hausbauten und Grabstelen benutzt. Im großen Theater entstand ein Kalkofen, in dem u. a. die Marmorsteine des abgetragenenen Athenatempels gebrannt wurden. Über die Trümmer des Ortes breiteten sich Felder. Troia geriet in Vergessenheit.

Troia X
(Fortsetzung)

Pierre Belon, der als französischer Staatsbeamter Reisen im Orient unternahm, war einer der ersten Abendländer, der die Gegend um Troia besuchte (1547). – Im Jahre 1610 suchte der Engländer George Sandys nach den Ruinen Troias. – Zwischen 1781 und 1791 forschten der Graf Choiseul-Gouffier und der Gelehrte Lechevalier in der Troas und lokalisierten das Ilion Homers auf dem Balıdağ bei Pınarbaşı, 8 km südöstlich von Hisarlık. Auch Helmuth von Moltke, der damals Hauptmann im preußischen Generalstab war, sah Pınarbaşı als Troia an.

Geschichte der
Ausgrabungen

Im Jahre 1865 grub der ortsansässige Engländer Frank Calvert auf Hisarlık dort, wo auch Griechen und Römer besagte Stadt identifiziert hatten. Er hatte einen Teil des Hügels erworben. Drei Jahre später (1868) kam der aus dem mecklenburgischen Dorf Neubukow stammende Kaufmann Heinrich

Troia heute

Frühe Bronzezeit
Späte Bronzezeit
Klassisches Altertum

Schnittschaubild der neun Perioden

Homerisches Ilios

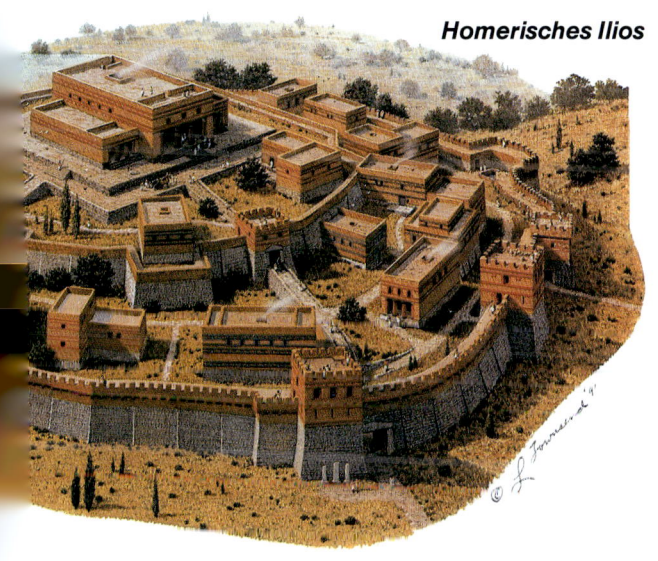

Troia

Schliemann (1822–1890), der in Petersburg ein großes Vermögen erworben hatte, in die Troas, um Troia zu besuchen. Nachdem er durch eine kurze Versuchsgrabung auf Pınarbaşı nur eine dünne Schutthülle festgestellt hatte, wandte er sich auf Anregung Calverts Hisarlık zu und bewies durch sieben Ausgrabungskampagnen von 1871 bis 1890 die Berechtigung seiner Wahl. Diese verteidigte er gegenüber den leidenschaftlich vorgetragenen Einwänden anderer Forscher. Die Grabungen wurden auf einem Niveau durchgeführt, das dem damaligen Stand der Wissenschaft entsprach. Bis 1882 wurde vergleichsweise wenig beobachtet und konserviert und, besonders durch den breiten Nord-Süd-Graben, vieles für immer zerstört: Die Archäologie entwickelte auch in Troia ihre Methoden, und in den späteren Grabungskampagnen wurden die Ergebnisse (insbesondere die Architekturreste) unter Mithilfe des deutschen Architekten Wilhelm Dörpfeld (1853–1940) besser als vorher dokumentiert.

Ein eigenartiges Geschick hatte Schliemann das Resultat seiner Grabungen nicht mehr erleben lassen. Nachdem er am 14. Juli 1873 den sogenannten Schatz des Priamos entdeckte, den er unter dramatischen Umständen nach Deutschland schaffte (von 1945 bis 1994 im Puschkin-Museum in Moskau verborgen und unter Verschluß gehalten), hielt er Troia II für die Reste der Burg des Priamos. Erst die Grabungen im Jahre 1890 sowie nach Schliemanns Tod in den Jahren 1893/1894 unter Wilhelm Dörpfelds Leitung ließen den Schluß zu, daß Troia VI der fraglichen mykenezeitlichen Periode zuzurechnen sei.

In den Jahren 1932 bis 1938 wurden die Grabungen durch Carl W. Blegen von der Universität Cincinnati (USA) fortgesetzt. – Da nach der Sage vom Troianischen Krieg das homerische Ilion durch eine dem (Erdbebengott Poseidon geweihte) riesige Pferdeattrappe ('Troianisches Pferd') zugrunde ging, in der sich Achäer versteckt hielten, die dann die Tore öffneten, so ist wohl Troia VI mit der Priamos-Feste gleichzusetzen (F. Schachermeyr); andere Forscher ordnen diese Geschehnisse der Schicht VIIa zu. – Seit 1988 werden unter der Leitung des Tübinger Professors Manfred Korfmann die Grabungen dort fortgesetzt, wo einst Schliemann, Dörpfeld und Blegen aufgehört hatten. Vorausgegangen waren Untersuchungen am Beşiktepe und in der Beşik-Bucht westlich

Trojanisches Pferd

von Troia bei Yeniköy, wo der Ägäishafen für Hisarlık identifiziert werden konnte (1982–1987). Auch das Gebiet südlich der Burg (Unterstadt), ja die gesamte Landschaft um Troia, liegt im Blickfeld der Archäologen. Es wird gefordert, diese Landschaft als historischen Nationalpark auszuweisen sowie als Teil des kulturellen Welterbes unter Schutz zu stellen.

Die jüngsten Forschungen in und um Troia betreibt seit 1988, also nach 50jähriger Pause, ein internationales Team unter der Leitung von Prof. Dr. Manfred Korfmann (Institut für Ur- und Frühgeschichte der Universität Tübingen). Die neu gewonnenen Erkenntnisse erscheinen alljährlich in den "Studia Troica". Im Verlag Ph. v. Zabern (Mainz) erscheint demnächst ein Führer der Grabungsleitung, der im Buchhandel erhältlich sein wird.

✳ Rundgang durch die Ruinenstätte (Verlauf s. S. 506 und 507)

Der Rundgang folgt dem von der Grabungsleitung empfohlenen Weg mit insgesamt zwölf Stationen. Nach dem allgemeinen Informationspunkt 1 bietet sich der Gang die Treppe hoch auf den Wall zu Punkt 2 an, in dem sich die römische Umfassungsmauer des Tempelareals verbirgt.

Von dort aus hat man den Blick auf die Gesamtanlage. Die Ostmauer der Verteidigungsanlage von Troia VI bestand aus einem einstmals annähernd

6 m hohen und 5 m dicken, geböschten und nach außen sichtbaren Unterbau. Darauf erhob sich, von 1 m über dem Burgboden ab, ein senkrechter Oberbau aus flachen viereckigen, fast regelmäßig gearbeiteten Steinen. Obenauf sind Mauern aus Lehmziegeln zu rekonstruieren.

Informations-
punkt 2
(Fortsetzung)

Der Südostturm war ehemals zweistöckig. In diesem Bereich trifft man auf die für die Ringmauer charakteristischen Vorsprünge, die im Abstand von 9 bis 10 m wiederkehren.

Südostturm

Jenseits von Mauer und Turm erkennt man große Häuser vom mykenezeitlichen Troia; zunächst das Haus VI G, dann, nordöstlich anschließend und von der Ringmauer etwas abgelegen, das Haus VI F und weiter nördlich die Häuser VI E und VI C. Die Häuser der Schicht VI lagen in mehreren konzentrischen Terrassen um den Hügel herum. Auf dem höchsten Punkt hat man sich wohl den Palast des Königs vorzustellen.

Häuser des
mykenezeitlichen
Troia VI

Das Gebäude VI F hatte Säulen, die auf ein weiteres Stockwerk hinweisen. Beim Gang durch das Tor sieht man am Haus VI E, daß es besonders gut gebaut war. Bedenkt man, daß zur Zeit der Errichtung dieser palastähnlichen Gebäude Eisen noch nicht erfunden war, dann beeindruckt hier insbesondere die Qualität der Steinmetzarbeiten.

Die Mauerzunge des Osttores ist überlagert von einer weiteren römischen Quadermauer, die die Säulen der Osthalle des Tempelbezirks trug. Mit der von Süden kommenden Verteidigungsmauer ergab sich ein ca. 10 m langer, gebogener und 1,80 m breiter Torgang.

Osttor

Von einem der über 20 Altäre aus Kalkstein, die den ehemaligen Athenatempel umgaben, schaut man auf den gewaltigen Nordostturm der mykenezeitlichen Mauer.

**Informations-
punkt 3**

Auf dem 8 m hohen, geböschten Unterbau aus schönen Quadern ragten einst noch senkrecht Lehmziegelmauern empor, so daß der Turm weithin alles beherrschte. In seinem Innern war ein lange benutzter, viereckiger Felsbrunnen, der tief hinab zu einer Wasserader führte.

Nordostbastion

Hinter der Nordseite des Turmes wurde in der Zeit der Periode Troia VIII eine Treppe zu einem Brunnen außerhalb des Turms hinabgeführt. Die große Stützmauer im Südosten gehörte der römischen Zeit an. Im Hintergrund sieht man die Cavea des Theaters der griechischen und römischen Ilion. Davor die Ebene des Dümrek Çayı (Simoeis).

Nur noch die Altäre und deren Höhen erinnern an die Lage des Athenatempels. Man muß sich ihn westlich und nördlich der Altäre vorstellen. Den von Alexander d. Gr. versprochenen glänzenden Neubau hat Lysimachos ausgeführt; doch ist nur noch wenig erhalten. Säulen und Teile der Kassettendecke sowie andere Architekturteile aus Marmor des unter Augustus erneuerten Baus sind im Verlauf der Grabungen nach unten 'gewandert', bis auf das Niveau von Troia II. Dort werden die Architekturteile von den Ausgräbern zusammengestellt, um genauere Informationen vom Tempelbau zu erhalten.

**Informations-
punkt 4**
Altäre und
Athenatempel

Von hier oben hat man einen guten Blick auf die Dardanellen und die europäische Seite sowie auf die Flußebene des Menderes (Skamander). Unten befindet sich der Horizont der 'Verbrannten Stadt' (Troia II), die Schliemann für die 'Stadt des Priamos' hielt.

Ausblick

Punkt 5 zeigt einen Ausschnitt der Befestigung von Troia I mit einem turmartigen Vorsprung, hinter dem das Südtor dieser Bauperiode lag. Die Torgasse war nur 2 m breit. Troia I war unmittelbar auf dem Felsboden erbaut worden. 4 m hohe Schutzschichten lassen auf eine langandauernde Siedlungsperiode schließen (ca. 3000 bis 2500 v. Chr.). Die Siedlung von Troia I war die flächenmäßig kleinste. Im Verlauf der Zeit dehnte sich die Siedlung nach Süden hin aus. Weitere Befunde von Troia I findet man am Standort der übernächsten Tafel (7). Direkt oberhalb des Turmes liegt ein kleines Propylon der Periode Troia II. Seine mächtige, 3 m lange und 1,10 m breite Steinschwelle befindet sich noch an Ort und Stelle.

**Informations-
punkt 5**
Befestigungs-
mauer

Das Propylon bildet den Zugang zu einer Gebäudegruppe in der Mitte der Burg Troia II, die man wohl als Hof der Herrschaft bezeichnen darf. Auf dem mit Kies belegten Vorplatz öffneten sich die Paläste / Kultbauten der Burgherren. Der Hauptbau genau gegenüber dem Propylon, das Megaron II A, setzt sich aus einer Vorhalle und dem Saal zusammen, in dessen Mitte ein

**Informations-
punkt 6**
Herrscher-
residenz

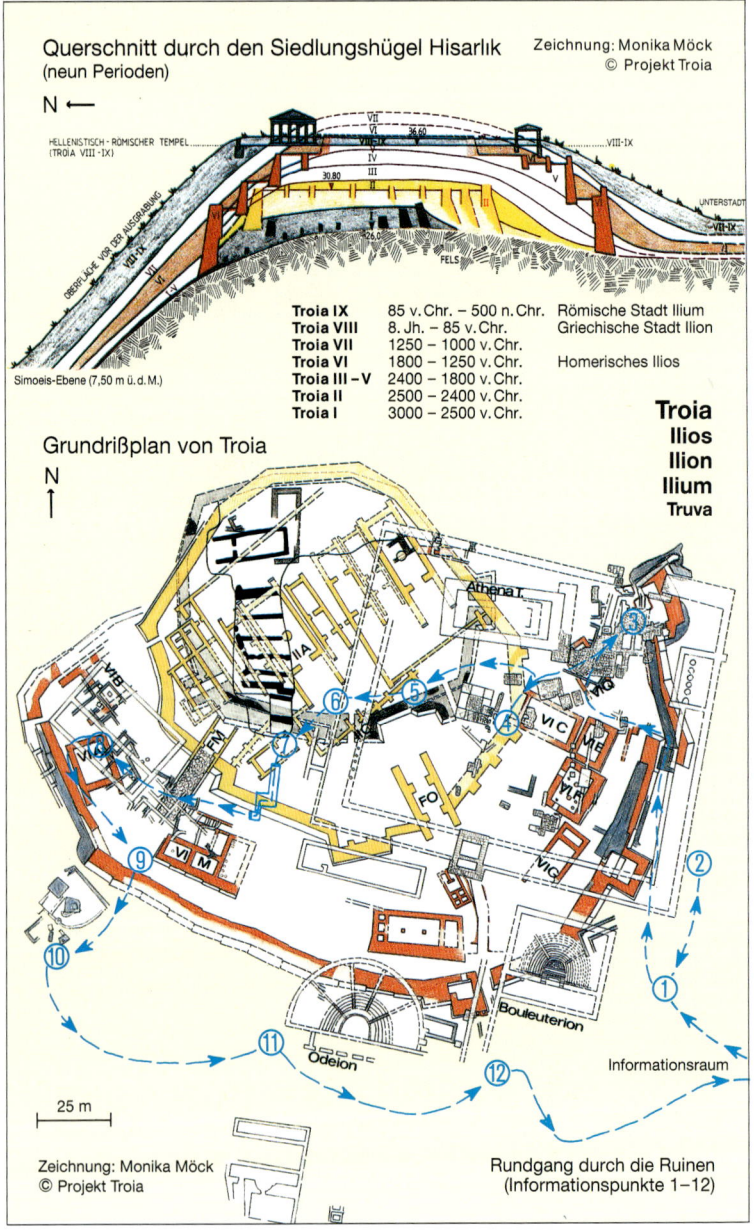

Querschnitt durch den Siedlungshügel Hisarlık
(neun Perioden)

Zeichnung: Monika Möck
© Projekt Troia

N ←

HELLENISTISCH - RÖMISCHER TEMPEL
(TROIA VIII - IX)

VII
VI
IV
III
II
I

36.60

30.80

26.0

FELS

VIII-IX

UNTERSTADT
VII-IX

OBERFLÄCHE VOR DER AUSGRABUNG

Simoeis-Ebene (7,50 m ü. d. M.)

Troia IX	85 v. Chr. – 500 n. Chr.	Römische Stadt Ilium
Troia VIII	8. Jh. – 85 v. Chr.	Griechische Stadt Ilion
Troia VII	1250 – 1000 v. Chr.	
Troia VI	1800 – 1250 v. Chr.	Homerisches Ilios
Troia III – V	2400 – 1800 v. Chr.	
Troia II	2500 – 2400 v. Chr.	
Troia I	3000 – 2500 v. Chr.	

Troia
Ilios
Ilion
Ilium
Truva

Grundrißplan von Troia

N ↑

Athena T.

Bouleuterion

Odeion

Informationsraum

25 m

Zeichnung: Monika Möck
© Projekt Troia

Rundgang durch die Ruinen
(Informationspunkte 1–12)

Herd lag. Die Mauern, deren Struktur man hier besonders deutlich (in teilweiser Rekonstruktion) sieht, sind 1,44 m dick. Die Höhe des Saales ist unbekannt. Die einzige Öffnung in dem flachen Erddach befand sich wohl über dem Herd. Rechts lag ein kleineres Gebäude, das sich aus Vorhalle, Mittelzimmer und Hintergemach zusammensetzte. Rechts und links öffneten sich noch andere ähnliche Gebäude auf den Hof. Die Gebäude waren ehemals verbrannt und hinterließen eine 2 m mächtige Schuttschicht (Schliemanns 'Verbrannte Stadt'). In dieser Schicht kamen auch verschiedene Schatzfunde zutage (siehe Informationspunkt 7).

Die Zeit von Troia II (ca. 2500 v. Chr.) war geprägt durch starke kulturhistorische und technologische Veränderungen: Es existierte eine geschichtete Gesellschaft, wie an den Bauten abzulesen ist, mit einer Vorform des griechischen Tempels ('Megaron' = 'Vorhalle und Hauptraum'); man mischte Kupfer und Zinn (Bronze) und erfand die Töpferscheibe. Schliemann glaubte – beeindruckt von den herausragenden Befunden und Funden – die 'Stadt des Priamos' gefunden zu haben (sofern es sie gab), irrte sich jedoch um mindestens 1000 Jahre.

In dem auf Schliemanns Veranlassung ausgehobenen großen Nord-Süd-Graben, der hier zwischen den Häusergruppen der zweiten Burg eingetieft

Informationspunkt 6
Herrscherresidenz
(Fortsetzung)

Informationspunkt 7

Luftaufnahme der Ruine der Burg von Troia (mit eingezeichneten Informationspunkten 1–12)
Foto: H. G. Jansen · Projekt Troia

Troia

Informations-
punkt 7
(Fortsetzung)
Schliemann-
Graben

ist, sind von den uralten Siedlungen der ersten Schicht einige Hausmauern erhalten. Die restaurierte Stützmauer aus Lehmziegeln gibt die östliche Begrenzung der großen, langgestreckten Bauten wieder. Über eine Holzbrücke, die die Ringmauer von Troia II überbrückt, gelangt man vorbei am griechisch-römischen Brunnenschacht auf ein Steinpodest, von dem aus eine Holztreppe zum Horizont der Periode Troia VI/VII führt, zu Punkt 8.

Informations-
punkt 8
Prähistorische
Burg

Vom Standpunkt direkt oberhalb der Steinrampe von Troia II sieht man hinauf zum Tor F M. Die Rampe führt aus einer Untersiedlung zum inneren Burghügel. Die prähistorische Burg Troia II, die im Brand untergegangen ist, hielt Schliemann anfangs für die Feste des Priamos. Sie hatte einen Umfang von 300 m, ihr Schuttschichten waren 1 bis 2 m mächtig.

Rampe
'Skäisches Tor'

Zu beiden Seiten der Rampe erstreckt sich die Ringmauer der Burg. Sie bestand aus einem Unterbau von 1 bis 4 m Höhe aus Kalksteinen mit Erdmörtel. Die 1992 restaurierte Rampe gibt den Zustand wieder, wie er bei Ausgrabungsarbeiten vor 100 Jahren bestanden hat.

'Schatz des
Priamos'

Etwa 6 m nordwestlich der Rampe hat Schliemann in einem Hohlraum des Lehmziegel-Oberbaus der Ringmauer verbaut den vermeintlichen Schatz des Priamos gefunden, der dann in das Museum für Vor- und Frühgeschichte in Berlin kam und seit Ende des Zweiten Weltkriegs verschwunden war. Erst 1994 wurde bekannt, daß sich Teile des Schatzes im Moskauer Puschkin-Museum befinden. Weitere Objekte gibt es in der Eremitage von St. Petersburg und an weiteren fünf Orten der Erde. Längst weiß man, daß es sich nicht um den legendären Schatz des Priamos handelt, sondern um einen 1000 Jahre älteren Schatz. Seit seinem 'Auffinden' haben mehrere Nationen Ansprüche erhoben. Die Russen wollen ihn behalten, die Deutschen wollen ihn zurück, die Griechen beanspruchen ihn als griechisches Kulturgut und die Türken möchten ihn haben, weil er auf ihrem Staatsgebiet entdeckt wurde. Nach Meinung des Archäologen Korfmann sollte der gesamte Schatz in das geplante Troia-Museum überführt werden. Ähnliche Funde von Schmuck und Gefäßen, Waffen und Werkzeugen aus Gold, Silber, Elektron (Gold-Silber-Legierung) und Bronze sind auch an anderen Stellen der 'Verbrannten Stadt' von Troia II und wohl auch innerhalb der Brandschichten von Troia III gemacht worden.

Informations-
punkt 9

Die Reste der bisher nicht erwähnten III., IV. und V. Schicht bieten dem Laien recht wenig. Von der VI. Schicht haben sich jedoch die Hauptmonumente der Burg erhalten, von der VII. Schicht die Hausmauern auf und zwischen der Burgmauer von VI und den ersten Palastmauern, die gleichzeitig Terrassierungsmauern waren. Zunächst haben Leute, die noch 'mykenische' Tonware gebrauchten, die Mauern und Tore der Siedlung VI wieder · instandgesetzt (VIIa). Nach einer Brandkatastrophe siedelten Menschen in den Ruinen, die mit gänzlich anderer Kultur aus dem Balkan kamen (VIIb$_1$ und VIIb$_2$). Westlich kann man deren Häuser oberhalb der breiten Festungsmauern von Troia VI und des Palasthauses VI M sehen.

Küchengebäude
Palasthaus VI M

Die eindrucksvolle, 27 m lange Stützmauer des Hauses VI M, das sicherlich zur Palastanlage der Burg von Troia VI gehörte, erhebt sich im Inneren des Mauerrings. Dieses große, auf 4 m hoher Terrasse gelegene Gebäude der mykenezeitlichen Schicht wird nach den großen Pithoi (Vorrats-Tongefäße) und anderen Funden in einem der Zimmer auch 'Küchengebäude' genannt. Im Innern führte eine Treppe zu einem weiteren Stockwerk. Den Verlauf der Burgmauer von Troia VI kann man nach der Freilegung des Oberteils ihrer Fundamente (1994) gut verfolgen.

Informations-
punkt 10
Heiligtum

Die Altäre des Heiligtums im Südwesten zeigen, daß schon sehr früh nach der griechischen Besiedlung und dann bis weit in die römische Zeit hinein Kulthandlungen außerhalb der Mauer der 'Heiligen Ilios' stattfanden. Nach neuesten Grabungsergebnissen datiert der tiefstgelegene Altar in die archaische, der höchstgelegene (aus Marmor) in augusteische Zeit, in der die Gesamtanlage von Ilios erneuert wurde. Dahinter lagen eine Tribüne und weitere Kultgebäude. Die große Stützmauer ist aus hellenistischer Zeit (Troia VIII), zu der einige der älteren, tiefergelegenen Altäre gehören.

Nördlicher Schliemann-Graben

Die Steinrampe wurde 1992 restauriert.

**Troia,
Informations-
punkt 10,
Heiligtum
(Fortsetzung)**

Die ältere Heiligtum-Anlage gliedert sich in zwei Bezirke. Im Westen wurden bei jüngsten Grabungen die Fundamente von großen hellenistischen (und älteren) Gebäuden freigelegt, die offenbar mit der Kultanlage in Verbindung standen. Besonders wichtig ist hier jedoch die Aufdeckung eines Stadtviertels der Zeit des 'Troianischen Krieges' (Troia VI-Spät/Troia VIIa; nicht zugänglich).

**Informations-
punkt 11
Odeion und
Buleuterion**

Am Rande der ehemaligen Agora lagen das Odeion, ein kleines Theater, in dem musikalische Veranstaltungen stattfanden sowie (weiter östlich) das Buleuterion, das ehemalige Rathaus römischer Zeit. Das Odeion hat eine halbkreisförmige Orchestra, die von der Skene, dem Bühnengebäude, abgeschlossen wird. Eine Marmorstatue des Kaisers Hadrian, der Troia im Jahre 124 n.Chr. besucht hatte, wurde 1939 hier gefunden (jetzt im Museum Çanakkale). Die Sitzreihen sind in keilförmige Abschnitte unterteilt. In der Umgebung des Odeions wurden die zu dem Gebäude gehörenden Architekturglieder zusammengetragen. Das Buleuterion, ca. 70 m entfernt, liegt über der Befestigungsmauer von Troia VI. Der Innenraum war auf allen Seiten von einer Mauer umschlossen, die es dem Rat ermöglichte, seinen Geschäften ungestört nachzugehen.

**Informations-
punkt 12
Südtor**

Vom Südtor, das vermutlich das Haupttor der mykenezeitlichen Burg war, ist heute allerdings nur der gepflasterte Torweg (1,30 m breit; in der Mitte ein abgedeckter Wasserkanal) erhalten. Links hinter dem Südturm zeigt ein Pfeiler die Lage des 'Pfeilerhauses', das mit 27 x 12,5 m Grundfläche eines der größten Häuser in Troia VI war. Vor dem Südtor fallen Steinstelen (wohl kultischer Funktion) auf.

Unterstadt

Das Plateau der Unterstadt (unzugänglich) im Süden unterhalb des Burgberges war, wie die Grabungsergebnisse seit 1988 zeigen, im ausgehenden 2. Jtd. (Troia VI/VII) besiedelt. Sie war gegen Angriffe (durch Streitwagenkämpfer?) mit einem Verteidigungsgraben gesichert. Von einer Umfassungsmauer ist auszugehen. Untersiedlung und Burg können damit als wichtige Residenz und Handelsstadt interpretiert werden. Die Fläche betrug etwa 200 000 m². Hier dürften – auch unter Berücksichtigung der in der Nähe für Ackerbau und Viehzucht zur Verfügung stehenden Landschaft – zirka 7000 Menschen gewohnt haben, eine für die Bronzezeit ausgesprochen hohe Zahl! Die Ausgrabungen gehen hier, wie auch innerhalb der Burg weiter. Das insgesamt noch wenig untersuchte Plateau der Unterstadt im Süden und Osten hat in hellenistischer Zeit als Siedlungsgebiet gedient, wuchs unter römischer Herrschaft (insbesondere Augustus) und wurde spätestens in dieser Zeit zu einer größeren, planmäßig angelegten Stadt ausgebaut, deren Ringmauer von etwa 3,5 km Länge und 2,50 m Dicke sich noch verfolgen läßt. In ihr hatte das Kultgeschehen eine überregionale Bedeutung. Das u.a. hierfür benötigte große Theater im Nordosten faßte ca. 6000 Personen.

Tunceli

P 4

Ostanatolien
Provinz: Tunceli
Höhe: 1 020 m ü.d.M.
Einwohnerzahl: 25 000

**Man beachte die Warnung
auf Seite 139!**

Allgemeines

In einer der rückständigsten, aber auch einer der schönsten Regionen des türkischen Ostens liegt die noch sehr junge Provinzstadt Tunceli am südlichen Rand einer beeindruckenden Hochgebirgswelt. Verschiedene Ortsnamen im Laufe der Zeit sind ein Hinweis darauf, daß hier mancherlei Umwälzung stattgefunden hat.

**❋ Bergland
von Tunceli**

Eingerahmt von den nicht selten schluchtigen Kerben der beiden Euphratquellarme Karasu im Westen und Norden bzw. Murat Nehri im Süden und dem Peri Suyu im Osten ist der dreieckige Kernraum des 'wilden' Tunceli-Berglandes geprägt von zwei sehr unterschiedlichen Gebirgstypen: Der Kalksteinstock der steilen und stark gefalteten Munzur-Kette trennt im

Norden als Teil des inneren Osttaurus das Erdbebengebiet der Nordanatolischen Hauptverwerfung wie ein Wall vom südlich gelegenen eigentlichen Tunceli-Bergland. Die über 3 000 m hohe Gebirgsbarriere ist klimatisch rauh, schneereich im Winter und kühl im Sommer. Hier bietet sich ein ideales, bewaldetes Bergwandergebiet im Herzen Ostanatoliens.

Bergland von Tunceli (Fortsetzung)

Im südlich gelegenen Bergland von Tunceli herrschen milde Winter vor. Hier ist der eigentliche Kulturraum, ein im Schnitt um 2 000 m hoher Landstrich, dicht besetzt mit Einzelhöfen und Kleinweilern einer größtenteils kurdisch sprechenden Bevölkerung. Die Bauern betreiben in diesem dank der regenfangenden Gebirge wasserreichen Gebiet Landwirtschaft. Die Region war schon früh besiedelt, und in diesem Grenzsaum zwischen kurdischen und einst armenischen Gruppierungen hat sich bis heute die Minderheit der alevitischen Zazas (auch 'Kızılbaş' = 'Rotkopf'; wegen der traditionellen roten Kopfbedeckung) konzentriert.

Tunceli ist erst nach 1950 Provinzzentrum geworden, sehenswertes bietet somit das frühere Dorf Mamiki nicht. Bekannt geworden ist die Region durch lokale Unruhen unter der überwiegend kurdischen Bevökerung, sie führten immer wieder zu gravierenden administrativen Korrekturen. 1938 revoltierten die Bewohner von Dersim (heute Hozat, 50 km östlich von Tunceli) unter der Führung von Seyyid Riza mit terroristischen Methoden gegen Wehrpflicht und Steuerforderungen. Nach Greueltaten auf beiden Seiten kam es zu Massenzwangsumsiedlungen. Die Region ist übersät mit verlassenen Siedlungen, von denen ein Teil allerdings auch bereits auf die 'Umsiedlung' der armenischen Bewohner 1915/1916 zurückzuführen ist. Betroffen waren vor allem aber Mitglieder jener ethnischen Minderheit der Zaza, die man landläufig als 'Teufelsanbeter' bezeichnet; die Aleviten, die im Gebiet um Tunceli mindestens seit dem 16. Jh. in größerer Konzentration ansässig sind.

Geschichte

In der islamischen Welt ist die Sekte der Aleviten zurückzuführen auf eine persisch-schiitische Bewegung ('messianische Revolution') des 12. Jh.s Benannt wurde sie nach ihrer Leitfigur Ali, den in einer Moschee ermordeten Schwiegersohn Mohammeds. Ihre Anhänger (oftmals Kurden) waren im Osmanenreich einer systematischen Verfolgung ausgesetzt. Aus Angst verheimlichten sie nunmehr ihren schiitischen Glauben, besuchten und bauten keine Moscheen mehr. An die Stelle der traditionellen Praktiken der Religionsausübung traten nach und nach z. T. fragwürdige Ersatzstrukturen bis hin zur völligen Negierung des Glaubens. Aus der somit offeneren Stellung der Aleviten gegenüber islamischen Tabus (Verschleierung der Frau, Alkohol, Fastenmonat, Riten) entwickelten sich Lügen und haarsträubende Gerüchte über die Anhänger dieser Sekte (bestialischer Mundgeruch, Vermehrung bei Orgien, Anbetung des Teufels), die sie in den Augen der meisten sunnitischen Türken als 'Teufelsanbeter' diskriminiren. Ausdruck dieser Dissidenz ist heute die Neigung der Aleviten, die häufig mit Kurden generell identifiziert werden, zur politischen Linken. Der Staatsgewalt erscheinen sie somit als suspekt.

Aleviten

Umgebung von Tunceli

Am Tahar Çayı, ca. 110 km östlich von Tunceli, erreichbar über nur mäßige Straßen, liegt das Städtchen Çemişkezek. Hier bieten die in den Felsen gehauenen Derwisch-Zellen und die Ulu Cami ein lohnenswertes Ziel.

Çemişgezek

Das alte Zwergstädtchen Mazgirt, ca. 30 km südöstlich von Tunceli, wird überragt von einer mittelalterlichen Burg. Beachtung verdient die Etli Sultan Türbesi mit der dazugehörigen Moschee. In Mazgirt fand man eine Säule mit assyrischem Keilschrifttext. Erreichbar nur per Umweg über Palu und Karakoçan (oder auf einem schlechten Weg über Darıkent) ist das Thermalbad von Bağın, das antike Castrum Palios, ca. 105 km (bzw. rund 35 km) östlich von Mazgirt.

Mazgirt

In der Nähe des Städtchens Nazimiye, etwa 35 km nordöstlich von Tunceli, kann man zwei schöne Wasserfälle besuchen: den Dereova Şelalesi bei Dereova (Hakis) im Norden der Stadt und den Karagöl Şelalesi.

Nazimiye

Tunceli

Der alte Ortsname von Ovacık ('kleines Tal') war Maraşalçakmak ('Die Pfeife des Marschalls'). Gegründet wurde der Ort 1878 als Amtszentrum, 1916 aber bereits wieder aufgelöst. Nach der Neugründung (1925) wurde das Dorf 1938 Kreishauptort von Ovacık.

**Munzur Vadisi Milli Parkı

Das grüne Tal von Ovacık liegt am östlichen Rand des Nationalparks 'Munzur Vadisi Milli Parkı' und ist als Ausgangspunkt für Bergwanderer und Fischer ideal. Der Munzur-Nationalpark ist, wie das gesamte Gebirge, eine wilde, noch wenig berührte Landschaft. Die etwa 100 km lange Gebirgskette ist trotz ihrer zahlreichen Gipfel mit Höhen über 3000 Meter leicht zu erwandern, da die Ausgangspunkte im Tal bereits auf 1500–2000 m ü.d.M. liegen.

Das wasserreiche Gebiet enthält verschiedene kleinere Karseen aus einer Zeit, als das Gebirge noch vergletschert war (Eiszeit). Viele Quellen ergießen ihr Wasser, oft über Wasserfälle, in die zumeist tiefen Täler. Die beste Besuchszeit liegt zwischen Mitte Juni bis Ende September. Touristische Einrichtungen gibt es bislang dort nicht (Auskunft bei der Staatlichen Park- und Forstverwaltung).

Pertek

Das Städtchen Pertek mit seiner mittelalterlichen Burgruine über dem Ort erreicht man entweder direkt von Tunceli nach Südwesten (ca. 45 km) oder von Elazığ aus nach Norden per Fähre über die Keban-Talsperre (etwa 16 km Straße bis zur Anlegestelle).

Im Ort steht eine beachtenswerte Karawanserei (18. Jh.), und am Fuße der Burg gibt es zwei alte Moscheen: die Bay Sungur Camii (1560) und die Çelebi Ali Camii.

Auf einem hohen Inselhügel mitten im Keban-Stausee, den man per Boot anfahren kann, erhebt sich die mittelalterliche Befestigung Pertek Kalesi (von 1367), die einst hier den Übergang über den Euphrat (Murat Nehri) schützte. H. v. Moltke erwähnt sie bei seiner berühmten Floßfahrt 1838 von Palu aus nach Süden.

Burgruine von Pertek

Ürgüp

→ Kappadokien

Urfa

→ Şanlıurfa

Van

T 5

Ostanatolien
Provinz: Van
Höhe: 1 750 m ü. d. M.
Einwohnerzahl: 154 000

**Man beachte die Warnung
auf Seite 139!**

Binnensee in Ostanatolien
Provinzen: Van, Bitlis
Höhe: 1 646 m ü. d. M.
Fläche: 3 765 km²
Tiefe: ca. 400 m (noch nicht exakt ermittelt)

⁑Van Gölü
(Van-See)

Der Van-See ist mit 80 km Länge, 40 km Breite und 3 765 km² Fläche der größte See der Türkei (siebenmal so groß wie der Bodensee). Sein Wasser-Einzugsgebiet beträgt 16 000 km². Die größte Tiefe ist noch nicht exakt ausgelotet (etwa 400 m), bereits in Ufernähe mißt man mehr als 250 m. Das Wasser ist stark sodahaltig (13 %), deshalb findet man in ihm nur spärliches Leben. Umrahmt wird der abflußlose See im Süden vom Bitlis-Massiv (İhtiyarşahap Dağları, 3 634 m ü. d. M., Çadır Dağı = Artos, 3 537 m ü. d. M.) des Osttaurus, im Osten durch Einzelmassive, wie Çomaklıbaba Dağı (2 602 m ü. d. M.) oder Erkdağı (Erekdağı, 3 204 m ü. d. M.), im Westen und Norden weitgehend von großen Vulkanen, wie Süphan Dağı (4 058 m ü. d. M.), Nemrut Dağı (2 828 m ü. d. M.) und Ala Dağlar (3 510 m ü. d. M.). Man weiß, daß der Van-See früher ein Süßwassersee war, der durch einen Quellarm des Euphrat, den Murat Nehri, entwässert wurde.
Erst im Quartär, etwa im Zeitraum zwischen den beiden Eiszeiten, plombierten die andesitischen Lavamassen des Nemrut Dağı den Abfluß bei Tatvan in der sogenannten Rahva-Ebene. Danach hatte der See, selbst bei seinem höchsten Wasserstand während der Riß-Eiszeit (80 m höher als gegenwärtig), keinen Abfluß wegen seiner hohen Gebirgsumrahmung. Die Assyrer nannten den Van-See 'Oberes Meer' oder 'Meer des Nairi-Landes' bzw. 'Wogenmeer'.
Dreimal am Tage verkehrt von Van İskelesi eine Fähre nach Tatvan, auf der auch Kraftfahrzeuge transportiert werden. Die Abfahrtszeiten richten sich nach dem Zugverkehr, der zwischen Tatvan und Van auch per Fähre erfolgt und weiter in den Iran geht (überwiegend Güterverkehr, 6 Std. Fahrzeit, mit dem Bus nur etwa 2 Std.).

Frühe archäologische Forschungen in Van begannen bereits 1827 und trugen dazu bei, Zivilisation und Sprache der Urartäer zu ergründen. Die Universität İstanbul leitete 1959/1960 ebenso weitere Ausgrabungen wie ein ihr angeschlossenes 'Zentrum für Geschichts- und Archäologieforschung in Van' seit 1967.

Stadt Van
Ausgrabungen

Um 840 v. Chr. erbaute der urartäische Herrscher Sardur I. die Burg und Stadt Tuschpa als Residenz seines Reiches auf dem Felsmassiv der späteren Van-Festung (Van Kalesi) westlich der heutigen Stadt. Das Gebiet war seit dem 3. Jtd. v. Chr. von den Hurritern besiedelt, die man als Urahnen

Ältere Geschichte

der späteren Urartäer ansieht und die als erstes Kulturvolk in Ostanatolien eine politische und kulturelle Einheit schufen. Aus den Ostteilen, die an Assyrien gefallen waren, setzte eine Auswanderung der Hurriter nach Norden ein und damit auch in die Region Van, wo sich separate Kleinfürstentümer herausbildeten. Das älteste Kleinreich der Urartäer, die sich selbst 'Bianili' (die von Bian) nannten, hatte seine beiden ersten Hauptstädte unter dem König Aramu in den bislang noch nicht identifizierten Orten Sugunia und später Arzaschgun (vermutlich südlich bzw. nordwestlich des Vansees). Als eigentlicher Reichsgründer gilt erst Sardur I., der 840 v. Chr. eine neue Hauptstadt Tuschpa (Van Kalesi) von 'Bian' (daraus wurde später Van) am Van-See anlegen ließ.

Selbst während seiner größten Ausdehnung blieb das Urartu-Reich (das Reich der Biani) ein Binnenstaat ohne Zugang zum Meer. Rege Bautätigkeit und Blüte erfuhr Tuschpa unter dem Herrscher Ischpuini (830 bis 810 v. Chr.) und dessen Kindern und Enkeln, v. a. sein Sohn Menua sorgte für entsprechende landwirtschaftliche Bewässerungsanlagen und für die Anlage eines Verteidigungs- und Warnsystems in Form zahlreicher Festungen in Sichtkontakt. Ischpuinis Enkel Sardur II. schuf Kulturelles, wie den großen Freilufttempel von Tuschpa, verlor aber die Herrschaft über Nordsyrien 743 v. Chr. an die Assyrer. Die Reihe der Niederlagen gegen die Assyrer setzte sein Sohn Rusa I. (735–714 v. Chr.) fort und leitete damit den Niedergang des Urartäerreiches ein. Die Wellen der nomadischen Bedrohung durch Steppenvölker, wie Kimmerier und nachfolgend Skyten, bereiteten den Untergang vor, den die Meder 590 v. Chr. zu Ende führten.

Bevor der armenische König Tigranes d. Gr. (95–54 v. Chr.) Van zu einem Mittelpunkt seines Reiches ausbaute, gehörte Van zunächst zur persischen Satrapie Armenia und dann, nach Alexander d. Gr., zum Königreich Pontos. Die armenische Reschtuni-Dynastie hielt sich bis 634 (Arabereinfall). 1071 geriet Van an die Marwanidendynastie, dann an die Karakoyun Oğulları (= 'schwarze Hammel'). Der folgende Streit um Van zwischen Osmanen und Persern endete zugunsten des Osmanenreiches. Die osmanische Altstadt unterhalb der Burg wurde 1917 beim Abzug der russischen Truppen zerstört.

Sehenswertes in Van

In der Neustadt östlich der Cumhuriyet Caddesi liegt in einer Seitenstraße das Museum von Van, das trotz seiner geringen Größe durchaus besuchenswert ist. Exponate (bereits im Vorgarten) stammen überwiegend aus Grabungsorten aus der Urartäerzeit. Angeschlossen ist eine ethnographische Abteilung in der ersten Etage.

Eindrucksvoll ist der Blick vom Burgfelsen der Stadt auf die ruinierte Altstadt, bis zu deren noch gut erkennbaren Mauern einst die Wasser des Van-Sees reichten. Das beim Abzug der Russen 1917 stark in Mitleidenschaft gezogene Areal wurde endgültig zugunsten der Neustadt im Osten aufgelassen. Das Gelände ist heute Freilichtmuseum und Teil des von der UNESCO anerkannten Nationalparks 'Zitadelle und Altstadt Van'. Zur Zeit sind Restaurierungsarbeiten und Ausgrabungen im Gange, denn die Altstadt enthält trotz aller Zerstörung verschiedene bedeutende Baudenkmäler aus der islamischen Epoche.

Hinter den Resten der sog. Doppelkirche auf dem Gelände der Altstadt verbergen sich eigentlich die Ruinen von zwei armenischen Kirchen, Surb Paulus (um 960) und Surb Petrus (stark zerstört), die sehr dicht beieinander standen.

Die sogenannten Zwillings-Mausoleen auf dem alten Friedhof von Van im Süden außerhalb der Altstadt liegen fast unmittelbar gegenüber dem ehe-

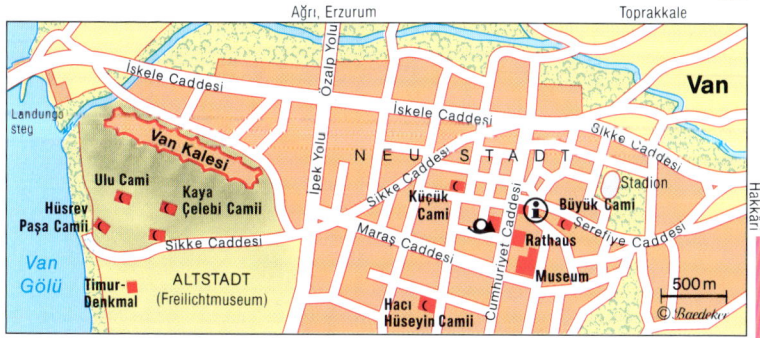

Tatvan, Bitlis

maligen Orta Kapı. Die beiden Kuppelgräber, deren durchbrochene Säulenbauweise noch an die nomadische Tradition des Zeltlebens erinnern, sind Grabmäler erst aus dem 18. Jahrhundert, führen aber die Tradition der offenen Türben weiter. Beide Mausoleen stammen von Gouverneuren der Provinz Van, das östliche von Demirpaşa (1789), das andere von Ahmet Paşa (1796). Auf dem historischen Friedhof (Betreten mühsam!) findet man noch alte Sarkophage und Grabsteine mit kufischer Schrift und Verzierungen.

Çifte Kümbet
(Fortsetzung)

Im Südwesten unweit der alten Stadtmauer nahe dem Orta Kapı (Mitteltor) steht die noch recht gut erhaltene, einkuppelige Moschee, die Koca Hüsrev Paşa stiftete. Nach der Inschrift über dem Eingang entstand sie 1567. Evliya Çelebi berichtete, daß die Kuppel des Baus im 17. Jahrhundert mit Bleiplatten verkleidet gewesen ist. Daher stammt ihr zweiter Name 'Kurşunlu Cami' (Bleimoschee). Die Wände des Betsaales waren 2 m hoch mit Kacheln aus dem 16. Jahrhundert besetzt. Auch dieser Bau erhielt starke Schäden beim Abzug der russischen Truppen, wurde aber 1968 originalgetreu restauriert.

Hüsrev Paşa Camii
(Kurşunlu Cami)

Offenbar gehörten zur Stiftung noch andere Gebäude, so z. B. ein Bad, das Katip Çelebi im 17. Jahrhundert erwähnt, dessen Reste aber nicht auszumachen sind. – An der Ostmauer setzt ein schlichtes, elegantes, achteckiges Mausoleum des Stifters an. Das Dach ist aus Steinwürfeln kegelartig aufgetürmt, Tor- und Fensteröffnungen sind umrahmt von Mustern aus Rosetten, Palmen und geometrischen Figuren.

Östlich der Kurşunlu Cami steht die von Kaya Çelebizade Koçi Bey im 16. Jahrhundert gestiftete Moschee, deren mächtige Kuppel über dem Betsaal durch kleine Fensteröffnungen und Stützvorbauten unterbrochen ist. Die säulenverzierten Fensteröffnungen sind betont schlicht gehalten. Eine mehrfach überkuppelte Säulenvorhalle führt in den Hauptraum.

Kaya Çelebi Camii

Die auch als Tebriz Kapı Camii bezeichnete Moschee in der Nähe des früheren Stadttores nach Tabriz im Ostteil der Altstadt wurde vermutlich zwischen dem 13. und 14. Jh. errichtet. Dazu gehörte auch eine Koranschule. Das Minarett aus rautenförmig angeordneten Ziegeln zeigt geometrische Muster aus dunkelblauen Kacheln.

Kızıl Cami

Die von Evliya Çelebi im 17. Jh. lobend erwähnte Große Moschee (ziemlich weit im Westen fast unmittelbar unter der Felswand der Zitadelle) entstand möglicherweise bereits im 11. oder 12. Jh., wurde aber zwischen 1389 und 1400 in ihrer späteren Form angelegt. 1648 stürzte bei einem Erdbeben die Kuppel ein, stärker zerstört wurde die Moschee 1915–1917 während der russischen Besatzung. Trotz erster Aufräumarbeiten Anfang der 70er Jahre

Ulu Cami

Die Burg Van überragt weithin sichtbar das Umland

Ulu Cami
(Fortsetzung)

sieht man von der einst imposanten und eindrucksvoll dekorierten Gebets-
stätte nur noch Mauerreste und einen Teil des Minaretts. Der Seldschuke
Kilic Arslan hatte von dort eine 1 000stufige Felstreppe auf die 90 m höher
gelegene Zitadelle anlegen lassen (heute gesperrt).

✳✳ Van Kalesi

Der zunehmende Strom von Touristen, die wachsenden Kosten für laufen-
de Renovierungsarbeiten und die Notwendigkeit, die berühmte Festung
von Van zu schützen, haben die türkischen Behörden dazu veranlaßt, das
einst freie Gelände in einen von der UNESCO anerkannten 'Historischen
Nationalpark, Zitadelle und Altstadt Van' umzuwandeln.

Tuschpa

Die urartäische Burg nahm nur den Westteil des Zitadellenhügels ein.
Breite, z. T. fragmentarische Felsgräben waren von den Urartäern östlich
und westlich der Festung angelegt worden, um die Flanken zu sichern. Die
noch vorhandenen, treppenartigen Mauersockel-Aussparungen (Bin Mer-
divenler = 'tausend Treppen' oder Şeytan Medivenleri = 'Teufelstreppen')
lassen die gewaltigen Ausmaße heute noch ahnen. Die Burg wurde von
Seldschuken und Osmanen auf ihren heutigen Umfang erweitert. Die weniger sichere (weniger steile) Nordseite wurde dabei durch mehrere mächtige Lehmmauern auf einer Steinbasis mit Rundtürmen zusätzlich geschützt, die man heute noch gut ausmachen kann. Stark zerstört wurde die
Zitadelle durch den Mongolen Timur-Leng (1387) nach 20tägiger Belagerung. Unter den Akkoyun-Herrschern und den Osmanen erfolgten bedeutende Restaurierungen. Damals entstanden neben der eigentlichen
Burg ein Wasserturm, verschiedene Lagerbauten, eine Kaserne, eine
Moschee (Minarett noch vorhanden) und eine Medrese.

✳ Felsgräber

Die senkrecht abfallende Südfront des Zitadellenfelsens enthält verschie-
dene Felsgrabkammern urartäischer Herrscher. Südlich unterhalb der
Burgmitte erreicht man über Steintreppen vom Gipfelplateau aus die
Grabkammer des Königs Sardur (des Erbauers) und das Felsgrab des

Königs Menua. Die alle nach etwa dem gleichen Schema angelegten Grabbauten verfügen über eine Eingangshalle, von der aus man die eigentlichen hinter- oder nebeneinandergelegenen (ausgeraubten) Grabkammern erreicht. Merkwürdige, auffällige, rechteckige Vertiefungen an den Wänden mit Löchern in der Mitte stammen wohl von sogenannten Knauffliesen (Zigatı), die hier als Dekoration angebracht waren. Im Südosten der Felswand liegt eine weitere Grabkammer, die eine kleine Tür besitzt und die im Innern eine schmale, 1 m hohe Plattform mit 78 Vertiefungen aufweist, die an den Wänden entlangläuft. Sie diente zur Aufnahme der Urnen der Verstorbenen und die Löcher zur Stabilisierung der Aschegefäße.

Felsgräber (Fortsetzung)

Die interessanteste Grabanlage erreicht man vom Nordwestzipfel des Burgberges aus. Die Felswände vor dem Eingang dieser Grabkammer des Königs Ardisti I. auf der Südwestseite sind ausgestattet mit zwei langen Keilschrifttexten über die Taten der dort Begrabenen. Man kennt sie unter dem Namen 'Horhor-Inschriften'.
Im unzugänglichen Mittelteil des Südfelsens ist ein weiterer Keilschrifttext angebracht, der auf den Perserkönig Xerxes zurückgeht (in einer rechteckigen Felsnische, dreisprachig: Altpersisch, Elamisch und Babylonisch).

Zwei verschieden große Felsnischen mit halbkugelförmigen Gewölben, einer breiten Plattform, einem Opferaltar und einem Keilschrifttext am Nordostende des Burgfelsens kennzeichnen das Grabmal des Königs Sardur II. Der Name dieser alten Kultstätte ist bei den Einheimischen 'Analı Kız' ('Tochter mit Mutter'). Unter dieser Bezeichnung ist hier immer noch ein heiliger Ort, der an jedem Donnerstag von der lokalen Bevölkerung aufgesucht wird, um Opfergaben darzubringen und zur Erfüllung von geheimen Wünschen durch die noch vorhandenen 'Blutrinnen' (für die Schlachtopfer) abwärts zu rutschen. Der im Volksmund auch als 'Schatztor' bezeichnete Kultplatz entstand unter Sardur II. zu Ehren des Hauptgottes Haldi.

Analı Kız

'Sardurs Burg' nannte man in Unkenntnis der wirklichen Funktion die Reste der eindrucksvollen Kaimauern im Nordosten unterhalb des Burgfelsens. Ähnlich wie an anderen Orten rund um den Van-See hatte Sardur I. eine stabile Mole für den Hafen von Tuschpa aus schwarzen Basaltquadern anlegen lassen, die er aus einem 17 km südlich gelegenen Steinbruch (Alniunu) bei Gümüşdere hatte herbringen lassen.

✳ Sardur Burcu (Madır Burcu)

Umgebung von Van

Die wohl am häufigsten von Touristen besuchte armenische Kirchenruine der Van-Region liegt auf der größten Insel im Van-See, Ahtamar Adası, ca. 40 km westlich von Van und 2,5 km vor der Südküste des Sees. Man erreicht sie per Boot von der Anlegestelle unmittelbar gegenüber am Festland. Erhalten ist von der einstigen armenischen Residenzstadt kaum noch etwas auf der Insel.

✳✳ **Ahtamar Adası**

Relikte einer Klosteranlage findet man an einigen Stellen im Umfeld der Kirche (Grundmauern), die der Mönch Manuel 915–921 erbaute. Hier nimmt man den Platz des Königspalastes als letzte Residenz der Herrscher von Vaspuragan an, dessen Kuppeln und Thronsessel vergoldet gewesen sein sollen. Ähnlich berichtet man über die Reliofdekorationen an den Außenwänden der ehemaligen Klosterkirche, die als einziges, aber sehr sehenswertes Relikt die Insel heute beherrscht. Offenbar besaßen die dargestellten Figuren zumindest Augen aus Edelsteinen (Spuren von Glas-Klebepaste). Im Gegensatz zu den übertünchten Innenfresken (von 921, bisher älteste bekannte armenische Fresken) der Vierkonchen-Hauptkirche (Heiligkreuz), die 1316 durch Anbauten (Kapelle) im Nordosten, 1763 durch eine Vorhalle im Westen und 1900 durch einen Glockenturm im

Fischer am Van-See

Umgebung, Ahtamar Adası (Fortsetzung)	Süden erweitert wurde, bilden die Reliefs und Reliefbänder an den Außenwänden (restauriert 1963) die eigentliche Attraktion des Gebäudes. Umlaufende Bildstreifen mit Motiven, wie Adam und Eva, Engeln, David und Goliath, Abrahams Opfer, Jonas-Legende, Jesuskind, Christus, König Gagik mit dem Kirchenmodell, menschliche Gesichter inmitten von Weinlaub, Tierfiguren, die Köpfe der Evangelisten, werden ergänzt durch ein Tierfries und ein Weinlaubfries, die unterhalb des Dachsimses verlaufen. Ein armenischer Friedhof mit sehenswerten Grabsteinen im Umfeld der Kirche runden das Bild ab.
Altınsaç	Das 'rote Kloster' von Kamrak Vank erreicht man etwa 65 km westlich von Van über eine Nebenstrecke, die 7 km westlich Gevaş zum Dorf Göründü (10 km) abzweigt. Das Kloster liegt noch über drei Stunden Fußweg entfernt von diesem Dorf im Gebirge (lokaler Führer). Man kann die Anlage auch von dem Küstendörfchen Altınsaç aus nach Süden erreichen. Die beiden erhaltenen Kirchen stammen aus späterer Zeit (wahrscheinlich 12. Jh., schlichte Kreuzkuppelkirchen).
Anzaf Kalesi	Nordöstlich von Van an der Straße nach Özalp erheben sich die Reste der unteren und oberen Anzaf-Burg beim Dorf Dereüstü, etwa 16 km von Van entfernt. Beide Burgen kontrollierten in urartäischer Zeit bereits den Handelsweg nach Persien. Die untere quadratische Festung mit vier dicken, halbrunden Türmen nördlich der Straße ließ der König Ischpuini errichten, die obere, 800 m südöstlich und ebenfalls mit zyklopischen Mauern, stammt von seinem Sohn Menua. Erkennbar sind noch hohe Burgmauern und diverse typisch urartäische Felszeichen.
Aparank Manastiri	Wenig nordwestlich von Müküs findet man (mit lokalem Führer und per Maultier etwa 10 Std.) auf einer Höhe von fast 1900 m ü.d.M. das Kurdendorf Aparank (Vatas) mit fünf armenischen Kirchen und einem Kloster (17. Jh.). Der älteste Kirchenbau (Johanneskirche, 943–952 errichtet) ist

Abgelegener Friedhof am Seeufer

ein Zentralkuppelbau mit drei Apsiden. Erst 1664 entstand ein weiteres christliches Gotteshaus als Hauptkirche der Gemeinde, das gegenwärtig als Scheune dient.

Umgebung, Aparank Manastırı (Fortsetzung)

Weitere armenische Kirchenruinen liegen im Narlıca Deresi zwischen Bahçesaray und Çatak im Dorf Wschny. Sehenswert sind die Marienkirche (Muttergotteskirche), ein Zentralkuppelbau mit langem Haupt- und kurzem Querschiff sowie interessantem Kegeldach über einem runden Tambour und die ehemalige Dorfkirche.

Wschny

Der kleine Garnisonsort Çaldıran, etwa 120 km nordöstlich von Van, wird überragt von den Ruinen einer urartäischen Festung. Der Ort liegt am Nordwestrand einer weiten Ebene, in der Selim I. 1514 den persischen Safawidenherrscher Ismael I. besiegte.

Çaldıran

Etwa 100 Minuten Bootsfahrt entfernt von Van liegt nordwestlich vor dem Kap von Çitören die Insel Çarpanak mit einer noch gut erhaltenen Kirchenruine aus armenischer Zeit. Der zunächst quadratische Bau aus dem 12. Jh. (Zentralkuppel) wurde wohl später zu einer dreischiffigen Langhauskirche ausgebaut. Verwendet hat man als Baumaterial helle und dunkle Vulkanite aus Ahlat. Das Hauptportal an der Schmalseite ist äußerst eindrucksvoll mit geometrischen und Kreuz- sowie Stalaktitenmustern ornamentiert.

Çarpanak Adası

Etwa 24 km südöstlich von Van erhebt sich im Tal des Hoşap Suyu ein isolierter Felsrücken mit den beeindruckenden Resten der urartäischen Burg und Residenz des Königs Sardur II. von 764–735 v.Chr. Die Reste der Burgmauern und Palastanlagen (mit einer urartäischen 'Königstoilette') mit vorzüglicher Aussicht auf die Ebene von Gürpınar geben einen guten Überblick über die Baukunst der Urartäer, obwohl der Komplex infolge mittelalterlicher Überbauung stark in Mitleidenschaft gezogen wurde.

*Çavuştepe

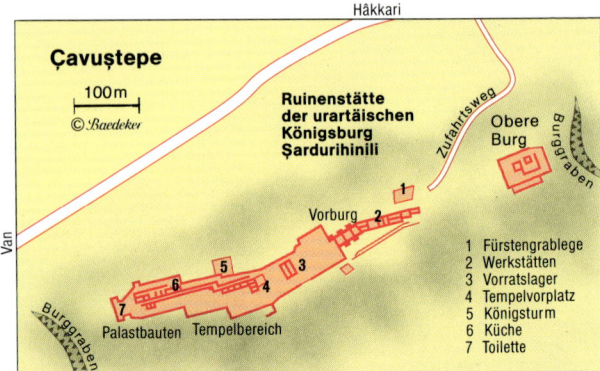

Håkkari

Çavuştepe

100 m
© *Baedeker*

Ruinenstätte
der urartäischen
Königsburg
Şardurihinili

Zufahrtsweg

Obere
Burg

Burggraben

Vorburg

Van

Burggraben

Palastbauten   Tempelbereich

1 Fürstengrablege
2 Werkstätten
3 Vorratslager
4 Tempelvorplatz
5 Königsturm
6 Küche
7 Toilette

Umgebung,
Çavuştepe
(Fortsetzung)

Die Anlage enthält in einer oberen und unteren Burg die Reste eines Chaldi-Tempels (mit Vorhalle; Säulensockel und Inschrift über die künstliche Bewässerung der umgebenden Ebene), Zitadellenmauern, Werkstätten (7. Jh. v.Chr.), Lagergebäude und Keller mit Pithoi-Gefäßen, Zisternen, Küchentrakt und Palastgebäuden einschließlich Thronsaal, Harem und Säulensälen. Şardurihinili wurde im 7. Jh. von den Skyten zerstört.

Deveboynu
Yarımadası

Auf der Halbinsel von Deveboynu, etwa 70 km westlich von Van, die man am besten per Boot von der Anlegestelle zur Insel Ahtamar anfährt, befinden sich in Ufernähe die Relikte von drei armenischen Klöstern. Auf der Spitze der Halbinsel steht das Kloster der Auferstehung mit Freskenresten aus der Zeit vor dem 13. Jh., weiter landeinwärts befindet sich das Marienkloster (Muttergotteskloster) aus dem 10. Jh. und in der Nachbarschaft das stark zerstörte Kloster des Wunders von Chakhur. Eine ganze Strecke weiter im Binnenland versteckt sich beim Dorf Mezir (drei Stunden Weg) das Thomaskloster, in dem es eine Reliquie des heiligen Thomas gegeben haben soll. Hier steht noch neben einigen Klostergebäuden im ummauerten Klostergelände die Thomaskirche.

Elmalık

Unweit des Dorfes Elmalık, etwa 12 km südlich von Van, findet man die Kult-Felsnische Hazine Piri, auch Hazine Kapısı (Schatztor) genannt. Es soll die älteste Kultnische dieser Art in der Region Van sein.
Am Ort liegen auch die als Zivistan Kalesi bezeichneten urartäischen Burganlagen einer oberen und unteren Festung. Die obere Anlage ist zerstört, während von der unteren noch beachtliche Reste stehen.

Erciş

Die Kreisstadt Erciş (37 000 Einw.), gut 115 km nördlich von Van, ist das alte Agantz, eine einst bedeutende Stadt Armeniens, die bereits im 11. Jh. existierte. Unter David v. Taik kam die Stadt 996 gemeinsam mit Manzikert (Malazkirt) zur armenischen Provinz Karin (Erzurum), 1055 wurde sie seldschukisch, im 14. Jh. turkmenisch, deren Fürsten hier zeitweise ihre Residenz hatten. Um 1840 hatte eine Hochwasserkatastrophe infolge des Seespiegelanstiegs des Van-Sees die Bewohner der Altstadt am Ufer (Agantz) gezwungen, eine neue Stadt anzulegen. Sie entstand auf dem Gelände der Dörfer Plohur, Gazımbağ und Çelebibağ. Die Reste der Altstadt liegen heute teilweise unter dem Wasserspiegel oder im Sumpfgelände bei Eski Erciş Kalesi.

Zu diesem Altstadtkomplex gehört auch das einfache, auch Hargin Türbesi (Kadem Hatun Paşa Türbesi) genannte Kuppelgrab Yar Ali Türbesi ca. 3 km südöstlich der Stadt an der Straße nach Van. Es stammt fraglos aus der Herrschaftszeit der Karakoyun-Dynastie (14. Jh.) und liegt in einem historischen Friedhof, dessen Gräber weitgehend zerstört sind.

Etwa 20 km östlich vor der Kreisstadt Erciş findet man unweit der Mündung des Deliçay in den Van-See am Ufer die Reste einer urartäischen Hafenanlage aus schwarzen Basaltblöcken. Man vermutet hier auch den Standort einer inzwischen verschwundenen Burg.

Umgebung
(Fortsetzung)
Deliçay

Etwa 40 km nordwestlich vorgelagert vor der Ostküste des Van-Sees bei Timar liegt eine kleine Insel mit den Ruinen eines mittelalterlichen armenischen Klosters. Am Ufer des Festlandes gegenüber steht etwas weiter südlich die arabische Burgruine Amik Kalesi.

Gadir Adası
(Adır Adası)

An der Straße nach Tatvan liegt knapp 40 km südwestlich von Van die Kreisstadt Gevaş. Am Ortsrand stehen die Reste der armenischen Burg Vastabkalesi und im Südosten der Zitadelle in der Stadt die beachtliche İzdişar Camii.
Im Vorhof der Moschee des Provinzgouverneurs von Van, İzzeddin Şir Beş, befinden sich Räume einer alten Koranschule. Nördlich vor dem Ort, unmittelbar an der Straße nach Tatvan, steht in einem islamischen Friedhof mit sehenswerten alten Grabsteinen und Prismen-Sarkophagen ein polygonal angelegtes Mausoleum. Das reichhaltig geschmückte Kuppelgrab mit Pyramidendach entstand 1358.

Gevaş
*Kuppelgrab

Unweit am Hang östlich der Siedlung Gümüşdere, ca. 17 km südlich von Van, liegt das Freilichtatelier der Steinmetzen von Alniunu, einer urartäischen Ortschaft, die auch auf einer Inschrift an der Hafenmole von Tuschpa Erwähnung findet. Ähnlich wie am Hethitersteinbruch von Yesemek (→ İslahiye) liegen hier halbverarbeitete Steinblöcke, die offenbar zu Sockeln für Kultstätten verarbeitet werden sollten. Verwendung fanden sie u. a. auf der Zitadelle von Tuschpa (Van). Leider wurden durch eine Kalkbrennerei in der Nachbarschaft verschiedene Steinblöcke bereits zerstört.

Gümüşdere

Güzelsu heißt heute das Dorf unterhalb der Burg Hoşap Kalesi, ca. 60 km südöstlich von Van an der Strecke nach Başkale, die der kurdische Lokalfürst Sarı Süleyman 1643 auf den Resten einer seldschukischen Vorgängerburg aus dem 14. Jh. hatte errichten lassen. Die gewaltige Anlage auf und um einen steilen Felsen diente in der Antike als militärischer Beobachtungsposten an der urartäischen Heerstraße von Van über den Çuh-Paß nach Nordpersien.
Der Komplex enthält auf mehreren Etagen, die man durch ein beeindruckendes Eingangsportal mit Bauinschrift und Löwenrelief über steile Treppen, Durchgänge und Innenhöfe erreicht, drei Bäder, zwei Moscheen, Medrese, Brunnen, Zisternen, Gefängnis und 360 Kammern. Die von mächtigen steinernen Mauern umschlossene Zitadelle wird ergänzt durch eine ebenso mächtige, mit vier Türmen verstärkte Stadtmauer. Sie umgab den im Norden vorgelagerten Ortsbereich von Hoşap, wo heute ein Teil des Dörfchens mit Lehmhütten steht. Eine alte kurdisch-osmanische Brücke über den Hoşap Şuyu verbindet die Burg mit der alten Heerstraße, die hier durch einen engen Felsdurchlaß führte. Die Kurdenfestung heißt nach der Lokaldynastie auch Mahmudiye Kalesi.

*Hoşap
(Abb. s. S. 215)

Im Norden von Van, bei der 15 km entfernten Ortschaft Kalecik an der Straße nach Erciş erhebt sich auf einem kleinen Felsen die Ruine der urartäischen Burg mit heutigem Namen Kalecik Kalesi. Erbaut wurde sie von König Ischpuini, um Tuschpa gegen Gefahren aus dem Norden zu sichern.

Kalecik

Etwa 6 bzw. 7 km östlich von Van findet man zwei urartäische Burgen am Westhang des Erek Dağı: Kavenli und Kavuncu. Zwar dienten auch diese Festungen zur Sicherung der urartäischen Hauptstadt, eine weitere Aufgabe aber hatten diese Anlagen als Speicherburgen für landwirtschaftliche Produkte.

Kavenli und
Kavuncu

So abseits die kleine Stadt Muradiye, etwa 90 km nordöstlich von Van, bislang lag, so historisch interessant und landschaftlich reizvoll bietet sich

Muradiye

Van

dem Besucher die Region. Am Nordende der Siedlung erhebt sich auf einem Felsen die Ruine des ehemaligen Residenzschlosses eines Kurdenbeys (1840). Die Burg wurde bereits von den Urartäern zum Schutz der Ebene angelegt. Im 9. Jahrhundert entstand hier nach Arabereinfällen eine Araberkolonie (Bergri), die 1021 als Stadt erwähnt wurde. Der Perser Schah Ismail I. baute an der Wende vom 15. zum 16. Jahrhundert die Festung um.

*Bendimahi Şelalesi

Das Gebiet nördlich von Muradiye ist geprägt von weitflächigen, vulkanischen Decken aus Basalten. Von Çaldıran aus durchbricht dieses Gewässer in einer engen Schlucht die Vulkanschwelle von Gönderme (Gönderme Boğazı) und eilt auf diesen Vulkaniten talabwärts, bis er 8 km nördlich von Muradiye nahe dem Dorf Degerbilir mit einem eindrucksvollen, breiten Wasserfall in eine tiefe und enge Schlucht stürzt.

Körzüt Kalesi

Etwa 20 km südöstlich von Muradiye erheben sich über dem Dorf Uluşar die noch teilweise gut erhaltenen, bis zu 8 m hohen Mauerreste einer Festungsanlage mit flankierenden Festungstürmen.

Narek

Von der einstigen Klosteranlage Narek Vank beim Dorf Narek (heute Yemişlik), etwa 60 km südwestlich von Van, findet man gegenwärtig kaum noch Relikte an Ort und Stelle. Der einst majestätisch auf einem Hügel postierte Klosterkomplex ungefähr südlich der Straße nach Tatvan im oberen Narek Deresi wurde mittlerweile völlig abgetragen und die Bausteine andersweitig verbaut, so daß man in den Dorfhäusern heute unzählige Spolien entdecken kann.

Das berühmte Kloster aus dem 10. Jh. war Geburtsort des armenischen Mystikers Gregor von Narek (945 geb.), Experte auch für arabische und griechische Philosophie, der das bekannte 'Buch der Klagen' mit Klageliedern und Gebeten verfaßte.

Şamran Kanalı

Wer auf der Küstenstraße von Van südwestlich über Gümüşdere Richtung Bitlis fährt und nach 31 km hinter der Brücke über den Hoşap Suyu (Dönemeç Çayı) nach Osten abbiegt, um dem Hoşap Suyu talaufwärts zu folgen, den begleitet linker Hand am Hang der westlichen Ausläufer des Erek Dağı deutlich sichtbar die Linie eines größeren Bewässerungskanals. Es handelt sich um den 51 km langen, sogenannten Semiramis-Kanal (Şamran Kanalı), dessen Anlage irrtümlicherweise der assyrischen Königin Semiramis zugeschrieben wurde, der in Wirklichkeit aber vom urartäischen König Menua erbaut wurde, um u. a. die Ebene von Van und die Stadt Tuschpa mit Wasser zu versorgen.

An verschiedenen Stellen findet man Blöcke mit Keilschrifttexten über den Erbauer. Der um 800 v. Chr. entstandene Kanal verläuft bei Van zwischen der alten und neuen Straße nach Gümüşdere und mündet in den Kurubaş Deresi. Zahlreiche Wasserrinnen, die heute durch die Ebene im Süden der Altstadt von Van ziehen, gehören mit zu diesem alten Bewässerungssystem. Mit Wasser versorgt wird die Kanalanlage auch heute noch durch Quellen aus dem Hoşap-Tal.

Tilkittepe

In der Nähe von Gümüşdere beim Dorf Ayaspınar führten 1899 und 1937 deutsche bzw. US-amerikanische Wissenschaftler auf dem Tilkitepe Ausgrabungen durch und stießen auf eine Siedlung, die vor ca. 7000 Jahren als Handelszentrum für Obsidian gedient hatte, den man u. a. am Nemrut Dağı gewann, verarbeitete und nach Mesopotamien verkaufte.

Toprakkale

Auf den südlichen Ausläufern des Zımzım-Massivs (Akkerpi Dağı) im Nordosten von Van liegt die andere, spätere Hauptstadt des Urartäerreiches, Rusahinili, die Rusa II. anlegen ließ. Zur Versorgung der neuen Stadt ließ der König auch neue Bewässerungsanlagen bauen, so den Staudamm zum sogenannten 'Breiten See' (Geniş Göl) auf dem Erek Dağı und den Sammelteich Sıhke unterhalb von Rusahinili. Sie dienen heute noch, nach geringfügigen Umbauten, dem gleichen Zweck der Bewässerung von

Wilde Reiter in der Einöde

Obst-, Wein- und Gemüsegärten. Bei Ausgrabungen wurden die bemalten Lehmziegel-Grundmauern eines Tempels (Chaldi-Tempel) und eines Palastes freigelegt sowie Lagerhäuser, Burgreste, Zisternen, Fußbodenmosaiken und Keilschrifttexte. Die meisten Funde sind in Museen in Van, Ankara und İstanbul ausgestellt.

Umgebung, Toprakkale (Fortsetzung)

Etwa 15 km südöstlich von Van liegt am Südwesthang des Şuşanis Dağı beim Dorf Yedikilise (sieben Kirchen) der armenische Klosterkomplex Varak Vank, den Patriarch Anania Moks I. zwischen 943 und 967 gründete. Die Anlage enthält Bauwerke aus fünf Bauperioden, darunter eine Marienkirche sowie drei Kapellen. Die Gebäude sind zumeist in einen Bauernhof integriert oder stark verfallen. Yedikilise, zu dem auch die Kirchen Surb Paulos und Surb Petros gehören, war im 10. Jh. Sitz des Patriarchen von Moks, beherbergte bis zu 300 Mönche und soll auch eine Kreuzesreliquie besessen haben.
Der am besten erhaltene Bau ist die Marienkirche, eine Kreuzkuppelkirche mit reichem Baudekor und Malereien aus dem 11. Jh., die der armenische König Senekerim vor dem Gebietstausch mit Byzanz hatte errichten lassen. Der eigentliche Kirche wurde später im 17. Jh. eine quadratische Vorkirche (Fresken, Baudekor) mit acht Flachkuppeln und danach noch eine Säulen-Vorhalle vorgebaut. Im Norden und Süden schließen sich die drei Kapellen an die Hauptkirche an.

*Yedikilise

Auf dem Boşet Tepesi (3684 m ü. d. M.), ca. 76 km südöstlich von Van, erstreckt sich in 2500 m Höhe eine etwa 9 km lange und 100–150 m tiefe Schlucht, in der man in vier von über 60 Höhlen Malereien fand, die u. a. tanzende Frauenfiguren darstellen. Man nennt eine der Höhlen deshalb Kızların Mağarası ('Mädchenhöhle'). Daneben gibt es solche mit verschiedenen Tierdarstellungen (z. B. Bergziegen, Hirsche). Insgesamt fand man über 150 bildliche Darstellungen, von denen ein Teil allerdings von Ruß bedeckt ist. In vorgeschichtlicher Zeit dienten die bemalten Höhlen offen-

*Yedisalkım

sichtlich kultischen Zwecken. Westlich des Tales erhebt sich der 3684 m hohe, abgeflachte Başet Dağı, der als heilig gilt und auf dem die Bevölkerung heute noch traditionelle kultische Feiern abhält.

Van Gölü · Van-See

→ Van

Xanthos

→ Fethiye

Yozgat   K 4

Zentralanatolien
Provinz: Yozgat
Höhe: 1301 m ü.d.M.
Einwohnerzahl: 51000

Lage und
Allgemeines

In vielen nomadischen Herrschafts- und Weidegebieten stellten erste Ansiedlungen in Form von halbfesten Dörfern oft die Keimzellen für spätere feste, oft sogar städtische Siedlungen. So gründete der Turkmenenanführer Ahmet Paşa aus der Familie der Çapanoğulları 1746 im Sommerweidegebiet (Yayla) der Ekrad-i Lek (Kurden von Lek) auf der Hochfläche der Bozok Yaylası ein Dorf mit einer Art Residenz (1822 abgebrannt), aus der sich unter dessen Sohn Süleyman Bey, der dort griechische und armenische Kolonisten ansiedelte, schnell eine städtische Siedlung entwickeln konnte. 1836 gab es an der Stelle des heutigen Provinzzentrums Yozgat bereits eine Stadt. Ein Teil des Baumaterials stammte aus dem nahegelegenen Tavium. 1858 zählte der Ort bereits 15000 Einwohner. Die Turkmenen-Dynastie der Çapanoğulları war lokal damals bedeutender als das osmanische Herrscherhaus. Infolge des relativ geringen Alters der Stadt findet man auch keine spektakulären historischen Relikte.

Sehenswertes

Die ethnographische Sammlung von Yozgat wurde im Nizamoğlu-Palast (19. Jh.) untergebracht, während im Herrenhaus Kaslıoğlu archäologische Funde von der Hethiter- bis in die byzantinische Zeit gezeigt werden. In unmittelbarer Nachbarschaft der Çapanoğlu Mustafa Paşa Camii von 1779 stößt man auf die Süleyman Paşa Camii, eine weitere Stiftungsmoschee der Çapanoğlu-Dynastie des 18. Jh.s. Die besondere Stellung der Stadt bereits im 19. Jh. dokumentiert der Uhrturm (Saat Kulesi) aus jener Zeit. Die Karawanserei des Tunusoğlu Hanı stammt aus osmanischen Zeit.

Yozgat Çamlığı
Milli Parkı

Im Süden der Stadt auf dem Çıngıraklı Tepesi (1676 m ü.d.M.) gibt es inmitten der sonst kargen Steppenlandschaft um Yozgat einen Restbestand natürlichen Waldes (heute Naherholungsgebiet). Eine 7 km lange Zufahrt führt windungsreich zu dem vor einigen Jahren eröffneten, angenehmen Drei-Sterne-Haus Galata Hotel Çamlık, dem einzigen Hotel der Provinz. Der Wald ist als Nationalpark ausgewiesen. Er enthält noch eine vielfältige Flora und Fauna.

Umgebung von Yozgat

Alişar

Etwa 60 km südöstlich von Yozgat wurden zwischen 1927 und 1932 von US-amerikanischen Archäologen auf dem alten Siedlungshügel Sümrük

Sivrisi beim Dorf Alişar (ca. 20 km südlich von Sorgun verschiedene Siedlungen aus dem 4. Jtd. v. Chr. bis zur phrygischen Zeit ausgegraben. Dazu zählte u. a. ein chalkolithisches Dorf mit rechteckigen Häusern, das in der frühen Bronzezeit ummauert wurde (2500 v. Chr.), eine assyrische Handelsniederlassung (Keilschrifttexte), die ein gewaltsames Ende fand, und (vermutlich) die Provinzstadt Ankuwa des hethitischen Großreiches.

Yozgat, Umgebung, Alişar (Fortsetzung)

Die jüngste Siedlungsschicht wird von einem phrygischen Festungsort eingenommen. Die bedeutendsten Funde befinden sich im Ethnographischen und im Hethitischen Museum in Ankara. Vor Ort sind keine spektakulären Dinge zu sehen.

Gut 10 km südwestlich von Sorgun (35 km östlich von Yozgat) grub man an der Südwestecke eines Hügelrückens die Reste einer nachhethitischen Festung aus. Umstritten ist die Zuordnung zu den einheimischen Luwern zum Schutz gegen die Phryger oder zu den Phrygern selbst. Der Platz heißt Kaykavus Harabesi oder Kaykavus Kalesi und liegt westlich neben dem Dorf Şahmuratlı.

Kerkenes

Zonguldak   G 2

Westliches Schwarzmeergebiet
Provinz: Zonguldak
Höhe: 5 m ü. d. M.
Einwohnerzahl: 120 000

Nordöstlich der niedrigeren Pontus-Gebirgsteile von Bolu und Akçakoca erhebt sich unmittelbar an der Küste bis zur Mündung des antiken Filyos (Yenice İrmağı) das rund 50 km lange und bis zu 800 m hohe Zonguldak-Gebirge. In ihm kommen kohleführende Schichten des Karbon an die Oberfläche und haben in dem tief zertalten Gebirge zur Entstehung eines bedeutenden Steinkohlebergbaus geführt. Die Bergwerke von Zonguldak zählen wegen der bislang mangelnden oder unzureichenden Arbeitsplatz-Sicherung mit zu den gefährlichsten der Welt (letztes schweres Grubenunglück im März 1992).

Lage und Allgemeines

Noch bis 1850 war die heutige Stadt Zonguldak ein kleines Dorf, entwickelte sich aber aufgrund seiner Steinkohlegruben und der benachbarten Hüttenwerke in Karabük (Kohlen-Bahnverbindung) und Karadeniz Ereğlisi und der damit zusammenhängenden Erweiterung ihres Hafens (1899 erbaut) zur zweitgrößten Stadt am Schwarzen Meer. In das waldige Steilgelände westlich und östlich der Stadt schmiegen sich verschiedene Bergmannssiedlungen (Kozlu, Kilimli, Çatalağzı). Der Ortsname Zonguldak soll von 'Zongalık' ('Sumpf', 'Schilfland') abgeleitet sein, und in der Antike gab es hier einen kleinen Hafenort Sandaraca, der in hethitischer Zeit Palla genannt wurde.

Die Küstengebiete östlich von Zonguldak jenseits des Yenice İrmağı verfügen über natürliche Sandstrände, von denen die bei Karpuz und İnkum (İnkumu) 70 km östlich der Stadt gelegen, besonders erwähnenswert sind. Weitere, ebenfalls gute Strände liegen bei Kuzlu, 18 km westlich der Stadt (z. B. İliksu).

Umgebung von Zonguldak

Das malerische Küstenstädtchen Amasra mit seiner Altstadt auf einer Halbinsel 60 km nordöstlich von Zonguldak ist das alte, im 6. Jh. v. Chr. von milesischen Kolonisten angelegte Sesamos, das spätere Amastris (3. Jh. v. Chr.). Amastris war die Nichte des Perserkönigs Dareios III., nach der Heirat mit dem Diadochen und König von Thrakien, Lysimachos, Regentin von Herakleia Pontike (Karadeniz Ereğlisi). Sie wollte in Amastris ähnliche Hängegärten anlegen lassen, wie Semiramis in Babylon.

*Amasra

Zonguldak

Nach seiner Zerstörung ertstand der Ort unter Byzanz neu, gelangte im 14. Jh. an die Handelsgesellschaften der Stadt Genua, die auch die Zitadelle erweiterten. Osmanisch wurde Amastris 1458 durch Mehmet II. (der Eroberer). Entsprechende kulturhistorische Funde präsentiert das kleine städtische Museum.

Der Ort ist beliebtes Seebad für Einheimische naher Großstädte und bevorzugter Wohnort reicher Famlien aus der Bergbauregion Zonguldak. Mittlerweile beginnt man auch hier mit Verhüttungsgewerbe. Von den Altstadtresten ist neben den Resten eines römischen Theaters und eines Bades vor allem die Burg zu erwähnen, die an einer schmalen Landverbindung die Altstadt-Halbinsel schützte, die noch heute über eine (römische) Brücke und durch einen antiken Tunnel mit einer vorgelagerten Insel verbunden ist. Innerhalb der Festungsanlage liegt nahe des westlichen Tors die sogenannte Kilise Mescidi (kleine Kirchenmoschee), die ehemalige Kapelle des Festungskommandeurs. Über den westlichen Stränden (Büyük Liman, 500 m lang) und unterhalb der einstigen Akropolis erstrekken sich Teile eines antiken Friedhofs.

Etwa 2 km landeinwärts stößt man in den Feldern auf ein über 100 m langes, gut erhaltenes, römisches Lagerhaus.

Bartın

Die geschäftige Kreisstadt Bartın (25 000 Einw.) am Kocağrmak 70 km östlich von Zonguldak ist das alte Parthenios. Der Ort verfügt noch über verschiedene alte Holzhäuser, die der Stadt Atmosphäre verschaffen.

Nordwestlich, bei İnkum, Mugadar und Güzelcihisar (Hisar) findet man ansprechende Badestrände, die aber leider teilweise schlecht erreichbar sind.

Çatalağazı

Die längste bislang bekannte Höhle der Türkei liegt nur wenige Kilometer südwestlich des Küstenstädtchens Çatalağzı ca. 20 km östlich von Trabzon. Der Eingang, die Kızılelma Mağarası, befindet sich an der Grenze zum Amtsbezirk Gelik, während der 10 km nördlich gelegene Ausgang als Cumayanı-Mağarası bezeichnet wird. Wegen der langen, unterirdischen Siphons im Gewässerverlauf ist es nicht möglich, die gesamte Höhlenanlage zu durchmessen.

Nahe dem Ausgang verbreitert sich die Höhle zu einem großen Raum mit Travertin-Terrassen und -Becken ähnlich wie in Pamukkale. Die Höhle soll für Publikum geöffnet werden.

Çayğrköy

Vom Dorf Güdüllü aus erreicht man über die Straße von Çaycuma nach Zonguldak nach etwa 10 km das Dorf Çayğr (1648 Einw. 1985) und in dessen Nähe die 1 km lange Höhle Çayğrköy Mağarası, die bereits 1951 von einem schwedischen Forscher untersucht wurde. Man beabsichtigt, die Höhle zu erschließen.

Karadeniz Ereğlisi

Zunächst wenig ansprechend für Besucher erscheint die Kohlehafen- und Industriestadt Ereğli (55 000 Einw.) rund 50 km südwestlich von Zonguldak, das alte Herakleia Pontike, mit seinen Stahlwerken und den nahen Kohlerevieren im Hinterland. Lediglich eine ruinierte Genuesenfestung überragt den Ort. Darunter aber verbirgt sich eine Altstadt, die durchaus besuchenswert ist.

Um 558 v.Chr. soll die Stadt von Kolonisten aus Megara gegründet worden sein. Sie war kurzfristig unter Lysimachos, anschließend beim Pontischen Königreich. Die Römer zerstörten die Stadt im Krieg gegen Mithradates, weil sie sich gegen sie gestellt hatte, und bauten sie als römische Garnison wieder auf. Noch bis 1922 war der Ort nahezu rein griechisch. Antike Reste sind spärlich.

Höhlen des Herakles

Nordwestlich von Ereğli im Tal des antiken Acheron liegen etwa 100 m flußaufwärts die Höhlen des Herakles, durch die, wie Xenophon in seiner "Anabasis" berichtet, der berühmte Held und Halbgott in die Unterwelt gestiegen sein soll und den dreiköpfigen Höllenhund Zerberus ans Sonnenlicht holte.

Auf Spolien und antike Baureste stößt man vor dem Höhleneingang. Im Volksmund nennt man das Zugangstal zum Hades 'Tal der Ungläubigen', was darauf zurückzuführen ist, daß in byzantinischer Zeit in dem Höhlenkomplex ein christlicher Auferstehungskult betrieben wurde. Darauf deuten Relikte eines Fußbodenmosaiks in der ersten Höhle hin. Der eigentliche Eingang zur Unterwelt wird in der zweiten Höhle vermutet, denn von dort führt ein schmaler Treppengang tief hinunter in einen 50 m breiten dunklen Raum, in dem sich ein See befindet und wo man Spuren von Bemalung und Bearbeitungen findet.

Umgebung, Karadeniz Ereğlisi, Höhlen des Herakles (Fortsetzung)

Nahe des Kohlebergbau-Ortes Üzülmez nur wenige km südöstlich von Zonguldak erstreckt sich die etwa 1 km lange Höhle Gökgöl Mağarası. Auch sie wird von einem unterirdischen Gewässer durchflossen, ist bislang aber noch nicht für die Öffentlichkeit zugänglich.

Üzülmez

Praktische Informationen von A bis Z

Anreise

Für die Anreise von Mitteleuropa in die Türkei bieten sich in erster Linie – insbesondere bei Kurzreisen – Flüge an. Direktverbindungen im Linien- und Charterverkehr bestehen im Sommerhalbjahr aus mehreren deutschen Großstädten nach Ankara, Antalya, Dalaman (zwischen Marmaris und Fethiye), İstanbul, İzmir, teilweise auch nach Adana und seit 1997 auch nach Bodrum. Ab Wien und Zürich bestehen Direktflugverbindungen nach Ankara, İstanbul und İzmir. *Mit dem Flugzeug*

Eine Reihe von Veranstaltern bietet Kreuzfahrten (→ Sport) ins östliche Mittelmeer an: Zu den vielbesuchten Zielen gehören İstanbul, Çanakkale, İzmir, Kuşadası, Bodrum, Marmaris und Antalya; Auskünfte erteilen die örtlichen Reisebüros (s. auch → Schiffsverkehr). *Mit dem Schiff*

Aufgrund der Nachwirkungen des Bürgerkriegs in einigen Gebieten Kroatiens, Serbiens und Montenegros (Bundesrepublik Jugoslawien) wird derzeit noch von einer Anreise mit dem Auto in die Türkei auf dem Landweg abgeraten. Trotz des Friedensschlusses auf dem Balkan ist das Befahren des sog. Autoput von Zagreb (Agram) nach Belgrad mit einem gewissen Risiko behaftet. Auch ein Umweg über die Länder Ungarn, Rumänien und Bulgarien kann nicht empfohlen werden, da nicht nur lange Wartezeiten an den Grenzen und Tankstellen, Treibstoffmangel und schlechter Straßenzustand (z.T. bis zu 30 cm tiefe Schlaglöcher) in Kauf genommen werden müßten, sondern schwerwiegender ist, daß mit technischer oder ärztlicher Hilfe nach Pannen bzw. Unfällen in der Regel nicht gerechnet werden kann. In jedem Fall sollte vor Reiseantritt die aktuelle Situation bei einem Automobilclub eingeholt werden. *Mit dem Auto*
Wer auf das eigene Auto nicht verzichten möchte, kann auch von den italienischen Adriahäfen Venedig und Ancona, Bari und Brindisi mit dem Fährschiff (→ Autofähren) nach İstanbul oder İzmir übersetzen.
Touristen, die auf einer griechischen Insel weilen und einen Ausflug in die Türkei beabsichtigen, müssen eine recht hohe Ausreisegebühr bezahlen.

Verschiedene Reiseveranstalter bieten Busreisen in die Türkei an. Wer sich einer solchen organisierten Reise anschließt, hat den Vorteil, daß er sich um die Durchführung (Transport, Verpflegung, Unterkunft) nicht zu kümmern braucht. Man achte allerdings darauf, daß die infolge der langen Dauer recht beschwerliche Fahrt in einem Fahrzeug der gehobenen Klasse (möglichst mit Klimaanlage) erfolgt. *Mit dem Autobus*

Seit 1883 gab es die tägliche Expreßzugverbindung (Orient-Express/Balkan Express) mit luxuriösen Waggons zwischen Paris und dem damaligen Konstantinopel. Sie wurde jedoch 1977 eingestellt und durch einen gewöhnlichen D-Zug ersetzt, der nach seinem historischen Vorbild ebenfalls Orient-Express heißt. Die traditionsreiche 2343 km lange Strecke führt ab München (täglich nachmittags) über Salzburg, Wien, Budapest, Belgrad, Sofia bis nach İstanbul und dauert rund 40 Stunden. Rückfahrt von İstanbul täglich gegen Abend. Die Transitvisa für Bulgarien und für Serbien müssen unbedingt von Reiseantritt erworben werden. Auskünfte erhält man bei den Reisediensten der nationalen Eisenbahngesellschaften. *Mit der Eisenbahn*

◀ *Segeljachten im Hafen von Antalya*

Ärztliche Hilfe

Anreise
(Fortsetzung)
Venice-Simplon-
Orient-Express
(VSOE)

Der nostalgische 'Venice-Simplon-Orient-Express' (ehem. 'Orient-Expreß'; Fahrten einst bis İstanbul) ist inzwischen in privater Hand und verkehrt nur noch zwischen London und Venedig (Abfahrten ab Düsseldorf und Frankfurt/M.; in Österreich ab St. Anton am Arlberg und Innsbruck; in der Schweiz ab Zürich). Weiterfahrt nach İstanbul eventuell per Fähre oder Kreuzfahrtschiff. Details sind unter anderem erhältlich bei folgenden Vertretungen von Venice-Simplon-Orient-Express:
in Deutschland (zuständig auch für Österreich): Tel. (0211) 3380300,
in der Schweiz: Tel. (0800) 16016070.

Ärztliche Hilfe

Arzt

Die medizinische Versorgung ist gewährleistet; in allen Provinzhauptstädten gibt es Krankenhäuser (hastahane). Viele türkische Ärzte haben im Ausland studiert und sprechen daher mindestens eine Fremdsprache. Anschriften von Ärzten, die die deutsche Sprache beherrschen, können u.a. beim ADAC-Telefonarzt in München in Erfahrung gebracht werden: Tel. aus der Türkei: (004989) 767676 (täglich 7.00–23.00 Uhr). Neben den türkischen Kliniken gibt es auch einige ausländische Krankenhäuser:

İstanbul

Deutsches Krankenhaus (Alman Hastanesi)
Sıraselviler Caddesi 119, İstanbul-Taksim
Tel. (212) 2932150, Fax 2523911.

International Hospital
Çınar Oteli Yanı 82, İstanbul-Yeşilköy
Tel. (212) 6633000, Fax 6632862.

US-Amerikanisches Krankenhaus
Güzelbahçe Sokak, İstanbul-Nişantaşı
Tel. (212) 2314050, Fax 2341432.

Italienisches Krankenhaus (Ospedale Italiano)
Defterdar Yokuşu 37, İstanbul-Tophane
Tel. (212) 2499751, Fax 2441578.

Österreichisches St.-Georg-Krankenhaus (Sen Jorj Hastanesi),
Bereketzade Sokak 7, İstanbul-Beyoğlu
Tel. (212) 2432590/91, Fax 2455463.

İzmir

US-Amerikanisches Krankenhaus,
1375 Sok., İzmir Alsançak, Tel. (232) 4845360.

Schutzimpfungen

Impfungen sind nicht vorgeschrieben; man informiere sich jedoch vor der Abreise aus dem Heimatland über Vorsorgemaßnahmen. Cholera-, Typhus- und Tetanus-Vorsorge wird bei Reisen ins Landesinnere empfohlen. Für Reisen in die Gegend von Adana wird Malaria-Vorsorge angeraten. Seit Inkrafttreten der Gesundheitsreform in Deutschland übernehmen die gesetzlichen Krankenkassen allerdings nicht mehr die Kosten für Schutzimpfungen (Ausnahme: Tetanusimpfungen) auf Fernreisen.

Notruf

Tel. 155

Notarzt

Tel. 112

Apotheken-
dienst

Auskunft über Ärzte- (doktor, hekim) und Apothekenbereitschaft (Apotheke = türk. Eczane): Tel. 118. Apotheken sind mit dem roten Halbmond ausgeschildert; Medikamente werden in der Türkei vielfach günstiger als im Heimatland verkauft.

Die Türkei hat mit Deutschland (Anspruchsausweis T/A 11), Österreich und der Schweiz ein Abkommen über die soziale Sicherheit abgeschlossen. Über den Anspruch auf Sachleistungen im einzelnen informieren die heimatlichen Krankenkassen; sie stellen auch entsprechende für die Türkei gültige Krankenscheine aus.

In den meisten Fällen – beispielsweise für Krankenrückholdienste (Luftrettungsdienste → Notdienste) ist der gesonderte Abschluß einer Kurzzeit-Zusatz- und Unfallversicherung ratsam.

Ärztliche Hilfe, (Fortsetzung) Kranken-versicherung

Auskunft

Informationsabteilungen des Türkischen Generalkonsulats
Baseler Str. 35–37, D-60329 Frankfurt am Main
Tel. (069) 233081/82, Fax 232751
E-Mail: infTuerkei@aol.com
Internet: www.tuerkei-ferien.de

In Deutschland

Tauentzienstr. 7, D-10789 Berlin
Tel. (030) 2143752, 2143852, Fax 2143952

Karlsplatz 3/1, D-80335 München
Tel. (089) 594902, 594317, Fax 5504138
E-Mail: konsulat@tuerkei-info-muc.de

Türkisches Informationsbüro für Fremdenverkehr
Singerstr. 2/8, A-1010 Wien, Tel. (01) 5122128/29, Fax 5138326
E-Mail: turkinfo@tic.at

In Österreich

Türkisches Fremdenverkehrs- und Informationsbüro
Talstr. 82, CH-8001 Zürich, Tel. (01) 2210810–12, Fax 2121749
E-Mail: türkeinfo@access.ch

In der Schweiz

Turizm Bakanlığı (Ministerium für Tourismus)
İsmet İnönü Bulvarı 5, Ankara-Bahcelievler
Tel. (312) 2128300, Fax 2136887.
Internet: www.turizm.gov.tr

In der Türkei
Zentrale Aus-
kunftsstelle

Örtliche Auskunftsstellen

Atatürk Caddesi 13, Tel. (322) 3631287, Fax 3631348.
Flughafen: Şakirpaşa, Hava Limanı, Tel. (322) 4369214, Fax 4369214.

Adana

Çark Caddesi 56/1, Tel. (264) 2742804, Fax 2745129.

Adapazarı/
Sakarya

Atatürk Bulvarı 184, Tel. (416) 2165131, Fax 2165131.

Adıyaman

Valilik Binası 227, Tel. (272) 2135447, Fax 2132623.

Afyon

Özel İdare Binası, Tel. (472) 2160450, Fax 2153730.

Ağrı

Kadıoğlu Sok. 1, Tel. (382) 2124688, Fax 2138186.

Aksaray

Damlataş Mağarası Yanı, Damlataç Caddesi 1,
Tel. (242) 5131240, Fax 5135436.

Alanya

Atatürk Cad. 27,
Tel. (358) 2185002, Fax 2183385.

Amasya

Otogar Binası, Tel. (324) 8143529, Fax 8144058.

Anamur

Auskunft

Ankara	Hauptbüro: Gazi Mustafa Kemal Bulvarı 121, Tandoğan, Tel. (312) 2 29 26 31, Fax 22 93 6 61; Flughafen Auslandsabfertigung: Esenboğa Havalimanı, Tel. (312) 39 80 3 48, 398 15 78.
Antakya	Atatürk Cad. Vali Ürgen Alanı 47, Tel. (326) 2 16 06 10, Fax 21 35 7 40.
Antalya	Tonguc Cad. TRT Yanı 11, Tel. (242) 3 43 27 59 Fax 3 43 27 58; ferner Cumhuriyet Cad., Özel İdare Altı 2, Tel. (242) 2 41 17 47, Fax 241 17 47.
Artvin	Camii Meydanı 10, Tel. (466) 2 12 30 71, Fax 21 22 7 38.
Aydın	Yeni Dörtyol Mevkii, Tel. (256) 2 11 28 42, Fax 2 11 28 61.
Ayvalık	Yet Limanı Karşısı, Tel., Fax (266) 3 12 21 22.
Balıkesir	Anafartalar Caddesi, Sayar İşhanı 42, Tel. (266) 2 41 18 20, Fax 244 72 71.
Bartın	Esi Konak Cad. 63/1, Tel. (378) 2 27 61 17, Fax 227 62 11.
Bayburt	Valilik Binası, Kat: 1, Tel. (458) 2 11 49 95, Fax 2 11 31 83
Bergama	Zafer Mah., İzmir Caddesi 54, Tel., Fax (232) 6 33 18 62.
Bilecik	Valilik Binası, Tel. (228) 2 12 19 78, Fax 2 12 14 50.
Bingöl	Valilik Binası, Tel. (426) 2 13 34 60, Fax 21 35 0 00.
Bitlis	Valilik Binası, Kat: 4, Tel. (434) 2 26 53 04, Fax 22 65 3 05.
Bodrum	Barış Meydanı, Tel. (252) 3 16 10 91, Fax 31 67 6 94.
Bolu	Karamanlı Mah., Konuralp Cad. 11, Tel. (374) 2 12 22 54, Fax 21 22 2 45.
Burdur	Cumhuriyet Meydanı, Kültür Sarayı, Tel. (248) 2 33 10 78, Fax 23 35 0 94.
Bursa	Çarşamba Pazarı, İl Özel İdare Binası, Kat: 3, Tel. (224) 2 53 30 44, Fax 25 61 8 06.
Çanakkale	Valilik Binası, Kat: 1, Tel. (286) 2 17 50 12, Fax 21 72 5 34.
Çankırı	Cumhuriyet Mah., Mektepler Sok. 60., Yıl İşhanı, Tel., Fax (376) 2 13 40 47.
Çeşme	İskele Meydanı 8, Tel., Fax (232) 7 12 66 53.
Çorum	Yeni Valilik Binası 8, A Blok, Tel. (364) 2 13 85 02 Fax 2 13 77 17.
Dalaman	Am Flughafen Dalaman (Havalimanı), Tel. (252) 6 92 52 20, Fax 6 92 52 20.
Datça	Hükümet Binası, İskele Mah., Tel. (252) 7 12 35 46, Fax 71 23 5 46.
Denizli	Türan Güneş Cad., Valilik Binası, Tel. (258) 2 64 39 71, Fax 26 47 6 21.
Diyarbakır	Kültür Sarayı, Kat: 6, Tel. (412) 2 21 78 40, Fax 2 33 15 80.
Edirne	Hauptbüro: Talat Paşa Cad. 78, Tel. (284) 2 25 52 60, Fax 21 33 0 76; ferner Hürriyet Meydanı 17, Tel., Fax (284) 2 13 92 08.
Eğirdir	2. Sahil Yolu 13, Tel. (246) 3 11 43 88, Fax 31 12 0 96.

Valilik Binası, Kat: 2, Tel. (424) 2122159, Fax 2330125. Elazığ

Nafiye Sıtkı Cad. 31, Kat: 4, Tel. (266) 8351169, Fax 8351169. Erdek

Fevzipaşa Cad. Ticaret Odası Çarşısı 19/2, Erzincan
Tel. (446) 2330675, Fax 2143189.

Cemal Gürsel Caddesi 9, Tel. (442) 2185697, Fax 2185443. Erzurum

Valilik Binası, 1. Stock, Tel. (222) 2301752, Fax 2303865. Eskişehir

İskele Meydanı 1, Tel., Fax (252) 6141527. Fethiye

100. Yıl Kültür Parkı, Tel. (342) 2305969, Fax 2340603. Gaziantep

Gazi Cad. 72, Tel. (454) 2160161, Fax 2160095. Giresun

Valilik Binası, Tel., Fax (456) 2135980, Fax 2133472. Gümüşhane

Özel İdare İşhanı, 2. Stock, Tel. (438) 2116509, Hakkari
Fax 2112752.

Atatürk Bulvarı 49/B, Tel. (326) 6141620, Fax 6132879. İskenderun

Hauptbüro: Beyoğlu, Meşrutiyet Cad. 57/5, Tel. (212) 2433731, İstanbul
Fax 2524346;
Harbiye: Hilton Otoli Girişi (Eingang zum Hilton), Tel. (212) 2330592,
Fax 2456876;
Karaköy: Limanı Yolcu Salonu (Maritim Station), Tel. (212) 2495776;
Sultanahmet: Sultanahmet Meydanı, Tel. (212) 5188754,
Fax 5181802;
ferner am Flughafen Atatürk (Atatürk Havalimanı), Yeşilköy,
Tel. (212) 5734136, Fax 6630793.

Regionaldirektion: Akdeniz Mah. 1344 Sok. 2, İzmir
Tel. (232) 4838086, Fax 4834270;
Information: GOP Bulv. 1/1 Efes Oteli, Tel. (232) 4842147, Fax 4899278;
ferner am Adnan Menderes Flughafen (Adnan Menderes Hava Limanı),
Tel. (232) 2742210, Fax 2742213.

Valilik Binası, Ankara Asfaltı, Tel. (262) 3212348, Fax 3215663. İzmit/Kocaeli

Belediye Pasajı 130/131, Tel., Fax (224) 7571933. İznik

Trabzon Caddesi, Dedezade Sokak, Özgür Apt. Kahramanmaraş
Tel., Fax (344) 2126590.

Hükümet Konağı, Kat: 3, Tel. (474) 2233568, Fax 2232724. Kars

Cumhuriyet Meydanı 5; Tel., Fax (242) 8361238. Kaş

Hepkebirler Mah., Nasrullah İş Merkezi 57, Kastamonu
Tel. (366) 2120162, Fax 2146159.

Kağnı Pazarı 61, Tel. (352) 2223903, Fax 2220879. Kayseri

Belediye Binası, Tel. (242) 8141537, Fax 8141536. Kemer

Hükümet Konağı Binası, Kat: 1, Cumhuriyet Meydanı,' Tel. (318) 2244963, Kırıkkale
Fax 2242649.

Valilik Binası, Tel. (288) 2141662, Fax 2148142. Kırklareli

Auskunft

Kırşehir	Terme Cad. Ulucan 1 Apt, Kat: 1, Tel. (386) 2 13 14 16, Fax 21 36 8 08.
Konya	Mevlâna Caddesi 65, Tel. (332) 35 1 10 74, Fax 35 06 461.
Kuşadası	Liman Caddesi 13, Tel. (256) 6 14 11 03, Fax 61 46 2 95.
Kütahya	Valilik Binası, Tel. (274) 2 23 10 78, Fax 2 33 14 33.
Malatya	Valilik Binası, Tel. (422) 3 23 30 25, Fax 32 4 25 14.
Manisa	Özel İdare İşhanı Doğu Cad. 14/3, Tel. (236) 2 31 25 41, Fax 23 2 74 23.
Mardin	Cumhuriyet Alanı 1 Cad. 515, Tel. (482) 2 1 27 4 06, Fax 21 2 58 45.
Marmaris	İskele Meydanı 2, Tel. (252) 4 12 10 35, Fax 41 2 72 77.
Mersin	Yeni Mah., İnönü Bulvarı 5, Tel. (324) 2 38 32 70, Fax 2 38 32 73; ferner İsmet İnönü Bulvarı 5/1, Tel. (324) 23 83 27 71, Fax 2 38 32 72.
Muğla	Emir Beyazıt Mah., Marmaris Bulvarı 24/1; Tel. (252) 2 14 12 61, Fax 21 4 12 44.
Muş	Valilik Binası, Tel., Fax (436) 2 12 38 49.
Nevşehir	Atatürk Bulvarı, Hastane Yanı, Tel. (384) 2 13 36 59, Fax 2 13 11 37.
Niğde	Belediye Hizmet Binası, C Blok, 3. Stock, Tel. (388) 2 32 33 92, Fax 2 32 47 04.
Ordu	Valilik Binası, A Blok, 1. Stock, Tel. (452) 2 23 16 07, Fax 23 32 9 22.
Pamukkale	Örenyeri, Tel., Fax (258) 2 72 20 77.
Rize	Yeni Valilik Binası Karşısı, Kat: 5, Tel. (464) 2 13 04 07, Fax 21 30 4 06.
Safranbolu	Çeşme Mah., Arasta Çarşısı 7, Tel., Fax (372) 7 12 38 63.
Samsun	19 Mayıs Mah., Talimhane Caddesi 6; Tel. (362) 4 31 29 88, Fax 43 5 28 87.
Şanlıurfa	Göller Mah. Balılı Göl Sok. 3, Tel. (414) 2 15 24 67, Fax 2 16 01 70.
Selçuk	Atatürk Mah., Agora Çarşısı 35, Tel., Fax (232) 8 92 69 45.
Side	Side Yolu Üzeri, Tel. (242) 7 53 12 65, Fax 7 53 26 57.
Siirt	Atatürk Bulvarı, Özbel İşhanı, 5. Stock, Tel. (484) 2 23 44 36, Fax 2 24 11 13.
Silifke	Gazi Mah., Veli Gürten Bozbey Cad. 6, Tel. (324) 7 14 11 51, Fax 71 4 53 28.
Sinop	Valilik Binası, Tel. (368) 2 61 52 07, Fax 26 00 3 10.
Sivas	Valilik Binası, Tel. (346) 2 21 31 35, Fax 22 2 22 52.
Tekirdağ	Ertuğrul Mah., Rüstempaşa Çarşısı 45-47-49, Tel. (282) 2 61 88 29, Fax 2 61 43 46.
Tokat	Valilik Binası, 3. Stock, Tel. (356) 21 48 6 24, Fax 2 14 37 53.
Trabzon	Hauptbüro: Vilayet Binası, 4. Stock, Tel. (462) 2 30 19 10, Fax 2 30 90 11; ferner Atatürk Alanı, Park Köşesi, Tel., Fax (462) 2 31 46 59.
Tunceli	Valilik Binası, Tel. (428) 2 12 31 05, Fax 2 12 38 74.

Park İçi, Tel., Fax (384) 3 41 40 59.

Cumhuriyet Caddesi 223, Tel. (432) 2 16 20 18, Fax 2 16 36 75.

Özel İdare Binası, 3. Stock, Tel. (354) 2 12 64 23, Fax 2 12 75 69.

Valilik Binası, 5. Stock, Tel. (372) 2 53 88 27, Fax 25 34 8 57.

Empfehlungen für eine Reise in die Türkei gibt das Auswärtige Amt der Bundesrepublik Deutschland (Bonn) laufend per telefonische Tonbandansage unter der Nummer 0 18 88 / 17 44 44 44
oder im Internet unter: www.auswaertiges-amt.government.de.

Autobus

Da das Eisenbahnnetz der Türkei relativ weitmaschig ist, hat der Autobusverkehr eine große Bedeutung: Autobusse ('otobüs') sind das innertürkische Personenverkehrsmittel schlechthin. Praktisch alle größeren Städte sind durch Autobuslinien (Linienbusse, Lokalbusse; Dolmuş → Taxi) miteinander verbunden; Busverbindungen bestehen auch zwischen den Flughäfen und den Stadtzentren (→ Flugverkehr). Die meist modernen und überwiegend sauberen Fahrzeuge (manchmal gebraucht aus Mitteleuropa eingeführt) bieten mäßigen Komfort; nicht selten sind sie überfüllt.

Allgemeines

Die Preise für Busfahrten sind relativ niedrig. Wer eine Rundreise mit Benutzung der Autobuslinien plant, wird sicher auch Gelegenheit haben, engere Kontakte zur Bevölkerung zu gewinnen. Voraussetzung für jede lohnende Fahrt ist jedoch ein Fensterplatz; Busfahrkarten sollten rechtzeitig an einem speziellen Kiosk (Auskunft in den Hotels) besorgt werden.

Busfahrkarten

In den Städten gibt es in der Regel einen oder mehrere Busbahnhöfe (türkisch 'otogar' oder 'garaj'; in großen Städten sind diese oft am Stadtrand gelegen), von denen die Überlandbusse abfahren bzw. an denen sie ankommen.

Busbahnhöfe

Autofähren

Internationale Fährverbindungen mit Kfz-Transport

VERBINDUNG (HÄFEN)	TURNUS	REEDEREI
Italien – Türkei		
Venedig – İzmir (und zurück)	1× wöchentlich	Turkish Maritime Lines
Brindisi – Çeşme (und zurück) (im Sommer)	mehrmals wöchentlich	Med Link Lines Turkish Maritime Lines Superferries

Weitere Informationen: → Schiffsverkehr

Caravan- und Wohnmobilfahrer sollten sich wegen der maximal zulässigen Fahrzeugabmessungen auf den einzelnen Autofähren bei der jeweiligen Reederei bzw. dem vermittelnden Reisebüro erkundigen.

Hinweis

Nachfolgend aufgeführt sind die Informationsadressen für den Autofährverkehr (Reedereien und ihre Vertretung):

Badestände

Autofähren
(Fortsetzung)
Turkish
Maritime Lines

Türkiye Denizcilik İşletmeleri (TDİ),
Hauptbüro: Rıhtım Caddesi, İstanbul-Karaköy,
Tel. (212) 2455366, 2440207, Fax 2519025

Denizyolları Acentiliği,
Yeniliman Alsançak, İzmir
Tel. (232) 4211484, Fax 4211481

Öger Turk Tour
Sporthalle 4, D-22335 Hamburg
Tel. (040) 32001357, Fax 32001379

c/o Österreichisches Verkehrsbüro
Singerstr. 2/8, A-1010 Wien
Tel. (01) 5122128, Fax 5138326

Med Link Lines/
Superferries

Neptunia Schiffahrtsgesellschaft m.b.H.
Schmiedwegerl 1, D-81241 Köln,
Tel. (089) 89607340, Fax 89664737

Autohilfe

⟶ Straßenverkehr

Badestände

Allgemeines

Insbesondere die vielen buchtenreichen Küsten der Türkei garantieren einen herrlichen Badeurlaub. Groß ist die Auswahl an Badestränden (sandig, grobsandig; Kiesstrände), die meist in einer landschaftlich sehr eindrucksvollen Umgebung liegen. Badesaison herrscht an der südägäischen Küste und am Mittelmeer von Anfang April bis Ende Oktober, am Schwarzen Meer, Marmarameer und der nordägäischen Küste von Juni bis September. Antalya, Alanya und Dalaman sowie Side und Kemer in der Südtürkei werden auch als Badeziele im Winter aufgesucht. Mit Wasserverunreinigung durch Teer, Tang und Unrat ist gelegentlich zu rechnen.

Strandpflege

Alle Badestände in der Türkei sind öffentlich und allgemein zugänglich. Die Hoteliers bemühen sich in der Regel, die jeweiligen Strandabschnitte vor ihren Hotels reinigen zu lassen; dennoch ist – bedingt durch Strömung und Witterungseinflüsse – mit Verunreinigungen zu rechnen. Die Mitnahme von Badeschuhen (u.a. auch für Kiesstrände) ist empfehlenswert.

Einrichtungen
am Strand

Einfache Holzliegen stellen Hotels meist kostenlos zur Verfügung; für Auflagen wird eine Gebühr berechnet. Wassersportmöglichkeiten werden in der Regel nicht von den Hotels angeboten; man wende sich an die privaten Anbieter am Strand. Während der Vor- oder Nachsaison muß mit eingeschränktem Angebot an Sport- und Freizeiteinrichtungen (Segelboote, Surfbretter) gerechnet werden.

FKK

Freikörperkultur wurde gegen die strengen moralischen Grundsätze der Moslems verstoßen und ist nicht erlaubt; auch 'oben ohne' ist nicht üblich. Verstöße können in seltenen Fällen sogar zu Verhaftungen führen.

Badeplätze
Schwarzmeer-
küste

An der Schwarzmeerküste sind unter anderem zu empfehlen: das westlich des Bosporus gelegene, von İstanbul aus viel besuchte Seebad Kilyos mit kilometerlangem feinsandigem Strand; östlich des Bosporus Şile mit Sandstrand, weiterhin das an der Sakaryamündung gelegene Städtchen Karasu inmitten einer von Binnenseen durchsetzten waldreichen Küstenlandschaft und mit langem feinsandigem Strand, dann Akçakoca mit einem besonders schönen Strand 8 km westlich; weiter nordöstlich Abana mit langem Sandstrand, das durch einen malerischen Strand ausgezeichnete Städtchen İnebolu, das inmitten ausgedehnter Wälder gelegene Städtchen Ayancık mit seinem rund 10 km langen Strand, die alte Hafenstadt Samsun, Çamlık mit besonders gutem feinsandigem Badestrand sowie die an einer prächtigen Gebirgsküste gelegenen Hafenorte Ordu, Giresun, Trabzon und Rize, alle mit Badeständen.

Badestrände, Schwarzmeerküste (Fortsetzung)

Die am besten erschlossenen Badestrände liegen größtenteils in der westlichen Türkei. Am Marmarameer zeichnen sich besonders aus: das zu den Prinzeninseln gehörende Eiland Büyük Ada, weiterhin an der Südküste des Marmarameeres der Ort Yalova mit sehr schönem Sandstrand und einem rund 20 km landeinwärts gelegenen Thermalbad, dann das gern besuchte Gemlik inmitten einer überaus reizvollen Landschaft, aber mit etwas steinigem Strand, ferner Tirilye, Eşkel mit geschütztem feinsandigem Strand, die kleine Hafenstadt Bandırma mit flachem, allerdings nicht windgeschütztem Sandstrand, das hübsch auf einer Halbinsel gelegene Städtchen Erdek, Tatlısu mit windgeschütztem Sandstrand, die Inseln Avşar und Marmara, beide mit schönen Stränden, sowie an der Nordküste des Marmarameeres Tekirdağ und Silivri, das letztere mit einem langen Sandstrand.

Marmarameer

Zum Küstenabschnitt der Ägäis gehören Çanakkale an der engsten Stelle der Dardanellen mit Badeständen in Çamlık İntepe und Thermalquellen, ferner die Inseln İmroz und Bozcaada südlich der Dardanellen; dann entlang dem Golf von Edremit Altınoluk an der Nordseite, Oren bei Burhaniye im Inneren sowie Ayvalık an der Südseite mit zahlreichen vorgelagerten Inselchen und Kiefernwald in Strandnähe.
Die besten Strände in der weiteren Umgebung von İzmir findet man zwischen Yenifoça und Foça (z. T. einsame Badebuchten) sowie am Westende der Halbinsel Çeşme, besonders bei Ilıca.
Ausgedehnte Strandpartien bietet Kuşadası (bei Ephesus) mit etlichen Feriendörfern; dann Altınkum (südlich von Didyma), Bodrum (Halikarnassos) mit mehreren schönen Strandbuchten und vorzüglichen Tauchrevieren, die geschützte Bucht von Marmaris sowie Fethiye mit Stränden an den nahen Küsten, auf den Buchtinseln und der einzigartigen Lagune Ölüdeniz.

Ägäisküste

An der Mittelmeerküste hat vor allem der von einer prächtigen Bergkulisse umrahmte Golf von Antalya wegen der langen Strände an der Westseite zwischen Çamyuva bzw. Kemer und Antalya touristisch an Bedeutung gewonnen. Weiter östlich bilden Manavgat (Side) und Alanya mit ausgedehnten Stränden neue Schwerpunkte für Badeurlauber, während der Abschnitt jenseits von Alanya bis Silifke noch nicht so intensiv erschlossen, jedoch darüber hinaus auch bis Mersin attraktiv ist.

Mittelmeerküste

Botschaften

→ Diplomatische und konsularische Vertretungen

Camping und Caravaning

In der Türkei sind Camping und Caravaning (derzeit mehr als 200 Plätze) noch weniger stark entwickelt als etwa in Mittel- und Südeuropa; das Campingwesen befindet sich jedoch in stetigem Ausbau. Die stärkste Konzentration von Campingplätzen findet man entlang der türkischen Ägäis- und Mittelmeerküste sowie in der Marmararegion; weit weniger zahlreich sind die Plätze an der Schwarzmeerküste und im Inland.

Allgemeines

Diplomatische und konsularische Vertretungen

Camping und Caravaning (Fortsetzung)	Für den erklärten Campingfreund ist noch viel Ursprünglichkeit erhalten, besonders bei den vom Staat eingerichteten Campingmöglichkeiten im Bereich von → Nationalparks oder Naturschutzgebieten. Informationen über Campinganlagen erteilen die unter → Auskunft erwähnten Fremdenverkehrsstellen. Hier erhält man auch ein Verzeichnis aller Campingplätze mit einer großen Reisekarte. Auskunft erteilt auch der türkische Zelt- und Wohnwagenverband: Türkiye Kamp ve Karvan Derneği Bestekar Cad. 62/12, Kavaklıdere, Ankara Tel. (312) 466 19 97, Fax, 426 85 83
Öffnungszeiten	Üblicherweise sind die Campingplätze (meist an Hauptstraßen, in der Nähe von Städten und Ferienzentren gelegen) von April/Mai bis Oktober, manche auch das ganze Jahr über geöffnet.
Einrichtungen	Auf manchen Campinganlagen (einige mit Privatstrand) existieren auch Gästehäuser. Die Plätze eignen sich jedoch kaum für einen längeren Aufenthalt, da es vielfach Probleme mit schlechten Zufahrtsstraßen, Staub, fehlendem Trinkwasser und ungenügenden Sanitäreinrichtungen gibt.
Warnung	Freies Campen oder einmaliges Übernachten auf Straßen, Rast- oder Parkplätzen ist in der Türkei zwar nicht generell verboten, es wird aber aus Sicherheitsgründen davon abgeraten.
Wohnmobile	→ Mietfahrzeuge

Diplomatische und konsularische Vertretungen

Vertretungen der Türkei in Deutschland	Botschaft der Republik Türkei Rungestr. 9, D-10179 Berlin Tel. (030) 27 58 50, Fax 27 59 09 15
in Österreich	Botschaft der Republik Türkei Prinz-Eugen-Str. 40, A-1040 Wien Tel. (01) 50 52 51 00, Fax 5 05 36 60
in der Schweiz	Ambassade de la République Turquie Lombachweg 33/Case postale, CH-3000 Bern 15 Tel. (031) 3 51 16 91, Fax 3 52 88 19
Vertretungen in der Türkei Bundesrepublik Deutschland	Deutsche Botschaft Atatürk Bulvarı 114, TR-06540 Ankara-Kavaklıdere Tel. (03 12) 426 54 65/67, Fax 416 69 59
	Konsulat: Yeşilbahçe Mah., Paşakavakları Cad., 1447 Sok., Gürkanlar Apt., Antalya, Tel. (02 42) 321 69 14, Fax 321 69 14
	Generalkonsulate: Inönü Cad. 16–18, Gümüşsuyu-Taksim, İstanbul, Tel. (02 12) 2 51 54 04, Fax 24 99 9 20
	Atatürk Cad. 260, TR-35220 İzmir, Tel. (02 32) 421 69 95/96, Fax 463 40 23
Republik Österreich	Österreichische Botschaft Atatürk Bulvarı 189, Ankara-Kavaklıdere Tel. (03 12) 4 19 04 31, Fax 41 89 4 54
	Konsulat: Köybaşı Caddesi 46, İstanbul-Yeniköy, Tel. (02 12) 2 62 93 15, 2 62 49 84, Fax 262 26 22.

Konsulat: Şehit Fethibey Cad. 41, İzmir
Tel. (0232) 4415856, Fax 4848127

Botschaft der Schweiz
Atatürk Bulvarı 247, Ankara-Kavaklıdere
Tel. (0312) 4675555/56, Fax 4671199

Konsulat:
Hüsrev Gerede Caddesi 75/3, İstanbul-Teşvikiye
Tel. (0212) 2591116, Fax 2591118

Einkäufe und Souvenirs

Viele Artikel sind in der Türkei preiswerter als bei uns. Um sicherzugehen, daß man auch wirklich günstig in der Türkei einkauft, erkundige man sich vor der Abreise im Heimatland nach den entsprechenden Preisen. Da in der Türkei die Handwerker meist in den Straßen und Gassen nach Berufsgruppen zusammengefaßt sind, lassen sich die einzelnen Artikel nach Qualität und Preis ebenfalls bequem vergleichen. Beliebt bei Touristen sind handgeknüpfte Teppiche und Kelims (→ Baedeker Special S. 540), Goldschmuck und Lederwaren. Preisgünstig sind auch Haushaltswaren, so das im ganzen Land hergestellte Geschirr aus getriebenem Kupfer.

Allgemeines

Für gewöhnlich erwartet der ausländische Besucher von den Basaren ein besonders breitgefächertes Angebot an landestypischen Waren. In der Tat bietet der Überdachte bzw. Große Basar (Kapalı Çarşı) in İstanbul, zwischen Nuruosmaniye- und Beyazıt-Moschee gelegen, jenes exotische Bild (etwa 4000 Händler in rund 90 Straßen). Zwar besitzt jeder größere Ort in der Türkei einen Basar, doch schon jener von İzmir fällt deutlich ab. Ganz

Basare

Schmuckgeschäft in Kayseri

allgemein kann man sagen, daß die kleineren Basare im Lande wohl einen bunten Anblick bieten, aber weitgehend auf die Bedürfnisse der einheimischen Bevölkerung zugeschnitten sind und daher für den Sammler wertvollerer Andenken nur relativ wenig Außergewöhnliches bieten.

In den größeren Städten laden ganz moderne Geschäftszentren mit unzähligen Boutiquen zum Einkaufsbummel ein, wie z.B. in İstanbul die 'Galleria' und 'Perpa', in Ankara 'Atakule' und 'Karum'; hier findet man u.a. auch Kaftane, prächtige Gewänder aus Samt, mit Blattern aus Gold- und Silberfäden bestickt, dazu passend bestickte Gürtel und Schuhe.

Boutiquen

Traditionelles Kunsthandwerk findet man außer in den staatlichen Verkaufs-

Beliebte Souvenirs

Symbole für Glück und Pracht

Die handgeknüpften türkischen Teppiche sind unter der Herkunftsbezeichnung Anatolische oder Anatol-Teppiche geläufig. Bereits der Forschungsreisende Marco Polo berichtete im 13. Jh. von den mit prächtigen Teppichen ausgestatteten Sultanspalästen. Das älteste Knüpfzentrum Kleinasiens entstand unter den seldschukischen Sultanen in Konya, wo auch heute noch große, mittelfeine Teppiche mit geometrischen Mustern geknüpft werden.

Die Türkei ist ein führender Hersteller der sog. **Gebetsteppiche**. Die Giebelfelder dieser kleinen Teppiche erinnern an eine Gebetsnische (Mihrab). Bei seinen fünfmal täglich stattfindenden Gebeten legt der Gläubige den Teppich mit der Spitze des Mihrabs in Richtung Mekka auf den Boden. An die rituelle Handwaschung vor dem Gebet erinnert die Darstellung eines Wasserkruges (türk. 'ibrik'). Es gibt auch Gebetsteppiche, die ihren festen Platz in den Moscheen haben. Die Saph- oder Familiengebetsteppiche (auch Reihengebetsteppiche) besitzen fünf bis sieben Gebetsfelder, jedes in einer anderen Farbe, wobei die Grundfarbe meist Elfenbein ist. Da der Koran die bildliche Darstellung von Menschen und Tieren verbietet, findet man vorwiegend geometrische und architektonische Motive (Mihrab, Haus), unter dem Einfluß der aus Persien angesiedelten Knüpfer auch das Medaillon und florale Muster – der 'Tulpenladik' (aus der zentralanatolischen Stadt Ladik) etwa zeigt eine Tulpenreihe im Feld oberhalb des Mihrabs.

Die **Anatol-Teppiche** werden im Türkischen oder Ghiordes-Knoten geknüpft. Benannt wurde der Knoten nach der Stadt Gördes, wohl in Anlehnung an den sagenhaften Gordischen Knoten (→ *Baedeker Special* S. 319).

Zum Unterschied vom Persischen (Sinneh-)Knoten, bei dem ein Kettfaden ganz und der andere halb umschlungen wird, führt der florbildende Faden beim **Türkischen Knoten** um zwei Kettfäden (Doppelknoten). Bis zur Erfindung der Anilinfarben im Jahre 1865 verwendete man lediglich Pflanzenfarben, wobei ihre Zusammensetzung von den Knüpferfamilien als Geheimnis gehütet wurde. Die alten Farben haben ihre Leuchtkraft oft über Jahrhunderte bewahrt. Vorherrschend sind Rot (Symbol für Reichtum und Glück) und Blau (Adel, Pracht). Die einzelnen Farben sind klar abgegrenzt und weisen anders als bei Perserteppichen keine Zwischentöne auf.

In abgelegenen Gebirgsgegenden im Osten des Landes färben die kurdischen Nomaden (Yürüken) die Schafwolle heute noch mit Pflanzenfarben. Kette, Schuß und Flor dieser weichen Teppiche sind aus reiner Wolle. Durch die geringe Knotenzahl und den hohen Flor, der vor Kälte schützen soll, sind sie von geringer Haltbarkeit. Reine Wollteppiche knüpfen auch die halbseßhaften Schafzüchter in der Umgebung von Bergama, deren Gestaltung stark von kaukasischen Mustern beeinflußt ist. Hier fehlen Gebetsteppiche fast völlig. Die rotgrundigen, fast quadratischen Teppiche (oft 2 × 2 m) lassen in ihrer breiten Bordüre Blattmuster mit Hakenkreuzen erkennen, die nur hier auftauchen.

Im 16. und 17. Jh. zählte Ushak (Uşak) mit seinen 'Siebenbürgenteppichen' zu den berühmtesten Knüpfzentren Kleinasiens. Ihren seltsamen Namen erhielten diese persisch beeinflußten Teppiche von dem einst deutschen Siedlungsgebiet im heutigen Rumänien, wo sie vielfach in den Kirchen lagen. Da sie als Altarteppiche benutzt und somit kaum betreten wurden, sind sie in hervorragendem Zustand erhalten.

Traditionsreiche Teppiche, die in vereinfachter Form die Muster der türkischen Hofmanufaktur nachahmten, werden heute noch in Milas geknüpft. Die meist pflanzlich in Pastelltönen (vorherrschend ist Gelb) gefärbte Wolle wird in geometrischen Mustern verarbeitet. Nördlich von Milas entstehen in Kula seit dem 17. Jh. die sog. Friedhofsteppiche (Mezarlı), die bei Bestattungen benutzt werden. Dargestellt wird ein Lebensbaum mit einem Haus oder Grabmal. Da alte Kulas (Grundfarbe Elfenbein und Blau) besonders gefragt sind, versucht man ihnen durch blasse Farben einen antiken Anstrich zu geben.

Echte alte Anatol-Teppiche sind eine kostbare Rarität

Durch flüchtige Knüpfung (um den Exportbedarf zu decken) und Musterverschleppung (Mustervorlagen fremder Provenienzen) gerieten die neueren Teppiche in Verruf. Da alte und ältere Anatol-Teppiche jedoch beliebte Sammlerstücke sind, versuchte man die steigende Nachfrage durch eine künstliche 'Alterung' neuer Teppiche zu befriedigen. In eigenen Werkstätten wie einst die von Panderma (Bandırma)

wurden neue Stücke zum Bleichen an die Sonne gelegt oder mit Chlor gewaschen (Chlor zerstört jedoch die Fasern und verringert somit die Lebensdauer der Teppiche). Falls der Teppich nach Chlor riecht, ist seine Farbgebung verändert. Mit Eisenfeilspänen oder Ziegelsteinen versuchte man die Abnutzung der Teppiche vorzutäuschen. Ein echter alter Gebetsteppich wird aber nur an den Stellen verstärkt abgenutzt, wo die Knie, die Hände und die Stirn des Betenden den Teppich berühren.
Die Panderma-Teppiche werden heute in Kayseri angefertigt. Neben hochwertigen Teppichen aus reiner Naturseide (aus Bursa) entstehen hier auch solche aus Schappseide (türk. floş; Seidenabfälle oder ein Gemisch aus Baumwolle und Seide). Wie die ursprünglichen Pandermas (Bandırma) kopieren sie alte persische und anatolische Vorlagen.

Staatlich gefördert werden nunmehr Knüpfereien, die traditionellen Qualitätsmaßstäben und Mustern entsprechen. Fast ausschließlich für den Export entstehen heute in Hereke kostbare Seidenteppiche (Grundfarbe Elfenbein, aber auch Rot oder Blau) mit einer Knüpfdichte von 1 – 5 Millionen Knoten pro m². Die heute kommerziell betriebene Teppichfabrikation geht auf die 1844 von Sultan Abdül Hamid gegründete Hofmanufaktur zurück. Hier entstanden Teppiche aus bestem Material mit persisch beeinflußten Blumenmustern für den Serail und hohe Würdenträger.
Weit verbreitet als Wandbehang, Decke oder Bodenbelag sind die vielfarbig gewebten **Kelims**. Weiße, geometrische Zeichnungen stehen in Kontrast zu einem dunklen Grundton. Besonders schön sind die Kiss-Kelims (türk. kız = Mädchen) aus Konya. Die Kiss-Teppiche werden von der Braut als Geschenk angefertigt.
Durch die aufdringlichen Werbe- und Verkaufsmethoden der Teppichhändler, die zuweilen gut deutsch sprechen, sollte man sich auf keinen Fall beirren lassen. Oft wird in den Touristenorten minderwertige und überteuerte Ware angeboten, so daß äußerste Skepsis bei einem Kauf vonnöten ist.

Souvenir-Läden mit Teppichen, Geschirr aus Kupfer oder Lederwaren findet man überall

Beliebte Souvenirs (Fortsetzung)

zentren (z. B. in İstanbul beim Topkapı-Serail oder in Göreme) in Kupfer- und Messingwerkstätten (Vasen, Teller, und Kerzenleuchter mit reichem Graviermuster), in Teppichknüpfereien oder in Webereien, in denen Kelims (Wandbehänge mit geometrischem Muster) hergestellt werden.
Weitere Informationen ⟶ *Baedeker Special* S. 540/541.

Zentren für Porzellan, Glaswaren und Keramik sind İstanbul, İznik sowie Kütahya, wo u. a. die mit schönen Handmalereien verzierten Keramiken erhältlich sind. Bilecik, Söğüt, Nevşehir und Hacıbektaş sind bekannt für die Herstellung von Gefäßen aus Ton, wie Vasen und Töpfe. Beliebte Souvenirs sind u. a. Kästchen aus Holz mit Silber- oder Perlmuttintarsien. Außerordentlich vielfältig ist das Angebot an Edelstein-, Silber- und Goldschmuck (Halsketten, Armreifen, Ringe, Ohrringe, Krawattennadeln); für verwendetes Edelmetall sollte man allerdings auf einem verbindlichen Echtheitszertifikat bestehen. Zu den landestypischen Spezialitäten zählen auch Wasserpfeifen (türk. Sing. nargile), die es in vielfältigen Ausführungen gibt.
Verbreitet sind u. a. auch aus Meerschaum (Gewinnung in der Gegend von Eskişehir) gefertigte Gegenstände, wie Pfeifen und Rauchwarenbehälter, sowie Treibarbeiten aus Buntmetallen. Groß ist das Angebot an Lederwaren (vor allem Jacken, aber auch Handtaschen, Geldbörsen, Gürtel, Schuhe u. a.) sowie Textilien (beispielsweise Kopftücher für den Moscheebesuch) oder farbenprächtige Mohairdecken. Besonders die Werkstätten in den Dörfern bieten eine Fülle hübscher Handarbeiten (Gehäkeltes; Besticktes).

Warnung vor Imitaten

Allenthalben im Lande, insbesondere aber an den Schwerpunkten des Tourismus', werden in großem Umfang und reicher Auswahl täuschend ähnliche Imitationen von international bekannten Markenartikeln angeboten. Die Palette der oft äußerst raffiniert nachgemachten Produkte reicht von Textilien über Lederwaren bis hin zu Kosmetika und Parfum.

Wer als Individualtourist in eigener Regie durch die Türkei reist, dem bieten sich in den Städten und an den Brennpunkten des Fremdenverkehrs unablässig Einheimische als Amateurfremdenführer – sprich Schlepper – an. Sie beherrschen vielfach die Sprache des Touristen, der sich nur allzu gern dazu verleiten läßt, das Angebot zu einer ortskundigen 'Führung' anzunehmen. Diese endet jedoch meist sehr bald in einem Ladengeschäft, wo man zum Kauf eines Teppichs, von Textilien, Kunsthandwerk, Schmuck oder anderer Souvenirs überredet werden soll. Es bedarf dann großer Standhaftigkeit, den Laden wieder zu verlassen, ohne etwas – meist zu einem deutlich überteuerten Preis – erworben zu haben.

Einkäufe und Souvenirs (Fortsetzung) Schlepper

Kandierte oder in Honig eingelegte Früchte sowie kandierte Edelkastanien gibt es in reicher Auswahl (die potenzierte Süße des türkischen Konfekts ist für den Mitteleuropäer allerdings ungewohnt). Auch der als Aperitif geschätzte Rakı, der landesübliche Anisschnaps, eignet sich als Reisemitbringsel.

Eß- und Trinkbares

Der Kauf von Antiquitäten ist nicht sinnvoll; denn wirklich echte Stücke dürfen nicht aus der Türkei ausgeführt werden, und bei Nichtbeachtung dieser Vorschrift drohen drastische Strafen. Für die Ausfuhr von Teppichen und Edelmetallen wird der Nachweis verlangt, daß zur Bezahlung in der Türkei offiziell eingewechseltes Geld verwendet wurde (Bankquittungen aufbewahren; → Zollbestimmungen).

Antiquitäten

Eisenbahn

Das Streckennetz der türkischen Eisenbahnen (Liege-, Schlaf- und Salonwagen sowie Restaurants der 1. und 2. Klasse), die vom Staatsunternehmen 'Türkiye Cumhuriyeti Devlet Demiryolları' (TCDD; Auskunft in Ankara: Tel. 312 / 311 06 20) betrieben werden, ist sehr weitmaschig. Da nicht einmal auf den wenigen Hauptstrecken des Landes genügend Züge verkehren, sind die Waggons meist überfüllt und folglich wenig gepflegt. Als ergänzende Alternativen dienen → Autobusse und Küstenschiffe (→ Schiffsverkehr).

TCDD

Die Fahrpreise sind niedrig und werden je nach Entfernung und dem gebotenen Service berechnet. Es gibt Fahrpreisermäßigungen für Rückfahrkarten sowie für Gruppen (ab 24 Pers.). Fahrpreisermäßigungen (Euro Domino u. v. a.) für Schüler und Studenten bzw. für Jugendliche bis 26 Jahre sind u. a. der vom Ministerium für Tourismus in Ankara veröffentlichten englischsprachigen Broschüre "Youth Tourism" (Jugendtourismus) zu entnehmen (Anschrift → Jugendunterkünfte).

Fahrpreise

İstanbul – Ankara (Zentraltürkei; 667 km): 7^1/2 Std. (eine neue Trasse für Schnellzüge mit einer Geschwindigkeit von 250 km/h, die die derzeitige Fahrzeit von 7^1/2 Std. auf 2 Std. verkürzen soll, ist geplant)
Ankara – Zonguldak (Schwarzmeerküste; 486 km): 11 Std.
Ankara – İzmir (Westtürkei; 824 km): 13^1/2 Std.
Ankara – Adana (Südtürkei; 674 km): 13^1/2 Std.
(Antalya ist nicht an das Eisenbahnnetz angeschlossen).

Ausgewählte Routen (km) und Fahrtdauer

Regulär verkehren Dampfeisenbahnen in der Westtürkei, und zwar zwischen İzmir und Aydın. Nach Vereinbarung können auch Touren für Gruppen im ganzen Land organisiert werden.
Informationen sind bei den unter → Auskunft erwähnten Fremdenverkehrsstellen erhältlich.

Dampfeisenbahnen

Europäische Seite (Auskünfte über den Eisenbahnverkehr nach europäischen Großstädten):
Sirkeci İstasyonu, Tel. (212) 527 00 50 / 51.

Entfernungstabelle

Straßen-
kilometer-
entfernungen
zwischen
ausgewählten
Orten in
der Türkei

	Adana	Afyon	Aksaray	Amasya	Ankara	Antakya	Antalya	Bitlis	Bolu	Burdur	Bursa	Çanakkale	Denizli	Diyarbakır	Edirne	Erzincan	Erzurum	İstanbul	İzmir	Kahramanmaraş	Karaman
Adana	•	573	265	640	489	190	553	735	677	670	831	1101	766	526	1166	748	831	939	898	187	291
Afyon	573	•	363	592	257	763	287	1308	423	165	275	528	219	1099	684	945	1137	457	325	760	331
Aksaray	265	363	•	433	224	455	559	689	412	460	594	864	556	783	901	618	810	674	688	452	212
Amasya	640	592	433	•	335	805	879	833	490	757	681	951	811	701	898	366	558	671	917	630	625
Ankara	489	257	224	335	•	679	544	1106	192	422	380	650	476	921	681	688	880	454	582	602	790
Antakya	190	763	455	805	679	•	743	723	867	860	1021	1291	956	514	1356	762	819	1129	1088	175	481
Antalya	553	287	559	879	544	743	•	1288	690	122	542	727	238	1079	950	1177	1369	724	469	740	518
Bitlis	735	1308	689	833	1106	723	1288	•	1242	1405	1486	1756	1501	209	1731	467	344	1504	1633	573	1026
Bolu	677	423	412	490	192	867	690	1242	•	568	272	542	618	1110	489	775	967	262	594	794	552
Burdur	670	165	460	757	422	860	122	1405	568	•	420	605	168	1196	828	1078	1270	602	382	857	421
Bursa	831	275	594	681	380	1021	542	1486	272	420	•	270	444	1301	470	1047	1239	243	322	982	589
Çanakkale	1101	528	864	951	650	1291	727	1756	542	605	270	•	503	1571	223	1317	1509	325	316	1252	859
Denizli	766	219	556	811	476	956	238	1501	618	168	444	503	•	1292	726	1164	1356	652	231	953	520
Diyarbakır	526	1099	783	701	921	514	1079	209	1110	1196	1301	1571	1292	•	1599	406	324	1372	1424	364	817
Edirne	1166	684	901	898	681	1356	950	1731	489	828	470	223	726	1599	•	1264	1456	227	539	1283	996
Erzincan	748	945	618	366	688	762	1177	467	775	1078	1047	1317	1164	406	1264	•	192	1037	1270	587	75
Erzurum	831	1137	810	558	880	819	1369	344	967	1270	1239	1509	1356	324	1456	192	•	1229	1462	644	94
İstanbul	939	457	674	671	454	1129	724	1504	262	602	243	325	652	1372	227	1037	1229	•	565	1056	77
İzmir	898	325	688	917	582	1088	469	1633	594	382	322	316	231	1424	539	1270	1462	565	•	1085	65
Kahramanmaraş	187	760	452	630	602	175	740	573	794	857	982	1252	953	364	1283	587	644	1056	1085	•	47
Karaman	291	331	212	625	790	481	518	1026	552	421	589	859	520	817	998	757	949	771	656	478	•
Kars	1037	1343	1016	764	1086	1025	1575	430	1173	1476	1445	1715	1562	530	1662	398	206	1435	1668	850	11
Kastamonu	705	499	466	281	242	895	786	1100	244	664	516	786	718	982	733	633	825	506	824	749	6
Kayseri	331	540	177	344	316	461	736	791	508	637	696	966	733	606	997	441	633	770	865	286	3
Konya	356	223	146	579	258	546	413	1091	446	316	481	751	415	882	890	764	956	663	548	543	1
Kütahya	670	97	460	645	310	860	364	1405	326	242	178	431	292	1196	587	998	1190	360	334	857	4
Malatya	410	894	531	468	670	398	963	437	862	991	1050	1320	1087	252	1351	364	421	1124	1219	223	
Mardin	530	1103	795	797	1005	518	1083	282	1197	1200	1361	1631	1296	96	1686	502	420	1459	1428	403	
Mersin	69	565	258	633	482	259	484	804	670	606	823	1093	722	595	1159	765	900	932	890	256	
Muş	766	1250	867	752	1025	754	1319	85	1161	1347	1405	1675	1443	259	1650	386	263	1423	1575	579	1
Nevşehir	282	438	75	358	276	472	634	893	468	535	656	926	631	708	957	543	735	730	763	388	
Niğde	205	472	121	435	345	395	668	917	533	569	715	985	665	731	1022	567	759	795	797	392	
Rize	1048	1096	980	552	839	1082	1383	696	893	1261	1165	1435	1315	682	1382	320	358	1155	1421	907	1
Samsun	745	674	538	130	417	910	961	911	471	839	743	1013	893	818	960	444	636	733	999	735	
Şanlıurfa	345	918	610	718	820	333	898	390	1012	1015	1176	1446	1111	181	1501	587	505	1274	1243	218	
Sinop	878	691	658	263	434	1043	978	1069	436	856	708	978	910	964	925	602	794	698	1016	968	
Sivas	501	698	371	221	441	593	930	665	630	831	821	1091	917	480	1119	247	439	892	1023	418	
Tokat	608	656	409	114	399	700	943	772	523	821	779	1049	875	587	1012	305	497	785	981	525	
Trabzon	972	1020	842	476	763	1006	1307	644	817	1185	1089	1359	1239	624	1306	244	300	1079	1345	831	
Van	905	1473	1110	973	1248	893	1458	170	1382	1570	1628	1898	1666	379	1871	607	415	1644	1798	743	
Yozgat	486	474	279	197	217	655	761	889	409	639	597	867	693	704	898	471	663	671	799	480	
Zonguldak	753	494	488	485	268	943	761	1318	160	639	343	613	689	1186	560	851	1043	333	665	870	

	Kars	Kastamonu	Kayseri	Konya	Kütahya	Malatya	Mardin	Mersin	Muş	Nevşehir	Niğde	Rize	Samsun	Şanlıurfa	Sinop	Sivas	Tokat	Trabzon	Van	Yozgat	Zonguldak
Adana	1037	705	331	356	670	410	530	69	766	282	205	1048	745	345	878	501	608	972	905	486	753
Afyon	1343	499	540	223	97	894	1103	565	1250	438	472	1096	674	918	691	698	656	1020	1473	474	494
Aksaray	1016	466	177	146	460	531	795	258	887	75	121	980	538	610	658	371	409	842	1110	279	488
Amasya	764	281	344	579	645	468	797	633	752	358	435	552	130	718	263	221	114	476	973	197	485
Ankara	1086	242	316	258	310	670	1005	482	1025	276	345	839	417	820	434	441	399	763	1248	217	268
Antakya	1025	895	461	546	860	398	518	259	754	472	395	1082	910	333	1043	593	700	1006	893	655	943
Antalya	1575	786	736	413	364	963	1083	484	1319	634	668	1383	961	898	978	930	943	1307	1458	761	761
Bitlis	430	1100	791	1091	1405	437	282	804	85	893	917	696	911	390	1069	665	772	644	170	889	1318
Bolu	1173	244	508	446	326	862	1197	670	1161	468	533	893	471	1012	436	630	523	817	1382	409	160
Burdur	1476	664	637	316	242	991	1200	606	1347	535	569	1261	839	1015	856	831	821	1185	1570	639	639
Bursa	1445	516	696	481	178	1050	1361	823	1405	656	715	1165	743	1167	708	821	779	1089	1628	597	343
Çanakkale	1715	786	966	751	431	1320	1631	1093	1675	926	985	1435	1013	1446	978	1091	1049	1359	1898	867	613
Denizli	1562	718	733	415	292	1087	1290	722	1443	631	665	1315	893	1111	910	917	875	1239	1666	693	689
Diyarbakır	530	982	606	882	1196	252	96	595	259	708	731	682	818	181	964	480	587	624	379	704	1186
Edirne	2002	733	1007	800	587	1351	1686	1159	1650	957	1022	1382	960	1501	925	1119	1012	1306	1871	898	560
Erzincan	398	633	441	764	998	364	502	765	386	543	567	320	444	587	602	247	305	244	607	471	851
Erzurum	206	825	633	956	1190	421	420	900	263	735	759	358	636	505	794	439	497	300	415	000	1040
İstanbul	435	506	770	663	360	1124	1459	932	1423	730	795	1155	733	1274	698	892	785	1079	1644	671	333
İzmir	568	824	865	548	334	1219	1428	890	1575	763	797	1421	999	1243	1016	1023	981	1345	1798	799	665
Kahramanmaraş	350	749	286	543	857	223	403	256	579	388	392	907	735	218	968	418	525	831	743	480	487
Karaman	1155	606	316	114	428	670	821	234	1026	267	190	1057	730	636	798	510	601	981	1196	471	628
Kars	●	1031	839	1162	1396	627	626	1106	349	941	965	358	780	711	948	645	703	434	451	869	1249
Kastamonu	1031	●	463	500	552	749	1078	698	1019	423	500	732	310	967	192	502	395	656	1240	326	265
Kayseri	839	463	●	323	626	354	689	324	710	102	126	741	449	504	582	194	301	665	933	194	584
Konya	1162	500	323	●	320	677	886	348	1033	221	255	1064	675	701	692	517	555	988	1256	425	522
Kütahya	1396	552	626	320	●	980	1200	662	1335	535	569	1149	727	1015	744	751	709	1073	1558	527	397
Malatya	627	749	354	677	980	●	348	479	356	456	480	684	585	268	731	247	354	608	579	471	938
Mardin	626	1078	689	886	1200	348	●	599	355	791	735	778	914	185	1060	576	683	720	452	800	1273
Mersin	1106	698	324	348	662	479	599	●	835	275	198	1065	738	414	871	518	609	989	974	479	746
Muş	349	1019	710	1033	1335	356	355	835	●	812	836	615	830	440	988	584	691	563	227	808	1237
Nevşehir	941	423	102	221	535	456	791	275	812	●	77	843	463	606	596	296	334	767	1035	204	544
Niğde	965	500	126	255	569	480	735	198	836	77	●	867	540	550	673	320	411	791	1059	281	690
Rize	358	732	741	1064	1149	684	778	1065	615	843	867	●	422	863	590	547	517	76	767	701	969
Samsun	780	310	449	675	727	585	914	738	830	463	540	422	●	835	168	338	231	346	1051	279	547
Şanlıurfa	711	967	504	701	1015	268	185	414	440	606	550	863	835	●	981	497	004	005	500	608	1088
Sinop	948	192	582	692	744	731	1060	871	988	596	673	590	168	981	●	484	377	514	1209	412	457
Sivas	645	502	194	517	751	247	576	518	584	296	320	547	338	497	404	●	107	471	807	224	706
Tokat	703	395	301	555	709	354	683	609	691	334	411	517	231	604	377	107	●	441	912	206	599
Trabzon	434	656	665	988	1073	608	720	989	563	767	791	76	346	805	514	471	441	●	715	625	893
Van	451	1240	933	1256	1558	579	452	974	227	1035	1059	767	1051	560	1209	807	912	715	●	1031	1485
Yozgat	869	326	194	425	527	471	000	479	008	204	281	701	279	698	412	224	206	625	1031	●	485
Zonguldak	1249	265	584	522	397	938	1273	746	1237	544	609	969	547	1088	457	706	599	893	1485	485	●

Straßenkilometerentfernungen zwischen ausgewählten Orten in der Türkei

BULGARIEN
Edirne · Kırk-lareli
Kapıkule · Alpullu
GRIECHEN-LAND · Uzun-köprü
İstanbul · Haydarpaşa
Schwarzes Meer
Sinop
İnebolu
Zonguldak
Karabük
Çorum
Marmara-meer · Mudanya
Adapazarı
Bandırma · Bursa
Çanakkale · Tunçbilek
Edremit · Balıkesir · Tavşanlı
Eskişehir
Irmak
ANKARA
Manisa · Uşak
Kütahya
Boğaz-köprü
Ägäisches Meer
İzmir · Ödemiş
Afyon
Nevşehir
Aydın
Karakuyu
Niğ
Burdur · Eğridir
Konya
Ulukışla
Bodrum
Marmaris
Antalya
Karaman
Adana
Fethiye
Mersin
Finike
Alanya
Golf von Antalya
Golf vor İskenderur

—— Eisenbahn-hauptstrecken
—— Eisenbahn-nebenstrecken
– – – Fernautobus-verbindungen

Östliches Mittelmeer

Eisenbahn, Bahnhöfe, İstanbul (Fortsetzung von S. 543)

Asiatische Seite (Auskünfte über den Eisenbahnverkehr für Ziele innerhalb der Türkei und den Fernverkehr nach Asien):
Haydarpaşa İstasyonu, Tel. (216) 3362063.

İzmir-Alsancak Flughafenbahn

Der Bahnhof İzmir-Alsancak (Tel. 232/4210114) ist durch eine Flughafen-bahn (Stundentakt) mit dem Adnan-Menderes-Flughafen (→ Flugverkehr) verbunden. Der Fahrpreis mit der Bahn kostet nur einen Bruchteil des Taxi-tarifes.

Elektrizität

Das Stromnetz in der Türkei führt 220 Volt Wechselspannung mit einer Fre-quenz von 50 Hertz. Spannungsabfall tritt häufiger auf.
Europa-Norm-Gerätestecker sind im allgemeinen verwendbar.

Entfernungen → Entfernungstabelle S. 544/545

Essen und Trinken

Allgemeines

Die türkische bzw. osmanische Küche hat einen guten Ruf und weiß auch Feinschmecker aus den westlichen Ländern zufriedenzustellen; sie zeich-net sich aus durch Reinheit und Güte der Zutaten sowie schmackhafte

Streckennetz der türkischen Eisenbahnen und Fernautobusse

Zubereitung nach althergebrachten Rezepten. Zahllos sind die aus Auberginen zubereiteten Gerichte. Allerdings wird das Essen häufig nicht heiß, sondern manchmal nur warm serviert. Zur Einnahme eines türkischen Mahls in einem der gepflegten → Restaurants benötigt man viel Zeit. Das Nationalgericht der Türken ist Reis mit weißen Bohnen.

Allgemeines (Fortsetzung)

Allerorten werden an kleinen Straßenständen verschiedene Nüsse, Pistazien- und Sonnenblumenkerne sowie andere getrocknete Fruchtsamen zum Knabbern angeboten.

Straßenstände

Außerdem bieten Straßenhändler im Sommer beispielsweise alle Arten von Obst, insbesondere Melonen, aber auch geröstete Maiskolben, Sesamkringel, Bratfisch sowie İşkembe Çorbası (s. Suppen, nachfolgend); ferner gibt es Wasser und offene Limonaden (Vorsicht) zu kaufen; im Winter neben Sesamkringel auch heiße Maroni sowie das Nationalgetränk, den Tee (Çay).

In der Regel besteht das Frühstück aus Weißbrot, Butter, Weißkäse, Tomaten, Gurken, Oliven, Marmelade, Honig, Tee und / oder (Pulver-)Kaffee. In den → Hotels der höheren Kategorien bietet ein Frühstucksbuffet eine reichhaltigere Auswahl an Speisen.

Frühstück

Die Hauptmahlzeit beginnt allenthalben mit einem Rakı, einem 45prozentigen, mit Anis versetzten, mit eiskaltem Wasser verdünnten (milchigweiße Färbung, daher auch 'Löwenmilch' genannt) und als Aperitif getrunkenen Traubendestillat, zu dem man eine der nachfolgend erwähnten Vorspeisen (Meze) einnimmt.

Aperitif

547

Fischmarkt in İstanbul

Vorspeisen (Meze) Bekannte Vorspeisen sind die verschiedenen Arten der Dolma (mit Reis oder Hackfleisch gefüllte Wein- oder Kohlblätter, Paprikaschoten, Tomaten, Kürbisse, Auberginen oder Zucchini), z. B. die Biber Dolması (gefüllte Paprika), Kabak Dolması (gefüllter Kürbis), Lahana Dolması (gefüllte Kohlblätter), Yaprak Dolması (gefüllte Weinblätter) und Domates Dolması (gefüllte Tomaten). Andere Vorspeisen sind Zeytin (Oliven), Tarama (gesalzener Weißfischrogen), Beyaz Peynir (Ziegenkäse), Kabak Kızartması (in dünne Scheiben geschnittene, in Öl gebratene, mit Joghurt und Essig angemachte Zucchini), Patlıcan Kızartması (gebratene Auberginenscheiben) sowie Suppen, u. a. die Düğün Çorbası ('Hochzeitssuppe', eine mit Ei legierte und mit Zitronensaft abgeschmeckte Fleischklößchensuppe).

Suppen Zu den beliebten Suppen zählen die Işkembe-Suppe (Kuttelsuppe), die Yayla-Suppe (gebundene Reissuppe mit verrührtem Joghurt und Eigelb, abgeschmeckt mit Pfefferminzblättern) oder die Tarhana-Suppe (eine dicke Suppe aus Joghurt, Tomaten, Pepperoni und Zwiebel).

Hauptmahlzeit Die Hauptmahlzeit besteht meist aus Lamm- oder Hammelfleisch und in den Küstengebieten auch aus Fisch und Meeresfrüchten. Schweinefleisch wird von den Türken aus Glaubensgründen abgelehnt, und Rindfleisch ist wegen der geringen Großviehhaltung ziemlich selten und daher teuer. Dagegen wird reichlich Geflügel angeboten.
Die bekanntesten türkischen Spezialitäten sind das Şiş Kebap (Schisch Kebab; gewürfelte Stückchen Lammschulter oder -keule, die zusammen mit Zwiebeln, Tomaten und Pepperoni am Spieß gegrillt werden; in Mitteleuropa gemeinhin als Schaschlik bekannt) sowie das Döner Kebap (auf senkrecht gestelltem Spieß gegrilltes Lamm- oder Hammelfleisch, von dem der gare Teil jeweils in feinen Scheiben abgeschnitten wird), das Güveç (gedünstetes Fleisch mit Reis, Gemüse, Tomaten und Paprika), das Kuzu Kapama (geschmortes Lammfleisch mit Zwiebeln), das Kuzu Dolması (Lammbraten mit Reis, Rosinen und Pinienkernen gefüllt), das Çöm-

lek Kebabı (in Gemüse gedünstetes und in großen Stücken serviertes Hammelfleisch) und das Kuzu bzw. Koyun Külbastısı (auf dem Rost am Stück gebratenes Lamm- bzw. Hammelfleisch). Unter den Geflügelgerichten ist das Çerkez Tavuğu (ein auf Tscherkessenart, d.h. in einer dicken Paprika- und Walnußbrühe serviertes Huhn) zu nennen.

Hauptmahlzeit (Fortsetzung)

Eine sehr geschätzte Beilage zu den erwähnten Hauptgerichten ist das Cacık (eine mit Gurken, Olivenöl, Dill, Salz und Knoblauch zubereitete Joghurt-Kaltschale), ferner Piyaz (Salat aus weißen Bohnen mit Zwiebeln), Taze Fasulya (grüne Bohnen), Zeytinyağlı Fasulya (Bohnen in Olivenöl) und viele andere.

Beilagen

Die als Nachspeise (deser) gereichten Kompotte und kuchenartiges Gebäck werden häufig mit sehr viel Zucker und Honig zubereitet und sind daher weit süßer als in Mitteleuropa gewohnt. Bekannte Desserts sind Kabaktatlısı (mit Zucker gekochte und mit geriebenen Nüssen bestreute Kürbisscheibchen) sowie Baklava (die mit Mandeln, Nüssen und Pistazien gefüllte und mit Honig übergossene Pastete) und Güllaç (in Milch getauchte, mit geriebenen Mandeln gefüllte Waffeln aus Stärkemehl). Der Nachtisch wird bereichert durch hervorragendes Obst. Bekannt sind die Erdbeeren vom Bosporus und aus Ereğli, die Feigen und Trauben aus İzmir, die Pfirsiche aus Bursa, die Aprikosen aus dem östlichen Anatolien, Kirschen aus Giresun, Zitrusfrüchte von der türkischen Mittelmeerküste, Birnen aus der Umgebung von Ankara sowie die im ganzen Land gedeihenden Zucker- und Wassermelonen. Nüsse und andere Dinge zum Knabbern s. Straßenstände zuvor.

Nachspeisen

Zutaten: 5 Auberginen, 5 Zwiebeln, ³/₄ Glas Olivenöl, 3 Knoblauchzehen, 1 Tomate, 1 Glas Wasser, 3 EL Petersilie, Salz nach Geschmack. Zubereitung: die Auberginen an beiden Enden abschneiden, die Schalen streifenweise entfernen. Danach die Auberginen in heißem Olivenöl von allen Seiten bräunen und zur Seite stellen. Die in feinste Ringe geschnittenen Zwiebeln und Knoblauchzehen in einer Pfanne dünsten. Dann die Auberginen der Länge nach etwas öffnen und behutsam die Kerne entfernen. Die Öffnung leicht vergrößern und mit Zwiebeln, Knoblauch und Petersilie füllen. Auf jede gefüllte Aubergine eine Tomatenscheibe geben, vorsichtig in eine Auflaufform nebeneinander legen und mit dem restlichen Öl begießen. Wasser und Salz dazugeben und bei geringer Hitze eine Stunde kochen lassen (kalt servieren).

Kochrezepte:
Imam Bayıldı (wörtlich 'Der Vorbeter fiel in Ohnmacht')

Zutaten (für 6 bis 8 Pers.): 500 g Blattspinat, 2 Zwiebeln, 2 EL Butter, Salz, Pfeffer, 2 TL Rosenpaprikapulver. Für die Joghurt-Sauce 125 g Butter, 3 Eier ¼ l Milch, 150 g Joghurt im Becher, 6 Yufka (Teigblätter aus einem türkischen Feinkostgeschäft). Zubereitung: den Spinat waschen und kleinhacken; die Zwiebeln schälen und reiben, die Butter in einem Topf zerlassen, und die Zwiebeln darin glasig dünsten. Den Spinat dazugeben und mit Salz, Pfeffer und dem Rosenpaprikapulver würzen; dann so lange den Spinat dünsten lassen, bis das Wasser verdampft ist (etwa 15 Min.), anschließend den Spinat vom Herd nehmen und erkalten lassen. Für die Joghurt-Sauce in einem anderen Topf die Butter zergehen und abkühlen lassen; die Eier verquirlen. Milch, Joghurt und Eier werden zu der Butter gegeben und mit einem Schneebesen verrührt. Den Backofen auf 180°C vorheizen. In eine mit Fett eingestrichene Pfanne bzw. feuerfeste Form ein Teigblatt hineinlegen und mit den Fingern kräuseln; auf das Teigblatt Joghurt-Sauce verteilen. Die nächsten beiden Teigblätter ebenfalls kräuseln, auf die erste Teigplatte in der Pfanne legen und dabei jeweils mit etwas Joghurt-Sauce beträufeln. Die dritte Platte wird zusätzlich mit Spinat belegt. Die restlichen Teigplatten werden ebenfalls jeweils gekräuselt und mit Joghurt-Sauce beträufelt, bzw. die letzte Platte mit der restlichen Joghurt-Sauce begossen. Die Form mit den Teigblättern in den Backofen schieben und 25 bis 35 Min. goldgelb backen, dann aus dem Backofen

Ispanaklı Börek (Teigpastete mit Spinatfüllung)

Essen und Trinken

Kochrezepte,
Ispanaklı Börek
(Teigpastete mit
Spinatfüllung)
(Fortsetzung)

nehmen und – um keine harte Kruste zu erhalten – mit einem feuchten Tuch bedecken; etwa 5 bis 10 Min. stehen lassen, dann die mit einem scharfen Messer zerteilten Stücke servieren.

Die Teigblätter können statt mit Spinat u.a. auch mit Hackfleisch, Käse oder Obst (beispielsweise mit Äpfeln und Rosinen) gefüllt werden.

Şiş Kebap
(Fleischspieß)

Zutaten: 1 kg Lammschulter oder -keule (gewürfelt), 4 Tomaten, 2 Pepperoni und Zwiebelhälften.
Zubereitung: Tomaten und Pepperoni entkernen; die Tomaten vierteln und die Pepperoni in Stücke schneiden. Abwechselnd einen Lammfleischwürfel, ein Tomatenviertel, ein Stückchen Pepperoni und Zwiebelhälften auf eingeölte Spieße stecken und über einem Holzkohlenfeuer 15 bis 20 Min. grillen (die Fleischstückchen können auch in einer Marinade aus 4 EL Essig, und 6 bis 8 EL Öl, Saft von 4 geriebenen Zwiebeln, 4 TL Paprikapulver, Pfeffer und Salz, 3 TL Thymian und 3 TL Pimentpulver gewälzt und durchgeknetet, dann 24 Std. im Kühlschrank in der Marinade belassen und ab und zu darin gewendet werden, ehe man sie wie oben angegeben auf die Spieße steckt).

Getränke

Ayran = mit Wasser vermischter und leicht gesalzener Yoghurt aus saurer Ziegenmilch
Bira = Das einheimische Bier (eine weit verbreitete Marke heißt "Efes") ist ziemlich leicht und von guter Qualität. Es gibt auch Biere verschiedener mitteleuropäischer Marken, die in der Türkei in Lizenz gebraut werden.
Çay = Nationalgetränk der Türken ist heute der schwarze Tee; er wird in der warmen Jahreszeit in vielbesuchten Teegärten (Çayhane; Gartenlokale) genossen. Oftmals wird der Tee im Samowar zubereitet und serviert.
Kahve = Kaffee ist in der Türkei verhältnismäßig teuer. In guten Kaffeehäusern wird der türkische Mokka vor den Augen des Gastes auf einem Serviertisch zubereitet. Dabei wird in ein Kupferkännchen ein gehäufter

Vielfalt der türkischen Küche ...   *... und der landestypischen Desserts*

550

Kaffeelöffel von Pulver aus sehr dunkel gebrannten Kaffeebohnen und die vom Gast gewünschte Menge Zucker gegeben (der Türke bevorzugt sehr süßen Kaffee; süß = sekerli, mittelsüß = orta, ohne Zucker = sade) und mit etwas Wasser verrührt. Dann wird der Inhalt unter Zugießen weiteren Wassers auf offener Flamme gekocht und nach mehrmaligem Aufwallen serviert.

An manchen dieser gastlichen Orte sieht man noch traditionsbewußte Männer, die Wasserpfeife (türk. nargile) rauchen. In den Kaffehäusern wird oftmals auch das Nationalspiel 'Tavla' (Trick-Track) gespielt.

Madensuyu = Mineralwasser; Mineral- und Tafelwasser sind preis- und empfehlenswert, während bei gewöhnlichem Wasser und auch bei den auf der Straße angebotenen Limonaden Vorsicht angeraten ist.

Meyanşerbeti = Süßholzsirup

Meyva Suyu = Fruchtsäfte: Die Auswahl an Fruchtsäften ist sehr reich; aus praktisch allen Obstsorten des Landes werden Säfte gepreßt.

Rakı = ein mit Anis versetztes, mit eiskaltem Wasser verdünntes (milchigweiße Färbung; daher auch 'Löwenmilch' genannt) und als Aperitif getrunkenes Traubendestillat.

Şalgam = Wasserrübensaft

Şarap = Wein

Alkollü İçkiler = Spirituosen: neben dem zuvor erwähnten Rakı sind einheimischer Kognak und Gin zu nennen.

Essen und Trinken, Getränke (Fortsetzung)

Fähren

⟶ Autofähren
⟶ Küstenschiffahrt

Feiertage

Seit den Reformen Atatürks gilt in der Türkei der Sonntag und nicht mehr – wie im Islam üblich – der Freitag als Feiertag.

Wöchentlicher Ruhetag

1. Januar (Neujahr), 23. April (Unabhängigkeitstag und Tag der Kinder), 19. Mai (Tag der Jugend und des Sports, Atatürk-Gedenktag; meist auf zwei bis drei Tage ausgedehnt), 30. August (Nationalfeiertag: Sieg im türkisch-griechischen Unabhängigkeitskrieg 1922), 29. Oktober (Gründungstag der Türkischen Republik 1923).

Offizielle Feiertage

Ramadan (türkisch 'Ramazan'): Fastenmonat der Moslems, der sich jedes Jahr um zehn Tage rückwärts gemäß dem islamischen Kalender (Mondkalender) verschiebt. Während des Ramadan sind Restaurants tagsüber oft geschlossen (außer in Touristenzentren). Am 24. Tag des Fastenmonats ist ein Feiertag.

Religiöse Feiertage

Zuckerfest (Şeker Bayramı): dreitägiges Fest am Ende des Ramadan bei dem man sich Süßigkeiten schenkt.

Opferfest (Kurban Bayramı): viertägiges Fest (Tag der Geburt Mohammeds), an dem Opferschafe geschlachtet und an die Armen verteilt werden. Auch das Opferfest verschiebt sich jedes Jahr um zehn Tage rückwärts. Kurban Baramı ist der wichtigste religiöse und offizielle Feiertag in der Türkei.

Die Geschäfte und Museen bleiben an den drei Tagen des Zuckerfestes sowie an den vier Tagen des Opferfestes geschlossen. Hotels, Ausflugsziele und öffentliche Verkehrsmittel sind an diesen Tagen überfüllt.

BULGARIEN

Schwarzes Meer   Sinop

GRIECHEN-LAND

Bosporus

İstanbul

Marmara-meer

Dardanellen

Bursa

ANKARA

Ägäisches Meer

İzmir

Denizli   Konya

Bodrum

Dalaman   Antalya   Adar

● Flughäfen

Golf von Antalya

Golf von İskenderun

Regelmäßig von den
Turkish Airlines · Türk Hava Yolları
beflogene Strecken

Östliches Mittelmeer

Feriendörfer

→ Hotels

Flugverkehr

Internationale
Flughäfen

Sowohl durch die einheimische Fluggesellschaft Türk Hava Yolları (THY;
Turkish Airlines) als auch durch zahlreiche ausländische Fluggesellschaf-
ten ist die Türkei an das internationale Liniennetz (→ Anreise) angeschlos-
sen. Mehrere neue Flughäfen entstanden in den letzten Jahren: der von
Chartermaschinen angeflogene Flughafen von Bodrum, ein moderner
Flughafen in Antalya und zuletzt im Herbst 2000 der Sabiha International
Airport auf der asiatischen Seite von İstanbul. Zusammen mit dem Atatürk
Airport in Yeşilköy (europäische Seite von İstanbul) bietet der İstanbuler
Flughafen nun Kapazitäten für 14 Mio. Passagiere und ist demnach der
wichtigste Flughafen des Landes:
Atatürk International Airport: Tel. (212) 663 64 00, Fax 663 62 50.
Regelmäßiger Busverkehr zwischen dem Atatürk Airport und dem THY-
Terminal im Zentrum von İstanbul (Şişhane, Meşrutiyet Caddesi 26).
Sabiha International Airport: Tel. (216) 411 99 02, Fax 385 61 74.

Weitere internationale Flughäfen:
Adana: Şakirpaşa, Tel. (322) 435 03 80, Fax 435 91 26
Ankara: Esenboğa, Tel. (312) 398 00 00, Fax 398 03 45

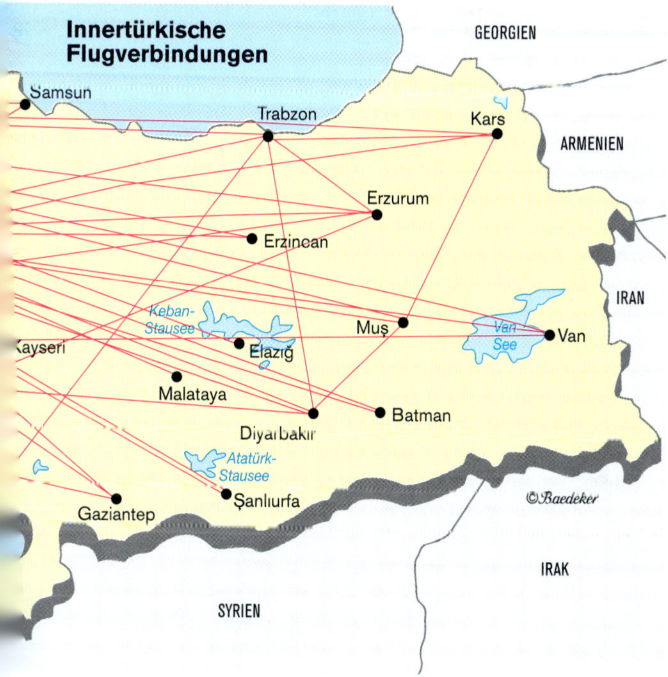

Innertürkische Flugverbindungen

GEORGIEN

Samsun

Trabzon

Kars

ARMENIEN

Erzurum

Erzincan

IRAN

Keban-
Stausee

Muş

Van
See

Van

Kayseri

Elazığ

Malataya

Batman

Diyarbakır

Atatürk-
Stausee

©Baedeker

Gaziantep

Şanlıurfa

IRAK

SYRIEN

Internationale
Flughäfen
(Fortsetzung)

Antalya: Tel. (242) 330 30 30, 330 33 02
Bodrum: Tel. (252) 313 31 72, Fax 313 31 74
Dalaman: Tel. (252) 692 52 91, 692 56 05
İzmir: Adnan Menderes Flughafen, Tel. (232) 274 26 26, Fax 274 20 02
Trabzon: Tel. (462) 325 67 32, Fax 325 67 36.

Innertürkischer
Flugverkehr

Im Inlandverkehr werden von THY und THT darüber hinaus auch folgende
Städte angeflogen: Batman, Bursa, Denizli, Erzurum, Diyarbakır, Elazığ,
Gaziantep, İsparta, Kars, Kayseri, Konya, Malatya, Muş und Samsun,
Şanlıurfa und Van.

Fluggesellschaften

Turkish Airlines
Türk Hava Yolları
THY

Büro Deutschland:
Budapester Str. 28–30, D-10787 Berlin
Tel. (030) 262 40 33/-34/-55, Fax 262 89 29
Internet: www.turkishairlines.com
Zweigstellen in Frankfurt/Main, Düsseldorf, Hamburg, Hannover, Köln,
München, Nürnberg und Stuttgart.

Büro Österreich: Operngasse 3, A-1010 Wien,
Tel. (01) 586 20 24, Fax 586 26 67.

Büro Schweiz: Talstr. 58, CH-8001 Zürich,
Tel. (01) 225 23 23, Fax 221 07 76.
Zweigstelle auch in Genf.

Geld

Fluggesellschaften (Fortsetzung) Lufthansa	Maya-Akar Center, Büyükdere Cad. 100-102, İstanbul-Esentepe Tel. (212) 3153444, Fax 2756961; Atatürk Airport, Yeşilköy, İstanbul Tel. (212) 6637092 1379 Sokak 23/1, İzmir-Alsancak, Tel. (232) 4223622/24, Fax 4226412; Flughafen Adnan Menderes Tel. (232) 2742055 bzw. 2742182.
Austrian Airlines	İnönü Cad. Gümussu Palas Apt. 26/7, Gümüssuyu-İstanbul, Tel. (212) 2936995, Fax 2936533 Cinnah Cad. 102/5, Çankaya, Ankara, Tel. (312) 4423100, Fax 4426626.
Swissair	Cumhuriyet Cad. 6, İstanbul-Elmadag Tel. (212) 2322200, Fax 2312849; Atatürk Airport, Yeşilköy, İstanbul, Tel. (212) 6636776; Adnan Menderes Airport, İzmir, Tel. (232) 2742268; Esenboğa Airport, Ankara, Tel. (312) 3980100.

Geld

Währung	Währungseinheit ist die Türkische Lira (TL; auch als Türkisches Pfund bezeichnet; urspr. unterteilt in 100 Kuruş). Derzeit im Umlauf befinden sich Banknoten zu 50000, 100000, 250000, 500000, 1 Million und 5 Millionen TL; Geldmünzen zu 5000, 10000, 25000 und 50000 TL. Infolge der hohen Inflationsrate (um die 70%) sind die Wechselkurse in kürzester Zeit Veränderungen unterworfen; die gültigen Tageskurse erfährt man bei den Banken. Im März 2001 erhielt man für 1 DM rund 450000 TL (1 Euro = 880000 TL).
Banken	Geöffnet: Mo.–Fr. 8.30–12.00 und 13.30–17.30 Uhr. An Wochenenden und Feiertagen ist Geldwechsel auf den internationalen Flughäfen (→ Flugverkehr) und am Bahnhof Sirkeci in İstanbul möglich.
Geldwechsel	Wie generell in Ländern mit schwacher Währung ist es auch in der Türkei vorteilhafter, den Geldwechsel erst im Lande vorzunehmen. Der Umtausch von Devisen sollte tunlichst nur bei Banken oder autorisierten Wechselstuben (z. B. in großen Hotels) vorgenommen werden. Private Tauschgeschäfte auf der Straße sind verboten; unter Umständen ist Falschgeld im Spiel! Die beim offiziellen Geldumtausch ausgehändigte Wechselquittung sollte unbedingt aufbewahrt werden, da sie für den Rücktausch von türkischer in ausländische Währung vorgewiesen werden muß und da auch auf diese Weise an der Grenze geprüft werden kann, ob im Lande gekaufte Ware mit rechtmäßig getauschtem Geld bezahlt worden ist.
Devisen- bestimmungen	Ausländische Zahlungsmittel dürfen in unbegrenzter Höhe ein- und ausgeführt werden. Die Einfuhr türkischer Währung ist nicht begrenzt, ihre Ausfuhr jedoch auf den Gegenwert von 5000 US-Dollar beschränkt.
Hinweis	Da an den Schwerpunkten des Fremdenverkehrs die Bezahlung von Dienstleistungen und Waren von den Einheimischen nicht selten gern in einer 'harten' Währung gesehen wird, empfiehlt es sich, stets kleine Scheine bei sich zu haben, um bei solchen Gelegenheiten nicht große Banknoten einsetzen zu müssen. Man beachte in jedem Falle die zuvor gegebenen Hinweise zum Geldwechsel.
Kreditkarten, Reiseschecks	Die Bezahlung von Waren und Dienstleistungen mit den gängigen Kreditkarten (American Express, Eurocard/MasterCard, Visa/BankAmericard,

Diners Club etc.) ist in den großen Städten und Fremdenverkehrsorten in zunehmendem Maße möglich. Reiseschecks werden in den Hauptstellen der Banken, die in größeren Städten und in Fremdenverkehrszentren vertreten sind, eingelöst. Dies gilt auch für Eurocheques in Verbindung mit der Scheckkarte. Reguläre Bankschecks werden erst nach Rückfrage bei der Ursprungsbank honoriert, was unter Umständen einige Tage dauern kann.

Geld (Fortsetzung)
Kreditkarten,
Reiseschecks

An vielen Geldautomaten in den Touristikzentren und großen Städten kann man mit EC-Karten oder Kreditkarten Bargeld abheben.

Geldautomaten

Bei Diebstahl oder Verlust der Eurocheque-Karte alarmiere man zur sofortigen Sperrung unverzüglich den rund um die Uhr erreichbaren Zentralen Annahmedienst für Verlustmeldungen von Eurocheque-Karten in Frankfurt/M.: Tel. (01805) 021021. Karte und Konto werden sofort gesperrt. Unabhängig von der telefonischen Sperrung sollte man auch die eigene Bank umgehend über den Verlust informieren.

Verlustmeldung

Geschäftszeiten

Wöchentlicher Ruhetag in der Türkei ist seit den Reformen Atatürks der Sonntag und nicht mehr, wie im Islam üblich, der Freitag.

Hinweis

Mo. bis Sa. 9.00 bis 19.00 Uhr.

Apotheken

Mo. bis Fr. 8.30 bis 12.00 und 13.30 bis 17.30 Uhr.

Banken

Mo.–Fr. 8.30–12.30 und 13.30–17.30 Uhr.
Während der Sommermonate bleiben viele Behörden und andere Einrichtungen in den ägäischen und mediterranen Gebieten der Türkei nachmittags geschlossen.

Behörden

Mo.–Sa. 9.00–13.00 und 14.00–19.00 Uhr.
Basarläden und kleinere Einzelhandelsgeschäfte (besonders Lebensmittelläden) haben oft über die Mittagszeit und auch bis in die späten Abendstunden geöffnet. An den ersten Tagen einiger religiöser Feste (Ramadanfest: drei Tage; Opferfest: vier Tage) sind Geschäfte (und Museen) geschlossen.

Ladengeschäfte

Die Museen sind in der Regel Di. bis So. 9.00 bis 16.30 Uhr geöffnet.
→ Post und Telefon

Museen
Postämter

Getränke

→ Essen und Trinken

Hotels

Infolge des Baubooms in den letzten zwei Jahrzehnten stehen den Touristen in der Türkei inzwischen um die 700000 Betten in den Fremdenverkehrsgebieten zur Verfügung.

Allgemeines

Über 'Ferien auf der Alm' informieren die unter → Auskunft erwähnten Informationsbüros. Zu den bekanntesten Almen zählen u. a. jene im Schwarzmeergebiet, wie Ayder bei Rize, Kadırga bei Trabzon oder Kümbet bei Giresun. Almfeste → Veranstaltungen.

Ferien
auf der Alm

Hotels

Nachtleben

Die größeren Hotels und Feriendörfer verfügen über Nachtklubs oder ähnliche Einrichtungen (u. a. mit Bauchtanzvorführungen bzw. sonstigen folkloristischen Darbietungen); ferner existieren Diskotheken und Bars.
In vielen Ferienzentren gibt es Spielkasinos; es besteht Ausweispflicht in den Kasinos.

Feriendörfer

Großer Beliebtheit erfreuen sich – insbesondere wegen ihres breitgefächerten Sportangebotes – die Feriendörfer, wie die deutschen Robinson Clubs, jene von Club Aldiana, Club Méditerranée und Sunsail Clubs.

Zimmer-
reservierung

Sofern man seine Türkeireise nicht im voraus gebucht hat und selbständig durchs Land reisen möchte, empfehlen sich zumindest in der sommerlichen Hauptsaison eine verbindliche Preisvereinbarung direkt mit der jeweiligen Unterkunftsstätte sowie eine rechtzeitige Zimmerreservierung.

Klassi-
fizierungen

Im einzelnen gibt es folgende offizielle Hotelkategorien (türk. Oteli) und sonstige Unterkunftsklassifizierungen:

✺✺✺✺✺✺	Luxushotel (L)
✺✺✺✺	Hotel 1. Klasse
✺✺✺	Hotel 2. Klasse
✺✺	Hotel 3. Klasse
✺	Hotel 4. Klasse
P	Pension
TKA	Feriendorf 1. Klasse
TKB	Feriendorf 2. Klasse

Preise

Wenngleich die überwiegende Zahl der türkischen Unterkunftsstätten staatlicher Kontrolle unterliegt, machen die zuständigen Stellen über die Übernachtungs- und Pensionspreise nur unverbindliche Angaben. Da die türkische Währung unter einer hohen Inflationsrate leidet, werden Preishinweise oft auf US-Dollar- oder DM-Basis veröffentlicht.

In einem guten Drei-Sterne-Hotel muß man derzeit bei individueller Buchung vor Ort mit dem türkischen Gegenwert von etwa 100 DM für ein Doppelzimmer mit Frühstück rechnen; im Vier-Sterne-Haus muß man mindestens den Gegenwert von 120 DM veranschlagen und in Häusern der Luxusklasse bezahlt man in aller Regel mindestens den Gegenwert von 200 DM pro Nacht. In den Ein- und Zweistern-Unterkünften kann man bereits für umgerechnet 20 bis 30 DM nächtigen.

Hotelliste

In diesem Reiseführer sind überwiegend Drei-, Vier- und Fünf-Sterne-Hotels genannt. Die Häuser der Luxusklasse entsprechen internationalem Standard. Bei den Vier-Sterne-Häusern gibt es einige Adressen, die man den First-Class-Hotels zuordnen könnte, die meisten anderen dieser Kategorie sind mit guten deutschen Mittelklassehotels vergleichbar. Viele Drei-Sterne-Häuser sind bemüht, Mittelklassekomfort anzubieten. Mitunter hat man in diesen Häusern aber mit kleinen Unannehmlichkeiten zu rechnen. Hin und wieder trifft man auch auf ein gut geführtes Zwei- bzw. Ein-Stern-Hotel, die jedoch meistens einen sehr einfachen Standard haben.

Ganz allgemein kann festgestellt werden, daß das Preisniveau insgesamt deutlich unter jenem der hochentwickelten Länder Mitteleuropas liegt. Dies gilt insbesondere für Unterkunftsstätten der unteren Kategorien, deren Komfort allerdings meist unzureichend ist.

Abkürzungen

B.	=	Bettenzahl
Z.	=	Zimmerzahl
Bul.	=	Bulvarı (Boulevard)
Cad.	=	Caddesi (Straße)
Sok.	=	Sokak (Straße, Gasse)

Ausgewählte Übernachtungsmöglichkeiten

***** Seyhan Oteli, 300 B., Turhan Cemal Beriker Bul. 30, Tel. (322)   **Adana**
475 81 01, Fax (322) 454 28 34. In diesem Luxushotel findet man allen Komfort; ferner Swimmingpool, Nachtclub und zwei Restaurants.

**** Zaimoğlu Otell, 156 B., Özler Cad. 72, Tel. (322) 351 34 01, Fax (322) 351 68 11; zentrale Lage; modernes Hotel mit Garage.

*** İpek Palas Oteli, 102 B., İnönü Cad. 103, Tel. (322) 351 87 42, Fax (322) 351 87 45; zentral gelegen, doch die hinteren Zimmer sind ruhig.

*** Bozdoğan Hotel, 150 B., Atatürk Bul., Tel. (416) 216 39 99, Fax   **Adıyaman**
216 36 30. Das beste Hotel am Platz mit Restaurants, Bars, Pool und Sauna. Alle Zimmer mit Bad, Balkon, Fernseher.

**** Termal Resort Oruçoğlu, 500 B., Kütahya Yolu, Tel. (272) 251 50 50,   **Afyon**
Fax 251 50 60. An der Straße nach Kütahya liegt 14 km außerhalb von Afyon diese gepflegte Hotelanlage mit großem Thermalbad, Fitneßeinrichtungen sowie einem umfassenden Sport- und Kurangebot.

** Pamukkale (Afyon Plaza), 104 B., Afyon – Izmir Karayolu, Tel. (272) 214 14 01, Fax 214 14 06. Etwa 10 km außerhalb von Afyon, an der Straße nach Izmir liegt dieses einfache Hotel mit Restaurant und Garten.

Melendiz Hotel, M1, 184 B., Ankara – Adana Asfaltı, Nevşehir Kavşağı, Tel.   **Aksaray**
(382) 215 24 00, Fax 215 24 10. An der E 90 etwa 2 km außerhalb von Aksaray liegt dieses gepflegte Motel mit großem Freibad, mehreren Bars, Schönheitsfarm, Tennisplatz und einem botanischen Garten.

**** Alantur Oteli, 198 B., Dimçayı Meckii, Çamyolu Köyü, Tel. (242)   **Alanya**
538 17 40, Fax (242) 538 17 56. Rund 7 km östlich der Stadt liegt dieses sehr komfortable Hotel direkt am Strand.

**** Bedesten Hotel, 54 B., İçkale, Tel. (242) 512 12 34, Fax (242) 513 79 40. Luxuriöse Unterkunft auf dem Burgberg, in einer alten Karawanserei – die außergewöhnliche Adresse in Alanya!

Club Kastilia, TKB, 370 B., Konaklı, Tel. (242) 565 13 15, Fax (242) 565 14 28. Etwa 10 km westlich der Stadt; viele Sporteinrichtungen.

**** Vivanco, Bozyaszi, Tel. (324) 851 42 00, Fax 851 22 91. Trotz seiner   **Anamur**
vier Sterne bietet dieses einfache, preiswerte Hotel (ab 70,– DM) einen bescheidenen Service, jedoch einen großen Pool und einen hoteleigenen Strand.
Eser Pansiyonu, P, İskele Makallesi. Kleine, gemütliche Pension; das Dachrestaurant bietet eine gute Küche.

***** Büyük Ankara, 396 B., Atatürk Bul. 183, Kavaklıdere, Tel. (312)   **Ankara**
425 66 55, Fax 425 50 70. Dieses gepflegte, traditionsreiche Hotel mit einer luxuriösen Lobby jedoch kleinen Zimmern liegt in der Neustadt gegenüber des Parlaments und wird vorwiegend von Geschäftsreisenden besucht.

***** Merit Altınel, 171 Z., Tandoğan Meydanı, Tel. (312) 231 77 60, Fax 230 23 30. Zentral gelegenes Luxushotel mit Schallschutz-Fenstern und Klimaanlage, Konferenzräumen, Spielkasino, Schwimmbad, Fitneßräumen, türkischem Bad und Sauna.

**** Hotel Ankara Dedeman, 505 B., Büklüm Sok., Akay, Tel. (312) 417 62 00, Fax 417 62 14. Im Zentrum gelegenes Hotel mit mehreren Restaurants, Räumen für Konferenzen und Festlichkeiten, zwei Schwimmbädern, Fitneßräumen und einem Spielkasino.

Hotels

Ankara
(Fortsetzung)

**** Hotel İçkale, 257 B., Gazi Mustafa Kemal Bul. 89, Maltepe, Tel. (312) 23 17 77 10, Fax 23 06 13 33. Zentral gelegenes Hotel mit geräumigen Zimmern, drei Restaurants, zwei Bars, Schwimmbad, Fitneß Center und türkischem Bad.

**** Hotel Stad, 401 B., İstiklal Cad., Ulus, Tel. (312) 310 48 48, Fax 310 89 69. Am Rande der Altstadt steht sich dieses Mittelklassehotel mit herrlicher Aussicht auf den Gençlik Parkı und die Altstadt.

*** Uluşan Hotel, 72 B., Konya Yolu Üzeri, Gölbaşı Çikişi, Tel. (312) 48 45 85 8, Fax 48 44 1 01. 15 km von Ankara entfernt liegt unweit von Gölbaşı dieses kleine Hotel mit drei Restaurants, zwei Bars, Schwimmbad, Bowling-Bahnen und einem Billiard-Raum.

Antakya

**** Büyük Antakya Oteli, 144 B., Atatürk Cad. 8, Tel. (326) 2135860. Die beste Adresse in der Stadt; zentral gelegen; mit Nightclub.

Antalya

**** Perge Oteli, 50 B., Perge Sokak 5, Tel. (242) 242 36 00, Fax 241 75 87. Hervorragenden Service, Zimmer mit Meerblick und eine gute Küche bietet dieses Hotel.

**** Tütay Türk Evi Otelleri, 40 B., Mermerli Sok. 2, Tel. (242) 248 65 910, Fax 241 94 19. Das Hotel besteht aus drei renovierten osmanischen Wohnhäusern und liegt mitten in der Altstadt (mit Swimmingpool). Herrlicher Blick zum Meer, Hafen und Taurusgebirge.

Aspen Oteli, Kaledibi Lok. 16, Tel. (242) 247 05 90, Fax 247 71 78. Mitten in der Altstadt liegt dieser Komplex alttürkischer Häuser mit einem 1-A-Luxus.

Anı Pansiyon, Tabakhane Sok. 26, Kaleiçi, Tel. (242) 247 00 56. Inmitten der Altstadt steht dieses 1993 erbaute Haus mit familiärer Atmosphäre, das von einer pensionierten Architektin geführt wird. Das reichhaltige Frühstück wird auf der Terrasse serviert.

Avanos

**** Büyük Avanos Hotel, 120 B., Kapadokya Cad., Tel. (384) 511 35 77, Fax 511 48 63. Etwa 2 km außerhalb von Avanos befindet sich in ruhiger Lage dieses französisch-türkisch geführte Ferienhotel mit Pool, Tennisplätzen und Mountain-Bike-Verleih.

Sofa Hotel, 75 B., Orta Mah., Tel., Fax (384) 511 44 89. Auf dem Hang wurden einige alte Steinhäuser zu einem reizvollen Hotel umgewandelt, dessen Zimmer alle mit Duschen und Toiletten versehen sind.

Ayvalık

**** Murat Reis Oteli, 340 B., Altınkum Mevkii, Tel. (266) 324 14 56, Fax 324 14 57. Eines der ältesten und renommiertesten Hotels; an schöner Bucht gelegen; mit Privatstrand und Swimmingpool zwischen Felsen.

**** Cunda Mokamp, 90 B., Alibey Adası, Tel., Fax (663) 327 15 98. 4 km außerhalb gelegen; das Bungalowdorf mit seinem kleinen Privatstrand wurde 1993 errichtet.

Bandırma

*** Eken Hotel, 156 B., Uğur Mumcu Cad. 9, Tel. (266) 718 08 40–42, Fax 712 53 55. Im Zentrum von Bandırma etwa 150 m vom Strand entfernt liegt dieses Hotel mit zwei Restaurants, Lobby Bar und Sauna.

Balıkesir

*** Kervansaray Hotel, 111 B., Cumhuriyet Alani, Akincilar Cad., Tel. (266) 241 16 35–37, Fax 241 48 61. In diesem einfachen Hotel im Ortszentrum sind alle Zimmer mit Dusche und Fernseher ausgestattet.

Belek

***** Adora Golf Hotel, 354 Z., Tel. (242) 725 40 51, Fax 725 40 71. Luxuriöses Clubdorf (240 Club-Häuse) mitten im Grünen direkt am Strand. Alle erdenklichen Sport- und Fitneßeinrichtungen, Animationsprogramm. Der nahegelegen Golfplatz kann von den Gästen benutzt werden.

***** Altis Golf Hotel, 739 B., Tel. (242) 7254226, Fax 7254234. Neues Luxushotel in einem bezaubernden Park gelegen. Die Hotelgäste können den nahegelegenen Golfplatz benutzen.
Belek (Fortsetzung)

**** Tusan Oteli, Çanakkale Yol Çatışç, Tel. (232) 6672236. Das Hotel mit idyllischem Garten liegt 7 km außerhalb der Stadt.
Bergama

*** Berksoy Oteli, 118 BZ, Tel. (232) 6332595, Fax 6335346. Große Hotelanlage am Berghang.

**** Ambrosia Oteli, 130 B., Bitez-Bodrum, Tel. (252) 3131886, Fax 3131879. Im Jahre 1992 eröffnetes Strandhotel mit Sauna und türkischen Bädern; etwa 6 km vom Stadtzentrum entfernt.
Bodrum

**** Marina Vista, 161 B., Neyzen Tevfik Cad. 228, Tel. (252) 3162269, Fax 3162347. Das elegante Haus mit dem großem Garteninnennhof und Swimmingpool ist das einzige ruhige Hotel des Badeortes. Hier wird man durch den Lärm der Nightclubs weniger gestört wie sonst in Bodrum üblich.

Metem Tatil Köyü, TKA, 320 B., Aşarlık Mevkii, Tel. (252) 3162500, Fax 3161500. Wer deutschsprachige Bekanntschaften machen möchte, ist hier richtig aufgehoben – meist deutsche und österreichische Gäste.

*** Bolu Thermal Hotel, 150 B., Karaçasu Köyü, Tel. (374) 2628472, Fax 2628307. Im Grünen gelegenes einfaches Hotel mit türkischem Bad, Tennioplätzen, Kur- und Fitneßeinrichtungen und großem Restaurant.
Bolu

*** Koru Hotel, 270 B., Ömerler Köyü, Bakırlı Mevkii P.K. 10, Tel. (374) 2152528, Fax 2153850. Auf dem Bolu Dağı 15 km außerhalb von Bolu liegt dieses Sporthotel mit Schwimmbad, Sauna und vielen Sportanlagen: Tennis, Basket-, Volley- und Fußball, Reiten etc.

***** Abant Palace, 370 B., Abant Göl Kenari Bolu, Tel. (374) 2245012, Fax 2245011. Malerisch am Abant-See gelegenes First-Class-Hotel mit Swimming Pools, mehreren Bars, einem Restaurant mit Blick auf den See, Tennisplätzen und Kosmetiksalon.
Bolu/ Abant Gölü

*****Çelik Palas Hotel, 359 B., Çekirge, (224) 2333800, Fax 2361910. Im Zentrum gelegenes, stilvolles Hotel mit allen Einrichtungen eines Fünf-Sterne-Hotels.
Bursa

***** Kervansaray Termal Hotel, 435 B., Çekirge, Tel. (224) 2339300, Fax 2339324. Große Hotelanlage im Zentrum von Bursa mit Fitneß-Einrichtungen und Gesundheitszentrum, Bade- und Saunalandschaft, Casino, Night Club und Disco.

*** Büyük Yildiz Hotel, 150 B., Uludağ Cad. 6, Tel. (224) 2339600, Fax 2339607. Auf einer Anhöhe im Grünen gelegenes Hotel. Von der Terrasse des Restaurants hat man einen schönen Ausblick auf die umliegenden Berge.

*** Beceren Hotel, 160 B., Uludağ, Tel. (224) 2852111, Fax 2852119. Gemütliches Berghotel im Skizentrum Uludağ mit Restaurant, Bar, Café und Sauna. Alle Zimmer mit Bad und Balkon.
Bursa/ Uludağ

**** Akol Oteli, 300 B., Kayserli Ahmet Paşa Cad., Tel. (286) 2179456. Das nobelste Haus am Ort.
Çanakkale

*** Iris Oteli, 150 B., Mola Cad. 48 (in Güzelyalı), Tel. (286) 2328100, Fax 2328028. Das komfortable Haus mit Sandstrand befindet sich etwa 10 km außerhalb von Çanakkale, im Ort Güzelyalı.

Hotels

Çeşme

**** Altın Yunus, 1000 B., Boyalık Mevkii, Tel. (232) 7231250, Fax 7232252. Die großzügige Anlage besteht aus den Hotels Dolphin, Mermaid, Marina und Beach Oteli; Sportmöglichkeiten, eigener Yachthafen, Gesundheitszentrum, Spielkasino und Naturstrand.

Kervansaray Oteli, 64 B., Çeşme Kalesi Yani, Tel. (232) 7127177, Fax 7126492. In diesem Hotel in Hafennähe findet man Komfort in einem alten Gebäude aus dem Jahr 1528.

Çorum

*** Hotel Sarigül, 77 B., Azap Ahmet Sok. 18, Tel. (364) 2242012, Fax 2240396. Modernes Mittelklassehotel unweit des Kültür Sitesi mit Bar, Restaurant, türkischem Bad und komfortablen Zimmern.

Erdek

***** Agrigento Hotel, 280 B., Plajlar Mevkii, Tel. (266) 8354971, Fax 8354973. Direkt am Strand liegt dieses First-Class-Hotel mit türkischem Bad, Sauna, Schwimmbädern, Night Club und einem Billiard-Raum.

**** Toronto Hotel, 250 B., (266) 8353857, Fax 8352323. Großes Hotel am Strand mit Tennisplätzen, Swimming Pool, Restaurant; alle Zimmer haben einen Balkon und Fernseher.

Erzurum

*** Hotel Dilaver, Aşağı Mumcu Cad Petit Meydanı, Tel. (422) 2350068, Fax 2181148.
Zur Zeit das beste Hotel der Stadt. Moderne Einrichtung und komfortable Zimmer. Vom Restaurant im Dachgeschoß hat man einen schönen Blick auf die Stadt.

Eskişehir

*** Eskişehir Büyük Hotel, 200 B., Sivrihisar Cad. 40, Tel. (222) 2306800, Fax 2346508. Älteres Hotel im Stadtzentrum; die vorderen Zimmer an der Hauptstraße vermeiden (laut!).

Fethiye

***** Montana Pine Resort, Ovacik Köyü, Tel. (252) 6166252, Fax 6166451. Diese sehr komfortable Hotelanlage liegt 9 km außerhalb von Fethiye in den Bergen. Zu dem nur 3 km entfernten Traumstrand Ölüdeniz fahren regelmäßig Minibusse.

**** Letoonia Club und Hotel/Tatil Köyü, TKA, 1700 B., Paçarız Burnu, Tel. (252) 6144966, Fax (252) 6144422. Diese moderne Hotelanlage mit Swimmingpools liegt in einer schönen Bucht, auf einer Landzunge.

Sonnen & Panorama Pansiyon, P, 15 B., Karagözler Ordu Cad. 6, Tel. (252) 6143055. Manche der kleinen Zimmer haben Meerblick. Der Besitzer spricht Deutsch.

Gaziantep

***** Tuğcan Hotel, 310 B., Atatürk Bul. 34, Tel. (342) 2204323, Fax 2203242. Das erste Haus am Platz liegt etwa 400 m vom Hükümet Konağı. Die Zimmer bieten allen Komfort eines Fünf-Sterne-Hotels.

**** Grand Hotel Gaziantep, 196 B., Ali Fuat Cebesoy Bul. 32, Tel. (342) 3233037, Fax 3235604. Kürzlich eröffnetes Hotel im Stadtzentrum mit komfortablen Zimmern, Swimming Pools, Restaurants und Fitneß Center und Sauna.

** Kaleli Hotel, 140 B., Hürriyet Cad. Güzelce Sok 50, Tel. (342) 2309690, Fax 2301597. Lange Zeit das beliebteste Hotel der Stadt, inzwischen schon in die Jahre gekommen, jedoch große Zimmer und gutes Restaurant im Dachgeschoß.

Göreme

Ataman Hotel, 76 B., Tel. (384) 2712310, Fax 2712313. Aus einem 200 Jahre alten Gebäude aus Stein ist ein außergewöhnliches Hotel entstanden. Die Zimmer (alle mit Bad) sind individuell mit Teppichen und Kunsthandwerk eingerichtet und haben modernen Komfort.

✳✳✳ Tourist Hotel Cappadocia, 160 B., Müzeyolu Girişi, Tel. (384) 2712430, Fax 2712011. Modernes Hotel mit komfortablen Zimmern, einem Swimming Pool und Restaurant.

Göreme
(Fortsetzung)

✳✳✳ Ilgaz Doruk Hotel, 150 B., Ilgaz Doruk Mevkii, Kayak Merkezi Ilgaz, Tel. (376) 4161210, Fax 4161666. In einem Skigebiet zwischen Çancırı und Kastamonu liegt dieses einfache Sporthotel mit eigenem Restaurant; alle Zimmer mit Bad; Bar mit offenem Kamin.

Ilgaz/Çankırı

✳✳✳✳✳ Merit Antique (ehem. 'Ramada'), Lâleli, Tel. (0212) 5139300, Fax 5126390; 275 Z., 4 Restaurants, Weinbar, Pâtisserie, Health & Fitness Club und Beauty Salon mit Swimming Pool und Sauna, Spielkasino. Im Herzen der Altstadt gelegenes First-Class-Hotel, das erst vor wenigen Jahren eröffnet wurde. Die Architekten haben vier Stadthäuser der spätosmanischen Epoche zu einem sehr reizvollen Ensemble vereint und eine Oase der Ruhe im Herzen der Altstadt geschaffen.

İstanbul

✳✳✳✳✳ Four Seasons, Sultanahmet, Tevkifhane Sok. 1, Tel. (0212) 6388529, Fax 6388530; 65 Z. und Suiten, Health & Fitness Center, mehrere Gesellschaftsräume. Das 1996 eröffnete First-Class-Hotel ist in einem liebevoll restaurierten, vor den Mauern des Topkapı-Palastes gelegenen historischen Gebäudekomplex aus dem 19. Jh. untergebracht.

✳✳✳✳✳ Çırağan Palace Kempinski, Çırağan (Bosporus), Tel. (0212) 2583377, Fax 2590000; 300 Z., 27 Suiten, mehrere Restaurants, Bars, Nightclub, Spielkasino, Einkaufsarkade, Health Club mit türkischem Bad und Pool. Das beste Hotel der Türkei, das auch zu den 100 besten Häusern der Welt gehört, umfaßt den restaurierten, direkt am Bosporus gelegenen ehemaligen Sultanspalast und einen Neubaukomplex.

✳✳✳✳✳ Klassis Golf & Country Club, Silivri (65 km westlich von İstanbul am Marmarareer), Tel. (0212) 7484050, Fax 7484049; 190 Z., 55 Apartments, mehrere Restaurants, Bars, Diskothek, Nightclub, Kasino, Health, Beauty & Fitness Salon, mehrere Swimming Pools, Golfplatz (→ Golf), Reitstall. Diese wohl zu den schönsten Hotelanlagen der Türkei gehörende Einrichtung ist architektonisch ansprechend gestaltet und bietet Erholungssuchenden und Sportbegeisterten eine hervorragende Alternative zu den Hotels der Innenstadt.

✳✳✳✳ Kariye Oteli, Edirnekapı, Kariye Müzesi yanı Kariye Camii Sok. 18, Tel. (0212) 5348414, Fax 5216631; 24 Z. und 4 Suiten, großes und gepflegtes Restaurant. Das hübsche Hotel neben der Chora-Klosterkirche war das erste Haus seiner Art, das unter Regie des türkischen Automobilklubs in historischem Ambiente eingerichtet worden ist.

✳✳✳✳ The President, Tiyatro Cad. 25, Beyazıt, Tel. (0212) 5166918, Fax 5166999; 200 Z., Restaurant, 'Pub', Swimming Pool auf der Dachterrasse. Dieses beliebte Mittelklassehotel in der Altstadt bietet einen herrlichen Blick über die Skyline von İstanbul und das Marmarameer.

✳✳✳✳ Yeşil Ev, Sultanahmet, Kabasakal Cad. 08, Tel. (0212) 5176786, Fax 5176780; 20 Z., Restaurant, Gartenterrasse. Dieses hübsche kleine Hotel ist in einem restaurierten Holzhaus aus spätosmanischer Zeit untergebracht. Es erfreut sich bei Touristen wegen seiner zentralen Lage otarken Zuspruchs. Eine rechtzeitige Reservierung ist angeraten.

✳✳✳✳ Kariye Oteli, Edirnekapı, Kariye Müzesi yanı Kariye Camii Sok. 18, Stambul, Tel. (0212) 5348414, Fax 5216631; 24 Z., großes, gepflegtes Restaurant. Das wunderschöne Hotel nahe der berühmten Chora-Klosterkirche war das erste Haus seiner Art, das unter Regie des türkischen Automobilclubs in historischem Ambiente eingerichtet worden ist. Die alten Holzhäuser rund um die Chora-Kirche sind inzwischen restauriert worden.

Hotels

İstanbul
(Fortsetzung)

✳✳✳ Ayasofya Pansiyonları, Sultanahmet, Soğukçeşme Sok., Tel. (02 12) 5 13 36 60, Fax 5 13 36 69; 56 Z. und 4 Suiten, Restaurant, Café, Bar, Türkisches Bad. Direkt an den Mauern des Topkapı-Palastes sind vor wenigen Jahren einige Holzhäuser aus osmanischer Zeit restauriert und als recht luxuriöse Touristenherberge hergerichtet worden.

✳✳✳ İbrahim Paşa, Sultanahmet, Terzihane Sok. 5, Tel. (02 12) 5 18 03 94, Fax 5 18 44 57; 20 Z., Café, Bar, Dachterrasse. Diese gemütliche und stilvoll eingerichtete Herberge ist in einem restaurierten Haus der Jahrhundertwende untergebracht.

✳✳✳ Pierre Loti, Çemberlitaş, Piyerloti Cad. 5, Tel. (02 12) 5 18 57 00, Fax 5 16 18 86; 36 Zimmer. Modern eingerichtetes Stadthotel in zentraler Lage. In wenigen Minuten sind der Große Basar, die berühmtesten Moscheen und der Topkapı-Palast zu erreichen.

İzmir

✳✳✳✳✳ Büyük Efes, 885 B., Gazi Osmanpaşa Bul. 1
Tel. (232) 4 84 43 00, Fax 4 41 56 95; ältestes Luxushotel, gilt als eine der besten Adressen der Türkei; hier läßt der Komfort nichts zu wünschen übrig; abends speist man am großen Schwimmbad.

✳✳✳✳✳ İzmir Etap, 231 B., Cumhuriyet Bul. 138, Tel. (232) 4 89 40 90, Fax 4 80 40 89; trotz Luxuskategorie relativ moderate Preise.

✳✳✳ Karaca Oteli, 136 B., 1379 Sok., 55 Alsancak, Tel. (232) 4 89 19 40, Fax 4 83 14 98. Dieses Hotel liegt zwar zentral, jedoch in einer ruhigen Nebenstraße; recht komfortabel; kleines Bad auf der Dachterrasse.

Kaş

✳✳✳✳ Ekici Hotel, 168 B., Hükümet Konağı Yanı, Tel. (242) 8 36 14 17, Fax 8 36 18 23. Neben einem Swimmingpool gibt es auch ein türkisches Bad und einen Nachtclub.

✳✳✳ Likya Hotel, 40 B., Küçük Çakıl Mev., Tel. (242) 8 36 12 70. Dieses Hotel liegt auf einer Anhöhe über dem Meer gelegen. Die deutschsprachige Tauchschule wird nach deutschen Sicherheitsregeln geführt.

✳✳✳ Medusa Oteli, Tel. (242) 8 36 14 40. Älteres Mittelklassehotel; alle Zimmer mit Balkon; Flaschentauchen möglich.

Kemer

✳✳✳✳✳ Türkiz Hotel, Yalı Cad. 3, 145 Z., Tel. (242) 8 14 41 00, Fax 8 14 28 33. Das luxuriöse, 1991 eröffnete Hotel verfügt über jeglichen Komfort: Fitneßcenter, Swimming Pools, Spezialitätenrestaurant, mehrere Bars und diverse Sporteinrichtungen.

✳✳✳✳ Otem Hotel, 100 B., Yat Limanı Karşışı, Tel. (242) 8 14 31 81, Fax 8 14 31 90. Große Zimmer; viele Wassersportmöglichkeiten.

Majesty Club Kemer, 394 Z., TKA, Tel. (242) 8 15 16 50, Fax 8 15 16 80. In einer riesigen Parkanlage umgeben von Pinienwäldern kann man sich in diesem Bungalowdorf wunderbar erholen. Im Preis sind alle Kosten enthalten (all inclusive).

Kuşadası

✳✳✳✳ Atınç Oteli, 150 B., Atatürk Bul. 38, Tel. (256) 6 14 76 08, Fax 6 14 46 13. Manche Zimmer mit Meerblick; auf dem Dach gibt es einen Swimmingpool.

✳✳✳✳ Club Caravanserail, 25 B., Kuşadası-Aydın, Tel. (256) 6 14 41 15, Fax 6 14 24 23. Luxushotel in einer ehemaligen Handelsstation aus dem Jahr 1618 untergebracht.

✳✳✳ Surtel, 170 B., Atatürk Bul. 20, Tel. (256) 6 12 06 06, Fax (256) 6 14 51 26, Das einfache Hotel liegt an der alten Stadtmauer und Palmenpromenade.

***** Seven Seas Resort, Titreyengöl Mevkii, P.K 25, Sorgun, 360 Z., Tel. **Manavgat**
(242) 7569000, Fax 7569030. An einem langen Sandstrand gelegene
Ferienoase mit großer Badelandschaft, mehreren Restaurants und zahlreichen Sport- und Vergnügungseinrichtungen.

**** Hotel Altın Kayısı, 216 B., İstasyon Cad., Tel. (422) 2380533, Fax **Malatya**
2380083. Dieses Hotel im Stadtzentrum sieht von außen zwar nicht sehr
attraktiv aus, doch sind die Zimmer groß, komfortabel und relativ ruhig.

** Malatya Büyük Hotel, 107 B., Yeni Cami Karşısı 1, Tel. (422) 3211400,
Fax 3215367. Direkt am Bazaar liegt dieses preiswerte Hotel, das jedoch
einen akzeptablen Wohnkomfort bietet.

*** Lydia Oteli, 660 B., Uzunyali Mevkii, Tel. (252) 4122940, Fax **Marmaris**
4121478. Die nobelste Adresse in der Stadt, dennoch moderate Preise;
mit schönem Palmengarten und Privatstrand.

Martı Tatil Köyü, TKA, 582 B., İcmeler, Tel. (252) 4553440, Fax 4553448.
Ferienhotelkomplex mit vielen Sportmöglichkeiten.

Robinson Club Maris, P.O.Box 119, Muğla, Tel. (252) 4369200, Fax
4126229. Die 1993 eröffnete deutsche Clubanlage liegt in einer herrlichen
Buchtenlandschaft und bietet neben der typischen Clubatmosphäre
Wohnkomfort und eine Vielzahl von Sportmöglichkeiten.

**** Altınöz Hotel, 256 B., Ragip Üner Cad. 23, Tel. (384) 2135305, Fax **Nevşehir**
2132817. Dieses Hotel liegt im Stadtzentrum und besitzt drie Restaurants,
zwei Bars, eine Sauna und ein türkisches Bad.

*** Orsan Hotel, 190 B., Yeni Kayseri Cad. 15, Tel. (384) 2132115, Fax
2134223. Alle Zimmer mit Balkon und Bad/Dusche; Einrichtungen: Tennisplatz, Voleyball, Basketball, Tischtennis und Freibad.

*** Belde Hotel, 126 B., Kiraz Limanı. Etwa 1 km westlich von Ordu steht **Ordu**
auf einer Landzunge dieses Ferienhotel mit eigenem Strand. Alle Zimmer
haben eine Dusche, einige auch ein Bad.

***** Richmond Oteli, Karahayıt Köyü, Tel. (258) 27074000, Fax (258) **Pamukkale**
2774078. Neben Fitneßcenter und Swimming Pool gibt es hier ein Thermalbad und die üblichen Einrichtungen eines erstklassigen Hotels.

Club Hierapolis Thermal Hotel, TKA, 212 Z., Karahayıt, Tel. (258) 2714105,
Fax 2624816. Rund 4 km nördlich von Pamukkale liegt dieses großzügig
angelegte Feriendorf mit mehreren Thermalbädern unweit des Dorfs Karahayıt. Es wird vor allem von Reisegruppen gerne besucht.

*** Beyan, 60 Z., Tel. (242) 8435096, Fax 8435097. Das einzige größere **Patara**
Hotel am Platz besitzt einen großen Pool.

Dardanos Hotel, Tel. (242) 8435109, Fax 8435110. Günstiges, einfaches
Familienhotel (deutsche Gastgeberin), von dem aus man Bootstouren,
Wanderungen, Tauchfahrten und Ausflüge unternehmen kann.

** Keleş, Palandöken Cad. 2, Tel. (464) 2174612, Fax 2178641. Am Hafen **Rize**
gelegen; gehobenes Mittelklassehotel.

*** Vidinli Hotel, 90 B., Cumhuriyet Meydani, Tel. (362) 4316050, Fax **Samsun**
4312136. Geräumige Zimmer mit Sitzecken. Vom Restaurant im Dachgeschoß hat man einen schönen Ausblick.

*** Hotel Harran, 54 Z., Köprübaşı Cad,, Tel. (414) 3134743. Alle Zimmer **Şanlıurfa**
haben eigenes Bad. Im Dachgeschoß befindet sich ein gutes Restaurant.

Feriendorf der gehobenen Klasse – Thermalhotel Hierapolis (Pamukkale)

Selçuk

**** Otel Tamsa, Pamucak, Corak, Tel. (232) 8926190, Fax 8922771. Strandhotel mit allem Komfort; etwa 9 km von Selçuk entfernt.

Side

**** Kleopatra Hotel, Tel. (242) 7531033, sehr komfortabel, sehr guter Service – Preise entsprechend.

Hanimeli Pansiyon, P, 24 B., Tel. (242) 7531789. Zzentral gelegen, in Hafennähe; aber dennoch ruhig.

Silifke

**** Altınorfoz Banana, 220 B., Atakent Susanoğlu, Tel. (324) 7224211, Fax 7224215. Ferienanlage, an eigener Bucht gelegen.

Sinop

** Melia Kasım Oteli, Gazi Cad. 9, Tel. (368) 2614210, Fax 2611625. Beste Adresse der Stadt; gehobener Standard.

Trabzon

**** Hotel Usta, 76 Z., Telgrafhane Sok. 1, Tel. (462)3265700, Fax 3223793. Das beste Hotel am Platz, das oft von Reisegruppen besucht wird, liegt relativ ruhig am nordwestlichen Ende des Atatürk Alanı.

** Özgür Oteli, Atatürk Alanı 29, Tel. (462) 3264703, Fax (462) 3213952. Am Taksim gelegen; mit eigenem Restaurant.

Ürgüp

**** Hotel Mustafa, 204 B., Kayseri Cad. Karayazı Mevkii, Tel. (384) 3413970, Fax 3412288. Geschmackvoll eingerichtetes Hotel mit gutem Restaurant, einer Orient-Bar (türkische Musik), Sauna, türkischem Bad, Swimming Pool und mehreren Sporteinrichtungen.

Hotel Alfina, 70 B., İstiklal Cad. Ürgüp Girişi 25, Tel. (384) 3414822, Fax 3412424. Die komfortablen Zimmer dieses originellen Hotels sind in den Fels gehauen. Auf der Terrasse des Restaurants kann kann man Tuffkegel-landschaft Kappadokien genießen.

Orient-Bar des Hotels Mustafa in Ürgüp (Kappadokien)

✳✳✳ Büyük Urartu, 150 B., Cumhuriyet Cad. Hastane Sok. 32, Tel. (432) 2120660, Fax 2121610. Das beliebteste und beste Hotel von Van wird häufig von Reisegruppen besucht. — Hotels (Fortsetzung) **Van**

✳✳✳✳ Çamlık Hotel, Termal-Yalova, Tel. (216) 8357400. Nobles und angenehmes Haus; viele Gäste schätzen vor allem die ruhige Lage im Park des Kurortes. — **Yalova**

Jugendunterkünfte

Die Türkei ist im Internationalen Jugendherbergsverband nicht vertreten, da es im Lande nur einige wenige Jugendherbergen gibt (z.B. in İstanbul, Bursa, Çanakkale und İzmir). Jugendliche, die mit kleinem Budget reisen, werden aber unschwer in einfacheren Hotels oder Pensionen preisgünstig übernachten können. — Jugendherbergen

Auskünfte über Jugendunterkünfte in der Türkei erteilen die Institutionen: — Informationen

Genctur, Yerabatan Caddesi 15/3, İstanbul-Sultanahmet
Tel. (212) 5205274-75, Fax 5190864

7 TUR Tourism Ltd., İnönü Caddesi 37/2, İstanbul-Gümüşsuyu
Tel. (212) 2525921, Fax 2525924

Renk Turizm Seyahat Acentası, Halaskargazi Cad. 105, İstanbul-Harbiye
Tel. (212) 2249000, Fax 2483915

Seventur Turizm Seyahat Acentesi, Alemdar Caddesi 26, Sultanahmet-İstanbul, Tel. (212) 5209594, Fax 5114607

Mietfahrzeuge

Jugendunterkünfte
(Fortsetzung)

Filialen in der Schweiz:
Frelestrasse 31, CH-3012 Bern, Tel. (031) 247434; ferner

Spitalstrasse/Postfach 812, CH-2501 Biel, Tel. (032) 221153/54.

Auskünfte über Jugendreisen und speziell über Jugendunterkünfte in Ankara sind erhältlich bei der:

Generaldirektion für Jugend und Sport
Gençlik ve Spor Genel Müdürlüğü,
Ulus İşhanı, A Blok
Tel. (312) 3100219, Fax 3117950.

Konsulate

→ Diplomatische und konsularische Vertretungen

Küstenschiffahrt

→ Schiffsverkehr

Mietfahrzeuge

Allgemeines

Büros bzw. Schalter der großen Mietwagenfirmen finden sich in allen Fremdenverkehrsorten der Türkei bzw. an den Flughäfen (Buchungen auch an den Hotelrezeptionen). Darüber hinaus bieten einheimische Unternehmen Mietwagen (u.a. auch Jeeps, Cabrios; Motorräder, Mofas; Fahrräder oder Mountainbikes) zu günstigeren Konditionen als die renommierten Mietwagenverleiher an; die Fahrzeuge weisen jedoch oft nicht den erwarteten Qualitätsstand auf.

Insbesondere in der Hauptsaison empfiehlt sich telefonische Vorausbuchung im Heimatland bei den Autovermietungen oder bei Reisebüros.

Voraussetzung

Der Mieter eines Wagens muß mindestens zwei Jahre im Besitz eines Führerscheins sein und ein Mindestalter von 25 Jahren haben. In der Regel sind Haftpflichtversicherung und freie Kilometerzahl eingeschlossen.

Reservierungs-
stellen

Im folgenden werden die zentralen Reservierungsstellen bekannter Mietwagenfirmen in Deutschland und in der Türkei (İstanbul) genannt. Weitere Reservierungsbüros gibt es in den größeren Städten bzw. auf den wichtigsten Flughäfen in der Türkei.

AVIS

Reservierung in Deutschland: Tel. (01805) 557755; www.avis.de

Reservierung in der Türkei: Atatürk Airport (Yeşilköy), Tel. (212) 6630648

Europcar

Reservierung in Deutschland: Tel. (0180) 58000; www.europcar.com

Reservierung in der Türkei: Atatürk Airport (Yeşilköy), Tel. (212) 6630746
Topçu Cad. 1, Talimhane, İstanbul, Tel. (212) 2547799

Hertz

Reservierung in Deutschland: Tel. (01805) 333535; www.hertz.com

Reservierung in der Türkei: Atatürk Airport (Yeşilköy), Tel. (212) 6630807
Cumhuriyet Caddesi 295, İstanbul-Harbiye, Tel. (212) 2331020

Museen

Im Kapitel 'Reiseziele von A bis Z' werden unter den jeweiligen Hauptstellen die wichtigsten Museen erwähnt.

Allgemeines

Die Museen sind in der Regel Di – So. 9.00 und 16.30 Uhr geöffnet. Ausnahmen in İstanbul. Dolmabahçe Sarayı (Dolmabahce-Palast) sowohl Mo. als auch Do. ganztägig geschlossen; der Topkapı Sarayı ist Di. geschlossen. Da Mittagspausen und verlängerte Öffnungszeiten stark variieren können, wird empfohlen, sich bei den Fremdenverkehrsstellen (→ Auskunft) zu erkundigen. An einigen religiösen Festen (Ramadanfest die ersten drei Tage und Opferfest vier Tage) sind die Museen geschlossen.

Öffnungszeiten

Besteht die Absicht, in Museen oder an archäologischen Stätten zu filmen, so ist in einigen Fällen die doppelte Eintrittsgebühr zu entrichten. Für das Filmen zum Zwecke der Veröffentlichung oder das Fotografieren von Objekten, deren Copyright noch nicht freigegeben ist, muß eine Sondergenehmigung bei der Generaldirektion für Museen und Antike Werke in İstanbul eingeholt werden.

Fotografieren und Filmen

Nationalparks

In der Türkei wurden zahlreiche Nationalparks angelegt, mit dem Ziel, die heimischen Pflanzen und Tiere zu schützen, Ausgrabungsstätten und Kulturdenkmäler zu erhalten und Gefallene zu ehren.

Allgemeines

Lage: Provinz Trabzon (Nationalstraße 885)
Besonderheiten: Gebirgslandschaft mit reicher Flora und Fauna, Kloster Sumela; Café, Picknickplätze, PTT

Altındere

Lage: Provinzen Afyon und Kütahya
Besonderheit: Monumente und Gefallenendenkmale zum Gedenken an den türkischen Befreiungskrieg; reiche Flora; Freilichtmuseum
Saison: Mai – Oktober

Başkomutan Park

Lage: 118 km von Ankara in Richtung Samsun, dann Abzweigung nach Süden (29 km); Alaca Hüyük liegt 36 km außerhalb Boğazkale
Besonderheit: Ausgrabungen hethitischer Überreste

Boğazkale und Alaca Hüyük

Lage: Provinz Muğla (unweit östlich von Marmaris)
Besonderheit: Nistplatz für Meeresschildkröten

Dalyan

Lage: Provinz Aydın (an der E 87, 28 km östlich außerhalb von Kuşadası)
Besonderheit: Halbinsel mit dem Berg Samsundağ; Mittelmeerrobben und Meeresschildkröten, anatolische Geparde, Wildpferde
Picknick- und Campingplatz, Wandern, Klettern, Wassersport
Saison: April – Dezember

Dilek Yarımadası

Lage: Halbinsel nordwestlich vor Çanakkale
Besonderheit: Geschichtspark zur Erinnerung an die Gefallenen (Briten, Franzosen, Australier, Neuseeländer, Türken) aus dem Ersten Weltkrieg
Informationsstände an den Eingängen Kilitbahir und Kabatepe; Camping, Hotel, Motel, Restaurant

Gelibolu Yarımadası

Lage: Provinz Nevşehir
Besonderheit: geomorphologisch interessante Landschaft, unterirdische Städte, Höhlenwohnungen, Felsenkirchen und Feentürme; traditionelle Dörfer (Freilichtmuseum)
Hotels, Einkaufsmöglichkeiten; Saison: ganzjährig

Göreme

Nationalparks

Güllük Dağı – Termessos
Lage: Provinz Antalya (E 87)
Besonderheit: wilde Natur mit Flora und Fauna (Freilichtmuseum)
Picknickplatz, Restaurant, Camping
Saison: April – Oktober

Ilgaz Dağı
Lage: Provinz Kastamonu (zwischen Ankara und Kastamonu)
Besonderheit: Flora und Fauna in schöner Berglandschaft
Saison: Mai – September

Karatepe – Aslantaş
Lage: Provinz Adana, Ceyhan-Tal (E 90 bzw. Nationalstraße 825)
Besonderheit: hethitische und römische Überreste
Picknick- und Campingplätze; Saison: April – November

Kızıl Dağ
Lage: zwischen Isparta und Konya (Nationalstraße 330)
Besonderheit: Zedernpark am nördlichen Ufer des Beyşehir-Sees
Picknick- und Campingplätze; Saison: Mai – Oktober

Köprülü Kanyon
Lage: Provinz Antalya (E 87)
Besonderheit: tiefe Bergschlucht, imposante Brücke, Wälder; Stätte des antiken Selge (Freilichtmuseum)
Picknick- und Campingplätze, Angeln; Saison: Sommer

Kovadagölü
Lage: Provinz Isparta (unweit südöstlich von Isparta)
Besonderheit: Karstlandschaft, See, reiche Fauna und Flora
Picknick- und Campingplatz, Fischen, Wassersport, Klettern
Saison: Mai – September

Kuşcenneti
Lage: Provinz Balıkesir (nordöstlich von Balıkesir, Nationalstraße 565)
Besonderheit: Vogelreservat (mehr als 200 Arten) beim Manyas-See
Museum und Beobachtungsturm;
Saison: März – Oktober

Höhlenwohnungen und...   *...ländliche Szene bei Göreme*

Lage: Provinz Tunceli
Besonderheit: Forellenreiche Bäche und manigfaltige Faune sowie Flora
Saison: Mai – September

Lage: 86 km nordöstlich von Adıyaman, im nördlichen Mesopotamien
Besonderheit: Kultfiguren auf dem Gipfel des Nemrut Dağı (2150 m
ü. d. M.), u. a. die knapp 9 m hohe Statue des kommagenischen Königs
Antiochos I. (69 – 34 v. Chr.)
Mietfahrzeuge zum Nemrut Dağı in Adıyaman oder Kâhta besorgen; Über-
nachtungs- bzw. Campingmöglichkeiten

Nemrut Dağı

Lage: Provinz Antalya
Besonderheit: Ruinenstätten Phaselis und Olympos, bewaldete Berge
Museum, PTT, Restaurant, Picknick- und Campingplatz, Motels, Strand

Olimpos
Beydağları

Lage: Provinz Manisa
Besonderheit: Thermalquellen, Flora und Fauna
Picknick- und Campingplatz, Wandern und Klettern
Saison: April – November

Sipil Dağı

Lage: Provinz Ankara (an der E 80, bei Kızılcahamam)
Besonderheiten: bewaldete Berglandschaft mit Thermalquellen
Einrichtungen: Camping- und Picknickplatz, Hotel und Restaurant
Saison: April – Oktober

Soğuksu

Lage: südlich von Bursa
Besonderheit: ehem. Olympos von Mysia (1800 – 1900 m ü. d. M.); Wälder
und Seen; mannigfaltige Flora und Fauna
Wintersportzentrum mit Skiliften; Wandern, Hotels, PTT
Saison: Dezember – April

Uludağ

Lage: Provinz Bolu (E 80 bzw. Nationalstraße 750)
Besonderheit: fischreiche Seen inmitten von Mischwäldern, Museum
Picknick- und Campingplatz, Mietbungalows, Restaurant
Saison: Mai – November

Yedigöller

Lage: Provinz Yozgat (E 88; zwischen Ankara und Sivas)
Besonderheit: Waldlandschaft mit reicher Flora und Fauna
Camping- und Picknickplatz
Saison: Mai – September

Yozgat Çamlığı

Notdienste

Notruf: Tel. 155
Notarzt: Tel. 112
Feuerwehr: Tel. 110
Verkehrspolizei: 154
Polizei: 155
Gendarmerie: 156

Landesweite
Notrufnummern

In jedem größeren Ort kann man sich in Notfällen an die Touristenpolizei
wenden. Nachfolgend einige Rufnummern:

Touristen-
polizei

Ankara: Tel. (312) 3840606, 3840811, Fax 3422227
Antalya: Tel. (242) 2431061, Fax 3454113
İstanbul: Tel. (212) 5285369, Fax 5127676
İzmir: Tel. (232) 4459376, Fax 4411163

Auskunft über Bereitschaftsdienste der Ärzte (doktor, hekim) und Apotheken (Eczane). Tel. 110

Apotheken-
dienst

Notdienste
(Fortsetzung)

Notfalltelefon
nach
Deutschland:
00 800 49 11 49

Deutschsprachiger ADAC-Notruf: Tel. (212) 288 71 90

Bargeldloses Telefonieren aus der Türkei (z. B. bei Diebstahl des Portemonnaies o. a.) mit einem Gesprächspartner in Deutschland ist möglich über den 'Deutschland-Direkt-Service', einer Vermittlungsstelle der Deutschen Telekom in Frankfurt am Main, rund um die Uhr erreichbar unter Tel. 00 800 49 11 49; diese Stelle leitet den Anruf an den gewünschten Empfänger weiter. Kommt ein Gespräch zustande, werden die Fernsprechgebühren (und die recht hohen Vermittlungsgebühren) dem Empfänger – nach dessen Einverständnis – in Rechnung gestellt.

Notrufdienste in
Deutschland

ADAC-Notrufzentrale München
Telefon aus der Türkei: (00 49 89) 22 22 22
(täglich rund um die Uhr besetzt)

ADAC-Telefonarzt München
Telefon aus der Türkei: (00 49 89) 76 76 76

ACE-Euronotruf
Telefon aus der Türkei: (00 49 180) 23 43 53 6

Deutsche Flugambulanz Düsseldorf
Telefon aus der Türkei: (00 49 211) 43 17 17

DRK-Flugdienst Bonn
Telefon aus der Türkei: (00 49 228) 23 00 23

Straßenhilfsdienst

→ Straßenverkehr

Öffnungszeiten

→ Geschäftszeiten

Post, Telefon

Post
Postämter

Ein türkisches Postamt (postane) erkennt man an einem gelben Schild mit der Aufschrift 'PTT' (die Farbe der Postkästen ist ebenfalls gelb). Die großen Hauptpostämter sind montags bis samstags von 8.00 bis 24.00 Uhr sowie sonntags von 9.00 bis 19.00 Uhr geöffnet. Die Schalterstunden der kleineren Postämter entsprechen im allgemeinen den Dienststunden der Behörden (→ Geschäftszeiten).

Eilbriefe,
Schnellpakete

Eilbriefe und Schnellpakete können per Express Post Service (Acele Posta Servisi – EMS) versandt werden.

Postlagernde
Sendungen

Postlagernde Sendungen müssen an das Hauptpostamt (Merkez Postane) des entsprechenden Ortes adressiert und mit dem Vermerk 'postrestant' versehen werden (gegen Vorlage des Reisepasses ausgehändigt).

Geldwechsel

Auch Geldwechsel nach den internationalen Tageskursen ist in Postämtern möglich. Postschecks und alle Arten von Reiseschecks werden eingelöst. Weitere Informationen → Geld.

Telegramm
Telefax

Telegrammaufgabe im Telegrafenamt (telgrafhane). Fast alle türkischen Postämter haben einen Telefaxdienst.

Telefon

In der Türkei gelten siebenstellige Telefonnummern, so daß alle wichtigen Städte im Selbstwählverkehr zu erreichen sind (Auskunft Tel. 118).

Bei Ferngesprächen über die Telefonvermittlung (Inland Tel. 131, Ausland Tel. 115) ist mit längeren (zuweilen stundenlangen) Wartezeiten zu rechnen. Eilgespräche sind möglich, kosten jedoch mehr als Normalgespräche. Allerorts (immer jedoch bei Postämtern) findet man öffentliche Fernsprechzellen (gelb). Zum Telefonieren sind Telefonmünzen (Jotons) oder eine Telefonkarte (Telefon kartı) notwendig, erhältlich in den Postämtern. Folgende Regeln sind beim Selbstwählerdienst zu beachten: Hörer abnehmen und Ton abwarten. Die 0 wählen und neuen Ton abwarten. Ortsnetzkennzahl und Telefonnummer wählen.
Innerhalb der Türkei ist İzmir unter der Vorwahl 0-232 zu erreichen. Bei Anruf aus dem Ausland entfällt die 0; nach der Länderkennzahl 0090 wählt man für İzmir nur 232: 0090232

Post, Telefon
(Fortsetzung)

Adana:	0-322	Kars:	0-474	Vorwahlnummern
Afyon:	0-272	Karaman:	0-338	der wichtigsten
Aksaray:	0-382	Kastamonu:	0-366	türkischen Städte
Alanya:	0-242	Kayseri:	0-352	
Amasya:	0-358	Konya:	0-332	
Anamur:	0-324	Kuşadası:	0-256	
Ankara:	0-312	Malatya:	0-422	
Antakya:	0-326	Manisa:	0-236	
Antalya:	0-242	Marmaris:	0-252	
Bergama:	0-232	Mersin:	0-324	
Bodrum:	0 252	Nevşehir:	0-384	
Bursa:	0-224	Niğde:	0-388	
Çanakkale:	0 286	Samsun:	0-362	
Denizli:	0-258	Şanlıurfa.	0-414	
Diyarbakır:	0-412	Selçuk:	0-232	
Edirne:	0-284	Side:	0-242	
Erzincan:	0-446	Silifke:	0-324	
Erzurum:	0-442	Sivas:	0-346	
Eskişehir:	0-222	Tokat:	0-356	
İskenderun:	0-326	Trabzon:	0-462	
İstanbul:	0-212 (europ. Seite)	Ürgüp:	0-384	
İstanbul:	0-216 (asiat. Seite)	Van:	0-432	
İzmir:	0-232	Zonguldak:	0-372	

Von der Türkei		Ländernetz-
nach Deutschland:	0049	kennzahlen
nach Österreich:	0043	
in die Schweiz:	0041	
Aus Deutschland, Österreich und der Schweiz		
in die Türkei:	0090	

In den letzten Jahren wurde ein fast landesweites und effizientes Mobilfunknetz aufgebaut. Alle Touristenzentren, die meisten größeren Orte und die Gebiete entlang den Schnellstraßen sind per Mobilfunk erreichbar.

Mobilfunk

Reisedokumente

Angehörige von EU-Staaten sowie Schweizer Staatsbürger können bei einem Aufenthalt bis zu drei Monaten (Verlängerung des Aufenthaltes auf sechs Monate möglich) und bei Direktflug mit einem gültigen Reisepaß oder Personalausweis einreisen. Erfolgt die Einreise auf dem See- oder Landweg, so sind ein gültiger Reisepaß sowie für die Durchreise (z.B. Rumänien, Bulgarien) entsprechende Transitvisa erforderlich. Kinder unter 16 Jahre reisen mit Kinderausweis (ab zehn Jahren mit Lichtbild) oder werden in den Elternpaß eingetragen. Die Verwendung von Familienpässen empfiehlt sich nur dann, wenn alle darin eingetragenen Personen gemeinsam ein- oder ausreisen.

Reisepaß

Führerschein und Kraftfahrzeugschein sind mitzuführen. Kraftfahrzeuge müssen das ovale Nationalitätskennzeichen haben. Bei der Einreise in die Türkei wird das Kraftfahrzeug (auch Kleinbusse, Wohnwagen, Mopeds, Motorräder, gegebenenfalls auch Gepäckanhänger und Wasserfahrzeuge) in den Reisepaß eingetragen. Bei der Wiederausreise achte man darauf, daß der Eintrag von den türkischen Behörden wieder rückgängig gemacht wird. Wenn ein Kraftfahrzeug voraussichtlich länger als drei Monate in der Türkei verbleiben soll, ist ein 'Carnet de Passage' erforderlich, das von einem Automobilklub des Heimatlandes ausgestellt wird.

Kfz-Versicherung

Für Kraftfahrzeuge besteht in der Türkei grundsätzlich Haftpflichtversicherungszwang. Die grüne Internationale Versicherungskarte für Kraftverkehr ist vorgeschrieben und muß ausdrücklich für die gesamte Türkei gültig geschrieben sein; anderenfalls ist an der Grenze eine befristete Verkehrsversicherung abzuschließen (→ Sicherheit).
Wegen der unzureichenden Leistungen türkischer Versicherungen ist es ratsam, zur Vermeidung materieller Nachteile bei Unfällen im Lande für das eigene Fahrzeug eine zusätzliche Kurzkasko- und eine Insassenunfallversicherung abzuschließen, die für die gesamte Türkei gültiggeschrieben sein muß. Dringend empfohlen wird die Mitnahme einer schriftlichen Bestätigung der heimischen Kfz-Versicherung, daß die Deckungssumme des Vertrages auch für den asiatischen Teil der Türkei gilt. Für die Schadensregulierung ist ein Polizeiprotokoll unerläßlich.

Haustiere

Für Haustiere (Hund, Katze) sind folgende Unterlagen erforderlich und müssen im Internationalen Impfpaß eingetragen sein (übersetzt und beglaubigt von einem türkischen Konsulat im Herkunftsland): Nachweis über den bisherigen Gesundheitszustand des Tieres (Certificate of Origine), ein amtstierärztliches Gesundheitszeugnis (Veterinary Health Certificate), das mindestens 15 Tage und höchstens 12 Monate alt sein darf, und eine Tollwutimpfbescheinigung, die mindestens 15 Tage alt, aber nicht älter als zwölf Monate sein darf.

Reisezeit

Empfehlung

Wer die Frische der Landschaftsbilder genießen möchte, dem seien Rundreisen durch die Türkei im Frühjahr empfohlen. Fahrten im Sommer sind wegen der großen Hitze, der Wasserarmut und des Staubs recht strapaziös. In der Hochsaison ist es oftmals auch schwierig, Einzelzimmer zu erhalten. Eine Herbstreise ist dann empfehlenswert, wenn sie nicht ausschließlich um der landschaftlichen Schönheit willen geplant ist (Badesaison → Badestrände).

Vorsaison
Nachsaison

Zwar gelten während der Vorsaison bzw. der Nachsaison günstigere Preise, doch muß mit Beeinträchtigungen, z.B. durch Reparaturmaßnahmen bzw. vermehrte Bautätigkeiten, gerechnet werden. Vielfach ist weniger Personal vorhanden, so daß mit Wartezeiten zu rechnen ist. Viele Geschäfte, Restaurants oder andere Einrichtungen haben geschlossen.

Frühling

Der Frühling setzt an der Mittelmeerküste zwischen İzmir und Antakya nach ausgiebigen winterlichen Niederschlägen bereits Anfang März ein, wobei die Landschaft eine üppige Vegetation und Blütenpracht zeigt. Ab Mitte März zieht der Frühling zwischen İzmir und dem Bosporus ein und erreicht im April die Schwarzmeerküste. Die Bergspitzen des Taurus und des Pontischen Gebirges hingegen bleiben bis weit in den Juni hinein schneebedeckt. Gerade dieser Kontrast zwischen dem tiefen Blau des Meeres und dem Weiß der Gipfel macht die Mittelmeerküste im April und Mai besonders attraktiv.
Ab Mitte Mai kann man im Marmarameer baden, und im Juni beginnt die Badesaison in den Fremdenverkehrsorten der Schwarzmeerküste.

Schon im Juni setzt die sommerliche Dürrezeit ein, und die Hitze wird an den Küsten nur gelegentlich von Seebrisen gemildert. In dieser Zeit ist eher ein Aufenthalt am Marmarameer oder am Schwarzen Meer angebracht; an der östlichen Schwarzmeerküste herrscht dann allerdings häufig eine unangenehme Schwüle, da sich die feuchtwarmen Seewinde vor dem Pontischen Gebirge stauen. In Mittel- und Südostanatolien präsentieren sich die Sommermonate heiß und trocken; die Abende können in Mittelanatolien empfindlich kühl sein. Reisezeit, Frühling (Fortsetzung)

Im Herbst werden zwar die Temperaturen allgemein wieder erträglich, aber die Vegetation ist vom Sommer versengt und das Landschaftsbild entsprechend herb. Herbst

Der Wintertourismus an den türkischen Küsten steckt noch in den Kinderschuhen; zwar herrschen an der Türkischen Riviera und der Ägäisküste im Winter vielfach frühlingshafte Temperaturen, doch mangelte es bisher während des Winterhalbjahres an entsprechunden Einrichtungen. Für den Wintersport (⟶ Sport) eignen sich nahe Bursa und Ankara die Monate ab Dezember bis März und nahe Kayseri November bis April. Winter

⟶ Zahlen und Fakten: Klima Klima

Restaurants

Abgesehen von den Restaurants der besseren ⟶ Hotels (in der Regel mit türkischer und internationaler Küche) bietet sich in den größeren Städten und an den Brennpunkten des Fremdenverkehrs eine hinreichende Auswahl von Gaststätten, in denen vorwiegend türkische Speisen, neuerdings aber auch fernöstliche oder andere Spezialitäten erhältlich sind. Da sich die türkische Küche durchaus mit anderen 'Cuisines' messen kann, sind in der nachfolgenden Restaurantliste in erster Linie solche Lokale aufgeführt, in denen man gut 'à la turka' speist. Allgemeines
'Lokantas', einfache Lokale mit einheimischer Küche, in denen es bisweilen möglich ist, sich sein Essen direkt am Herd auszuwählen, sind über das ganze Land verstreut, so auch entlang der Hauptverkehrsstraßen.

Bei der nachstehenden Auswahl von etablierten Restaurants findet man Hinweise auf den Standard der Gaststätten; sie fußen auf der offiziellen türkischen Kategorisierung. Die jeweils hinter dem Namen in Klammern angegebenen Abkürzungen bedeuten: Kategorien
(1) = überdurchschnittlich (ab dem Gegenwert von 20 bis 40 DM)
(2) = durchschnittlich (ab dem Gegenwert von 10 bis 15 DM)

Restaurants (Auswahl)

Seyhan Oteli (2), Turkan Cemal Beriker Bul. 30, Tel. (322) 457 58 10; beste Adresse des Ortes. **Adana**

Afyon Dinlenme Tesisleri (2), Afyon – İzmir Karayolu (10 km von Afyon entfernt), Tel. (272) 214 14 03. In dem sehr geräumigen Restaurant kann man sowohl 'à la carte' essen, als bei in einem Selbstbedienungslokal eine relativ preiswerte Mahlzeit zu sich nehmen. **Afyon**

Mahperi Sultan Restoran (1), Gazi Paşa Cad., Tel. (245) 513 10 99; bestes und teuerstes Lokal der Stadt; hervorragende türkische Küche. **Alanya**

Yakamoz Restaurant (2), İskele Cad. 39, Tel. (242) 512 23 03. Bei einem herrlichen Blick über die Bucht genießt man hier traditionelle türkische Speisen und Fischgerichte.

Restaurants

Amasya   Amasya Şehir Derneği (2), im Gebäude Öğretmen Evi. Ausländische Gäste sind in diesem privaten Club, wo sich die angesehenen Bürger der Stadt treffen, willkommen.

Anamur   Doğanin Yeri (1), Bankalad Cad. 15., Tel. (324) 8164144. Freundliches Lokal mit herzhafter türkischen Küche.
Oba Restoran (1); nettes Strandrestaurant mit Gartenterrasse.

Ankara   Ankara Evi Restaurant (1), Anadolu Medeniyetleri Müzesi Karşısı, Tel. (312) 3109596; türkische Küche bei türkischer Musik; schöner Ausblick auf die Stadt.

Boyacizade Konağı (1), Berrak Sok. 7, Tel. (312) 3102525. In einem restaurierten historischen Gebäude mit Gartenterrasse werden türkische Spezialitäten serviert.

İskele (2), Sakarya Cad, Bayındır Sok. 14, Tel. (312) 4333813; gutes Fischrestaurant in der Nähe des Kızılay-Platzes; Meeresfrüche; Sonntag geschlossen.
Hamsiköy, Bestekar Sok. 78 (Kavaklıdere), Tel. (312) 4277576; Auf einer schönen Gartenterrasse werden hervorragende Gerichte serviert, die für die Schwarzmeerregion typisch sind.

Antakya   Anadolu Restoran (2), Saray Cad., Tel. (326) 2151541; große Auswahl an Vorspeisen; freundliche Bedienung; im Sommer kann man im Garten sitzen.

Antalya   Parlak (2), Kazim Özalp Cad. 7, Tel. (242) 2416553. Reichhaltige Vorspeisen und über offenem Feuer gebratenes Fleisch.

Favorit Restoran (2), Uzunçarşı Sok. 19, Tel. (242) 2479855; Gartenrestaurant mitten in der Altstadt, sehr netter Service.

Blue Parrot Café (2), İzmirli Ali Efendi Sok. 10, Tel. (242) 2470349; in einem alten hübschen Haus; deutsche Leitung; internationale Gerichte.

Ahtapot (2), vor der Hafenmoschee; Fische und Meeresfrüchte in großer Auswahl.

Artvin   Karahan Hotel Restaurant (1), im gleichnahmigen Hotel ist das beste Restaurant der Stadt zu finden.

Assos   Athena Restaurant (2), in der alten Dorfmitte, Tel. (286) 7127037; hier wird kräftig aufgetischt; Reservierung empfehelnswert.

Avanos   Altınocak Restaurant (1), Yeni Mahale Hasan Kalesi Mevkii, Tel. (384) 5114357; großes Restaurant geöffnet mittags und abends ab 20.00 Uhr; während dem Essen finden Tanz- und Musikvorführungen statt.

Aydın   Pino Restaurant (2), Izmir Yolu; am westlichen Stadtrand; große Auswahl; bei Autofahrern sehr beliebt.

Ayvalık   Acar Kanelo (2), Gazinolar Cad. 1, Tel. (266) 3124663; am äußersten Ende der Hafenmole, in einem schönen klassizistischen Gebäude; köstlich zubereitete Fischgerichte.
Artur Restaurant (2), Sahil Boyu, Tel. (266) 3271014; am Hafen gelegen; fangfrischer Fisch.

Bergama   Kardeşler Restaurant (2), İzmir Cad., Tel. (232) 6331050; beste Adresse der Stadt.
Meydan Restaurant (2), İstiklal Meydani 4, Tel. (232) 6331793; preiswerte Gerichte; der Oberkellner spricht Deutsch.

Amphora Restaurant (1), Neyzen Tevfik Cad. 172, Tel. (252) 3162368; am **Bodrum**
Yachthafen; hervorragende Gerichte; entsprechende Preise.

Han Restaurant (2), Kale Cad., Tel. (252) 3161614; mitten im Basar in einer
restaurierten Karawanserei; Fisch und mezeler; mit Bauchtanz.

Sandal Restaurant (2), Atatürk cad. 74, Tel. (252) 3167449; erstes China-
Restaurant der Türkei; auch thailändische Gerichte.

Cumurcul Restaurant (1), Çekirge Cad., Tel. (224) 2353707; großes **Bursa**
Restaurant mit mehreren Räumlichkeiten, französische und türkische
Küche, Fischgerichte, Live Musik.

Kebapçı İskender (2), Ünlü Cad. 7, Tel. (224) 2214615; hier wurde das
Döner Kebap erfunden.

Yeni Entellektüel Restaurant (2), Rıthım Boyu 17; kleines Lokal mit Fisch- **Çanakkale**
spezialitäten; gehört zu den besten Fischrestaurants; am Anlegeplatz der
Fähren.

Körfez Restaurant (2), Yalı Cad. 12, Tel. (232) 7126718; Fischspezialitäten **Çeşme**
und Meeresfrüchte.

Sail Restaurant (2), Cumhuriyet Meydanı, Tel. (232) 7126686.
Bei Touristen ist das am Hafen liegende Restaurant sehr beliebt. Serviert
worden vor allem Fischgerichte.

Sevdalım Restaurant (2), İnönü Cad., Tel. (364) 2128874. Das beliebteste **Çorum**
Lokal der Stadt wird gerne von Gruppen besucht, daher ist ein Reservierung empfehlenswert.

Akdeniz Restaurant (2), İskele Meydanı, Tel. (252) 7123392. Sehr empfeh- **Datça**
lenswert sind hier die Fischgerichte.

Denizli Evi Restaurant (1), İstiklal Cad. 12, Tel. (258) 2631442. In einem **Denizli**
alten Gebäude im traditionellen türkischen Stil kann man in einer angenehmen Atmosphäre authentische Landesgerichte einnehmen.

Güzelyurt Restorant (1), gegenüber der Yakutiye Medresesi und der Cum- **Erzurum**
huriyet Cad., Tel. (442) 2181514. Seit 1928 das beste Restaurant der
Stadt: gedämpfte Musik, schwarzgekleidete Kellner und feine Spezialitäten.

White Dolphin (1), Ölüdeniz, Tel. (252) 6166036. Edelrestaurant am Strand **Fethiye**
von Ölüdeniz.

Uysallar Restaurant (2), Hamam Sok. 14, Tel. (252) 6146524; türkische
Gerichte; man speist im Freien am Rand des lebhaften Basarviertels.

Petek Restoran (2), an der Hafeneinfahrt; Vorspeisen in großer Auswahl; **Finike**
hervorragender Service.

Çetin Restaurant (2), Küçükdeniz Sahil, Tel. (232) 8122355; am Hafen; **Foça**
Meeresfrüchte.

Kaleli Hotel Restaurant (2), Hürriyet Cad.; im Dachgeschoß des gleichna- **Gaziantep**
migen Hotels kann man in einem gepflegten Ambiente zu moderaten Preisen gut speisen.

Mehmet Paşa Restaurant (2), Konak Türk Evi, Tel. (384) 2712463. Bestes **Göreme**
Restaurant in Göreme, mit Terrasse; Mischung zwischen türkischer und
europäischer Küche.

Restaurants

İstanbul

Konyalı (1), Topkapı Sarayı, Tel. (0212) 5139696, geöffnet Mo., Mi. bis So. 11.30–16.00 Uhr. Vorwiegend türkische Spezialitäten kann man in dem beliebten Lokal im Palastbezirk genießen. Von der Aussichtsterrasse hat man einen wunderschönen Blick auf die Bosporuseinfahrt.

Meşhur Halk Köfteci (2), Divan Yolu Cad. 12, Sultanahmet, Çemberlitaş. Dieses Lokal zählt zu den bekanntesten in der Altstadt von Stambul. 'Promis' und Medienleute gehören zum Stammpublikum, das die hervorragend zubereiteten Hackfleischröllchen (Köfte) oder zum Nachtisch die wunderbare 'Helva' in lauwarmer Milch zu schätzen weiß.

Wer etwas für Fisch und Meeresfrüchte übrig hat, ist im Stadtteil Kumkapı am Marmarameer bestens aufgehoben. In der Ördekli Bakkal Sokağı, der 'Freßgasse' des Stadtteils Kumkapı, herrscht manchmal Hochbetrieb bis nach Mitternacht. Empfehlenswerte Lokale in Kumkapı sind das 'Çamur Şevket', das 'Evren' und das 'Olimpiyat'.

Panorama Restaurant (1), im Marmara-Hotel am Taksim-Platz, Tel. (0212) 2514696, geöffnet tgl. 11.30 bis 24.00 Uhr. Genüsse der türkischen und Spezialitäten der französischen Küche und eine überwältigende Aussicht lohnen einen Besuch.

Hazır (1), Valikonağı Cad. 117 (Nähe Rumeli Caddesi), Nişantasi, Tel. (0212) 1301636, I. Kat., geöffnet Mo. bis Sa. 12.00 bis 24.00 Uhr. Das Haus ist für seine ausgezeichnete türkische Küche bekannt. Zu den hervorragenden Speisen kann man auch sehr gepflegte türkische Weine kosten.

Reşat Paşa Konağı (1), Sinan Ercan Cad. 34, Erenköy, Tel. (0216) 3613411, geöffnet tgl. 19.30 bis 23.30 Uhr. Spitzenrestaurant in einer herrschaftlichen Villa der Jahrhundertwende. Es ist bekannt für seine hervorragenden türkischen bzw. osmanischen Spezialitäten (bes. Lamm-Gerichte). Do., Fr., Sa. türkische Musik.

'S' (1), Vezirköşkü Sok. 2, Bebek, Tel. (0212) 1638326, geöffnet Mo. bis Sa. 12.00 bis 24.00 Uhr. Traditionsreiches Gourmet-Restaurant am Bosporus (europäische Seite) in luxuriösem Ambiente. Es werden mehrgängige Menüs mit Spezialitäten der osmanisch-türkischen, russischen und auch der französischen Küche gereicht.

Ahır Taverna (1), Emirgân Parkı, Tel. (0212) 1777061, geöffnet tgl. 20.00 bis 24.00 Uhr. Das Lokal im berühmten Tulpenpark auf der europäischen Bosporusseite erfreut sich vor allem bei Touristen großer Beliebtheit. Regelmäßig musikalische Darbietungen.

İzmir

Kemal Usta'nin Yeri (1), 1453 Sok. 20, Alsancak, Tel. (232) 4223190; hervorragende Küche; alles andere als billig.

1888 – Restaurant (1), Cumhuriyet Bul. 248, Tel. (232) 4216690; elegantes Restaurant in einem alten Haus aus dem Jahr 1888; türkische Gerichte; am Mittwoch und am Wochenende Live-Musik.

Yeni Çati Restoran (2), Şehit Fethibey Cad. 56, Tel. (232) 4890403; Fischgerichte; in der Mehrzahl türkische Gäste.

Kalkan

Akın Restaurant (2), über dem Hafen; bei der gleichnamigen Pension; beliebtestes Restaurant im Ort.

Kaş

Mercan Restaurant (2), Cumhuriyet Meydanı, Tel. (242) 8361209; am Yachthafen; türkische Gerichte; nicht gerade billig, sehr gepflegt.
Pizzeria Funghi (2), beim Theater; hervorragende italienische Pizza aus dem Steinofen.

Traditionelles Tischgedeck

İskender Kebap Salonu (2), Millet Cad. 5 (unweit der Zitadelle); traditions- **Kayseri**
reiches Lokal, das gute Kebap-Gerichte serviert.
Divan Pastanesi, Millet Cad./Mevlevi Cad. (unweit der Zitadelle); Pasta-
Gerichte.

Opera Restaurant (1), Meram Son Durak, Tel. (332) 3250008. Internatio- **Konya**
nale und türkische Küche kann man in einem stilvollen Gebäude genießen.

Konya Mutfağı (2), Akçeşme Mahallesi, Topraklık Cad. 66, Tel. (332)
3528547; freundliches Restaurant mit gutem Service und traditioneller
türkischer Küche.

Toros Canalı Balık Restaurant (1), am Anleger der Kreuzfahrtschiffe, Tel. **Kuşadası**
(636) 6141144; Spezialitäten sind Fisch, Krusten- und Schaltiere.
Ali Baba (2), am Hafen; sehr beliebtes Fischlokal; große Auswahl an Kru-
stentieren.

Dorslan (2), nahe der Sultaniye; einfach, aber viel Auswahl; Einheimische **Manisa**
kehren hier gern ein.

Okimo (1), Netsel-Yachthafen, Tel. (252) 4122708; im neuerbauten Yach- **Marmaris**
thafen, sehr nobles Ambiente.
Özyalçin Kebab (2), Gözpinar Sok., Tel. (252) 4122934; in der Altstadt, bei
der Moschee; billige türkische Spezialitäten.

Sahil Restoran (2), İsmet İnönü Bulvarı. Dieses Restaurant mit Meerblick **Mersin**
empfiehlt sich durch eine einfallsreiche Küche.

Mıdı Restaurant (2), Sahil Cad., Tel. (452) 2140340; gehobenes Restau- **Ordu**
rant, am Meer gelegen.
Antalya Restoran (2); sehr idyllisch; mit Garten unter Eukalyptusbäumen, **Patara**

577

Restaurants (Fortsetzung) **Şanlıurfa**	Turistik Göl Gazinosu, Lokanta & Aile Çay Bahçesi (2). Angrenzend an den Balıklı-See gibt es hier preiswertes Essen in einem freundlichen Familien-Lokal. Hotel Harran (2) (→ Hotels); bestes Restaurant der Stadt.
Selçuk	Hitit Restoran (2), am Ortsende an der Straße nach Aydın; wird viel von Touristengruppen besucht; große Auswahl.
Side	Soundwaves (2), östliche Promenade; internationale Gerichte; teuer und fast immer voll. Zur Alten Mühle – bei Heinz (2), an der Hauptstraße; in den antiken Thermen; deutsche Küche in türkischem Ambiente.
Silifke	Piknik Restaurant (2), İnönü Cad. 58, Tel. (324) 714 26 80; im Stadtzentrum; manchmal gibt es auch Musik und Tanz.
Tokat	Park Restaurant (2), am Hauptplatz gegenüber Belediye; schönstes Restaurant der Stadt, mit Springbrunnen.
Trabzon	Şişman Restaurant, Maraş Cad., Tel. (462) 322 34 55; westlich des Hauptplatzes befindet sich dieses Lokal mit einer Terrasse.
Ürgüp	Hanedan Restaurant (2), an der Straße nach Nevşehir, Tel. (384) 341 42 66. Da hier häufig Reisegruppen einkehren, ist eine Reservierung ratsam.

Rundfunk und Fernsehen

TRT	TRT – Türkye'nin Sesi Radyosu (Stimme der Türkei) Postfach 333, TR-06443 Yenişehir-Ankara Tel. (321) 490 98 17, Fax (321) 490 98 05
Sendungen in deutscher Sprache	Im Dritten Programm des Türkischen Rundfunks (TRT-3) werden täglich um 7.03, 10.03, 12.03, 15.03, 17.03 und 20.03 auf Ultrakurzwelle (UKW) Kurznachrichten in englischer und deutscher Sprache sowie sonntags ein Touristikprogramm in deutscher Sprache um 20.15 Uhr ausgestrahlt.
Deutsche Welle	In der gesamten Türkei ist das deutschsprachige Programm der Deutschen Welle auf Kurzwelle im Rahmen der Bereiche 'Europa', 'Nahost' und 'Nordafrika' zu empfangen, wobei die besten Zeiten nachmittags und besonders abends liegen. Es empfiehlt sich, vor Antritt der Reise das jeweils aktuelle Programm mit den genauen Sendezeiten und gültigen Frequenzangaben schriftlich direkt bei der Sendezentrale anzufordern: Deutsche Welle, Hörerpost, Postfach 100 444, D-50588 Köln.
Fernsehen	Da die meisten größeren Hotels Satellitenanlagen besitzen, hat man hier Zugang zu internationalen Fernsehkanälen. Selbst ARD und ZDF kann man empfangen. Der Internationale Kanal des Türkischen Fernsehens strahlt jeden Abend nach den Nachrichten um 22.00 Uhr auch Nachrichten in Englisch und Deutsch aus.

Schiffsverkehr

Turkish Maritime Lines	Entlang den türkischen Küsten des Schwarzen Meeres, des Marmarameeres und des Mittelmeeres verkehren das ganze Jahr über regelmäßig Passagierschiffe (z. T. mit Kfz-Verladung) der staatlichen Turkish Maritime Lines (Türkiye Denizcilik İşletmeleri; TDİ). Sie unterhalten in allen angelaufenen Häfen Agenturen, wo man die gültigen Fahrpläne und Passagierpreise erfahren kann (→ Autofähren).

Ab İstanbul existieren Verbindungen mit den Schwarzmeerhäfen Sinop, Samsun, Ordu, Giresun und Trabzon.

Schiffsverkehr (Fts.) Schwarz-meerküste

Im Bereich des Marmarameeres verkehren Autofähren zwischen İstanbul und Mudanya sowie Bandırma, ferner ab Kartal (20 Min. östl. außerhalb von İstanbul, an der asiatischen Seite) und Darıca (noch weiter südöstl. von Kartal) nach Yalova. Marmara- und Bosporusschiffe legen in İstanbul am Kai von Eminönü ab, Minikreuzfahrten starten in Kabataş.

Marmaragebiet

Seebusse (Deniz Otobüsleri; Katamarane) sind schnelle, aber etwas teurere Beförderungsmittel ab İstanbul nach Yalova, Çınarcık und zu den Inseln Büyükada, Marmara und Avşa.
Auskunft der Seebuszentrale in İstanbul: Tel. (212) 36 20 04 44.

Seebusse

Autofähren über die Dardanellen verkehren zwischen Eceabat und Çanak-kale sowie zwischen Gelibolu und Lâpseki.

Dardanellen-fähren

An der ägäischen Westküste und der Südküste am Mittelmeer werden folgende Häfen bedient: Dikili, İzmir (auch Direktverbindungen mit İstanbul), Kuşadası, Bodrum, Marmaris, Taşucu/Silifke und Mersin. Außerdem verkehren Autofähren ab Kabatepe zur Insel Gökçeada und von Odunluk zur Insel Bozcaada. An der Südwestküste verbindet eine Autofähre den Bodrum mit der Fährstation Körmen (bei Datça) auf der Reşadiye-Halbinsel.

Ägäis- und Mittelmeer-küste

Ausflüge mit lokalen Fährdiensten zwischen türkischen Küstenorten und den griechischen Inseln in der Ostägäis sind seit der Erhöhung der Hafen-gebühren durch das griechische Ministerium für Finanzen und Handels-marine bzw. einer daraufhin gleichfalls erhobenen türkischen Sonder-steuer nahezu zum Erliegen gekommen.
→ Wassersport

Fährverbindungen mit den griechi-schen Inseln

Kreuzfahrten, Jachtreisen

Sicherheit

Das Auswärtige Amt in Bonn erteilt Sicherheitshinweise für Reisen in die Türkei unter der Telefonnummer 0228/17 10 02. Gewarnt wird seit einigen Jahren vor Reisen in den Osten und Südosten des Landes, die nur aus zwingenden Gründen unternommen werden sollten. Besondere Brenn-punkte sind das Gebiet um den Ararat und das Grenzgebiet zum Irak. Doch selbst in der Westtürkei ist keine 100prozentige Sicherheit gegeben. Im April 1998 kam es in İstanbul zu Bombenanschlägen kurdischer Sepa-ratisten, während Anschläge in İzmir vereitelt werden konnten. In den Bergen bei Antalya führten Aktionen der PKK-Kämpfer zu Zusammenstößen mit türkischen Sicherheitskräften.

Warnung

Verkehrsunfall in der Türkei: Was tun?

Sie können am Steuer noch so vorsichtig sein – es kann trotzdem einmal etwas passieren. Auch wenn der Ärger groß ist: Bitte bewahren Sie Ruhe und bleiben Sie höflich. Behalten Sie einen klaren Kopf und treffen Sie nacheinander folgende Maßnahmen:

Sofort-maßnahmen

1. Sichern Sie die Unfallstelle ab. Das heißt: Warnblinkanlage einschalten, Warndreieck und – sofern vorhanden – Blinklampe in ausreichendem Abstand aufstellen.

Absichern

2. Kümmern Sie sich um Verletzte. Hinweise für Erste Hilfe finden sie in der Broschüre "Sofortmaßnahmen am Unfallort" in Ihrer Autoapotheke. Sorgen cie nötigenfalls für einen Krankenwagen.

Verletzte

3. Ein Unfall muß in der Türkei unbedingt von der Polizei aufgenommen werden. Sie benötigen das Polizeiprotokoll unbedingt für die Durch-setzung aller Schadenersatzansprüche, weil im Protokoll bereits die Haf-tungsquoten festgelegt werden.

Polizei

4. Notieren Sie Namen und Anschriften anderer Unfallbeteiligter, außerdem Kennzeichen und Fabrikat der anderen Fahrzeuge sowie Namen und Nummern der Haftpflichtversicherungen von türkischen Kraftfahrzeugen, die in den Unfall verwickelt sind. Die Pflichtversicherungssummen sind in der Türkei sehr niedrig, und freiwillige Höherversicherungen werden nur selten abgeschlossen: der restliche Schaden müßte gegen den Schädiger direkt geltend gemacht werden. Wichtig sind auch Zeit und Ort des Unfalls sowie die Anschrift der eingeschalteten Polizei-Dienststelle.

Beweismittel

5. Sichern Sie Beweismittel: Schreiben Sie Namen und Adressen von – wenn es geht, unbeteiligten – Zeugen auf; machen sie Skizzen von der Situation am Unfallort. Besser noch, Sie haben eine kleine Kamera im Handschuhfach für mehrere Fotos aus verschiedenen Richtungen.

**Europäischer
Unfallbericht**

6. Bitte verwenden Sie möglichst den (bei Ihrem Vesicherungsfachmann erhältlichen) Europäischen Unfallbericht und lassen sie ihn vom Unfallgegner gegenzeichnen. Unterschreiben Sie kein Schuldanerkenntnis und vor allem kein Schriftstücke, dessen Sprache Sie nicht verstehen!

Schadensersatz

Nach einem Unfall soll die Schadensbearbeitung möglichst reibungslos klappen. Beachten Sie deshalb diese Hinweise:

Anspüche an Sie

1. Wenn an Sie Ansprüche gestellt werden, melden Sie den Schaden Ihrer eigenen Kraftfahrzeug-Haftpflichtversicherung. Außerdem können Sie sich an die türkische Versicherungsgesellschaft wenden, deren Anschrift in Ihrer Grünen Versicherungskarte angegeben ist.

Eigene Ersatzansprüche

2. Machen Sie bitte Ihre eigenen Ersatzansprüche gegen den Schadenstifter und gegen seine Haftpflichtversicherung selbst geltend: die Grüne Karte hilft hier nicht!

**Deutscher
Unfallgegener**

3. Wurden sie durch ein in Deutschland zugelassenes Fahrzeug in einen Unfall verwickelt, so können Sie sich direkt an die deutsche Versicherung des Schadenstifters wenden.

Strafverhandlung

4. Wenn Sie zu einer Strafverhandlung geladen werden, informieren Sie bitte unverzüglich Ihre eigene Kraftfahrzeug-Haftpflichtversicherung.

Schadensersatzklage vor Gericht

5. Wenn Sie wegen der niedrigen Pflichtversicherungssummen den restlichen Schaden beim Schädiger selbst geltend machen müssen, so ist dies nur vor Gericht erfolgversprechend. Prozesse in der Türkei sind jedoch langwierig, sehr teuer und im Ergebnis meist unbefriedigend.

Rechtsanwalt

6. Benötigen Sie einen Rechtsanwalt, um Ihre Ansprüche auf Schadensersatz geltend zu machen, oder um sich in einem Strafverfahren verteidigen zu lassen? Ihre Rechtsschutzversicherung nennt Ihnen auf Wunsch einheimische Anwälte, die deutsch sprechen und deren Bezahlung dann von der Versicherung geregelt wird.

Ersatzansprüche

7. In der Türkei werden Wertminderung, Mietwagenkosten und Rechtsanwaltskosten bei außergerichtlicher Regulierung nur in Ausnahmefällen erstattet. Reparaturkosten werden meist nur entsprechend den türkischen Kostenverhältnissen übernommen. Devisenrechtliche Bestimmungen stehen der Überweisung von Entschädigungsbeträgen nach Deutschland entgegen. Bei einem Totalschaden ist auch die zuständige Zollbehörde zu benachrichtigen.

**Allianz Auto-
Schutzbrief**

8. Mit einem Auto-Schutzbrief der Allianz Gesellschaften sind Sie gegen eine Reihe von Kosten versichert, die Ihnen durch einen Unfalle entstehen können, z. B. für Bergen und Abschleppen Ihres Fahrzeugs, für Übernachtungen, Bahnfahrt oder Mietwagen, für Krankenrücktransport, Fahrzeugrückholung oder -transport, Verschrottung und Verzollung.

Rasche Meldung

Ihre schnelle Schadensmeldung beschleunigt die Regulierung.

Sport

Allgemeines

Viele Türkei-Reiseveranstalter haben Hotelaufenthalte mit breitgefächertem Sportangebot in ihren Programmen. Die Sporteinrichtungen (Tennisplätze, Tischtennisplatten u. a.) bzw. -geräte entsprechen jedoch nicht immer den westeuropäischen Vorstellungen. In der Vorsaison und in der Nachsaison ist außerdem mit eingeschränktem Sport- und Freizeitangebot zu rechnen. Ein Prospekt über Bergsteigen, Trekking und Riverrafting ist erhältlich bei den unter → Auskunft erwähnten Informationsbüros.

Allgemeines (Fortsetzung)

Sowohl für eine Besteigung des Großen Ararat (Büyük Ağrı Dağı, 5165 m ü. d. M.; Ostanatolien) als auch für die Besteigung der Gipfel im Cilo-Sat-Gebirge (Distrikt Hakkari, Ostanatolien; bis 4135 m ü. d. M.) benötigen ausländische Gruppen eine Genehmigung von den zuständigen Behörden. Auskünfte erteilen:
das Türkische Außenministerium (Dışişleri Bakanlığı, Ankara), Tel. 312/ 2125125, Fax 2128966),
die Berg- und Skischule des Deutschen Alpenvereins, Summit-Club, Am Perlacher Forst 186, D-81549 München, Tel. (089) 642400
und die Alpinschule Innsbruck, Tel. (0512) 546000.

Bergsteigen

Empfohlen wird außerdem, vor Beginn der Reise in das geplante Gebiet mit dem Türkischen Bergsteigerverband Kontakt aufzunehmen (Zeit und Gebiet mitteilen):
Dağcılık Federasyonu, T.T.G.M., Ulus İşhani A-Blok, Ulus, Ankara, Tol. 312/3101578, Fax 3101578.
Dieser Verband kann im Notfall dann die erforderlichen Hilfsmaßnahmen veranlassen. Aus Gründen der eigenen Sicherheit sollte man aber auch die anderen Gebirge in der Türkei niemals auf eigene Faust und ohne ortskundigen Bergführer besteigen.

In zugelassenen Gebieten dürfen Touristen ohne besondere Erlaubnis fischen (mit Angel oder Netz bis 5 kg Gewicht). Über die Fischfangzonen, Mindestfanggrößen und Höchstmengen erteilt die Abteilung für Fischereiwesen des türkischen Landwirtschaftsministeriums in Ankara Auskunft:
Tarım ve Köyişleri Bakanlığı, Tel. 312/2126300, Fax 2212170.

Fischfang

Interessenten für Flugsportarten wird empfohlen, sich an den Türkischen Flugverein (THK) in Ankara zu wenden (Türk Hava Kurumu Gen. Başkanlığı, Havaılık Müd. Atatürk Bulvarı 33, Opera/Ankara, Tel. 312/3104840, Fax 3100413). Für Gruppen (mind. 10 Pers.) werden u.a. auch deutschsprachige Kurse im Fallschirmspringen abgehalten.

Flugsport

Seit einigen Jahren erfreut sich der Golfsport auch bei Türkeireisenden einer großen Beliebtheit. Die Saison beginnt bereits im Winter.
Ca. 65 km südlich von İstanbul (Silivri/Altıntepe) erstreckt sich am Marmarameer ein 18-Loch-Golfplatz: Klassis Golf and Country Club, Seğmen Köyü-İstanbul, Tel. (212) 7484620 (→ Hotels, İstanbul).
Vor einigen Jahren wurden in Ankara (Tel. 312/4903255, Fax 4905490) und in Kemer (Tel. 212/2397913, Fax 2397376) Golfplätze eröffnet.
Der aufstrebende Badeort Belek östlich von Antalya hat sich seit den 1990er Jahren zu einem richtigen Golferparadies entwickelt. Bereits vier Golfclubs verfügen dort über sehr gepflegte Golfplätze; zwei weitere sind noch im Bau:
Gloria Golfclub (18 Loch), Tel. (242) 7151520, Fax 7151525,
TAT Golfclub (27 Loch), Tel. (242) 7254128, Fax 7254129,
National Golf Club (27 Loch), Tel. (242) 7254620, Fax 7254624 und Nobilis Golfclub. Ein Pendelbus fährt die größeren Golfhotels an.

Golf

Privates Jagen ist in der Türkei verboten! Ausländer dürfen nur an Jagden teilnehmen, die von einem Reisebüro organisiert und ministeriell genehmigt sind. Eine Liste mit Veranstaltern von Jagdpartien versendet die Vereinigung Türkischer Reiseagenturen (TÜRSAB; in İstanbul: Dikilitaş Mah. Aşık Kerem Sok. 48, Tel. 212/2598404-62, Fax 2590656; in Ankara: Ayten Sok. 33, Tadoğan, Tel. 312/2120474, Fax 2132216). Der Jagdschein des Interessenten ist an den Jagdrioovoranstalter zu senden, der sich dann um eine Genehmigung bemüht.

Jagd

Sport
(Fortsetzung)
Wassersport

Sehr beliebt sind die türkischen Küsten auch bei Wassersportbegeisterten. Segeln, organisierte Jachtreisen und Segeltörns, Kreuzfahrten und Tauchen siehe → Wassersport.

Wandern

In der Türkei gibt es zahlreiche Wanderregionen, jedoch ohne markierte Wanderpfade. Reizvoll sind die Schwarzmeerregion, das Uludağ-Gebirge bei Bursa (→ Nationalparks) oder die Landschaft bei Marmaris. Als Ausrüstung wird u. a. gutes Schuhwerk, Rucksack mit Trinkflasche, Regen- und Sonnenschutz sowie wärmende Kleidung empfohlen; über Wanderkarten informiere man sich vor der Abreise in die Türkei in Buchhandlungen oder Spezialabteilungen von Warenhäusern.

Wintersport

Der Uludağ, südöstlich von Bursa (→ Reiseziele von A bis Z: Bursa), ist das bekannteste Skigebiet (1900 m ü. d. M.) der Türkei (Seilbahn, Skilehrer, Skiverleih). Der Uludağ wird überwiegend von betuchten Bewohnern aus İstanbul, İzmir und Ankara besucht, doch ist es auch für europäische Gäste eine preiswerte Alternative zum Skiurlaub in den Alpen.
Wer skifahren möchte, aber auch nicht auf Badeurlaub verzichten will, dem sei für März und April das Skigebiet Saklıkent (2000 – 2400 m ü. d. M.; Skiverleih, Skischule) empfohlen, das nicht weit vom Sandstrand von Olympos (westlich von Antalya) entfernt liegt. Ca. 25 km südlich von Kayseri befindet sich das Skizentrum (Skilehrer, Skiverleih) des Erciyes Dağı (1800 – 3000 m ü. d. M.) mit guten Schneebedingungen zwischen November und Mai. Für internationale Wettkämpfe geeignet ist das 8 km südwestlich von Erzurum gelegene Skigebiet Palandöken (2200 – 3100 m ü. d. M.; Skiverleih, Skikurse). Rund 50 km südöstlich von Bolu, an der Straße zwischen İstanbul und Ankara, liegt das Skigebiet Kartalkaya (1900 – 2340 m ü. d. M.; Skilehrer, Skiverleih).

Sprache

Allgemeines

Die Landessprache ist Türkisch, doch wird in den touristischen Orten auch vielfach Deutsch, Englisch oder Französisch gesprochen. Die 1928 eingeführte lateinische Schrift hat die bis dahin geltende arabische Schrift abgelöst. Um dem Lautbestand des Türkischen gerecht zu werden, wurden einige diakritische Zeichen ergänzend hinzugefügt. Am auffallendsten ist das 'ı' (als Großbuchstabe I). Das große i (Aussprache wie im Deutschen) ist İ. Bei voneinander abhängigen Substantiven verändert das nachstehende seine Endung; je nach vorangehendem Vokal wird einem vokalischen Auslaut -si, -sı, -sü oder -su, einem konsonantischen -i, -ı, -ü oder -u angehängt, wobei p, t und k zu b, d und ğ werden, z. B. cadde – Cumhuriyet Caddesi, otel – Park Oteli.

Alphabet

Türkisch	Aussprache	Türkisch	Aussprache
a	a	k	k
b	b	l	l
c	dsch	m	m
ç	tsch	n	n
d	d	o	o
e	e	ö	ö
f	f	p	p
g	g	r	r
ğ	vor dunklen	s	s (stimmlos)
	Vokalen:	ş	sch
	kaum hörbares g	t	t
	vor hellen Vokalen: j	u	u
h	ch	ü	ü
i	i	v	w
ı	dumpfes kurzes e	y	j
j	sch (stimmhaft)	z	s (stimmhaft)

Ziffer, Zahl	Türkisch	Zahl	Türkisch	Zahlen
0	sıfır	21	yirmi bir	
1	bir	30	otuz	
2	iki	40	kırk	
3	üç	50	elli	
4	dört	60	altmış	
5	beş	70	yetmış	
6	altı	80	seksen	
7	yedi	90	doksan	
8	sekiz	100	yüz	
9	dokuz	200	iki yüz	
10	on	1 000	bin	
11	on bir	2 000	iki bin	
20	yirmi	10 000	on bin	

$1/2$	yarım	Bruchzahlen
$1/4$	çeyrek	

Deutsch	Türkisch	Auf einen Blick
Ja./Nein.	Evet./Hayır.	
Bitte./Danke.	Lütfen./Teşekkür ederim.	
Gern geschehen.	Rica ederim.	
Entschuldigung!	Afadersiniz!/Özür dilerim.	
Wie bitte?	Efendim?/Nasıl?	
Ich verstehe Sie /dich nicht.	Sizi/Seni anlayamıyorum.	
Können Sie mir bitte helfen?	Lutfen bana yardım eder misiniz?	
Ich möchte ...	... istiyorum.	
Was kostet das?	Bu Kaça?	
Wieviel Uhr ist es?	Saat kaç?	
Guten Morgen	Günaydın!	Kennenlernen
Guten Tag	İyi günler!/Merhaba!	
Guten Abend	İyi akşamlar!	
Gute Nacht	İyi geceler!	
Hallo! Grüß dich!	Merhaba! / Selâm!	
Wie ist Ihr Name, bitte?	İsminiz nedir? / Adınız nedir?	
Mein Name ist ...	İsmim ...	
Wie geht es Ihnen/dir?	Nasılsınız? / Nasılsın?	
Danke. Und Ihnen/dir?	Teşekkür ederim. Siz nasılsınız? Sen nasılsın?	
Auf Wiedersehen	Allah ısmarladık!/Güle Güle!	
Bis bald!	Yakında görüşmek üzere!	
	sol/sağ	
links/rechts	doğru	Unterwegs
geradeaus	yakın/uzak	
nah/weit	açik/kapalı	
geöffnet/geschlossen	Ne kadar uzaklıkta?	
Wie weit ist das?	Affedersiniz, merkez istasyonu/	
Bitte, wo ist der Hauptbahnhof/	hava limanı nerede?	
... der Flughafen?	... oteline.	
Zum ... Hotel	Bir arıza/patlak lastik var.	
Ich habe eine Panne/einen Platten.	Lütfen, bana bir tamirci/	
Würden sie mir bitte	bir çekme arabası	
einen Mechaniker/einen	gönderir misiniz?	
Abschleppwagen schicken?	Yakında nerede bir tamirhanea var?	
Wo ist hier in der Nähe		
eine Werkstatt?		
Wo ist bitte die nächste Tankstelle?	En yakın benzinci nerede acaba?	
Achtung!/Dikat!	Dikkat!	
Rufen Sie einen Krankenwagen/	Acele ambülans/	
die Polizei/die Feuerwehr	polisi/itfaiyeyi çağırın, lütfen.	

Sprache

Deutsch	Türkisch
Wo gibt es hier ein gutes/ ein typisches Restaurant?	Burada nerede iyi bir/ tipik bir lokanta var?
Gibt es hier eine gemütliche Kneipe?	Burada rahat bir meyhane var mı?
Auf Ihr Wohl!	Sağlığınıza!
Bezahlen, bitte.	Hesabı lütfen.
Hat es geschmeckt?	Hoşunuza gitti mi?
Das Essen war ausgezeichnet.	Yemek çok güzeldi.
Wo werden Bauchtänze aufgeführt?	Göbek dansı nerede gösteriliyor?

Einkaufen

Deutsch	Türkisch
Wo find ich ...?	Nerede ... bulabilirim?
eine Apotheke	eczane
eine Bäckerei	fırı, ekmekçi
Fotoartikel	fotoğraf malzemesi
ein Kaufhaus	büyük mağaza, süpermarket
ein Lebensmittelgeschäft	bakkal, gıda satış mağazı
den Markt	pazar, çarşi

Übernachtung

Deutsch	Türkisch
Können Sie mir bitte ... empfehlen?	Bana ... tavsiye edebilir misiniz, lütfen?
ein gutes Hotel	iyi bir otel
eine gute Pension	bir pansiyon
Ich habe bei Ihnen ein Zimmer reserviert	Ben bir oda ayırttım.
Haben Sie noch Zimmer frei?	Boş odanız var mı?'
ein Einzelzimmer	tek kişilik bir oda
ein Zweibettzimmer	çift yataklı bir oda
mit Dusche/Bad	duşlu/banyolu
für eine Nacht	bir gecelik
für eine Woche	bir haftalık
mit Blick aufs Meer	denize bakan/deniz manzaralı
Was kostet das Zimmer mit ...	Bu oda ... kaça?
Frühstück	kahvaltılı
Halbpension?	akşam (yarım pansiyon)?

Beim Arzt

Deutsch	Türkisch
Können Sie mir einen guten Arzt empfehlen?	Ban iyi bir doktor tavsiye edebilir misiniz?
Ich habe Kopfschmerzen.	Benim başım ağrıyor.
Ich habe Fieber.	Ateşim var.
Ich habe Zahnschmerzen.	Dişim ağrıyor.
Ich habe hier Schmerzen.	Buram ağrıyor.
Ich habe mir den Magen verdorben.	Midem ağrıyor.

Bank

Deutsch	Türkisch
Wo ist hier bitte eine Bank?	Nerede banka var?
Ich möchte... DM (Schilling, Schweizer Franken) in türkische Lira umwechseln.	Mark (Şilin, İsviçre Frankı) karşılığında Türk Lirası istiyorum.

Post

Deutsch	Türkisch
Was kostet ...	Bir ... kaça gidiyor?
ein Brief	mektup
eine Postkarte	post kartı
... nach Deutschland?	... Almanya'ya?

Fachausdrücke

Türkisch	Deutsch
bahçe	Garten
bedesten	Marktgebäude
belediye	Rathaus
benzin istasyonu	Tankstelle
caddesi (Cad.)	Straße (Str.)
camii	Moschee
çarşı	Basar, Markt
çeşme	Brunnen

Türkisch	Deutsch	Sprache, Fachausdrücke (Fortsetzung)
dağ	Berg	
ev	Haus	
hamam	Badehaus	
han	Handwerker- und Handelshof	
hesaplama	Rechnung	
hisar	Burg, Festung	
iskele	Schiffsanlegestelle	
kapı	Tor	
kervansaray	Karawanserei	
kıbla	die in Richtung Mekka weisende Wand	
kilise	Kirche	
köşk	Pavillon	
köy	Dorf	
kule	Turm	
kütüphane	Bibliothek	
okul	Schule	
mihrab	Gebetsnische einer Moschee	
mimber	Kanzel	
müzes	Museum	
otobüs duraği	Bushaltestelle	
park	Park	
polis	Polizei	
şehir	Stadt	
sokağ (sok.)	Gasse	
tarmirhane	Reparaturwerkstatt	
tekke	Derwischkloster	
vapur	Schiff	
yol	Landstraße	

Straßenverkehr

Die Türkei ist mit einem mehr oder minder dichten Straßennetz überzogen, das sich an vielen Stellen im Ausbau befindet. Knapp 50 000 km aller Hauptstraßen sind asphaltiert; als Schnellstraßen autobahnartig ausgebaut sind die Großräume von İstanbul, İzmir, Adana und Ankara. Die große Autobahnstrecke Edirne–Ankara ist inzwischen fast komplett fertiggestellt. Daneben gibt es viele Schotterstrecken, die nur während des Sommerhalbjahres ohne größere Schwierigkeiten zu befahren sind. Mit Großbaustellen, die vielfach lange Umleitungen erfordern, ist zu rechnen. Wer das Land mit dem Auto abseits der Durchgangsstraßen bereisen will, dem sei ein robustes Fahrzeug angeraten. `Straßennetz Straßenzustand`

Entlang der Ägäisküste und Mittelmeerküste besteht eine durchgehend befahrbare Hauptstraße. Eine autobahnähnliche Küstenstraße zwischen Antalya und Belek (Fortsetzung bis Side geplant) wurde vor einigen Jahren in Betrieb genommen. Dagegen sind die Orte an der westlichen Schwarzmeerküste (bis Sinop) oft nur von der im Landesinneren verlaufenden Strecke İstanbul–Samsun zu erreichen. `Küstenstraßen`

Die türkischen Landstraßen sind zwar grundsätzlich numeriert, doch mangelt es nicht selten an systematischer Beschilderung. Dies gilt v. a. für die auch die gesamte asiatische Türkei durchquerenden Europastraßen, deren Numerierung in jüngster Zeit geändert wurde, so daß die wenigsten Straßenkarten in dieser Beziehung auf dem neuesten Stand sind. Die allgemeine Beschilderung (Ortsnamen, Entfernungen, Umleitungen) ist zuweilen zwar mangelhaft, doch kann man sich bei genügender Aufmerksamkeit einigermaßen leicht orientieren. Die wichtigsten Strecken: Die İstanbuler Rundstraße führt über die Bosporus-Brücken nach Asien und `Orientierung`

Straßenverkehr

Orientierung (Fortsetzung)

mündet in die stark befahrene Autobahn İstanbul–Ankara (E 80). Von Ankara nach Adana und in den Irak benützt man die E 90, auf der man auch bis Gaziantep fährt und dann in die Nationalstraße 850 abbiegt, um nach Syrien und in den Libanon zu gelangen.

Hinweisschilder

Im wesentlichen gelten die international üblichen Verkehrszeichen (gelbe Schilder bezeichnen archäologische oder historische Stätten); folgenden Hinweisaufschriften in türkischer Sprache begegnet man häufig:

Bozuk yol	Schlechte Wegstrecke
Dikkat	Achtung!
Dur	Halt!
Düşüt banket	Schlechter Fahrbahnrand
Park yapılmaz	Parken verboten
Şehir merkezi	Stadtzentrum
Tamirat	Straßenarbeiten (im Gange)
Viraj	Kurve
Yavaş	Langsam (fahren)

Verkehrsvorschriften

In der Türkei herrscht Rechtsfahrordnung, wobei links überholt wird. Kraftfahrer müssen zwei Warndreiecke mitführen, die bei einer Panne vor und hinter dem Fahrzeug aufzustellen sind.
Ferner ist eine Reserve von Ersatzautoglühlampen vorgeschrieben.
Es besteht Anschnallpflicht.
Alkoholgrenze: 0,5 Promille für Fahrer von Pkw ohne Anhänger; ansonsten gilt absolutes Alkoholverbot.

Höchstgeschwindigkeiten
innerorts 50 km/h (Pkw mit Anhänger 40 km/h);
außerorts Pkw 90 km/h (Motorräder und Pkw mit Anhänger 70 km/h)
auf Autobahnen 130 km/h

Fahrweise und Warnung

Mit der Verkehrsdisziplin nehmen es die Einheimischen nicht sehr genau. Es wird zwar im allgemeinen nicht unbedingt aggressiv gefahren, doch wundere man sich nicht über waghalsige Überholmanöver von schweren Lastwagen oder Autobussen, die nicht selten unverhofft anhalten, um auf freier Strecke vom Straßenrand winkende Fahrgäste aufzunehmen. Kommt es erst zu einem Unfall, muß man mit zeit- und nervenraubenden Verhandlungen mit der Polizei rechnen, die oft nicht nach mitteleuropäischem Rechtsverständnis gelöst werden.

Wegen der zahlreichen Tiere und landwirtschaftlichen Fahrzeuge auf den Straßen ist eine vorausschauende und defensive Fahrweise angeraten. Bei Dunkelheit lasse man wegen der vielfach fehlenden oder unzureichenden Beleuchtung der einheimischen Fahrzeuge und der häufig wechselnden Straßenzustände (Schlaglöcher!) äußerste Vorsicht walten.

Unfall

Bei Verkehrsunfällen (→ Sicherheit) aller Art, auch solchen ohne Personenschaden, ist stets die Polizei hinzuzuziehen, um den Vorfall zu Protokoll nehmen zu lassen. Im Falle eines Totalschadens oder wenn ein Fahrzeug zwecks Reparatur länger als drei Monate in der Türkei verbleiben muß, ist dies dem zuständigen Zollamt zu melden und der Eintrag im Reisepaß (→ Reisedokumente) entsprechend ändern zu lassen.

Diebstahl

Wird das Kraftfahrzeug gestohlen, so muß man vom zuständigen Gouverneur (Vali) eine entsprechende Bescheinigung einholen, woraufhin bei der Ausreise der Eintrag im Reisepaß rückgängig gemacht wird.

Kraftstoff

An den Hauptverkehrsstraßen befinden sich in regelmäßigen Abständen Tankstellen, die durchgehend geöffnet haben und denen in der Regel eine Reparaturwerkstatt sowie ein Restaurant angeschlossen sind. Für Fahrten auf dem Lande ist angeraten, einen vollen Reservekanister mitzuführen

und diesen nach Gebrauch bei der nächsten Gelegenheit wieder aufzufüllen. Es gibt bleifreies Superbenzin (super kurşunsuz; 95 Oktan) und Dieselkraftstoff (motorin). Straßenverkehr
Kraftstoff
(Fortsetzung)

Türkischer Touring- und Automobilclub Autohilfe
Türkiye Turing ve Otomobil Kurumu (TTOK),
Generaldirektion
Oto Sanayi Sitesi Yanı, 4. Levent, İstanbul,
Tel. (212) 2828140, Fax 2828042

Deutschsprachiger Pannenhilfsdienst: Tel. (212) 4213514

Niederlassungen des türkischen Automobilclubs:
Ankara: Tel. (321) 2228723
Antalya: Tel. (242) 2470699
İskenderun: Tel. (326) 6177462
İzmir: Tel. (232) 4217149
Mersin: Tel. (324) 2320492
Trabzon: Tel. (462) 3217156

Für die Hilfeleistungen werden Gebühren nach Anfahrtslänge berechnet.

ADAC-Auslandsstützpunkt İstanbul während der Hochsaison:
Tel. (212) 2887190

Reparaturwerkstätten befinden sich an den Hauptverkehrsachsen und in den Vorstädten. Da durch die Besorgung von Ersatzteilen u. U. lange Wartezeiten entstehen können, wird dem Autofahrer dringend angeraten, einen Vorrat an besonders anfälligen Teilen selbst mitzuführen. Werkstätten

Fahrzeuge des türkischen Straßenhilfsdienstes 'Turing Servisi' sind auf den Fernstraßen Edirne–İstanbul–Ankara und İzmir–Ankara im Einsatz. Straßenhilfsdienst

→ Notdienste. Notruf

Taxi

In allen größeren Städten bzw. Ortschaften in der Türkei verkehren zahlreiche Taxis. Sie sind an der gelben Karosserie und dem Schild 'Taksi' auf dem Autodach zu erkennen. In der Regel sind die Taxis mit Taxametern ausgerüstet. Vor Fahrtbeginn wird empfohlen, sich nach dem Preis zu erkundigen. Taxifahren in der Türkei ist verhältnismäßig preisgünstig. Durch die expandierende Inflation beginnt man in einigen Städten Pauschalpreise einzuführen, gestaffelt nach Innenstadt und Außenbezirken. Taxi

Eine noch preisgünstigere Alternative zu den üblichen Taxis sind die 'Dolmuş' genannten Sammeltaxis, die auf festgelegten Strecken bestimmte Haltestellen anfahren und festgesetzte Preise haben (die Gebühren werden von der jeweiligen Stadtverwaltung bestimmt). Sie verkehren beispielsweise vom Ortszentrum zum Flughafen, in die Vororte größerer Städte oder Gemeinden in den Provinzen. Ihre Bezeichnung leitet sich von der Tatsache her, daß sie so lange Fahrgäste aufnehmen, wie im Wagen noch Platz ist. Jeder Fahrgast hat je nach Fahrtziel einen bestimmten Betrag zu zahlen. Dolmuş
(Sammeltaxi)

Preisgünstig sind auch Fahrten mit dem Minibus. Die Minibusse halten nach Bedarf (jedoch nur, wenn noch Fahrgäste aufgenommen werden können) und haben keinen festen Fahrplan. Minibusse

→ dort. Trinkgeld

Thermalbäder

In der Türkei gibt es über 1 000 Thermalquellen. Nachfolgend einige Thermalbäder mit Kureinrichtungen (Wassertemperaturen in Klammern):

Balçova
Lage: 10 km westlich von İzmir
Heilanzeigen: rheumatische Beschwerden, Frauenleiden
Kureinrichtungen: Behandlungszentrum der Ege-Universität. Größte Thermalschwimmhalle (62 °C) der Türkei; Trink- und Badekuren

Balıklı
(Yılanlı) Çermik
Lage: Provinz Sivas, 12 km östl. von Kangal
Heilanzeigen: rheumatische Beschwerden, Hautkrankheiten, Frauenleiden
Kureinrichtungen: Thermalbecken (35 °C); Unterkunftsmöglichkeiten

Bolu
Lage: an der E 80 zwischen Ankara und İstanbul, 4 km südlich von Bolu
Heilanzeigen: rheumatische Beschwerden, Nervenschmerzen, Frauenleiden, Erkrankungen der Atemwege, Kreislaufstörungen, Nierenleiden
Kureinrichtungen: Thermalbad (44 °C)

Bursa
Lage: südlich von İstanbul
Heilanzeigen: rheumatische Beschwerden, Frauenleiden, Hautkrankheiten, Stoffwechselstörungen
Einrichtungen: Trink-, Badekuren (47 – 78 °C) in Hotels (ärztliche Aufsicht.

Çeşme
Lage: an der Straße 300, westlich von İzmir (7 km östlich von Çeşme)
Heilanzeigen: rheumatische Beschwerden, Frauenleiden, Hautkrankheiten, Stoffwechselstörungen
Kureinrichtungen: Trink- und Badekuren (42 – 55 °C)

Gönen
Lage: Provinz Balıkesir
Heilanzeigen: rheumatische Beschwerden, seelische Erschöpfungszustände, Erkrankungen der Harnwege
Kureinrichtungen: Trink- und Badekuren (78– 82 °C)

Harlek
Lage: 27 km nordöstlich von Küthaya, an der Straße nach Eskişehir
Heilanzeigen: rheumatische Beschwerden, psychische Erschöpfungszustände, Stoffwechselstörungen, Harnleiden
Kureinrichtungen: Bade- und Trinkkuren (25 – 43 °C)

Hüdayi
Lage: Provinz Afyon, 10 km südwestl. von Sandıklı
Heilanzeigen: rheumatische Beschwerden, Hautkrankheiten, Frauenleiden, Störungen des Kreislaufs und der Verdauungsorgane
Kureinrichtungen: Kleines Behandlungszentrum; Trink- und Badekuren (60 – 70 °C)

Ilgın
Lage: Provinz Konya
Heilanzeigen: rheumatische Beschwerden, Frauenleiden, Herz- und Kreislaufstörungen, Harnleiden, Stoffwechselstörungen, Erkrankungen der Schilddrüse, Funktionsstörungen der Verdauungsorgane
Kureinrichtungen: Gutes Behandlungszentrum; einfache Unterkünfte

Kızılcahamam
Lage: 975 m ü.d.M., an der E 89, 86 km nordwestlich von Ankara
Heilanzeigen: rheumatische Beschwerden, Nervenleiden, Kreislaufstörungen, Frauenleiden, Verdauungsstörungen
Kureinrichtungen: Trink- und Badekuren
(Wassertemperaturen: 37 – 47 °C).

Pamukkale
und Karahayıt
Lage: Provinz Denizli (20 km nordöstl. von Denizli)
Heilanzeigen: Herz- und Kreislauferkrankungen, Funktionsstörungen der Verdauungsorgane, rheumatische Beschwerden, Stoffwechselstörungen
Kureinrichtungen: Trink- und Badekuren (33 – 56 °C)

Lage: 33 km nördlich von Eskişehir, unweit von Sarıcakaya
Heilanzeigen: rheumatische Beschwerden, Hautkrankheiten, Stoffwechselstörungen
Kureinrichtungen: Heilquelle (35°C)

Thermalbäder
(Fortsetzung)
Sakar

Lage: Provinz İstanbul
Heilanzeigen: rheumatische Beschwerden, Störungen des vegetativen Nervensystems, Frauenleiden, seelische Erschöpfungszustände, Harnleiden, Stoffwechselstörungen
Kureinrichtungen: Kurzentrum (11 km südwestlich von Yalova); Trink- und Badekuren (55–60 °C)

Yalova

Trinkgeld

In Hotels und beim Friseur gibt man bis zu 10% des Rechnungsbetrages, in Restaurants bis zu 15% Bedienungsgeld. Taxifahrer erwarten eine großzügige Aufrundung des geforderten Betrages.

Gepäckträger, Platzanweiser und sonstige Dienstleistende sollten, je nach erbrachter Leistung, im Gegenwert von 1.- bis 2.- DM in türkischer Währung honoriert werden.

Türkische Bäder

Wegen der strengen Reinigungsvorschriften im Islam gibt es in der Türkei schon seit dem Mittelalter öffentliche Badehäuser (Hamam). Männer und Frauen besuchen gewöhnlich verschiedene Bäder; ist in einer Stadt nur ein Badehaus vorhanden, so steht dieses Männern und Frauen an unterschiedlichen Tagen zur Verfügung.

Typischer
Grundriß eines
türkischen Bade-
hauses s. S. 103

In dem von offenen Kabinen umgebenen Baderaum befindet sich im Mittelpunkt der sogenannte 'Göbektaşı' (Bauchstein). Auf diesem Sockel streckt sich der Badegast mit einem 'Peştamal' (Badeschurz) um die Lenden zum Schwitzen aus, um sich anschließend von einem 'Tellak' (für die männlichen Gäste) oder einer 'Natır' (für die weiblichen Kunden) die Haut abrubbeln und massieren zu lassen. Diese Prozedur hat nicht nur eine gründliche Reinigung zur Folge, sondern ist auch kreislauffördernd. Allein in İstanbul existieren mehr als 100 derartiger Bäder.

Umgangsregeln

Die überwiegende Mehrheit der türkischen Bevölkerung bekennt sich zum Islam ('I lingabo an Gott', 'Frieden in Gott'), einer der großen monotheistischen Weltreligionen (⟶ Zahlen und Fakten: Religion). Der Islamgläubige heißt Moslem oder Muslim und will nicht als 'Mohammedaner' bezeichnet werden.

Islam

Das Leben der Moslems ist von ihrer Religion tief geprägt. Die Grundforderung der im Koran, dem heiligen Buch der Moslems, festgeschriebenen islamischen Religion ist der unbedingte Gehorsam gegenüber dem Willen des einzigen Gottes Allah (= Gott). Die Vorschriften des Korans sind ergänzt durch Gesetze, die aus der Überlieferung der Taten und Worte des Religionsstifters und Propheten Mohammed (geboren um 570 n.Chr. in Mekka, gestorben 632 in Medina) stammen.
Alle Lebensbereiche der islamischen Gesellschaft sind durch Gesetze, feste Regeln und Sitten geordnet, die auf fünf fundamentalen Glaubenspflichten des Islam fußen:

Umgangsregeln

Glaubenspflichten
(vgl. auch
Baedeker Special
'Islamische
Glaubensregeln'
S. 42/43)

1. Gottesbekenntnis (Schahāda): "Ich bezeuge: Es gibt keinen Gott außer Allah, und Mohammed ist sein Prophet (der Gesandte Allahs)."
2. Pflichtgebet (Salāt): Dieses ist – verbunden mit rituellen Waschungen – täglich fünfmal nach genauen Vorschriften und festgelegten Texten möglichst in arabischer Sprache zu verrichten, wobei der Blick nach Mekka gewandt sein muß.
3. Armensteuer (Sakāt): Jeder Moslem ist verpflichtet, eine regelmäßige Almosenabgabe (zwischen 2,5 und 10% des Einkommens) für die Armen und Bedürftigen zu leisten.
4. Fasten (Sāum): Während des Fastenmonats Ramadan (Ramasan; neunten Monat des islamischen Mondjahres) darf man zwischen Morgendämmerung und Sonnenuntergang weder Nahrungsmittel noch Getränke zu sich nehmen, weder rauchen noch Wohlgerüche einatmen.
5. Wallfahrt nach Mekka (Hadsch): Jeder freie, volljährige Moslem sollte, sofern er es gesundheitlich und finanziell ermöglichen kann, einmal in seinem Leben zum Hauptheiligtum des Islam, der Kaaba in Mekka, pilgern.

Vorschriften

Sehr wichtig sind daneben gewisse Speisevorschriften: Verbot des Genusses von Schweinefleisch, Blut und alkoholischen Getränken; Gebot, nur rituell geschächtetes Fleisch zu essen.

Eine große Rolle spielen auch die detaillierten Vorschriften für die körperliche Reinigung und die Fülle von Verhaltensregeln für Eheleute (Polygamie), Eltern und Kinder.

In der Familie nimmt der Mann den absolut ersten Platz ein; nur er ist verantwortlich und rechtsfähig. Die Frau bleibt im Hintergrund; ihre Bereiche sind Haus und Familie. Die Großfamilie ist der selbstverständliche Lebensraum für den Moslem. Denken, Empfinden und Verhalten sind auf die Gemeinschaft ausgerichtet.

In der islamischen Welt kann man gegenwärtig ein wachsendes Bewußtsein der eigenen Werte und Möglichkeiten feststellen. Die religiöse und kulturelle Tradition wird wieder stärker betont; doch sind in den großen Städten moderne, westlich orientierte Lebensformen anzutreffen. Denn auch im Islam gibt es konservative und fortschrittliche, streng religiöse und bewegliche Kräfte.

Verhaltensregeln
für den Touristen

Wer als Tourist das Verhalten der islamischen Menschen verstehen und unnötigen Schwierigkeiten im Umgang mit ihnen aus dem Wege gehen möchte, sei auf folgende Punkte hingewiesen:

Moslems denken und leben anders als man es in Mitteleuropa gewöhnt ist. Sie haben andere Wertvorstellungen und Gewohnheiten, über die man sich als Fremder nicht hinwegsetzen oder gar erheben sollte.

Da Religion, Rechtsempfinden, Politik und Wirtschaft bei den Moslems eine unzertrennliche Einheit bilden, werden diesbezüglich abfällige Bemerkungen leicht als Beleidigung des islamischen Glaubens empfunden.

Man vermeide, namentlich in ländlicher Umgebung, zu leichte oder zu saloppe Bekleidung, insbesondere beim Besuch von Moscheen (vorher stets die Schuhe ausziehen! Frauen müssen Kopftücher tragen; Shorts sind verboten). Während des Gebets ist ein Besuch der Moscheen für Nichtmoslems ausgeschlossen.

Insbesondere in konservativen Gegenden der Türkei wird der Austausch von Zärtlichkeiten zwischen Mann und Frau in der Öffentlichkeit als Zügellosigkeit betrachtet; für Ausländerinnen ist Augenkontakt mit einheimischen Männern tabu.

In der vom Islam geprägten Männerwelt kommt es derzeit noch selten vor, daß einer Frau von einem Mann öffentlich die Schuhe geputzt werden. Äußerste Zurückhaltung ist beim Fotografieren von Frauen, Kindern, Armen oder Bettlern geboten. Nach Ansicht des Moslems wird dabei die Menschenwürde verletzt; das kann zu heftigen Reaktionen führen.

Anstoß erregt, wer den Ruf des Muezzin oder das Verhalten der Moslems beim Gebet belächelt. Während des Fastenmonats Ramadan sollte man tagsüber in der Öffentlichkeit weder essen noch trinken und auch nicht rauchen.

Umgangsregeln, Verhaltensregeln für Touristen (Fortsetzung)

Es gilt als unhöflich, eine Einladung nicht anzunehmen; die Ablehnung erfordert eine befriedigende Entschuldigung. Bekanntschaften und freundschaftliche Beziehungen haben in der islamischen Gesellschaftsordnung verbindlichen Charakter.

Dem Gast stehen Haus und Hof der ganzen Großfamilie offen. Diese Gastfreundschaft wird allerdings auch vom Touristen erwartet, wenn er im Gegenzuge bei sich zu Hause besucht wird.

Der Gast verlange zum Essen kein Schweinefleisch oder alkoholische Getränke. Er kann aber von dem essen und trinken, was ihm vorgesetzt wird. Der Gastgeber erwartet beim endgültigen Abschied ein angemessenes Gastgeschenk. Man biete jedoch niemals Geld an!

Zur Einstimmung und Vorbereitung auf eine Reise in die Türkei empfiehlt sich die Lektüre zweier vom Studienkreis für Tourismus und Entwicklung, Kapellenweg 3, D-82541 Ammerland/Starnberger See, Tel. 08177/1783, herausgegebenen Magazine, und zwar des Sympathie-Magazins "Türkei verstehen – Türken verstehen" (das nicht nur über das Leben, die Zustände und die Probleme in der Türkei berichtet, sondern auch wichtige Verhaltensregeln und nützliche praktische Informationen für den Türkeibesucher vermittelt), sowie des Magazins "Islam". Beide Schriften werden gegen eine Gebühr an Interessenten versandt.

Empfehlungen

Unterkunft

→ Camping
→ Hotels
→ Jugendunterkünfte

Veranstaltungen

Nachfolgend aufgeführt sind einige ausgewählte Veranstaltungen, darunter Festivals, Messen und sonstige Ereignisse. Informationen über die genauen Termine erteilen die unter → Auskunft genannten Fremdenverkehrsstellen (s. auch → Feiertage).

Allgemeines

Selçuk: Kameleringen.

Januar

Çanakkale: Siegesfeiern (1915);
İstanbul: Internationales Filmfestival.

März

Ankara: Internationales Kinderfest "23. April";
Ankara: Internationales Kunstfestival;
Manisa: Mesir (traditionelles Fest);
Sultanhisar: Nysa (Internationales Kultur- und Kunstfestival).

April

Selçuk: Internationales Efes Festival.

April–Mai

Emirgân: Tulpenfestival;
Eskişehir: Yunus Emre (Kultur- und Kunstfestival);
Giresun: Aksu (Kultur- und Kunstfestival);
Silifke: Internationales Musik- und Folklorefestival.

Mai

Juni (Fortsetzung)	Foça: Musik-, Folklore- und Wassersportfestival; Marmaris: Marmaris-Festival.
Juni – Juli	İstanbul: Internationale Kultur- und Kunstfestspiele (Musik, Theater, Ballett, Folklore). Edirne: Kırpınar – Meisterschaft des Öl-Ringkampfes (dreitätiges Volksfest Ende Juni, Anfang Juli)
Öl-Ringkämpfe	In jedem Sommer werden in Kırkpınar bei Edirne die Festspiele der Öl-Ringkämpfer (türk. Yaglı Güres) veranstaltet. Diese traditionellen Wettkämpfe sind der Volkssport der Türken und bei jung und alt sehr beliebt. Die Ausscheidungskämpfe finden meist im Juni statt, wärend die eigentlichen Meisterschaften in der Regel Anfang bis Mitte Juli ausgetragen werden. Die Ringer sind nur mit einer "kispet", einer schwarzen, nietenverzierten Lederhose, bekleidet und von Kopf bis Fuß mit Öl eingerieben. So ist es besonders schwer, sich "im Griff" zu haben. Wenn einer der Kämpfer K.O. ist, ist der Kampf entschieden.
Juli	Akşehir: Nasreddin-Hoca-Festspiele; Bursa: Internationales Kultur- und Kunstfestival; Çorum: Hethiterfestival; İskenderun: Tourismus- und Kulturfestival; Kütahya: Keramikfestival; Samsun: Internationales Volkstanzfestival; Schwarzmeergebiet: Almauftrieb mit prächtig geschmücktem Vieh in Kadirga, Sis Dağı sowie Hidirnebi mit anschließenden Almfesten.
Juli – August	Erzurum: Internationales Gedenkfestival des Kongresses.
August	Avanos: Handarbeits- und Tourismusfestival; Mengen Bolu: Festival der Köche; Çanakkale: Troia-Festspiele; Hacıbektaş: Hacı Bektaş-i Veli (Gedenkfeierlichkeiten).
August – September	İzmir: Internationale Messe.
September	Ayder (Schwarzmeergebiet): Almauftrieb mit prächtig geschmücktem Vieh; Antalya: Altın Portakal (Internationaler Filmwettbewerb); Eskişehir: Beyaz Altın Festival (Internationales Meerschaum-Festival); Göreme: Tourismusfestival; Kemer: Karneval; Mersin: Kultur- und Kunstfestival; Söğüt: Ertuğrul Gazi (Erinnerungsfeierlichkeiten); Ürgüp: Internationaler Weinwettbewerb.
September – Oktober	Antalya: Akdeniz Akdeniz (Musikfestival); Mersin: Internationale Messe.
Oktober	Bozburun: Internationales Gullet Festival; Kırşehir: Ahi Gildenfest.
Dezember	Kale, Antalya: Internationales St.-Nikolaus-Symposium; Konya: Mevlana-Festspiele am 17. Dez.; die in weiße Kutten gekleideten Derwische feiern den Tod von Mevlana; sie tanzen sich ca. zwei Stunden lang in einen tranceähnlichen Zustand (→ *Baedeker Special* rechts).

Verkehrsvorschriften

→ Straßenverkehr

Wirbelnd in die Ekstase

Ein schwarzer Mantel bedeckt die langen weißen Röcke, die zum Boden wallen und in der Taille von einem Gürtel zusammengehalten werden. Auf dem Kopf tragen sie hohe bräunliche Filzhüte, die nach oben konisch zulaufen. Ein kleines Orchester wird bald zum ekstatischen **Tanz der Derwische**, türkisch 'Sema' genannt, aufspielen. Ein Männerchor wird begleitet von einer langen gebogenen Rohrflöte (Ney), Zimbeln, fellbespannten Pauken mit Kupferkesseln, einer dreiseitigen Geige (Kemençe) und einem zweiseitigen Streichinstrument ohne Hals (Rebap).

Am Todestag von Mevlana, dem 17. Dezember, dürfen die Derwische von Konya wieder tanzen. Der charismatische Philosoph und muslimische Mystiker Celaleddin Rumi (→ Berühmte Persönlichkeiten) genannt 'Mevlana' (= 'Unser Herr') gründete im 13. Jh. den **Mevlana-Orden**, der am Hofe des Seldschukensultans Kaiqobad I. und in den kommenden Jahrhunderten großen sozialen und politischen Einfluß hatte. Sein Oberhaupt durfte dem Sultan als Zeichen seiner Inthronisation das Schwert umgürten.

Erst 1925 wurde der konservative Orden von Atatürk verboten, da diese Bruderschaft seine Bestrebung zur Gründung einer westlich orientierten Türkischen Republik zu verhindern suchte. Trotzdem ist das Mevlana-Kloster, das offiziell in ein 'Museum' umgewandelt wurde, noch ein beliebtes Wallfahrtsziel gläubiger Muslime und hat inzwischen wieder an Bedeutung gewonnen.

Die Lehre des **Sufismus**, der mystischen Frömmigkeit im Islam, die von Anbeginn nicht mit der islamischen Gesetzesreligion übereinstimmte, schließt hellenistisches, buddhistisches und christliches

Der alte Kulttanz der Derwische lebt wieder auf (hier in blauen Röcken)

Gedankengut ein. Ihr höchstes Ziel ist die Überwindung der Kluft zwischen Mensch und Gott, die nur im Augenblick der Ekstase gelingt. Die Derwische erreichen diesen Trancezustand, der in der mystischen Vereinigung mit Gott gipfelt, durch ihren wirbelnden Tanz. Die Tänzer drehen sich wie Kreisel um ihre eigene Achse und um einen Vortänzer, der sich in die entgegengesetzte Richtung dreht: Symbolisiert wird dadurch der Umlauf der Gestirne, wie er in dem Sternenkatalog des persischen Astronomen Sufi (10. Jh.) dargestellt wird. Die Arme breiten die Tänzer hingebungsvoll aus oder reißen sie voller Begeisterung nach oben.

Ihr seltsames Kostüm symbolisiert den Tod, und durch ihr Tanzritual steigern sie sich in einen tranceartigen Zustand. Im Verlauf des Tanzes entfernen die Derwische ihre schwarzen Mäntel (gleichbedeutend mit dem Grab) als Zeichen für ihre Flucht aus irdischer Knechtschaft. Die wallenden weißen Röcke symbolisieren ihre Leichentücher und die Filzhüte ihre Grabsteine. In wachsendem Tempo kreiseln die Tänzer durch den Saal bis die Rohrflöte den höchsten Moment der Vereinigung mit dem Göttlichen signalisiert und der Tanz jäh abbricht.

Wassersport

Allgemeines

Umgeben vom Mittelmeer, der Ägäis und dem Schwarzen Meer ist die Türkei für Wassersportler jeglicher Art hervorragend geeignet. Die in den letzten Jahren deutlich verbesserte touristische Infrastruktur bietet den Besuchern zudem gute Voraussetzungen, diesen Hobbies nachzugehen.

Kreuzfahrten

Im Rahmen von Kreuzfahrten durch die Ägäis und das östliche Mittelmeer werden im Regelfall auch die schönsten türkischen Hafenplätze (etwa Kuşadası, Bodrum, Marmaris, Kaş oder Alanya) angelaufen. Detaillierte Auskünfte erhält man bei den auf Seereisen spezialisierten Reisebüros. Reichhaltiges Informationsmaterial und einen ausführlichen, jährlich neu erscheinenden Kreuzfahrt-Kalender gibt es beim:
Gerd Achilles Verlag
Postfach 106104, D-20097 Hamburg, Tel. (040) 230696, Fax 234613.

Segeln

Privatjachten benötigen für die Einreise in türkische Hoheitsgewässer die normalen Zulassungspapiere. Der Aufenthalt in türkischem Hoheitsgebiet ist bis zu einer Dauer von zwei Jahren gestattet. Nach dem Einlaufen in türkische Gewässer muß sofort ein Einreisehafen angelaufen werden, wo das Transitlog vorgelegt und von den zuständigen Behörden im Sichtvermerk in die Borddokumente eingetragen wird. Einreisehäfen sind İstanbul, Bandırma, Çanakkale, Akçay, Ayvalık, Dikili, İzmir, Çeşme, Kuşadası, Güllük, Didim, Bodrum, Datça, Marmaris, Fethiye, Kaş, Finike, Kemer, Antalya, Alanya, Anamur, Taşucu (Silifke), Mersin, Bodaş (Adana) und İskenderun; Zonguldak, Samsun, Ordu Trabzon und Hopa am Schwarzen Meer.

Seefahrt-vorschriften

Die internationalen Seefahrtvorschriften müssen eingehalten werden. Die türkische Höflichkeitsflagge sollte von 8.00 Uhr früh bis zum Sonnenuntergang gehißt sein. Zur Vermeidung von Mißverständnissen wechsele man nicht dauernd zwischen türkischen und griechischen Hoheitsgewässern. Man widerstehe der Versuchung, Antiquitäten aus den Küstengewässern an Bord ausführen zu wollen. In solchen Fällen ist mit der Beschlagnahme des Bootes zu rechnen.
Jedem privaten Schiffsführer sei der in dem österreichischen Verlag F. Goldmann (A-3430 Tulln) erschienene "Hafenführer: Ägäis Ost" des Segelexperten Axel Kramer empfohlen.

Wind- und Wetter-verhältnisse

Man informiere sich unbedingt über die Wind- und Wetterverhältnisse (⟶ Zahlen und Fakten: Klima; ⟶ Reisezeit). Auskünfte erteilt u. a. das Wetteramt des Umweltministeriums: Çevre Bakanlığı Meteoroloji Genel Müdürlüğü, Kalaba/Ankara, Tel. 312/3597545, Fax 3602551.

Organisierte Jachtreisen, Segeltörns

Zunehmender Beliebtheit erfreuen sich Jachtreisen entlang den buchten- und inselreichen türkischen Küsten der Ägäis und des Mittelmeeres. Hierzu dienen meist in der Türkei neu gebaute Motorsegeljachten in der traditionellen Bauweise der Holzschiffe von Bodrum und Marmaris (türkisch "gulet"), die von einer einheimischen Crew geführt werden und bis zu zwölf Personen an Bord nehmen und verpflegen.

'Blaue Reise'
(Mavi Yolculuk)

An der Küste zwischen Çeşme und Antalya lohnt zwischen April und Oktober die beliebte einwöchige 'Blaue Reise' (Mavi Yolculuk). Auf den Motorseglern finden Reisegruppen mit 10–24 Personen Platz. Die Schiffe fahren meist mit Motorantrieb mit einer Geschwindigkeit von 8–10 Knoten pro Stunde. Je nach Wetterlage und Ausstattung der Schiffe wird gelegentlich auch gesegelt. Eine breitgefächerte Palette an Jachten aller Art stehen in den Ausgangshäfen Antalya, Marmaris und Bodrum zur Verfügung. Äußerst lohnend ist eine Fahrt von Marmaris in Richtung Bodrum entlang unberührter Buchten, eindrucksvoller Küstenformationen und vorgelagerten Inseln. Blaue Reisen, die in Deutschland vom Reiseveranstalter Öger Tours angeboten werden, kann man in den meisten Reisebüros buchen.

An bestimmten Stellen der türkischen Gewässer ist das Tauchen mit Ama-
teurausrüstung (Sauerstoff-Flasche, Tauchanzug, Maske) gestattet.
Wegen der sehr differenzierten Bestimmungen für Sporttauchen und
Unterwasserjagd ist es unbedingt anzuraten, sich vor Reiseantritt bei den
touristischen Informationsbüros der Türkei (→ Auskunft) eingehend zu
unterrichten und auch am Urlaubsort zunächst die zuständigen amtlichen
Stellen (Hafenverwaltung o. ä.) aufzusuchen.
In Milta bei Kemer (nahe Antalya) bietet beispielsweise der Club Aldiana
(C & N Touristik) eine gründliche Tauchausbildung, die sich an den Richt-
linien des Verbandes Deutscher Sporttaucher (VDST) orientiert.

Wassersport
(Fortsetzung)
Tauchen

Zeit

In der Türkei gilt im Winterhalbjahr die Osteuropäische Zeit (OEZ = MEZ +
1 Std.), von Ende März bis Ende Oktober die türkische Sommerzeit (OEZ
+ 1 Std.); es ist also im Winterhalbjahr sowie während der Sommerzeit
jeweils eine Stunde später als in Deutschland.

OEZ
Sommerzeit

Zollbestimmungen

Bei der Einreise in die Türkei beschranken sich die Zollformalitäten auf oine
mündliche Erklärung. Wertvolle Gegenstände (etwa Videogeräte oder
Schmuck im Wert über 15 000 US-Dollar) werden bei Grenzübertritt im Rei-
sepaß vermerkt; bei der Ausreise wird kontrolliert, ob die betreffenden
Gegenstände auch wieder ausgeführt werden. Nachstehend aufgeführte
Dinge dürfen zollfrei eingeführt werden:
Persönliche Gebrauchsartikel, Sportausrüstung, Autowerkzeug, 1 Foto-
apparat, 1 Videokamera und 5 Leerkassetten, 1 Filmkamera (18 mm) und
10 Filme, 1 Transistorradio-Kassettenrekorder, 1 Walkman, 1 CD-Spieler,
1 Schreibmaschine, 3 Musikinstrumente, 200 Zigaretten, 50 Zigarren, 200
g Tabak, 1 500 g Kaffee, 500 g Tee, 5 l alkoholische Getränke, 5 Flaschen
Parfüm à 120 ml; Geschenkartikel bis zum Wert von 500 DM / 256 Euro
dürfen ebenfalls zollfrei eingeführt werden.
Waffen jeglicher Art und Messer (einschließlich Campingmesser) dürfen
ohne besondere Erlaubnis nicht eingeführt werden. Streng verboten ist die
Einfuhr, der Handel und der Genuß jeglicher Art von Rauschmitteln.

Einreise in
die Türkei

Reiseandenken können aus der Türkei zollfrei bis zu einem Gesamtwert
von 1 000.– DM / 512 Euro ausgeführt werden.
Wertgegenstände (auch persönliche) können nur dann ausgeführt werden,
wenn sie im Reisepaß vermerkt sind oder mit offiziell umgetauschtem Geld
gekauft wurden. Für neue Teppiche ist die Rechnung, für alte Teppiche,
alte Kupfergegenstände und alte Pistolen außerdem eine besondere
Genehmigung in Form einer Bescheinigung von einer Museumsdirektion
orforderlich.
Die Ausfuhr von Antiquitäten und Waffen ist nicht gestattet. Mineralien dür-
fen nur mit einer entsprechenden Bescheinigung der Generaldirektion für
Bergbauforschung (MTA-Institut) ausgeführt werden.

Ausreise aus
der Türkei

Bei der Wiedereinreise nach Deutschland bzw. Österreich direkt aus der
Türkei oder Staaten, die nicht der Europäischen Union (EU) angehören,
sind Reiseandenken bis zu einem Gesamtwert von 350 DM zollfrei; ferner
für Personen über 15 Jahre 500 g Kaffee oder 200 g Pulverkaffee und 100
g Tee oder 40 g Teeauszüge, 50 g Parfüm und 0,25 l Toilettenwasser sowie
für Personen über 17 Jahre 1 l Spirituosen mit mehr als 22 Vol.-% Alkohol
oder 2 l Spirituosen mit weniger als 22 Vol.-% Alkohol oder 2 l Schaumwein
und 2 l Wein sowie 200 Zigaretten oder 100 Zigarillos oder 50 Zigarren
oder 250 g Rauchtabak.

Wiedereinreise
nach Doutschland
bzw. Österreich

Zollbestimmungen

Wiedereinreise
in die Schweiz

Abgabenfrei sind Reiseproviant und (gebrauchtes persönliches) Reisegut; außerdem an Tabakwaren (für Personen ab 17 Jahre) 200 Zigaretten oder 50 Zigarren oder 250 g Rauchtabak, an alkoholischen Getränken (ebenfalls für Personen ab 17 Jahre) ferner 2 l bis 15 Vol.-% und 1 l über 15 Vol.-% sowie Geschenke bis 100 (bzw. Personen unter 17 Jahre: bis 50) sfr.

Reisedokumente

⟶ dort

Register

N.B.: Zur einfacheren Benutzung dieses gemischten Namen- und Sachregisters sind die diakritischen Zeichen der türkischen Schrift bei der Alphabetisierung außer Acht gelassen.

Abana 382
Abant Gölü 249
Abrahams-Legende 459
Acı Göl 151, 401
Adamkayalar 483
Adana 141
Adapazarı 355
Adilcevaz 155
Adır Adası 521
Adıyaman 144
Afşin 406
Afyon 148
Ägäis 19, 537
Ağlasun 256
Ağrı Dağı 209
Ağrı 210
Ahlat 153
Ahtamar Adası 517
Aızıkarahan 157
Akaraka 438
Akça 494
Akçaabat 472
Akçakoca 249, 468
Akçay 283
Ak Göl 301
Akhan 445
Akhisar (Aksaray) 157
Akhisar (İzmir) 354
Ak Hüyük 301
Akpınar, Felsrelief von 354
Aksaray 156
Akşehir 161
Akşehir Gölü 161
Akseki 477
Aksu 287
Alabanda 424
Alaca Hüyük 270
Alaçatı 371
Alahan 371
Alanköy 494
Alanya 163
Alaşehir 465
Albayrak 324
Aleviten 412, 511
Alexander der Große 80
Alexandreia Troas 267
Alinda 426
Alişar 524
Allgemeines 9
Almus 495
Altınoluk 283
Altınsaç 518
Altıntepe 302
Amanos-Gebirge 25
Amasra 468, 525
Amasya 166
Amazonen 472

Amorion 151
Anamur 166
Anatolien 12, 37
Anavarza 143
Anazarbus 143
Andriake 376
Ani 172
Anıtkaya 151
Ankara 178
Ankyra 182
Anreise 529
Antakya 191
Antalya 195
Antiocheia ad Cragum 166
Antiochia (Nazilli) 436
Antiochia in Pisidien 162
Anzaf Kalesi 518
Apameia 232
Aparank Manastiri 518
Aphrodisias 203
Apolyont 208
Apolyont-See 207
Apostel Paulus 104
Araban 317
Ararat 209
Arbeitslosigkeit 48
Arbeitsmigration 48
Arche Noah 210
Ardahan 374
Ardanuç 217
Armenien 214
Arsameia/Euphrat 145
Arsameia am Nymphaios
   146
Arslantepe 407
Artvin 217
Arykanda 378
Ärztliche Hilfe 530
Asan, Ali Naci 112
Asklepieion 452
Aspendos 478
Assos 283
Ataköy 345
Atatürk Barajı 27, 145
Atatürk, Kemal 80, 110
Auckunft 531
Außenhandel 54
Autobus 535
Autofähren 535, 579
Autohilfe 587
Avanos 361
Ayan 302
Ayaş (Ankara) 190
Ayaş (Silifke) 483
Aya Tekla 481
Ayder Kaplıcası 474
Aydın 220

Aydınlar 236
Ayvalık 284

Badestrände 536
Bad, türkisches 103
Bafa Gölü 425
Bafra 470
Bağras Kalesi 195
Bahşiş 422
Bakırköy 345
Balçova 352
Balıkesir 222
Ballica Mağarası 496
Ballungsräume 49
Balya 223
Bandırma 224
Barak 202
Bartın 526
Başalan 436
Başkale 324
Başköy 213
Battuta, İbn 105
Bauten, islamische 102
Bayburt 320
Bedohtun 486
Belen 325
Belek 203
Belevi 296
Belisırma 157
Belkis 233
Bendimahi Şelalesi 522
Bergama 447
Bergbau 51
Bergland,
   Ostanatolisches 24
Bergland von Tunceli 510
Berg Latmos 426
Bergsteigen 581
Berühmte
   Persönlichkeiten 80
Beş Kilise 177
Bevölkerung 38
Beyazıt I. und II. 81
Beynam Ormanı 190
Beypazarı 190
Beyşehir 227
Biğadiç 223
Bilecik 229
Binbir Kilise 371
Bingöl 434
Bingöl Dağları 434
Birecik 231
Birgi 466
Bitlyniən 19, 65
Bitlis 234
Bodenschätze 51
Bodrum 207

Register

Boğaziçi 251
Boğazkale 240
Boğaz Köprü 487
Boğazören 408
Bolu 248
Bonatz, Paul 110
Bor 440
Borçka 218
Bosporus 251
Botschaften 538
Bozdağ 465
Bozkır 228
Bozüyük 230
Bradford, Ernle 111
Bülbül Dağı 296
Bünyan 389
Burdur 256
Burdur Gölü 256
Bursa 258
Büyük Kaplıca 249
Büyük Menderes 419
Byron, Lord 107
Byzantinische Kaiser 64
Byzanz 95

Çakırtaş 213
Çaldıran 519
Çamalak 391
Çamburun Plajı 474
Camlıbel 495
Çamlıdere 190
Çamlıheşin 474
Çamlık 228
Çamlıyayla 489
Camping 537
Caravaning 537
Çamuşlu 374
Çanakkale 264
Çanakkale Boğazı 264
Çandarlı 353
Çankırı 382
Çardak 446
Çarpanak Adası 519
Çarşamba 471
Çatakköprü 278
Çatalağazı 526
Çatalhüyük 268
Çavdarhisar 404
Çavuşin 362
Çavuştepe 519
Çay 152
Çayğrköy 526
Çayırhan 190
Celaleddin Rumi 85, 397
Cemilbey 271
Çemişgezek 511
Cendere Köprüsü 146
Cennet ve Cehennem 482
Çermik 278
Çermik Kaplıcası 496
Çeşme 352
Cevizlik 477

Ceylanpınar 410
Chimaira 201
Chochawank 177
Chronologie 57
Cide 382
Çiftehan 301
Cihanbeyli 399
Çıldır 374
Çıldır Gölü 375
Çine 424
Çivril 446
Commana Pontica 495
Çorlu 414
Çorum 269
Çukurca 422
Çukurova 21, 141
Çumra 399

Dalyan-Delta 416
Dardanellen 264
Dardanos Tümülüsü 266
Darende 407
Daskyleion 224
Datça 417
Dazya 495
Deir az-Zafaran 410
Demirçili 481
Demirköprüköy 193
Denizkent 224
Denizli 446
Derinkuyu 362
Derwische 593
Deveboynu
   Yarımadası 520
Develi 389
Didyma 432
Digor 177
Dikilitaş 146
Dinar 152
Diospolis 468
Diplomatische
   Vertretungen 538
Divriği 272
Diyadin 210
Diyarbakır 273
Doğubayazıt 213
Doliche 317
Dolmuş 587
Dorak 208
Dört Kilise 218
Dorylaion 310
Düdenbaşı Mağarası 200
Düdensuyu Mağarası 477
Durağan 470

Eber Gölü 161
Edirne 279
Edremit 285
Edremit Körfezi 283
Eflâtun Pınarı 228
Egegebiet 19
Eğil 278

Eğirdir 285
Eğirdir Gölü 287
Einkäufe 539
Eisenbahn 54, 543
Elaiusa-Sebaste 483
Elazığ (Elâzığ) 288
Elbistan 407
Elektrizität 546
Eleşkirt 210
Elif 233
Elmalı 379
Elmalık 520
Emre, Yunus 91
Energiegewinnung
Engpaß von
   Toprakkale 144
Ensarı, Eyüp 82
Entfernungen 544/544
Ephesus 290
Epiphaneia 326
Erciş 520
Erciyes Dağı 389
Erdek 224
Ereğli 300, 468
Ergani 278
Ermenek 371
Ersoy, Mehmet Akıf 82
Erzincan 302
Erzurum 304
Eski Gümüş 440
Eski Kâhta 146
Eski Malatya 407
Eskişehir 309
Eski Yapar 271
Essen und Trinken 546
Euromos 424
Eyüp 345
Ezinepazarı 171

Fasıllar 229
Fauna 37
Feiertage 551
Felsrelief von Akpınar 354
Fener Burnu 472
Fernsehen 579
Fethiye 312
Fetoka-Klöster 473
Finike 378
Firaktın 389
Fischfang 581
Flora 35
Fluggesellschaften 553
Flugsport 581
Flugverkehr 552
Flüsse 13
Foça 353
Freiherr von der Goltz,
   Colmar 82, 109

Gadir Adası 521
Galatien 22, 66
Gallipoli-Kampagne 266

GAP-Projekt 25, 51
Gaziantep 316
Gazipaşa 165
Gebze 356
Gediz 404
Geld 554
Gelendost 287
Gelveri 158
Gemerek 487
Geographische
 Gliederung 17
Geographische Lage 9
Geologische Merkmale 13
Georgien 217
Geschäftszeiten 555
Geschichte 57
Getränke 550
Gevaş 521
Geyve 355
Gipskarstgobiet
 von Hafik 487
Gipskarstgobiet
 von Sivas 487
Gipskarstgebiet
 von Zara 487
Giresun 472
Glaubensregeln,
 islamische 42
Gliederung,
 Geographische 17
Goethe 106
Göksü Köprüsü 146
Göksu Nehri 480
Gölcük (Eğridir) 288
Gölcük (Sardes) 466
Goldenes Horn 335
Golf 581
Goltz, Colmar
 Freiherr von der 82, 109
Gönen 225
Gordion 318
Gordios 318
Gordischer Knoten 319
Göreme (Nationalpark) 363
Göynücek 171
Göynük 249
Graf von Moltke,
 Helmuth 107
Grenzen 9
Griechen 94
Grillparzer, Franz 107
Großraum Anatolien 12
Großreich,
 osmanisches 11
Grottenkirche
 St. Peter 193
Grundmuster,
 naturräumliche 12
Güldere 372
Güllük 425
Gülşehir 366
Gümenek 495

Gümüşdere 521
Gümüşhacıköy 171
Gümüşhane 320
Gündüslü 195
Güneydoğu Anadolu
 Projesi (GAP) 25, 51
Gürbulak 212
Güzelyala 325

Hacıbektaş 366
Hacıhamza 272
Hacılar 257
Hadım 399
Hafik,
 Gipskarstgebiet von 487
Haho 308
Hahul 308
Hain von Daphne 194
Hakkâri 322
Halikarnassos 238
Halys 391
Hamam 103
Hamamlıköy 218
Hamdi, Osman 87
Hanlı 487
Harput 288
Harran 461
Hasankeyf 410
Hasanoğlan 190
Hasanoğlu 234
Hatay 191
Hattusa 240
Hattuşaş 240
Hatunsaray 399
Haus der Maria 296
Hausformen 101
Havza 471
Haymana 190
Hazar Gölü 288
Hekimhan 408
Helvadere 158
Hemite Kalesi 144
Herakleia am Latmos 425
Herakleia Pontike 468
Herakles, Höhlen des 526
Hereke 356
Hero 265
Horodot 82, 104
Herrscherliste 64
Hethiter 93, 240
Hierapolis (Adana) 143
Hierapolis (Pamukkale)
 441
Hikmet, Nazım 83
Hirfanlı Barajı 392
Hisar 234
Hisaralan 223
Historische
 Landschaften 65
Hizan 236
Hizit Ilys 490
Hl. Nikolaus 87, 377

Hoca, Nasreddin 86, 105
Höhlen des Herakles 526
Homer 83, 104
Honaz 446
Hopa 474
Horn, Goldenes 335
Horomos Manastiri 177
Horostepe 495
Horozlu Han 400
Hoşap 521
Hotels 555
Humboldt,
 Alexander von 106

Iasos 426
İçel 490
Iğdir 213
Iğneada 468
Ihlara 158
İlgaz Daği Milli Parkı 382
Iligin 400
İmamkulu 390
İmerhevi, Tal von 218
İnce Burun 469
İncesu 306
İncır Hanı 257
Industrie 53
Industrieller Sektor 53
İnebolu 469
Inneranatolien 22
İnönü, İsmet 83
İnönü (Ort) 310
Ionien 66
Isauria Vetus 228
Isaurien 21, 67
İshak Paşa Sarayı 213
İshan 219
İskenderun 325
İslahiye 327
Islam 40, 589
Islamische Bauten 102
Islamische Glaubens-
 regeln 42
Isparta 287
İssiz Han 209
Issos 326
İstanbul 329
İstilil 410
Istranca-Gebirge 18
İvriz 301
İzmir 347
İzmit 355
İznik 356

Jagd 581
Jakobiten 412
Jonaspfeiler 325
Jugendunterkünfte 565

Kaçkar Dağları 219
Kadın Hanı 400
Kahramanmaraş 359

Register

Kâhta 146
Kaiser, byzantinische 64
Kaiser, lateinische 64
Kalecik (Ankara) 190
Kalecik (Van) 521
Kale Kapı 382
Kalksinterterrassen 441
Kaneş-Karum 390
Kangal 487
Kanlıdivane 483
Kap Baba 284
Kapıdağ Yarımadası 225
Kapıkaya 152
Kaplıcan 278
Kappadokien 22, 360
Karacabey 208
Karaca Şehir 310
Karadeniz Ereğlisi 526
Karadere 250
Karagöl 191
Karahayıt 446
Karahüyük 407
Karain Mağarası 200
Karakuş Tepesi 146
Karaman 369
Karamık Bataklığı 152
Karamık-Sümpfe 152
Karaoğlan 191
Karapınar 400
Karasu 468
Karasu Köprüsü 234
Karatay Hanı 390
Karatepe 144
Karawanenrouten 320
Karawansereien 372
Karer 94
Karien 21, 68
Karkamış 232
Karpuzlu 426
Kars 372
Kasaba 382
Kastabala 143
Kastamonu 380
Kaunos 416
Kavenli 521
Kavuncu 521
Kaya 313
Kayalıdere Kalesi 435
Kaymaklı (Nevşehir) 366
Kaymaklı (Trabzon) 499
Kayseri 383
Kâzım Karabekir 372
Keban Barajı 288
Kecivan 375
Kefkalesi 155
Kekova 375
Kemah 303
Kemaliye 303
Kemal Paşa, Mustafa
  80, 110
Kemer 200
Kemerhisar 440

Kerasus 472
Kerkenes 525
Kesik Köprü 487
Kesik Köprü Hanı 391
Kestel Poljesı 258
Kilikien 21, 68
Kilikische Tore 489
Kilis 317
Kilittaşı 177
Kiremitli 499
Kırklareli 282
Kırşehir 391
Kızıl Adalar 345
Kızılcahamam 191
Kızılırmak Deltası 470
Kızılırmak 391
Kızıltepe 410
Kızkalesi 482
Klaros 353
Klazomenai 352
Klima 28
Knidos 417
Knoten, Gordischer 319
Kocaçay Deltası 208
Kocaeli 355
Kocagöl 171
Kocain Mağarası 200
Koca Kavak 427
Kocanı 324
Kolophon 353
Kolossai 446
Kommagene 69
Kömürhan 289
König Midas 318
Konstantin I. 84
Konstantinopel 329
Konsulate 538
Konuralp 250
Konya 392
Konya Ereğlisi 300
Kopdağı Geçidi 321
Köprülü Kanyon 480
Koran 41
Koressos 296
Köroğlu Dağları 250
Korykische Grotten 482
Korykos 482
Körzüt Kalesi 522
Kotyora 472
Kovada Milli Parkı 287
Kozan 144
Kraftstoff 587
Kremna 258
Kreuzfahrten 594
Kubadabad 229
Küçük Menderes 419
Kültepe 390
Kulturgeschichtlicher
  Abriß 93
Kümbet 422
Kurden 45
Kurdistan 45, 322

Kurucu Geçidi 435
Kuşadası 298
Kuş Cenneti 225
Küstengebirge,
  Pontisches 24
Küstenschiffahrt 579
Kyaneai 376
Kyzikos 225

Labranda 427
Ladik 471
Lady Montagu,
  Mary Wortley 105
Lage, Geographische 9
Lampsakos 266
Landeskunde 11
Landflucht 48
Landschaften,
  Historische 65
Landwirtschaft 49
Laodikeia 446
Lâpseki 266
Larissa 353
Lasistan 70, 474
Lateinische Kaiser 64
Latmos, Berg 426
Leander 265
Letoon 315
Levissi 313
Lice 278
Limyra 378
Lord Byron 107
Loti, Pierre 108
Luftverkehr 55
Lüleburgaz 282
Lyder 94
Lydien 70
Lykaonien 71
Lykien 71
Lykier 94

Mäander 418
Mäanderquellen 152
Magnesia am Mäander
  420
Magnesia am Sipylos 354
Malaklu 213
Malatya 405
Malazgirt 435
Mamasun 159
Manavgat-Wasserfälle 476
Manisa 354
Manyas 226
Manyas Gölü 226
Maraş 359
Mardin 408
Marmara Adaları 226
Marmaragebiet 18
Marmarameer 18, 537
Marmaris 415
Maşat Hüyük 496
Mastaura 436

Mausolos 84
Mazgirt 511
Mazıköy 366
Medrese 102
Meerschaumgruben 310
Mehmet II. 84
Menderes 418
Meram 401
Meriamlık 481
Merkmale, Geologische 13
Mersin 490
Merzifon 171
Mesopotamien 25, 73
Mevlana (Mevlâna) 85, 397, 593
Midas, König 86, 318
Midas Şehri 420
Midyat 412
Mietfahrzeuge 566
Mihallıçik 310
Milas 422
Milot 427
Misis 142
Mittelmeerküste 20, 537
Moltke, Helmuth
 Graf von 107
Montagu, Mary Wortley
 Lady 105
Mopsuestia 142
Moschee 102
Mudurnu 250
Muğla 415
Munzur Vadisi
 Milli Parkı 512
Muradiye 521
Muş 433
Museen 567
Mustafa Çelebi 272
Mustafapaşa 366
Mut 372
Myra 377
Mysien 74

Namık, Mehmet Kemal 86
Nara 266
Naras Köprüsü 477
Narek 522
Nar Gölü 366
Narlıkuyu 482
Nationalhymno 110
Nationalitäten 39
Nationalparks 567
Naturräumliche
 Grundmuster 12
Nazilli 436
Nazimiye 511
Necatigil, Behçet 87
Necati, İsa 86
Nemrut Dağı (Adıyaman)
 147
Nemrut Dağı (Ahlat) 155
Neocaesarea 495
Nevşehir 367

Niğde 438
Nikolausbasilika 378
Nikolaus, hl. 87, 377
Niksar 495
Niobe-Fels 354
Noahs Arche 210
Nordanatolisches
 Randgebirge 24
Notdienste 569
Notion 353
Nusaybin 411
Nysa 437

Obruk 401
Ödemiş 466
Öffnungszeiten 555
Olba Diocaesarea 481
Oltu 308
Ölüdeniz 313
Olympos 201
Oral, Zeynep 112
Ordu 472
Ören 285
Ortahisar 367
Ortaköy 367
Öşk 308
Osman I. 87
Osmaneli 230
Osmanen 99
Osmanisches
 Großreich 11
Osmanische Sultane 65
Ostanatolisches
 Bergland 24
Özal, Turgut 87

Palandöken Dağları 309
Palu 289
Pamphylien 20, 75
Pamukçu 223
Pamukkale 441
Panayır 223
Panayır Dağı 296
Paphlagonien 76
Parhal 219
Parteien 45
Patara 315
Paulus, Apostel 104
Payas 320
Pazar 495
Pazarlı 271
Pendik 346
Penek 309
Pergamon 447
Perge 202
Peristrematal 159
Persönlichkeiten,
 berühmte 80
Pertek 512
Pessinus 310
Pflanzen 35
Phokäa 353

Phryger 94
Phrygien 76, 318
Pinara 313
Pion 296
Pisidien 77
Pompeiopolis 490
Pontisches
 Küstengebirge 24
Pontos (Pontus) 78
Post 570
Priene 454
Prinzeninseln 345
Propheten 41

Randgebirge,
 Nordanatolisches 24
Rechtswesen 45
Reisedokumente 571
Reisezeit 572
Religion 40, 551
Republikanische Türkei
 11
Reşadiye (Bitlis) 236
Reşadiye (Tokat) 496
Restaurants 573
Reuter, Fritz 100
Reyhanlı 194
Riviera, Türkische 200
Rize 473
Römer 95
Routenvorschläge 115
Rumi, Celaleddin 85, 397
Rumkale 234
Rundfunk 578

Sabier-Sekte 463
Sadak 321
Sadeddin Hanı 402
Safranbolu 382
Sagalassos 256
Sakal Tutan 326
Sakçagöz 317
Saklıkent 199, 314
Saleph 480
Salvatlı 438
Samandağ 195
Şamran Kanalı 522
Samsat 148
Samsun 470
Samsun Dağı
 (Nationalpark) 299
Şanlıurfa 457
Sapanca Gölü 355
Sarayköy 447
Sardes 463
Sarıkamış 375
Sarımsaklı 419
Şarkışla 487
Şavşat 219
Schiffahrt 55
Schiffsverkehr 578
Schiiten 41

Register

Schliemann, Heinrich 88
Schwarzmeerküste
 24, 466, 537
Sebastopolis 496
Seddülbahir 267
Seen 13
Segeln 594
Sekte der Aleviten 511
Sektor, industrieller
 53
Selçuk 297
Seldschuken 98
Seleukeia in Pamphylien
 477
Seleukeia Piereia 195
Selge 480
Selim I. 88
Selinus 165
Semaki Evi 264
Sertavul Geçidi 372
Seyitgazi 311
Sicherheit 579
Side 474
Sidyma 314
Sieben Weltwunder
 des Altertums 94
Siedlungen 101
Siirt 236
Silifke 480
Silivri 346
Sille 402
Silvan 278
Simena 376
Sinan 89
Şinasi, İbrahim 90
Sındırgı 223
Sinop 469
Sintflut 211
Sivas 484
Sivas,
 Gipskarstgebiet von 487
Sivrihisar 312
Smyrna 347
Soğanlı Deresi 367
Soğukçermik 487
Soğuksu 225
Soğuksu Milli Parkı 191
Söğüt 230
Soloi 490
Souvenirs 539
Speisen 544
Sport 580
Sprache 582
Staat 45
Städte 101
Städtische Ballungsräume
 49
St. Peter, Grottenkirche
 193
Strandseen 18
Straßen 55
Straßenverkehr 585

Stratonikeia 427
Südostanatolien 25
Südost-Anatolien-Projekt
 (GAP) 25, 51
Sufismus 592
Süleyman I. 90
Sultandağ 152
Sultane, Osmanische 65
Sultanhanı (Aksaray) 159
Sultanhanı (Kayseri) 390
Sultanhisar 437
Sultankalesi 195
Sultantepe 462
Sulusaray 496
Sumatar Harabesi 462
Sumela-Kloster 499
Sunna 41
Sunniten 41
Süphan Dağı 156
Surb Karapet 436
Surb Salah 436
Susurluk 226
Susuz Han 258
Syedra 165

Talas 390
Tal von İmerhevi 218
Taner, Haidun 112
Taraklı 356
Tarsus 488
Taşkent 399
Taşköprü 383
Taşlıçay 212
Tauchen 595
Taurus 20
Taurusgebirge 16
Taurusvorland 25
Tavşanlı 405
Taxi 587
Tefenni 258
Teimessos 312
Teimiussa 376
Tekirdağ 414
Telefon 571
Telegraf 570
Telefax 570
Tellbasar Kalesi 317
Teos 352
Teppichkunst 540/541
Terbezek 195
Tercan 303
Terme 472
Termessos 199
Thales 90
Themiskyra 472
Thermalbäder 588
Thrakien 18, 79
Tiere 35
Tigristunnel 278
Tilkittepe 522
Tilmenhüyük 328
Tire 466

Tırşın Yaylası 324
Tlos 314
Tokat 490
Toprakkale, Burg 144
Toprakkale, Engpaß von
 144
Toprakkale (Ort) 522
Tortum 309
Tortum Şelalesi 309
Torul 321
Tourismus 56
Trabzon 497
Tralleis 221
Trinkgeld 589
Troas 19, 267
Troia 500
Trulli-Häuser 462
Trysa 376
Tunceli 510
Tur Abdin 412
Turhal 496
Türkei, Republikanische
 11
Türkische Bäder 589
Türkische Nationalhymne
 110
Türkische Riviera 200
Türkisches Bad 103
Tuz Gölü 402
Tuzluca 178

Üçhisar 368
Uluabat 208
Uluabat Gölü 207
Uludağ 19, 263
Ulukışla 301
Umgangsregeln 589
Urartäer 93
Urfa 457
Ürgüp 368
Urla 352
Uşak 153
Üsküdar 345
Üzülmez 527
Uzuncaburç 481

Van 513
Van Gölü 513
Van-See 513
Vegetationszonen 35
Veranstaltungen 591
Verhaltensregeln
 590
Verkehr 54
Verkehrsunfall 579
Verkehrsvorschriften
 586
Versicherungsschutz
 580
Verwaltung 45
Vezirköprü 471
Viranşehir 413

Wald 51
Wandern 582
Wassersport 594
Weltwunder des Altertums,
  Sieben 94
Wendt, Emil 107
Werfel, Franz 359
Wildtiere 37
Wintersport 56, 582
Wirtschaft 48
Wschny 519

Xanthos 314

Yağmurdere 321
Yakacık 326
Yalınyazı 496
Yalova 263
Yalvaç 162
Yanal 324
Yapukoğlu Konağı 473

Yavu-Bergland 375
Yazılıkaya (Boğazkale) 246
Yazılıkaya (Midas Şehri)
  420
Yedigöller Milli Parkı 150
Yedikılişe 523
Yedisalkım 523
Yenidoğan 214
Yenifoça 353
Yeni Kale 146
Yeni Rabat 220
Yenişehir 263
Yerkapı 247
Yesemek 328
Yeşildere 372
Yeşilırmak 166
Yeşilköy 347
Yeziden 412
Yılanlıkale 142
Yıldızeli 487
Yoğun Oluk 194

Yoncalı Kaplıcaları 405
Yozgat 524
Yozgat Çamlığı Milli Parkı
  524
Yüksekova 324
Yurdakul, Mehmet Emin
  91

Zara, Gipskarstgebiet
  von 487
Zeit 595
Zelve 369
Zigana Geçidi 321
Zigana-Paß 500
Zile 496
Zincirli 329
Zitate 104
Ziyaret 237
Ziy Kalesi 474
Zollbestimmungen 595
Zonguldak 525

Verzeichnis der Karten, Pläne und graphischen Darstellungen im Reiseführer

Allgemeines: Lage der Türkei (Orientierungskarte) 9
Geographische Gliederung: Regionen der Türkei (Übersichtskarte) 17
Die wichtigsten Gebirge und Gewässer in der Türkei (Übersichtskarte) 22/23
Klima: Zwölf regionaltypische Klimastationen (Übersichtskarte und Diagramme) . 30/31
Religion: Islamische Gebetshaltungen (Graphik) 42
Staat und Verwaltung: Internationales Kfz-Kennzeichen (Graphik) 46
Republik Türkei · Türkiye Cumhuriyeti
(Übersichtskarte der Provinzen · Regierungsbezirke der Türkei) 46/47
Nationalflagge (Graphik) 47
Geschichte: Historische Landschaften (Übersichtskarte) 72/73
Kultur- und kunstgeschichtlicher Abriß:
Klassische Säulenordnung (Graphik) 96
Die höchsten Minarette in der Türkei (Graphik) 98
Prinzenmoschee · Şehzade Camii in İstanbul (Längsschnitt und Grundriß) ... 99
Predigtkanzel · Mimber (Graphik) 102
Türkisches Bad · Hamam (Grundriß) 103
Adana: Cityplan 142
Adıyaman (Umgebung): Kultanlage Hierothesion des Königs Antiochos I.
von Kommagene auf dem Nemrut Dağı (Situationsplan) 147
Aksaray (Umgebung): Byzantinische Höhlenkirchen im Peristrematal (Lagekarte) . 159
Karawanserei Sultanhanı (Grundriß) 160
Alanya: Cityplan 164
Amasya: Cityplan 169
Ani: Ruinenstätte der altarmenischen Stadt (Situationsplan) 173
Ankara: Historischer Stadtplan von 1914 179
Plan der heutigen Kernstadt 180/181
Archäologisches Museum · Hethitermuseum (Grundriß) 184
Antakya: Archäologisches Museum · Hatay-Museum (Grundriß) 192
Antalya: Cityplan 196
Archäologisches Museum (Grundriß) 198
Perge (Ausgrabungsplan) 202
Aphrodisias: Ausgrabungsplan 205
Ararat: Doğubayazıt · İshak Paşa Sarayı (Grundriß) 213
Bodrum (Halikarnassos): Cityplan 238
Mausoleion (Rekonstruktionszeichnung) 239
Boğazkale: Hattuşaş · Ruinenstätte der Hauptstadt des Hethiterreiches Hattusa
(Grundriß der Akropolis und Ausgrabungsplan) 241
Bosporus · Boğaziçi: Übersichtskarte 253
Bursa: Cityplan 260/261
Diyarbakır: Cityplan 275
Edirne: Cityplan 279
Ephesus: Selçuk & Efes (Orientierungsplan) 291
Ausgrabungsplan 293
Selçuk · Artemistempel (Rekonstruktionszeichnung) 298
Kuşadası (Cityplan) 299
Erzurum: Cityplan 305
Doppelminarett-Koranschule Çifte Minareli Medrese
(Längsschnitt und Grundriß) 306
Fethiye (Telmessos): Orientierungsplan 313
İstanbul: Plan der Kernstadt 332/333
Topkapı Sarayı (Übersichtsplan) 336
Hagia Sophia · Ayasofya (Grundriß) 340
Blaue Moschee · Sultan Ahmet Camii (Schrägansicht und Grundriß) 342
Prinzeninsel · Kızıl Adalar (Lagekarte) 346
İzmir: Plan der Kernstadt 349
İznik (Nicaea): Cityplan 358
Kappadokien: Derinkuyu (Teilquerschnitt der unterirdischen Höhlenstadt) 363
Erdpyramiden- und Höhlengebiet um Göreme (Lageskizze) 364
Kayseri: Cityplan 384/385

Kartenverzeichnis

Konya: Cityplan 394/395
Mevlana-Kloster · Mevlâna Tekkesi (Grundriß) 398
Obruk (Blockschnitt durch die Riesendoline bei Kızören) 402
Milet: Ausgrabungsplan 430
Didyma (Grundrißplan des Didymaions in hellenistischer Zeit) 432
Pamukkale (Hierapolis): Lageplan 442
Pergamon (Bergama): Gesamtübersichtsplan 449
Akropolis (Ausgrabungsplan) 451
Priene: Ausgrabungsplan 455
Şanlıurfa (Urfa): Cityplan 459
Sardes: Ausgrabungsplan 463
Schwarzmeerküste: Samsun (Cityplan) 471
Side: Übersichtsplan 475
Aspendos (Ausgrabungsplan) 478
Silifke (Umgebung): Korykische Grotten Cennet ve Cehennem (Schnitt) 482
Sivas: Cityplan 485
Tokat: Cityplan 491
Trabzon: Cityplan 497
Troia: Neun Perioden im Siedlungshügel Hisarlık (Schnittschaubild) 502/503
Siedlungshügel Hisarlık (Querschnitt und Grundriß) 506
Van: Cityplan 515
Çavuştepe · Ruinenstätte der urartäischen Königsburg Sardurihinili (Lageplan) . 520
Auskunft: Signet des türkischen Tourismusministeriums (Graphik) 531
Eisenbahn: Signet der türkischen Staatsbahnen TCDD (Graphik) 543
Streckennetz der türkischen Eisenbahnen und Fernautobusse
(Übersichtskarte) 546/547
Entfernungstabelle 544/545
Flugverkehr: Innertürkische Flugverbindungen (Übersichtskarte) 552/553
Signet des staatlichen Luftfahrtunternehmens Türk Hava Yolları · THY (Graphik)
.... 553

Bildnachweis

Bildnachweis

Archiv für Kunst und Geschichte: S. 81 (3 x), 84 (3 x), 85 (links + Mitte), 89 (Mitte, rechts)
Baumgarten: S. 504
Börner: S. 281
Feltes-Peter: S. 3 (unten), 5 (2 x), 6 (oben), 7 (3 x), 8, 11, 15, 16, 20, 36 (4 x), 38 50, 67, 68, 77
(2 x), 92, 95, 100, 101 (2 x), 115, 157, 158 (2 x), 160 (2 x), 165, 183 (3 x), 185 (2 x), 187 (2 x),
188, 197, 198, 199 (2 x), 201, 203 (2 x), 204 (2 x), 206, 207, 222, 230, 243 (2 x), 244 (2 x), 247,
270, 271, 294 (2 x), 297 (2 x), 300, 335 (2 x), 337 (2 x), 338, 341, 347, 350 (2 x), 351 (2 x), 352,
354, 359, 361 (2 x), 362 (2 x), 365 (4 x), 367, 368, 378, 379 (2 x), 383, 387 (2 x), 388 (2 x), 393,
396, 397 (3 x), 419, 429, 437, 441, 442, 444, 445, 448, 450 (3 x), 452, 453, 456, 477, 479 (3 x),
499, 500, 503, 542, 548, 550 (2 x), 564, 565, 568 (2 x), 577
Hackenberg: S. 26, 38 (links), 53, 140, 150, 170, 209, 235 (2 x), 276, 277, 289, 304, 323 (oben),
373, 406 (2 x), 409, 411, 412, 435, 467, 469, 473, 483, 499 (rechts), 512, 518, 519, 523, 541
Hartmann: S. 163, 183, 377
Höhfeld: S. 49, 74, 143, 145, 149, 154, 167, 175 (3 x), 193, 194 (2 x), 215, 218, 227 (2 x),
233, 249, 257, 259, 262 (rechts), 265, 267, 286, 303, 306, 308, 311, 316, 321, 323 (unten),
328, 357, 370, 381, 400, 401, 403 (2 x), 421, 423 (2 x), 425, 434, 458, 460, 486 (2 x), 489, 492,
493, 499 (links), 516
IFA: S. 6 (unten), 6/7 (Mitte), 593
Informationsabteilung des türkischen Generalkonsulats (München): 212, 331 (oben)
Jansen (Projekt Troia): S. 507
Lade: S. 1
Paysan (Universität Tübingen): S. 509 (2 x)
Peter: 251, 255.
Schäfer: S. 148, 237
Stetter: S. 415, 416, 417
Strobel: S.3 (oben), 262 (links), 284, 290, 314, 432, 464, 476, 481
Süddeutscher Verlag: S. 85 (rechts), 89 (links)

Titelbild: Höhfeld – İshak Paşa Sarai bei Doğubayazıt in der Osttürkei
Hintere Umschlagseite: Feltes-Peter: Tuffpyramiden in Zelve (Kappadokien)

Die wichtigsten Reiseziele auf einen Blick

Fortsetzung von der vorderen Umschlaginnenseite

✺	Seite	✺	Seite
	466	Öşk	308
Gölçuk	318	Ortahisar	367
Gordion	193	Parhal	219
Grottenkirche St. Peter	308	Patara	315
Haho	288	Pazar	495
Harput	410	Pessinus	310
Hasankeyf	442	Priene	454
Hierapolis	236	Prinzeninseln	346
Hizan	521	Rumkale	234
Hoşap	158	Safranbolu	382
Ihlara	228	Sagalassos	256
Isauria Vetus	218	Samandağ	195
Imerhevi-Tal	469	Samsun-Dağı-Nationalpark	299
Inebolu	219	Sardes	463
Ishan	347	Selçuk	297
Izmir	219	Selge	480
Kaçkar Dağları	483	Sertavul Geçidi	372
Kanlıdivane	152	Seyitgazi	311
Kapıkaya	250	Side	474
Karadere	200	Sille	402
Karain Mağarası	146	Simena	376
Karakuş Tepesi	369	Sinop	469
Karaman	232	Sivas	484
Karkamış	372	Söğüt	230
Kars	382	Soğuksu-Nationalpark	191
Kasaba	313	Sultanhanı (Kayseri)	390
Kaya	155	Süphan Dağı	156
Kefkalesi	489	Susuz Han	258
Kilikische Tore	482	Taraklı	356
Kızkalesi	413	Taşkent	399
Kloster Mar Gabriel	417	Tercan	303
Knidos	250	Termessos	199
Köroğlu Dağları	482	Tigristunnel	278
Korykische Grotten	287	Tilmenhüyük	328
Kovada-Nationalpark	422	Tırşın Yaylası	324
Kümbet	225	Tlos	314
Kuş Cenneti	298	Tokat	490
Kuşadası	427	Tortum Şelalesi	309
Labranda	446	Trabzon	497
Laodikeia	408	Tralleis	221
Mardin	415	Tunceli	510
Marmaris	401	Tuz Gölü	402
Meke Gölü	412	Ürgüp	368
Midyat	422	Xanthos	314
Milas	250	Yağmurdere	321
Mudurnu	415	Yalınyazı	406
Muğla	377	Yalova	263
Myra	490	Yedikilise	523
Namrunkalesi	482	Yedisalkım	523
Narlıkuyu	155	Yeni Kale	146
Nemrut Dağı (Ahlat)	437	Yılanlıkale	142
Nysa	401	Zelve	369
Obruk	285	Zigana Geçidi	321
Ören			

N.B · Diese Übersicht zeigt lediglich die bedeutenderen Reiseziele in der Türkei, die schon für sich allein den Besuch lohnen. Darüber hinaus gibt es eine Vielzahl anderer Sehenswürdigkeiten, die innerhalb der Einzelbeschreibungen durch die bewährten Baedeker Sterne hervorgehoben werden

Baedeker
Allianz ⓘ Reiseführer

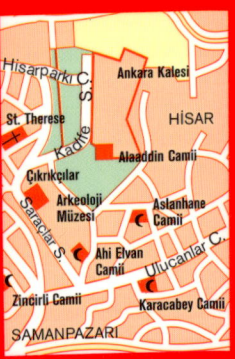

- Alle Sehenswürdigkeiten in übersichtlicher Gliederung
- Fundierte Hintergrund- informationen über Land und Leute
- Außergewöhnliches, Typisches, Amüsantes und Ausgefallenes finden Sie in 7 Baedeker Specials
- Ausgewählte Routenvorschläge zu den schönsten Zielen des Landes
- Verläßliche Tips für sympathische Hotels und Restaurants und viele praktische Reiseinformationen
- 100 Karten und Pläne zur Orientierung
- 265 stimmungsvolle Bilder

ISBN 3-87504-546-7

DM 49,80
ab 1.1.2002
€ 25,95

9 783875 045468